岳 阳 市
江 西 省
株 洲 市
平江县
（汉昌镇）
浏阳市
上栗县
醴陵市
株洲市
荷塘区
芦淞区
株洲县
（渌口镇）
湘东区
南江镇
梅仙镇
龙门镇
长寿镇
三阳乡
加义镇
安定镇
伍市镇
新市镇
黄市乡
大荆镇
白沙乡
开慧镇
双江镇
金井镇
福临镇
青山铺镇
高桥镇
路口镇
安沙镇
果园镇
春华镇
黄花镇
永安镇
社港镇
龙伏镇
沙市镇
淳口镇
北盛镇
洞阳镇
蕉溪乡
大围山镇
达浒镇
排埠镇
官渡镇
沿溪镇
三口镇
七宝山乡
张坊镇
永和镇
古港镇
溪江乡
小河乡
高坪镇
关口街道
集里街道
淮川街道
荷花街道
太平桥镇
干杉乡
江背镇
黄兴镇
中和镇
文家市镇
黄茅镇
株潭镇
葛家乡
柏加镇
镇头镇
枨冲镇
澄潭江镇
杨花乡
大瑶镇
普迹镇
云田镇
官桥镇
金刚镇
明照乡
官庄乡
南桥镇
白关镇
黄獭嘴镇
王仙镇
板杉乡
荷尧镇
南阳桥乡
石亭镇
东富镇
下埠镇
逸市乡
京广高速
京港澳高速
京港澳连接线
京广铁路
平汝高速
长浏高速
浏洪高速
沪昆高速
G4
G60
G106
G107
G320
S11
S20
S21
S30
株树桥水库
黄金洞水库
官庄水库
大江洞
向家洞
兰家洞
桥仁桐
横山头
马尾皂
福寿山
1279
曲山尖
742
吊水尖
839
金钟湖
885
图　例
省政府驻地
市政府驻地
县(市、区)政府驻地
乡、镇政府(街道)驻地
省界
地市界
县(市、区)界
铁路
高速公路及编码
在建高速公路及编码
国道及编码
省道
县道
河流
渠道
山峰
岳麓山
295.6
比例尺　1:620000

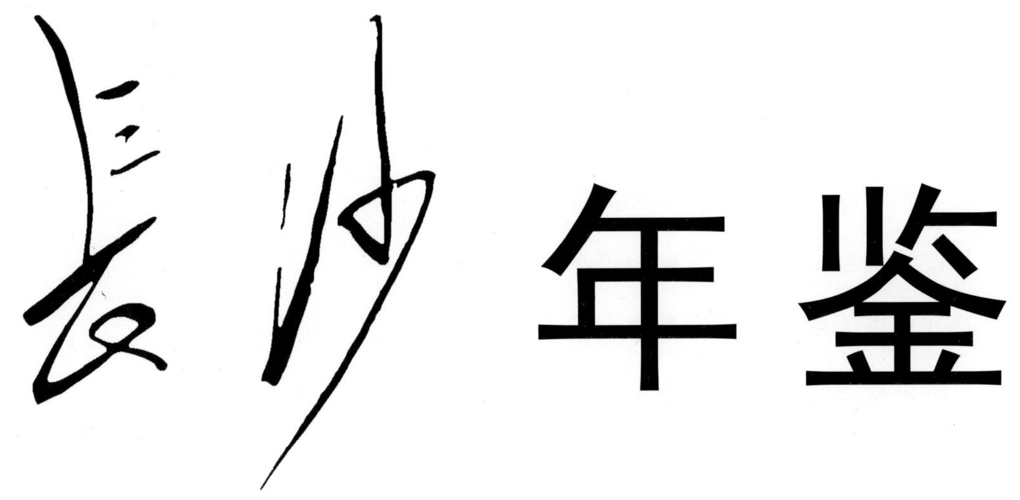

2013

长沙市地方志办公室　编

方 志 出 版 社

2012·长沙荣誉

2 月　长沙市第五次获“全国双拥模范城”称号

3 月　长沙市获评“全国国土绿化突出贡献单位”

4 月　长沙市被确定为国家首批知识产权示范城市

5 月　长沙市成为中国城市竞争力十强城市和中部竞争力最强城市

5 月　长沙市成为首批“国家电子商务示范基地”

5 月　长沙市入选首批国家级文化和科技示范基地

7 月　长沙市获“全国创业先进城市”称号

8 月　长沙市当选全国十大幸福省会城市

10 月　长沙市获评国家首批“公交都市”建设试点城市

12 月　长沙市被授予“全国数字城市示范市”称号

12 月　长沙市获批“现代服务业试点城市”

12 月　长沙市获 2012 中国最具幸福感城市最高荣誉大奖

2012 · 长沙数字

区域总面积：11815.96平方公里
建成区面积：315.81平方公里
年末常住人口总数：714.66万人
年末户籍人口总数：660.62万人
地区生产总值：6399.91亿元
　第一产业：272.31亿元
　第二产业：3592.52亿元
　第三产业：2535.08亿元
人均地区生产总值：89903元

地方财政一般预算收入：490.65亿元
地方财政一般预算支出：624.62亿元
固定资产投资：4011.96亿元

社会消费品零售总额：2454.71亿元
居民消费价格指数：102.3
商品进出口总值：86.93亿美元
　商品出口总值：51.74亿美元
　商品进口总值：35.19亿美元
实际使用外资：29.77亿美元

商品房屋竣工面积：1528.11万平方米
商品房销售面积：1526.93万平方米
城市居民人均住房面积：31.8平方米
农村居民人均住房面积：62.57平方米

市属重大科技成果：540项
专利申请量：14973项
专利授权量：10382项

货物运输量：26145万吨
旅客运输量：36440万人
互联网接入：134.25万户
旅游业总收入：783.1亿元
进出观光游客人数：8094.37万人

普通高等院校：50所　在校学生：52.32万人
普通中学：284所　在校学生：34.38万人
中等职业技术学校：50所　在校学生：12.09万人
义务教育覆盖率：100%
全市卫生机构数：4270个
医疗卫生技术人员：55978人
全市医疗床位：5.13万张

全市供电总量：2040474万千瓦小时
城市供水总量：41997万吨
全年空气质量优良率：90.7%
城市建成区绿化面积：9293公顷
城市道路面积：2967万平方米

人民币存款余额：8800.66亿元
人民币贷款余额：8518.93亿元
城乡居民储蓄存款余额：3001.07亿元
城市居民年人均可支配收入：30288元
城市居民人均消费性支出：19460元
农村居民年人均纯收入：15763元
农村居民人均生活消费支出：10155元

传递正能量 给力长沙梦

《长沙年鉴》2012′

国防科大自主设计和研制“天拓一号”卫星

2012 年 5 月 10 日，国防科大自主设计和研制的“天拓一号”微小卫星在太原卫星发射中心搭载发射升空，其装载的星载船舶自动识别系统覆盖直径达到 3000 公里以上，能准确提供覆盖范围内的船只名称、位置、航速、航向等数据，为神九飞船应急搜救提供了实时、有效的信息服务和技术支持。

湘江长沙综合枢纽工程蓄水通航

2012 年 10 月 10 日，湘江长沙综合枢纽工程蓄水通航。这一总投资高达 63.78 亿的工程为中国投资最大的内河航运工程。蓄水通航后，流经长、株、潭 3 市的湘江长期保持 29 米以上水位，湖南大宗商品运输将顺畅地通江达海，汛期防洪、枯水期保水，湘江成为名副其实的“东方莱茵河”。

芙蓉区定王台街道财税收入突破 24 亿元

2012 年 1 月 1 日，定王台街道办事处成立。辖区内手机市场、黄金珠宝城、书市销量占全省 85% 以上；有 10 亿元楼宇 1 栋，亿元楼宇 6 栋，现代服务企业近 2000 家，三星级以上酒店占全市 40%；银行区域性总部 12 家；入驻世界五百强企业 20 家。2012 年创财政税入 24 亿元，位居中部 6 省街道之首。

长沙铜官窑国家考古遗址公园开园

2012 年 6 月 5 日，长沙铜官窑国家考古遗址公园开园。长沙铜官窑是唐代三大出口瓷窑之一，被誉为世界陶瓷史上保存最完整、脉络最清晰的中华瑰宝、“汉文化向外扩张的里程碑”。在谭家坡遗迹馆，首次公开展示了谭家坡一号龙窑。完整再现 1300 多年前陶瓷工厂的生产过程。

华曙高科成功研制中国首台高端 3D 打印机

2012 年 3 月，华曙高科成功研制出中国首台高端 3D 打印机，该项技术可广泛应用于航空航天、军工、汽车、日用工业品、医疗、艺术品制造等领域。8 月，国产首台激光尼龙烧结设备正式启程返销美国，华曙高科成为全球唯一一家拥有 3D 打印技术完整产业链的企业。

年度事件

岳麓山—橘子洲景区获授国家 AAAAA 级旅游景区

2012 年 1 月 9 日，国家旅游局在北京举行“国家 5A 级旅游景区”授牌仪式，由岳麓山、橘子洲、岳麓书院和新民学会旧址组成岳麓山—橘子洲景区，正式晋升国内旅游景区最高等级“AAAAA”，长沙实现国家级 5A 景区零的突破。

城市竞争力全国 10 强全球 10 快

2012 年 5 月 18 日，长沙成为首批国家级文化和科技融合示范基地。5 月 21 日，长沙连续第二年入围中国城市竞争力前十强。 同时成为全球城市竞争力提升速度最快的 10 座城市之一，位居第四。8 月 19 日，长沙进入十大休闲之城和十大幸福之城行列。形成省会城市独有的“长沙现象”。

华融湘江银行成为英国《银行家》杂志评选的世界千强银行

华融湘江银行于 2010 年 10 月开业，2012 年该行资产总额、存款余额、贷款余额分别是 2010 年成立时的 3.5 倍、2.6 倍、2.5 倍。英国《银行家》杂志按照银行核心资本排序，华融湘江银行在世界千强银行榜中位列第 601 位，在 104 家国内银行中位列第 55 位，成为湖南省唯一上榜银行。

11 名楼城市市长联合签署《中国历史文化名楼保护长沙宣言》

2012 年 11 月 2 ～ 4 日，历史文化名楼市长论坛在天心阁举行。活动由开幕式、市长论坛、名楼文化论坛、11 城市市民支持申遗大签名、橘子洲音乐焰火晚会、名楼楼主看长沙六部分组成，11 个名楼城市市长联合签署了《中国历史文化名楼保护长沙宣言》，全国 40 多家媒体进行报道。

2012 梅溪湖国际文化艺术周举办

11 月，2012 梅溪湖国际文化艺术周在长沙举行。28 个中外文艺团体齐聚梅溪湖，为来自 14 个国家的 31 位驻华使节及代表和长沙观众奉上十场文艺演出，此次艺术周是长沙迄今为止规模最大的国际文化艺术活动，推动了长沙国际文化名城建设，提升梅溪湖国际服务区的影响力。

传递正能量 给力长沙梦

《长沙年鉴》2012'

蒋小贵

生前任宁乡县青山桥镇楼霞小学校长

担任希望小学校长17年，他引导教师实施素质教育，苦练民间器乐，书法和绘画。他和妻子40年一直住在学校10多平方的房子。在学校办起留守儿童班帮助孩子做饭洗衣、看病买药，先后资助100多名贫困学生。2012年10月，在围墙倒塌之际他舍身救人推开同事，不幸逝世。

朱学武

生前任白箬铺镇黄泥铺村党支部书记

担任村党支部书记13年来，他带领村民将黄泥铺村从“烂摊子”变成长沙市“环境卫生十佳村”。为农网改造他“挪用”家人的学费、手术费；为落实抗灾资金在雷高公路蜷缩了1夜；为铲除冰雪供村民出行摔伤尾椎骨，他被称为“雷锋式的好支书”。2012年9月30日，因意外不幸罹难。

张良友

侯家塘派出所所长

担任派出所所长8年多，率领全所民警和协警荣获专案组、个人“一等功”各1次，荣获市局专案集体三等功3次、区级人民满意派出所3次。2012年，他率领侯家塘派出所一举侦破盗窃抢劫财物、贩毒团伙、酒托诈骗、聚众赌博等系列案件，维护了社会稳定和人民财产安全。

刘冬华

天心区中鑫敬老院护理人员

在敬老院工作27年，她每天早上五点起床到晚上十点下班，一年365天从不间断。她把老人当成亲生父母来照顾，共计照顾孤寡老人400余人，送走老人近80个，老人们都称她为自己的亲闺女，她用爱心为数百老人架起爱的桥梁。2012年，荣获“中国好人榜之敬业奉献好人”称号。

胡　丹

芙蓉区城管大队定王台中队中队长

他在城管行业工作12年，曾20多次面对违章户持刀威胁，他坚持文明执法，热情服务，从未发生执法责任事故。2012年2月13日始，央视《朝闻天下》、《午间30分》、《新闻联播》栏目，以他和他的团队为原型，连续5天播出走基层系列报道《朝阳城管蹲点日记》。

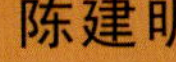

陈建明

岳麓区含浦镇学士村村民

2012 年 1 月 25 日，长沙室外气温逼近 0℃。陈建明开车途中遇 3 人溺水，他跳进 5 米深、挂满冰块的水库用半小时将 3 人营救上岸，并就地给溺水者做“胸肺复苏”，自己却因体力不支全身瘫软、人事不省。他的救人义举产生了良好的社会影响，2012 年，被评为“中国好人榜之见义勇为好人”。

许令玮

北京大学工学院学生

他曾获第 11 届“明天小小科学家奖励活动”全国一等奖，2012 年 5 月，科研项目《中国洞庭湖湿地血吸虫病传播源的以蜣控疫生态治理研究》获第 63 届英特尔国际科学与工程大奖赛铜奖。作为中国青少年唯一代表参加 2012 年瑞典斯德哥尔摩国际青年科学研讨会，并出席诺贝尔奖颁奖典礼。

刘映先

雨花区侯家塘街道廖家湾社区主任、廖家湾社区志愿者工作站站长

在社区工作 10 年，率先启动社区标准化建设，打造社区“雷锋号”志愿者工作站，组成 60 多支 3300 多人的志愿服务团队，社区建设经验受到中科院、德国专家团、全国各地方政府的关注，2012 年，获得“全国青年志愿者先进个人”、“湖南省志愿服务突出贡献个人”等荣誉称号。

彭正军

湖南省西城建设有限公司项目经理

相继参加十几项省市重点工程施工建设，多次获“湖南省优质工程”、“湖南省安全文明工地”等荣誉。他勇担社会责任，2008 年冰灾带领项目成员将三汊矶大桥的积雪铲除；2009 年含浦突发山火带领员工上山救火；2010 年龙王港大堤排灌站阀门失灵带领队员排除隐患。2012 年获全国“五一”劳动奖章。

李　锋

长沙晚报视觉中心李锋影像工作室主任

2012 年 8 ～ 10 月，他 8 次深入罗霄山脉暗访候鸟捕杀乱象，推出的《鸟之殇》视觉专版和视频报道访问量超过 1000 万次，中央电视台、新华社、新京报等全国 20 多家主流媒体联动，焦点访谈、东方时空、面对面等栏目对他进行专访。2012 年，被评为“全国十大法治人物”。

《长沙年鉴》2012′年度人物、年度事件评选活动简介

为充分反映长沙人民自强不息、奋发向上的精神风貌，客观记载长沙市改革开放和经济社会发展过程中涌现的典型人物及事件，发挥地方志“资政、存史、教化”的作用，长沙市地方志编纂委员会决定继续开展《长沙年鉴》2012′年度人物、年度事件评选活动。评选2012年度长沙市域范围内涌现的对推动全市经济社会发展有突出贡献和典型意义的人物和事件。

《长沙年鉴》2012′年度人物、年度事件评选活动于2013年3月启动，截至6月30日，各区、县（市）及全市各行业共向长沙年鉴编辑部推荐46个人物和54个事件，根据评选活动方案，由各区、县（市）地方志系统、地方志学会和报刊媒体等推荐产生21名专家评委组成评选委员会，分别于7月26日、8月12日召开2次评审会议，评选出**朱红玉、朱学武、刘冬华、刘国初、刘映先、许令玮、李丽、李锋、张良友、张萍、陈建明、周轶、胡丹、高晖、梁军、彭水林、彭正军、蒋小贵、傅伯瑜、曾应明**等20人为候选人物；**湘江长沙综合枢纽工程蓄水通航、长沙铜官窑国家考古遗址公园开园、国防科大自主设计和研制“天拓一号”卫星、华曙高科成功研制中国首台高端3D打印机、岳麓山—橘子洲景区获授国家AAAAA级旅游景区、福元路湘江大桥主线通车、浏阳生物医药园晋升国家级经济技术开发区、雷锋家乡学雷锋常态化、城市竞争力进入全国10强全球10快、浏阳蒸菜获得国家地理标志集体商标、“舞动星城·歌涌湘江”百万群众广场舞蹈合唱展演、中国·长沙首届自然生态博览会暨中国（望城）第四届休闲农业与乡村旅游节、比亚迪6B菲亚特菲翔在长沙下线、十一名楼城市市长联合签署《中国历史文化名楼保护长沙宣言》、华融湘江银行成为英国《银行家》杂志评选的世界千强银行、芙蓉区定王台街道财税收入居中部6省街道之首、雨花区国税局开展个体税收阳光征管创新活动、沩山风景区成为国家级风景名胜区、2012梅溪湖国际文化艺术周举办、国际标准化组织烟花爆竹技术委员会秘书处落户浏阳**等20个事件为候选事件，9月2日《长沙晚报》AA3版对入选的候选人物、候选事件进行公示，开始为期1个月的公众票选工作，同时在红网、星辰在线、长沙市政府门户网、长沙方志网开通网络投票。11月26日，《长沙年鉴》2012′年度人物、年度事件评选活动终评工作会议召开，21人的专家评委和随机抽选的21人公众评委分别对候选人物和候选事件进行投票，按照网络投票分占50%、专家评委票选分占30%、公众评委票选分占20%的比例统计综合得分。长沙市公证处的工作人员现场对整个评选活动进行了公证，确认评选活动公平、公正、真实、有效。根据综合得分的高低，蒋小贵、朱学武、张良友、刘冬华、胡丹、陈建明、许令玮、刘映先、彭正军、李锋等10人入选为《长沙年鉴》2012′年度人物；国防科大自主设计和研制“天拓一号”卫星、 湘江长沙综合枢纽工程蓄水通航、芙蓉区定王台街道财税收入居中部6省街道之首、长沙铜官窑国家考古遗址公园开园、华曙高科成功研制中国首台高端3D打印机、岳麓山—橘子洲景区获授国家AAAAA级旅游景区、城市竞争力进入全国10强全球10快、华融湘江银行成为英国《银行家》杂志评选的世界千强银行、十一名楼城市市长联合签署《中国历史文化名楼保护长沙宣言》、2012梅溪湖国际文化艺术周举办等10个事件入选为《长沙年鉴》2012′年度事件。

《长沙年鉴（2013）》编纂委员会

长沙年鉴编辑部

《长沙年鉴（2013）》组稿人员

（名字按编目顺序排列）

张志雄　刘加强　谭铁军　朱长友　高林涛　彭顺勇　鲁　旸　罗　颖
张业武　周智武　吴源涛　张志中　曹素华　魏　箐　周　威　赵燕凌
丁泽权　谭丽华　金庭碧　宋万能　易　斌　李佩儒　欧阳浩　詹文科
宋文田　左易宁　陈　泉　谈利兵　唐朝阳　陈　杰　周　璕　李荣裕
高伟栋　曾牧野　袁　晶　张　静　肖　琳　谭琪正　李湘平　张蔚秋
赵　睿　兰德泉　张　正　易介兵　彭　磊　吕　坚　吴读耕　陈林希
谢　帆　吴一帆　李万峰　郭　琴　彭众评　兰伟平　朱阳辉　肖　湘
何孟科　肖体忠　李克明　罗　娜　蒋泽军　曾浪平　黄　勇　黄元德
吴湘力　燕　路　贺菲菲　周学林　李正云　欧阳湘江　夏海军　易　娟
杨　鹊　李　斌　蔡建双　李建林　肖建军　陈　力　符中华　张　旭
李　畅　毕定宇　陈炳阳　贺　辉　李　珊　张　理　孟祥宇　肖　南
刘　舒　谢　静　章雄辉　蒋　菁　陈君亮　邓林飞　夏梅元　沈资江
喻文辉　余　笑　周　坚　曹　玮　杨　英　贺　艳　谢喜阳　胡晓江
范　君　彭　珊　刘效艺　姚寿主　吴　正　邵宝盛　杨明亚　田春雷
严　波　吕锦平　贺仙峰　候　笛　刘瀛洲　何　舟　龙　灿　曾祥林
王晓丹　朱牧野　刘　兵　董生昭　马腾君　张　茜　刘纵波　陈　萱
阳爱萍　刘　密　周　静　文龙辉　刘文卓　张凤辉　易海东　邵　勰
陈　进　黄　露　甘抱朴　潘　晖　张　翔　于国栋　杨光贵　杨　洪
曹泽明　钟　杰　邓惠君　蒋　甜　陈　念　张　婷　周　鹏　柳　斌
刘少尧　王　亮　廖森胜　江启霞　李　江　刘真真　曾向阳　熊　文
王奇玉　黄劲松　谭朴妮　陈弼飞　谢屹华　邹　晟　黄　忠　柳　青
胡　嘉　罗文阁　张克学　冯　烨　王　涛　陈　袒　阳　明　杨　文
张效锋　周利明　全湘燕　刘飞飞　蒋嫦娥　陈　强　朱丰顺　金　科
胡　琳　刘先根　廖　凯　颜昌清　蒋慧娟　周　湛　郭　华　袁　科
金　婷　易　荣　袁忠文　王　浩　鲁素爽　何建国　周义娟　王从福
杨　胜　钟　婷　周进银　唐继武　蔡水林

编辑说明

一、《长沙年鉴》是在中共长沙市委、长沙市人民政府的领导下，由长沙市地方志编纂委员会主办、长沙市地方志办公室编辑出版的系统记述长沙自然、政治、经济、文化、社会等方面情况的年度资料性文献。《长沙年鉴（2013）》记载2012年度长沙市行政区域内各部门、各行业、各地区的主要工作、重要事件，收录若干文献和统计资料，集中反映长沙改革开放的新进程和经济建设、社会发展的新成绩、新经验及存在的问题。所载资料全面、系统、翔实、准确，是国内外人士了解长沙的权威性工具书。

二、本卷年鉴采用分类编辑法，设部目、分目、条目3个层次，部分分目下设子目，条目为记述基本层次。全书共设有37个部目、174个分目、84个子目、1179个条目。正文体例有概况、条目、附录、资料、图表等，以条目为主体，书中插排彩色专版。

三、本卷年鉴对框架结构进行了适当调整，“长沙概况”部目下增设了“防震减灾”、“气候与气象服务”分目；“交通邮电”部目下归设了“城市公共交通”，将“社会科学”部目归并为“科学技术”部目等。

四、本卷年鉴所载资料均由全市各部门专人撰写、领导审核，年鉴编辑部编辑人员加工整理后再反馈原单位核对，最后由编委会定稿。统计资料由市统计局提供。文稿中有些地区性、部门性数据，由于统计口径不同等原因，与统计局公布的可能不完全一致，请读者在查阅和引用时注意。

五、本卷年鉴收录市直单位和各区、县（市）负责人名单均以2012年12月31日在职者为准，有任免的分别予以注明。

六、本卷年鉴的编辑出版，始终得到中共长沙市委、长沙市人民政府的大力支持和全市各撰稿单位的积极配合，在此表示感谢。希望广大读者和各方面人士提出宝贵意见，使《长沙年鉴》更臻完善。

目　　录

特　载

大 事 记

党和国家领导人到长沙

长 沙 概 况

中共长沙市委

人力资源和社会保障

经济管理

城市建设·环境保护

物业服务

住房保障

住房公积金管理

能源节约

村镇建设

环境保护

先导区·开发（园）区

大河西先导区

国家级开发（园）区

保险

证券

工　业

工程机械

汽车产业

食品产业

材料产业

生物医药

电子信息

新能源和节能环保产业

供电管理

烟花爆竹

交通·邮电

城市公共交通

农村经济

科学技术

科技工作

知识产权保护及应用

科学普及

社会科学

教　育

文　化

区　县

雨花区

望城区

长沙县

浏阳市

宁乡县

人　物

统计资料

文件选编

附　录

索　引

Main Contents

Leagal System

Minitary Affairs

Human Resources and Social Security

Economic Management

Construction of City and Protection of Enviroment

Construction of Pioneer areas and development areas

Finance and Taxation

Banking

Industry

Transportation & Post Telecommunication

Social Life

Districts and county

Figures

Statistical Data

Selected Papers

Appendix

集中精力克难攻坚 推动经济逆势而上（摘要）

——在中共长沙市委十二届四次全体（扩大）会议上的讲话

中共湖南省委常委、长沙市委书记 陈润儿

（2012 年 7 月 12 日）

中共湖南省委常委、长沙市委书记 陈润儿

这次会议主要是分析当前经济形势，部署下段经济工作，动员全市上下坚定信心、振奋精神，集中力量克难攻坚，推动经济逆势而上。

今年经济形势非常复杂、挑战十分严峻，从某种程度上讲，比 2008 年底以后爆发的国际金融危机还要突出。为什么这么说呢？从外部冲击来看。那场金融危机主要是美国市场低迷给我们带来的影响。而这一次，不仅美国市场长期不振，而且欧洲、日本的经济一直下行、极不景气，再加之我们国内的需求不足，这就导致外部的冲击比上一次国际金融危机的影响更为突出。从制约因素来看。那次国际金融危机主要是需求不足而导致经济增速放缓，这一次既有市场需求性的问题，还有资本流动性的问题，更有企业盈利性的问题。这些问题相互交织、非常复杂。从政策取向来看。上一轮国际金融危机，我们应对的主要目标就是保增长，所以中央迅速出台了增加投资、拉升经济的系列举措，在较短的时间内呈现出全面回升的态势。这一次，我们既要稳增长，还要调结构、转方式、防通胀。这种多元的政策取向，使得短时化解经济面临的困难、迅速扭转经济下行的局面，增加了许多难点，特别是对城市经济的影响、对工业经济的影响、对国有经济的影响更为突出。从长沙来看，可以说我们是遭遇着三大政策的冲击。一是房产政策的冲击。从去年上半年以来，为了从宏观上确保房地产业的健康发展，国家出台了一系列抑制房价过快上涨的政策措施，包括限购、按揭、投资、供地等等，但我们长沙的经济特别是城区经济，过度地依赖房地产业这一现实在短期内是难以改变的。二是税收政策的冲击。中央出台了一系列的结构性减税的政策，这从长远发展、结构调整、民生改善来说是必要的，但这一政策出台又正好与经济下行叠加在一起，使我们 2012 年的财政收入面临着许多困难。仅仅个人收入所得税起征点的调整，减少的税收就有 20 多个亿。同时为了鼓励支持微小企业的发展，对个体经商户经营额的纳税起征点做了调整，原来月收入在 5000 元以下免征税收，现在调整为 2 万元以下免征，这一块又要少收几亿元。三是投资政策的冲击。去年，国家为了防通胀、调结构，缓批了投资的项目，调整了投资的政策。同时，在融资的方式上做了大的调整。过去一些基础设施建设大多数是通过政府的信用来融资，但中央通过对政府融资平台的清理，要求停止对政府融资平台的贷款，使一些政府融资投入的基础设施建设进度大为放缓，投资明显不足。

尽管我们面临的环境十分复杂、挑战十分严峻，但是在省委、政府的正确领导下，全市人民团结拼搏、迎难而进，主动化解了一个个不期而遇的困难，积极突破了一个个十分艰巨的难题，上半年经济运行态势总体是良好的，呈现出市场需求逐月回暖、增长速度逐月回快、经济效益逐月回升的局面。预计地区生产总值增长13%左右，财政收入增长24.1%，其中一般预算性收入增长31%，这是很不容易的。回顾上半年经济运行情况，值得肯定的有三条：第一，见事是敏锐的。去年年底，我们就注意到了经济下行的发展趋势，特别是今年春节一过，市委常委就召开了扩大会议，分析了面临的形势，提出了应对的措施，为推动经济增长奠定了基础、赢得了主动。第二，应对是积极的。市委、政府明确提出，一季度要止住，不能再下滑，因为当时2月份，我们地区生产总值的增幅只有8.7%；二季度要稳住，就是说二季度经济的增长要保持在12%左右的水平；下半年要把住，实现经济的低开高走，确保全年目标的完成。并且围绕这样一个要求，一个一个行业、一个一个领域、一个一个项目进行分析调度和服务协调。特别是针对投资增长速度放缓、工业增长大幅回落和财政增长税源不足等等一些问题，采取了果断的措施，扭转了下滑的局面。第三，工作是主动的。按照市委、政府的要求，各级各部门围绕稳中求进的总基调和率先发展的总要求，做了大量富有成效的工作。可以说是做到了各司其职、各负其责，密切配合、相互协调。尤其是我们各位分管的同志，为应对这一复杂的局面，扭转经济下滑的趋势，恪尽职守，主动负责。对大家所付出的辛劳、取得的成绩要充分肯定。

我们也要看到，今年上半年虽然取得了预想的效果，但是面临的形势仍然复杂、面临的困难仍然突出、面临的压力仍然巨大。下段工作的一个总体要求就是，要集中精力克难攻坚，推动经济逆势而上。首先，这是省委、政府的要求。省委、政府主要领导一直要求长沙要在两型社会建设改革试验中发挥核心辐射作用，在科学发展富民强省的实践中发挥龙头带动作用，在转变经济发展方式的过程中发挥示范引领作用。特别是今年，我们遇到了特别复杂的经济形势，面临着严峻的发展矛盾，省委、政府主要领导期待长沙要挑重担、打头阵。周强书记一直期望长沙一定要像2009年应对国际金融危机时一样，保持率先发展局面，为全省克服当前的困难、实现全年的目标做出贡献。第二，这是总体目标的要求。去年市十二次党代会提出，长沙要挤进大中城市的一方阵、跨入省会城市的前五强。能不能挤进一方阵、能不能跨入前五强，关键就看在这一轮面对复杂经济形势的竞争中能否胜出。可以说，如果能够胜出，那么在明年、后年完全有可能实现这一目标；如果不能胜出，那我们所提出的这个目标就是一句空话。因此，从某种程度上来讲，我们现在的困难是预示着又一轮发展当中城市之间竞争的一个"分水岭"，和你追我赶、争先恐后的一个"分化期"。把住了这一关键，可能就会胜出；失去了这一时刻，可能就会落伍。第三，这是时代赋予的责任。当前，城市之间的竞争日趋激烈，争先恐后是我们大家的共识。回顾进入新世纪以来，我们城市之间发展的快慢、实力的强弱、速度的高低，不是在经济发展的景气区间，而是在景气衰退之后。从全国来看，我们的经济在"十一五"是保持了快速增长。按照一般规律，增速的适当放缓是不可避免的，但如果出现大起大落，不仅会对社会生产力造成严重的破坏，而且也会使得一座城市的竞争力受到严重的削弱。过去讲危难时刻见真情，现在是困难时刻比快慢。面对当前复杂的经济形势，我们有责任防止经济的大起大落，一定要推动经济逆势而上，真正做到在逆势中主动作为、在变局中抢抓机遇、在挑战中勇于胜出。

关于下半年的工作，这里再强调四点意见：

一、要坚定信心，咬住目标不动摇

当前，尽管面临宏观环境的冲击、需求不足的影响和自身因素的制约等困难，但我们一定要看到，长沙经济的基本面没有改变、增长点没有退化、支撑力没有削弱，实现今年全年经济社会发展目标有基础、有条件、有希望。

（一）从经济增长的基础来看。虽然工程机械行业增速放缓，但是从实体经济来看，企业总体状况还是好的。就工业来说，我们这几年通过加大投入建设十大产业项目和一批投资规模项目，今年都会逐步形成产能，一批新的增长点正在形成。特别是电子信息产业、汽车制造产业来势很好，在不久的将来很快会崛起成为两个过千亿产业。我们的电子信息产业曾经为长沙增添了光彩、书写了辉煌，但是遭遇市场的冲击，这些年极不景气。现在通过一批知名企业的进驻，长沙电子信息产业重振雄风指日可待。蓝思科技、介面光电、宇顺电子、纽曼科技、上海创芯等等一批企业已经投产或者即将投产。蓝思科技今年可望超过200个亿，明年最迟后年要过500个亿。介面光电一期已经投产，二期即将开工，他们决心在三到四年之间形成300个亿左右的产能。不仅是硬件，软件产业的发展也将超过我们的预期。还有汽车制造产业，今年比亚迪、广汽菲亚特已经下线，广汽三菱、日本住友轮胎即将下线，加上原来的北汽福田、陕汽重卡，长沙已经有5个整车生产企业，尤其是一批配套企业的跟进，汽车制造产业千亿集群规模很快就会形成。从今年来看，尽管工程机械增速放缓，正是由于这些企业替代作用的发挥，所以工业仍然保持了较高的增长速度，预计下半年形势还会更好。

（二）从生产要素的保障来看。前几年每逢到了夏季，工业用电负荷难以满足，煤电油运异常紧张，严重影响了产能的发挥。而今年，省委、政府十分重视生产要素的组织供应，现在水电有水、煤电有煤，都可以满负荷生产，同时油料、运输等生产要素十分充足，这为下半年经济增长提供了切实的保障。再加上我们这些年优化城市布局、完善城市功能、提升城市品质，注重高端人才的引进、科技成果的转化和产业平台的构建，长沙作为省会和区域性中心城市，汇集国际国内资源要素，已经具备了强大的承载力、吸引力和转化力，这必将为经济的增长创造有力的支撑条件，起到强劲的拉动作用。

（三）从市场回暖的态势来看。无论是消费需求、投资需求、还是出口需求，6月份都是明显回暖。一直低迷的房地产市场，上月也出现了环比增长。这是一个非常重要的积极迹象，给我们提振了信心。同时，我们要看到，最近总理在密集地调研、座谈，为防止经济的下行讨论研究相关措施，明确提出了要把增加投资作为稳增长的重点来抓，提出了要实施积极的财政政策。我们的工程机械行业是与宏观经济政策走势敏感度极高的行业，完全可以预料，6月份以后的市场订单将会逐渐回升，对相关配套企业的生产也会带来积极的拉动。特别是从长远来看，长沙还处于工业化、城市化的初中期阶段，市场的需求仍然是很旺的，关键是我们怎么去创造需求、扩大需求、满足需求来带动经济增长。

二、要振奋精神，抓住机遇不错过

现在我们确实面临很多的困难和严峻的挑战，这是不可回避的。我们应该清醒地认识到，现在怕的不是经济下滑，而是思想下滑；怕的不是市场疲软，而是精神疲软；怕的不是需求不足，而是劲头不足。各级领导干部一定要振奋精神、攻坚克难，抢抓机遇、逆势而上。实践告诉我们，市场的竞争是机遇的竞争，大局的把握是机遇的把握。我们多次讲，抓住一次机遇，可能赢得一次飞跃；错过一次机遇，可能耽误一个时代。这一次既遇到了困难，也迎来了机遇，我们要在困难面前寻找机遇，在机遇面前主动作为。

（一）稳定经济增长的政策机遇。稳增长关键是稳投资。最近中央已经把稳增长放在更加重要的位置，把增加投资作为重点来抓，强调要保持适度的投资规模，要重点保证在建和续建项目的投资需求，有序推进“十二五”规划确定的重点项目开工建设。国家重点支持和着力加强的很多领域，我们争取政策支持的潜力很大。抓住这一机遇有利于我们加快在建项目建设和新上一批重大项目，保持投资的快速增长，提升城市的承载能力。2008年、2009年，我们提出要抓住机遇，要上一批多年想上而来不及上的项目，要干一批多年想干而来不及干的工程。今年我们还是要在这一方面下工夫。我们的城市基础设施建设的投资需求仍然很大，这不仅是拉动经济增长、积淀发展后劲的现实要求，也是改善承载功能、提升城市品位的客观要求。再者，国家稳定增长和增加投资政策的变化调整为我们相关企业带来了机遇。

（二）有效需求回升的市场机遇。市场环境不是一成不变，而是瞬息万变的。市场具有非常高的敏感度，在投资政策的拉动下，企业的资金流动性会得到释放，企业的盈利性将得到增强。所以下半年，随着市场环境的有力改善带来的市场需求的有效提升，对于产业发展来说是一个重大机遇。特别是我们的工程机械产业和新型材料产业，具有较大的增长潜力，形成了营销网络和竞争优势，只要市场回暖就能迅速地拉动增长。

（三）经济结构调整的潜在机遇。当前正处于经济结构调整的窗口期。全球经济环境的深刻变化，外需拉动增长的因素减弱，以及经济结构矛盾的充分暴露，客观上为我们以最低的认识成本和物质成本，来破除旧的发展格局、改变传统发展模式提供了难得的机会。中央提出要把扩大内需作为我们增长的根本动力，而从长沙来讲，既要扩大投资需求，也要扩大消费需求，还要扩大出口需求。有的同志说，我们扩大出口需求没有什么搞头，其实不是没有什么搞头，而是我们现在还没有找到搞头。经济社会发展到今天，一定要重视利用“两个市场”、“两种资源”。扩大内需是根本，但是外需不能忽视，作为我们省会经济来讲要重视外需。在稳增长的同时，中央提出要调结构、转方式，这对我们来讲，都是重大机遇。哪个地方调整快，经济发展就好；哪个地方调整慢，经济发展就差。我们只要抓住有利的时机、用好有利的机遇，就一定能够在国家宏观政策中争取更多的份额，在产业布局调整中抢到更多的项目，在市场需求变化中赢得更大的空间，我们的竞争优势就会更加明显，政策效应就会更加强化，发展后劲就会更加增强。

三、要集中精力，扭住重点不放松

我们要正确认识当前的经济发展阶段、经济运行特征和经济促进政策，扭住关键求突破，突出重点抓落实。

（一）要努力增加社会投资。从经济发展阶段来看，拉动经济发展的“三驾马车”中，投资仍然是主力。稳增长，关键是稳投资；增投资，关键在抓项目。对这个投资的问题，我想讲一句话，现在很多同志讲投资增长过快，投资拉动、科技驱动这方面的话讲了不少。内需拉动离不开投资推动，科技驱动离不开投资带动。尤其是像我们内陆地区的湖南来讲，一直以来投资是不足的。因为我们的工业化、城镇化程度还很低，积累还不够厚实，投资仍大有空间。在工业化和城镇化的初期和中期，投资无疑是经济增长的主导力量。美国、日本都经历过这一个阶段，我们沿海地区也是如此。而且，从我们湖南和长沙来看，湖南是2006年之后，我们的社会投资才达到全国的平均水平，而从人均来讲，湖南的投资水平大大低于全国的平均水平；长沙是2003年以后，我们的社会投资才达到全国的平均水平。我们的积累、我们的投资与工业化、城镇化发展的要求，从某种程度上来讲还是不适应的，特别是支撑城市发展、产业发展、科技发展、社会发展的一些基础设施投资和基础产业投资是不够的。所以我们现在不要把增加投资简单地看作是一种落后的增长方式，关键问题要看投向、看结构，是不是有效益？是不是可持续？也就是说通过增加投资能够拉动需求、增加生产、积淀后劲，这样的投资是有效的投资，是合理的投资。在项目投资上，当前我们要抓住有利时机，做到产业发展项目和基础设施项目、城市建设项目和农村建设项目、政府投资项目和社会投资项目一起上，以项目吸纳投资、以投资稳定增长。要一手抓项目的推进实施，在手的三“十”重大工程要继续抓紧抓好；要一手抓项目的开工启动，昨天市委常委会上我们提出要抓住这一轮机遇，尽快铺排新的三“十”项目。一是十大基础设施项目。例如黄花机场扩建、国际会展中心、地铁三四号线、东二环快速干道、北二环东延线、坪塘大道南延线、国际文化艺术中心、人民东路东扩工程、废弃医疗垃圾处理中心、浏阳河流域整治，要抓住这个机遇，推动这些基础设施项目的建设。二是十大片区开发项目。重点抓好红星、高桥、三湘、马王堆四个市场的搬迁，以及鸭子铺片区、滨江新城、坪塘片区、梅溪湖片区、洣湾镇片区和高铁枢纽片区的开发。三是十大城镇建设项目。要加快城乡一体化发展，集中抓好十个中心镇的改造、建设和提质。要按照中心镇的功能来规划、建设和管理，而且土地、融资等方面都要制定支持鼓励政策，促进就地市民化，推进城乡一体化。这些项目迎龙同志牵头、市发改委正在统筹，要尽快协调落实。最近我们准备召开三个对接会，即与中央企业的对接会，与投资公司的对接会，与金融机构的对接会，尽快把项目敲定落实好。同时，我们要把项目的论证包装、投资招商、落地建设和协调推进各个环节抓实，实行一个项目、一名领导、一个班子、一抓到底。

（二）要保持工业持续增长。从工业经济运行的特征来看，我们支撑经济增长的三次产业中，工业仍然是主力。今年任务能不能完成，关键看工业。要强化政策引导，搞好“两帮两促”，加强工业调度，做好协调服务，保持工业持续增长。特别是对我们工业在建的一些项目要促进尽快投产，对已经投产的要尽快达产。

（三）要有效促进消费需求。从经济促进政策来看，外需乏力，内需必须扩大。消费拉动需求，需求带动发展。我们要想方设法改善消费环境，培育消费热点，优化消费政策，促进消费增长。要着力把投资需求转化为消费需求，以消费需求来引导投资需求。要促进教育、文化、旅游、养老、家政等服务消费；加强城乡市场流通体系建设，提高流通效率，培育新型消费业态；大力引进国内外知名商业品牌和商业连锁巨头，加快商业综合体建设，搭建高水平的消费平台，满足多层次的消费需求。前几天我和剑飞同志召集相关领导和有关部门专门召开了一个办公会，讨论了三个政策：一是鼓励采购本地企业产品的政策。在不抵触国家法律、不妨碍合理竞争、不增加投资成本的前提下，要优先采购我们本地企业的产品，特别是政府机关部门、政府投资项目更应该做到这一点。包括现在政府的公务用车，要优先采购本地产品。二是优先选用本地施工企业的政策。三是鼓励房地产业发展的政策。包括加大棚户区改造、解决政策性补贴、实行货币化安置、提供公积金贷款、满足改善性需求等，目的是促进房地产业健康发展。

四、要统筹推进，把住大局不折腾

下半年工作繁重，任务艰巨。各级党委、政府要科学谋划、把握大局、统筹推进，做到全市一盘棋、上下一条心，切实抓好当前的各项工作，为集中力量克难攻坚、推动经济逆势而上创造好条件、营造好环境。

（一）要把保持经济增长与维护社会稳定结合起来。今年通过“一推行四公开”，社会大局保持了和谐稳定。这也是今年下半年推动经济逆势而上的一个很重要的基础和条件。这项工作要抓好，这个月底或8月初，我们要召开一次经验交流会。上次我到宁乡调研，我感到，宁乡在“一推行四公开”以后三个变化是明显的：第一，信访批次减少了；第二，信访诉求变化了；第三，信访情绪缓和了，很多问题在下面就有人接待、有人疏导，上访群众的情绪大大缓和了。这都是积极的变化，下一步要进一步把这个工作做好。

（二）要把实现稳中求进与调整经济结构结合起来。在实现科学发展的过程中，既有体制性问题，也有结构性问题。结构性问题不仅制约当前发展，而且影响长远发展。所以不调整经济结构，很难实现持续发展。下一段，一定要在调整结构上做文章。一要优化投资结构，加快培育新的增长点。特别是要注意基础产业、基础设施的投资，不能盲目地扩大投资。二要优化产业结构，不断提高内生增长力。产业结构按照高端化的要求调整优化。三要优化区域结构，尤其要推进城乡一体化，着力打造新的增长极。

（三）要把确保今年目标与增强发展后劲结合起来。面对复杂的形势，我们要始终突出发展主题，唯发展为大，唯发展是从。要用发展来统一思想、用发展来改善民生、用发展来维护稳定，在新一轮城市发展的过程中把握主动权、占据制高点、实现新跨越。

同志们，实现下半年工作目标，任务是艰巨的，责任是光荣的。特别是今年是换届之年，能否保持经济逆势而上，既是对各级党委、政府的现实考验，也是对我们领导干部的实绩考察。大家一定要集中精力、心无旁骛、切实负责、努力工作，以更加有力的措施、更加务实的作风、更加旺盛的干劲，推动长沙经济社会又好又快、率先发展，以优异成绩迎接党的十八大胜利召开！

政府工作报告
（摘要）

在长沙市第十四届人民代表大会第一次会议上
市长　张剑飞
（2012 年 12 月 30 日）

一、过去五年的工作回顾

过去五年，在市委的坚强领导下，我们以科学发展观为统领，抢抓中部崛起和两型社会建设的战略机遇，科学应对国际金融危机的严峻挑战，成功抗击历史罕见的雨雪冰冻灾害，推进创业之都、宜居城市、幸福家园建设，圆满地完成了市第十三届人民代表大会第一次会议以来确定的各项目标任务。

综合实力大幅提升。2012 年，全市地区生产总值达 6399.91 亿元，增长 13.0%，经济总量居省会城市第 7 位，五年前进了 5 位；人均地区生产总值达 89903 元，居省会城市第 3 位；辖内财政总收入达 1509 亿元，其中地方财政总收入达 796.58 亿元，增长 15.6%；完成固定资产投资 4111.96 亿元，增长 20.3%。科技竞争力居全国省会城市第 6 位，被评为全国科技进步示范城市、国家知识产权示范城市；驰名商标总数稳居中西部首位；城市综合竞争力由第 24 位跃升到第 10 位，进入全国十强、全球十快。

基础设施建设成效显著。营盘路隧道建成通车，福元路大桥竣工通车，过江交通能力大幅提高；湘府路大桥实现合龙，南湖路隧道单洞贯通，过江通道将达 10 条；株树桥引水工程建成，开辟了城市第二水源；湘江综合枢纽蓄水通航，枯水期缺水成为历史，山水洲城更加美丽；黄花机场新航站楼投入营运，进入全国十大机场行列；高铁南站、新火车北站投入营运，地铁 2 号线实现轨通，1 号线加快推进，为长远发展提供有力支撑。

农村面貌发生深刻变化。农村公路通达、电网扩容、安全饮水、环境整治、校舍改造五大工程全面推进，新改建农村公路 9140 公里，村级道路全部硬化；新改建低压线路近万公里；解决 100 万农村人口饮水安全问题；加固及重建、新建校舍 25 万平方米，校舍安全工程全面完成；农村垃圾收集处理实现全覆盖，成为全国农村生态环保示范城市，初步展现山青水美的新面貌。

两型综合配套改革大力推进。推行阶梯水价、电价、气价和项目能评制度，建立环境资源交易平台和运用经济杠杆推动生态环保新机制，建立农村土地流转交易市场，创新人口户籍、行政管理、投资融资体制，成为全国首批节能减排财政政策综合示范试点城市，先导区获批全国生态文明建设试点区。

人民群众生活持续改善。城乡居民人均可支配收入分别达 30288 元和 15057 元，稳居中部省会城市首位；五年新增城镇就业 58.8 万人，零就业家庭保持动态清零；取消长浏、浏大、长湘、宁横公路等政府还贷公路收费站，普通公路全部免费通行；实现城乡义务教育“一费制”全免，城区公园和公共文化设施免费开放，暑期免费为中小学生提供游泳场所；荣获全国最具幸福感城市终身荣誉。

中共长沙市委副书记、长沙市长　张剑飞

政府管理服务全面加强。全面推进政府精细化管理，政府投资管理实行从项目立项、预算控制、工程建设到竣工决算全过程监管，通过优化设计核减投资 47 亿元，投资审计审减工程造价 99.4 亿元；建立公共交易平台，规范招标投标管理和国有资产处置；成立土地管理委员会，严格土地管理，率先全国实行土地出让网上招拍挂，确保土地出让公开、公平和公正；深化行政审批流程再造，市级行政审批项目全部实现在线办理，行政审批效率提升 30% 以上。

五年来，我们突出抓了以下几个方面的工作：

一是致力促进经济又好又快、率先发展。推进创业之都建设，鼓励支持创业富民，新增创业主体达 20 万户，非公有制经济占地区生产总值和从业人员总数比重均达 60% 以上，成为全国创业先进城市。发挥人才第一资源作用，引进储备优秀青年人才，引进国际高端人才 101 名、团队 17 个。推进新型工业化，实施质量振兴和标准化战略，加快优势产业和战略性新兴产业发展，工业总产值突破 8000 亿元，长沙高新区、长沙经开区成为千亿级园区，宁乡经开区、浏阳生物医药园晋升国家级园区。加快现代服务业发展，天心文化产业园成为国家文化产业示范园，文化对经济的贡献率居省会城市第三位，旅游总收入居省会城市第七位；社会消费品零售总额达2454.71亿元，年均增长20.88%；连续六年举办科交会，签订合作项目1328个，签约金额1139.5亿元；成功举办环湘江自行车赛、中博会、农博会等重大节会，成为国家现代服务业综合试点城市和服务外包示范城市。加大对外开放，金霞保税物流中心、长沙国际邮件监管中心投入运营，新增世界500强企业14家，引进外资银行5家；累计完成进出口总额314.3亿美元，年均增长13.4%；累计实际利用外资116.5亿美元，年均增长13.4%；新增友好城市或友好合作城市10个，荣获国际友好城市交流合作奖。被评为中国（大陆）国际形象最佳城市、福布斯中国大陆最佳商业城市。

二是致力精心规划、精致建设、精细管理城市。以规划引导城市发展，开展《城市总体规划》修编，望城撤县改区，城区面积扩大一倍；实施《城市色彩规划》，加强城市绿线管理，强化重要区域、节点设计，加强单体设计和外立面审查，城市色彩更加简洁、素雅。实施“沿江建设、跨江发展”，加快重点片区开发，相继建设一批城市综合体，形成湘江两岸互动共进新格局。树立全寿命周期成本最低理念，推进精品工程建设；完成中山西路、东牌楼等棚户区改造近500万平方米，高升村、红星村等城中村改造试点顺利推进；大浏、浏醴、长湘等高速建成通车；湘江生态经济景观带防洪道路工程竣工。连续四年实施交通疏导工程，成为全国畅通工程模范管理城市；实施黄花机场至市区沿线和城乡结合部环境综合整治，提质改造农贸市场174个，建成社区公园80个、特色景观街21条；生态动物园搬迁开园，岳麓山—橘子洲景区成为国家5A级旅游景区，沩山入选国家级风景名胜区；森林覆盖率达53.4%，建成区绿化率达42.2%，空气质量优良率保持在90%以上。被评为国家园林城市、国家绿化模范城市，联合国授予中国区环境规划示范城市。锲而不舍地推进文明创建，成功夺得全国文明城市桂冠。

三是致力加快城乡一体化发展。加快城镇化步伐，启动基础设施项目1920个，完成投资近400亿元，城镇化率达69.38%。开展农村土地综合整治，莲花镇、开慧镇、关山村、光明村等成为新农村建设示范。大力发展花卉苗木、有机茶叶、高产油茶、优质水稻、特色水产五大优势产业，加强标准化规模养殖和专业蔬菜基地建设，粮食生产实现“九连增”，农林牧渔业增加值实现翻番。推进农业科技创新，成为国家农村农业信息化示范市。建立新型农业经营体系，农业产业化龙头企业达307家，农民专业合作组织带动30多万农户增收。推进城乡公共服务均等化，率先全国实现城乡居民医疗保险并轨，城乡养老保险制度全覆盖，五年四次提高城乡低保标准。改建农村和国有林场危房2.1万户。所辖县（市）在全国县域经济基本竞争力百强中排名大幅前移，长沙县居全国中小城市综合实力第13位、中西部地区首位。

四是致力推进两型社会建设。先导区“六纵八横”交通框架全面形成，天马山、凤凰山、桃子湖提质改造完成，洋湖湿地公园一期开园，坪塘老工业基地污染企业全面退出，梅溪湖新城获批全国首批绿色生态示范城区，先导区建设为长沙发展增添新动力。坚持生态优先，实施两轮环保三年行动计划，城区规模养殖基本退出，完成铬盐厂42万吨铬渣解毒处理，城市污水处理率达95%，城市垃圾无害化处理率达100%，成为全国餐厨垃圾无害化处理试点城市。坚持资源节约集约利用，宾馆、酒店停止免费提供一次性用品并实施节电综合改造，推进绿色建筑试点示范，全面完成节能减排目标任务，单位地区生产总值综合能耗居中部省会城市先进水平。探索推广住宅人车分离、农民高层安置、高层工业厂房等节约集约用地模式。发挥城投集团、先导控股、轨道集团投融资作用，探索企业债券、集合委托贷款、信托等多元融资方式。长沙两型社会建设为全国生态文明建设探索了新路子。

五是致力改善民生和加强社会建设。坚持将公共预算支出的70%以上用于民生保障，全面完成为民办实事工程。推进教育均衡发展，合格学校建设全面完成，建成一批高品质学校，职教基地投入使用，双轨制学校改为公办，新增公办幼儿园160所，高等教育质量不断提高。实施基层医疗机构综合改革和基本药物制度，开展公立医院改革试点，基本形成城区“15分钟医疗服务圈”。初步形成覆盖城区的居家养老服务体系。市老干部活动中心建成开放。推进保障性安居工程和经适房货币化改革，城市居民人均住房面积达33.08平方米。实施农家书屋、广播电视户户通工程，推动国家公共文化服务示范区创建，铜官窑遗址公园建成开园。加强体育设施建设，开展全民健身运动，成功举办第十届全国中学生运动会。推进全国社会管理创新综合试点，深入开展治安、治差、治堵、治难、治脏专项活动，加快“天网工程”建设，生产安全、消防安全、应急管理、特殊人群管理服务不断加强。完善群众工作体系，建立矛盾纠纷化解机制，解决一批信访遗留问题。加强食品安全工作，实施“放心猪肉、放心蔬菜、放心作坊、放心食堂”工程，食品检测合格率达98%，连续十年无源发性药品安全质量事故。推进流动人口基本公共服务均等化，成为全国人口计生综合改革示范市。加强价格监管，居民消费价格指数低于全国省会城市平均水平。民族政策全面落实，宗教形成和顺局面。顺利完成经济普查、人口普查、“五五”普法和第八次村委会及社区换届。

六是致力加强政府自身建设。坚持科学民主决策，重大决策广泛征询意见，实行市民代表列席政府常务会议和市长办公会制度。坚持依法行政，开展重大行政决策和地方立法听证，率先全国出台首部政府法制工作规定。完成政府机构改革，便民服务中心实现全覆盖。加强政务公开和政务服务，取消行政事业性收费208项，群众办事更加方便。加强政府廉政建设，发挥行政监察作用，坚决治理不正之风。坚持厉行节约，突出抓好资金、资产、资源监管，推行财政绩效评价，深化国库集中支付和政府采购采管分离改革，进一步规范“三公经费”支出。国资监管实现全覆盖，国企改革任务基本完成。严格基本建设程序，强化政府重大合同审查、可研评审、招投标和规划管理，重大方案反复论证，政府投资管理不断规范。自觉接受人大工作监督和法律监督，主动接受政协民主监督，积极开展民主协商，加强与各民主党派、工商联对口联系。五年来共办理人大代表议案4件；办理建议、批评、意见1446件，满意率达99.8%；办理政协提案1920件，满意率达99.5%。

国防、人防和后备力量建设实现新发展，驻长部队在抢险救灾等急难险重任务中发挥了重要作用，军政军民关系和谐融洽，荣获全国双拥模范城“五连冠”。工会、共青团、妇联、科协、文联、侨联、社科联、残联、贸促会、红十字会、关工委、老龄委等为长沙发展作出新贡献。国家安全、对台、档案、机关事务管理、市志、供销合作、公积金管理、海事、气象、地震、移民开发等工作取得新成绩。

各位代表，过去五年是长沙经济社会发展最快、城乡面貌变化最大、人民群众受益最多的时期之一，我们站在了更高的起点上。这些成绩的取得，是省委、省政府和市委正确领导的结果，是市人大、市政协和人大代表、政协委员监督支持的结果，离不开历任老领导、老同志的关心帮助，是全市人民团结奋斗、苦干实干的结果。我们始终心存感激、充满敬意！在此，我谨代表市人民政府，向全市各族人民，向驻长部队、武警官兵和政法干警，向各民主党派、工商联、人民团体和各界人士，向所有关心支持长沙发展的国内外朋友，表示衷心的感谢！

过去五年，我们在实践中积累了一些宝贵的经验：一是必须坚持科学发展，率先发展。始终把发展作为第一要务，凝心聚力抓经济，一心一意谋发展，尊重经济规律，重视基础工作，强化发展质量，调整产业结构，优先实施拉动作用大、群众受益大的重大基础设施、产业发展和民生工程项目，实现又好又快、率先发展。二是必须坚持依靠群众，服务群众。尊重人民群众的主体地位，坚持把群众利益放在首位，把改善民生作为工作的出发点和落脚点，以信赖群众、依靠群众推动发展，以尊重群众、服务群众赢得理解和支持，建设长沙人自豪、外地人向往的幸福家园。三是必须坚持国际视野，理念创新。坚持以国内领先、国际先进水平为坐标，以国际视野指导发展实践，用现代理念推动政府工作，冲破惯性思维，创新工作理念，大胆借鉴国际国内先进经验，长沙更加开放、更加自信、充满活力、富有魅力。四是必须坚持勇于负责，敢于担当。牢固树立宗旨意识，牢记责任和使命，坚持公共利益至上、群众利益至上，凡是有利于长沙发展、有利于人民群众的事，就埋头苦干、大胆推进，不回避矛盾，不畏惧困难，不计较个人得失，对历史负责、对人民负责。

在看到成绩的同时，我们也清醒地看到发展中还存在不少的不足和问题：产业结构尚未形成多点支撑，与人民生活密切相关的终端产品偏少；城市建设管理还存在薄弱环节，区域之间、点面之间发展不平衡的矛盾比较突出；新农村建设任务依然繁重，基础设施仍不完善；上学难、看病贵等问题解决得不够好，特别是低收入群体生活与全面小康的目标还有较大差距；少数政府机关工作人员服务意识、办事效率与群众期待还有一定差距，发展环境有待进一步优化。对此，我们必须高度重视，采取有效措施认真加以解决。

二、未来五年的发展建议

未来五年，长沙处在可以大有作为的重要战略机遇期，也是全面完成“十二五”规划目标任务、率先建成全面小康社会的关键时期。我们必须认真贯彻落实党的十八大精神，按照市第十二次党代会确定的“城市国际化、产业高端化、城乡一体化、发展两型化、管理法治化，率先建成两型城市和实现全面小康”的战略目标，着力转变发展方式、推动改革创新、提升城市品质、推进城乡一体、创新社会管理、保障改善民生，努力建设更加富裕、秀美、文明、幸福的大长沙。

建设经济繁荣、活力迸发的现代中心城市。实现由“追赶型”发展向“引领型”发展转变，创新创业日趋活跃，要素资源竞相汇聚，成为全国重要的产业基地。地区生产总值迈上万亿台阶，财政收入实现翻番，综合实力挺进省会城市“一方阵”，现代化建设走在全国城市前列。

建设两型引领、环境优美的生态宜居之都。生态文明理念深入人心，资源利用更加集约节约，流域水质明显改善，大气环境更加洁净，城乡生态更加优美，城市功能更加完善，居民出行更加便捷，山水洲城风貌凸显，成为天蓝、山青、水绿，人与自然和谐相处的全国生态文明示范城市。

建设开放包容、魅力独特的国际文化名城。对外开放全面深化，国际交流日益广泛，文化内涵更加丰富，国际影响力显著增强，成为历史文化与现代文化交相辉映、湖湘文化与国际文化互动交融、文化事业与文化产业比翼齐飞的文化名城。

建设生活富足、社会公平的和谐幸福家园。城乡居民充分就业，居民收入与经济总量同步增长，社会保障全面加强，民主法治不断健全，群众均等享受基本公共服务，社会更加公平正义、安定和谐，人民生活更加殷实、更有尊严，率先全面建成小康社会。

主要预期目标是：到2017年，地区生产总值达12000亿元，年均增长11%；地方财政总收入达1600亿元，年均增长15%；完成固定资产投资8300亿元，年均增长15%；实现社会消费品零售总额5000亿元，年均增长15%；城乡居民人均可支配收入分别达53000元和29000元，年均增长12%和14%；城镇登记失业率控制在4%以内；单位地区生产总值综合能耗累计降低15%，完成省政府下达主要污染物排放总量减排指标；人口自然增长率控制在7‰以内；居民消费价格指数在省会城市平均水平以下。

围绕上述目标任务，建议重点抓好以下五个方面的工作：

（一）加快转变发展方式，提升经济发展质量

打造先进制造业中心。坚持以科技创新为主抓手，以工业园区为主战场，推动产业集群化、高端化发展。保持工程机械产业优势，支持烟花鞭炮、食品、服装等传统产业创新发展，将汽车制造、电子信息、集成建筑、新材料培育成为新的千亿产业，形成多点支撑的工业发展格局。实施知识产权战略，提高质量标准意识，突出引进创新创业人才，实施国家科技重大专项，加快科技成果转化，完善科技创新体系。创新招商方式，注重引大引强，配套基础产业，助推产业升级。着眼差异化发展，避免同质化竞争，促进产城融合，将宁乡、浏阳、望城、金霞经开区打造成为新的千亿元园区，长沙高新区、长沙经开区工业总产值分别迈上3000亿元台阶，实现工业总产值、规模工业增加值倍增。

打造现代服务业中心。坚持以激活消费扩大内需，提升现代服务业发展水平。积极发展现代物流、技术咨询、

工业设计等生产性服务业，建设高端企业总部聚集区。突出发展商贸流通业，合理布局大型商品批发市场、商业网点和仓储物流基地，建成国际会展中心和一批城市综合体。繁荣中央商务区，推动高端消费市场发展。提质改造传统服务业和传统商业中心，加大湘菜振兴扶持力度。加快旅游强市建设，打造“快乐长沙”旅游品牌，建设世界旅游目的地。坚持对内与对外开放并举、出口与进口贸易并重，加快发展电子商务和网上购物，推动内外贸易快速发展。实现社会消费品零售总额、旅游总收入翻番，建成中部现代服务业中心。

打造文化创意中心。推动文化产业与相关产业融合发展，把文化产业培育成为经济发展的新引擎。加快建设天心文化产业园、中南国家数字出版基地、长沙（国家）广告产业园，规划建设一批省市重点文化创意园区和文化产业项目，提高文化产业规模化、集约化、专业化水平。支持长沙广电发展壮大，打造知名文化企业，培育国际文化传播品牌，加强国际文化交流，形成独具长沙特色的文化符号，文化产业增加值占地区生产总值10%左右。

打造区域金融中心。科学规划金融产业布局，加快芙蓉路和滨水金融生态区建设，引进国内外金融机构区域总部、金融后台服务中心10家以上。发展壮大地方金融机构和投融资平台，支持符合条件的企业上市，规划建设金融市场，积极发展民营中小银行和小微企业融资综合服务中心，直接融资超过25%，地方金融资产占金融机构总资产35%以上。健全金融体系，优化金融生态，完善信用体系，扶持创业投资，规范民间借贷行为，基本形成多层次资本市场，金融业增加值占地区生产总值5%左右。

（二）加强规划建设管理，提升城市宜居品质

建设精美长沙。推进“沿江建设、跨江发展”，加快大河西先导区建设，拓展城市发展空间。重点完善省府新区、星沙新城、麓谷新城，加快发展隆平新区、黎托新城、滨江新城、金霞新城、望城滨水新城、宁乡金洲新区，启动建设黄兴新区、空港新区、雷锋新区、黄金新区，重点建设南湖、洋湖、梅溪湖、大王山片区，规划开发苏托垸、解放垸、雅塘村片区。精心雕琢重点街区、重要街道和城市节点，高度重视工程质量，打造百年精品工程，形成起伏有序的城市天际线。推进精细化管理维护，加快城中村、棚户区、老旧社区提质改造，激活房产二级市场，促进房地产市场平稳健康发展。完善湘江生态经济带，打造“浏阳河九道湾”品牌，规划改造捞刀河、沩水河、靳江河、圭塘河风光带，构建魅力彰显的城市景观带。形成以湘江为轴、大河西先导区与河东主城区互动发展、山水洲城自然融合的宜居都市。

建设畅通长沙。发展综合交通，建设全国交通枢纽城市。完成黄花机场二期改扩建，建成全国枢纽机场和重要国际航空港。支持城际铁路、沪昆高铁、渝厦高铁建设，建成现代高铁枢纽。加快湘江航道和霞凝港三期建设，建成湘江综合枢纽。完善高速公路路网，实现乡镇驻地与高速公路直连。研究建设纵贯南北、横贯东西的快速通道，完善主城区南部路网，推进湘江大道、潇湘大道南拓北延、枫林西路西延，建设芙蓉大道北延线、人民东路东延线。治理城区堵点，打通微循环。坚持公交优先、公益主导的发展体制，建成4条地铁线路，完成高铁南站、大河西、汽车南站等综合交通枢纽，全面建设公交都市。鼓励发展立体停车场，新建建筑配足停车位，清理恢复改变用途的停车场，着力解决停车难。完善智能交通诱导系统，加强交通宣传教育，培育文明交通行为。

建设数字长沙。加快“三网融合”，推广运用信息网络技术，建设中部重要的通信枢纽，建成覆盖全市、统一集中的数据库及管理中心，健全信息安全保障体系。发展云计算产业，重点支持国家超级计算长沙中心建设，加强互联网数据、生产运营、呼叫、容灾备份等信息服务平台建设，培育在线支付等新型业态。推进政府上网工程，打造数字城管，建成数字档案馆。统筹建设地下空间和地理信息平台，构建全市统一的“市民卡”系统，促进社会事业和公共服务信息化。实现城区光纤入户、农村光纤到行政村，中心城区、县城和重点乡镇基本实现无线宽带全覆盖。

建设生态长沙。严格绿线管理，保护城乡生态环境，巩固发展城市林业生态圈。实施重大生态修复工程，加快傅家洲等江心洲保护性开发，全面提质国家森林公园。新建一批湿地公园、城市综合性公园、社区公园和城市绿道，构建“15分钟绿色生活圈”。落实阶梯水价、电价、气价制度，推进节地、节能、节水、节材和清洁生产、低碳生产，积极发展应用新能源与可再生能源，加快非两型产业退出，全面完成节能减排目标。持续推进环保三年行动计划，加大江河流域综合治理，加强大气污染联防联控，推进农村环境综合整治，开展生态文明示范创建。推进垃圾减量化、资源化、无害化处理，推行居民垃圾分类收集和深化处理。实现环境质量、生态指数、单位地区生产总值能耗水平居国内先进水平，建设“绿带”环城、“绿道”满城、“绿点”遍城的绿色城市。

（三）加快城乡一体化发展，提升农村发展水平

完善城镇总体布局。坚持集聚生产要素、集中农村人口、集成城市功能，积极稳妥、有序推进城镇化。加快浏阳“一线三城”建设，加速宁乡东部新城建设，把浏阳、宁乡建成中等规模卫星城市；灰汤、大瑶、永安、铜官、暮云等建成10万人以上的小城市；金井、镇头、流沙河、沿溪、花明楼等建成5万人以上的中心镇；开慧、乔口、沩山、大围山、莲花等建成风貌独具的特色镇；提质改造中和、靖港等小城镇；支持边远乡镇加快发展。结合乡村山水风貌，科学规划农民住宅，打造依山傍水、相对集中、错落有致、富有湖湘特色的民居村落和田园美景。

完善农村基础设施。坚持城乡基础设施同步规划、同步建设、有序对接，增强农村综合功能。加强农田水利建设，完成病险水库和病险水闸除险保安，整修加固中小河道，基本解决农村安全饮水问题。完成农村电网改造。加强农村消防基础设施建设。实施农村公路安保提质工程，按标准硬化通村公路，加强农村公路养护。推进农村垃圾分类收集处理，科学建设乡镇污水处理厂。消除马路市场，提质改造一批农贸市场。全面改善农村生产生活条件。

完善现代农业体系。坚持用工业化理念、市场化要求谋划农业发展，推进现代农业推广示范区建设，发展产业集中区，建设优质农业产业带，扶持市级以上农业园区发

展，大力发展现代休闲观光农业，提升望城全国休闲农业示范区（县）影响力，构建近郊都市农业经济圈、中郊特色优势农业经济圈和远郊生态农业经济圈。推动农村流通现代化，着力破解农产品“买难卖难”问题。发展农产品精深加工，实现农产品加工业销售收入翻番。

完善农村公共服务。落实强农惠农富农政策，提高村级组织发展能力。加强农民创业就业服务，保持农民收入持续增长。依法推进征地拆迁，稳妥解决被征地农民安置、就业、社会保障问题。加强农村公共文化服务，建设一批集中居住区文化广场。完成乡镇卫生院、村卫生室标准化建设，完善小城市、中心镇医疗卫生服务。积极发展村镇银行，开展农业保险试点，完善农村金融服务体系。逐步推进“村改社区”，建设农村社区一站式服务平台。有序引导农业转移人口市民化，实现城乡基本公共服务均等化。

（四）加快民生社会事业发展，提升人民幸福指数

提高教育文化水平。坚持教育优先发展，教育资源注重向农村和边远地区倾斜，加强素质教育，促进教育公平；鼓励发展学前教育，均衡发展义务教育，积极发展职业教育和成人教育，推进高中教育、高等教育内涵式发展，规范和引导社会力量办学，重视教师队伍建设，办好人民满意的教育。加强不同层次人才的培养、引进和使用，满足各行业人才需求。实施文化惠民工程，建设重大公共文化项目，提质改造太平老街等历史文化街区，促进物质文化遗产和非物质文化遗产的保护、传承与开发利用，创建国家公共文化服务示范区。加强社会主义核心价值体系建设，全面提升公民道德素质，深入开展文明创建活动，推动学雷锋活动常态化，建设更高水平的文明城市。

提高社会保障水平。实施就业优先战略和更加积极的就业政策，实现更高质量的就业。加强保障性住房建设与管理，逐步解决困难群众住房问题。坚持全覆盖、保基本、多层次、可持续方针，稳步推进社会保险市级统筹，建成覆盖城乡的社会保障体系。做好优抚安置工作，完善社会救助体系，健全社会福利制度，支持发展慈善事业，促进残疾人事业发展。稳步提高城乡低保标准，推行农村“五保户”集中供养，照顾安排好困难群体和弱势群体基本生活。加强“菜篮子”工程建设，保持物价总体平稳。加强民族团结，促进宗教和睦。让人民群众生活更有保障、更有品质。

提高医疗健康水平。实施“健康长沙行动计划”，合理布局医疗卫生资源，规划建设省府新区、黎托新城、滨水新城三甲医院；推进医药卫生体制和公立医院改革，加强基层医院建设，引导、规范社会力量办医，率先实现人人享有基本医疗服务。深入开展爱国卫生运动，创建全国卫生城市。统筹抓好人口与计划生育工作，提高出生人口素质。加强食品药品生产经营全程监管，推进食品安全城市建设。加强体育设施和青少年活动场地建设，广泛开展全民健身运动，促进群众体育与竞技体育协调发展。持续推进“惠老工程”，完善社会化养老服务体系，人均预期寿命提高到 80 岁以上。

提高社会管理水平。加强和创新社会管理，促进社会管理法治化、网格化、长效化。加强法制教育，完成“六五普法”。加强群众工作，创新信访制度，引导群众依法表达诉求，发挥人民团体、社会组织作用，构建“大调解”格局，维护社会稳定。健全立体化社会治安防控体系，完善流动人口与特殊人群管理服务，依法防范和惩治违法犯罪活动，提高人民群众安全感。加强企业依法治理，维护良好的经济法治环境。加强未成年人保护，保障妇女儿童合法权益。强化公共安全体系和企业安全生产基础建设，加强气象、地质、地震灾害防御工作，完善突发事件应急处置救援机制。增强社区服务功能，提升社区物业管理水平。提高国防动员和后备力量建设质量，发挥部队支持地方发展的积极作用，发展人民防空事业，巩固和发展军政军民团结，争创全国双拥模范城“六连冠”。

（五）加强和改进政府管理，提升政府服务效能

牢固树立公仆意识。每一个政府工作人员都是人民的公仆，任何时候都要把群众利益放在首位。高度重视群众切身感受，时常换位思考，理解群众生活的不易、办事的困难、创业的艰辛，设身处地为群众排忧解难，着力解决人民群众最关心、最迫切、最现实的切身利益问题，满腔热忱地服务群众、服务企业、服务基层，不负人民的信任与重托。

大力弘扬实干精神。空谈误国，实干兴邦。再美好的规划，再宏伟的蓝图，归根到底靠实干才能实现，所有政府工作人员都要做实干的表率。要坚决整治慵懒、散漫、奢侈等不良风气，坚决克服形式主义、官僚主义，杜绝任何形式的形象工程、政绩工程，让实干成为政府工作主旋律，用实干赢得群众信任，用实绩回报群众支持。

全面提高服务水平。加强公务员队伍建设，开展专业能力和素质培训，提高政府工作人员的服务意识、成本意识和专业素养，提升政府整体效能和系统解决问题的能力。切实改进会风、文风、作风，减少迎来送往和各种庆典活动。优化行政审批流程，减少审批事项，坚决杜绝不作为、缓作为、乱作为的现象，坚决整顿不给好处不办事、给了好处乱办事的歪风，提高办事效率，改进服务质量，建设人民更加满意的政府。

努力建设法治政府。坚持依法行政，规范行政处罚自由裁量权，完善行政问责体系，做到每一项政府决策、每一项行政行为都符合宪法和法律的规定。完善行政决策程序，凡涉及群众切身利益的行政决策都充分听取群众意见。自觉接受人大的法律监督、工作监督，把政治协商、民主监督纳入决策程序，扩大民主党派、无党派人士、公民有序参与政府管理。强化行政执法监督，高度重视行政监察、审计监督和社会、舆论监督，让监督的阳光照亮权力运行的每一个角落。

切实加强廉政建设。建设清正廉洁的政府是人民群众的共同期盼。完善符合科学发展观的绩效考核体系，树立“重政绩、重公论”的用人导向。要坚持勤俭办一切事情，事事精打细算，处处严格把关，政府是受人民的委托管理城市、管理资金，管好、用好纳税人的每一分钱是我们的基本职责，没有任何理由铺张浪费。加强国有资产监管，构建科学有效的监管机制。加强对重点领域和关键岗位廉政风险防控，严格规范权力行使，加强经济责任审计，严肃查处违法违纪案件，树立干部清正、政府清廉、政治清明的良好形象。

各位代表！应对复杂多变的经济形势、完成繁重的工作任务、顺应人民对美好生活的向往，必须依靠高素质的人才、高品质的城市、高效率的政府，营造投资洼地，推动率先发展。要更加注重企业发展。企业是实体经济的基石。长沙的发展需要成千上万的企业，需要千千万万个懂经营、会管理、主动承担社会责任的企业家，要更加尊重、关爱企业家，注重发挥企业家才能，为企业家创业成长、创新发展营造公平竞争环境，满腔热情为外来投资者创业发展服务，积极支持本土企业发展壮大，促进实体经济有质量、有效益、可持续增长。要更加注重基层建设。基层是经济社会发展的依托。任何时候都必须把基层牢牢装在心中，加强基层基础工作，主动关心基层干部成长，营造舒心干事的良好环境，让基层成为建功立业的主战场。要特别关心农村基层建设，支持边远地区发展，始终把解决“三农”问题作为全部工作的重中之重，推进城乡一体化发展。要更加注重生态文明。青山绿水是大自然赐予长沙的宝贵财富。要格外珍惜长沙的山山水水，让自然优势与城乡建设有机结合，全面促进资源节约集约利用，打造两型社会建设的亮丽名片，让城乡环境更加优美，努力建设生产发展、生活富裕、生态良好的美丽长沙。要更加注重改善民生。改善民生是政府工作的根本任务。要鼓励和帮助每一个劳动者勤劳致富，通过加快发展做大“蛋糕”，让群众更多更公平地共享发展成果，决不因发展遇到困难而忽视民生保障，决不因收支矛盾加大而减少民生投入，以民生改善凝聚发展合力、推动经济增长。

三、2013 年的工作重点

2013 年是贯彻落实党的十八大精神的开局之年，也是新一届政府履职的第一年，要努力实现良好开局。全市经济社会发展主要预期目标为：地区生产总值增长 12% 以上，地方财政总收入增长 15%，固定资产投资增长 20% 左右，社会消费品零售总额增长 16.5%，城乡居民人均可支配收入均增长 14% 左右，城镇登记失业率控制在 4% 以内，单位地区生产总值综合能耗降低 4%，完成省政府下达主要污染物排放总量减排指标，人口自然增长率控制在 6.6‰ 以内；居民消费价格指数控制在 103.5 以内。为此，按照稳中求进的工作总基调，着力抓好以下工作：

（一）推进产业转型升级。加速推进新型工业化。围绕构建现代工业体系推进新型工业化，推动烟花、食品等传统产业提质发展，工程机械、汽车制造等优势产业集群发展，支持电子信息等科技型企业创新发展。突出重大产业项目支撑，加快新引进项目签约落地，促进在建重大产业项目达产达能。加快发展战略性新兴产业。按照先导性、支柱性要求，重点扶持高端制造、新材料、新能源产业，优先发展节能环保、新能源汽车、生物医药、电子信息和文化创意产业，延长优势产业链，发展终端产品，促进高端发展。提升现代服务业水平。大力发展电子商务，搭建第三方支付平台，建设中小商贸流通企业公共服务平台。启动长沙国际会展中心建设，加快商贸批发市场外迁。加速岳麓山、灰汤温泉、大围山、花明楼等旅游产业功能区开发，建设游客集散中心。扶持发展湘菜产业，促进传统服务业发展。强化产业发展支撑。合理布局园区产业，支持金霞经开区创建国家级现代物流园区，推进隆平、天心、雨花、岳麓等园区发展。强化人才支撑，健全科技创新体系。加快长沙金融生态区建设，发挥城投集团、先导控股、轨道集团平台作用，支持长沙银行、水业集团、粮食集团等符合条件的企业上市，破解企业融资难题。

（二）推进宜居城市建设。加强规划设计。启动新一轮城市规划调整研究，完成《城市总体规划》修改报批，加强望城与主城区规划对接，加强村镇规划编制。完善城市交通规划，加强历史文化街区、风貌区和交通枢纽等重点区域规划设计。完善基础设施。实现地铁 2 号线、石长铁路复线、湘府路大桥、南湖路隧道建成通车。加快地铁 1 号线、城际铁路、沪昆高铁、湘江综合枢纽、综合交通枢纽等项目建设，开工建设地铁 3、4 号线、京珠高速辅道、营盘路东延线、荷花路浏阳河隧道、铁路新北站二期等重大项目。提升城市品质。加快黎托新城、省府新城、滨江新城、朝正垅片区等开发建设。推进新一轮旧城改造，科学保护与开发、利用文化遗产。扩大“城中村”改造试点，加快黄兴北路、书院路、古道巷、长重等棚改步伐，启动经适房上市交易，促进房地产市场健康发展。实施地下管网、自来水户表改造，推进老旧厂区水电分离。统筹推进浏阳河风光带建设，提质改造晓园、白沙井等城市公园，新建社区公园 20 个，城区新增绿地 300 公顷、绿化达标小区 100 个。提高管理水平。推进公交都市建设，加快公交企业整合重组，加大公交站场建设管理力度，加强公交线路运营和票价管理，规范出租车运营管理，严厉打击非法营运。继续实施畅通工程，完善交通微循环。实施更高水平的精细化管理，推进城乡结合部环境综合整治，提升城区夜景亮化品质，开展社区环境整治，规范社区物业管理。健全文明创建长效机制，巩固文明创建成果，不断提升城市文明程度。

（三）推进城乡统筹发展。加快建设中心城镇。重点支持小城市、特色镇、中心镇建设，推进中心城镇与周边乡镇协调发展，加大对边远乡镇产业发展扶持。加快城乡基础设施对接，加速农村电网扩容改造，修建农村公路 900 公里，推进农村公路安保提质和危桥改造。解决 30 万农村人口安全饮水问题。加快发展现代农业。大力发展清洁种养技术，提高粮食生产能力，推进蔬菜基地建设，发展精品农业和林下经济，促进畜禽养殖产业化经营，保护发展宁乡花猪等地方特色品种。提高农业机械化水平，发展农产品加工业，加速都市农业、休闲农业发展，提升农业规模、质量和效益。加快农业经营体系建设。积极发展农村金融，科学布点村镇银行，大力发展农场、农业企业、专业合作社等现代农业组织，构建新型农业支付、流通经营体系。创新土地流转，治理抛荒行为。完善现代农产品配送体系，开展市内农副产品直销配送，启动农产品集配中心建设。加快完善农村公共服务。扩大农村低保、医保和养老保险覆盖面，加快农村危房改造步伐，启动新一轮农村敬老院改扩建。实施科技增收工程，加强农民技能素质培训，妥善解决被征地农民和农民工社会保障和就业问题。多途径壮大集体经济、增加农民收入。

（四）推进两型社会建设。加速先导区建设。加快滨江新城、梅溪湖片区、洋湖片区、大王山旅游度假区和望城滨水新城、宁乡东部新城建设，实现洋湖湿地公园、西湖文化园、桃花岭公园、梅岭公园开园。大力发展两型产业，集聚发展总部经济、金融服务、文化创意、商贸商务等新兴业态。推进重点领域改革。落实环境经济政策，健全资源环境管理体系，加强资源环保审计，加大绿色信贷、绿色技术支持力度，完善公众参与、环保自治机制。开展节能减排财政政策综合示范，推进土地管理改革，实施铬渣污染深度治理，推进企业合同能源管理。加大环境保护力度。推进新一轮“环保三年行动计划”，实施湘江综合枢纽库区清污工程，继续加大污水管网建设力度，加强湘江水体保护和浏阳河、捞刀河水污染治理。实行垃圾分类减量收集与处理，加强餐厨垃圾收集处理及综合利用。继续治理畜禽养殖污染，新建、续建乡镇污水处理厂12家。加快黄标车淘汰退出，启动PM2.5监测，空气质量持续改善。

（五）推进开放型经济发展。提升招商引资水平。发挥侨联组织、行业协会、商会和海外归国人员的积极作用，加大与世界500强企业、跨国公司、央企、上市公司的合作，围绕产业发展方向引进主机企业和配套企业。优化投资环境，提高合同履约率、资金到位率、项目开工率，增强招商引资实效。夯实对外开放平台。抓住发达经济体和先进地区产业转移机遇，主动承接战略产业转移。支持建设临空经济区、现代物流区，建设国家级综合保税区。完善部门协作机制，建好口岸联检机构，建设口岸电子信息平台，提高口岸通关能效。发展对外经贸合作。增强企业国际化经营能力，发展拥有自主知识产权的出口品牌，提升产品竞争力，积极参与国际竞争，提高国际市场占有份额。促进加工贸易转型升级，发展服务贸易，促进对外贸易平衡发展。

（六）推进民生事业改善。优先发展教育。合理配置教育资源，加强标准化学校建设，大力培养农村教师和优秀骨干教师，把优质教育办到群众家门口。保障外来务工人员子女平等接受义务教育，加强农村留守儿童服务，支持发展普惠性幼儿园，落实中等职业教育免学费政策。促进文化繁荣。完成“两馆一厅”建设，加快青少年宫、汉王陵和炭河里国家考古遗址公园建设。打造一批街道（乡镇）、社区（村）文化服务示范点，巩固农家书屋建设成果，继续实施送戏下乡等文化惠民工程，丰富人民群众文化生活。扶持重大文艺精品生产，支持金鹰文化城等重点产业项目发展，加强国际文化交流。提高保障能力。完善就业服务体系，创造更多公益性岗位帮扶困难群体就业，让群众更加体面地劳动，通过勤劳致富改善生活。加强城乡社会保障体系建设，提高社会保险覆盖面。合理规划养老设施布局，支持开展社区养老，提高老年人生活质量。建立农村五保、城乡低保标准自然增长机制，设立临时救助制度并向低收入家庭延伸。完善优抚、助残、救孤、济困等制度，发展慈善事业。加强和改进价格调控监管，努力保持“菜篮子”主要产品价格基本稳定。提升健康水平。积极开展群众体育活动，办好市第八届运动会。扩大公立医院改革试点，基本完成村（社区）标准化卫生室建设，让群众在“家门口医院”就能看病。加强城乡医保衔接和资金监管，实现基本医疗保险提质扩面。加大大病医疗救助，探索职工门诊统筹医保付费方式。建立食品安全准入机制，健全食品药品行业诚信体系，严厉打击食品药品违法犯罪行为，提升食品药品安全水平。

（七）推进社会管理创新。夯实基层基础。深化“天网工程”应用，打造网络化、智能化“数字街区”。逐步推行社区民警专职化，构建立体、联动、网格化治安防控体系，严厉打击各类违法犯罪。完善人民调解网络体系建设，加强特殊人群管理服务与教育。深入基层、深入实际，加强与群众的联系，把矛盾和问题化解在基层。健全常态管理。落实社会管理法治化纲要，争创“全国社会管理示范城市”。加强社区人员和物业管理，提升社区管理水平，实现“社区管理社会化、社会管理社区化”。深化户籍制度改革，促进流动人口基本公共服务均等化。培育社会组织，增强群众自我管理能力。开展第三次全国经济普查。加强电子政务应用建设。建好社会综合治税信息平台。深化国有企业改革，完善国有资产管理。促进社会和谐。推进企业安全生产标准化建设和隐患排查治理系统建设，遏制重特大安全事故。畅通信访渠道，加大调解力度，加大积案老案化解力度，维护改制企业稳定。深入推进“六五”普法和法律援助，做好人口与计划生育工作，保护妇女、儿童、老年人、残疾人合法权益。加强民兵预备役、国防动员和人民防空工作，积极为驻军办实事。促进民族团结进步，依法管理宗教事务。全面做好国家安全、外事侨务、档案管理、机关事务管理、地方志等工作。

各位代表！美好幸福的生活要靠劳动去创造，将长沙的美好蓝图变成现实，需要全市人民共同努力。让我们以昂扬进取、只争朝夕的精神状态，聚精会神搞建设，潜心尽力促发展，与全市人民同甘共苦、团结奋斗，共同谱写长沙发展的新篇章！

各位代表！人民群众对美好生活的向往就是我们的奋斗目标，全市人民生活更加幸福是我们的不懈追求。让我们在市委的正确领导下，奋发进取，埋头苦干，创造无愧于历史、无愧于时代的光辉业绩，开创长沙更加幸福美好的明天！

大 事 记

2012 年长沙大事记

1 月

3 日　三一路跨线桥竣工通车。

△　智能交通行车诱导系统试运行，在入城路口和交通堵点周边，共设 55 块显示屏。

4 日　为贯彻全市群众工作“一推行四公开”要求，砂子塘街道在全市率先成立律师社区维权工作室，聘请资深律师，免费为居民维权。

5 日　市应急联动指挥中心投入使用。

5 ～ 8 日　政协长沙市十届六次会议召开。

6 ～ 9 日　市十三届人大五次会议召开。

8 日　长沙铁路新北站开通运营。新北站位于捞霞地区，新货场远期按 2000 万吨规模规划，年吞吐能力将达到原火车南、北货站的 4 倍。

△　春运工作启动，这是 46 年来最早启动的春运。

9 日　由岳麓山、橘子洲、岳麓书院和新民学会旧址组成的岳麓山 -- 橘子洲景区，正式晋升国内旅游景区最高等级“AAAAA”。

10 日　实施《长沙市公共安全视频图像信息系统管理办法》。

11 ～ 16 日　市领导分别走访慰问老红军、困难户和拆迁户。

△　德国博世力士乐长沙中心正式开业。长沙工程机械产业迎来全新发展阶段。

13 日　召开市人口和计划生育工作会议，2011 年长沙实现全省人口与计划生育工作模范市“十连冠”目标，9 个区（县）全部进入“省优”单位，长沙被确定为全国首批创建幸福家庭活动试点城市，市人口计生委被评选为“全国人口计生系统先进单位”。

△　省委常委、市委书记陈润儿会见到长沙的台湾介面光电股份有限公司董事长叶裕洲一行。

14 日　召开全市金融工作座谈会。

15 日　市政府举行工作汇报暨文明创建答谢会。

△　市委、市政府举办文艺晚会庆祝长沙市获“全国文明城市”称号。

17 日　张剑飞陪同常务副省长于来山检查省会春节蔬菜等食品市场供应价格情况。

19 日　举行迎新春军政座谈会。

20 日　举行各界人士迎春团拜会，陈润儿、张剑飞等省市领导和社会各界代表出席。

△　开福区湘江枢纽库区建设在捞刀河镇苏托垸开工。

21 日　地铁 2 号线盾构机首次贯穿湘江，溁湾镇站至橘子洲站左线隧道贯通。

25 ～ 29 日　张剑飞率团出席在瑞士举行第 42 届“世界经济论坛年会”（达沃斯年会）并在达沃斯论坛“可持续城市能源峰会”上就城市可持续发展和城市节能减排作主题发言。

31 日　在马来西亚吉隆坡，马来西亚总理马哈蒂尔为袁隆平颁发 2011 年“马哈蒂尔科学奖”。

2 月

1 日　召开市委常委（扩大）会议，专题听取“争当雷锋精神传人，弘扬社会文明新风”活动的情况汇报。

2 日　五一广场高架桥通车。

△　岳阳市党政代表团到长沙考察。

4 日　召开省会“争当雷锋精神传人，弘扬社会文明新风”活动座谈会。

6 日　“神八”飞船搭载的湖南省 3 件物品正式由湖南省博物馆永久收藏。

△　中国工程院首批院士、中南大学创始人之一黄培云在长沙逝世，享年 95 岁。黄培云曾研制成功多种用于高科技领域的粉末冶金材料，被誉为“中国粉末冶金之父”。

7 日　召开“争当雷锋精神传人，弘扬社会文明新风”系列活动暨宣传工作调度会，就如何抓紧推进学雷锋活动进行全面部署。

8 日　湖南省科学技术杰出贡献奖在长沙颁发。著名油菜专家官春云，中国人类生殖医学领域奠基人和开拓者卢光琇获此殊荣。

△ 召开全市政法、信访工作会议，陈润儿要求创新社会管理，维护社会稳定。

9日 召开中共长沙市第十二届纪委第二次全会暨全市反腐败工作会议。

10日 广东省委常委、深圳市委书记王荣，深圳市委副书记、市长许勤率深圳市党政代表团到长沙交流考察。

10日 交通运输部党组副书记、副部长翁孟勇到长沙考察调研。

11日 中央驻湘主要媒体和省会主要媒体齐聚长沙市雷锋纪念馆参观学习并召开会议，拉开“雷锋故乡行”集中采访活动的序幕。

12日 “当文明长沙志愿者，做学习雷锋排头兵”暨“推广雷锋故乡流行语 -- 这是我应该做的”主题活动在贺龙体育馆启动。

15日 市委、市政府举行长沙财税收入首次突破千亿元表彰大会，一批在全市财税工作中作出重大贡献的先进单位、个人和企业受到表彰。

17日 长沙警备区召开驻长沙部队开展“雷锋家乡学雷锋活动”

17～18日 郴州市党政代表团到长沙考察。

19日 南宁市委副书记、市长周红波率南宁市政府考察团到长沙考察。

△ 长沙物管及物业维修资金创新试点在雨花区4个小区启动，应急维修不再需要“双2／3业主签名”。

20日 召开中共长沙市委第十二届三次全体（扩大）会议，全会表决通过长沙市出席党的十八大代表候选人初步人选。

21日 长沙市科技领导小组发布2011年长沙十大科技事件。

22日 省会千所学校百万学生举行“续写雷锋日记，争当雷锋传人”活动启动仪式。

△ 召开全市商务工作会议，长沙社会消费品零售总额2012年2508.68亿元，增长18%。

△ 搭乘“神舟”六号飞船进入太空的费俊龙少将一行到达雷锋纪念馆参观学习。

23日 《长沙晚报》报道：全省一本院校增至10所，湖南农业大学、中南林业、科技大学、南华大学、湖南科技大学、湖南中医药大学升为一本院校。

△ 市十三届人大常委会举行第三十八次会议，任命李介德为长沙市副市长。

△ 长、株、潭三市签订“就业一体化”合作协议。

24日 全国人大环境与资源保护委员会副主任委员张云川、王庆喜一行到长沙调研饮水安全保障工作。

△ 召开全市人力资源社会保障工作会议，全市26个为民办实事责任部门向市政府递交目标责任书。

25日 “女性生活蓝皮书”暨第六次中国城市女性生活质量调查报告在北京发布，长沙女性幸福感排全国第三。

△ 湖南和光传媒有限责任公司成立，这是长沙市文化体制改革进程中首家转企改制后成立的文化影视制作企业。

27日 省、市文物局通报长沙万达广场项目工地发掘出土的古城墙概念性保护方案：南宋古城墙原址保护至少20米，异地迁移保护100米，原址上架设玻璃罩，建成后对公众免费开放。

△ 召开全市国土资源工作会议，张剑飞要求深入推进国土资源工作精细化管理。

28日 在星沙工作的美籍华人郑群怡博士获中国绿卡，他是湖南企业引进的国家“千人计划”专家中首位获得中国绿卡的人。

△ 召开全市安全生产工作会议。

△ 长沙市再次被授予“全国双拥模范城”称号，长沙第五次获得该项荣誉。

△ 市委常委、副市长陈泽珲会见加拿大驻广州总领事馆总领事艾伟敦一行。

△ 由中宣部主办的第九届中国公民道德论坛在北京举行，陈润儿代表长沙市作《用雷锋精神引领社会风尚，使雷锋故乡成为道德高地》的主题发言。

29日 召开全市经济工作会议，2011年长沙市千亿财税逾六成来自工业。

△ 成立“学雷锋光彩基金”。

△ 张剑飞会见到长沙访问的芬兰驻华大使岚涛一行。

△ 2012“福满星城”落幕。2012年“福满星城”购物消费节横跨圣诞、元旦、春节、元宵4大节日，全市实现社会消费品零售总额504亿元，比上年同期增长19%。

3月

1日 陈润儿主持召开市委常委（扩大）会议，安排部署当前工作。张剑飞通报经济形势。

召开长沙市“环境保护三年行动计划”工作大会。

2日 省委常委、长株潭试验区工委书记张文雄在长沙调研“两型”社会建设。

△ 启动全市早餐行业食品安全专项整治。

△ 召开全市检察工作会议。

△ 湘潭市党政代表团到长沙考察，陈润儿、张剑飞出席交流会。

3日 市文明办、共青团长沙市委为长沙“志愿者广场”、“志愿者之家”授牌。

5日 长沙获“全国国土绿化突出贡献单位”称号，成为获此殊荣的5个省会城市之一，也是中部地区唯一获牌的省会城市。

5-14日 张剑飞出席十一届全国人大第五次会议，并接受各大媒体集中采访，介绍长沙经济社会发展情况。

6日 召开全市年度绩效考核总结讲评大会。陈润儿要求，要牢固树立正确的政绩观，形成干事创业的推动力。

7日 陈润儿调研长沙比亚迪汽车有限公司，要求集中精力破解难题，尽快实现投产达效。

△ 召开长沙市推进创业富民工作领导小组2012年第一次会议，决定2012年争创国家级创业型城市。

8日 《长沙晚报》报道，继雨花区之后，浏阳市人民法院跻身全国模范法院，长沙成为唯一拥有两家全国模范法院的省会城市。

△ 2时许，32.5米湘江洪峰抵长，14年后，湘江3

月再现超警戒水位。

△ 陈润儿会见江西省人大常委会副主任陈安仑为团长的考察团。

9日 市人大常委会主任余合泉率领常委会领导集体调研天心区工作。

△ 启动打击非法行医专项行动，首日取缔20家黑诊所。

△ 湖南巴士公共交通有限公司签订股份转让协议。市公交投资管理有限公司和市国资委以1.06亿元受让湖南巴士65%的股权。

△ 召开市住建委工作会议，2012年长沙将加强绿色建筑项目示范，拟建四大绿色新区。

△ 召开市煤炭工作会议，长沙组建5大煤矿集团公司。

10日 长沙港首次接纳5000吨级货轮。

12日 陈润儿调研大河西先导区路网建设。要求加快京珠西线建设，构建河西快捷路网。

13日 湖南国科微电子有限公司与日本富士通半导体株式会社签约，在长沙合资成立湖南国富通半导体有限公司。

14日 陈润儿专题调研文艺院团体制改革，要求加快文化体制改革，促进文化繁荣发展。

17日 张剑飞调研全市园林工作，强调要给老百姓更多的好去处。

20日 黄兴北路建设及两厢棚改第一批地征用决定公告，标志着《国有土地上房屋征收与补偿条例》施行后，长沙市首个大型棚改项目正式拉开征收签约序幕。

21日 《长沙晚报》报道：浏阳市获批成立国家级经济技术开发区。

21～22日 省委副书记、省长徐守盛深入长沙乡村、工厂、工地考察调研新农村建设、重点工程、园区产业等经济社会发展情况，要求长沙充分发挥示范带头作用。

22日 姚英杰会见英国驻广州总领事摩根商务代表团。

23日 召开党员领导干部廉洁从政警示教育大会，陈润儿要求秉持赶考之心，恪守兴党之责。

24日 长沙首批百名全科医生进社区，任“健康管家”，提供一体化医疗服务。

25日 长沙市第二届全民健身节启动仪式暨长沙市第46届春季马路赛在贺龙体育中心举行。

26日 召开第七届中部博览会长沙市动员大会。

27日 张剑飞调研黄兴北路建设及两厢棚改项目，要求各部门全力支持配合。

△ 张家界市党政代表团到长沙考察。

△ 长沙首个国有工矿棚户区改造项目—丝茅冲国有工矿棚改项目竣工。

28日 陈润儿到长沙经开区专题调研并现场办公，要求培育壮大电子信息产业群，不断提升园区产业竞争力。

29日 由中宣部、解放军总政治部和中共辽宁省委组织的雷锋生前所在部队先进事迹报告团到长沙举行报告会。

△ 省委常委、省政协主席胡彪到长沙市调研新型城镇化建设，要求长沙要当推进新型城镇化的表率。

“消费之春，乐购长沙—2012全国（长沙）消费促进月”在苏宁电器五一广场店正式开启。

29日 召开全市校园及周边综合治理工作会议，重点开展以学生用车安全为重点的中小学生交通安全隐患整治和以学校学生宿舍安全为重点的消防安全整治专项行动。

30日 《长沙晚报》报道：三一重工盈利首次超过百亿。

张剑飞到宁乡调研春耕生产等工作，强调要把长沙打造成现代农业示范区。

31日 市教育局召开新闻发布会：公布2012年最新招生政策，新增长郡梅溪湖中学，雅礼实验中学两所公办学校，南雅中学和麓山国际改制为公办学校。

△ 交通运输部部长李盛霖一行到长沙考察。

4月

1日 国家人口计生委主任王侠到长沙调研人口计生信息化工作。

△ 召开全市安居工程和棚户区改造工作动员大会，2012年长沙市保障性安居工程建设27314套。

△ 长沙至深圳高铁直通首发，到达深圳的时间由原来的10多个小时缩到3个小时。

5日 《长沙晚报》报道：长株潭跻身全国15个达标城市群。

6日 张剑飞会见中国外运长航集团副总裁姚平一行，就浏阳烟花出口运输及合作建设霞凝港等进行交流。

7日 陈润儿到浏阳市调研，要求推进城乡发展一体化，提升区域经济融合度。

△ 陈润儿、张剑飞会见中信集团原董事长王军一行。

10日 全国政协常委、全国政协社会和法制委员会副主任许仲林率调研组到长沙，就加强和创新社会管理中的法制建设情况开展调研。

△ 省委常委、宣传部部长路建平到长沙督察文化体制改革工作。

△ 《长沙晚报》报道：长沙县、望城区、浏阳市、宁乡县纳入长株潭都市区。

11日 湘潭市委副书记、市长胡伟林率团到长沙考察城市建设、征地拆迁等工作。

11～13日 省人大常委会湘江流域综合整治专题调研组到长沙调研。

13日 湖南省社会管理创新综合试点工作推进会在长沙召开，长沙特色社会管理新模式获推介。

△ 福布斯中文版首次发布的中国中部商业城市排行榜，长沙位居榜首，武汉、郑州分别排名第二、第三。

△ 启动中小餐饮食品安全专项整治，对餐饮店进行8项重点检查，行动持续到5月。

16日 长沙首条地铁穿江隧道实现单线贯通。

△ 长沙市2011年度“十大新闻事件”评选活动启动。

18日 “聚集中博看湖南”采访团首站到长沙，张剑飞全面阐释长沙“两型”理念。

20日 召开长沙市深入开展“五治”行动推动社会管理创新全面提升文明水平工作会议。

21日 举行2012中国网络媒体长沙行活动。

△ 由湖南东方红建设集团承建的潇湘南大道工程获2011年度“全国市政金杯示范工程”大奖。

24日 中组部副部长、人力资源和社会保障部部长、党组书记尹蔚民到长沙调研大学生就业创业工作。

25～26日 陈润儿、张剑飞率长沙党政代表团赴永州、衡阳考察现代农业发展。

26日 市十三届人大常委会第40会议举行第二次全体会议，《长沙市慈善事业促进条例》获通过。

27日 福布斯发布的新一期全球2000强企业榜单，中联重科、三一重工分列第776位、第997位。

28日 长沙市庆祝“五一”国际劳动节文艺晚会在长沙广汽菲亚特有限公司的生产车间举行。

△ 召开河道及砂场综合整治动员大会，湘江长沙综合枢纽以上的长沙河道全面禁采。

△ 长沙市湘剧保护传承中心、长沙市花鼓戏保护传承中心成立暨揭牌典礼举行，标志着长沙市两家市直国有文艺院团改革的阶段性任务基本完成。

5月

1日 长沙金口岸珠宝玉器城开业。

2日 长沙地铁首条过江隧道双线贯通。

△ 省级老领导考察先导区“两型”社会建设。

2～4日 张剑飞出席在比利时布鲁塞尔“中欧城镇化伙伴关系高层会议”，并就可持续城镇化、长沙新型城镇化探索等内容做了交流发言。

3日 湖南车展在湖南国际会展中心举行。车展共汇聚国内外80个汽车品牌的500辆展车，5天成交32.9亿元。

4日 望城区政府与湖南柏乐文化投资签约，计划投资8亿元合作开发全国首个鱼文化乐园。

△ 市委举行青年工作座谈会，庆祝中国共产主义青年团成立90周年。

5日 “精子库中的社会和伦理挑战”中欧经验交流研讨会在长沙召开。

6日 湖南海潮会在长沙成立。

7日 张剑飞会见到长沙考察的台湾华聚产业共同标准推动基金会董事长陈瑞隆一行。

9日 举行“雷锋家乡学雷锋”先进事迹报告团首场报告会。

10日 由国防科技大学自主设计与研制的“天拓一号”技术实验卫星在太原卫星发射中心成功发射。

10～11日 怀化市党政代表团到长沙考察。

11日 全省第一家无烟囱制砖企业——湖南泾沣高新建材有限公司在长沙投产。

△ 长沙市2011年度“十大新闻事件”评选结果揭晓，分别是：长沙荣登全国文明城市榜首；长沙财税收入首次过千亿元；长沙“五老四教育”经验全国推广；国防科大自主创新团队成为全国学习典型；望城撤县设区；长沙城区面积“长大”一倍；长沙营盘路湘江隧道通车；黄花机场新航站楼全面启用；长沙铁路货运北站竣工投入使用；三一重工跻身全球500强；长沙大河西先导区被确立为全国生态文明建设试点区。

12日 全国人大常委会副委员长司马义·铁力瓦尔地率执法检查组到长沙就《中华人民共和国残疾人保障法》贯彻实施情况进行执法检查。

△ 全国政协调研组到长沙，就城乡土地可持续利用情况进行专题调研。

14日 娄底市党政代表团到长沙考察。

△ 黑龙江省绥化市委书记朱清文率代表团到长沙考察。

14～15日 2012年“雷锋精神论坛”在长沙举行，主题是：“雷锋精神”时代化与学雷锋活动常态化。

17日 “2012世界华商领袖峰会”在长沙举行。陈润儿、张剑飞、陈泽珲出席会议。

△ 湖南上海商会在长沙成立。

17～20日 举行中部论坛长沙会议，主题是：“绿色发展，共生崛起”。

18日 在第八届深圳文博会上，长沙入选首批国家级文化和科技示范基地。

△ 安徽省委书记、省人大常委会主任张宝顺率团到长沙考察“两型”社会建设等情况。

18～20日 江西省委常委、南昌市委书记王文涛，南昌市委副书记、市长陈俊卿率南昌市党政代表团参观长沙产业发展、城市建设和管理等情况。

18～29日 第七届中国中部投资贸易博览会在长沙举行。

21日 比亚迪6B新车正式下线，标志着比亚迪股份有限公司长沙生产基地正式投产乘用车。长沙轿车批量生产取得零的突破。

△ 中国城市竞争力蓝皮书发布，对294个城市竞争力指数排序，长沙城市竞争力列第十名。

23日 张剑飞会见世界经济论坛中国区执行董事施力伟。

24日 长沙全面实施街道大工委制试点。

25日 召开机关效能建设暨优化经济发展环境大会，张剑飞要求：优化机关效能，营造良好发展环境。

29日 九三学社院士专家学术报告会暨“同心系湘江，共护母亲河”活动启动仪式在长沙举行。

30日 1911年建成的长沙铁路老北站正式关闭。

△ 长沙鼓风机厂重组。

△ 长沙市成为首批“国家电子商务示范基地”之一。

31日 广东省惠州市委副书记、市长陈奕威率党政代表团到长沙考察，张剑飞会见代表团一行。

△ 五一广场地铁站主体工程完工。

6月

1日 广东省惠州产品展销会在长沙举行。

2日 首批国家知识产权示范城市评出，长沙市名列第四。

3日 省第十次党代会代表培训班学员在长沙考察。

△ 新疆伊犁州代表团到长沙考察文化产业与“两型”社会建设。

△　以全国政协常委、香港香江国际集团董事长杨孙西为团长的香港知名人士访湘团到长沙参观访问。

4日　长沙市2012年“相约最美乡村”活动在长沙县金井镇启动，长沙首个乡镇公共自行车系统在该镇建成。200台公共自行车投入使用。

△　启动史上最严厉社保欠费清缴行动，欠费50万元以上的曝光。

5日　长沙铜官窑国家考古遗址公园在望城区丁字镇正式开园。

△　2012年中国经济社会论坛在长沙举行，主题是：努力实现稳中求进。中共中央政治局委员、全国政协副主席、中国经济社会理事会主席王刚出席开幕式并讲话。

6日　召开金融工作会议。张剑飞强调要努力把金融工作打造成全市的支柱产业。

△　张剑飞会见法国驻武汉总领事蓝博一行。

8日　湖南（长沙）关爱他人、关爱社会、关爱自然志愿活动正式启动，由中国志愿服务基金会捐建的首个农民工廉租房“幸福家园”同时在长沙县开园。

8～9日　湘西自治州州委书记何泽中，州委副书记、州长叶江率领湘西自治州党政代表团到长沙考察。双方签订了关于加强经济社会发展合作的框架协议。

10日　《长沙市全民健身办法》正式施行，成为长沙市开展便民健身工作的新里程碑。

11日　国防科技大学全军高级干部高科技知识培训班学员到长沙考察。

12日　湘台产业合作恳谈会暨第八届湘台经合会在台湾举行，张剑飞率长沙分团考察蓝天电脑集团。

△　全国政协副主席、中美交流基金会主席董建华率中美交流基金会一行访问麓谷。

△　举行长沙市学雷锋先进事迹报告会。

15日　开通粮食集团粮食铁路专用线，同时湖南金霞饲料大市场开业。

△　长沙市赴台湾经贸考察团在台南市举行食品加工业和农业交流合作会。

16日　安徽省委副书记孙金龙，副省长倪发科率领安徽党政代表团考察“两型”社会建设与高新技术企业发展等。

16～17日　举行2012年长沙市中考，共有25784名考生参加考试。

16～27日　张剑飞率团出席在巴西里约热内卢召开的联合国可持续发展大会，并在全球市政厅会议上代表湖南和长沙，就如何走资源节约型和环境友好型发展之路发表演讲。

18日　湖南省博物馆闭馆，开始全面改扩建，暂停开放三年。

20日　长沙大河西先导区和湘潭（九华）经济技术开发区签署战略合作框架协议，长株潭融城取得实质性重大突破。

△　中国和平统一促进会考察团到长沙考察。

△　召开全市医疗保险工作会议，会议强调要强化医保监管工作，确保市医保基金安全。

△　市政协主席谢树林会见美国国际城市管理协会。

22日　联合国可持续发展大会召开期间，联合国副秘书长、环境规划署执行主任阿齐姆·施泰纳会见长沙市委副书记、市长张剑飞一行，并表达对中国名城长沙环保事业的高度关注。

23～24日　新疆维吾尔自治区党委副书记、自治区主席努尔·白克力率领新疆党政代表团到长沙考察。

25日　召开竞争选拔年轻领导干部新闻发布会，宣布面向全市竞争选拔9名35岁以下的区县（市）人民政府副区县（市）长（其中女性至少一名），以及60名30岁以下的乡镇（街道）党（工）委副书记。

28日　省委副书记、省长徐守盛到长沙县金井镇惠农村调研点评“基层组织建设年”活动，看望慰问基层党员干部。

△　公安部在长沙召开会议，长沙警务后勤保障建设经验推向全国。

△　广汽菲亚特首款国产重量级新车—菲翔在长沙下线，新车的下线标志着位于长沙经开区的世界级工厂竣工。

7月

2日　中共长沙县委被中共中央组织部授予“全国创先争优活动先进县党委”称号。

△　第十一届“汉语桥”世界大学生汉语赛在长沙举行。

3日　张剑飞会见《福布斯》杂志中文版总编周健工。

△　省人大常委会执法组到长沙开展资源能源节约跟踪检查。

4日　意大利马尔凯大区在长沙设办事处。

5日　长沙机床厂研发数控剐齿机，填补国内空白。

△　长沙市中小企业金融服务中心在长沙高新区揭牌成立。

△　安徽省淮南市市委副书记王宏率淮南市党政代表团到长沙考察。

6日　省人大常委会副主任谭勇一行到长沙调研规范性文件备案审查工作。

7日　“2012中国中部金融中心论坛”在长沙举行。

△　在北京举行的国家高新技术产业开发区工作会上，长沙高新区获“国家高新技术产业开发区建设20年先进集体”称号。

9日　天心区区划开始调整，9街1镇调整为12个街道。

11日　国务院检查组到湖南检查督导收费公路专项清理工作。

△　长沙普通公路收费站点全部撤销。

△　安徽马鞍山市党政代表团到长沙考察。

12日　召开市委十二届四次全体（扩大）会议，陈润儿要求：集中精力，克难攻坚，推动经济逆势而上。

△　召开市人大政协换届工作会议。

13日　河南省委常委、郑州市委书记吴天君，郑州市委副书记、市长马懿率领郑州市党政代表团到长沙考察。

14日　陈润儿到湘江长沙综合枢纽工程调研。

16日　省委书记、省人大常委会主任周强宣布住友橡胶（湖南）有限公司正式投产。

△ 召开《湖南省推进新型城镇化实施纲要》征求意见座谈会，该实施纲要涵盖50条具体操作细则，并对超高建筑、绿色建筑以及中心城市群的发展等内容首次做出明确界定。

17日 长沙与中央企业合作发展暨重大项目推介会在北京举行，中央企业与长沙市政府、各区（县、市）政府、市属企业有22个项目签约。资金达350亿元。

△ 长沙荣获“全国创业先进城市”称号。

18日 张剑飞会见日本东芝珠式会社执行常务中国总代表兼东芝（中国）有限公司董事长兼总裁桐山辉夫一行。

19日 长沙三家农民专业合作社成为全国示范社，分别是：湖南隆平高科种粮专业合作社，宁乡县流沙河牲猪养殖专业合作社，望城隆平格塘种粮专业合作社。

△ 长沙市房地产商会成立。

21日 芙蓉区在全市率先推出“楼宇经济三维地图”。

△ 梅溪湖环湖景观工程竣工，9月向社会免费开放。

22日 《长沙晚报》报道：6月长沙规模工业产值达695.9亿，增长24.6%，创单月历史新高。

23日 《长沙晚报》报道：源科创新在宁乡金洲新区奠基，拟建成亚洲最大的固态硬盘生产基地。

△ 召开全市农村危房改建暨乡镇敬老院建设工作会议，计划11月底前完成8250户农村危房改建。

△ 市工商局启动整治虚假违法广告专项行动。

△ 省委、省政协督查组到长沙就长沙市贯彻落实《中共湖南省委政治协商规程（试行）》情况进行督查调研。

24日 长沙市首个村级慈善机构开福区汉回村“汉回一家亲互助会”成立。

△ 张剑飞到长沙县调研并检查防汛抗旱工作。

25日 长沙市与银行机构合作发展暨重大项目推介会举行，195个项目总投资达8292亿元。

△ 望城区公安消防大队荣获“全国军民共建社会主义精神文明先进单位”称号。

26日 商务部国际贸易谈判代表兼副部长高虎城一行到长沙考察现代服务业试点工作。

27日 省委常委、统战部部长李微微到长沙调研基层统战工作。

31日 召开长沙市推进城乡一体化发展工作会议。

8月

1日 从市区出发的多条高速公路上的载货车按计重收费。

△ 省委常委、副省长陈肇雄，副省长何报翔到蓝思科技调研。

△ 张剑飞会见“香港媒体看三湘”港媒采访团一行。

2日 芙蓉大道望城段开工，标志着国内最长的城际主干道——芙蓉大道全线拓改工程进入圆满收官阶段。

△ 省委常委、宣传部部长许又声一行到长沙调研宣传思想文化工作。

3日 芙蓉区城管执法大队对私人违法偷运潲水开具第一张罚单。

△ 国内日处理能力最大，工艺技术领先的餐厨垃圾无害化处理厂在长沙投产。

△ 举行招商银行长沙分行支持长沙文化产业发展银企对接会暨授信签约仪式。

△ 岳麓区天顶、含浦、坪塘三街道揭牌授印。

△ 长沙长岛饭店被拆除。

△ 长沙地铁2号线开始铺轨。

6日 陈润儿到驻长沙科研院所调研，他要求贯彻落实全市科技创新大会精神，推进科技创新，助力长沙发展。

7日 召开全市农村党风廉政建设工作会议。针对农村基层干部履职不廉洁问题开展专项检查。

△ 长沙市交通行政执法局正式挂牌成立。

△ 张剑飞会见中科招商创业投资管理有限公司董事长兼总裁单祥双一行，并就进一步加强合作进行交谈。

8日 长沙市政府与国家开发银行高层联席暨合作备忘录签约仪式举行。国家开发银行未来5年将为长沙提供540亿元开发性金融支持。

△ 环保部部长周生贤到长沙调研环保工作。

△ 在长沙举行“国家知识产权示范城市”授牌仪式。此次评比中，长沙市得分排名全国第四。长沙发明专利授权量登全国十强榜首。

9日 召开清理整治KTV治安秩序动员大会，截至10月31日，长沙警方将在全市范围内开展清理整顿娱乐场所专项行动。

△ 霍尼韦尔博云航空系统（湖南）有限公司奠基。

10日 召开《长沙慈善事业促进条例》贯彻实施动员暨长沙慈善会第三届二次理事会（扩大）会议，会议确定每年3月1日为长沙慈善日。

13日 北京成龙慈善基金会与团市委“贫困儿童大病救治合作项目”正式启动。

长沙市全面实施免费孕前优生健康检查项目。

△ 财富中文网发布“2012年最具创新力中国公司”排行榜，三一重工排名第三，中联重科首次进入榜单，排名第八。

14日 国家安全监管总局党组书记、局长杨栋梁到长沙考察安全生产工作。

15日 中国首台拥有自主知识产权的选择性激光尼龙结设备正式启程返销美国，实现了这一全球技术由“中国制造”向“中国创造”的转变。中国工程院院士黄伯云、张剑飞出席启运仪式。

16日 召开2012年市爱国卫生运动委员会第一次全体会议，会议提出全面启动创建国家卫生城市工作。

△ 第27届全国青少年科技创新大赛在银川闭幕，长沙参赛作品全部获奖，共摘得4金3银。

17日 陈润儿到国家旅游局就长沙旅游产业发展进行专门汇报。国家旅游局局长邵琪伟表示，将全力支持长沙发展湘江水上旅游等产业。

19日 在中央电视台主办的“2012幸福城市市长论坛”上，长沙居省会城市十大幸福之城的第五位和十大休闲之城的第十位。

20日 “香港长沙商会成立暨长沙市重大项目推介会”在香港举行。

22日 渣打银行长沙分行开业。长沙有汇丰、花旗、渣打、东亚、新韩等5家外资银行。

23日　全省廉政文化建设现场推进会在长沙召开。

24日　湖南首家家装业党支部——湖南美迪建筑装饰设计工程有限公司党支部成立。

26日　省委副书记、省长徐守盛陪同台湾“中华文化总会”会长刘兆玄一行在长沙考察。

27日　长沙社会管理经验在湖南省社会管理综合治理工作会上得到推介。

△　召开2012年食品安全年中大会。上半年全市侦破12起食品安全刑事案件。

28日　省政协主席胡彪率全省市州政协主席座谈会代表在长沙考察。

29日　召开长沙市十三届人大常委会第42次会议，《长沙市轨道交通管理条例》获得表决通过。

29日～9月1日　陈润儿、张剑飞率长沙市党政代表团到西安、成都、昆明三市考察。

△　湖南省推进“学雷锋　心向党　讲品德　同行动”活动经验交流会在长沙召开，陈润儿指出，让雷锋精神永驻家乡，让道德之花永放光芒。

△　国内第一个音乐评论委员会——湖南文艺评论家协会音乐评论委员会在长沙成立。

30日　工业和信息化部总经济师周子学一行到长沙调研小型微型企业发展情况。

31日　望城区雷锋大道北延线全面拉通。

9月

2日　第二届中国—亚欧博览会在新疆乌鲁木齐举行，长沙有9家代表企业参会。

△　新联出租车公司的哥谢先庆拾得10万元现金，交还失主。

5日　长沙城区低保标准提高到每月400元，从2012年1月1日起执行。

6日　长沙—澳门直飞航线正式开通。

△　举行雷锋北大道拓改通车和金星大道、普瑞大道、雷锋大道提升改造竣工典礼暨希望广场揭幕活动典礼。

7日　交通部、湖南省“十二五”规划重点建设项目—望城汽车站正式投入运营。

8日　“现代传播与城市文明”金鹰国际论坛在长沙举行，张剑飞作主题综述，来自英国、韩国、新加坡、哥伦比亚等国的城市管理者、传媒人就城市文明与现代传播话题展开对话。

8～9日　国家文物局在长沙召开田野文物安全现场会，副市长夏建平在会上介绍长沙田野文物保护经验。

12日　湖南军民结合卫星应用产业园在长沙望城区奠基，应用产业园占地133.33公顷。

△　西藏山南地区的22名患有先天性心脏病的患儿到长沙湘雅附一、湘雅附二医院、省儿童医院接受免费手术治疗。

△　中国关心下一代工作委员会主任顾秀莲到长沙调研。

△　威胜集团与西门子在长沙签约成立施维智能计量系统合资公司。

△　陈润儿会见广东省清远市党政代表团。

13～15日　举行中国·长沙首届自然生态博览会暨中国（望城）第四届休闲农业与乡村旅游节，节会主题为“生态都市，快乐长沙”。

15日　“全国科普日”湖南长沙主场活动在省科技馆启动，主题为“食品安全和公众健康”。

19日　星沙海关在长沙经开区落户，标志着长沙发展外向型经济又一新起点。

19～20日　由工信部副部长苏波带领的国务院安全委员会督查组，到长沙督查安全生产工作。

20日　澳门特别行政区立法会主席刘焯华率澳门特别行政区全国人大代表视察团到长沙视察。

△　教育部部长袁贵仁到长沙考察。

△　全省首个住房公积金“12329”服务热线开通。

22日　省“稳增长、促和谐”专题督查组到长沙督察。

23日　中国电子商务（长沙）示范园授牌仪式在长沙经开区举行，这是中部首家国家级电子商务示范园。

24日　长沙比亚迪首批成品乘用车通过各项检测，标志着长沙比亚迪正式获得乘用车、商用车、新能源车全系列汽车生产资质。

△　天心文化产业园被文化部授予“国家级文化产业示范园区”，成为中部湘鄂皖黔赣五省中唯一的国家级文化产业示范园。

25日　长沙市规化勘测设计研究院正式挂牌成立。

△　望城区城市建设投资集团有限公司成立。

△　上海市奉贤区党政代表团到长沙考察长沙城乡统筹发展与新农村建设。

26日　湘江长沙综合枢纽工程成功通航，该船闸是国内首个同时开建的双向双线2000吨级船闸。

△　李维汉统战思想研究暨统战学科建设研讨会在长沙举行。

△　全国首届“网民看长沙企业文化发展与创新”网络宣传活动在湖南粮食集团启动。

26～29日　举行金茂梅溪湖2012全国公路自行车锦标赛暨喜德盛杯中国长沙环湘江国际自行车邀请赛。

27日　由长沙移动全球通冠名的《长沙年鉴》2011年度人物、年度事件揭晓仪式在田汉大剧院举行，毛勇臻等10人当选为十大年度人物，芙蓉区实施群众工作“直通车”等当选为十大年度事件。

28日　中联重科股份有限公司成立20周年，发布全球最长臂架泵车、最长臂塔式起重机两款新产品创吉尼斯世界纪录。

△　中国工业园区生态环境建设论坛在长沙经开区召开。

△　召开长沙市社会管理创新工作会议，陈润儿要求：总结推广实践经验，提升社会管理水平。

29日　营盘东路浏阳河大桥建成通车。

△　长沙重型机器厂棚改项目安置房开工。

10月

1日　长沙市接待国内外旅游者共86.5万人次，创单日游客接待量历史最高纪录。

△　三一集团向美国华盛顿哥伦比亚特区联邦地区法院提起诉讼，认为奥巴马发布命令阻止其收购风电项目的做法不合法。

7日　湘江长沙综合枢纽三期工程围堰成功合龙。

9日　陈润儿会见格力集团董事长董明珠一行。

10日　湘江长沙综合枢纽蓄水通航。

△　2012年中国城市竞争力排行榜—上市公司视角下的城市排名中，湖南进入城市综合竞争力省级十强；长沙位居城市综合竞争力市级排名第七，是中部省会城市中唯一进入十强的城市。

12日　福布斯发布2012年度中国400富豪榜，三一集团董事长梁稳根以59亿美元的净资产排榜单第6名。

△　博世汽车部件（长沙）有限公司新技术中心及新工厂正式启用。

14日　中共中央党校新疆地厅级班学员到长沙考察“两型”社会建设情况。

△　陈泽珲会见法国翰吉斯国际市场名誉董事长马克·斯庇勒汉一行。双方就长沙农产品物流中心规划设计事宜进行了深入探讨。

15日　省委书记、省人大常委会主任周强到长沙调研城乡一体化工作。

17日　长沙市民营经济关心下一代工作委员会成立并启动工作试点。

18日　长沙商务行政执法支队成立。

△　陈泽珲会见沃尔玛中国地区副总裁兼首席合规官骆启德一行。

19日　台湾远东航空公司FEZ62次航班从长沙黄花国际机场起飞，标志着长沙直飞马公（台湾澎湖县治所在地）的旅游包机航线正式开通。

21日　陕西省政协主席马中平到长沙考察。

△　35名美国大学生到长沙学习中医。

24日　张剑飞会见瑞典腾茂公司总裁燕川（Henrik,Enstrom）一行。

△　张剑飞会见加拿大维多利亚市长迪恩·福廷率领的代表团一行。

25日　总投资1亿元，规划面积66.67公顷，一期面积6万平方米的长沙市开福区重点民生工程—湖南月湖大市场开业。

△　省人大常委会副主任杨泰波、谢勇率省人大常委会部分委员到长沙视察。

26日　梅溪湖国际文化艺术中心开工。

27日　中机国际工程技术研发中心奠基。该项目投资10亿元。国家级研发平台落户长沙，将有力提升长沙国际竞争力。

△　IEEE（美国电气工程师协会）第十九届工业工程与工程管理国际学术会议在长沙举行，来自美国、印度、澳大利亚、俄国、挪威、泰国、巴西以及中国香港、澳门、台湾和内地工业工程领域的专家学者参加会议。

28日　在长沙召开的中国高校技术转移中心长沙联盟工作年会上，“烟花爆竹安全生产信息化示范工程”第一批项目签约，签约金额1923万元。

28～29日　2012中国（长沙）科技成果转化交易会举行，会议期间，共签署科技合作项目230项，金额达148亿元。

29日　洞株公路（长沙段）开工，该路西起雨花区环保大道，下穿京、港、澳高速公路处，东止株洲市荷塘区，全长13.7公里。

30日　长沙城区10个点安装PM2.5监测仪。

△　在深圳召开的全国城市公共交通工作会议上，长沙获评国家首批“公交都市”建设试点城市。

△　市委组织部举办为期4天的长沙市2012年党员致富带头人示范培训班。

31日　长沙举行“舞动星城　歌涌湘江”百万群众广场舞蹈、合唱展演。

11月

2日　省委宣传部、省公安厅、长沙市委、省公安消防总队联合举行省委、省政府授予望城区公安消防大队“雷锋式竭诚奉献集体”荣誉称号命名大会暨先进事迹报告会。

3日　2012年全国城投公司年会在长沙召开，会议主题：“创新投融资机制，助推新型城市化”；会议期间长沙市政府和国家开发银行签订了“两桥一隧”（福元路湘江大桥、湘府路湘江大桥和南湖路湘江隧道）项目借款合同，获贷款21亿元。

△　2012年中国历史文化名楼市长论坛暨第九届名楼年会在长沙举行。长沙、武汉等11个城市共同签署《中国历史文化名楼保护长沙宣言》。

6日　湖南省出席中国共产党第十八次全国代表大会的62名代表赴北京。

△　召开长沙市工商联成立60周年座谈会。

9日　省政协常委到长沙考察。

△　湖南长沙农产品物流中心奠基。

12日　环保部副部长吴晓青到长沙调研环境空气质量新标准监测实施工作。

△　副省长盛茂林检查长沙十八大期间食品安全及消费维权工作。

△　长沙船舶厂制造的500吨级起重船下水，该船填补湖南省打捞行业大吨位起重机的空白。

14日　全国人大常委会委员、全国人大内务司法委员会主任委员黄镇东视察梅溪湖。

△　全省两型示范区建设座谈会在长沙召开。

16～22日　梅溪湖国际文化艺术周在梅溪湖国际服务厅举行。

17～18日　安徽省淮北市党政代表团到长沙考察。

18日　市委、市政府召开传达贯彻党的十八大精神会议。

△　位于长沙高新区信息产业园内的创业基地正式奠基，这是长沙首个软件产业综合体。

△　梅溪湖新城获批“国家绿色生态示范城区”。

18～24日　2012中国中部（湖南）国际农博会在红星国际会展中心举行。共有30个代表团，2000家中外企业参会，实现现金和合同交易总额162亿元，为历届农博会之最。

19～27日　2012中国湖南（欧洲）工程机械专题招商活动在欧洲举办，陈泽珲出席活动并率团考察德国普茨迈斯特、意大利菲亚利和CIFA等企业。

20日　福元路湘江大桥主桥通车。大桥主桥宽38.5米，双向6车道。

△　长沙河西交通枢纽开工。枢纽集地铁站、巴士站、客运站和出租汽车运营与换乘中心于一体，占地面积15.33公顷，建筑面积43万平方米，总投资32亿元，工程计划2015年投入使用。

23日　召开政协长沙市第十届委员会第六十三次主席会议，会议审议了《政协长沙市第十届委员会常务委员会报告（草案）》、《政协长沙市第十届委员会常务委员会第三十四次会议方案（草案）》等事项。

△　天心区四届人大一次会议选举新一届区人大、政府领导班子，于献当选天心区人大常委会主任，曾超群当选天心区区长。

△　望城区第一届人民代表大会第一次会议选举新一届区人大、政府领导班子。喻金平当选望城区人大常委会主任，孔玉成当选望城区人民政府区长。

△　芙蓉区第四届人民代表大会第一次会议选举新一届区人大、政府领导班子。罗树林当选芙蓉区人大常委会主任；于新凡当选芙蓉区人民政府区长。

△　宁乡县第十六届人民代表大会第一次会议选举新一届县人大、政府领导班子。贺应辉当选宁乡县人大常委会主任，周辉当选宁乡县人民政府县长。

24日　岳麓区第四届人民代表大会第一次会议选举新一届县人大、政府领导班子。胡杰夫当选岳麓区人大常委会主任，周志凯当选岳麓区人民政府区长。

26日　《长沙晚报》报道：中联重科第三次获国家《商品售后服务评价体系》标准认证"五星级"证书，成为工程器械行业唯一售后服务达到五星级标准的企业。

△　中部首个国家级广告产业园在天心区黑石铺街道九峰村奠基。园区总面积30公顷，总投资约35亿元。

△　开福区第四届人民代表大会第一次会议选举新一届区人大、政府领导班子。许振勤当选开福区人大常委会主任，廖建华（女）当选望城区人民政府区长。

27日　港股上市企业键桥投资（香港）有限公司与宁乡县政府就花明楼国际文化旅游度假城项目正式签约。标志着投资40亿元的花明楼国际文化旅游度假城项目正式启动。

△　长沙县第十六届人民代表大会第一次会议选举出了新一届县人大、政府领导班子。李建章当选长沙县人大常委会主任，张庆红当选长沙县人民政府县长。

△　浏阳市第十六届人民代表大会第一次会议选举新一届市人大、政府领导班子。鲁建文当选浏阳市人大常委会主任，余勋伟当选浏阳市人民政府市长。

△　远大建工投资3.9亿元在望城区征地6700平方米，拟建"天空之城"。

27～28日　国务院食品安全委员会第六督查组到长沙调研食品安全。

28日　国家再制造示范基地专家考察组一行分别到宁乡经开区和浏阳制造产业园考察，由宁乡、浏阳共同编制的实施方案通过专家评审。

△　位于长沙市金霞物流园区的中国唯一钢铁物流综合体、中南地区投资规模最大、功能最齐全的工业物流项目恩瑞国际物流城A区正式开业。

△　副省长韩永文调研长沙市保障性安居工程建设情况。

29日　第七届全国救助管理站站长交流会在长沙召开。会议主题："创新社会管理，完善救助机制，发挥救助管理机构特有作用"。

△　长沙市邮政管理局成立。

30日　雨花区第四届人民代表大会第一次会议选举新一届区人大、政府领导班子。龚景顺当选雨花区人大常委会主任；邱继兴当选雨花区人民政府区长。

12月

1日　湘江长沙综合枢纽工程启动29.7米试验性蓄水。

2日　张剑飞会见诺贝尔经济学奖获得者罗伯特·蒙代尔教授一行。

4日　副省长李友志到长沙调研侨港澳资企业。

△　中国国际贸易促进委员会（长沙）商事法律咨询与投诉中心成立。

5日　财政部、商务部与省政府在长沙签署《关于推进长沙现代服务业综合试点的合作协议》。长沙获批国家现代服务业试点城市。

△　长沙市统一战线理论研究会（长沙学院）研究基地成立。

△　张剑飞会见到长沙考察城市建设的上海城建（集团）有限公司总裁张焰一行。

8日　来自北京、包头、哈尔滨等地的9支雷锋车队的26位代表参观雷锋纪念馆，并向全国同行发出续走雷锋路的倡议。

△　长沙市首届"小微企业金融服务节"举行总结表彰大会，活动于3月21日启动，参与银行首先为近3000家企业提供信贷资金555.33亿元。

△　湖南省工商局局长助理、长沙市工商局党组书记、局长陈跃文做客新浪湖南微访谈，首次用"长沙工商"官方微博与网友互动。长沙官方政务微博达181个。

9日　省政协党委到长沙考察。

10日　省政府出台《湖南省推进新型城镇化实施纲要（2012-2020）》，长沙进一步提高在全省的城市首位度。

11日　常务副省长陈肇雄率省有关部门负责人调研长沙高新技术企业。

11～12日　"2012福布斯·中国城市投资与发展论坛暨2012福布斯中国大陆最佳商业城市颁奖典礼"在长沙举行。

13日 市委、市政府决定启动创建“全国集邮文化先进城市”工作。

△ 长沙启动“中国城市癌症早诊早治项目”。

△ 国家杂交水稻综合实验基地选址长沙县春华镇。

△ 周强到长沙专题调研落实党风廉政建设责任制、推进惩治和预防腐败体系建设工作。

14日 长沙被授予“全国数字城市示范市”称号。

16日 省政协主席胡彪为“国家级宁乡经济技术开发区”授牌。该区是中西部地区第一家由县级政府主导的国家级开发区，有入园企业260多家，规模企业230多家。

17日 召开中共长沙市十二届五次全体（扩大）会议，陈润儿要求，深入贯彻落实党的十八大精神，朝着率先建成全面小康目标奋力前行。

△ 长沙市经济适用住房上市交易管理办法出台，2013年1月5日起施行，购经适房满5年可上市交易。

△ 由省委宣传部组织的湖南省“学习贯彻十八大”主题采访活动在长沙启动。

△ 第五届“福满星城”购物消费节之“福星送福”启动暨幸运之星颁奖仪式在芙蓉区德政园社区举行。

△ 张剑飞会见台湾崇友实业股份有限公司高层。

17～18日 由中央、省、市媒体组成的新闻报道团对长沙的生态文明、民主、文化进行集中采访。

18日 市政府公布《校车标牌和驾驶人管理实施试行办法》。全市校车将启用专段号牌。

△ 省委法治湖南建设督查团专员、省人大常委会原副主任沈瑞庭率督查组到长沙就长沙市法治、长沙市建设工作进行专项督查。

19日 长沙市残疾人联合会第五次代表大会召开。陈润儿指出：发展残疾人事业，是衡量城市文明程度的重要标尺，是全面建成小康社会的必然要求，是党和政府以及全社会的共同责任。

△ 张剑飞会见蒂尔数字影像技术有限公司高层。

△ 长沙市启动打击非法收集处置潲水油窝点专项整治行动。

△ “绿色湖南”（香港）经贸推介会在香港会议展览中心举行。湖南11个项目吸金14.8亿美元，其中望城体育主题公园是长沙市最大的一个签约项目，望城区政府和龙湖地产共同投资7.2亿美元。

20日 长沙到北京高铁开始售票，26日开始，长沙每日四趟始发高铁至北京。

21日 举行庆祝市工商联成立60周年暨长沙市光彩事业基金会挂牌大会。

21～22日 省委、省政府派出绩效评估验收组到长沙进行年终评估验收。

△ 雨花区举行“打造中国中部现代服务业中心”推介会，率先提出建设中部现代服务业中心的战略规划。

22日 湘江长沙综合枢纽三期闸坝主体工程首仓混凝土浇筑，标志着三期工程进入全面建设阶段。

23日 美国曼哈顿交响乐团中国巡演在长沙启幕。

24日 召开长沙市第十三届人民政府第十次全体（扩大）会议，审议并原则通过《政府工作报告》（征求意见稿）

25日 长沙市宪法学研究会恢复成立。

26日 长沙市首届“十佳社区民警”“十佳派出所长”评选揭晓，芙蓉公安分局朝阳街派出所向韶社区民警张萍等10名社区民警获“十佳社区民警”称号，天心公安分局金盆岭派出所所长杨海军等10名派出所长获“十佳派出所长”称号。

△ 召开长沙市城乡一体化发展工作会议。陈润儿要求15个重点镇在城乡一体化发展中发挥示范作用。

△ 召开市委经济工作会议。

全省青少年法制教育大型公益活动在长沙南雅中学启动。

27日 《光明日报》头版头条刊文推介长沙经验：2011年长沙市启动共建新家园的“三年行动计划”重点援建因病致贫户、因残致贫户。

△ 通报全省城乡环境整治行动考评结果。浏阳市、望城区、宁乡县名列全省前茅。

29日～1月2日 召开市政协十一届委员会第一次会议，范小新当选市政协主席。

30日 召开市十四届人大一次会议。

△ 长沙获2012中国最具幸福感城市最高荣誉大奖。

△ 湘江长沙综合枢纽工程上游水位达29.86米，为枢纽首次试验蓄水以来最高水位，比试验性蓄水位高0.16米。

△ 长沙县财政收入突破150亿元。

党和国家领导人到长沙

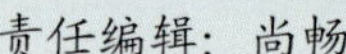
责任编辑：尚畅

【孟建柱到长沙调研公安工作】 3月30～31日，国务委员、公安部部长孟建柱在省委书记、省人大常委会主任周强，省委副书记、省长徐守盛的陪同下，看望慰问奋战在维护国家安全和社会稳定一线的广大公安民警和武警官兵，调研公安工作和公安队伍建设。在考察公安机关信息化建设时，他指出，要牢固树立科技强警理念，把“深化建设”与“深度应用”结合起来，加快推进公安信息化建设；要以资源整合、信息共享为着力点，进一步完善警务合作机制；要大力加强基层基础工作，推进社会管理创新，做好治安防范、服务群众、化解矛盾等工作；要认真研究修改后的刑事诉讼法，加强学习培训，提升执法能力，努力实现法律效果和社会效果的统一。调研期间，孟建柱到韶山向毛泽东铜像敬献花篮，瞻仰毛泽东故居。31日，孟建柱视察了市公安局刑侦大队，并前往太平街历史文化街区，参观贾谊故居和橘子洲生态文化公园。此行还考察了长株潭“两型”社会展览馆和湖南青苹果数据中心有限公司。国务院副秘书长汪永清随同考察，省、市领导陈润儿、孙建国、易炼红、张文雄、盛茂林、张剑飞陪同考察或出席汇报会。 （年鉴编辑部）

【司马义·铁力瓦尔地到长沙考察残疾人保障工作】 5月10～14日，全国人大常委会副委员长司马义·铁力瓦尔地率执法检查组到长沙就《中华人民共和国残疾人保障法》贯彻实施情况进行执法检查。全国人大常委会委员、全国人大内务司法委员会副主任委员张学忠，省人大常委会副主任杨泰波，市委副书记、市长张剑飞，市人大常委会副主任罗购三陪同检查。在雨花区怡智家园智障人士服务中心，司马义·铁力瓦尔地详细了解了残障人士的情况；在手工艺品制作室，他现场观看了残障儿童制作精美的手工艺品，高度称赞。司马义·铁力瓦尔地对长沙市高度重视贯彻落实《残疾人保障法》、不断促进残疾人事业发展给予充分肯定。他指出，要进一步提高对残疾人事业的认识，加大《残疾人保障法》贯彻力度，大力营造残疾人事业发展良好氛围；要进一步健全和完善残疾人社会保障和服务体系，加强对残疾人的特殊扶助。在长沙检查期间，司马义·铁力瓦尔地一行还考察了橘子洲生态文化公园等。 （年鉴编辑部）

【王岐山、黄孟复出席第七届中国中部投资贸易博览会】 5月18～20日，第七届中国中部投资贸易博览会在长沙举行。中共中央政治局委员、国务院副总理王岐山，全国政协副主席、全国工商联主席黄孟复出席。工岐山宣布开幕；周强和商务部部长陈德铭分别致辞；徐守盛主持开幕式。开幕式后，与会领导和嘉宾巡视了中博会场馆。5月18日上午，王岐山出席第七届中国中部投资贸易博览会高峰论坛并致辞。他代表中国政府，向来自海内外的嘉宾朋友们表示热烈欢迎。他强调，在当前全球经济复杂严峻的情势下，关键要把自己的事情办好。中部六省要认真贯彻中央的决策部署，全面落实中部地区崛起战略。积极推进资源节约型和环境友好型社会建设，充分发挥市场配置资源的基础性作用，扩大对内和对外开放，积极承接东部和国际产业转移，促进生产要素的合理流动和优化配置。他指出，中博会作用日益展现，影响逐步扩大，已成为中部地区共商发展大计，促进对外合作的重要平台。 （年鉴编辑部）

【韩启德到长沙考察调研】 5月29日～6月1日，全国人大常委会副委员长、九三学社中央主席韩启德到长沙考察调研。周强、徐守盛、陈润儿、李微微、蔡力峰、张大方等省、市领导前往看望或陪同调研。5月30～31日，韩启德出席在长沙举行的九三学社第十二届中央常务委员会第十九次会议。他在讲话中指出，作为参政党，九三学社要发挥自身优势，创新工作理念和工作方法，着力在参政议政上取得新突破；要围绕国家经济社会发展中的热点问题、难点问题凝炼课题；整合全社力量，集中全体社员的智慧，深入调研、反复思考，力争提出一些具有战略性、前瞻性的意见和建议。5月29日下午，韩启德出席九三学社院士专家学术报告会暨“同心系湘江、共护母亲河”活动启动仪式。韩启德指出，保护和治理好湘江，要汇集海内外各界人士的智慧和力量，借鉴世界成功的经验和做法，实行全流域治理、全社会参与，治理重点区域、重点产业、重点企业的污染，让保护和治理湘江成为全社会的自觉行动。在湘期间，韩启德一行还考察了三一重工等企业，参观了湖南省博物馆。 （年鉴编辑部）

【王志珍到长沙考察】 5月30日～6月3日，全国政协副主席、九三学社中央副主席、中科院院士王志珍到长沙考察。省领导徐守盛、胡彪、陈润儿、李微微等看望了王志珍一行，省领导和老同志张大方、卢光琇陪同考察。5月31日上午，王志珍考察了人类干细胞国家工程研究中心。他对中心近年来取得的巨大科研成果给予肯定，并鼓励充分发挥科研优势，整合智慧力量，在科研成果转化上更好地为人民的生命健康服务。下午，王志珍到长沙医学院考察，在校史馆，王志珍对学校近年来的发展势头表示称赞，并题词勉励长沙医学院为国家培养出更多高素质、高技能的基层全科医生，为助推基层医疗卫生事业发展提供人才支撑。在湘期间，王志珍还参加了在长沙举行的九三学社第十二届中央常务委员会第十九次会议，并赴张家界进行考察。

6月15～16日，王志珍再次到长沙出席在中南大学举行的桥梁与隧道工程技术论坛暨茅以升科技教育基金会第21届颁奖大会。他肯定了茅以升科技教育基金会倡导建造的“茅以升公益桥”，为边远贫困地区的孩子们架设一座座安全上学之桥，并希望全社会都来关心边远贫困地区的孩子们涉水上学问题。全国政协常委、中国工程院院士孙永福，省政协副主席张大方，中南大学党委书记高文兵陪同考察。（年鉴编辑部）

【王刚出席中国经济社会论坛】 6月5～7日，2012年中国经济社会论坛在长沙举行。中共中央政治局委员、全国政协副主席、中国经济社会理事会主席王刚出席开幕式。周强在开幕式上致词，全国政协机关党组书记、副秘书长孙怀山主持开幕式。王刚在讲话中充分肯定了中国经济社会论坛取得的成果。他表示，自2002年以来，论坛紧紧围绕党和国家中心工作，分析新情况，研究新问题，提出新对策，为推动中国经济社会又好又快发展作出了积极贡献，实现“十二五”时期良好开局，为中国进一步发展奠定了坚实基础。中国经济社会理事会要充分发挥人才荟萃、智力密集的优势，紧紧抓住当前改革发展中的综合性、全局性问题以及经济运行中的苗头性、倾向性问题，深入开展调查研究。要积极创新工作思路、工作方法和工作平台，努力取得更多高水平的研究成果，为党和政府决策提供更多有针对性、可操作性强的意见建议，使理事会研究咨询工作在服务党和国家事业发展中发挥更大作用。在湘期间，王刚在省、市级领导周强、陈润儿、张剑飞等的陪同下，到经开区远大集团，三一重工视察。他对园区经济持续稳定增长表示赞许，对企业的产品给予充分肯定，希望他们能继续加大自主创新力度，为中国民族企业作出更大贡献。（年鉴编辑部）

【董建华到长沙考察麓谷工业园建设】 6月12日，全国政协副主席、中美交流基金会主席董建华率中美交流基金会访问长沙。12日下午，董建华一行在湖南省政协主席胡彪、政协副主席武吉海、长沙市委副书记张值恒的陪同下考察麓谷，参观了中联重科麓谷工业园和拓维信息股份有限公司，长沙高新区党工委副书记黄德湘接待并陪同考察。在中联重科麓谷工业园，董建华鼓励企业要瞄准海外市场，成为中国企业立足海外的一支劲旅。在拓维信息，董建华听取了该公司董事长李新宇关于企业发展情况的介绍，观看了手机动漫等产品的演示，对企业充满创新力和活力给予了充分肯定。董建华称赞企业有眼光，并称找准了市场定位，一定有好的市场前景。（年鉴编辑部）

【华建敏出席2012中国（长沙）科技成果转化交易会】 10月27～29日，2012中国（长沙）科技成果转化交易会在长沙高新区麓谷会展中心举行。全国人大常委会副委员长、中国红十字会会长华建敏出席会议并宣布开幕，徐守盛、科技部副部长曹健林、陈润儿分别致辞。27日，华建敏到清水塘路社区视察红色服务活动，他参观了社区服务基地、活动展板、街道社会管理指挥中心、“五老”活动中心，与服务队老同志进行交流，他对“秉承湘区精神，开展红色服务”活动给予充分肯定。周强、陈润儿、易炼红等省、市领导陪同视察。（年鉴编辑部）

【白立忱出席2012华融绿色湘江论坛】 11月27日，由中国华融资产管理公司主办、华融湘江银行承办的“2012华融绿色湘江论坛”在长沙举办。十一届全国政协副主席白立忱出席论坛并讲话。白立忱在讲话中指出，湖南正在积极探索“两型”社会建设的新体制、新机制和新发展模式，经过多年的实践，“两型”社会建设取得明显成效，绿色发展其势已成。他强调，发展和完善绿色经济这种新的发展模式，一是要加强政策引导，尤其是要加快形成有利于绿色发展的体制机制，通过政策激励和制度约束，增强推动绿色发展的自觉性、主动性。二是要健全制度体系，采用法律、行政、经济等强制性手段，为自然资源与环境保护提供立法、司法、守法和法律监督等方面的保障。三是要加大资源投入，通过加大财政支持、技术创新投入、人力资源投入等手段，更好地支持绿色经济发展。四是要优化发展环境，加强金融同业之间沟通的深度与广度，共同确立适应绿色金融发展的新机制和战略重点，以绿色金融助推绿色发展。湖南省人大常委会副主任李江，湖南省人民政府副省长韩永文，湖南省政协副主席王晓琴，中国华融资产管理股份有限公司董事长赖小民，著名经济学家、国务院发展研究中心金融所副所长巴曙松出席论坛。（年鉴编辑部）

【周铁农出席纪念郑洞国诞辰110周年座谈会】 12月1日，纪念郑洞国诞辰110周年座谈会暨郑洞国教育基金接受捐赠仪式在长沙举行。全国人大常委会副委员长、民革中央主席周铁农出席并讲话。他在讲话中指出，郑洞国是著名的爱国民主人士、抗日将领、民革的卓越领导人，为推进祖国和平统一进程作出了自己的贡献。郑洞国非常重视教育，在家乡创办中学，目的是要通过对人才的培养来实现振兴中华的宏伟理想。学习和纪念郑洞国等老一辈民革领导人，就是要进一步传承和弘扬民革的优良传统，在中国共产党的领导下，为实现全面建成小康社会的宏伟目标而努力奋斗。海峡两岸关系协会副会长王在希，民革中央副主席修福金、郑建邦，湖南省委常委、省委统战部部长李微微，湖南省人大常委会副主任陈叔红，湖南省政协副主席、民革湖南省委主委刘晓，湖南省政协副主席武吉海等出席会议。（年鉴编辑部）

长沙概况

责任编辑：黄磊

自然地理

【区域位置】 长沙市为湖南省省会，是湖南省政治、经济、文化、交通、科技、金融、信息中心。它位于湖南省东部偏北，湘江下游和长浏盆地西缘。地域范围为北纬 27°53′—28°41′，东经 111°53′—114°15′。东邻江西省宜春地区和萍乡市，南接株洲、湘潭两市，西连娄底、益阳两市，北抵岳阳、益阳两市。东西长约 230 公里，南北宽约 88 公里。2012 年，全市土地面积 11815.96 平方公里，其中市区面积 1909.86 平方公里，建成区面积 315.81 平方公里。

【地质地貌】 长沙的总体地质特征是：地层出露齐全，花岗岩体广布，地质构造复杂，矿产资源丰富。各个地质历史时期的地层在长沙市均有出露，最古老的地层大约是 10 亿年以前形成的。总体地貌特征是：地势起伏较大，地貌类型多样，地表水系发达。长沙的东北是幕阜～罗霄山系的北段，西北是雪峰山余脉的东缘，中部是长衡丘陵盆地向洞庭湖平原过渡地带。东北、西北两端山地环绕，地势相对高峻，中部递降趋于平缓，略似马鞍形，南部丘岗起伏，北部平坦开阔，地势由南向北倾斜，形如一个向北开口的漏斗。长沙城区为多级阶地组成的坡度较缓的平岗地带，地势南高北低，湘江由南向北流经中部，穿贯市区，江中的橘子洲长 5 公里，在全国城市中绝无仅有。湘江两岸形成地势低平的冲积平原，其东西侧及东南面为地势较高的低山、丘陵。东有属于湘赣边雁阵式山系的大围山，海拔 800 米以上山峰有 50 多座，其主峰七星岭，海拔 1607.9 米，为全市最高处；西有海拔 800 米以上的山峰 13 座，望城区乔口湛湖的海拔 23.5 米，为全市最低点。

【自然资源】 长沙地下矿藏种类繁多，尤以非金属矿独具特色，已查明的有锰、钒、铜、钨、金、银、磷、海泡石、重晶石、菊花石、石膏、煤等 50 余种，有全国独一无二的菊花石。其中大型矿床 10 处，小型矿床 16 处，矿点 300 多处。长沙土壤种类多样，可划分 9 个土类、21 个亚类、85 个土属、221 个土种，以红壤、水稻土为主，分别占土壤总面积的 70% 与 25%。其余还有菜园土、潮土、山地黄壤、黄棕壤、山地草甸土、石灰土、紫色土等，适宜多种农作物生长。长沙动物地理区划属东洋界华中区，生态地理区划属亚亚带林灌、草地—农田动物群，野生动物多为适应耕地和居民点的类群林栖鸟类已少见，田间捕食昆虫、鼠类和两栖爬行动物丰富。植被以亚热带常绿阔叶林为主，有自然生长和引进栽培的木本植物 102 科、977 种，其中常绿树 462 种，落叶树 515 种，乔木 457 种，灌木 414 种，竹藤类 106 种。主要林木有松、杉、栎、樟、楠、椿、茶、油茶、柑橘、毛竹等。1985 年长沙市第八届人大常委会通过，长沙市人民政府公布香樟为市树，杜鹃花为市花。

【水文气候】 长沙水文特征：水系完整，河网密布；水量较多，水能资源丰富；冬不结冰，含沙量少。长沙市的河流大都属湘江水系，支流河长 5 公里以上的有 302 条，其中湘江流域 289 条。湘江自湘潭昭山流经长沙县西南边境，然后由南向北纵贯市区，经望城县乔口出境，经过市境的长度有 74 公里，其间流入湘江的支流有 15 条，其中较大的有：浏阳河、捞刀河、靳江、沩水。年平均地表径流量 82.65 亿立方米，径流深 550～850 毫米。湘江流经长沙市的常年径流量年均 692.50 亿立方米，全年可通航。全市水能蕴藏量 24.53 万千瓦，地下水总储量 9.35 亿立方米/年。

长沙地处中国东南部，属亚热带季风气候。由于位居盆地内部，且距海较远，受冬夏季风转换、地势向北倾斜等因素的影响，春温变化大，夏初雨水多，伏秋高温久，冬季严寒少。长沙市气候有两个主要特征：1. 水热充足，生长期长。1981～2010 年，长沙市年平均气温为 17.4℃，年平均降水量为 1475.8 毫米，年平均日照为 1583.3 小时，热量条件比较优越，降水多集中在春夏两季，多雨期与高温期一致，生长期长，对农业生产有利。2. 气候温和，四季分明，夏冬季长，春秋季短。春季从 3 月中旬到 5 月中下旬，为期约 70 天，期间气温升高很快，对春播有利。春季天气阴雨潮湿，降水量占全年的 40% 以上。夏季从 5 月中、下旬到 9 月下旬，为期约 132 天，季节长，天气热，是夏季的突出特点，夏季温高暑热，常连晴数日，骄阳似火蒸发强盛，在降雨集中期易发生洪涝灾害。秋季从9月下旬到11月中旬，将近60天，是全年最短的一季。冬季从11月下旬到次年3月上旬，为期3个半月，月平均气温大都在6.1℃以上，冬季气温虽不很低，但比较湿冷，降雪较少，有时会发生冰冻天气，冬季的降水量仅占全年的16%，是一年中降水量最少的季节。

人口·民族

【总人口及分布情况】 2012年末，长沙市人口总数为6606166人，市区人口为2979005人，其中芙蓉区408872人、天心区396222人、岳麓区659824人、开福区433334人、雨花区556458人、望城区524295人。县（市）人口为3627161人，其中长沙县813395人、宁乡县1377518人、浏阳市1436248人。全市总人口中，男性3340494人，女性3265672人，年末男女性别比为102.29：100。

【人口自然变动】 2012年，长沙市出生人口82741人，死亡42575人，年出生率12.56‰，年死亡率6.46‰，年自然增长率6.10‰。

【人口密度】2012年，长沙市人口密度每平方公里559人，其中市区每平方公里1551.68人。

【民族】 据2011年人口统计，长沙市有土家族、苗族、回族、侗族、瑶族、满族、壮族、蒙古族、白族等54个族别的少数民族，共计7.35万人，其中过万人的少数民族有土家族、苗族。

建置·区划

【封建王朝时期】 秦为长沙郡治临湘县。西汉为长沙国都城。东汉复为长沙郡治，上隶荆州。吴、晋、南朝，临湘析出湘西，临湘为长沙郡首邑，南朝宋开始，湘西为衡阳郡（长沙郡析出）首邑，上隶荆州或湘州（西晋怀帝永嘉元年即公元307年分荆、江二州置）。公元589年隋统一中国，废州郡，行州县二级制，临湘（省湘西）改称长沙县，为潭州州治（大业三年隋一度改潭州为长沙郡）。唐武德三年入唐版图。贞观元年设十道，潭州（天宝元年即742年，潭州改为长沙郡，至德元年十二月十五日即758年1月19日复改为潭州）暨长沙县属江南道。开元二十一年分十五道，潭州属江南西道。后唐天成二年六月十七日（927.7.18）马殷“以潭州为长沙府”，长沙为楚国都城，周太祖广顺二年（952），南唐边镐陷长沙，湖南政治中心移至朗州（常德）。宋太祖乾德元年（963）二月，入宋版图，至道三年（997）分全国为十五路，潭州为荆湖南路路治。哲宗元符元年（1098），设善化县与长沙县同附廓，潭州辖长沙、善化、浏阳、宁乡、湘潭、湘乡、益阳、安化、湘阴、醴陵、茶陵、攸县等12县，直至民初，长沙城为路、州及长善二县治所。元世祖至元十三年正月初一（1276.1.18），长沙入元版图，设安抚司。十四年设潭州行省，十八年二月初九（1281.2.28）迁潭州行省于鄂州，称湖广等处行中书省，徙湖南道宣慰司治潭州路。天历二年三月初九（1329.4.8），文宗以“潜邸所幸”，改潭州路为天临路，辖五县七州。元顺帝至正二十四年（吴王朱元璋甲辰年九月二十四日）（1364.10.19），徐达领兵至潭州，改天临路为潭州府。洪武五年六月，潭州府更名长沙府，辖十二州县，上隶湖广布政使司。清顺治四年四月初八（1647.5.12）高士俊领兵入长沙，长沙纳入清版图，沿明制设长沙府，上隶湖广，仍辖十二州县。康熙三年（1664）湖广省设右布政使司、湖南按察使司于长沙，偏沅巡抚移驻长沙。清雍正元年（1723）改湖广右布政使司为湖南布政使司。清雍正二年（1724）改偏沅巡抚为湖南巡抚（仍隶湖广）。长沙（府）城自此为湖南省会。长沙府上有盐法长宝道。乾隆时长沙府城不仅为巡抚治，亦为布政、提学、提法三司，巡警、劝业、盐法、长宝四道治所。

【中华民国时期】 1912年，军政府执行特别议会颁行《湖南府厅州县暂行条例》“凡与府同城之一县或两县，均并于府”。4月，长沙、善化二县合并为长沙府直辖地，1913年9月改定。1914年6月2日，北京政府划湖南为四道，长沙县属湘江道（即原长宝道，1916年裁撤武陵道，其中11县划归湘江道）。1914年废都甲设乡镇，长沙县辖7乡11镇。1920年长沙设市政厅，年底设市政公所。省会警察厅设东、南、西、北、外东、外南、外北、商埠8个警察署（区）。当年废除“道”，县直属省。1930年（7月27日，中国工农红军攻入长沙，成立长沙市苏维埃政府）年底，长沙城分设东、南、西、北、外东特、商埠6个区，下辖158街团，街团下辖甲、牌、联（结），5家为1联，2联为1牌，10牌为1甲。1931年5月，裁商埠入西区。1933年5月，裁商埠入西区。1933年8月11日，国民政府行政院同意长沙设市，是第14个设为行政区划的市，也是第7个设市的省会，面积48.5平方公里（11月3日，废除街团制）。1934年4月29日，划全市为4个区（按东南西北顺序命名为一、二、三、四区），每区分4坊，每坊设2至4保，共58保，40～60户为一甲。1938年上属湖南省第一行政督察区。8月11日，改区坊保甲4级制为镇（乡）保甲三级制，原4区为8镇，市郊为4乡。“文夕大火”后缩编为城南、城北两镇及两乡。1939年（8镇4乡）改为4镇4乡。1945年12月，设城东、城南、城西、城北、文艺、金盆、岳麓、会春8区。1947年至1948年9月有83保1843甲。

【中华人民共和国成立后】 1949年8月，长沙和平解放，共辖8区82保1838甲。1950年3月30日设郊区办事处领导外四区。1953年1月设水上区。1955年内四区建306居委会2909居民组。1956年5月撤销市郊外四区，辖乡并为7乡1镇。同年撤水上区。1957年内四区辖26街道275居委会2766居民组；郊区辖7个乡、镇。1958年9月，农村实行政社合一的人民公社体制，郊区建立万年红、东风、岳麓公社。城区辖4区25街道233居委会2731居民组。

1958年12月24日，湖南省调整县市行政区划，原属湘潭专区的长沙、望城二县划归长沙市管辖。1959年3月（至1977年12月又分设）长沙、望城二县合并称长沙县。2月撤销郊区，并入合并后的长沙县。长沙市辖4区1县，25街道5镇26公社，总面积3842.13平方公里，城区建成区20.93平方公里。1960年1月26日原属郊区的2公社划为3公社，从长沙县划属东、南、北区。3月31日以岳麓公社设岳麓区。4月实行城市人民公社体制。市辖五区改为5个公社，下设分社。1961年9月，撤销城市人民公社恢复5区。1962年1月12日，恢复郊区。1974年1月6日，岳麓区并入西区。1978年底，长沙市辖5区2县（16县辖区）29街道84公社9镇，308居委会1132大队，3604居民组11321生产队，全市面积3754.4平方公里，市区面积352平方公里，建成区面积53平方公里，建域比为1∶70.8。1983年2月8日，长沙市增辖浏阳、宁乡、湘阴（1983年7月13日湘阴回归恢复后的岳阳地区）。当年着手改变政社合一建制。1984年市辖5区4县（39县辖区），32街道15镇224乡，445居委会3017村，45811居民组39224村民组。1985年全市面积11818平方公里，建域比为1∶206.08。1993年1月16日，浏阳撤县改市。1995年辖县（市）撤区并乡建镇，长沙市辖5区3县1市，38街道67镇53乡，648居委会3091村，市区面积367平方公里，建成区面积101平方公里，建域比1∶117。1996年市辖区区划调整，撤销郊区，避免全国城区专名的重名，调整区划范围，新五区为芙蓉、天心、岳麓、开福、雨花。由此，长沙市辖5区3县1市，38街道66镇54乡，651居委会3011村。市区554.07平方公里；建成区110平方公里。2000年辖50街道75镇46乡，763居委会3111村，全市面积11819.5平方公里，市区面积556.33平方公里，建成区面积118.82平方公里，建域比为1∶99.47。

国务院2001年10月10日国函〔2001〕131号批复：长沙市人民政府驻地由芙蓉区藩正街迁至岳麓区岳麓大道。

【现行政区划】 2011年5月20日经国务院批准，湖南省人民政府以湘政涵〔2011〕67号文件明确，撤销望城县，设立望城区。2012年长沙市辖6个区：芙蓉区、天心区、岳麓区、开福区、雨花区、望城区，3个县（市）：长沙县、宁乡县、浏阳市。各区、县（市）共辖82个镇，比2011减少6个。全市共有19个乡，82个街道。各镇、乡和街道共辖村1170个，社区689个。

国民经济和社会发展

【综述】 2012年，长沙市地区生产总值持续增长，据市统计局初步核算，全年实现地区生产总值（GDP）6399.91亿元，比上年增长13.0%。分产业看，第一产业实现增加值272.31亿元，增长4.0%；第二产业实现增加值3592.52亿元，增长14.5%，其中工业实现增加值3051.94亿元，增长15.7%；第三产业实现增加值2535.08亿元，增长12.0%。第一、二、三次产业分别拉动GDP增长0.2、8.0、4.8个百分点，三次产业对GDP增长的贡献率分别为1.2%、61.5%、37.3%。按常住人口计算，人均GDP达89903元，比上年增长12.1%。三次产业结构调整为4.3∶56.1∶39.6。全部工业增加值占GDP的比重达47.7%。全市非公有制经济实现增加值3914.05亿元，占GDP的比重达61.2%。

全年财政总收入796.58亿元，比上年增长15.6%，其中公共财政预算收入490.65亿元，增长15.2%。公共财政预算支出624.62亿元，增长19.9%。

GDP总量在全省的占比为28.9%，人均GDP为全省的2.7倍，经济总量在长株潭三市中的占比达67.8%。工业增加值、固定资产投资、社会消费品零售总额占全省的比重分别为33.4%、27.5%和31.3%。城镇居民人均可支配收入高于全省平均水平8969元；农民人均纯收入高于全省平均水平8323元。

为民办实事目标任务全面完成。全年投入资金44.02亿元，关系民生的省、市37项为民办实事工程建设全面或超额完成目标任务，在促进就业、扶贫解困、教育助学、社会保障、医疗卫生、百姓安居、道路畅通、环境治理等领域效果显著。

全市居民消费价格比上年上涨2.0%，涨幅回落3.5个百分点；商品零售价格上涨1.7%，涨幅回落3.8个百分点。城市居民消费价格上涨2.3%，涨幅回落3.2个百分点；城市商品零售价格上涨1.5%，涨幅回落3.9个百分点。原材料、燃料、动力购进价格总指数上涨0.1%，工业出厂价格总指数回落0.9%。固定资产投资价格总指数上涨1.7%。

全年新增城镇就业人员12.48万人，年末城镇登记失业率为2.88%。

表 2012年居民消费价格比上年涨跌幅度 单位：%

指标	全市	城市
居民消费价格	2.0	2.3
服务项目价格	1.5	2.1
食品	2.9	3.3
粮食	5.0	4.3
油脂	1.2	2.2
肉禽及制品	-1.0	0.3
蛋	-0.7	-0.2
水产品	10.1	10.4
菜	12.0	9.9
烟酒及用品	2.3	2.7
衣着	1.3	1.6
家庭设备用品及维修服务	1.7	2.3
医疗保健和个人用品	2.1	2.8
交通和通信	0.0	-0.3
娱乐教育文化用品及服务	1.8	2.1
居住	1.9	2.5

【农业】 2012年，长沙市完成农林牧渔业增加值272.31亿元，比上年增长4.0%，其中农业增加值158.04亿元，增长4.7%；林业增加值12.45亿元，增长4.8%；牧业增

加值87.18亿元，增长2.8%；渔业增加值9.68亿元，增长3.5%；农林牧渔服务业增加值5.00亿元，增长6.5%。全年粮食种植面积37.1万公顷，比上年增长1.3%，其中稻谷播种面积33.8万公顷，增长0.2%，优质稻种植面积所占比重为80.3%；蔬菜种植面积15.4万公顷，增长5.3%；油料种植面积5.0万公顷，增长2.3%；出栏肉猪833.2万头，增长3.5%。主要农产品产量保持稳定。

表 2012年主要农产品产量及其增长速度

产品指标	计量单位	产　量	比上年增长(%)
粮　食	万　吨	247.94	1.4
棉　花	万　吨	0.11	-6.9
油　料	万　吨	8.06	1.7
茶　叶	万　吨	2.72	4.5
蔬　菜	万　吨	496.69	5.5
禽　蛋	万　吨	5.34	1.8
水产品	万　吨	11.41	6.5
出栏肉猪	万　头	833.2	3.5
肉类总产量	万　吨	71.13	6.1
牛　奶	万　吨	0.79	22.0

全市农产品加工企业7153家。55家国家级、省级龙头企业销售收入186.22亿元，实现净利润11.88亿元，上交税金7.87亿元。农民专业合作组织4038个，比上年增长75.4%；入社农户20.55万户。

农业机械总动力达542万千瓦，比上年增长4.9%；农业机械总值28.15亿元，增长5.7%。

农村基础设施建设投入力度加大，全年开工各类水利工程3万处，水利工程投入资金30亿元，水利工程完成土石方0.6亿立方米。

【工业和建筑业】 全市实现工业增加值3051.94亿元，比上年增长15.7%，其中规模以上工业实现增加值2309.62亿元，增长16.8%。在规模以上工业中，全市重工业实现增加值1329.88亿元，比上年增长16.6%。重工业增加值占规模工业增加值的比重达57.6%，对规模工业增长的贡献率达57.1%。

表 2012年规模以上工业增加值及其增长速度

指　标	增加值（亿元）	比上年增长（%）
规模以上工业	2309.62	16.8
按轻、重工业分组：		
轻工业	979.74	17.2
重工业	1329.88	16.6
按经济类型分组：		
国有企业	656.24	14.4
集体企业	22.51	24.3
股份合作制企业	15.23	20.1
股份制企业	1321.73	17.1
外商及港澳台投资企业	128.28	24.5
其他企业	165.63	16.7
总计中：		
非公有制企业	1235.15	18.9
国有及国有控股工业	1008.66	14.4
大中型工业	1591.89	13.2

全市园区规模以上工业增加值1302.68亿元，比上年增长18.5%，占全市规模以上工业的56.4%，对规模以上工业增长的贡献率达55.5%。

全市县域规模以上工业实现增加值999.94亿元，比上年增长18.1%，高于全市平均水平1.3个百分点。

全市规模以上工业统计的202种主要产品产量中，产量增长的有125种，占产品数量的比重为61.9%。

表 2012年规模以上工业主要产品产量及其增长速度

产品名称	计量单位	产　量	比上年增长（%）
原　煤	万吨	627.07	8.4
卷　烟	亿支	1837.73	1.2
焰火制品	亿元	256.91	24.1
化学农药原药	万吨	1.75	42.9
涂料（油漆）	万吨	26.34	45.7
合成洗涤剂	万吨	15.20	-0.2
中成药	万吨	1.32	-3.7
水　泥	万吨	1318.91	-0.7
铝　材	万吨	91.10	20.8
起重设备	万吨	77.20	-4.4
混凝土机械	万台	5.27	16.0
汽　车	万辆	10.39	13.2
家用电冰箱	万台	16.5	-29.3
电力电缆	万千米	128.74	19.5

全市规模以上工业企业经济效益综合指数达385.0，比上年提高0.9个百分点；实现主营业务收入6683.38亿元，比上年增长16.4%；利润总额达523.28亿元，增长8.0%；利税总额1257.18亿元，增长11.7%；亏损企业亏损额为20.42亿元，增长26.5%。

全年具有建筑业资质等级的独立核算企业完成建筑业总产值2290.39亿元，比上年增长9.1%；实现利税总额165.01亿元；房屋竣工面积4532.43万平方米，增长7.5%。

【固定资产投资】 2012年，长沙市完成固定资产投资4011.96亿元，比上年增长20.3%。分城乡看，城镇固定资产投资3742.32亿元，增长20.8%；农村固定资产投资269.64亿元，增长14.0%。全市计划总投资超过5000万元的在建项目1094个，全年完成投资1453.74亿元，占固定资产投资总额的36.2%。

表 2012年分行业固定资产投资及其增长速度

行　业	投资额（亿元）	比上年增长（%）
总　计	4011.96	20.3
农、林、牧、渔业	71.55	35.8
采矿业	25.98	30.0
制造业	1064.41	27.7
其中：农副食品加工业	38.92	12.4
印刷业和记录媒介的复制	21.85	14.6

行　业	投资额（亿元）	比上年增长(%)
化学原料及化学制品制造业	116.07	38.7
医药制造业	46.28	82.7
非金属矿物制品业	69.99	13.7
金属制品业	61.26	35.1
通用设备制造业	79.40	-8.0
专用设备制造业	104.45	55.3
交通运输设备制造业	121.01	-8.6
计算机、通信和及其他电子设备制造业	96.09	178.2
仪器仪表制造业	11.33	28.9
电力、燃气及水的生产和供应业	72.36	-16.9
其中：电力、热力的生产和供应业	35.84	-18.8
建筑业	30.86	189.2
交通运输、仓储和邮政业	340.30	50.1
信息传输、软件和信息技术服务业	30.94	-38.7
批发和零售业	226.58	4.4
住宿和餐饮业	67.11	21.9
金融业	30.80	116.5
房地产业	1325.93	21.3
租赁和商务服务业	130.97	-3.3
科学研究和技术服务业	85.62	-2.8
水利、环境和公共设施管理业	287.19	-4.0
居民服务、修理和其他服务业	25.27	35.3
教育	70.52	28.9
卫生和社会工作	32.05	3.6
文化、体育和娱乐业	42.89	67.6
公共管理、社会保障和社会组织	50.63	129.7

在固定资产投资中，第一产业完成投资（不含水利建设投资）71.55 亿元，比上年增长 35.8%；第二产业完成投资 1193.60 亿元，增长 25.5%，其中工业投资 1162.75 亿元，增长 23.7%；第三产业完成投资 2746.81 亿元，增长 17.8%。高新技术产业投资 233.80 亿元，增长 117.4%。全年基础设施建设完成投资 717.75 亿元，增长 14.2%。

全年完成房地产开发投资 1032.00 亿元，比上年增长 16.4%。全市商品房销售面积 1526.93 万平方米，增长 1.8%。全市商品房销售额 931.56 亿元，其中住宅销售额 776.13 亿元，增长 2.1%。

【国内贸易】 长沙市全年实现社会消费品零售总额 2454.71 亿元，比上年增长 15.7%。按经营地统计，城镇消费品零售额 2354.44 亿元，增长 15.6%；乡村消费品零售额 100.27 亿元，增长 18.3%。按消费形态统计，商品零售额 2189.23 亿元，增长 15.9%；餐饮收入额 265.48 亿元，增长 14.1%。

限额以上批发零售单位零售额比上年增长 23.7%，分类别看，粮油、食品、饮料、烟酒类增长 21.8%；服装、鞋帽、针纺织品类增长 22.1%；化妆品类增长 31.6%；金银珠宝类增长 32.6%；体育、娱乐用品类下降 19.5%；石油及制品类增长 21.6%；通讯器材类增长 28.2%；家用电器和音像器材类增长 9.7%；汽车类增长 25.4%。

表　2012 年社会消费品零售总额及其增长速度

指　标	零售额（亿元）	比上年增长（%）
社会消费品零售总额	2454.71	15.7
按销售单位所在地：		
城镇	2354.44	15.6
其中：城区	2079.90	14.9
乡村	100.27	18.3
按行业分：		
批发业	267.66	22.0
零售业	1920.08	15.1
住宿业	51.76	12.5
餐饮业	215.21	14.7

【交通和邮电】 2012 年长沙市全社会运输周转量 372.04 亿吨公里，比上年增长 13.7%；旅客周转量增长 4.2%；货物周转量增长 17.3%。

全年完成邮电业务总量（2010 年不变价）114.98 亿元，比上年增长 8.9%，其中电信业务总量 107.40 亿元，增长 8.7%。完成邮电业务收入 102.32 亿元，比上年增长 8.8%，其中电信业务收入 94.21 亿元，增长 8.8%。年末本地固定电话用户 211.64 万户，下降 1.3%。移动电话用户 984.45 万户，增长 9.6%。固定电话普及率为 29.61 户 / 百人，比上年减少 0.63 户 / 百人，移动电话普及率为 137.75 户 / 百人，比上年增加 11.04 户 / 百人。年末互联网宽带用户达 134.25 万户。

表　2012 年交通运输业主要指标及其增长速度

指　标	计量单位	绝对数	比上年增长（%）
货物周转量	亿吨公里	301.66	17.3
铁　路	亿吨公里	49.46	-5.2
公　路	亿吨公里	206.13	28.1
水　运	亿吨公里	42.57	4.1
航　空	亿吨公里	0.72	-3.7
旅客周转量	亿人公里	254.47	4.2
铁　路	亿人公里	52.37	-1.3
公　路	亿人公里	123.61	2.4
航　空	亿人公里	78.48	11.2

【对外经济和旅游】 全年进出口总额（海关口径）86.93亿美元，比上年增长16.1%，其中出口总额51.74亿美元，增长26.7%；进口总额35.19亿美元，增长3.3%。在出口总额中，机电产品26.74亿美元、高新技术产品9.15亿美元，分别占出口总额的51.7%和17.7%；在进口总额中，机电产品24.01亿美元、高新技术产品4.74亿美元，分别占进口总额的68.2%和13.5%。利用外资项目（企业）94个。实际使用外商直接投资29.77亿美元，比上年增长14.4%。全年新增实际到位省外境内资金项目165个，实际到位省外境内资金达456.65亿元，增长16.9%。

旅游业快速发展，全年接待国内旅游者7989.18万人次，比上年增长34.7%；国内旅游收入741.13亿元，增长36.4%；接待入境旅游者105.19万人次，增长26.0%；入境旅游收入6.65亿美元，增长6.3%；国际国内旅游总收入783.10亿元，增长34.4%。

【金融和保险业】 截至2012年底，长沙市金融机构各项存款余额（本外币合计，下同）8800.66亿元，比年初增加1436.55亿元，其中城乡居民储蓄余额3004.07亿元，比年初增加477.14亿元；年末金融机构各项贷款余额8518.93亿元，比年初增加1035.11亿元，其中短期贷款余额1957.10亿元，比年初增加290.99亿元，中长期贷款6393.43亿元，比年初增加652.95亿元。

全年保险机构原保险保费收入121.40亿元，比上年增长9.1%，其中财产险原保险保费收入51.16亿元，增长17.9%；人身险原保险保费收入70.24亿元，增长3.4%。赔付支出38.61亿元，增长22.0%。

【教育和科学技术】 全市拥有普通高校50所，普通高中71所，初中学校213所，普通小学939所。在学研究生5.06万人，增长3.3%；普通高校在校学生52.32万人，比上年增长1.2%；普通高中在校学生12.39万人，增长5.4%；普通初中在校学生21.99万人，增长6.0%；普通小学在校学生43.95万人，增长3.3%；幼儿园在园幼儿20.51万人，增长6.0%。小学适龄儿童入学率100%，小学升初中入学率109.9%。全市共投入义务教育“免补”经费5.12亿元，121.4万人次学生享受了“一费制”全免入学。免除了129.8万人次学生杂费，义务教育阶段学生杂费免除率达100%。补助了4.78万人次农村贫困寄宿学生生活费。

全市拥有科学研究开发机构97个，年内共取得省部级以上科技成果540项。专利申请14973件，比上年增长14.1%；授权专利10382件，增长55.1%；签订技术合同3085项，成交金额19.85亿元。高新技术产业增加值1217.6亿元，增长16.0%。

【文化、卫生和体育】 2012年，长沙市拥有艺术表演团体12个，文化馆10个，公共图书馆12个，博物馆（纪念馆）15个，档案馆14个。全市广播综合人口覆盖率达99.3%；电视综合人口覆盖率达98.6%；有线电视用户达149.78万户。拥有卫生机构（含村卫生室）4270个，其中医院、卫生院254个；卫生防疫、防治机构12个；妇幼保健机构11个。卫生技术人员5.60万人，增加0.26万人，其中执业医师、执业助理医师2.03万人，增加0.12万人；注册护士2.50万人，增加0.20万人。卫生机构床位5.13万张，增加0.43万张，其中医院、卫生院4.64万张，增加0.34万张。

全年全市共开展全民健身项目480项次，全民健身运动参加人数达430万人。社会体育指导员年发展数为400人，年末拥有各级社会体育指导员1.01万多人，健身辅导站750个，公共体育场地564个。

【环境、节能和安全生产】 2012年，全市拥有国家级生态示范乡镇19个，国家级自然保护区1个，自然保护区面积0.67万公顷。全年空气质量优良天数332天，空气质量优良率达90.7%。城市生活垃圾无害化处理率100%。

初步核算，2012年全市万元规模工业增加值能耗比上年下降16.8%，重点耗能工业企业的单位产品能耗比上年有不同程度的下降，其中机制纸及纸板综合能耗下降16.8%；吨水泥综合能耗下降1.1%，吨铝加工材消耗能源量下降6.4%；电厂火力发电标准煤耗下降1.3%。

全年生产安全事故死亡29人，比上年下降32.6%；亿元GDP各类事故死亡人数0.044人，下降15.4%；煤炭百万吨煤生产安全事故死亡人数0.32人，下降59.0%；工矿商贸企业十万从业人员生产事故死亡人数0.86人，下降34.8%；道路交通事故死亡人数233人，下降0.85%；万车死亡人数1.71人，下降16.6%。

【人民生活和社会保障】 2012年，长沙市年末常住总人口714.66万人，比上年增长0.79%。人口出生率为12.56‰，死亡率为6.46‰，自然增长率为6.10‰。城市化率为69.38%，比上年提高0.89个百分点。

全年城镇居民人均可支配收入30288元，比上年增加3837元，比上年增长14.5%。其中，人均工资性收入17699元，增长17.5%；人均经营净收入4455元，增长6.2%。城镇居民人均消费性支出19460元，增加1678元，增长9.4%，服务性消费支出5520元，增长10.6%。城镇居民恩格尔系数为35.8%。在城镇居民消费分类中，食品消费增长9.2%；衣着消费增长15.1%；家庭设备用品及服务消费增长16.1%；医疗保健消费下降7.0%；交通和通信消费下降0.2%；居住消费增长14.8%；教育文化娱乐服务消费增长12.0%；其他商品和服务消费增长32.1%。城市居民年末每百户家庭拥有家用汽车36.5辆，家用电脑96.4台，接入互联网的计算机76.2台。人均住房建筑面积31.8平方米。

全年农村居民人均可支配收入15057元，比上年增加2339元，增长18.4%；农民人均纯收入15763元，增长17.6%，其中工资性收入8751元，增长29.0%。全年农民人均生活消费支出10155元，增长18.4%，在消费分类中增长较快的是衣着消费支出和文化教育娱乐消费支出，分别增长28.4%和27.8%。农村居民恩格尔系数为37.0%。农村居民平均每百户家庭拥有家用汽车17辆，家用电脑28台，移动电话机233台。农村居民人均住房面积62.57平方米，增加0.53平方米。

全市拥有社会福利院、敬老院、养老院、光荣院等

128所。各类收养性社会福利单位收养人员1.09万人。城镇各种社区服务设施3564处，其中综合性社区服务中心594个。接受社会捐赠7275万元。全年发放居民最低生活保障金6.4亿元，居民得到政府最低生活保障人数为25.27万人（包括城镇和农村）。城市低保资金按规定标准拨付到位率100%，农村最低生活保障资金按规定标准发放到位100%，做到了应保尽保。

截至2012年底，全市参加劳动保障部门城镇职工基本养老保险的人数达174.68万人，比上年末增长12.5%，基本养老金社会化发放率达100 %；年末参加城镇居民养老保险人数达9.82万人，年末参加新型农村养老保险人数达289.43万人，增长3.1%；年末参加城镇职工基本医疗保险人数达147.95万人，增长5.1%。参加失业保险职工人数达 95.35万人，增长16.4%，全年领取失业保险金人数为3.30万人；参加工伤保险职工人数达117.45万人，增长16.4%；参加生育保险的人数达99.47万人，增长8.9%；参加城乡居民医疗保险人数达510.21万人，增长0.6%。（市统计局）

注：1. 本公报部分数据为初步统计数。

2. 地区生产总值（GDP）、各产业增加值绝对数按现行价格计算，增长速度按不变价格计算。

3. 规模以上工业统计范围为年主营业务收入2000万元及以上工业企业。

4. 固定资产投资（不含农户）统计范围为计划总投资500万元及以上项目。

表　长沙市主要经济指标占湖南省的比重（2012年）

	单位	2012年湖南省	2012年长沙市	占全省比重（%）
一、地区生产总值	亿元	22154.2	6399.9	28.9
第一产业	亿元	3004.2	272.3	9.1
第二产业	亿元	10506.4	3592.5	34.2
第三产业	亿元	8643.6	2535.1	29.3
二、工业增加值	亿元	9140.0	3051.9	33.4
三、粮食产量	万吨	3006.5	247.9	8.2
四、固定资产投资	亿元	14576.6	4012.0	27.5
五、社会消费品零售总额	亿元	7854.9	2454.7	31.3
六、公共财政预算收入	亿元	1776.0	490.7	27.6
七、进出口总额	亿美元	219.4	86.9	39.6
#出口总额	亿美元	126.0	51.7	41.1
八、实际使用外商直接投资	亿美元	72.8	29.8	40.9
九、年末金融机构存款余额	亿元	23148.1	8800.7	38.0
#城乡居民储蓄存款余额	亿元	12705.1	3004.1	23.6
年末金融机构贷款余额	亿元	15648.6	8518.9	54.4
十、城镇居民人均可支配收入	元	21319	30288	（比全省高）8969
城镇居民人均消费性支出	元	14609	19460	（比全省高）4851
农民人均纯收入	元	7440	15763	（比全省高）8323
农民人均生活消费支出	元	5870	10155	（比全省高）4285

表　35 个城市主要经济指标（一）

单位：亿元

城市名称	地区生产总值（现价）				固定资产投资			
	2012 年	位次	比上年（±%）	位次	2012 年	位次	比上年（±%）	位次
长　沙	6399.9	15	13.0	9	4012.0	12	20.3	25
郑　州	5547.0	16	12.0	16	3561.0	18	22.7	18
太　原	2311.4	29	10.5	23	1320.6	29	28.9	9
合　肥	4164.3	23	13.6	6	3803.0	14	19.7	28
武　汉	8003.8	8	11.4	20	5031.3	8	20.0	27
南　昌	3000.5	25	12.5	11	2623.0	22	31.0	6
石家庄	4500.2	19	10.4	25	3673.3	17	21.4	21
南　宁	2503.6	27	12.3	13	2517.6	23	28.1	10
成　都	8138.9	7	13.0	9	5890.1	4	17.7	31
西　安	4369.4	21	11.8	18	4243.4	10	26.6	11
贵　阳	1700.3	31	15.9	2	2482.6	24	55.1	2
昆　明	3011.1	24	14.1	4	2345.9	25	25.1	14
兰　州	1564.4	32	13.4	8	1239.2	31	42.3	3
乌鲁木齐	2060.0	30	17.3	1	1010.0	32	59.0	1
西　宁	851.1	34	15.0	3	700.5	34	32.7	4
呼和浩特	2475.6	28	11.0	21	1301.4	30	26.2	12
银　川	1140.8	33	12.5	11	918.7	33	25.2	13
沈　阳	6606.8	13	10.0	27	5625.4	5	23.3	16
长　春	4456.6	20	12.0	16	3172.9	20	30.4	7
哈尔滨	4550.1	18	10.0	27	3950.0	13	31.1	5
福　州	4218.3	22	12.1	14	3234.8	19	21.1	23
海　口	820.6	35	9.4	31	510.4	35	29.2	8
南　京	7201.6	11	11.7	19	4558.5	9	21.3	22
杭　州	7804.0	9	9.0	32	3722.8	16	20.1	26
广　州	13551.2	3	10.5	23	3758.4	15	10.1	33
济　南	4812.7	17	9.5	30	2186.1	27	20.4	24
北　京	17801.0	2	7.7	34	6462.8	3	9.3	34
上　海	20101.3	1	7.5	35	5254.4	7	3.7	35
天　津	12885.2	5	13.8	5	8871.3	2	18.1	29
重　庆	11459.0	6	13.6	6	9380.0	1	22.9	17
大　连	7002.8	12	10.3	26	5624.4	6	23.5	15
青　岛	7302.1	10	10.6	22	4153.9	11	22.3	19
宁　波	6524.7	14	7.8	33	2901.4	21	21.6	20
深　圳	12950.1	4	10.0	27	2314.4	26	12.3	32
厦　门	2817.1	26	12.1	14	1332.6	28	18.1	29

表　　35个城市主要经济指标（二）

单位：亿元

城市名称	社会消费品零售总额				公共财政预算收入			
	2012年	位次	比上年（±%）	位次	2012年	位次	比上年（±%）	位次
长　沙	2454.7	13	15.7	15	490.7	16	15.2	25
郑　州	2289.9	17	15.2	25	606.7	15	20.8	10
太　原	1129.5	26	16.1	11	215.7	30	23.4	4
合　肥	1293.6	24	16.7	9	389.5	19	15.1	27
武　汉	3432.4	7	16.0	12	828.6	8	23.1	6
南　昌	1116.5	27	18.4	3	240.0	28	28.3	2
石家庄	1894.8	21	15.6	17	272.3	25	23.1	6
南　宁	1255.6	25	17.0	6	229.7	29	23.3	5
成　都	3317.7	8	16.0	12	781.0	9	18.9	17
西　安	2236.1	19	15.5	18	397.0	18	24.6	3
贵　阳	683.2	32	16.9	8	241.2	27	28.9	1
昆　明	1493.8	23	17.5	4	378.4	22	19.1	16
兰　州	749.1	31	17.1	5	103.7	34	19.9	14
乌鲁木齐	834.0	30	20.0	1	252.0	26	22.2	8
西　宁	317.5	34	17.0	6	122.7	32	20.4	12
呼和浩特	1022.3	28	14.9	29	178.6	31	18.0	21
银　川	316.0	35	15.1	27	113.1	33	20.7	11
沈　阳	2802.2	11	15.5	18	715.0	13	15.3	24
长　春	1739.6	22	15.0	28	340.8	24	18.1	19
哈尔滨	2394.6	14	15.7	15	354.7	23	18.1	19
福　州	2259.0	18	19.1	2	382.0	20	19.4	15
海　口	436.3	33	12.7	32	73.2	35	20.1	13
南　京	3080.6	9	15.4	23	733.0	11	15.4	23
杭　州	2944.6	10	15.5	18	860.0	7	9.5	34
广　州	5977.3	3	15.2	25	1102.3	6	12.5	30
济　南	2323.6	16	14.9	29	380.8	21	17.0	22
北　京	7702.8	1	11.6	33	3314.9	2	10.3	32
上　海	7387.3	2	9.0	35	3743.7	1	9.2	35
天　津	3921.4	6	15.5	18	1760.0	3	21.0	9
重　庆	3961.2	5	16.0	12	1705.1	4	14.6	28
大　连	2224.0	20	15.5	18	750.1	10	15.2	25
青　岛	2564.5	12	14.9	29	670.2	14	18.4	18
宁　波	2329.3	15	15.4	23	725.5	12	10.3	32
深　圳	4008.8	4	16.5	10	1482.1	5	10.6	31
厦　门	882.1	29	10.2	34	422.9	17	14.1	29

表　35个城市主要经济指标（三）

单位：亿美元

城市名称	进出口总额（海关口径）				实际使用外商直接投资			
	2012年	位次	比上年（±%）	位次	2012年	位次	比上年（±%）	位次
长　沙	86.9	25	16.1	10	29.8	15	14.4	16
郑　州	358.3	14	124.0	1	34.3	14	10.6	23
太　原	84.7	26	-0.6	26	7.8	27	15.2	14
合　肥	176.4	18	43.3	5	16.0	21	23.1	7
武　汉	203.5	16	-11.0	33	44.4	12	18.2	11
南　昌	82.9	27	5.2	19	19.0	18	13.1	19
石家庄	129.5	21	-8.7	31	8.5	25	130.9	1
南　宁	41.5	31	65.2	4	5.0	28	17.2	12
成　都	475.4	13	25.5	7	85.9	5	31.1	3
西　安	130.1	20	3.3	23	24.8	17	23.6	6
贵　阳	50.5	29	34.0	6	4.7	29	70.1	2
昆　明	144.1	19	20.1	8	15.9	22	24.7	5
兰　州	33.9	32	83.4	2				
乌鲁木齐	104.0	23	15.2	11	1.9	31	21.0	8
西　宁	9.3	35	14.5	12				
呼和浩特	17.0	33	-16.0	35	0.2	33	-76.9	33
银　川	13.6	34	12.7	14	1.5	32	-22.0	32
沈　阳	127.5	22	20.1	8	58.0	7	5.5	26
长　春	196.8	17	13.5	13	8.5	25	9.9	24
哈尔滨	53.3	28	4.2	21	19.0	19	18.8	10
福　州	311.3	15	-10.3	32	13.4	23	4.8	28
海　口	42.2	30	-0.7	27	4.5	30	11.1	21
南　京	552.4	11	-3.7	30	41.3	13	15.8	13
杭　州	616.8	10	-3.6	29	49.6	9	5.1	27
广　州	1171.3	4	0.8	24	45.8	11	7.1	25
济　南	91.5	24	-12.1	34	12.2	24	10.9	22
北　京	4079.2	3	4.7	20	80.4	6	14.0	17
上　海	4367.6	2	-0.2	25	151.9	1	20.5	9
天　津	1156.2	5	11.8	16	150.2	2	15.0	15
重　庆	532.0	12	82.2	3	105.3	4	0.0	31
大　连	641.1	9	6.8	17	123.5	3	12.2	20
青　岛	732.1	8	4.2	21	46.0	10	27.8	4
宁　波	965.7	6	-1.6	28	28.5	16	1.5	30
深　圳	4667.9	1	12.7	14	52.3	8	13.7	18
厦　门	744.9	7	6.2	18	17.8	20	2.8	29

表　35个城市主要经济指标（四）

城市名称	城镇居民人均可支配收入（元）				城市居民消费价格指数（%）	
	2012年	位次	比上年（±%）	位次	2012年	位次
长　沙	30288	12	14.5	4	102.3	29
郑　州	25301	22	12.6	19	102.7	18
太　原	22587	27	12.1	25	102.1	33
合　肥	25434	21	13.2	12	102.2	31
武　汉	27061	18	14.0	5	102.8	13
南　昌	23602	23	13.8	7	102.9	11
石家庄	23038	24	12.2	23	102.8	13
南　宁	22561	28	12.8	16	102.9	11
成　都	27194	17	13.6	8	103.0	8
西　安	29982	13	15.4	3	102.8	13
贵　阳	21796	32	12.2	23	102.6	23
昆　明	25706	20	17.0	1	103.1	6
兰　州	18443	33	15.6	2	102.4	27
乌鲁木齐	18400	34	14.0	5	103.4	1
西　宁	17634	35	11.3	30	102.7	18
呼和浩特	32646	9	13.1	14	103.1	6
银　川	21900	31	12.4	21	102.6	23
沈　阳	26431	19	13.3	11	103.0	8
长　春	22970	25	12.1	25	102.3	29
哈尔滨	22499	29	12.3	22	103.2	5
福　州	29399	15	12.9	15	102.2	31
海　口	22331	30	13.2	12	103.3	3
南　京	36322	8	12.8	16	102.7	18
杭　州	37511	6	10.1	34	102.5	26
广　州	38054	3	11.4	29	103.0	8
济　南	32570	10	12.7	18	102.4	27
北　京	36469	7	10.8	33	103.3	3
上　海	40188	2	10.9	32	102.8	13
天　津	29626	14	10.1	34	102.7	18
重　庆	22968	26	13.4	9	102.6	23
大　连	27539	16	13.4	9	103.4	1
青　岛	32145	11	12.5	20	102.7	18
宁　波	37902	4	11.3	30	101.7	35
深　圳	40742	1	11.6	28	102.8	13
厦　门	37576	5	11.9	27	102.1	33

“两型”社会建设

【概况】2012年，长沙市认真贯彻省委、省政府“四化两型”战略，以率先建成“两型”城市为目标，在能源资源节约、环境保护整治、两型产业发展、示范片区建设等领域积极创新、扎实推进，取得较好成效。

一、继续推进资源节约模式和机制创新，资源利用效率有新的提高。1. 完善节约集约用地模式和制度双创新。完善立体开发城市建设节地、农民高层公寓式安置节地、工业园区高层（多层）厂房节地、农村土地综合整治节地、城市道路设计调整节地等既有节地模式，积极探索公共资源共享、土地集约经营、农村宅基地跨行政村流转、废弃工矿用地复垦整理利用等新的节地模式。在此基础上，抓好全市建设用地和开发（园）区土地节约集约利用的评价考核，研究地下空间开发利用管理、农村“空心村”改造等节约集约用地的制度创新。2. 推进节能减排项目建设和管理机制全覆盖。抓住国家首批节能减排财政政策综合示范城市建设的契机，建立资金管理与节能减排完成情况挂钩机制，争取2012年度中央财政资金4.41亿元。全市完成智能节电综合改造宾馆酒店109家，每年节电约3000万千瓦时，综合节电率达30%以上。加强《长沙市固定资产投资项目节能评估和审查办法》的实施，实施“能评一票否决”，全年完成“能评”项目16个，节能备案登记项目20个。2012年全市能源消费总量为3300万吨标准煤，能源消费增长速度明显低于经济增长速度。全市单位GDP能耗同比下降约4.5%，超额完成预期目标任务。3. 推行节水型城市建设新政策。在省内率先出台《长沙市城区居民生活用水阶梯式水价和非居民用水超定额累进加价制度管理办法》，从2012年2月开始实施，对居民生活用水实行阶梯水价，对非居民用水实行超定额累进加价收费制度，按年核定用水量，按月考核，阶梯水价政策出台后，市民的节水意识增强，一大批企事业、特种用水单位开始升级使用节水设备。全市开展16个节水示范工程建设，安排500万元财政资金对节水示范项目进行引导和补助。4. 担当再制造领域探路者。以宁乡经开区、浏阳制造产业基地为依托，建设长沙再制造产业基地，获批全国首批两家示范基地之一。重点完善逆向物流和旧件回收体系，着力提升工程机械、汽车及零部件、机床、轨道交通设备、医药器械、高档数码产品、家电等七大再制造能力，“十二五”期间规划项目70多个，规划产值170亿元，2012年获批国家支持资金2000万元。

二、加快推进环境综合整治，环保机制得到进一步创新。推进主要污染物减排，与上年度总量相比，2012年全市化学需氧量削减2.2%、氨氮削减1.7%、二氧化硫削减0.8%、氮氧化物削减0.74%，截至12月24日，长沙全年空气质量优良率为90.71，优良天数332天，排名中部省会城市第一。1. 继续推进流域环境综合整治。推进新港、暮云、坪塘等污水处理厂及配套管网建设，完成湘江长沙段主城区内截污工程，基本实现城区生活污水全收集、全截污、全处理。将湘江长沙段各支流全部纳入库区水环境安全保护区，实现自动化、标准化全流域监测；开展浏阳河、捞刀河、沩水河、靳江河、圭塘河“五河”流域污染综合整治，重点实施生态补水、河道疏浚、污染治理、水源涵养和绿化等工程。城市污水处理率达到92.7%，城市水环境功能区水质达标率100%，湘江出境水质常年优于入境水质。全面推进农村面源污染整治，以村民自治为核心，以畜禽污染、集镇污水、农村垃圾三大污染治理为突破，初步建成覆盖全市的农村垃圾收集处理体系，开工建设乡镇污水处理厂30多个。2. 创新河流生态补偿机制。出台《长沙市境内河流生态补偿办法（试行）》，对浏阳河、捞刀河、沩水河、靳江河等跨行政区域河流开始实行断面水质监测，交界断面当月水质指标值超过水质控制目标，上游区、县（市）给予下游补偿，补偿标准为化学需氧量800元/吨，氨氮900元/吨，由各区、县（市）政府安排生态环境保护专项补偿资金，按要求上缴市财政。3. 强化空气质量监测。率先全省落实空气质量新标准工作， 10个空气自动监测子站已经完成PM2.5、一氧化碳、臭氧等检测设备的安装、调试，并于12月2日首次向市民发布PM2.5数据。4. 率先推进餐厨垃圾无害化资源化处理。实施《长沙市餐厨垃圾管理办法》，实行统一收运、统一处置，餐厨垃圾无害化处理中心投入使用，处理能力达到375吨/日，处理规模全国最大。与全市2000家餐厨垃圾产生单位签约，每天处理餐厨垃圾约250吨，餐厨垃圾分离油脂加工转化为生物柴油，实现餐厨垃圾的“无害化、减量化和资源化”利用。环保部部长周生贤视察后，给予了高度评价并要求在全国推广。5. 切实开展排污权有偿使用和交易工作。缴纳初始排污权费用企业达180家，占全市应缴企业数量的61.22%；办理了长沙天宁热电有限公司、湖南九典制药有限公司等26家企业排污权交易工作，交易化学需氧量79.86吨，二氧化硫11.27吨，交易金额271.31万元。6. 加强长株潭生态绿心保护。推动实施《长株潭生态绿心总体规划》，积极编制《长沙市生态绿心地区保护管理意见》。严格控制绿心区域项目建设用地，在生态绿心地区禁止开发区和限制开发区设立保护标志524块。加强项目准入审核把关，共清理审查项目154个。认真实施生态效益补偿基金项目，将1926.67公顷公益林纳入中央、省、市财政补偿范围，年补偿标准由20元/亩提高到30元/亩。新建坪塘狮峰山、白泉、跳马浏阳河、嵩山寺四个省级森林公园。

三、着力推广绿色建筑标准，积极构建低碳交通体系。1. 大力推进绿色节能建筑。致力建设全国绿色建筑示范城市，在颁布绿色建筑评价标准及管理办法的基础上，加大示范推广力度，全市已有试点项目30多个，总建筑面积580多万平方米。规划建设四大绿色新区，率先在梅溪湖等新区全面执行绿色建筑标准。累计完成节能建筑竣工面积8280万平方米，形成了每年211万吨标煤的节能潜力。2. 积极推进绿色市政。在城市道路建设大力推行生态边坡、温拌沥青、垂直绿化、绿色照明等绿色技术。建设全国首个“绿色地铁”样板工程，编制了全国首个绿色轨道交通评价体系和绿色车站设计导则，通过绿色规划设计、施工和运营管理，实现轨道交通系统能耗比全国现有平均能耗降低20%的目标。3. 推进低碳交通建设。加快综合交通体系及衔接工程建设，长沙河西交通枢纽工程正式开工。推进公交优先，长沙获批国家“公交都市”试点城市。继续推广节能与新能源汽车，加快公交车更换为CNG车辆和纯电动车的步伐，运营车辆节油率达到20%以上。初步制定了淘汰黄标机动车的计划。

四、着力推进结构调整和转型升级，产业“两型”化的步伐进一步加快。1. 高新技术产业快速增长。在工程机械、汽车及零部件、光伏等产业增长受阻的情况下，电子信息、通讯设备、新材料、生物医药等产业保持快速增长，新能源产业开始回升，节能环保产业快速增长，全市高新技术产业产值首次突破4000亿元大关，累计实现产值4200.7亿元，同比增长16.1%，累计实现增加值1217.6亿元，同比增长16.0%；占全市地区生产总值比重的19.0%，较上年提高0.8个百分点；全年累计实现出口收入42.8亿元，同比增长57.3%，较上年提高14.2个百分点。2. 现代服务业发展来势较好。金融、物流、文化创意等现代服务业继续保持蓬勃发展态势，全市生产性服务业呈现增长加快、贡献增强的趋势。长沙获批财政部现代服务业发展支持试点，争取中央专项资金3亿元。国家广告创意产业园落户长沙天心区。3. 园区建设水平不断提升。积极开展两型园区、生态工业园区创建，推进园区循环化改造试点，高（多）层厂房和楼宇工业园较大规模推进，环保设施不断健全，园区分布式能源站规划全面推进，循环经济产业链积极延伸。铜官循环经济基地已引进32家循环型企业，并积极配合做好长株潭新型化工循环经济产业园的选点工作。

五、全面加快示范片区建设，“两型”新城的形象初步展现。长沙市的两型示范片区特别是大河西先导区，经过4年多来的谋划和建设，承载能力初步形成，“两型”特征不断显现，示范带动作用得到发挥。1. 逐步完善基础设施。先导区全面建成“六纵八横”城市路网，建设道路110条，新增通车里程400余公里；长株潭城际铁路、地铁二号线及西延线、京港澳高速西线、福元路和湘府路大桥、坪塘大道、黄桥大道、长韶娄高速等交通干线的推进和建成，进一步完善了大河西的交通架构。水电气讯和公共服务设施同步推进，长郡梅溪湖中学、梅溪湖小学开学招生；新建长沙高新医院、长沙医学院附属医院、梅溪湖三甲医院。2. 大力改善生态环境。在湘江西岸进行了大规模的流域整治和截污治污建设，建设截污干管70公里，城区污水实现了“全截污，全收集”。龙王港综合整治工程全面实施，先导区范围内13公里河道截污整治已基本完成；靳江河综合整治已经竣工，总体水质已由IV类提升到III类，部分断面水质提升到II类。恢复建设洋湖、梅溪湖、西湖、大泽湖、金洲湖五大湿地湖泊，搬迁村民1万多户，新增湖泊湿地面积1333.33公顷。梅溪湖2011年10月全面竣工，洋湖湿地第三期开始启动，西湖文化园湖泊开始蓄水。保护和利用山脉、丘陵和江心沙洲，建设18个山体公园、江景公园和社区公园，其中桃花岭公园一期2011年10月竣工开园，象鼻窝森林公园已经开工，巴溪洲水上公园、大王山森林公园即将开工。3. 率先打造绿色新区。按照达到或高于国家绿色生态城区标准的要求，谋划建设黎托新城核心片区、梅溪湖片区、洋湖垸片区、滨江新城四大绿色新区，全面编制绿色新区建设规划，100%执行绿色建筑和绿色市政标准，在国内率先推进成片化成规模推广绿色建筑。制定了《先导区绿色建筑管理办法（草案）》、《先导区管委会绿色建筑奖励政策》，梅溪湖片区获批国家绿色生态示范城区（全国首批5个之一），中央财政支持5000万元，目前绿色建筑执行率为100%，二星及三星以上的绿色建筑不低于30%，岳麓区实验小学是省内首个“国家绿色建筑二星”和“美国LEED-SCHOOL银级”双认证绿色学校。4. 加速集聚“两型”产业。依托长沙高新区、宁乡经开区等五大产业园区，高端制造、电子信息、新能源、新材料等战略性新兴产业稳步增长。大力发展现代服务业，着力打造梅溪湖、滨江、洋湖、大王山四大高端现代服务业平台，引进建设奥克斯、梅溪湖国际广场等大型综合体和民生银行、浦发银行、省信用联社总部等金融机构（区域）总部。着力打造梅溪湖科技创新城，梅溪湖国际研发中心即将竣工，已吸引中国科技开发院、中冶长天、中化化肥、景微电子等入驻，推动先导区朝中部高端服务集聚地目标迈进。5. 其他片区稳步发展。安青片区着力发展现代休闲和旅游农业，已建成花卉苗木示范园、和平清代民居、长丰汽车生态公园等一批现代农庄；金霞片区推进国家级现代物流园区建设，全年物流产业总产值达400亿元以上；铜丁片区高起点构建循环经济产业链，引进38家循环型企业，湖南三环颜料、金鼎管业、热网工程等项目建成投运，全年产值达258亿元。

六、完善工作推进机制，改革试验的氛围更加浓厚。1. 加强统筹协调。市政府下发了年度“两型”社会建设《工作要点》、《示范创建工作方案》和《重点改革项目实施方案》，明确了年度工作计划和责任分工。通过召开部门联席会议，安排推动和协调重要工作。2. 加强绩效考评。由市两型办考核区县（市）的两型社会推进情况；将示范单位创建、两型重点项目、改革创新等任务纳入对市直部门的绩效考核。3. 加强综合研究。整理起草上报了农村环保、老工业区落后产能退出、节约集约用地等经验文章，组织编撰《“两型”城市》和《长沙“两型”社会研究》两本书，组织开展城市生活垃圾分类处理、节能环保服务业发展、金霞示范片区发展、生态补偿机制试点等课题研究，并与高校达成战略研究合作。4. 加强宣传引导。组织动员开展两型示范创建工作。加大对两型社会改革建设的宣传力度，创办“两型城市网”并已上线，与拓维信息合作开发了首期手机动漫“绿动漫”产品，并向社会投放宣传。（张业武）

【出台《长沙市境内河流生态补偿试行办法（试行）》】 3月5日，《长沙市境内河流生态补偿办法（试行）》开始实施，长沙市对浏阳河、捞刀河、沩水河、靳江河等跨行政区域河流开始实行断面水质监测，凡是交界断面当月水质指标值超过水质控制目标，上游区、县（市）应当给予下游区、县（市）补偿。根据《长沙市境内河流生态补偿办法（试行）》规定，浏阳河、捞刀河、沩水河、靳江河地表水水质控制标准为III类标准限值，其他河流按水质功能区要求执行。在交界断面上，水质指标值如超过水质控制目标，上游区、县（市）应当给予下游区、县（市）超标补偿。《办法》还规定，各区、县（市）政府应当安排生态环境保护专项补偿资金，并按要求上缴市财政，市财政应当设立流域生态补偿专户。各级政府应当将获取的补偿资金纳入流域生态补偿资金管理，补偿资金应当做到专款专用，统筹用于该区域环境污染治理和环境质量改善。（张业武）

美丽的梅溪湖

【开展“两型”示范家庭评选表彰活动】5月16日，市妇联、市“两型”办联合举办长沙市第九届家庭文化艺术节暨“两型”示范家庭评选表彰会。省妇联党组书记、主席肖百灵，省“两型”办副巡视员宋娟娟，市委常委、宣传部长张湘涛等领导出席会议。本届家庭文化艺术节凸显两型建设主题，会上对长沙市十佳“两型”示范家庭进行了颁奖。宁乡县煤炭坝镇煤炭坝社区的贺雪辉家庭和开福区捞刀河镇捞刀河社区的苏立雄家庭作为获奖代表发言，与大家分享了崇尚俭约生活、倡导绿色环保、追求和谐幸福的“两型”家庭的建设经验。会上向全市广大家庭发出《“两型”家庭，从我做起》的倡议书。（张业武）

【“两型”示范学校创建总结动员会召开】7月5日，长沙市“两型”示范学校创建总结动员会议在市教育考试院召开，会议总结表彰2011年“两型”示范学校建设工作，动员部署2012年“两型”示范学校创建工作，以“两型”学校建设带动“两型”家庭和“两型”社会建设。省“两型”办副主任刘怀德、市政府副市长夏建平以及市教育局、市“两型”办、市环保局、市能源局、市住建委、团市委和市园林局主要负责人，20所“两型”示范学校校长，各区县（市）教育局局长和分管副局长等出席会议。会议授予长沙商贸旅游职业技术学院、芙蓉区育才学校等20所学校“‘两型’示范学校”光荣称号。省“两型”办副主任刘怀德充分肯定了长沙市“两型”示范学校创建活动的成效，强调了建设“两型”学校的重要意义，提出持续深入开展“两型”示范学校创建活动的各项举措，并对长沙市下一阶段“两型”示范学校创建活动提出新的目标和期望。副市长夏建平进一步强调创建“两型”示范学校的重要意义，并指出要科学把握创建“两型”示范学校的本质要求，切实加强创建“两型”示范学校的组织保障，再接再厉，开拓创新，奋力突破，力争取得更大成果。（张业武）

【长沙成为国家首批“公交都市”建设试点城市】10月30日，在深圳召开的全国城市公共交通工作会议上，长沙同重庆、南京、济南、武汉、昆明、石家庄、大连、哈尔滨等14个城市一起，获评成为国家首批“公交都市”建设试点城市。这标志着长沙市公共交通事业将进入快速发展的轨道。近五年来，长沙大力推进公交优先发展战略，优化公交线网，5年来共填补公交空白路段200余公里，长沙公交线网已覆盖城市建成区、长沙县及望城区50%以上区域；二环内80%的区域实现步行500米即可进入公交系统。先后在18条道路上设置129.6公里大客车专用道，提高公交车辆的运行速度和正点率。拥有公交车辆4658标台，公交线路135条，年客运总量达75432.6万人次；拥有出租汽车6280台，年营运收入近15.1亿元；地铁2号线、1号线也将分别于2013年、2014年建成通车。长沙市“公交都市”建设总周期从2011年至2020年，将重点从枢纽站场建设、节能减排、智能信息化建设等方面大力实施“公交优先”。（张业武）

【湖南省“两型”示范区建设座谈会在长沙召开】11月14日，湖南省“两型”示范区建设座谈会在长沙召开。省委常委、省长株潭两型社会建设综合配套改革试验区工委书记张文雄出席会议并讲话。省长株潭试验区工委副书记、省两型办主任徐湘平主持会议，市委副书记、常务副市长张迎龙，市委常委、长沙大河西先导区党工委书记赵文彬出席会议或参加交流。会议发布了《长株潭城市群“两型”社会示范区建设工程实施方案（2011—2015年）》，提出到2015年末，大河西、云龙、昭山等五大示范区GDP总量要达到7179亿元，“十二五”期间年均增速在20%以上。张文雄强调，2012年是“两型”建设进入第二阶段的起步之年，2013年是“两型”建设深度推进之年，“两型”示范区要努力成为发展的核心增长极，必须创新思路，突出重点，攻坚克难，坚守资源节约、环境友好的底线，始终坚持“两型”特色，始终站在“两型”的前列，把示范区真正建成“两型”示范区。（张业武）

【梅溪湖新城获批国家绿色生态示范城区】11月19日，住房和城乡建设部正式批准长沙大河西先导区梅溪湖新城为“国家绿色生态示范城区”。梅溪湖新城作为湖南唯一推荐项目，从全国众多一线发达城市中脱颖而出，成为全国首批5个绿色生态示范城区之一。按照将梅溪湖国际服务区打造成国家绿色建筑推广示范区的目标要求，梅溪湖新城广泛运用“两型”技术，积极推行可再生能源、再生水回收利用、人工湿地、地下室自然采光、透水路面等一系列绿色建筑技术，绿色建筑技术覆盖率达到100%。作为此次湖南省唯一推荐的项目，梅溪湖新城规划总用地面积7.6平方公里，环抱200公顷梅溪湖湖面。围绕“生态体系＋城市规划”的建设思路，新城先后制定了《梅溪湖新城绿色建筑设计导则》、《梅溪湖新城绿色施工导则》等专项导则，执行国家绿色星级标准建筑，二星及三星以上绿色建筑比例不低于30%。（张业武）

【长沙河西交通枢纽工程开建】 11月20日，长沙河西交通枢纽主体工程正式开工。2016年后，一座功能强大的交通枢纽综合体将矗立长沙河西，可满足每日26万人次“零换乘”的出行需求。河西交通枢纽工程是瞄准国际一流水准规划建设的复合型国家级综合客运主枢纽，在历时2年多的前期转场建设和老站场转场过渡运行后，主体工程在汽车西站原址正式开工。枢纽工程占地面积15.33公顷，建筑面积43万平方米，总投资32亿元。总体功能区涵盖地铁2号线一期工程首末站，一座供17条线路始发、400台公交车停保过夜的巴士总站，一座日发送旅客量达8万人次的国家一级客运站，一个区域性出租车运营与换乘中心，一个货运物流中心，一个容纳1000台车的停车换乘停车场，一个有500个泊位的非机动车换乘停车场，还有直接与地铁衔接的6个开口和4条过街地下通道工程，以及一座包括总建筑面积11万平方米的一站式购物中心、7万平方米的5A写字楼等业态在内的城市综合体。其中，巴士总站、地铁站主体工程和汽车西站过渡工程已先期实施建设。整个项目将在2015年全部交付使用。（张业武）

【长沙（国家）广告产业园奠基】

内容参见P436页相关条目。

精神文明建设

【概况】 2012年，长沙市精神文明建设工作以社会主义核心价值体系建设为根本，以提高公民文明素质和城乡文明程度为目标，以提升志愿服务水平为动力，着力加强未成年人思想道德建设，着力深化文明城市创建工作，为实现长沙经济社会又好又快、率先发展提供强大精神力量和道德支撑。

一、开展“争当雷锋精神传人、弘扬社会文明新风”活动。发挥“雷锋家乡学雷锋”的独特优势，在全市开展推荐“我身边的雷锋”活动，评选“雷锋号”示范单位和“雷锋式”先进个人，举行16场“八创八评”先进典型事迹巡回报告会；组织承办全国“雷锋精神论坛”，创建“雷锋网”，组织国内主要媒体“雷锋故乡行”宣传活动；开展“推广雷锋故乡流行语—这是我应该做的”、“千所学校百万学生续写雷锋日记”、“雷锋超市进大学”、“全国百城百台爱心送考暨全国雷锋车队雷锋故乡行”等主题活动。

二、推进“迎接十八大、讲文明、树新风”活动。开展文明礼仪教育实践活动，制定《长沙市市民文明素质提升行动计划（2012-2014）》，深化“做文明有礼的长沙人”、“全民诵经典，书香满星城”、“低碳就在身边”宣传教育活动；组织了“道德模范故事汇”基层巡演和“道德模范进高校”巡回报告首场报告会；开展“我推荐、我评议身边好人”活动，共有75人入选“中国好人榜”；承办中央文明办“2012我们的节日·清明—中华长歌行”活动，拍摄专题片在中央电视台播出；创建文明线路、文明站点，树立文明交通形象，依托“排队日”、“礼让日”等载体，继续开展交通文明指数测评工作；加强长沙文明网建设，组建网络文明传播志愿者队伍，开展网络文明传播活动；扎实推进文明餐桌行动，在全市形成了文明用餐、勤俭惜福之风。

三、扎实开展群众性精神文明创建活动。大力实施“四保”（环境保洁净、交通保畅通、社会保平安、服务保优质）和“五治”（环境治“脏”、秩序治“乱”、服务治“差”、社会治“安”、交通治“堵”）专项行动，促进文明城市创建常态化。迎接全国城市文明程度指数测评，总排名从“全国第九”上升为“全国第六”，实现“争先进位”的目标。在各级各类文明单位建设349所“道德讲堂”，在党政机关、窗口服务行业、企业、公园景区开展“创文明机关、做人民满意公务员”、“礼貌待人、诚信服务”、 百城万店无假货”、文明风景旅游区创建活动，对道德领域突出问题进行专项教育治理。运用文明家庭、文明村镇、文明集市和农村文化广场等创建载体，开展“五下乡”活动，实施“乡村环境清洁行动”，评比公示“十佳十差乡（镇）、村”，健全以城带乡、城乡共创的长效机制，继续开展各类文明单位的创评活动。

四、加强未成年人思想道德建设。组织开展“学习雷锋、做美德少年”活动，在全市未成年人中广泛开展传颂雷锋故事、诵读雷锋日记、续写雷锋日记、传唱雷锋赞歌、传承雷锋精神、寻找雷锋足迹、发现身边雷锋和争创学雷锋美德少年等“学习雷锋、做美德少年”八大系列活动；组织开展省会千所学校、百万学生“续写雷锋日记，争当雷锋传人”主题教育活动，举办湖南省暨长沙市“学习雷锋、做美德少年”网上签名寄语活动启动仪式；下发《长沙市2012年净化社会文化环境工作实施方案》，继续加大对校园周边社会文化环境的治理力度；已建成79个乡村学校少年宫，试点建设了11个城市学校少年宫，中央文明办肯定长沙市乡村学校少年宫建设工作；建成市级未成年人心理健康辅导中心1个，区级未成年人心理健康辅导中心5个，社区（村）未成年人心理辅导室559个，中小学校普遍建立心理咨询室；全市每个社区均建立了未成年人活动室，创建青少年教育示范社区67个；精心组织“16：00驿站”、“社区小义工”、“社区体验日”等活动，让广大未成年人在宽松、开放的环境中愉悦身心、提高素质。

五、开展社会志愿服务活动。开展全市志愿服务评选表彰工作，宣传志愿者典型，制作刊播志愿服务公益广告等文化产品；以“关爱他人”为主题开展关爱空巢老人、关爱农民工、关爱残疾人和关爱妇女儿童学雷锋志愿服务活动；以“关爱社会”为主题开展文明交通劝导志愿服务，开展窗口行业“排队日”、“礼让日”志愿服务；以“关爱自然”为主题，开展“关爱自然、义务植树”、“深入治理脏乱差、创建文明示范城”、“清洁新家园、保护母亲河”志愿服务活动；深化“雷锋号”社区志愿者工作站创建活动，建设大中院校首批“雷锋号”校园志愿者工作站。（鲁　旸）

【开展市民素质提升年活动】 为巩固提升文明创建成果，进一步提高文明创建常态化水平，全面提高城乡公民科学文化素质、思想道德素质、职业技能素质、民主法制意识和身心健康水平，1月，长沙市委、市政府将2012年确定为市民素质提升年，市文明委制定并公布《长沙市市民文明素质提升行动计划（2012—2014）》，《计划》明确工作任务、目标、主要内容和具体要求。通过“学雷锋、讲文明、树新风”、“做文明有礼的长沙人”、文明交通行动、文明餐桌行动等道德实践活动和“爱国歌曲大家唱”、“全民诵经典，书香满星城”、“低碳在身边”等宣传教育活动提升市民素质。（曹素华）

【开展“当文明长沙志愿者，做学习雷锋排头兵”主题活动】 2月12日上午，长沙市“当文明长沙志愿者，做学习雷锋排头兵暨推广雷锋故乡流行语——‘这是我应该做的’”主题活动在长沙贺龙体育中心广场启动。党员志愿者，白衣天使志愿者，“雷锋号”出租车志愿者，洋义工志愿者等20支队伍的3000余名志愿者参加仪式。启动仪式由市委副书记、市长张剑飞主持。宋智富、吴湘波、冯海燕、李军、李春艳、刘新程、钟新莲等省、市领导出席活动。市委常委、宣传部部长张湘涛全面部署了主题活动。副市长夏建平宣读了长沙市第三批“雷锋号”志愿者工作站表彰文件，芙蓉区韭菜园街道韭菜园社区等10个社区的志愿者工作站获表彰和授牌。省委常委、市委书记陈润儿在主题活动上发表重要讲话。（曹素华）

【开展千所学校、百万学生“续写雷锋日记，争当雷锋传人”活动】 2月22日上午，由中共长沙市委、长沙市人民政府主办，湖南大学联办的省会千所学校、百万学生“续写雷锋日记、争当雷锋传人”活动启动仪式在湖南大学体育馆隆重举行。来自省内3000余名各小学、初中、高中、大学生代表参加仪式。湖南省委常委、长沙市委书记陈润儿，省教育厅党组书记、省教育工委副书记李红，团省委书记、党组书记张值恒，湖南大学党委书记刘克利，省文明办主任宋智富，市委常委、市委宣传部长张湘涛，市委常委、市委秘书长李军，市政协副主席钟新莲等出席活动。启动仪式由市委副书记、市长张剑飞主持。启动仪式上，市委常委、市委秘书长李军宣读《关于命名省会大学首批“雷锋号”校园志愿者工作站决定》，长沙市文明委授予湖南大学青年志愿者协会等15所省会大学青年志愿者协会首批“雷锋号”校园志愿者工作站称号，并向马王堆中学、马坡岭小学等边远地区学校赠送《雷锋日记》，进行《雷锋，我在日记里对你说》现场签名活动。以“续写雷锋日记争当雷锋传人”为主题，现场展示了省会千余所学校百万学生长期以来学习雷锋，践行雷锋精神的丰硕成果。（曹素华）

【湖南大学举行全国道德模范高校巡讲长沙首场报告会】 3月15日下午，由中央宣传部、中央文明办、教育部、共青团中央组织的“全国道德模范高校巡讲”活动长沙站首场报告会在湖南大学举行。中南大学、湖南大学、湖南师范大学、湖南中医药大学、湖南工业职业技术学院和中南林业科技大学、湖南女子学院、长沙民政职业技术学院的近2000名学生代表现场听取了报告会。立足岗位成才报国的“蓝领专家”孔祥瑞、用爱心撑起一个家的“最美女孩”孟佩杰、奉献雪域高原书写无悔人生的“雪域神医”李素芝三位全国道德模范的事迹，深深打动在场的每一位师生。教育部思政司司长杨振斌、湖南省文明办主任宋智富、湖南省委教育工委专职委员夏智伦、中南大学校长张尧学、党委副书记陶立坚、中南林业科技大学党委书记曾思齐出席报告会。（曹素华）

2月12日，“当文明长沙志愿者，做学习雷锋排头兵”主题活动启动

【创办全国学雷锋官网“雷锋网”】 2012年，由中央文明办指导、中国文明网主办、长沙市文明办承办的“雷锋网”获中央文明办特批为全国学雷锋活动的官方网站，并成中国文明网联盟网站。新上线的“雷锋网”包括雷锋精神、雷锋课堂、各地活动、我身边的雷锋榜、雷锋在行动、雷锋影像、雷锋故事、雷锋语录、志愿者在行动等10多个专题专栏，为全国学雷锋线下活动提供了线上宣传交流和学习展示的阵地，是全国学雷锋活动的核心展示频道。“雷锋网”的建设是长沙全面贯彻落实党的十七届六中全会精神，深入开展雷锋家乡学雷锋活动，采取措施推动学习活动常态化

的重大举措。（曹素华）

【《2012 我们的节日·清明——中华长歌行》长沙专辑播出】 4月4日，由中宣部、中央文明办、文化部、中国文联以及湖南省委、省政府主办，长沙市委市政府承办的《2012 我们的节日·清明——中华长歌行》长沙专辑在中央电视台以及长沙电视台播出。为弘扬中华传统文化，大力挖掘长沙清明节文化内涵，中华长歌行节目摄制组到天心阁、岳麓山、省博物馆、橘子洲头、湖南第一师范学校、清水塘、烈士公园等地拍摄，用长沙弹词、诗词朗诵等形式全方位记录清明节传承至今的祭扫、踏青等活动，表达中华民族感恩祖先、缅怀先烈、重视生命的精神追求。（曹素华）

6月8日“关爱他人、关爱社会、关爱自然”志愿服务活动启动

【“雷锋超市进大学”活动启动】 4月28日，省会长沙“雷锋超市进大学”活动启动仪式在长沙中南林业科技大学体育艺术馆举行。省委常委、长沙市委书记陈润儿，省教育厅副厅长申纪云，团省委副书记罗琼，中南林业科技大学党委书记曾思齐、校长周先雁、党委副书记秦立春和首批十个“雷锋超市”所在高校领导、雷锋超市负责人、学生志愿者代表2000余人出席仪式。仪式由长沙市委副书记张值恒主持。陈润儿宣布省会长沙“雷锋超市进大学”活动启动。会上，市委常委、宣传部部长张湘涛部署了“雷锋超市进大学”活动；省教育厅副厅长申纪云代表省委教育工委、省教育厅对活动启动表示祝贺；中南林业科技大学党委书记曾思齐介绍了中南林业科技大学学雷锋活动情况并表示将利用好“雷锋超市”这一平台，继续推进该校学雷锋活动更好地开展。（曹素华）

【“全国道德模范故事汇”基层巡演进长沙】 5月24日下午，“全国道德模范故事汇”基层巡演走进长沙，在长沙人民会堂上映两场精彩的“道德盛典”。“全国道德模范故事汇”（长沙）基层巡演由中央文明办、中国文联和中国曲协主办，省文明办、市文明委承办。主题演出从三届全国道德模范中选取典型人物，创作成故事、说唱、二人转等曲艺节目，由中国文联副主席、中国曲协主席、著名评书表演艺术家刘兰芳领衔，一批有实力的演员参演，为观众奉献了精神盛宴。市领导张值恒、张湘涛、钟新莲及长沙籍全国道德模范任菲莉、全国道德模范提名奖获得者常林庄观看了演出。中央文明办协调组组长助理木克热木·米力克致辞，市委副书记张值恒在巡演活动上发表讲话。（曹素华）

【启动“学习雷锋、做美德少年”网上签名寄语活动】 5月29日，湖南省暨长沙市“学习雷锋、做美德少年”网上签名寄语活动启动仪式在长沙雨花区枫树山大桥小学举行。“学习雷锋、做美德少年”网上签名寄语活动由中央文明办发起，湖南省文明办、长沙市文明委主办，长沙市文明办、长沙市教育局、共青团长沙市委、长沙市妇联、雨花区文明委承办。长沙市委常委、宣传部部长张湘涛寄语长沙未成年人，要以雷锋为榜样，从自己做起、从身边做起、从日常小事做起，把学雷锋活动落实到学习生活之中，在家庭孝敬父母、在学校尊敬师长、在社会谦恭待人，努力成长为中国特色社会主义事业合格建设者和可靠接班人。省文明办主任宋智富，省文明办副主任姚伟红，市委宣传部副部长、市文明办主任杨长江等出席启动仪式。（曹素华）

【开展“三关爱”志愿服务活动】 6月8日，湖南（长沙）“关爱他人、关爱社会、关爱自然”志愿服务活动正式启动，由中国志愿服务基金会捐建的首个农民工廉租房“幸福家园”同时在长沙县开园。中央文明办志愿者服务工作组副组长崔海教，省委宣传部副部长张志初，市领导张值恒、张湘涛、钟新莲、杨懿文出席启动式。总投资1.15亿元的“幸福家园”是中国志愿服务基金会捐建的首个关爱农民工廉租房项目，由湖南高岭国际工业园有限公司向中国志愿服务基金会捐赠3000万元，设立“张青志愿服务专项基金”，联合长沙县建成此项目。（曹素华）

【百城百台爱心送考暨全国雷锋车队雷锋故乡行活动】 6月3日，2012全国百城百台爱心送考暨全国雷锋车队雷锋故乡行活动在长沙市望城区雷锋纪念馆正式启动，来自长沙、北京、深圳、武汉、大连等近百个城市的爱心人士和爱心车队代表参加了启动仪式。活动由中国广播电视协会交通宣传委员会、长沙市委市政府、湖南人民广播电台共同主办，中共长沙市委宣传部、湖南交通频道、长沙市文明办、长沙市望城区委区政府共同承办。中国广播电视协会会长李丹，湖南省委常委、长沙市委书记陈润儿，湖南省人大常委会副主任肖雅瑜等省领导出席启动仪式并共同启动了2012百城百台爱心送考暨全国雷锋车队雷锋故乡行活动。共青团湖南省委书记陈雪楚，湖南广播电视台党委书记、台长欧阳常林，长沙市委副书记张值恒，中国广播电视协会副秘书长周然毅，中国传媒大学副校长高福

6月3日“百城百台、爱心送考”暨全国雷锋车队雷锋故乡行活动启动

安，湖南省委宣传部部务会成员、外宣办主任孔和平，湖南广播电视台副台长兼广播传媒中心主任罗毅，湖南省公安厅交警总队总队长杨琪君，长沙市委常委、宣传部部长张湘涛，长沙市委常委、市委秘书长李军等领导出席了启动仪式。（曹素华）

【精神文明建设指导委员会（扩大）会议】 7月6日，长沙市精神文明建设指导委员会（扩大）会议召开。省委常委、市委书记陈润儿，市领导张剑飞、张值恒、张湘涛、程水泉、李军、张迎春、姚英杰、夏建平、钟新莲等出席。会议由市委副书记张值恒主持，市委常委、宣传部部长张湘涛就迎接测评和相关专项工作进行了部署。省委常委、市委书记陈润儿要求，高度重视文明指数测评，奋力实现争先进位目标。市委副书记、市长张剑飞指出，要加强组织领导、坚持精细管理、加大投入力度、强化落实措施。（曹素华）

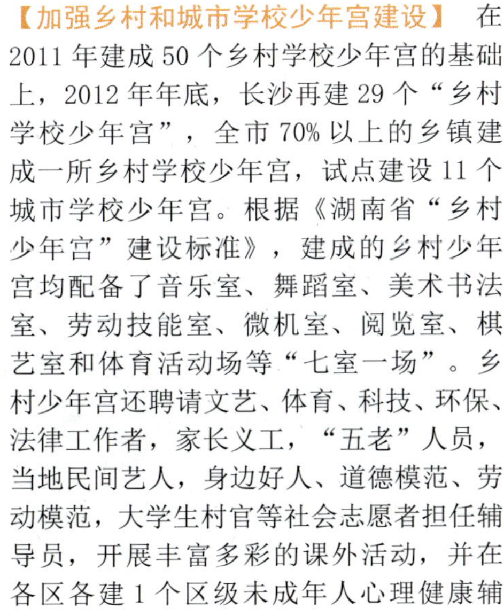

【加强乡村和城市学校少年宫建设】 在2011年建成50个乡村学校少年宫的基础上，2012年年底，长沙再建29个“乡村学校少年宫”，全市70%以上的乡镇建成一所乡村学校少年宫，试点建设11个城市学校少年宫。根据《湖南省“乡村少年宫”建设标准》，建成的乡村少年宫均配备了音乐室、舞蹈室、美术书法室、劳动技能室、微机室、阅览室、棋艺室和体育活动场等“七室一场”。乡村少年宫还聘请文艺、体育、科技、环保、法律工作者，家长义工，“五老”人员，当地民间艺人，身边好人、道德模范、劳动模范，大学生村官等社会志愿者担任辅导员，开展丰富多彩的课外活动，并在各区各建1个区级未成年人心理健康辅导中心，通过心理咨询、心理治疗、心理健康知识教育等，对未成年人进行成长辅导，帮助他们解决学习、生活、人际交往等方面碰到的心理困惑和问题。（曹素华）

【全面推进“道德讲堂”建设】 7月17日，长沙市“道德讲堂”建设现场观摩活动在开福区望麓园街道荷花池社区举行。市委常委、宣传部部长张湘涛出席活动并讲话。张湘涛强调，创办“道德讲堂”是一件施教于民、以德化人的好事实事，要高度重视、积极行动，按照管理规范、名称统一、场所固定、定期组织、形式多样、内容丰富的要求，常态化办好道德讲堂、高标准打造精品讲堂、严要求提升示范讲堂、广覆盖拓展基层讲堂，以“身边人讲身边事，身边人讲自己事，身边人教身边人”为形式，让一个个身边“小人物”站上道德建设的“大舞台”，将“道德讲堂”打造成传播文明礼仪的窗口、学习先进典型的平台、宣讲文化知识的阵地、提升道德素养的载体。年内，全市各级各类文明单位已建成道德讲堂429家，此项工作得到中央文明办专职副主任王世明的批示肯定。（曹素华）

【“我身边的雷锋”校园微电影大赛】

内容参见P377页相关条目。

【举行道德领域突出问题专项教育和治理活动交流会】 8月15日，市文明委举行道德领域突出问题专项教育和治理活动情况交流会。副市长夏建平主持会议。市委常委、宣传部部长张湘涛传达了全国会议精神，对进一步推进道德领域突出问题专项教育和治理活动进行部署。有关市直部门、各区县市相关负责人汇报了前段工

7月17日，长沙市社区“道德讲堂”建设现场观摩会

作、交流了经验。市委副书记张值恒指出，要着力解决诚信缺失、公德失范等突出问题，不断提高全社会的道德水平，推动道德建设与经济社会发展相互协调、相互促进，为推进科学发展提供强有力的思想道德支撑。

（曹素华）

【长沙获最具幸福感城市最高荣誉大奖】 12月30日，以“民生幸福·成就中国”为主题的“2012中国最具幸福感城市调查推选活动”在北京钓鱼台国宾馆举行颁奖盛典，来自全国20个城市的领导和市民代表、专家学者共同见证“2012中国最具幸福感城市”名单的揭晓。长沙继2008年以来第五次入围中国最具幸福感城市，因市民幸福感单项指数最高分而荣获最具幸福感城市最高荣誉大奖，长沙县第四次入围（县级市）最具幸福感城市。

（曹素华）

防震减灾

【概况】 2012年，长沙市防震减灾工作坚持以人为本、民生为重的科学发展观，推进防震减灾监测预报、震害防御、应急救援三大工作体系建设，提升城市地震灾害综合防范应对能力，为全市经济社会发展和人民安居乐业提供地震安全保障。长沙市地震局先后获全国地市级防震减灾工作综合考核先进单位、全省市（州）防震减灾工作先进单位、全省市（州）抗震设防管理先进单位等荣誉。

一、贯彻落实全国、全省防震减灾会议精神，部署“十二五”防震减灾工作。3月19日，长沙市政府出台《关于进一步加强防震减灾工作的实施意见》，明确“十二五”期间及2020年的工作目标，强调了各部门防震减灾工作的法定职责、工作要求和措施。6月20日，全市防震减灾工作会议召开，会议总结了近七年来长沙市防震减灾工作情况，并对以后的防震减灾工作进行了部署和安排。11月27日，全市防震减灾工作联络员会议召开，这次会议标志着市、县（区、市）、乡镇（街道）防震减灾工作队伍正式成立。市地震局起草《长沙市“十二五”防震减灾事业发展规划》并提交市政府审定。

二、强化地震监测预报基础工作。按中国地震局要求做好仪器标定工作，确保测震、形变、流体各仪器运转正常，产出资料的精度和连续率相比2011年均有所提高；2012年共处理能看清震相和有分析价值的地震1035次，向中国地震局速报5级以上地震49次，长沙市发生2级以上地震3次，最大为M_L2.9级。编写了《长沙市2012年年中地震趋势会商报告》和《长沙市2013年年度地震趋势会商报告》。

三、加强抗震设防要求监管，确保新建工程达到抗御6级地震的能力。2012年，市地震局政务中心窗口接待办事群众300多人次，办结事项93个，窗口工作人员严格按照政务中心工作的规章制度要求开展工作，竭诚为群众办实事。全年完成抗震设防要求确认审批项目121项，参加建设工程资料联合验收126项，参加市政府组织召开的各类专题咨询会议10多次，其中包括市轨道交通三号线、四号线可研性评审会等重点工程建设咨询会。开展了《长沙市建筑工程抗震设防管理办法》立法后评估和调研工作。

四、加大防震减灾宣传力度，积极开展地震应急工作。市地震局通过官方网站及时公开政务信息、震情信息，宣传防震减灾知识；在“5.12”防灾减灾日前后开展一系列防震减灾科普宣传活动；与市教育局、市科协联合下发《关于在全市中小学校放映地震科普电影的通知》（长震发〔2012〕8号），分期分批安排中小学校开展防震减灾科普片放映活动；长沙市防震减灾科普教育基地于11月27日揭牌，免费对公众开放。有效处置地震事件，发生有感地震后，市地震局立即启动地震应急预案，及时与省地震台网中心核对地震参数，向市委、市人大、市政府、市政协、军区及其他防震减灾成员单位报送信息，在长沙市政务网上发布震情，向当地了解震感情况，做好新闻媒体的应对工作等。积极策划地震应急演练，指导新民小学在“3.26”全国中小学生安全教育日开展地震应急演练；指导宁乡县金海实小全校师生在“5.12”防灾减灾日宣传活动周开展校园安全应急演练；在高桥镇组织镇、村干部和村民开展地震应急演练。

（魏　箐）

【长沙县高桥镇发生M_L2.9级地震】 5月6日10时02分36秒，长沙县高桥镇（北纬28.5°，东经113.3°）发生M_L2.0级地震，22时24分44秒在该地区又发生M_L2.9级地震，两次地震震源深度均为7千米。据当地群众反映，听到来自地下似闷雷般的声音，伴有门窗震动作响，并有向上抛的感觉，个别房屋有瓦片掉落、掉灰、裂缝现象。省、市地震局专家赶赴地震现场开展考察，通过向当地镇政府了解情况和进村入户走访调查，基本确定宏观震中区在高桥镇的金桥村、范林村、幸福村、

市地震局指导中小学校开展地震应急演练

桐仁桥一带，地震烈度为Ⅳ度，有感范围约为127平方公里，覆盖高桥镇的大部分地区及高桥镇与金井镇、浏阳市的沙市镇和秀山社区交界地区。这次地震没有造成人员伤亡和重大财产损失，但社会影响不小，民众反应强烈。

（魏　箐）

【长沙市防震减灾科普教育基地建立】 11月27日，长沙市防震减灾科普教育基地正式免费对外开放。长沙市防震减灾科普教育基地的建立，旨在普及地震基本知识，让人们认识地震，科学应对地震，力争最大限度防范和减轻地震灾害损失。长沙市防震减灾科普教育基地以地震图片展览、音像播放、模拟操作、仪器展示和实时监测等多种形式向全市中小学生和社会公众进行防震减灾科普知识宣传。基地占地面积约500多平方米，分为八个组成部分：防震减灾工作展示厅、地震基础知识普及厅、地震监测仪器陈列室、地震监测山洞、地震监测台网中心、防震减灾科普宣教室、地震科学名人走廊以及地震应急知识走廊。

（魏　箐）

【《长沙市农村抗震民居设计示范图集》编制出版】 为统筹城乡发展，将抗震设防工作由城市向农村推进，由校舍向农舍拓展，长沙市启动农村民居地震安全工程建设，由市政府专门安排经费，以小震活动相对活跃的宁乡县为重点，市地震局在广泛调研的基础上编制《长沙市农村抗震民居设计示范图集》（以下简称《图集》），市委副书记、市长张剑飞为《图集》作序。《图集》共设计有12套方案，兼顾不同地域特点、不同经济条件、不同用途和生活习惯的需求。内容包括：建筑施工图、结构施工图、设计说明及效果图等。11月27日，市地震局举行《图集》首发仪式，省地震局领导及市人大、市政协相关领导和部分市防震减灾领导小组成员单位负责人、各区（县、市）防震减灾工作负责人出席仪式，省、市领导为区县防震减灾工作负责人发放《图集》。《图集》的出版受到广大农民的欢迎，为全市农村抗震设防工作的开展、农村民居防震减灾能力的提升起到了积极作用。

（魏　箐）

市人大、市政协领导为区县防震减灾工作负责人发放《长沙市农村抗震民居设计示范图集》

气候与气象服务

·气候·

【概况】 2012年，在全球气候异常的大背景下，长沙市全年天气气候复杂多变，灾害性天气频繁，主要有：阴雨寡照、暴雨、冰冻、寒露风、高温热害、大风等。气候年景整体略偏差，气象灾害损失较重。灰霾天气急剧增多影响人们身体健康。据长沙市民政局统计资料，全年因灾害性天气造成直接经济损失合计3.12亿元，比上年增长52%，其中农业经济损失1.69亿元，比上年增长34%，气象灾害较为严重。

2012年，长沙地区年平均气温17.3℃，较常年偏低0.1℃，较2011年低0.3℃，属正常年份；年最高气温为7月30日马坡岭站38.5℃；年最低气温为12月31日浏阳站-5.3℃。从空间分布来看，城市热岛效应明显；四季气温与历年相较，冬温偏低但无严寒期、春温正常有春寒、夏温偏高有热害，秋温正常但冷热不均；四季时间与历年相较，春夏季稍长，秋季正常，冬季稍短。全年年平均降水量1877.1毫米，较常年偏多27.2%，较上年偏多近50%，达大涝年标准，为60年来第三高值年；降水空间分布较均匀。雨季开始早无明显结束特征。全年阴雨天气多，光照偏少，日照为1450.2小时，较常年偏少8.4%，比上年偏少255.9小时；日照百分率仅为30.3%，较常年偏低4.9%。

（周　威）

·气象服务·

【概况】 2012年，长沙市全体气象干部职工积极推进“工作政府化、业务现代化、服务社会化”建设，努力构建与地方社会经济发展相适应的气象现代化体系，增强气象为经济社会发展和人民群众安全福祉服务的保障能力，圆满完成省气象局和市政府交办的各项工作任务，年内市气象局分别获省气象局的“特别优秀达标单位”、“重大气象服务先进集体”、“人影工作先进集体”、“科技服务先进集体”、市政府的“安全生产先进单位”等9项荣誉。郭卫星、邹林林、周建坤获省气象局“年度嘉奖”，范昱、兰娟、潘江萍获中国气象局“全国质量优秀测报员”，崔剑峰获省气象局“十佳气象科技服务能手”。局机关党支部被市直工委评为“先进基层党组织”；局信息中心被评为“雷锋号示范窗口”。

一、气象服务取得新成效。1. 防灾减灾气象服务准确及时。2012年春季出现60年一遇的持续阴雨寡照天气，汛期出现9次暴雨、2次高温热害天气过程。暴雪、暴雨、寒潮、雷雨大风等天气过程均预报准确。灾害性气候预测准确率 87.5%。在农村和社区实施气象预警喇叭和气象信息显示屏试点工作，构建 96121 电话、短信、广播电视、网络、电子显示屏、气象预警喇叭、农村气象广播等多种方式组成的气象预警信息发布系统。气象预警语音外呼线路 600 条，外呼能力达到每小时 7 千用户，外呼超过 490 万人 / 次、手机短信超 30 万人 / 次，并通过各种途径发布各类专报 376 期、短信 197 期，达 30 万人次，把气象灾害信息发布到区（县、市）、乡镇、街道及各有关部门责任人，基本实现气象信息“进村入户”。2. 重大活动的气象服务保障有力。2012 年，长沙市相继举办中国首届自然生态博览会暨乡村旅游节、全国公路自行车赛暨喜德盛杯中国长沙环湘江国际自行车邀请赛、长沙铜官窑遗址公园开园大赏活动、中国历史文化名楼市长论坛、中博会、科交会等 9 次重大社会活动。市气象局制定专项气象保障服务方案，市县联动、提前跟踪、多方分析、果断预报、及时服务，起得非常好的效果，受到各级领导和部门负责人的高度评价。3. 为农气象服务效益显著。2012 年，长沙市政府率先向湖南省气象局申请“两个体系”（农业气象服务体系和农村气象灾害防御体系）示范市建设获批，“两个体系”被写入 2012 年市委一号文件，气象为农服务平台和长沙特色的“直通式”农业气象服务在全省推广。已建乡（镇）级气象信息服务站 99 个，覆盖率 100%；建有 75 个村级、9 个生产基地服务站；对农业生产大户、基地、合作社的“直通式”服务，由 2011 年的 800 多户增加到 2000 多户；发展了 2444 个村级气象信息员（含协理员）。开展春季“下基层、送服务、惠民生”活动，下到田间地头 50 多次。全新建设和开通了农村气象数字广播，在望城区试点开播。

湖南二一现代农业集团历年水稻亩产平均 200 公斤，2012 年，市气象局每星期派气象专家上门蹲点指导，将气象灾害风险降到最低程度，年内，水稻亩产已突破 400 公斤，并顺利晋升为农业部晚稻万亩高产创建示范片。农气专家深入浏阳龙伏石柱峰山区进行黑米、香米稻种播种技术指导，使其亩产达 250 ～ 300 公斤，比种植一季稻每亩增收 900 元左右。喻家坳烟叶合作社根据宁乡县气象局气候趋势预测，利用烟区大棚种植了大量金针菇等菌类，增收 30 多万元。浏阳市气象局通过精心的气象服务，提高了湖南浩博龙头企业蔬菜苗移栽成活率、消除了浏阳沙市、淳口等地烤烟育苗基地烤烟真菌性病害，取得良好的经济效益。

二、项目建设顺利推进。1. 长沙气象预警中心于 10 月 18 日奠基开工，年内完成投资 3000 余万元；监理、主体施工单位进场；预警中心基建道路全部硬化；专家楼和辅助楼基础完成浇注；2013 年主体建筑将完工。2. 两个气象机构完成前期建设工作。长沙县气象局已办理林地许可、规划许可、国土重新勘界等手续，着手项目征地拆迁补偿工作。望城区气象局已完成用地划拨、征地补偿，拟定 2013 年 5 ～ 6 月份正式动工建设，争取年底投入使用。3. 城市精细化气象服务系统立项。经市发改委立项批复的“长沙城市气象精细化气象服务系统”项目，是长沙落实省气象局加快推进长沙率先基本实现气象现代化建设的重大举措。项目投资 6300 万元，以长株潭“四化两型”气象防灾减灾示范区建设为依托，包括“长沙城市综合气象加密监测系统”、“气象灾害预报预警系统”、“气象灾害防御设施和技术装备保障系统”三个子系统。4. 长沙综合气象观测试验基地申报成功。2012 年，在武汉、南京等省会城市竞相申报中，长沙市以地方党委政府领导重视、用地条件成熟、配套基础设施完善、自然环境优雅等方面明显优势，获得中国气象局批准。长沙综合气象观测试验基地的建设将成为国内外观测技术交流与合作的平台，极大提高长沙市综合气象观测能力。

三、气象社会管理工作持续创新。1. 依法行政工作稳步推进。通过加强对窗口和执法人员的管理，使服务和执法更加规范，年内，市气象局进一步加强与政府相关部门的沟通联系，防雷行政许可得到市政务中心和住建委的大力支持配合，并按照省气象局部署，开展防雷综合治理；开展气象行政执法体制改革试点工作，加大对长沙县、望城区、大河西先导区防雷行政许可审批力度。全市防雷技术服务跟踪到位，保证防雷质量达到规范要求，全年无一起投诉事件，无一起因雷电灾害引起的人员伤亡或重大财产损失；开展气球施放巡查工作，全年办理施放气球许可 700 余批次（13000 个），无一起气球脱飞事件。2. 探测环境得到有效保护。认真组织全局业务及执法人员学习贯彻《气象设施和气象探测环境保护条例》，加大对探测环境保护监控和审批力度，利用实景监控系统对全市观测场四周的探测环境进行扫描监控，对在气象探测环境保护范围内从事有可能危及到探测环境的建筑物进行跟踪和排查。（周 威 王米吉）

湖南省气象局副局长何逸调研湖南二一现代农业集团水稻气象服务示范点

【《长沙农业气象》节目开播】 市气象局通过每周下乡调查了解农业

10 月 18 日，长沙市国家气候观象台奠基开工　　　摄影：周威

生产的不同需求，结合未来天气趋势及可能对农业生产的影响，于 8 月 29 日精心打造出《农业气象》视频节目，提出针对性的农事建议和措施，在长沙气象网及 LCD 显示屏上滚动播出，为广大农民朋友提供最实用可靠的农业气象信息。通过这档全新的节目，农民朋友可以及时了解到近期天气趋势和一些农业防灾减灾措施，充分发挥气象预报预警信息在当地经济建设、农业生产、人民生活和防灾减灾等各个领域中的作用。

（周　威）

【长沙国家气候观象台项目奠基开工】　10 月 18 日，位于岳麓区莲花镇的长沙国家气候观象台项目举行奠基仪式，标志着集“气候监测、灾害预警、气象科研、气象科普”等功能为一体的中西部一流的气象台站正式开工建设。省气象局局长祝燕德、长沙市人民政府副市长黎石秋、省气象局副局长何逸及各相关部门领导和嘉宾出席仪式。长沙气候观象台分气候综合观测、长沙气象预警中心和气象科普馆三个功能区域，2007 年立项，2008 年长沙市政府第十三次常务会研究启动建设。项目将利用地基、空基、天基观测有机结合和稳定运行的综合气象观测系统，实现对灾害性天气全天候、多要素、高时空分辨率观测和对主要气候要素的系统性综合观测。　（周　威）

【气溶胶质量浓度监测站建成】　12 月 3 日，长沙地区首个气溶胶质量浓度监测仪（GRIMM180 颗粒物监测仪）在长沙国家基本气象站建成。长沙市气象局根据《湖南省气溶胶观测系统建设实施方案》和《气溶胶质量浓度观测系统建设指南》，进行了前期勘察选址、仪器观测室改造、通信网络布置及供电防雷设施安装等配套工作，新建成的 GRIMM180 颗粒物监测仪，主要用来在线测量气溶胶浓度，可以实时测量 31 个粒径段的气溶胶数浓度和 PM10、PM2.5 的质量浓度。大气气溶胶作为一种重要的大气成分，会降低大气能见度，影响交通运输安全，且携带有害物质的气溶胶通过呼吸进入人体，容易对人类的健康造成危害。PM10、PM2.5 质量浓度是衡量空气质量的重要指标，也是进行大气能见度预报、气溶胶气候效应评估研究的重要参量。气溶胶质量浓度监测站的建成填补了长沙地区 PM10、PM2.5 质量浓度历史观测的空白，对天气预报、空气质量预报、霾和雾等预报有重要的指导意义，也有利于研究和评估大气气溶胶对区域天气、气候的影响。　（周　威）

中共长沙市委

责任编辑：黄磊

中共长沙市委机构领导人员

书　　记　陈润儿
副 书 记　张剑飞
　　　　　张值恒（2012.02 任）
　　　　　张迎龙（2012.02 任）
　　　　　雷东生
常　　委　张湘涛
　　　　　陈泽珲
　　　　　胡伏安（2012.03 免）
　　　　　姚永春
　　　　　虢正贵
　　　　　程水泉
　　　　　文树勋
　　　　　赵文彬
　　　　　李　军
　　　　　李田贵（2012.03 任）
　　　　　张迎春（2012.02 任）
　　　　　陈献春（2012.10 任）
　　　　　钟　钢（2012.01 任）
秘 书 长　李　军
市委顾问　杨顺初
　　　　　李咏芳
　　　　　胡伏安（2012.03 任）
副秘书长　李　果
　　　　　邢之国
　　　　　何季麟
　　　　　周　辉（2012.08 免）
　　　　　杨　俊
　　　　　文　方（女）
　　　　　夏文斌
　　　　　唐志远
　　　　　彭治华（2012.07 任）

市委工作机构

市委办公厅

主　　任　李　军
副 主 任　李　果
　　　　　刘　晖（2012.07 任）
　　　　　舒全球（2012.07 任）
　　　　　吕发祥（2012.12 任）

市委组织部

部　　长　程水泉
常务副部长　袁黎明（2012.11 任）
　　　　　肖良定（2012.11 免）
副 部 长　杨意平（女）
　　　　　王瑜珲（2012.08 任）
　　　　　文丽霞（女）（兼）
　　　　　易敏华
　　　　　李伟群（兼）
　　　　　陈昌佳
　　　　　张白云（女）
　　　　　（兼，2012.11 任）
副县级纪检员　晏建明

市委宣传部

部　　长　张湘涛
常务副部长　赵柏林（2012.07 任）
副 部 长　刘绪甲
　　　　　李卫政（2012.08 任）
　　　　　杨长江（兼，2012.07 免）
　　　　　朱锦辉
　　　　　郑力虎（兼，2012.12 任）
纪检组长　刘玉龙（2012.08 任）
　　　　　李卫政（2012.08 免）

市委统一战线工作部

部　　长　文树勋
常务副部长　刘映群
副 部 长　李　伟
　　　　　王国平
　　　　　饶福明
副县级纪检员　罗　伟

市委政法委员会

书　　记　虢正贵
常务副书记　任安良
副 书 记　梅国栋
　　　　　梁　粮
　　　　　周琼芝（女）
　　　　　谭学军
纪检组长　吴　强

市委政策研究室

主　　任　蒋红波（2012.12 任）
　　　　　周　辉（2012.08 免）
副 主 任　杨韶华
　　　　　彭鉴西
　　　　　吕发祥（2012.12 免）
副县级纪检员　熊俭贵

市机构编制委员会

主　　任　张白云（女 2012.11 任）
　　　　　廖建华（女 2012.11 免）
副 主 任　向　伟
　　　　　刘晓杏（女）
副县级纪检员　方晓明（女）

市直属机关工作委员会

书　　记　李　军
常务副书记　黄如瑾
副 书 记　易　冒（2012.09 任）
　　　　　郭建华（2012.11 免）
　　　　　尹社来
　　　　　邢志忠
纪工委书记　杨　力
工委委员　于安全
　　　　　徐云龙

丁财喜（2012.12免）
徐克娇

市农村工作领导小组办公室

（市农村工作部）

主　任（部长）郑耀频
副主任（副部长）李雪龙
陈志雄
周其亮
黄志强
周文辉
纪检组长　欧阳广才

部门管理机构

市委老干部局

局　长　李伟群
副局长　徐水清
全晶莹（女）
邓国强
纪检组长　黄　虹（女）

市台湾工作领导小组办公室

主　任　陈树中
副主任　张克清
王劲锋
副县级纪检员　杨成宪

市直属事业单位

市委党校（长沙行政学院）
校（院）长　肖良定（2012.10任）
刘　回（2012.10免）
副校（院）长　罗文章（常务）
范伯力　张业军

市档案局

书记、局长　谭利平
副局长　陈艳芳（女）
梅新喜（女，2012.08免）
纪检组长　樊　平
党组成员　何立根

市接待办公室

主　任　文　方（女）
副主任　喻中文
易达春
杨　溢（女，2012.11任）
纪检组长　蒋莉冰（女，2012.11任）
黄　弘（女，2012.11免）

党史研究室

主　任　毛　求（女）
副主任　宋俊湘
何六生
李　敏

市委理论教育讲师团

主　任　喻寿奇
副主任　吴泽彪
副县级纪检员　颜　晖（2012.08任）

刘少奇故里管理局

（刘少奇同志纪念馆）

书　记　杨俊
局长、馆长　罗雄
副局长、副馆长　易锦君
王定良
黄　可
纪检组长　熊学爱（女 2012.0任）

长沙晚报报业集团（长沙晚报社）

书记、社长　龙钢跃
副书记、纪委书记　吴安定
党委委员、总编辑　徐　辉
党委委员　符洪舟　庄居湘（女）
李　英（女）　董小林
肖和平（女）　李万寅

市广播电视台

书记、台长　曾　雄
副书记　杨先成
副台长　罗　浩（2012.08免）
潘开政　刘运喜
周国强　贺大公
于　海
纪委书记　胡蓉华（女，2012.08任）
工会工委主任　吴文广

重要会议纪要

【政法、信访工作会议】　2月8日，长沙市政法、信访工作会议召开。会议由市委副书记、市长张剑飞主持，市委常委、政法委书记虢正贵作工作报告，市委常委、常务副市长张迎龙通报了“一推行四公开”（全面推行干部联点驻村（社区）联户，公开联系方式，公开岗位职责，公开监督机制，公开考核办法）工作督查情况。省委常委、市委书记陈润儿要求，全市政法、信访部门要着力加强和创新社会管理、预防和化解社会矛盾、促进和维护社会稳定，共同努力把政法、信访工作提高到新水平，为实现经济社会发展目标作出新的贡献。对2012年全市政法、信访工作，陈润儿指出，一是要着力加强和创新社会管理。二是要着力预防和化解社会矛盾。三是要着力促进和维护社会稳定。张剑飞要求，认真落实会议精神，把会议精神传达到村组、传达到每个党员、群众；要突出抓好重点工作，积极回应群众诉求，统筹解决突出问题；要切实维护社会稳定，深入分析形势、及早谋划对策、切实解决问题。会议对2011年度全市综治工作红旗单位、先进单位和先进个人，维稳工作先进单位和先进个人，全市政法系统先进集体、优秀政法干警，全市信访工作先进单位，全市见义勇为先进个人进行了表彰。各区县（市）和市联席会议九个专项工作组牵头单位分别递交了2012年度综治工作和信访工作责任状。市领导李军、罗购三、赵建强、黄佳惠、姚英杰、钟钢、黎石秋、陈立湘、陈延吟、罗衡宁、陈绍纯、杨懿文、李介德等出席。

（谭铁军）

【市委十二届三次全体（扩大）会议】　2月20日，中共长沙市委十二届三次全体（扩大）会议召开。全会由市委常委会主持。市委常委、组织部部长程水泉作“关于长沙市出席党的十八大代表候选人初步人选推荐提名情况的说明”，全会表决通过了《长沙市出席党的十八大代表候选人初步人选建议名单》。各区县（市）委书记就2011年度履行基层党建工作责任进行了首次述职，全会对他们的工作进行了测评。市委常委会还向全会书面汇报了近年来全市基层党建工作。省委常委、市委书记陈润儿指出，近年来，全市各级按照组织强功能、干部强素质、党员强意识的总体要求，从战略全局的高度重视基层党的建设，以改革创新的精神谋划基层党的建设，以高效务实的态度推进基层党的建设，全市基层组织建设得到全面加强。具体表现为：着力全覆盖，基层组织功能显著增强；选准带头人，各级干部能力素质大幅提升；

突出先进性，党员队伍活力全面激发；推进科学化，党建工作形成广泛影响。省委组织部副部长郭树人在点评时对长沙基层党建工作给予充分肯定，长沙坚持把基层党建作为推动科学发展的基础工程来抓，各级党委责任到位，措施得力，成效明显，亮点纷呈，特别是“五老四教”、“三联三为”、“与群众恳谈对话，为群众排忧解难”、“一推行四公开”等活动在全省、全国都很有影响。参加会议的有全体市委委员、候补委员。列席会议的有市委副秘书长，市纪委常委，20位来自基层一线的党代表、党员、基层党组织负责人代表。（谭铁军）

【党员领导干部廉洁从政警示教育大会】 3月23日，长沙市党员领导干部廉洁从政警示教育大会召开。陈润儿要求，要秉持赶考之心、恪尽兴党之责，始终把执政作为考场，把群众作为考官，把自己作为考生，努力交出一份让组织放心、让人民满意的答卷。这是长沙连续第3年召开廉洁从政警示教育大会，在观看完中纪委录制的警示教育片后，省委党校常务副校长徐晨光以《常怀忧党之心，恪尽兴党之责——永葆共产党人纯洁的政治本色》为题给与会人员上党课。陈润儿指出，开展廉政警示日教育活动目的就是要真正做到“常怀忧党之心、恪尽兴党之责”。保持党的纯洁性，是这次廉政教育主题活动的重点。如何保持党的纯洁性？陈润儿强调，一要稳得住心神；二要管得住行为；三要挡得住诱惑。市委常委、市纪委书记姚永春主持会议，并对开展廉洁从政警示教育活动作了安排部署。市领导张剑飞、张迎龙、余合泉、谢树林、杨顺初、袁观清、范小新、张湘涛、陈泽珲、虢正贵、程水泉、文树勋、李田贵、张迎春等出席。（张宝山）

【机关效能建设暨优化经济发展环境大会】 5月25日，长沙市机关效能建设暨优化经济发展环境大会召开。张剑飞强调，2012年是长沙市推进机关效能建设、优化经济发展环境的提升之年，任务重、责任大，要进一步增强责任心和紧迫感，不断优化机关效能，全力营造良好的发展环境。会议由市委常委、副市长陈泽珲主持，市委常委、纪委书记姚永春通报了损害经济环境及机关效能方面的典型案件，市领导龙建强、陈绍纯出席。会议明确，长沙2012年要开展“机关效能提升年”活动，建立行政审批时限“倒逼”和超时责任倒查机制；加强行政效能投诉工作，严肃查处影响民生和发展环境的典型案件。张剑飞指出，抓机关效能建设，就是抓经济社会发展、服务职能转变和干部作风建设，要以锲而不舍的理念做好优化效能工作；要持续推进行政审批制度改革、不断规范政务行为、坚持严格查处案件，以不折不扣的精神做好优化效能工作；要加大网络化办公力度、信息化公开力度和电子化监察力度，以不断创新的追求做好优化效能工作；要强化责任落实、协调配合和监督检查，以常抓不懈的态度做好优化效能工作。（高林涛）

【住房和城乡建设暨城建重点工程工作会议】 6月11日，全市住房和城乡建设暨城建重点工程工作会议召开，陈润儿强调，要推进重点工程建设，促进社会投资增长，着力抓好工作落实，努力实现稳中求进。2012年全市城建重点工程目标任务纳入的城建类项目共计222个，年度计划投资403.6亿元，其中市本级城建项目70个，计划年度投资134.4亿元；县（市）、区项目82个，计划年度投资102.8亿元；先导区城建项目70个，计划年度投资166.4亿元。具体到项目建设的安排上，一是加快“一江两岸”项目建设。二是全面推进城市轨道交通建设。三是稳步推进湘江枢纽工程建设。四是加强城市重要功能区建设。会议强调，要把城市建设工作目标作为稳增长的坚实支撑。突出抓好三方面的工作：一是全面推进城市建设。二是促进房地产业发展。三是加快重点工程建设。要把没有完成的续建工程和需要上马的新建工程，特别是事关长沙未来发展的十大基础设施工程建设抓紧实施，大力推进地铁工程、枢纽工程、高铁枢纽、黄花机场改扩建、“三桥一隧”、“两馆一厅”、梅溪湖国际商务中心、洋湖垸湿地公园、新火车北站配套续建、滨江新城及先导区重点工程的建设。陈润儿强调，要把城市建设任务落实作为稳增长的有力抓手。全市各级和相关部门主要领导对所有重点工程包括基础设施、产业项目、民生工程，要逐一进行调度，把资金问题、用地问题、审批问题、拆迁问题摸排清楚，确定专门领导、专门班子负责，抓好协调服务，逐一解决难题。市“两帮两促”办公室、重点工程办公室对这些问题要一一进行排查，做好交办、承办、督办工作，抓好落实。市委、市政府要对重点工程建设及问题解决情况进行专项督查，确保项目得以加快推进。市领导张迎龙、赵文彬、张迎春、姚英杰、钟钢出席会议。（张志雄）

【市委十二届四次全体（扩大）会议】 7月12日，中共长沙市委十二届四次全体（扩大）会议召开，总结上半年情况，部署下半年工作。全会研判了当前经济发展形势，全市上半年经济运行的态势总体良好，呈现出市场需求逐月回暖、增长速度逐月回快、经济效益逐月回升的局面。陈润儿指出，要坚定信心，咬住目标不动；要振奋精神，抓住机遇不错； 要集中精力，扭住重点不放松。张剑飞通报了上半年全市经济社会发展情况。他指出，要始终坚持“稳增长”的科学部署不动摇，着力抓好融资创新、项目建设、工业发展、扩大内需、城市提质、城乡统筹、综合改革、民生改善、环境优化、社会和谐十个重点工作，确保完成和超额完成全年目标任务。 全会由市委副书记、常务副市长张迎龙主持。参加会议的有市委委员、候补委员，不是市委委员、候补委员的其他市委、市人大常委会、市政府、市政协的领导同志，部分离退休老同志，各区县市党政一把手，各园区主要负责人，四大家正．副秘书长，市纪委常委，人大、政协各专门委员会主要负责人，市直各单位和省垂直管理单位党政主要负责人。（谭铁军）

【推进城乡一体化发展工作会议】 7月31日，长沙市推进城乡一体化发展工作会议召开。张迎龙主持会议，副市长黎石秋作工作报告，市委副书记张值恒宣读表彰通报，虢正贵部署下阶段“一推行四公开”工作。陈润儿指出，城乡一体化既是大势所趋的发展路子，也是大有作为的广阔平台，回顾三年来的城乡一体化发展，实践既带来了发展方式的深刻变革，也积累了城乡一体的宝贵经验，主要体现在坚持整体联动、坚持内生驱动、坚持创新推动、坚持示范带动。实践证明，推进城乡一体发展的决策是正确的，思路是可行的，方法是有效的。推进城乡一体化发展，不仅要把握总体的目标要求，而且要找准具体的实现路径。一要优化空间布局，着力加快城镇化进程。二要强化产业支撑，着力提高工业化水平。三要破除体制障碍，着力推进市场化改革。四要整合各类资源，着力完善社会化服务。全市上下要进一步树立全局观念、增强责任意识、弘扬创新精神，推动城乡一体化向纵深发展、向基层延伸，确保取得更大成效和更好成果。一要以改革的思路增强发展动力。二要以开放的举措激发社会活力。三要以统筹的办法汇聚工作合力。四要以探索的精神提升领导能力。张剑飞表示，推进城乡一体化有效激活了城乡发展活力，给城乡居民特别是农民群众带来了实实在在的利益，受到了群众的普遍欢迎。要立足现有的良好基础，进一步加大工作力度，努力在城乡一体化的重点领导和关键环节实现重大突破。市领导谢树林、杨顺初、范小新、张湘涛、陈泽珲、姚永春、虢正贵、程水泉、赵文彬、李军、李田贵、张迎春等出席。（谭策宇）

【传达贯彻党的十八大精神会议】11月18日，长沙市召开传达贯彻党的十八大精神会议。陈润儿要求，当前首要的政治任务是迅速掀起学习宣传热潮，全面贯彻落实党的十八大精神，朝着率先建成小康目标而努力。张剑飞主持会议，会议主要任务是学习党的十八大精神，按照11月16日中央政治局会议和11月17日省委传达贯彻党的十八大精神会议的要求，安排部署长沙学习宣传贯彻党的十八大精神工作。党的十八大是在中国进入全面建成小康社会决定性阶段召开的一次十分重要的大会，长沙有陈润儿、张国庆、梁稳根、叶钦4名代表肩负着全市30多万名党员的重托，出席盛会。陈润儿详细介绍了大会盛况，全面传达了党的十八大精神，对全市学习传达贯彻党的十八大精神提出明确要求，他强调，要深刻认识党的十八大的重大意义。十八大精神内涵非常丰富，必须全面深入地学习领会、宣传贯彻。一要领会实质，用十八大精神来武装头脑；二要联系实际，用十八大精神指导实践；三要注重实效，用十八大精神推动工作。要贯彻党的十八大的各项任务。这次大会对中国特色社会主义的发展和全面建成小康社会作出了全面部署，提出了明确要求，一定要认真贯彻落实。一是要自觉坚持科学发展；二是要加快实现全面小康；三是要全面推进党的建设；四是要切实抓好当前工作。张剑飞要求，要迅速在全市掀起学习宣传贯彻落实党的十八大会议精神的热潮，一是迅速宣传发动，各级各部门要迅速组织传达会议精神，统筹安排学习培训，精心组织新闻宣传。二是领导率先垂范，各级各部门领导要带领本地区、本单位、本部门学习好、传达好、贯彻好十八大精神。三是注重联系实际，要把党的十八大精神落实到各项工作之中，确保全面完成和超额完成年初确定的各项工作任务，并科学谋划未来五年特别是2013年工作。市领导张值恒、张迎龙、余合泉、谢树林、杨顺初、袁观清、范小新、张湘涛、虢正贵、程水泉、李军、李田贵、张迎春等出席。

（张云鹏）

【市委十二届五次全体（扩大）会议】12月17日，中共长沙市委十二届五次全体(扩大)会议召开。陈润儿要求，深入贯彻落实党的十八大精神，朝着率先建成全面小康目标奋力前行。陈润儿指出，党的十八大是在中国进入全面建成小康社会决定性阶段召开的一次十分重要的大会。十八大精神内涵丰富、博大精深，必须进一步深化学习、广泛宣传。党的十八大作出了在2020年全面建成小康社会的重大战略部署。贯彻落实十八大精神，就是要立足长沙实际、着眼发展要求、发挥现有优势，以更高的标准、更大的力度和更严的要求，加快推进小康建设进程，力争2017年前率先建成全面小康。一要把握率先建成全面小康的内涵和要求；二要明确率先建成全面小康的目标和任务；三要看到率先建成全面小康的条件和机遇；四要突出率先建成全面小康的重点和举措，首先要在转变发展方式、调整经济结构上下功夫。要大力推进经济结构调整，推动产业结构由“二三一”向“三二一”转变。大力推进国家自主创新示范区建设，使长沙成为创新经济蓬勃发展、创新人才加速集聚、创新载体功能完善、创新活力充分释放的创新型城市；其次要在增加居民收入、提高生活水平上下功夫；再次要在发展民主政治、促进社会和谐上下功夫；最后要在建设生态文明、改善人居环境上下功夫。参加会议的有市委委员、候补委员，不是市委委员、候补委员的其他市领导，各区县（市）委书记、区县（市）长，市纪委常委，市直各单位、有关省垂直管理单位党政主要负责人。

（张志雄）

【市委经济工作会议】 12月26日，市委经济工作会议召开。会议主要任务是贯彻落实中央和省委经济工作会议精神，总结2012年经济工作成绩，部署2013年经济工作任务。陈润儿强调，2013年全市经济社会发展总的基调是稳中求进，战略基点是扩大内需，增长基础是结构调整，全市各级各部门要开拓创新，扎实工作，奋力实现率先建成全面小康的良好开局。张剑飞对2013年工作进行了部署。会议认为，2012年是宏观经济形势非常复杂的一年，面对各种困难和严峻挑战，在省委、省政府的正确领导下，市委始终咬住稳增长、促和谐这个目标不放，扭住抓经济、谋发展这个要务不松，抓住调结构、转方式这条主线不移，团结带领全市人民迎难而上、砥砺奋进、开拓进取、扎实工作，保持了又好又快、率先发展的良好态势，呈现出经济快速增长、结构不断优化、民生持续改善、社会和谐稳定的良好局面。陈润儿客观分析了当前面临的经济形势。他指出，做好2013年的经济工作，要从五个方面着力：一要着力提高经济质量效益；二要着力加快产业结构调整；三要着力继续深化改革开放；四要着力推进城乡一体发展；五要着力加强社会建设管理。贯彻落实党的十八大精神，认真做好

2013年经济工作，为率先建成全面小康开好局、起好步，关键在于提高领导发展能力，要切实加强党对经济工作的领导，一要提高领导发展本领，各级领导要着力提高在全球视野、开放环境、市场经济、信息时代抓工作的本领，提高把握运用规律、科学民主决策、宏观战略思维的能力。二要不断优化发展环境，各级各部门一定要树立强烈的服务意识，加大整治力度，优化投资环境、政务环境、舆论环境和社会环境。三要广泛凝聚发展合力，各级党委、政府要牢固树立“一盘棋”的思想，把各方面的积极性、创造性调动起来，在紧扣中心、服务大局，履行职责、协调工作，改进作风、狠抓落实上下功夫，凝聚成又好又快、率先发展的强大合力。张剑飞指出，2013年是全面贯彻落实党的十八大精神的开局之年，是“十二五”发展承前启后的关键一年，也是新一届政府全面履职的第一年，必须着力保持经济持续稳定增长，突出抓好产业升级、项目建设、扩大消费、城乡一体发展、改革开放、社会建设、作风建设等七方面的工作，在工作中更加注重稳中求进、注重发展实体经济、注重改革创新、注重改善民生，全面完成年终扫尾工作，扎实开展年初工作准备，为2013年发展打下坚实基础。市领导张值恒、张迎龙、余合泉、谢树林、杨顺初、袁观清、范小新、陈泽珲、姚永春、虢正贵、程水泉、文树勋、赵文彬、李军、陈献春等出席。

（彭海波）

·附录·

中共长沙市委2012年文件目录

▲长发〔2012〕1号　中共长沙市委长沙市人民政府关于推进农业科技创新加快农业现代化建设的意见

▲长发〔2012〕2号　中共长沙市委关于开展推荐“我身边的雷锋”活动的通知

▲长发〔2012〕3号　中共长沙市委关于转发《政协长沙市委员会2012年工作要点》的通知

▲长发〔2012〕4号　中共长沙市委常委会2012年工作要点

▲长发〔2012〕5号　中共长沙市委关于转发《长沙市人大常委会2012年工作要点》的通知

▲长发〔2012〕6号　中共长沙市委长沙市人民政府关于执行文化改革发展若干政策的实施意见

▲长发〔2012〕7号　中共长沙市委长沙市人民政府关于印发《长沙市推进社会管理法治化实施纲要》的通知

▲长发〔2012〕8号　中共长沙市委长沙市人民政府批转《市委宣传部市司法局关于在全市公民中开展法制宣传教育的第六个五个规划（2011—2015年）》的通知

▲长发〔2012〕9号　中共长沙市委长沙人民政府关于加快现代旅游业发展建设旅游强市的决定

▲长发〔2012〕10号　中共长沙市委关于认真做好县市区人大、政府、政协领导班子换届工作的实施意见

▲长发〔2012〕11号　中共长沙市委转发《中共长沙市人大常委会党组关于做好全市县乡两级人民代表大会换届选举工作的意见》的通知

▲长发〔2012〕12号　市委、市政府、长沙警备区关于表彰全市双拥工作先进单位和先进个人的决定

▲长发〔2012〕13号　市委、市人民政府关于加快中心镇（小城市）建设推进城乡一体化发展的若干意见

▲长发〔2012〕14号　中共长沙市委关于加强新形势下党外代表人士队伍建设的实施意见

▲长发〔2012〕15号　市委、市人民政府关于授予周群飞等同志“长沙市优秀中国特色社会主义事业建设者”称号的决定

▲长发〔2012〕16号　中共长沙市委转发《中共长沙市人大常委会党组关于做好长沙市第十四届人民代表大会代表选举工作的意见》的通知

▲长发〔2012〕17号　中共长沙市委印发《中共长沙市委常务委员会关于改进工作作风、密切联系群众的规定》的通知

▲长发〔2012〕18号　中共长沙市委印发《关于切实改进机关工作作风的规定》的通知

▲长发〔2012〕19号　市委、市人民政府长沙警备区关于加强新形势下党管武装工作的意见

（朱长友）

组织工作

【概况】　2012年，长沙市组织系统以迎接党的十八大和贯彻落实十八大精神为主线，认真贯彻落实省、市党代会精神，围绕中心、服务大局，务实创新、克难奋进，为推进长沙“五化一率先”战略提供坚强的组织保障和有力的人才支撑。

一、换届工作：1. 着眼调优配强，选出好班子。坚持“重德才、重基层、重实绩、重公认”用人导向，精心组织换届考察工作，选优配强9个区、县（市）的三套班子和101个乡镇的人大、政府班子，区、县（市）人大、政府、政协领导班子成员年龄分别下降5.28岁、2.7岁、3.1岁，本科以上学历的占87.6%，提高17.3%。2. 着眼激发活力，创新好举措。把近三年绩效考核、“一报告两评议”等情况作为评价班子状况与干部德才的重要依据。加大对基层干部的提拔使用力度，区、县（市）党政班子中有乡镇街道经历的达87人，占52%。注重干部互动交流，提拔19名区、县（市）优秀基层干部到市直机关任职，从市直机关选派6名优秀干部到区、县（市）任职，区、县（市）之间交流干部7名。3. 着眼风清气正，营造好风气。建立严肃换届纪律协调制度，明确市委常委分片负责制，加强换届

纪律督查，向2365名市管领导干部发放严肃换届纪律《通知》和《警示教育选编》，全市严肃换届纪律知晓率、满意度均在95%以上。

二、干部工作：1. 加大竞争性选拔优秀年轻干部力度。立足长远，面向基层竞争性选拔77名优秀年轻领导干部，其中，35岁以下的副区、县（市）长9名，35岁左右的乡镇（街道）党（工）委书记10名，30岁以下的乡镇（街道）党（工）委副书记58名。按照"五统五分"模式公开选拔54个区县（市）科级干部。2. 构建大教育大培训格局。全年市级专项培训经费达661万元，区县（市）专项培训经费平均达290万元。创新党校主阵地培训模式，加大异地送训力度，全年组织培训班次47个，直接调训干部2800人次。拓展网络在线学习渠道，在线学习人数达到5800余人。3. 优化绩效考核评价机制。建立工作目标标准化模块，改进社会公认评估方式，规范考察情况综合评价、甄别考察等关键环节。召开全市绩效考核讲评会，对9个县（市、区）、96个市直部门和984名班子成员分类定等，43人被甄别考察，其中10人被诫勉谈话，6人被免职。长沙市绩效考核办法入选中组部《组织工作改革创新案例》。4. 筑牢干部监督防线。加大对干部选拔任用工作的监督检查力度，贯彻落实领导干部个人有关事项报告等制度，切实抓好《干部任用条例》和四项监督制度检查，年内，完成对21个单位26名党政主要负责人的经济责任审计。5. 加强干部工作宏观管理。落实湘办〔2011〕38号文件精神，提出规范和加强机构编制职数管理的一系列举措。结合换届工作统筹市管领导班子的调整配备，全年提请市委常委会研究干部11批次，讨论干部735人，征求全委会意见4批次14人。统筹做好女干部、党外干部、少数民族干部的培养选拔和干部援藏工作，继续选派干部到龙山县挂职。圆满完成2011年90名团职军转干部安置工作任务，基本完成2012年接收安置129名团职干部工作的前期工作。开展干部档案集中审核和信息化建设工作，干部档案管理进一步规范。

三、党建工作：1. 重心向基层下移。着力推动机关干部直接联系服务群众，广泛开展"一推行四公开"、"五老四教"、"三联三为"活动，深化拓展窗口单位和服务行业"三亮三比三评三创"，受到广大群众欢迎和好评。提升基层组织功能，全市9796个基层党组织开展分类定级和后进晋位活动，创建基层党建工作示范点411个，新建非公企业党组织1765家。建立健全"双述双评"制度，9个区县（市）委书记和99个市管班子党组（党委）书记述职基层党建工作。优化"1+5"党建信息系统，完善党员服务中心功能，城乡一体的党员动态管理机制进一步完善。2. 投入向基层倾斜。在全省率先建立"联投联管三保两统"投入保障机制，市级财政年内新增村级组织运转专项经费2286万元。切实加大社区阵地建设和运转保障力度，社区年均工作经费增至60万元。健全党内关怀帮扶长效机制，设立300万元党员慰问帮扶资金专户。推进远程教育优化升级，远教基础设施建设项目顺利通过中组部考察验收。3. 力量向基层充实。落实领导联点帮扶，全市109名市、县委常委结对联系120个乡镇（街道）。选优配强516个社区党组织班子，对2500余名新任非公企业党组织书记集中轮训。从市直单位选派587名"第一书记"到村帮扶，选派50名优秀年轻干部到村挂职。新选聘大学生村官213名，面向大学生村官定向考录公务员和选调生64人，推动100名大学生村官进入村"两委"班子。

四、人才工作：1. 完善人才工作运行机制。将实施重大人才工程等重点任务纳入16家市直单位、9个区县（市）年度绩效考核目标。2. 深入推进重点人才项目。扎实推进高新区"国家海外高层次人才创新创业基地"建设，设立2亿元人才发展专项资金，人才配套基地一期进驻海外人才企业50余家。大力实施引进青年人才"四个一"培养工程，定向考录10名公务员，择优解决64个事业编制。继续加大科技特派员工作力度，比上年增派59名，并大幅提高项目经费支持。做好"千人计划"、"百人计划"申报工作，市域27人新入选"千人计划"。3. 加强人才工作指导提升。组织重大人才活动现场观摩，加强调研督导，全市人才工作呈现出蓬勃发展局面。中组部人才工作局领导两次到长沙调研。

五、自身建设：1. 强化学习，提高基本素质。大力推进学习型机关建设，以部中心组学习为龙头，扎实开展"学习贯彻十八大精神、提高组织工作科学化水平"等专题学习。创办《组工学苑》，开办首届全市组工干部专题培训班，培训面达到81%。2. 锤炼党性，遵守基本规范。深入开展"什么是组工干部的党性"学习大讨论、"组织部长下基层"等活动，派员参加"一推行四公开"、两帮两促活动。推动部机关干部与89名困难党员群众结对帮扶。组织机关干部赴湘西龙山县开展党性锻炼，使党员干部深受教育。在全国组织系统"讲重作"活动总结表彰大会上，宁乡县委组织部被评为全国先进，刘怀彧荣获中组部嘉奖。3. 整章建制，做好基础工作。

市委常委、组织部部长程水泉一行到雨花区高升社区调研基层组织建设

市委组织部召开竞争性选拔年轻干部新闻发布会

编制《部机关工作制度和工作流程汇编》，建立组织工作年度考评制度，大力推行“零差错”管理和部机关全员绩效考核，组织述职述学测评和开门评部，不断推进组织工作的科学化、民主化和制度化。

（周智武）

【面向基层竞争性选拔 77 名优秀年轻领导干部】 2012 年，长沙市认真落实省委《关于进一步加强培养选拔年轻干部工作的意见》（湘发〔2012〕15 号）文件精神，以换届工作为契机，大力开展竞争性选拔年轻干部工作，年内，共选拔 77 名优秀年轻干部，竞争性选拔年轻干部的职位数、分布的广度和职务层次的跨度，均为历年之最。主要特点：一是履职评价突出科学性。重点破解公开选拔“考得好的干不好”这个难题，创造性地引入由任职经历、年度考核和考察评等等项目组成的履职评价，引入考察组集体谈话评分机制，“360 度”考察人选的综合素质，9 名副区、县市长全部拥有乡镇（街道）“一把手”工作经历，58 名乡镇（街道）党（工）委书记拥有基层工作经历的有 51 人。二是全程公开体现公正性。选拔全过程向媒体公开，笔试、面试等阶段结果向全社会公示，首次采用按成绩段由本人选岗的办法分配 58 名乡镇（街道）党（工）委副书记岗位，确保选人用人权在阳光下运行。三是差额选拔注重竞争性。1147 人通过笔试、面试激烈角逐，逐轮淘汰进入部务（扩大）会议或常委会票决，并首次实现“27 选 9”、“180 选 58”、“30 选 10”的大比例差额票决，真正做到“在多数人中选人，依靠多数人选人”。

（周智武）

【完善绩效考核机制】 2012 年是长沙市实施领导班子和领导干部绩效考核的第六年。在往年绩效考核探索实践的基础上，长沙进一步健全多元评价机制，先后出台两个相关办法，运用到 2012 年度集中考核之中，有效增强了考核工作的准确性和可操作性，提升了考核考察水平，达到了让被考核单位和领导干部更加服气的目的。一是改进考察组评价办法。根据考核制度，考察组评价在领导干部考核得分中占 15% 的权重，在单位实地考察进行个别谈话之后，由考察组每位成员独立打分完成。完善后的考察组评价分德、能、勤、绩、廉五个要素评价，按相应系数折算成百分制的评分。为解决操作中的简单评价、不合逻辑评价等问题，除德和廉两个要素不作限制性规定外，能、勤、绩三个要素分别限定评优的数量，以便更好地体现班子成员各自的个体差异与逻辑关联。二是完善甄别考察办法。甄别考察是指考察组对绩效得分排名靠后的领导干部实施的“二次考察”，是防止“唯票”“唯分”的有效手段，也是长沙绩效考核不同于以往年度考核的重要程序之一。完善后的甄别考察实施办法，对甄别考察对象范围、时间要求、实施程序、开展形式和工作纪律进一步明确和细化，切实考察到位。将绩效得分排名后 5%、民主测评综合得分排名后 2%、所负责的工作目标有一项得分低于 60% 以及三等班子正职、三等班子中绩效得分排名末尾的副职等 7 类班子成员纳入甄别考察范围，按照个别谈话、核实印证、本人沟通、综合分析等程序进行。对甄别对象逐一撰写甄别考察材料，主要讲清楚进入甄别范围的事实，区分主客观原因，做到讲准实情，客观评价。

（周智武）

【增加村平运转经费】 为进一步建立健全农村村级组织运转保障机制，夯实基层基础，长沙市切实加大村级组织运转保障力度，2012 年村平运转经费由 2011 年的 8.54 万元大幅提高到 12.44 万元。一是精心组织调研。2011 年底即开始着手对全市村级组织运转保障情况进行深入调研，先后分类抽取 60 个村级组织进行调查分析和精细测算，形成专项调查报告向市委常委会进行了汇报。二是加大投入力度。在调研基础上，市委、市政府决定：2012 年市级财政专项补贴村级组织运转经费 3786 万元，其中新增 2286 万元。县级财政 2012 年按新增部分 1∶1 的比例配套，市县两级投入达到 1.45 亿元，覆盖全市 1171 个村级组织。2013 年县级财政将按 1∶2 配套，2014 年按 1∶3 配套，届时村平运转经费将达到16万元左右。三是规范资金管理。市委组织部、市财政局联合出台《关于进一步完善村级组织运转经费保障机制夯实基层基础工作的通知》，建立了“联投联管，三保两统”投入保障体系，将市、县、乡财政投入和村级集体经济收入补充作为村级组织运转经费的主要来源渠道，确保村级组织运转的基本标准、基本待遇、基本开支，并对资金实行统一拨付、统一监管，从而全面推进了村级组织的规范化、制度化运行。目前，全市财政下拨经费均通过乡财网直接、及时、足额拨付到村。2012 年 4 月，在全国组织部长培训班上，市委常委、组织部部长程水泉就长沙市完善村级组织运转保障的创新实践做典型发言，得到中组部高度评价。

（周智武）

【实施青年人才“四个一”培养工程】 2012 年，长沙市高度重视引进青年人才管理培养工作，省委常委、市委书记陈润儿要求对青年人才“放手大胆使用，敢于破格使用，坚持优先使用”，全市各级积极创新人才机制，多方出台政策措施，为青年人才的健康成长拓宽渠道、搭建平台。为确保机关事业单位引进储备的优秀青年人才“引得进、留得住、干得好”，长沙市从2012年开始实施引进青年人才“四个一”培养工程，计划在3年内通过“定向考录一批、基层任职一批、定向公选一批、解决一批事业编制”等办法，重点培养300名左右德才兼备、潜质突出、表现优秀的青年人才。年内，已有124名优秀青年人才通过这项工程进入长沙党政干部队伍，其中定向考录公务员20名、通过公选到基层任职20名、公选科级领导干部20名、择优解决事业编制64名。 （周智武）

宣传工作

【概况】 2012年，长沙市宣传思想文化系统深入学习贯彻党的十八大、十七届六中全会精神，着眼于多出精品力作、多出工作成果、多出优秀人才，弘扬核心价值理念，抓实理论武装工作，努力营造良好舆论环境，全力确保文明创建常态，合力推进文化产业发展，改革创新，求真务实，各项工作取得新进展、新成效。

一、突出思想引领，理论学习入脑入心。1. 广泛开展十八大精神和党的创新理论学习宣传。分层次组织召开学习宣传贯彻党的十八大精神座谈会，组建宣讲团开展“喜庆十八大，理论宣讲进基层”专题宣讲。开展党的十八大精神学习征文活动，组织“长沙大讲堂”并举办大型知识竞赛活动。2. 扎实推进学习型党组织建设。邀请多位知名学者为市委中心组（扩大）学习授课。深入开展学习型党组织建设“五创四评”活动，全市有3个单位和项目分别获得全省十佳。推进关山“城乡一体化学习场”建设并入选全省5个学习型党组织建设实践基地之一。理论学习工作经验得到中央学习办、《光明日报》推介。3. 深入做好重大课题调查研究。《雷锋精神研究》成功申报2012年度国家社科基金重大项目，填补了长沙市组织开展国家社科重大项目研究的空白。《长沙文化产业国际化》成功申报湖南省中国特色社会主义理论体系研究中心重点研究课题，承担省社科规划办四个课题研究。

二、践行核心价值，学习雷锋常学常新。1. 开展系列的学雷锋特色活动。在全市广泛开展“争当雷锋精神传人、弘扬社会文明新风”主题活动，组织开展以争创“雷锋号”示范单位和“雷锋式”先进个人为内容的“八创八评”活动。推进“雷锋超市进大学”，组织省会千所学校、百万学生“续写雷锋日记”活动，举办“2012百城百台”爱心送考活动。2. 营造浓厚的学雷锋社会氛围。承办“雷锋精神论坛”。开办“雷锋网”，市属媒体设立专栏，评出120位“身边雷锋”，重点宣传70多个。组织媒体开展“雷锋故乡行”宣传活动。组织“雷锋家乡学雷锋”先进事迹巡回报告团，在全市开展16场巡回报告会。3. 建立长效的学雷锋工作机制。设立“学雷锋活动指导处”，筹备设立“雷锋基金”，建立学雷锋先进典型的表彰、激励机制。长沙学雷锋活动的动态和经验，在中宣部内刊刊发，得到中宣部领导批示。省委常委、市委书记陈润儿在第九届中国公民道德论坛上作主题发言。

三、服务发展大局，舆论引导有力有为。1. 加强策划组织，正面宣传形成强大声势。在市属媒体开设“率先发展看长沙”、“科学发展，成就辉煌”等专栏，组织策划两型社会建设、城乡一体化建设、文明指数测评等系列报道。中央和省级主要媒体共刊（播）发有关长沙的正面报道各达1万多篇。继续与香港《文汇报》、美国《侨报》等境外媒体合作，定期刊发“长沙新闻”专版。抓好“2012中国网络媒体长沙行”、“文明城市书记市长访谈”等主题网络宣传，向重点新闻网站和门户网站推荐发表、转载各类新闻、图片等近2000条。2. 加强沟通协调，热点舆情得到积极应对。加强突发事件现场管理和服务，协调处理了90余起较大突发、敏感事件的舆论引导工作。健全网上监控、网上评论、网上引导、网下处置“四位一体”的工作体系，加强网上舆情监看、分析研判和处置，未形成全国性负面舆情热点。3. 加强制度建设，管理能力实现新的提升。制定下发《关于进一步加强和改进突发事件新闻发布和舆论引导工作的实施意见》、《长沙市互联网信息管理实施办法》等一系列文件、制度，定期组织召开新闻例会，开展“打击‘新闻敲诈’治理有偿新闻”专项行动，深入开展“走转改”活动。4. 加强覆盖拓展，社会宣传形成良好氛围。围绕学习宣传党的十八大精神、创建全国文明城市、科交会、中博会等大型活动，做好社会公益宣传。加强形势政策教育，继续组织“五老四教”主题活动，开展宣讲活动5000多场次。提交湖南精神表述语20多万条。加强典型挖掘和推介，望城消防大队被省委、省政府授予“雷锋式竭诚奉献集体”荣誉称号。

四、完善长效机制，文明创建深入深化。1. 提升市民文明素养。制定实施《市民素质提升2012-2014年行动计划》，组织开展“做文明有礼的长沙人”、“讲道德、做好人”、“星城之星”评选等活动，承办中央文明办“我们的节日·清明—中华长歌行”活动，组织志愿服务优秀个人和组织推荐展示，长沙24人入选“中国好人榜”，31人入选全国五星志愿者，1人1队分获全国优秀志愿者和优秀志愿服务组织称号。深入推进道德领域突出问题专项教育治理，全市429个“道德讲堂”发挥了良好的示范效应。2. 拓展文明创建活动。在党政机关开展“创文明机关、做人民满意公务员”活动，在窗口服务行业开展“礼貌待人、诚信服务”活动。实施“乡村环境清洁行动”，评比公示“十佳十差乡（镇）、村”。开展城乡共建、企村共建、文明单位结对共建等活动，形成以城带乡、城乡共创的良好格局。3. 推行网格管理服务。建立健全文明创建常态化工作机制，实行创建工作网格化试点，深入开展“五治”行动，开展季度文明指数测评。在全国城市文明程度指数年度测评中，长沙位列全国省会、副省级城市第六。

五、建设文化名城，文化建设自觉自信。1. 以组织保障打牢基础。设立市文化体制改革和文化产业发展办公室，明确申报副县级机构，出台《关于执行文化改革发展若干政策的实施

9月12日，《雷锋精神研究》开题论证会在长沙开题

意见》、《长沙市文化创意产业发展规划（2012-2015年）》等文件。市级文化产业引导资金增加到1亿元以上，各区县（市）设立文化产业引导资金不低于3000万元。2. 以项目建设支撑发展。梅溪湖国际文化艺术中心等重大项目开工建设，铜官窑遗址公园正式开园，炭河里遗址公园等项目建设正式启动，“两馆一厅”加快建设。宁乡蓝月湖国际文化创意产业园、靖港古镇旅游度假区两个项目成功签约，签约金额35亿元。长沙新广电中心、长沙晚报集团麓谷文化产业基地等重点项目加速建设。3. 以平台建设增强后劲。雷锋纪念馆提质改造工程和秋收起义纪念园立项工作稳步推进。成功举办2012长沙（国际）动漫游戏展。长沙天心文化产业园成功晋级“国家级文化产业示范园区”，长沙（国家）广告产业园正式奠基。长沙被授予首批“国家级文化和科技融合示范基地”。长沙广电天择传媒合作媒体达68家，获得“年度最佳电视节目制作机构”大奖。4. 以体制改革激发活力。市、区县（市）两级全面完成改革任务，长沙被评为“全国文化体制改革工作先进地区”。市广播电视台积极推进有线电视网络整合。原市广电艺术中心转企改制成立湖南和光传媒，并积极筹备上市。大型史诗电视剧《长沙保卫战》、《毛泽东》正式开拍。5. 以公共服务惠及民生。扎实做好国家公共文化示范区创建活动，在全国中期督导中，指标优良率达100%，得到专家组的充分肯定和《中国文化报》的重点推介。举办梅溪湖国际文化艺术周，吸引观众超过10万人次。举办喜迎十八大“舞动星城，歌涌湘江”百万群众广场舞蹈合唱展演，得到了《光明日报》等媒体推介。鼓励文艺精品创作生产，2部作品荣获全国“五个一工程”奖，8部作品获得全省“五个一工程”奖，7部作品在首届“湖南文学艺术奖”中获奖。

六、强化基础工作，争先创优提质提效。1. 开展培训，配强队伍。制定出台《长沙市宣传文化骨干人才培育工程实施方案》、《长沙市文化名家工程实施方案》，完善“五个一批”人才培养资助、跟踪管理和服务等机制，启动首批文化名家暨“十大文化领军人物”评选，组织部分文化企业负责人出国深造。2. 注重激励，推动创优。将建设国际文化名城的工作任务进行分解，纳入全市绩效考核体系。出台《关于推进2012年宣传思想文化工作多出精品力作、多出工作成果、多出优秀人才的实施方案》、《长沙文学艺术奖评奖办法》等文件和规定，激发全市宣传文化战线的积极性和创造力。3. 转变作风，服务基层。确定30个宣传思想文化工作联系点，由相关市领导、市直部门和宣传系统各单位领导对口联系，进一步转变干部作风，服务基层工作。（吴源清）

【理论教育工作】 5月，承办全国雷锋精神论坛，以“雷锋精神时代化和学雷锋活动常态化”为主题，来自全国各地的领导、专家学者、先进模范、优秀志愿者和实际工作者近2000人参加。9月，《雷锋精神研究》申报并立项2012年度国家社会科学基金重大课题，实现了长沙市在国家社科重大项目研究上零的突破。7～11月，组织举办“知长沙·爱长沙”大型知识竞赛活动，活动面向社会各界，以知识竞赛为主体，长沙晚报配合开展“知长沙·爱长沙”主题征文、“我爱长沙的100个理由”微博征集、“我看长沙新变化”摄影大赛等系列活动，内容丰富，形式多样，吸引社会群众近万人参与。开展理论宣讲活动。邀请知名学者余秋雨、中央文明办专职副主任王世明等为市委中心组学习作专题辅导报告，组织市委中心组成员集中收听收看十八大开幕式，并进行专题学习。组建各级宣讲团，深入开展“学习贯彻十八大精神·理论宣讲进基层”专题宣讲1000场次以上。中央学习办工作简报第28期以《打造贴近实际富有特色的学习平台，增强

“舞动星城·歌涌湘江”百万群众广场舞蹈、合唱展演活动

学习型党组织建设吸引力感染力》为题推介长沙市的理论学习教育经验。

（周逸群）

【群众文化活动】 2012年，市委宣传部积极组织和引导开展全市的群众性文化活动。5月8日，启动长沙市第四届“百佳群众文艺团队”评选活动。年内，全市的群众文艺团队发展到1400余个。10月25日，长沙市喜迎十八大“舞动星城 歌涌湘江”百万群众广场舞蹈、合唱展演活动在贺龙新世纪体育文化广场举行。展演活动由起场——龙腾狮跃喜庆十八大（龙狮大汇舞）、承场——载歌载舞欢乐颂和谐（广场舞大串烧）、转场——万鼓齐鸣时代奏强音（腰鼓大齐奏）、合场——舞动歌涌长沙大繁荣（千人歌舞、龙狮齐舞、万鼓齐鸣）四个板块组成，6000多名群众文艺演员参与演出，整个系列活动参与人数逾百万，是近年来长沙市参与人数最多、涉及范围最广、演出规模最大的活动之一。中央电视台《新闻联播》、人民日报等对活动进行报道。创新推出“校园文化进社区”活动，推动群众文化活动向精品化、年轻化方向发展。11月2日，《光明日报》头版头条刊发《自觉自信：推动文化大发展大繁荣》，同日头版报眼刊发《长沙百团展演喜迎十八大》，集中报道长沙的群众文化活动。 （闫　丽）

【文艺精品创作】 2012年，市委宣传部大力实施文艺精品创作工程，获得丰硕成果。歌曲《今夜想起你》、广播剧《扁担上的影院》2件作品获全国“五个一工程奖”，湘剧《古画雄魂》荣获2010-2011年度国家舞台艺术精品工程资助剧目。花鼓戏《城里山歌》等8件作品荣获湖南省第十一届精神文明建设“五个一工程”奖。在第四届湖南艺术节中，湘剧《苏秀才》和花鼓戏《城里山歌》分别获得田汉大奖和田汉优秀剧目奖，群文节目获得6个金奖、3个银奖、3个优秀节目奖，2个群文之星和2个群文活动项目奖。电视纪录片《毛泽东遗物的故事》等7件作品在湖南省首届文学艺术奖评选中获奖。

（闫　丽）

【公共文化服务体系建设】 年内，扎实推进国家公共文化示范体系示范区创建，完成第四批20个示范性乡镇（街道）综合文化站和351家农家书屋建设；完成农村广播电视户户通69463户、送戏下乡进社区660场、送电影下乡进社区20767场，惠及近500万群众。组织国家公共文化示范区创建城市长沙群众文化到北京演出，包含12个节目、时长90分钟的“长岛之歌”文艺晚会让首都观众大饱眼福。11月23日，《中国文化报》刊发《以文化人，以文惠民——湖南省长沙市创建国家公共文化服务体系示范区的做法与思考》，重点推介长沙公共文化服务体系建设的先进经验。

（闫　丽）

【文化产业发展】 2012年，全市文化产业继续保持快速发展的势头，进一步巩固千亿级产业的地位。一是举办重大节会。7月，第六届中国手机动漫游戏大赛颁奖典礼暨2012长沙（国际）动漫游戏展开幕，手机动漫游戏大赛征集参赛作品6万余件，作品累计下载次数突破4800万次。二是扶持重点项目。在第八届深圳文博会评比中，青苹果数据中心被评为“中国新业态文化品牌”，金球湘绣新品《如日中天》荣获金奖；山猫卡通动画故事片《山猫和吉咪之全家乐》获得新闻出版广电总局“优秀国产动画片一等奖”；华盛烟花新品“彩鹤追月”蝉联2012上海国际音乐烟花产品锦标赛冠军。三是推动文化与科技融合。5月，长沙市被授予首批“国家级文化和科技融合示范基地”称号。四是培育产业主体。10月，长沙天心文化产业园晋升“国家级文化产业示范园区”，2家企业被文化部授予“国家文化产业示范基地”称号。

（刘新宙）

【网络舆论引导】 围绕市委、市政府中心工作，向人民网、新华网等国家重点新闻网站，新浪网、搜狐网、腾讯网等大型商业门户网站推荐、转载相关新闻、图片等近2000条，其中在各大网站首页登载新闻超过20次。组织策划“长沙学雷锋活动网络主题宣传”、“2012中国网络媒体长沙行”、“聚焦中博会”、“长沙获评文明城市”、“长沙自然生态博览会”、“文明城市书记市长访谈”等网上主题宣传，点击量超过800万人次。开展网络评论工作，在人民网、新华网、新浪网、红网、华声在线、星辰在线等网站首发、转发评论文章300多篇。

（杨　平）

【“雷锋精神论坛”在长沙举办】
5月14日，由中国社会科学院、共青团中央、解放军总政治部、求是杂志社、光明日报社、中共湖南省委共同主办，中共湖南省委宣传部、中共长沙市委和市委宣传部共同承办的“雷锋精神论坛”在长沙举行。中央有关部门领导和省领导王伟光、徐惟诚、梅克保、陈润儿、周长奎、黄中平、路建平、肖雅瑜、何东平、杨定宇、谭仲池、秦保中、姜英宇等出席。省委书记、省人大常委会主任周强致辞

5月，“雷锋精神论坛”在长沙市成功举办

并宣布论坛开幕。中国社会科学院常务副院长王伟光、中宣部原常务副部长徐惟诚等发表主题演讲。论坛主题为"雷锋精神"时代化与学雷锋活动常态化。论坛通过不同方式，深入探讨雷锋精神时代化内涵与学雷锋活动常态化问题，并开辟研究"雷锋精神"理论与实际工作者论坛、颂扬"雷锋精神"文艺与新闻工作者论坛、践行"雷锋精神"先进模范与优秀志愿者论坛三个分论坛。（吴源清）

统战工作

【概况】 2012年，长沙市统战工作以"大团结、大联合"为主题，力求创新、力求突破，工作成效明显，得到中央统战部、省委统战部高度肯定。在全市的"一推行四公开"和"两帮两促"活动中，联点高桥街道怡园社区和广汽菲亚特项目，被评为先进工作组和先进单位。

一、构建大统战工作格局。加强党对统战工作的领导，落实统战工作"六个纳入"要求，及时向市委常委会议传达汇报全国统战部长会议、全省统战工作会议精神，组织召开统战工作会议，认真研究各民主党派、工商联以及统战领域内对台、民族宗教、侨联、台联工作。年初，市委书记陈润儿带领四大家领导班子听取各民主党派、工商联工作汇报，交任务、提要求、解难题，为连续坚持20年的"新春第一访"制度注入新的内涵。2012年，市委、市政府主要领导带头参加统战活动达30多次，市委将统战工作纳入对区县（市）、市直部门的绩效考核内容，各区县（市）委将统战工作责任分解到基层，层层抓落实，全市统战工作环境更加优化。

二、推进创业富民战略。2012年，市委统战部积极主导创业富民工程实施，坚持从人才引进、创业培训、资金扶持到企业孵化、税费减免、贷款融资、失败救助等方面，为创业者提供全程政策扶持。开展创业富民"进校园、进街道、进乡镇、进社区、进楼宇、进企业"活动，建立并完善市、县两级GYB、SYB培训体系，全年GYB培训达3万余人，SYB培训近8000人。严格落实创业富民专项资金帮扶项目，完善典型表彰机制，开展"创业手牵手，帮扶一加一"等创业活动，中组部副部长、人社部部长尹蔚民和湖南省委书记周强对长沙市创建工作给予赞扬和鼓励。截至2012年底，全市共有私营企业92983户，同比增长16%；个体工商户343675户，同比增长7.2%；农民专业合作社4039户，增长48.2%。7月，长沙市被国务院授予"全国创业先进城市"荣誉称号。完善非公党建工作机制，扩大非公经济党组织覆盖面，年内，全市非公经济党组织达4887家；注重非公经济人士的培养，举办新的社会阶层人士培训班；继续开展"百企联百村，共建新农村"和"光彩事业"活动，新增30家民营企业与70个村（社区）实现对接。

三、贯彻落实中央4号文件精神。一是搞好学习宣传。组织人员参加全国学习贯彻中央4号文件精神电视电话会议，并请省社院副院长为全市统战系统就中央4号文件精神进行解读。起草和下发《中共长沙市委关于贯彻落实〈中共中央关于加强新形势下党外代表人士队伍建设的意见〉的实施意见》。二是推进党外人物工作。召开全市党外领导干部座谈会，坚持部长"谈心日"制度，全年共计与70多位党外代表人士谈心。建立党外代表人士实践锻炼基地，完善县处级党外干部的工作台账。精心组织干部教育培训工作，将7期培训班全部纳入全市干部教育培训的统筹安排，选派民主党派市委、市工商联机关的4名优秀年轻干部到街道办事处挂职锻炼。三是完成人大、政协换届的有关工作。召开市委组织部、统战部两部联席会议，结合换届工作做好党外代表人士的实职安排、政治安排和社会安排，严格执行中央关于党外代表人士在各级人大、政协安排比例和数量规定，推动市、县两级统战部门牵头完成政协委员人事安排等有关工作，做好协商沟通，高效完成了新一届市政协委员资源的摸底、人员的筛选汇总、建议人选的考察等工作；认真做好了部分党外人士的市人大代表提名工作和省人大代表、省政协委员的推荐工作。

四、推进党与党外人士合作共事。高度重视调研工作，市委下发《关于各民主党派工商联无党派人士开展专题调研工作的通知》后，市委统战部召开了专题调研协调会，组织和协调各民主党派、工商联、无党派人士以"长沙率先建成两型城市和实现全面小康"为主题开展专题调研工作。以市委统战部、市政府办的名义联合下发《关于做好各民主党派、工商联、无党派人士调研成果转化工作的通知》，为调研成果转化加强制度化建设。组织引导各民主党派开展换届后政治交接主题教育活动，推动各民主党派加强思想、组织、制度等方面自身建设。召开民主党派社会服务工作经验交流会，推进各民主党派、工商联社会服务工作；与市政府办公厅共同开展对口联系和特约人员工作调研，协助市政府出台关于对口联系工作的相关文件；启动民主党派市委机关新建大楼工作，初步确实在滨江新城选定党派大楼新；扎实开展辛亥革命人物纪念馆文物征集工作。

五、开展海外联谊活动。1.开展联谊交流活动。精心接待香港知名人士访湘团、中国和平统一促进会到长沙参观访问，参与举办"全国台联2012年台胞青年千人夏令营"湖南分营活动；接待香港莊士集团、威裕集团、万都集团、格略特机电科技等市海联理事单位到长沙考察。8月，市委常委、市委统战部部长文树勋率队赴港出席"香港长沙商会成立暨长沙市重大项目推介会"，并参加第二届中国海外投资年会，拜会知名企业，向部分市政协港澳委员通报长沙市委、市政府2012年以来的重大决策部署，听取意见，寄予厚望。2.为招商引资牵线搭桥。积极引进全球500强企业----安富利科技集团选址长沙浏阳制造产业基地作为华中的配送基地，引进香港铜锣湾集团在岳麓区打造铜锣湾广场。3.指导市侨联做好换届筹备工作，开展全市健在黄埔抗战老兵情况调查。

六、落实党的民族宗教政策。1.推进城市少数民族流动人口服务与管理工作。选定雨花区高桥街道作试点，搭建协作平台、机制平台、交流平台，得到省委统战部的高度肯定；进一步推进民族团结进步示范点一汉回村的建设。2.组织召开全市少数民族干部座谈会，举办少数民族干部培训班；

制定并印发《长沙市 2012-2016 年少数民族干部工作五年规划》。3. 扎实做好省委、省政府“712”专项工作，完成环境整治任务。采取责任分工、疏打结合、稳妥推进等方法，对全市所有私设聚会点进行相应处理。做好人员稳控工作，对重点人员一对一谈话，表明立场，讲清道理，提出要求。年内，先后处理境外恶意炒作开福寺事件、法藏寺心林事件，协助解决石马铺回民墓地管理问题、开福寺整体规划报告相关问题、博明法师捐赠图书问题等。积极关注天主教上海、哈尔滨事件发展趋向，做好长沙天主教神职人员和信教群众的工作。4. 深入开展和谐寺、观、教堂创建活动。全市 60% 以上宗教活动场所已达标，实现既定工作目标。

七、做好理论调研和宣传信息工作。1. 研究确定重点课题，制定下发《2012 年全市统战理论调研课题》，成立长沙市统战理论研究会（长沙学院）研究基地，开展重点课题社会化招投标活动，向省委统战部报送投标课题 25 个、报送优秀理论研究成果 28 篇，实行信息工作周研讨、月反馈、季通报、年检查工作机制，全年上报省委统战部信息 1282 条，采用 1100 条，上报中央统战部信息 1148 条，采用 51 条，统战信息工作居全国先进行列。2. 坚持与宣传部门的联席会议制度、定期会商制度和日常联系制度，召开全市第八次统战宣传工作联席会议。利用省委统战部“三湘统战”网站，积极宣传推介长沙统战工作，全年被采用稿件 600 余篇。3. 加强统战宣传阵地建设。高标准建设长沙市统一战线门户网站“和网”，构建全市统一战线信息发布、宣传推介、互动交流的大平台；强化精品和时效意识，全年出刊《长沙统一战线》6 期；10 月，组织举办了长沙市统一战线“同心同行 -- 喜迎党的十八大”文艺汇演。

（赵燕凌）

9 月 9 日，参加助学捐赠仪式的嘉宾与贫困学子合影

【第四次台湾同胞代表大会召开】 7 月 2 日，长沙市第四次台湾同胞代表大会召开。会议选举产生了市台联新一届理事会成员，白树仁当选为长沙市第四届台湾同胞联谊会会长。台湾同胞联谊会是中国共产党领导下的广大台湾同胞的爱国民众团体，被誉为“台胞之家”。长沙市台联成立于 1986 年，为推动长沙同岛内、港澳及海外台胞的联谊与交流，推动祖国和平统一和长沙经济社会发展作出了积极的贡献。

（王　华）

【洗心禅寺慈善基金会举行助学捐赠仪式】 9 月 9 日，湖南省长沙洗心禅寺慈善基金会（简称“洗心基金”）在该寺举行助学捐赠仪式。全国人大常委、全国人大法律委员会副主任委员、中国国际文化传播中心副主席胡彦林应邀出席，中国国际文化传播中心党组书记、执行主席龙宇翔，省宗教事务局局长孙剑霖，全国人大代表、中国佛教协会副会长、湖南省佛教协会会长圣辉大和尚，中共长沙市委常委、统战部长文树勋等中央、省、市领导出席并讲话，近 500 名资助捐赠人代表、义工代表、受捐贫困生和家长代表参加了捐赠仪式。在助学捐赠仪式上，按每生 4000 元标准，共发放善款 120 万元，全省 300 名贫困学子受益，贫困生代表的发言，感恩之心溢于言表，励志之行让人深受感动。

洗心基金于 2012 年 8 月 6 日成立，并立即启动“万名学子助学计划”，决定在 9 月份资助 300 名家庭贫困的大学新生。因时间紧迫，洗心禅寺方丈、洗心基金理事长悟圣大和尚，发起义工近百名，通过省残联、各市州慈善总会、教育部门以及新闻媒体等，收集贫困学子名单 400 余名，并亲自带队，对贫困学子家庭情况实地考察，逐一走访、核实。按特困生、贫困生、较困生归档分类，最后根据特困生、贫困生优先的原则确定资助 300 名学子。

（王自书）

10 月 22 日，举办长沙市统一战线喜迎十八大文艺汇演

【“同心同行——喜迎党的十八大”文艺汇演】 10月22日，长沙市统一战线“同心同行---喜迎党的十八大”文艺汇演隆重举行，省委常委、统战部部长李微微，省委统战部部副部长何俊峰，市委常委、统战部长文树勋，市人大常委会副主任黄佳惠，市政府副市长、民盟市委主委何寄华，市政协副主席钟新莲出席。整个文艺汇演分为“同心同德”、“同心同向”、“同心同行”3个篇章，涵盖歌伴舞、独唱、小品、民歌联唱、说唱快板、芭蕾舞等多种形式的表演，所有节目均为全市统战成员自编自演，充分展示了长沙市统一战线广大成员与中国共产党在思想上同心同德、目标上同心同向、行动上同心同行的精神风范，为党的十八大胜利召开营造出浓厚氛围。 （鲁海文）

【中国自主创业大会在长沙举行】 12月11日，第四届中国自主创业大会暨金犁奖颁奖典礼在长沙举行。全国工商联原副主席孙晓华，市领导张迎龙、文树勋、彭继球等出席。中国自主创业大会发起于2009年，此前已成功举办三届。这次大会的主题是低成本创业，重点关注电子商务、绿色农业、健康产业，旨在打造中国自主创业的交流平台，激励以创新和变革促进行业发展的企业和个人。颁奖典礼上，中国诚信创业示范企业、中国最具合作价值创业平台、中国十佳商业模式、年度中国创业领袖、年度感动中国创业人物、年度中国创业明星等奖项分别揭晓。 （施柏林）

其他工作

·市直属机关党建工作·

【概况】 2012年，市直机关党组织坚持以党的十七届六中全会和十八大精神为指导，紧紧围绕服务中心、建设队伍两大任务，深入贯彻科学发展观，全面推进党员干部思想政治建设和作风建设，机关党的工作取得新的进步和发展。

一、创先争优活动。1. 基层组织晋位升级。基层组织建设以“夯基础、增活力、走前头、上水平”为主题，按照《长沙市直机关党的基层建设年活动实施方案》和《长沙市直基层党组分类定级工作实施方案》的要求，指导机关党组织摸清底子，对1702个基层支部（其中隶属于工委的1241个）进行了分类定级。在此基础上，重点对168个“一般”和“较差”类的党组织实施定人蹲点指导，促进市直机关的党建工作均衡发展，普遍实现晋位升级。全年，市直机关有31个基层党组织受到市级以上表彰（其中省级表彰3个、中央表彰1个）。2. 创先争优常态建设。从组织提升、保障强基、骨干培养、制度规范、阳光关怀等方面，形成组织建设长效机制。组织市直机关党团组织以“夯实基础增活力，服务基层促和谐”为主题，围绕“组织共建增活力、结对帮扶惠民生、为民服务树新风、窗口服务展形象”四大内容持续开展“红色服务月”活动。市直机关926个党支部的近两万名党团员志愿者创新载体，开展扶贫帮困、文明劝导、护绿保洁、政策咨询、法律维权、就业推荐、纠纷调解等多种志愿者活动。各机关党组织与273个社区（村）有效对接，对3062名孤、老、病、残、弱群体实施“多对一”或者“一对一”帮扶，共计赠送钱物176万多元，为百姓解难题、办实事、化纠纷400余件。3. 窗口单位提质服务。全面落实《市直机关窗口服务行业制定“窗口单位群众满意服务标准”的实施意见》，召开市直机关窗口单位争创“群众满意窗口”工作推进会，指导窗口单位服务行业争创“群众满意窗口”，继续推进“为民服务创先争优”活动，制定并公示“群众满意服务标准”，认真落实一次性告知、服务时限承诺、首问负责等制度，建立行政审批时限“倒逼”和超时责任“倒查”机制，以开展岗位竞赛、评选“优质服务岗”、评选“优质服务明星”等活动为载体，使市直机关窗口服务行业实现服务效率明显提高、服务态度明显改善、服务质量明显提升。

二、机关党组织建设。1. 党内民主得到发挥。2012年，进一步扩大“两推两选”公推直选方法换届选举的范围，指导8个机关党委、6个机关总支和7个机关党支部完成换届选举；贯彻落实中央党务公开有关要求，探索基层党组织党务公开的方式方法；加大社会组织建设力度，在商会、协会、事务所等单位社团组织中，新建党支部6个。2. 队伍建设得到加强。采取集中培训专职副书记、分片组或系统轮训基层支部书记的方式，解决好党务干部中存在的“做什么、怎么做”的问题。继续坚持与外地城市党校联合办学的模式，借鉴外地机关党建工作好经验、好做法，帮助参训党务干部开阔视野、增长见识。组织党务干部进行专题辅导，学习省委“新条例”实施办法，提高工作能力。督导机关党组织落实中央及省市委有关党员经常教育的要求，创新学习内容和方式，增强党员干部的责任感和使命感。组织党员干部开展党性实践活动，增强党员干部党性修养。3. 基础工作得到巩固。着力推行履行基本职能、强化基础工作、坚持基本制度的“三基”工程，进一步规范市直机关党组织工作。首次推行机关党组织负责人向工委报告工作的制度，强化党组织负责人的责任意识。以市直机关党员信息系统为平台，加大对机关党组织的指导督查力度，跟踪基层党组织制度坚持情况，扎实开展党内统计、党费收缴、民主评议等经常性工作，确保制度落到实处。严把入口关，在全省率先对新发展的预备党员在转正前进行党员先进性轮训，全年举办入党积极分子培训3期，发展新党员609名（其中学生党员397名）。

三、文明创建活动。1. 深化理论学习。以中心组学习带动机关党员干部学习，加强学习型党组织建设，在市直机关积极开展“五创四评”活动，推介和表彰一批学习型建设示范点。结合党的十八大的胜利召开，及时下发通知，发放学习资料5100本（套）。2. 深入开展学雷锋活动。突出学雷锋教育“六个一”主题，举办“教育我、感动他——雷锋精神在长沙”演讲比赛，有63个单位81名选手积极参赛。组织开展市直机关学雷锋评比活动，向市文明办推荐表彰“雷锋号示范窗口”10个、“雷锋号示范岗位”10个、“雷锋式道德模范”1名，“雷锋式人民公仆”2名，“雷锋式学习标兵”2名，“雷锋式服务明星”8名。3.

规范创建常态管理。加强机关文明创建工作的日常管理和常态化建设，开展道德领域专项治理工作。以建设“道德讲堂”为平台，强化党员干部的职业道德、社会公德、家庭美德教育。举办了礼仪进机关专题讲座和礼仪知识竞赛，组织开展关爱空巢老人、保护湘江、红色服务月、志愿献血等志愿者活动。做好机关文明创建的推介和管理工作，全年推荐省级以上文明单位16家、市级文明标兵单位3家、市级文明单位12家、文明窗口示范单位5家。

四、扎实改进机关作风。1. 继续开展群众“办事难”专项治理。2012年，着力整治服务态度恶劣、工作作风散漫，超时审批、推诿塞责，索拿卡要、强揽工程，指定中介机构有偿服务、不诚信守约等突出问题，解决基层、群众反映强烈的服务态度、服务水平、服务质量差的现象。对20个重点部门和11个重点窗口进行了专项督查，促使被查单位和窗口强化措施整改，优化服务质量。2. 开展作风建设主题月活动。结合“一推行四公开”工作，开展“走访群众听民声，深入基层解难题”作风建设主题月活动。全市共派出工作组3613个，干部下基层人数达21934人，以服务群众，改善民生为重点，深入区县(市)的有关村(社区)，听取群众诉求、化解社会矛盾、处理信访问题，为基层群众排忧解难。据统计，全市开展“走访群众听民声，深入基层解难题”主题活动，召开群众座谈会6667次，走访群众308617人，帮扶各类资金5.13亿元，各类物资价值6624万元，为民办实事21436个，帮扶困难群众57403人。3. 开展“双联”和困难职工帮扶活动。在全市继续开展 “一帮一、一助一”活动，动员机关党员干部深入到困难企业和困难职工中去，真心实意为困难企业、困难职工排忧解难。据统计，市直机关共开展“双联”活动271次，帮助企业解决主要问题112个，对口联系帮扶困难职工2943人，慰问困难职工100万元，帮扶企业资金1700万元。通过“双联”和困难职工帮扶活动，密切了党群干群关系，解决部分职工的生活困难。

五、反腐倡廉建设。1. 落实党风廉政建设责任制。制定《2012年党风廉政建设工作主要目标分解》，继续推行廉政承诺制，对市直机关科处级领导干部，重点部门、重点岗位工作人员实行廉政承诺。贯彻落实《廉政准则》和“八项禁令”，积极开展自查自纠工作。认真落实述职述廉和重大事项报告制度。市直机关党员干部有3813名领导干部参加述职述廉，1259名领导干部进行重要事项报告，内容包括婚、丧、嫁、娶、寿、庆事项，执行廉洁自律规定的情况以及落实廉政责任制的情况。2. 开展廉政文化创建活动。深化党员干部党性党风党纪教育、示范教育、警示教育和岗位廉政教育。据统计，市直机关党员干部观看廉政电教片444场，撰写廉政读书心得13251篇，撰写廉政论文483篇。深入开展“五个一”廉政文化活动。市直机关“一把手”讲廉政党课232堂;组织廉政教育专题学习764次，创建“廉网”83个，出廉政板报、橱窗、宣传栏715个，参加“问民情、解民忧”活动的党员达48572人次。3. 规范信访和案件管理工作。加强信访举报交办、督办和直接查办工作，对实名举报优先受理，优先办理，限时办结。全年收到群众来信8件，及时并转相关部门进行了办理。2012年，市直机关立案37起，党纪处分22人，政纪处分31人，双重处分16人，解除行政处分16人。强化案件管理工作，对市审计局、市住建委等15家市直单位纪检监察机构的案件和信访工作情况进行调研和案源核查。

六、群团管理工作。年内，组织开展了职工趣味运动会、职工篮球赛、副县级以上领导干部乒乓球赛，开展模范职工之家及优秀职工书屋验收评审活动，全年申报全国模范职工之家1个，省级3个、市级5个。市直团工委以促进青年成长为主题，联合省、市青年活动中心举办2期“青春有约·缘来是你”未婚青年联谊活动，联合团市委举办了机关青年足球赛；组织“情系贡嘎儿童”爱心助学捐款活动，结对资助近200名藏族贫困学生；举办第三届“长沙市书法家爱心笔会、长沙市作家捐书签售”活动，为希望工程募捐8.3万元；大力倡导读书学习、实践锻炼活动，发放管理类、励志类书籍千余册；开展“擦亮青年文明号”行动，推荐青年岗位能手15名，新创建“青年文明号”集体16家。市直妇工委以服务大局、服务妇女，发挥“半边天”作用为主线，开展“巾帼文明岗”创建活动，做好千户“文明和谐示范家庭”表彰工作，推荐7名机关妇女参与关爱女性健康“两癌”救助。妇女工作被评为“湖南省妇女宣传工作先进集体”、“长沙市城镇妇女‘巾帼建功’竞赛先进集体”。市直机关关心下一代工作，以加强青少年思想道德建设和培育“四有”新人为目标，组织举办青少年“争当雷锋精神传人”演讲比赛；充分发挥“五老”作用和优势，以“形势政策、党的历史、思想道德、公民意识”为主讲内容，积极开展“五老四教”主题活动，面向市直机关干部职工和中小学生进行宣讲教育。市直机关关心下一代工作被评为全市关心下一代工作先进单位。

（丁泽权）

•机构编制工作•

【概况】 2012年，市机构编制委员会办公室（简称市编委办）以科学管理为抓手，盘活管好机构编制资源，积极推进体制机制改革创新，着力优化机构编制服务，为全市经济社会发展提供体制、机制保障。

一、服务发展大局，提高保障能力。1. 聚焦经济社会发展提供机构编制保障。为满足改设、析置的街道以及内五区区直部门对行政编制的实际需求，积极协调省编办增加长沙市跨层级调整行政编制总量。通过与省编办沟通协调，争取批复了长沙雨花经济开发区管委会等园区机构升格事项。进一步配齐配强高新区人员力量。开展理顺火车南站地区管理体制工作。2. 聚焦社会管理创新提供机构编制保障。充实政法系统工作力量，协调省编办完成市社会治安综合治理委员会办公室和长沙市公证处机构更名、星沙劳动教养管理所（市强制隔离戒毒管理所）、坪塘监狱和长桥监狱机构升格工作，对市中级人民法院、市人民检察院有关机构编制事项进行明确，组织开展城区街道办事处、人民法院基层法庭、公安派出所机构编制管理情况调查研究。3. 聚焦民生改善事业提供机构编制保障。加大机构编制资源向民生工作的倾斜力度，对原市第一医院与市传染病医院的机构合并事项进行明确；重新核定了长沙市六中、明德中学、长郡双语中学、麓山国际实验学校、南雅中学、高新区麓谷中心小学、明德麓谷学校、延风中学和岳麓区、芙蓉区教师编制；草拟幼儿园教师配置标准意见；完成田家炳实验中学和市军队离休退休干部服务总站机构更名工作；配合中央编办、省编办分别开展了疾病预防控制机构和食品安全监管体制调研。

二、坚持深化改革，理顺体制机制。1. 完成乡镇机构改革工作。坚持因地制宜、稳妥推进的原则，指导区、县（市）围绕中央明确的四项基本职能科学定位乡镇职能，明确事权划分，统筹设置乡镇党政机构，整合乡镇事业站所，精简人员编制。改革后，在乡镇党政内设机构综合设置“四办一所”，全市乡镇内设机构减少24%，事业单位减少42%，行政编制减少10%，事业编制减少22%。率先全省在所有乡镇搭建村镇建设综合服务平台，打造成全省乡镇机构改革的一张名片。为巩固和深化改革成果，通过积极争取中央编办将浏阳市大瑶镇列入经济发达镇行政管理体制改革试点镇。2. 稳妥推进事业单位分类改革。中央5号文件出台后，根据中央和省统一部署，相继成立分类推进事业单位改革工作领导小组，制定出台分类推进事业单位改革工作实施方案。按照“先易后难，循序渐进”的要求，对全市事业单位进行清理规范，摸清全市事业单位职能、机构、经费形式和人员编制底数，完善事业单位机构编制台账，分批撤销一些空编无人、职能萎缩的事业单位，核减一些长期空余的编制。为减少矛盾，降低改革成本，进一步规范事业单位使用编制的标准和审批程序，对有改革任务的单位实行人员编制冻结。3. 积极推进相关行业体制改革。参与并完成市文化体制改革工作，完成“两局一台”机构改革涉及的人员划转工作、市湘剧院和市花鼓戏剧院的机构更名等工作。明确市、县两级文化市场综合行政执法体制。牵头组织开展交通运输体制改革，完成市货运管理局、市公共客运管理局、市交通行政执法局等3个市交通运输局所属二级局“三定”规定。组织开展了市公路体制改革工作，拟定全市公路体制改革方案，对市公路体制改革开展了前期调研。

三、坚持创新管理，严控机构编制。1. 加强机构编制规范化管理。坚持机构编制集中统一管理，严格实行“三个一”制度，全年共收到市直部门和各区、县（市）申请办理机构编制事项245件，共审议办结211件。完成市直机关事业单位申请聘用临时工作人员、公开招录人员和引进储备优秀青年人才“四个一”工程的编制使用计划审批工作。规范事业单位登记管理，全面推行网上登记，共办理登记和变更登记168项。全市应参加年审的单位3778家，已参加并通过年审3763家，年审率为99.6%；合格3763家，合格率为100%。2. 加强机构编制精细化管理。组织完成市直机关处级领导职数和非领导职数及区、县（市）副科级以上领导职数摸底核查，建立和完善市、县两级机关领导职数数据库，基本实现领导职数管理实名制。根据中央编办、省编办统一部署，全面推进机构编制核查工作，对全市机构和人员编制进行清理，完善机构编制日常管理台账。按照《湖南省党政群机关领导职数设置管理规定》，规范市直机关领导职数配置标准。开展了机构编制专项督查，推行“12310”网上举报，组织开展全市“吃空饷”专项治理工作。三是加强机构编制法制化管理。加强机构编制管理制度建设，出台《长沙市公益性岗位管理办法》和《长沙市机关事业单位机构编制事项公开公示办法（试行）》等规范性文件。加大政策法规宣传力度，上半年，开通市机构编制门户网站，宣传机构编制法规政策。全年在全市范围内共组织法规政策和业务培训3次。将机构编制法规政策列入市依法治市领导小组“六五”普法内容、年度副县级干部普法考试内容以及市委组织部举办的青干班、县干班培训学习内容。（谭丽华）

·党校（长沙行政学院）·

【概况】 2012年，长沙市委党校（行政学院）认真贯彻落实《党校工作条例》、《行政学院工作条例》，围绕市委市政府工作大局，按照年初确定的“落实规划，稳中求进”的工作思路，坚持质量立校，突出学科建设，推动改革创新，狠抓工作落实。

一、干部培训突出针对性。探索“以党校定位为指导、以两个《条例》规定为依据、以事先确定专题范围并进行学员需求调研为特点，以组织需求和岗位需求为重点”的教学专题形成机制，全年开办各类主体班23个，培训人员1600人，完成市委干部教育领导小组下达的年度培训任务；承办计划外培训和各种会议共46期，约4000余人。2012年主体班教学计划的制定，注重体现相关班次的特点，教学专题和教学活动的安排兼顾理论学习、党性修养、能力提升等方面，全年在23个班次中共开设90堂党性、党纪、党风和科学发展观教育课程。

二、教学管理突出创新性。在第132期县干班等8个班级实施“项目制”或案例团队教学，均受到学员的好评。一是注重教学方法的创新。鼓励教师在传统讲授方法中运用适当方式和技巧，增强教学互动。提出并实施“三个合理”（合理地确定互动问题、合理选择互动方式，合理安排互动时间）和“两个注重”（注重互动的总结提升，注重教学方案的引导）的教改思路。二是注重教学管理，年内，主体班测评优良率为98%以上，研究生班出勤率为77%、参考率和合格率分别达98%、95.3%。三是注重教学互动。进行以组织要求为导向的学员个人需求调研，将调研结果有计划地的纳入主体班教学，结合调研结果，全年开设课题61个，更新课题18个，更新率为29.6%。四是注重师资队伍建设。2012年，共派出14名教师参加中央党校、清华大学、北京大学、浙江大学、复旦大学、上海交通大学、省委党校、中纪委等相关专题的培训班；到省内外兄弟城市党校学习考察人员共计40人次；在教师节前开展第八届明星教师和第三届握瑜教学奖、握瑜科研奖的评选活动。五是建立全市党校师资库和案例库，延伸培训领域，将培训资源向乡镇普通党员、基层干部延伸，全年共委派教师107余人次到区县党校授课。

三、科研咨询突出应用性。年内，市委党校认真抓好高层次课题研究，组织教研人员踊跃申报国家及省哲学社科基金项目。申报并成功立项国家级课题2项：常务副校长罗文章《学雷锋常态化的理论与实践研究》（马列科社类一般项目，批准号：12BKS095），李超显《“两型社会”建设中流域生态补偿和治理政策研究》（政治学类青年项目，批准号：12CZZ054）；立项省级科研课题2项：姚庆武《文化强国背景下湖南文化软实力提升对策研究》；刘凌瑜《FDI技术溢出效应对湖南新型工业化的影响问题研究》。立项省级课题2项：罗文章《长沙创建社会管理示范城市研究》；卢岳华《网络时代廉政文化建设与预防精神懈怠等危险的长效机制建构研究》。5项研究成果进入决策视野，并得到有关领导的高度评价。6月15日，中央党校举办“科学发展观实践经验研讨会”，罗文章在会上介绍长沙落实科学发展观实践经验。决策咨询成果《长沙：走在科学发展的前列》5月14日在《学习时报》第4版整版刊发。罗文章的研究成果《长沙又好又快率先发展的探索与实践》得到中央委员、中国社科院副院长王伟光批示，《长沙：勇当科学发展主力军——湖南省长沙市又好又快率先发展的探索与实践》得到中央党校副校长张伯里批示。学校课题组《让雷锋精神焕发出时代风采—雷锋精神的时代化问题研究》得到市委宣传部部长张湘涛批示；罗文章研究成果《雷锋精神的时代意义与永恒价值》得到中央委员、中国社科院副院长王伟光，湖南省委常委长沙市委书记陈润儿，湖南省委常委、宣传部部长路建平的批示。专职教师在省级以上报刊及《长沙晚报》公开发表理论文章或调研报告37篇。全年在网上发布科研信息40条。

四、党性教育突出体验性。始终坚持党校姓党的校魂，努力把学员党性锻炼贯穿党校培训全过程，把党校打造成党性锻炼的大熔炉。上半年深化“井冈山党性锻炼”的培训项目，下半年充实规范龙山“三同教育”的党性锻炼内容，并在44期青干班实施以上两项党性锻炼，其他各个班次都开展不同形式、不同内容的党性锻炼活动，都取得突出培训效果。教务部门结合培训班次、时间和对象的实际，重点确立一个主题、安排一个基地开展党性教育。利用文家市、开慧纪念馆、刘少奇纪念馆等红色资源，开展实地参观、现地讲解、现场答疑等党性教育方式。也针对培训对象不同选择各有特色的方式和内容。如：体验式学习、现场教学、观看展览、交流总结等。改变了以往游玩式、走马观花式的教育形式，促进了教学效果，普遍为学员所接受。（金庭碧）

【开展区、县（市）委党校办学水平评估】 根据湘组〔2010〕151号、长组通〔2012〕5号文件精神，2012年5月10～18日，市委党校会同市委组织部、市编办、市教育局开展对9个区、县（市）党校的办学水平进行考察、评估。评估内容主要包括办学指导思想、党委政府的领导、办学设施、教学内容、方法与管理、科研管理及成果转化、队伍建设与组织管理、培训规模与效果、办学特色等八个方面，评估工作采取区、县（市）党校自评和评估小组综合评估相结合的办法，按办学水平高低评为甲、乙、丙、丁四个等次。开展这次评估工作对全市党校建设有很好的导向作用和促进作用，全市9所区、县（市）党校的办学水平均被评估为甲等。

（金庭碧）

【开展项目制教学】 项目制教学是以解决某一问题为核心内容，统筹策划和设计需求调研、计划方案、课程协调、师资选配、组织实施、培训保障等各个环节，使其紧密衔接、有机联系，以最大限度的实现培训目标。2012年，长沙市委党校创新性开展项目制教学，有针对性地设计教学主题。选定的管理与教学团队，遵循组织需求、学员需求和教师学术追求相结合的原则，通过需求调研和严格的筛选，最终确定以公共危机管理为主题，以提高领导干部公共危机管理能力为教学目的，具体突出三个教学目标：掌握1个理论—危机管理理论；强化2个意识—危机意识与责任意识；提升3大能力—应急决策能力、危机沟通能力与媒体应对能力。设计了《突发公共事件与政府危机管理》、《紧急状态下群体决策能力的情境训练》、《长沙市突发公共事件经典案例现场教学》、《提高领导干部应对突发公共事件的能力学员论坛》、《政府危机管理中的舆论引导策略》、《提高领导干部公共危机管理中的媒体应对能力现场教学》等教学专题，对领导干部危机管理中的应急决策、危机沟通与媒体应对进行有效的训练与提升。南宁市委党校、兰州市委党校、石家庄市委党校先后派教师到长沙全程旁听和现场取经。（金庭碧）

•对台工作•

【概况】 2012年，长沙市对台工作贯彻中央对台工作方针政策，牢牢把握两岸关系和平发展的主题，全力推动长台经贸合作和对台交流，扩大长沙在岛内的影响，发展自身优势，服务两岸关系和平发展，服务全市经济社会进步。

一、各级党委政府高度重视对台工作。2012年，对台工作成为市委、市政府关注的重要领域。1月13日和6月21日，省委常委、长沙市委书记陈润儿两次会见介面光电董事长叶裕洲，了解企业生产经营情况。11月22日，省委书记周强调研介面光电，就信息产业发展进行指导，勉励其专注于产品研发和生产，致力于打造世界一流企业。市委副书记、市长张剑飞年内2次赴台考察，深入到台湾有关科学园区、工厂企业与台湾企业家洽谈，跟踪落实项目。在市委全会上，张剑飞特别强调把加强对台经贸合作作为对外合作中的重中之重，招商引资工作要“主攻台湾”。陈泽珲、文树勋等市领导多次走访台资企业，现场解决重大问题。市委常委召开专题会议听取对台工作汇报，及时解决问题。

二、扩大和深化长沙与台湾的经济合作。2012年，长沙新批17家台资企业，台资总额2.61亿美元。市台办配合国台办、省台办举办多次重大活动，长台经贸交流合作成效显著。1. 成功举办第九届两岸信息产业和技术标准论坛。两岸专家、企业家近500人参会，部分嘉宾考察长沙高新区和经开区，与内地企业家进行分组对接，举办长台高新技术企业对接会，取得实质成果。2. 圆满完成省长赴台长沙市分团的相关工作。6月，省长徐守盛赴台期间，张剑飞、文树勋、何寄华等市领导率相关单位主要领导随团赴台参访，考察台湾工业研究院，参访华聚基金会和光宝电子、亿光电子、威盛电子、介面光电、东阳事业、力晶科技等岛内知名高科技龙头企业，在台南举办长台食品加工业和现代农业合作交流会，考察部分重点台企。3. 做好台商接待工作。全年共接待台湾工商团队14批352人次。4月，海协会会长陈云林陪同台湾海峡交流基金会董事长江丙坤一行到长沙参访；5月，华聚基金会董事长陈瑞隆一行9人到长沙参访，专题对接两岸电子信息产业和技术标准论坛事宜；9月，112名台商参加长沙首届自然生态博览会、第四届休闲农业与乡村旅游节；10月，市台办邀请56名台商到长沙参加科交会，在科交会期间专题举办两岸高新技术企业对接会。台湾创投公会年内分别组织2批岛内企业到长沙与部分企业进行交流对接。4. 指导市台协完成换届工作。5月30日，市台协召开第六届第一次会员大会，推举并一致通过林怀任第六届台协会会长，举行了会长交接仪式。

三、用心服务营造良好的发展环境。1. 切实为台资企业排忧解难。2012年，受理各类台胞投诉求助案件6件（其中省台办交办1件），办结6件，结案率100%，处理各类涉台信访案件16件（其中省台办交办11件），办结16件，处置办结各类涉台突发事件3件，结案率100%。市台办多次到台资企业走访调研，及时协助台资企业处理生产经营中遇到的困难和问题：协助介面光电处理境外融资的营业税问题；就旺旺医院二、三期用地、减免崇友电梯土地相关费用滞纳金等问题向市政府作专题报告；及时协调、妥善处理有关媒体涉及台资企业的负面报道，涉台投诉协调工作机制进一步完善，积极维护台胞合法权益的社会氛围逐渐形成。截至2012年底，在长台资企业没有新增遗留问题，历史遗留问题基本得到妥善解决，台商在长沙投资放心，生活开心。2. 扎实做好涉台维稳工作。妥善处理武汉顶津与在长经销商的经济纠纷案；台企85度C长沙林科大门店营业受阻案；配合市法院等有关部门圆满完成了“8·10”电信诈骗案的涉台人员审判及后续处置工作。各类敏感时期，市台办都成立专门班子，采取有效措施，做好涉台维稳工作，维护了中央对台工作大局。3. 建立健全各类服务机制。市台办与市司法局共同建立“台资企业法律服务平台工作站”，帮助台资企业建立健全各项规章制度，不断完善法律风险预防体系。与市中级人民法院建立联席会议制度。将涉台案件整理归类，重点难点问题上报市委市政府，通过高位协调解决。

四、拓宽领域全力推进对台交流工作。1. 做好赴台交流审批，办好赴台组团手续。2012年，共有87批次赴台团组和个人（公职人员26批次，非公职人员61批次）办理审批手续，创历年赴台审批量新高，其中主要是企业前往台湾进行业务交流和经贸活动，长台交流合作日益深入紧密。市台办简化企业审批环节，为各团组赴台提供优质服务，为长台交流顺利开展助力把关。全年办理9个赴台组团手续，市政协党组第一副书记范小新率团赴台进行考察，与桃园县政府、县议会进行专项交流，搭起长沙与岛内县市议会之间的交流平台，达成两地合作推动空港城建设的共识。2. 以交流活动推动长台两地务实合作。首次组织长沙市有机农业培训班赴台学习，学员们考察台北、花莲有机农场，拜访屏东县农会进行深入交流，徐守盛、何报翔、张剑飞和花莲县县长傅琨其共同为学员代表颁发结业证书。9月，“第三届在台湘籍后裔湖南行”台北市湖南省长沙市同乡会返乡参访活动顺利举行。3. 办好国台办立项的重点交流活动，打造长沙市交流品牌。8月18～29日，由大陆和中国台湾地区各六支顶级水平的高中男子篮球队参加的“2012明德·南山杯海峡两岸高中男子篮球邀请赛”在长沙明德中学成功举办，这项2012年国台办重点交流项目有近400名两岸高中学生及教师共同参与，成为历年来两岸规模最大、水平最高、时间最长的青少年篮球交流盛事。

五、整合资源加强对台宣传和涉台教育。1. 网络对台宣传平台上稿多、更新快。“璀璨星辰”网络平台共发布栏目稿件1630篇，网页新闻上稿数量在全国地市级网站排名第一，新闻稿件报道及时，把握准确；“璀璨星城”网站台湾网民点击率在全国地市级网站中排名一直位列前3名。2. 做好台湾媒体的接待工作。2012年，共接待7批台湾媒体到长沙采访：2月，台湾TVBS电视台到长沙采访拍摄湘绣、长株潭两型社会展览馆；5月，“第九届海峡两岸媒体联合采访”对望城区的新农村建设、有机农业基地和浏阳生物医药园进行专题采访；6月，台湾高雄市新闻从业联盟协会参访团一行对大河西先导区“两型”建设展览馆进行采访。通过台湾媒体的采访报道，提升长沙在岛内的影响力。3. 整合对台宣传资源，强化涉台教育力度。加强与《湖南文献》、《长沙人旅讯》等刊物的合作，通过这种图文并茂的宣传方式，将一个崭新且充满生机的长沙展现在台湾读者面前，让长沙的新形象更加深入人心。加强对区、县（市）涉台教育的指导，涉台教育宣讲团多次深入乡镇、社区、学校，扩大涉台教育的覆盖面。4. 紧密联系实际，信息调研工作扎实推进。编发《长沙对台工作》9期。向省台办报送信息100多篇，完成《抓住机遇、奋发作为，推动长台经贸合作迈上新台阶》、《新形势下基层对台工作问题研究》多篇经验总结和考察调研文章，具有一定的政策参考作用。

六、增强全市对台干部队伍素质，提升全市对台工作水平。6月25～29日，市台办、市委党校、市社会主义学院联合举办首期长沙市对台干部进修班，参加人员包括区县市台办主任、重点乡镇、街道对台专干、对台领导小组成员单位对台工作联络员和重点园区对台工作者等42人，省台办主任冯波亲自给学员授课，市台办领导班子成员就各项对台业务工作进行专题讲授，市委党校和市社会主义学院给学员颁发了结业证书。

（宋万能）

【海协会会长陈云林到长沙考察】 4月17日，海峡两岸关系协会会长陈云林、国台办经济局副局长郑崇阳等一行到长沙考察三一重工和远大科技。省委常委、统战部部长李薇薇，省台办主任冯波，长沙市副市长何寄华，长沙县县委书记、经开区党工委书记杨懿文，市台办主任陈树中等陪同考察。陈云林对三一重工取得的

4 月 17 日，陈云林（前排中）考察三一重工　　章帝 摄

卓越成就给予充分肯定，称赞三一重工为国家和民族争得了荣誉，他鼓励该企业负责人继续秉承“品质改变世界”的理念，进一步把企业做强做优。在远大科技集团，陈云林一行参观了 30 层可持续建筑模型、远大非电空调全球联网监控系统等。陈云林对远大科技集团研制的环保节能产品高度评价，并希望远大科技继续走科技创新之路，严抓产品质量建设，为中国节能环保事业做出更大贡献。（宋万能）

【市台协召开六届一次会员大会】 5 月 30 日，长沙市台湾同胞投资协会六届一次会员大会召开，在宁乡灰汤投资湖南绿野香田温泉生态健康城项目的台商林怀就任新一届市台湾同胞投资协会会长。省长助理袁建尧、市委常委、统战部部长文树勋，市人大常委会副主任、市总工会主席张建国，市政协副主席谢明德出席会议。会上举行了市台协会长、理事、监事就任典礼。市台协成立于 2000 年 9 月，现有会员企业 150 多家。截止到 2011 年底，长沙市累计注册台资企业 600 多家，近 30 家台湾上市公司在长沙投资。富士康研发中心、联强国际、介面光电、崇友电梯、绿野香田等一批知名企业纷纷落户长沙，旺旺、统一、宏全、罗莎等企业已成为行业的佼佼者。据初步统计，台资企业在长沙总投资已达 40 亿美元。（宋万能）

【第九届海峡两岸信息产业和技术标准论坛在长沙举行】 9 月 7～8 日，第九届海峡两岸信息产业和技术标准论坛在长沙举行。国务院台湾事务办公室常务副主任郑立中，工业和信息化部副部长杨学山，湖南省委常委、副省长陈肇雄以及工业和信息化部及科技部、广电总局、国家标准委等有关部门负责人，台湾华聚产业共同标准推动基金会董事长陈瑞隆、名誉顾问杜紫军以及两岸信息产业专家学者、企业代表共 400 余人参加论坛。该论坛由中国通信标准化协会、中国电子工业标准化技术协会和华聚产业共同标准推动基金会共同举办。杨学山和杜紫军分别作《继往开来　携手合作　共创海峡两岸信息产业发展新局面》和《拓展合作视野　开创共裕商机》的主题演讲。会议期间，中国通信标准化协会与华聚产业共同标准推动基金会签署《海峡两岸推动 4G/TD-LTE 共通标准制定合作备忘录》和《海峡两岸推动 4G/TD-LTE 试验室建设合作备忘录》。中国电子工业标准化技术协会与华聚产业共同标准推动基金会依据在第八届论坛上签署的 LED 照明、平板显示技术及太阳能光伏 3 个领域“共通标准合作备忘录”共同发布《室内一般照明用 LED 平板灯具》、《立体显示器件术语和定义》、《光伏建筑一体化（BIPV）组件电池额定工作温度测试方法》等 9 项共通标准，以促进两岸标准的融合与共通，推动两岸产业的合作与发展。来自海峡两岸的专家学者及企业代表围绕着 TD、半导体照明、平板显示、锂离子电池、太阳能光伏、汽车电子、三网融合、泛在网 / 物联网等 8 个专业技术领域，就标准合作机制、技术标准制订、产业化合作等两岸关注的焦点和热点问题进行了深入探讨，并达成 27 项共识。（宋万能）

【省委书记周强调研台资企业介面光电】 11 月 22 日，省委书记、省人大常委会主任周强在省委常委、长沙市委书记陈润儿，省委常委、省委秘书长易炼红等陪同下到浏阳市台资企业介面光电有限公司进行专题调研指导，勉励介面光电坚定信心，专注于产品的研发和生产，致力于打造世界一流的企业。浏阳介面光电于 2010 年在长沙国家生物产业基地信息产业园签约，投资 14 亿元，2011 年 9 月 29 日投产，主要生产智能型手机和平板电脑用的电容式触控面板导电薄膜，月产量约 500 万个手机用和 100 万个平板电脑用的触控面板，产品主

11 月 22 日，周强（右一）走进介面光电生产车间，详细了解企业生产情况

要客户包括苹果、三星、摩托罗拉、联想、夏普等品牌大厂。浏阳介面光电在触控屏领域具备全球第一的研发能力和第三的产能，2012 年 1 ～ 10 月，该公司新增投资 1.8 亿元，实现出口销售 2.4 亿元。2013 年产量将占到全球的 35%，成为全球最大的触控屏生产基地和研发、销售中心。周强在公司技术人员的陪同下进入生产车间，细致察看触控屏的生产过程，不时就工艺流程和技术问题与相关负责人和台籍高管进行详细交流，对企业在信息产业和带动相关上下游产业方面做出的贡献给予高度肯定。

（宋万能）

•党史和党史联络工作•

【概况】 2012 年，长沙市委党史研究工作以党的十八大精神为指导，围绕市委工作大局，发挥党史资政育人的功能，创造性地开展党史工作，提高党史及党史联络工作的科学化水平，各项工作取得长足进步和发展。

一、创新工作思路，党史征研工作取得新的突破。1. 启动《中国共产党长沙历史》（第三卷）编纂工作，9 月 26 日，召开《中国共产党长沙历史》（第三卷）第一次编撰工作座谈会，与会专家、学者、编撰人员就第三卷的编撰提纲（草案）进行充分的讨论，提出了修改意见，并对编撰任务进行责任分工，对下一阶段的征编工作进行了初步安排。2. 编辑出版《长沙党委工作纪事》（2012 年卷）大型党史综合性年刊，全方位展示 2011 年度中共长沙市委的重大决策和战略部署，真实记录全市各级党组织的工作成就。3. 协助省委党史研究室编辑《湖南党委工作纪事》、《湘潮》等书刊组稿工作，开展了《红色旅游丛书·湖南卷》的相关组稿工作。

二、找准切入点，宣教工作成效日益凸显。1. 完成第二届湘鄂赣苏区论坛等重大专题活动的方案制定、资料征集、组织协调以及相关学术讨论等工作。2. 11 月 16 日，市委党史研究室召开《湖南革命遗址通览·长沙卷》终审会。与会领导、专家对前段的工作均给予充分肯定，并对稿件提出宝贵的意见和建议。会议气氛活跃，讨论热烈。经过汇总和整改，该书将报中央党史研究室审定后，由中共党史出版社择期付梓出版。

三、党史联络工作充满活力，再上新台阶。近年来，长沙市党史联络组织不断健全和完善，各区县纷纷将刚从领导岗位上退下来、热爱党史工作的领导干部，及时充实到联络组队伍中，使党史联络组队伍更加健全，充满活力。党史联络组老同志发挥其“亲历、亲为、亲见”的优势，在各地的党史征编工作中，发挥骨干作用，亲自担纲，无私奉献，做出了卓有成效的工作；党史宣传教育活动中，联络组老同志发挥主力军作用。各级党史部门强化协调服务，和党史联络组相互支持，共同肩负重任，同做好存史、资政、育人的工作，有力地推进全市党史工作的更好发展。

（易　斌）

【全市党史和党史联络工作现场经验交流会召开】 6 月 6 日，省委党史联络工作调研暨全市党史和党史联络工作现场经验交流会在长沙县暮云镇召开。省委党史联络组长株潭岳片组组长刘阳春及老领导杨耀辉、贺文，市委党史联络组陈香成、唐得之、刘耀杰等老领导出席会议，长沙县委、县政府、县委党史联络组领导及各区县（市）史志档案局局长（党史办主任）参加会议。经验交流会由市委党史联络组副组长唐得之主持。市委党史研究室主任毛求、市委党史联络组组长陈香成分别汇报了长沙市党史和党史联络工作情况。长沙县委党史联络组组长周庆炎在会上作了典型经验介绍；伯瑜万福源博物馆馆长傅伯瑜汇报了开展个人“红色主题收藏”经验与成果。刘阳春高度评价了长沙市各级党史联络组为推动党史和党史联络工作做出的贡献。

（易　斌）

【市委党史联络组和党史研究室召开学习贯彻十八大精神座谈会】 11 月 28 日，长沙市委党史联络组和市委党史研究室组织召开学习党的十八大精神座谈会，市委党史联络组副组长唐得之主持会议。座谈会上，毛求主任传达了《中共长沙市委党史研究室和中共长沙市委党史联络组关于全市党史部门认真学习宣传贯彻党的十八大精神的通知》。市人大原副主任、市委党史联络组副组长刘耀杰从党的十八大主题、旗帜、目标和关键等四个方面为大家解读了十八大报告，并畅谈学习体会。与会的联络组老同志陈香成、宇庆华、刘启欣、李斌恺、刘湘皋、陈军等相继发言，畅谈对十八大精神的理解和体会，也对改革开放、反腐倡廉等议题展开热烈的讨论。市委副秘书长何季麟就党的建设科学化问题联系实际作总结发言，对老同志全心关注和支持党史工作开展党史宣教活动表示敬佩和感谢。

（易　斌）

•理论宣讲•

【概况】 2012 年，市委讲师团以迎接党的十八大和宣传十八大精神为主线，以宣讲中国特色社会主义理论体系为重点，以服务党委中心组学习为抓手，广泛开展理论宣讲和理论普及活动，为长沙率先发展、科学发展提供思想保证和精神动力。

一、精心组织，提高中心组学习服务水平。增强政治意识、服务意识和大局意识，认真筹划，大力推进党委中心组学习的制度化、规范化、常态化。1. 全力做好市委中心组学习服务工作。总结经验，以高度的责任感，扎实做好各项工作。一是当好参谋，积极领会市委领导意图，结合中央、省、市委重大决策部署，结合本市经济社会发展特点，结合社会热点焦点问题，拟定和策划全年市委中心组学习计划、学习专题，广泛收集资料，联系沟通，建立全国性理论研究专家信息库，为中心组集中学习推荐权威专家讲课。二是当好服务员，发放学习辅导资料、做好学习记录、组织学习调研，配合市委宣传部做好市委中心组学前、学中、学后的各项服务保障工作。三是当好宣传员，认真梳理市委中心组学习成果，紧扣市委决策思维，撰写学习综述，在党报党刊上宣传，营造浓厚的理论学习氛围，促进全市的理论学习，取得良好的社会效应。 2. 加强和规范县级以上单位党委（组）中心组学习。年内，重新建立全市县级单位党委（党组）中心组学习台账，结合换届工作更新完善全市108个县级以上单位、1132名中心组成员的学习档案，实现跟踪式服务管理。制定《全市县（市）级党委（组）中心组学习计划》，指导订阅和发放中心组学习资料，免费换发定制的学习笔记本；全年结合时政形势，根据不同专题和学习环节，明确学习主题和重点，4次发放理论宣讲专题“菜单”（《2012年宣讲课题》、《学雷锋活动宣讲专题》、《十七届六中全会宣讲专题》和《学习十八大精神宣讲专题》）。编印《学习动态》，给县级单位中心组成员提供学习交流的平台；编印学习参考资料《新视野》4期，发放到全市县级以上领导干部，受到市领导和各单位领导干部的欢迎和好评。采取跟学、旁听、授课等方式，对县级党委（党组）中心组进行指导、辅导，全年组织教学人员为县级单位中心组讲课69场（次），听课人数累计达2100余人次。3. 建设高素质的理论学习骨干队伍。有计划、按步骤、分批次、多途径的组织全市各单位中心组学习秘书和学习骨干进行培训教育。4月，组织参加了全省县级单位党委中心组学习秘书专题培训班。12月，协同市委宣传部举办全市学习党的十八大精神理论骨干专题培训班，共组织186名学员进行了为期3天的学习。

二、开拓创新，提高理论宣讲工作水平。发挥市委讲师团的职能优势，围绕中心，创新宣讲方式，增强理论宣讲的吸引力和感染力，2012年为全市的机关、基层、企业、学校讲课120多场次，参加听课的干部群众达5000余人次，单位和群众普遍反响良好。1. 精选宣讲主题。以中国特色社会主义理论和社会主义核心价值体系学习教育为主题，重点突出十七届五中、六中全会精神、长沙“十二五”规划、“7·23”讲话精神、省党代会精神、雷锋精神时代内涵、党的十八精神、古今吏治与廉政准则等内容，重点策划和宣讲《长沙经济社会发展成就聚焦与思考》、《以文化软实力推进长沙城市建设国际化》、《转变发展方式，推进长沙“两型”社会建设》、《弘扬雷锋精神》、《长沙的“十二五”》、《解读十八大》等10个专题；与社会关注的热点、焦点问题紧密结合，充分联系党员干部思想和工作实际，让选题最大限度的适应不同的社会阶层和群体的需要。2. 改进宣讲形式。针对当前文化、信息传播渠道多样化，网络普及化的形势，探索和改进宣讲方式，教学过程中力改过去直接灌输和说教的教学模式，利用多媒体课件，以启发式教育为主，运用通俗生动的语言，采用讨论发言、提问互动等方式，增强宣讲的感染力和影响力。2012年受各单位邀请讲课的场次比2011年增加20%。3. 创新宣讲载体。讲师团创办的“星城讲坛”理论宣传网站，为广大干部、教师和市民以及各级领导理论学习提供了新的平台，扩展了学习空间。“星城讲坛”与市委组织部“先锋潮”网站合作，作为“先锋潮”网站的理论板块；并与北京市委讲师团、江西省直机关工委讲师团等10多家单位的理论宣传网站链接，网站内容更加丰富，知名度和点击率日益提高。4. 注重宣讲速度。宣讲工作做到研究快、落实快、宣讲快。对于中央和省、市委做出的重大决策，及时了解信息，收集资料，采取分专题集体备课形式，做好宣讲准备。宣讲时机成熟时，迅速组织实施宣讲，第一时间为各单位和干部群众传达和解读有关政策和精神。年初，长沙市举办“争当雷锋传人，弘扬雷锋精神”活动，市委部署任务1周内，讲师团及时拟定和发放《学雷锋活动宣讲提纲》，并安排宣讲骨干到市直和基层街道、乡镇宣讲11场。党的十八大闭幕后的第二天就到市科技局宣讲十八大精神，2个月时间内，共计到市直机关和基层各单位宣讲十八大精神达43场次。5. 扩大宣讲范围。利用公务员专题轮训班、军转干部培训班、市直机关入党积极分子培训班、全市县以上老干部“十二五”规划专题学习活动、长沙市新招政府雇员培训班等平台，扩大理论宣讲范围，进一步提高理论宣讲团队的影响力。加强对基层社区和乡村，特别是社会主义新农村示范村干部、党员的理论普及、宣讲工作。安排宣讲骨干到区县（市）的乡村（社区）进行形势政策宣讲，将理论知识及党和政府的新政策及时送到基层，受到基层干部群众的普遍欢迎。

组织学习贯彻十八大精神专题宣讲活动

三、深入调研，提高教学科研水平。把调查研究作为工作重点，作为备课和宣讲的基本功。围绕转变经济发展方式、加快城乡一体化步伐、“两型”社会建设、加强和创新社会管理、长沙创建国际文化名城等重点课题，进行深入的调查研究，推出一批有一定深度和影响的调研报告。与其他四个地市共同完成省委讲师团2012年重点立项课题——《党委中心组学习与学习型党组织建设》。全年在市级以上公开刊物发表各类理论学习和教学调研文章10篇，多篇论文获奖，其中3篇在省级以上刊物发表。

四、求真务实，加强内部建设。重视队伍建设，注重引进和培养人才，年内多次组织备课会、评课会，充分发挥团队集体智慧，优化教学思路，完善教学课件，提炼教学语言，推出精品课，培养年青专业骨干。12月初，组织青年宣讲员进行“宣讲学习十八大精神教学竞赛”，邀请省委讲师团、市委宣传部、街道的领导、专家作评委，提高整体宣讲水平；组织力量编修《长沙市委讲师团团志》，整理、保存历史档案资料。（李佩儒）

·政策研究·

【概况】 2012年，市委政策研究室始终把握“围绕中心、参谋政务、服务上下、协调各方”的工作原则，开拓进取，创先争优，各项工作取得新突破，服务水平实现新提升。

一、突出服务职能，发挥辅政作用。市委政研室致力当高参、设大谋，着力抓好文稿起草、调查研究、信息资政等工作。1. 紧贴市委决策，优质完成重要文稿起草。坚持把起草领导文稿作为提升参谋服务水平的根本，全年为市委及主要领导起草各类文稿120余篇80余万字，既全面客观地反映了工作进展，又准确及时地指导了工作开展，基本做到高质量、高效率、零差错，得到市委领导的充分肯定和社会各界的一致好评；完成市委、市政府交办的一系列政策文件的草拟，配合市委办公厅、市委组织部、市农办、市卫生局等单位起草或把关政策文件10多个，如《关于加快中心镇（小城市）建设推进城乡一体化发展的若干意见》、《关于构建创先争优长效机制的指导意见》、《关于深化医药卫生体制改革的意见》等。全年累计在省级以上刊物发表领导署名文章10篇，其中中央媒体4篇，特别是“一推行四公开”的经验文章《长沙开展“一推行四公开”活动的实践与思考》影响深远，受到各界充分肯定。2. 紧扣中心工作，精心组织重大课题调研。坚持把调查研究作为服务领导决策、服务发展大局的基础性工作。抓住国家宏观调控等政策走向问题进行前瞻性研究；抓住长沙转型发展等核心战略问题进行思路性研究；抓住社会管理创新等热点难点问题进行对策性研究；抓住基层群众工作等重要典型经验进行导向性研究。全年组织各类大型调研20余次，形成《生态文明城市建设》、《两型城市建设管理》、《食品安全城市建设》、《长沙市房地产业发展调研》、《电子信息产业的调研》、《基层社会管理创新的成功范例》、《推动长沙商贸物流业发展的战略项目》等一批有分量、有影响的调研报告。会同高新区完成《关于创建国家自主创新示范区》的调研；会同交通局、住建委完成《迎接地铁时代到来》的调研；配合省委政研室、会同长沙县完成《科学发展成就新的辉煌——长沙县奋力打造中西部第一县的实践与启示》的调研；配合中共中央办公厅开展《关于长沙市加强和创新社会管理的调研》，该调研报告在全国加强和创新社会管理工作会议上作为经验材料予以印发推介。3. 紧跟形势发展，提供资政参考信息。随着经济的加快发展和社会的加快转型，决策的信息量增大、决策的时效性增强、决策的风险性增高，市委政研室积极主动解读中央、省委的重要战略部署，广泛搜集外地的先进经验和创新举措，为领导决策提供有益参考。及时总结全市重大决策的好做法、好经验，在各级重要刊物上刊发，高起点、大力度的宣传推介长沙市的特色重点工作，使上级领导更好地指导长沙工作，让兄弟城市更深地了解长沙情况。认真做好中央、省里领导来长视察的情况综合和背景资料，为上级领导进一步了解长沙、支持长沙提供重要依据与载体。

二、拓展服务领域，提升综合效能。政研室致力发挥好全市政策研究的龙头作用，拓展服务领域、延伸服务触角。1. 精心办刊，在平台打造上提升新水平。坚持正确的办刊导向，将《长沙通讯》作为提升参谋服务水平的重要平台，把握决策动向，追踪发展态势，推介基层经验，反映热点问题。全年编辑《长沙通讯》12期，刊发各类文章200余篇约120余万字，2012年，《长沙通讯》再次荣获“全国城市党刊十佳”和“全国优秀党刊”荣誉。紧扣中央最新政策、紧跟外地先进经验、紧靠市委工作重点、紧盯部门工作动态，抓好《政策研究与信息》、《调查实践与思考》和《学习交流与服务》等刊物的编撰工作，全年编辑《政策研究与信息》12期、《调查实践与思考》15期、《学习交流与服务》12期，呈送市级领导，提供决策参考。2. 整合资源，在协调配合上凝聚新合力。积极协调和整合全市各部门、各单位的政研力量，合力推动政研工作开展。面向市人大研究室、市政府研究室、市政协研究室和市直有关部门、区县（市）委政研室，建立调研联席会议制度，实现调研统筹、资源共享；发挥市委决策咨询委员会的作用，吸收驻长沙科研院所和大专院校的智力资源，充分调动各方面专家学者共谋长沙发展；加强与60个市委调研点的工作联系，建立经常性的联络渠道和机制，形成全覆盖的调研网络，将触角延伸到基层、拓展到企业。加强与各省市特别是发达地区综合调研部门的联系，拓展政研合作领域。（刘　婷）

·综合调研工作·

【概况】 2012年，市委办综合调研工作围绕市委中心工作和全市发展大局，认真履行职责，全年共起草、整理、审定各类文稿200余篇，120余万字，其中起草、修改和整理市委主要领导讲话、报告、汇报、致辞130多篇；开展专题调查研究15次，形成调研报告、理论文章25篇；上报发表领导署名文章等重要文稿10篇；编辑《市委通报》8期、《内情参考》16期。

一、打造一批文稿精品。以提高领导满意度、增强群众认同感和发挥工作指导性为原则，体现领导思想的闪光点，找准上情下情的结合点，抓住主要工作的关键点，不断增强文稿的思想性、指导性和针对性，努力做到言之有物、参之有道、谋之有方，发挥了以文辅政的作用。全年起草的文稿中，学雷锋活动常态化情况报中宣部，社会管理创新情况报中央办公厅，绩效考核经验材料由中组部编印成书，城乡一体化发展情况分别向省委、人大、政府、政协四大家领导汇报，并呈报国务院办公厅。《让雷锋精神植根长沙沃土 使雷锋故乡成为道德高地》、《只要我们把群众当亲人 群众就会把我们当亲人——调研手记》、《坚持讲实话 反对讲假话》、《弘扬法治精神 维护法律尊严》、《当科学发展的主力军 做文明幸福的创造者》、《领导干部应该知“底”》等文章经中央、省市媒体刊载后，受到广泛好评。

二、形成系列调研成果。坚持领导未思有所谋、领导未示有所行，对事关全局和长远发展的重大问题思考于先、服务在前，为市委决策提供第一手的资料、提出有价值的建议。形成《幸福长沙的民生四部曲》、《科学发展的重大成就——关于长沙财税过千亿的调查》、《长沙开展“一推行四公开”活动的实践与思考》、《关于长沙市房地产业发展的调查报告》、《关于长沙市工业园区发展的调查报告》、《关于长沙市第三产业发展的调查报告》等一批有分量、有价值的调研报告。其中，《幸福长沙的民生“四部曲”》于十八大召开期间在《新华每日电讯》全文配图刊载，《科学发展的重大成就——关于长沙市辖内财税收入过千亿元的调查》在省委《工作情况交流》上发表，《长沙开展“一推行四公开”活动的实践与思考》在省委政研室《送阅件》上发表。

三、发挥刊物指导作用。按照紧扣中心、服务发展，通报上情、反映下情，交流经验、推动工作的总体要求，着力编辑好《市委通报》和《内情参考》两份内部刊物，使参谋服务既把握了时机，又增强了时效。全年共编辑《市委通报》8期、《内情参考》16期。为增强《市委通报》的权威性，主要刊登了市委主要领导讲话以及省领导到长沙考察调研重要讲话，使全市各级各部门及时了解掌握市委的重大决策部署和工作安排，切实增强落实市委决策的主动性与自觉性；为充分发挥《内情参考》在推动工作、服务决策中的重要作用，重点刊登各区县（市）、市直部门的经验材料和反映实际问题的调研材料。

四、提升长沙内外影响。按照市委主要领导的要求，加强与新华社、人民日报、湖南日报、湖南卫视等新闻媒体的联络沟通，适时推出《长沙“一推行四公开”群众工作纪实》、《长沙城市竞争力跨入全国“十强”调查》、《长沙——率先发展龙头昂》等深度系列报道。承担大河西先导区展馆文案、《中国长沙》外宣手册、全国文明城市书记（市长）访谈、首届生态博览会、湘江综合枢纽通航仪式、科交会等大型活动文案的编撰、修改、审阅等工作，并为市委领导接受新华社、湖南日报和中博会、环湘江自行车赛、全国文明城市领导访谈等大型活动采访准备相关资料，有效提升长沙的知名度和美誉度。

（欧阳浩）

•保密工作•

【概况】 2012年，长沙市保密工作贯彻落实中央和省、市委关于保密工作的系列指示精神和工作部署，准确把握保密工作形势，落实职能、严格监管，突出重点，逐步提高保密工作科学化、保密管理法制化、保密技术现代化和保密队伍专业化水平，为维护国家秘密的安全和服务全市经济社会发展做出了贡献。

一、领会精神，周密部署，认真谋划保密工作。一是认真传达贯彻全国、全省保密工作会议精神。二是尽早谋划，部署保密工作。三是制定好两个规划。根据上级保密部门有关文件精神，出台《长沙市“六五”普法保密宣传教育规划》；结合长沙市实际下发《关于贯彻落实保密事业发展规划推进保密技术装备建设和应用的通知》。

二、夯实基础，注重宣教，全面提升党政干部保密意识。全市继续围绕学习贯彻保密法，加大宣传教育力度，在提高宣传教育实效上下功夫。制作图文并茂的多媒体投影电化教学课件，到县（市区）、市直单位、高等院校、军工企业等单位开专题讲座近30次，听众达6000人次；年内共完成4期《长沙保密工作》的编发工作，有效增强了涉密人员保密意识，也宣传推介了长沙保密工作。

三、突出重点，强化检查，努力提升保密检查效果。坚持把检查工作作为做好全市保密工作的重要抓手，严格程序，规范形式，注重实效。一是保密检查针对性强。2012年春节前后，市委保密委下发《关于加强计算机及其网络保密技术防范开展计算机及其网络保密检查的紧急通知》，及时到相关单位进行全面检查，提出整改要求，对相关责任人进行批评教育，对情节严重的进行了责任追究，二是保密检查广泛深入效果好。在十八大前开展的网络清理检查中，检查近50个机关单位，3家网站服务提供商，8家社会网站，2家报社，1所大学，做到检查范围广，代表性强，对全面摸清全市网络管理现状起到了促进作用。检查中，查看了近1000台次计算机，调阅检查2000份涉密文档。三是保密检查严格，对查找出的失泄密漏洞，认真记录，现场反馈意见，限期整改，对检查中发现的问题，专门下发情况通报。通过开展保密工作检查，及时查找失泄密漏洞，确保了国家秘密安全。

（詹文科）

•信息工作•

【概况】 2012年，市委信息工作紧紧围绕中央、省委的决策部署和市委工作大局，突出主攻重点，提升服务效能，取得良好工作成效，得到市委主要领导的许多批示。

一、坚持以质量取胜，上报信息采用数保持全省领先。按照中央、省委的信息需求，切实加强紧急信息、经验信息、特色工作信息等方面的报送，得到中办信息综合室和省委办公厅的好评。全年信息处共上报信息3620条，信息采用质量系数累计2800分，位居全省第一。一是及时上报紧急信息。迅速报送的长沙市“9•18”涉日抗议活动情况、宁乡“11•7”交通肇事事故等信息得到省委办高度肯定。二是积极挖潜经验信息。报送的长沙市积极创建国家级创业型城市、长沙市大力深化医疗体制改革等信息被中央、省委采用并推广。三是注重创新特色工作信息。报送的长沙市大河西先导区构建四大体系争创中部地区生态文明示范区、长沙市三大举措积极探索创新公共文化服务体系等信息及时向中央、省委反映长沙的特色工作，提升长沙的美誉度。

二、坚持以参谋担责，服务同级批示量得到巩固提升。围绕市委工作中心，积极加强网络舆情、社情民意、稳定动态等信息报送，形成一批有价值的参谋信息成果。一是舆情信息加强了研判。突出企业解困、教育、医疗、食品安全、环境污染、社会稳定等重点，报送的长沙等地黑救护车泛滥与正规急救车争抢病人等一系列舆情，得到陈润儿的高度重视。二是社情民意信息加强了提炼。搜集综合一大批供领导决策参考的有用信息，如报送的建议更多关注环卫工人的生存状况等信息，得到市委领导的批示。三是信息调研加强了策划。开展加强和改进党委信息工作、解决代课教师遗留问题等调研，为上级党委决策提供了重要依据。全年共编报《舆情摘报》237期、《长沙要情》167期，得到市领导批示105件共113条，同比上年增长11%。

三、坚持建设自身以创新推动，保障力不断锤炼增强。一是制度建设不断完善。创新发展，积极研究落实中办15号文件，提出一系列创新举措，草拟《关于加强和改进党委信息工作的实施意见》（草案），完善信息工作值班、通报、编报、跟班、业务培训、总结表彰等制度，严格信息工作管理，密切信息系统内部联系，全市有7个区县在全省排名前30位。二是网络建设富有成效。率先全省建成“长沙市协同办公平台”，实现各区县（市）、市直各部门内网无缝对接，有效提高了信息报送时效，强化了信息安全。三是队伍建设取得进展。通过推行信息跟班常态化、培训形式多样化、业务指导科学化等，认真开展业务培训，努力提升人员队伍素质。

（宋文田）

•督查工作•

【概况】 2012年，市委督查室共组织开展重大决策督查活动62次，其中开展“两帮两促”督查活动35次，编发《长沙督查》32期，《督查专报》14期，办理领导批示27件，形成综合查办报告11期，办理人大建议、政协提案共计124件，办结率达100%。省委常委、市委书记陈润儿对督查工作给予高度赞誉。1. 认真推动决策落实。围绕市委中心工作，先后组织开展“两帮两促”、一推行四公开、文明创建、保障性住房建设、为民办实事、城乡结合部综合整治、乡村卫生环境整治、河道沙场整治、基层医疗卫生体制改革、作风建设、自然生态博览会等一系列督促检查。坚持对市委常委会议、常委办公会议纪要落实情况建立台账、定期督查，并对市委常委会2012年工作要点进行了任务分解和跟踪督办。2. 全力助推“两帮两促”。坚持把精力集中在推进三十个重大项目、重点工程建设和扶持中小企业发展上，主动深入区县（市）、要素部门、项目和企业，共组织开展“两帮两促”专项督查35次，对项目和企业上报需要督查组协调解决的各类问题进行了2次集中交办，137个涉及审批、资金、拆迁、环保、用地等方面的难点问题大部分得到有效解决。3. 重点抓好专项查办。注重“快速、及时、规范、高效”，坚持主动介入、积极协调、全程跟踪，认真抓好各级领导批示交办事项的跟踪落实。全年共收到各级领导批示交办事项27件，均按要求进行了交办、转办或自办。尤其在接到陈润儿针对《长沙网络舆情专报》198期刊发《百年小吃臭豆腐制作内幕》、反映浏阳楚江河砂场猖獗开挖问题等群众来信等所作批示后，均在第一时间按要求进行了交办，并在事后定时催办，直至解决上报。4. 深入开展督查调研。切实发挥督查部门贴近基层、深入一线的优势，先后组织开展城市“牛皮癣”清除和整治、推进基层医疗卫生体制改革、加强和改善党对妇女工作的领导、加强社区办公用房建设等一系列督查调研，围绕文明创建，解决基层看病贵、看病难，如何利用换届契机加强和改善党对妇女工作的领导等难点问题，形成了一批有价值的调研成果，在服务领导决策和再决策中发挥了重要作用。

（王　晔）

•老干部工作•

【概况】 长沙市有离休干部2439人，其中，市本级有离休干部1258人，区、县（市）管离休干部871人，由市代管的中央、省属在长沙单位离休干部240人，易地安置在长沙的70人。全市离退休干部中，有老红军4人、担任过副市级实职以上职务的85人、享受副市级待遇的123人（市本级91人，区县32人）、享受副厅级单项待遇的219人（市本级154人，区县65人）。全市有副处级以上退休干部2904人，其中，市本级有1851人，区、县（市）有1053人。2012年，长沙市的老干部工作以让党放心、让老干部满意为目标，继续保持良好的发展态势，荣获“全省老干部工作先进单位”、“全省离退休干部创先争优活动先进单位”称号，“五老四教”主题活动荣获中组部表彰地方组织部门特色工作中的“45项优秀工作”、入选湖南省学习型党组织建设“五创四评”活动优秀载体。

一、领导重视，营造浓厚工作氛围。市委、市政府、市委组织部对老干部工作高度重视，事关老干部的重要工作及困难问题，及时得到妥善解决，如：市老年教育发展、老领导外出考察、离退休干部党支部及党员创先争优、“五老四教”主题活动深化开展、离退休干部制度建立30周年系列庆祝活动、省属国有关闭破产企业和改制为非国有控股企业离休干部接管工作、扩大离休干部护理费发放范围有关问题等。市财政、人社、卫生、民政等相关部门对老干部工作也给予大力支持。全市各级各部门以纪念干部离退休制度建立30周年为契机，通过开展理论研讨、专题征文、成果展览、知识竞赛、文艺演出、书画摄影、座谈讨论、评比表彰等纪念活动，回顾和总结干部离退休制度建立30年来老干部工作取得的辉煌成就，全社会尊老、敬老、爱老、支持老干部工作的氛围更加浓厚。

二、真情服务，提升老干部幸福指数。1. 建立局领导分片联系离退休干部制度，为老同志排忧解难。开展离退休干部大调查、大走访活动，全年共走访调查1347名离退休干部，解决了离退休干部的实际困难。在离退休干部相对集中、条件相对成熟的200多个社区铺开“四就近”工作，让老干部工作在社区得到有效延伸。2. 做好老干部信访工作。全年接到来信24件，接待来访5批14人次，没有因工作不到位而造成的不良影响事件发生，有效维护了老干部队伍的和谐稳定。3. 建立离休干部看病就医绿色通道；建立离休干部短信问候平台，于法定节日、传统节日、重要节气向离休干部发送问候短信或保健养生温馨提示短信。

三、创新载体，打造老干活动品牌。1. “创先争优”活动有亮点。全市有1021个离退休干部党支部参加“创先争优”活动，离退休干部的党组织建设、思想建设和制度建设实现新突破。离退休干部党组织和党员创先争优活动纳入了市委统一表彰范畴，全市评选表彰了20个“先进基层党组织”、30名“优秀共产党员”；芙蓉区朝阳街道朝阳社区离退休党支部获评“全国先进基层党组织”，市委老干部局获评“全省离退休干部创先争优活动先进单位”。深入开展“离退休干部党组织和党员创先争优先进事迹巡回报告”活动，共组织巡回宣讲活动20余场次。编印《长沙市离退休干部党组织和党员创先争优活动简报》12期。成立老干部党校，加强老干部党员的教育培训。2. 关心下一代工作有影响。全市关心下一代工作深入开展“弘扬传统文化，传承中华美德，争当雷锋传人”主题教育活动，举办了“学雷锋精神，做文明新人”的演讲比赛，召开了推广浏阳市“评星建档、创新机制”经验现场会、楼栋关心下一代工作经验交流会，在全省率先开展民营经济关工委试点工作，扎实做好贫困青少年帮扶工作。市关心下一代基金会资助了一批品学兼优的贫困大学生，支持一批基层关工委开展工作。承办了全省推进“学雷锋心向党讲品德见行动”主题教育活动经验交流会。“把学雷锋活动贯穿于关工委工作全过程”的经验得到中央政治局委员、国务委员刘延东的批示，中国关工委专门下发文件在全国推广长沙经验。

四、抓阵地建设，扩大工作影响。1. 老年教育迈上新台阶。2012年，全市老干部（老年）大学教学室内面积达1.46万余平方米，共开设917个班次，年均2.6万多人次参加学习，其中市老干部大学学员突破9000人次。以市委办、政府办名义印发《关于进一步加强和改进新形势下全市老年教育工作的意见》。积极推动老年教育向区县、乡镇、社区等基层延伸，初步构建了市、县、乡、村四级老年教育网络。2. 老干活动中心开辟新阵地。总计投资近1.3亿元、建筑面积近2万平方米的长沙市老干部活动中心于2012年9月正式投入使用，在规模、功能、档次等软硬件建设上都位居全国前列。年内，全市有固定场所的老干部活动中心（室）达104所（间），吸引100万余人次参加各类文化体育活动。3. 协会组织得到新发展。积极引导和协调组织全市离退休干部和市书画协会、市诗词楹联协会、市老年保健协会、市老科技工作者协会、市党史联络组、市老体协、市老年科学技术协会、市离退休医务工作者协会、市钓鱼协会等涉老协会开展健康有益的活动，广大老同志在这些涉老协会里丰富了生活，强健了身心，陶冶了情操，受到各级领导和社会各界的广泛关注和好评。（左易宁）

【落实老干部政治待遇】2012年，长沙市全面落实离退休干部列席重要会议、重要情况及时通报、走访慰问、生日祝寿、丧事办理等政治待遇制度。通过学习典型事迹、加强形势报告、开办“老干部理论学习大课堂”、开展巡回宣讲等形式，着力提高老干部的政治思想素质。年内，组织副市级以上老干部共计1309人开展视察区县城乡一体化建设、流动人口管理服务创新、民生工程建设、大河西先导区建设、梅溪湖国际文化周等活动；组织享受副市级以上待遇的老领导参加春节座谈、人大政协两会、领导干部大会、工作报告征求意见会以及市委、市政府安排的其他重大活动等9次；组织老领导赴黑龙江地区学习考察，积极为长沙率先实现全面小康献计献策；市本级走访慰问离退休干部1129人次，发放慰问物资价值187.19万元，发放祝寿金3.94万元，对副市级以上逝世离休干部进行吊唁。

（左易宁）

【保障老干部生活待遇】2012年，长沙市采取财政支持与单位尽责并举措施，确保离休干部共享改革发展成果，离休干部的“两费”及统筹外经费得到全面均衡保障。1. 争取财政支持。年内，预算安排困难企业离休干部统筹外经费资金2728万元，追加安排困难企业离休干部一次性生活补助501.2万元，节日费资金470.25万元、文明城市奖金476.99万元；预算安排困难差额拨款自收自支事业单位离休干部统筹外经费资金50.39万元，并按时拨付到位；申请困难企业离休干部死亡后一次性抚恤金545.95万元；建立特困离（退）休干部（遗孀）帮扶机制，建立特困离（退）休干部个人档案信息库，做好帮扶工作，市本级共帮扶58人次，资金11.6万元。2. 协调督促单位尽责，对确实有能力落实离休干部生活待遇的部分企事业单位，由单位负责解决离休干部相关生活补贴，如友阿集团等22家单位的117名离休干部生活补贴得到落实。3. 在对离休干部生活待遇落实情况进行全面摸底调研基础上，对新出现困难的单位，如英博白沙、湖南辉鸿等，协调市财政支持解决离休干部一次性生活补助、节日慰费等问题。接管省属国有关闭破产企业和改制为非国有控股企业离休干部72名，离休干部遗孀配偶13名。（左易宁）

【深化“五老四教”主题活动】2012年，全市继续深化“五老四教”（老干部、老模范、老教师、老战士、老专家；形势政策、党的历史、思想道德、公民意识等四项教育）主题活动。一是成立金牌讲师团。聘请68名专家型“五老”为金牌讲师，开展宣讲1765场，编写教案189本，培训“五老”宣讲员4300人，提升“四项教育”整体宣讲水平。二是建立志愿服务队。以街道（乡镇）为单位建立了173支“五老”志愿服务队，下设分队1216支，“五老”志愿者达50897名，建立了《五万“五老”争当“五员”名册》。全年，“五老”志愿者开展团队服务4200余次，调解矛盾纠纷近2000件，在服务文明城市建设、做好社会管理工作、服务群众生产生活等方面作出了示范、做出了实绩。三是创立示范性阵地。建立市级示范阵地24个，区县（市）级示范阵地106个。中央、省、市媒体对主题活动报道达1093条，人民日报3次报道长沙市“五老四教”经验，指出：“长沙经验”成为抓好离退休干部“创先争优”活动的标杆，激发了各地各部门为老同志搭建‘舞台’的热情和动力。“五老四教”主题活动成功入选2011年全国各地方组织部门“45项特色工作”；十八大召开期间，长沙“五老四教”活动作为全国唯一的老干工作入选中宣部主办的“科学发展成就辉煌”大型图片展。国家质监总局、南方航空集团、新华社、陕西省、北京市等27个地区和单位的代表团来到长沙学习考察。

（左易宁）

中共长沙市纪律检查委员会

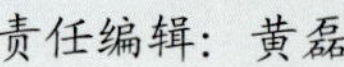

中共长沙市纪律检查委员会机构领导人员

书　记　姚永春
副书记　邱俊杰　周松波　尹小英
常　委　周耀炳　陈育俊　熊冬华
　　　　沈　光　彭清华
秘书长、办公厅主任　沈　光

长沙市监察局

局　长　邱俊杰
副局长　尹小英　周耀炳　黄　锋

长沙市预防腐败局

局　长　邱俊杰
副局长　周耀炳　文灿辉

【概述】 2012年，长沙市纪委、市监察局认真贯彻落实中央纪委七次全会、省纪委二次全会精神，坚持围绕中心、服务大局，务实创新、开拓进取，有力推动全市反腐倡廉工作不断取得新进展和新成效。

一、加强组织协调。1. 强化责任分解。以市委、市政府名义下发2012年度长沙市委、长沙市政府领导班子成员党风廉政建设责任分解方案及各区县（市）、市直单位党风廉政建设责任目标任务。召开专门会议，向11个牵头部门专项交办企业扩大再生产办事流程优化、公务用车专项治理、规范社会办学行为专项治理、打击非法营运专项治理等12项专项责任。按照责任制分解要求，全市160余个县处级单位、1200余个科级单位及下属社区、村组分别签订党风廉政建设责任书。2. 突出综合协调。主动履行牵头抓总、组织协调反腐败工作职能，并牵头抓好市委、市政府重大决策部署落实、纠正损害群众利益不正之风、优化经济发展环境等工作。着力抓好查办案件、行政问责等工作，把握查办案件工作的主动权，建立健全与法院、检察、公安、审计、工商、税务等单位的协调沟通机制；协调抓好干部作风、农村基层党风廉政建设等相关工作；督促抓好工程建设项目招投标、政府采购等重点领域监管。3. 严格考核问责。一是廉政考核与绩效考核相结合。将各区县（市）和市直各单位责任制落实情况和惩防体系建设纳入年度绩效考核体系，提高党风廉政建设考核在整个考核的权重，对责任制落实不力或发生违纪违法行为的单位实行“一票否决”。二是年底考核与平时考核相结合。市纪委全会召开后，市纪委常委以及相关室主任以集体巡查方式，督促检查9个区县（市）党委政府落实责任制的工作情况；年底由市委常委带队，对全年目标任务完成情况进行集中考核。三是班子考核与个人考核相结合。根据各单位廉政考核情况严格兑现奖惩，将考核结果与责任干部“三挂钩”，即与干部的管理使用挂钩、与工作业绩评定挂钩、与个人奖惩挂钩，对考核“不合格”的单位和责任领导视情况予以处罚。

二、服务工作大局。1. 强化监督检查。加强对中央转变经济发展方式、省委“四化两型”和市委“五化一率先”以及“两型”社会建设、保障房建设、国土资源秩序、征地拆迁、强农惠农政策等重大决策部署落实情况的监督检查；切实加强对地铁建设、湘江长沙枢纽工程等省市重大项目建设、“两帮两促”、创业富民等重点工作执行落实情况的监督检查；监督检查各级人大、政府、政协换届纪律的执行情况，严防干部“带病上岗”、“带病提拔”，确保换届风清气正；继续开展全市高尔夫球场的综合清理整治工作；查处浏阳市医食两用植物园等9个单位违规建设问题，清查闲置土地约667公顷；对各区县（市）耕地保护情况进行台账检查和实地核查；深入推进“两整治一改革”，全力推进河道及砂场综合整治工作，取得显著成效。2. 改进干部作风。一是畅通绿色民生通道。加强对全市各单位开展“一推行四公开”活动的监督检查，严格问责，2012年共收到投诉举报34件次，对每件投诉举报坚持认真查清和回复，直到群众满意为止。二是深入开展专项活动。组织开展“走访群众听民声，深入基层解难题”作风建设主题月、“与群众恳谈对话、为群众排忧解难”活动，密切党群、干群关系；深入开展党政机关公务用车专项治理，对全市公务用车再次进行全面摸底，重新核定编制，严肃查处宁乡县公路管理局顶风违纪购车案件；联合组织、编制、财政、人社等部门开展“吃空饷”专项治理工作，查处4个单位存在的“吃空饷”问题，收缴违规资金198万元。三是加强基层党风廉政建设。深入开展农村（社区）党风廉政建设示范点创建活动。制定成立村务监督委员会相关办法，出台《长沙市关于进一步加强农村集体资金资产资源管理的意见》，加快农村公共资源交易平台试点建设，全市农村集体“三资”监管水平进一步提高。组织开展农村基层干部廉洁履职专项督查，重点查处在征地拆迁、矿产资源开发、强农惠农富农政策落实、农村集体“三资”管理中损害农民利益的突出问题以及农村基层干部作风粗暴、滥用职权、以权谋私、奢侈浪费等突出问题。

三、严肃查办案件。1. 加强信访举报。调整转变信访工作思路，将工作重心由过去的“维稳”转变为排查信访问题根源，重点突破积访和集访等疑难复杂问题。大力推行“阳光办访”，实行委、局领导包案制度，每名领导负责 1-2 个疑难信访问题，一个问题、一套班子、一个方案、一抓到底。经过细致摸排、追根溯源，严肃查处多年来群众积访的长沙美术印刷厂、毛纺厂和芙蓉区东屯渡集体土地违规处置等涉及的国企改制、拆迁安置腐败问题，及时回复群众诉求，群众根本利益得到切实维护。2012 年，全市纪检监察机关受理群众信访举报 1401 件次，化解重信重访 11 件，化解矛盾纠纷 33 件，化解进京上访 7 件，直接查办信访案 190 件，信访谈话 74 人，30 人受到党纪政纪处分，彻底息访进京上访人员 7 人，为 97 名党员干部澄清问题 196 个。2. 坚持安全文明办案。2012 年，全市没有发生一起办案安全事故，市纪委常委会先后 9 次召开专题会议研究办案安全工作，把依纪依法、安全文明办案、加快办案点建设作为重中之重。委、局主要领导多次到办案点现场督查安全办案工作。一是严格执行《中央纪委关于使用“两规”措施的规定》（中纪委〔2012〕12 号）和省纪委文件要求，出台《长沙市纪委关于使用“两规”措施的实施细则》，建立健全案件线索集中管理、办案人员保密工作纪律、“两规”“两指”审批等一系列程序、制度。严格规范案件查办程序，有效防止以案谋私和涉案犯罪。二是切实抓好案件审理和申诉复查工作，全年受理案件 481 起，审结 471 起，办结 417 起，全市案件归口审理率、质量合格率均达 100%。三是创新办案机制，继续开展和完善协同办案，探索推行交叉办案，积极推动市本级、区县（市）联动办案。8 月，长沙市交叉办案经验在中南地区查办案件工作研讨班上作典型发言，获得与会领导一致好评。3. 注重办案成果运用。科学运用宽严相济方法。在查办市轨道交通集团有限公司案件时，通过召开宽严相济大会，41 人投案自首。健全案件剖析制度。在案发单位开展“四个一”活动，即撰写一份案件分析报告、下达一份整改建议书、递交一份整改结果报告书、开展一次警示教育座谈会。

四、夯实廉政基础。1. 创新教育形式。一是开展廉政“警示日”活动。年内，围绕保持党的纯洁性，组织全市副县级以上干部 1200 多人参加警示教育大会，以文件形式规定各级各单位必须开展“一把手”讲党课、召开民主生活会、观看警示片等“五个一”活动。二是推进廉政文化建设。着力抓好胡耀邦故居廉政箴言书法碑墙建设，杨开慧纪念馆被命名为湖南省廉政文化教育基地，天心区桂花坪街道等 4 个单位被命名为全省廉政文化建设示范点。确定湖南鑫远投资集团为廉政文化进非公企业示范点，以非公企业廉政文化助推“廉洁从业”。8 月 23 日，全省廉政文化建设推进会在长沙召开，长沙廉政文化建设情况受到省纪委领导的高度肯定。三是增强宣传教育实效。全面改版电视廉政节目《开心讲廉》，收视率再创新高。在《长沙晚报》创设《廉政行动》、《权威发布》专栏。在新任副县级领导干部党校培训中，专门设置党性党风和廉政教育课程。继续开办全市重点岗位人员廉政教育培训班，培训重点岗位领导干部 100 余人。2. 突出重点抓监督。一是突出重点领域和关键环节监督。围绕工程建设、土地管理、矿产资源、基金监管、政府采购、资产处置等重点领域，围绕重大项目审批、行政事项审批、干部任用等重点环节，以及各单位人财物管理等重点岗位，采取多项措施，优化权力配置，规范权力运行。二是严格党政“一把手”监督。严格执行“三个不直接分管”制度。制定开展“三谈”的具体操作办法。开展领导干部经济责任审计和干部提拔任用廉政审查。三是延伸全方位监督。严格执行领导干部报告个人有关事项制度。开展行政事业单位经营性资产和市属行政事业单位经济实体“两项清查”。加强对领导干部坐头等舱的规范和监督。全面防控政府性资金管理风险，确保资金安全运营。

五、狠抓纠风治乱。1. 继续开展药品、医疗器械市场流通秩序专项治理。年内，督促市食药监局就“问题胶囊”开展“地毯式”专项检查，检查药品生产企业 35 家次，药品经营企业 155 家次。查处制售假劣药械违法犯罪行为、虚假违法广告及涉嫌商业贿赂案件 31 起，涉案金额约 150 万元，查处问题发票 198 份，涉及金额 15739.4 万元。全市落实以省为平台的药品、耗材招标采购制度，在省药品集中招标采购网上采购药品 54.89 亿元。2. 深入推进政风行风民主评议。一是健全评议机制，创新评议方式，扩大评议范围，全市 2452 个直接面向企业或群众的服务窗口和基层站（所、队）的民主评议全面完成。二是开展专项民主评议。针对打击非法营运、食品安全监管、提高信息服务等相关职能部门的履职情况和满意程度开展专项民主评议，切实解决人民群众反映强烈的突出问题。三是延伸政风行风热线触角。将《行风》节目改版为《民声·民生》，以“规范社会办学”、“食品安全”等群众关心的新闻事件和热点话题为主干，进行深度跟踪报道，邀请相关职能部门“一把手”做客演播室现场访谈，当面解答相关热点问题。“热线 001”播出节目 159 期，接听热线 1500 多个，短信千余条，解决和回复群众咨询、投诉 200 余件，满意率达 95% 以上。2012 年度全省市州纠风工作会议在长沙召开，长沙纠风专项治理工作经验向全省推介。

六、强化自身建设。一是加强组织建设，激发内在活力。重新明确全市派驻机构人员编制，派驻单位由 37 个增加到 40 个，人员编制由 106 名增加到 140 名。加强乡镇纪检组织建设，乡镇（街道）纪检组织“六有”全面落实，得到省纪委乡镇纪检组织建设检查组的高度评价。在长沙县、天心区开展非公经济组织预防腐败试点成效明显，省纪委专门组织人员到天心区等地调研指导。二是加强内部监督，确保队伍纯洁。加强派驻机构的监督和管理，实行派驻机构

"月报告、季例会、半年总结、年终评议"制度。对部分区县（市）纪委履行"两项职能"、队伍建设和纪检监察系统廉政风险防控工作落实情况进行监督检查。完成特邀监察员换届工作，重新聘请12名特邀监察员。进一步明确各区县（市）、市直单位纪检监察干部不得分管征地拆迁、工程建设、行政审批等事项。严肃查处纪检监察干部违纪违法问题，1名机关干部和市国土资源局纪委书记被立案查处，切实保持纪检队伍纯洁。

（陈　泉）

【优化政务环境】 2012年，长沙市纪委、市监察局继续加强机关行政效能建设，优化政务环境。1. 开展基层群众"办事难"专项治理。以"机关效能提升年"活动为契机，在全市大会上播放反映机关效能和经济发展环境问题的专题片《难、难、难》，通报8起典型案件，推动相关部门单位着力治理办事拖拉、推诿扯皮、"不给好处不办事，给了好处乱办事"等突出问题100余个。2. 强力推进行政审批制度改革。在市财政局等29家单位开展重点岗位效能监督，对市发改委等20家单位开展行政审批专项效能监察，优化审批程序，提高审批效能，审批整体时限提速60%。对全市行政审批项目进行全面压缩和精简，出台《市政务服务中心审批事项体外循环责任追究办法》，对在线办理情况实行电子监察和定期检查，全市行政许可电子监察系统发牌26张，对监察情况进行及时通报和督促整改，纳入绩效考核范畴。3. 严格实施行政问责。加大"12342"效能投诉的处理力度，全年共接到投诉984件，有效投诉670件，及时办结670件，办结率100%，群众满意率95.7%；加大对行政不作为、缓作为、乱作为的查处力度，全市办理行政问责案件50件，对67人进行了责任追究。

（陈　泉）

【源头防腐拒变】 2012年，市纪委、市监察局加大源头防腐建设力度，一是抓好廉政风险防控。深化预防腐败工作，前移预防关口，督促各单位扎实推进廉政风险防控，探索建立廉政风险预警处置机制和防控工作检查评估办法。在市住建委、市住房公积金管理中心等16家单位开展覆盖重点领域、重要对象和权力运行关键部位的廉政风险防控管理，并向长沙职业技术学院、长沙新奥燃气公司等非行政领域延伸，建立健全市级层面相关制度30余项。二是抓好工程建设领域监管。在全国率先实行城乡规划控规修改前置审查，2012年组织控规修改前置审查工作会议5次，审查涉及国土性质、容量指标、道路及其他修改申请达85项，表决不同意14项，有效遏制建设规划领域腐败现象的发生。严格执行国有建设用地使用权网上挂牌出让制度，积极开展工程建设领域项目信息公开和诚信体系建设试点。对2009年以来全市政府投资建设项目信用信息进行收集、整理。推行建管分离，建立健全 "业主负责、施工保证、监理控制、政府监督"的质量管理体系。三是抓好招标投标监管。切实规范招投标行为，明晰市公共资源交易中心交易规则。2012年市公共资源交易中心完成各类交易1317宗，交易额171.82亿元，为政府节约资金8.83亿元，交易量和交易额稳步增长。在全省率先实行矿产资源开发权网上招拍挂，实现网上挂牌招拍挂出让矿产权2宗。严惩招投标违法违规行为，查处长沙地铁2号线信号系统招投标质疑案、长沙市餐厨垃圾处理项目招投标投诉案等典型案件24起，整改到位24起。四是抓好各项制度执行。按照市委统一部署，制定《党风廉政建设规章制度执行情况跟踪督查实施方案》，组织召开跟踪督查动员部署会议，分级负责，重点围绕各单位干部任免、公务用车、政府采购、工程招标、集中支付、津补贴发放、出国（境）考察、资金管理等8项制度开展专项督查。市纪委组成3个督查组，跟踪督查区、县（市）和市直各单位党风廉政建设规章制度执行情况。对在督查过程中发现的问题要求区、县（市）和有关部门严肃进行整改，提高制度的执行力。突出抓好国有企业领导干部廉洁自律工作，加强国有企业和政府性投资公司领导干部廉洁自律教育，督促国有企业和政府性投资公司完善"三重一大"决策制度，落实报告个人有关事项制度。

（陈　泉）

【大案要案查处工作】 2012年，全市各级纪检监察机关立案803件，其中涉及县处级干部21件，乡科级干部55件；全市结案674件，处分党员领导干部760人；移送司法机关45人，挽回经济损失1.28亿元。在查处的大案要案中，涉及县处级干部21个，其中正县级干部5名：望城区人大党组原第一副书记熊泽南受贿案，长沙市高新区原党工委委员、工会主席张宏亮贪污受贿案，天心区人大原副主任王奕平受贿案，长沙市食品药品监督管理局原调研员刘金林贪污案，长沙市口腔医院原党委书记毛斌受贿案。市纪检监察机关立案数和大要案数均居全省第一，得到省纪委和市委的充分肯定，产生良好的社会效果和舆论影响。

（陈　泉）

【率先全省开展规范社会办学行为专项治理】 2012年4月，市纪委、市监察局联合市综治办、市教育局、市物价局等部门，开展规范社会办学行为专项治理，成立由市委常委、市纪委书记姚永春任组长的规范社会办学行为专项治理工作领导小组，集中治理民办文化教育培训机构、托管机构无证办学、超范围经营、虚假广告、不合理收费等违规行为，严厉查处公办学校教师为民办培训机构组织生源和收受回扣、公办学校教师违规到民办培训机构兼职等行为，净化教育行业的不正之风。专项治理分为动员部署、排查整改、整章建制3个阶段。通过自查自纠，全市排查各类问题660多个，下达卫生、消防等方面的整改通知400余份，70%以上的问题整改到位。为确保专项治理长效有序，制定下发《支持和扶植民办教育发展的若干决定》、《长沙市民办培训学校管理办法》、《长沙市民办学校设置评议章程》等相关文件，为全市民办教育深化改革和规范发展提供政策指导。全市社会办学行为得到全面规范，实现有序竞争和良性发展。长沙市规范社会办学行为专项治理被评为全省年度纪检监察创新工作，《中国纪检监察报》专题报道长沙市规范社会办学行为专项治理工作。

（陈　泉）

长沙市人民代表大会常务委员会

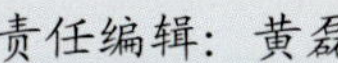

责任编辑：黄磊

长沙市第十三届人民代表大会常委会机构领导人员

主　任　余合泉
副主任　刘晓明　罗购三　刘新程
　　　　张建国　王国海
　　　　赵建强　黄佳惠
秘书长　柳美景
委　员（按姓氏笔画为序）
　　　　冯兆麟　刘晓平
　　　　刘绪甲　刘曼曼（女）
　　　　李　伟　李仲良（女）
　　　　杨树林　肖良定　吴伯成
　　　　余建国　沈守云　罗　伟
　　　　周　伟　周松波
　　　　周建军（女）　赵　钺
　　　　赵凡存　胡晓亚（女）
　　　　洪　霞（女）　贺绍佩（女）
　　　　唐跃军　黄自奇
　　　　梁仡娜（女）　彭友元
　　　　彭治华　彭惊雷
　　　　辜显旺　曹伟（2012.08任）
　　　　曾　丽（女）　谢晓春
　　　　谢湘生　戴志敏

市人大各专门委员会

内务司法委员会
主任委员　唐跃军
副主任委员　陈湘华

财政经济委员会
主任委员　余建国
副主任委员　李罗生　喻　敏

教育科学文化卫生委员会
主任委员　李仲良
副主任委员　高清福
专职委员　郭天舒（2012.08任）

农业与农村委员会
主任委员　黄自奇
副主任委员　蒋华玲　全裕高

城乡建设环境与资源保护委员会
主任委员　杨树林
副主任委员　陈学瑜　张书振

法制委员会
主任委员　周　伟
副主任委员　孟谏君
专职委员　张红民

民族华侨外事委员会
主任委员　周建军
副主任委员　丑毅奇

市人大常委会工作部门

副秘书长　冯兆麟
　　　　　彭治华（2012.08免）
　　　　　赵凡存
　　　　　曹伟（2012.08任）

办公厅
主　任　柳美景
副主任　戴志敏　浣俊懿　王文华
纪检组长　岳云龙

研究室
主　任　彭友元
副主任　文　明　丁四明

选举任免联络工作委员会
主　任　胡晓亚
副主任　陈兴平　张建华

法规工作委员会
主　任　周　伟（兼）
副主任　孟谏君（兼）

信访办公室
主　任　谢晓春
副主任　范金枝　吴定芝

预算工作委员会
主　任　刘晓平
副主任　李皓虎

【概述】 2008年至2012年，长沙市第十三届人大常委会在市委的正确领导、全体代表的监督支持和市人民政府、市中级人民法院、市人民检察院的积极配合下，贯彻实施市十二届人民代表大会各次会议的决议、决定，依法履职，在推动科学发展、促进社会和谐、保障民生改善等方面开展卓有成效的工作，为推动全市经济社会发展和民主法制建设发挥地方国家权力机关的积极作用。任期内共召开常委会会议45次、主任会议89次，听取和审议“一府两院”、人大各专门委员会和常委会各工作机构的工作报告202项，作出决议、决定44项，任免国家机关工作人员515人（次）。

（谈利兵）

【立法工作】 市人大常委会注重地方立法与科学发展相适应、经济立法与社会管理相衔接、地方特色与民生优先相匹配，突出立法重点，提高立法质量，推进依法治市，坚持立、改、废并举，为全市经济社会持续协调发展提供坚强有力的法规制度。五年来，全市共制定地方性法规13部，修改19部，废止10部，完成全国人大和省人大交付征求意见的法律法规草案54部，对354件规范性文件进行了备案审查。

一、突出地方立法特色，提高立法质量。坚持法制统一的前提下突出地方立法特色，把保证国家法律实施、促进长沙科学发展、规范约束权力运行、保障公民合法权益、整合协调利益关系、维护社会公平正义作为立法的根本宗旨，结合长沙经济社会发展实际，不断提高地方立法质量，适时制定颁布《长沙市住房公积金管理条例》、《长沙市机动车排气污染防治条例》、《长沙市城乡建设档案管理条例》、《长沙市灰汤地热资源保护条例》、《长沙铜官窑遗址保护条例》、《长沙市人民代表大会常务委员会立法听证办法》等地方性法规，这些法规的制定出台，保障了民生民利，产生了良好反响。

二、探索地方立法创新，扩大社会影响。常委会立法工作紧密结合长沙城市交通管理实际，敢于创新，勇于实践， 2009年5月1日在全国同类城市中率先颁布实施了以“禁摩、限电、规货”为主要内容的《长沙市城市道路车辆通行若干规定》，规定实施后影响很大、反响很好，在规范城市交通管理、维护交通秩序等方面发挥了重要作用。2011年，在全国省会城市中率先制定颁布《长沙市城市管理条例》，为规范城市管理工作，实现城管有章可循、有法可依，提供了有力的法制保障，进一步增强了地方立法的权威性和影响力。

三、注重地方立法效果，优化法制环境。遵循“质量为上、急需为先、特色为重”的立法工作原则，注重地方立法引领经济社会发展，及时出台《长沙市城市供水用水管理条例》、《长沙市水资源管理条例》、《长沙市蔬菜基地管理条例》、《长沙市慈善事业促进条例》、《长沙市轨道交通管理条例》。通过全面推行向社会各界人士征集立法建议、召开立法听证会、开展立法效能评估等新举措，开启了长沙市人大常委会民主立法、科学立法的新航程。（谈利兵）

【监督工作】 坚持围绕中心、突出重点、讲求实效的工作思路，按照监督法的规定，综合运用视察、检查、调研和审议、评议、督办等多种监督方式，督促和支持“一府两院”依法履职，监督工作的规范性、针对性、实效性明显增强。

一、强化法律监督，保障国家法律法规有效实施。重点选择关系改革发展稳定大局和人民群众普遍关注的实际问题，组织开展一系列执法检查活动。在第十三届人大常委会刚刚履职的2008年春季，开展《中华人民共和国城乡规划法》执法检查，出台《关于依法加强全市规划工作的决议》，对加大执法工作力度、整治违法违规行为、提升城乡规划水平发挥了重要作用。五年内，相继组织了《中华人民共和国消防法》、《中华人民共和国气象法》、《农村土地承包经营纠纷调解仲裁法》、《中华人民共和国残疾人保障法》、《中华人民共和国人口与计划生育法》、《中华人民共和国工会法》、《中华人民共和国科学技术进步法》、《中华人民共和国职业教育法》、《中华人民共和国归侨侨眷权益保护法》、《中华人民共和国统计法》、《中华人民共和国体育法》等法律法规实施情况的检查；组织主任会议成员和人大各专门委员会开展医疗卫生改革、城乡环境同治、社会管理创新等专题调研。根据执法检查和专题调研中发现的问题，进行审议，提出整改意见，作出相关决议，保障了国家法律法规在本行政区域内的有效贯彻实施。

二、加强工作监督，促进“一府两院”依法行政公正司法。1. 加强对经济运行情况的监督。着眼于强化对计划、预算的监督，听取和审议了“十一五”规划纲要实施情况中期评估、“十一五”规划执行结果和“十二五”规划纲要编制以及计划预算执行情况等报告，审查批准市本级财政决算和预算调整方案，重点审查公共财政资金安排及轨道交通等重点工程的资金筹措情况和事关民生的部门预算，为规范预算编制、强化预算执行、完善预算管理发挥了积极作用。为加强市本级政府性债务管理，防范政府性债务风险，常委会作出《关于加强市本级政府性债务管理的决议》，有效推动政府性债务管理工作的规范化、制度化。加大对涉农资金、基金的监督，重点监督社会保障基金、住房公积金、物业维修基金、价格调节基金、残疾人就业保障金等专项资金、基金的管理使用情况，促进政府保证专项资金专款专用和安全运行。发挥审计财政监督作用，每年听取审计部门对同级预算执行情况的审计报告，提出审计意见并督促政府有关部门逐项整改审计报告反映的问题，建立审计整改情况向常委会定期报告的制度。2. 加强对司法机关工作的监督。为顺应人民群众对司法公正的殷切期盼，2009年，常委会在全国率先启动“司法公正长沙行”活动，并将其作为本届的重点工作，按照启动实施、全面推进、稳步深入、总结提升的部署持续开展，增强司法行为的透明度和公信力，提高司法机关的办案效率和办案质量。2010年12月，市人大常委会作出《关于深入开展“司法公正长沙行”活动的决议》，听取市中级人民法院、市人民检察院、市公安局、市司法局贯彻实施《决议》的情况汇报，组织新闻媒体对活动开展情况进行了集中宣传报道。活动开展四年来，推进有序，效果明显，有效破解法院民商案件服判息诉、检察院民事行政诉讼监督、公安社区警务建设、司法基层调解机制等方面的难题，有力地推动了全市司法活动在阳光下运行，在监督中规范，在规范中提升。3. 加强对民本民生问题的监督。根据全市经济社会发展大局的实际需要，选择具有代表性的重大事项开展监督。围绕住房保障、社会保险、环境保护、医疗卫生、义务教育等民生问题，常委会开展系列专项视察，对重点民生工程实施连续跟踪监督，分别开展“一江四河”水质情况、病险水库除险保安、集体林权制度改革等专题调研，持续开展“三湘环保世纪行”、“农产品质量安全行”、“三湘农民健康（长沙）行”、“民族团结进步行动”等活动；根据市委关于建设食品安全城市的指示精神，开展大规模的《中华人民共和国食品安全法》及其相关法律法规综合执法检查，并作出《关于进一步加强长沙市食品安全工作的决议》，督促和支持政府解决食品安全方面亟待解决的主要问题；为统筹城乡环保一体化，常委会组织开展城乡环境治理专题视察，作出《关于加强城乡环境保护一体化工作的决议》；为加快发展长沙市旅游业，常委会组织开展全市旅游业发展情况专题视察，作出《关于加快推进旅游业发展的决议》。组织开展农村公路建设情况集体调研，出台《关于加强农村公路建设的决议》。

三、创新监督方式，着力增强权力机关监督工作实效。常委会紧贴新时期人大监督工作的时代要求和现实需求，积极探索监督工作的新途径、新方式。1. 开展专项工作评议。为促进政府依法行政、增强人大监督工作实效，常委会组织开展了对市工信委、科技局、财政局、规划局、教育局、国土资源局等6个政府职能部门贯彻落实市人大常委会关于加快推进新型工业化决议的专项工作评议。常委会在听取和审议市人民政府及相关部门贯彻落实决议的情况汇报、各评议组专项工作评议意见的基础上，进行表决测评，将测评结果及审议意见致函市人民政府，针对评议意见和常委会的审议意见进行逐项督查落实，主任会议听取督查结果汇报，在常委会会议上对市人民政府的整改落实情况进行审议测评。2. 加强督查督办工作。为确保常委会制定的地方性法规、作出的决议决定和发出的审议意见等规范性文件在全市范围内得到有效贯彻实施，常委会党组提请市委研究决定后在办公厅增设督查室，制定出台《长沙市人大常委会督查工作规则（试行）》。督查室成立后，加强对市人大通过的法规、决议、决定、审议意见等实施情况的跟踪督查，适时发出督查通报，取得良好效果，督查工作步入常态化运行轨道。3. 健全信访受理机制。常委会高度重视信访维稳工作，五年来，共办理人民群众来信来访9033件（次），其中涉法涉诉信访6968件，向市直有关部门及区县（市）人大常委会交办重要信访342件。各有关部门和单位对人大批转或督办的信访件认真处理，及时答复，妥善处置反映比较集中的涉法涉诉、房屋拆迁、征地补偿等方面的问题，有效化解了一批矛盾纠纷，促进了社会和谐稳定。（谈利兵）

11月16日，市人大常委会召开主任联系会议

【制度建设】 根据市委人大工作会议精神和市委《关于进一步坚持和完善人民代表大会制度的决定》，常委会加强对依法行使重大事项决定权的研究探索和规范操作，推动依法行使重大事项决定权工作的规范化、制度化。在市委的领导下，经过试点探索、外出学习、深入调研、座谈协商、审查批准、审议通过等环节步骤，《长沙市人大常委会讨论决定重大事项规定》于2012年1月1日起实施，标志着市人大常委会依法履职的制度框架基本形成。为加快长沙市现代金融业发展，增强金融业服务经济建设的功能，推动全市经济社会又好又快发展，经市委同意，常委会将加快推动长沙现代金融产业发展作为《规定》出台后的首个议题，组织开展现代金融业专题调研。2012年8月28日，长沙市第十三届人大常委会第四十二次会议听取和审议了市人民政府关于长沙市金融产业发展情况的报告和市人大常委会现代金融产业调研组的调研报告，作出《关于加快发展长沙市现代金融产业的决议》。市十三届常委会始终坚持用制度规范权力运行，用制度提升履职水平。相继制定和修改提高常委会会议质量的决定、常委会议事规则、主任会议议事规则、常委会会议审议意见办理办法、常委会督查工作规程等工作制度，汇编《纪念长沙市人大常委会成立三十周年文集》、《制度·程序·职责》、《长沙市人民代表大会会务操作文本》、《人大工作制度汇编》、《长沙市人大常委会会议操作规则》等规范性文本，规范和理顺常委会的工作运行机制，使全市人大工作有法可依、有章可循。（谈利兵）

【决定与任免工作】 人事任免是常委会依法履职的重要职责。五年间，常委会坚持党管干部和人大依法任免相结合的原则，认真执行《党政领导干部选拔任用工作条例》和《长沙市人大常委会人事任免规则》，充分发扬民主，严格依法办事，切实把好任职提请、任前考法、任职陈词和常委会表决等各个关口。在任免515名国家机关工作人员、顺利做好各项人事任免事项的基础上，依法做好代表资格审查工作，先后对终止的34名市十三届人大代表、补选和另选的46名市十三届人大代表、新当选的505名市十四届人大代表的代表资格适时依法进行审查确认，补选了9名省十一届人大代表。（谈利兵）

【代表工作】 市十三届人大常委会秉承“人大工作开展靠代表，人大工作水平看代表”的工作理念，加强和改进代表工作，努力为代表依法履职创造条件，代表作用进一步发挥。

一、打造“双联”活动品牌。探索新时期代表活动的新内容、新形式，市人大常委会创造性地作出了开展人大常委会联系代表、代表联系人民群众“双联”活动的决定，组织代表开展大规模的民情民意调查，引导代表积极投身创业富民活动，召开全市“双

联”活动经验交流大会，大力推介“双联”活动优秀典型。通过开展常委会组成人员联系走访代表、常委会领导接待代表日活动，定期召开政情报告会，向代表寄发资料，邀请代表参与视察、调研、执法检查、工作评议、列席常委会会议，向代表书面报告常委会会议情况等形式，以创先争优为载体开展代表评先评优活动，激发代表履职热情，拓宽代表履职渠道。“双联”活动成为市第十三届人大常委会工作的一个亮点、一项品牌，得到全国、省人大常委会的充分肯定。

二、提高代表履职水平。常委会按照初任、履职、专题培训的要求，加强代表培训工作，提高思想政治素质，增强依法履职能力。先后组织代表开展专题培训和代表会前视察相结合的履职培训，采取以会代训的方式就新修改的代表法进行专题学习培训等，举办了2期市人大代表培训班和1期省人大代表培训班，全体省、市人大代表都获得了1次以上的学习培训机会。加强代表服务工作，建立代表履职登记制度，有计划，有目的地组织开展代表小组活动，组织代表参与立法、监督、议案办理等工作。召开全市人大代表活动阵地建设现场经验交流会，出台了《关于推进代表活动阵地建设的实施意见》，指导各区县（市）建立和完善代表活动阵地，为代表依法履职搭建了新的平台。组织全国人大代表和省人大代表进行专题调研和会前视察，指导各区县（市）人大常委会开展省、市人大代表小组活动，代表小组活动质量实现新提高。

三、认真办理建议批评意见。常委会把办理好人大代表的建议、批评和意见作为做好人大工作、发挥代表作用的重要抓手，健全办理和督办机制，采取切实有效措施，提高办理工作的时效和质量。五年来，共收到代表议案17件，建议、批评、意见1606件，经过及时交办、积极督办，所有议案、建议、批评和意见全部办结并逐件答复。

四、依法做好换届选举工作。2012年的市、县（区市）、乡（镇）三级人大换届选举，是选举法、代表法修改后的首届换届选举，也是首次实行城乡按相同人口比例选举人大代表。市人大常委会高度重视此次换届选举法律上的新规定、实践中的新问题，坚持党的领导、充分发扬民主、严格依法办事的基本原则，按照人人平等、地区平等、民族平等的法律要求，科学统筹部署，依法有序推进，按期完成了市、县（区市）、乡（镇）三级人大的换届选举工作任务。

（谈利兵）

【常委会自身建设】 市人大常委会始终重视自身建设，结合工作实际，依托活动载体，不断提高依法履职能力和机关工作水平。1. 积极参与中心工作，为服务大局献计出力。常委会创新工作方式，注重深入基层，围绕中心，服务大局，组织主任会议成员每年年初到各区县（市）集体调研，了解发展现状、把握发展趋势，推动人大工作融入发展大局。发动常委会组成人员经常深入基层，了解社情民意，倾听群众呼声，促进人大工作顺应时代要求。积极参与抗冰救灾、“两帮两促”、创建文明城市、创新社会管理、“一推行四公开”和“结对帮扶”、慈善救助等事关全市经济社会发展大局的重大活动，使人大常委会的工作水平在服务大局中得到新提升。2. 加强作风建设，增强机关整体活力。常委会以建设拥有一流队伍、实施一流管理、开展一流服务、争创一流业绩的地方国家权力机关为目标，切实加强机关作风建设。坚持用规范的制度管人管事，机关自身建设逐步实现程序化、制度化、规范化。五年来，以建设学习型机关和开展创先争优为主线，精心组织开展了学法讲法、专题讲座、传统教育、歌咏比赛、读书经验交流等一系列催生活力、催人奋进的思想政治教育和文化体育活动，活跃了机关气氛，凝聚了工作合力，全市人大工作形成人心思进、风清气正的良好氛围。重视宣传工作，充分发挥《长沙人大》、长沙人大网的宣传作用，特别是动员和组织各新闻媒体在纪念地方人大设立30周年、庆祝新中国成立60周年、庆祝建党90周年等各项活动中，大力宣传人民代表大会制度的优越性，宣传民主法制建设的重大成就，宣传人民当家作主的生动实践，使地方国家权力机关的地位和作用日益显现。3. 充分发挥各自优势，提升整体工作水平。加强对人大各专门委员会和常委会各工作机构的领导，各专门委员会和各工作机构加强自身建设，依法履行职能，组织开展各项专题调研，为常委会审议重大事项提出行之有效的工作建议和决策依据。常委会注重建立健全协调配合、上下联动的工作机制，通过轮训全市区县（市）、乡镇、街道人大工作者、邀请列席常委会会议，召开各种专题座谈会、工作联系会、经验交流会，互相交流情况、沟通信息、研究工作。各区县（市）人大常委会坚持务实创新，工作各显特色，对市人大常委会的地方立法、执法检查、专项调研、代表活动等工作积极参与、主动配合，共同提升全市人大工作的整体水平。

（谈利兵）

【余合泉率长沙代表团赴西藏考察援藏工作】 10月9～16日，长沙市人

10月12日，余合泉、夏建平与藏族师生在一起

大常委会主任余合泉、副市长夏建平等16人组成的长沙市党政代表团，远赴西藏山南地区，慰问长沙援藏干部，考察对口援藏工作。从1994年起，长沙市积极响应党中央的号召，全力开展对口援助西藏工作。历届长沙市委、市政府根据中央“对口支援、分片负责、定期轮换”的援藏工作方针，一直把对口援助县——贡嘎县作为长沙的“一个县”对待，取得了不寻常的援藏成绩。18年来，长沙选派了6批共39名优秀的援藏党政领导干部；长沙还选派了62名医疗、教育、规划、环保和农艺等方面的技术人员；长沙投入援藏资金1.1亿多元；长沙在贡嘎县援建了75个大小项目；长沙资助了1200多名西藏贫困学子……。通过39名援藏干部的辛勤工作和700多万长沙人民的共同努力，贡嘎经济繁荣、民族团结、人民幸福、社会和谐。2011年，贡嘎县地区生产总值达到5.7亿元，与开始对口援藏时的1994年相比增长了13.9倍；财政收入完成4630万元，增长了44.5倍；全社会固定投资增长了64倍，农牧民人均纯收入增长了7.1倍。各项事业欣欣向荣、蓬勃发展。赴藏考察期间，西藏自治区党委常务副书记郝鹏，区党委副书记、常务副主席吴英杰等自治区领导，专门接见长沙市党政代表团一行，并对长沙的援藏工作给予高度评价和深深谢意。长沙市党政代表团在与山南地委的座谈中，山南地委书记其美仁增，地委副书记、行署专员张永泽等也对长沙的援藏工作和援藏干部高度赞赏，并请求长沙一如既往并继续加大对贡嘎县的援助力度。

（谈利兵）

9月20日 市委书记陈润儿向澳门考察团赠送礼物

【澳门特别行政区全国人大代表视察团到长沙视察】 9月20日，澳门特别行政区立法会主席刘焯华率领澳门特别行政区全国人大代表视察团到长沙视察。陈润儿，张剑飞会见了代表团一行。澳门全国人大代表视察团实地参观视察了橘子洲生态文化公园，长株潭两型社会展览馆，天心区检察院，中联重科，咸嘉新村社区，梅溪湖国际服务区。在实地视察后召开的汇报会上，张剑飞汇报了长沙经济和社会发展情况，市人大常委会主任余合泉主持汇报会。刘焯华对长沙改革开放以来的发展与变化深感骄傲和自豪。全国人大常委会委员、全国人大常委会副秘书长何晔晖、全国人大常委会办公厅联络局局长张朴，中央政府驻澳门联络办协调部部长许爽、副部长张深居，省人大常委会副主任蔡力峰，秘书长孙在田，市领导张迎龙、虢正贵、黄佳惠、陈绍纯，市人大常委会秘书长柳美景等陪同视察。

（谈利兵）

长沙市人民政府

责任编辑：黄磊

长沙市人民政府机构领导人员

长沙市人民政府

市　长　张剑飞
副市长　张迎龙
　　陈泽珲
　　何寄华
　　陈献春（2012.10免）
　　姚英杰
　　黎石秋（2012.01任）
　　夏建平（2012.01任）
　　李介德（2012.01任）
顾　问　宋　达　吴念公
　　黎　勇
副厅级干部　张贺文　周庆宪
秘书长　唐志浩
副秘书长　黄雄姿
　　严凤枝
　　曾慧明
　　秦光国（兼）
　　刘秋成
　　肖雄飞（兼）
　　石东海
　　蒋集政（兼）
　　黄吉邦
　　王伟胜
　　卢兴映
　　高　伟
　　涂文清
　　康小平（2012.09任）

市人民政府办公厅

主　任　唐志浩
副主任　黄雄姿　戴建文
　　罗予武（2012.09免）
　　陶　琼（2012.08任）
　　丁财喜（2012.12任）
　　谭　海（2012.12任）
　　罗许全（2012.12任）

市发展和改革委员会

主　任　周岳云
副主任　吴新伟　吴德峰（兼）
　　胡圣国　王启玮
　　杜海霞（女）　陈光荣

市工业和信息化委员会

主　任　赵跃驹
副主任　刘志辉　周双恺
　　李佑松（2012.08免）
　　许卫华　黄　滔
　　吴宏亮
　　万惠明（2012.09任）
　　潘建军　张铁光

市教育局

局　长　王建华
副局长　王建林　李　枫
　　李　平（女）　邓　芸（女）
　　缪雅琴（女）

市科学技术局
（长沙高新技术开发局）

局　长　胡石明
副局长　宁　枫　胡　勇
　　宋新和　张　凯
　　龚矜国　周一平
　　举力哈提·阿不都热依木
　　（挂职，2012.03任）
　　孙沅（2012.09任）

市住房和城乡建设委员会

主　任　范炎斌（2012.12任）
　　陈鲁青（2012.12免）
副主任　程定夫
　　杨彩兰（2012.08任）
　　张跃先（2012.08免）
　　赵金伟　彭旭峰（兼）
　　汤　伟　王星耀
　　杨新武　胡汉清
　　赵志宏
　　周　飞（2012.09任）

市公安局

局　长　李介德
副局长　单大勇　张　慧
　　李新民（2012.12免）
　　易　昶　何正良
　　李湘江（女）
　　欧益科　徐波跃
　　夏晓鸥（2012.12任）

市民政局

局　长　曹再兴
副局长　伍仁华　胡建淮
　　贵志平　范凤芝（女）
　　何水军
　　康镇麟（2012.09免）

市司法局

局　长　魏华松
副局长　朱世平（2012.11免）
　　肖建中　游建伟
　　谢朝晖　陈海波
　　贝先明　刘永革
　　佘再泉
　　余伟军（2012.09任）
　　孙美秀（女，2012.12任）

市财政局
局　长　张　敏（2012.12任）
　　　　李晓宏（2012.12免）
副局长　胡岳龙　　肖继红（女）
　　　　邱兵东　　肖正波
　　　　张学峰　　宋志元
　　　　李玮玮（女，2012.09任）

市人力资源和社会保障局
局　长　文丽霞（女）
副局长　王　河　　佘正林
　　　　章利云（女）
　　　　钟建辉（女）
　　　　陈英庶　　伍水清
　　　　尹久长　　周柏清
　　　　戴崇华（女）
　　　　李德清　　彭罗生
　　　　李佑明
　　　　魏　敏（女，2012.09任）

市国土资源局
局　长　汪泽秋
副局长　陈晓阳　　傅青山
　　　　文　雄　　刘光标
　　　　罗国良
　　　　张君来（2012.11免）
　　　　佘　辉

市交通运输局
局　长　刘明理
副局长　姚仲权　　李金鑫
　　　　罗齐宏　　刘兆群
　　　　席超波　　李　宏
　　　　厉江华
　　　　浣灿勇（2012.09任）
　　　　陈　湘
　　　　李学东（兼，2012.09任）

市水务局
局　长　李增加
副局长　丑金科　　肖才富
　　　　陈江浩　　袁自力
　　　　罗国强　　喻小丽（女）
　　　　王佳良

市农业局
局　长　吴石平
副局长　陈祖生　　彭新国
　　　　曾　鸣　　戴渐红
　　　　张社发　　陈水平
　　　　周　浩
　　　　刘　军（2012.01任）
　　　　陈　锦
　　　　周艳芳（女，2012.09任）

市林业局
局　长　周庆年
副局长　黄树森　　汤华亮
　　　　谭景长　　段建军

市商务局（市招商合作局）
局　长　杨兴龙
副局长　陈再坤　　王　红
　　　　易海斌
　　　　文解亮（2012.03免）
　　　　毕丽颖（女）
　　　　毛鹏程　　　汪东华
　　　　彭可佳（2012.09任）
　　　　吴照舒（2012.08任）

市文化广电新闻出版局
局　长　杨长江（2012.07任）
　　　　周志凯（2012.01免）
副局长　赵一东　　吴应龙
　　　　俞小玲（女）
　　　　张明清
　　　　黎　政　　聂　勇
　　　　吴　洪
　　　　周永康（2012.08任）

市卫生局
局　长　郭　塨
副局长　刘明章　　黄赣湘
　　　　邓云其　　欧志明
　　　　彭　骅（2012.01任）

市人口和计划生育委员会
主　任　周　敏（女）
副主任　李亿成　　张云桥
　　　　燕国浩　　何俊英
　　　　胡　平（2012.11免）
　　　　袁　湘（女）
　　　　厉卫东（2012.11任）
　　　　刘激扬（女）
　　　　李淑环（女，2012.09任）

市审计局
局　长：陈芳辉（2012.02任）
副局长：段安娜（女）
　　　　刘金文（女）
　　　　邓国浩　　黄永健
　　　　彭保刚

市食品安全管理办公室
主　任　黄吉邦
副主任　王新良
　　　　陈明南（2012.01任）
　　　　张熙坤　　向建州
　　　　彭　进（女）

市城市管理和行政执法局
局　长　袁志恒
副局长　肖　玮（女）
　　　　曾庆安　　张胜祥
　　　　赵建军　　胡智慧
　　　　胡　刚
　　　　邹自强（兼）
　　　　李中秋　　韩定安（兼）

市城乡规划局
局　长　冯意刚
副局长　吴学超　　张　斌
　　　　程展鹏
　　　　匡利娥（女，2012.09任）

市环境保护局
局　长　黎　建
副局长　张力鸣　　张新才
　　　　陈小文　刘诗题
　　　　郭卫平（女）
　　　　邓民生（2012.01任）

市统计局
局　长　芮英姿（女）
副局长　龚志坚　　张罗先
　　　　邹国兴
　　　　韦　薇（女）
　　　　曹敬波

市体育局
局　长　李卓民
副局长　江哲明
　　　　李万雄（2012.12免）
　　　　陈　晓　　杨亿明

市物价局
局　长　李继红
副局长　汤三明　　熊景业
　　　　蔡东风　陈志恺
　　　　郭昊嶷（女）

市粮食局
局　长　陈　旭
副局长　胡力克　　张新亮
　　　　周东义　　赵晓军

王海军（2012.08任）
王巨涛（2012.08免）

市民族宗教事务局
局　长　姚仁智
副局长　刘佳勇　穆豫湘　彭晓军

市旅游局
局　长　谭　勇
副局长　陈　威　曾卫军
廖双寅　黄威重
缪　画（女，2012.08免）
杨　智（援藏）
余　岚（2012.08任）

市安全生产监督管理局
局　长　文卫红
副局长　张玉玺　梁明孝
曹惠民　钟才发
李建勋　李志兵
刘金泽
黄波（2012.09任）

市食品药品监督管理局
局　长　孙卫东
副局长　李顺权　易石平
谭志国
蒋国平（2012.09任）
钟　卫　肖志杰
金　雷　陈再旭

市人民防空办公室
主　任　易权吉
副主任　陈定宪（2012.03免）
戴中平　莫金文
王业平

市人民政府外事侨务办公室（市人民政府港澳事务办公室）
主　任　袁义和
副主任　王　俏（女，2012.08免）
钟发丽（女）
缪　画（女，2012.08任）

市人民政府法制办公室
主　任　陈剑文（女）
副主任　钱晓钢（女）
罗励民　杨建辉

市信访局
局　长　肖雄飞
副局长　王强壮　王占一

孙平波　刘加利
梁琼生
陈　艳（女）
肖　劲（兼，2012.07任）
蔡　冰（2012.09任）

市人民政府研究室
主　任　蒋集政
副主任　唐曙光　周海毅
王德志（2012.08任）

市畜牧兽医水产局
局　长　周宏兆
副局长　尹莉亚（女）
陈志杰　宋庆明
毛　晓　卞佑明

特设机构

市人民政府国有资产监督管理委员会
主　任　郭力夫
副主任　胡珊珞　赵定山
陈　军　刘剑锋
刘　军　杨能武

部门管理机构

市人民政府口岸办公室
主　任　易亮伦
副主任　黄立斌　王光辉

市公务员局
局　长　文丽霞（女，2011.10免）
常务副局长　李哲学

挂靠管理机构

市爱国卫生运动委员会办公室
常务副主任　成菲菲（女）

派出机构

长沙大河西先导区管理委员会
主　任　赵文彬
副主任　刘继雄
陈鲁青（兼）

长沙高新技术产业开发区管理委员会
主　任　罗社辉
副主任　邓自力　刘　琳
莫一平　陈志红（女）
陈大庆　詹立明
周意龙　王国海
曾小龙（2012.07免）

长沙经济技术开发区管理委员会
主　任　李科明
副主任　吴京生　陈新忠
巩　固　黄　瑶
刘逢春　范遵新

直属事业单位

市住房保障局
局　长　石长松
副局长　李万雄（2012.12任）
周　江　黄家兴
李昌贵（2012.08任）
潘宏（2012.08任）

市市政设施建设管理局
局　长　张跃先（2012.08任）
顾湘陵（2012.07免）
副局长　刘义山　周谟华
马泽谦
刘和平（2012.12任）
李　航（2012.09任）
李卫辉

市园林管理局
局　长　周　文
副局长　李　伟（2012.11任）
彭欢首（2012.11免）
韩　辉　唐德华
黄　哲

市政务服务中心
主　任　秦光国
副主任　黄文彬　李祥龙
王卫江（2012.08任）

市机关事务管理局
局　长　谭　志
副局长　李纪峰　黄　灿
蔡剑锋
夏寿利（2012.07任）
陈亮（2012.10任）

市知识产权局
局　长　彭民安
副局长　孙　进　张　立

曾　瑛　张　虹（女）

市政府金融工作办公室（市信用征信管理办公室）
主　任　李晓斌
副主任　周练军　常跃勤
　　　　申志勇
　　　　段永松（2012.08任）

市地方志办公室
主　任　王习加
副主任　周国平　姚兰（女）
　　　　张列群（女，2012.08任）
　　　　贺国成

市供销合作总社
主　任　陈大祥
副主任　陈谷良　谢乐兵
　　　　邓大鸣　文朝阳
　　　　田晓阳

市人民政府驻北京联络处
主　任　雷曙超（2012.11任）
　　　　范献武（2012.11免）
副主任　匡涛涛（女）
　　　　王占一（2012.07免）
　　　　肖劲（2012.07任）

其他事业单位

市住房公积金管理中心
主　任　王世平
副主任　苏先敢　高北平
　　　　马保华　宋建桃（兼）

市人民政府驻深圳办事处
主　任　齐　益
副主任　乔小英（女）

市人民政府驻上海联络处
主　任　苏　准

市会展工作管理办公室
主　任　杜中塔
副主任　吴海东　欧　璟（女）
　　　　张　彬

市公路管理局
局　长　厉江华
副局长　赵　锋　刘书臣
　　　　李志丰

市地方海事局
局　长　易田宏
副局长　张科正
　　　　邹恩澧（2012.08免）
　　　　蒋辽沙
　　　　周定根（2012.11任）

市文化市场综合执法局
局　长　王体泽
副局长　谭　旭
　　　　郑秋元（女）
　　　　李克强

市移民开发管理局
局　长　张水平

市能源局
局　长　缪晨光

市枢纽办
主　任　潘胜强

双重领导、以省直厅局为主管理的机构

市工商行政管理局
局　长　陈跃文
副局长　王浩林　许柏松
　　　　圣洪兴　潘　虹
　　　　谢　辉（女）
　　　　谢朝晖

市国家税务局
局　长　李义伯
副局长　韩国荣　李德奇
　　　　钱秀芳（女）
　　　　楚星灿　梁　健
　　　　何正华

市地方税务局
局　长　龙晓清
副局长　刘　进　邹　志
　　　　夏媛媛（女）
　　　　袁　斌　陶佼如
　　　　钟奇伟

市质量技术监督局
局　长　陈曙光
副局长　田建武　李有富
　　　　张　炼

市国家安全局
局　长　石东海

市电业局
局　长　曹立逊
副局长　王周祥　刘夏清
　　　　罗立平　赵　嶷
　　　　汪少辉　彭京仁

市邮政局
局　长　刘绍权
副局长　李胜军　雷　雨
　　　　张劲松　盛武华

市烟草专卖局（市烟草公司）
局　长　徐文军
副局长　杨　奇

市地震局
局　长　张彩虹
副局长　黎品忠　胡文华

市气象局
局　长　郭卫星
副局长　邹林林　郭海峰

市水文局
局　长　杨小康
副局长　易瑾瑜

政务纪要

【市政府常务会议研究事项】 2012年，长沙市政府共召开常务会议6次，主要研究事项如下：

2月21日，研究全市安全生产工作；审议《长沙市慈善事业促进条例（草案·送审稿）》；审议《长沙市全民健身办法（草案）》；听取2011年度第四批次划拨用地情况汇报。

4月6日，听取妇女儿童工作汇报、审议《长沙市妇女儿童发展规划（2011-2015）（送审稿）》；审议《长沙市人民政府2012年立法计划（送审稿）》；审议《长沙市人民政府关于提请废止〈长沙市城市房屋拆迁管理条例〉等三部地方性法规的议案》。

6月15日，审议《长沙市轨道交通条例（草案·送审稿）》。

9月19日，审议《长沙市政府法制工作规定（草案）》；听取关于

2012年度第一批次划拨用地的情况汇报。

11月2日，研究部署十八大特护期安全生产和维稳工作。

11月26日，学习《法治湖南建设纲要》；听取关于2012年-2013年冬季气候影响的情况汇报；审议《长沙市地名管理办法（草案）》；审议《长沙市城市养犬管理规定（修正草案）》；审议《政府工作报告（讨论稿）》；听取有关人员行政处分的情况汇报。

（陈　杰）

【市长办公会议研究事项】 2012年，市政府召开市长办公会议主要研究以下事项：

1月13日，研究新明村新农村建设问题。

1月16日，研究汉长沙王考古遗址公园及周边区域总体规划设计要点；研究市政府法制办依法行政工作专项奖励有关问题；研究市发改委政府投资项目管理工作奖励有关问题；研究岳麓区时代天骄小区业主反复集体上访有关问题；研究“一馆三中心”儿童剧院内部装修与设备工程可行性研究报告。

1月17日，研究无军籍退休职工生活补贴问题；研究“两馆一厅”建设有关问题；研究市住房城乡建设委原重点工程建设指挥部遗留问题；研究二环线西南-东北段部分路面整治问题；研究长沙化工厂环保关闭、整体拆除、依法破产人员分流安置方案；研究株树桥水库库区生态补偿有关问题。

2月8日，研究长沙食品工业发展有关问题。

2月11日，研究湘江长沙综合枢纽工程长沙库区水利项目建设有关问题；研究长沙市湘江综合枢纽开发有限责任公司融资及退出地方政府融资平台事项。

2月13日，研究2011年度食品安全工作先进表彰有关问题；研究国资委系统信访重点问题；研究《长沙市市属国家出资企业章程管理办法（送审稿）》及《长沙市市属国家出资企业重大事项报告管理办法（送审稿）》；研究原长沙韶光微电子总公司资产重组问题。

2月14日，研究电子信息产业发展有关问题。

2月19日，研究城乡结合部环境综合整治工作。

2月21日，研究伍家岭地区城市及交通综合设计方案；研究新河三角洲（A）片控制性详细规划；研究黎托新城片区控制性详细规划；研究2012年交通工程实施项目；研究湘江宾馆土地开发项目规划调整问题；研究怀化市政府驻长办事处综合办公楼项目土地价款问题；研究岳麓区天顶乡尖山村、永安村土地储备项目安置资金问题。

2月22日，调研国土资源管理工作。

2月23日，研究市供销社改革发展及项目建设等有关问题。

2月25日，研究市纪委办案点提质建设工作。

3月17日，研究园林工作。

3月18日，研究西湖文化园和天马山景区建设有关问题。

3月20日，研究湘江大道沙河大桥工程可行性研究报告；研究原长沙铬盐厂铬污染土壤修复工程有关问题；研究《岳麓山风景名胜区桃花岭景区综合整治规划》；研究长沙市城乡规划展示馆布展设计策划方案。

3月22日，研究农村集体土地征地拆迁货币安置有关问题；研究城市道路维护整治工作。

3月27日，研究黄兴北路棚户区改造房屋征收工作。

3月30日，研究宁乡县春耕生产及现代农业工作。

4月5日，研究银盆岭湘江大桥加固换索工程有关问题；研究五一大道恢复和提质工程有关问题；研究福元路湘江大桥景观设计方案；研究湘府路湘江大桥景观设计方案。

4月17日，研究《关于加快供销合作社改革发展的若干意见》有关问题；研究“全国双拥模范城”奖励有关问题；研究建议提案办理工作奖励有关问题；研究《长沙年鉴》专项奖励有关问题；研究《长沙市全装修住宅全装修集成住宅容积率奖励办法》有关问题；研究《长沙市渣土弃土场布局规划（2011-2012）》有关问题；研究轨道交通运营筹备工作有关问题；研究黎托汽车站二期工程（主站房）建设有关问题。

4月22日，研究长沙港航有限责任公司（以下称港航公司）改制及客运项目拆迁有关问题。

4月24日，研究黄兴北路棚户区改造项目房屋征收工作。

5月5日，研究公安工作。

5月10日，研究提高城乡居民最低生活保障标准有关问题；研究市水上应急指挥及救援中心项目立项有关问题；研究长沙市勘测设计研究院机构编制有关问题；研究政府研究室系统先进集体和先进个人表彰奖励有关问题；研究长沙铜官窑遗址博物馆建设工程可行性研究报告；研究市老年人门球活动中心投资规模调整有关问题；研究《关于在长沙市体育局直属运动学校实行编制到校空编人员经费包干的实施意见》；研究《争取上级资金（政策）奖励试行办法》。

5月15日，研究湘江世纪城项目结算有关问题；研究2012年特色景观街设计方案。

5月16日，研究《长沙市城市综合交通体系规划（2010-2030）》；研究湘府东路跨京港澳高速公路桥梁和劳动东路浏阳河桥栏杆设计方案；研究小林子冲路（省水利厅段）规划方案调整问题；研究桐梓坡路—鸭子铺通道工程设计方案；研究岳麓区莲花镇规划方案；研究银杉路地下空间开发规划方案；研究南湖路湘江隧道洞口景观设计方案；审议《长沙市历史文化名城保护规划（2003-2020）》；研究加强对长沙市已建金融机构跨区搬迁管理有关问题；研究解放军95214部队申请自建经济适用住房有关问题；研究长沙北辰房地产开发有限公司（以下称北辰公司）三角洲项目招拍条件及土地出让合同执行有关问题；研究市非正常上访分流中心建设有关问题；研究长沙市社会综合治税信息平台项目有关问题；研究《长沙市工读学校二期工程建设项目可行性研究报告》。

5月22日，研究轨道交通2号线一期工程车站公共区装修概念设计方案；研究轨道交通2号线一期工程车站公共区装修及出入口风亭设计方案；研究轨道交通3号线一期工程线位站位方案；研究晓园公园环境综合整治及提质改造设计方案。

5月23日，研究2011年度全市

建设国际文化名城等与国外开展广泛交流，取得一系列成果。

二、规范涉外管理。贯彻执行中央和省、市有关因公出国（境）规定，全年审核审批因公出国团组371批1050人次，其中党政干部283人次，与2011年相比保持零增长。办理被授权单位邀请函319份543人次，较上年增加115人次，增长27%。全年举办10余场次涉外礼仪知识辅导讲座，通过多种渠道发送中国领事保护和中国企业海外风险防范等宣传资料。认真做好中日钓鱼岛事件和党的十八大会议特护期涉外维稳等工作，妥善协调处理10余起涉外事件，实现涉外突发事件处置、境外非政府组织和外国记者到长沙采访管理等联席会议机制常态化。

三、提升服务水平。争取省外侨办和市领导支持，年内新增侨务扶贫、涉外参观点建设、对外宣传、友协工作和外事礼品等专项经费累计170万元。1. 加强社区侨务工作示范点建设。6月，长沙市岳麓区望月湖街道岳龙社区和天心区金盆岭街道芙蓉南路社区被国务院侨务办公室授予首批“全国社区侨务工作示范单位”。全年受理涉侨涉港澳信访23起，答复率100%，办结率91%。5月，市外侨办被国务院侨办评为“全国侨办系统信访工作示范单位”。2. 助推企业发展。承办“第六届世界华侨华人社团联谊大会侨领湖南行”、“相聚湖南，牵手未来——中马青年文化交流湖南行”等活动，联合省外侨办为湖南华盛烟花等侨港澳资企业实施挂牌服务，组织市华商联合会理事单位负责人与温籍海外侨领代表团开展座谈交流。3. 助推项目合作。为赴香港主办“香港长沙商会成立暨长沙市重大项目推介会”、长沙现代金融调研工作组赴香港考察、市大河西先导区代表团赴香港招商等活动做好协调服务；促成长沙与荷兰海牙就在长沙建设智能交通决策系统成功签约；促成中阿（湖南）进出口贸易公司等外资企业落户长沙。

四、推进工作创新。精心打造“情系长沙”品牌，先后2次组织40多个国家的200余名在长沙外国友人参与 “大美长沙生态乡村惬意游”和“星城新貌”参观活动。加大涉外参观点建设力度，加强对黄龙新村、咸嘉新村等涉外参观点的培育和经费支持，向省外侨办推荐10余个优秀涉外参观点。深化友好城市交往，9月，加拿大维多利亚市市长迪恩·福廷率团访问长沙，张剑飞会见代表团一行。推进多领域交流。组织长沙市中学生与日本鹿儿岛市中学生参加“中日友好交流城市初中生乒乓球友谊赛”并获得分赛区冠军；会同天心区政府举办与韩国龟尾文化院交流演出活动；支持湖南知青艺术团赴美国纽约、华盛顿慰问华侨华人巡回演出；促成明德中学与加拿大维多利亚大学等国外院校签署合作备忘录，建立“学习发展通道”项目。（高伟栋）

“情系长沙”外国友人星城新貌参观活动启动仪式

【组团出席高规格国际会议】 2012年，长沙市借助高层次国际平台，提升长沙国际知名度和影响力，相继组团出席各种高规格国际会议。1月，第42届世界经济论坛年会（冬季达沃斯）在瑞士小镇达沃斯举行，长沙成为中国大陆除夏季达沃斯论坛东道主城市大连、天津之外唯一受到论坛正式邀请的城市，张剑飞率团参会，在会上三次发表主题演讲，介绍长沙的可持续发展理念和实践，得到与会嘉宾的普遍赞赏。会议期间，张剑飞分别会见国际货币基金组织副总裁朱民、诺贝尔经济学奖获得者约瑟夫·斯蒂格利茨、英国经济学家尼古拉斯·斯特恩、世界经济论坛中国区执行董事施力伟等。5月，张剑飞赴比利时出席在布鲁塞尔举行的“中欧城镇化伙伴关系高层论坛”，并就可持续城镇化、长沙新型城镇化探索等内容作交流发言。6月，应联合国环境规划署邀请，市长张剑飞率团出席在巴西里约热内卢召开的联合国可持续发展大会(Rio+20)。在全球市政厅会议上，张剑飞就“中国的城市化：如何运用绿色经济概念实现可持续发展”第一个作主题演讲。联合国环境规划署国际地方环境行动理事会秘书长康拉德·奥托·齐默尔曼在进行会议总结时指出：长沙绿色发展的经验真精彩，值得世界各城市借鉴与交流。

（高伟栋）

【长沙加入亚太城市首脑会议】 7月，第10届亚洲太平洋城市首脑会议在韩国浦项市开幕，来自中国、韩国、日本等13个国家的23座城市代表参加了会议，长沙市副市长钟钢率代表团出席会议。本次会议的主题为“为实现低碳绿色发展的城市政策与城市间合作”，会议期间各国市长就持续繁荣、人口不断增长的亚洲城市在减排、环保等城市政策及相关问题方面展开讨论。会议同意长沙市成为亚洲太平洋城市首脑会议的会员城市。

（高伟栋）

【开展“情系长沙”系列活动】 2012年，市外事侨务办组织在长沙的外国友人开展“情系长沙”活动。9月，在“中国长沙首届自然生态博览会暨2012中国（望城）第四届休闲农业与乡村旅游节”期间，结合整体活动安排，邀请在长沙的外籍经济文教专家以及有关单位外籍志愿者约50人参

副市长钟钢在韩国浦项市出席第十届亚太城市首脑会议

加“情系长沙”外国友人大美长沙生态乡村惬意游活动。11月，组织开展“情系长沙”外国友人星城新貌参观活动，来自长沙经开区、湖南大学、中南大学等单位的175名在长沙工作、学习、生活的外国友人集中参观长沙重点建设项目及优秀企业。张剑飞、陈泽珲亲临活动现场，张剑飞用英文即兴演讲，向外国友人推介长沙并与外宾亲切交谈，给外宾留下难忘印象。

（高伟栋）

【加拿大维多利亚市市长访问长沙】10月24～26日，长沙市友好合作城市——加拿大维多利亚市市长迪恩·福廷率团访问长沙。10月24日，张剑飞会见迪恩·福廷市长一行。双方就推动两市在教育培训、环境保护和旅游等方面合作进行深入交流。10月25日，迪恩·福廷参观高新区拓维信息系统公司，并与长沙高新区管委会、企业代表就投资合作、企业管理培训等问题进行座谈交流。访长沙期间，迪恩·福廷在湖南大学发表专题演讲，并出席明德中学中加交流生项目发布会。

（高伟栋）

【驻华使节参加梅溪湖国际文化艺术周】11月16～22日，“2012年梅溪湖国际文化艺术周”在长沙梅溪湖国际服务区举行，来自美国、英国、澳大利亚、瑞典、芬兰、西班牙、韩国、新加坡、匈牙利等14个国家的31位驻华使节及官员参加，其中包括乌干达、芬兰和捷克3个国家的驻华大使，以及其他国家4位驻华公使、参赞和2位总领事，为近年来官方邀请驻华使节集中访长规格最高、人数最多的一次。活动期间，驻华使节出席开幕式，参观大河西先导区规划馆、梅溪湖国际服务区、橘子洲公园、威胜集团，并赴天心区考察文化产业。

（高伟栋）

信访工作

【概况】2012年，长沙市信访局共受理群众来市信访14447件次，其中，来信2709件次，来访3896批10374人次，网上信访809件次，电话信访550次，复查复核三级终结信访问题5件次。在7月13日召开的第七次全国信访工作会议上，长沙市信访局被人力资源和社会保障部、国家信访局授予“全国信访系统先进集体”荣誉称号。

一、各级领导高度重视。领导定期研究。年内，陈润儿、张剑飞先后5次组织召开市委常委办公会和信访工作调度会，研究部署全市信访工作。年初，陈润儿到市信访局调研信访工作；2月8日，陈润儿、张剑飞主持召开全市政法信访工作会议；7月，陈润儿、张剑飞等市领导组织专题研究进京非访处置工作。张迎龙、虢正贵等市领导20多次召开调度和协调会。领导公开接访。全年先后有22名市级领导公开接访、协调化解疑难信访问题59件次，市级以下领导公开接访群众3081批4576人次，包案处理信访问题1271件次，解决854件次。领导带案下访。2012年，25名市级领导带案62个信访问题，陆续下访到9个区县（市），了解掌握情况。全市900余名县级领导共下访2900余人次，解决信访突出问题1028个。

二、群众工作扎实开展。制定《关于市领导联点区县（市）指导群众工作的通知》、《长沙市公开领导干部联系方式工作管理监督办法》、《长沙市“一推行四公开“工作考核办法》、《关于对市直单位及其驻村（社区）群众工作组进行考核的方案》等群众工作规范性文件。全面落实干部驻村（社区）联点制度。31名市领导联系9个区县（市）、348名区县（市）

省委常委、市委书记陈润儿接待来访群众

领导联系乡镇（街道）指导群众工作，102个市直单位抽派队员组成90个工作组，驻村（社区）开展群众工作，实现180个乡镇（街道）和1850个村（社区）以及市直部门群众工作机构全覆盖。12月，联合市纪委、市委组织部、市委宣传部、市政法委等部门，对高新区、区县（市）和90个市直单位联点村（社区）“一推行四公开”工作开展年底考核。开展党员干部大走访活动。走访群众368.8万人次，组织召开群众大会7000余场次，召开村（居）民座谈会10500多次，征求意见建议58925条。各级群工办收集群众反映的问题和诉求122195个，化解111808个，累计帮扶困难群众8000余户3万多人，资助和救助困难学生和留守儿童4.8万余人次，办理好事实事66848件，代理服务事项80337件，办结72966件，落实帮扶资金5038.28万元。编发《群众工作简报》48期、《群工动态》58期，中联办刊物上发表陈润儿署名文章《坚持开展“一推行四公开”活动，着力构建用群众工作统揽信访工作新格局》，9月3～4日，国家税务总局副局长丘小雄率领中央信访工作督导组到长沙督查，充分肯定长沙市开展的“一推行四公开”工作。

三、积案化解深入推进。制定下发《长沙市2012年领导干部下访和信访积案化解攻坚年活动工作方案》、《长沙市2012年信访积案办理工作规则》等文件，全市共排查梳理信访积案809件。4月12日，市领导张迎龙、虢正贵将70个进京非访信访突出问题，逐一交办给区县（市）长，9月13日，市委、市政府再次将89个信访突出问题集中交办给各责任单位。2012年，政务窗口接待信访事项3642件，转送重要信访事项303件，告知信访事项3339件，协调化解1142件。组织或参与各种协调会议720余次，调解各类纠纷11件次，接待群众免费法律咨询服务29人次，参与经济仲裁7次。使用市级专项救助资金50万元，救助信访群众19名。省联席办工作简报以《念好“借、抓、联、帮”四字经 全力推动信访积案化解》为题，推介长沙市化解信访积案的做法。

四、工作效能全面提升。2012年，依法依规接待93批到市规模集访、160多批次到市政府办公区域非正常上访，终结备案信访事项202件，受理并答复信访复查复核申请5件次。信访案件办理有序推进。办理上级交办信访案件174件，到期全部办结。服务大局作用凸显。编发报送《长沙信访》7期，《长沙信访情况通报》10期，《每周进京访情通报》21期，《长沙信访工作情况》26期，《群众来信摘报》7期，《重要群众来信呈报》7期，《十八大特护期信访工作简报》17期。办理人大代表建议和政协委员提案3件。

（袁　晶）

6月8日，国家信访局副局长王耀东在雨花区调研信访工作

【长沙市被国家信访局确定为全国网上信访工作联系点】 4月17日，国家信访局召开全国网上信访工作联系点建设工作会，长沙市被确定为全国12个网上信访工作联系点之一，并在全国网上信访工作经验交流会上作典型发言。国家信访局《情况交流》第51期以《长沙市积极推进网上信访工作效果好》为题推介长沙网上信访工作。

（袁　晶）

【国家信访局调研组到长沙调研】 6月8日，中央信访联席会议办公室副主任、国家信访局副局长兼国家投诉受理中心办公室主任王耀东带领国家信访局调研组到长沙调研信访工作。王耀东一行实地考察了雨花区人民来访接待中心，听取了信访信息系统、省长信箱、市长信箱、区长信箱等情况介绍。对长沙市将现代科学技术与办理群众来信来访有机结合起来，在人民来访接待中心配备全流程数字化管理设备，自行研发信访登记系统，开辟新型工作平台，提高解决问题、化解矛盾的质量和效率等做法给予充分肯定。

（袁　晶）

【中央信访工作督导组到长沙督查指导信访工作】 9月3～4日，国家税务总局副局长丘小雄率领中央信访工作督导组到长沙督查指导信访工作。陈润儿、盛茂林、张严、许忠建、张迎龙、虢正贵、李军等省市领导出席汇报会或陪同督导。中央信访工作督导组认为长沙信访工作成效显著，创新的信访工作“一健三联”机制、信访责任机制、上下联动机制等值得肯定，“一推行四公开”群众工作有特色、有亮点。

（袁　晶）

【严密保障党的十八大期间信访工作】 11月8日，中国共产党第十八次全国代表大会在北京开幕。十八大召开期间，市信访局围绕市委、市政府提出的“七个严防”工作目标，扎实做好长沙市十八大特护期间的信访工作，全市各级、各部门协调配合，积极作为，齐抓共管。没有发生激化矛盾的重大突出信访问题；没有发生规模进京集体访事件；没有发生涉访重大恶性事件；没有发生非访人员在北京重点地区、敏感部位寻衅滋事事件；没有发生进京非访人员接不出、控不住、送不回现象；

没有发生非访行为被媒体炒作事件；没有发生因工作人员失职、渎职造成负面影响的事件，为维护北京社会稳定和长沙良好形象做出了积极贡献。（袁　晶）

地方志工作

【概况】 2012年，长沙市地方志工作以科学发展观为统领，全面贯彻落实国务院《地方志工作条例》和《湖南省实施<地方志工作条例>办法》，按照出“精鉴佳志”的目标要求，团结敬业、求实创新、开拓进取、服务大局，圆满完成全年工作目标和任务。《长沙年鉴》（2011卷）获第六届全国年鉴编校质量检查评比一等奖，《望城年鉴》获湖南省第三届年鉴评比一等奖，《宁乡年鉴》获湖南省第三届年鉴评比二等奖；指导已出版第二轮志书的8个区县（市）参评全省第二轮志书优秀成果评选，《望城区志》获一等奖，《宁乡县志》获二等奖，《雨花区志》获三等奖，《天心区志》获优秀奖。成功举办《长沙年鉴》2011年度人物、年度事件评选活动，得到省志委、市委、市政府和社会各界的高度评价。（曾牧野）

【第二轮修志工作】 1. 开展《条例》宣传工作推进依法修志。为普及方志知识，推进依法修志进程，促进读志用志，更好地服务社会，以5月18日《地方志工作条例》颁布六周年为契机，在全市范围内组织开展地方志工作宣传月活动。一是周密部署、扎实筹备。及早向各区、县（市）史志档案局下发活动通知，明确开展活动的意义、形式和重点。对各区、县（市）上报的宣传活动方案进行审查指导，对活动筹备、开展情况进行督查，确保方案落实。二是宣传内容丰富、形式多样。通过悬挂标语横幅、图片资料展、现场咨询服务、赠送地方志书籍、发放宣传资料、召开座谈会、开展方志知识抢答赛等形式对地方志法律法规、志书、年鉴、地情书籍资料等地方志工作成果进行宣传。三是点面结合，主题突出，效果明显。在全市进行全面宣传的同时，以地方志文化进社区为主题，9区县（市）重点突出一个社区宣教，使地方志文化进入居民区，服务广大人民群众。2. 推进长沙市志编纂工作。一是进一步规范、完善市志篇目，形成第三稿。在2011年版《长沙市志（1988～2012）篇目》的基础上，根据志书篇目规范要求以及承编单位反馈意见，长沙市地方志办公室按照独立审阅篇目，提出修改意见，举行篇目评审会的程序，集中对市志篇目逐条、逐目评议、审核，8月下旬形成又一轮修改版市志篇目，并报湖南省地方志编纂委员会审核，根据省志委的审核意见，修改成第三稿。二是进一步修改完善大事记收录标准和细则，完善建置、地理环境篇目，按照标准、细则及篇目收集相关资料，完成市志“大事记”、“建置”、“地理环境”初稿。3. 加强全市修志队伍业务培训。为进一步提高修志队伍业务水平，也为全面总结第二轮修志启动以来全市的工作情况，集中部署下一段工作，经市政府批准，于9月成功举办“长沙市第二轮修志第三期业务培训班”。全市160多家市志承编单位的分管领导和主笔200余人参加培训。4. 扎实开展区县（市）地方志工作。各区县（市）基本完成“概况”、“区街工业”资料收集。雨花区公开出版《长沙市雨花区志（1988～2002）》，《芙蓉区街巷路志》完成终审评议，宁乡县《大成桥镇志》（内部出版），《浏阳市森林公安志（1962-2010）》（内部出版），《长沙县通史》、《宁乡百年人物风云录》开始编纂工作。（曾牧野）

【《长沙年鉴》（2012卷）出版】 10月《长沙年鉴》（2012卷）出版。长沙年鉴编辑部在保持篇目结构基本稳定的前提下，依据全市各项事业发展的实际情况，修订了部分框架结构。全书新增类目120条，整合65条，减少不合理和与现实脱节类目38条，新设分目32条。调整逻辑统属关系、改变归属地位、重新设计布局，全面改变了篇目结构的不足。加强稿件的编辑和审校工作，使年鉴文稿更加精炼。在编校工作中，严格按工作流程开展“三审四校”。并增加编辑交叉互校和终稿校对，进一步提高了编纂质量。装帧设计凸显新风格，《长沙年鉴》（2012卷）装帧设计在继续坚持简朴、亮丽基础上进一步改善，全书首次采用全铜板纸彩色印刷，用长沙城市的主色调（橙黄色）为基色，烫金的毛体书名、龙年生肖剪纸、长沙市花－－杜鹃花图案、新版的长沙行政区划图等充分展示了长沙年鉴的新亮点及特色。（曾牧野）

【首创开展《长沙年鉴》年度人物、年度事件评选活动】 长沙市地方志办公室以“将大事件存史，替小人物立传”为宗旨，组织开展《长沙年鉴》年度人物、年度事件评选活动，积极探索地方志资源服务经济社会发展的新途径，开全国城市年鉴先河。

9月27日，举行《长沙年鉴》年度人物、年度事件揭晓仪式

12月7日，召开长沙市地方志学会换届选举会

活动按基层推荐、专家初选、媒体公示、网络票选、揭晓仪式等五个步骤，评选出上年度长沙市域范围内涌现的对推动全市经济社会发展有突出贡献和典型意义的人物和事件各十个，由长沙市地方志办公室颁发入选证书，并载入《长沙年鉴》。《长沙年鉴》2011年度人物、年度事件评选活动从6月底启动，9月27日评选活动揭晓，历时3个月。在省市领导大力支持和社会各界积极参与下，经过周密部署、精心策划、严密组织，依照公开、公正、公平的原则，按照得票高低，毛勇臻等10人入选为《长沙年鉴》2011年度人物，芙蓉区实施群众工作“直通车”工程等10个事件入选为《长沙年鉴》2011年度事件。（曾牧野）

【长沙市地方志学会工作换届】 长沙市地方志学会是从事地方志研究、修编和整理的单位和个人自愿组成的群众性非营利性学术团体，宗旨是团结和组织长沙市研究、修编地方志的专业工作者和业余爱好者，探讨社会主义新方志的理论，交流学术成果，开展新志修编和旧志整理，提高修志人员的业务水平和志书质量，推动修志工作的开展，为社会经济和文化建设服务。一是完善学会基础性工作。年内，学会完成了年检、组织机构代码证更换、法人代表更换审批、基本账户建立、税务登记审批等手续，为学会开展工作打下了良好基础。学会大力发展会员，11月底，学会共发展会员单位80多家，个人会员130多名。二是开展学会换届工作。先后召开了2次学会理事会暨会员代表大会，审议换届工作筹备方案和第二届领导班子候选人名单。12月7日，召开的会员代表大会暨2012年年会，审议通过了《长沙市地方志学会章程》，《长沙市地方志学会五项制度》，选举产生了学会第二届领导班子，全面完成学会换届，为学会工作开展铺平了道路。三是创办理论研究刊物。学会按照“理论性、专业性、普及性”结合的原则，重新创办学会理论研究刊物《长沙史志》。11月，《长沙史志》创刊号内部出版，设“史志研究”、“志鉴编纂”、“历史回眸”、“旧志选刊”等9个栏目，发表论文20多篇，特别是本期刊物首次刊发了经点校和整理的现存第一部长沙府志（明嘉靖）《长沙府志》图、表、卷一，具有非常重大的学术价值。（曾牧野）

政务公开与政务服务工作

【概况】 2012年，长沙市政务服务中心紧紧围绕市委、市政府的工作部署，按照“依法规范、廉洁高效、诚信便民”的要求，围绕服务主线，突出发展主题，按照审批提速，服务提质，形象提升，群众满意度提高的目标，不断优化政务环境。

一、变分散为集中，实现服务功能集约化。1. 推行应进必进，实现审批部门集约化。以“减少审批环节，提高办事效率，优化发展环境，源头防止腐败”为目的，坚持应进必进原则，严格将行政审批项目纳入政务服务中心集中办理，实行“一站式服务”。2012年窗口共接待办事群众100.9万人次，同比增加15.4%；受理各类事项72.4万件，同比增加7.9%；办结71.3万件，同比增加10%；行政事业性收费10.1亿元，同比减少34%；服务性收费1888万元，同比减少3.3%。2. 推行网上审批，实现审批过程集约化。完善全市行政许可事项在线办理系统和电子监察系统建设，推进非行政许可项目和年检项目进入政务服务中心和在线办理，建设省、市、县三级覆盖、互联互通的电子监察系统。市政务中心牵头分别于2月24日、4月24日、6月27日、12月7日召开专题会议，明确职责分工、制定实施步骤、研究工作方案。年内，市本级、长沙县、浏阳市实现视频监察与电子监察系统的整合。行政许可数据实现省、市、县三级对接，并与市级平台实现互联互通，此项工作走在全省的先进行列，全年，通过行政许可事项在线办理系统共录入办理项目7.6万件。在2012年电子政务应用发展研讨会上，“湖南省长沙市网上政务服务电子监察系统应用案例”荣获“全国政务服务类电子政务优秀应用案例推选活动优秀案例奖（地市级）”。

二、变串联为并联，实现行政审批优质化。1. 主动开展并联审批，实现高效服务。完善以“统一受理、提前介入、联合审批、信息共享、限时办结”为特征的并联审批机制，对市场准入和建设项目等涉及多个部门的审批事项，组织召开服务对象座谈会和协调会，听取项目开发商对市建设工程项目报建审批的意见、建议，认真分析研究各项行政审批流程的内在联系，通过简化审批手续，按照从实、从宽、从简的原则，组织联合审批、联合勘探、联合验收、联合收费，确保审批工作进展顺利。年内，进一步规范了重大投资项目、大学生创业就业、创业富民等“绿色通道”管理，热情做好服务，2012年共受理绿色通道项目59552项（件）。2. 优化行政许可流程，实现提速增效。整合优化审批程序，尽可能减少审批环节。对

长沙市政务服务中心

必须由多个业务部门审批的，变“串联审批”为“并联审批”，减少审批时间。就行政审批事项的审批依据、申请条件、办理程序、申报材料、办理时限、收费依据及其标准，按照“依法、简化、高效”的原则，认真研究，力求减少审批环节，简化审批手续，规范审批程序，再次实行增效提速。

三、变“单一”为“联动”，实现审批服务网络化。1. 延伸服务网络，建好区、县（市）及乡镇街道政务中心。截至2012年底，长沙市的政务公开工作已形成市、区（县市）、乡镇（街道）三级平台四级联动（含村社区）体系。市、县（市）区、乡镇（街道）三级政务中心建设成效显著，全市九区、县（市）基本上建立了集政府信息公开、行政审批、电子政务、效能投诉于一体的综合型政务中心；全市169个乡镇（街道）全部建立了政务中心，3050个村（社区）也建立了代办点，群众办小事不出村、办大事不出乡镇（街道），四级政务服务体系建设日趋完善规范，走在全省前列。2. 拓宽服务范围，加强电子政务建设。2012年，在建设和完善各级政务中心物理大厅的基础上，长沙市政府将119家所属部门网站和县（市）区网站深度整合，开通长沙市政府英文门户网站，开发建设了行政审批在线办理和电子监察系统，构建了全市虚拟大厅，集中公开所有行政审批项目的法律依据、办理机构、办事规程等信息，并提供表格下载、在线办理、结果查询以及咨询投诉等服务，办事群众上一个网站就可阅览相关信息，在一个窗口就可了解到所要了解的情况。提升市门户网站“政务信息公开、网上办事、政民互动”三大功能，设置包括政府教育、社保、就业、医疗、住房、交通等9大领域服务功能的“关注民生、服务民本”专栏。

四、变被动为主动，实现公共服务人性化。1. 认真筹备“12345”服务平台建设，提供人性化服务。根据《湖南省政府服务规定》和省人民政府令（第252号）文件要求，为建设好长沙市公共服务平台，更好地满足公众非紧急情况下的咨询、投诉、求助、办事的需要，下半年开始，主动承担和筹备12345服务平台建设，成立专门的筹备机构，组织相关培训，制定平台建设方案，并将前期知识库的内容整理完毕。2. 创新服务理念，提供温情化服务。为方便群众办事，市政务服务中心创新工作模式，推出节假日预约服务、上门服务、午休值守服务、全程无偿带领代办等特色服务。全年办理带领业务300余人次，开办相关单位机构代码证、烟草专卖证等9个项目的代办业务。

五、变暗箱为透明，实现信息公开常态化。1. 规范政府信息公开，保障知情权常态化。认真贯彻落实《中华人民共和国政府信息公开条例》，加大政府信息公开力度。一是加强主动公开的督促和指导。组织指导市直部门和区、县（市）搞好年报的编制和公布工作．实行一季一调度，一月一统计，一季一通报，组织召开了4次主管部门信息公开工作调度会。2012年市门户网站主动公开各类信息达9万多条（2011年8万余条），发布政务办件信息72.7万余条，办结信息72.0万余条。二是创新公开形式。媒体直播政府新闻发布会、政府常务会、在线访谈、科交会等40场；通过政府网站、《政府公报》、广播电视、报刊专栏等方式，公布政府令、市政府文件、办公厅文件以及各单位系统文件等相关信息920条。协助开展政府信息查阅利用、馆藏、开放档案、资料的查阅利用、行政许可事项的办理等服务。三是规范依申请公开。2012年，通过市政府门户网站“依申请公开”栏目共收到114件依申请公开申请，市政务中心积极跟踪申请受理处理的进展情况，所有申请均已处理答复。2. 加强信息查阅中心建设，促进便民利民最大化。年内，市政务服务中心大厅建立市政府信息查阅中心，形成纸制文档查阅、电子文档查阅、风采展示、文件资料阅览四个功能区，提供政府信息的查阅利用、馆藏开放档案、资料的查阅利用等服务。查阅中心拥有现行纸质政府文件3000余件；公报，政报300余本；其他资料150余册。100多家市直机关单位的档案目录在查阅服务台全部实现在线检索查询。（张　静）

电子政务

【概况】 2012年，长沙市以应用需求为导向，以整合、共享资源为抓手，集中力量建设电子政务基础平台，探索电子政务集约型发展模式。建成四大电子政务基础支撑平台（网络平台、网站平台、应用平台和安全平台），建设4个跨部门应用系统（协同办公、政务信息专报、行政审批、电子监察），以信息资源整合和电子政务应用为依托，创新社会管理模式。市政府门户网站在2012年度中国政府网站绩效评估中居省会城市第二位。

一、整合信息服务资源，提供网上“一站式”服务。为贯彻执行《政府信息公开条例》及省、市相关文件精神，市政府门户网站在“政府信息公开、网上办事和政民互动”三大核心指标体系的“量、度、率”上下功夫，着力构建服务型政府，打造一个永不下班的网上政府信息服务平台。通过对部门的业务梳理、流程优化、资源整合，实现全市行政许可事项的在线办理；实现“规划、税务、国土、房屋产权”等重要业务的在线申报。建设“公众服务”、“个人办事”、“企业办事”、“场景式服务”等栏目，共整合办事指南和服务事项6000余项，将市政府政务大厅引入到门户网站上，将政务大厅所有办理、办结事项同步以虚拟大厅的形式展现。通过政民互动的市长信箱、咨询投诉、依申请公开等栏目了解公众的诉求，特别是“市长信箱”栏目，平均每年收到有效信件8000件左右，回复率逐年上升，2012年达到95.45%，实现市民咨询、求助、建议、批评、投诉网上统一受理、分办和反馈，解决了部门对市民来信发而不收、收而不办、办而不公开的问题，为市民与政府搭建了沟通的桥梁，维护了社会稳定。近年来，结合长沙市经济建设发展的重点、热点、难点问题，邀请相关部门负责人做客市政府门户网站访谈室，为网民释疑解惑，完成“开福滨水新区发展战略”、“福满星城”购物消费节、“消费与安全”等在线访谈22期，政府新闻发布会、政府常务会、科交会等直播新闻86场。2012年，基于市政府门户网站建设的移动门户“中国·长沙”APP服务，标志着市政府门户网站的服务从PC端延伸至移动终端，广大网民可随时通过移动终端了解长沙概况、政务信息、网上办事流程、在线查询等内容，为公众提供集中统一、多种渠道、多种方式、全天候在线综合互动服务，使电子政务真正成为社会管理的助推器。

二、统一四大应用系统，创新社会管理模式。长沙采用“平台+应用”的建设模式逐步建设完善了电子政务应用支撑平台，推进了协同办公系统、政务信息专报系统、网上政务服务系统和电子监察系统等四大应用系统。1. 协同办公系统。主要用于市委、市政府办文、办会、办事，基本满足了政府部门公文处理的需要。2011年对协同办公系统进行了升级改造，增加了多部门联合会签功能，推动了部门之间的横向协同。系统累计发布会议通知1864条，市委公文传输累计收文50665条，累计发文855条；市政府公文传输累计收文172882条，累计发文9840条。 2. 政务信息专报系统。包含市长专栏、任务交办、处室信息上报、委办局信息上报、区县信息上报、开发区信息上报、统计报表等7项内容管理功能。改变了政务信息手工编制、人工传递的传统模式，为政务信息的上传下达创造了快捷、便利的途径。党务信息报送累计498条；政务信息专报累计4211条。3. 网上政务服务系统。实施现场联办与网上协同相结合，提高审批办事服务效率。实现了行政许可事项审批流程在线公示、审批表格在线下载、审批业务在线受理、审批业务在线办理、审批信息在线查询、审批结果在线反馈等环节的网络化，形成了“大厅+网络”双重集中统一的审批服务新机制。行政许可事项全部在统一的网上政务服务系统办理，实现了审批流程纵横联动、柔性定制、刚性运行，强化了跨部门协作，规范了审批流程，提高了服务效率。截止到12月31日，网上政务服务系统累计受理办件277262件。4. 电子监察系统。通过外网受理、专网办理、外网反馈、网上审批的方式，为社会大众提供网上申请、表格下载、状态查询、结果告知、咨询解答等公共服务，按照省政府要求建设了省、市、县三级联动的电子监控系统，实现对全市办事大厅、服务窗口的实时、动态、全程监察，实现对各行政机关及其工作人员履行职能的全过程监督，为各行政机关依法行政、阳光操作、改善服务质量、提高行政效能、完善惩防体系建设提供了技术支持。2012年市网上政务电子监察系统应用荣获全国政务服务类电子政务优秀案例（地市级）。

三、统一四大基础平台，集约化推进电子政务。长沙市已经建成统一的四大基础支撑平台：网络平台、网站平台、应用平台，安全平台，以集约化的电子政务强化社会管理。1. 统一的网络平台。现已建成上联省、下联区县、横向联接各市直部门，内外网物理隔离的电子政务网络平台。按照国家、省厅要求以及本市的具体需求，从2007年开始动工建设电子政务内外网平台，目前电子政务内网已接入政务部门200家，外网接入部门160家，为全市各部办委局提供了一个方便快捷、安全可靠的统一电子政务“信息高速公路”。统一网络平台为社会管理四大应用系统和全市所有业务应用系统提供了网络支撑，承载了政府门户网站、协同办公、在线行政审批、数字档案、数字审计、数字城管、征信系统等73个应用系统和54个政府部门子网站。通过建设统一的网络平台和统一的互联网出口，从根本上制止了网络平台分散重复建设，既有效保障了信息安全、又节省了大量网络建设经费和互联网通信费。2009年，建成全市统一的市政府中心机房，能够满足长沙市政府部门未来5～8年对机房的需求，2012年，托管了政府34个部门共209台服务器。通过共享机房，避免了重复建设，为财政节省了基础建设经费与机房管理费。2. 统一的网站平台。长沙市的政府门户网站是依据“统一规范，统一建设，分级管理，统一监管”要求建设的政府网站集群，它以政府门户网站作为中心主站，以部门网站为支撑子站，形成主站与子站的互联互通、信息共享和应用分享，并实现了对下级政府网站、各部门网站实施有效的监管和考评。通过市政府门户网站平台对109个政府相关部门建立了政府信息公开目录，链接了119个所属部门和区县（市）网站，按照县级以上政府“一级政府一个网站、一个部门一个子网站”的原则，指导54个部门在市政府门户网站平台上建立了子网站，有效整合了政府信息资源、服务资源和政务应用，消除了“信息孤岛”、“应用孤岛”，为社会公众提供了更多更好的政府服务。3. 统一的应用平台。长沙采用“平台+应用”的建设模式逐步建设和完善了电子政务应用支撑平台，并通过统一的门户展示出来，实现应用间的无缝链接。在平台基础上推进了协同办公系统、政务信息专报系统、网上政务服务系统和电子监察系统等四大应用系统，由统一的后台管理系统对所有的应用进行管理和维护，以便系统与系统之间、系统和平台之间能够有效地互联、互通、互操作。形成了以平台为基础、以应用为核心，网上办理与电子监察相结合的“长沙模式”。4. 统一的安全平台。网络安全建设是一个系统工程，长沙采用先进的“平台化”建设模式，坚持近期目标与远期目标相结合的原则，建成了统一高效的安全监控平台，避免了重复投入与建设。采用专业的SOC安全监控平台对市电子政务外网平台提供全面深度的7*24小时安全监控。目前监控设备128台，自动化处理海量安全日志并告警，日平均处理安全告警达到300余次，能从宏观和微观两个角度对全市电子政务网络的安全状况进行趋势分析，并提供了全天候的专人监控和应急响应服务。

（肖　琳）

《长沙市物业专项维修资金管理办法（征求意见稿）》立法听证会

政府法制建设

【概况】　2012年，长沙市政府法制办公室全体人员团结协作、扎实工作，加强政府法制建设，继续推进全市依法行政工作，地方立法工作、规范性文件管理、依法行政指导监督、行政复议应诉、政府合同审查管理等各项业务工作平衡发展，政府法制工作迈入一个规范、有序、高效的发展轨道。

（谭琪正）

【依法行政工作】　市政府法制办深入开展依法行政工作，1. 切实规范行政裁量权。继续认真贯彻实施《湖南省规范行政裁量权办法》，完善行政处罚裁量权基准，对部分单位原已制定的行政处罚自由裁量权基准进行进一步修改和完善。落实行政执法案例指导制度，编撰印发《长沙市2012年度行政执法指导案例》，市县两级共公布指导案例41件；2. 全面落实行政执法责任制。严格执行“先培训、后发证”和“持证上岗、亮证执法”等制度，聘用临时人员执法、无证执法、执法违法等现象得到遏制，行政执法队伍管理进一步加强。系统开展行政执法人员法制培训，以省人民政府换发“两证”为契机，对全市所有行政执法人员进行集中培训和考试，市县两级组织培训班59期，培训执法人员9873人；3. 扎实开展行政执法案卷评查。对试行的评查细则进行多轮修改，发布总体框架更加合理、主要内容更加充实、分值设置更加科学的《长沙市行政处罚案卷评查规则》和《长沙市行政许可案卷评查规则》。牵头组织市住房与城乡建设委、市公安局、市地税局等14个单位法制机构工作人员和执法人员开展2012年度行政执法案卷集中交叉评查，按照“个人评阅、小组成员复核、意见反馈、重点问题集体讨论”的程序，将49个单位纳入评查范围，评阅295宗案卷；4. 开展行政执法主体清理。在政府门户网站和政府法制网上公布第二批市级行政执法主体，包括7个行政机关、22个法律法规授权组织，接受社会监督。

（谭琪正）

【地方立法工作】　2012年，市政府法制办认真推行立法基层调研、立法听证、立法后评估等工作机制，完成2012年立法计划中的《长沙市慈善事业促进条例》、《长沙市轨道交通管理条例》、《长沙市政府法制工作规定》等6件法规、规章的组织起草、意见征求、专家咨询论证、审查修改工作和《长沙市城市房屋拆迁管理条例》、《长沙市城区生猪屠宰管理条例》、《长沙市城市违法建设工程处理办法》等3件地方性法规的废止工作，提请市政府常务会审议。1. 厉行立法基层调研。组织《长沙市流动人口管理服务条例》、《长沙市炭河里遗址保护条例》、《长沙市房屋安全管理条例》、《长沙市企业国有资产监督管理办法》等立法项目调研10余次。重点推进立法基层调研工作，指导和组织开展《长沙市地名管理办法》、《长沙市物业专项维修资金管理办法》的立法基层调研工作，为政府规章的制定奠定了良好的基础。2. 大力推进立法听证。年内，分别对《长沙市地名管理办法（征求意见稿）》、《长沙市物业专项维修资金管理办法（征求意见稿）》2次召开立法听证会，《长沙市物业专项维修资金管理办法（征求意见稿）》立法听证会采用全程网络直播的模式，将听证会全程置于公众监督之下，公众可通过星辰在线、0731房产网全程观看听证会进程，有利于广大公民更直观地了解地方立法工作，对进一步推进民主立法具有重要意义。3. 继续开展立法后评估，完成18部政府规章立法后评估工作，召开立法后评估专家评审会，形成长沙市政府规章立法后评估报告汇编。通过开展立法后评估，全面掌握长沙市现行政府规章实施过程中所存在的问题等现实情况，有效促进立法工作与社会实践紧密结合和评估理论的发展，提高立法工作质量。

（谭琪正）

【规范性文件管理】　1. 开展规范性文件管理务实研究，率先全国开展规范性文件实证分析研究工作，通过对近3年来的262件政府文件合法性审查样本进行分析研究，形成《长沙市人民政府规范性文件审查工作实证分析报告》等3件研究成果，3件实务工作成果逐步推进：编撰发布《长沙市政府法制建设报告（规范性文件管理篇）》，组织起草《长沙市规范性文件制定规则（试行）》，开展《长沙市规范性文件管理工作手册》编撰工作。首次开展系统的梳理和汇编工作，在长沙市规范性文件管理上具有阶段性成果意义，为长沙市规范性文件管理提质打下坚实的基础。2. 落实规范性文件定期清理制度。依据《湖南省规范性文件管理办法》的有关规定，组织全市的规范性文件定期清理。对2010年定期清理后确认继续有效、重新公布的规范性文件，对 2010 年 7 月 1 日至 2012 年 6 月 30 日制定并经“三统一”的规范性文件，依照“谁制定、谁清理”的原则，分阶段按要求进行效力状态的清理、确认和公示。共清理 1650 件规范性文件，确认失效 367 件，宣布废止 91 件，重新公布 131 件，继续有效 1061 件。对清理中发现的效力发生变化的文件，在规范性文件数据库中做出相应调整，保障公示信息的准确性；3. 做好规范性文件管理基础工作。加强规范性文件制定主体监管，开展对市级规范性文件制定主体的梳理工作，梳理并确认有规范性文件制定权限的主体 89 家，分 2 批制定名录，在政府门户网站和政府法制网上予以公布。对规范性文件合法性审查、“三统一”和备案等规范性文件管理基础工作，坚持严抓不懈。审查政府规范性文件 150 件次，均出具书面审查意见，无一漏审。向上级报备市政府规章、规范性文件 62 件，报备率、规范率和及时率均为 100%，接受区、县（市）政府报备规范性文件 82 件，全部审查备案并按要求将备案目录在网站公布。市级规范性文件“统一登记、统一编号”137 件，经统一登记的文件均在市政府规范性文件数据库和检索系统中公布，确保网上公示系统的完备性。审查市长办公会、市政府常务会议纪要 27 件，涉及 101 个议题。

（谭琪正）

【行政复议应诉工作】 2012 年，市政府法制办收到行政复议申请 279 件，受理 231 件，审结 218 件，结案率 94.4%，案外协调处理 48 件。其中，维持 202 件，占结案数的 92.6%。撤销、确认违法 6 件，占结案数的 2.8%。经协调、调解撤回申请等方式结案 10 件，占结案数的 4.6%。办理领导交办的法律事务审查工作 13 件。1. 着力理顺行政复议应诉机制。通过积极受理、告知、解答以及在报刊、网络上对复议工作进行宣传等多种措施，引导群众通过复议途径解决行政争议，充分发挥行政复议化解行政争议的主渠道作用。完善并认真落实行政复议立案审查规则、送达地址确认、行政复议听证、行政负责人出庭应诉等制度，使行政复议应诉行为得到进一步规范。举行听证会 2 场，实地调查 3 次，通过调解、协调结案 10 件，有效提高办案质量；加强行政复议指导监督，制发行政复议意见书、建议书 2 份，实现“办结一案，理顺一片”。2. 强化热点、难点案件的办理。随着城市化进程的加速，涉及征地拆迁案件日益增多，2012 年，长沙市房屋征收案件数剧增，是 2011 年房屋征收案件数的 3 倍，成为长沙市行政复议工作的热点、难点。市政府法制办充分运用法律手段和协调方式处理该类案件，积极探索案前和解、案中协调机制，在法定范围内把调解贯穿于行政复议案件审理的全过程，审理涉及征地拆迁案件 210 起，努力实现定纷止争、案结事了。3. 深入推进行政司法互动。坚持和完善行政复议和司法审查的互动机制，对实践中重大、疑难问题邀请三级法院进行研究，统一见解，形成行政和司法的合力，共同预防和化解行政争议。组织行政司法互动会 6 次，代表市政府应诉 2 件，为其他部门提供应诉支持 6 次，取得较好的实践效果。针对国有土地上房屋征收问题，5 月 21 日，组织市区两级法制办、征收办，邀请三级法院资深法官进行专题讨论。在随后省高院组织的行政司法互动会议上进行再次论证，就 4 个方面 42 个执法问题达成统一认识，形成会议备忘录，有效地规范国有土地上房屋征收行为。 （谭琪正）

6 月 12 日，召开《长沙推进社会管理法治化实施纲要》新闻发布会

【政府合同审查管理】 2012 年，审查各类政府合同（含文件）93 份，相比 2011 年增加 54 份，增长率 138%，出具法律意见 65 份，审查合同金额达 611 亿元，所出具的法律意见没有法律疏漏。一是开展全市政府合同管理调研。5 月，市政府法制办联合市财政、发改、审计、监察等部门组成调研组，对全市所有市直单位、下属管理单位以及部分区县的政府合同审查管理情况开展调研，形成《长沙市政府合同审查管理情况调研报告》，提交市政府领导参考决策。此次调研活动，是长沙市首次专门针对政府合同审查管理工作的一次大规模调研，对全面规范长沙市政府合同管理具有十分重要的意义。二是为全市经济社会建设当好参谋助手。在 7 月举行的“央企对接”活动中，市政府法制办对 22 个拟签约的涉及金额达 320 亿元的合作项目合同进行法律审查把关，在反复审查论证的基础上出具书面法律审查意见，提出的 30 余条重大修改意见均得到采纳，有效防范合作项目法律风险，确保顺利如期签约。市政府法制办的工作得到市委、市政府领导的高度评价，被评为湖南长沙与中央企业合作发展暨重大项目推介会“突出贡献单位”。三是积极参与处理政府其他涉法事务。全年，参加政府及有关部门

的各类涉法会议69次，参与重大疑难民事案件的协调处理，成效显著。（谭琪正）

【出台《长沙市推进社会管理法治化实施纲要》】 2012年，市政府法制办开展社会管理法治化课题研究，积极探索社会管理法治化的新途径，制定出台《长沙市推进社会管理法治化实施纲要》（以下简称《纲要》），这也是全国首部社会管理法治化实施纲要。《纲要》提出“用三年左右的时间，按照法治的思维、方法和手段，建立切合长沙实际的社会管理体制和机制”的基本目标，明确推进社会管理决策程序、社会管理决策执行、民生保障、公共安全管理、流动人口和特殊人群服务管理、资源节约环境保护、社会信用体系建设、虚拟社会管理、社会组织培育发展、矛盾纠纷防范化解等“十个法治化”的主要任务。5月22日，市委市政府印发《中共长沙市委 长沙市人民政府关于印发<长沙市推进社会管理法治化实施纲要>的通知》和《长沙市推进社会管理法治化工作责任分解表》。6月12日，市政府法制办以市政府名义召开《纲要》新闻发布会。《纲要》荣获“中国法治政府奖提名奖”。（谭琪正）

【率先出台政府法制工作规定】2012年，根据法治长沙建设、依法行政和政府法制工作的实际需要，立足实践工作中存在的问题和不足，总结和固化近年来长沙市建设法治政府、推进依法行政、加强政府法制工作的成功经验，结合未来工作的新思路、新举措，出台《长沙市政府法制工作规定》（以下简称《规定》），这是全国第一部规范政府法制工作的地方政府规章，标志着事前法律风险防范、事中法律过程控制、事后法律监督救济的政府法制工作“长沙标杆”正式建立。《规定》定位于法制机构的“组织法”、法制工作的“教科书”和法制建设的“指路牌”，对政府法制工作机制和政府立法工作、规范性文件管理、行政执法指导与监督、行政复议与行政应诉、政府合同管理等政府法制工作和政府法制工作保障、责任追究等进行明确。（谭琪正）

【开展依法行政工作讲评】 11月16日，市政府法制办召开以规范性文件管理和行政执法为主题的全市依法行政工作讲评大会。会上，市政府法制办主任陈剑文通过PPT讲解的方式，对选取的区县（市）和市直部门的20个规范性文件案例和10个行政执法案例进行深入分析，重点剖析规范性文件管理和行政执法工作中存在的问题，对案例进行客观、鲜活的现场点评，使在场的全市各级各部门负责人对存在的问题有一个更为直观的体验和认识，使每一位与会人员受到极大的震撼。省政府法制办对此高度评价，称本次依法行政讲评会“首开了依法行政讲评的先河，是湖南省推进依法行政工作的一次全新实践”。（谭琪正）

·附录·

2012年度地方性法规和政府规章目录

一、地方性法规：

1.《长沙市慈善事业促进条例》(2012年4月26日长沙市第十三届人大常委会第四十次会议通过，2012年5月31日湖南省第十一届人大常委会第二十九次会议批准）

2.《关于废止<长沙市城市房屋拆迁管理条例>等三部地方性法规的决定》（2012年4月26日长沙市第十三届人大常委会第四十次会议通过，2012年5月31日湖南省第十一届人大常委会第二十九次会议批准）

3.《长沙市轨道交通管理条例》(2012年8月29日长沙市第十三届人民代表大会常务委员会第四十二次会议通过，2012年9月27日湖南省第十一届人民代表大会常务 委员会第三十一次会议批准）

二、政府规章：

1.《长沙市全民健身办法》（长沙市人民政府第119号令）

2.《长沙市政府法制工作规定》（长沙市人民政府第120号令）

3.《长沙市人民政府关于修改〈长沙市城市养犬管理规定〉的决定》（长沙市人民政府第121号令）

政协长沙市委员会

责任编辑：黄磊

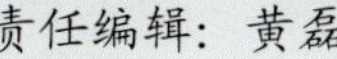

政协长沙市第十届委员会机构领导人员

主　席　谢树林
副主席　周秋光（兼）　李克俭
　　　　王力力（兼）　龚振湘
　　　　龙建强　陈立湘
　　　　谢明德　钟新莲（女）
　　　　段安娜（女，兼）
　　　　彭继球（兼）
顾　问　姚五零（女）
　　　　（2011年12月30日退休）
　　　　谭世延
秘书长　朱建人
副秘书长　彭志一　肖雅珩
　　　　斯洪标　许　辉
　　　　郑宏旺（兼）
　　　　黄光裕（兼）
常　委（按姓氏笔划排列）
　　　　马友山　马涌奇
　　　　马翔林（回族）
　　　　王国平　王清华（女）
　　　　曲海涛　刘仙娥（女）
　　　　刘诗题　刘继雄
　　　　许　辉（女）　杨小林
　　　　杨意平（女）　李　枫
　　　　李　韬　李伟群
　　　　李华超　李科明
　　　　肖雅珩（女）
　　　　吴　瑛（女）
　　　　吴运新　吴忠祥
　　　　吴晓佳　吴家庆
　　　　宋　宾　张　青（女）
　　　　张　炬　张小穗（女）
　　　　张可夫　张早平
　　　　张庆和　陈　忞
　　　　陈　斌　陈伟建
　　　　陈剑文（女）易肇沅
　　　　罗保罗　周小春（女）
　　　　周俊敏　郑宏旺
　　　　俞小玲（女）
　　　　姚五零（女）
　　　　彭运兰（女）姚仁智
　　　　贺明兰（女）敖耀寰
　　　　袁兴中　高智麟
　　　　唐再明　唐畋甸
　　　　唐复健　涂立奇
　　　　黄　林　黄光裕
　　　　黄树明（女）
　　　　曹　亚（女）
　　　　曹再兴　盛　波
　　　　梁红光　陶　红（女）
　　　　彭志一　斯洪标
　　　　蒋　林　董晓明
　　　　释圣辉　释坚愿（女）
　　　　谢朝武　熊开颜

政协长沙市委员会工作部门

办公厅

主　任　彭志一
副主任　肖雅珩（女）
　　　　杨建国　薛劲松

提案委员会：

主　任　陈伟建
副主任　彭理华　钟志明
　　　　刘诗题（兼）李卓民（兼）
　　　　李国莲（女，兼）
　　　　李继红（兼）张庆和（兼）
　　　　邹觉西（兼）陈大祥（兼）
　　　　姚仲权（兼）郭　慧（兼）
　　　　黄雄姿（兼）

经济科技委员会

主　任　易肇沅
副主任　王丽西（女）曲海涛（兼）
　　　　刘谷收（兼）郑耀频（兼）
　　　　李　伟（兼）李电晖（兼）
　　　　李晓宏（兼）吴京生（兼）
　　　　陈为军（兼）钟长贵（兼）
　　　　袁　睿（兼）
　　　　黄杏芝（女，兼）
　　　　黄德湘（兼）

文教卫体和文史委员会

主　任　陈　忞
副主任　张彩霞（女）汤建尧（兼）
　　　　李　枫（兼）熊开颜（兼）
　　　　张可夫（兼）
　　　　陈晓玲（女，兼）
　　　　易石平（兼）周辉斌（兼）
　　　　俞小玲（女，兼）
　　　　黄树明（女，兼）
　　　　章定发（兼）

法制群团和民族宗教委员会

主　任　马友山
副主任　杨　翌（女）贝先明（兼）
　　　　吴俊明（兼）
　　　　陈剑文（女，兼）
　　　　周小春（女，兼）
　　　　祝珍明（兼）
　　　　姚仁智（兼）
　　　　唐再明（兼）
　　　　曹再兴（兼）
　　　　喻志军（兼）
　　　　熊慈明（兼）

港澳台侨和外事委员会：

主　任　彭运兰（女）

副主任　李　燕（女）　王国平（兼）

王　林（兼）

刘　红（女，兼）

刘继雄（兼）　朱双文（兼）

李冬山（兼）　袁义和（兼）

黄光裕（兼）　谢远知（兼）

人口资源环境委员会

主　任　贺明兰（女）

副主任　邓禹斌

文丽霞（女，兼）

冯　辉（兼）　石长松（兼）

任正斌（兼）　肖顺良（兼）

陈大川（兼）　胡前进（兼）

袁志恒（兼）　黎　建（兼）

研究室

主　任　杨小林

副主任　杨名兴

【概述】 2012年，政协长沙市委员会高举爱国主义、社会主义旗帜，牢牢把握团结、民主两大主题，坚决贯彻《中共长沙市委关于进一步加强人民政协工作的决定》和《中共长沙市委关于贯彻〈中共湖南省委政治协商规程（试行）〉的意见》，围绕全市中心工作，创新履职方式，认真履行职能，为长沙率先发展、统筹发展、和谐发展和人民政协事业的创新发展作出了积极贡献。

一、发挥优势，献计出力。深入开展“为建设两型社会献策、为实现全面小康出力”的“两为”主题活动，广大政协委员纷纷走进农村、走到企业、走入社区，开展“双百创业”、结对帮扶、扶贫扶助、送教送医等活动。在“两为”活动中，全市各级政协组织参加“两为”活动人数达2万余人次，召开各类座谈会、咨询会800余场次，协助解决企业生产、经营、融资等方面的具体问题1500余个。积极参与重点工作，主席会议成员率领各专委会深入各自联系企业和项目，现场办公，协调解决问题。在文明城市创建工作中，积极参与和督查街道、社区提质市容环境、提质公共秩序、提质窗口服务、提质城市设施、提质交通管理等专项行动，为长沙巩固创建全国文明城市成果尽心出力。

二、科学履职，建言献策。推进决策民主化科学化。充分发挥政协作为协商民主重要渠道的作用，依据《中共长沙市委关于贯彻〈中共湖南省委政治协商规程（试行）〉的意见》，拓展协商内容，规范协商程序，增强协商效果。常委会和全会采取分组、联组等多种形式，对“一府两院”和计划、财政提交给“两会”的工作报告以及党委重要人事安排等重大问题，广泛进行全面协商。积极开展专题协商。先后围绕推进城乡一体化、推进产业高端化、保障和改善民生、生活垃圾处理费征收等，与市委、市政府和相关部门负责人协商，提出意见和建议并被市委、市政府及有关部门采纳。积极探索提案办理协商。对集体提案和重点提案采取常委会票评和现场评议，开展提案办理复后评议，办理实效逐渐增强。积极推进立法协商。建立地方性立法民主协商专家组，开展立法协商，推动科学立法和民主立法。加强对社会热点难点问题的监督，积极建言经济社会发展重大问题。根据《长沙市社会管理创新综合试点工作项目书》的内容，重点围绕公共安全治“安”、窗口服务治“差”、城市交通治“堵”、权益保障治“难”、市容环境治“脏”等五大工程，开展长沙社会管理创新民主评议，形成了5个专题评议报告和1个综合评议报告，并向市委、市政府提交《关于加强和创新社会管理的建议案》。围绕“建设食品安全城市”和“城乡环境综合治理”开展重点调研，为市委、市政府出台《关于建设食品安全城市的意见》和推动城市人居环境的改善等方面提供了重要参考。

三、突出主题，凝心聚力。坚持把多党合作的要求贯穿于工作的各个方面。在经常性工作中，优先安排民主党派、工商联成员在政协全体会议、常委会议和专题协商座谈会上发表意见，重点督办民主党派和工商联集体提案，重点选派民主党派成员担任民主监督员。组织各民主党派、工商联听取政情通报，联合开展民主评议、调研视察、学习考察、对外交往等活动。发挥长沙市港澳台侨经济文化交流促进会的作用，宣传贯彻党和国家对台工作方针政策，开展在长台资企业发展情况调研，召开台资企业座谈会，努力为台资企业排忧解难。推动成立香港长沙商会、美国长沙商会。

四、固本强基，创新工作。彰显界别工作特色。建立界别召集人机制，开展界别活动周，组织界别提案征集、界别反映社情民意，实行主席会议成员和专委会联系界别等制度，按界别分组开展专题协商和其他履职活动，构筑多种形式的界别履职的新平台。发挥委员主体作用。在委员中开展“科学发展、创业富民”的大讨论和“每天读书一小时”活动，举办政情通报、台海形势、公共外交等大型报告会和专题培训，不断提升广大政协委员的综合素质和履职水平。建立委员约谈走访、主席接待日及主席联系常委、常委联系委员、委员联系群众的“三联”机制，增进与委员的密切联系，努力为委员履职创建平台、排忧解难。夯实基层组织。积极争取市委的重视，推动各区、县（市）政协成立人口资源环境委员会，全市各乡镇（街道）设立政协联络处、配强政协联络处主任，进一步拓宽了政协工作领域，健全了基层政协组织。加强机关建设。以创建“学习型、服务型、创新型、和谐型”机关和“争先创优”活动为契机，推进“带头学习提高、带头争创佳绩、带头服务群众，争当学习先锋、争当发展先锋、争当服务先锋”的“三带三争”活动。着力在完善规章制度上下功夫，机关工作更加严谨、高效、规范、有序。　（唐朝阳）

【政协长沙市第十届委员会第六次会议】 中国人民政治协商会议长沙市第十届委员会第六次会议1月5～8日举行。会议期间，省委常委、市委书记陈润儿，市委副书记、市长张剑飞等党政领导到会祝贺并专程看望与会的政协委员。

1月5日上午，市政协副主席龙建强主持大会并宣布开幕。谢树林主席代表市十届政协常委会作工作报告，龚振湘副主席代表市十届政协常委会作关于十届五次会议以来提案工作情况的报告；会议宣读“五优两先”表彰决定。蒋林、张庆和、陈为军、张早平、王林、黄锋、刘有良、李天赐等8位市政协委员分别代表有关党派、团体和市政协专委会作大会发言。

1月5日　政协长沙市第十届委员会第六次会议

会议期间，与会委员认真审议了市十届政协常委会工作报告和提案工作情况报告，对两个报告表示赞同。与会全体委员列席了市第十三届人民代表大会第五次会议开幕式，听取并协商讨论了张剑飞市长所作的政府工作报告，对报告表示认同。会议通过协商讨论，对长沙市2011年国民经济和社会发展计划执行情况和2012年国民经济和社会发展计划草案报告、长沙市国民经济和社会发展“十二五”规划纲要、长沙市2011年财政预算执行情况和2012年财政预算草案报告以及法院、检察院工作报告表示赞同。1月7日下午，市政协十届六次会议举行专题协商会。专题协商会分推进城乡一体化、推进产业高端化、建设和谐幸福长沙三个专题。专题会上，有32位委员、特约委员围绕长沙市城乡一体化规划、管理体制、生态环境、发展模式，新能源产业、建筑产业、文化创意产业、旅游、农业、金融业等产业的高端化，推动长沙市社区建设、基层文化建设、老城区历史遗存保护、流动人口创新管理等和谐幸福长沙建设等方面的问题，提出真知灼见。1月8日上午，市政协十届六次会议闭幕大会由谢树林主持。大会通过政协长沙市第十届委员会常务委员会工作报告的决议、提案工作情况报告的决议和政治决议。市政协提案委员会主任陈伟建同志报告十届六次会议提案审查情况。陈润儿发表了题为“要坚持讲实话，反对讲假话”的讲话。（唐朝阳）

【政协长沙市第十届委员会第30～34次常委会议】 1月6日晚，市政协十届第30次常委（扩大）会议召开。市政协主席谢树林，副主席周秋光、李克俭、王力力、龚振湘、龙建强、陈立湘、谢明德、钟新莲、段安娜、彭继球，市政协顾问谭世延，秘书长朱建人出席会议。会议由陈立湘主持。会议听取了各组委员协商讨论《政协长沙市第十届委员会常务委员会工作报告》、《政协长沙市第十届委员会常务委员会关于十届五次会议以来提案工作情况报告》和市人民政府工作报告、长沙市国民经济和社会发展计划草案报告、长沙市财政预决算草案报告、市中级人民法院工作报告、市人民检察院工作报告的意见；审议了《中国人民政治协商会议长沙市第十届委员会第六次会议关于十届常务委员会工作报告的决议》（草案）、《中国人民政治协商会议长沙市第十届委员会第六次会议关于十届五次会议以来提案工作情况报告的决议》（草案）、《中国人民政治协商会议长沙市第十届委员会第六次会议政治决议》（草案）；协商有关人事事项，决定将上述事项提交各组委员审议。谢树林作总结讲话。

1月7日上午，市政协第十届第31次常委（扩大）会议召开。市政协主席谢树林，副主席周秋光、李克俭、王力力、龚振湘、龙建强、陈立湘、谢明德、钟新莲、段安娜、彭继球，顾问谭世延，秘书长朱建人出席会议。会议由谢明德主持。会议听取了各组委员对《中国人民政治协商会议长沙市第十届委员会第六次会议关于十届常务委员会工作报告的决议》（草案）、《中国人民政治协商会议长沙市第十届委员会第六次会议关于十届五次会议以来提案工作情况报告的决议》（草案）、《中国人民政治协商会议长沙市第十届委员会第六次会议政治决议》（草案）的修改意见；听取了各讨论组协商有关人事事项的意见，决定将上述事项提交全会审议通过。谢树林作总结讲话。

3月7日上午，市政协第十届第32次常委（扩大）会议召开。市政协主席谢树林，市政协副主席周秋光、李克俭、王力力、龚振湘、龙建强、陈立湘、钟新莲、段安娜、彭继球，顾问谭世延，秘书长朱建人出席会议。会议由段安娜主持。会议审议并原则通过《政协长沙市委员会关于在全市开展“两为”主题活动的实施意见》、《“全市重大项目建设资金使用管理情况”民主评议实施方案》、《“全市公共交通管理工作”民主评议实施方案》和《关于推进长沙市国际文化名城建设的调研方案》，通报市政协委派民主监督员工作实施情况，通过有关人事任免事项。谢树林作总结讲话。

7月18日，市政协第十届第33次常委（扩大）会议召开。市政协主席谢树林，副主席李克俭、王力力、龙建强、陈立湘、谢明德、钟新莲、彭继球，顾问谭世延，秘书长朱建人出席会议。会议由王力力主持。会议审议并原则通过《长沙市加强和创新社会管理民主评议报告》和向中共长沙市委、市人民政府的建议案，审议并原则通过了《长沙“建设食品安全城市”实施情况调研报告》和《长沙市城乡环境综合整治情况调研报告》。李克俭、陈立湘、谢明德三位副主席分别就相关报告和建议案作了说明。谢树林作总结讲话。

11月29～30日，市政协第十届第34次常委（扩大）会议召开。市政协主席谢树林，市委常委统战部长文树勋，副市长姚英杰，副主席周秋光、李克俭、龙建强、陈立湘、谢明德、钟新莲、段安娜、彭继球，顾问谭世延，秘书长朱建人出席会议。龙建强主持会议。会议审议并原则通过了十届政协常委会工作报告（草案）和提案工作情况报告（草案）；听取了政协长沙市第十一届委员会第一次会议筹备工作情况汇报和市人民政府对政协市委十届六次会议以来提案办理情况通报；协商决定了政协长沙市第十一届委员会委员名单；审议通过了召开政协长沙市第十一届委员会第一次会议的决定和会议议程、日程（草案）。会议决定政协长沙市第十一届委员会第一次会议于2012年12月29日至2013年1月2日在长沙人民会堂召开。谢树林作总结讲话。（唐朝阳）

【提案工作】 市政协十届六次会议以来，共收到提案486件，其中各民主党派、工商联、人民团体、政协专门委员会提案72件，界别小组提案4件，委员提案414件，经审查立案468件，分别送交90余家承办单位研究办理。未予立案的18件，及时向提案人作出说明，并作为委员来信转送有关单位参考或以其他方式处理。2012年是此届政协最后一年，委员们运用提案履职的积极性仍然很高，提案不仅数量较多，而且立意高、视角新，反映情况真实，所提建议有较强的针对性和可行性，提案整体质量较高。提案比较集中关注的问题有：优化和调整产业结构、加快转变经济发展方式、破解中小企业融资难、促进中小企业转型升级、发展高端服务业、发展物流业、加强公共文化体系建设、提升文化产业竞争力、发展文化创意产业、加强历史遗存保护、优化中小学周边环境、重视校车安全管理、巩固文明创建成果、农村生态环境整治、增加PM2.5监测、湘江枢纽工程蓄水后污染防治、实施国家基本药物制度、处理和打击食品制假行为等等，截至11月底，已全部办复。2012年提案工作彰显三大亮点：一是提案工作的制度化建设上了新台阶。市委办公厅、市政府办公厅制定出台《长沙市政协提案办理工作规程（试行）》（长办发〔2012〕52号文件），对提案办理工作的组织领导、与提案者面商沟通、重点提案的办理、健全提案办理工作的考评机制等方面提出了新的要求。二是跟踪督办强化实效性。分析筛选部分往年B类提案进行跟踪督办，督促承办单位兑现承诺，并将落实情况告知提案者。对反馈"不满意"的提案进行二次办理，通过召开办理协调会、提办双方面商会、现场勘查等形式，了解办理的限制因素和存在的困难，共商解决问题的途径和办法。三是开展复后评议。在2011年基础上，扩大复后评议的覆盖面，以问卷测评形式组织提案者对涉及的承办单位进行全面评议，评议结果向各承办单位通报，并纳入承办单位年度绩效考核。（陈伟建）

【民主评议工作】 2012年，市政协组织开展了对"长沙市加强和创新社会管理"民主评议。成立由谢树林任组长的民主评议工作组，下设5个评议小组和1个综合组，分别由龚振湘、龙建强、陈立湘、钟新莲、段安娜等5位副主席和秘书长朱建人担任组长。3～7月，各评议小组先后深入9个区县、32个市直部门单位以及22个街道、社区、学校和企业，通过听取情况介绍、进行座谈讨论、发放调查问卷、开展明查暗访、组织专家论证等形式，围绕所评议的42个项目，进行认真的调研视察，分别形成小组评议报告。在综合各评议小组情况的基础上，形成关于对全市加强和创新社会管理的民主评议报告。张迎龙、姚永春、虢正贵、黎石秋等市领导，从评议动员大会到评议社会管理创新项目推进会都积极参与、大力支持，对评议给予了高度评价。（唐朝阳）

【调研视察工作】 2012年3～6月，市政协组织开展了对"建设食品安全城市"流通消费环节食品安全管理情况和"城乡环境综合整治"的重点专题调研活动。调研组深入50多家种养基地、食品生产企业、检验检测机构、流通消费市场进行实地调研，向市委、市政府提交《建设食品安全城市实施情况调研报告》。省委常委、市委书记陈润儿批示："该调研报告既有经验的总结，又有工作的建议，切合实际，积极可行，请市政府特别是市食安办认真采纳推进工作"。该项调研对推进长沙市建设食品安全城市工作取得明显成效。开展"城乡环境综合整治"重点专题调研活动，谢树林强调，要围绕抓重点、抓要点、抓热点、抓难点开展城乡环境综合整治调研活动，促进城乡环境综合整治取得实效。调研课题组采取听取有关单位情况介绍、召开座谈会、现场视察、个别走访、发放问卷、向社会广泛征集意见建议等方式，对长沙市城乡环境综合整治情况进行广泛深入的调研，视察了长沙县、望城区、浏阳市、宁乡县、雨花区、岳麓区的部分乡（镇、街道）、村（社区）的环境状况，部分成员赴贵州、四川及湖南攸县等地进行学习考察，形成长沙市城乡环境综合整治情况调研报告。年内，政协主席会议成员还先后就雨花区、天心区项目建设情况、蔬菜产业及质量安全、湘江长沙枢纽工程等全市经济社会发展的重点工作开展重点视察。各专委会在分管主席带领下，深入到政府工作部门、街道社区、农村村组、住宅小区等，就开放式社区物业管理、城市交通、民生保障、畜禽养殖污染治理等民生问题，组织委员开展专题调研视察，提出了许多有分量、有见解、有深度的意见和建议。（唐朝阳）

【社情民意工作】 2012年，市政协把反映社情民意作为人民政协科学履职的重要途径，调动各民主党派市委、市工商联、各区县（市）政协、市政协各专委会和广大政协委员反映社情民意的积极性，全市社情民意工作呈现出机制全、队伍强、作风实、质量高、效果好的良好局面。围绕经济社会发展中的重要问题和群众普遍关心的热点难点问题，深入调查研究，积极建言献策，共上报社情民意信息800余条，市政协编审报送451条，其中市政协转办59条，《社情民意》内刊采用66期，上报省政协326条，省政协采用33条，《应高度重视"血荒"背后的人为浪费因素》、《关于促进小、微企业健康发展的几点建议》等3条被全国政协采用。全年省、市领导批示和部门办理答复33条，如，《治理网络谣言要标本兼治》和《清理小产权房要维护农民的权益》得到中共湖南省委周强书记批示，许多重要信息为党政决策提供了有益参考。长沙市政协连续5年被省政协评为反映社情民意工作先进集体。（李湘平）

【宣传工作】 2012年市政协加大在中央和省市媒体的宣传力度，3月3日全国政协第十一届五次会议开幕时，在人民政协报刊载专版《创新，让政协会徽在古城长沙闪光》、5月21日、8月6日、8月22日、8月29日分别4次在人民政协报的头版刊载题为《长沙市政协助力食品安全城市建设》、《长沙市政协倾力智助“绿色食品之都”建设》、《长沙市政协献计扮靓城乡人居环境》、《环境更好 发展才能更快——长沙市政协民主评议社会管理创新工作》的通讯。年内，《政协之声》电视专栏获“省政协好新闻评选一等奖”，获全国“好新闻评选三等奖”。（吴平平）

【组织公共外交专题讲座】 7月19日，市政协邀请全国政协外事委员会主任赵启正到长沙做“人民政协与公共外交”的专题讲座，全体市政协委员，市政协、各区、县（市）政协机关干部以及各乡镇街道联络处主任近600人聆听专题讲座。（易 红）

【文史资料《永远的记忆——知青岁月》编辑出版】 2012年12月，文史资料《永远的记忆——知青岁月》编辑出版，该书由市政协文史委员会通过《长沙晚报》刊文征集、上门约稿、挖掘历年文稿精品等途径和方式，多方收集有关长沙知青奔赴山村、边塞的激情岁月文史资料。该书共计100万余字，各类照片100余张，实物10余件，收录文章84篇。既有投身这场运动的知青的回忆文章，也有从事知青管理工作负责人的手记，还有时任大队干部、农民兄弟、知青亲属等其他见证者的感言。该书分为《青春无悔》《投身激流》《广阔天地》《时代印痕》《山乡情怀》《人生札记》《浪漫色彩》《挥手从兹》《附录》9个篇章，是长沙迄今为止收集知青信息较为全面的一本文史资料。（郑志华）

【长沙市历史文化遗存保护与利用情况视察报告】 2012年3月，市政协通过深入调研，向市政府递交《长沙市历史文化遗存保护与利用情况视察报告》（长政协字〔2012〕1号）（以下简称《报告》），《报告》客观指出长沙市在历史遗存保护特别是旧城棚户区历史遗存保护上存在的突出问题，提出对全市的历史遗存要强化保护意识、坚持规划先行、严格挂牌保护、完善保护机制和促进有效利用的建议。得到市政府的高度重视，市委副书记、市长张剑飞亲自批示，责成有关单位进行专题研究。在《报告》的影响下，2011年争议较大的万达公馆建设工地的地下老城墙、玉和醋原址得到有效的保护。（郑志华）

【全国政协专题调研组到长沙调研】 4月10日，全国政协常委、全国政协社会和法制委员会副主任许仲林率调研组到长沙就加强和创新社会管理中的法制建设情况开展调研。省政协副主席龚建明、张剑飞、谢树林、虢正贵、陈立湘、段安娜等省市领导陪同调研或参加交流。调研汇报会上，许仲林指出，加强和创新社会管理必须始终坚持依法管理的原则，进一步提高执法能力和水平。长沙市推进社会管理法治化工作符合长沙实际，体现长沙特色，在加强和创新社会管理方面做了大量开创性的工作。

5月11日，全国政协人资环委副主任汪啸风率调研组到长沙就城乡土地可持续利用情况进行专题调研。陈润儿、省政协副主席张大方、张剑飞、张迎龙、谢树林、李克俭、朱建人等省市领导陪同调研和参加交流。调研组先后考察了宁乡县关山村土地综合整治，望城区光明村城乡统筹发展，雨花区黎托片区节约集约用地、黎郡新宇小区征地制度改革和村民集中安居等情况，对长沙市坚持节约集约用地、实现土地可持续利用给予充分肯定，指出解决好人口增长与土地资源紧张之间的矛盾、实现城乡土地可持续利用，对实现经济增长与农业发展方式的转变、促进社会主义新农村建设、提高农民收入水平具有重要的现实意义。长沙市在城乡土地资源可持续利用方面探索了很多有益的经验和做法，希望今后为推动全国土地资源的可持续利用作出积极贡献。（杨 翌 车昭益）

【省政协主席到长沙调研】 3月29日，省政协主席胡彪率队到长沙调研新型城镇化建设，省政协党组副书记石玉珍，省政协副主席武吉海随同调研。胡彪强调，推进新型城镇化建设要坚持统筹规划，以产业为支撑，以宜居为条件，完善功能配套。长沙市要闯出一条新路，在全省形成示范带动效应。陈润儿、张剑飞、张迎龙、余合泉、谢树林、陈泽珲、姚永春、文树勋、张迎春等省市领导陪同调研或参加汇报。胡彪一行先后考察了望城区乔口渔都、光明村，宁乡县关山村、玉潭公园等，对长沙市通过重点示范、以城带乡、以点带面、有序推进城乡一体化取得的成绩给予充分肯定。（彭顺勇）

【市政协委员学习书架暨倡议“每天读书1小时”活动】 4月23日，长沙市政协举行政协委员学习书架暨倡议“每天读书1小时”活动启动仪式。市政协按照建设学习型政协组织的要求，紧扣全年工作要点，决定在全市广大政协委员、特约委员中开展“每天读书1小时”活动，要求结合自身工作实际，制定学习计划，选定学习书目，扎实开展学习活动。谢树林强调，要倡导多读书、善读书、读好书，让大家少一些浮躁气，多一些书卷味，进一步提高综合素质与科学履职水平。读书学习是事业发展的需要，也是人生成长的阶梯，决不是权宜之计，而是长久之策。要把读书学习活动与履行职能相结合，与调研视察相结合，与界别活动相结合，营造氛围、培养兴趣、持之以恒，勤于思考并坚持学以致用，在履职中做到谈问题一针见血，提建议切实可行，努力为群众排忧事、解难事、做好事、办实事。龚振湘、龙建强、钟新莲、朱建人等市政协领导出席启动仪式。（彭顺勇）

民主党派·工商联

责任编辑：周建文

中国国民党革命委员会长沙市委员会

【概况】 2012年，中国国民党革命委员会（简称“民革”）长沙市委员会，共有党员1054人，平均年龄56岁，具有中高级职称的557人，占党员总数的52.8%；共有5个工委、2个总支、48个支部、1个小组。民革长沙市委以科学发展观为统领，紧紧围绕中共长沙市委的中心工作，全面加强自身建设，认真履行参政党职能，各项工作取得了新的成绩。在2012年民革全省目标管理量化考核中，民革长沙市委的“参政议政工作”、“办公室工作”获全省第一名，“宣传联络工作”、“组织工作”获全省第二名。

一、认真履行参政议政、民主监督职能。1. 民革长沙市委积极参加中共长沙市委、市政府召开的各类政情通报会、协商会、座谈会，参与有关重大方针政策的协商，并提出中肯的意见和建议。主委朱建军在中共湖南省委统战部和中共长沙市委统战部召开的《关于中央四号文件的实施意见》征求意见座谈会上，代表民革长沙市委提出多条建设性的意见和建议，调研员贺绍佩在《政府工作报告》征求意见座谈会上代表民革长沙市委提出意见和建议。专职副主委陈慧代表民革长沙市委全程参加了市卫生局、市食药监局、市质监局、市工商局的政风行风民主评议工作，并针对市卫生局工作撰写了专题评议报告。市民革党员中的各级人大代表、政协委员认真参加人大、政协组织的各类视察、检查活动，各类特约监督员、行风评议员积极参加有关部门的评议活动。2. 关注民生，服务长沙经济社会发展大局，切实做好专题调研、建议、提案工作。在各民主党派、工商联调研成果汇报会上，民革长沙市委向市四大家领导作了题为《我市农村城镇化进程中金融服务现状的分析和建议》的专题汇报。年内，民革长沙市委选择调研专题，深入开展调查研究，撰写了《夯实乡镇财政管理基础，切实维护农村社会稳定》、《完善我市垃圾科学化处理体系，建设绿色宜居美好家园》、《关于加快推进长沙会展经济发展的调研报告》3份调研报告，提交了《关于修建长沙抗战纪念馆的建议》、《关于加强和改进乡镇财政管理的几点建议》、《关于完善我市垃圾科学化处理体系的建议》、《关于打造特色会展名城的建议》4篇集体提案。民革党员中的人大代表、政协委员共向市、区（县）两级人大、政协提交建议、提案91篇。民革长沙市委和民革党员的多项参政议政成果获奖。民革长沙市委2011年完成的调研报告《我市农村城镇化进程中金融服务现状的分析和建议》、《减少出生缺陷，提高我市人口素质》分别被民革湖南省委评为年度优秀调研成果一、二等奖，集体提案《关于提升农村经营服务水平，促进我市农村经济健康发展的建议》被市政协评为2011年度优秀提案；贺绍佩提交的《关于大力营造和谐物业管理环境的建议》被市人大评为2011年度优秀人大代表建议，陈慧、刘仙娥、康镇麟分别提交的《关于加强我市校车管理，确保学生人身安全的建议》、《建议将农村残疾人纳入就业困难人员范围予以就业援助》、《深入推进我市社区建设的调查和建议》均被市政协评为2011年度优秀提案。3. 认真做好社情民意、统战信息的报送工作。2次邀请专家举办专题辅导讲座，以业务培训促进信息稿件质量的提高。全年，向民革省委、市政协、市委统战部报送信息114篇，其中湖南省政协《社情民意》内刊采用1篇，长沙市政协《社情民意》内刊采用4篇，转办5篇；中央统战部采用1篇，省委统战部采用6篇，完成了统战信息、社情民意报送任务。其中陈慧撰写的社情民意《关于建立我市流浪精神病人收治动态管理机制的建议》被市政协评为优秀社情民意；张蔚秋撰写的统战信息《民革长沙市委实行主委接待日和常委对口联系基层制度》被中央统战部采用。

二、努力加强自身建设。1. 思想建设方面。一是注重领导班子的政治理论学习。成立了由主委牵头的“同心同行”政治理论学习领导小组，制定了具体学习方案。先后召开主委班子、常委班子、市委委员政治学习座谈会议，认真学习中共十八大、中共中央四号文件、民革中央十二大、民革省委第十四次代表大会精神，不断提高领导班子的政治把握能力、参政议政能力、组织领导能力、合作共事能力。二是注重政治学习活动形式的创新。创新政治学习活动形式，举行了各类专题学习报告会、支部主委联席会、辩论赛、老同志座谈会、新党员培训会、恳谈会等形式多样的学习活动，努力增强思想政治工作实效。三是注重民革优良传统教育。组织党员开展“观黄兴故居，走多党合作之路”、祭拜南岳忠烈祠、祭拜常德抗战英烈等主题活动，教育市民革党员继承和发扬民革优良传统，坚定走中国特色社会主义政治发展道路的信心和决心。四是注重理论研究。以理论研究推动思想建设，动员、组织市民革党员开展统战理论研究，全年报送统战理论文章5篇。其中，民革市委“同心思想研究”课题组撰写的《基于“同心”思想视角的党外代表人士队伍建设研究》成为中共长沙市委统战部统战理论调研文章的中标课题。五是做好对内、对外的宣传工作。通过加强宣传工作来推动思想建设的进一步开展。全年，各级各类报刊刊载民革长沙市委宣传稿件54篇，其中《湖南日报》、《长沙晚报》采用15篇，《团结》杂志采用1篇，《团结报》采用4篇，《湖南民革》采用27篇，《长沙政协》、《长沙统一战线》采用14篇，长沙电视台播报民革市委新闻4次。民革中央对近5年来在宣传工作中作出突出贡献的先进集体和个人进行表彰，宣传处长张蔚秋荣获“民革优秀宣传干部”称号。2. 组织建设方面。一是以“组织建设年”为契机，大力加强基层组织建设。年初，制定并开始试行《基层组织评估办法》，对基层组织的创先争优活动进行了部署。成立了开福区工委和天心区工委，11个支部（工委）完成换届或支委班子人事调整，二轻系统支部建立了支部党员活动室。二是稳步发展组织。积极吸纳符合条件的优秀人士加入民革组织，提高民革党员队伍的整体素质。全年共发展党员33人，平均年龄35岁，全部具有本科以上学历，其中85%具有中级以上职称。加强对党员的培训工作，全年进行新党员入党前培训33人次，选送31名骨干党员参加了各级各类培训班。三是做好后备干部的推荐、培养工作。配合民革湖南省委换届，推荐了6位市民革党员担任民革省委委员。配合各级人大、政协换届，积极向各级人大、政协推荐民革代表人士。2012年民革长沙市委有1名省人大代表，2名省政协委员，5名市人大代表，15名市政协委员，7名区（县）人大代表，53名区（县）政协委员。新任各级人大代表、政协委员的年龄结构、知识结构均得到了进一步优化。民革市委常委、市民政局原副局长康镇麟被任命为天心区副区长；按照中共市委统战部的安排，民革市委选派机关干部杨舜尧到侯家塘街道挂职锻炼半年。3. 制度建设方面。严格执行《主委接待日工作制度》、《常委对口联系基层工作制度》；制定并试行《基层组织评估办法》，推进支部工作量化考核，促进支部创先争优活动的开展；对《民革长沙市委参政议政工作奖励办法》进行了修订。制定和试行《在区（市）工委开展聘任内部监督员的工作意见》。机关建设方面。大力推进“五型”机关建设，提升党派机关工作水平；打造机关文化长廊；进一步规范档案管理工作，聘请专业人员分类整理市委会多年来的档案，进一步健全了档案管理制度。

三、开展形式多样的社会服务活动。开展捐资助学活动，在主委朱建军的带动下，市民革党员欧阳亦文、喻国强、易金龙、李军、聂志强共向“郑洞国教育基金”捐赠12万元，扶助石门贫困学子；围绕“扶残助残”主题，开展“学雷锋，献爱心，关爱残疾妈妈岳麓行”、“慰问长沙市第二、第三福利院”、“关爱残疾儿童，参观浏阳市特殊教育学校”、“参观浏阳市残疾人康复训练中心”等调研、视察活动，捐赠价值3万余元的物资和现金；组织基层支部向怀化通道侗族自治县受灾村民捐赠御寒衣物共计1000余件。浏阳市工委组织扶贫义诊、资助特殊学校活动；雨花区工委开展“童心同行·手拉手”活动，结对帮扶张家界市桑植县国营汩湖农场小学“最美山村女教师”和她的9名特困留守儿童，活动共计筹集“爱心助学款”3万余元；天心区工委依托支部党员刘永清创办的企业建立“同心·天心区残疾人就业基地”，就近招聘了22名残疾人士就业，该基地被中共天心区委统战部授予“同心社会服务基地”称号；开福区工委筹集资金2万元，积极参加市、区组织的“扶贫帮困”和“汉回一家亲”捐赠活动；岳麓区总支与莲花镇龙洲小学5名留守儿童进行结对帮扶；城建局支部开展“献爱心·送温暖”活动，为凤凰县山区贫困学生捐赠现金、物资1万余元；春节前夕，开福区一支部邀请开福区留守环卫工人共吃团年饭，同迎新春佳节，让农民工感受到了城市的温情。民革中央对近5年来在社会服务工作中作出突出贡献的先进集体和个人进行表彰，民革长沙市委荣获“民革全国社会服务工作先进集体”称号。

四、发挥民革特色，做好对台工作。开展祖统联谊工作。举行了学习全国“两会”有关对台政策座谈会，召开了纪念“九二共识”20周年座谈会，举办了“现阶段台湾政局及两岸和平发展新形势”专题报告会；组织祖统委员和部分台属观看了台湾大选投开票直播实况；组织民革市委机关干部和部分党员赴台观光考察；组织祖统委员会、青年委员会及部分党员赴南岳衡山忠烈祠举行“勿忘国耻，祭拜抗日英烈”纪念活动。开展台情研究，印发3期《台情研讨》。年内，民革中央对近5年来在祖统工作中作出突出贡献的先进集体和个人进行表彰，民革长沙市委荣获“民革全国祖统工作先进集体”称号。（张蔚秋）

民革长沙市第十三届委员会

主任委员　朱建军
副主任委员　陈　慧（女）
　　　　　　薛开伍
　　　　　　刘仙娥（女）
　　　　　　蒋　林

中国民主同盟长沙市委员会

【概况】　2012年，中国民主同盟长沙市委员会（以下简称“长沙民盟”）在民盟省委和中共长沙市委的领导下，全面履行参政党的职责。截至2012年底，长沙民盟共有盟员1475人，平均年龄55.2岁，具有中、高级专业技术职称的占81.8%，下设5个区工作委员会，46个支部。

一、参政议政。充分发挥民主监督作用，参与各级各类考察调研、民主评议，认真建言对口联系单位工作。紧紧围绕中共长沙市委提出的新型工业化、城市国际化、城乡一体化等重点工作开展调研，配合统战部的课题

10月22日，长沙市统一战线举行“同心同行——喜迎党的十八大”文艺演出中，民盟市委选送的歌伴舞“越走路越宽”（盟员付辽源演唱）获优秀节目奖

完成报告，全年完成5篇调研报告，其中《加强基层文化设施建设，让文化发展成果普惠城乡民众》、《让“长沙创造”托起我市新型工业化腾飞的翅膀》，转化成长沙市政协大会发言材料。继续完善调研课题招标机制，向全市民盟基层组织和个人进行课题竞标，12个支部投标，4个中标。6个支部参与了民盟省委课题招标，3个支部参加了市委统战部的课题。在参与各级论文征集活动中，1人的论文被民盟中央评为优秀。广大盟员积极参政议政，刘志红被省委统战部评为参政议政先进个人，黄快生获得省建言献策一等奖。盟员人大代表、政协委员围绕民生、社会热点问题认真调查研究，在两会期间积极建言献策。省政协十届五次会议上，何寄华委员就农村医保、城市交通等问题与市民进行面对面交流。谭世延委员提交了《关于进一步规范管理民办培训教育市场的建议》提案。市十三届人大五次会议上，孟繁英被评为市优秀人大代表。杜有志代表提出《关于对社会办学加强监管的建议》和《关于长沙市立法为“好心人”撑腰的建议》。市政协十届六次全会上，民盟市委提交集体提案4份，《推进我市保障性住房建设及社会管理的建议》成为重点督办提案。民盟市委被评为“两为”主题活动先进政协组织；民盟市委集体提案《关于进一步完善长沙市城乡一体化社会救助体系的建议》和李枫、张庆和、王国梅三人的个人提案分别被市政协评为优秀提案；郑宏旺、张庆和、李枫被评为优秀市政协委员，《警惕粮食价格上涨带来“粮荒”》等8份社情民意获得优秀社情民意稿件二等奖。在区级“两会”上，各区工委均有提交调研报告和集体提案。5个区有16人被评为优秀区政协委员、“五个一”活动积极分子或“两为”活动先进个人；有17篇调研报告、提案和社情民意被评为优秀。社情民意信息报送，全国政协采用1条，省政协1条，市政协6条，民盟中央和民盟省委采用40多条。民盟长沙市委被盟省委评为社情民意先进单位。获得市委统战部颁发的信息工作特别贡献奖。

二、自身建设。组织学习宣传中共十八大精神，开展学雷锋系列活动。继续开展创先争优活动，不断增强基层建设活力。组织发展形势良好，成员数稳中有升，呈现出层次较高、主界别突出、非重点界别有所突破、结构更优化的特点。成立望城区综合支部，并在宁乡县、长沙县和浏阳市开辟组织发展新阵地，扩大民盟组织的政治影响力。各支部积极参与所在单位相关工作。李夫生申报的国家级课题立项，陈迪夫被评为全国优秀中学地理教育工作者，陆军的《湖南传媒影响经济研究》获湖南省哲学社会科学优秀成果三等奖，谭斌获当代湖南杰出经济人物荣誉称号，赵凡存被评为长沙市社会治安综合治理先进个人，张庆和在长沙市文明创建活动中荣立三等功，杨建宏著的《铁血共和——辛亥长沙风云》和李夫生著的《敢为人先——辛亥长沙精神》两书获长沙市优秀社会科学成果奖。

队伍培训方面，全年完成盟员培训近150人次。何寄华主委当选民盟中央委员，连任民盟省委副主委，并当选全国人大代表，长沙盟员中民盟省委委员增至6人。专职副主委刘志红当选省人大代表。各级代表委员达到97人次，其中市人大常委1人，区人大副主任1人，副区长1人，区政协副主席2人。机关建设不断加强，坚持例会中心发言，推荐干部交流锻炼，增强机关优质服务。

三、社会服务。保持传统，围绕特色，不断深化社会服务内涵。重视社会服务工作的理论研究和理念转变，依托社会服务工作委员会，征集社会服务志愿者，在盟内形成一支稳定的社会服务基础工作队伍。加强与社区大学社会服务点的联系，继续提供智力支持。保持盟员志愿者的传统优势，在书法、剪纸等课程方面继续为社区居民提供服务，全年盟员教师在社区大学授课60节次。继续提供对浏阳龙伏中心小学的智力帮扶，加强与该校的沟通联系，支援课桌椅100余套及摄像机、电脑等电教设备；帮助其下属的幼儿园联系实习老师。持续开展捐资助学活动。盟员企业家谭斌、石建平、彭惜惜和周顺家共向石江村捐赠爱心助学款1.7万元。

加强与孟妈妈青护园社会服务点的联系，开展系列帮教活动，并在此基础上新设立了两个社会服务点分站。积极参与救援湖南侗寨的爱心活动，为受灾群众捐献衣物200余件；参与湖南省地中海贫血症患者救助的宣传活动。各基层组织开展各具特色的社会服务活动，逐步拓展社会服务活动惠及的人群范畴。岳麓区工委援建莲花镇小学和龙洞村农家学舍，天心区工委慰问创远社区困难群众，雨花区工委组织益阳桃江支教活动，周南中学支部举办“2012国际社工日爱心牵手福利院”活动，天心一中支部组织为本校一身患癌症的学生募捐善款10万元，湘一芙蓉中学支部组织了“芯连心环保公益活动”，（废旧笔芯回收）天心区教育支部盟员周泰壬老师捐赠5000多元的体育器材援

孟妈妈“青护园”社会服务点分站授牌

助学校等等。（赵 睿）

民盟长沙市第十五届委员会

主任委员 何寄华

副主任委员 刘志红（女）

赵凡存 张庆和

陈迪夫

中国民主建国会长沙市委员会

【概况】 截至2012年底，中国民主建国会长沙市委员会（以下简称“民建长沙市委”）已建立5个区工作委员会，33个支部，6个专门工作委员会，2个联谊会，共有会员869人，其中经济界人士729人，中级职称以上人士400人。

一、参政议政。提交提案建议80余件，其中《关于进一步加强长沙市中小企业发展法制环境建设的建议》被市政协评为“优秀提案”；在“长沙市城市总体规划公示金点子”活动中，市政协委员江跃龙提出的“保护工业遗产”建议被长沙市城乡规划局、长沙晚报报业集团评为“金点子奖”；芙蓉区工委主任潘向阳的《关于利用公益性岗位安排就业困难人员的建议》被列为区政协一号提案。两个专题调研课题，其中《长沙市小额贷款公司发展现状与建议》作为政协十一届一次全会发言材料。理论文章《发挥统战优势 繁荣湖湘文化》获2012年度全市统战理论研究成果三等奖。全年报送社情民意稿件60余篇，获湖南民建反映社情民意工作先进单位二等奖，其中民建中央采用3篇，民建省委采用30篇；获长沙市政协社情民意工作第二名，其中全国政协采用1篇，省政协采用5篇，获得一等奖稿件1篇，二等奖稿件6篇。

二、组织建设。在区、市、省各级人大和政协换届中，民建长沙市委会严格推荐程序，认真进行考察，顺利完成各项推荐工作。省、市、区各级政治安排98人次，本会骨干队伍建设得到加强。4月成立民建高新区支部、11月成立民建长沙学院支部，并成立了法律工作委员会、青年工作委员会。完成区工委班子调整，实现区工委一级组织的新老交替，这是发展和促进长沙民建会基层组织建设的重要举措。全年共发展42名会员，在继续巩固企业家和政府管理人员队伍的同时，还吸收一批包括高校教师、科研院所骨干等高层次人才加入，全年保持约5%的发展率。长沙民建三胞亲友联谊会通过海外联络渠道，促成总投资4亿元的“湘台现代农业科技园”落户望城，由台湾宋楚瑜题写园名，将建成生态农业科研生产基地和绿色生态农副产品配送中心。

三、思想建设。进行十八大的学习、宣传和贯彻活动。开展“弘扬雷锋精神，做新时期的民建人”主题活动，成立以青年会员为主体、以开展义工服务为主旨的“民建学雷锋志愿者服务小分队”，为雨花区福利院的老人们进行了慰问演出。建立民建长沙市委网站，设置会务工作、参政议政、会员社区等7大板块、18个子栏目，使广大会员更便捷、全面的学习上级文件精神，掌握会的工作动态，了解会员的活动情况。

四、社会服务。搭建会员学习平台，组织会员参加《如何面对后危机时代的挑战——给中国企业家的七大忠告》、《中联重科企业管理的八大理念》等多场名家讲座，以及组织会员参加民建中央在新疆举办的“非公经济论坛”和在深圳举办的“风险投资论坛”。以开展市政协民建界别“委员活动周”为契机，启动“创业富民工程”，以会员企业为带动，通过设立经营门店、提供岗位与前期启动资金的方式，长期帮扶大学生创业。打造“扶贫助学敬老”爱心品牌，开展多项社会公益活动；继续推进“联点共建”品牌，通过联络固定社区、村落，长期开展慰问、咨询、联谊、招商等社会服务工作。（张 正）

民建长沙市委第十三届委员会

主任委员 段安娜

副主任委员 李丽雄（专职）

斯洪标 刘诗题

张海岸

秘书长 石莉波

中国民主促进会长沙市委员会

【概况】 2012年，中国民主促进会长沙市委员会（以下简称“民进会”）共有会员856人，平均年龄54.7岁，具有中、高级职称的696人，占会员总数的85.3%；成立了六个区（县）工委和一个直属工委，率先在望城区成立了民进支部，截止2012年底，全市基层支部数为51个。市委会内设7个专门委员会，机关内设办公室、组织处、宣传处三个处室。民进会市委在民进湖南省委和中共长沙市委的坚强领导下，深入学习贯彻落实中共十八大和民进十一大精神，团结带领全市广大会员，紧紧围绕长沙市“五化一率先”战略目标，不断推进高素质参政党建设，切实履行参政党职能，以自身建设和科学履职的新成果，圆满完成全年工作任务，为长沙又好又快，率先发展作出了积极贡献。

一、围绕中心，服务大局，履行职能有新作为，1. 建言“两会”，助推发展。年初，民进委员会省市人大代表和政协委员共提交提案建议42件，人均1件以上。其中《加快我省中小企业转型升级的对策建议》被省政协作为重点提案，向市政协十届六次全会提交集体提案4件，个人提案33件，专题协商发言2件。其中《建立与国民经济同步、协调、可持续的住房保障机制》、《引导消费观念，转变消费模式，加快我市经济发展转型升级的建议》等5件提案被评为市政协优秀提案，占全市优秀提案的八分之一；《关于新建民主党派大楼的建议》和《关于发展特色稻米产业的建议》已列入长沙市政府重点项目。2. 围绕中心，积极调研。围绕长沙市“率先建成两型城市和实现全面小康”的战略目标深入开展调研，积极建言献策。承担的“加快长沙会展经济健康发展的调查思考”课题，积极发挥主体界别优势，深入全市中小学调查，完成《关于加强对义务教育阶段家长家庭教育培训，提高其教育子女能力和水平的调研报告》，为全市家长家庭教育培训提供了有益探索。同时，积极配合会省委开展《同心系湘江，共护母亲河》督查调研活动，广泛搜集调研材料，为切实保护好湘江流域水质，造福三湘人民提出了重要建议。3. 参与协商，加强监督。积极参与长沙市重大决策和重要事项的协商。组织会内市人大代表、政协委员及其他代表性人士就市《政府工作报告》(征求意见稿）召开座谈会，广泛讨论，集思广益，向市政府提出许多意见和建议。20余名会员分别担任市国土资源局、国税局等部门的特约人员，在全市政风行风民主评议、重点工程建设督查、公共资源交易监督等方面切实履行职能。积极开展对口联系工作，进一步加强与教育局等政府职能部门的联系与互动。4. 发挥优势，落实“两为”。认真落实市政协“为建设‘两型社会’献策，为实现全面小康出力”的主题活动，组织民进界别市政协委员深入长沙职业技术学院调研，为长沙市高等职业教育和特殊教育事业发展提出建议；组织委员实地考察望城区蔡家洲湘江综合治理枢纽工程，深入仙达实业等会员企业走访。5. 报送信息，反映民意。全年报送社情民意51条，统战信息63条。其中《促进小、微企业健康发展的几点建议》被全国政协采用，《制定校车标准套用美国模式值得商榷》等信息被中央统战部《零讯》采纳，《清理小产权房要维护农民权益》、《根治网络谣言要标本兼治》两信息得到湖南省委书记周强的批示。会市委连续四年在全市统战系统和六区三县24个报送单位中名列第一，并连续四年荣获市政协“社情民意工作先进单位”。

二、加强学习，提升素质，自身建设有新成果。加强学习和思想建设。认真贯彻落实民进中央关于树立和践行社会主义核心价值体系的重要部署，对民进会市委近三年树立和践行社会主义核心价值体系的经验和做法进行科学总结，专职副主委高智麟出席民进中央学习践行社会主义核心价值体系表彰大会，并获“全国民进学习践行社会主义核心价值体系先进个人”。组织会员学习落实中共中央4号文件，深化同心思想认识，鼓舞了广大会员双岗建功的信心和决心，为会后备干部队伍建设和培养指明了方向，开展系列学习宣传贯彻中共十八大精神的主题活动。

紧密联系实际，重点围绕加强和创新社会管理、加快转变经济发展方式等问题，推动和深化统战理论研究。组织3篇统战理论论文参与中共省、市统战部的课题竞标，其中《社会组织统战工作研究》中标省委统战部立项课题。宣传工作。不断改进会刊形式和内容，编印的4期会刊，启动民进长沙市委网站建设，会员在《楚帆》、《长沙统一战线》、《长沙政协》等期刊杂志上发表文章十余篇，其中《让农村孩子阅读梦展翅飞翔》被民进中央《大爱民进》特刊采纳。

三、组织建设稳步推进。会员整体素质不断提升，继续推进“百名优才入会工程”，坚持稳步发展，注重拓宽界别，优化会员整体结构。全年共发展新会员44名，平均年龄37.7岁，其中38人本科以上学历，29人中级以上职称，主体界别占发展成员的54.9%，目前全市在册会员人数为856人。全年累计91人次参加全国、省、市各级培训学习。1. 组织推荐工作，在各级人大、政府、政协换届时，全力做好民进优秀人才的政治安排、实职安排协商推荐工作。累计政治安排78人次，其中省人大代表、政协委员4人；市人大代表、政协委员22人（人大常委1人、政协常委3人）；区（县）人大副主任1人、常委3人、代表6人，区（县）政协副主席1人、常委6人、委员35人；在实职安排推荐方面，全年累计向各级中共党委组织、统战部门推荐处级、科级实职岗位干部人选10多人次，2. 基层组织建设，全面完成区（县）工委组建工作，成立了直属工委和六个区（县）工委，指导基层组织做好换届和届中调整相关工作，完成3个总支（含12个支部）和一个直属支部的换届和调整任务。召开民进望城区支部成立大会，组织全体市委委员和基层组织主委进行了集中培训。此外，还对会内活动、会议制度及经费问题等进行了调整改革。3. 增强服务意识，提升会员满意度。春节前，上门慰问120余人的老领导和老同志，全年看望因病住院会员、吊唁去世会员10多人次；认真组织2012年迎春联欢会、“三八”国际劳动妇女节、教师节和“三胞”联谊活动。

四、发挥优势，关注民生，社会服务有新局面。积极发挥自身优势，不断拓宽服务领域，开展有益的社会服务活动。1. 抓好联点，力促社会主义新农村示范点建设。做好定点援建宁乡县山园村，社会主义新农村的示范点，会市委引入资金近十万元，改善村容村貌和完善基础设施，出资鼓励他们开展了环境卫生集中整治和农户卫生评比活动。2. 做公益，开展捐资助学和扶贫帮困活动。响应民进湖南省委支持西部教育向贵州石场乡捐款支教的倡议，全市会员共捐献爱心款93480元。关心困难会员，为患病女会员王翔募得善款7000多元，并远赴平江看望。为宁乡县特殊教育学校8名失聪儿童争取到免费助听设备。3. 进一步推动“阅读·梦飞翔”项目。民进会市委策划的阅读教育推进大会活动于9月在宁乡县举行，全县所有中心学校校长近200人现场观摩了阅读教育展示课，并开展了现场经验交流和研讨活动。至2012年底，该项目在宁乡捐建图书室（角）29所，建立高标准公共卫生间2所，总计投入达100多万元，对帮扶湖南农村学校阅读教育作出了巨大贡献。该项目实施方在省青少年活动中心开展了5周年系列庆祝活动。（兰德泉）

民进长沙市第十一届委员会

主任委员　李　平

副主任委员　高智麟（专职）　张早平　邹国兴　李正元

秘书长　李素娥

【民进经济界人士联谊会成立】 11月25日，为搭建平台、整合资源，更好地服务会员、服务社会，长沙民进经济界人士联谊会正式成立，共吸纳40多位经济界会员。联谊会制订了规范的章程，拥有独立的领导机构--常务理事会，团结会内从事经济工作的人士，引领其更好地实现自我发展，积极投身会组织参政议政、自身建设、服务社会等各项工作。（兰德泉）

中国农工民主党长沙市委员会

【概况】 截至2012年底，中国农工民主党长沙市委员会（以下简称“农工党长沙市委”）有党员822人，具有中、高级专业技术职称的793人，占总人数的96%，平均年龄49.5岁。基层组织有5个区工委，6个总支、28个支部。

一、参政议政方面。市委会《关于加强我市城市社区建设的调研》、《关于推进特色文化产业发展的调研》和《关于医疗保险付费方式改革的调研》等调研课题的对策建议，分别得到了中共长沙市委的高度重视和采纳。主任委员龚振湘在省政协第十届第五次会议上所作的《以城市社区建设为着力点，加强和创新社会管理》的专题发言。得到湖南省委书记周强的批示。市委会向市政协提交集体提案4篇，其中《关于加快发展我市环保产业的建议》、《关于加强城市社区建设，创新社会管理的建议》分别获长沙市政协十届六次全会优秀提案和长沙市政协2012年度优秀提案。担任各级人大代表、政协委员的农工党员全年共提交个人提案、建议80多篇。担任人大代表、政协委员、各级特约（邀）委员的农工党员们积极参加省、市、县（区）党委、人大、政府、政协举行的有关会议、视察、评议和督查活动100余次。3至6月，农工党界别政协委员参加市政协组织的社会管理创新——交通“治堵”民主评议，并撰写了《长沙市城市交通“治堵”民主评议报告》。副主任委员洪霞参加了长沙市通信公司的民主评议工作，在全省行风评议观摩会上作了《长沙联通2012年度政风行风建设民主评议报告》的典型发言，洪霞被长沙市政协评为社情民意先进个人，易介兵荣获2012年度长沙市统战宣传工作先进个人。

二、自身建设方面。1. 大力加强思想建设。组织政治理论学习，通过召开基层组织工作会议、举办培训班、专题报告会等，认真学习贯彻2012年全国“两会”精神、中共十八大精神和农工党中央十五大精神，全年编辑《长沙农工》4期。开展学雷锋系列活动、参观湖南经济社会发展成就展、长沙市统一战线同心同行等主题教育活动。以及赴惠州、银川等地学习考察交流。2. 加强自身建设。基层组织在望城区成立了农工党望城支部。对部分区工委员会和专门工作委员会进行了调整，新成立了芙蓉区综合支部。全年有33名新党员加入农工党组织。加强农工党长沙市委会与农工党省委、中共各级统战部门、基层组织及党员的联系，看望慰问各级人大代表、政协委员60余人，走访农工党省委、各级统战部门40余次，接待党员100余人次。组织运动会、学习、联谊慰问活动等多项活动。3. 做好人大、政协换届的推荐工作。推荐农工党员78人担任省、市、县（区）人大代表、政协委员，其中省人大代表1人、政协委员2人，市人大代表4人、政协委员23人，县（区）人大代表10人、政协委员38人。4. 立足本职岗位建功立业。农工党曙光总支刘振获得国家实用新型专利及国家发明专利近180项，为楚天科技企业创造了上亿的经济效益。陈炼红被评为“湖南省优秀教师”并记二等功。陈忞被邀请参加中国农工民主党中央委员会第十五次代表大会工作报告和修改党章报告的起草等相关工作。彭顺超坚持资助益阳家乡的贫困学生，为边远乡村出资建桥修路。张智博、王爱民、唐红宇等在市一医院组织举办了全国痴呆继教学习班。肖钢荣获“全国艾滋病防治先进工作者”称号。李建军申报国家星火计划科研项目《远程“面对面”乡村与社区妇幼保健示范推广》。

三、社会服务方面。在宁乡县横市镇泉柳村开展的三级定点社会服务活动，为绿色村镇建设和农村环境整治、通组通户道路硬化、安装太阳能路灯等民生工程作出贡献。农工党市委会结合“2012中国环境与健康宣传周”，联合芙蓉区工委、韭菜园街道开展了社区义诊及法律咨询活动。芙蓉区工委为望城县乡镇和本市下岗职工、残疾人、特困户排忧解难，筹钱捐物。天心区工委组织各支部党员走进对口的登仁桥社区对特难户进行慰问，针对不同困难情况采取相应的帮扶措施。岳麓区工委组织市四医院、利慈医院的党员医师到岳麓区咸嘉街道老年公寓开展慈善义诊活动，参加中共岳麓区委统战部组织的莲花镇义诊扶贫活动。开福区工委继续开展对湘西矮寨和张家界定点扶贫助学活动，农工党党员易军所经营的湖南双舟大药房连锁有限公司举办“百人百万”捐资助学爱心活动，对湖南地区进入长沙市湘麓中等职业学校学习的一百名贫困学生进行三年学费近百万的经费资助。雨花区工委多次组织党员到社区义诊，为居民提供健康知识讲座服务。农工党市委会全年共有党员捐款捐物几十万元，受益人数几千人。（易介兵）

农工民主党长沙市第十二届委员会

主任委员　龚振湘

副主任委员　洪　霞　陈　忞　王清华　黄树明

秘书长　周锦民

中国致公党长沙市委员会

【概况】 2012年是致公党长沙组织建立30周年。致公党长沙市委围绕市、县人大、政府、政协换届和地方组织建立30周年两个重点，大力推进自身建设，认真履行三大职能。

一、加强自身建设，通过明确推荐原则、制定推荐方案，摸排推荐人选，选择推荐方向，科学合理布局，加强沟通协调等措施。市属党员在各级人大、政协中作政治安排96人次，比上届增加31名。其中省、市、区县市人大代表分别为2名、8名和16名；省、市、区县市政协委员分别为1名、26名和58名。8位党员走上新的领导岗位。在行政区划调整和园区升级中，做好组织发展工作。全年新发展党员33人。其中，硕士研究生12名，博士研究生1名，平均年龄35.3岁。在望城区，长沙经开区和宁乡经开区发展党员9名。组织开展了主题征文活动和评选表彰活动，组织编印纪念册，拍摄制作纪录片，举办主题书画展，召开庆祝大会等活动。全面回顾总结组织建立30年来所取得的成绩和经验，宣传了各级组织和广大党员的事迹。

二、参政议政助推科学发展。向各级“两会”提交议案、建议和提案76件，其中集体提案4件。大会发言《优化长沙金融环境，支持中小企业发展》，被评为优秀集体提案，2份个人提案被评为优秀。通过参加各种座谈会、协商会和民主评议活动，就省市统战工作的思路、政府工作报告的修改、重要人事安排、政府机关工作效能的监督、中共中央4号文的贯彻落实等问题认真协商建言。围绕“提升自主创新能力”和“文化创意产业发展”等热点问题开展调查研究，形成了2项调研成果，并改写成集体提案。各区（市）工委积极围绕本地区的中心工作开展调查研究，获得调研成果8项。全年向各级政协、统战部门和本党上级组织反映各类社情民意和信息109件，1条社情民意被评为年度优秀稿件，30余条（次）统战信息被各级统战部门采用。完成并上报统战理论调研论文4篇。

三、社会服务促进和谐发展。通过组织政协委员实地调研，召集党内专家开展现场咨询、论证，向上争取项目资金支持等措施，推动浏阳佳源生态油茶丰产林产业基地建设进一步完善。省委常委、统战部部长李微微和致公党省委部分领导均专程到基地视察指导工作。尝试将关爱儿童的工作与海外联谊工作结合起来，到“侨心小学”捐建图书阅览室；走访了国际慈善组织在长沙设立的儿童福利中心；到长沙市第二社会福利院的服务基地看望慰问，并与党员企业联合到平江县塘口小学开展捐资助学活动。各项活动累计捐资捐物近10万元。被致公党中央评为社会服务工作先进集体。

四、海外联谊致力凝心聚力。1. 成立海外联谊工作委员会，以党派名义单独组团到美国和加拿大开展考察，专程拜访美国洪门致公总堂，建立起良好联系。接待美国洪门致公总堂和加拿大洪门达权总社有关人士的来访。2. 加强了与涉侨部门的合作。加强“五侨联动”，与市政协港澳台侨外事委等涉侨单位联合开展了考察调研、视察评议等活动；邀请涉侨单位和部门负责人出席了三十周年庆祝大会；邀请各级统战部门负责人开展了一年一度的工作座谈。 （彭 磊）

致公党长沙市第五届委员会

主任委员 王国海

副主任委员 黄光裕 李光华 吴晓佳 邓雪琴

九三学社长沙市委员会

【概况】 截至2012年底，九三学社长沙市委员会共有成员540人，其中女性218人。具有高级职称253人，占47%，平均年龄53.66岁。社市委共设基层支社20个，设芙蓉、天心、岳麓、开福、雨花5个区工作委员会和参政议政、城建环保、社会法制、文教卫、海外联络、妇女、青年、老龄8个专门工作委员会。社市委现有61人次，共59人担任省市区（县）各级人大代表、政协委员。

一、参政议政和民主监督。2012年，九三学社市委领导分别参加中共长沙市委、市政府、市政协等有关会议及视察活动达40多次。1. 不断提高高层协商中的建言水平。突出特色，优化选题，开展专题调研。深入开展“科技社团管理体制改革问题”研究。5～10月，九三学社市委与市科协联合，开展推动长沙市科技社团发展的专题调研。形成《创新社会组织管理，扶持我市科技社团发展》的报告。6～8月，九三学社市委和芙蓉区工委到长沙市卫生系统就全市基层医疗卫生体制改革工作情况进行调研，形成了《加强我市基层医疗卫生机构建设，提高履行基本公共卫生服务能力》的调研报告。社市委申报的《创新“驱动战略”，加快洞庭湖区旅游发展》和《关于加快特高压电网入湘步伐，为“两型”社会绿色湖南提供能源支撑的建议》两个课题中标九三学社湖南省委2012年参政议政课题，形成调研报告上报社省委并采用。2. 在各级人大政协发挥作用。在长沙市政协十届六次会议上，九三学社市委提交了《积极应对长沙湘江航电枢纽工程建成后对长沙市排水系统影响的建议》等5个集体提案。其中《加强城市绿地建设与管理的建议》在市政协十届六次会议上作为大会发言，并被市政协评为2012年度优秀集体提案。以“推进生态文明建设”为主题认真开展了市政协委员界别周活动。社市委的省、市、区各级人大代表、政协委员积极撰写提案议案。刘有良等提交的《关于新建党派大楼的建议》、杨红波等提交的《关于推进城市污水处理厂污泥规范处理资源化利用的建议》和董晓明提交的《关于加强我市城市生活垃圾管理的建议》被评为优秀个人提案。马庆、刘有良、涂立奇3人在长沙市政协十届六次会议上被评为长沙市优秀政协委员；周志文被评为长沙县优秀政协委员。3. 积极反映统战信息、社情民意。上报社情民意、统战信息60余篇，被社省委授予社情民意先进集体。邓立新反映的《关于进一步加强公共文化场馆建设与管理的几点建议》获市政协2012年度优秀社情民意三等奖。继续推进民主监督工作。配合社省委成立了专门机构就开展“同心系湘江、共护母亲河”民主监督活动开展了有关工作。刘有良所参

两级GYB、SYB培训体系，全市GYB培训1.97万人，SYB培训1.09万人。形成以市级创业基地为龙头，布局合理、类型多元、功能完备、成效明显的四级创业基地发展体系。创业富民预算资金共扶持1036个初创项目4648.7万元。创业青年金融服务中心推出20余种适合大学生创业的融资产品，现场向10名创业青年授信1.32亿元。出台《“创业百星”评选表彰办法》、《资金使用管理办法》、《资金绩效评价办法》，完成《2009—2011年长沙市创业富民专项资金扶持企业发展情况调查报告》。深化合作机制，打造创业品牌。将“学雷锋”作为“创业手牵手、帮扶一加一”活动的主线，动员组织117家企业帮扶122位创业者，举办2012年度“创业手帮手，帮扶一加一”活动表彰暨结对帮扶签约仪式、“五四”青年创业服务周等系列活动。举行“爱心一加一，创业手牵手—心系南洲村”学雷锋活动，组织友阿集团、新一佳等20家企业负责人为初创企业提供项目合作等多途径帮扶。

三、积极引导，促进非公经济人士健康成长。1. 开展“学雷锋”系列活动。组织开展“雷锋家乡学雷锋民营企业当先锋”活动。在雷锋纪念馆挂牌建立“湖南长沙工商界学雷锋诚信建设基地”；召开“学雷锋庆三八”大会，表彰优秀女企业家和杰出创业女性；促成5个学雷锋送温暖签约项目，捐资155万元用于扶贫助学；举办“学雷锋光彩慈善”活动，组织会员捐资60多万元，资助贫困学子完成高中学业。倡议开展“社会拥军当先锋”系列活动，开展“科技拥军、智力拥军、文化拥军”等活动，与95333部队结成军民共建单位。2. 引导企业家履行社会责任。深入开展“情系‘三区’感恩社会光彩大行动”；经过精心谋划筹备，成立湖南省长沙市光彩事业基金会，这是全国首家市级工商联发起的基金会，认募资金3114万元。组织民企参加“民营企业招聘周”，举办三场专场招聘会，213家企业提供岗位6100余个。3. 深入学习贯彻十八大精神。推进非公党建工作。开展党组织集中组建工作，全年新建基层党组织1765家，全市现有非公有制经济党组织5045家。对全市1148个非公经济组织党组织进行了分类定级工作。培训党组织基层负责人。召开全市非公经济组织创先争优表彰大会；编辑《长沙市非公经济组织创先争优典型实例汇编》；重点培育党建示范点87个，从全市选派1000名党建指导员，帮助企业开展党建工作。

四、加强基础组织建设。大力推荐非公经济代表人士担任各级人大代表、政协委员，发挥非公有制经济人士参政议政作用。加强县级工商联建设。制定《长沙市工商联推动解决县级工商联建设中的突出问题工作实施方案》，成立房地产商会、布艺商会、常宁商会、南安商会，全市工商联共有商会320余家，会员1.9万多户。举办商会负责人培训班，推动商会法规化建设。全面更新市、县（区）两级工商联执委数据库，开展非公经济人士综合评价工作，加强非公经济人士的动态管理。2. 加强企业家队伍建设。首次与香港中华总商会共同举办工商研讨班—长沙市总商会会长培训班。推出4期“解放思想、创业富民”大讲坛。培训民营企业家2100多名。举办以“文化产业大发展与民营企业的机遇”为主题的“湘丰财富沙龙”，邀请来自文化产业方面的企业界、银行、媒体人士等相互交流。3. 加强机关建设。深入学习贯彻中共中央、国务院《关于加强和改进新形势下工商联工作的意见》。把能力提升、机关作风建设与“讲党性、重品行、作表率、树形象”等活动结合起来，开展创先争优、“我身边的雷锋式人民公仆”评选、“教育我、感动他、雷锋精神在长沙”演讲比赛、“礼仪进机关”、慰问帮扶、群众文体等活动。

（陈林希）

长沙市工商业联合会（总商会）

主　席（会长）　彭继球
第一副主席（副会长）　饶福明（兼）
专职副主席（副会长）
　　刘立红（2012.12任）
　　张明刚　　傅　纯
　　李　伟（2012.12免）
秘书长　　周承能

【香港长沙商会成立】 8月19～21日，香港长沙商会在香港成立，全国政协委员、香港经贸商会会长李秀恒任香港长沙商会首任会长，首届荣誉会长、副会长、会董达93名，会议规模426人。众多政商界人士及香港各大商会和工商界人士参加。同时举行长沙市重大项目推介会，长沙高新区、经开区、武广高铁新城和长沙大河西先导区等作专题推介。根据香港向内地产业转移的趋势和香港自身的产业特色，重点围绕其国际金融、创新科技、环保技术、高端会展、高效物流、专业服务、影视娱乐、推广平台等产业优势，推介长沙市的20个优质招商项目。会上合作意向项目签约8个，签约金额147亿元。期间，举办长沙市总商会会长培训班，是长

香港长沙商会成立

沙首次与香港中华总商会共同举办工商业研讨班。香港长沙商会的成立，为长沙和香港加强交流合作搭建了新平台，为促进两地经贸往来架设了新桥梁，为长沙籍在港创业人士和港籍在长投资以及关心、关注长沙发展的港籍人士建设了新家园。（陈林希）

【对接中博会和世界华商领袖峰会】 5月17～20日，“第七届中国中部投资贸易博览会”暨“2012世界华商领袖峰会”在长沙举行。市工商联积极对接，与省工商联和市组委会协调，牵头制定“2012世界华商领袖峰会”工作执行方案；组织两大活动、承担香港中华总商会和香港经贸商会两个香港代表团及9家境外商协会的全程接待；举办一场商会合作交流会，分别与香港中华出入口商会、香港经贸商会、香港全港各区工商联、香港新界总商会等4家商会签订友好商会合作协议；组织105家企业分别参加中博会9个专场活动，协助省联和市商务局邀请38家企业参加招商项目洽谈会。（陈林希）

【“雷锋家乡学雷锋 民营企业当先锋”活动】 2月，工商联召开学雷锋专题工作会议，开展“雷锋家乡学雷锋 民营企业当先锋”活动。制订实施方案，向广大非公经济人士发出倡议书。3月，在雷锋纪念馆举行长沙市工商界学雷锋诚信建设基地挂牌仪式。全年开展工商联学雷锋“七进”系列活动。即学雷锋进社区、进农村、进企业、进商会、进机关、进高校、进军营。成立志愿者服务队，开展关爱他人、扶贫济困志愿服务活动，企业慰问困难群众、资助贫困学生，捐款捐物等活动。（陈林希）

【长沙市光彩事业基金会成立】 12月2日，湖南省民政厅下文，批准湖南省长沙市光彩事业基金会成立。是全国第一家由市级工商联组织发起成立的光彩事业基金会。21日，在成立挂牌大会上，各区、县（市）工商联，机电商会、泉州商会等11家市直属商会，绿之韵生物工程集团、丰汇银佳等13家会员企业认捐款达3114万元。湖南省长沙市光彩事业基金会为非公募基金会，业务主管单位为湖南省工商业联合会，第一届理事会理事长为胡国安，副理事长兼秘书长潘俊钢。各区县市工商联、市直商会、会员企业可以依托该基金会设立相应的专项基金，基金、募集方式灵活，可一次认捐，分期到账，按照章程定向使用。个人或企业可以自愿捐资（含非定向捐赠）。通过向光彩基金会捐资、兴建光彩小学和光彩公路、开展结对帮扶等形式，积极参与投资开发、社会扶贫、社会主义新农村建设。（陈林希）

【浏阳市打造“数字工商联”信息化平台】 11月15日，浏阳市工商联召开第十四届三次执委（扩大）会议，对“数字工商联”信息化平台建设进行全面部署，以适应新形势下工商联工作创新拓展，帮助广大工商联会员企业迈向信息化的“高速公路”，推动企业更好更长远健康发展。“数字工商联”信息化平台建设总体采取“工商联主导、会员企业参与、全社会支持”的方式，由浏阳市工商联牵头组织，长沙中工电子信息技术发展有限公司投资开发运营。联合中国移动浏阳分公司合作，工商联会员企业有偿使用。平台总投资480万元，分工商联站点、工商联会员服务平台、工商联在线工作平台三个板块。平台建成后，帮助企业实现全新化推广、自动化办公、信息化管理、电子商务化销售等，提高企业的经济效益和企业竞争力。（陈林希）

【浏阳市青年创业者协会成立】 11月1日，浏阳市成立青年创业者协会，协会由浏阳市创业富民办发起，以共青团组织为载体，吸纳会员60多名，聘请创业导师5名。协会的主要任务是开展交流、培训、论坛等活动，帮助浏阳青年提高创业能力和创业素质；表彰、推荐、宣传优秀创业青年典型，营造浏阳青年创业成才良好氛围；帮助青年创业者加强与政府部门、科研院校、工商企业、孵化基地、金融投资等的沟通联系和对接合作，为青年创业者提供政策、法律、信息、技术、资金等方面的咨询服务；反映青年创业者的意愿和诉求，维护青年创业者的合法权益；加强与各类青年创业组织的交流与合作。打造浏阳青年创业的孵化器，使之成为培养新一代浏阳青年企业家的新摇篮。同日，浏阳市举办“智慧青年，创业未来”首届青年创业项目大赛。来自各乡镇街道300余名青年共同观摩了一场青年创业大赛。从收到40多个参赛报名项目中，经过部门联审、专家评审，最终确定入围的十个优秀青年创业项目。通过现场风采展示和公开答辩的形式，激烈比拼，最后评选出大赛一、二、三等奖和优胜奖获得者，并给予获奖青年创业者10万元的奖励。大赛还邀请了5位创业导师在现场与创业青年们进行“创业手牵手，帮扶一加一”协议书签约仪式。长沙市委统战部副部长、推进创业富民工作领导小组办公室主任饶福明出席大会，并作重要讲话，长沙市工商联副主席、推进创业富民工作领导小组办公室副主任傅纯出席活动，并为获奖者颁奖。（周建文）

社会团体

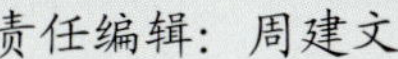

责任编辑：周建文

长沙市总工会

【概况】 2012年，长沙市总工会主动融入全市大局，着力推动科学发展，开展劳动竞赛等各种活动，做好劳模工作，维护职工权益，着力在服务社会管理及自身建设方面做好工作。

一、劳动竞赛主题鲜明、成果丰硕。全市各级工会贯彻中央、省、市委关于发展实体经济、转变发展方式的指示精神，依托重点工程、工业企业、服务行业和女职工“芙蓉杯”竞赛四位一体的工作格局，以创建“工人先锋号”为主要载体，以提升职工技术技能素质为根本要求，创建并规范了11所女职工培训示范学校，广泛开展劳动竞赛。先后组织了车工、铣工、数控机床装调维修工、计算机程序设计员、收银员、医卫护理、教师教学和公共客运行业从业人员的市级职业技能竞赛；举办了职工科技创新、名师带高徒等活动。长沙市组队参加全省职工职业技能竞赛，获团体第一。区县工会也组织各种劳动竞赛活动，开福区的“十大行业学雷锋式业务技术标兵”选拔。雨花区的红五月“百家企业万人技能大比武”。高新区的机械制造行业劳动竞赛等活动。2012年，全市推荐全国五一劳动奖状单位1家、全国五一劳动奖章获得者5位、全国工人先锋号班组3个和湖南省“五一先锋”7位；表彰市级工人先锋号54家。

二、五一活动特色创新、提振士气。第三次举办“伟大的品格，我们的节日”五一系列活动。先后举办了“敬礼！劳动者”五一晚会、“最美劳动瞬间”微博宣传活动、“工会服务卡”劳模服务月活动、“法律的力量”职工维权知识抢答赛、“传承雷锋精神、弘扬伟大品格”劳模事迹进校园活动、市总工会与湖南大学合作成立企业社会责任及劳动关系研究中心揭牌仪式、“工会经费·惠民生”系列宣传、《湖南省企业工资集体协商条例》宣传周和女职工书画、摄影、手工艺品作品大赛等主题活动。“敬礼！劳动者”晚会，把录制现场搬到了工厂的生产车间，让一线职工有了展示才华的舞台，突出了工会的特色，实现了创新和提升。

三、劳模工作引领风气。全市各级工会挖掘 “雷锋精神”时代内涵，开展形式多样的“学习雷锋精神，争当五一先锋”活动。望城区发挥“雷锋家乡”优势，把工会业务工作与学习雷锋精神紧密结合，探索出常态化、长效化的“学雷锋”工作机制，浏阳市委出台了进一步加强劳模管理服务的意见。市总工会建立了劳模信息平台，完善了劳模档案和数据库，建立了劳模后备管理库，落实了劳模帮扶长效机制，全年累计发放劳模补助金335万元，筹集市级以上劳模帮扶金160万元。在湖南大学举办长沙市第二期一线劳模和优秀工人电子技术培训班，在市委党校对部分在职劳模进行了短训。组织全国劳模进行了免费体检和部分劳模免费疗休养活动，组织1000名劳模去灰汤参加长沙市第四届温泉旅游节活动。从一线劳模和优秀工人中考录了5名公务员。

四、积极推进工会服务卡工作。全市采集50多万会员信息，发卡25万张，签约合作商户过百家。有30名持卡会员获保障救助金18.6万元。实施了“在职职工（住院）医疗互助计划”，以帮助职工会员缓解“看病贵”的压力，有9万多名职工参与，募集医疗互助金455万元。在原有非工伤意外伤害及家庭财产（火灾）损失保障救助计划的基础上，增加了男性乳腺癌、前列腺癌保障救助计划。

五、市总工会联合市文广新局、爱心企业开展的职工文化低保活动。各级工会深入企业、工地、社区和外来务工人员聚居区，先后送演出近100场，送电影500多场，观众有十余万人，送图书9万余册（份），送市总工会定制的《读者》杂志2万册，送培训200多场。

六、工会帮扶慰问。积极开展“双联”帮扶工作。制定下发了2012年“双联”和困难职工帮扶工作方案，编制了《长沙市“双联”和困难职工帮扶工作领导小组成员单位共同约定目标责任书》，召集各参联单位签订了责任状，组织100家机关单位帮扶了100家困难企业，对口帮扶困难职工2310人，慰问困难职工180万元。建立和完善了市、县（市）区、街道（乡镇）、社区（企业）四级职工服务（帮扶）网络，成立市级职工服务（帮扶）中心1个，开发区、区县（市）职工服务（帮扶）中心11个，乡镇（街道）职工服务（帮扶）站166个，县级困难职工帮扶中心规范化达标率为100%。通过开展两节“送温暖”、“农民工平安返乡爱心接力”、“面对面，心贴心、实打实服务职工在基层”等活动，共实施生活救助20572人，市本级帮扶中心发放帮扶资金612万元。与5所职工培训学校合作，举办了10多期包括电子装接工、营业员等的免费职业技能培训班，培训1200多人，并帮助其与企业签订劳动合同。整合社会资源，启动了女职工“关爱行动”系列活动，筹资350万元为女职工提供帮扶救助，开展了“单亲特困女职工送温暖”、“爱心你我他”、“真情维权——春风送健康”三大系列行动。开展了爱心助学、“七夕”联谊和高温慰问活动。拓展了工会帮扶的内容、提升了工会帮扶的质量。

七、落实长效维权机制。在市总工会的“科学维权年”，全市各级工会为维护职工合法权益积极努力。一方面，做好工会信访工作，开展职工法律援助。积极参与企业改制工作，咨询、协调矛盾190多次，涉及单位40多家；市总工会困难职工帮扶中心先后接待职工来访90多批次计600多人次；聘请律师和工会法律工作者免费为职工提供法律咨询600余人次，提供法律援助30起。另一方面，积极推动工资集体协商和企业社会责任建设工作。学习宣传贯彻《湖南省工资集体协商条例》，开展工资集体协商“春季要约行动”，做好了在长沙世界500强企业工资集体协商工作，推动建立行业（区域）性职代会，区域性、行业性工资集体协商工作。全市共签订工资集体协商协议1685份，其中行业性、区域性工资集体协议272份；涵盖企业8378家；覆盖职工411945人；已建工会企业工资集体协商建制率达到90%。4月，与湖南大学联合成立了企业社会责任及劳动关系研究中心，探索出了一条“会校联合、优势互补、资源共享、成果共享”的工作新路。推动市政府办公厅出台了《关于加强企业社会责任建设的意见》，并下发了《长沙市企业社会责任评估体系》，成立了长沙市企业社会责任建设工作领导小组。10月召开了企业社会责任建设工作推进会。

八、形象建设。注重宣传策划，与地税联合开展了“费惠民生”系列宣传活动，进行了反映帮扶工作的专版报道和反映农民工“三融入”的《“新居民”的长沙生活》专题报道，制作并播出了《工会我的家》电视专题片。还围绕贯彻宣传《女职工劳动保护特别规定》、《中国工会审计条例》、《湖南省工资集体协商条例》策划了主题活动和新闻报道。将职工文化低保工程赠阅专刊《读者》打造成工会形象专刊。同时，借助电台、网络、公交车身广告等媒体宣传工会，市总开通了官方微博，举办了“最美劳动瞬间”微博照片征选，内刊《长沙工会工作》有了质的提升。

九、组织建设上，新建工会组织数2775个，工会组织涵盖法人单位数5471个；新发展会员数11万余人，其中农民工5.7万人。实现了女职工组织在已建工会企业全覆盖。在全市企业工会创造性地开展了“工会组织亮牌子比规范，争创模范职工之家；工会干部亮身份比作风，争当优秀职工之友”的“双亮”活动。经开区、浏阳市等区县的“双亮”工作经验，在全省得到推广。全市参与活动的企业工会近3000家，亮明身份的工会干部近万名，基本实现了让企业工会“转起来”，让工会干部“站出来”。作为5省10市示范单位之一，在全国工会“双亮”示范单位推进工作情况汇报交流会上作经验交流。同时，开展了理顺园区企业工会隶属关系的专题调研。鼓励基层工作创新，工会代表常任制、工会社区网格化管理、工会精细化服务工作方法、建筑行业工会和屋场工会建设等创新工作。

十、能力建设。结合工会“面心实”（面对面、心贴心、实打实）活动与市委的“一推行四公开”活动，市总工会深入企业、贴近职工，开展调研走访，共计调研企业384家，访谈职工3800多人，发放调查问卷3855份，解决困难750个。配合八一桥社区建立起走访慰问、代办服务、群众文化三项重点工作与各级职能部门相衔接，与社区爱心群体相结合的“3+X”平台，巩固了工会经费税务代收和财政划拨长效机制，完成省总工会下达的经费收缴任务；同时，开展对全市县以上总工会财务会计管理规范化建设的验收评比；推动资金进一步向职工民生项目和重点品牌工作倾斜。加强了对市总工会本级、区县和直属事业单位经费的审计监督。职工技协基层组织进一步规范。稳妥推进各事业单位改革，文化宫公益职能逐步恢复，工会组织为职工办事的综合实力得到进一步增强。（谢　帆）

共青团长沙市委

【概况】 2012年，长沙共青团适应青年流动速度加快、青年思想更加活跃等新变化，组织青年形成新格局，引导青年创造新载体，服务青年构筑新平台，维权工作构建新机制，各项工作跃上新台阶。

一、抓基础，组织格局实现大创新。2012年，大力推进乡镇实体化大团委建设，新建直属团组织3046家，新建两新团组织592家，推动市、县两级出台文件明确乡镇街道团委工作经费不低于2万元；建成TSW动态团情信息网。推出43期“长沙共青团手机报”，指导岳麓、天心、浏阳等区县市团委完成换届，进一步完善市直机关团青组织设置，深入开展团工作创新项目评比、“我最满意”系列评选，举办新加坡、台湾、省市委党校培训班，推荐优秀青年为各级人大代表、政协委员和青联委员候选人；开展城乡团组织、青年文明号结对帮扶活动，帮扶困难群众578人，捐赠慰问金和物资共计31万元；市青年志愿者联合会着力加强枢纽型社会组织建设，新增17家社会志愿服务团队。

二、创新载体，引导青年传递正能量。组织各级团青干部500余人参加长沙共青团系统十八大精神专题学习班，全市7000多个团支部开展学习宣传贯彻活动，通过培训、座谈、手机报等，直接影响150多万青少年群体。带动各级团组织举办了纪念建团90周年板报展、演讲比赛、青年足球赛、青年联谊等活动，提升青年活力；整合Let's go快乐阵线、团市委网站、共青团移动频道、12355青少年成长热线等成立了长沙青年传媒研究发展中心，形成多媒体引导平台；开展家园清洁行动、文明交通劝导、推广“两桶一箱”垃圾分类处理、帮助孤老残弱等，促进文明养成；在少先队和学校共青团组织中开展“红领巾心向党”、“我的一次志愿者经历”主题团队日、少先队鼓号队比赛、“与信仰对话”等活动，指导大中专院校开展暑期“三下乡”社会实践等工作，加强思想引领；启动全市“青年文明号管理创新”竞赛，新建25家“雷锋号”志愿者工作站，组织3055名青年志愿者服务中博会，命名授牌长沙市“志愿者广场”、“志愿者之家”，组织“青年文明号”与“雷锋号”志愿者工作站结对，推动学雷锋活动常态化、大众化和时代化发展。

三、广借资源，服务青年形成强平台。围绕全市创业富民和青年创业，继续举办“五四青年创业周”，搭建校地银孵化平台，推动落实近3亿元创业贷款。立足大学生初次创业需求，搭建创业孵化平台，中南大学、湖南大学、湖南师范大学等高校团委和高新区创业服务中心、长沙银行科技支行三方签约共建服务孵化平台，为创业大学生推出了20余种产品。举办杜鹃讲坛，开展创业沙龙，邀请导师指导青年创业。建设青年就业创业见习基地50家，提供了1533个校园招聘岗位，986名学生成功对接。争取省青创会青年就业创业培训项目30个，开展GYB创业培训大学生2300人。引进11个清华、北大团队共92名博士、硕士研究生到长沙调研实践，促成高新区、经开区和清华研究生院、北大团委共建实践基地。市青联吸收628名优秀青年成立引进人才分会，增强引进人才的整体活力。大力开展大学生村官培养工程，开展培训交流，提供展示舞台。

四、优化机制，维权工作跃上新台阶。大力推进青基会爱心工作项目化、爱心平台公共化，举办“5·20”爱心集市、“爱心捐赠零花钱·关爱困难小伙伴”、“希望工程圆梦助学”、“汉藏爱心助学”等公益活动和项目，全年筹资1025.26万元，援建及改善希望学校和青少年阵地12个，帮扶困难学生1743名。举行了以“加强城市居住小区青少年活动阵地使用情况监管执法力度”为主题的共青团与人大代表、政协委员面对面座谈会，促进规划、住建、城管等部门加大执法力度，争取从源头上解决青少年活动阵地被“占、转、挪”等现象。成立长沙市预防青少年违法犯罪专项组，组织志愿者关爱青年工人、青年农民及其子女、重点青少年群体志愿服务行动，全国重点青少年群体服务管理和预防犯罪试点工作经验在全国交流会上作经验推荐。普惠式青少年宫建设成效显著，新青少年宫规划方案通过评审，新宫建设正式启动。5月4日，召开纪念建团90周年青年工作座谈会；团市委获湖南共青团红旗单位、省少儿才艺大赛优秀组织单位等省级荣誉，被市文明委推荐为湖南省文明单位，长沙市青年志愿者联合会被团中央授予第九届中国青年志愿者优秀组织奖。 （吴一帆）

共青团长沙市委

书　记　侯　文
副书记　喻志军　叶　妙（女）
　　　　詹萍萍
纪检组长　戴　旭（2012.8任）
　　　　王海军（2012.8免）
青少年宫主任　苏启丰

【“雷锋号”志愿者工作站全省推广】 4月23日，省文明办、团省委等六部门联合发文并召开全省“雷锋号”志愿者工作站创建活动动员大会，向全省推广“雷锋号“创建模式。长沙廖家湾社区志愿者工作站等6家成为首批授牌的省级“雷锋号”志愿者工作站。 （吴一帆）

【长沙共青团移动频道开通】 3月6日，《长沙共青团移动频道》手机报开通，包括要闻聚焦、团青快讯、基层动态、典型人物等栏目，每周发送1期，覆盖全市4000多名共青团青年干部，以全面的信息覆盖推动了全市各级共青团组织比学赶超。（吴一帆）

【TSW团情动态信息网建成】 4月，TSW团情动态信息网建成，通过在全市各级团组织中开展团情统计工作，将区县（市）、街道（乡镇）、社区（村）三级团组织及其直属团组织全部纳入统计体系，覆盖全市1115个团委、7307个团支部，全市团的组织和成员实现网格化管理，巩固了团建基础工作。 （吴一帆）

【长沙市“志愿者广场”、“志愿者之家”命名授牌】 3月3日，长沙市“志愿者广场”、“志愿者之家”命名授牌仪式在长沙市青少年宫举行。命名的长沙志愿者广场为长沙市青少年宫雷锋雕像前广场，是长沙常态化开展青少年培训、心理辅导、法律咨询、爱心集市、爱心帮扶等各类志愿服务的公益阵地。长沙志愿者之家是指长沙市青少年宫杜鹃楼，是长沙志愿者定期开展志愿服务业务培训、沙龙交流、工作研讨等各项活动的公益阵地。 （吴一帆）

【长沙市青年联合会引进人才分会成立】 3月23日，长沙市青年联合会引进人才分会成立，628名优秀青年加入分会。引进人才分会是长沙市青年联合会的团体会员，是以长沙市“引进储备万名优秀人才”工程选拔出的青年才俊为核心力量的联合组织。分会通过开展交流和联谊活动，增强引进人才的认同感、归属感。（吴一帆）

【第三期长沙青年创业能力提升专题研讨班】 10月22～31日，团市委、市青联、市青企协联合举办的第三期长沙青年创业能力提升专题研讨班在新加坡南洋理工大学开班。20名长沙青年共同学习了现代企业竞争战略与核心竞争力的构建、社区管理与规划、经济转型和产业升级等主题课程。 （吴一帆）

【获第九届青年志愿者优秀组织奖】 12月，团中央、中国青年志愿者协会评选长沙市青年志愿者联合会获第九届中国青年志愿者优秀组织奖。长沙市青年志愿者联合会是由志愿从事社会公益与社会保障事业的各界人士组成的全市性社会团体法人，由依法成立的区（县）、街道、社区各级志愿者组织和各专业、行业志愿者组织和个人自愿结成的非营利联合性的组织，受共青团长沙市委领导。注册志愿者23万人，团体会员78个，包括各区（县、市）、市直机关、市教育系统、市国资委系统、各高校青年志愿者协会和社会志愿者组织等。2012年，长沙市青年志愿者联合会不断壮大志愿服务队伍，丰富志愿服务项目，打造志愿服务品牌，传播志愿服务文化，重点在文明城市创建、大型赛会服务、社区公共服务、家园清洁行动、扶贫助残敬老、应急救援、心理咨询、义务支教等领域实施志愿服务，参与人数超过60万名，实现了力量系统化、参与广泛化、平台高效化、项目品牌化、服务常态化，志愿服务在长沙青年中逐步成为时代风尚和精神时尚，通过志愿服务正确引领了青年社会价值行为。同时，团市委、市青年志愿者联合会推荐的李磊、王青、刘映先3名志愿者获第九届中国青年志愿者优秀个人奖。（吴一帆）

【小杜鹃慰问活动】 11月18日，长沙市青少年宫以流动青少年宫为载体，和长沙市市政设施建设管理局一同主办了小杜鹃慰问市重点工程建设者公益性文化活动。来自长沙市青少年宫的小杜鹃艺术团、培训部、活动部、小杜鹃艺术实验学校及小杜鹃艺术幼儿园的师生们为长沙市重点工程的建设者们献上一场生动活泼的文艺表演，并与农民工及其子女开展多彩多样的游艺活动。长沙市青少年宫针对农民工子女、贫困儿童、特殊困难群体免费特长训练、免费艺术教育的免费项目达30余万元，参加各类特色公益活动的青少年超过数万人次。（吴一帆）

“小杜鹃”慰问活动

长沙市妇女联合会

【概况】 2012年，长沙市妇联紧扣“五化一率先”主题，扎实做好组织妇女、引导妇女、服务妇女和维护妇女儿童合法权益工作，各项工作成效明显。

一、引领妇女参与各项社会建设。1. 妇女创业就业稳步推进。妇女小额担保贷款工作不断深化，全市共有1167名妇女贷款9658万元，落实财政贴息资金122.32万元，带动16483名妇女创业就业。组织优秀成功女性进校园巡回宣讲4场次，举办创业女大学生沙龙暨女性创业项目宣传推介会，开展“创业手牵手，帮扶一加一”活动，全市申报女性创业街19条、创业联盟12个。培训SYB学员1019名，创业初步稳定760人，带动就业2000余人。市妇联家政服务中心举办各类技能培训班71期，培训3204人，新增就业岗位2382个。牵手市“女大学生创业就业实践基地”进高校招聘3场次。全市妇联系统“春风行动”举办专场招聘会113场次，提供免费服务43628人，成功介绍女性就业11729人。2. 三大主体活动蓬勃开展。组织“服务创一流、巾帼展风采”活动，创建省级巾帼文明岗13个，表彰市“十佳巾帼文明岗”10个、“优秀巾帼文明岗”12个。召开市农村妇女发展工作推进会，开展“爱我长沙，美在我家”巾帼示范村创建活动，创建省级“巾帼示范村”3个、市级21个。创建国家级“巾帼现代农业科技示范基地”3个、省级科技示范基地2个，市级“双学双比示范基地”、“巾帼专业合作社”各10个。开展“四百结对”帮扶活动，结成帮扶对子426个。深入推进五好文明家庭创建活动，表彰五好文明家庭100户、和谐示范家庭9900户。开展“两型”示范家庭创评活动，举办长沙市第九届家庭文化艺术节暨“两型”示范家庭表彰会，表彰市十佳“两型”示范家庭10户、“两型”示范家庭12户。天心区在全国五好文明家庭表彰暨家庭道德建设工作推进会上作典型发言。3. 文明创建活动。做好全国文明城市和未成年人思想道德建设指数测评各项工作，圆满完成测评指标6大类29项。动员全市妇女开展“巾帼学雷锋”系列活动，评选“我身边的巾帼雷锋”和“巾帼学雷锋”示范单位，推选先进个人10名、示范单位20个，向市文明办推荐“巾帼学雷锋”典型10个，4人入围“中国好人榜”候选人。促进未成年人健康成长，举行“长沙少年学雷锋，笔歌墨舞咏星城”展演暨庆六一活动，组织少儿书画作品爱心义卖，募集爱心款4.77万元。市妇联机关“30分钟课堂”开课140堂次，市儿童活动中心亲子公益书屋建流动书屋送书下校，“道德讲堂”成为全市首批示范点。4. 妇女儿童素质得到提升。先后举办市创业富民致富女带头人、市“巾帼文明岗”负责人、妇女维权工作能力培训班。女干部培训纳入全市干部教育整体规划，基层妇联主席培训纳入党校主体班。成立家庭教育义务讲师团，开展“心系女童”青春期女童家庭教育活动，全市组织家庭教育知识巡讲89场次，7个单位成功创建长沙市家庭教育工作示范基地。开展少儿公益培训，举办歌舞、美术等各类免费培训班17个，培训学员665人次。长沙县《利用农家书屋阵地拓展家庭教育平台》获评全国妇联创新案例并作经验介绍。

二、维护妇女儿童权益取得突破。1. 反家暴工作。联合市政法委开展全市反家暴司法执法工作调研，召开省会反家暴专家学者座谈会，在全国率先成立预防和制止家庭暴力工作组，建立健全家庭暴力案件预警、转介、处理、督办、责任追究等工作机制。“长沙市家暴工作投诉站”和176个“家暴投诉点”挂牌成立，进一步畅通家暴维权绿色通道。举办检察官反家暴培训班，提升检察官预防和制止家庭暴力的工作能力。联合省妇联、星城检察院到湖南女子监狱开展特殊帮教活动，慰问帮扶长沙籍涉家暴在押女性人员。2. 普法宣传。组织“巾帼雷锋在行动，普法维权进万家”活动，发放妇女维权知识宣传资料2万余份。开发形式多样的宣传工具，修订新版《市妇联法律宣传直通车妇女维权法律法规手册》，设计制作宣传板报，发放禁毒宣传文化衫、环保袋等。构建家庭禁毒防线，组织妈妈禁毒联盟“蓝结杯”禁毒知识抢答赛和文艺调演，宣传禁毒知识。组织市妇联法律讲师团成员送课到基层社区、学校。3. 信访维权。认真接待妇女群众来信来访，充分发挥“12338”维权热线作用，及时解答妇女咨询、解决妇女求助，市、区县（市）两级妇联接待群众信访件1720件，市妇联信访室接待来信来访来电749件907人次。做好信访回访工作，走访慰问困难信访群众及重点上访户。市妇女儿童心理咨询服务中心提供心理咨询和辅导154人次。受理妇女群众法律援助申请13件，已办结8件。4. 支持妇女成才。建立健全女干部和女性人才信息库，做好数据采集和统计摸底等基础工作。召开长沙市女干部代表庆“三八”座谈会、正县职以上女干部座谈会、人大女代表及政协女委员座谈会、女企业家座谈会，搭建女性学习交流平台。在换届年时期，联合市委督查室就《关于进一步加强和改善党对妇女工作领导的意见》落实情况进行督查，积极推荐优秀女性人才，新一届人大、政协中女性比例分别达21.78%、25.1%；各区县（市）人大、政协中女性比例有所提升。

三、妇女儿童发展环境得到优化。1. 出台规划明确政府职责。推动政府颁布实施《长沙市妇女儿童发展规划(2011-2015年)》，纳入全市“十二五”总体规划的专项规划，设置7个领域、70项主要目标、78项策略措施。召开全市第五次妇女儿童工作会议，举办“十二五”妇女儿童发展规划培训班，进一步推动公共政策、公共产品和公共服务向妇女儿童倾斜。2. 增加经费保障工作落实。争取党委政府对妇女儿童工作的重视支持，通过市委常委会议落实全国妇联“一元钱”的工作要求，按全市妇女人均1元的标准增拨妇女工作专项经费并纳入财政预算，各区县（市）妇女儿童专项经费也逐步增加，为推动全市妇女儿童工作创新发展提供有力经费保障。3. 强化宣传营造舆论氛围。宣传当代妇女主流思想价值及先进妇女典型，营造妇女儿童事业发展的良好舆论氛围。举行“大爱无疆”母亲节感恩活动，表彰无私奉献的母亲典型6名；大力宣传芙蓉区朝阳街派出所民警张萍徒手挡利刃的英雄事迹，张萍被授予“省三八红旗手”，并被誉为“长沙最美警花”。长沙儿童网站正式开通；全年在市级以上媒体刊发妇联工作信息400余篇（条），其中在《中国妇女报》等国家级媒体发稿30余篇（条），市妇联被评为全省妇联系统宣传工作先进集体。

四、关注妇女儿童民生落到实处。1. 了解妇情民意。“一推行四公开”中，3名队员组成群众工作组入驻岳麓区咸嘉湖街道润泽园社区，上门入户收集民情，建立“关心档案”，汇总答复问题建议244项，其中得到有效解决或调解的224项。开展“下基层、访妇情、办实事”活动，市妇联领导班子带队深入基层调研，征集调研文章25篇。全市共有1266名妇联干部深入965个村（社区），面对面联系妇女群众11314人次，为妇女群众办实事、做好事、解难事1253件。2. 关爱女性健康。组织政协妇女组就女性健康问题进行调研，推动农村妇女病普查普治和“两癌”检查工作，联合市卫生局印发“两癌”检查项目管理实施方案，项目县拓展至长沙县、浏阳市、宁乡县3地，全年完成农村妇女病普查229331人，“两癌”检查220885人。“捐赠废旧纸张·关爱女性健康”慈善公益活动持续开展，全市1705个单位和个人捐赠废旧纸张497吨，累计捐赠金额43.5万元。救助“两癌”贫困妇女100名，发放救助资金30万元。3. 帮扶特殊群体。春节期间走访慰问特困妇女205名，慰问金额10.4万元。关爱孤残儿童，在市儿童福利院举办“多彩阳光”梦想申请人计划湖南省启动仪式，给孩子们送去书籍和慰问金。关爱留守流动儿童，就全市留守儿童情况进行调查摸底，资助贫困、留守流动儿童97名，全市用于慰问救助留守儿童的资金18万余元。

五、妇联组织自身建设得到强化。1. 夯实基层基础。开展“示范妇女之家”创建活动，加强妇女之家标准化、规范化建设，召开经验交流会进行宣传推介。全市所有村、社区均建立“妇女之家”，创建6个省级、50个市级示范点。积极推动社区换届选举中女性进“两委”工作，全市所有的社区“两委”均配备女性。2. 拓宽组织网络。在高新区正式成立妇联；在教育、卫生、公安等10个市直部门成立系统妇工委，明确系统妇工委主任正科职待遇。依托巾帼志愿服务队、巾帼健身队、巾帼文艺队等妇女小组开展活动，全市新增巾帼志愿者21833人。3. 强化队伍建设。扎实推进党群共建创先争优活动，5个集体、9名个人受到全国妇联、省妇联表彰。召开全市妇联系统创先争优活动总结会，推进创先争优活动常态化。实行机关全员绩效考核和妇联系统目标管理考核。（李万锋）

长沙市妇女联合会

主　　席	谭慧慧（女）
党组副书记	刘云霞（女）
副 主 席	周小春（女）
	曾　丽（女）
	张明亮（女）
	赵景利（女）
纪检组长	钟小珍（女）

【巾帼雷锋事迹报告会】 3月8日，长沙市各界妇女庆“三八”暨巾帼雷锋事迹报告会在市会议中心举行。有关市领导出席。30名长沙市“三八”红旗手、10个“三八”红旗集体，10个“雷锋号”十佳巾帼文明岗的代表分别上台领奖。市“三八”红旗手代表舒蓉现场宣读《展当代巾帼风采，做学习雷锋标兵》倡议书。部分学雷锋先进个人汇报学雷锋先进事迹。（李万锋）

【第五次妇女儿童工作会议】 6月5日，第五次长沙市妇女儿童工作会议召开。会议总结回顾过去十年长沙妇女儿童事业发展的成绩与经验，安排部署下一阶段妇女儿童工作。会议表彰长沙市中级人民法院等13个单位为“长沙市实施妇女儿童发展规划先进集体”，刘惠等40人为“长沙市实施妇女儿童发展规划先进个人”。芙蓉区政府等先进集体分别进行经验发言。（李万锋）

【妇工委成立推进会】 7月5日，市妇联召开成立系统妇工委推进会。会议要求10个市直部门在2012年9月底前全面完成系统妇工委成立工作，落实人员编制，确保系统妇工委主任在职期间享受同级中层干部（正科职）待遇。10个单位分管妇女工作的领导及市编办负责人参加会议。

（李万锋）

【农村妇女“两癌”检查项目推进会】 9月25日，长沙市新一轮农村妇女“两癌”检查项目推进会暨2012年贫困妇女“两癌”救助资金现场发放仪式举行。会议介绍长沙市实施贫困妇女“两癌”救助项目的基本情况，就推进新一轮农村妇女“两癌”检查项目提出具体要求。60名贫困“两癌”妇女代表现场领取每人3000元的救助资金。（李万锋）

长沙市归国华侨联合会

【概况】 2012年，长沙市归国华侨联合会（以下简称“侨联”）凝聚侨心，发挥侨力，团结带领广大归侨侨眷、海外侨胞，为长沙经济社会发展作出应有的贡献。

一、以侨为桥，服务经济社会发展。1. 引侨资。中博会期间，市侨联邀请日本湖南人会会长段跃中、阿联酋C.Q中国贸易集团公司董事长常琪等海外侨领、侨商参会参观考察长沙投资环境。天心区侨联引进港资企业青和物业管理有限公司，总投资63万美元；开福区侨联力促丹麦的绫致仓储服务项目、法国的华创索菲特大酒店项目和英国的渣打银行长沙分行项目签约该区，引进资金11.65亿元；宁乡县侨联推动投资10亿元的绿野香田温泉生态健康城项目落户该县。2. 保侨智。市侨联联合市人大民侨外委、市外事侨务办、市人社局举办的留学归国新侨调研座谈会，了解留学归国新侨目前工作和生活状况，并协调相关单位为他们排忧解难。走访慰问在长沙工作的海外高科技人才近30人次，并及时完善、更新侨界人才信息库。推荐11位新侨创业人才和科研成果参加中国侨联第四届新侨成果交流会，其中有7项成果获评“中国侨界贡献奖”。3. 汇侨力。通过岳麓区侨联争取，岳麓区侨资企业—西湖建筑集团捐款256万成立“西湖·健行天下”和“西湖·爱心慈善”基金，救助贫困人群。经浏阳市侨联争取，香港扶轮社继续与浏阳市淳口镇应战完小结对共建，持续给予资金资助，并组织香港大学生到该校义务支教。天心区侨资企业家胡志辉为全区21名考取大学的贫困家庭学生发放助学金10万元；侨属张建明投资近千万元建设肢残驾C5培训项目考场，并为每位C5学员减免1400多元学费，至已有300名肢残学员能驾车；侨属谭岳鑫带领鑫远集团建立“鑫远心灯”项目，免费救治贫困先天性心脏病患儿。

二、以侨为本，助推侨界和谐发展，扶贫帮困上，春节期间开展“送温暖、献爱心”活动，登门慰问困难群众400余户，慰问金8万余元和价值2万余的慰问物资，并争取到的中国侨联、省侨联、市委市政府以及海外侨商对长沙市侨界群众的7万多元慰问金，及时下发给侨界困难群众。发挥侨联“爱侨基金”的作用，向市困难归侨侨眷发放困难补助费。维护侨胞利益，全年走访慰问了70多位困难归侨侨眷和重点侨界人士，接待来访40多人次，处理反映各类问题的来信20余件，为侨界群众解决各类问题30余个。芙蓉区侨联在湖南普特律师事务所正式挂牌成立了首个维权工作站，为广大归侨侨眷提供义务法律咨询和法律援助。岳麓区涉侨法律援助中心在莲花镇成立工作室，并聘请17名律师为义务法律顾问，为莲花镇17个村的侨界群众和涉侨企业开展法律援助及维权服务。服务侨企上，全年走访调研30多家侨资侨属企业，尽力帮助解决企业面临的资金、场地、劳动力、审批手续及产品推广等方面的问题。推荐5家优秀侨企进入中国侨商会，组织20多位在长侨商赴张家界参加省侨商年会。12月中旬举行海外侨领及在长侨商联谊会，搭建信息共享、合作共赢平台。浏阳市侨联将侨资侨属企业名单下发至市政务服务中心各窗口，坚持“厚爱一筹，同等优先”的原则为侨企提供无障碍的贴心服务。创建示范社区。贯彻湘办发〔2012〕5号文件精神，市侨联在全省率先开展了“创建侨联工作示范社区”活动，通过确立示范社区创建标准，成立创建工作领导小组，把侨联工作做到每个侨户，把服务侨胞、凝聚侨心的工作做细、做实，并对各创建社区实地调研、督导和评比，芙蓉区西湖社区、天心区芙蓉南路社区等 8个社区获评长沙市侨联首批“侨联工作示范社区”称号。长沙县侨联给予了碧桂园社区2万元创建工作经费，同时为社区争取到价值2万余元的多媒体设备一套。

三、以侨为钮带，联络联谊富有成效。2012年接待来自美国、英国、法国以及港澳台等国家和地区华侨华人280人次。接待参加“第四届海峡论坛 -2012两岸侨联和平发展论坛”的访湘团共149位海外侨胞和台湾同胞在长沙参观交流活动。年初联合市外事侨务办举办2012年侨界迎春联谊会，与200多名侨界人士共迎新春。春节期间向多个国家和地区的300多位海外华侨华人寄去新春贺卡。年底召开在长沙海外侨领侨商联谊会。配合中国侨联在全市范围开展第十三届世界华人学生作文大赛，精选出600多篇优秀作文参加比赛。协助湖南省知青艺术团赴美国纽约、洛杉矶等地进行“亲情中华·慰问华侨华人文艺演出”活动，联系广大海外侨胞并弘扬中国文化。芙蓉区侨联建立“社区思亲QQ室”，构建归侨侨眷与海外亲属的亲情联络和沟通平台。加强与各地侨联的经验交流与经济协作。接待娄底、沈阳、日照、唐山等地侨联、侨团考察访问团60人次，与各侨联、侨团组织探讨侨务工作创新思想和为侨服务先进方法。9月，市侨联副主席翁少兰赴贵州参加2012年泛珠三角省区侨联（社团）协作会议，加强了与泛珠三角各省区侨联（社团）的联谊，互通侨务信息，共享侨力资源，搭建了合作平台。10月，市侨联主席李伟带队赴武汉参加2012年全国省会城市暨部分大中型城市侨联工作经验交流会，探讨当前文化工作现状及文化发展新思路，学习各地侨联文化建设新思路新方法，并与中华侨讯网签订《战略合作协议书》，实现信息资源相互宣传共享。

四、参政议政长抓不懈。1月份部署全年侨联调研课题及撰写议案、提案和建议工作。4月份开展侨联界政协委员活动周，通过座谈、实地考察等方式组织侨界政协委员调研食品安全问题，并引导侨界政协委员建言献策。5月份召开2012年侨界参政议政工作总结暨表彰会议。2012年各级“两会”上，侨界人大代表、政协委员提交了提交了20多篇高质量的建议、提案、议案，其中市侨联集体提案“关于解决我市停车难的几点建议”和侨联界市政协委员吴晓佳、陈慧所提交的3件提案获得市政协年度优秀提案。在省侨联参政议政工作会议上，长沙市侨联再次被评为参政议政工作先进单位。在各级人大、政协的换届之年，市侨联主动向全市各个区县（市）组织部、统战部致函，就保证侨界人大代表、政协委员比例提出建议，同时，要求全市侨联组织配合当地党委及有关部门，积极做好协商推荐侨界人大代表和提名侨联界政协委员的工作。全市各区县（市）侨界人大代表、政协委员较上届都有了增加。

五、练好内功，开展侨联事业新局面。学习宣传贯彻中共十八大精神，选送38幅书画作品参加省侨联举办的“亲情中华、学习十八大精神”书画展。年初，中共湖南省委办公厅、省政府办公厅联合下发《关于进一步加强和改进新形势下侨联工作的意见》（湘办发〔2012〕5号），长沙市侨联部署学习宣传贯彻《意见》精神。完善工作班子。12月，召开了八届十一次全委（扩大）会，改选了主席、增补了一名副主席、辞免并增补了一批侨联委员。在市侨联的指导下，芙蓉、雨花、浏阳、宁乡等侨联分别对领导班子成员进行了调整。以学雷锋精神为契机加强思想道德建设。开辟“雷锋故事”宣传栏、召开雷锋精神讨论交流会、观看相关电影、参加学雷锋演讲比赛等。芙蓉、天心、雨花、岳麓、长沙县、望城等区县侨联均组织干部和侨界群众开展雷锋精神大讨论、成立学雷锋社会实践志愿服务基地、捐书等多种形式的学雷锋活动。（郭 琴）

长沙市侨联第八届委员会

主　　席　李　伟（兼）
　　　　　翁少兰（2012.12任）
副 主 席　翁少兰（女）
　　　　　谢远知
　　　　　黄秀娥（兼）（女）
　　　　　宪　初（兼）
　　　　　刘　斌（2012.12任）
秘 书 长　梁杰南

长沙市台湾同胞联谊会

【概况】 2012年，长沙台联在市委统战部的领导下，团结和带领全市台胞，把握两岸关系和平发展的主题，发挥自身优势，创新工作机制，在联谊服务台胞、台属等方面取得了成绩，完成了上级交给的各项工作任务。

一、加强理论学习，以科学发展观开展台联工作。台联理事会成员大多数兼职，采取以会代训，组织各类专题学习。一年来共召开会长会议、理事会议和有关座谈会6次，学习台海形势动态；会机关干部定期向台胞寄送有关学习资料，帮助台胞自我学习、自我提高；台联界别政协委员坚持每天读书一小时活动。

二、做好台胞联谊服务工作。台联积极开展走访慰问、扶贫济困送温暖活动。坚持平时走访和节日慰问相结合，把党和政府的关怀及时送到台胞手中。开展“送温暖、献爱心”活动，台联机关人员平时注重加强在长沙的台胞、台属联谊交流，利用走访调研、组织节庆联谊活动等形式，进一步密切乡亲情谊，增强“台胞之家”的凝聚力、亲和力和向心力。先后深入30余户台胞家庭走访调研，了解他们的工作、生活、创业等情况。并利用春节、端午节、中秋节日，邀请台胞台属参加座谈会，沟通交流乡亲感情，畅谈个人成长经历和感受。积极争取省红十字会支持，下拨100余份慰问物资送发给全市困难台胞。台联机关平时抓住各种机会、上门看望慰问因病住院台胞、生活困难台胞。4月份登门慰问了家住宁乡的第一代台胞郭明忠；每月向老台胞朱振行寄送定期生活补贴；使广大台胞台属深切地感受到了党和政府对他们的关心。扩大对嫁到台湾去的“台湾新娘”的接触，接待咨询，帮助解决问题，维护正当权益。

三、创新思路、拓宽视角、加强乡亲联谊，参加全国性的“千人台湾学生夏令营”活动：继续举办第八届全国台联台胞青年千人夏令营湖南分营，有50多名营员分别来自台湾高校就读的学生、台商子女、大陆台胞大学生以及岛内中南部从未到过大陆的青年，7月15～18日在长沙岳麓书院、简牍博物馆、省博物馆、湘绣研究所和张家界、凤凰两地先后参观游览，进一步让台湾同胞认识、了解祖国，增强了民族的凝聚力。参与11月1日在长沙召开的湖南省台湾同胞联谊会第七次代表大会。

四、长沙市第四届台湾同胞代表大会换届。7月初，全市台胞、台属代表，共150多人出席了会议。机关在换届前与统战部有关部门一起对领导班子候选成员进行了考察，大会审议通过长沙市台联第四届理事会工作报告，选举产生长沙市台联第四届理事会及领导班子。

五、以参政议政服务经济建设为目的，推荐优秀人才到人大、政协，在人大、政协换届时，将代表长沙市台胞、台属的先进代表和具有一定参政议政能力、有强烈的为湖南省、长沙市的社会、经济发展做贡献的愿望的同志，举荐到省、市、区人大政协中去，通过考察摸底，到各县、区统战部门、台办进行沟通、协助，长沙市台联省、市、区政协委员共14名，省人大代表1名。

六、服务经济建设，齐心协力谋发展。2012年，走访调查台属．台资企业30多家，帮助企业反映和解决各类困难和问题20多个；推荐湖南波特重工制造有限公司、长沙市雅高彩印有限公司等一批台资、台属企业加入市工商联合会。协助长沙皓宇发展有限公司寻找新的投资项目，开展招商引资工作。台联副会长、群峰置业有限公司董事长张杰群在望城投资2000万建沙子塘小学新校区；副会长罗华东所在的长沙开元仪器股份有限公司在中小板块上市，成为长沙市台属企业唯一的一家上市公司，接收下岗职工300余人，接纳了近10多名残疾人进入公司。台联理事吴勇平所在的湖南波特重工制造有限公司在星沙投资3000万建设新项目、新厂区。并为平江修桥捐款70万元。佐登妮丝集团、长沙海映投资管理有限公司、

湖南君泽照明设计工程有限公司等台资、台属企业为下岗工人积极创造就业机会。（彭众评）

长沙市红十字会

【概况】 2012年，长沙市红十字会根据第八届理事会第四次会议确立的工作目标，认真贯彻落实“项目带动”发展思路。

组织募捐赈灾和社会救助。2月13日，怀化市通道县两个村庄发生火灾。9月7日，云南彝良县发生地震。全市各级红十字会积极发动社会爱心力量，共募集款物价值近80万元。开展与长沙晚报、湖南公共频道共同启动基数为70万元的“红十字友阿学雷锋社区陪伴公益项目”，对空巢孤寡老人、病患人士、残疾人士、孤贫未成年人等四类人群每人救助1000元。湖南省佛慈基金会主动出资10万元，专项用作“红十字友阿学雷锋社区陪伴公益项目”实施的工作经费。向25户特困家庭发放红十字友阿110救助金各1万元，共计25万元。妙音居士向市红十字会捐赠30万元，对不特定的困难人群实施救助。春节前夕，市红十字会组织价值310多万元的爱心款物，开展“博爱送万家”走访慰问活动。

稳步推进救护培训。联合市教育局组织开展“老牛生命学堂——自救互救进校园教育计划”公益项目，向2000名中小学生普及急救和生命安全知识，并组队参加全国青少年应急安全知识竞赛总决赛，取得第二名。继续推动救护培训“六进”基层，全市共培训救护员960余名，群众性初级救护知识普及人数6万多人次。成立长沙造血干细胞捐献工作站，完成2000人份造血干细胞资料入库任务。

认真开展志愿服务。招募1000余名志愿者，筹集款物价值90余万元。开展社区陪伴和爱心探访活动，上门服务3000多次，帮扶困难家庭500多户。成立学雷锋博爱车队，给每台的士发放随车急救包，配备基本的急救器具和药品，组织对驾驶员进行急救知识和救护技能培训，为社区20名残疾人、重症患者、空巢孤寡老人等困难群众免费提供爱心服务共计40余次，接送考生374名。在全市学雷锋活动中，市红十字会赈济服务处被评为长沙市“雷锋号”示范岗位，市红十字志愿服务队被评为“雷锋号”志愿服务示范队。市红十字志愿服务队队长陈旭被评为“雷锋式”先进个人，并被中国红十字会授予中国红十字志愿服务专业贡献奖。

切实加强自身建设。多举措开展宣传工作。积极参与中国红十字会总会举办的全国防灾减灾知识竞赛，印发红十字知识读本，举办长沙市红十字知识抢答赛。协调市编委下发了《关于进一步完善区、县（市）红十字会管理体制的意见》。深入开展红十字模范单位创建，全年共有18个单位被评为市级红十字模范单位。10月27日，全国人大常委会副委员长、中国红十字会会长华建敏等领导到长沙考察红十字工作。（兰伟平）

长沙市红十字会第八届理事会

会　长　姚英杰

副会长　刘秋成　胡岳龙

　　　　黄赣湘　彭惊雷

　　　　唐俊杰（专职）

　　　　苏松泉　段军如

秘书长　戴　云

【市红十字会成立100周年纪念大会】 1月12日，长沙市红十字会举行成立100周年纪念大会。省、市红十字会领导及相关社会人士出席大会。会议表彰了全市红十字工作先进集体、个人和模范单位并颁奖。向一批困难农民工代表每人发放了1000元的“红十字永康商会关爱农民工健康公益项目”慰问金，向一批困难老知青代表发放了1000元的“红十字山河智能关爱老知青健康公益项目”慰问金，向一批经媒体报道的特困群众代表每人发放10000元的“红十字友阿救助110公益项目”慰问金。（兰伟平）

【首届应急救护技能大赛】7月29日，湖南省红十字会举行全省首届应急救护技能大赛。全省15支代表队举行复赛，共有6支进入决赛。武警湖南总队医院红十字紧急救援队代表长沙市红十字会参加比赛，进行了为期一个月的集训，练就了过硬的本领。决赛时，用6分多钟时间就完成伤病员检伤和急救，以68.24分夺得第一名。比赛结束后，省红十字会常务副会长曾凡国向获奖队颁发了奖牌。（兰伟平）

长沙市残疾人联合会

【概况】 2012年，市残联团结带领残联系统干部职工，坚持以“为残”为宗旨，以“助残”为手段，以“惠残”为目标，做好各项服务残疾人的工作。

一、突出实事助残，残疾人生活质量大步提高。1月12日，在天心区召开全市残疾人工作会议，总结2011年工作，安排部署2012年工作。1. 抓项目驱动。全年大力实施残疾人康复项目，进一步健全残疾人康复服务体系，逐步实现残疾人人人享有康复服务。推进“0—6岁贫困残疾儿童抢救性康复”项目，全市投入187.2万元，为156名贫困听力、肢体、智力、孤独症儿童实施康复训练救助，为31名符合条件的残疾儿童发放康复训练补助。实施“义肢助残”工程，免费为全市203例贫困缺肢者装配假肢。实施“光明关爱”工程，在全市近100所学校、社区开展残疾预防和低弱视力普查，筛查3.4万例，对1128例低、弱视力和胬肉患者实施全免费康复救助。圆满完成“辅具适配进家庭”项目，为352户贫困残疾人免费提供一对一、面对面的适配，免费配备合适的辅助器具。实施中残联十二五“七彩梦”、成人助听器等12个康复项目，实施康复训练项目181人，其中自闭症70人、聋儿25人、脑瘫86人，辅具项目受益人数1094人、辅助器具1893件。2. 抓培训引导，职业技能更优。实施市政府实事工程——“残疾人职业技能实用技术培训项目”，并与残联创业富民工作紧密结合在一起，开展各种实用技术培训，把残疾人培训作为一项“造血工程”抓实抓好。严格把关，按照“双挂双促”的原则，将实用技术培训与生产挂钩，培训促进增收；职业技能培训与岗位挂钩，培训促进就业。全市投入600多万元，举办重度残疾人网络就业、电子商务、连锁企业管理创业等残疾人职业技能培训班48个，培训残疾人1674人。认真组织盲人参加盲人医疗按摩职称评审，全市有81名盲人获得“全国盲人医疗按摩人员从事医疗按摩资格证书”。3. 抓平台建设，就业层次更高。2012年，全面完成省级下达的“城镇百万残疾人就业工程”目标任务，新增残疾人就业1041人。大力开展残疾人就业宣传活动，制作残疾人就业公益宣传片等，征收残疾人就业保障金8540万元，为残疾人事业发展提供资金保障。加强残疾人就业援助，为残疾人免费提供岗位招聘信息，举办9场残疾人专场招聘会，吸引152家企业参加，提供就业岗位320个。市残联与市财政局联合下发《关于印发〈长沙市安排和帮扶残疾人就业创业和残疾人自主创业贷款贴息补助方案〉的通知》，安排资金100万元，通过贷款贴息补助等特惠方式，对有关扶持项目、扶贫基地、集中安置残疾人就业的单位及法人给予扶持，全市有11家单位获得资金扶持，安排685名残疾人实现就业，辐射帮扶481户残疾家庭增收。开展创业培训，提高素质，激发创业热情，有罗建国、杨炳涛等创业模范。与长沙全宇科技有限公司合作，成立残疾人创业孵化基地，6名残疾人在基地开启自主创业之路。

二、突出共享惠残，残疾人幸福指数大步提升。一方面助残政策不断完善。进一步健全普惠政策与特惠救助相结合的残疾人社会保障政策，不断缩小残疾人生活质量状况和社会平均水平的差距。积极发挥重残补助在提高残疾人生活质量方面的作用，为全市27316名重度残疾人发放重残补助金1375万元。在居家托养方面，按照农村每人600元、城市1000元的标准购买服务，为1250名残疾人提供居家托养服务。对全市符合条件的31名0-14岁贫困残疾儿童发放康复训练补助。对全市1167户残疾人发放机动轮椅车燃油补贴24.46万元。对就读普通高中、中职和高等院校的1682名残疾人和贫困残疾人子女按照每人每年1000元的补助标准，发放补助金130多万元。与长沙市农村危房改建工作领导小组沟通，将危房改造重点向残疾人危房户倾斜，全市残疾人危房改造户由上年的402户增加到863户。全市有21家盲人按摩机构获得“湖南省盲人保健按摩机构合格证”，得到省、市51.76万元资金扶持。各级残联组织利用节假日，走访慰问贫困残疾人26318户，发放慰问金及慰问品759万元。另一方面维权服务不断完善。强化信访工作制度，接待残疾人来电来访1750余次。积极协调有关部门做好残疾人群体性事件、突发性事件的处置工作，协助处置因房屋拆迁、债务纠纷、医患纠纷、劳动合同纠纷等引发的残疾人参与的群体性事件13起。积极开展残疾人法律救助工作，建成各级残疾人法律援助站4个，雨花区成功创建省级残疾人法律救助工作站，宁乡县被评为全省残疾人法律救助工作明星站，市残疾人法律救助站每周四安排律师值班，为残疾人免费提供法律咨询，援助服务，全年为残疾人办理法律服务案件9起，并在全省维权工作会上作典型发言。实施“家庭无障碍改造”工程，免费为403户贫困残疾人家庭完成家居无障碍改造。雨花区牛角塘社区创建全省首个“无障碍示范社区”。宣传氛围上，运用省、市新闻媒体和残联系统刊物、网站等媒介，发布稿件2000多篇，大力宣传残疾人自强自立及扶残助残先进典型，开展市残联五代会宣传造势，众多新闻媒体及中残联、省残联及市政府网站对会议进行报道，扩大了残疾人工作的社会影响力。第22次“全国助残日”，开展“夏日送清凉，关爱寄真情”活动，向全市1000户贫困残疾人家庭赠送价值15万元的电风扇。开展“雷锋家乡志愿助残阳光基地”和“雷锋家乡志愿助残阳光使者”评选表彰活动，对10个“阳光基地”，20名“阳光使者”进行表彰。文化体育活动，举办较大规模的残疾人文化活动10多次，配合潇湘电影频道拍摄以长沙市残疾人运动员张小平为原型的励志电影《冠军》，弘扬了残疾人自强不息、顽强拼搏、乐观向上的精神风貌。组织65名残疾人青少年运动员苗子参加全省青少年残疾人体育苗子测试选拔赛，有13人被确定为省级重点队员。雨花区深入开展涉及到全区十二个街道的政协委员“百日十二助残”活动，为残疾人募集各项扶助资金150余万元，惠及全区1.2万名残疾人。

三、突出强基为残。社会化托养服务体系建设不断完善，全市21家托养机构为825名残疾人提供融“日间照料、技能培训、职业康复、文体娱乐、就业支持”为一体的集中托养服务。望城区在全市率先启动农村残疾人托养试点工作，建成了集托养、康复、就业为一体的乌山残疾人托养基地。开福区的“怡智家园”、“怡馨家园”、天心区的“怡心家园”、“沙漠之花”等已经成为全市残疾人托养服务品牌。为扶持和规范民办康复机构，组织全市残疾儿童康复机构的骨干从业人员进行一次免费轮训，举办6期280人次，并下发《关于加强定点残疾儿童康复机构规范管理的通知》，对评定出的8家达标机构、1家基本达标机构给予经费补助。二是扎实推进基层残疾人组织建设，全市100%的社区（村）建立残疾人协会，并聘请1527名残疾人专职委员。推进全市残疾人工作明星乡镇、明星社区创建工作。经过评估有20个乡镇被评为长沙市残疾人工作明星乡镇，161个社区被评为残疾人工作明星社区，市本级下拨创建资金185.9万元。加强和规范“残疾人证”发放工作，组织残疾等级评定专家对223名评残结果有异议的残疾人进行复审，有86人级别变更。重视基层残疾人工作者的培训管理，举办全市残疾人专职委员、乡镇（街道）残联理事长培训班，培训专职委员140名、乡镇（街道）残联理事长63名，落实专职委员补贴经费88.26万元。在机关队伍建设上，加强全员绩效考核。（朱阳辉）

【市残联第五次代表大会】 12月18日～20日，长沙市残疾人联合会第五次代表大会召开，来自全市社会各界的残疾人和残疾人工作者131名代表和52名特邀代表，省残联和市委、市群团、妇联、残联等的相关领导出席了会议，会议通过了第四届主席团的工作报告，选举产生了长沙市残疾人联合会第五届主席团主席、副主席，执行理事会理事长、副理事长和各专门协会主席、副主席、委员。长沙市副市长黎石秋当选为长沙市残联第五届主席团主席。（朱阳辉）

中 共 长

①
②
③ ④

① 6月3日，省委常委、市委书记陈润儿在望城区雷锋纪念馆参加2012全国百城百台爱心送考暨全国雷锋车队雷锋故乡行活动启动仪式

② 11月23日，市委副书记、常务副市长张迎龙会见英中贸易协会总裁傅仲森（Stephen Philips）

③ 5月11日，陈润儿陪同怀化市党政代表团在宁乡县关山村考察“一推行四公开”工作

④ 10月24日，市委副书记张值恒到隆平高科技园调研战略性新兴产业

沙 市 委

① 8 月 3 日，市委常委、宣传部部长张湘涛，市人民政府副市长姚英杰等参加“道德讲堂”活动

② 2 月 14 日下午，长沙市委常委、纪委书记姚永春（右一）陪同中央纪委干部室主任张立军（右二）到长沙高新区视察

③ 9 月 4 日，市委常委、组织部长程水泉参加 2012 年市委党校秋季开学典礼上作重要讲话

④ 11 月 7 日，市委常委、政法委书记虢正贵，副市长李介德一行到特巡警支队万家丽南警务站检查指导工作

⑤ 2 月 12 日，长沙启动“当文明长沙志愿者，做学习雷锋排头兵暨推广雷锋故乡流行语——‘这是我应该做的’”主题活动

⑥ 12 月 12 日，陈润儿视察枢纽工程和长沙库区水利项目建设

长 沙 市 人

① 2012年1月7日，市人大常委会主任余合泉在市十三届人大五次会议上作工作报告

② 2010年4月10日，长沙市人大就启动重大事项决定权工作到广州、武汉考察学习

③ 2010年3月31日，听取政府性债务管理情况汇报和审议

④ 2012年9月26日，芙蓉区人大代表换届选举投票选举情况

⑤ 2011年2月18日，《长沙市城市管理条例》颁布暨贯彻实施动员大会

⑥ 2012年8月29日，市十三届人大常委会第四十二次会议表决通过《长沙市人民代表大会常务委员会关于加快发展我市现代金融产业的决议》

⑦ 2009年9月18日，市人大常委会联系代表、代表联系人民群众的“双联”活动经验交流大会召开

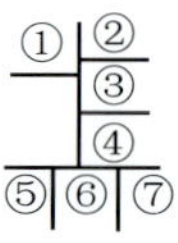

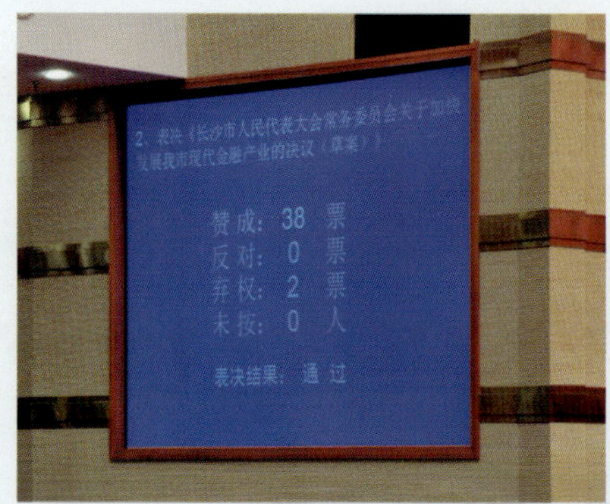

大 常 委 会

① 2012年1月4日，庆祝长沙市人大常委会设立30周年暨表彰大会

② 2012年1月5日，长沙市人大常委会颁布《长沙市轨道交通管理条例》新闻发布会召开

③ 2012年3月16日，市人大常委会领导集体调研开福区工作

④ 2012年8月15日，市人大常委会专题调研长沙现代金融业

⑤ 2011年5月27日，市人大常委会视察司法公正长沙行活动开展情况

⑥ 2011年5月31日，全市农产品质量安全行活动工作会议召开

⑦ 2011年6月14日，市人大常委会启动新型工业化专项工作评议

⑧ 2009年9月8日，市人大常委会组织在长全国人大代表视察宁乡县灰汤镇花果山村农户家居生活污水、垃圾处置，并察看农村沼气利用情况

长 沙 市

市长张剑飞在市人大第十四届第一次会议上作政府工作报告

CHANGSHANIANJIAN 2013

① 常务副市长陈泽珲在市工商局调研工商工作

② 副市长张迎春在社区调研终端消费

③ 副市长何寄华在2012科交会“长沙高新技术产业与风险投资对接会”上致辞

市 委 员 会

①②
③
⑤④

① 市政协主席会议

② 5月25日，市政协副主席李克俭、彭继球参加科协界别活动。

③ 9月22日，市政协主席谢树林，市政协副主席李克俭、龚振湘参加民进界别委员视察市职业技术学院

④ 9月2日，市政协主席谢树林率团到西藏山南地区看望慰问长沙市援藏干部

⑤ 9月21日，市政协主席谢树林，副主席李克俭、王力力，秘书长朱建人视察长沙市餐厨垃圾无害化处理项目

CHANGSHANIANJIAN 2013

长 沙 市

2012年6月2日，长沙市高校征兵宣传月活动在湖南科技职业学院正式启动，警备区司令员李田贵出席启动仪式，并与高校应征毕业生进行征兵优惠政策问题互动交流

2012年4月12日，全军学雷锋活动典型经验交流座谈会在北京举行，警备区政委李春艳在会上做经验交流发言

2012年12月28日，警备区副政委金长义带领机关工作组到开福区人武部检查工作

2012年7月16日，湖南省军区在长沙警备区召开网上舆情应对现场观摩会议，警备区副政委陈延吟现场为代表们演示网上舆情应对操作

警 备 区

2012年4月26日，警备区组织机关干部开展大规模作战理论研究，参谋长赵钺进行辅导授课

2012年12月7日，长沙警备区举行向雷锋团输送新战士入伍欢送仪式，警备区政治部主任王洪浪为入伍战士签名励志

2012年6月13日，警备区后勤部部长欧阳文卫长沙县人武部检查节能减排工作并与该部部长李武入现场查看仪表运转情况

2012年12月7日，长沙警备区在雷锋纪念馆举行"雷锋家乡向雷锋团输送雷锋式战士"欢送仪式，入伍新战士纷纷表示当好雷锋精神传人，做雷锋式好战士，为雷锋家乡争光

长沙大河西先

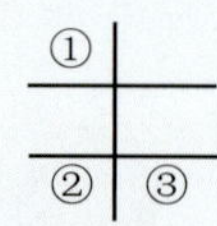

① 梅溪湖实景图

② 金色梅溪湖

③ 梅溪湖花卉展

长沙大河西先导区管理委员会于2008年6月成立以来，紧紧围绕“为科学发展探索新路径、为湖南经济增添新动力、为长沙城市构建新格局”的核心任务和历史使命，取得了经济发展与环境优化同步、产业发展与资源节约统一、城市发展与农村发展统筹的显著成就，4年共建设重点工程项目800多个，完成投资3000亿元。2012年先导区范围地区生产总值达1740亿元，固定资产投资达1305亿元，财政总收入137亿元。新增城区面积30平方公里，新增城市人口30万，城区面积达120平方公里，城市人口达120万，展示了河西新城面貌，形成了以湘江为中轴，一江两岸、互动共进、两翼齐飞的长沙城市新格局。

导区管理委员会

① 远眺先导区

② 2012 梅溪湖国际文化艺术周开幕式

③ 俯瞰洋湖

④ 洋湖湿地

⑤ 潇湘大道

⑥ 新城一角

中国人民武装警察部队

省委常委、政法委书记、公安厅厅长孙建国视察望城区消防大队

市人大开展执法检查

市委副书记、市长张剑飞督查全市消防安全工作

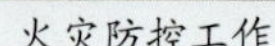

火灾防控工作

执法规范化建设

长沙市消防支队

重大典型创建

打造消防铁军

部队安全管理

消防宣传教育

长 沙 市 国

① 2012年5月11日，全国政协常委、人口资源环境委员会副主任，国家三峡工程建设委员会办公室原主任汪啸风一行检查指导长沙市国土资源工作

② 2012年4月20日，国土资源部副部长胡存智（左二）等领导检查指导长沙市国土资源工作

③ 2012年8月1日，国务院落实房地产市场调控政策情况督察组检查长沙市住房用地出让情况

④ 2012年12月14日，国家测绘地理信息局副局长李维森（左）授予长沙市“全国数字城市建设示范市”的称号

⑤ 2012年11月15日，湖南省国土资源厅党组书记、厅长方先知（右一）一行调研长沙市国土资源工作

①	②
③	
④	⑤

土 资 源 局

① 2012年8月24日，省政协副主席、省国土资源厅副厅长杨维刚（左二）调研长沙市国土资源工作情况

② 2012年2月22日，市委副书记、市长张剑飞调研考察国土资源工作

③ 2012年10月26日，国家土地督察武汉局副专员张运动（左三）一行对长沙市耕地占补平衡开展专项督察及卫片执法检查验收

④ 2012年1月16日，在全市国土资源系统总结表彰大会上，表彰了“2011年度十佳国土所”

⑤ 2012年6月25日，市国土资源局进行第22个全国土地日宣传活动

①②
③
④
⑤

长沙市科学技术协会

由长沙市人民政府主办，市科协、市教育局、市科技局、市知识产权局承办的长沙市青少年科技创新市长奖评审会

长沙市科协十届五次全委会暨长沙市青年科技奖表彰会

给企业院士专家工作站授牌

长沙市科协举办的2012年全国科普日湖南长沙主场活动

科技工作者活动之家

长沙市科协举办的2012年长沙市青少年“走近科学，快乐夏天”主题科普夏令营活动

长沙市科协十届五次常委会

2012年长沙市科学技术学术年会

长沙电业局

雷锋服务

营业大厅

优质服务

CHANGSHANIANJIAN2013

电力安装

高空作业

破冰除险

长沙电业局大楼

政　　法

责任编辑：尚畅

【概述】 2012年，全市政法机关致力于深化平安和谐模范城市建设，全市公众安全感满意度同比上升1.17个百分点，浏阳、开福、岳麓、长沙等区县（市）被评为全省先进区县（市）。全市推进城乡一体化、社会管理法治化、诚信长沙建设等做法被《人民日报》、《新华社内参》、《法制日报》、《长安》、《半月谈》等中央媒体重点报道推介，周永康、王乐泉等中央领导充分肯定长沙经验，并在市委书记陈润儿专题经验材料上作出批示：长沙的试点工作扎实有效，其做法和经验值得肯定和推介。中央综治办首次以文件形式向全国推介长沙市经验。长沙市被中央政法委评为优秀调研联系点。市直政法各单位执法质量考评均名列全省前茅，涉法涉诉信访工作考核、执法状况总分均排名全省第一。

一、全面落实各项维稳措施。完善风险评估工作的实际操作流程，对249个重大项目实施风险评估，通过208个，暂缓实施32个，否决实施9个。健全“五级三调”工作格局，各级调解组织排查调解矛盾纠纷36068起，调处成功35852起，及时督促各地各部门落实整改措施。动态调度处理各类不稳定信息1239条。各级各单位主要领导及时召开维稳调度会，及时督办重点问题，确保了党的十八大会议等重要时段、涉日游行等重要事件、领导视察和中博会、金鹰节等重要活动的安全稳定。有效管控重大网络舆情，加强网上舆论正面引导宣传，有效预防“网上群体性事件”的发生。对违法集会、集访等群体性事件中的为首挑头人员依法处理，依法处理一批涉稳违法人员和群体性事件。

二、推进社会管理创新。健全项目督查讲评、社会协同、考核评估机制，先后两次召开千人大会、五次召开推进会部署社会管理创新工作，六次牵头组织全市性工作督查。项目建设方面，62个项目完成43个，占69.4%。初步构建系统化的规划体系、法治化的制度体系、人本化的保障体系、社会化的服务体系、网格化的责任体系、信息化的管理体系等“六大”管理体系。全面完成综治机构、职能、人员调整，成员单位由52个增加到66个，设置由市领导任组长的9个专项组。完善综治体制机制，修订年度考评办法，落实综治工作责任，层层签订社会管理综合治理目标管理任务书，抓好综治维稳实绩档案的建立和运用，严格落实“黄牌警告”和“一票否决”权制。

三、深化平安长沙建设。先后开展“冬季铁锤”、“春季攻势”、“雷霆行动”、打防盗窃犯罪、“打四黑除四害”等系列专项行动，破获查处一批刑事案件和治安案件。实行一季一排查，一季一验收，动态进行警示、挂牌、摘牌分层分类管理，对56个城乡结合街道、社区突出治安问题和隐患进行集中整治。健全公共安全应急管理机制，重点推进指挥调度体系建设，市财政投入5.28亿元，全面启动“天网工程”建设，创新虚拟社会现实化管控机制，重点构建全警管网用网、网上网下联动平台。深入开展“四个十佳”创建，拓展平安行业建设领域，在原有的“十大”平安行业建设基础上，增加平安市场、平安园区和平安寺院教堂的建设，不断壮大群防群治力量，充分发挥公交、环卫、邮政平安志愿者队伍作用，组织居民群众广泛开展“十户联防”、“绿色巡防”、“看门守栋”等多种形式的活动。

四、严格规范执法行为。推进执法规范化建设，法院系统制定量刑规范化试点工作方案和具体实施细则，深化执法案件分段集约执行机制改革；检察系统创新案件管理机制，加强对执法办案的事前控制、事中审查和事后评查；公安系统开展以治理接处警不作为、有案不受（理）、办案乱作为、信息虚假采集为重点的“治虚灭假”专项行动，建成184个专业化、规范化、集成化的执法办案区域。加强政法机关内部监督制约机制建设，强化检察机关法律监督，自觉接受人大监督、政协民主监督、社会监督。市委政法委切实加大重大疑难复杂案件督办协调处理力度，全年组织重大案件协调会议30余次。开展重点案件评查活动、积案集中化解和信访终结集中办理专项行动。制定下发《关于继续深入推进执法公开工作的通知》，将执法公开工作纳入考核内容，通过数字执法、阳光执法等形式，全面推进审务、检务、警务、狱（所）务公开。加强涉法涉诉案件排查、处理，建立健全涉法涉诉信访专家咨询、预防评估、约期接谈、司法救助、多元化解等长效机制。

五、优化经济发展环境。开展打击经济犯罪的“破案会战”，查办商业贿赂、金融犯罪等一大批经济犯罪案件，为企业和群众挽回经济损失15亿余元。深入开展职务犯罪预防，查办重大项目建设职务犯罪案件，开展查办涉农惠民领域贪污贿赂犯罪、危害民生民利渎职侵权犯罪专项行动，加大查办农村基础设施建设、生态环境保护、国家惠农补贴等方面的职务犯罪案件力度，共立案查办职务犯罪案件120件164人。坚持能动司法，统一裁判标准，规范司法强拆，审结一审民商事案件29544件，审结一审行政案件767件，有效保护市场主体的合法权益。市委政法委组织开展服务经济发展的“211”工程（全市政法系统对口联系200家重点企业、100个重点工程和100个重点项目提供服务）。全市政法各级各单位根据本地、本单位实际情况，依托“两帮两促”和“211”工程平台，开展各种形式的对口联系服务活动。法院系统开展“送法上项目”活动，加快国家、省、市重点工程建设征拆案件审理，平均审限缩短15.6天。检察系统开展检察官进企业、进乡村、进社区、进学校“四走进”活动，提供针对性法律服务。公安系统进一步优化窗口服务质量，创新治安管理服务，有效提高了管理服务水平。司法行政系统深化法律服务，完善中小企业法律服务平台，推进“法律进企业”活动。全市律师参与政府招商引资、经贸谈判1788次，办理法律援助案件2448件。

六、加强过硬队伍建设。组织开展大学习大讨论、主题征文等活动。先后举行全市政法系统“践行政法核心价值观、争做雷锋式忠诚卫士”宣誓大会、核心价值观主题演讲比赛电视直播活动。市委政法委举办政法系统领导干部政治轮训班、政法系统优秀中青年干部湖南大学培训班。积极参与“一推行四公开”活动，组织开展“一包双联”、“百日大走访”活动。继续实行“三零”目标管理和停职歇岗、分离培训、辞退除名三项制度，深化全员绩效考核工作。下发《关于进一步加强全市政法机关纪律作风建设的意见》和《2012年度全市政法机关纪律作风考核办法》，开展落实“四个一律”和“六个严禁”的督查暗访并下发情况通报，深化党风廉政建设工作。（肖　湘）

【维护社会稳定工作】 2012年，全市紧紧围绕影响社会和谐稳定的源头性、根本性、基础性问题，着力从源头上化解社会矛盾，及时稳妥处置各类不稳定问题，重点保障十八大等维稳特护期的安全稳定，全年没有发生有影响的群体性事件和影响恶劣的不稳定事件，社会大局持续和谐稳定。全市市级领导共召开维稳工作大会和专题会议、现场调度会议45场次，作出重要批示206件。全市各级各部门强化重点时段、重大不稳定问题的防范控制和化解处置工作，着力做好全国、全省“两会”，第七届中博会，省党员代表会议，“六四”敏感期，涉日敏感时段，文明指数测评迎检，中国·长沙首届自然生态博览会暨中国（望城）第四届休闲农业与乡村旅游节，第九届海峡两岸信息产业与技术标准论坛，环湘江自行车赛，党的十八大等重点时段的安全稳定工作。全面实现市委、市政府“五个不发生”的工作目标。（李　锋）

【开展案件评查】 2012年7月，在全市政法机关部署开展重点案件集中评查活动，市委政法委成立重点案件评查领导小组，拨付专项经费，全市各地各级政法单位成立相应工作机构。从全市政法部门选聘15名业务骨干，并从高等院校选聘6名法学专家教授建立重点案件评查队伍。把评查重点放在群众反映强烈、反映的执法问题可信度高的案件上，对近年到市到省进京信访案件进行全面审查，筛选出部分可能存在执法问题的案件作为指定评查案件，从容易滋生腐败、容易发生违规违法的部门和案件类型中随机抽取部分案件进行评查。对评查出来的执法过错、执法瑕疵进行了综合分析，逐案对办案单位、办案人员、案件中存在的具体执法问题全面通报，责成办案单位逐一整改追责，并对存在的执法瑕疵和问题进行深入剖析讲评，评查的62件案件的当事人全部实现息诉罢访。（曹军辉）

【强化案件协调督办】 全年共交办领导批示和上级交办的案件83件，转办62群众反映强烈的案件，组织召开党内办公会议17次，专题研究、协调、督办疑难案件，对案件存在瑕疵或执法问题的，责令进行责任倒查，严格落实执法责任。其中市委常委、政法委书记接待信访案件当事人9次，主管副书记主持协调督办会议17次，解决了宝联公司执行回转、经阁铝材执行问题等一系列影响大，矛盾突出的信访积案。（李红兵）

【开展积案和信访终结集中办理工作】 通过采取“四多四强化”（多级包案，强化责任；多方联动，强化协调；多元化解，强化措施；多层加压，强化督导）的工作措施化解积案。中央政法委交办长沙市的51件进京访案件全部化解息访，进京访案件化解率排名全省第一。全市到省进京访案件共化解108件，化解率98.2%。通过积案化解专项工作，多年未化解的向某某、张某等一批具有重大隐患的信访老户一并得到化解。2012年3月，中央政法委下发《中央政法委员会关于完善涉法涉诉信访终结机制的意见》，市委政法委迅速组织全市政法机关积极稳妥开展涉法涉诉信访终结工作，要求基层政法部门积极呈报、市级政法部门精心指导、严格把关，30余件涉法涉诉信访积案被省级政法部门终结。（邓为惠）

【推进社会管理创新工作】 市委、市政府制定《长沙市社会管理创新综合试点工作方案》。市综治委更名后，各专项组组长均由市领导担任；市综治办增配了领导职数，增加了机构和编制。各区县（市）及市综治委成员单位相应成立了工作机构，配备了力量。每年增加综治专项经费180万元，安排创新办工作经费100万元。建立社会管理创新工作讲评考核机制，对全市创新工作实行“一月一调度、一季一讲评、半年一通报、年度一考核”，将各级各部门的创新工作纳入年度综治考评，纳入领导班子绩效考核，纳入领导干部综治维稳实绩档案。全市建成“横向到边、纵向到底”的四级群众工作网络，实现172个乡镇（街道）和1850个村（社区）群众工作机构全覆盖。深入推进项目建设。培育发展2549个社会组织，在覆盖的14个领域起到桥梁枢纽作用，各级工会组织广泛开展工资集体协商“百日要约行动”化解劳资纠纷。市妇联打造“小小鸟巢”、爱心妈妈俱乐部等特色品牌。健全风险评估机制，市政府出台了《长沙市涉及群众利益重大决策事项社会风险评估办法》，完善信访工作责任制，坚持领导干部联系群众制度、下访接待制度、联点指导制度和调查研究制度，建立“人民来信绿色通道”。开通网上视频信访、信访代理等诉求表达渠道等，逐步完善群众诉求表达机制。深入开展“与群众恳谈对话、为群众排忧解难”等活动。健全矛盾化解机制，市政府出台《完善信访工作“一健三联”》、《建立健全社会矛盾化解长效机制》等文件，推进区县（市）、街道（乡镇）两级社会矛盾调处中心规范化建设；构建分级分系统的社会矛盾纠纷情报信息共享平台。建立完善劳动争议处理、工资集体协商等制度，初步形成政府部门主导、专业机构评估、权威部门仲裁、行业协会调节的多形式利益调解机制。健全应急管理机制，强化“一网四库”（一个应急组织体系网、一个应急救援队伍数据库、一个应急物资储备数据库、一个应急救援专家队伍数据库、一个突发事件典型案例库）建设，健全视频监控系统、警用地理信息系统、GPS 卫星系统为主体的指挥调度体系。强力推进五项治理，即：公共安全管理“治安”、加强流动人口服务“治差”、加强城市交通“治堵”、加强民生保障“治难”、加强市容环境“治差”。着力构建“五化”体系，即完善法治化制度体系、人本化的保障体系、社会化的服务体系、立体化的防控体系、网格化的责任体系。在全国率先出台《长沙市社会管理治法化实施纲要》、《长沙市城市管理条例》。（何孟科）

【推进五项治理】 加强公共安全管理“治安”。全面加大对事关群众切身利益的“治安、食品、消防、生产、环境”五大安全的治理力度，强化治理措施。在社会治安上突出“三位一体”，形成巡警巡防人员、视频监控、巡防站“三位一体”的街面防控系统。建立公共监控摄像头达 4 万个、治安巡防站点 3426 个、群防群治队伍 11 万余人。在生产安全上突出“严监严管”，强化安全生产责任，健全保障体系、责任链条和推进机制，加强排查整治，基本杜绝重大事故发生。在消防安全上突出“防治并举”，加强源头普查，排除消防隐患，完善消防设施，督促整改火灾隐患 4078 处。在食品安全上突出“源头监管”，推进食品安全城市创建，加强食品行业诚信体系建设，对食品生产、流通、储藏等环节严格监管，消除重大食品安全事故。在环境安全上突出“城乡一体”，着力推进生态文明城市建设，重点加强乡村环境综合治理，在全市各乡镇建立污水处理厂，生态环境根本改观。加强流动人口服务“治差”。按照“党政领导、综治牵头、公安为主、部门联动、齐抓共管”的原则，从市到社区（村），成立流动人口服务管理机构。按照“400 ∶ 1”的比例，组建 4000 多人的流动人口协管员队伍。按照“以税养管、专款专用”的原则，所收取的房屋出租税全部用于日常工作、人员待遇、信息系统建设等项目。市政府出台《长沙市流动人口居住证登记管理办法》等五个规范性文件，推行“以业管人、以房管人、以证管人”，全市 50 人以上的用工单位备案率达 100%；对出租屋，按照“重点户、一般户、放心户”进行分行分类管理；全面实施“一证通”制度，积极为流动人口住房、就业、医疗、社保、子女就学等提供均等化服务，基本实现了“培训就业有保障、读书住房有着落、维护权益有渠道”。市级财政安排 5.5 亿元用于外来务工人员培训；近年来新建廉租房 90 万平方米，有三分之一面向流动人口；其子女在流入地公办、私办学校入学率达 100%；全市取消了 41 项涉及流动人口的行政事业性收费项目；开通服务维权电话，做到有诉必应、拒诉必究。加强城市交通秩序“治堵”。严格实施道路禁停，开展人行道停车秩序清理整治。出台《长沙市机动车停车场管理办法》、《关于开放利用社区停车场的意见》等文件，增加停车位 6 万余个。全面推进公交优先，对 118 条次公交线路的临时调整，18 条公交线路的优化调整，公交车辆运行速度平均提高了 20% 以上。集中开展专项整治，开展了禁摩规电限货、反酒驾等专项整治，查处各类交通违法行为 122 万起。科学优化交通组织，调整 215 个路口的信号灯配时，推广交通事故快处快赔工作，21 块智能行车诱导系统显示屏投入使用。加强社会民生保障“治难”。推进公共教育服务均等化，全市学前三年教育普及率达 88.6%。全市义务教育合格学校比例达到 95%。推进城乡医药卫生一体化，探索实施家庭医生联系制度，优化基本医疗保健服务，全市城区 15 分钟、农村 30 分钟医疗卫生服务圈基本完善。推进住房保障建设法制化，建设（筹集）公共租赁住房、廉租房、经济适用住房。推进城乡就业创业多元化，帮扶就业困难人员实现就业、职业培训，城镇零就业家庭保持 100% 动态清零，城镇登记失业率控制在 2.84%。长沙市被人社部评为全国创业型城市中期考核优秀城市。推进社会保障普惠化，全市养老保险参保 488 万人，参保率达 85%。加强市容环境“治脏”。全面开展以“五洗、五清、五整治”为主要内容的专项治脏行动，实施宜居社区建设三年行动计划，在全市广泛开展“共建文明社区、共保绿色家园、共创文明生活”活动，全面实施“长沙市 2012—2014 年市民文明素质提升行动计划”。（何孟科）

【表彰社会管理综合治理先进集体和个人】 全市各级部门紧紧围绕创建全国社会管理示范城市和夺取综治工作最高荣誉的总目标，以建设平安和谐模范城市为抓手，深入推进社会管理创新，注重从源头上解决影响社会稳定的矛盾和问题，确保了省会长沙社会大局稳定，有力促进了经济平稳快速发展，为党的十八大胜利召开营造了和谐稳定的社会环境。经市委研究同意，授予浏阳市、开福区、岳麓区、长沙县为社会管理综合治理红旗区县（市），授予宁乡县、望城区、天心区、雨花区、芙蓉区、长沙经济技术开发区为社会管理综合治理先进区县（市、开发区），授予市委办公厅、市委统战部、市教育局、市司法局、市统计局、市政府法制办公室、市机关事务管理局、市工商行政管理局、武警长沙市消防支队为社会管理综合治理红旗单位，授予市纪委（市监察局）、市人大办公厅、市政府办公厅、市政协办公厅、市委组织部、市委宣传部、市机构编制委员会办公室等 32 个单位为社会管理综合治理先进单位，授予芙蓉区东屯渡街道白沙湾社区、宁乡县白马桥乡白马社区等10个社区（村）为社会管理综合治理“十佳”平安和谐模范社区（村），授予湖南湘邮科技股份有限公司、长沙市博物馆等10个单位为社会管理综合治理“十佳”平安和谐模范单位，授予芙蓉区朝阳派出所向韶社区警务室、望城区乔口派出所乔口社区警务室等10个警务室为社会管理综合治理“十佳”警务室，授予天心区青园街道青园社区人民调解室、雨花区黎托街道人民调解委员会调解室等10个调解室为社会管理综合治理“十佳”调解室，授予开福区通泰街道寿星街社区等20个社区为社会管理综合治理平安和谐先进社区（村），授予长沙市信息职业技术学校等10个乡镇（街道）为社会管理综合治理红旗乡镇（街道），授予雨花区侯家塘街道等40个乡镇（街道）为社会管理综合治理先进乡镇（街道），授予梁仲等217人为社会管理综合治理先进个人。（周幸福）

【表彰见义勇为先进个人】　全市广大人民群众在各级党委、政府的领导下，积极参与社会治安综合治理，为打击违法犯罪，匡扶正义，促进社会治安的明显进步和培养良好的社会风气做出了很大的贡献，涌现出了一大批见义勇为先进典型。为进一步弘扬正气，激励广大人民群众自觉同各项违法犯罪行为作斗争，市社会管理综合治理委员会、市见义勇为基金会决定，授予肖高前、陈琪、姚立新、刘树松、王万泉、邹常亲、秦光荣、戴伦提、彭雷、蒋武、汤爱国、卢卓、王创等11人“长沙市见义勇为先进个人”称号。（唐建彬）

【实施社会治安综合治理“一票否决”和“黄牌警告”】　全市各级各部门认真贯彻落实社会管理综合治理领导责任制和目标管理责任制，加大社会管理创新力度，狠抓责任落实和项目推进，促进了全市社会管理综合治理工作的全面开展。但仍有少数地方、部门和单位对本地区、本部门、本单位综治工作重视不够、工作不力、措施不硬，对全市社会治安和稳定造成了不良影响。根据《长沙市社会治安综合治理一票否决权制和黄牌警告制实施办法（试行）》，市委、市政府决定对市国土资源管理局、市城乡规划局、长沙轨道交通集团有限公司、市人民政府电子政务管理办公室、市城投基础设施项目管理有限公司、宁乡县大成桥乡、长沙平安（启天）出租车公司7个单位给予黄牌警告，对长沙市市政设施建设管理局、湖南阳光靳江投资开发公司、湖南维财大宗贵金属交易所有限公司、中浩建设股份有限公司4个单位给予一票否决。（欧强彰）

【开展百日大走访活动】　7月24日～10月31日，市委政法委在全市政法综治系统中组织开展“百日大走访”活动。全市政法干警共走访群众734366人，召开群众恳谈会5576个，倾听小诉求24183个，办理小案件11736个，调处小矛盾12563个，整改小隐患6960个，解决小麻烦11512个，听取小意见23286个。（刘金田）

【开展“一包双联”活动】　根据省委政法委的部署，全市政法系统全面开展了“领导包案、支部联点、干警联户”主题实践活动，全市政法机关334名领导包案（事）793件，561个支部联系703个社区（村），12015名干警联系12318户群众，同时还联系了200家重点企业、100个重点工程和100个重点项目。通过深入开展领导干部大接访和包案处理化解机制，中央政法委交办的进京访案件全部化解，圆满完成省委政法委交办的案件化解任务。各党支部对联点社区的一些老大难、长期积留的问题，积极协调有关部门予以解决，活动共为群众办好事41419件，治理突出问题2998个，投入帮扶资金160.29万元。（颜利民）

公　安

【概况】　长沙市公安局下设警令部、政治部、后勤装备部、纪委，刑事侦查、治安管理、交通警察、特巡警、监所管理、经济犯罪侦查、禁毒、网络安全保卫与技术侦察、人口与出入境管理、单位内部安全保卫、警务督察、执法监督12个支队，警校（警官培训中心），芙蓉、天心、岳麓、开福、雨花、高新6个城区公安分局，公交治安管理分局和森林公安分局（森林公安分局接受市公安局、市林业局双重领导），指导望城、长沙、浏阳、宁乡4个区、县（市）公安局，联系消防、武警、警卫3支现役部队。

2012年，全市公安机关围绕为党的十八大胜利召开创造和谐稳定社会环境的总要求，持续推进社会管理创新和“三项建设”，大力深化“主动警务、创新警务、信息警务、民生警务”，扎实推动公安工作和队伍建设发展进步，为全市经济社会平稳较快发展创造安全稳定的社会环境。市局在全省公安机关年度综合考评中排名第一。全局共有40余个单位（次）受到省、部级以上表彰奖励，800余人次获得市级以上表彰奖励，其中60余人次受到省、部级以上表彰。

一、坚持以十八大安保为主线，主动进攻保稳定。1. 提前预警，打好维稳安保情报战。坚持情报为先、预警在前，为党委、政府提前采取维稳措施提供及时翔实的信息支撑，情报效能位居全省公安机关第一名。2. 主动进攻，下好对敌斗争先手棋。积极适应对敌斗争新形势，综合运用行政资源和公开管理手段构建立体专案侦察体系，扎实开展反恐怖袭击日常检查和应急工作，严密防范恐怖袭击事件发生。3. 调处并重，掌控处置工作主动权。积极参与全市社会稳定风险评估机制和“大调解”体系建设，围绕“一推行四公开”活动部署，深入开展“大走访”开门评警、“双联三促进”、“百日大走访”等活动，常态抓好局长接访、集中接访、日常接访等制度落实，继续办好“局长信箱”。牵头组织依法打击涉访违法犯罪专项行动，有效维护了全市信访秩序。4. 精心组织，紧守安保工作生命线。严格落实警保卫工作各项措施，确保党和国家领导人到长沙视察以及省市“两会”等重要会议、活动绝对安全、万无一失。

二、坚持以专项行动为载体，严打整治保平安。把握动态化条件下社会治安新特点，先后开展严打整治“冬季铁锤”、“春季攻势”、“雷霆行动”等系列专项行动。全年全市共破获刑事案件23520起，受理查处治安案件74811起，摧毁犯罪团伙499个，抓获违法犯罪嫌疑人30362人，刑事拘留11501人，逮捕6658人、劳教518人，强制戒毒321人，行政拘留17169人。1. 重拳打击严重刑事犯罪。始终坚持“要案命案必破、黑恶势力必除”，全年破获八类严重刑事犯罪1603起。认真落实命案侦破工作机制，先后侦破“1·12”杀人碎尸案、“9·6”抢劫杀人案等一批命案，现行破命案85起，侦破命案积案19起。持续保持打黑除恶高压态势，破获涉黑涉恶刑事案件273起，抓获黑恶犯罪嫌疑人384人，摧毁恶势力犯罪团伙49个。全年抓获网上逃犯1673名。2. 全力控压多发性侵财犯罪。继续深化网格化巡逻、立体化防控机制，以市应急联动指挥中心为枢纽，以“天网工程”等信息化系统建设为支撑，突出加强扁平化指挥调度机制建设和防控资源整合，最大限度缩短了响应时间，简化了指挥流程，提升了快速反应能力。全年共破获各类侵财案件15585起，抓获违法犯罪嫌疑人5537人，打掉多发性侵财团伙368个。3. 严厉惩治各类经济犯罪。对涉众涉稳型犯罪、商业贿赂犯罪、发票犯罪、金融证券犯罪、制假售假犯罪发起凌厉攻势。全年成功发动全国破案集群战役13次；破案2141起，其中破获央批案件1起、部督案件31起，侦办各类大要案160起；暂扣、追缴违法所得4.3亿元、税款5000余万元，为社会挽回经济损失15亿余元。公安部副部长刘金国先后10次对长沙市“破案会战”工作予以批示肯定。4. 深入推进禁毒人民战争。着力健全严打整治、禁毒管控、禁毒宣传常态化工作机制，有效遏制毒品犯罪发展蔓延。全年共破毒品刑事案件1138起，抓获毒品犯罪嫌疑人1266名；抓获吸毒人员4424名；缴获毒品折算成海洛因160.4千克。禁毒支队侦破长沙迄今为止缴毒量最大的“1·21”部督目标案件，抓获涉案人员11名，缴获毒品麻古32.1千克。5. 全面整治突出治安问题。坚持常态集中整治，收到良好效果。认真开展城乡结合部整治工作，深入开展制爆缉枪专项行动，积极推进“打黑除四害”专项行动，深化“三铁”查禁机制，大力推进肇事肇祸精神病人专项排查，积极开展“护校安园”行动，严格落实单位内部安全防范措施，全面整治社会反映强烈的扒窃问题和“黑的”营运问题，大力强化森林防火各项措施。

三、坚持以重点项目为牵引，创新管理强服务。按照“项目化推进、指标化管理、责任化考核”的原则，提升服务经济社会的能力和水平。在省厅评选的42个公安工作创新奖中，望城区公安局“合成作战机制”获一等奖，雨花分局高桥派出所综合警务指挥模式、“天网工程”建设应用等4个项目分获二、三等奖。1. 切实加强实有人口管理。全年登记流动人口1825333人，出租房屋223360户。受理、办理居住证22.9万余张。办理境外人员证件和签证4622人次，临时住宿登记境外人员240611人次，查处涉外案（事）件703起。受理审批出国境证照356209人次、办理二代身份证324728张。2. 不断创新阵地管控措施。加强旅馆业基础工作，推动装机联网。全市旅馆业行政许可旅馆联网3127家、家庭旅馆联网5686家，日均上传住宿信息5万余条。强力推进娱乐场所从业人员前台信息系统建设，实行从业人员持证上岗，刷卡上岗。创新物流业管理，落实装系统、查三证、采合影、录协议措施。建立危爆物品社会化评估机制，对危爆物品运输车辆安装GPS，全程监控运输工作。3. 持续巩固疏堵保畅成果。面对多项重点工程围挡施工和交通警保卫任务大量增加所带来的人车路矛盾，进一步创新治堵措施，坚持“抓优化、抓科技、抓见警、抓禁停、抓治乱、抓督查”六大举措，全力保持交通管理和攻坚整治常态，大力深化城市道路交通“治堵”工程。全年纠处各类交通违法行为94.84万起，查处酒驾2997起，电子警察抓拍交通违法行为65.03万起。中心城区早晚高峰小时车速由治堵前的14公里提高到了21.2公里，市民对治堵措施满意度达90.1%。全市道路交通事故立案1307起，造成233人死亡，1438人受伤，同比死亡人数下降4.51%，受伤人数下降3.75%。机动车保有量突破135.9万台、驾驶人达154.2万人。交警支队车管所成功创建成为全省唯一的“全国一等车管所”。4. 扎实推进消防安全管理。积极推动社会单位消防安全“网格化”和重点单位“户籍化”管理工作。按照“一网三级、一级多格、一格多点”的模式，将全市536个社区、1035个行政村、12万余家社会单位全部纳入网格管理。落实派出所民警、巡防队员、消防协管员等网格力量5000余人，筑牢基层火灾防控网。继续深化“清剿火患”战役，先后开展“打非治违”、易燃易爆场所、市政消火栓和“平安金秋、三湘护航”等10个专项治理。5. 积极创新互联网安全管理。组织开展全市网吧清理整治专项行动，推动网吧全面落实实名上网制。

四、坚持以信息强警为重点，固本强基促发展。1. 深化信息化建设应用。围绕以“DQB”平台为龙头、以应急联动指挥系统为枢纽、以“天网工程”为触角的总体信息化战略布局，继续强力推进信息化建设。市应急联动指挥系统43个子系统稳步推进，指挥调度平台公安部分建成并投入使用；按照统一标准建成集“警务指挥、110接处警、视频监控、动态研判、社会面管控”等功能于一体的派出所综合警务指挥室69个；“天网工程”完成主体工程建设。各类信息系统资源服务实战、服务群众成效凸显。指挥调度方面，初步实现指挥中心（室）集监控、查询、分析、通讯、定位、布控等功能于一体的可视化指挥调度；治安管控方面，推进治安特业系统、人口系统、上网人员实名登记等信息系统的资源整合，基本实现了违法犯罪在逃人员入住、消费、就业等轨迹触网自动报警；社会管理服务方面，依托公安网安全边界接入平台，实现相关公安业务在线实时办理，提升了便民服务水平。2. 加强和改进派出所工作。按照“做强派出所、做实社区警务、做精专业队”的要求，全面加强派出所基础工作和社区警务工作。制定《关于加强派出所基础工作的决定》、《关于加强派出所基础工作的实施方案》，进一步明确派出所职责任务，更加突出派出所治安防控、人口管理、矛盾调处、服务群众职能。根据《公安部关于实施社区和农村警务战略的决定》，深入推进城乡社区警务战略，在望城区局32个社区（警务区）试点社区民警专职化的基础上，全市推广社区民警专职化，建立社区警务评估机制。3. 推动基础设施和装备建设。以“210”工程建设为契机，全年新建业务用房竣工交付使用面积达50000平米、业务用房维修竣工交付使用面积达20000平米、业务用房开工建设面积82000平米。新建执法办案区域58个、涉案财物管理中心13个。为全市派出所99个三级刑事技术配置通用技术器材，为基层一线补充单警装备6109件、配发警务E通6249台，更新四大类29个品种1000余件应急装备。

五、坚持以正规化建设为抓手，严优并举管队伍。1. 强化规范执法。长沙市公安局执法质量考评名列全省公安机关第一名，浏阳市局、开福分局四方坪派出所被评为全国公安机关执法示范单位，执法监督支队获评全省执法规范化建设先进集体。开展“治虚灭假”和执法不作为专项整治，制定出台《长沙市公安机关执法规范化考评操作细则》。2. 严格队伍管理。狠抓《经常性思想政治工作制度》落实，完善《经常性思想政治工作考评办法》，切实加强党建工作，深入开展“忠诚、为民、公正、廉洁”的人民警察核心价值观教育实践活动。启动新一轮公安民警三年轮训计划。3. 狠抓从严治警。推进反腐倡廉，形成“党委‘一把手’亲自抓、党委成员分工抓、纪检监察专职抓、各级各部门分头抓”的党廉建设格局。全力推进队伍建设专项整治行动，集中整治队伍突出问题。4. 改进群众工作。组织开展“百日大走访”、“双联三促进”等学雷锋服务多项群众活动。评选表彰十佳“阳光警队”、十佳“廉洁之星”，树立民警身边的典型，开展长沙市首届“十佳社区民警”、“十佳派出所长”群众评选活动。5. 落实从优待警。普遍推行和落实民警年休假、体检与健康巡诊和伤亡事故责任倒查追究制度，加强公安民警心理服务，保护民警身心健康和执法权益。完成民警绩效考核和警员职务工资套改工作。定期开展队伍状况分析，全面建立“四级”谈心谈话和走访慰问体系，有效增强了队伍的凝聚力和战斗力。（市公安局）

【践行人民警察核心价值观先进事迹巡回报告活动】 该次巡回报告活动是长沙市公安局开展践行人民警察核心价值观教育的重头戏。长沙市公安局党委针对巡回报告活动专门召开党委会议专题部署，对报告团成员甑选工作斟酌考量，要求全局上下将巡回报告作为队伍建设的核心来抓。13名报告团成员都是全市公安机关万余名公安民警、消防官兵的骨干精英和杰出代表。巡回报告会于7月11日开始，历时半个多月，转战9个区、县（市），参与聆听巡回报告会的长沙民警、武警、消防官兵达5000余人，市民群众、新闻媒体和社会各界代表达1000余人。新华社、人民公安报、湖南卫视等各级新闻媒体对巡回报告活动进行报道。湖南省公安厅、长沙市委、市人大、市政府、市政协高度重视，主要领导亲临现场观摩、接见报告团成员，给予高度评价和赞赏。报告会的成功举办使全警将“忠诚、为民、公正、廉洁”的信念内化于心、外践于行。（市公安局）

长沙市公安机关践行人民警察核心价值观先进事迹报告会

【举办首届“十佳社区民警”“十佳派出所长”评选活动】 为促进“忠诚、为民、公正、廉洁”人民警察核心价值观主题教育实践活动的开展，长沙市公安局认真落实2012年全国公安局长座谈会关于“加强和改进新形势下基层基础工作”的精神，开展长沙市首届“十佳社区民警”“十佳派出所长”评选活动。此次评选活动得到社会各界广泛关注和市民群众积极参与，11月通过媒体公示候选人名单后，共收到市民群众网络投票600余万张，不少辖区单位写来推荐信，举荐辖区民警或派出所长。评选活动历时一个多月，经过选拔推荐、群众投票、调查测评等评审环节，20名工作实绩突出、事迹优秀感人、群众认可拥戴的社区民警和派出所所长从全市841名社区民警和176名派出所长中选出，张萍等获得“十佳社区民警”、张良友等获得“十佳派出所长”称号。此次“十佳社区民警“ “十佳派出所长”评选，为全市公安机关广大民警树立了好标杆、好榜样。（市公安局）

【开展“雷霆行动”】 6月，长沙市公安局启动严打整治“雷霆行动”，严厉打击命案、爆炸、投毒、纵火等“八类”恶性暴力犯罪、黑势力犯罪、多发性侵财犯罪、“黄赌毒”违法犯罪、拐卖妇女儿童犯罪等各类违法犯罪活动，深入推进打击经济犯罪“破案会战”、“缉枪治爆”、“打四黑除四害”等专项行动和追逃工作，集中整治社会治安突出问题和安全隐患。针对群众反映强烈的“两抢三盗”、盗窃车内财物、街头诈骗和电信诈骗等多发性侵财犯罪活动，长沙公安机关以“打团伙、打系列、打流窜”为重点，组织便衣守点布控，主动出击，重点打击针对居民住宅小区、企事业单位财务室等目标的入室盗窃犯罪，以及盗窃车内财物犯罪、街面抢劫、抢夺犯罪。针对拐卖妇女儿童犯罪，加大打拐力度，对儿童失踪报警在第一时间组织查找、勘查现场、立案侦查、完成采血检验入库，对失踪、被拐儿童的亲生父母，以及来历不明、疑似被拐儿童，一律采血入库比对。强化社会面巡逻管控，实行网格化巡逻、立体化防控，按照“警力跟着警情走”的原则，合理调整警力布局，最大限度把警力摆到街面和案件高发、防范薄弱的重点部位及重点时段，大幅提升路面见警率、盘查率和现行打击率，落实社会面管控措施，震慑街面违法犯罪。“雷霆行动”提升了长沙社会治安打防管控能力，促进全省平安，策应全国平安，为党的十八大顺利召开营造良好的社会治安环境。

（市公安局）

【打击、防控盗窃犯罪专项行动】 8月3日，长沙市公安局部署开展打击、防控盗窃犯罪专项行动。此行动重点针对入室盗窃、街面扒窃、盗窃机动车、盗窃车内财物等盗窃违法犯罪开展集中打击，快速侦破一批职业性、团伙性、地域性盗窃案件，打掉盗窃犯罪团伙，惩处一批盗窃违法犯罪人员，并按照“打防并举，标本兼治”的工作思路建立健全防控盗窃犯罪长效工作机制，有效控压盗窃发案，增强人民群众安全感和满意度。组建刑侦支队、分区县市局、派出所三级打击侵财犯罪专业队伍，加强全市专业打击力量。各区县市所有综治维稳点、治安巡防站一律实行24小时值班制度，各街道（乡镇）充分发动辖区（内）物业保安、治安积极分子、义务巡防队等社会力量，参与防控盗窃犯罪，组织巡防队员开展24小时不间断巡逻，针对盗窃案件的高发案部位及高发案时段强化夜间路面盘查。打击、防控盗窃犯罪专项行动，有效遏制了各类盗窃犯罪高发态势，增强了市民的安全防范意识。（市公安局）

【“治虚灭假”专项整治】 为严肃执法工作纪律，弘扬实事求是工作作风，4月24日～10月31日，在全市公安机关开展为期6个月的执法领域“治虚灭假”专项督察行动。长沙市公安局成立了以局长李介德任组长的执法领域“治虚灭假”专项督察工作领导小组，制定了《“治虚灭假”专项整治工作方案》、《关于对执法领域弄虚作假行为进行严厉追责的紧急通知》、《“治虚灭假”专项整治责任追究办法》。“治虚灭假”专项整治的重点是有警不接、有警不处、接出警不规范、工作态度差等接处警不规范行为；有案不立（受）；有案不查、办案不规范等办案不作为、乱作为；应采未采、应录未录，上传不及时、虚假上传，录入不规范、录入虚假信息等信息采录弄虚作假行为。通过从每一起警情、每一件案件、每一条信息抓起，摸清业务底数，夯实工作基础，推动长沙公安事业科学、健康、可持续发展。（市公安局）

【“天网工程”建设】 按照“天网工程”建设任务，由政府投资在全市重点部位、交通路口、背街小巷新建公共监控摄像头26840个，公交企业投资新建移动视频监控设备4000套；整合2007年以来城市治安电子防控系统中已建成的公共监控摄像头4213个、围城围市电子卡口监控摄像头445个、中小学幼儿园监控摄像头1036个；整合已建和在建的全市道路交通监控、电子警察、交通诱导系统监控摄像头3912个，全市由政府投资建设的视频监控摄像头达到4万个（套），同步与市应急联动指挥中心联网，实现视频图像资源监控全覆盖和在全市各部门之间共享应用。为规范公共安全视频图像信息系统的规划、建设、应用、维护及其他管理工作，确保公共安全和公民、法人及其他组织的合法权益，长沙市于1月10日起施行《长沙市公共安全视频图像信息系统管理办法》，对公共图像信息系统的定义做了明确界定，对公民隐私权进行保护。“天网工程”的全面启动，为长沙城市管理、救灾应急、维稳保安、侦查破案等提供了视频图像支撑，构建了城市立体治安动态监控网络，增强了城市治安整体防控效能。（市公安局）

【破获特大组织、领导传销案】 2011年12月，群众举报长沙市岳麓区黄鹤小区一带有一伙传销违法犯罪分子将外地人骗到长沙市进行传销活动。市委、市委政法委、市局领导均作出批示，要求迅速查明案情，适时收网，予以摧毁。经侦支队和岳麓、天心分局等单位成立专案组，经过4个多月的侦查工作，掌握该传销犯罪团伙从福建发起，骨干成员120余人、传销窝点540余个。首要犯罪嫌疑人陈某某于2011年6月到长沙市，在岳麓区、芙蓉区、天心区等地以“纯资本运作”、“自愿连锁经营”、“做工程、修地铁、卖服装”为幌子开展传销活动。该团伙中“申购总管”所使用的账户每个月流转的传销资金金额近1000万元，传销资金总额在亿元以上。2012年7月12日凌晨，在专案指挥部统一部署调度下，全市出动1500余名警力，分成多个抓捕小组，开展同步收网行动。该传销组织最高负责人陈某某、张某某、廖某某在福建、北京等地被抓获，在长沙最高负责人曾某某、姜某等在市内多个酒店被抓获。一日内全市公安机关共捣毁犯罪窝点64个，抓获传销组织骨干122人。经过连夜审讯深挖，专案组进一步摸清该传销犯罪团伙的级别晋升制度和犯罪事实，于7月15日再次组织各警种力量共2300余人开展行动，端掉传销违法窝点481个，教育、遣散传销违法人员6000余人。公安机关对该传销团伙中106名骨干人员作出依法处理。（市公安局）

检　　察

【概况】 长沙市检察机关辖市院、星城地区人民检察院和9个区、县（市）检察院。截至2012年底，全市检察机关共有编制1071人（其中检察专项编1037人，事业编34人），平均年龄40岁，其中有法律职称的858人。

2012年，全市检察机关紧紧围绕全市经济社会发展大局，忠实履行法律监督职责，取得检察工作的新进步、新发展。

一、审查批捕、审查起诉工作力度加大。1. 加大打击力度。始终保持对严重刑事犯罪的高压态势，依法批准逮捕各类刑事犯罪嫌疑人7162人，提起公诉9630人，同比分别上升26.9%、26.2%；对27件有重大影响的严重刑事犯罪案件提前介入，依法快审快结、快捕快诉。2. 突出打击重点。着力打击严重刑事犯罪，批准逮捕511人，提起公诉685人。市检察院办理的汤军辉等41人涉嫌组织、领导、参加黑社会性质组织团伙犯罪案件，汤军辉被法院判处死刑。严厉打击毒品犯罪，批准逮捕1143人，提起公诉1171人，同比分别上升61.9%、53.9%。突出打击破坏市场经济秩序犯罪，批准逮捕468人，起诉606人，同比分别上升125%、156.8%，其中批捕生产销售有毒有害食品犯罪75人，起诉76人，同比分别上升236.4%、114.7%。长沙县检察院对在早餐米粉中加入罂粟的犯罪嫌疑人范新国予以从快批捕、起诉。3.注重宽严相济。依法对涉嫌犯罪但无逮捕必要的1196名犯罪嫌疑人作出不批准逮捕决定；依法对构成犯罪但情节轻微、社会危害较小的478名犯罪嫌疑人作出不起诉决定。岳麓区检察院创新未成年人犯罪案件的办案、矫正、回访、帮教、预防工作模式，取得良好成效，被中央政法委予以推介，并被省检察院确定为全省未成年人刑事检察工作改革试点单位。4.确保办案质量。对事实不清、证据不足的案件依法不批准逮捕726人、不起诉40人；对不构成犯罪的案件依法不批准逮捕199人、不起诉52人。

二、查办和预防职务犯罪工作稳步推进。深入开展市人大常委会部署的司法公正长沙行活动，加大查办和预防贪污贿赂犯罪工作力度，继续加强反渎职侵权工作，推进了查办和预防职务犯罪工作的科学、健康、深入发展。1.依法理性办案。共立案查办涉嫌职务犯罪案件120件164人；其中涉嫌贪污贿赂犯罪案件98件119人、涉嫌渎职侵权犯罪案件22件45人；大案110件、县处级以上干部要案31人，同比上升19.2%。比较典型的案件有：省食品药品监督管理局副局长刘桂生（副厅级）涉嫌受贿案，市口腔医院书记毛斌（正处级）涉嫌受贿案，湖南警察学院警体部主任刘一兵（正处级）涉嫌受贿案，市信息中心主任孙兵（副处级）涉嫌贪污、受贿案，市工信委副主任李佑松（副处级）涉嫌受贿案，长沙市轨道交通集团有限公司副总经理蒋自雄、杨建山（副处级）涉嫌滥用职权、受贿案等。2.提升办案质量。职务犯罪案件的大案率为91.7%，要案率为19.2%，同比上升6.2个百分点；没有违法违规扣押冻结涉案款物；没有发生办案安全事故；法院判决151人，均为有罪判决，同比上升25.8%。3.增强办案效果。查办国家工作人员商业贿赂犯罪案件29件37人，维护市场经济秩序；查办侵害民生民利案件31件51人，维护群众合法权益；查办司法工作人员滥用职权、失职渎职案件2件4人，维护司法公正。市检察院和全市各区、县（市）检察院均荣获市人大常委会颁发的“司法公正长沙行活动实施奖”。4.加强犯罪预防。加大预防宣传和咨询力度。向企业提供咨询18次，向社会提供行贿犯罪档案查询1400次，深入机关企业学校讲法制教育课77场，使1.1万余人受到了教育。加大个案预防、专项预防和系统预防力度。帮助发案单位剖析原因、堵塞漏洞，提出检察建议58份。加大制度预防力度。结合办案开展职务犯罪调查26件，完成职务犯罪分析报告47份，为党委、政府及有关部门提供决策依据，有效预防了职务犯罪的发生。针对查处的省医药管理系统职务犯罪系列案20件26人，市检察院认真进行犯罪调查和分析，及时提出检察建议，受到有关单位的重视和好评。

三、诉讼监督工作取得明显成效。1.刑事立案、侦查监督取得新进展。依法监督纠正侦查机关应当立案而未立案案件79件、不应当立案而立案案件56件；对应当逮捕而未提请逮捕、应当起诉而未移送起诉的，依法追加逮捕159人、追加起诉85人，同比分别上升16.1%、14.9%。刑事立案监督、追加逮捕、追加起诉犯罪嫌疑人的有罪判决率均为100%。宁乡县检察院依法追加逮捕的犯罪嫌疑人周伟懂、赵国伟、林宗海等盗窃案，三人被法院判处有期徒刑十三年、有期徒刑十年、有期徒刑六年六个月。2.刑事审判监督取得新成效。对认为确有错误的刑事判决、裁定提出抗诉17件，法院已审结19件，其中改判和发回重审13件；提出纠正刑事审判活动违法意见32件，同比上升68.4%。开福区院对判决书、庭审程序细化审查监督要点，创新制作“一案两表”，成功抗诉了被告人舒和平缓刑适用不当等案件。3.刑罚执行监督取得新进步。发现并纠正减刑、假释、暂予监外执行不当403人次，同比上升139.1%；将11名不符合监外执行条件或条件已消失的罪犯，依法监督收监执行刑罚；督促有关部门加强监管，全市社区矫正人员无一人脱管、漏管、重新犯罪；立案侦查监管场所司法工作人员涉嫌职务犯罪案件1件1人。市第一看守所中队长周某利用职务之便，以帮助在押人员找关系减轻处罚为名索取贿赂，被依法立案侦查。全国监所检察改革理论研讨会在天心区检察院召开。4.民事审判和行政诉讼监督取得新突破。对当事人不服法院生效民事、行政裁判的申诉案提出抗诉16件，同比上升33.3%，法院已审结5件，均系改判，发出再审检察建议15件，法院采纳14件；办理支持起诉案件252件，督促起诉案件41件；依法开展司法工作人员渎职行为调查，其中移送有关单位作违纪处理的12件。移送司法部门1件，岳麓区检察院调查并移送反渎部门立案侦查的区法院执行局副局长周学军犯受贿罪及执行判决、裁定失职罪，被法院判处有期徒刑六年。市检察院对司法工作人员在诉讼活动中的渎职行为调查的做法和成效得到最高人民检察院、省检察院的肯定、推介。（李克明　罗　娜）

【监所检察工作】　星城地区人民检察院牢固树立“三个维护”监所检察工作理念，认真贯彻落实“领跑派出院、争创模范院”工作目标，以加强派出派驻检察机构建设和基层基础工作为重点，认真履行监所检察职能，不断完善监所检察工作机制，各项业务均取得了新成绩：被省院评为“全省先进基层检察院”并记集体二等功；9月在全国检察机关监所检察工作座谈会暨派出检察院检察长培训班上作题为《以强化派驻检察为载体，全面提升派出检察院工作水平》的经验发言；被省院授予“全省监所检察业务竞赛活动组织奖”，4名干警获“全省监所检察业务标兵”；刘万清受贿、徇私舞弊暂予监外执行、巨额财产来源不明案被评为“全省监所检察部门优秀案件”，并进入全省检察机关候选优秀案件公示名单；在全省派驻监管场所检察室优秀检察日志活动中获“优秀组织奖”，3篇检察日志被评为“全省优秀派驻检察日志”，1篇检察日志被高检院评为“全国检察机关派驻监管场所检察室优秀检察日志”。1. 监狱检察工作。全市监狱新收押4668人，共释放在押人员4521人；减刑呈报审查4530人次，审查裁定4325人次，发现并纠正减刑呈报不当205人次；假释呈报审查241人次，审查裁定195人次，发现并纠正假释呈报不当46人次；暂予监外执行呈报审查82人次，审查决定79人次，审查发现不当并收监执行2人；检察建议减刑、假释、保外就医12人；发现并纠正监管违法103起，发出纠正违法通知书14份，提出书面检察建议23份。2. 看守所检察工作。全市看守所新收押12974人，出所12162人；减刑呈报审查890人次，开庭听证176人次，发现并纠正减刑呈报不当156人次；假释呈报审查1人次，开庭听证1人；保外就医审查2人次；暂予监外执行审查5人次；审查留所服刑罪犯2807人次，没有发现留所服刑不当的；发现并纠正监管违法118起，提出纠正违法通知118份，提出检察建议79份。3. 劳教检察工作。全市劳教场所新收教1293人，解教939人；检察监督延期40人次，减期1282人次；所外就医33人次，所外执行11人次；发现并纠正违法问题3人次；提出检察建议6份；受理申诉、举报案件4件4人；全年共开展专项检察1次。4. 职务犯罪侦查工作。初查监管场所职务犯罪案件线索9件14人，初查终结5件8人，立案1件1人，侦查终结1件1人，移送起诉1件1人，移送有关机关处理5人。5. 监外执行检察工作。全市共有监外执行罪犯3034人，其中缓刑2251人，假释244人，暂予监外执行105人，管制310人，剥夺政治权利121人。紧扣社区矫正交付、执行、管理、解除四个环节强化法律监督，推动监外执行监督的常态化、动态化，开展监外执行罪犯专项检察、专项行动3次，发出收监建议书20份，收监执行刑罚16人。全市社区矫正人员无一人脱管、漏管。

（李克明　罗　娜）

【反贪污贿赂工作】　全市共立案查办贪污贿赂案件98件119人，同比下降22.7%，全部为大案，县处级以上要案27人，其中厅级干部1人；已侦查终结106件128人，移送审查起诉98件116人，移送审查不诉6件10人，拟撤案2件2人，移送审查起诉率91%，同比下降6个百分点；向法院提起公诉87件102人，同比下降15.7%，不诉9件9人，法院已作出有罪判决118人，同比上升12.4%。大要案多、窝串案多。全年所查办案件均为大案，查办县处级以上要案27人（其中厅级干部1人），同比增长17.4%，为历年来最多。如省食品药品监督管理局副局长刘桂生（副厅级）受贿案，市社保局信息中心主任张国权（副处级）受贿案，长沙佳利汽车有限公司副总经理李天刚（副处级）受贿案，长沙市口腔医院书记毛斌（正处级）受贿案，湖南警察学院警体部主任刘一兵（正处级）受贿案，长沙市信息中心主任孙兵（副处级）贪污受贿案，长沙市工信委副主任李佑松（副处级）受贿案等在群众中引起较大的反响。发挥反贪部门查办窝案串案的特点，努力提升线索发现、审讯突破、秘密初查等能力，做到办一案、挖一窝、扯一串。通过李树宏涉嫌受贿案，挖出了罗靖兮行贿案、余亚武受贿案、熊泽南受贿案、李福成受贿案、易荣归受贿案；通过陈光荣受贿线索，挖出了其与张宏亮、伍旭华、周德芳、刘先麟、刘炳炎等人共同贪污案，张宏亮受贿案；通过张国权受贿案，挖出了邹雄、周兴文、陈晋静、谭翊共同贪污案，既提高了执法办案效率，又产生了良好的社会影响。专项工作成效显著。在工程建设领域查办职务犯罪案件61件69人，查办涉农惠民职务犯罪案件30件36人。浏阳市院重点查办了一批水利设施建设领域的涉农案件10件12人，涉案金额500多万元，涉及浏阳市水务局、浏阳市金港镇政府水管站、浏阳市万丰山水库管理所等多个部门；雨花区院重点查处洞井街道鄱阳社区、同升街道桃阳村、金井村等“村官”职务犯罪案件12件14人，主要集中在征地拆迁领域，涉案金额800多万元。办案质量效果明显提升。共侦查终结贪污贿赂等职务犯罪案件106件128人，当年立案当年侦结的案件71件85人，占立案数的66%；清理往年积案35件43人，占年初积案数的81%。在加大办案力度、提升办案效率的同时，注重办案质量和效果的提升。严格控制不诉率和撤案率，共不起诉9件9人，同比下降73%，共撤案2件2人，撤案率仅2%。积极开展职务犯罪预防工作，共开展个案预防97件，推动相关单位整章建制、堵塞漏洞。

（李克明　罗　娜）

【反渎职侵权工作】　全市共立案查办渎职侵权犯罪等各类案件22件47人（含再立案2人），重特大案件17件，要案4人。侦查终结25件51人，移送起诉23件48人，移送不诉2件3人，提起公诉16件36人，不诉1件1人，有罪判决14件27人，挽回经济损失2000多万。1. 办案规模稳步扩大。渎职侵权罪名立案数上升，全市渎职侵权罪名立案41人，同比上升17%，全市渎职侵权罪名立案人数占总立案人数的87%，同比上升14%，是近3年来渎职罪名立案数最多的一年；侦查终结数上升，侦查终结51人，同比上升42%，达到了年初制定的侦查终结率95%的目标；起诉数上升，渎职侵权罪名起诉人数32人，同比上升167%，渎职侵权罪名起诉人数占总起诉人数的89%，同比上升4%，也是近五年来最多的一年。2. 渎职侵权罪名判决数上升。渎职侵权罪名有罪判决人数22人，同比上升340%，渎职侵权罪名判决人数占总判决人判决人数的81%，同比上升31%，是近5年来渎职侵权罪名判决数最多的一年；渎职侵权罪名起诉数、判决数、要案数均居于全省领先位置。其中涉及故意泄露国家秘密罪名是近5年来首次查办。办案质量显著提升。渎职侵权罪名立案、起诉、判决比重进一步加大。其中：渎职侵权罪名立案人数占总立案人数的87%，同比上升14%；渎职侵权罪名起诉人数占总起诉人数的89%，同比上升4%，渎职侵权罪名判决人数占总判决人判决人数的81%，同比上升31%。有罪判决率为100%。3. 考核检查评价高。在省检察院组织的年中及年度执法状况考评中，均实现“零扣分”。在全省检察机关优秀案件评比中，开福区院查办法官周学军执行判决、裁定滥用职权案和芙蓉区院查办省药监局梁建宁案被评为优秀案件，为全省8个优秀案例中的2例，优案率占25%。市院查办市公安局治安大队原大队长阎长兴案、芙蓉区院查办公安李捷宇徇私枉法案、天心区院查办毛小环故意泄露国家秘密案、浏阳市院查办的何平滥用职权受贿案向省局推荐为优质案。在全省检察机关反渎职侵权部门组织的反渎案件质量评定活动中，全市24件案件无一起不合格案，其中8件为优质案件。4. 办案效果明显增强。坚持办案为社会发展大局服务，努力实现法律效果、社会效果、政治效果的有机统一。促进社会矛盾化解。如毛恩奇控告岳麓区法院执行局法官毛万兵枉法执行，通过市院处理协调，最终使毛恩奇达到了息访息诉的目的，促进了社会矛盾化解。5. 注重保障民生民利。全面落实高检院关于认真开展"查办危害民生民利渎职侵权犯罪专项行动"，全年查办涉及民生民利的案件12件29人。如两级院共同查处"12•1"国家机关工作人员故意泄露国家秘密系列案；两级院共同查处国家专项资金管理的"骗取、冒领国家助学金"系列案；查处宁乡县院查宁乡交通路政执法局傅海波、甘伟良、宋霆蛟等人滥用职权案，宁乡县城管局陈伟文、李雄飞、罗春长等人滥用职权申报成品油补贴案，大先导区投资控股公司土地经营中心经理罗幸明滥用职权案，芙蓉区人大副主任张振强滥用职权开发农场用地案等。6. 重视社会经济建设，严肃查办工程建设领域渎职犯罪。在市委、市政府的统一部署下，市院组织长沙县院、浏阳市院、岳麓区院查办了长沙规模最大的基础性民生工程——长沙地铁工程建设中的渎职、贪贿系列案，立案查处8人，其中要案2人，挽回经济损失1300多万元。推进公正执法。如芙蓉区马王堆派出所副所长李旭东充当何军等横行马王堆蔬菜市场的黑社会团伙犯罪保护伞的滥用职权案，芙蓉区朝阳派出所刑侦队长莫德军、干警王敢、李捷宇涉嫌故意包庇贩毒人员使其不受追诉的徇私枉法案，得到社会民众的广泛认同。

（李克明　罗　娜）

【刑事检察工作】 全市检察机关共受理侦查机关提请逮捕的各类刑事犯罪案件6001件9317人，已审结5981件9282人，批准逮捕4712件7162人，批捕率77.16%，不捕1269件2120人，其中因事实不清、证据不足不捕361件726人，不构成犯罪不捕133件199人，无逮捕必要不捕775件1195人。依法严厉打击严重刑事犯罪，切实维护社会治安秩序。依法严厉打击危害社会稳定、影响群众安全感的严重刑事犯罪。坚持突出打击重点，对危害国家安全犯罪、严重暴力犯罪、黑恶势力犯罪、"两抢一盗"等多发性侵财犯罪和毒品犯罪，坚决依法从严打击，及时作出批捕决定，保持惩治严重犯罪的高压态势。全市共批捕上述几类犯罪嫌疑人4226人，占批捕总人数的89.7%；继续深入开展打黑除恶、扫黄打非、打击"两抢一盗"、禁毒、禁赌、打击"地下六合彩"等专项行动。全市共批捕涉黑涉恶案件21件40人，共批捕毒品犯罪800件1143人，同比分别上升61%和61.9%。办理的比较有影响的案件有：浏阳市院办理的雷强等10人涉嫌寻衅滋事、故意伤害、开设赌场涉黑涉恶一案、市院侦监一处办理的"3•15"特大走私贩卖枪支系列案、市院侦监一处办理的唐国富等5人涉嫌运输毒品案。1. 积极开展以保障民生为重点的专项行动，严厉打击侵害民生民利的犯罪行为。全市共批准逮捕侵犯知识产权和制售假冒伪劣商品犯罪案件45件106人，同比分别上升55.2%和79.7%，比较有影响的案件有：芙蓉区院办理的倪观配、倪恒辉涉嫌生产、销售有毒有害食品案。2. 依法提前介入一批热点敏感、疑难复杂案件，引导侦查机关侦查取证。如市院侦监一处指导芙蓉区院、天心区院、开福区院、雨花区院联合办理的"12•1"泄露国家秘密案，市院侦监一处指导开福区院办理的楚维、赵丹涉嫌非法经营案、市院侦监一处指导天心区院、雨花区院办理的郭磊等涉嫌非法获取公民个人信息案。3. 认真落实宽严相济刑事政策，努力化解社会消极因素。认真落实中央政法委提出的"两减少、两扩大"的方针，对轻微犯罪特别是因亲友、邻里纠纷引发的刑事案件，以及初犯、偶犯、过失犯和老年、未成年犯罪嫌疑人中犯罪情节轻微的人员，立足于化解矛盾、促进和谐，坚持少捕慎捕，减少不必要的羁押。全市共对1195名犯罪嫌疑人作出无逮捕必要不捕，占受理报捕总人数的12.8%，占不捕总人数的56.4%。审慎把握逮捕必要性证明机制，对公安机关提请批准逮捕的案件，严格把握有无"逮捕必要性"，切实承担惩治犯罪与保障人权的重任，着力减少社会对立面。如望城区院办理的卞南涉嫌故意杀人案。4. 积极实践检调对接和刑事和解工作机制。依法依规注重分析发案原因和矛盾纠纷焦点，积极促使双方达成和解或依靠人民调解组织等开展调解，对双方自愿和解或调解成功的案件依法作出不捕决定。全市侦查监督部门共适用刑事和解办理刑事案件202件252人。如长沙县院办理的刘勇强涉嫌猥亵儿童案。5. 建立健全未成年人刑事案件办理机制。全市不批捕未成年犯罪嫌疑人61件138人，批捕未成年犯罪嫌疑人239人。建立健全未成年人刑事案件办理制度，指定经验丰富的检察人员办理未成年刑事案件，积极探索未成年人犯罪预防和帮教的长效机制，坚持"教育、感化、挽救"的方针和"教育为主、惩罚为辅"的原则，坚持少捕慎捕、少监禁，积极开展帮教工作，可捕可不捕的依法不捕，实现办案的法律效果与社会效果的有机统一。如天心区院办理的宋三刚涉嫌盗窃案。

全市公诉部门共受理各类移送审查起诉案件7301件12261人，上年同期受理5925件9790人，在案数与人数上同比分别增长23.2%、25.2%；起诉6194件9771人，上年同期起诉4866件7766人，在案数与人数上同比分别增长27.3%、25.8%；不起诉579人，不起诉率为5.59%，上年同期不起诉647人，不起诉率为7.69%，同比下降10.5%，其中职务犯罪不起诉9人，不起诉率为6%，上年同期职务犯罪不起诉37人，不起诉率为21.26%。不起诉人数同比下降75.68%；法院判决8832人，上年同期判决7019人，同比增长25.83%；没有撤回起诉，上年同期撤回起诉3人，同比分别下降100%；无罪判决1人，上年同期没有无罪判决；纠正漏诉85人次，上年同期纠正漏诉74

人次；同比上升14.86%；提出书面纠正侦查活动违法205件，上年提出书面纠正侦查活动违法123件，同比上升66.67%；书面提出纠正审判活动违法意见32件，上年同期提出19件，同比上升68.42%。提出刑事抗诉17件，上年同期提出刑事抗诉22件，同比下降22.73%，法院改判13件，同期改判4件，同比上升225%。履行公诉职能，维护社会稳定。1.依法打击各类刑事犯罪，为全市经济平稳较快发展营造和谐稳定的社会环境。严厉打击严重危害人民群众生命财产安全、严重破坏社会管理秩序的故意伤害、故意杀人、敲诈勒索、寻衅滋事、贩卖毒品、诈骗、“两抢一盗”等多发性惯常性犯罪，对该类犯罪坚决贯彻依法“从重、从快、从严”的严打方针，以高压态势打击罪犯的嚣张气焰。深入开展打黑除恶、惩治危害食品安全犯罪等专项斗争，维护民生民利。市院公诉二处成功办理了以何军、汤军辉为首共41人涉嫌组织、领导、参加黑社会性质组织等罪的团伙犯罪案件，汤军辉被判处死刑、何军被判处16年有期徒刑。该案系长沙市近5年来最大涉黑团伙犯罪案件，由市长张剑飞批示督办。积极参与打击侵犯知识产权和制售假冒伪劣商品犯罪等专项整治活动，服务经济建设。天心区院办理了刘军亮、谭生敏等5人销售假烟的非法经营案；岳麓区院积极投身“打击制假售假、打击侵犯知识产权”犯罪两个专项活动，办理打击侵犯知识产权案件6件13人，在办理涉及国有大型企业中联重科的系列案件时，主动与中联重科联系，切实保护国有大型企业的利益。准确理解和运用宽严相济刑事政策，最大限度促进社会和谐。共办理适用刑事和解案354件531人，其中作相对不起诉或者建议公安撤案156件217人。岳麓区院作为全省试行新《刑事诉讼法》刑事和解项目试点单位，在省市公诉部门的指导下，进一步推进刑事和解工作的力度，试点期间共办理适用刑事和解案件12件18人。2.加强诉讼监督，维护司法公正。加大对漏罪漏犯的追诉力度以及违法侦查行为的监督力度，确保侦查监督取得实效。在清理另案处理人员的专项行动中，重点加强对公安机关未移送起诉的另案处理人员的侦查监督，督促公安机关抓获逃犯30余人。全年全市公诉部门共追诉漏犯85人，漏罪596条，发出书面纠正违法通知书205份。通过加大对漏罪、漏犯的追诉力度，突出对侦查监督的实效。对侦查机关的违法取证、违反程序办案、消极办案的行为，及时提出纠正意见，督促其依法办案、规范办案。芙蓉区院公诉部门共向公安机关发出书面纠正违法通知书59份，比上年同期增加84%，侦查监督效果显著。3.以量刑建议为基础，以刑事抗诉为手段，进一步加强刑事审判监督工作。全年共计5031件7600人的案件向法院出具了书面的量刑建议，占总受理案件数的68.9%，法院对量刑建议的采纳率为82%。芙蓉区院在量刑建议的准确率上下功夫，并与法院进行沟通，要求其判决书中对量刑建议采纳与否做出评判意见，该院量刑建议的提出率达到98%，量刑建议采纳率达到了95%，在全市处于领先地位。注重运用抗诉手段，突出刑事审判监督实效，共提出抗诉17件，改判13件。

（李克明　罗　娜）

【民事行政检察工作】 全市民行部门共受理民行申诉案件322件；立案276件；向人民法院抗诉14件；提请抗诉27件。收到法院再审改变结果4件，均为改判，向人民法院发出再审检察建议13份，采纳再审检察建议11件。办理支持起诉案件218件，法院已采纳163件；办理督促起诉案件28件，法院已采纳21件。办理执行监督案件共159件。在办理渎职行为调查方面，受理线索19件，立案16件，移送法院纠正违法或对相关责任人作出违法违纪处理的12件，移送纪委进行调查处理的1件，移送反渎部门立案侦查的1件，终止审查回复举报人的3件，不立案2件。市院民行处确立“基层院指导年”的工作主题，指导基层院工作重心向同级监督、执行监督、违法行为监督和社会管理创新方向转移。通过内外联动，积极发掘并办理公益诉讼案件。全市民行部门所办理的一系列案件充分发挥了检察机关保护农民工、消费者合法权益以及挽回国有资产流失的职能，成为检察机关参与社会管理创新的新亮点。组织开展了全市范围内的民事行政检察工作专项宣传活动，共接待群众咨询200余人次，发放宣传手册1000余册，并现场接受群众的法律咨询和申诉。

（李克明　罗　娜）

【控告申诉检察工作】 全市控告申诉检察部门共受理群众来信591件，其中涉检来信21件；接待来访715人，其中涉检来访6人。组织检察长接待日279次，检察长接待来访68人，检察长批办案件41件，办结检察长批办案件41件。全市控申部门受理举报线索412件：受理本院管辖的自侦案件举报线索303件，其中举报中心初核41件；转反贪部门163件；转反渎部门56件，存查44件；受理下级院管辖的举报线索66件；受理非检察机关管辖的举报线索43件。奖励举报有功人员20人，奖金76000元。共受理刑事申诉案件17件，立案复查15件。其中受理不服检察机关处理决定的案件10件，立案9件，办结9件，其中维持6件，改变1件，撤回申诉2件；受理不服法院判决的案件7件，立案复查6件，办结6件，其中不予抗诉5件，建议法院再审1件。受理刑事赔偿申请4件，立案4件，予以赔偿3件，不予赔偿1件，支付赔偿金21万余元。受理理刑事赔偿复议案件2件，办结并维持原决定2件。刑事被害人救助16件，救助金额4万余元。全年受理各类交办案件共计42件，其中受理上级院交办案件33件，办结27件、息诉23件；受理政法委交办案件5件，办结3件、息诉1件；受理检察长交办案件4件，办结3件，息诉3件。

（李克明　罗　娜）

【职务犯罪预防工作】 全市预防部门以促进惩防腐败体系建设，加强和创新社会管理为目标，以提高能力和水平为着力点，突出工作重心，延伸服务领域。全年共完成预防调查35件，获得同级批示17件；完成犯罪分析56份，获得同级批示29份；提出检察建议75件，相关单位采纳并回复36件；开展警示宣传教育81次，受教育人数达10000余人；开展预防咨询47次；开展行贿犯罪档案查询2480余次。其中，长沙市院预防处完成省医药管理系统刘桂生系列案预防调查1件，完成《2011年度职务犯罪分析报告》、《2011年度长沙市检察机关查办和预防渎职侵权犯罪案件情况分析》、《对长沙市住建系统职务犯罪情况的调查分析》、《刘桂生等涉药职务犯罪系列案分析报告》等犯罪分析共4份，分别向湖南省食品药品监督管理局、长沙银行、长沙市住建委提出检察建议4件，开展警示宣传教育6次，开展行贿犯罪档案查询580余次。（李克明　罗　娜）

【人民监督工作】　人民监督工作办公室认真贯彻落实《最高人民检察院关于实行人民监督员制度的规定》，成立由市人大常委会等12家单位和部门推荐的负责人组成的选任委员会，通过发布选任公告、接受报名、初审初选、选任委员会评选、考察、公示、选任委员会研究确认、作出选任决定、颁发证书等九项比较完善健全的程序，最终确定100名人民监督员。加强与人大代表、政协委员、民主党派、无党派人士、人民监督员及律师、社会各界人士的联络工作，增强代表、委员和社会各界对检察工作的了解和认同度、满意度。建立《长沙检察·人大代表、政协委员联络专刊》通讯员队伍，为《联络专刊》提供信息、组织稿件，以全面反映检察工作接受人大、政协监督的情况。建立手机短信发送平台，将480余名本届市人大代表和100名人民监督员名单及联系电话全部录入短信发送系统，不定期的向代表和监督员检察工作短信汇报检察工作或发送节日祝福。全年共发送检察信息42期，短信40000余条。改变过去按辖区自行进行监督评议的做法，按照高检院案件监督评议上提一级的原则，实行由市院人民监督工作办公室统一调度，随机抽取的方式实行异地监督和本地监督相结合的方式，即高检院规定的“七类案件或情形”试行异地交叉监督，刑事和解拟作相对不起诉处理的案件或其他事项试行本地监督。全年共监督“七类案件”22件26人，其中拟撤销案件3件3人，拟不起诉案件19件23人，均同意办案部门意见，社会效果良好。拓展途径，增强人民监督员的监督实效和影响。主动将通过刑事和解拟作相对不起诉处理的案件纳入人民监督员的监督范围。人民监督员积极参与刑事和解案件，有效缓解和化解社会矛盾，共对84例通过刑事和解拟作出相对不起诉的案件进行了监督评议。同时，两级检察机关主动邀请人民监督员参与重要的检察工作会议12次，邀请视察检察工作、汇报重大工作部署和重大案件处置6次，人民监督员参与检察长接待日、参与接访60余人次。

（李克明　罗　娜）

审　判

【概况】　长沙市按照区划共设有10个法院，1个中级法院，9个基层法院（芙蓉区、天心区、岳麓区、开福区、雨花区、长沙县、望城区、浏阳市、宁乡县法院）。

长沙中院有工作人员285名，其中具有审判职称的法官197名；市中院法官本科以上文化程度达100%，新增硕士70人、博士7人，具有硕士学位以上的法官已占在编人数的39%，提前五年实现了最高法院提出的研究生层次以上人才达到法官总数15%的目标。设置30个职能部门，其中审判庭、局18个；审判管理、队伍管理和司法行政管理等部门12个。

长沙市法院现设置24个人民法庭，岳麓区法院设置坪塘、莲花法庭。长沙县法院设置经济开发区、跳马、榔梨、黄花、路口、福临6个人民法庭。望城县法院设置丁字、高塘岭、靖港、雷锋4个人民法庭。浏阳市法院设置园区、沿溪、大瑶、镇头、北盛和沙市6个人民法庭。宁乡县法院设置金洲、黄材、花明楼、双凫铺、偕乐桥、流沙河6个人民法庭。全市农村人民法庭共有法官和其他工作人员160余人，法庭年均审执结案件数5000余件。

2012年，长沙中级人民法院在市委的领导、人大的监督、政府政协的支持和上级法院的指导下，紧紧围绕“为大局服务、为人民司法”工作主题，充分发挥审判职能作用，深入推进三项重点工作，切实加强审判管理，不断提升队伍素质，各项工作取得了新的进步，该院审（执）结各类案件13692件，各基层人民法院审（执）结各类案件50638件，案件质量和司法绩效考核全省第一。2012年，有83个集体和个人获得市级以上表彰或奖励，全市法院司法状况考评连续四年保持全省领先水平，支持、指导浏阳市法院获评“全国模范法院”，长沙市成为全国唯一拥有两家“全国模范法院”的省会城市。该院被评为“全国法院立案信访工作先进单位”、“全国法院破产审判工作先进集体”、“全国反规避执行工作先进单位”。

一、执法办案职责全面履行。2012年，长沙中院监督、指导全市法院依法履职、公正司法，在维护稳定、服务发展、保障民生方面发挥了积极作用。继续深入开展“一打三整”和“五清查一打击”专项活动等专项斗争，严惩危害国家安全、扰乱社会治安、侵害人民群众生命财产安全的严重刑事犯罪，审结各类刑事案件572件，判处罪犯1000余人。依法妥善处理涉及社会稳定、经济发展和群众利益的民商事纠纷。共审结民商事案件4924件。监督和维护行政机关依法行政，保护行政相对人的合法权益，促进行政争议实质性化解。共审结行政案件690件。努力破解“执行难”，维护当事人合法权利。共执结各类案件件，执结203件，执结率为76.12%，执毕率42.86%，执结标的6.06亿元，标的到位率46.72%；办理变更执行法院案件44件，全部执结。

二、司法服务职能充分发挥。2012年，全市法院围绕中心工作，积极调整司法政策，妥善处理改革发展中涉及的重组改制、合同贸易、民间借贷、农村金融创新以及征地拆迁、环境保护等案件，为金融危机化解、经济结构调整、城乡统筹改革以及“两型社会”建设提供优质司法服务。坚持把处理信访工作作为联系群众、倾听民意、为民解忧的重要途径，共接待处理来信来访案件4184件4384人次。接待处理突发信访事件42件次，均及时接访劝返，未发生不良影响。复查案件348件，审结276件。大力加强信访积案清理，取得新成效，中央、省、市陆续交办长沙市法院到省进京重复访案件237件。现已全部化解，得到省、市政法委及省高院的充分肯定。全年领导干部接访各类案件

1000余件次，其中院领导包案化解32件41人次，中层负责人包案化解29案件37人次。完善司法救助，加大安抚力度，全年向省级财政申请发放救助资金53万元，向市级财政申请拨付148万元，共计227万元，解决案件60余件，较好地解决了一批上访老户的信访问题。

三、司法工作机制日益健全。以加强合议庭管理、规范自由裁量权为切入点，出台关于加强合议庭组织建设的专项制度并狠抓执行。根据审判工作规律和效能管理的要求，确定合议庭法官员额，设立准入条件，严格考任遴选，试行法官助理制度，细化分工配合，明确权责边际，规范权力运行，建立退出机制，加强监督管理，使审判管理直达审判组织内部，有效防范“合而不议”等合议庭功能虚化的问题。审判质效的主要指标有了新的提升，法定审限内结案率达到95%以上，全市法院发回重审和重大改判案件数下降3%。深化司法拍卖改革，构建涉讼资产阳光交易平台。组织公开摇号选定司法鉴定、评估拍卖机构50余场，在全省法院首次通过网上竞价方式对标的上亿国有资产进行拍卖，迈出司法拍卖改革的实质性一步，营造了公正、透明的司法环境。

四、队伍综合素质不断提高。深入开展“发扬传统、坚定信念、执法为民”主题教育实践活动，结合群众观点大学习大讨论，强化全体法官的社会主义法治理念再学习再教育。同时组织开展“创先争优”、“人民法官为人民”主题实践和“政法干警核心价值观”教育活动，使广大干警对“忠诚、为民、公正、廉洁”价值观真正内化于心，外化于行，不断增强广大干警的政治意识、大局意识和职业责任感。大力实施“人才强院”战略，长沙中院公开招录选调19人，法官本科以上文化程度达100%，硕士以上达23%。全年共举办新任人民陪审员履职培训班、人民法庭庭长培训和执行裁判业务培训班等6期法官续职培训班。加强师资队伍建设，与全国著名高校建立培训合作机制，邀请全国知名专家培训授课，选派干部参加了国家法官学院、省高院、市委党校的各种培训班156人次。实行“零容忍”、“终身禁业”，全年共受理信访举报和控告投诉函167件，均在规定的时间内，及时给予答复。建立法官任职“单方退出”机制，治理离职法官“隐性代理”，预防、惩治腐败的思想和制度防线进一步筑牢。

五、科学发展能力得以增强。2012年来，全市法院自觉践行科学发展观，始终坚持“实现跨越发展，争创全国一流”目标，谋长远，重规律，打基础，求实效，走出了一条可持续的科学发展之路。进一步夯实基层基础，完善对基层法院的指导联系制度，加强监督指导和绩效考评，提高司法水平，司法状况综合考评继续保持全省领先水平。涌现的芙蓉区法院城市管理巡回法庭、长沙县法院“无讼事了”等特色经验受到有关部门的高度肯定。新华社、法制日报、人民法院报等中央和省级媒体对长沙市法院工作报道200余次。推进反家暴审判试点工作，完成最高法院委托的反家暴程序立法项目，提出的民事诉讼法修改建议被最高法院采纳。继续深化量刑规范化改革。未成年人综合审判庭成立之后，探索实施圆桌审判、心理评估、矫正指导、社会调查等少年司法制度，2012年以来共审结707案件。岳麓区法院积极探索小额诉讼速裁程序改革，其试点经验受到省高院和省人大的肯定。（蒋泽军）

【刑事审判工作】 按照市委“一打三整”和“五清查一打击”专项活动的统一部署，全市法院充分发挥刑事审判职能。依法判处“菜霸”特大黑社会组织案，被告人汤军被判处死刑、何军等30余人被判处有期徒刑以上刑罚；全年受理毒品案件139件286人，审结96件178人。依法判处范双富、雷云中等48名严重毒品罪犯15年有期徒刑以上刑罚。对严重危及社会公共安全的恶性犯罪保持高压打击态势，先后组织死刑执行行动5次，对20余名罪大恶极的犯罪分子依法执行死刑，有力地震慑了犯罪，取得了良好的社会效果和法律效果。审结抢劫、抢夺、盗窃、敲诈、诈骗等侵害群众财产犯罪案件163件。审结涉台184名被告人的电信诈骗案件，为维护社会稳定、人民安居乐业做出了积极贡献；严厉打击各类职务犯罪，省地方金融证券领导小组办公室原党组书记、主任谢光球等 39名贪腐分子受到法律严肃处理。积极参与农村法治建设，妥善处理征地拆迁过程中出现的农民犯罪案件。切实维护市场经济秩序，审结一、二审走私、非法经营、组织传销等犯罪案件29件，长沙中院被市委、市政府评为全市打击传销先进集体。加强轻微刑事案件和解工作，对罪行较轻或有自首、立功等情节的被告人依法从宽处理，最大限度增加社会和谐因素。（蒋泽军）

【民商事审判工作】 充分发挥司法能动作用，为服务产业结构调整和经济发展方式转变提供有力的司法保障。深入推进涉家暴案件审理工作，被市政府评为2006～2010年长沙市实施妇女儿童发展规划先进集体。召开全市人民法庭工作会议，全面推进人民法庭指导工作。审结涉军案件12件，切实维护军人军属合法权益。共审结金融借款、担保、保险纠纷案件284件，结案标的达9亿元。审结标的1亿余元的经阁集团金融借款纠纷系列案，既确保银行贷款的金融安全，又帮助企业顺利渡过难关，受到双方当事人及社会各界的一致好评。及时回应国内外经济形势变化影响，审理房地产案件1758件，维护市场和社会稳定。坚持保障劳动者权益与促进企业发展并重，共受理劳动争议案件625件，审结552件，审结率达88.3%。加强企业破产、公司股东纠纷案件审理工作，引导不符合产业政策、不适应市场竞争的落后企业有序退出市场，切实维护市场秩序，全年共审理企业破产、清算、公司股东纠纷、票据、证券纠纷案件78件。积极参与打击侵犯知识产权专项行动，审结知识产权案件503件，审理的“拉菲”商标侵权案名列2011年中国法院知识产权司法保护十大案例第二；指导雨花区法院审理黄学海侵犯著作权案进入全国五十大知识产权保护案例。审理涉外、涉港澳台纠纷案件26件。继续坚持调解优先，认真贯彻人民调解法，指导基层法院审理好确认人民调解协议效力的案件156件，民商事案件调解率同比上升5%。

（蒋泽军）

【行政审判工作】 行政案件坚持合

法性审查及强化和解原则，依法保护行政相对人的合法权益，全年共受理行政诉讼、非诉执行和国家赔偿案件共计 344 件，审结或执结 321 件，注重运用协调和解方式化解行政争议，妥善解决江某某诉浏阳市政府等一批行政争议，维护社会和谐稳定。为支持和促进依法行政，进一步完善行政司法互动机制，全年接受政府的咨询 20 余次，并针对行政执法中存在的问题，提出了相应的司法建议，受到政府和有关部门的高度赞扬。全年共受理各类房屋土地案 580 件，其中受理重点工程建设案件 397 件，占总受理案件数的 77.09%；全年共审结各类房屋土地非诉案件 369 件，其中审结滨江新城、滦湾镇棚户区改造、黄兴北路棚户区改造等重点工程建设征拆案件 288 件，占总审结案件数的 78.05%。共审查行政机关申请强拆案件 126 件，指导和监督基层法院实际司法强拆 89 件，无一引发极端事件，和谐拆迁占司法拆迁总数的 79.84%，为长沙市两型社会建设和大河西先导区建设作出了应有贡献。同时，该庭积极服务大局，促进社会矛盾化解。全年开展“送法上项目活动”200 余人次，提出司法建议 34 份，诉前协调化解各类纠纷 96 件，得到业主单位和群众的一致好评。简化管辖程序，提高司法效率，市级以上重点工程建设征拆案件平均审限 42.8 天，较其他常规案件平均审限缩短 15.6 天，最大限度地调和行政效率与司法程序之间的矛盾。努力实现“不强而解、不执而行”，共协调各类涉征征拆行政案件 47 件，为长沙市重点工程建设提供强有力的司法保障。（蒋泽军）

【执行工作】 加大执行力度，尽最大努力保证打赢官司的当事人及时实现权益。全年共受理执行案件 267 件，执结 203 件，执结率为 76.12%，执毕率 42.86%，执结标的 6.06 亿元，标的到位率 46.72%；办理变更执行法院案件 44 件，全部执结；深化“分段集约执行”机制改革，63% 以上的案件落实财产线索，因无财产而终结执行的案件数量减少 7.2%。扎实开展集中清理执行积案专项活动，执结涉及党政机关积案 26 件，执结标的 1.26 亿元；执结涉知识产权案件 12 件，执结标的达 930 万元。强化公众监督，推行执行公开，全年 90% 的执行监督案件采取听证方式审理，进一步提高当事人对执裁工作的满意度，保障了执行当事人的合法权益。进一步完善“三色督办令”制度，共发各类督办令 56 件，全部按期上报案件情况及处理结果，全年办理督办案件 32 件。以省高院独家授权长沙中院在省人民银行的进行查询为契机， 实现了集约查询，为全市法院集中查询被执行人账号达 5.6 万余条。加强涉执稳定案件和事件的处理，努力维护社会稳定，全年处理涉执信访案件 24 件。创新远程视频执行方式，首次利用第三方视频软件调处了双方身处千里之外的上海上岛餐饮连锁经营管理有限公司与甘某一案，先后被人民法院报、人民网、湖南电视台在内的多家新闻媒体推广报道。执行工作在全省综合考评中名列前茅；执行改革经验被省高院、最高法院向全省、全国推广；省、市人大、政法委以及省高院对长沙中院执行工作取得的各项成绩给予了高度评价；市中院被评为全国反规避执行工作先进单位、全市政法系统先进集体，获得“福城杯”全省法院优秀执行论文评选活动组织奖。（蒋泽军）

【扩大司法公开】 认真落实市人大常委会的决议，以信息化建设促进司法公开为主题，深入推进“司法公正长沙行”活动。研究制定一整套司法公开制度，并狠抓督促落实。加强立案窗口规范化建设，突出立案公开。芙蓉区法院设置法律志愿者服务窗口并延伸到多个社区，雨花区法院建立“社区法官”工作平台，通过立案调解等功能的延伸减轻群众诉累。落实庭审公开，依法应当公开审理的一审案件公开开庭率达 100%。指导基层法院加大巡回公开审判力度，望城区法院积极推行进村开庭，巡回审判 100 余场。进一步落实执行公开。强化司法公开的效果，着力提高二审案件开庭率，二审以开庭审理为原则，以不开庭审理为例外；落实听证公开，公开听证 347 案 421 次。落实文书公开，全市法院上网文书 13546 篇，召开新闻发布或情况通报会 10 场。两级法院全部开通法院微博，关注的网民达 25 万人次。全市法院开展各种形式的“法院开放日”活动 40 余次，基本实现常态化。（蒋泽军）

【自觉接受监督】 坚决贯彻执行党的路线方针政策，严格执行法律，始终保持法院工作正确的政治方向。坚持重大工作、重大事项、重大案件及时向市委、市人大报告，认真落实好市委各项工作部署和市人大各项决议。自觉把开展“司法公正长沙行”活动作为接受人大监督的新形式，通过落实活动要求，创新活动方式，使全市法官在参与中转变司法理念，提高司法水平，促进司法公正。不断增强自觉接受人大监督的意识，完善接受人大监督的方式和程序，进一步加强与人大代表和人民群众的联系，提高接受人大监督的自觉性、主动性和实效性。全年共受理省、市人大、政协等有关部门督办案件 50 余件，并积极办理 5 件代表建议、政协提案，处理结果得到有关人大代表或政协委员的肯定；主动邀请人大代表、政协委员 40 人次参与旁听有重大社会影响的案件。主动接受政协民主监督、检察机关法律监督、新闻舆论监督和社会各界监督，确保司法公正，确保队伍廉洁，确保全市法院各项工作取得新的成效。（蒋泽军）

【社会管理创新】 坚持实现司法功能最大化，积极参与社会管理，成立全省中院首家独立建制的完成人综合审判庭，探索实施圆桌审判、心理评估、社会调查等少年司法制度，帮助失足青少年回归社会。加强刑事案件被害人和困难当事人的救助工作，近五年来，共发放司法救助金 280 余万元。完善审判工作与社区矫正衔接机制。办好法院网站，开通法院微博，在多家主流媒体开设专题栏目，大力加强法制宣传。积极推行减刑假释的司法公开，在对罪犯刘某某等五名罪犯假释案件，进行全省首次监狱外开庭审理，十余名人大代表、政协委员和形象监督员进行了旁听，《法制日报》、《湖南日报》等十余家媒体争先报道，取得了良好的社会效果。深入分析长沙市经济社会发展变化反映在司法领域的各种问题，提出规范民间借贷、整治虚假诉讼、防范金融风险等司法建议 72 条，社会效果良好。

其中，关于解决公交行业劳动用工问题的司法建议被评为全国法院“优秀司法建议”；关于解决网吧侵权濒发的司法提示和司法建议，受到广泛好评，该系列案被评为全国法院“十大能动司法优秀案例” （蒋泽军）

长沙市中级人民法院负责人名单

党组书记、院长 罗衡宁
党组副书记、纪检组长 梁英飞
党组副书记、副院长 钊作俊
党组成员、副院长 黎 军
党组成员、副院长 邹剑钧
党组成员、副院长 周芳乐
副院长 邓文莉
党组成员、工会主席 刘显杰
党组成员、副院长 刘革强
（2012年11月到法院工作）
党组成员、执行局长 范登峰
（2012年12月到法院工作）
党组成员、政治部主任 陈永超
（2012年12月到法院工作）

司法行政

【概况】 2012年，全市司法行政工作紧紧围绕“公平正义、主动有为、服务高效、创新发展”的工作理念和“全省率先，全国争先”的工作目标，充分发挥法制宣传、法律服务和法律保障等司法行政职能，深入化解社会矛盾纠纷，切实创新社会管理，全面推进法治长沙建设，扎实开展司法行政文化建设和政法干警核心价值观教育实践活动，各项工作务实推进，取得突出成效。

一、基层维稳工作提到新高度。站在维护社会和谐稳定的大局高度，切实履行人民调解、监狱劳教、安置帮教和社区矫正等在加强和创新社会管理中承担的重要职责，全力筑牢司法行政维护社会稳定的“三道”防线。1. 司法行政基层基础全面夯实。进一步理顺劳教（戒毒）工作机制，确立长桥劳教（戒毒）所为专门的劳动教养管理所，星沙劳教（戒毒）所调整为专业的强制隔离戒毒所。完成坪塘监狱整体搬迁项目规划方案、初步设计审查和新址拆迁工作。抓住国债建所扫尾的关键时机，完成司法所办公用房建设2万平方米。年内，坪塘监狱和长桥劳动教养管理所升格为正处级机构，星沙劳动教养管理所（市强制隔离戒毒管理所）升格为副处级机构。2. 人民调解工作切实加强。不断完善“大调解”工作机制，逐步建立重点工程、重大事项矛盾纠纷评估制度，健全人民调解与刑事和解有效衔接的联动机制。全面推进行业性、专业性调委会建设，积极推进劳动人事争议纠纷、医患纠纷、房地产纠纷、物业纠纷、交通事故民事赔偿纠纷人民调解工作。创新人民调解工作模式，开福区创立“四三”联动调解工作机制，天心区推行人民调解“网格化管理、组团式服务”设点工作。3. 监狱劳教工作日益规范。围绕首要标准，突出“四定”要求（即定岗位、定目标、定权责、定奖惩），加大监所硬件设施投入力度，积极开展“基层基础建设年”和“规范管理年”活动，深入建设监（所）区文化，提炼监所精神，实现监狱劳教戒毒场所持续安全稳定和全年“四无”目标。加强日常管理，制定并下发《长沙市监狱劳教戒毒民警问责办法》等文件，场所管理水平大幅提升。规范场所管理，实现劳教人员和戒毒人员收容收治的彻底分离，深入开展戒毒模式探索与建设。4. 特殊人群管理创新推进。全面开展社会调查评估，累计开展审前调查评估1680余件，法院采信率90%以上。认真落实社区服刑人员“四包一”和手机GPS定位管控措施，社区矫正人员全部纳入电子化管理。切实加强与“孟妈妈青护园”等公益组织合作，逐步形成“政府—社会—家庭”三位一体的监管教育模式。全年接收社区矫正人员5984人，顺利解除矫正3013人，在册2971人，未出现脱管、漏管和重新违法犯罪情况。完善刑释解教人员安置就业和社会保障体系，刑释解教人员重新犯罪率控制在3%以内。

二、普法依法治理工作达到新起点。召开全市依法治市领导小组成员单位会议和全市法制宣传教育工作会议，研究并审定依法治市相关工作，对“六五”普法目标任务进行全面部署，初步形成普治并举、齐抓共管的良好工作格局。1. 突出重点对象学法用法。突出加强领导干部和公务员学法用法，通过举办法制讲座和推行无纸化学法考试等措施，深化领导干部和公务员的学法用法工作。精心组织青少年法制宣传教育，面向“小学、中学、辖区高校”分层普法。继续推进“法律进企业”活动，开展企业经营管理人员和外来务工人员法制宣传教育活动。2. 全力推进依法治理进程。部署开展全市第五批“法治村（社区）”创建活动和全省第六批“民主法治示范村（社区）”的申报工作，进一步深化民主法治村（社区）创建，切实加强基层民主法制建设。继续开展“依法办事示范窗口单位”创建活动，充分发挥基层窗口单位的示范带动作用。积极探索“法治长沙”创建的方法与途径，不断完善法治长沙建设考评体系，为适时启动法治长沙建设夯实基础。

三、法律服务为民办事功能取得新突破。切实发挥公证、律师、法律援助、148法律服务和基层法律服务为民办实事的职能作用，为群众提供贴心法律服务。1. 服务重心贴近民生。全市公证工作紧紧围绕政府中心工作，积极服务重点工程建设、国有土地使用权及国有资产出让转让、企业改制等事项，办理财产继承、房屋买卖、赠与、析产、承包合同等大量公证事项。律师行业完成市政府投资项目法律服务中介机构库的建设，全市有11家律所入选市中小企业法律服务平台。引导律师积极投身全市“服务率先发展”活动中，组建法律宣讲团56个，企业法律顾问团38个，参与招商引资289起。指导律师事务所对口联系156个社区（农村），为社区未成年人、残疾人、老年人、外来务工人员、下岗失业人员和“零就业家庭”等困难群体提供法律帮助。开通法律援助直通车，建成规范化法律援助便民服务窗口9个，与复旦大学司法与诉讼制度研究中心合作开展专职辩护人试点工作。2. 服务机制逐步理顺。城区公证体制调整工作稳步推进，公证业务得到有效拓展。律师行业进一步健全投诉受理、立案、调查、审理、处分、执行等工作规则，使惩戒工作进一步规范化、制度化。法律援助依托基层司法所建立169个法律援助工作站，依托社区（村）建立1818个法律援助工作站，依托工会、妇联等单位建立60个部门法律援助工作站，逐步形成法律援助基层站点的立体化布局。3. 服务效果明显加强。全市律师参与政府招商引资、经济贸易谈判1788次，帮扶创业实体1672家，帮扶创业者1669人，为创新创业者提供法律咨询14010人次，为430个社区（村委会）和3956家企业提供定向服务，为4697位困难农户（居民）提供帮助。12348法律服务热线接听咨询电话33691个，来访641人次，协助办理法律事务160余起，发布公益法律服务微博提醒1600余条。

四、干部队伍工作执行力得到新提升。1. 以活动坚定信念。深入开展政法干警核心价值观教育实践和“践行政法干警核心价值观，学雷锋树形象献爱心”便民服务系列活动，干部职工政治信念进一步坚定。深入26个联点社区开展“百日大走访”活动，走访群众13456户，发放征求意见表和群众联系卡片23798张，发放宣传资料8820份，倾听“小诉求”836个、调处“小矛盾”335个、整改“小隐患”215个、听取“小意见”607个，慰问困难群众454户。2. 以规范激发活力。制定《2012—2015年长沙司法行政文化建设规划纲要》，制作廉政警示牌200余个，出台《监狱劳教人民警察问责办法（试行）》等文件，干部职工干事创业的积极性得到充分发挥。（曾浪平）

【监狱工作】 2012年，坪塘监狱继续以推进场所发展为方向，以维护监管安全为前提，以提高改造质量为重心，以提升民警素质为抓手，实现全年监管秩序持续稳定，获得“全省监狱系统先进集体”等荣誉称号。1. 监管安全持续稳定。以严格落实各项安全管理制度为重点，不断完善“四防”网络。坚持“一岗双责”、“三包一区”和领导联点、带队巡查、科室挂靠等制度，重点改造完成监管区和生产车间的视频监控系统，民警处置突发事件的能力快速提升。2. 改造质量稳步提升。重新编制思想教育教材和教学进度计划，全狱新犯全部完成岗前培训和“三课”教育。建立与入监新犯测试评估结论相对应的矫治措施，开展“明确改造目标、规划未来人生”、“关注诉求、疏导心理”个别谈话教育活动，监管改造工作质量整体提高。3. 队伍建设全面加强。先后开展“争当雷锋式忠诚卫士”、“大讨论、大走访、大调研”等活动，推行分监区长指导员竞争上岗制度，大力充实监区一线警力。深入推行精细化管理，认真探索“崇德、尚法、敬业、创新”的监狱精神，圆满完成监狱整体搬迁新址拆迁工作，队伍整体凝聚力得到加强。（刘湘红）

【劳教戒毒工作】 2012年，长桥劳教（戒毒）所再次实现全年“六无”（无脱逃、无非正常死亡、无重大案件、无重大疫情、无重大安全事故、无所内吸毒），该所自主创新的教育性管理“PB模式”全省推广。1. 切实加强民警队伍建设。按照“政治建警、素质强警、文化育警”的要求，结合政法干警核心价值观教育实践活动进行“十佳民警”评选，彰显先进典型的示范作用。开展“长桥精神”、“长桥所训”、“长桥所歌”征集提炼活动，增强民警的文化自觉和文化自信。以增强民警“六种能力”（履行岗位职位、驾驭场所安全、实施科学管理、做好教育矫治、坚持公正执法、处置突发事件）为目标，开展岗位大练兵活动。以中队升设副科级建制为契机，搭建平等、竞争、择优的选人用人平台，推选20名优秀民警担任中队长和指导员。2. 积极开展管教工作创新。健全“思想防线牢固、人防部署严密、物防设施完善、技防手段先进、联防协调统一、应急处置高效”的安全工作长效机制，组织安全排查65次，排除安全隐患45处，开展预案演练13次。推行习艺现场“6S管理”，全面实行生卫工作单元化管理，积极探索安全稳定“四级必办”工作，全力打造“稳定职责无空白、责任结构无断层、效能考核无盲区”的安全工作模式。全年开设政治、文化、技术教育课程555课时，举办出入所教育22期，开展心理咨询360余人次，教育工作主业地位进一步巩固。

星沙劳教（戒毒）所以“基层基础建设年”活动为契机，紧紧围绕三项创新性工作，深入践行政法干警核心价值观教育活动，场所各项工作跨越发展，并荣获“全省劳教（戒毒）系统市（州）所精细化管理一等奖”、“湖南省司法厅青年文明号”等称号。1. 场所持续安全稳定。把安全稳定工作与其他工作同部署、同要求、同检查、同讲评、同奖惩，通过反复强调和经常教育，安全首位意识深入人心。定期召开思想动态分析会、深入开展“百日安全稳定隐患专项排查整治活动”，切实抓好“三大现场”管理，场所持续安全稳定。2. 教育矫治质量稳步提高。认真落实“首要标准”要求，不断更新执法理念，全面开展“六三制”戒毒矫治常态化试点工作。积极开展以心理矫正教育、职业技能教育和文体辅助教育为主要内容的“三课”教育，完成政治授课235课时，文化授课200课时，技术授课153课时。3. 强戒工作模式初步构建。牢固树立“大戒毒、大矫治”工作理念，加强医务所建设和医务人员培训，着力提高戒毒工作专业化水平。积极探索戒毒工作新模式，初步构建“三期四区五级六项机制”的强制隔离戒毒工作构架，完善四个区域的软硬件配套和人员配备。4. 工作基础不断夯实。按照“规范管理、创新发展、全面提升”的总体要求，争取财政支持解决外围防控围墙、接见室等不规范问题。对监控系统进行全面升级，对戒毒人员生活区域进行整体改造，基础工作不断夯实。（叶 璇 汪杰明）

【普法依法治理工作】 2012年，全市普法依法治理工作按照“六五”普法规划要求，深入开展法制宣传教育，大力推进依法治市进程，为提高全市公民法律素质和社会法治化水平营造了优质高效的法治环境。1. 强化工作推进保障机制。5月15日，长沙市委常委会专题听取市司法局关于“六五”普法情况的汇报，研究并审定市依法治市办提出的五项议题，强化普法依法治理工作保障机制。6月25日，市委、市政府在市会议中心召开全市法制宣传教育工作会议，对“六五”普法工作进行全面的安排部署，进一步加强对普法工作的组织领导。2. 创新公职人员学法考试。全市各级普法依法治理机构认真落实党委中心组学法和公务员学法制度，通过举办法制讲座等形式，深化领导干部和公务员的学法用法工作。创新学法考法形式，积极推行国家公职人员无纸化学法考试，降低学法成本，提高考法效率。3. 精心组织青少年法制教育。开展“与法同行，健康成长”青少年法制宣传教育专项活动。10月19日，启动仪式在天心一中举行，与会的近千名学生代表宣誓争做遵纪守法小公民。4. 积极开展法律巡回宣讲。成立长沙市“六五”普法讲师团，组织普法讲师团成员深入机关单位、乡村、社区、企业和学校开展巡回讲座活动。大力实施“百个单位百场法制讲座”、“百个乡村百场法制讲座”活动，进一步增强市直机关单位干部职工依法决策、依法管理、依法行政能力和广大农民的法律意识和法治观念。5. 组织编印《公民法律指南》读本。组织选取与人民群众生产生活密切相关的法律常识与法律案列，编印《公民法律指南》读本5万册，发放到各市直机关以及超市、宾馆酒店、餐饮等公共场所，引导百姓依法维权、依法办事。（王　文）

【人民调解工作】　2012年，全市各级人民调解组织紧紧围绕市委、市政府中心工作，认真贯彻落实《人民调解法》，坚持“调解优先”原则，为党的十八大胜利召开和长沙经济社会率先发展营造了和谐稳定的社会环境。1. 扎实开展人民调解专项活动。启动“调解化积案、息访保平安”人民调解专项活动，全方位、多层次开展矛盾纠纷集中排查治理。开展“人民调解进万家、化解纠纷促和谐”人民调解专项活动，在天心区青园街道青园社区举行活动仪式。全面开展矛盾纠纷大调处、大攻坚活动，有效实现“三个结合”（“人民调解进万家、化解纠纷促和谐”专项活动与全市政法干警百日大走访活动相结合，与人民调解规范化建设相结合，与创新社会管理、深化“三调联动”工作相结合）和“三零”目标（矛盾纠纷零激化、零上访、零积压）。全年化解5年以上未解决的纠纷积案82起，2年以上未解决的纠纷积案171起，一年以上未解决的纠纷积案204起，化解非正常上访隐患262起，群体性事件隐患373起。2. 狠抓人民调解工作规范化建设。结合村、社区换届选举，在调整、充实和规范原有乡镇（街道）人民调解委员会的基础上，全面规范村（社区）人民调解工作，实现村（社区）人民调解组织全覆盖。全面落实人民调解组织和人民调解员备案工作，基本统一人民调解标牌、印章、标识、程序、制度文书，城区规范化调委会65%以上，县（市）规范化调委会50%以上。全面推动人民调解协议司法确认工作，与市中级人民法院联合建立人民调解协议司法确认制度，进一步规范人民调解委员会民事调解的司法确认程序。3. 完善“三调联动”工作机制。进一步健全县级社会矛盾纠纷调处中心，全市9个区县（市）和高新技术开发区全部完成矛盾纠纷调处中心建设。不断完善“三调联动”工作长效机制，逐步建立重点工程、重大事项矛盾纠纷评估制度。进一步加强驻公安派出所、驻法院、驻检察院人民调解工作室建设，派驻调解室建设率100%。全市各级司法行政机关和人民调解组织开展纠纷排查3800余次，排查调解纠纷31974件，调处成功31500件，调处成功率98.5%。（吴　宽）

10月11日下午，长沙市“人民调解进万家、化解纠纷促和谐”专项活动仪式在天心区青园街道青园社区举行

【刑释解教人员帮教安置工作】　贯彻落实中央综治委《关于进一步加强刑满释放解除劳教人员安置帮教工作的意见》，大力创新刑释解教人员安置帮教工作。一年来，全市刑释解教人员帮教率100%，安置率90%，重新犯罪率2.48%，为维护长沙的社会和谐稳定作出了贡献。1. 加强刑释解教人员信息核实。全市各级安帮机构通过全国刑释解教人员安置帮教信息系统核实监狱、劳教（戒毒）所服刑在教人员信息2364条，核实成功2214条，核实率94%。核实预释放解教人员信息1510条，均落实帮教措施，有效杜绝脱管、漏管现象发生。2. 落实安置帮教管控措施。各级司法行政机关集中时间、集中力量，采取逐村（社区）分片包干、责任到人的方法，对刑释解教人员进行拉网式排查，并逐人落实帮教责任，制定帮教措施。3. 开展走访帮教活动。对重点帮教对象和特困人员进行走访帮教。对刚回归的人员，及时宣传党的方针政策，帮助他们重新树立奋斗目标，引导他们重新就业或自主创业。协调有关部门提供就业指导或职业介绍，对符合条件的刑释解教人员落实最低生活保障，对特别困难的刑释解教人员给予临时救助。（李　喆）

【社区矫正工作】　2012年，全市社区矫正工作经验被中央政法委和《法制日报》专题推介。1. 加强衔接配合，把好入口。司法所每月坚持与公安派出所进行人员清查比对，区县（市）司法局每季度与区公安分局、区检察院进行比对，切实防止社区矫正人员脱管、漏管和重新违法犯罪。2. 严格规范执法，强化监管。借助科技手段，对400余名社区矫正人员实施手机GPS定位监管，对18个基层司法所的社区矫正人员进行随机抽查和突

击检查，对4名有重大立功表现的社区矫正人员呈报减刑，对2名违反监管规定的社区矫正人员提请法院收监执行。3. 注重教育帮扶，促进转化。全市组织开展集中教育12000余人次、个别谈话教育9000余人次、心理咨询600余人次、公益劳动11000余人次，组织到监所开展警示教育10余次，社区矫正人员遵纪守法意识明显提高。4. 整合社会资源，扩大影响。10月26日，在开福区风帆广场举办关爱特殊人群共建幸福家园志愿帮扶活动启心行动启动仪式，更多的志愿者加入到启迪心灵、重塑未来的志愿服务行列。5. 推进阵地建设。在2011年率先全省建立天心区、开福区矫正中心的基础上，2012年在浏阳市和芙蓉区分别成立社区矫正中心。（李 喆）

【律师工作】 2012年，全市律师承办各类案件42329件（其中刑事辩护代理3926件、民商事诉讼案件代理11321件、行政案件诉讼代理535件，办理非诉讼法律事务26547件），业务总收入1.585亿元。1. 加强基层组织建设。对律师行业党支部重新调整设置，全市3名以上党员的律师事务所全部建立支部，实现党组织行业全覆盖。2. 加快人才库和顾问团建设。推荐203名律师组建市（州）、县（区）两级法律顾问人才库，向19家入选中介库的律师事务所授牌。3. 举行执业律师宣誓仪式。8月8日，210名新执业律师在麓山宾馆举行2012年省会长沙首批新执业律师宣誓仪式，有效强化律师的职业使命感和社会责任感。4. 组织创先争优活动。积极培育律师行业先进典型，深入开展长沙市"人民满意律师"评选活动，评选人民满意律师10名，充分了发挥先进典型的引领示范作用。（陈方元）

【公证工作】 2012年，公证工作充分发挥职能作用，在重点工程建设、国有土地使用权及国有资产出让转让、企业改制等事项中继续担当重要角色，积极为经济建设保驾护航。全年办理各类公证50236件，公证收费1339万元，接待群众来访30万人次，处理来信190余件，提供公证法律援助460余次。1. 规范化建设有新突破。不断加大公证软硬件设施建设力度，长沙公证处、望城公证处、浏阳市公证处的硬件设施明显改善，软件配置大幅提升。2. 体制调整有新进展。组织人员赴武汉、合肥、上海等地学习改制经验，初步形成公证体制调整的整体方案。积极与市人事、市编委等部门沟通协调，促成市政府召开全市公证体制调整专题会议，3. 质量提升有新成效。严格按照公证处自查、区县（市）司法局抽查、市司法局督查的监督模式，加强对公证办证质量的监督管理，办证合格率99%。4. 公证形象有新提升。11月13日，市司法局组织城区各司法局在杜甫江阁前坪开展"构建和谐长沙，公证与你同行"大型宣传咨询活动，宣传公证工作，解答群众难题，增强了群众对公证工作的认识。（邓 红）

【司法鉴定管理工作】 2012年，全市司法鉴定管理工作重点加强司法鉴定机构队伍建设和司法鉴定质量监督，全面推进司法鉴定制度化、规范化和科学化发展，全年受理司法鉴定4193件。1. 加大督查力度。多次对司法鉴定机构开展专项督查，各司法鉴定机构基本做到管理制度完善、鉴定程序规范、执业纪律提高、档案符合要求、鉴定质量上升，并顺利通过省司法厅组织的司法鉴定质量建设年活动验收。2. 强化日常管理。全年办理"司法鉴定许可证"使用期延续许可初审1 件，司法鉴定人申请注销许可初审2件，司法鉴定人异动许可初审1件，司法鉴定机构负责人变更许可初审1件。对新申请执业司法鉴定人组织岗前培训，按要求对司法鉴定人和司法鉴定机构办理名册公告，方便群众查阅。3. 树立标杆典型。组织各区县（市）司法局和市直属各司法鉴定机构负责人到浏阳河司法鉴定所现场观摩学习，对照标准完善各项管理工作，规范化水平快速提高。（冷 泠）

【法律援助工作】 2012年，全市法律援助工作立足实际，创新举措，不断降低受援门槛，办理法律援助事项10599件，法律援助案件2804件，为10767名受援人提供法律帮助。市法律援助中心被评为第四届全国法律援助先进单位。1. 强化法律援助服务职能。围绕建设一流便民服务窗口的工作目标，精心打造硬件标准化、软件优质化、服务人性化的服务平台，在市本级和区县（市）司法局全部设立便民服务窗口，服务能力全面提升。望城区法律援助中心被评为全国法律援助"便民服务示范窗口"。 2. 优化法律援助发展环境。联合市律师协会成立法律援助律师志愿者队伍，为受援人提供个性化、差异化法律援助服务。与市公安局联合在市本级和区县（市）看守所设立法律援助工作站，进一步畅通刑事法律援助申请渠道。与复旦大学司法与诉讼制度研究中心合作开展专职辩护人试点工作，挂牌成立长沙市法律援助中心专职辩护人办公室。3. 创新法律援助便民举措。通过对未成年人、残疾人、老年人实行预约上门服务，实现申请受理直通；通过将案件办理进程实时向受援人反馈，实现案情跟进直通；通过在进城务工人员等特殊群体较为集中的地方设置流动服务站，实现咨询接待直通；通过联企业、联社区、联群众，实现社情民意直通；通过在网络、办公场所等公开公示援务工作，实现监督渠道直通。4. 打造法律援助文化品牌。立足于建设和推介法律援助文化，通过征集法律援助宣传设计作品，制作了一批既富创意，实用性又强的宣传作品。（黄 程）

【工读学校工作】 2012年，工读学校教育挽救大批问题学生，学生转好率95%以上，学校获全省司法行政先进集体称号。4月18日，经长沙市机构编制委员会批准，学校对外更名为长沙市新城学校。1. 教学方式手段不断创新。积极创新德育机制，完善学生德育导师制度，健全师生一对一的谈话制度，推行"星级学生"评选活动，学生思想和行为习惯改变明显。2. 教育转化质量显著提高。加大教研力度，积极选送老师参加"国培计划"培训，继续实施"新秀"工程和名师培养工程，教学质量明显提高。3. 教师队伍面貌焕然一新。开展"践行政法核心价值观、争当雷锋式忠诚卫士"主题活动，积极进行"一包双联"、"百日大走访"工作，征集群众意见60份，成功调处矛盾纠纷60个，帮扶困难群众32户。（杨文清）

武　　装

责任编辑：尚畅

长沙警备区

【概况】 2012年，长沙警备区以迎接党的十八大聚合力，以“窗口”标准为准绳，以敢于担当的精神抓落实，圆满完成年度工作任务。

一、思想政治建设呈现新的局面。围绕“迎接十八大，贯彻十八大”这一中心，在全区部队广泛开展“赞颂科学发展观成就，忠实履行历史使命”和讲政治，顾大局、守纪律两项重大教育活动，通过5个专题20课的学习辅导，5次大的讨论辨析，进一步坚定官兵的政治信仰，筑牢精神支柱，强化使命责任，高举旗帜、听党指挥、履行使命的自觉性进一步增强。积极培育社会主义军营文化。在营区周边新设10块展板、16杆雷锋灯箱，军地联合创作的音乐快板获省军区优秀作品奖，3次参加湖南精神征集研讨，开展军营文化的做法在广州军区文化工作会议上做了经验发言。大力开展“雷锋家乡学雷锋”活动，扎实开展“春风送暖行动”、“我助老区奔小康2211工程”、“一对一认亲”、“大手牵小手爱心助学”和共建样板社区等学雷锋十大主题实践活动，承办广州军区“雷锋家乡话雷锋”座谈会和省军区学雷锋助民劳动、歌咏比赛，李春艳政委代表警备区党委在全军学雷锋先进典型座谈会上介绍经验，《解放军报》2个头版头条和2个专版、《战士报》1个头条和1个专版，对这项活动进行突出报道。学雷锋活动步入常态化运行轨道，“做雷锋家乡优秀军人”的成效显著，影响深刻。涉军网络舆情应对试点任务完成，设置网络舆情监控室，建立军营绿色网吧和“红枪手”队伍，总结“十防”的网上防范重点，为省军区提供了一流的观摩现场。新闻报道成果丰硕，高居全省第一，政治部被广州军区表彰为“新闻报道先进单位”。

二、军事斗争准备深入拓展。始终坚持主题主导，主线主抓，军事斗争准备步伐明显加快。战备工作扎实推进，对10类战备方案主案和145个子案进行修订完善，全区投入500多万元对战备值班系统进行升级改造，战备建设水平进一步提高。训练基础更加牢固，完成民兵训练62期5700多人次，参加省军区参谋业务集训3人获评优秀参谋，年度“两考一评”成绩优秀，在上级组织的信息化知识网上考核中，优秀率100%。民兵转型建设初步启动，着眼推进“三个转变”，召开全市民兵组织调整改革会议。征兵工作成效好于预期，组织5场优秀大学生士兵巡回报告会，新兵征集任务圆满完成。电话系统升级扩容工作顺利推进。重大任务完成出色，出动民兵4300余人次遂行应对反日游行维稳，在关键时间发挥了作用，省军区转发了经验。司令部被广州军区评定为“优秀等级司令部”。

三、后装保障能力不断增强。后勤战备训练有效落实，参加省军区后勤专业新知识新装备新技能比武，获得1个综合第一名、4个单项第一名，3人被表彰为训练标兵。经费管理成效较好，实施党委统管、预算严管、群众监管，3次对经费使用情况进行检查监督，无违反财经纪律的问题。对外租赁有偿服务项目进一步规范，3次派出联合工作组拉网式检查，摸清了底数，正规了秩序。民兵报废弹药销毁工作圆满顺利，对93吨共25万发报废弹药调运到山西省侯马市集中销毁，全程安全。日遗化武管理严格，3次迎接上级检查调研，无任何问题。民兵武器装备仓库正规化达标建设有序推进，军区对7个人武部“部库合一”进行检查验收，全部合格。教导队和民兵武器仓库搬迁准备工作扎实，年内动工。

四、安全管理工作成效显著。牢牢把握“稳中求进”工作总基调，“安全稳定年活动”实现预期目标，全年无任何事故、纠纷和案件。坚持每天交班会一次提醒、每月办公会一次讲评、每季度常委会一次分析，官兵安全发展意识更加牢固。投入20多万元，为所有车辆安装实时监控系统，全区车辆运行实现透明化管理。涉密信息管理严格，2次组织对密级文件、涉密载体和办公计算机进行专项检查。民兵武器装备仓库管理到位，确保了重要目标安全。协助地方处理退役军人上访工作成效较好，息访率89%，未发生大规模赴省进京上访问题。连队管理严格，坚持“四个一帮一”，全年安全稳定。警备工作有效落实，全年出动执勤人员1320人次，检查过往军车632台次，处理涉军摩擦纠纷38起，查扣假冒军车号牌23副，协助妥善处理“2·22”军警摩擦，维护了军警关系和部队形象。警备区被省军区评为“安全工作先进师级单位”。

五、党管武装力度不断加大。制度建设成效明显，出台《加强新形势下党管武装工作的意见》和《党管武装考评细则》，党管武装工作长效机制进一步健全。议军会成果丰硕，后备力量建设环境进一步优化。转业干部安置、随军家属安置工作有效落实，在压力很大的情况下完成安置任务，警备区干部随军家属安置到位11人，6名子女就读重点学校，基本实现让驻军官兵安心，让随军家属暖心。全民国防教育有序推进，天心区长坡社区为全国国防教育办公室主任会议提供了高标准的观摩现场。参建参治和扶贫帮困工作有新的成效，组织民兵应急力量主动参与开福区和浏阳市应急维稳、红星花卉市场扑救大火、中部博览会安全保卫、中国（望城）休闲农业与乡村旅游节安保，解决天心区先锋村城乡一体化建设中的实际困难，帮助宁乡县回龙铺镇沩河村完成农村电网改造和水利设施改建任务。军政军民关系得到巩固，获“全国双拥模范城”五连冠，望城区委谭小平书记被评为“全国关心支持国防后备力量建设新闻人物”。

预备役高炮团年度工作取得丰硕成果，多次承担省军区以上的重大任务，在预备役官兵中开展“五佳”评选的做法被军区“两项重大教育活动”简报刊发，参加省军区“两考一评”取得三项优秀，被广州军区评为“全面建设先进旅团单位”。预备役军官登记、涉军维权、对台宣传、保密档案、计划生育、医疗卫生、服务接待和军事志工作完成任务很好，警备区被总参谋部评为军事志工作先进单位，获广州军区《军事年鉴》编纂工作先进单位称号。　（黄　勇）

【广州军区对警备区正规化建设进行达标验收】 1月11～12日，广州军区副司令邢书成率工作组，对长沙警备区正规化建设工作进行达标验收。检查期间，工作组在认真听取工作汇报的基础上，分别对战备方案、部队教育训练、作战指挥系统建设、办公室软硬件建设、部队安全管理，作风纪律等方面进行重点抽查。邢书成对警备区的各项工作，特别是管理教育和安全工作给予充分肯定。　（张　泽）

【十届三次党委全体（扩大）会议】 1月16～17日，警备区召开十届三次党委全体（扩大）会议。会议的中心议题是传达贯彻两级军区党委扩大会议精神，检查总结2011年工作，部署新年度工作任务。警备区党委副书记、司令员李田贵代表党委向大会报告工作，强调警备区部队和民兵预备役工作必须着眼于有效履行职能使命，围绕主题主线，抓好一点两面，遵循“坚持根本保方向，聚焦中心保打赢，从严治军保稳定，夯实基础谋发展，改进工作促落实”的总体线路，在新的起点上推动各项工作创新发展。警备区党委书记李春艳，省委常委、市委书记、警备区党委第一书记陈润儿分别发表讲话，要求全区部队和预备役官兵强化争先意识、履职能力和实干精神，不辱使命，勇于进取，为部队和国防后备力量建设作出新的贡献。　（王洪浪）

【驻长沙部队学雷锋活动动员大会】 2月10日，驻长沙部队学雷锋活动动员大会在市政府会议中心召开，会议由长沙警备区司令员李田贵主持，驻长部队43个团以上单位领导和官兵共500多人参加，省军区政委李有新和警备区政委李春艳先后讲话，强调长沙是雷锋的故乡，打造“雷锋家乡籍军人”品牌，既是建设社会主义道德高地的时代要求，更是驻长沙部队官兵应该担当的历史责任，驻长沙各部队应该以此为荣，引导官兵自觉弘扬雷锋精神，站在全市“雷锋家乡学雷锋”活动的前列，引领学雷锋活动进入常态化运行轨道。国防科技大学、省武警总队、望城区人武部、望城区消防大队等单位的领导先后在会议上发言，表示一定要加强领导，采取更加有效的措施，把学雷锋活动深入持久扎实地开展起来，为雷锋家乡学雷锋活动和社会主义和谐社会建设作出新的贡献。会议还通过了《驻长部队带头开展学雷锋活动倡议书》和《驻长部队学雷锋活动方案》。（洪　军）

【举办现代战争与国家安全报告会】 2月18日，长沙市国防教育委员会与长沙市政协在市简牍博物馆联合举办“现代战争与国家安全”报告会。长沙市政协文教卫体和文史委主任陈恣在会上借助图文并茂的幻灯片演示，再现了近现代战争鲜为人知的军事真相，同时分析了当代中国周边安全形势，给与会的1000多名长沙市各少年军校的中小学生上了一堂生动的国防教育课，使这些少年军校的学生们深受教育。市国防教育委员会办公室主任、警备区政治部副主任洪军出席报告会并发表讲话。　（李　乐）

【费俊龙到长沙作报告】 2月23日，为配合长沙市学雷锋活动的深入开展，中共长沙市委和长沙警备区特邀神舟九号飞船总工程师、航天员费俊龙到长沙作报告，讲述中国航天工业的发展奇迹。长沙驻军和各界群众2000多人听取了航天英雄的报告。省委常委、市委书记、警备区党委第一书记陈润儿和警备区政委李春艳等会见了航天英雄。　（黄元德）

【学雷锋活动经验在全军推广】 3月6日，全军学雷锋典型经验交流会议在北京举行。来自全军学雷锋先进典型单位的代表100多位出席会议。长沙警备区政委李春艳代表警备区参加会议，并在会上介绍《坚持“三个融入”推动学雷锋活动常态化》的经验。中共中央政治局委员、军委副主席徐才厚，中央军委委员、总政治部主任李继耐分别作出批示，要求将长沙警备区的经验做法在全军认真推广。　（王洪浪）

【开展封闭式业务集训】 3月12～17日，警备区组织机关和各区、县（市）人武部17名参谋人员，在省军区教导队进行封闭式业务集训，警备区司令员李田贵、参谋长赵越等领导先后到集训地看望集训人员，要求参谋人员牢记自己的使命担当，刻苦专研业务，掌握过硬本领，为加强部队和民兵预备役建设作出新的贡献。这次封闭式集训的主要内容为信息化战斗指挥标图和战斗文书的拟制。通过集训，17名参训人员有15名成绩优秀，为推动全区军事斗争准备培养了一批能谋善策的“明白人”、“多面手”。　（姜开顺）

【开展军车专项整治】 3月18～20日，根据省军区安排部署，警备区牵头组织驻长沙各部队开展“维护军车运行秩序，树立军车良好形象”专项整治活动。活动从思想教育入手，各单位集中组织军车驾驶人员学习交通法规，纠正“军车上路是老大”的错误思想，制定“维护军车运行秩序”的规章制度。同时加强军车违章纠治和查处力度，由省军区、警备区、空十八师、国防科大、省武警总队等单位派出联合警备纠察巡逻执勤小分队，在城区主要道路设立联合警备纠察点，认真查验过往军车，纠治、军车乱闯红灯、乱鸣警笛、乱停靠的“三乱”现象，查扣无牌、套牌和冒牌军车，维护了军车的良好形象，受到地方交警部门和市民群众的好评。（徐旭敏）

【开展“安全稳定年”活动】 4月1日，警备区“安全稳定年”活动正式启动。开展这一活动的目的主要是针对新形势下部队管理出现的新情况、新问题，采取更加有效的教育和措施，全面落实两级军区关于加强部队安全稳定工作的指示，确保部队官兵政治立场坚定，防范社会上传播的某些谣言和网上涉军敏感问题对部队的负面影响。活动分思想教育、制定措施，跟踪督导，检查评比四个阶段展开。在启动仪式动员上，警备区司令员李田贵、政委李春艳分别作动员讲话，要求全区各单位一定要从稳定这个大局出发，通过开展“安全稳定年”活动解决好官兵的政治敏感性和政治鉴别力的问题，解决好管理不到位的问题，解决好网络舆情应对问题，解决好协助地方维护社会稳定问题，使“安全稳定年”活动取得实实在在的效果。（赵　钺）

【军事编研工作专家检查指导工作】 5月27日，广州军区军事编研工作指导小组黄佳伦主任一行3人到长沙警备区检查指导军事编研工作。黄佳伦主任一行认真听取警备区副政委陈延吟的工作汇报，并现场检查了警备区本级和9个区、县（市）人武部的《军事年鉴》和《军事活动大事记》的编纂，称赞警备区系统的“鉴”“记”编纂工作在广州军区范围内带了一个好头。（黄　勇）

【开展军事设施保护执法检查】 5月28日，为迎接国家和总参谋部军事设施保护检查，长沙警备区牵头组织长沙市军事设施保护执法检查。检查期间，协调市政府发文调整了市军事设施保护委员会组成人员，完善了军事设施保护委员会办公室要素设置和资料存档，指导国防科技大学、航空兵18师、41集团军舟桥84团、广州军区通信第三总站等单位完成安全保护范围警示标识的设置，并组织军事设施保护区域内周边群众学习军事设施保护的法律法规，提高了人民群众保护军事设施的法律意识，受到国家和总部检查组的好评。（黄　勇）

【开展“征兵宣传月”活动】 6月2日，长沙警备区组织举行的“征兵宣传月”活动正式启动。这一活动是针对近年来长沙市征兵工作出现的新情况、新问题而举办的。活动期间，市、区、县（市）两级兵役部门组织专门人员进社区、进村镇、进学校，共散发各种征兵宣传资料8000多份，大力宣传国家和地方各级政府关于征兵工作的政策法规及征兵工作的优惠措施，认真听取应征青年和家长的意见，同时三次组织征兵宣传报告大会，认真解答征兵工作的相关问题，使征兵政策深入人心，为年度征兵工作打下了基础。（赵佑华）

【开展国防潜力调查和国防后备力量建设调研】 6月8～11日，根据《长沙市国防动员建设发展“十二五”规划》和《长沙市“十二五”民兵组建方案》要求，警备区组成4个工作组，在司令员李田贵、参谋长赵钺等领导带领下，深入到全市9个区、县（市）、18个乡镇（街道）、28工矿企业和9所大专院校，开展国防动员潜力调查和国防后备力量建设情况调研。共召开专题座谈会、调研分析会22次，收集调查调研数据160多个，并在分析筛选的基础上，整理出调查、调研报告20多份，存入全市国防动员建设数据库，为国防后备力量动员建设提供了参数。（李　乐）

【全军高级干部高科技知识培训班学员在长沙考察】 6月12日，全军高级干部高科技知识培训班学员50多人在省委常委、市委书记、警备区党委第一书记陈润儿及市党政等领导张传恒、张迎龙、赵文彬、李田贵、李春艳等陪同下，先后到中联重科和梅溪湖国防服务区等地考察。将军们对长沙的变化，特别是“两型社会”建设取得的新成就赞不绝口。陈润儿向将军学员到长沙考察表示欢迎，并深情地说，国防科技大学既是长沙的名片，也是长沙的骄傲，不仅为科技强军做出了重大贡献，同时也为长沙形象增添了光彩，希望将军们无论在何方，都是长沙建设的支持者和宣传者，共同把长沙建设得更加美丽。（黄元德）

【省军区“网络舆情应对”试点工作现场会议】 7月15日，省军区“网络舆情应对”试点工作现场会议在长沙警备区召开，省军区司令员黄跃进、政委李有新等领导和各军分区（警备区）有关负责人共80多人参加会议。为高标准地完成这项新课题的试点任务，警备区从3月份起就筹措100万元资金，采取党委把关、部门配合、军地协作的办法，认真落实省军区提出的要求，开展各项准备，圆满完成了试点任务，受到了省军区领导和与会代表的充分肯定和高度赞誉，为省军区部队在新形势下如何加强网络舆情应对工作摸索出了一套切实可行的方法路子。（洪　军）

【开展一级主要目标数据采集】 8月12～15日，根据两级军区指示精神，长沙警备区组织专门力量，在地方有关部门的协助下，对辖区内黄花国际机场的各项数据开展采集，共收集文字数据50多万字，图（照）片100多幅。完成视频制作60多分钟，为战时应急提供了参考。（黄　勇）

【市国教委军地合署办公】 8月22日，长沙市国防教育委员会召开专题会议，研究市国教委军地合署办公事宜。会议决定从即日起，市国教委军地实施合署办公，办公地点设在警备区政治部，委托政治部负责管理，合署办公室人员组成按照“三个一”的原则，即警备区派出1名现役干部兼职，驻长沙部队轮流1名干部专职，地方相关成员单位派一名干部兼职，

每半年实行一次轮换，合署办公经费每年30万元。从而改变过去有机构无人员的问题，使国防教育工作任务落到实处。（洪　军）

【开展全民国防教育日系列活动】 9月8日，为迎接全国第12个全民国防教育日，长沙警备区联合市国防教育委员会，在全市开展全民国防教育系列活动。活动期间，共印制和张贴国防教育宣传标语标贴近10万余张，开办国防教育专栏2400多个，举行国防教育专场报告会1200多场（次），组织国防教育文艺演唱演出210多场，组织机关干部、民兵预备役人员、中小学生和市民群众到第一师范、雷锋纪念馆、文家市秋收起义纪念馆、杨开慧烈士纪念馆等国家和省市国防教育基地参观见学近50万人次，推动了全民国防教育的新一轮高潮，受到国家和省国防教育委员会办公室的高度赞扬。（洪　军）

【组织部队和民兵应急维稳】 9月15～23日，日本政府擅自将中国固有领土钓鱼岛收回国有后，激起了中国人民的强烈愤慨，长沙市民纷纷上街开展游行示威，彰显爱国热情。但少数不法分子利用反日游行进行打、砸、抢破坏活动，形势非常严峻。长沙警备区按照上级指示和地方政府要求，连续派出民兵应急分队5500多人次，采取军政主官带队、重点单位和重点地区分兵把守，城市街道昼夜巡查的办法，卓有成效地完成了维稳任务，受到了两级军区领导和市委、市政府的高度评价。其做法被省军区密码转发。省委常委、市委书记陈润儿高度赞誉“警备区部队和民兵队伍在维稳中发挥了公安部门不可替代的突击作用”。（张　泽）

【开展城市警备工作检查】 10月8日，广州军区工作组在长沙警备区开展城市警备区工作检查。这次检查内容涵盖城市警备“三纠一打”，即纠治违纪过往军人、纠治违纪违规过往军车，打击假冒军车和城市警备队伍建设，组织指挥等方面，检查期间，警备区司令员李田贵、参谋长赵越先后就城市警备工作情况向工作组进行汇报。在听取工作汇报的基础上，工作组实地查看近三年来长沙城市警备纠察的各项出勤登记，并与警备纠察连官兵开展座谈，详细了解城市警备工作遇到的新情况、新问题，共商破解办法。（徐　志）

【开展作战值班系统升级改造】 10月10日，根据省军区在湘潭军分区召开的“战备值班系统综合整治暨正规化管理现场观摩会”（暨湘潭会议）统一部署，长沙警备区作战值班系统升级改造工作正式启动。此次升级改造市县（区）两级共投资200多万元。升级改造的内容为构建作战值班室指挥控制信息平台，引接军队与地方政府网系，正规化管理新需信息化（自动道闸和车辆派遣系统）。通过升级改造，实现了作战值班系统的新老兼容，功能更加齐全完备，提升了作战指挥的快速反应能力。（王　为）

【举行雷锋家乡向雷锋团输送新战士入伍仪式】 12月6日，雷锋家乡向雷锋团输送新战士入伍仪式在望城区雷锋纪念馆隆重举行。省人民政府常务副省长、省征兵领导小组组长于来山和长沙市党政军领导张迎龙、李田贵、李春艳、赵越等出席欢送仪式。于来山在欢送仪式上发表讲话，希望即将奔赴雷锋团服役的新战士继承和发扬雷锋的优良品德和作风，在雷锋生活和战斗的部队服好役、当好兵，像雷锋那样做人民的好战士。从雷锋家乡—望城区入伍的85名新战士表示，一定要牢记家乡人民的重托，接好雷锋的枪，走好雷锋的路，以实际行动为雷锋家乡争光。（黄　岡）

【全国国防教育委员会主任会议】 12月14日，全国国防教育委员会主任会议在长沙举行。会议期间，与会代表听取了湖南省及长沙市全民国防教育的情况介绍，并专程到天心区长坡社区和酷贝拉青少年国防教育基地进行了参观考察。代表们对长沙市全民国防教育“五进入”（进党政机关、进民兵预备役队伍、进学校、进企业、进社区）的做法给予充分赞誉，认为值得全国推广。（洪　军）

【警备区两单位被评为“鉴”“记”工作先进单位】 12月23日，广州军区“鉴”（军事年鉴）“记”（军事活动大事记）评比表彰会议在广西桂林举行。长沙警备区副参谋长张泽在会上介绍了经验。全军军事志指导小组的领导和广州军区副司令员吕丁文对长沙警备区“广泛凝聚共识，推动“鉴”“记”工作常态化运行”的经验给予了很高的评价，称其为“长沙模式”，要求在广州军区和全军推广。会上，长沙警备区和天心区人武部被广州军区评为“鉴”“记”工作先进单位。（黄　勇）

武装警察

【概况】 中国人民武装警察部队湖南省总队长沙市支队（简称长沙市支队）于2005年6月8日在一支队和原长沙市支队的基础上重新组建。

2012年，长沙支队围绕湖南省总队“贯彻一条主线、突出六个抓好”的总要求，坚持“强素质、抓落实、转作风、求稳定、保安全、上质量”的工作思路，狠抓各项工作落实，中心任务完成圆满，部队建设稳步上升。

一、思想政治建设扎实有效。坚持每季度组织1次集中学习研讨，每月开办1次“麓山大讲堂”，认真传达学习党的十八大精神，扎实开展“五观”和“六个珍惜”教育，主动做好意识形态领域工作。深入抓好主题教育和主题实践活动，严密组织“弘扬雷锋精神，争做新时代革命军人”活动，激发官兵履职尽责内在动力，有1人荣立二等功，15个单位、94名个人荣立三等功。细致做好经常性思想工作，排查心理指数偏高的人员5名和网上追逃嫌疑犯1名，处理官兵家庭涉法问题12起。围绕任务搞好宣传报道，全年在省级以上媒体上稿76篇，被湖南总队评为“新闻工作先进单位”。加快推进先进警营文化建设，建成机关文化长廊和大托点警营心理拓展中心，在十中队召开现场会，有力促进官兵全面发展，9名战士进入各类院校深造。认真组织“经常性基础性政治工作分析检查月”和“大练基本功”活动，参加总队政工比武获团体总分第三名、机关组个人第一名。

二、班子建设坚强有力。严格落

实党委中心组带机关理论学习制度，坚持每季度组织1次集中学习研讨，积极参加总队师团职领导干部理论学习集训，深入开展“讲政治、顾大局、守纪律” 专题教育整顿，树立党委崇尚学习、团结奋进、敢于担当、真抓实干、开拓创新、严守纪律“六种形象”。认真贯彻民主集中制，公平公正处理热点敏感问题，调整使用干部88名，发展党员193名，选改士官219名，选送技术学兵50名，推荐大学生士兵提干、士兵考学9名。坚持正确的用人导向，优化调整15个机关科室、17个基层单位班子，举办基层党委（支部）书记培训，各级班子整体运行良好。7个党组织、9名党委（支部）书记、36名党员受到各级表彰。突出加强干部八小时以外管理，开通“家队温馨连线”，实行机关干部留营住宿制度，对干部在位履职情况每天突击检查、每周汇总情况、每月兑现奖惩、每季度讲评通报，有效杜绝干部失管、失控。

三、中心任务完成圆满。加强中心工作组织领导，深入开展专项整顿，积极推进十七中队执勤信息化试点建设，四中队被总部评为执勤先进中队。严格落实部门以上领导跟勤制度，完成各类临时勤务330批次。其中，三级以上警卫勤务73批次，重大活动安全保卫40批次，武装押运、押解勤务180批次，武装巡逻30批次，机动备勤、维稳处突、抢险救灾等重大任务59批次。9月，抽组800名兵力，担负长沙涉日维稳任务，协助公安机关抓获打砸抢犯罪嫌疑人45名，经验被总队转发。狠抓部队军事训练，获总队优秀教练员网上考评第二名；参加总队军事训练竞赛获团体总分和个人全能第一名，打破三项总队纪录。

四、部队管理正规有序。坚持依法从严治警，深入开展 “严自律、守法纪、保安全”专题教育，严密组织条令条例学习月活动。以迎接总部“双检”考评为契机，从13个方面、88个具体问题入手，规范部队正规化建设，投入700余万元，完善各级库室门牌、标牌和相关配套设施，受到到队参观的国防科技大学防务学院的领导和外军学员的一致好评。狠抓士官教育管理，韦柳班、张为等2人获总部“优秀士官人才奖”三等奖，黄荣月、黄宋月等4人分别被总队评为“标兵士官”、“优秀士官”。高度重视防范重大安全问题，推行安全工作“四级操作法”，严密组织安全教育和隐患排查治理专项整治以及“百日安全无事故”竞赛活动，共排查安全隐患181处，查收违规使用的手机58部，查处违规上互联网的问题2起，部队安全发展基础更加牢固。

五、基层全面建设整体提升。制定完善《党委机关按纲服务指导基层计划》和《服务基层10件实事计划》，大力开展“三帮一提高”活动，组织联合工作组蹲点8批次，深入一线检查指导600多人次，机关干部全部自带背包、睡到班排，每人必须写出《兵情日记》，蹲点调研帮建成效明显。严格依据《纲要》抓基层打基础，修订完善规章制度58项，印发《基层落实基本制度简编》，建立完善支队《经常性基础性工作末端落实检查督导实施办法》，举办军事主官集训和《纲要》轮训，组织开展“抓落实”大讨论，按纲抓建水平整体提高。一大队被总队评为基层建设先进大队，一中队、五中队等8个单位被总队评为基层建设先进中队，十四中队、勤务汽车中队跨入先进行列。

六、综合保障能力不断增强。立足任务保障需求，制定应急保障方案16个，建立代储代供网点25处，完善各级各类库室23个，增储战备物资360件（套），自我保障体系逐步完善。加强后勤队伍建设，开展各类专业人员培训15批次，组建保障分队4个，参加总队炊事技能竞赛获第5名。认真组织“四配套”建设检查验收，投入200余万元，完成二中队、五中队、六中队、长沙县中队等4个单位的维修改造；四大队部及十三中队营房顺利搬迁，浏阳市中队营房新建正在进行，十五中队、十八中队营房新建即将启动。严格落实新的伙食标准，定期公布食品市场价格，大力开展“伙食调剂月”和生产生活秩序整顿活动。加强经费使用管理，争取预算外经费700多万元，全年实现生产收益34万元。认真做好卫生防病工作，投入10万元为800多名官兵进行体检，确保官兵身心健康。（吴湘力）

支队领导和支队各部门正职领导

支队长　熊贤清

第一政治委员　李介德（市公安局局长兼）

政治委员　张力强

副支队长　祝立志

邓云生（3月任，原娄底市支队支队长）

刘　胤

黄　勇（3月任，原郴州市支队副支队长）

何文斌（3月任，原长沙指挥学院训练部部长）

副政治委员　陈刘勇（8月任，原益阳市支队政治委员）

陈海勇（8月任，原益阳市支队原副政治委员）

参谋长　陈智斌

政治部主任　侯　琦

詹长虹（3月任，湖南省总队政治部干部处原副处长）

后勤部部长　付必胜

【第二次代表大会】　1月11～13日，中共武警长沙市支队第二次代表大会召开。支队党委委员、机关和基层党代表共109人参加。会议听取和审查中共武警长沙市支队第一届委员会报告；选举中共武警长沙市支队第二届委员会和纪律检查委员会；传达学习军委扩大会议，全国政法工作会议以及总部、总队两级党委全体（扩大）会议主要精神，分析总结过去六年部队建设形势，谋划未来五年的工作任务，着重部署2012年度工作。党委书记张力强常委会作《深入贯彻主题主线　全面提升建设质量为推进支队现代化建设走在全省部队前列而奋斗》工作报告。党委副书记熊贤清作《紧盯信息化质量化正规化抓落实努力开创支队现代化建设新局面》讲话。（吴湘力）

【外军军官考察支队建设】　5月21日，国防大学防务学院王希明政委率法语班一行考察武警长沙市支队建设，武警湖南总队政委赵富栋陪同考察。国防大学防务学院法语班共31名学员，来自非洲19个国家的军队，军衔都是上校及上校以上。武警长沙市支队支队长熊贤清代表支队党委介绍支队全面建设情况。随后，法语班全体成员观看支队枪战术、综合格斗术、模拟实战等科目的汇报表演。王希明一行还参观了支队警史馆、警官培训中心、生活服务中心。来自刚果和贝宁的西里雅克上校、加尔巴上校在警史馆提笔留言。在基层中队，法语班学员们参观官兵训练、生活、学习设施，并详细询问解部队建设情况。（吴湘力）

武警消防

【概况】 2012年，长沙市消防支队牢固树立"法纪消防、科技消防、人文消防"发展理念，全力打造望城大队创建全国学雷锋重大典型、消防监督执法规范化建设和打造现代化消防铁军三个发展引擎，推进班子自身、队伍能力、保障服务和战斗力四项建设，全市消防工作和部队建设呈现出负重奋进、创新发展的良好态势，赢得了各级党委政府、公安机关和广大群众的广泛赞誉。消防支队党委被省消防总队评为"先进支队党委"，支队军政主官被评为"一对好主官"；望城大队被省委、省政府授予"雷锋式竭诚奉献集体"荣誉称号，大队教导员黄黔湘作为全国消防部队和全省唯一的学雷锋活动先进集体代表赴京参加全国深入开展学雷锋活动座谈会，大队作为全国消防部队唯一一支部队，被中央宣传部、中央文明办、解放军总政治部评为"全国军民共建社会主义精神文明先进单位"，获得"2012-CCTV中国法治人物湖南十佳"，荣立集体三等功；经开大队被授予2010—2011年度湖南省十大杰出青年文明号荣誉，支队政治处被授予2010—2011年度湖南省青年文明号活动优秀组织奖；支队11名官兵分别被各级团组织授予"青年岗位能手"、"优秀青年卫士"、"五四青年"；有8人次荣记二等功，140人次荣记三等功。（燕　路）

【孙建国视察望城区消防大队】 7月18日，省委常委、政法委书记、公安厅厅长孙建国到支队望城区消防大队视察指导工作。孙建国视察大队雷锋广场和警营文化长廊，参观器材装备库和中队战士宿舍，观看大队官兵自导自演的节目《雷锋家乡消防兵》、《接过雷锋的枪》，对望城消防大队的警营文化建设、装备建设、内务建设等给予了高度评价，同时要求支队党委一定要抓好班子、带好队伍，严格执法监督，强化执勤训练，组织指挥好每场灭火救援战斗，确保省会长沙消防安全万无一失，以良好的消防安全环境和一流的队伍形象迎接党的十八大胜利召开。（燕　路）

【执法规范化建设】 消防支队大力强化消防监督员队伍能力素质，推行"三分四定五健全"工作机制，在支队机关、长沙县消防大队和长沙县星沙派出所开展三级消防监督执法规范化试点。5月2～3日，支队承办召开全省消防监督执法规范化建设推进会，全面总结消防监督执法规范化建设经验，全力推进全省消防监督执法规范化建设工作。省公安厅常务副厅长胡旭曦，省公安厅纪委副书记、副督察长章士明，省消防总队总队长岳喜强、政委詹寿旺以及长沙市政府副市长、市公安局局长李介德等领导出席会议，各市州公安局分管消防工作的副局长，各市州消防支队支队长、防火监督处处长等200余人参加会议。会上，全体与会人员观看长沙市消防支队执法规范化建设汇报片，听取长沙市消防支队消防监督执法规范化建设经验介绍发言。岳喜强作全省消防监督执法规范化建设工作报告。章士明就消防监督执法党风廉政建设作强调和要求。胡旭曦总结发言，要求广大消防官兵树立规范执法理念，不断提高消防执法公信力和人民群众满意度；突出精细化管理，运用信息化手段，强化人性化理念，打造专业化队伍；强化组织领导、考评监督、示范带动和责任追究，增强执法规范化的实效。会议期间，全体与会代表实地参观了长沙市消防支队机关、长沙县消防大队、星沙派出所消防监督执法规范化建设情况，观摩"四区八室"建设、执法制度建立、网上执法应用、火灾隐患举报投诉中心建设应用、移动执法终端运用、法律文书档案建设及公安派出所日常消防监督检查情况。（燕　路）

【打造消防铁军】 为全力推动打造现代化消防铁军活动深入开展，消防支队下发《全市消防部队2012-2014年正规化建设三年规划》，在宁乡大队开展打造现代化消防铁军的示点工作，全面规范各项制度标准和工作秩序，编写基层基础工作指导手册，实现硬件建设"功能齐全、完整好用"，软件建设"正规有序、标准规范"的目标。7月19日，长沙市人民政府在宁乡县召开打造现代化公安消防铁军现场会，全面推广宁乡县打造现代化公安消防铁军试点工作经验，安排部署全市打造现代化公安消防铁军建设。省消防总队、长沙市人民政府以及宁乡县委、政府等领导出席会议，长沙市各区、县（市）政府和公安机关分管消防工作的领导及各消防大队军政主管，共计300多人参加会议。会上，播放宁乡县大队打造现代化公安消防铁军工作经验汇报片和"7.16"望城区旺旺食品厂火灾情况录像，下发《全市消防部队2012-2014年正规化建设三年规划》，宁乡县大队作典型发言，副市长李介德从提高认识、强化措施、加强领导三个方面对全市消防部队提出打造铁军的新要求。通过此次会议，全市部队掀起打造现代化消防铁军的新高潮。9月5日，公安部消防局副局长朱力平等领导专门视察宁乡大队，并对全市消防铁军建设成果给予充分肯定。2012年，全市消防部队共接警出动6608次（其中火灾扑救2910次、抢险救援1687次、社会救助1436次、反恐排爆3次、执勤保卫78次、其他出动494次），出动车辆10798台次，出动警力75586人次，抢救和疏散遇险群众5085多人，挽回经济财产损失近6亿元，先后圆满完成中央首长到湘视察、省市党代会、湖南汽车展览会、第七届中博会等一系列重大活动保卫任务，出色完成"1·20"高桥汽配城火灾、"3·6"红星花卉市场火灾、"3·18"维多利购物中心火灾、"7·18"望城区旺旺食品厂火灾等典型火灾事故处置任务。（燕　路）

【火灾防控工作】 2012年，长沙市消防支队以“清剿火患”战役、党的十八大期间消防安全保卫战为契机，推动各级党委、政府将消防工作纳入重要议事日程，先后组织开展“打非治违”、易燃易爆场所、重点单位自动消防设施和“平安金秋、三湘护航”等10个专项治理以及党政领导消防日、“平安大派送”119消防宣传周、消防安全大普查万人驻村大宣传等主题活动，各职能部门合力攻坚，公安机关全警参战，形成围剿火灾隐患高压态势，取得了“两场战役”的决定性胜利。消防支队在“两场战役”的火灾隐患排查、消防宣传等工作中亮点纷呈、成绩斐然，先后被公安部表彰为成绩突出支队，取得战役 “双第一”、“双先进”的好成绩。支队6个大队、6个派出所被总队通报表彰，长沙市政府被省政府评为“清剿火患”战役先进市，45名消防官兵和公安民警先后被公安部、省厅通报表彰。据统计，全年共检查单位7.8万家，发现火灾隐患46.2万处，整改火灾隐患45.9万处，查封2635家，责令“三停”2170家，拘留366人，执法总量创历史之最，火灾形势保持持续稳定。

（燕 路）

【消防宣传教育】 2012年，全市消防宣传工作以《全民消防安全宣传教育纲要》为指引，大力提升全民消防安全素质，引导社会各界“关注消防、支持消防、参与消防”，开展一系列消防宣传工作。1. 紧扣主题，形成特色。支队牢牢抓住“119”宣传日，开学日、节假日，有计划、有重点、有步骤的策划和开展特色鲜明、声势浩大宣传活动。2. 抢抓热点，策划题材。长沙作为省会城市，中央、省、市各级新闻媒体众多，支队充分发挥地域优势，借助媒体力量，将党的“十八大”消防安全保卫战、《全民消防安全宣传教育纲要》的宣贯等相关宣传工作与媒体新闻宣传有机结合，达到事半功倍的效果。3. 创新形式，营造氛围。继续加强《火线》和《火警先锋》两个电视专栏的宣传效果。同时，根据《全民消防安全宣传教育纲要》的要求，创造性地在长沙市天心区推行“政府领导、街道组织、社区配合、中介实施”的模式，区政府和各街道按照1:1出资，引入培训中介机构，面向全区民众开展“三分三推三结合”的消防安全普训，民众消防安全意识得到了普遍提升。

（燕 路）

【后勤综合保障】 2012年，全市消防业务费总量达1.69亿元，比上年增长22.5%，投入800多万元新增购置11台消防车、个人防护装备1447件（套）、抢险救援器材1354件（套），基本满足部队建设和各项执勤任务的需要。此外，支队推动市政府制定出台《长沙市“十二五”消防发展规划》，编制《长沙市城市发展消防规划（2010—2020）》，将119指挥中心升级改造和水上码头项目建设全部纳入市政府重点项目建设库，并明确专项建设资金。年内，政府投资8000万元代建的金霞特级消防站已建成投入执勤，高开区雷锋消防站已建成驻兵，宁乡县第二消防站、望城区第二消防站和雨花区环保科技园消防站已进入内部装修施工阶段，即将投入使用，梅溪湖消防站主体已完工，浏阳市集里消防站、南区消防站建设已明确了竣工时限。

（燕 路）

【重大典型创建】 在毛泽东主席提出“向雷锋同志学习”五十周年纪念之际，消防支队党委确定“用雷锋精神建队育警，大力践行‘三句话’总要求，全力打造现代化公安消防铁军”的思路，分“三步走”把望城大队打造为全国学雷锋先进集体，成为全国精神文明建设重大典型。1. 结合实际，全面培塑。支队坚持用雷锋精神建队育警，全面推动全市消防工作和部队建设又好又快发展。2. 抓住根本，苦练内功。着力提高争创全国学雷锋先进集体的含金量。3. 系统总结，广泛宣传。不断提升争创全国学雷锋先进集体的社会影响力。进一步加快望城大队“营区更新换颜、基础设施完善、官兵素质提升”三大工程建设，基本实现队伍管理精细化、勤务警务实战化、警营文化多元化、监督执法规范化、后勤保障标准化、岗位素质专业化目标，完成一本故事集、一本图文册、一个长篇通讯和一个成果汇报片的制作。2012年，望城大队被中央、省市媒体进行集中宣传推介，被中央宣传部、中央文明办、解放军总政治部评为“全国军民共建社会主义精神文明先进单位”，大队教导员黄黔湘作为全国消防部队和全省唯一的学雷锋活动先进集体代表赴京参加全国深入开展学雷锋活动座谈会，并受到李长春、刘云山、刘延东等党和国家领导人的亲切接见。

（燕 路）

表 2012年分区县火灾基本情况统计表

地区	2012年火灾四项指数			
	起数	亡人数	伤人数	损失（万元）
长沙市	2548	15	1	3138
芙蓉区	234	3		105
天心区	261	4		34
岳麓区	411	3		83
开福区	211		1	62
雨花区	377	3		1183
高开区	61			27
经开区	11			5
长沙县	335	2		498
望城区	51			920
宁乡县	335			34
浏阳市	259			170

人民防空

【概况】 2012年，长沙市人防办以实现“战区一流、全国领先”为目标，以信息化条件下防空袭斗争准备为牵引，以准军事化机关建设为抓手，内强素质，外树形象，各项工作取得新成绩。

一、坚持在防空袭斗争应急准备

中提升人防组织指挥和信息化建设水平。2012 年，人防办大力加强人防信息化建设，努力提高人防组织指挥水平。在广州战区组织人防信息化检查中被评为优秀，被国家人防办评为“全国人防信息化建设先进单位”。1. 预警报警能力全面加强。按照“强统、保通、多用”要求，升级完善防空警报网络，加强防空警报设施的社会化管理，落实好三级管理中每个单位的工作责任，确保鸣响率、覆盖率“双百”达标。新装警报器 16 台，在全市范围内开展了防空警报设施安全检查，及时排除安全隐患。2. 指挥通信建设全面推进。组织开展人防专业队伍训练和防空防灾演练，加强指挥通信系统日常训练、野外拉练和操作比武。适应信息化条件下防空袭斗争需要，深入开展人防训练演练。参加长沙警备区组织的无线电台通信演练，及湖南省机动指挥车跨区演练。组织一期人防通信专业队跨区演练。市、区县（市）无线短波电台定时沟通联络顺畅，沟通率达 98%。3. 市级疏散指挥所建设全面完成。该指挥所（代号为 15010 工程）位于长沙县跳马镇金屏村，占地 ×× 公顷，总建筑面积为 ×× 平方米（其中：疏散通信指挥楼 ×× 平方米、人防战备物资储备库 ×× 平方米、军地首长休办楼 2 栋 ×× 平方米、食堂及附属用房 ×× 平方米）。年底，建安工程已竣工，道路、绿化、装修已全部完成，是湖南省第一个建成疏散基地的单位。4. 战备物质储备不断丰富。依托疏散基地建设了 ×× 平方米的战备物质储备库，储备了帐篷 350 顶、行军床 200 张、储水囊 40 个（容量 1000 升）、被囊 1000 个、伪装网 2000 平方米，添置了应急炊事车 1 台。

二、坚持在增强城市防护能力中提升人防工程建设与管理水平。人防办加强人防工程建设审批管理，加大人防工程维护力度，拓宽项目建设领域，城市防护能力有很大的提升。1. 指挥所项目建设逐步启动。坑道指挥所（1501）项目通过国家人防办立项和相关部门的批复。长沙县指挥所已经建成；岳麓区指挥所建设主体已经竣工，信息系统技术方案已通过初步审核。2. “结建”工程建设审批管理更加规范。以强化服务意识，提高服务水平为宗旨，进一步规范审批流程，细化审批程序，按时办结各项业务工作。全年审批“结建”项目 ×× 个，面积 ×× 万平方米。人防工程竣工验收 ×× 个项目，验收面积 ×× 万平方米。易地建设费征收 ×× 多万元。同时，加强了专业队工程建设，全年已报建审批专业队工程 ×× 平方米。3. 人防工程维护管理更加精细。加大对早期人防工程日常维护与管理力度，尤其对湘春路、7301 等干道工程进行了重点维护，做到了灯明、路洁、水畅。狠抓了汛期人防工程安全管理，制定了防汛工作预案，确保安全度汛。在“结建”工程的维护管理方面采取四级管理模式，充分发挥区、街道、社区及物业的作用，完成了 2011 年竣工验收项目悬挂标识牌和工程档案移交等工作，2011 年竣工验收项目录入完毕。4. 地铁、湘江枢纽影响人防工程填埋和处理工作基本完成。除五一干道芙蓉广场以西及芙蓉广场以东物贸大厦以西约 100 米及支道未填埋外，其余干道已基本填埋到位，约完成五一干道填埋量的 50%。湘江枢纽工程建成蓄水后，间接、直接影响全市人防工程 29 处，需要处理 27 处，已完成 6 处。5. 平战结合项目有新拓展。大力推进杜花路人防工程的建设步伐，主体施工已完成。积极完成了银杉路、滦湾路等人防工程建设的项目前期准备工作。对桐梓坡路、芙蓉路地下过街通道进行了前期论证、设计、立项和准备工作。地下人防工程平战结合利用率达 72% 以上，为社会提供就业岗位 2 万余个，实现平战结合收入过亿元，人防工程的社会效益和经济得到充分体现。

三、坚持在强化市民国防意识中提升人防知识与技能普及水平。2012 年，人防办以人防宣传为切入点，开展形式多样的人防宣传活动，人防宣传报道在国家和省、市级的各项评比中，屡获奖项。1. “五进”活动持续推进。继续以人防宣传教育“进机关、进院校、进企业、进社区、进媒体”活动为抓手，进一步延伸和拓展人防宣传教育领域；以社区、学校及人防宣传教育示范场所为重点，先后组织开展了“人防社区一家亲”、参观“人防宣传教育示范场所—走近人防”等活动，进一步延伸和拓展了人防宣传教育领域，市民的人防知识与技能全面普及。2. 重要宣传活动氛围浓厚。在岳麓区望新社区举办以“人防宣传教育、应急知识进社区”为主要内容的技能普及推广活动；结合全省“11·1”防空警报试鸣日，全市各区、县（市）均同步设立了防空警报试鸣暨宣传教育现场。制作了人防公益广告，在长沙晚报刊登了专题报道，人民网就长沙人防工作进行了高端访谈。3. 宣传报道工作成绩斐然。在国家、省、市级各大报刊、杂志、网站上稿近 100 篇。利用早期人防工程开辟的“走近人防”宣传展馆被省人防办授予“湖南省人民防宣传教育示范场所”；芙蓉区东湖社区被湖南省人防办授予“防空防灾宣传教育示范社区”；长沙市制作的长沙人防

人防办开展军事训练

建设宣传专题片荣获全省一等奖。长沙市被《中国人民防空》杂志社评为2012年通讯报道先进单位。

四、坚持在完善党的建设中提升党员干部队伍建设水平。2012年，人防办以基层党组织建设为根本，以“一推行四公开”为抓手，着力推进人防队伍建设。1. 着力完善基层党组织建设。夯实组织基础，完善组织机构，落实组织制度，继续狠抓了党员的学习、培训和管理以及新党员的发展工作；利用网络、宣传栏、大型电子显示屏、电子查询系统等载体，进一步推进了党务公开和民主管理工作。在基层党支部和广大党员中继续开展了创先争优活动，并在窗口单位、窗口部门开展了争创“志愿服务示范点”、“共产党员示范岗”、“雷锋示范岗”活动，基层党支部的堡垒作用和广大党员的先锋模范作用得到较好发挥。2. 着力夯实干部队伍建设。合理使用干部，为机关干部提供更多的岗位和锻炼环境。对2名在同一岗位任职满5年的处室负责人进行了轮岗，进一步开阔干部工作视野，提高了综合素质。结合机关中层领导职位空缺情况，在核定的职数范围内通过竞争上岗选拔了2名处长和3名副处长，机关中层领导干部的年龄、专业、知识结构得到一定改善，形成了相对合理的梯次配备。3. 着力推进作风建设。以创“雷锋示范岗”为契机，窗口服务意识更加浓厚。在市政务中心人防窗口开展了“亮标准、亮身份、亮承诺”活动。进一步优化审批程序，人防工程易地建设审批办结平均时间为5.5天，实现了行政许可服务再提速。在政务中心举行的综合评比中排名第二，并被评为第二季度学雷锋先进窗口。以“一推行四公开”为抓手，为民解困措施更加到位。深入社区住户820多户，入户率达到86%，接待群众来访30多人次，协调处理群众诉求29起；先后投入20万元，为社区整修望新大道4.3公里，完善道路给排水3公里，建立“爱心书屋”，各类藏书达5000册。开展一帮一活动，由办系统与望新社区11户特困家庭实行一对一结对帮扶。以完善机制为长效举措，权力运行制度更加规范。健全和完善了54项行政管理和规范权力运行的规章制度，将政务服务项目全部纳入了全省首批“三级联动”的电子政务和电子监察范围。

（贺菲菲）

【广州战区检查考评人防信息化建设】 6月18日，广州军区人防办徐良才副主任一行检查考评长沙市人防信息化建设情况。市人防办党组副书记、主任易权吉从长沙市地下指挥所、地面指挥所、机动指挥所和疏散指挥所四大指挥平台到有线、无线、卫星、空情和警报五大网络系统建设情况作了情况汇报。考评组分头实地查验了人防办的基本指挥所、机动指挥所、短波通信系统、卫星通信系统、警报报知系统、空情接收处理自动化系统、应用软件系统等12个方面的人防信息化建设情况，并当场逐项打分评估。检查考评组一致认为，市人防办的信息化建设取得了较好成绩，基本具备打赢信息化条件下局部战争的能力，尤其肯定人防办人防地理信息系统理念先进、功能强大，是该办信息化建设的一大特色亮点，下一步要切实巩固检查成果，在现有基础上重点抓好地下指挥所工程建设，真正实现“战区一流，全国领先”的战略目标。

（贺菲菲）

【开展军事训练】 10月18日，长沙市人防办2012年度军事训练拉开帷幕。动员会议在市人防办九楼会议室进行。会议由市人防办党组副书记、主任易权吉主持。市人防办党组书记黄静安在会上作开训动员。市委常委、市警备区司令员李田贵出席开训动员并作重要讲话。本次参训人员近60人，分为6个班，进行为期两周的集中训练。训练期间，上午进行军事科目训练，以队列训练和体能训练为主，穿插射击训练，下午开展军事理论学习，主要内容是“当今世界军事形势及全国面临的安全形势”、“军事地形学”等专题课程。通过“准军事化”的训练，机关工作秩序更加有序，干部职工的意志也得到了锻炼，很好地推进人防队伍建设。

（贺菲菲）

【开展“11·1”防空警报试鸣暨人防宣传教育活动】 11月1日，在长沙县星沙通程广场举行防空警报试鸣和人防宣传活动。全市6区3县（市）均同步设立警报试鸣和人防知识宣传现场。湖南省人防办党组成员、副主任贺坚，长沙市委常委、警备区司令员李田贵，长沙市政府副市长何寄华等领导在主会场出席防空警报试鸣仪式。上午9点30分，何寄华副市长下达了启动防空警报试鸣的命令。按先后顺序鸣放“预先警报”、“空袭警报”、“解除警报”，每种警报信号间隔时间为3分钟，整个过程约19分钟。通过试鸣，全市防空警报器警报鸣响率和覆盖度达到100%。整个宣传活动参与人员达13万余人，宣传受众近百万人，4个区、县（市）组织近3万人进行疏散演练。宣传活动全程组织严密、安全圆满，活动现场气氛热烈，收到良好效果。人民网、湖南日报、长沙晚报、湖南卫视和长沙新闻频道等20多家媒体对宣传活动进行报道。

（贺菲菲）

人力资源和社会保障

责任编辑：刘盼盼

【概述】2012年，全市各级人社系统围绕“民生为本、人才优先”的工作主线，克服经济下滑带来的不利影响，全面推进人社各项事业发展，较好解决了一批民生问题，为全市经济社会发展作出了积极贡献。2012年，长沙市被国务院评为全国创业先进城市，长沙市人社局被评为“全国人力资源社会保障系统先进集体”。

一、各项工作全面推进，全部达到或超出预期目标。全年新增城镇就业12.48万人，失业人员再就业4.66万人，新增农村转移就业7.63万人，城镇登记失业率控制在2.88%。牵头抓好全市创建国家级创业型城市工作，完成职业培训18.47万人，成功创建3个省级创业孵化基地，创业培训3.1万人。社会保险覆盖面进一步扩大，全市城镇职工基本养老、医疗、失业、工伤和生育保险参保人数分别达到125.9万人、147.9万人、95.3万人、117.4万人和99.5万人，城乡居民养老保险、医疗保险参保人数分别达299.2万人、510.2万人。全年全市社会保险费征缴基金达159.03亿元，再创历史新高。深入实施智力项目引进工作，全年共申报成功省级引智项目21个，国家级项目11个。举办各类公务员培训班40期，培训6758人。组织各类人事考试共46项、组考2728场次、报名114929人次，创长沙考试历史新高。公务员招考和军转安置任务全面完成。

二、制度改革力度加大，多项改革创新工作取得重大突破。2012年长沙市完善了小额担保贷款办法，全年发放贷款2.38亿元，一年放贷规模超过以往7年之和。出台了公益性岗位管理办法，圆满完成“十二五”期间企业用工需求、城乡劳动力资源供给情况等六大劳动力资源调查活动，并将就业困难人员的灵活就业社保补贴年限延长一年。率先在全省组织开展了历史上最大规模的社会保险欠费及滞纳金清缴专项行动，累计清缴社会保险欠费4.8亿元。率先在全国出台社会保险基金廉政风险防控指引及实施细则，从行政审批和业务经办环节查找风险点，制定防控措施，从制度着手化解基金安全风险。全面实施城区城乡居民医保门诊统筹工作，在长沙县、宁乡县、浏阳市5个乡镇开展门诊统筹试点工作。创新职工门诊统筹工作，率先全国开展门诊单病种试点工作，率先在全省推行了包括区县（市）在内的医疗、生育保险的市级统筹。继天津、上海之后全国第三个颁布实施医疗保险监督管理办法。逐步取消地域、学历、性别、身体条件等限制，加大对大学生村官、“三支一扶”人员等有基层工作经历人员的招录力度，率先在全省开展从优秀工人、劳动模范中考录县级以下机关公务员的试点，面向全市统一引进的优秀青年人才考录公务员。稳妥推进事业单位岗位设置管理工作，统筹开展事业单位公开招聘，出台事业单位岗位设置管理实施意见及实施方案，事业单位改制进一步深入。进一步完善军转干部考试考核安置办法，不断提高考核量化计分的科学性。

三、优化民生服务举措，一批人民群众最关心、最直接、最现实的根本问题得到解决。牵头实施省、市为民办实事工作的组织考核工作，37项省、市指标全部完成既定目标，19项指标超额完成。以高校毕业生、农民工、就业困难人员为重点服务对象，开展各类就业援助活动，全力帮扶就业。连续8年完成企业退休人员养老金调待工作，人均养老金达到1525元。组织开展了农民工工资清欠、整顿人力资源市场秩序等各类专项执法检查，处理举报投诉2203起，为1.4万余名劳动者追回工资、押金5069万元，举报投诉案件法定时效内结案率100%。积极推动劳动仲裁实体化建设，市本级、各区县（市）全面组建劳动人事争议委员会或仲裁院，街道（乡镇）调解组织组建率达70%以上，50%以上的案件可以在基层调解组织处理。全市共办理劳动争议案件9256件，立案受理3708件。

四、公共服务体系更加完善，管理服务水平不断提升。以市本级人力资源市场为核心的人力资源市场体系更加完善，市人才市场共举办招聘会151场，参会单位1.42万家，提供职位约24万个，参会人数98.2万人。进一步创新社会保险管理服务，失业金领取的人脸识别系统进一步升级，率先在中部开展了养老金领取的人脸识别认证工作。在全省探索开展了企业退休人员养老金网银发放模式，当天到账，解决了商业银行间转账发放模式周期长、到账时间不确定等问题。加大信息化建设力度，完成工伤保险系统改造、与银行实时联网的社会保险系统接口改造、医院端增加城乡居民门诊统筹和双向转诊模块等工作。扎实推进劳动保障监察网格化网络化建设，完成社会保障卡可行性研究报告的编制和评审工作。率先在全国规范了农村行政村人社服务机构建设，全市110个乡镇、1256个行政村全部建立了农村人社公共服务平台，实现了就业社保维权信息全覆盖。

（周学林）

【成功创建全国创业先进城市】2009年以来，长沙市人社局先后实施了一系列的创业扶持政策，健全了创业培训、小额贷款、创业服务、孵化基地等为一体的创业扶持体系，积极扶持每一个有创业意愿的人创业。经过3年的不懈努力，长沙市创业主体持续壮大，创业环境不断优化，创业活力日益强劲，“创业长沙”的城市形象得到广泛公认。2012年，创建3个省级创业孵化基地，创业培训3.1万人，集中全力做好创业型城市的申报、验收等工作。7月，长沙市被国务院授予“全国创业先进城市”，副市长何寄华作为人社部推荐的先进城市市长代表，接受了媒体专访，向全国推介长沙创业带动就业工作经验。各区县（市）创业工作纵深推进，形成了全市创业的良好局面。（周学林）

【率先在全国规范农村行政村人社服务机构建设】 2012年，长沙市62个街道、110个乡镇和565个社区，全部按照“六到位”的要求建立健全了人力资源和社会保障公共服务平台，全市所有行政村也全部启动了这一平台建设。此举走在了全国前列。11月28日，长沙市出台实施《关于进一步加强基层人力资源和社会保障公共服务平台建设的意见》（以下简称《意见》），明确年内将实现所有街道（乡镇）和社区基层人社平台建设，实现机构、人员、经费、场地、工作、制度“六到位”，所有行政村基层人社平台建成率达到100%。2002年，长沙市启动城镇基层劳动保障平台组建工作，建立城乡一体化人力资源和社会保障公共服务体系。按照城乡公共服务均等化的原则，长沙市人力资源和社会保障局近年又启动实施了“农村就业社保维权信息全覆盖工程”，加快了村级人社平台的建设进度。根据《意见》，长沙市各街道（乡镇）、社区（行政村）人社工作机构将统一机构名称、统一标牌标识，依托现有各级公共服务场地，设置就业失业登记、创业培训登记、社会保险经办、劳动维权等服务窗口。同时，该市将重点推进社区（行政村）平台网络建设和信息贯通，优先保障信息设备、软件开发和网络建设投入，到2013年底全面实现市、区县（市）、街道（乡镇）、社区（行政村）人社信息四级联网，实现城乡人力资源和社会保障服务体系全覆盖。长沙人可以在社区（行政村）的“一站式”服务大厅里找工作、办理社会养老保险、医疗保险等等，享受优质、高效、便捷的人力资源和社会保障公共服务。

（周学林）

公务员大课堂

人力资源

【被评为“全国就业工作先进单位”】2012年，长沙市继续贯彻落实以“六补两贷一扶持”为核心的新一轮就业政策，筹集发放就业资金2.2亿元，促进了就业形势稳定。积极开展大学生就业服务月、春风行动、民营企业招聘周等“每月一主题”专项活动，有效解决了高校毕业生、农民工、就业困难人员等群体的就业问题。全年发放“就业失业登记证”9万本，认定就业困难人员2.5万人，其中1.68万人顺利就业，零就业家庭100%动态清零。建成各类大学生就业见习基地324家，鼓励企业直接招收应届毕业生。加大农村劳务输出力度，以产业经济发展为依托引导农民就地就业。长沙市就业服务局被国务院评为“全国就业工作先进单位”。

（周学林）

【出台实施高技能人才实施计划】2012年，根据《长沙市中长期人才发展规划纲要（2012-2020年）》，成立长沙市高技能人才振兴计划协调指导小组，出台了《高技能人才开发工程实施方案》（含《高技能培训项目实施办法》、《高技能人才基础能力建设项目实施办法》、《技能大师工作室建设项目实施办法》）。高技能人才培训取得重大突破，2012年全市共培训高级工、技师、高级技师等各类高技能人才14349人，是上年的3倍。中联重科股份有限公司高级技师李传泉被评选为全国技术能手，并批准设立了国家级李传泉技能大师工作室。省人社厅批准水电八局设立杨国强技能大师工作室。长沙市机械技工学校成功申报国家级高技能人才培训基地建设项目，正式挂牌成立长沙市公共职业技能实训基地。（周学林）

【制订新一轮人才引进计划】 2009年以来，全市累计引进国际高端人才101人，团队17个，引进各类优秀青年人才7800多人。2012年，组团参加广州留交会，大规模引进国际高端人才和先进适用技术成果，认定青年优秀人才1036人，组建了全市国际高端人才和专家数据库。总结引才成功经验，研究制订了“泛313计划”。全面落实引进国际高端人才及引进青年优秀人才的各项优惠政策，切实解决引进人才的后顾之忧。顺利完成职称评审委员会换届调整工作，做好了近5万人的执业资格考试报名、组考及评审工作，申报5名专业人才为享受政府特殊津贴人选。成功申报省级引智项目立项21个，国家级引智项目11个，全市引智经费总额突破1000万元。（周学林）

【扩大人才市场规模】 2012年，市人才市场共举办招聘会151场，参会单位1.42万家，提供职位约24万个，参会人数98.2万人。长沙人才网发展网络会员2876家，人才库新增人才简历6.2万份，提供16.4万个职位。打造职场节目《梦想职达》，举办了“金领·湖南”中高级人才洽谈会11场，储备中高级人才2549人。积极开展“高校毕业生就业服务月”活动，发放就业指导资料近万册，举办校园招聘会20余场、就业指导讲座50多场，发放“就业服务一卡通”近2000张；新增3家大学工作站。（周学林）

【公务员管理】 组织完成了2012年度全市公务员公开考录工作，严格实施全市集中面试、面试考官持证上岗、异地交流、临时抽签分组等制度，计划考录524人，1.97万人参考，招录计划和报考人数为历年之最。全面铺开全员绩效考核工作，对全市179家市直机关、事业单位的考核资料和上年度量化考核打分情况实施备案。抓好公务员“四类培训”，将“新三观”教育纳入培训必修课，全年各类培训人数超过3万人。积极打造精品培训项目，18期“加强和创新社会管理”培训班满意率高达98%。组织各类招录类、职称类、职（执）业资格等各类人事考试共55项、报名11.5万人次，创历史新高。（周学林）

【事业单位岗位设置管理完成】 根据《长沙市事业单位岗位设置管理实施意见（试行）》和《长沙市事业单位岗位设置管理工作实施方案》文件要求，首批纳入实施范围的227家市本级和1256家区县（市）事业单位的岗位设置管理、人员聘用及认定等工作全面完成。全面推行事业单位的岗位竞聘和全员聘用制，真正实现由身份管理向岗位管理的转变，真正做到科学设岗、竞聘上岗、以岗定薪、全员聘用。统筹开展事业单位集中公开招聘工作，分两批组织132家市直事业单位集中公开招聘，共发布招聘计划988名，2.56万考生报名，已下达录取批复610人，社会反响良好。（周学林）

社会保障

【社会保障政策体制建设】 2012年，长沙市覆盖城乡的社会保障制度体系更加完善。被征地农民社会保障制度更加完善，城镇小集体企业职工、“五七工”和“家属工”的养老保险问题得到解决。在全国城市中第三个颁布实施基本医疗保险监督管理办法，全面实施了城乡居民医保门诊统筹制度，并在全省率先实现职工医保和生育保险的市级统筹。健全工伤保险优先制度，制订机关公务员、小型服务行业、季节性用工企业参保政策，实现所有职业人群全覆盖。（周学林）

【率先在全省开展社保清缴专项行动】 2012年，市人社局完善五险统一征缴机制和社保扩面联动机制，严格实行目标管理考核机制，以非公有制企业为重点开展了社保扩面活动。率先在全省组织开展了历史上最大规模的社会保险欠费及滞纳金清缴专项行动，累计清缴社会保险欠费4.8亿元。同时，进一步完善了政策体系，扎实抓好养老保险补缴补建工作，推进政策性扩面。2012年，企业养老保险、失业保险、基本医疗保险、工伤保险、生育保险、机关事业单位养老保险基金征缴分别为855679万元、82593万元、540782万元、32331万元、19284万元、59670万元，共计159.03亿元，完成目标任务数177.29%。（周学林）

【提升社会保险待遇水平】 长沙市不断提升各项社会保险待遇水平。7月1日起，长沙市城乡居民基础养老金由每人每年70元调整至80元。企业退休人员养老金第八次调待工作顺利完成，人均调整增加196元，调待后全市退休人员月人均养老金约1525元，其中市本级达1604元。城镇职工和城乡居民政策范围内住院报销比例分别达到87.76%和72.03%。失业金待遇标准提升到816元，积极探索扩大失业保险基金支出范围，核拨岗位补贴、转岗培训补贴等新增项目近1000万元。（周学林）

【创新社会保险经办服务】 2012年，长沙市失业金领取的人脸识别系统进一步升级，率先在中部开展了养老金领取的人脸识别认证工作。企业退休人员养老金实现网银发放，当天到账，解决了商业银行间转账发放模式周期长、到账时间不确定等问题。社会保障卡发行前的准备工作全面完成，五险统一征缴模式、退休人员自主选择银行领取养老金模式在各区县（市）全面普及。加快企业退休人员社会化管理信息系统开发建设，全市退休人员动态信息逐步实现由传统的手工管理模式向电子化管理模式的转变。（周学林）

【规范运行社会保险基金】 2012年，市人社局在全国人社系统率先出台社会保险基金廉政风险防控指引及实施细则，从行政审批和业务经办环节查找风险点，制定防控措施，从制度层面化解基金安全风险。完善基金监督管理办法和基金举报奖励办法，顺利通过了国家审计署对长沙市的社保基金审计工作，没有发现基金的挤占挪用现象。全市社保基金监管软件实施应用工作再次得到人社部肯定，并在全国会议上作经验介绍。2012年，全市社会保险基金规范运作率100%、基金安全完整率100%。（周学林）

【长沙市医保最高支付限额提至10万元】 11月1日起，对全市城乡居民基本医疗保险有关政策进行调整。一个结算年度内，累计最高支付限额统一由6万元调整为10万元。同时，将肺癌、食道癌、胃癌、结肠癌、直肠癌、慢性粒细胞白血病、急性心肌梗塞、脑梗死、血友病、Ⅰ型糖尿病、甲亢、唇腭裂等12类大病纳入保障和救助试点范围。参保人员患以上疾病住院治疗的医疗费用，按医疗保险政策报销后，由民政部门按有关规定予以救助。参加城乡居民基本医疗保险的城市“三无”人员、农村五保户和重症精神病人在定点医疗机构住院治疗的基本医疗费用，其医保支付后的个人自负部分，由民政部门予以全额救助。一般诊疗费按基层卫生机构服务参保人数，以每人每年8元的标准，包干到乡镇卫生院和社区卫生服务中心；按每人每年4元的标准，包干到村卫生室和社区服务站，按照实际服务人数进行包干结算。对参加城乡居民基本医疗保险的孕产妇县乡住院分娩基本医疗费用给予一次性补助，补助费用不超过1300元。逐步推行参保居民在基层卫生服务机构住院费用起付线外全报销机制改革。2012年在长沙县先行试点，通过试点总结经验，有计划地在全市推进。城乡居民基本医疗保险费按每人每年300元标准筹集，其中个人缴纳60元，财政补助240元。城市“三无人员”、农村五保户及持有“中华人民共和国残疾人证”且残疾等级为1～2级的残疾人的个人缴费部分由财政全额补助；城乡低保人员个人缴费部分由财政补助，标准为每人36元。

（周学林）

【劳动关系和维权】1. 劳动关系协调机制不断健全。加大推进劳动合同制度建设力度，各类企业劳动合同签订率保持在98%左右。开展推进集体合同的“彩虹计划”，全市已建工会企业工资集体协商建制率达90.1%。加快推行劳动用工备案制度，市本级累计有766家企业6.4万人实行了备案。全力组织开展第三次全国企业薪酬和公务员工资水平调查工作，制定发布了长沙市最低工资标准、人力资源市场工资指导价位和人工成本信息，为企业制定合理的工资分配制度提供了有效指导。2. 提升监察执法水平。组织开展了农民工工资清欠、清理整顿劳动力市场秩序、日常巡视检查、禁止使用童工、妇女合法权益保护等专项执法检查活动，劳动者合法权益得到有效维护。全年全市各级劳动保障监察机构共受理并处理举报投诉2203起，为1.4万余名劳动者追回工资和押金5069万元，举报投诉案件法定时效内结案率100%。3. 劳动争议调处机制不断完善。积极推动劳动仲裁实体化建设，市本级、各区县（市）全面组建劳动人事争议委员会或仲裁院，全市街道（乡镇）调解组织组建率达70%以上，50%以上的案件可以在基层调解组织处理。全市共办理劳动争议案件9256件，立案受理3708件。健全信访联动机制，接待群众来电来访1.3万人次。

（周学林）

经济管理

责任编辑：刘盼盼

宏观经济管理

【概况】 2012年市发改委积极履行工作职责，突出围绕重点，全力服务经济社会发展大局，各项工作均取得较好成绩。

一、加强宏观谋划，认真做好规划编制和经济形势监测预警工作。1. 认真做好规划编制工作。在高标准编制全市“十二五”规划纲要的基础上，组织和参与编制现代服务业发展规划等一系列重大专项规划，并对全市“十二五”规划进行综合汇编。对市“十二五”规划主要目标任务及省“十二五”规划下达的目标任务进行分解，并以市政府名义下发；组织编制《浏阳河生态经济示范区总体规划（草案）》、《长沙市关于支持自主创新和节能环保产品发展的暂行办法》、《长沙市关于大力推进家庭服务业发展的实施意见》等多项政策和规划。2. 注重抓好经济形势分析。面对国际国内复杂的经济形势，市发改委密切跟踪全市经济运行情况，多次组织大规模的专题调研，深入园区、企业了解实际情况，赴外地考察学习先进经验，基本形成“一月一调研，一季一分析”的宏观研究机制。在此基础上，以较高质量完成每季度经济形势分析报告和年度经济社会发展思路建议。3. 组织开展重大课题研究。牵头组织《长沙市核心竞争力研究》、《长沙市社会管理创新研究》等重大课题研究，研究成果得到国家行政学院等部门的充分肯定。

二、积极主动衔接，争取各类发展资源。1. 努力做好向上争资工作。在中央削减预算投资，省里更加注重地市平衡的形势下，市发改委积极衔接汇报，资金争取工作实现重大突破，全年共争取各类资金共计约14亿元。其中争取国家发改委战略性新兴产业和产业振兴资金4.73亿元，包括湘投金天钛金属项目（8992万元）、九芝堂现代中药项目（1600万元）等47个项目。此外，会同财政局积极争取国家节能减排财政政策综合示范奖励资金4.41亿元。同时，加强企业债券融资指导，发行长沙城投债、长经开债、长建投债、长先导债四支企业债券，募集资金规模达63亿元。2. 加强重大项目前期工作。新一轮地铁规划已向国家发改委申报，3号线可研已经通过评审待国家发改委审批。浏阳市、长沙县、宁乡县初步纳入省通用机场规划，顺利完成协调蒙西铁路过境浏阳并设站工作。沪昆高铁、城际铁路、石长复线等中央和省在长沙重大项目建设有序展开。大河西交通综合枢纽已完成前期工作并启动建设。3. 积极争取各类示范试点。《长沙国家创新型城市建设总体规划》顺利获批。长沙（浏阳、宁乡）再制造基地申报工作进展顺利，《湖南省长沙市“国家级再制造产业基地”实施方案》已通过国家发改委评审，并获得“园区循环化改造示范试点”启动资金2000万元。长沙市作为全省唯一一个城市申报国家第二批餐厨垃圾试点城市，实施方案已通过省发改委评审，获得中央预算内投资980万元。浏阳市生猪清洁养殖示范县实施方案已通过省发改委评审。

三、强化投资管理，增强经济发展后劲。1. 促进投资稳定增长。为应对和防止投资增速减缓，市发改委加强了项目调度力度，每月召开部门联席会议制度，对全市基础设施建设、产业投资、房地产等重大项目进行调度，为促进全市投资稳定增长产生良好作用。2012年7月中旬，根据国家“稳增长”相关政策要求，结合长沙实际情况，对外推介了195个重大项目，总投资8000多亿元。创新制定2013年项目计划，收集整理并形成2013年政府投资重大项目计划、社会投资重大项目计划、市本级预算机关基本建设项目3个项目本，其中，2013年全市共安排政府重大投资项目344个（不含预备项目），年度计划投资665亿元。2. 不断健全政府投资管理体制。修改、完善并重新印发了《长沙市政府投资建设项目管理办法》，起草《关于进一步规范乡镇、街道建设的相关意见》草案，完成长沙市项目管理信息系统建设，启动政府投资项目造价估算指标体系建设。3. 继续加强精细化管理。严格项目可研评审，全年共审批工程可研73项，审批金额107.5亿元，政府投资项目审减投资规模16.8亿元，审减率为15%。同时，严格代建招标和合同管理，积极推进市交警支队第二驾考中心、市看守所扩建工程、南雅中学体育实验综合楼等7个重点项目代建工作。4. 进一步加强公共资源交易监管。全年共核准项目招标事项85项，备案备查政府投资项目招标公告和文件873项。进一步规范交易秩序，积极推行“阳光交易”，继续保持“零投诉”纪录，全年中心各级各类交易项目1611宗，交易额243.6亿元，节约资金12.35亿元。5. 着力加大重大项目稽察力度。积极协调配合做好国家发改委和国家稽察办对长沙市战略性新兴产业和工业技术改造、廉租房、政法基础设施建设等领域重大项目稽察。重点加强政府投资水利建设项目的监督检查，召开岳麓区水利项目稽察情况通报大会。督促轨道公司对地铁项目稽察中所发现的问题进行整改，相关整改工作已全部完成。

四、加快推进“两型”社会建设。1. 充实“两型”发展思路。研究起草并以市政府办公厅名义下发了《2012年长沙市“两型”社会建设工作要点》等文件，研究制定《全面推进“两型”城市改革建设的意见》，对全市各领域的“两型”建设和改革进行了全面部署。2. 推进重点领域改革。以市政府办公厅名义下发《2012年度长沙市“两型”社会建设重点改革项目实施方案》，明确改革的方向和要求。2012年在推进环境经济政策、土地管理制度创新等方面推出了10大类38小类改革事项。3. 抓好重点工作的协调推进。做好长善垸污水处理厂和沿江防洪道路项目（长沙段）争取世行贷款的前期协调工作。积极做好长株潭城际铁路项目建设的衔接、协调工作，解决项目建设工程中的有关难点难题。4. 搞好两型示范宣传。在全市开展“两型”示范乡镇、“两型”示范企业、“两型”示范家庭、“两型”示范建筑等11大类创建活动。积极推介“两型”社会建设成果，长沙市“两型”社会建设经验被新华社、中国改革报等大型媒体专题报道，赢得各方的认可和赞扬。

五、加强能源管理，推进节能降耗工作。1. 节能成效突出。初步测算，预计2012年全市单位GDP能耗同比下降4.5%左右，单位规模工业增加值能耗下降15%左右，超额完成预期目标任务。2. 严格能源监察执法。修订《长沙市固定资产投资项目节能评估和审查办法》，共办理节能评估项目40个（含长沙经济开发区14个），备案登记项目65个。完成42家“万家低碳行动”在长沙企业（全市共65家）的单位能源审计工作。对夏季公共建筑空调温控制度、宾馆酒店禁止免费提供一次性日用品落实情况开展专项执法检查行动。3. 积极开展节能推广示范。大力推广合同能源管理，启动永和磷肥厂蒸汽系统节能改造、浏阳南方水泥有限公司变频改造项目等50余个合同能源管理项目示范工程。积极推动宁乡天宁热电等10个天然气分布式能源站建设。成功举办2012年湖南省节能宣传周暨中国（长沙）第四届科技产品交易博览会。

六、加强统筹协调，全面做好各项中心工作。1. 着力服务于产业和实体经济发展。组织修改完善《长沙市战略性新兴产业专项资金管理办法》。中铁重工成功获批国家企业技术中心，新获批省级企业技术中心14家，28家市级企业技术中心认定进入专家评审阶段。编印《2012中国·长沙重大招商引资项目册》，入选省级重点项目46个。帮助和指导企业做好进口设备免税工作，共申请免税2045.18万美元。积极协助企业申请农产品进口关税配额。服务农业农村发展大局，协调推进新增粮食产能田间工程、湘江长沙综合枢纽库区河道清障及河岸披绿工程、烟草水源工程、农村饮水安全工程等重点项目。2. 牵头做好节能减排综合示范工作。抽调人员主导推动综合示范的相关工作，总体实施方案已经获得财政部和国家发改委批复，综合示范工作有序推进。3. 深入推进医药卫生体制改革。制定《长沙市医改2012年重点任务》，统筹协调卫生、药监等部门解决医改中的重大问题，门诊统筹和双向转诊工作走在全国前列，得到人社部的肯定和推介。4. 大托铺军用机场搬迁进展顺利。通过加强与高层协调，强化对接沟通，全面完成老机场主营区定界确权，顺利通过项目预可研专家评审并上报国务院和中央军委，完成新老机场片区规划修编等基础工作。5. 做好“一推行四公开”工作。市发改委专门成立了群众工作领导小组，全年为村镇发展争取到中央和省市各类资金451万元。在市委组织的考核中，宁南村群众对市发改委工作的满意率达到100%，在全市市直单位群众工作考核中，市发改委排名前列。6. 其他重点工作有续推进。继续做好高尔夫球场清理整治工作，对违法违规行为进行了严格整治。“两帮两促”工作深入推进，收集梳理上报的问题107个，分两批对其中85个问题进行了集中交办。做好国防经济动员工作，推进经济动员中心（企业）建设。

（李正云）

统计工作

【概况】 2012年，全市统计系统各项工作取得新成绩，统计事业得到新发展。市统计局荣获全国统计工作先进集体、全国联网直报先进集体等多项荣誉，顺利通过了省级文明标兵单位验收，长沙统计工作在全省统计系统综合评比中第六次获第一。

一、统计改革取得突破。推进“四大工程”建设，统计科学化、现代化水平不断提升。1. 国家联网直报全面实施。长沙联网直报单位占到全省四分之一，任务重、难度大。全市统计人员通过宣传动员、业务培训、专项督查等一系列举措，确保了企业报得出、报得全、报得准，全市联网直报率达100%，长沙经验在全省推介。2. 名录库建设走在全省前列。采取部门联动、重点核查、网上核对、随机抽查等方式，圆满完成了全市新增、变更、注销单位数据处理工作，全年共调查入库新增单位1.4万家；在全省率先将名录库维护延伸到乡镇（街道），实现了“五级在线维护”的工作模式。3. “四上”企业申报效果明显。与工商、税务等部门联合发文加强企业申报工作，全年新增“四上”企业808家，占全省的40%，为全市经济快速增长提供了有力支撑。4. 调查领域不断拓宽。大力推进城乡住户调查一体化，住户调查方式发生新的变革。在做好常规统计调查的基础上，在全省率先开展体育产业、旅游产业等专项调查，圆满完成了文化产业、战略性新兴产业、资源产出率、中小企业、房地产市场等多项调查任务，统计调查领域进一步拓宽。认真做好人口普查资料开发利用，完成36个人口普查课题。

二、提升服务水平。全市统计系统紧紧围绕中心，进一步提升统计服务的主动性、针对性、实效性。1. 参谋服务。市、区县（市）两级统计部门共撰写统计分析400余篇，其中领导批示100余篇次，长沙统计分析在全省保持第一，市局被评为市政府系统研究工作先进单位。加强形势研判和经济预警，为全市经济稳步发展发挥了重要参谋作用。2012年初，为市委书记陈润儿提供了县域、城区、园区、服务业等4个经济形势座谈会的分析材料。2012年年底，对2013年及未来五年长沙主要经济指标进行了认真、细致的测算，为市政府制定发展目标提供科学依据。2. 考核服务。圆满完成为民办实事、新型工业化、节能降耗、“两纲”监测等10多项考核监测工作。在省政府对市州的绩效考核中，进一步加强指标进度跟踪监测，每月及时提供全市及各市州主要经济指标完成情况。在市对区县（市）的绩效考核中，进一步完善社会公认评估调查方案，增强电话访问样本的针对性，为客观评价区县（市）工作提供了准确依据。在对乡镇（街道）考核中，进一步优化考核评价指标体系，严把考核数据质量关，为推进全市乡镇（街道）科学发展发挥导向作用。全面小康监测准确有效，监测报告作为市委全会材料予以发放，并在区县（市）一级开展监测试算工作。3. 宣传服务。加大对统计数据的发布解读力度，改版扩容长沙统计信息网，全年网上发布统计信息2800多条，平均每天访问量达400余次；按季度在《长沙晚报》、长沙电视台公布各区县（市）主要经济指标；积极做好中共十七大后全市科学发展成就宣传，其分析报告被市委《内部情况参阅》等多家刊物全文刊发。全年市局向市委、市政府报送各类信息350余条。

三、提高数据质量。全市统计系统多措并举，实行“四个严格”强化质量控制。1. 严格评估。完善各专业数据质量评估制度，加强与部门的联合审核，保证了重要数据的协调性、匹配性。2. 严格问责。完善数据质量责任追究和行政问责制，对统计数据出现重大差错的区县（市），统计年终评比实行“一票否决”。3. 严格监督。公布统计举报电话，在统计信息网上建立了统计数据质量监督平台。4. 严格执法。在全省率先推行统计法律事务告知制度，发放统计法律事务告知书上万份。顺利通过了省局对长沙市的统计巡查，并依法对岳麓区、望城区、宁乡县开展统计巡查。加大统计执法力度，深入开展联网直报专项执法检查、建设领域统计数据质量专项督查等工作，全年共执法检查387家单位，责令整改47家，立案查处25家，处罚19家，曝光6家。

四、加强基础建设。市统计局坚持规范统一，全面加强统计基层基础。1. 督促检查。2012年11月，由市政府督查室带队、市统计局参与，组成10个督查组，对各区县（市）和所有乡镇（街道）统计工作进行全面督查，有力地促进了乡镇（街道）统计工作的平衡发展。2. 典型带动。深入开展了乡镇（街道）统计站和县级统计机构“达标争先”活动，全市有5个区县（市）统计局和23个乡镇（街道）统计站达到省级标准，达标率在全省领先。3. 社区平台建设。率先全省将统计职能纳入社区公共服务中心。各区县（市）对照标准，认真组织、分期安排、分批验收，社区统计平台建设取得阶段性成果，全市有737个社区（村）按照“五有”标准建立了社区统计服务平台。4. 信息化建设。自主研发的长沙统计地理信息系统被省科技厅鉴定为“国内领先水平”；率先开发的领导快速查询系统逐步向领导推介；探索将乡镇（街道）接入统计内网，全市统计信息化水平得到进一步提升。

五、加强部门协作。各级政府统计机构加强与相关部门的横向合作、信息共享，部门统计信息资源得到有效整合。在名录库建设方面，编办、民政、工商、税务、质监等部门定期提供新增、变更、注销单位名录，工信、商务、住建等部门配合做好单位清查摸底和新增企业申报工作。在统计调查方面，宣传、公安、人社、计生、财政、国税、地税、环保、旅游、妇联、交通、邮政、电信、电业、能源、教育、科技、文广新、卫生、农办、农业、畜牧、林业、长沙调查队、人民银行等部门单位及时提供统计资料，共同做好相关调查工作。在民意调查方面，完成了绩效考核、“两帮两促”满意度、窗口单位满意度等10余项民意调查，落实民众的知情权和参与权，为领导和部门决策提供参考依据。 （欧阳湘江）

审计工作

【概况】 2012年，长沙市审计机关完成审计项目1503个，查出违规金额25.71亿元，上缴财政金额2.29亿元，审减政府投资金额31.7亿元。其中市审计局完成审计项目984个，查出违规金额23.5亿元，上缴财政金额2.15亿元，超过前五年收缴之和，审减政府投资金额27.6亿元，自2008年成立政府投资审计专业局以来累计审减99.4亿元，移送案件线索3件，审计报告、要情、信息被市以上领导批示和省以上媒体采用86条。市审计局获得全国社保资金审计公务员集体嘉奖单位，全省市州审计目标考核第一名，全市领导班子绩效考核一等奖，全市“两帮两促”和“一推行四公开”工作先进单位，全市依法行政工作先进单位，并成功创建省级文明标兵单位。

一、深化预算执行审计。对10个部门、81个二级机构、4类专项资金进行审计。首次采用部门收支预算完整率、预算执行率、“三公”经费支出率等绩效评价指标，开展部门预算执行绩效审计。市人大在审议“同级审”报告时，给予“讲得实、站得高、思路清”评价。结合预算执行审计，同步开展领导干部经济责任审计和专项审计调查，实现“一审多果”的综合效果。

二、加大投资审计力度。2012年，市审计局完成结算、预算、招标控制价审计项目845个，建设单位报审金额157.7亿元，审定金额130.1亿元，审减27.6亿元，综合审减率17.5%，其中结算审计审减资金17.0亿元，审减率22.4%。对70个重点工程项目实施了跟踪审计。滨江文化园“两馆一厅”项目跟踪审计发现超付工程进度款问题，督促主管部门将超付的8100万元工程款逐步抵扣，有效发挥“事中监督”作用。

三、强化经济责任审计。全市对112个单位的138名领导干部进行经济责任审计，其中长沙市审计局审计18个单位的22名领导干部。推动出台长沙市加强经济责任审计的《实施意见》，与长沙市委组织部、市编委

审计组成员在地铁一号线审计现场察看

联合下发《长沙市事业单位法定代表人离任审计暂行办法》。区县主要领导经责审计中，首次实行审计、国土、环保三家联审。细化经责审计评价办法，对9个区县（市）法院院长经责审计结果实行量化划等，确保审计结果可用、好用。

四、加强民生项目审计。成立由市长张剑飞任组长的长沙市社保资金审计工作领导小组。针对审计反映情况，市人社、住建、卫生等部门开展专项行动，督促新增被征地农民社保资金到位1.01亿元，督促904家企业补缴社保资金3590.36万元，清理重复参保1.29万人，追回多享受的社保待遇106.17万元。市政府结合审计建议出台《长沙市基本医疗保险监督管理试行办法》，完成原内五区和高新区新型农村合作医疗与城镇居民医疗保险管理系统合并，实现市级统筹。审计南湖新城和滨江新城拆迁资金140.93亿元，揭示政策执行不力、基础工作不牢等问题，有效规范拆迁资金管理，维护群众利益。中小学校舍安全、“中天行”信访问题、国有资产处置等审计结果，被相关部门作为决策依据。

五、查处突出违规问题。建立向纪检监察部门移送案件线索的机制。与市纪委等部门联合对10个单位审计整改情况进行专项督查，督促被审计单位收回借款219.2万元、归还挪用资金460万元，督促市水利投启动法律程序追缴应得商业房产2.48万平方米。开福区审计局在某社区拆迁资金审计中，查处一起套取财政资金242万元并将部分资金予以私分的腐败问题，社区书记徐某被移送检察机关立案查处，另有11人受到党纪政纪处分。

六、发挥决策参谋作用。完成市委、市政府交办审计事项30件，审计结果被作为决策依据。审计反映存量房交易税征管漏洞，通过市政府出台的《长沙市存量房税收征收管理试行办法》得到有效防范，该《办法》自2012年7月实施后，在存量房交易量基本持平的情况下，税收比2011年同期增加1.97亿元，同比增幅达46%。针对审计反映价格调节基金、旅游专项资金和水利建设资金管理使用中存在的问题，市政府和相关主管部门制定完善了相关资金管理办法。狠抓廉政建设，组织开展“从严要求、从我做起，始终保持审计队伍纯洁性”的专题廉政建设活动，制定《长沙市审计局廉政风险防控办法》，针对33类审计事项、58个廉政风险点制定88项风险防控措施，加大廉政纪律执行情况的督查回访，维护审计队伍的良好形象。（夏海军）

物价管理

【概况】2012年，面对国际国内复杂严峻的经济形势，长沙市价格部门在价格调控、价格监管、价格服务、队伍建设等方面取得了明显成效。尤其是价格监测、价格认证、价格鉴证信息直报等工作荣获国家先进，为全市经济社会的发展做出了积极的贡献。

一、控制物价，发挥价格工作服务经济建设的职能。1.保持价格总水平基本稳定。一是坚持价格预警联席会议制度。不定期组织召开全市价格预警联席会议，分析研究重要商品市场价格变化情况，提出保障市场供应、平稳市场价格等建议，积极维护市场价格平稳。二是强化价格监测，正确引导价格预期。全年上报各类监测数据32865条，调查报告等分析材料118篇。省政府采用相关信息5篇，市委、市政府采用信息28篇。在各大报刊发布监测信息30余篇，为正确引导价格预期，维护社会正常秩序做出了贡献。三是落实农产品、生猪养殖扶持等价格政策。及时发布、落实2012年稻谷最低收购价、烟叶最低收购价等政策规定。2012年，全市价格总水平基本稳定，CPI（居民价格指数）累计涨幅2.3%，在全国27个省会城市排名第24位，低于省会城市平均水平0.4个百分点。2.强化价格调节基金征收和管理。出台《长沙市人民政府关于贯彻执行〈湖南省价格调节基金征收管理办法〉和〈湖南省价格调节基金征收管理实施细则〉的实施意见》，进一步规范价格调节基金的征管工作。全年征收价调基金1.26亿元，其中投放4474万元用于“菜篮子”工程建设，4015万元用于粮食产业化建设。3.推进各项价格改革。一是深化水价改革。从2月1日起，将长沙市原五类水价简化为三类水价，对居民生活用水实行阶梯式水价，对非居民生活用水实行超定额累进加价制度。二是推进电价改革。从7月1日起，全市居民生活用电试行阶梯电价。三是推进气价改革。从12月1日起，对长沙市居民生活用天然气试行阶梯式气价。四是调整车用天然气价格。按照长沙市汽油销售价格和车用天然气价格0.63∶1的比价关系，将长沙市车用天然气价格由原3.75元/立方米调整为4.30元/立方米。五是试行医药价格改革。以药品“零差率”销售为抓手，在浏阳市人民医院等三所医院推进县级公立医院综合改革试点工作；选择5个病种制定病种收费标准，积极推进医疗服务收费方式改革。

沙市市场主体发展分析报告》，以图文形式为投资者和政府决策提供详实的信息数据；新增“大围山”、“流沙河”、“派意特”等25件驰名商标，长沙市驰名商标总数达到91件，超过武汉、合肥、郑州三市驰名商标数量的总和，以显著优势位列中西部省会城市第一的位置；优化环境，充分运用信息化成果，把推进信息化与履行工商职能、提高服务科学发展能力结合起来，深化网上咨询、网上申请、网上登记、网上年检工作，进一步健全绿色通道、首问负责、预约上门等制度。在完善“工商联络员”制度的基础上，制定下发《关于开展机关效能建设和优化经济发展环境站、点、员联系服务工作的实施方案》，将114家企业分配至系统各单位，开展与测评站点员一对一联系服务，并组织召开长沙市民营经济关工委成立暨工作试点启动仪式，选取湖南时代文化有限公司等4家企业作为试点，进一步创新提升服务民营企业发展的方式和水平。2. 充分利用外商投资企业核准登记授权。2012年市工商局高新分局、经开分局相继成功获得国家工商总局外商投资企业核准登记授权，成为为数不多的获此授权的内地城市。至此，全市两大外资企业集中区均可就近办理工商登记注册，简化了办事流程，方便企业落户园区。为宣传这一政策，在高新区举办了外商投资企业首办首发仪式，确保长沙市外商投资企业能更好地知悉并充分享受这一政策举措带来的便利。截至2012年，全市共有外商投资企业1522户（其中分支机构987户），外国（地区）企业28户，企业集团2户；投资总额674357万美元，注册资本392783万美元。2012年市工商局被市委、市政府评为招商引资服务工作先进单位。3. 做好长沙广告产业园筹建工作。2011年，国家财政部、国家工商总局联合下发通知，拟在部分省市开展广告产业园试点工作。通过多次与省工商局、市财政局、省财政厅等部门汇报协商，制定申请书，组织相关部门及人员赴国家工商总局进行了专题汇报。2012年，财政部和国家工商总局最终同意并支持在长沙市天心区开展广告产业园试点工作，并将先期3000万元试点资金拨付到位。园区建设的总体方案现已出台，基本完成征地拆迁、园区周边“五通一平”等系列工作，于11月26日举行了奠基仪式。4. 文化体制改革。落实省政府《关于促进文化产业发展的若干措施》，大力服务文化企业改制和文化产业发展。对待改制企业，采取开辟绿色通道、联合办公、上门办照等多种方式，积极服务经营性文化单位改革，现已顺利完成长沙晚报旗下3家非时政报刊社、长沙歌舞剧院、宁乡县电影发行放映公司的转企改制工作。截至2012年，市工商局共登记文化产业企业5220户，注册资本总额661866万元。其中，传统文化产业5220户，注册资本总额592306万元；新兴文化产业425户，注册资本总额69560万元。

二、文明创建与市场监管工作互促提升。1. 完善机制，将创建工作纳入绩效考核目标。以《全国城市公共文明指数测评体系》为标准，将日常工作要求与测评体系有机统一起来，纳入全年的绩效考核目标，并配套完善了督导检查和责任追究等制度。制定了《长沙市工商行政管理局深化文明城市创建工作考评办法》，成立了考评领导小组，通过查阅资料、走访调查、实地检查等方法，每季度对各单位的创建机制、窗口政务服务、经营性公共场所证照管理、校园周边环境管理、农贸市场管理和流通领域食品安全监管进行百分制综合考评。对获得综合考评先进单位的授予流动红旗并给予适当的物质奖励，对创建工作不力、整改不到位单位，市局创建办制发《督查通报》，予以重点督查，限时整改。三次考评平均得分排最后一名的，取消年度评先资格，并追究相关责任人员责任。2. 组织开展食品安全“百日执法行动”。将食品安全作为工商部门创建工作和监管执法的重点，在全系统启动了为期100天的食品安全“百日执法行动”，并将此次行动与市委、市政府建设食品安全城市的相关工作紧密结合起来。专项行动期间，全系统共出动执法人员20680余人次，检查食品经营户47908户次，检查各类食品市场1367个次，查处无证无照食品经营户321户，捣毁食品经营黑窝点66个，查处问题名酒13984瓶，查扣问题食品12.7吨。专项行动中，全系统共查处食品违法案件638件，其中罚没万元以上案件128件，罚没3万元以上案件53件，依法移送公安机关案件6件，依法严惩了销售过期扣肉、有害淋巴肉、硫磺熏姜、二氧化硫春笋以及含罗丹明B的辣椒制品等一大批严重危害食品安全的行为。3. 加强证照管理。发挥“查无”工作联席会议的组织领导平台作用，推进“政府牵头、部门联动”工作模式的有效运行。一方面积极引导经营者办理证照，在各社区办公地集中办证136次，为经营户补办各类证照7763本；另一方面对确实达不到条件，特别是存在重大安全隐患的经营户坚决予以取缔，共取缔无照经营9105户，立案查处421户，全市主要商业街和商业广场等经营性公共场所有照率有了明显提高。4. 提升农贸市场管理水平。坚持组织农贸市场文明指数测评，采取交叉检查等形式，每月随机抽取25个农贸市场进行综合打分，排出名次，制作简报，在全市予以通报；强化市场开办方责任，督促其对市场内乱堆放、乱拉挂、乱张贴等现象进行了全面整治和清理，全市农贸市场环境卫生状况明显改观。5. 打击各类扰乱经济秩序的违法行为。整治虚假违法广告，每周对市级各媒体进行集中监测，共监测各类广告14546条次，对媒体实行行政告诫30余次，立案26件，罚没68万元；加大知识产权保护力度，共查处商标侵权和假冒伪劣商品案件128件，结案94件，罚款66.8万元，其中组织查处的假冒“茅台”酒案件，案值12万元，已移送公安部门处理；依法查处合同欺诈、霸王条款行为，以商业购物、房地产销售、留学中介、餐饮服务、汽车销售、美容美发等13大行业为重点，组织开展专项行动，共检查各类合同1493份，发出行政建议书272份，责令改正书68份，约谈企业249次，共立案156件，结案102件，为消费者挽回经济损失56万余元；开展治理商业贿赂工作，查办案件30起，其中组织查处的某保险中介代理公司商业贿赂案，对当事人处罚没44万元，查处的某商业银行收受房地产评估公司“评估手续费”案，对当事人处罚没52万元；严厉打击传销，联合公安等部门捣毁传销窝点506个，遣散传销人员2000余人，推动长株潭联防联打机制的形成，牵头组织长株潭三市打击传销工作协作会议。

三、推进消费维权。1. 开展“3·15”国际消费者权益保护日宣传活动。精心策划了诚信承诺宣誓、维权知识抢答、12315青年志愿者服务队组建等13项主题活动。“3·15”期间全系统设置宣传咨询服务点91个，制作宣传板（栏）313块，发放各类宣传资料35万余份，制作专题电视广播节目22期，开辟报刊专栏8个，受到了广大消费者和社会各界的好评。2. 推进12315“五进”工作。大力开展12315进商场、进超市、进市场、进企业、进景区活动，制定了《长沙市工商行政管理局12315“五进”工作规范》，就消费维权服务站建立的范围标准、工作职责、程序制度、责任追究、工作考核等进行了全面规范，并配套了系列工作表格和制度，确保相关工作高效统一。截至2012年，全市共设立消费者维权服务站311个，设立消费者投诉站和12315联络站1088个，2012年上述基层消费维权网络共受理消费者咨询和投诉10253件，为消费者挽回经济损失453万元。3. 规范申诉举报工作。出台了《长沙市工商行政管理局工商行政管理所12315申诉举报处理工作规范》，进一步明确了工商所12315申诉、举报处理工作程序和工作标准，规范申诉举报文书案卷的填写和管理，制作申诉、举报《受理通知书》等13个文书范本，有效指导规范基层12315申诉、举报处理工作。2012年市工商局12315指挥中心共接待消费者来电、来函、来访48461件，为消费者挽回经济损失516.09万元，被先后授予市级“十佳巾帼文明岗”、“雷锋号”巾帼文明岗、“雷锋号”示范岗等称号。

四、落实“一推行四公开”工作要求，与学雷锋活动结合起来，被《长沙晚报》誉为长沙群众工作的“工商模式”，受到社会一致好评。全局系统共联点驻村（社区）21个，选派联点驻村（社区）领导7名、驻村（社区）干部36名；累计走访群众2150户，走访调研522人／天，工作队员驻站工作496人／天，召开座谈会64次，收集群众反映问题501个，化解矛盾纠纷189件，代理服务事项123件，代理服务办结事项121件，为群众办实事好事386件，开展群众性活动70场次，征求群众意见和建议400条，提供帮扶救助资金25.75万元。公开工作上，将全系统78名各级领导干部、市局机关20名内设机构主要负责人、各单位民情联络员、40余名注册窗口负责人、近800名工商所（办）工作人员的相关信息全部通过报刊、网络、公示栏等形式对外公开，广泛接受社会监督。通过媒体，发布了“长沙工商年检投诉电话公示”，公开电话对象为市局班子成员、纪检监察室主任和各下属单位局长及纪检监察室主任。截至2012年，系统各单位领导班子成员直接接听群众来电投（申）诉、咨询1471件，直接回复1386件，转交督办73件，移交外单位处理1件。

（市工商局）

【个体劳动者私营企业协会概况】2012年，长沙市个体劳动者私营企业协会（以下简称个私协）充分发挥职能作用，重点做好会员服务工作，成立市民营经济关心下一代工作委员会，各项工作取得新发展。

一、服务会员，树立良好形象。1. 展形式多样的公益活动。在市个私协统一安排下，各级协会在春节期间和“3·5学雷锋日”开展了多种形式的走访慰问和学雷锋活动。春节期间，宁乡县印制年画挂历3000多幅、单张年画2万张，分别送到每一户私营企业和个体工商户业主手中；浏阳市慰问了原来在协会工作十几年且未纳入协会工作人员的联组长，送去慰问金8000余元；宁乡县各分会在各辖区内也组织了学雷锋慰问活动，慰问了敬老院和困难会员，共计慰问价值上万元；长沙县慰问了黄兴敬老院、橥梨敬老院、安沙福利院的孤寡老人和3户特困户，16户困难会员，捐助1.6万元物资和现金2.7万元。3月5日，宁乡县17个分会设立咨询服务台15个，发放宣传资料1万余份，义务清运垃圾10多吨，理发150余人次，维修家电、农机45台，摩托车56台，手机76部、自行车32辆；浏阳市组织各分会到各辖区内敬老院和困难会员家中进行了慰问，共计慰问价值上万元，极大提高了会员及协会的社会影响力。2. 组织多方位的融资服务。为配合长沙市首届小微企业金融服务节活动，印制了1.2万份《长沙市小微企业融资状况调查表》，于3月下旬将调查表发放到各区县（市）协会。《长沙晚报》记者对芙蓉区、雨花区等单位开展情况进行了深入采访。4月底，市个私协对此次回收的7367份调查表进行逐一统计，共统计四大点计17项，于5月下旬将一份完整的统计报表按时上报市金融办，得到了市政府领导的肯定。5月29日，在2012年湖南省促进个体私营经济发展银企融资洽谈签约会视频会议上，长沙市40家企业签约融资额达9亿元，在整个活动开展期间，全市有94家企业与工商银行签约融资金额11亿多元。全市各级协会从2008年至2012年共为企业融资103亿元。3. 推进创业富民工作。年初，制订了《推进创业富民工作实施方案》，成立组织机构，确定主要工作任务，并安排专人负责数据资料报送、核查比对及台账备查工作，注册登记窗口统一设立“创业绿色通道”，加强督促检查工作，并把此项工作纳入年度目标考核。4. 做好大学生就业工作。4月27日，由省教育厅、省工商局、省残联联合举办“春暖三湘”湖南省2012届高校就业困难毕业生专场招聘会在长沙理工大学金盆岭校区体育场举行。招聘会共邀请了近400家用人单位前来招聘，提供就业岗位13662个；市个私协会积极组织和调动各区个私协会、市直各分会深入私营企业、宣传动员，发动私营企业，提供就业岗位，组织了296家私营企业参加，提供了12000余个就业岗位，其中包括省私营企业百强中的三一重工、远大集团等大型企业以及联创控股、大汉控股、开元集团等高新技术企业。市个私协会会长周自立及各分局分管领导参加，活动的开展，得到到场学生、家长、市民和学校、企业的高度赞扬和肯定。5. 做好诚信个私企业推荐工作。按照省工商局、省文明办、省个私协《关于开展2012年度“湖南省诚信经营先进个体工商户”、“湖南省诚信经营先进私营企业”评选活动的通知》文件精神，市个私协积极组织诚信个私企业推荐评选工作。市局、市个私协成立了推荐评选领导小组，于7月17日联合发文。市个私协会召开专题会议，将40名诚信经营先进名额分配到各级协会和直属分会。市个私协于8月下旬将材料上报省评审委员会评审。6. 做好省直私协换届工作。为协助做好湖南省省直私营企业协会换届工作，按照本人自愿原则，市个私协会组织芙蓉区、天心区、岳麓区、开福区、望城区及长沙县等6个协会推荐省直私营企业协会理事和代表22名，13名企业负责人当选为省直私营企业协会第三次代表大会常务理事、理事。

二、拓宽视野，关心下一代成长。根据市关工委《关于在全市开展民营企业关心下一代工作试点的请示》文件精神和兄弟省市成功经验，8月市局、市个私协联合考察确定了开福区湖南时代文化有限公司、望城区长沙黑金刚实业有限公司、宁乡县湖南精量重工科技有限公司、高新区长缆电工科技股份有限公司等4家企业作为民营企业关心下一代工作的试点。10月17日，召开长沙市民营经济关工委成立暨工作试点启动仪式会议，市委常委、组织部部长程水泉，原市政协主席、市关工委主任董学生出席会议并授牌，市关工委副主任刘耀杰宣读《长沙市关工委批复成立长沙市民营经济关工委》文件，长沙市民营经济关心下一代工作委员会正式成立。11月9日上午，市民营经济关工委组织4家试点单位骨干和4个分会秘书长参加了市关工委组织的长沙市民营经济关工委专干业务培训班。

三、 加强管理，规范协会建设。3～4月，市个私协联合市局办公室、监察室、财基处等部门开展全市个私协会会费收取专项检查工作，针对发现的问题，提出了相应的整改意见，并发文重申会费收取的原则，禁止强制收费和搭车收费，各单位也于4月底完成整改工作；8月，市个私协配合市局监察室对各级协会开展了会费收取工作的专项调研，并写出调研报告，为协会更好地规范管理，服务会员提出新思路。

四、促进企业发展，推进非公党团建工作。市个私协要求各级协会在当地党团组织的领导下，做好非公有制企业党团组织和党员团员的调查摸底工作，帮助非公有制企业建立党团组织，指导活动开展，充分发挥基层党团组织的作用。2012年，在省工商系统非公党建工作会议上，望城区个私协会党总支获全省个私协系统“先进基层党组织”称号，岳麓区个私协副会长、党总支书记梁吉庭被评为“优秀共产党员”，宁乡县个私协会党总支书记尹俐被评为“优秀党务工作者”。市个私协会孙泾被省非公经济组织创先争优活动领导小组、省非公经济组织工作委员会评为“优秀共产党员”。 （李建林）

【个私企业统计分析】 私营企业发展情况。截至12月底，全系统私营企业总户数92983户，较上年的80172户增长16%，注册资本为22436078万元，雇工人数633894人，投资者人数247219人。共新办私营企业15006户，较上年同期的16371户相比，下降8.3%。从产业分布情况分析，新设立企业主要集中在批发零售业、租赁和商务服务业及科学研究、技术服务和地质勘查业。相比上年，2012年大部分行业的新设立户数均有下降，批发和零售业由5434户，降至4731户，制造业由1004户降至636户，房地产业由599户降至320户。但仍有小部分行业发展较上年加快，金融业由18户增至130户，文化、体育和娱乐业由64户增至83户，租赁和商务服务业由3937户增至4064户。

个体工商户发展情况。截至12月底，个体工商户总户数达343675户，较上年同期的320496户，增长7.2%。资金数额为2188474万元，从业人员694374人。共新办个体工商户40872户， 较上年同期的42080户，下降2.9%。个私经济发展总体分析：政府着眼于提高经济增长的质量和效益，实施了促进经济平稳较快发展的一揽子计划，提振了个体私营经济扩大投资、干事创业的信心，为个体私营经济发展提供了有利的外部环境，个私经济持续稳定发展。2012年的个体、私营经济发展相比趋缓，新设立数均较上年有所下降，主要原因为：2012年，国内外经济发展环境复杂严峻，国内经济下行压力加大，对社会投资意愿产生了负面影响。虽然个私经济各行业的发展均呈普遍下降趋势，但文化、体育和娱乐业呈上升势头。主要源于2012年政府出台了《关于促进文化产业发展的若干措施》，推出一系列优惠举措，大力推进文化产业发展。省工商局下发了《关于发挥工商行政管理职能促进文化产业发展的若干措施》，对文化单位转企改制、资本投资、股权转让等登记提供咨询指导，放宽文化企业名称和经营范围登记条件，并开辟绿色通道，提前介入，全程跟踪，积极做好对企业的登记注册辅导，加快企业登记办理速度，为文化产业发展营造良好的市场准入环境。

农民专业合作社发展情况。截至12月底，全系统农民合作社总户数达4039户，较上年的2725户同期增长48.2%。资金总额391187万元。合作社户数呈快速增长趋势。共新设立农民专业合作社1306户，较上年1049

宁乡县中小微企业融资对接会

户，增长24.5%。农民专业合作社快速发展主要原因：1. 农民专业合作社作为农民自愿联合、民主管理的互助性经济组织，不会改变现有的农村基本经济制度，且有助于提高农民进入市场的组织化程度，增加农民收入。2. 政府各级部门大力扶持农民专业合作社的发展，对农民专业合作社开通“绿色通道”，不收取任何登记费用及税费，还给予资金等多方面支持，这是吸引农民办社的重要因素。

（市工商局）

【宁乡县中小微企业融资对接会】 2012年5月24日，宁乡县“金融超市”贷款营销暨中小微企业融资对接会在通程温泉大酒店举行。会议由宁乡县委、县政府主办，县金融证券办、县工商局、县个私协承办。130家中小企业和县内16家银行、担保公司、小额贷款公司相关负责人参会。县委常委、常务副县长余新凡出席会议并作重要讲话，市个私协秘书长孙泾、县人大副主席胡明先、县政协副主席喻立明参加会议。11家金融机构在会议上以PPT的形式图文并茂地介绍了各自的特色、创新性金融产品。16家金融机构在会场布置了展位，与会企业根据自己的生产经营需要，与相关金融机构进行面对面的咨询、交流，介绍企业的生产经营情况，了解了金融产品、贷款程序和要求，进一步商定融资方案。会议举行前，县工商局、个私协与县金融证券办协作，在全县范围内开展中小微企业调查，共向银企对接会推介了600家发展前景良好、有贷款需求的企业。融和家具等33家企业通过工商等部门穿针引线，与银行达成贷款协议。33家企业在融资对接会上签订了贷款合同，共计融资3.66亿元，被推介的企业预计后续融资达5亿元。县金融证券办统计，2012年1～4月，中小企业信贷投放较上年同期增长7.5亿元。

（宁乡县个私协会）

表　　2012年长沙市个体工商业分行业统计表

项　目	户数(户)	人数(人)	注册资金		户数占总数的比例(%)	比上年增减(%)	
			万元	比上年增减(%)		户　数	人　数
合计	343675	694374	2188474.00	17.24%	100.00%	7.23%	0.82%
农、林、牧、渔业	3710	13512	131277.00	65.89%	1.08%	21.80%	51.72%
采矿业	227	1167	8558.00	-14.08%	0.07%	-26.06%	33.83%
制造业	17236	62444	122259.00	8.44%	5.02%	-1.71%	-1.39%
电力、燃气及水的生产和供应业	51	103	305.00	-2.56%	0.01%	-13.56%	37.33%
建筑业	450	1121	5751.00	0.84%	0.13%	-7.41%	20.93%
交通运输、仓储和邮政业	8933	20854	35093.00	14.09%	2.60%	3.57%	-2.69%
信息传输、计算机服务和软件业	2311	3743	12355.00	10.15%	0.68%	3.45%	21.72%
批发和零售业	239329	436225	1496553.00	12.70%	69.63%	7.86%	6.95%
住宿和餐饮业	27591	74780	138856.00	20.68%	8.02%	8.61%	-15.01%
金融业							
房地产业	248	523	877.00	22.66%	0.08%	1.22%	11.51%
租赁和商务服务业	4882	10638	47427.00	20.58%	1.42%	17.78%	38.77%
科学研究、技术服务和地质勘查业	264	361	849.00	30.41%	0.08%	-5.38%	51.05%
水利、环境和公共设施管理业	1211	352	2779.00	0.22%	0.35%	-0.57%	10.69%
居民服务和其他服务业	32536	56564	147144.00	57.55%	9.46%	6.39%	-22.75%
教育	50	336	1196.00	43.75%	0.02%	11.11%	46.72%
卫生、社会保障和社会福利业	1080	3259	8041.00	16.17%	0.31%	15.76%	26.07%
文化、体育和娱乐业	3542	8291	28862.00	0.27%	1.03%	4.05%	-11.41%
其他行业	24	101	292.00	-38.91%	0.01%	-63.64%	-33.11%

（李建林　刘　婷）

表　　2012年长沙地区私营企业基本情况统计表

项　目	户数（户）	投资者（人）	雇工人数（人）	注册资本金（万元）	总产值（万元）	销售总额或营业收入（万元）	社会消费品零售额（万元）
合计	92983	247219	633894	22436078.00	410260.00	47879703.00	3539200.00
农、林、牧、渔业	1345	3424	5261	406150.00	19328.00	197118.00	11574.00
采矿业	233	534	2021	33989.00	1994.00	28853.00	1279.00
制造业	10327	26058	75394	2913685.00	349393.00	15129986.00	341751.00
电力、燃气及水的生产和供应业	172	455	698	45899.00	1608.00	34497.00	730.00
建筑业	3980	9412	8744	1235384.00	37937.00	1749301.00	123255.00
交通运输、仓储和邮政业	1672	3527	9259	387700.00	*	529545.00	27763.00
信息传输、计算机服务和软件业	5002	10514	10233	682688.00	*	622069.00	83016.00
批发和零售业	30366	93666	252978	4971450.00	*	22122134.00	2199759.00
住宿和餐饮业	954	1505	3762	117743.00	*	206228.00	30837.00
金融业	313	1119	110	586127.00	*	124533.00	2091.00
房地产业	3451	8575	5230	2758509.00	*	3094141.00	48684.00
租赁和商务服务业	18038	46267	152511	5463486.00	*	1380706.00	251036.00
科学研究、技术服务和地质勘查业	12926	33107	98067	256925.00	*	2187738.00	348491.00
水利、环境和公共设施管理业	1003	2289	1264	2330725.00	*	149265.00	4946.00
居民服务和其他服务业	2136	4529	4634	173786.00	*	158007.00	36165.00
教育	119	271	453	165983.00	*	12239.00	7378.00
卫生、社会保障和社会福利业	135	278	769	16977.00	*	54233.00	12141.00
文化、体育和娱乐业	811	1689	2506	32092.00	*	99110.00	8304.00
其他行业					*		

（李建林　刘　婷）

质量技术监督管理

【概况】 2012年，长沙市质量技术监督局全面履职，各项工作齐头并进，成效显著。市局被国家质检总局授予“全国质量技术监督机构民生计量工作先进单位”荣誉称号并作大会典型发言，被省局、市委市政府授予“全省质监系统先进集体”、“全省质监系统执法打假先进单位”、“全省质监系统电煤质量监管先进单位”、“长沙市质量振兴工作先进单位”、“全市政务公开政府服务工作先进单位”等荣誉称号。

一、以宣贯国务院《质量发展纲要（2011-2020年）》为主线，推动全市质量工作上新台阶。1. 启动质量强市战略。组织召开全市质量、标准化和计量工作会议，拉开实施质量强市战略的序幕。提请市政府成立全市质量强市战略工作协调领导小组，下发在全市开展《质量发展纲要》宣传贯彻学习活动的文件。高新区管委会出台了3年行动计划，设立“长沙高新区质量奖”，浏阳市率先将质量工作纳入地方政府目标考核体系，宁乡县政府完善兑现质量奖励政策和措施。扎实推进名牌战略，全市3家企业获省长质量奖组织奖，64家企业入围湖南名牌评审，评选了21个长沙名牌产品。2. 推进标准化战略。与市工信委联合开展的中小型企业标准化战略推进工程取得初步成效。积极争取国际标准化组织烟花爆竹和起重机技术委员会秘书处落户长沙，成为全国唯一拥有两个ISO秘书处的省会城市。加强农业标准化示范区建设，全市已有5个国家级、8个省级、48个市级农业标准化示范区。组织制定市级农业标准规范2项，备案企业标准358项、备案登记115项。组织机构代码数据质量达95%以上，代码成果应用拓展到了住房公积金缴纳、民政低保资格审查等新领域。3. 推进计量和认证工作。突出抓好医用计量器具、食品检测用计量器具等涉及公共安全计量器具的强检管理，全年共检定强检计量器具66万台件，强检计划执行率平均达92%以上；认真组织实施加油机强检工作新机制，对全市城区105个加油站建立了“一图三表一报告”的动态监管档案；组织开展“推进诚信计量、建设和谐城乡”主题行动。大力推动企业开展自愿性认证工作，提高企业自身的管理能力和水平；对辖区内300家强制性产品生产企业进行了巡查，对94家实验室进行了评审检查。

二、确保了长沙市没有发生一起食品、特种设备和重点工业产品重特大质量安全责任事故。食品质量安全监管方面，加强日常监管巡查、监督抽查和风险排查工作。共完成食品监督抽查3200批次，合格率为91.2%；乳制品三聚氰胺专项抽查502批次，合格率为100%。狠抓重点环节、重点地区和重点行业监管。新发、换发食品生产许可证299张，上报省局注销371张；成立雨花区食品监管巡查专门队伍，对清查出的79个黑作坊进行了取缔，有效改善了区域食品质量安全状况；结合以打击“一非两超”为重点的现场检查集中行动，相继开展了食品添加剂、明胶、米粉等10余项专项整治行动，查处各类食品生产违法案件278起。科学应对、应急处置南山奶粉黄曲霉毒素M1超标等突发事件，得到了市委市政府的充分肯定。探索建立食品小作坊监管、食品安全示范企业创建、企业法人约谈与培训等机制。开发了“长沙市食品生产监管信息系统”软件，监管工作更为程序化、规范化。特种设备安全监察方面，严格落实安全监管、安全主体、检验把关责任；在天心区、开福区、雨花区等试点推行安全生产标准化建设；深入开展打非治违工作，组织开展电梯使用维保环节、液化石油气钢瓶、车用气瓶安装等多个专项整治行动；雨花区电梯应急维修试点工作取得良好开端，芙蓉分局等组织开展了电梯应急救援演练，市局关于电梯安全监管的调研报告得到了市长和分管副市长的批示，为2013年电梯安全监管地方立法工作奠定了坚实基础。重点工业产品质量安全监管方面，扎实推进产品质量风险排查和道德领域专项治理活动、“双打”和“质检利剑行动”，组织开展农资、清新居室、电线电缆等20余项重点工业产品专项整治，全局系统共立案472起。完成工业产品定期监督检查计划5485批次（含烟花爆竹），完成率92%。将电线电缆、化肥生产企业纳入分类分级监管范畴，建立了纸质和电子档案。

三、组织开展“质监进企走基层、服务解难优环境”大走访活动，深入全市200余家企业，通过开展集中调研、走基层访企业、建立企业服务点等方式，推动企业能力升级、技术升级。积极发挥工业产品生产许可的调控作用，组织开展水泥、人造板等95家获证企业的监督检查。对规模工业企业开展卓越绩效管理模式和工业企业标准制定规范培训。全年制修订烟花爆竹国家标准6项，完善报批3项，梳理12项，推动烟花爆竹传统优势产业优化升级。为食品生产企业提供工艺改进、人员培训、原材料验货等大宗技术服务。加强对食品工业园区建设的指导和服务，引导扶持42家企业进入食品工业园区规范生产，逐步实现食品工业的重新布局和产业升级。加强地理标志产品保护工作，浏阳烟花和沙坪湘绣地理标志保护工作有序推进、影响不断扩大，望城铜官陶瓷正式获批实施地理标志产品保护，启动了长沙县“罗代黑猪”申报工作。开展用能单位能源计量器具合格认可工作，举办《通则》宣贯培训，8家单位通过合格认可；组织对重点用能单位计量器具配备、管理和计量数据使用情况以及实施能效标识管理产品的监督检查。“12365”投诉举报中心处理投诉举报案件352宗，处理率达90%。全力服务调煤保电，派出专人进驻电厂实时监测电煤质量。认真落实小微企业组织机构代码证办理费用减免政策，减免费用15万余元。

四、加强内部管理，抓好能力建设，不断树立长沙质监管理规范、执法刚正、技术权威的形象。技术能力上台阶。市局星沙质检基地建设一期主体工程已进入扫尾阶段，长沙县质量监督检验及计量检定所综合检测楼项目建设已正式启动。加快国检中心批筹进展，“国家农副产品质量监督检验中心（湖南）长沙酒类分中心”获总局正式批筹。推动技术机构做大做强。浏阳市产检所被评为全省县级检验机构唯一A类单位；市质检所被总局评为一类技术检验机构，与国家安全玻璃及石英玻璃质检中心共建合作实验室，与中国建材检验认证集团股份有限公司签订了合作协议，同时，积极申报6个省级检验中心；省汽配中心积极开展工程机械检验业务。不断提升科技兴检水平，市食检中心获省局科技兴检一等奖1项，参与的省科技重大专项“湖南省食品安全监控技术体系研究与示范”中期评估为优秀。（肖建军）

食品药品监督管理

【概况】 2012年，长沙市食品药品监督管理部门强化监管，健全监管网络，推进在线管理，加强食品药品诚信体系建设。

一、营造诚实守信的行业风气。1. 倡导个人诚信。个人诚信是社会诚信的基础，是有效监管的前提和保障。2012年，按照“全员分类、短期集中、轮流培训、严格考核”的原则，开展从业人员培训，取得实效。3600余家企业，35000余名从业人员，参与诚信体系建设培训，31000余人经考试合格，建立了由监管部门和用人企业共同记录，涵盖个人信息、履职经历、信贷记录、违纪违法等综合信息的个人诚信档案，全市“三品一械（药品、保健品、化妆品、医疗器械）”企业从业人员的诚信培训和建档率达到60%，从业人员知法守法意识明显增强。2. 稽查打假治劣。全年共出动执法人员6030人次，车辆1924台次，检查“三品一械”生产、经营使用单位2207家次，立案查处违法违规案件109起，其中一般程序95起，简易程序14起，完成省局交办函55件，外地协查74起，取缔无证经营户1家，罚没收入1000余万元，较上年增长了5倍。依法查处了湖南泰尔制药股份有限公司生产营养成分不符合食品安全标准的“泰尔膳通片”案、湖南双仁医药有限公司出租“药品经营许可证”案等有影响的大案要案10余起，有力地威慑了失信违法行为。3. 广泛宣传。积极推动市政府办公厅《关于推进食品药品行业诚信体系建设的实施意见》（长政办发〔2012〕4号）出台。印制了诚信体系宣传画册《行业诚信》，首批印制的10000册将全部免费发放到全市“三品一械”企业。全年上报诚信工作信息230余条，在市以上各级媒体上发表信息30余条，其中2条信息分获湖南省食品药品监管好新闻评选活动一、二等奖。同时在红网、《长沙晚报》等主流媒体曝光了3批19家存在严重违法违规行为的企业和从业人员，先后提请省局依法吊（注）销4批71家医疗器械“空壳”公司的经营许可证，公布2名贩售假药的从业人员，依法清退出长沙市场。

二、推进在线监管，构建稳定市场秩序。1. 宽领域搭建监管平台。建成了长沙市食品药品行业诚信信息监管平台，覆盖全市“三品一械”企业的生产经营、社会履责、接受监督、内部管理、协会检查和党工团建设等情况。铺设专网专线1600余公里，安装监控摄像头3000余个，对全市52家药品生产企业、9家保健食品生产企业、19个医疗机构制剂室的重点部门、关键环节和142家批发公司的仓储情况，22家药品零售连锁企业的执业药师远程审方等情况全部实现视频监控。导入过百万条的产品数据，适时掌握产品的购进、销售和仓储情况，初步建成产品溯源体系。装备配置有视频、笔记本和微型打印机的执法设备15套，全程监控执法行为，有效促进行政执法模块化、制式化和规范化。2. 强化产品安全。采取在线监控、跟踪检查、飞行检查和监督抽查等方式，对全市药品、保健食品、化妆品生产企业和医疗机构制剂室实行覆盖检查，对22家不符合规定的企业下达了责令整改通知。坚持把特殊药品和基本药物放在重要的位置来抓，通过中国新特药网和中国药品电子监管网在线监控500余次，处理各类预警4500余条，基本药物预警处理率100%，并组织人员对全市18家特殊药品生产、经营、使用企业进行了现场检查，检查覆盖率100%。派遣观察员20人次，配合省局完成药品GMP认证、延期认证等14家，核查基本药物处方工艺55个品种，现场检查新药注册工艺24个品种。3. 抓好市场准入。坚持严格时限、严格标准、严格程序的原则，积极开展行政许可工作。全年共核发“药品经营许可证”100家，变更353家，换证145家，协助省局受理药品批发企业行政许可74次，集中力量做好药师指纹录入工作，药师建档1327人次。办理一类医疗器械产品注册53个，核发“医疗器械经营企业许可证”（零售）32家，变更4家，初审“医疗器械经营企业许可证”（批发）申办资料186家，换证资料15家，审查变更资料230家次，协助省局完成生产企业质量体系考核11家，参与省局组织的生产、经营企业现场检查129家。4. 开展专项整治。先后组织开展了“非药品冒充药品”、“互联网非法收售药品”、“违法虚假广告”、“保健食品违法添加”、“化妆品违法使用禁用物质”等专项行动，检查“三品一械”生产、经营和使用企业2000余家，责令整改300余家，受理举报投诉122件，立案41件，没收产品货值70余万元，罚没款合计300余万元，1起案件移送公安，依法调查安利公司、漂亮宝贝、高桥药材市场等公司的有关问题，并责令整改，有效规范市场秩序。5. 高效率处置问题事件。在处置“问题胶囊”事件中，抽检明胶和空心胶囊生产企业的药用明胶及空心胶囊存样20个批次，抽取药用明胶、空心胶囊使用企业明胶样品19个批次、空心胶囊样品71个批次。对流入长沙市的23645盒“问题胶囊”产品，查明问题产品流向，就地封存库存产品，责令召回问题产品，停止销售可疑产品，有效防止了“问题胶囊”扩散。省委常委、市委书记陈润儿就处置工作作出肯定批示。

三、实现动态评估，凝聚服务发展动力。1. 不断健全行业协会。建立健全药品生产、流通，以及医疗器械、保健食品、化妆品等6大行业协会。不走“收收会费、搞搞活动、发发奖牌”的传统协会老方式，加速推进协会职能转型，实现协会提出诚信准则、制定行业标准、规范行业行为三大职能，引导行业协会运用好企业的专家优势，把共同遵守的行业标准量化为可考核的具体指标，组成专家检查团配合监管部门开展企业间的交叉检查，检查结果作为企业诚信评定的重要依据。2. 完善技术支撑体系。积极筹建药品检验所项目，争取中央财政的设备购置资金和省财政的专项资扶助金1700万元～2000万元，市药品检验所项目已列入2013年市政府重点投资计划预备项目。在没有市本级药品检验所的情况下，采取向省药检所和株洲市药检所送检的方法，不断完善抽样方法，突出抽检重点。全年共送检产品1236批次，其中药品890批次、医疗器械20批次、化妆品20个批次和保健食品306批次，对检出不合格34批次产品，依法移交稽查支队进行了查处，为打假治劣提供了技术支撑。3. 推进不良反应监测。强化督查督导，创新哨点监测，提升监测水平，截至11月底，审核、评价、上报药品不良反应病例报告5628例、医疗器械不良事件有效报告1019例，上报数同比增长64.18%和22.5%，其中药品、医疗器械严重不良反应报告分别为452例和476例，同比增长139%和981%。收到药物滥用监测报表2181份，化妆品不良反应报告51例。536家单位注册国家不良反应监测系统，较上年新增473家，同比增长750%。在全国地市级中心中，首家实现年内监测发现不合格药品2例，并由稽查支队立案查处。国家药品不良反应中心主任杜晓曦高度肯定了长沙市不良反应监测工作。4. 加强药品广告监测。健全数字化媒体广告检测系统，督促企业签订《不经营虚假广告品种承诺书》，加强药品广告监测和违法广告的查处力度。全年监测电视频道8家、平面媒体6家，向市工商局提请查处虚假违法广告212条，对73个品种提请省局采取行政强制措施。对省局要求采取强制措施的品种，先后开展2次专项督查，下达责令整改通知书10份，依法立案查处3家。

四、加强食品安全管理。年内，全市开展食品安全检验检测27.53万批次，总体合格率97.8%，较2009年提高7.6个百分点。乳制品、食用油脂、肉制品和蔬菜农残抽检合格率分别为99.7%、98.5%、99.4%和99.5%。严格实行农村集体聚餐申报备案、现场指导、信息报告等措施，指导农村集体聚餐7132起，未发生一起一般及以上级别的食品安全事故。扎实推进餐厨垃圾无害化处理与资源化利用，严厉打击食品行业的违法行为，一些突出问题得到较好解决。1. 监管网络不断健全。市、县（区）两级食安部门发挥“牵头抓总、协调监督”作用，统筹工作目标任务、统筹重大综合专项治理、统筹重点案件查办、统筹重大食品安全事故查处、统筹食品安全检验检测，监管合力进一步增强。市纪委、市纠风办、市食安办联合对市公安、农业、商务、卫生、食药、畜牧、工商、质监等8家食品安全监管部门履职情况开展专项民主评议，推动监管部门积极依法履职。出台《关于加强区县（市）食品安全基层基础规范化体系建设的实施意见》，编印《食品安全规范化管理体系建设指导手册》，推进基层规范化管理体系建设，各区、县（市）均成立食安办，全市169个乡镇（街道）成立食安管理机构，配备食安专干438名，聘请食安信息员9667名，构建了县、乡、村三级监管网络。2. 放心工程成效明显。大力实施“放心猪肉、放心蔬菜、放心作坊、放心食堂”工程，建成标准化生猪养殖基地35个，加强“瘦肉精”监测，排查存栏生猪2.1万头，检出率为零；规范生猪定点屠宰，建成宁乡现代资源集团和雨花区红星盛业两大生猪屠宰场；肉菜溯源体系成为商务部试点城市之一。创建农业标准化生产基地136个，新认证“三品一标”农产品92个，建立蔬菜农残检测监控点60个，蔬菜质量例行监测合格率达95.9%。加强小作坊登记备案管理，查获违法案件115起，捣毁黑窝点34个；全面整治“黎托重灾区”，四分之一的食品小作坊迁入园区。深入整治学校食堂，检查各级各类学校、幼儿园2000余所，责令改进227家，取缔校园周边饮食摊点700余个。3. 专项整治成果巩固。围绕重点品种、重点区域和重点时段，开展专项整治行动，规范重点品种，铲除高危隐患。关停、取缔私屠滥宰窝点33个，关停非法炼制、收购潲水油的窝点43个，关停无证无照制售食品及相关产品的窝点、作坊及饮食店473处，查办食品安全行政处罚案件1744起。积极发展食品安全违法犯罪情报员队伍，建立“基层摸排、食安联动、部门查处、司法究责”的案件查办模式，全年查办食品安全刑事处罚案件20起，刑拘54人，起诉51人。4. 示范创建扎实推进。继续实施“2511”食品安全示范创建工程。特别是在示范乡镇（街道）创建工作中，制定示范创建管理办法和评价细则，建立动态管理、审查复核和退出机制，通过年初乡镇（街道）申创、年终乡镇长（街道主任）公开陈述、年度食安办综合考评，确定食品安全示范乡镇（街道）20个。另创建食品安全示范街9条、示范餐饮单位26家、示范学校食堂22家，打造阳光厨房89家。试行水产品凭证入市制度，多宝鱼、对虾、鲈鱼、鳜鱼、乌鳢五个重要品种有证销售占比达70%以上，水产品抽检合格率为99.6%。5. 深入开展宣传活动。举办各类教育培训，提升基层监管人员业务水平。先后开展各类宣传1300余次，制作专题展板2200余块，发放资料102万份。建立健全食品安全信息通报网络和发布机制，发布食品安全政

餐厨垃圾无害化处理

府信息7349条、食品安全检测信息13期，通报不合格食品名单352批次。全面实施《食品安全违法案件举报奖励办法》，全年共受理举报投诉2244起，立案939起，兑现奖金19.35万元。（陈　力　符中华）

【水产品凭证入市制度实行】　2012年，长沙市食安办联合市工商、卫生、畜牧四部门联合印发《长沙市水产品凭证入市工作制度（试行）》，对大菱鲆（多宝鱼）、对虾、鲈鱼、鳜鱼、乌鳢五个重要品种，在长沙市马王堆海鲜批发市场、市区内经营水产品的生鲜超市、农贸市场及宾馆、酒楼等餐饮服务单位试行水产品凭证入市制度。该制度试行后，5个试行水产品累计入市销售达815.4万公斤，其中有证产品销售量达585万公斤，占比70%以上。同时，开展水产品市场抽检4118批次，总体合格率99.66%，较2011年同期上升0.9个百分点，进一步深化和延伸水产品产销对接机制，构建覆盖全市的水产品质量安全监管网络。（符中华）

【餐厨废弃物无害化处理和资源化利用】　2012年，长沙市出台《长沙市餐厨垃圾管理办法》实施办法等相关配套法规制度，前期投入1.2亿元，兴建一座日处理量达375吨的餐厨垃圾无害化处理厂。同时，对全市5000多家大中型餐饮单位开展全面调查摸底，建立健全管理台账，先期与2904家餐饮单位签订《餐厨垃圾收运合同》。加大对餐厨垃圾产生单位的日常监管和执法，在出入城口设置非法收运检查点，严厉打击非法收集与偷运行为，从源头管控餐厨垃圾回流餐桌。查扣非法运输车辆20台次，取缔非法提炼“潲水油”、“地沟油”黑作坊11处，从源头控制“潲水油”、“地沟油”的产生和非法销售，防止回流餐桌。（符中华）

【市、县两级联合开展食品安全事故应急演练】　2012年11月1日，由长沙市食安办、芙蓉区食安委主办，芙蓉区食安办承办、东湖街道办事处协办的芙蓉区食品安全事故应急演练在湖南农业大学修业广场举行。市政府副秘书长、市食安办主任黄吉邦，市应急办主任晏兴辉，市食安委相关成员单位负责人，各区、县（市）有关单位负责及市委党校食品安全培训班全体学员共计180多人到现场观摩。演练模拟芙蓉区东湖街道东湖村王家自办婚宴，席后，30余人不同程度地出现头疼、头晕、乏力、呕吐、胸闷、嘴唇发绀等症状，其中有1位村民出现了昏迷。接到报告后，芙蓉区政府在事故现场成立应急指挥部，调度各相关部门迅速行动，经过妥善处置和认真调查，所有病患均得以及时救治，事故原因初步查明，系聚餐中所用腊肉中亚硝酸盐超标而导致食物中毒，相关责任人将被严格追究事故责任。市应急办主任晏兴辉对本次演练进行现场点评。（符中华）

“3·26”制售有毒有害水发产品案

“4·13”制售有毒有害腊制品案

·食品安全违法犯罪典型案例·

【“1·13”非法制售罂粟壳米粉案】　2012年1月13日，长沙县公安机关查获星沙镇开源鑫阁美味米粉店利用罂粟壳非法制售毒米粉案。经查，犯罪嫌疑人范新国先后非法购得罂粟壳6斤，打磨成粉后加入到米粉的汤底中，以此吸引更多的顾客来消费，变相欺骗他人吸食毒品。案件处理结果：犯罪嫌疑人范新国被判处有期徒刑1年，并处罚金5000元。（符中华）

【“3·26”制售有毒有害水发产品案】　3月26日，长沙市食安办、市公安局、市工商局和市畜牧兽医水产局开展联合执法，查处西长街农贸市场2家水发产品经营户、芙蓉区鸿强水产冻货经营部和义华水产经营部制售有毒有害水发产品违法行为，抓获犯罪嫌疑人倪观配、孙国华、彭威等5人，查扣牛百叶、黄喉、毛肚、鱿鱼、海参等水发产品成品及半成品600公斤、双氧水、工业烧碱600公斤及大量原材料和生产经营工具，捣毁一张非法添加违禁物质加工水发产品的犯罪网络。（符中华）

【“4·13”制售有毒有害腊制品案】　4月13日，芙蓉区食安、质监、公安等部门联合行动，查处一个利用劣质猪肉和工业盐制作腊肉的“黑窝点”，查获工业盐38袋，成品腊肉400公斤，半成品4300公斤，劣质原料7000公斤。经检测，腊制品的氧化值、酸价、亚硝酸盐残留量均超标，并检出含有农药“敌敌畏”。案件处理结果：犯罪嫌疑人慕为兴被判处有期徒刑6个月，并处罚金1万元。（符中华）

【“7·30”制售有毒有害米粉系列案件】　7月30日，长沙市公安局治安支队牵头，与市质监局及相关区分局组成专案组，对8家目标米粉生产企业开展侦查行动。打掉生产不合格米粉犯罪团伙4个，摧毁不合格米粉生产线7条，抓获涉案人员21人（其中16人被依法刑事拘留），封存制作米粉的原料大米、湿米粉半成品、成品10吨，查扣违法添加物焦亚硫酸钠1吨。经检测，开福区星岳腾米粉厂、旺达米粉厂、陈胜米粉厂、岳麓区早禾米粉厂的湿米粉中二氧化硫残留量严重超标，案件处理结果：涉嫌犯罪的16名嫌疑人（6人被依法批准逮捕，10人取保候审）被依法起诉。（符中华）

表　2012 年度长沙市食品安全刑事案件

编号	立案时间	案件性质	犯罪嫌疑人	简要案情	处理情况	办案单位
1	2011 年 11 月 2 日	销售伪劣产品（假酒）	孙四华、彭伟、孙云、徐志亚、彭培林、伍加民	2010 年 6 月以来，犯罪嫌疑人用湘泉、邵阳大曲等低档酒勾兑国窖 1573、湘窖等高档白酒，先后销售伪劣高档白酒 300 余件，销售额 34 万余元	逮捕、起诉 6 人	长沙市公安局
2	2012 年 3 月 27 日	生产、销售有毒有害食品（牛百叶等）	彭威	2007 年以来，犯罪嫌疑人彭威用火碱、双氧水有毒有害物质加工鱿鱼、毛肚、牛百叶等水发产品，从中牟利	判 2 年，罚 2 万元	长沙市公安局
3	2012 年 3 月 27 日	生产、销售有毒有害食品（牛百叶）	孙国华、彭四元	2007 年以来，犯罪嫌疑人孙国华、彭四元用火碱、双氧水有毒有害物质加工鱿鱼、毛肚、牛百叶等水发产品，现场查获有毒水发产品 90 公斤	逮捕、起诉 2 人	长沙市公安局
4	2012 年 3 月 27 日	生产、销售有毒有害食品（牛百叶）	倪观配、倪恒辉、罗细隆	2011 年 3 月以来，犯罪嫌疑人倪观配同妻罗细隆、侄儿倪恒辉用火碱、双氧水有毒有害物质加工鱿鱼、毛肚、牛百叶等水发产品，现场查获有毒水发产品 206 公斤	倪观配判 3 年罚 5 万元，倪恒辉判 2 年罚 2 万元，罗细隆判 2 年罚 3 万元	长沙市公安局
5	2011 年 12 月 9 日	生产销售有毒有害食品（米粉）	范新国、彭灿	犯罪嫌疑人彭灿非法购进罂粟壳打碎成粉，在其干货店出售。犯罪嫌疑人范新国从彭灿干货店购买罂粟壳粉 3 公斤，添加到米粉中，以增加米粉的鲜味，吸引顾客，变相欺骗他人吸食毒品	范新国判 1 年罚 5000 元，彭灿判 3 年罚 3000 元	长沙县公安局
6	2011 年 12 月 6 日	非法经营地沟油	唐谷明、陈建新	2011 年 2 月以来，犯罪嫌疑人唐谷明用猪皮、猪下水等原料在其地下炼油作坊生产地沟油 52 余吨，陈建新从其购进地沟油 550 公斤对外销售，至案发销售 250 公斤	起诉 2 人	宁乡县公安局
7	2012 年 3 月 12 日	生产销售有毒有害食品（病死猪肉）	曾培章	2007 年以来，犯罪嫌疑人曾培章多次收购、贩卖病死猪肉，被浏阳市畜牧部门行政处罚 4 次。但曾培章不思悔改，2011 年 11 月以来继续大肆收购病死猪肉，并由贺阳明（在逃）负责销售	逮捕、起诉 1 人	浏阳市公安局
8	2011 年 11 月 11 日	生产销售伪劣产品（病死猪肉）	周坚、代小燕	2011 年 8 月至 11 月期间，犯罪嫌疑人在未取得任何证照情况下，非法使用工业盐、亚硝酸盐、胭脂红、焦糖色等制作腊肉，先后销售腊肉 9 余吨，现场查扣腊肉及半成品 5 吨	逮捕、起诉 2 人	浏阳市公安局
9	2012 年 3 月 11 日	生产销售不符合安全标准食品（病死猪肉）	李凡堂、黎成、陈峥嵘、李祥国、王贤友	2010 年 7 月以来，犯罪嫌疑人李凡堂收购销售病死猪肉，黎成、陈峥嵘、李祥国、王贤友参与为李凡堂介绍、转销病死猪	逮捕、起诉 5 人	浏阳市公安局
10	2012 年 4 月 15 日	生产销售有毒有害食品（病死猪肉）	慕为兴	2012 年 3 月以来，犯罪嫌疑人慕为兴用工业盐和劣质猪肉生产加工腊肉、香肠等，从中牟取非法利益。现场查扣工业盐 38 袋，腊肉、香肠、冷冻猪肉等 11.68 吨	逮捕、起诉 1 人	芙蓉区公安分局

编号	立案时间	案件性质	犯罪嫌疑人	简要案情	处理情况	办案单位
11	2012 年 4 月 5 日	销售伪劣产品（假酒）	彭元平	2007 年 12 月至 2012 年 4 月，犯罪嫌疑人彭元平从山东烟台低价购进红酒，贴上卡斯特系列红酒标签及奔富名庄系列红酒标签，提价销售，非法获利 6 万元	逮捕、起诉 1 人	芙蓉区公安分局
12	2012 年 7 月 30 日	生产销售不合格米粉	刘甜、张检、张光明、陈月娥	2012 年 6 月至 7 月，犯罪嫌疑人在米粉生产中非法添加焦亚硫酸钠，日均产量达 2500 公斤，期间销售所得 16 万元	逮捕 1 人，起诉 4 人	长沙市公安局
13	2012 年 7 月 30 日	生产销售不合格米粉	姚胜、温日生	2012 年 5 月至 7 月，犯罪嫌疑人在米粉生产中非法添加焦亚硫酸钠，生产米粉 180 吨，销售金额达 32 万元	逮捕、起诉 2 人	芙蓉区公安分局
14	2012 年 7 月 30 日	生产销售不合格米粉	张菊花、周烽、朱六一、任修发、向欢喜、易红	2012 年 4 月至 6 月，犯罪嫌疑人在米粉生产中非法添加焦亚硫酸钠，生产米粉 315 吨，销售金额达 81.9 万元	逮捕 5 人，起诉 6 人	岳麓区公安分局
15	2012 年 7 月 30 日	生产销售不合格米粉	刘胜平、陈秋秀	2012 年 6 月至 7 月，犯罪嫌疑人在米粉生产中非法添加焦亚硫酸钠，生产米粉 180 吨，销售金额达 36 万元	逮捕 1 人，起诉 2 人	开福区公安分局
16	2012 年 4 月 27 日	销售假酒	季楚东	2011 年 7 月以来，犯罪嫌疑人季楚东先后八次从钟志强明显低于市场价购进假冒茅台酒 982 瓶，从中获利 33 万元	逮捕、起诉 1 人	雨花区公安分局
17	2012 年 11 月 1 日	销售假酒	张益新、文益仁、	2009 年以来，犯罪嫌疑人生产、销售假“酒中酒霸”酒。2010 年 11 月起先后贩卖假“酒中酒霸”酒 1200 件，合计 7.2 万元	起诉 2 人	雨花区公安分局
18	2012 年 11 月 1 日	生产销售假酒	姚军、杨坤、吴春丽	星沙依然烟酒商贸行违规加工制作酒类产品，现场查获无品名无日期酒类商品 2059 瓶，假冒剑南春酒 24 瓶、国窖 1573 酒 5 瓶，标明为“五洲醉国窖 品尝酒”780 瓶，浓香源酒 252 瓶	刑拘 3 人	长沙县公安局
19	2012 年 10 月 21 日	生产销售不合格米粉	曾湘华、曾宪仁、吴昌荣	2011 年 7 月至 10 月，犯罪嫌疑人在米粉生产中非法添加明矾，共生产、销售含明矾的米粉 18.5 吨，销售金额 8.9 万元	起诉 3 人	长沙县公安局
20	2012 年 7 月 11 日	生产销售假冒果冻	潘建为、胡尚峰	2011 年 6 月以来，犯罪嫌疑人生产、销售假冒“喜之郎”水果冻，共生产 10059 箱，销售金额 5 万元	逮捕、起诉 2 人	宁乡县公安局

城市建设
环境保护

责任编辑：尚畅

【概述】 2012年，长沙市住房和城乡建设系统加快重大项目建设，推动建设领域产业转型，助推城乡一体化发展，营造绿色宜居环境，提升综合承载功能，进一步创新管理，强化服务，提升行业监管水平，城乡建设事业实现新跨越。

一、重点工程推进有力。全年长沙市启动重点工程项目222个（包含先导区70个），完成投资363亿元（含先导区123亿元）。其中，地铁2号线轨道铺设完成，湘江枢纽实现蓄水通航，福元路大桥、湘府路大桥、营盘路浏阳河桥建成通车，地铁1号线、高铁新城、南湖路湘江隧道、两馆一厅等重大项目推进顺利。

二、房地产业保持平稳。全年长沙市实现开发投资1032亿元，同比增长16.4%；新建商品房累计批准预售1850万平方米、网签1500万平方米，同比分别减少8%和14%；价格环比指数基本持平，房价过快上涨趋势得到有效抑制；保障性住房建设加快推进，房地产租赁市场管理正在加强。

三、建筑业持续增长。地区建筑业总产值2292.94亿元，同比增长12.3%，增加值544.88亿元，同比增长11.4%；市管企业建筑业总产值931.59亿元，同比增长11.56%，增加值218.85亿元，同比增长10.16%。

四、村镇建设成效明显。全年长沙市完成小城镇基础设施建设投资105亿元，同比增长13%；县域城镇化率50.2%，比上年增长2.4个百分点。莲花、灰汤、沩山、文家市等开始绿色低碳示范镇建设，大瑶、普迹、官桥等6个乡镇垃圾回收处理试点项目推进顺利。

五、燃气事业稳步发展。全年新增居民天然气用户10万户，供气总量6.2亿方；新增液化气用户10万户，液化气供应9.8万吨；天然气管线新增82公里，星沙LNG储备站项目投入试运行；燃气供给与安全使用得到保障。

六、物管行业亮点突出。物管面积1.3亿平方米，覆盖率超过70%，创全国物管示范项目3个，全省物管优秀项目13个。物业维修资金管理创新初显成效，全年归集物业维修资金17.9亿元，拨付使用4794万元，同比增长69.8%。

七、质安现场管控有力。工程合格率100%，优良率61%，其中政府投资项目优良率91%。全年创建绿色工地155个、绿色示范工地25个、省标准化示范工地307个，全国AAA级标准化诚信工地10个，事故和死亡率明显下降。

八、建设市场监管加强。工程报建流程再次优化，施工许可管理进一步规范。初步设计审查及施工图备案率100%，应招标项目招标率100%，合同备案率100%。审核市政工程概算投资34.18亿元，审减节约投资0.49亿元。立案查处建设、燃气、房产市场违法违纪34起，有效遏制市场违法行为。

九、“两型”建设有所突破。完成新建民用节能建筑2068.84万平方米，可再生能源建筑应用示范面积268.87万平方米，绿色建筑试点面积152.83万平方米。梅溪湖国家级绿色生态示范城区建设全面启动，绿色地铁设计导则、评价标准基本形成，轨道废渣利用技术投入实际生产。自隔热保温结构体系成功试点，旧沥青混合料再生利用、水源热泵综合利用等科研项目取得实质性进展。

十、房屋征收推进有序。全年完成征收面积52.87万平方米，监控补偿资金26.29亿元，解控资金22.90亿元。征收新政落实到位，政策机制进一步健全，房屋征收社会稳定风险评估工作率先开展，经验在全国范围推广。

十一、其他工作全面推进。建筑劳保基金全年征收5.67亿元，拨付3.54亿元，在保障企业利益、维护行业稳定中发挥了重要作用；城建档案管理全年接档4.3万余卷，地下管线数据增加到17000公里，实现实时更新和动态管理；桥隧管养和维护达168座，通行费征收超过2.53亿元，湘江银盆岭大桥等多座桥梁顺利完成加固改造；房屋产权审批发证24.36万户，代征各类税费5.15亿元，产权信息查询和房屋测绘流程进一步优化；房地产交易管理全年抵押登记13.57万笔，办理预售合同备案14.87万件，代征各类税费20.8亿元；历史建筑保护的监管和指导力度进一步加大，房屋安全管理监测危房面积51万平方米，相关立法工作有序推进；白蚁防治完成施工面积2089万平方米，国产化饵剂系统得到大力推广；法制工作成果显著，出台轨道交通建设管理条例、物业维修资金管理办法等一批地方性法规或政府规章；职教工作全年完成各类岗位培训1.78万人，职业技能鉴定1.55万人，进一步提升培训与组考工作效率；信息化建设开发和推广应用一批新的系统，并着手研究资源整合的具体方案；窗口服务限期办结率100%，行政效能平均提速25%，实现“零”投诉的管理目标；综治维稳工作全年接待信访516批次，同比减少23.6%，妥善解决一批历史遗留问题；区县建设管理授权范围进一步明确，考核办法进一步完善，市区（县）两级、区县之间互动交流进一步加强。

存在问题：建设和执法环境还需进一步改善，建设品质还需进一步提升，建设领域产业结构性矛盾还需进一步缓解，城乡一体化推进机制还需进一步健全，行业监管还需要进一步规范，联动合力还需进一步加大，服务能力还需进一步提高，宏观管理方面的研究还有待进一步加强，特别是质安监管与行业稳定的压力长期存在。（张　旭）

规划管理

【概况】　长沙市城乡规划系统完善规划编制体系，推行规划政务公开，努力确保全市经济增长，提升城市品质。

一、突出规划引领，规划龙头作用日益凸显。充分发挥规划的前瞻性和引导性，通过科学引导、合理规划、高效服务加快推进城市重大项目建设和城市经济发展。1. 加大前期介入，城市建设有序推进。科学开展长沙国际会展中心选址论证，做好红星大市场外迁等重大项目选址工作，完成全市十五个中心镇（小城市、特色镇）的筛选论证。抓好轨道交通、城际铁路、星沙联络线、营盘东路、东二环改造、湘江航电枢纽库区排水管网改造等重大基础设施项目规划审批。高效服务重点工程，有力推进隆平新城、南湖片区、金霞片区、黎托新城等重点片区建设。对桐梓坡鸭子铺通道、BRT选线、万家丽路高架桥方案等开展前期论证，破解交通难题。加强工作联动，重点保障和参与棚户区改造、城中村及保障性住房项目建设，有效促进项目落地。指导全市河道及砂场综合整治工作，编制《长沙市砂石场整治规划（2012-2015）》，开展砂石料场标准厂房设计，确保整治工作顺利推进。2. 强化服务意识，“两帮两促”卓有成效。制定和落实《2012年“两帮两促”工作实施方案》，对口帮扶东二环改造及人民东延线项目，全面分解工作任务，开辟绿色通道服务重大项目建设。强化各分局服务职能，加强对各区招商引资的梳理和策划，对各区重大建设项目建立台账，及时跟踪、协调服务，当好区政府的参谋助手及区域经济的“助推器”。3. 注重政策制定，规划引导更加有力。推行《全装修、全装修集成住宅容积率奖励办法》，加强对房地产市场的引导。起草《长沙市容积率管理技术规定（试行）》，探索建筑高度分区管理，出台《长沙市建筑高度规划修改规定》，着力塑造科学的城市空间结构。4. 落实精细管理，城市品质显著提升。加大重要建筑方案把关，上报市政府方案28批，有序推进万达国际广场、国际金融中心、保利南湖广场等城市综合体审批和建设，打造标志性建筑。组织建筑外立面色彩回头看，开展色彩整改，编制《长沙建筑图集》，汇编44个建筑项目和5个市政项目，提高建筑品质。

二、坚持科学规划，规划编制水平不断提高。1. 规划编制体系不断完善。总体规划修改顺利通过住建部专家审查会及部际联席会议审查并上报国务院审批。在总体规划指导下，完成18个分区大纲编制和审查，完善专项规划编制，全面启动控规提升，完成控规提升技术方案、城市体快模型和现状调研初步方案。有序推进沙坪工业组团、隆平高科、南湖新城、火车北站片等控规编制。加快村镇规划编制，明确15个中心镇（小城市、特色镇）联点局领导和部门，全面开展规划调研，形成《长沙市十五个重点建设的小城镇规划建设情况调研报告》。2. 城市设计有序开展。高标准推进湘江滨水区、朝正垸、火车站周边地区等区域以及湘府东路、东塘、红星重点片区城市设计，精心组织苏托垸概念性规划和汉长沙王陵考古遗址公园及周边地区总体规划国际竞赛，为进一步优化城市色彩、城市轮廓线以及标志性建筑设计提供重要保障。开展绿道调研，编制绿道专项规划和近期建设计划，完成近期建设项目详细设计方案及标识系统设计。3. 深入开展规划研究。分四批就10个专题对全国12个规划管理先进城市进行调研，形成《长沙市城乡规划管理提质发展报告》，为提升规划管理水平提供全面、权威的参考。完成《2011年长沙市城乡规划实施报告》、《2011长沙市交通状况年度报告》以及《长沙市历史街区周边建设控制地段建筑布局研究》等3项课题，编制《规划动态》4期和《规划视点》12期，为规划工作提供先进的理念支撑。

三、推行审批改革，规划服务形象明显提升。审批制度更加科学。推行行政许可与技术审查相对分离制度，于7月10日正式实施。通过改革，出让地规划审批承诺总时限从40个工作日提速至34个工作日，划拨地规划审批承诺总时限从48个工作日提速至40个工作日，取消“副本”制度，行政许可实现窗口“即办”。开展乡村规划许可管理制度研究，启动规范乡村建设规划许可证发放工作，规划管理朝着规范化、高效化的方向发展。审批服务更加贴心。编制《审查意见告知书》，推出《建筑类行政审批手册》和《建筑类报建服务手册》，进一步规范内部流程和服务。局政务中心窗口全年受理报建1546项次，核发选址意见书118份，发放“建设用地规划许可证”117个，用地面积536.24万平方米；“建设工程规划许可证”441个，面积12520813.7平方米，管线长度575.03千米，核发“建设工程规划竣工验收合格证”188个。先导区和各分局受理报建1343项次，核发选址意见145份，建设用地规划许可证273份，用地面积1427.49万平方米；建设工程规划许可证842份，建筑面积1886.86万平方米；核发乡村建设规划许可证36个，面积11561.76平方米。

四、加强依法行政，规划监管力度不断加大。法治建设常态化。制定《法治建设三年规划》，建立法治建设单独考核制度，继续开展法律、法规、规章和其他规范性文件落实情况清理，提高依法行政水平。加大合法性审查力度，完成案卷合法性审查223个。开展案卷评查，完成行政执法案例34个并将部分案例汇编成《指导案例》和《参考案例》，逐步建立行政执法案例指导制度。批后管理精细化。加大巡查力度，确保批后管理"四个环节"实施到位。推行建设项目批后管理全程照相或录像备查制度，批后管理监督更加有力。执法支队及各区执法大队共参与放线验线209次，参加建设位置复验99处，实施主体封顶检查184次，实施竣工检查285次，现场公示293次，到位率均为100%。创新控违制违手段，利用遥感监测系统查处违法建设行为，按照住建部要求开展2次动态监测图斑核查。开发《长沙市遥感影像规划执法监管信息系统》，完成3次图斑核查，协助相关部门查处一批未能及时发现、制止的违法建设。实施跨区域联动执法，有力地维护了城乡规划的严肃性和权威性。行政处罚规范化。修订《行政处罚程序规定》，制定《关于进一步规范对城管部门查处的违法建（构）筑物出具专业意见的通知》和《对城管部门查处的违法建（构）筑物出具专业意见会签表》，规范行政处罚。开展执法业务培训，通过不同层次的例会制度，确保行政处罚的阳光、透明和公正。全年下达《行政处罚决定书》28份，处罚面积32172.78平方米，处罚金额140.48万元。

五、创新技术手段，规划决策体系更加科学。加强勘测管理，编制《长沙市城市总体规划基础测绘地理信息建设规划（2013-2015年）》，修订《长沙市城市规划测绘管理办法》，完成长沙精化大地水准面建设4000平方千米，卫星遥感影像图3000平方千米，编印《长沙市区卫星影像图集》。完善信息平台，编制信息化建设计划（2013-2015），全面推进长沙县、宁乡县和浏阳市规划信息一体化建设，建立市域城乡统筹规划资料共享库查询系统。开发运行"一站式规划管理服务平台"BS版并增加相关模块，加快信息资源整合，完成规划办文、办卷、办会、办题及相关数据梳理和整合。"一站式规划管理服务平台"和"基于3D GIS的三维城市规划辅助决策支持系统研究与开发"分别获得全国优秀城乡规划设计二等奖和三等奖。加快推进移动"一站式规划管理服务平台"和网络报建系统建设，10月1日起试行"两证"审批网上报建系统。加大城市三维仿真辅助决策平台提质更新力度，完成精模8平方公里，仿真手段广泛应用于方案评审、户外广告、视线分析、容积率调整、城市色彩分析、建筑限高调整等各项工作，有效辅助规划决策与审批。（李　畅）

9月25日，市委副书记、市长张剑飞，副市长姚英杰为长沙市规划勘测设计研究院揭牌

【长沙市城市总体规划通过审查】 11月21日，《长沙市城市总体规划（2003-2020）》（2012年修订）部际联席会在北京召开，会议由住房和城乡建设部城乡规划司司长孙安军主持，国务院发改委、国土资源部、环境保护部、铁道部等7个部委领导出席会议。湖南省住房和城乡建设厅副厅长袁湘江、长沙市人民政府副市长姚英杰带队出席会议并汇报总体规划修改相关工作。会议认为，总体规划修改成果较2003版规划层次更高、结构更完善、内容更丰富，在修改过程中基础数据扎实，具有很多的亮点，并对相关内容进行了充分的拓展和创新，符合长沙发展实际。会议原则通过总体规划修改成果，同意修改完善后报国务院批准。通过的总体规划修改成果主要内容为：1. 规划区范围：规划区包括市区全部，长沙县全部以及宁乡县玉潭镇、坝塘镇、菁华铺乡、回龙铺镇、夏铎铺镇、历经铺乡、双江口镇、城郊乡、金洲乡、白马桥乡、朱良桥乡和浏阳市永安镇、洞阳镇、北盛镇、蕉溪乡，总面积4960平方公里。2. 城市规模：2020年中心城区城市人口规模629万人，城市建设用地规模629平方公里。3. 城市空间结构：都市区按照"一轴两带多中心，一主、两次、六组团"，合理布局包括地铁在内的基础设施，构筑青山、秀水、绿洲、名城融为一体的都市区空间格局。（李　畅）

【长沙市规划勘测设计院及交通研究中心成立】 9月25日，长沙市规划勘测设计研究院挂牌仪式隆重举行。仪式由长沙市人民政府秘书长唐志浩主持，长沙市委副书记、市长张剑飞，副市长姚英杰以及市政府相关职能部门负责人出席挂牌仪式。市规划局局长冯意刚介绍规划勘测设计研究院有关情况；副市长姚英杰要求长沙市勘测设计研究院要以此为契机，加强引导、创新思路、抓住重点，力争把研究院打造成为规划决策的智囊，规划技术的权威，规划人才的摇篮。市长张剑飞、副市长姚英杰为长沙市规划勘测设计研究院、长沙市城乡规划编制中心以及长沙市交通规划研究中心揭牌。仪式结束后，张剑飞一行调研规划勘测工作。张剑飞强调，市规划勘测设计研究院要不断提升业务水平，加强技术队伍建设，将研究院打造成为长沙市规划勘测设计技术方面的顶梁柱，市委、市政府以及市直相关部门的参谋助手、专家支撑和人才的储备库。（李　畅）

【规划行政许可新流程正式实施】 7月4日，长沙市城乡规划局召开新闻发布会，宣布全面推行行政审批制度改革，推行行政许可与技术审查分离制度，从7月10日起正式实施。本次流程改革的核心为行政许可与技术审查相对分离，弱化技术审查阶段必备资料的要求，在严格把关建设工程规划许可证核发的前提下，对于必备资料或手续尚未完善的项目，可提前办理技术审查。新流程合并调整部分审批环节，取消许可证副本制度，启用《建设工程规划竣工验收合格证》。通过改革，审批时速再次大幅提升：出让地审批承诺总时限从改革前的40个工作日提速至34个工作日，缩短6个工作日，行政许可时限由20个工作日提速至2个工作日，实现“即办”；划拨地审批承诺总时限从改革前的48个工作日提速至40个工作日，承诺总时限缩短8个工作日，行政许可时限由30个工作日提速至12个工作日。通过行政许可与技术审查相对分离，在缩短审批时限，提高审查质量的同时，有利于进一步明确规划管理部门、建设单位及设计单位在行政许可与技术审查环节中行使的权利与承担的义务，促进规划建设行业更加规范化发展及行业整体水平的提升。 （李 畅）

【长沙在全国率先编制《规划管理现状报告》】 按照市委、市政府提出的“创国内一流规划管理水平”的目标，2012年，长沙市城乡规划局组织开展大型课题“长沙市城乡规划管理提质发展研究”。该课题包括四部分核心内容：1. 形成《长沙市规划管理现状报告》，分10个专题对长沙市规划管理现状情况进行分析与评估。2. 形成《国内部分先进城市规划业务管理工作调研报告》。于3月份集中开展国内先进城市规划管理调研，对国内12个规划管理先进城市分10个专题进行了调研，通过对比找差距、定目标、明方向，系统学习了国内先进城市的规划管理经验。3. 明确长沙市规划管理提质发展方向。通过对现状情况的梳理与分析以及国内先进城市的调研，形成近三年长沙市规划管理战略与行动纲领。4. 开展城市实体建设效果研究。针对管理水平较为先进的国内城市，重点研究其规划管理作用于城市实体上所呈现的建设效果，建立起规划管理与建设实效的关系。 （李 畅）

城市管理

【概况】 2012年，长沙城管系统着力提升维护管理水平，扎实开展专项整治，强力实施城管项目建设，城市管理工作取得较好成绩。市城市管理和行政执法局被住建部授予全国住房和城乡建设系统先进集体荣誉称号，局纪委被评为全国住房和城乡建设系统纪检监察工作先进集体，市城市管理和行政执法局顺利通过省级文明标兵单位的验收，被授予中博会突出贡献奖。中央电视台《走基层•蹲点日记》专题报道长沙城管执法工作，“城管服务进社区”工作在《人民日报》刊登。第七届全国执法论坛交流推介长沙城管执法经验。作为全国试点，建成全国一流餐厨垃圾处理中心，国家发改委、环保部、住建部领导视察后称赞为“长沙模式”。

一、迎接文明测评，巩固创建成果。2012年，全市城管系统始终把迎接全国文明程度指数测评作为工作的重中之重，发挥主力军作用，进一步巩固和提升文明创建水平。全系统认真对照全国城市文明程度指数测评体系标准，突出以“五治”为重点，大力推进城管系统精神文明建设，大力开展以城乡结合部整治、违法建设整治、违章户外广告整治、违章早夜市整治、人行道违章停车整治、渣土扬尘整治、餐厨垃圾整治为主要内容的城管专项整治，大力开展“三清三洗三修”工作，清扫路面、清洁全面、清除死角、洗马路、洗设施、洗立面、修补路面（盲道、下水道）、修剪（补）绿化、修缮设施，大力加强街道社区管理、楼宇亮化管理、行政审批管理、设施管理、安全事故排查等城市基础管理。组织对全市主干道、非主干道、主要交通路口、主要商业大街、公共广场、大型公园绿地、社区街巷、街道社区等样本点进行全面检查和重点督查，通过严格督查督办，有效解决城市管理存在的各种问题。迎检期间，全市城管系统严格按照市局的统一指挥和部署，圆满完成全国文明指数测评工作任务。

二、全面加强精细管理，维护水平不断提高。1. 着力提升环卫保洁质量。认真全面落实环卫专业清洗马路制度，严格执行维护质量标准；进一步提高道路机械清扫率，机械化清扫率约40%；扩大夜扫范围，狠抓日常清扫保洁工作；基本做到道路见本色，设施见原色。生活垃圾无害化处理率达100%，做到日产日清。2. 认真抓好市政设施维护。进一步完善管理办法，规范行政审批，强化值班制度和日常巡查制度落实。引进超薄磨耗层等，推广实施橡胶沥青“白加黑”施工工艺。组织城区道路临时性应急抢修、集中维护和排水堵点改造，对道路病害及时进行处理维护，修补路面173.6万平方米，修补人行道13.7万平方米，疏浚排水管道93.6万米，确保城区95%以上道路运行状况良好。完成城区老旧排水公沟、主排水管及截污主管、地铁干线及大型房地产项目周边地区道路坑洞的安全隐患实地探测工作，编制探测报告，完成全市32条主要道路预防性维护。3. 深入开展绿化美化工作。严格落实岗位责任，科学制定每月维护作业工作计划。全年举办业务培训4期，种植、修剪技能比武3次，积极开展维护作业示范路段建设，建设市级、区级示范路段各5条。种植开花植物近20万株。加强社区公园管理，基本做到人员、经费和制度三落实。注重抓好日常维护管理检查考核，绿化设施和植物完好率达98%。注重植物优化配植，城区绿化美化效果明显进步。4. 扎实做好亮化维护管理。加强对夜景亮化设施维保工作的检查考核，坚持周检查、月讲评制度。积极做好楼宇业主单位和电力部门的协调、指导工作，确保全市统一终端监控的亮化设施完好率达到95%以上。加强对区政府投资建设和业主单位自建亮化设施的检查指导，日常维护管理工作不断加强。5. 加强交通隔离设施优化和维护。加强清洗维护，维护、更新交通隔离护栏。全面完成河西高校周边交通设施优化，道路通行情况得到显著改善。加大对全市路名牌网格化管理力度，制定《路名牌清洗、维护考核办法》，将全市路名牌清洗维护划分到区。向社会发起路名牌公益认养活动。6. 推进门前责任制落实。落实市容环境卫生责任制，沿街门店（单位）门前责任状签订率达到100%。在主要干道严格实行定人、定岗、定路段、定职责的“四定”管理。组织开展“门前市容管理示范路”创建活动，全市创建示范路段21条，每季度开展“百佳十差”门店评选活动，对百家“五星级”门店（单位）进行表彰、授牌。狠抓城市协管员“三个一”工作落实（一次全员体检、一次全员培训、一次竞能比赛），主要路段沿街门店单位履责自觉性和城市协管员工作积极性进一步提高。7. 大力开展社区物业服务。加大对开放式社区公共环境卫生、公共设施、公共秩序、公共绿化和公共安保监管力度，进一步规范社区物业服务。巩固前几年创建的103个规范管理物业服务样板、示范社区，完成对129个拟创开放式规范管理社区物业服务工作的指导、协调、检查、监督和考核验收，确保再创建100个规范管理物业服务样板示范社区，实现街道社区城市管理全覆盖。8. 切实加强小城镇管理。定期组织召开长望浏宁城管（市政）局长联席会议，明确集镇管理示范镇和集镇环境综合整治乡镇考核验收标准，完成10个集镇管理示范镇建设和集镇环境综合整治镇建设任务，不断推进小城镇管理上水平。

三、大力开展专项整治，城市面貌不断改善。1. 扎实开展城乡结合部环境综合整治。围绕拆除规范、建设提质、建立机制三项任务，组织实施清洁、拆除、清理、提质四大行动。其中望城区金星大道、雷锋大道、普瑞大道沿线立面和道路景观建设，天心区二环线铁路沿线，长沙县107国道沿线立面改造等，取得明显效果，形成亮点。特别是积极协调市住建委、新奥燃气公司及各区（县），有效解决部门责任、整治经费和个案处置等突出问题，全面完成了123处压占燃气管道违法建（构）筑物整治工作任务，彻底解决多年未决的安全隐患。2. 大力开展违章户外广告和违法建设整治。进一步加强拆控违组织领导和责任落实，对违章户外广告、违法建设实行有效控制。借助城市管理数字信息平台，全面掌握新增情况，做到发现一处，拆除一处。全年共拆除违法建筑232.35万平方米，拆除违章广告规范门店招牌39.65万平方米。3. 全面开展渣土扬尘专项整治。将所有环卫洒水作业车纳入GPS考核范围，下发《城市道路扬尘清洗工作督查考核方案》，进一步强化渣土运输公司及车辆管理，对45个社会路口实行全面硬化，对200万平方米裸露泥土进行临时绿化或覆盖。严把渣土处置行政审批关口，加强工地现场管理，严格执行车辆装载及洗车标准。4. 深入推进早夜市专项整治。按照“主次干道严禁，其他道路严控，背街小巷、社区限量、有序”的原则，对全市疏导点进行全面整改和清查，对不符合要求的疏导点进行适当调整，全市疏导规范点调整为82个，较好地解决摊担乱摆的问题。

四、有序推进项目建设，城市品质不断提升。投资1亿元，建成全国一流的餐厨垃圾无害化处理项目，8月初正式运营，日处理能力375吨。年内已签约餐饮企业2400家，对1600家单位进行餐厨垃圾收运，日收运量稳定在300吨左右；固体废弃物处理场改扩建项目场内二期道路已完成立项、环评可研批复和施工、监理招投标，并开工建设，完成工程量30%以上，周边村民搬迁安置已完成搬迁方案制定和预算审核，并启动重建地征地拆迁工作；垃圾中转场扩建项目完成项目土建工程和主要设备安装，已顺利投产；投资6500万元，高标准完成芙蓉区窑岭社区、天心区九峰苑社区、岳麓区银洲英才社区、开福区月岛社区、雨花区三湘社区等21个社区公园；全面完成了芙蓉区古汉路、天心区青园南路、岳麓区望岳路、开福区又一村巷、雨花区税专路等22条背街小巷提质改造；在综合整治的基础上进行景观提质，将汽车南站周边环境综合整治进行单独立项。对汽车南站周边、韶山路（二环线至汽车南站）、时代阳光大道（李家塘收费站至芙蓉路）、汇金路（汽车南站至绕城高速）沿线违法建筑、违章广告及招牌进行全面清理和拆除，对绿化进行提质美化，对建筑外立面进行综合整治，对重点建筑和重点部位进行亮化，对路面及设施进行修复完善，增设部分艺术品元素，提升南站周边的城市品位；完成芙蓉区朝阳路、天心区白沙路、岳麓区桐梓坡路、开福区营盘路、雨花区曙光南路5条特色景观街建设任务；完成芙蓉区乔庄社区、天心区工农桥社区、岳麓区咸嘉花园小区、开福区蚌塘社区、雨花区枫树山社区等15个社区实施环境综合提质任务，重点解决建筑立面、道路、绿化、自来水增压、电力增容、房屋漏水、消防通道等社区环境问题，完善基础设施，改善社区人居环境；将平改坡与解决民生问题、提升城市形象有机结合起来，打造城市亮点，增添城市景观，完成平改坡115栋，居民居住质量得到明显提升；完成白沙路下穿芙蓉路桥至解放路段排水管网改造等市政维护范围内的16处排水堵头堵点疏浚改造任务，部分改造了五一大道、湘江大道等地铁施工造成的排水堵点，一定程度上缓解道路积水。完成城区50个排水堵点改造。

五、大力加强队伍建设，综合素质不断优化。1. 强化干部教育培训。组织完成27名新进城管队员的岗前培训、994名执法队员的参公培训和全体执法队员的综合素质培训，选派120余人参加春季主体班、公务员大课堂、上海交通大学进修班等市委组织部调训和市人社局专题培训。深入开展“严格执法程序，提高工作质量”等四个专题教育，切实增强队伍依法执法、文明执法意识，注重执法的人性化、科学化。2. 强化长效机制建设。进一步密切加强城管与公安的协同机制，在全国影响力不断提升。进一步推动投入增长机制形成，市、区均在着手和实现经费增长。进一步实施城管法规建设，城管条例得到有效实施，相关配套规章不断完善。3. 强化城管文化建设。积极配合中央电视台拍摄制作“走基层——长沙朝阳中队蹲点日记系列报道”，分五集在中央电视台《新闻联播》、《朝闻天下》和《新闻1+1》等栏目中播出，在社会上产生重大影响；城管服务进社区工作《人民日报》作了专题报道。（毕定宇）

【市容环境卫生】 2012年，着力抓好29条主干道24小时保洁和29条重要道路18小时保洁，重点解决人流比较多的重要道路、主要地段的夜间卫生难题。确保全市3608万余平方米道路（不含背街小巷）、673座垃圾站、567座公共厕所、163座地下通道清扫保洁到位；确保城区日产4000吨生活垃圾按时出城、中转、填埋，整个收集、压缩、转运过程对沿途、周边无二次污染，全年无害化填埋生活垃圾143.7万吨，无害化处理率达100%，填埋气发电运转正常。严格日常监督，通过日检、月检、季检，进一步的规范环卫作业情况、专用车辆的作业行为。对长沙市注册的389辆生活垃圾收集车辆进行审核，并规范运输行为。加强道路清洗力度，加大渣土管理力度。继续落实夜间人工配合水车专业冲（清）洗的同时，定期组织各环卫维护单位对污染严重的主次干道、广场等进行大规模集中清洗行动，确保路面干净整洁。组织全市环卫部门对市容环境和扬尘污染开展集中整治，有效促进渣土扬尘专项整治工作的深入开展和空气质量优良率的显著提升，2012年长沙市空气质量优良率90.71%，位列中部省会城市第一。进一步加大专业治理“牛皮癣”力度，专业清除“牛皮癣”保洁工作上新台阶。加大道路机械化清扫力度。各级环卫作业单位共有机械清扫（洗）车、洒水车243台，道路机械清扫率50.3%，通过加大机械清扫、冲洗的力度，发挥设备优势，降低环卫工人劳动强度，提高作业效率。建成日处理375吨餐厨垃圾处理中心（一期）。积极应对冰冻灾害天气，全市环卫部门共铲除积雪积冰，清理冰冻路面400多处，运送积雪300余车次，撒工业盐210吨、融雪剂50吨、草袋20000个。确保城市畅通、市容整洁。圆满完成在长举办的第九届中国金鹰电视艺术节、2012长沙橘洲（国际）音乐节、2012金茂梅溪湖杯全国自行车锦标赛暨喜德盛杯中国长沙环湘江国际自行车邀请赛、澳门特别行政区全国人大代表视察团、“福布斯—中国城市投资与发展论坛暨福布斯中国大陆最佳商业城市颁奖典礼”等重大活动期间的市容环境维护工作。

（魏中宁）

【市政管理】 2012年，城市管理市政线以维护文明城市形象为目标。坚持以人为本，立足现有条件，完成芙蓉北路、三一大道及广电周边道路、银盆岭大桥西侧路面等17条道路集中抢修，牵头完成22条支路街巷提质改造及部分主次干道集中整修项目建设，完成解放路白沙路等16个排水堵点改造，完成300多个破损井座的整治加固及39条道路路段近43400平方米路面的预防性维护抢修。认真组织各区市政维护单位开展部分主要道路人行道盲道无障碍设施整治、路面沥青灌缝。进一步加强日常性市政设施维护和路政管理。全市共修补路面1574503平方米，修补人行道257637平方米，清掏井250352个/次，疏浚排水管道2045982米，更换各类井盖9106块，调整恢复侧平石47997套米，淤泥18390立方米。在城区重点工程多，大部分道路超年限、超交通压力运行的情况下，经过市政系统全体干部职工的艰苦工作，确保城区道路、排水设施基本处于良好水平，确保道路完好率98%，在2012年全国城市文明创建检查中，市政硬件没有扣分。通过运行数字化考核和业务考核有机结合，全面实现“两级审核，三方把关”的路政管理机制，加强市政业务单位与城管执法队伍的衔接，提高市政设施日常巡查与监督管理的力度。全年共办理临时占道684处，破路挖掘672处，规范亭棚、早餐点设置784个，路政管理进一步规范。

（侯跃辉）

【城区绿化】 2012年，全市城区绿化成效显著。1. 精心管理，精细化维护不断加强。年内完成对全市主次干道、广场、湘江风光带、社区公园、居民小区等1500余万平方米公共绿地的日常维护，全市补栽补种行道树（含大乔木）8000余株，花灌木（含大灌木）5.3万株，模纹植物70万平方米，草皮30万平方米；累计修剪行道树（含大乔木）32万株，花灌木（含大灌木）90万株，模纹植物950万平方米，草皮130万平方米；喷洒农药稀释液5000多吨，施肥（液）800吨；修复损坏园林绿化设施3.5万多（套）米。全市道路绿化设施和植物完好率达98%以上。2. 狠抓项目，工程建设圆满完成。2012年市、区两级共同投入7000多万元，新建23个社区公园，新增绿地面积20多万平方米。投资350余万元，在全市主要干道、重要广场和节点组织种植16.5万株紫薇、茶梅、夹竹桃、黄花槐、腊梅、紫荆等四季轮流开花植物，苗木成活率超过98%。3. 严格审批，行政许可不断规范。完善工作制度、加强事后监管，进一步规范绿化占用，树木移伐行政许可审批程序。2012年全市累计办理行政审批129件，积极兑现服务承诺，做到三个100%，即：办理单位（群众）满意率100%，到场查勘100%，按时批复100%。积极配合行政执法部门，对损毁绿化、占用绿化行为加大查处力度，有效保护城市绿地。特别是地铁等政府工程，每件都实地与相关人员协调，尽量减少毁绿、损绿。4. 活动搭台，工作实效逐步提高。组织“维护示范路段创建”、“3·12植树节暨补栽补种月”、“业务培训及考察”等专项活动，通过活动搭台，提高工作实效，绿化维护工作整体水平得到大幅提升。在全市创建10条维护作业示范路段，进行高标准精细化维护作业，带动城区绿化维护水平的进一步提升。3月12日植树节期间全系统共出动宣传车100多台次，设置宣传点10余个，制作版图50余块，发放宣传资料6万份，接待咨询5万人次。举办园林绿化专业技术培训，提高维护人员绿化维护业务水平。针对维护重点、难点，集思广益，在精细化维护示范路段创建、社区公园维护管理、清洗叶面积尘、高水平抽沟作围作业、行道树修剪等工作上进行创新探索，取得较好的效果。以文明程度测评为契机，对全市道路绿化设施进行全面修复，确保硬件完好率98%以上。对地铁、隧道、改造道路等绿化破坏严重的区域进行综合整治，确保绿化品质按质恢复到位。5. 统筹兼顾，其他工作稳步推进。在中博会、城市文明程度测评、“五一”、国庆及各重大节庆日期间，圆满完成组织市、区摆放鲜花任务。认真做好信访维稳工作，人大代表、政协提案回复满意率达100%，未出现投诉现象。

（任 伟）

【城管行政执法】 2012年，城管行政执法将管理与整治相结合。1. 完善城管行政执法市容秩序管理制度。制定《关于进一步加强城市管理和行政执法工作、全面提升全市市容秩序水平的通知》，继续推行全员上路和主要路段守点、重点场所市容秩序管理制度，建立执法队伍重大活动执法等级响应制度、定期集中整治制度、空档时间管理和执法制、重点案件督办制度，突出抓好主次干道、重点敏感地段和空档时段的市容秩序，合理安排执法力量，全时段、全方位推进日常执法。2012年，组织开展市容环境、流动摊担等各类日常秩序集中整治行动，全市出动执法人员10万人次，执法车辆4.6万台次，教育劝导人行道违章占道停车4.2万 辆，抄牌处罚2.5万辆；教育处罚马路摊担18.64万处、店外经营5.7万起，占道堆物1.5万处；整治占道早、夜市6780处，全市市容秩序得到明显提升。2.突出抓好拆除违法违章建筑和违章户外广告、渣土、餐厨垃圾等专项整治。强化对新增户外广告（门店招牌）的日常督查，采取电话通知、现场督办、下达拆除清单等形式及时督促各大队进行有效控制。拆除各类违章户外广告（门店招牌）面积 434710.1平方米；加大违法建设的查处力度，对新增违法建筑进行重点督办，以市城管工作领导小组办公室名义下发督办通知10份，以市局名义下发督办通知25份。拆除违法建设2544878平方米；加强渣土专项整治，开展执法行动622次，下发《责令限期改正通知书》841份，证据先行登记保全车辆985台，办理渣土执法案件1035起，累计罚款164.54万元；积极开展餐厨垃圾综合整治，以餐厨垃圾执法大队和各区执法大队为依托，对全市5000多家大中型餐饮单位进行全面调查摸底，建立台帐，督促餐饮单位签订《餐厨垃圾收运合同》，加大对餐厨垃圾产生单位的日常监管和执法，全市签约2409家，暂扣非法运输车辆84台次，教育非法收运对象1046个次，取缔非法提炼“潲水油”、“地沟油”黑作坊20处。3.深入推进城乡结合部环境综合整治。拆除违章建筑230.6万平方米，拆除违章户外广告、不规范招牌23.3万平方米，整治亭棚681处，共扫除裸露垃圾13.8万吨，清退养殖场1438处，治理“五小企业”255家，清理砂石场173处，治理河道水域28处，整治违法排污行为18处，治理施工场地117处，治理非法营运203起，建设站厕、果皮桶等环卫设施3869处，建设道路基础设施1811处，建设路灯基础设施143处，建设消防基础设施38处，共完成绿化41.4万平方米，完成立面改造工程5068处，完成亮化景观工程61处，城乡结合部环境得到明显改善。特别是在市政府交办的压占天然气管道违法建设整治上，多次与住建、交运、新奥燃气公司等单位及相关区（县）进行专项调度，协调，拆除压占燃气管道违法建（构）筑物123处，超额完成市政府下达的整治任务。4.强化疏堵结合管理。督促各区对全市84个疏导点进行整改和清查，对不符合要求的疏导点进行适当调整，对摊点较多、符合要求的地段适当增加新的疏导点，积极引导流动摊担规范经营，较好地解决了摊担乱摆的问题。5.继续开展群众工作。下发《全市城管行政执法队伍开展亲民工程活动实施方案》，组织城管执法队伍广泛开展亲民爱民活动，通过召开一次座谈会、慰问一百名困难群众、走访一千名执法服务对象，进一步密切群众之间的关系，增强执法干部文明执法、为民服务意识，树立了城管执法队伍良好形象。（彭建波）

【基层管理】 2012年，全市城市基层管理跃上新台阶。1.全市街道社区城市管理取得突破进展。制定出台加强街道社区管理系列规章制度，整理62个街道（乡镇）400个社区行政区划（平面）图，实行日检查、周通报、月讲评、季排名管理机制，每月以街道为单位进行督查考核，成绩与每月“五佳”“五差”街道评选和年度“十佳街道”挂钩；每季牵头组织各区城管局开展一次综合督查，分区实行排名并通报。严格按照定人、定岗、定路段、定职责“四定”管理原则落实门前责任制工作，全年重点打造21条门前责任制示范路段。5月10日在内五区分别举行创建“门前市容管理示范路”活动启动仪式，全市检查评选出新民路、金星路、车站北路、友谊路、八一路、芙蓉中路、人民路、曙光路、人民西路、麓枫路10条“门前市容管理示范路”。组织开展“星级”门店（单位）评比活动，每季度集中公示100“星级”门店（单位），全市评定100家“五星级”门店（单位）并授牌。进一步完善“管理先行”与“执法跟进”的递进式管理模式，强化城管执法中队办理门前责任制案件力度。为提高城市协管员队伍工作积极性，增强队伍凝聚力，在全市组织开展“三个一”活动（即一次全员体检、一次全员培训、一次城市协管员趣味运动会），9月23日在周南中学成功举办首届城市协管员趣味运动会，长沙晚报9月25日以“300名城市协管员乐享趣味运动会”为题进行了报道。在全市开放式社区中继续推行社区物业服务，重点加强129个拟创社区物业服务示范社区指导和检查，采取分区召开现场推进会、不同层次调度讲评会、一对一帮扶等措施，创建了118个规范管理物业服务样板、示范社区，超额完成18个，通过民意测评，社区居民满意度达96%。2.小城镇管理水平不断提升。深入长望浏宁四县（市、区）进行乡镇集镇管理工作检查、督促和指导，完成长沙县开慧、望城区乔口、浏阳市古港、宁乡县双凫铺四个集镇管理示范镇及长沙县安沙、望城区桥驿、浏阳市淳口、永和和宁乡县金洲、枫木桥六个乡镇集镇管理环境综合整治建设任务，全面提升小城镇管理水平。长沙晚报11月15日刊发的《乡镇建城市景观街主干道》一文重点对桥驿、安沙镇的整治情况进行了专题报道。3.城管服务进社区活动成效好。牵头组织开展芙蓉区人民新村、开福区蚌塘社区、天心区长坡社区及新天村、岳麓区咸家新村社区、雨花区营山巷社区6个社区的城管服务进社区活动，通过实地调研、召开现场会等方式，与社区群众面对面交流，为群众排忧解难。人民日报7月17日专题刊发《特殊纳凉晚会—长沙营山巷城管服务进社区》，大篇幅详细报道。在全市街道社区深入开展“一清一洗一修一规范”为内容的“四个一”活动，圆满完成文明程度指数测评各项工作任务。4.按期如质完成重点项目建设任务。完成芙蓉区朝阳路、天心区白沙路、岳麓区桐梓坡路、开福区营盘路、雨花区曙光南路5条特色景观街和芙蓉区文艺新村、乔庄、湘府、韭菜园，天心区工农桥、义茶亭、状元坡，岳麓区咸嘉花园小区，白鹤家园、茶园安置小区，开福区蚌塘社区，雨花区金地、梓园、枫树山、营山巷15个社区提质改造项目建设任务。景观街项目粉刷建筑外墙立面241365平方米，规范店招店牌12747.2平方米，更换护窗29520平方米，规范空调机位3774个，拆装更换雨阳棚20161.7平方米，屋顶做防水处理31096平方米，拆除违章12500平方米，屋顶平改坡9300平方米，改造沥青路面8440平方米。社区环境综合提质项目完成立面粉刷外墙645023平方米，规范店招店牌6135平方米，整治更换护窗35890平方米，规范空调机位2111个，拆装更换雨阳棚43130平方米，屋顶做防水处理67453平方米，拆除违章1300平方米，屋顶平改坡46168平方米，改造沥青路面146505平方米，改造化粪池120个，改造下水管网20544米，全面改善和提质社区环境。（朱建辉）

【城市景观亮化】 2012年，全市城市景观亮化工作稳步推进。1. 圆满完成“中博会”及迎省市“两会”景观亮化应急建设任务。4月，投资500万元，精心组织中博会景观亮化应急建设，选取天心阁公园、市人大培训中心、市交警大楼、浏城桥、八一桥实施亮化设施建设和提质改造，新增建设雷锋大道、岳麓大道、潇湘中路学堂坡、解放西路、杜甫江阁14台监控地柜，5月8日实现全面亮灯。11月，继续围绕湘江两岸一、二线江景，选取22栋楼宇，投资3600万元，通过公开邀请招标，分两期完成夜景亮化紧急建设和提质改造工程。2. 积极参与城市文明程度指数测评活动。按照文明程度测评要求，做好日常灯光启闭工作，已纳入全市统一控制终端的亮化设施实现全面受控并按时启闭。组织各相关维保单位认真落实。督促维保不到位的单位自行整改到位；认真测算核实部分楼宇亮化设施损失情况，申请150万元资金进行维保抢修；组织成立测评期间维护应急抢修队伍，落实定人定岗责任制，发现问题立即解决。3. 落实维护管理机制，完成两次维保采购。组织实施维保到期的34栋楼宇亮化设施维护的招（投）标工作，依法、依规、依程序确定好新的亮化设施维护单位，通过市场化运作使楼宇亮化设施的亮灯率和设备完好率常年保持较高水准；做好电业部门、楼宇业主单位及施工单位的协调和维护交接，确保交接工作顺利完成。4. 逐步建立亮化设施投资、建设、维保长效机制。参与审核新建项目配套景观亮化设施建设审批，要求与主体工程同步设计、同步竣工验收、同步投入使用。开展广泛深入的调查研究，理顺部分管理体制，建立亮化建设维护管理资金投入机制。

（陈国平）

【交通设施管理】 2012年，全市交通设施管理不断创新模式。1. 全面加强全市交通设施清洗、维护工作。完善清洗、维护检查考核办法，制定清洗作业管理细则、临时设置交通隔离设施管理办法、路名牌清洗维护管理办法、GPS监控管理制度。全年维护交通护栏、隔离墩、隔离梁等交通设施近9万余处，办理交通事故损毁交通隔离设施理赔案件454件次，理赔金额205万余元。2. 全力改良交通设施生产工艺。通过多次试验和试点，确定热镀锌静电喷涂的新工艺，彻底解决第一代护栏不耐腐蚀的问题。针对路口交通秩序渠化问题，在岳麓大道金星路口、二环线阳光100路段试点安装T18型绿化隔离梁，既有效阻止车辆随意调头，又起到绿化美化城市环境的作用。在五一大道、万家丽路、二环线等道路路口设置了以太阳能为能源的新型爆闪灯，白天夜晚均能给过往车辆提供警示作用，有效降低交通事故发生率，提升道路通行能力。3. 打造护栏精品工程。分步骤分路段安装五一大道中心、机非隔离护栏，实现打造精品工程的目标；紧急建设万家丽路劳动路至湘府路段中央隔离护栏，全面完成万家丽路达5.5公里的中央隔离护栏建设工程任务。4. 重大活动圆满完成。第七届中博会在湖南举办，全面更新和拆除主会场周边的交通设施，确保设施完好、整洁美观、秩序整齐，成为长沙城区一道亮丽的风景线；全力奋战全国城市文明程度指数测评。集中力量组织对全市交通设施和路名牌进行全面、细致的摸排，迅速进行整改，紧急更新韶山路、湘江路、潇湘路的中心护栏，进一步提升迎检重点路段交通隔离设施品质，为迎接测评奠定扎实的基础；9月26～29日，代表全国最高水平的中国长沙环湘江国际自行车邀请赛在长沙举行。9月20～25日，所有隔离护栏临时设置工作全面完成，设置圆钢隔离护栏5000多米、水马1500多米，圆满完成主赛场及赛道所有中心隔离设施设置任务。5. 大力推行“路名牌”社会公益认养。全面走访全市设置有路名牌的道路，重点听取沿线单位、社区、门店对路名牌管理的意见和建议，向社会发出路名牌公益“认养”倡议。路名牌的“认养”采取就近原则，依靠离路名牌最近的门店经营户和单位（包括热心社会公益事业的个人）以及社区对路名牌的实时动态进行监控，遇到路名牌被涂写、刻画、张贴等不文明行为，路名牌“认养”人及时制止并进行宣传教育。当路名牌发生盗损、撞毁、破坏、脏乱等情况，路名牌“认养”人及时联系路名牌责任人进行处置。活动开展以来，“认养”活动取得突出成效，路名牌“认养”率100%。（刘建东）

国土资源管理

【概况】 2012年，长沙市国土资源系统服务发展大局，严格落实国土保护措施，维护群众利益，市场秩序和制度改革再上新台阶。

一、服务经济发展作出新贡献。1. 建设用地报批成绩突出。扎实做好用地报批工作，特别是对国家和省、市重点建设项目的用地审批，派专人与部省联系和协调，缩短用地审批时间。省政府全年批准长沙市建设项目用地306宗，总面积3995.54公顷（农用地占3278.96公顷）。其中，市本级134宗，面积1445.69公顷（农用地占1118.69公顷）；四县（市、区）172宗，面积2549.85公顷（农用地占2160.27公顷），保障全市各项建设用地需求。广汽菲亚特乘用车、恒广物流园一期、长沙农产品物流中心、中联重科环卫机械生产基地、长沙轨道交通1号线1期车辆段等重点项目获省厅批准。黎托片区节约集约用地试点项目共35宗，已经省国土资源厅批准。2. 土地供应按计划实施。全市计划供应土地4526.94公顷，其中住宅用地1164.40公顷，商服用地342.96公顷。实际供应土地4799.89公顷，占供地计划的106%；住宅用地供应1431.37公顷，占供地计划的123%；商服用地供应324.32公顷，占供地计划的95%。做好保障性住房用地的供应，全年保障性住房等“三类”用地供应830.53公顷，其中保障性住房供应263.19公顷，各类棚户区改造供地24.17公顷，中小套型商品住房供应543.17公顷，“三类”用地供应占住宅用地供应量的83.67%。3. 土地收入目标任务圆满完成。市本级完成土地收入179.93亿元（其中河东63.76亿元、先导区116.17亿元），为全年收入目标任务165亿元的109%。代收配套费24.61亿元。四县（市、区）土地收入74亿元，同比减少20%。其中：长沙县21亿元，同比减少36%；望城区26亿元，同比增长23%；浏阳市13亿元，同比增长7%；宁乡县14亿元，同比减少50%。

二、国土资源保护取得新成效。1. 耕地保护成效显著。全市经批准的各类建设用地项目占用耕地1666.41公顷，做到占一补一，占补平衡。与永州市签订666.67公顷易地补充耕地合同，购买指标266.67公顷。扎实开展土地开发和土地综合整治，全年备案开发项目117个，建设规模741.54公顷，可新增耕地645.38公顷；验收开发项目33个，建设规模237 公顷，新增耕地204.42公顷。开展耕地后备资源调查评价及永久基本农田划定，全市划定永久基本农田23.02万公顷，各区、县（市）均完善了基本农田图、表、册等基础资料，设立标志牌1203块、界桩1843个，完成基本农田保护责任书的签订和责任卡的发放。2. 用地预审管理不断强化。严格落实土地利用总体规划，坚持土地用途管制制度，除国家、省、市重点工程及个别因行业选址有限制要求确需在圈外选址外，其他项目均安排在圈内选址。全市通过预审373个项目，申报用地总规模2298.53公顷，其中农用地1847.20公顷，占用耕地938.48公顷；严格按照节约集约用地标准核准用地规模，全市共涉及核减规模项目20个，共核减土地总面积57.97公顷，其中农用地50.11公顷，占用耕地36.56公顷。3. 耕地保护机制不断创新。探索土地综合整治“以补代投”投资模式，总结长沙县春华镇“宇田模式”试点，制定《长沙市社会资金参与农村土地整治项目管理暂行办法》，吸引、聚合各类资金投入补充耕地项目。调动村集体经济组织和农户保护基本农田积极性，起草《长沙市基本农田保护补贴试行办法》，拟通过向承担基本农田保护责任的农户发放经济补贴的方式，探索建立责任约束和补偿激励并行的机制。

三、维护群众权益取得新进展。1. 依法行政事务性工作扎实有效。规范国土资源管理，促进依法行政，针对拟收回土地使用权、集体土地上土地征收补偿标准修改，组织听证会3场。省国土资源厅受理以长沙市国土资源局为被申请人的行政复议案件10件，代理市政府为被申请人的复议案件1件。收到行政复议申请23件，其中不服强制腾地的案件17件。在审理案件时，做到以事实为依据，法律为准绳，切实维护当事人的合法权利。坚持严把受理关、审核关和决定关，行政复议工作突出，没有因为行政复议被起诉的案件，被国土资源部评为“行政复议先进单位”。2. 地质灾害防治取得明显进展。全年及时下拨6批地质灾害应急补助经费。开展市级地质灾害气象预警预报，向社会公众发布长沙市地质灾害气象预报预警消息22期。全面开展地质灾害应急演练，进行桌面推演和现场演练。稳步推进汛期地质灾害预警预报工作和汛期地质灾害专项巡查，未发生一起因灾死亡事故。地质环境治理成效明显，宁乡县大成桥地面塌陷治理项目实际到位资金2.95亿元，综合治理任务已完成近90%，老集镇街道地面塌陷治理工程现已完成工作量60%。长沙煤炭、黑金属矿区矿山地质环境治理重点项目已全面动工。3. 群众信访得到及时处理。县级领导干部坚持工作日每周一坐班、其他工作日每天八小时值班接访。全年市本级接待群众来信（来电）49件，来访117批次359人次，上级交办（同级转办）88件。经过领导包案，妥善处理了长沙苎麻纺织厂、天心区一力物流拆迁、铭园小区业主等信访难题。认真做好“一推行四公开”工作，帮扶慰问清江村困难群众100余户，送去慰问金和帮扶资金25万元，帮助村解决道路、水利、生产等难题14起，为群众代办民生事务、代理信访问题147件。

四、维护市场秩序呈现新局面。1. 土地储备稳中有进。加大国有土地收购储备力度，完成“湖南泓鼎公司”3宗教育用地13.38公顷土地收购储备。全年储备土地新征入库8宗，共计97.37公顷，收回 3宗13.39公顷，在办手续10 宗156.37公顷。已拆迁腾地 2 宗33公顷。储备土地出让14宗 145.11公顷，成交总价58307.35万元。控制储备土地融资风险，控制贷款规模，有效地降低了财务成本。2. 土地市场总体平稳。上半年土地市场低迷，下半年加大土地供应力度，重点推出一些区位较好、土地竞价潜力较大、土地规模相对适中的土地，土地市场保持稳定。全市出让土地506宗，面积1898.83公顷，成交价款354.43亿元。其中招拍挂出让422宗，出让面积1735.09公顷，成交价款350.02亿元。市本级采用招标拍卖挂牌方式出让91宗，面积368.3公顷，成交价款216.9亿元。四县（市、区）招拍挂出让土地331宗，出让面积1366.79公顷，成交价款133.13亿元。3. 矿业权市场不断完善。浏阳市大围山管坑采石场一宗板岩矿成功拍卖，成交价115.8799万元。全市矿山设立采矿权标识牌346个，提交储量年报253个，填报储量统计表矿山446个，开采回采率达标矿山400个，缴纳矿产资源补偿费1177.05万元，追缴采矿权价款214.85万元，探矿权价款360万，矿山地质环境治理备用金19万元。取缔非法采矿22个，注销许可证6个，罚款11.4万元，没收矿石90吨，刑事处罚1起。

五、土地制度改革取得新突破。1. 节约集约用地深入推进。开展节约集约利用评价，完成外业调查和资料收集，通过中国土地勘测规划院组织的专家评审。对各区、县（市）人民政府和开发（园）区管委会2011年度建设用地节约集约利用进行考核，4个国家级开发区和金霞开发区、望城经开区的成果完成省级验收，其余3个省级开发区通过省级验收。拟定《长沙市各类建设用地定额标准（试行）》，呈报市政府待批。黎托片区节地试点工作稳步推进，开展开发

（园）区低效利用土地现状及再开发利用对策研究。2. 征地制度改革试点取得进展。完成宁乡县灰汤桃花谷龙泉旅游度假山庄、长沙县开慧乡津之源农产品科研种植加工建设项目、望城区红日节能门窗建设项目和白箬铺镇博亚实业生产基地的集体建设用地审批，编制土地流转和利益分配方案。宁乡县灰汤桃花谷龙泉旅游度假山庄4.0616公顷集体土地成功挂牌出让；长沙县开慧乡津之源农产品科研种植加工建设项目与村组签订集体建设用地出租合同。3. 土地综合整治成效明显。在土地综合整治项目投资标准降低、建设内容发生相应调整的情况下，全市积极应对，采取各项措施，超额完成上级下达任务。全市省、市级土地综合整治（高标准基本农田建设）项目立项45个，建设规模13203公顷，投资预算3.5223亿元；实施项目42个，建设规模7850.77公顷，投资3.3807亿元。省下达长沙市2012年度建设任务11513.33公顷。2012年度，全市验收项目90个，建设规模25556.45公顷。（陈炳阳）

【土地利用总体规划】 7月，《长沙市土地利用总体规划（2006—2020年）》获国务院批准实施。县、乡土地利用总体规划编制数据转换和数据库建库工作全面完成。完善全市急待办理用地手续的民生工程、基础设施、公益事业、重大招商引资项目、两帮两促项目土地利用规划660个，调整用地4600公顷，涉及乡（镇）100个，一批重点建设项目调整了土地利用规划。全市109个乡（镇）土地利用规划编制成果提交省国土资源厅备案。浏阳市沙市镇河背村村级土地利用总体规划编制试点，规划成果通过省国土资源厅审查。（陈炳阳）

【矿产资源开发和保护】 整顿和规范矿产资源开发秩序，严厉打击无证开采、乱采滥挖、超深越界等违法行为，深入推进矿产资源开发整合，通过省验收组的检查验收。开展2011年度年检，探矿权年检应检共计42个，实检38个，共发现3个勘查许可证过期。采矿权年检应检矿山434家，实检397家，年检率为91%；不合格的47家，抽检矿山133家，抽检率为34%。强化矿山日常监督管理，建立矿产资源开发动态巡查制度，发现问题做到及时登记、报告、处理。全年办理探矿权核查审批32宗，完成2011年度储量年度检测报告备案29项，2012年储量报告备案14项，采矿权价款评估报告备案13项。（陈炳阳）

【征地拆迁补偿安置】 做好省市重点工程项目拆迁腾地，促进沪昆客运专线、石长铁路复线、长株潭城际铁路、地铁1、2号线等重点工程的顺利实施。全市实施市政府103号令集体土地征收项目459个，新启动项目236个，完成腾地3556.4公顷，拆除房屋7803栋约309.5万平米，动迁20156人。全市实施60号令遗留项目44个，共完成腾地190.64公顷，拆除房屋118栋，动迁489人，依法实施强制腾地3户。全年完成市政府103号令保障住房建设94万平方米，另有在建保障住房288万平方米。（陈炳阳）

【国土资源执法监察】 开展2011年度土地矿产卫片执法检查，全市570宗违法用地和非新增建设用地中，立案查处537宗，非立案查处33宗，已结案480宗，申请强制执行49宗，罚款2239.81万元，由检察机关处分15人。在完善农用地转用手续、复耕到位、保障性住房及非新增建设用地占耕地面积后，违法用地占用耕地与新增建设用地占用耕地的比例为3.24%。依法查处各类违法行为，全市立案查处土地违法案件528件，面积386.9公顷，其中耕地158.81公顷，收缴罚没款2728.15万元，没收违章建筑物99.33万平方米。立案查处矿产资源违法案件24件，收缴罚没款45.72万元。（陈炳阳）

【地籍测绘管理】 开展农村集体土地确权登记发证工作，全市完成581平方公里集体土地权属调查和测量，完成181个行政村（街道居委会）和475个村民小组的农村集体土地确权登记。开展大托空军机场搬迁、湘江航运枢纽淹没区地类认定、南北站场搬迁土地置换、地铁建设和黎托片区用地报批、棚户改造、保障性住房融资抵押等项目的地籍测绘工作。开展土地变更调查与遥感监测，及时对城镇地籍数据库地形数据进行动态更新，特别是对重点市政工程进行全程跟踪变更。全年完成日常变更测量257宗，面积22.065平方公里。（陈炳阳）

【数字长沙地理空间框架项目】 数字长沙地理空间框架项目一期建设完成基础地理信息数据库、地理信息公共服务平台、典型应用示范系统以及支撑环境，12月顺利通过国家验收，长沙市被国家测绘地理信息局授予“全国数字城市建设示范城市”称号。市国土资源局与市公安局、市统计局、市民政局等部门签署共建共享协议，并建成国土资源管理信息系统、国土资源动态巡查执法监察系统、地质灾害监测与预报系统、警用地理信息基础平台、网格化社会服务管理信息系统等应用系统。（陈炳阳）

勘察设计

【概况】 2012年，市住建委勘察设计工作全面加强全市勘察设计行业及市场管理，做好各区、县（市）勘察设计行业管理的业务指导工作，积极服务“两型”社会建设和轨道交通等重大工程建设。2年内共计完成建筑工程初步设计审查1201万平方米，较2011年减少了59万平方米，同比下降率为4.7%；完成建筑工程施工图审查备案910万平方米，较2011同期减少了530万平方米，同比下降率为36.8%。项目的初步设计审查及施工图审查备案覆盖率100%，按时办结率100%。由市住建委牵头开展的长沙市创建全国无障碍建设示范城市工作，受到住房和城乡建设部、民政部、中国残疾人联合会、全国老龄工作委员会办公室四部的委联合表彰，被授予“十一五”创建全国无障碍建设先进城市。

一、增强服务意识，提高办事效率，优化建设市场环境。市住建委制定并下发《关于进一步优化我市重点工程（市政公用工程、保障性住房）初步设计审批程序的通知》、《关于优化长沙市轨道交通工程及其配套项目前期有关手续办理流程的通知》等系列文件，启动长沙市设计审批优化程序。同时为严格控制勘察文件质量和准确性，避免因勘察文件不合格导致修改设计、延误工期、增加投资，结合全市实际，在长沙市启动房屋建筑和市政基础设施工程勘察文件前置审查制度，要求勘察报告在施工图审查机构审查合格后方能用于施工图设计，通过制度的创新强化了对勘察设计文件的质量把关。

二、加强对建设项目设计市场管理，简化审批程序。由市住建委牵头，会同市交通运输局、市水务局启动长沙市政府投资建设工程勘察、设计单位库的建设，通过市政府采购办公开招标方式确立第一期政府投资项目勘察、设计单位库的成员，并顺利移交到市公共资源交易中心正式运行，大大缩短政府投资项目勘察设计招投标时间。为加强各级建设主管部门的工作交流，市住建委先后三次组织先导、高新、开福、雨花、望城区及长、浏、宁的建设行政主管部门召开勘察设计和建筑节能管理工作联席会议，通过联席会议方式了解当前在勘察设计管理工作中存在的问题并及时提出指导意见，以此建立市、区、县（市）之间沟通和交流的长效机制，加强对园区项目的设计管理。

三、树立精品意识，勘察设计著有成效。在2012年度湖南省优秀工程勘察设计评选活动中，长沙市民用建筑屡获奖项，长沙黄花园际机场新航站楼等4个项目获评一等奖，湖南省青少年活动中心等2个项目获评二等奖，中南大学实验楼等7个项目获评三等奖。此外，易凡等14位在长沙勘察设计院负责人获评第四届湖南省优秀勘察设计院长（经理），殷昆仑等40位在长沙设计师获评第四届湖南省优秀勘察设计师。已于年内顺利完成设计审批工作。（贺　辉）

建筑业

【概况】　2012年，通过加强监管工作精细化管理，强化监督执法检查，加大监督执法力度，认真查处建设工程各责任主体单位的违法违规行为及施工现场的生产安全隐患，质量安全监督工作取得良好成效，全市建筑施工安全生产形势呈现出稳定好转的局面。

一、加强基础建设，夯实质安监管基础。2012年，长沙市累计受监的在建工程项目共925个，单位工程1542个，建筑面积2717万m²平方米。日常监督检查和各类专项整治工作中，共签发整改通知书2953份，设备限制使用通知书685份，督办函339份，停工整改通知书138份，不良行为告知书73份，建立安全生产隐患台账571份（其中已销案535份），核发特种机械操作员证件共2批377人。长沙市工程建设质量合格率达到100%，工程竣工验收备案优良率61%，政府投资项目优良率91%。全年共创建省级建筑施工质量安全标准化示范工地307个，占长沙市项目总数的33.19%。受监项目信息全部录入监管信息平台，全年共办理产权备案794台，其中塔式起重机355台，施工升降机402台，物料提升机37台，办理产权变更注销70台。

二、创新管理模式，优化质安生产环境。1. 飞行检查创新监管方式。2012年，长沙市建筑领域开展13次飞行检查，检查内容涉及保障住房、安全生产、检测机构、监理企业、外地到长沙企业、文明施工、市场行为、消防安全、建筑起重设备、建筑节能，检查项目和企业113个，下发整改通知书43份，下发企业不良行为记录6份，有效消除可能出现的安全质量隐患。2.“三套系统”创新监督模式。2012年，实现建筑工地视频监控和智能化管理，将关键人员的到岗履职情况作为监管的重点，把质量安全责任从企业层面细化落实到个体层面，实现从管事向管人的转变。同时，加大预拌砼质量追踪系统的工地使用率，从生产源头把好材料质量控制关。截至12月，长沙市建筑企业共建立企业监控平台107家，工地共建立工地视频监控161家，办卡39987张。3. 产学结合创新教育模式。组织长沙市建筑施工企业在“万科金域华府”、“德思勤商业广场”、“华远商业广场”、“顺天财富中心”等项目开展以安全质量标准化管理、绿色施工和视频监控、智能卡系统的现场观摩会，通过观摩会，有效提升长沙市城市建设整体水平。

三、建立长效机制，促进市场规范有序。1. 源头治理出成效，“打非治违”不留情。面对违法开工项目带来的隐患，针对违法项目的特点，2012年深入开展全市建设领域的“打非治违”专项治理行动，检查市管在建房屋工程建设单位303家，项目2041个，总建筑面积32533997平方米，总造价364.75亿元；检查市政工程建设单位5家，标段17个；下达停工令85份，不良行为记录告知书52份；处罚严重违法的建设行为人22个，处罚金额262.5582万元。2. 建章建制抓关键，从严治企效果好。会同市建筑设计院草拟预拌混凝土布点规划的初稿，并依据其初步成果会同水务部门框定砂石场新规划的大致布局，同时结合长沙市砂石整治行动，做好政府令的宣传工作以及混凝土行业对砂石市场舆情调研和上报工作。全年新办混凝土企业资质6家，升级5家，分站普查29家，季度特种车辆检查4次；检测机构增项2家，延期审查3家；预制构件企业资质新办2家，升级1家。会同设备租赁协会出台《长沙市关于加强建筑施工设备租赁、安装（拆卸）、检测、使用管理的规定》，进一步规范施工单位、设备检测单位、安装单位的建设行为、为全面开展租赁企业的行业认证工作打下坚实基础。（李　珊）

【新型建筑材料】　2012年，长沙市新墙材总产量超过25.42亿标砖，实现节地279.6公顷，节能15.76万吨标准煤，减排二氧化硫（SO_2）气体0.39万吨，减排二氧化碳（CO_2）气体36.25万吨，创造良好的社会和经济效益。1. 综合利废成效显著。一是深入推进轨道工程废渣土综合利用。2012年，长沙市确定的轨道渣土综合利用试点企业木马机砖厂具备年产合格轨道工程废渣土烧结多孔砖6000万标的生产能力，每年可以消纳10万立方米轨道工程废渣土。为扩大示范效应，市住建委已对试点企业授牌，并邀请住建部、省住建厅、省墙办相关领导前往调研和指导，组织包括湖南卫视、人民网在内的主流媒体开展6次以上专题报道，充分放大其社会影响力，进一步推动轨道渣土的综合利用。二是积极开展利用建筑固体废弃物生产新型墙材。根据《利用长沙地区建筑垃圾生产新型建材的可行性研究》课题研究成果，组织猛然和绿新两家试点企业进行轻骨料混凝土多孔砖工业化生产，年生产能力25万立方米，可实现年消纳建筑垃圾17.5万吨。三是建立综合利废长效机制。长沙市节能新墙办通过政策引导、基金扶持等措施来激励新型墙材企业消纳废渣。2012年，长沙市有40多家企业共具备年消纳各种废渣的能力217万吨，长沙市墙材企业综合利废正逐步实现规模化。2.自保温墙体技术不断发展。经过近三年的努力，长沙市形成以自保温配筋砌块、陶粒保温砖、PK多功能混凝土保温空心砌块、YDF轻质复合自保温砌块、轻骨料混凝土多孔砖、加气混凝土砌块等六种自保温墙材产品为主的自保温墙材产业，研发具有长沙特色的自保温配筋砌块砌体剪力墙结构体系、点状分布冷热桥节能墙体系、加气混凝土复合混凝土剪力墙自保温体系三大自保温节能技术体系，基本具备推进墙体自保温技术应用的能力。其中，自保温配筋砌块砌体剪力墙结构体系既达到50%节能技术要求、又实现造价降低，被定为长沙市2012年重点推广的墙体自保温体系。（李　珊）

【长沙市绿色建设发展指导办公室成立】 9月13日，长沙市绿色建设发展指导办公室挂牌成立。市住建委党委书记、主任陈鲁青，副书记冯辉，副主任彭旭峰，副主任汤伟，总工程师竺钦军，市轨道实业公司监事会主席吴四龙等参加会议，共同为长沙市绿色建设发展指导办公室揭牌。会上，市节能新墙办主任杨勇介绍节能新墙办在绿色建设方面开展的一些工作以及挂牌后的初步打算。陈鲁青给予肯定，并对节能新墙办下一步的工作提出建议和要求。长沙市绿色建设发展指导办公室是经长沙市编办批准，在长沙市建筑节能与新型墙体材料管理办公室下加挂的牌子，主要承担长沙市绿色建筑、绿色市政、绿色新农村建设等方面的推广、发展及指导工作，它的挂牌成立对于长沙市城市发展转型和“两型”社会建设有着十分重要的意义。（李　珊）

【新加坡建设局访问长沙交流绿色建筑】 2月16～18日，新加坡建设局国际发展署署长许麟济及国际发展署亚太处中国区主任何冠仪到长沙市参观访问，双方就开展绿色建筑方面的交流合作事宜进行磋商，并达成合作意向。2月17日上午，许麟济和何冠仪到市住建委，与市住建委总工程师竺钦军及有关处室负责人、市外事办等进行座谈交流。竺钦军对新加坡建设局来访表示欢迎，并介绍长沙市在推广绿色建筑方面的工作情况，希望能与新加坡在绿色建筑技术方面加强合作，推动生态城市建设。许麟济对新加坡在绿色建筑方面所取得的成就及与国内其他城市的合作情况进行简要说明，并着重介绍新加坡在绿色人才培养方面的优势，表达了新加坡建设局想与长沙市住建委在绿色建筑方面进行合作的愿望。座谈会就长沙市住建委和新加坡建设局签订绿色建筑合作备忘录达成一致，双方将在绿色人才培训、技术合作交流、生态城市建设、绿色建筑项目合作、宣传推广等方面开展合作。（李　珊）

【第八届建筑节能与墙材革新工作交流会】 11月1～3日，“第八届夏热冬冷地区中心城市建筑节能与墙材革新工作交流会”在长沙召开。会议由长沙市住房和城乡建设委员会主办，长沙市建筑节能与新型墙体材料管理办公室承办。出席会议的有住建部建筑节能与科技司墙材革新处何任飞一行，来自上海、重庆、南京、成都、武汉、杭州、合肥、南昌、长沙等九个城市主管建筑节能与墙材革新工作的领导及部分企业代表。在开幕式上何任飞介绍住建部近期在建筑节能与墙材革新方面的一些思路，并提出以后要重点研究和解决的四个方面的问题。随后的交流会中九城市代表分别介绍各自城市建筑节能与墙材革新工作情况、取得的经验和存在的问题及困难，并重点就绿色建材及自隔热保温墙材的发展方向、如何有效推动绿色建筑发展、夏热冬冷地区适宜的绿色建筑技术等问题开展深入交流和探讨。会议还组织参会代表参观长沙市梅溪湖绿色生态新区和配筋砌块剪力墙自保温结构体系样板房，参会代表对长沙市在绿色新区建设和自保温墙材推广方面所做的工作表示高度关注和肯定。（李　珊）

重点工程

【概况】 2012年，长沙市共铺排重点工程建设项目146个项目，年度投资235.4亿元，实现开工项目有134个（含49个竣工项目），占年度计划项目的91%，完成年度计划投资240亿元，占年度计划投资的102%。另先导区铺排重点工程建设项目70个，计划投资166.4亿元；完成投资146.6亿元，占年度计划投资的87%。（张　理）

【湘江长沙综合枢纽工程蓄水通航】 该工程总投资63.78亿元。枢纽船闸主体工程2011年1月开工建设至2012年8月底，完成60余万立方米混凝土浇筑，单月混凝土浇筑量峰值超过10万立方米，创造同类工程混凝土月浇筑量的奇迹。随后，枢纽船闸用13天的时间完成双线船闸的调试工作，且从运行的情况来看，调试一次到位，效果很好。10月10日，船闸实现通航，枢纽工程较计划工期提前两个月全面完工。（张　理）

【福元路湘江大桥通车】 该项目位于银盆岭大桥和三汊矶大桥之间，西接长望路，东接盛世路。桥梁全长3575米，其中越江段1435米，河中主跨采用3×210米提篮式钢拱—结合梁组合体系拱桥。道路等级为城市主干路Ⅰ级，设计行车速度60公里/小时，双向六车道，桥面标准总宽度31.5米。工程总概算约13.85亿元，工程于2010年9月开工，于2012年11月20日通车。福元路湘江大桥顺利通车缓解了长沙过江交通压力、方便了人民群众生活，改善了长沙城市环境质量。（张　理）

【湘府路湘江大桥】 该项目位于猴子石大桥和黑石铺大桥之间，西接洋湖大道，东接湘府西路。桥梁全长2655米，其中主桥长730米，河中主跨采用 65 米 +120 米 ×5+65 米预应力混凝土刚构连续梁结构。道路等级为城市主干路Ⅰ级，设计行车速度 50 公里／小时，近期按双向六车道布置机动车道，远期按双向八车道预留结构荷载，桥面标准总宽 32.5 米。工程总概算约 7.84 亿元，工程于 2010 年 9 月开工，计划 2013 年元月通车。该项目对缓解长沙湘江过江交通压力、加快推动长株潭一体化城市交通网络建设具有重要的战略意义。（张　理）

【营盘东路浏阳河桥及东延线通车】该项目位于芙蓉区，西起营盘东路浏阳河西岸，向东延伸至星沙大道交叉。其中桥梁全长 611.8 米，道路全长 4018.22，为城市Ⅰ级主干道，设计行车速度 60 公里／小时，双向六车道。浏阳河桥采用 48 米 +59 米 ×3+48 米预应力混凝土等高度截面箱形梁，东延线工程将下穿京珠高速。项目概算约 7.63 亿元，浏阳河桥已于 9 月 29 日通车。该项目建设对于加快芙蓉区东部地区的开发建设步伐，建立完善的区域内交通基础设施，对于促进东部城区产业崛起，整体提升东部城区的产业水平和城市品位，进而实现区域的统筹协调发展均有着十分重要的作用。（张　理）

【南湖路湘江隧道】该项目位于橘子洲大桥与猴子石之间，西起阜埠河与潇湘大道交叉口，东接南湖路。北线隧洞长 1582 米，南线隧洞长 1375 米，东西两岸匝道总长 2912 米，道路等级为城市路Ⅰ级，设计行车速度 50 公里／小时，由南北两条单层单向双车道的隧洞组成，两条隧洞内径均为 10 米，设置 2×2.5 米机动车道。工程总概算 12.99 亿元，工期 30 个月。该项目对分流交通压力，完善城市路网意义重大。（张　理）

【营盘路湘江隧道配套工程建成通车】咸嘉湖路拓改工程西起金星大道，东至望月路，全长约 1500 米，包含咸嘉湖段道路拓改工程和排污改造工程。项目于 2012 年 1 月 4 日通车。滨湖路（枫林路－咸嘉湖路）道路工程起于龙王港南岸，止于枫林路，全长 1100 米，包含滨湖路道路、排水工程。咸嘉湖路与营盘路隧道一起将对湘江两岸经济起到巨大拉动作用，促进湘江两岸大交流、大循环，加快推进营盘路附近老城区改造。（张　理）

【赵州港泵站改造工程】该项目位于潇湘大道与阜埠河路交叉处的西南角，建设内容为自排涵闸和电排站出口部分改造，包括拆除原自拍涵、电排涵管、防洪闸、启闭室，新建 11 根 DN1600 出水涵管、出水口、消力池及防砌等。项目至 2012 年底已基本建成，在 2013 年 3 月雨水季节顺利发挥排渍能力。（张　理）

【咸嘉湖景区】该项目位于长沙市河西城区的中心腹地，属岳麓山风景名社区的重要组成部分。南临枫林路，西北以龙湾港堤为界。东至湖滨路，地块呈扇形，规划面积约为 165.15 公顷，总投资 24.7 亿元，建设周期为 2010-2013 年。该项目 2012 年 9 月获湖南省城乡规划学会二等奖；2012 年 11 月获“优秀园林规划设计金奖”。（张　理）

【天马山景区综合整治工程】天马山景区是岳麓区风景名胜区的重要组成部分，属于名胜区河西景区。项目范围北起桃子湖路，南至后湖路，东起潇湘大道，西至天马山同凤凰山边界，规划用地面积 81.87 公顷，重点对凤凰山、天马山、桃子湖（简称“两山一湖）区域进行综合整治，包括天马山与凤凰山的生态绿化修复、旅游配套设施建设，桃子湖畔风景建设及水体整治。该项目是一个集业旅游、生态景观、环境治理、湖水富氧净化、道路与基础设施及其他景区配套服务设施于一体的景区建设项目，项目总投资 22.5 亿元。（张　理）

【湘江生态经济带沿江防洪道路（长沙段）工程建设完工】该项目北起猴子石大桥东桥头以南 100 米处，经解放垸、南托垸，至昭山接 107 国道，全长 21.73 公里（以新港撇洪渠中心线分界，其中解放垸段 12.3 公里，南托垸段 9.43 公里），堤顶路幅宽 8～12 米。可研批复总投资 9.1 亿元，其中征地拆迁费用 4.38 亿元，工程建设及其它费用 4.72 亿元。项目已于 2012 年底全部完工。（张　理）

【第一垃圾中转处理场扩建】该项目位于二环线与福元路交界东北角第一垃圾中转处理场内，占地 3.2 公顷，总投资 1.28 亿元，新增日转运规模 1600 吨，建设内容主要包括转运车间、维修车间、污水池等，于 2011 年 8 月启动相关建设工作，并于 2012 年 4 月 20 日进行土建施工，年底已完成投资 7800 万元，该项目缓解了长沙市第一垃圾中转场的运营压力。（张　理）

【城乡结合部综合整治】该项目对 61 个街道（乡镇）和 45 处重要片区进行综合整治，整治任务包括“清理拆除”和“提质改造”。截至年底已累计完成投资超过 9 亿元，共拆除违章建筑 236.4 万平方米，拆除违章户外广告、不规范招牌 21 万平方米，整治亭棚 766 处，共扫除裸露垃圾 13.8 万吨，清退养殖场 1266 处，治理“五小企业”273 家，清理砂石场 180 处，整治违规仓储物流 9 处，治理河道水域 27 处，整治违法排污行为 48 处，治理施工场地 141 处，治理非法营运 231 起，建设站厕、果皮桶等环卫设施 3869 处，建设道路基础设施 1892 处，建设路灯基础设施 184 处，建设消防基础设施 58 处，共完成绿化 42.6 万平方米，完成立面改造工程 4469 处，完成亮化景观工程 11 处。通过综合整治，突破一批长期来困扰群众的市容环境问题，拆除一批具有复杂历史成因的违章建筑，改善一批影响群众生产生活的基础设施，建成一批高标准、高品质的生态绿化景观，全市城乡结合部环境得到明显改善。（张　理）

【出入城口整治项目完工】该项目总投资 1 亿元，对天心区、雨花区所属南出入城口区域进行综合整治，项目主要建设内容为沿线违法建筑及违法户外广告进行拆除、沿线建筑物立面进行整治美化、沿线绿化进行提质改造、政道路设施进行修复完善、节点部位进行亮化改造，截至年底项目已完成所有建设任务，通过城南出入城口环境综合整治的实施，整治区域的城市环境、基础设施得到大幅提升，居民居住质量得到明显改善，营造了清洁优美的城市环境和投资环境，加快了城市建设步伐，打造了城市品牌，树立了城市的良好形象，对于长沙打造具有国际视野的“创业之都、宜居城市、幸福家园”具有十分重要意义。

（张　理）

表　　2012 年部分长沙市重点建设项目

序号	项目名称	建设规模	起止年限	总投资	其中征拆
1	轨道交通 1 号线一期工程	线路全长 23.55 千米，起于汽车北站，终于万家丽路站，设站 20 座	2012-2014	141.95 亿元	9.44 亿元
2	轨道交通 2 号线一期工程	线路全长 22.26 千米，起于望城坡站，止于光达站，共设 19 座车站	2009-2013	145.24 亿元	10.2 亿元
3	湘江长沙综合枢纽工程	湘江城陵矶经长沙至衡阳段通航能力由 1000 吨级提升至 2000 吨级	2009-2015	63.78 亿元	待定
4	福元路湘江大桥	全长约 3574.89 米，桥梁主跨宽 38.5 米，标准宽为 31.5 米	2010-2012	13.85 亿元	1.88 亿元
5	湘府路湘江大桥	大桥全长约 2655 米，主线桥梁全长 2068.5 米，主桥宽为 32.5 米	2010-2013	7.84 亿元	0.26 亿元
6	营盘东路浏阳河桥及东延线	西起嘉雨路，东至星沙大道，桥梁全长 611.8 米，道路全长 4038.83 米，双向六车道	2010-2013	7.63 亿元	2.29 亿元
7	南湖路湘江隧道	西起潇湘大道，东接南湖路。盾构段全长 2956 米，匝道全长 2912 米	2010-2013	12.99 亿元	0.27 亿元
8	圭白路二期道路工程	南段：金井路至振华路；北段：花卉路至时代阳光大道，含河道工程	2010-2013	2.94 亿元	0.98 亿元
9	水厂路	湘江大道至书院路，长 272 米，宽 24 米	2009-2012	0.67 亿元	0.37 亿元
10	劳动东路延长线（含劳动路浏阳河大桥）	从浏阳河桥西至黄兴车辆段，东、西引桥共长 312 米，主桥长 258 米，全桥总长 570 米，主引桥宽 35 米。引道全才 2444 米，宽 60 米	2011-2013	3.90 亿元	0.91 亿元
11	沙河大桥	南起新港大道北延线起点，北至丁字镇翻身村段	2012-2013	3.6 亿元（最终以发改委批复的投资额为准）	0.11 亿元
12	市固体废弃物处理场改扩建项目	村民搬迁（10000 万元），二期道路建设（12000 万元），征地拆迁（6800 万元），办公区搬迁（3300 万元）	2012-2013	3.21 亿元	1.68 亿元
13	长沙市餐厨垃圾无害化处理项目	建成日处理能力 375 吨的餐厨垃圾处理项目	2011-2012	1.01 亿元	
14	长沙市城市污水处理厂污泥集中处置项目	建成日处理能力 500 吨城市污水厂污泥处置项目	2011-2012	3.78 亿元	
15	天然气利用工程：星沙 LNG 储备	星沙 LNG 储备项目：星沙望仙路 1200 万立方纳米	2010-2012	2.6 亿元	
16	长沙市公共卫生中心	总用地面积约 38133.52 平方米，总建筑面积约 32000 平方米。包括市疾病预防控制中心、长沙血液中心、市卫生监督所、市医疗紧急救援中心业务、行政用房	2011-2012	1.90 亿元	

续表

序号	项目名称	建设规模	起止年限	总投资	其中征拆
17	杜花路平战结合人防工程	总建筑面积约 33557 平方米，其中地面附属建筑面积 510 平方米，地下建筑面积约 33047 平方米，地下停车位 203 个	2011-2012	1.94 亿元	
18	乡镇污水处理系统建设	建成 16 家乡镇污水处理厂（其中望城 6 家、浏阳 5 家、宁乡 5 家）	2012	1.12 亿元	
19	植基北路	青竹湖大道至霞凝货场，长约 600 米	2012-2013	0.47 亿元	0.15 亿元
20	滦湾镇棚户区改造工程	征用土地 170303.52 平方米，涉及单位 52 家，私房 2380 户	2010-2012	20 亿元	20 亿元
21	黄兴北路棚户区改造	东至芙蓉路、南至营盘路、西至湘江大道、北至三一大道范围内的棚改棚改及征拆居民约 7146 户	2011-	62.97 亿元	62.97 亿元
		太平路北至中山西路、南至五一路	2011-2013	3.86 亿元	3.62 亿元
22	黎托片区土地整理	土地征拆面积 11.13 平方千米	2011-2015	66.76 亿元	
23	南湖片区土地整理	书院路以西，南二环以北，湘江以东，西湖路以南征拆及土地整理	2007-2012	40 亿元	40 亿元
24	白沙路	湘江大道至星电宾馆，长 600 米，规划路幅 33 米，双向四车道	2010-2013	1.03 亿元	0.70 亿元
25	咸嘉湖景区（西湖文化园）	综合整治龙王港下游西湖渔场区域，完成龙王港防洪工程、湖体整治、环境整治、以及公园建设项目	2011-2013	24.74 亿元	4.86 亿元
26	天马山景区综合整治工程	综合整治二期工程，包括旅游服务中心、配套旅游服务设施等，建筑面积约 6 万平方米	2011-2013	22.50 亿元	15 亿元
27	川河路（人民路至湘府东路）	人民路至湘府路，约 8.65 千米，规划宽 26 米	2009-2013	6.28 亿元	2.4 亿元
28	杜花路	京珠高速东辅道至新花侯路，长 767 米，宽 79 米。	2011-2013	1.05 亿元	0.44 亿元
29	杉木路	一段：远大路至人民路　长：970 米　宽 26 米；二段：人民路至滨河路　长：796 米　宽：26 米	2012-2014	0.95 亿元	0.30 亿元
30	合平路一期	远大路至人民路，长 1393 米，宽 36 米，占地 50146.92 平方米	2012-2013	1.72 亿元	0.94 亿元
31	蓝天路	书院路至工程路，长 664 米，宽 30 米	2012-2013	0.62 亿元	0.30 亿元
32	和平路	芙蓉南路至宜春路，长 400 米，宽 20 米	2012	0.13 亿元	0.02 亿元
33	坦山路（二标）	银杉路至观沙路，全长 820 米，宽 46 米。	2012	0.38 亿元	0.08 亿元
34	梨张路	长约 1194 米，路幅宽 20 米	2012-2013	0.48 亿元	0.18 亿元
35	青竹湖路东延线二期	海霞路至长青路，全长 1950 米，宽 29 米	2011-2012	1.18 亿元	0.5 亿元
36	振华路东段延长线	圭白路至长沙县界，长 2847 米，宽 36 米	2011-2012	2.34 亿元	1.02 亿元
37	洞井路南段	湘府路至红星四路，长 834 米，宽 36 米	2012	0.8 亿元	0.45 亿元

城市共用事业

• 城市供水 •

【概况】 2012 年，长沙市城市供用水管理呈现大发展、大变革、大转折的态势。尖山路、兴联路、环保科技园加压站和暮云、城西、城北分公司供水基地等供水项目建设稳步推进，城市日供水能力提升到 215 万吨，供水管道 2200 余公里，覆盖 250 平方公里；全年输送原水 13000 万立方米，供水 49328.29 万立方米，出厂水合格率 100%；加快实施农村饮水安全工程，解决 30 万农村人口饮水安全问题，为全市经济社会健康发展和人们用水安全提供强有力的保障。

一、加快推进水业集团股改上市工作。按照“一平台、四板块”的战略格局，加快推进水业集团资产整合和股改工作。1. 加快跟进重组股改方案报批。加强与政府及各职能部门的沟通协调，并根据各方意见调整完善方案。8 月 1 日，配合市国资委组织召开长沙水业集团重组股改市属企业宣介会，会后积极跟进各方反馈意见，争取意向入注资金，为下一步集团股改工作创造有利条件。12 月 20 日，市长张剑飞批复集团重组股改方案，资产重组及股改工作取得重大突破。2. 加快整合水务相关资产。从 2012 年 5 月起，启动排水公司的资产整合工作。7 月 31 日，集团接管排水公司并基本完成清产核资工作，“引”、“供”、“排”、“建”四大战略板块格局逐步成型。

二、加快供水工程和设施建设。积极克服融资瓶颈，各方筹措建设资金，着力推动供水工程及设施建设。供水项目建设方面：望城水厂二期改扩建工程实现常规工艺竣工运行，尖山、环科园加压站已基本完工，城西分公司基地已交付使用，八水厂出厂管线、书院南路京广铁路桥管道的改造以及芙蓉北路浏阳河过江管道的扩容改造工程如期完成，其余项目正在办理前期手续。引水工程建设方面：2 月底，引水工程人民东路输水管线全线拉通，4 月 19 日开始向主城区供水。

三、全面实施新的水价政策。2 月 1 日，长沙市颁布实施《长沙市城区居民生活用水阶梯式水价和非居民用水超定额累进加价制度管理办法》，对城市居民实行阶梯式水价政策，非居民实行超定额累进加价收费制度。与此同时，为配合阶梯式水价政策的实施，水务局制定《长沙市计划用水指标管理规定》等规范性文件，对计划用水指标的制定、审核、调整、下达以及加价水费的征收、用途和减免等情况进行明确规定。阶梯式水价的实施，标志着长沙市的城市水价改革取得突破性进展，对于发挥经济杠杆作用，改变长沙市粗放式用水方式，促进计划用水、节约用水有着重要意义。2012 年，长沙市已对 6000 余家非居民用水单位，下达用水计划指标，对 200 多家用水单位进行指标回访和考核。

四、启动户表改造和新建供水设施统建统管工作。制定出台《长沙市城区新建居民住宅供水设施建设和管理办法》，成立长沙市户表改造及二次供水管理工作领导小组，下设户表改造和二次供水设施建设指挥部。对新建居民住宅供水设施实行统建统管，并对城区居民进行户表改造，实现城市供水企业服务到终端，减少漏损，保证水质，解决供需矛盾。年内已完成户表改造 2 万块，户表改造工程和新建居民住宅供水设施统建统管工作的启动，标志着长沙市城市供用水管理进入“政府放心、群众满意”的全新时代。

五、着力抓好城市供水在线监测和水质检测工作。湘江长沙综合枢纽建成蓄水后，长沙市湘江段水域流速减慢，自净能力减弱，为应对可能发生的水质问题，水务局正着手建立湘江长沙段原水水质在线监测系统，以实时监控原水水质，及时提出报警，以便各水厂积极应对原水水质变化，采取针对性措施，确保制定出来的水符合国家规范要求，确保供水水质安全。加强水质检测，完成水质检测 1549 批次，比上年监检批次翻了一番。其中：长沙市自来水厂（含长、望、浏、宁）监检 303 批次；污水厂（含长、望、浏、宁）监检 440 批次；二次供水抽检 731 批次；农村饮用水安全监检 5 批次；湘江水源水监检 70 批次。水质检测、监测的工作开展，有力保障了供水水质安全。

六、积极推进节约用水工作。为拉近与节水型城市的考核标准，创建节水型城市，水务局做了大量的节水基础性工作。1. 利用节水宣传周为契机开展宣传周启动仪式、节水明星家庭评选、节水型企业（单位）表彰、节水技术论谈会等形式多样的宣传活动，发动越来越多的市民积极参与到城市节水工作中来，唤起全市人民节约用水的意识，增强节约用水观念，逐步实现“以人为本、人水和谐”的节水管理目标。2. 采取多种形式推广节水新技术、新器具。为普及、推广节水型器具，水务局积极开拓渠道，采用各种形式扶持，帮助多家节水型器具生产厂家推广节水型器具。3. 开展节水型企业（单位）和生活节水示范工程创建活动，极大地调动用水单位的节水积极性，促进用水单位节水技术和节水管理水平的提高，为长沙市创建节水型城市打下坚实的基础。

七、着力提升行业服务品质。建立健全服务机制，完善服务体系，提升服务品质。建立管网检漏常态机制，提高管网抢修及时率，实现全年安全供水无事故；在低温雨雪冰冻期，主动与媒体沟通联系，向市民发出水表及水管维护提示，开通移动、电信、联通短信平台业务，提高服务及时性；服务到用户终端；继续完善以“一站式”服务为基础的客户服务体系，扩充热线线路，完善系统功能；新增拉卡拉缴费平台和部分社会直接合作缴费网点，缓解边远地区的缴费困难。

（苏　广）

【长沙二次供水有限公司、城西服务基地成立】 12 月 28 日上午，长沙市户表改造及二次供水设施建设指挥部、长沙二次供水有限公司及长沙供水有限公司城西服务基地正式挂牌。挂牌仪式由集团总经理、党委副书记贺湘林主持，市人民政府副市长姚英杰、市水务局党委书记杜强、局党委委员李正文、集团董事长邱振华共同为指挥部、二次供水有限公司和城西服务基地揭牌。长沙二次供水有限公司的成立将改变长沙城区户表改造推进缓慢，居民二次供水管理不够规范的旧局面，在企业延伸服务领域的同时，把长沙水业所着力提高的优质供水服务送达到全市所有终端用户。

（苏　广）

·城市排水与污水处理·

【概况】　长沙市主城区有金霞、湘湖、岳麓、开福、长善垸、花桥、新开铺7座生活污水处理厂，日处理能力124万吨。2012年共处理污水38435.04万吨，污水处理厂负荷率为87.7%，污水总排放量39506.59万吨，污水处理率97.29%。

一、处污设施建设稳步推进。坪塘污水处理厂于2012年8月正式进入商业试运行，启动人工湿地等后续建设；长善垸污水处理厂一期扩建工程竣工，2012年12月通水试运行；新港污水处理厂建设工程完成厂区建设；湘湖污水处理厂中水回用项目和花桥、长善垸污水处理厂二期及提质改造工程完成前期工作，年底启动项目建设。市污泥处理重点工程黑麋峰污泥处理场建设项目，累计投资2.7亿元，完成一期工程建设，日处理能力500吨。

二、排水许可严格规范。加大排水集中整治力度，对全市已建和在建工程项目进行排水集中专项整治，查处违规排水行为10余次，确保城区污水　“全截污、全收集、全处理”工程的有序推进；着力抓好重点工程项目的前期工作，对新建项目进行细致摸排调查，及时发现、制止雨污混接行为；严格排水许可审查和施工期间的跟踪检查，发放城市排水许可证65份。

三、防洪排渍能力不断提升。加强污水排提设施、管网维护和监控系统的建设与维护保养，投入各类资金5600余万元，维修各类泵站设备400余台次，沿江所有泵站设备完好率和运行率均达到100%。根据防汛工作目标，积极完善防汛排渍预案，加强汛期值班和应急抢险，全年排渍开机3800余小时，提升污水3亿吨，抽排渍水1900万吨。汛期38.37米水位下城区服务范围内排渍通畅，未发生重大渍水灾害事件。（孟祥宇）

【长沙市排水有限责任公司移交工作完成】　7月31日，长沙市排水有限责任公司移交暨员工劳动合同签订仪式在长善垸污水处理厂四楼会议室举行。会议由长沙市水务局副局长罗国强主持，长沙市城区排水设施运行服务中心党委书记刘玲利出席会议，市水业集团公司总经理贺湘林等参加会议。会上，城区排水运行服务中心和水业集团移交双方负责人正式签定移交协议书，排水公司正式进入长沙水业集团的大家庭。排水公司的顺利对接，标志着长沙水业集团“引、供、排、建”四大战略业务板块构建正式完成，该公司排水资产的盈利能力、整体服务水平将对水业集团资产重组、股改上市及未来发展产生积极、重要的影响。（孟祥宇）

6月25日，长沙市天然气利用工程星沙储备站建成投产

·燃气供应·

【概况】　2012年长沙市城区新建天然气管网82.1公里，新增天然气用户17万户，年供应天然气6.2亿立方米（含车用压缩天然气9600万立方米），同比增长24%，最大日供气量345万立方米，全年正常供应362天，部分工商户限供4天，正常供应率98.9%年供应液化石油气9.8万吨新增燃气汽车5300台，其中新购双能源公交车100台，新购双能源出租车1000台，定点改装出租车1200台，社会和驾校改装3000台；全年拆除压占天然气管线建（构）筑物123处，面积62758.23平方米。

（肖　南　刘　舒）

【天然气星沙储配站建成投产】　6月25日，长沙市天然气利用工程星沙储配站建成投产。省委副书记、省长徐守盛，省委常委、长沙市委书记陈润儿等出席仪式。该站是目前国内最具规模的液化天然气应急调峰站，具备天然气液化、储存、调压计量等综合功能。每天天然气液化能力为20万立方米（液态），每天气化能力为240万立方米（气态）。储气能力达1200万立方米（气态）。如上游出现供气故障或冬季气源不足，在上游完全不供气的情况下也可保障长沙市居民用户8至10天的生活用气。为长沙市燃气安全保障供应提供了重要保障。（肖　南　刘　舒）

【《长沙市燃气发展规划》编制工作完成】　随着长沙市经济社会的快速发展，《长沙市燃气专业规划》（2003年版）已不能满足《长沙市城市总体规划（2003-2020）》（2011年修改）的要求，而且长沙市上游天然气供气条件、中心城区燃气用户结构、用气需求也发生了较大改变。为此，市住建委、市规划局组织编制《长沙市燃气发展规划》。4月20日，由住建委主持召开规划初稿讨论会，中国市政工程华北设计研究院、市规划局和长沙新奥燃气公司等单位参加会议，对《长沙市燃气发展规划》提出了要求和建议。截至年底，规划初步成果编制工作已完成。（肖　南　刘　舒）

【燃气热力管理局组建完成】　长沙市燃气热力管理局为市住建委的下属

全额拨款事业单位，副县级，定编 26 人，内设 5 个科室，包括综合科、安全法规科、工程建设管理科、天然气管理科、液化气管理科，年内已基本组建完成。该局由市住建委管理，负责长沙市燃气热力行业发展规划的组织实施、燃气热力企业和经营网点的监督管理及燃气热力工程建设的审查管理。该局的组建增强了长沙市燃气行业管理能力，从而进一步规范市场、保障供应、保障安全，促进行业健康发展。（肖　南　刘　舒）

・地铁与轻轨建设・

【概况】 2012 年，长沙轨道交通切实加强安全质量、企业建设、投资融资和运营筹备等各项工作，轨道交通合力逐步显现。

一、全市重点工程建设扎实推进。2 号线一期工程完成投资 26.85 亿元（含雷梅片区开发地下配套交通工程、轨道交通运营控制中心），为年度计划的 134%。全线 19 个站点均已完成主体结构施工，全面开展车站附属结构施工。已于 12 月 26 日实现正线“轨通”。1 号线一期工程完成投资 15.06 亿元，为年度计划的 100.4%。全线 20 个站点中，16 个站点主体开工建设；6 个站点主体结构施工完成，6 个站点主体围护结构完成；2 个区间盾构双线贯通。高铁枢纽片区基础建设配套工程及土地整理累计完成投资 82.47 亿元，高铁新城初具雏形；2012 年完成投资 17.38 亿元。片区内道路和排水施工已基本完成。3、4 号线一期工程前期工作于 10 月 29 日完成 3 号线一期工程评审工作；并基本稳定。3、4 号线一期工程线站位方案；基本完成初勘工程，开展了初步设计编制，全面启动详勘工作。3 号线完成投资 2.5 亿元，4 号线完成投资 2 亿元。五一广场、芙蓉广场、杜花路地下空间开发项目已具备招商条件。滦湾镇棚改项目累计完成拆迁投资 19.8 亿元，完成 99% 拆迁任务，共腾房约 10 万平方米；南门口棚改项目已完成棚改和项目立项，启动项目拆迁。

二、安全质量管理紧抓不放。始终坚决执行《湖南省重点建设项目管理办法》，实施“现场和市场联动”管理机制来促进施工现场管理。全年安全生产、工程质量处于可控状态。已完成工程质量一次验收合格率 100%，无重大安全质量事故发生。

三、筹资融资工作成效显著。2012 年到位区（县）分摊资本金 16.73 亿元。融资到位 51 亿元；3、4 号线银团贷款方案也取得新的进展。与此同时，企业债券、中期票据、融资租赁、人保债权资金等直接融资产品取得了较好进展。

四、经营开发取得阶段成果。1. 招商工作进展较好。分别于上、下半年参加上海、香港招商会，高铁枢纽片区跨国公司总部经济园等项目成功签约，合同引资 166 亿元。五一广场等地下空间开发项目正待市政府批复招商方案，预计可实现收益约 10 亿元。滦湾镇等棚改项目也吸引了香港铜锣湾、华润、中海地产等知名企业，有意向开展后续合作。2.“地铁 + 物业”开发实现较大突破。与 1、2 号线沿线周边意向合作方对 16 个站点 22 个项目合作进行了初步对接，其中九龙仓、运达广场等多个项目已经市政府批准。3. 附属资源开发积极启动。地铁报、地铁电视项目已分别与长沙晚报集团、长沙广电集团对接，预计到 2014 年首期将覆盖 2 号线一期工程全部站点，实现收益约 400 万元。

五、运营工作实现有序筹备。运营组织架构、人员定编定岗工作已基本完成；对接广州、苏州地铁公司，送外培训 453 名订单班人员；聘请广州中咨公司作为咨询团队并开始运作；协助市物价局开展运营成本、资产成本、资源性收入、客流分析等项目工作。（谢　静）

【长沙地铁首条过江隧道双线贯通】5 月 2 日，长沙市轨道交通地铁 2 号线东西横贯长沙城区。盾构穿越湘江是施工中的一大难点，过江盾构施工区间有两处地质断层，并要穿越湘江西汊河床，河床内裂隙水丰富，施工难度非常大。这也是长沙城市建设中首次采用盾构机穿越湘江。此次盾构穿江隧道的施工由中铁五局长沙地铁 2 号线项目部实施，施工中通过采取对盾构机进行越江适应性改良、提前制定应急预案、严密控制盾构掘进姿态等措施，保证盾构机安全顺利平稳通过。从滦湾镇站至五一广场站，左右线全长 4.141 公里，其中穿越湘江段左右线全长 1.8 公里。（谢　静）

【周强视察长沙地铁 2 号线工程】8 月 3 日，长沙地铁 2 号线一期工程开始铺轨。省委书记、省人大常委会主任周强前往建设工地看望慰问地铁建设者，实地考察工程进展情况，并宣布开始铺轨。省委常委、长沙市委书记陈润儿，省委常委、省委秘书长易炼红参加考察。在考察中周强要求，确保工程质量，确保工程建设安全，把长沙地铁建设成为一流工程。长沙市地铁 2 号线一期工程起于汽车西站，止于黄兴镇光达村，全长 22.262 公里，设站 19 座，连接河西新城、主城区、武广客运专线长沙站片区，是长沙市轨道交通东西向的核心线路。该工程于 2009 年 9 月开工建设，预计全线将在 2013 年 10 月建成通车试运行。（谢　静）

园林建设与绿化

【概况】 2012 年，长沙市园林局坚持园林社会公益性，圆满完成各项工作任务，获得省住建厅“2012 年湖南省世界遗产与风景名胜保护管理工作先进单位”、“锦绣潇湘 -2012 年湖南省世界遗产和风景名胜宣传年活动先进单位”等荣誉称号。

一、园林绿化建设管理取得新成绩。1. 圆满完成绿地建设计划任务。城市绿地建设首次纳入到市委、市政府对内五区政府绩效考核目标，制定《长沙市建成区绿地建设绩效目标完成情况认定办法》，采用中介机构评估认证的方法，对各区上报的绿地建设任务予以考核。全市实现新增绿地 387.74 公顷，其中公园绿地 158.9 公顷，超额完成年度绿地建设任务指标，完成率分别为 110.57% 和 158%，综合完成率为 134.29%。2. 加强公园绿化精细化管理。为进一步推进园林绿化“以费养事、管养分离”的机制，该局印发《长沙市直属公园园林绿化精细化管理技术导则（试行）》，制定《公园暖季型观赏草坪冬季补播项目实施方案》，确定各公园暖季型观赏草坪建设的位置和面积。制定《公园暖季型观赏草坪冬季补播技术规范》，明确和规范补播技术流程，确定7个实施单位。全年共建设常绿草6.37万平方米，完成比例为127.14%。3. 推进全市园林依法行政。针对长沙市城市控规与长沙市绿地系统规划的矛盾，园林局积极参与城市分区规划大纲的审查，加强《长沙市城市绿线保护规划》编制审批的衔接工作，修订《长沙市改变城市绿化规划、绿化用地使用性质程序性规定》，制定《城市绿线调整专家论证制度》、《长沙市改变绿化规划、绿化用地使用性质行政许可听证工作规程》、《长沙市园林管理局城市绿线调整公示规定》等规范性文件。全年共受理行政审批事项235件，完成城市建设项目附属绿化设计方案审查76个，完成城市规划区公园绿地内树木修剪许可1例，城市规划区内死亡古树名木处理许可证核发2例。严格执行专家论证和四级审查制度，尽量减少改变绿地规划性质的行为，维护城市绿地系统的完整性。年内接受审批项目19项，仅有4项为调整规划公园绿地，调整项目和调减绿地面积明显减少。4. 加强园林科研管理。制定下发《关于进一步加强园林科研工作的意见》，推动长沙生态动物园和长沙园林生态园在科技局完成市级科研课题立项。长沙园林生态园以科技为依托，新建牡丹园、蓝莓园培育基地，引进新、优、特花卉品种，打造艺术精品造型，积极抢占摆花市场，完成市人大政协会议、省党代会、市政府财税过千亿表彰会、科交会等的重要会议的花卉布置工作，累计布置鲜花30万多盆。5. 开展国家园林城市迎检复查工作。对照《长沙市国家园林城市复查意见》的要求和长沙市存在的问题，启动规划修编工作，加大绿地建设力度，逐步理顺城市园林绿化管理体制，加强专业引导示范，积极开展了行业创建评比，全市城市园林绿化工作呈现出了良好的发展态势。6. 全面开展城市公园普查工作。对市内六区和长沙、浏阳、宁乡三县，按照综合公园、绿化广场、社区公园三类，进行城市公园调查摸底，形成调研报告。公园总数达146个，总面积为2053.49公顷，针对城市公园存在的投资主体单一、分布不均、特色品牌不多等问题提出了对策建议，为推动公园管理与建设提供了翔实的决策依据。7. 提升园林政务行政效能。该局新制定《长沙市园林管理局关于加强局政务窗口建设和管理的通知》，进一步明确窗口的机构设置、明晰窗口职责职能，规范窗口的制度管理。截至12月1日，局政务窗口共接待办事群众咨询762人次，在线受理行政审批事项125件，及时在线办结125件，参与规划并联审查92件，行政许可项目入窗率100%，及时在线办结率100%，案卷整理合格率100%，申请单位满意率100%。“长沙园林在线”新网站新增多个便民服务内容，政务窗口与业务处室的工作关系进一步理顺，办结质量进一步提高。

二、风景园林主题活动呈现新亮点。1. 开展城市绿化周宣传活动。组织开展以“两型园林——建设美好城市家园”为主题的城市绿化周宣传暨3·12植树节系列活动。3月12日，在局属各公园开展“两型园林·问计于民”问卷调查活动，现场邀请市民、游客参与问卷调查。调查显示市民对长沙市园林绿化满意程度较高，市民也对长沙市“两型园林”建设提出很好的建议。在城市绿化周期间，局各直属公园共新植乔木6190株，补植灌木41282株，地被复绿面积7930平方米。2. 推进风景名胜区和文物保护工作。制定下发2012年全市风景名胜区保护管理工作要点，督促大围山、花明楼风景区对省住建厅整改复查要求落实到位；指导沩山风景名胜区管委会做好对住建部申报工作的复核和进京汇报工作，国务院已于10月30日批准沩山为国家级风景名胜区；组织专家对长沙县罗王寨、开慧故居、飘峰山、缪伯英故居等景点进行实地考察；组织橘子洲（橘洲景区）综合整治建设项目人居环境范例奖申报工作。天心阁崇烈塔的恢复重建项目完成，4月26日举行揭幕仪式，省人大常委会副主任肖雅瑜出席；天心阁、王陵公园申报国家级文物保护单位的相关工作，已通过国家文物局审批，烈士塔保护工作到位。3. 积极参加国内外园林文化艺术交流。在第八届中国（重庆）国际园林博览中，由园林局代表长沙市组织实施的参展作品长沙园（绣园）得到组委会的一致好评，被授予综合金奖第一名，还获得了设计、植物配置大奖及施工优秀奖。长沙市政府被住房和城乡建设部授予优秀组织奖，园林局荣获优秀建设奖、先进集体称号。

三、公园服务管理提升新水平。1. 建立领导责任机制。形成以党委书记和局长主要抓、分管副局长专门抓、处室负责人协助抓、各单位书记、主任为第一责任人的公园服务管理机制。2. 明确文明管理目标。将窗口服务、公共场所道德、公共设施维护、无障碍设施、公园面貌、经营性公共场所卫生、食品安全、公园整体形象等11个方面的工作列为重点考核目标。3. 开展公园环境综合整治，完成园林系统各单位“天网工程”建设任务。园林局开展以倡导文明游园为主题的“红红火火过大年”、“争当雷锋精神传人弘扬社会文明新风”系列活动；以整治环境为重点的“四保”（环境保洁净、交通保畅通、社会保平安、服务保优质）整治活动；以整治脏乱差为重点的“五治”（交通秩序“治堵”、环境卫生“治脏”、市场秩序“治乱”、窗口服务“治差”、社会环境“治安”）活动。烈士公园完成“千人座位”工程，增加公园的便民基础设施，对公园“以人为本”、“植物造景”、“促进人与自然和谐”理念的实现具有很好的引导示范作用。烈士公园还联合市政府职能部门开展综合整治工作，由市纪委牵头，市园林局、市城管局、市公安局、市民政局等17个政府职能部门参与，彻底整治公园流动摊贩和违规经营的现象，公园整体环境大为改观。

四、园林经济发展稳中求进。1. 打造经营品牌。生态动物园成功获得国家4A旅游景区称号，成为继天心阁旅游景区后第二个取得4A旅游景区称号的局属公园，开展四只大熊猫亚成品的饲养、疾病预防、管理工作，中国（成都）大熊猫研究基地——长沙育幼中心”于4月份成功挂牌，提高生态动物园美誉度，有利于进一步开拓旅游市场，初步打造出在全省乃至全国均具有一定知名度的园林品牌。2. 积极开展十大主题游园活动，增加经营创收收入。成功举办2012年湖南烈士公园元宵灯会、“两型园林——建设美好城市家园”城市绿化周活动及义务植树活动、园林系统“做雷锋精神传人，展园林文明形象”学雷锋主题活动、公园免票开放三周年纪念活动、“同在蓝天下、共享大自然”大型公益活动、长沙首届动物狂欢节、2012长沙格桑花文化艺术节、月上天心阁2012中秋拜月祈福晚会、中国历史文化名楼市长论坛暨第九届名楼年会、王陵公园汉文化展示游园活动等10大主题游园活动。3. 挖掘经营潜力。6月，天心阁公园作为省会长沙唯一知名景点参加“湖南知名景区提供免费门票赴台推介”活动。烈士公园将快餐厅租给湖南电视剧频道举办“爱心超市”慈善活动，将花卉班场地开发为专类园艺中心，租赁给浩博园艺，将秋岛出租作为相亲活动的场地，产生一定的社会效益和经济效益。生态动物园成功开拓国际旅游市场，接待韩国团队280批次，国际游客5215人。4. 构建创收平台。指导园林发展公司发行长沙园林通卡，从8月发行至11月底，全系统总共销售量共计10259张（其中成人卡9175张，学生卡1084张）。协调园林年卡价格、天心阁阁楼门票价格调整，协调烈士公园、南郊公园、动物园、王陵公园游乐项目定价。5. 实行公司化运作。为实现国有资产向战略整合提升转变，园林系统7家公司按照《局系统经济实体清理工作实施意见》分别进行清理整治，其中两家注销工作基本完成，三家公司进行强化内部管理和公司化运作。园林发展公司预计完成扭亏为盈122万元的任务。2012年，园林局科学应对全球金融危机不利因素影响，采取调整经济结构、拉动内需、争取政策支持、开源节流等办法，全年创收1.02亿元，完成率100%。

五、园林重点工程取得新进展。1. 沙湾公园项目。紧抓沙湾公园建设的推进力度，市政府副市长姚英杰、副秘书长涂文清多次主持召开沙湾公园筹建工作调度会，有力地推进沙湾公园的筹建，全年圆满完成沙湾公园的土地红线划拨和总体规划编制。解决沙湾公园前期建设的系列问题。2. 王陵公园提质改造项目。完成铜盆湖清淤、王陵墓护坡、扇形山景观恢复、南门改造工程，如期竣工验收。节能可行性研究、节能专篇的编制，得到市能源局批复。3. 完成第九届中国（北京）国际园博会长沙展园主体建设。园博会长沙园的主题选定为“赫曦怀古”，建设总投资约280万元。完成展园建筑主体、道路铺装、园林小品建设及植物种植。

六、园林政治工作跃上新台阶。1. 加强干部队伍建设工作。全面完成基层10个单位岗位设置和首次认证工作；新提拔正科级干部12人、副科级干部16人，同级交流正科级干部26人、副科级干部25人；完成局属事业单位25名工作人员的公开招录工作，改善干部队伍结构，提升干部队伍素质。2. 抓好“一推行四公开”活动。按照市委的要求，园林局迅速行动，成立以局党委书记为组长，王陵公园、生态动物园负责人为组员的“一推行四公开”园林管理局工作组，负责对联点的宁乡县朱良桥乡左家山村进行帮助和服务，突出解决左家村晒烟工具添置费用、村规划费用、沼气池和太阳能路灯费用等实际困难。

（章雄辉）

【2012中国历史文化名楼市长论坛暨第九届名楼年会】 11月2～4日，在天心阁举行以“文化——城市之根，城市之魂”为主题的历史文化名楼市长论坛暨第九届名楼年会。此次活动由开幕式、市长论坛、名楼文化论坛、十城市市民支持申遗大签名、橘子洲音乐焰火晚会、名楼楼主看长沙等六个部分组成。十一大名楼城市的市长（代表）出席了会议。省人大常委会副主任肖雅瑜出席开幕式并宣布论坛开幕，中国考古学会会长、原故宫博物院院长张忠培出席并发表演讲。市委副书记、市长张剑飞出席并致辞，市委常委、宣传部长张湘涛主持开幕式，市政府副市长姚英杰发表主旨演讲。活动中十一大名楼城市联合签署《中国历史文化名楼保护长沙宣言》。中央、省、市40多家媒体进行报道，在全国形成名楼文化热潮，展示了长沙城市发展新风采，提升了长沙的城市影响力和城市竞争力。（章雄辉）

【举办“两型园林”优秀作品评选活动】 该活动由长沙市园林局、长沙市“两型”办、长沙晚报报业集团共同主办，历时6个月，100多个项目报名参评。评选旨在回顾和展现长沙市风景园林在“两型”社会建设中探索与建设的成就，进一步倡导“两型园林”建设的新理念，推介环境友好、资源节约的园林新工艺、新材料，充分展示长沙作为“国家园林城市”、“中国最具幸福感城市”的生态之美和人文之美。本次活动，在市委、市政府的领导下，通过职能部门与主流媒体的紧密合作，权威专家层层评审，推选出了一批优秀风景园林项目。12月7日，评选活动在长沙市高新区管委会举行颁奖典礼。国家和省、市级专家和领导，获奖作品的单位及个人代表出席颁奖典礼。活动评选出“两型园林”示范奖、优秀风景园林规划设计奖、优质园林绿化工程奖在内的90多个奖项。（章雄辉）

第九届中国历史文化名楼论坛

【湖南烈士公园东大门启用】 12月18日，湖南烈士公园东大门改造竣工，开始迎接游客。该改造工程是2011年长沙市的重点工程，2012年列为续建，工程改造面积约为1.6万平方米。为使东大门新门楼与湖南烈士公园整体风格相适应，2011年湖南烈士公园管理处向社会广泛征集东大门改造设计方案，经过多次遴选，于2011年10月份确定了设计方案。为完成该重点工程的工作任务，公园专门成立了重点工程工作办公室。2012年6月完成原钢结构拆除工程，对原门楼资产进行了报废和回收，7月份正式进行改造，12月10日，该工程已全面完工，正式投入使用。除完成东大门门楼主体工程之外，另完成内外广场硬质铺装3500平方米，新植乔灌木3万株，草皮5400平方米，绿化美化东门区域一万余平方米。建成绿色停车位100余个，极大地方便了市民游客。烈士公园新东大门设计尽显沉稳、庄重风格，大门两侧设置入门柱，采用江南古典园林建筑风格，门柱以绿色琉璃瓦盖顶，新改造的东大门是烈士公园最大最宽的出入口。 （章雄辉）

房地产业

·房地产开发·

【概况】 2012年，长沙市住建委认真落实调控政策、引导企业调整发展结构、推广环保节能地产、健全市场诚信体系、强化行业精细化管理，以实施信息预警、规范开发秩序、建立健全行业诚信体系、推进住宅产业化为抓手，有力推动长沙市房地产行业理性健康发展。

一、积极实施调控引导，回归理性开发投资。2012年，长沙市有房地产开发企业1822家，其中一级资质企业7家，二级资质企业105家，三级资质企业648家，四级资质企业160家，暂定资质企业902家。房地产开发项目1226个，其中在建项目654个，在售项目327个。2012年完成房地产开发投资1032亿元，同比增长16.4%，增速比2011年同期回落13.2个百分点；房屋施工面积为7361.67万平米，同比减少4%，增速比2011年同期回落18.7个百分点；房屋新开工面积为1824.23万平米，同比减少21.7%，增速比2011年同期回落22.8个百分点；房屋竣工面积为1402.27万平米，同比减少3.5%，增速比2011年同期回落8.7个百分点；房屋空置保持在650.53万平方米之间，同比增加29.5%，增加率比2011年同期回落了27.4个百分点。企业开发投资趋稳，市场行为也渐趋理性，逐渐由卖方市场向买方市场过渡。

二、强化行业监管职能，规范开发管理秩序。从规范房地产市场入手，合理控制开发企业数量，提高开发企业自身素质和规模，进一步加强房地产开发企业的管理。1. 严把行业准入关。重点核实土地权属证明原件（国有建设用地使用权出让合同）、项目规划及建设周期安排、股东情况（是否有其他开发项目存在遗留问题等）、专业技术人员及项目负责人是否到位（包括核对人员合同、社会保险缴纳情况等）。2. 建立制度约束机制。初步拟定《关于进一步规范长沙市房地产开发行业管理的有关意见》；下发《关于进一步加强长沙市房地产开发企业超越资质等级承担开发业务管理有关事项的通知》等文件。3. 强化项目资本金监控，根据目前房地产行业发展情况，重新修订《长沙市房地产开发项目资本金管理办法（代拟稿）》，确保房地产项目在保证质量的前提下，按期开工和交付使用。4. 开展企业资质核查。加强审核开发企业注册资金、开发业绩、技术人员聘用合同等内容，清理、整顿不符合条件、违反国家规定的开发企业，下发2012年度核查通知。5. 推进行业整顿工作。落实《关于组织开展整治全市房地产开发领域非法集资问题专项行动的工作方案》文件精神，在资质申报、核查工作中督促开发企业签订《不参加非法集资承诺书》，发现售后包租等问题及时调查处理。

三、构建行业诚信体系，优化经济发展环境。1. 加强房地产信用信息系统建设。成立长沙市房地产行业信用信息管理领导小组，在宁乡、浏阳两地开展信用信息系统试点，逐步将全市房地产开发企业纳入全省房地产信用信息系统。2. 建立企业诚信台账。及时将企业不诚信行为记入台账，并定期录入信用信息系统。3. 加大违法违规行为清查力度。联合相关部门对房地产交易环节的违法违规行为进行专项清查，严肃查处无证开发、越级开发、转借倒卖资质、抽逃注册资金以及项目开发资金非法集资等行为，并对该类企业采取注销资质或将开发资质权限限定在某一范围，防止出现类似问题。4. 开展房地产开发诚信金牌企业评定。进一步完善《长沙市房地产开发企业信用信息管理办法》和《长沙市房地产开发企业信用等级评价标准》，评选出121家2011年度房地产开发诚信金牌企业。

四、引导企业转变观念，推进产业结构调整。1. 充分利用预警预报系统对当前长沙市房地产产品结构摸底。2. 选取具有代表性的商业地产、工业地产、物流地产、总部经济等不同类型的开发项目开展实地调研并组织座谈，与相关部门研究鼓励城市综合体、商业地产、工业地产、养老地产、休闲地产等不同物业类型发展的政策措施，向市政府提交《长沙市房地产多元化发展的调研报告》，为领导决策提供依据。3. 组织开发公司赴东北进行旅游休闲地产调研，学习地产多元开发的先进经验。

五、促进住宅产业化发展，提升产业化水平。1. 成立住宅产业化发展中心，参与制定绿色建筑评定实施地方标准。2. 鼓励全装修商品房开发，起草《关于推广全装修住宅开发建设工作的通知》、《长沙市人民政府关于加快推进全装修住宅开发建设的意见》，提交《关于制定全装修商品房开发建设相关税费减免的汇报》材料，组织相关部门赴重庆调研学习推进全装修房的相关经验，并形成调研报告。3. 鼓励企业参与住宅产业化示范项目申报，总结花漾年华、蓝色港湾和远大城新方舟宾馆住宅产业化试点工作经验，制订住宅产业化基地建设的推进计划、保障措施；4. 组织企业参评国家节能环保型住宅康居示范工程。2012年长沙市东岸梅园项目为全国28个通过验收和有突出成效的项目之一，长沙市芙蓉新城置业公司、长沙郡城项目管理公司获得全国21个住宅建设创新成效突出单位荣誉。

六、加强项目信访管理，维护行

业稳定大局。1. 下发《关于建立健全房地产开发企业投诉处理工作机制的通知》，要求企业成立由项目负责人牵头的信访投诉处理部门，并在年初邀请相关专家对企业信访接待部门进行培训，建立有效的投诉处理机制；2. 引导企业按照提前预防、积极处理、争取支持的三项原则，制定并完善投诉处理制度；3. 建立房地产项目信访台账，及时将开发项目信访实际情况登记在信访台账内，随时查阅、调取和跟进项目处理。（蒋　菁）

•土地征收与房屋拆迁•

【概况】 2012 年，长沙市城市房屋征收和补偿管理办公室（以下简称市征收办）共审批 19 个房屋征收项目的征收补偿方案，监控补偿资金 26.29 亿元，解控 22.90 亿元，其中监控强拆款 2.13 亿元，解控强拆款 0.98 亿元；全年市本级（内五区）共完成房屋征收拆迁面积 52.87 万平方米，共 5226 户（含私房、单位自管房、直管公房），超过 2011 年市本级（内五区）41.5 万平方米的征拆任务完成总量。

一、大力推动民生棚改项目征收。2012 年，市征收办全力服务民生工程，大力推进旧城区棚户区和国有工矿区棚户区改造，先后完成芙蓉区东牌楼棚改项目、肇家坪棚改项目，天心区南湖片区（含南部、北部，书院路和南湖路全线拓改，以及湘江大道南段）棚改项目、古道巷有机棚改一期，岳麓区涞湾镇棚改、桐梓坡大板房棚改项目，开福区中山西路、老火车北站片区棚改、湘春路西入口、丝茅冲棚改项目，雨花区湖橡社区和长沙锁厂宿舍区等棚改项目。此外，芙蓉区五一大道东段周边零星地块棚改项目，天心区南湖路两厢地块棚改项目、南湖片区 7 号地块枣子园棚改项目、太平路拓改及周边零星地块棚改，岳麓区黄泥岭 6 号长沙啤酒厂宿舍地块棚改项目，开福区黄兴北路及周边大型棚改、九尾冲棚改，雨花区原长沙重型机器厂棚改等项目正在加快推进。这些项目的征拆和建设，使得棚户区居民的居住条件得到极大改善。

二、全力推进重点棚改项目建设。1. 雨花区原长沙重型机器厂有机棚改项目。该项目是市委、市政府高度关注的重要民生项目，也是长沙市最大的国有工矿区棚改项目。2010 年 12 月 31 日，该项目经市安居工程和棚改工作领导小组同意列入全市棚户区改造工程，2012 年 4 月 27 日，市十三届人大常委会第三十一次会议审议通过、批准实施。该项目位于雨花区树木岭东二环一段 56 号，东起东二环，南临劳动中路，西接京广铁路，北靠高桥友谊新村，用地红线总占地面积 4.44 公顷，净用地 3.84 公顷，拆除房屋面积约 4 万平方米，涉及住户 1163 户，其中私房户 590 户，公房户 573 户。2. 开福区黄兴北路及周边大型棚改项目。黄兴北路建设及周边棚改项目于 3 月启动，是国务院《国有土地上房屋征收与补偿条例》实施以来长沙市启动实施的首个大型棚改项目，也是省、市两级重点工程。该项目共涉及被征收房屋 4809 户，其中私房 3307 户，直管公房 877 户，自管产 755 户，涉及单位 147 家，征收总建筑面积约 47 万平方米。

三、积极推介“长沙征收模式”。住建部房地产监管司于 4 月份专此来函，选定长沙市征收办于 4 月 12 日和 4 月 26 日在福州、重庆两市召开的全国《征收条例》实施情况经验交流会上作典型经验介绍，会上市征收办重点就长沙狠抓征收基础管理、健全法规政策、稳定民情民意、完善机构配置等四个方面作了题为《依法行政促发展，和谐征拆保稳定》的经验介绍，得到住建部房地产监管司的充分肯定。

四、率先开展社会稳定风险评估。《征收条例》实施后，要求市、县级人民政府作出房屋征收决定前，应当进行社会稳定风险评估。市政府办公厅及时出台《长沙市国有土地上房屋征收社会稳定风险评估工作办法》，积极开展社会稳定风险评估督查工作，并在长沙市开展的房屋征收项目中试行，效果良好。鉴于长沙市的先行先试和积极探索，住建部房地产监管司于 11 月 9 日在长沙召开全国房屋征收社会稳定风险评估工作研讨会。会议期间，住建部房地产监管司还组织参会的其他省、市征收行政主管部门负责人，专门到开福区黄兴北路大型棚改项目现场观摩学习，推介长沙市房屋征收社会稳定风险评估工作的做法。（陈君亮）

12 月 21 日张剑飞市长调研长沙高铁新城基础配套设施建设情况

【全国房屋征收和社会稳定风险评估工作研讨会】 11 月 9 日，住房与城乡建设部在长沙召开房屋征收和社会稳定风险评估工作研讨会。来自全国各省市住建部门、房屋征收部门的代表共 40 余人参加会议。住房和城乡建设部房地产市场监管司征收管理处处长邢军，湖南省住房和城乡建设厅巡视员张建新，湖南省住房和城乡建设厅房地产监管处处长何小兵、副处长颜和平出席会议。与会代表围绕贯彻《国有土地上房屋征收与征收补偿条例》交流经验，并就房屋征收社会稳定风险评估进行了深入探讨。市征管办就长沙市城市房屋征收和社会稳定风险评估工作作经验介绍。社会稳定风险评估是从源头上预防和减少矛盾纠纷、防范社会风险的一项重要措施，长沙市政府高度重视该项工作，出台了《长沙市国有土地上房屋征收社会稳定风险评估工作办法》，明确了国有土地上房屋征收社会稳定风险评估的工作原则、责任和操作主体、责任追究机制等。截至10月底，长沙共开展国有土地上房屋征收社会稳定风险评估21起。（陈君亮）

·房地产市场及管理·

【概况】 2012年，全市加强房地产市场监管，长沙市新建商品房批准预售1907.14万平方米，同比减少5.25%；新建商品房销售备案1438.09万平方米，同比减少19.95%。积极贯彻落实《国务院办公厅关于进一步做好房地产市场调控工作有关问题的通知》文件精神，继续对市区内90平方米以下新建商品住宅实行限购措施，合理引导居民住房需求，加强房地产市场监管和信息化建设。通过多措并举，抑制房价上涨的势头，房地产价格增幅逐月回落，全年增幅控制在目标之内，得到国家住建部的肯定。

一、重新启动集体土地发证工作。在集体土地发证工作停办数年后重新启动该项工作，并在岳麓区开展集体土地上房屋登记计算机信息管理试点工作。同时调研各区、县（市）房屋集体土地上房屋登记工作，制定《长沙市集体土地上房屋登记实施方案》，并开展集体土地房屋登记工作培训。

二、组织开展房地产交易展示会。在房地产市场持续低迷的情况下，成功举办第33、34届房地产交易展示会。两届房交会共8天会期，由市住建委主办，分别以“促进楼市健康发展，服务市民安居置业”和“筑梦长沙，幸福我家”为主题，共有120多家房地产开发企业代表，50多家媒体代表参加展示会。两届房产交易会以绿色建筑主题展和联合热销楼盘启动亿元购房券活动为亮点，通过楼盘、家居、房产配套服务企业、媒体等多个展示区使房交会成为政府、企业、市民之间的一个良好交流平台。

三、处理开发建设项目产权遗留问题。全面梳理长沙市房地产开发建设存在的30多个遗留问题，根据问题产生的原因分类，每类提出相应处理意见以及制定具体工作方案；协调雨花区王家冲、天心区裕敏里、王府井商业广场等房屋产权遗留问题处理；彻底解决市领导信访包案--吴满珍房改房产权登记遗留问题；参与麓山里佳园项目“楼跑跑”事件有关问题的调查工作，配合先导区、岳麓区形成调查报告并上报湖南省住建厅和国家住建部。

四、推进房地产信息化建设。开发房地产中介管理信息系统，制作中介从业人员智能卡，实现以卡管人。通过该系统与现有的房产交易系统的有效对接，对房地产经纪机构及其分支机构、人员的从业资格、备案注册、变更登记、经营状况、业务行为和信用记录等，逐步实现全方位的动态管理，监管水平得到显著提升，有力遏制“黑中介”。此举在湖南省系首创，得到湖南省住建厅的高度评价。

（吴欣怡）

表 长沙市新建商品房交易情况统计

制表单位：长沙市房产信息中心、长沙市房产研究中心　　　　时　间：2012年1-12月

项目名称		全市	同比（%）	其中：内六区				
				累计数	同比（%）	本月数	同比（%）	环比（%）
一、商品房批准预售面积（万平方米）		1907.14	-5.25	1334.70	-2.67	122.39	-20.41	-39.58
其中：	住宅	1482.36	-16.07	1008.16	-16.51	90.77	-35.90	-38.78
	商业	213.65	50.33	161.29	86.89	15.78	89.11	-36.15
	办公	112.90	199.09	112.28	202.32	9.12	141.56	-64.22
二、商品房网签面积（万平方米）		1507.84	-13.67	1091.75	-14.75	123.83	109.27	-11.29
其中：	住宅	1324.23	-16.93	942.07	-17.95	100.69	123.41	-14.99
	商业	99.13	37.52	74.24	3.00	11.50	80.43	13.43
	办公	44.00	11.44	42.92	8.71	8.08	171.37	22.55
三、商品房网签套数（套）		143740	-10.04	105632	-10.12	11981	132.19	-8.29
其中：住宅		124595	-13.91	89362	-14.54	9393	127.05	-15.15
四、商品房网签金额（亿元）		925.09	-10.25	730.65	-11.25	91.43	140.93	-0.94
其中：住宅		737.63	-15.50	569.69	-16.14	62.39	140.81	-12.86
五、网签均价（元/平方米）	住宅	5570	/	6047	/	6196	/	/
	商业	12950	/	14121	/	14910	/	/
	办公	10310	/	10431	/	13040	/	/

续表

项目名称		全市	同比（%）	其中：内六区				
				累计数	同比（%）	本月数	同比（%）	环比（%）
其中：	住宅	1243.00	-23.42	858.15	-25.94	91.29	50.82	-17.76
	商业	98.95	-9.38	67.99	-2.59	7.75	33.23	-18.31
	办公	44.72	40.64	43.57	49.10	3.63	118.59	-9.23
七、商品房备案套数（套）		140633	-18.58	98180	-18.27	10176	53.09	-16.90
其中：住宅		119291	-21.96	81319	-23.98	8554	49.60	-19.32
八、商品房备案金额（亿元）		851.70	-12.45	662.50	-13.35	68.72	51.92	-17.90
其中：住宅		679.95	-18.35	515.86	-20.47	55.13	54.16	-18.86
九、商品住宅备案均价（元／平方米）		5470	/	6011	/	6038	/	/
商品房非住宅备案均价（元／平方米）		8804	/	9522	/	8374	/	/

填表人：邓 晖

表 长沙市内六区新建纯商品房交易统计

制表单位：长沙市房产信息中心、长沙市房产研究中心　　时　间：2012年1-12月

项目名称	累计数	同比（%）	本月数	同比（%）	环比（%）
一、商品房批准预售面积（万平方米）	1293.07	2.02	122.39	-15.26	-39.58
其中：住宅	974.30	-12.64	90.77	-31.47	-38.78
二、商品房网签面积（万平方米）	1037.24	-12.80	116.41	107.83	-9.79
其中：住宅	889.96	-15.86	93.29	121.96	-14.38
三、商品房网签套数（套）	100873	-8.72	11360	132.60	-7.48
其中：住宅	84701	-13.23	8774	126.08	-14.72
四、商品房网签金额（亿元）	714.98	-10.45	89.52	141.87	0.12
其中：住宅	555.64	-15.17	60.48	141.15	-12.56
五、商品住宅网签均价（元／平方米）	6243	/	6483	/	/
商品房非住宅网签均价（元／平方米）	10819	/	12561	/	/
六、商品住宅网签中位数价（元／平方米）	6050	/	6152	/	/
其中：普通商品住宅	6008	/	6088	/	/
七、商品房备案面积（万平方米）	953.60	-17.11	104.63	67.13	-14.82
其中：住宅	805.06	-21.71	88.40	64.16	-17.08
八、商品房备案套数（套）	93872	-14.37	9889	60.80	-16.35
其中：住宅	77066	-20.15	8267	58.31	-19.09
九、商品房备案金额（亿元）	642.62	-12.13	68.00	56.65	-17.02
其中：住宅	502.22	-18.45	54.41	60.37	-18.41
十、商品住宅备案均价（元／平方米）	6238	/	6155	/	/
商品房非住宅备案均价（元／平方米）	9452	/	8374	/	/

注：本表中商品房相关数据均不含集资、定向开发、经济适用房数据。　　填表人：邓 晖

物业服务

【概况】 2012年，长沙市共有物业服务企业1036家（其中一级资质企业24家，二级资质企业66家，三级资质企业859家，外地驻长沙备案企业87家）；管理各类物业项目2800余个，总面积累计1.3亿平方米，新建商品住宅全部实施专业化物业管理，全市物业管理覆盖率超过70%，从业人员10万余人。

一、物业维修资金管理工作稳步推进。2012年，长沙市物业维修资金归集总额为95.1亿元，归集总户数为94.9万户，物业维修资金使用额达4794万元，向业主派发利息总额为3.59亿元。1. 开展物业专项维修资金使用试点工作。多次组织专题调研，科学制定创新工作实施方案，做到制度健全，措施得力；编制《指导手册》，完善办理流程，组织街道、社区、业主委员会、物业企业及相关部门开展一系列的宣传、调研、培训工作，试点工作稳步推进；开发维修资金使用表决投票系统，提供促进行政主管部门、业主、业委会和物业服务企业之间沟通的有效平台，呼吁业主通过大众普及的计算机网络进行信息查询、远程投票表决，提高其参与率和投票率，从而进一步解决因“业主大会召开难、‘双三分之二’业主表决签名难”而导致的维修资金使用难的全国性难题。2. 完善物业专项维修资金归集系统。长沙银行、中国银行、交通银行3家归集银行共200多家归集网点全部实行归集系统业务升级，业主持任一银行卡跨行缴费都能保证实时到账、业主零收费，实现缴费方式的多样化，最大限度方便群众办事、保护资金安全、保障群众利益，让广大业主体验到更全面、更专业、更贴心的服务。3. 健全物业专项维修资金监控机制。积极完善实时监控平台，通过网上实时对账系统实现长沙市物业维修资金管理中心对银行的实时监控，开通网上查询接受业主的实时监督，形成环环相扣、互相制约的监督体系。成立由长沙市纪委、长沙市财政局和长沙市物业维修资金管理中心组成的长沙市物业维修资金新账户开立初评小组，在源头上规范账户管理、加大受委托银行考核力度，强化资金监督、保障资金安全。根据资金管理实际情况制定《物业维修资金组合存储方案》，调整存期以两到三年定期存款为主的存款组合方式，充分发挥维修资金自身效益，实现维修资金增值收益最大化。4. 推进物业专项维修资金法制建设。拟定《长沙市物业专项维修资金管理办法（征求意见稿）》（以下简称管理办法），组织讨论修改达20多次，于10月召开立法听证会，进一步完善《管理办法》。

二、物业监管力度切实加强。1. 逐步完善企业诚信体系建设。2012年，对全市物业服务企业的经营状况进行全面检查，结合年度企业资质审验，摸清企业的现状和底数。在清理检查中发现392家企业存在不诚信经营等行为，采取降低企业资质，撤销企业资质和记入不诚信经营行为等处罚办法。同时结合物业矛盾纠纷调处等工作，初步建立企业诚信经营档案。2. 加强资质管理和企业评优工作。2012年，长沙市新增国家一级资质物业服务企业4家，二级资质物业服务企业13家。在企业资质申报过程中，加大专家评审力度，注重管理项目的社会评价和业主认可度，强化注册物业管理师和专业工程技术人员数量、质量和作用，出台《关于进一步加强全市物业服务企业资质管理的通知》。同时，组织参评企业到示范项目开展交流学习，取长补短。2012年，推荐3个项目参加全国示范项目评比，13个项目参加省优评比，均一次全部通过，受到住建部、中物协和省住建厅的好评。3. 大力提升从业人员水平。实行委托培训与自行培训相结合的模式，整合行业优势资源，做好行业培训工作。完成全市912人的物业管理师考试资格审查及培训工作，组织全市176名物业管理行业中层管理人员进行专题培训，各区、县（市）物业行政主管部门组织对街道（乡镇）物业专干、社区负责人、业委会成员、物业从业人员开展全方位的培训，物业从业人员的整体水平得到切实提升。4. 积极开展平安物业建设。在工作中，充分发挥街道、社区的工作积极性，共同参与业主委员会的成立、监管和作用的发挥，共同监督物业服务企业的行为，共同管理物业小区。注重与市委宣传部、文明办、市公安、物价、工商、城管、规划、消防、水务、电力、人防、技术监督等职能部门的工作联系，共同研究解决物业管理过程中诸如停车收费、保安服务、违规装修、住改商、电梯维修及水、电等矛盾和问题，努力创建平安物业。5. 努力营造良好舆论氛围。加强与省、市新闻媒体沟通交流，及时发布行业的政策信息，跟踪行业的相关报道，努力营造良好的舆论环境。全年收集舆情468条，其中转载典型案例76条。邀请长沙新闻频道、长沙房产频道、《潇湘晨报》、《长沙晚报》、《三湘都市报》等新闻媒体对物业协会第三届会员大会进行专题报道；针对“开征城市生活垃圾处理费”、“施行阶梯水价”等与物业行业生存发展密切相关的政策施行情况，及时与新闻媒体沟通，反映行业困局，赢得行业发展政策；建立舆情动态联动机制，及时将行业的意见反馈给媒体，优化行业发展环境。6. 稳妥调处物业管理矛盾纠纷。年内接待业主投诉167起，稳妥处理东方新世界、湘麓国际、瑞宁花园、城市森林、星语林小区等业主投诉，行业满意率得到提高，有效维护社会大局稳定。（邓林飞）

住房保障

【概况】 2012年，长沙市住房保障局以保障性安居工程建设为重点，促进住房保障政策更加公平、更为广泛地惠及住房困难群体，住房保障工作取得新成绩。长沙市高新区麓城印象、长沙县湘绣苑2个公共租赁住宅小区荣获全国保障性安居工程优秀工程项目奖，长沙市住房保障局政研会被评为全国住建系统优秀政研会、中国政研会房地产分会中南地区先进单位。

一、保障性安居工程建设扎实推进。2012年，长沙市住房保障局克服征拆难、融资难等诸多客观影响，深入推进安居工程和棚户区改造，全面完成省、市下达的各项目标任务。全市保障性住房和各类棚户区改造开工建设37333套，为年度计划的137.09%。其中廉租住房开工建设3358套，为年度计划的148.72%；经济适用住房开工建设2675套，为年度计划的267.5%；公共租赁住房开工建设16706套，为年度计划的119.33%；城市棚户区改造开工建设14534套，为年度计划的146.81%；国有工矿棚户区改造开工建设60套，为年度计划的100%。全年新增发放廉租住房租赁补贴1065户，为年度计划的213%。全年共争取中央、省补助保障性住房项目63个，共争取安居工程专项资金78392.5万元，其中中央资金67667万元、省级资金10725.5万元，为年初目标任务数的近10倍。

二、住房保障政策日益健全。针对群众关心的经济适用住房上市交易等热点问题加强调研论证，出台《长沙市经济适用住房上市交易管理办法》、《关于棚户区、片区等重点工程改造征收（拆迁）中住房保障的工作意见》、《安居工程资金管理操作细则》、《长沙市公共租赁住房租金标准的通知》等制度文件。结合群众需求和发展需要，就住房保障提标扩面，经适房、廉租房、公租房“三房并轨”等课题进行前期研究，为住房保障事业长远发展探路。

三、住房保障管理服务水平不断提升。1. 窗口服务争先创优。通过实行综合受理制、首问责任制、一次性告知制等制度，不断提升服务质量，通过增设受理窗口、配强工作人员、简化审批流程等措施，方便群众办事。率先在黄兴北路棚改项目试点开展住房保障电子审批登记；长沙市住房保障局窗口荣获湖南省住房和城乡建设系统为民服务创先争优“群众满意服务窗口。2012年办理经济适用住房购房资格确认单2023户、经济适用住房准购单3135户、经济适用住房货币补贴凭证1811户、经济适用住房货币补贴资金发放841户5585万元；廉租住房实物配租资格审核新增备案1915户。2. 分配运营更趋规范。继续完善与公安、民政、住建等部门的联合审批制度，建立廉租房保障对象资格一年一审的工作机制，切实把好住房保障的准入和退出关。对入住对象全面实行电子化动态管理，规范物业服务和租金收缴工作，积极协调相关部门完善保障性住房小区配套设施，切实提升保障房的品质品位。

（夏梅元）

【中央检查组督查全市住房保障工作】 6月12～13日，住建部副部长齐骥率中央转变经济发展方式检查组对长沙市保障性安居工程政策落实情况进行督查，主要督查2012年住房保障工作任务进展、工程质量管理和住房保障分配管理情况。检查组一行先后视察了雨花区凤凰苑廉租房小区、雨花区克明面业公租房小区、高新区麓城印象公租房小区、宁乡县和美华庭二期、宁乡县金洲新区公租房等项目，对项目相关资料核对审查，并深入小区住户家中与住户交流沟通。为了全面了解住户的入住状况和小区管理情况，检查组还在市政府常务会议室召开座谈会，重点就保障性住房小区配套设施建设、物业管理等内容听取住户代表及社区管理人员的意见。通过两天的检查，检查组对长沙市住房保障工作给予充分肯定，要求长沙市加快项目建设进度，注重质量安全和分配管理，促进保障性安居工程的持续、健康发展。（夏梅元）

【全市安居工程和棚户区改造工作动员大会】 4月1日，全市安居工程和棚户区改造工作动员大会召开，会议主要回顾总结过去一年安居工程和棚户区改造工作成绩，分析研究当前工作形势，并对2012年安居工程和棚户区改造工作进行动员部署。会议由市委副书记、常务副市长张迎龙主持，市委副书记、市长张剑飞，副市长刘新程、姚英杰等领导和相关部门负责人参加会议。张剑飞在会上充分肯定安居工程和棚户区改造工作取得的成绩；要求准确把握当前安居工程和棚户区改造工作面临的问题和形势；用改革创新的办法推动安居工程和棚户区改造工作。会上，刘新程宣读《关于下达2012年保障性安居工程建设任务的通知》。姚英杰作大会工作报告，总结2011年安居工程和棚户区改造工作成绩，对2012年安居工程和棚户区改造工作进行整体安排，着重就做好当前工作作了专题部署。张迎龙强调要迅速传达会议精神，全面完成目标任务，创新工作方法，积极破解融资、征拆、安置等工作难题，努力推动棚户区改造工作顺利实施。

（夏梅元）

住房公积金管理

【概况】 2012年，长沙住房公积金管理中心努力扩大制度覆盖面，积极推进差别化贷款管理和公积金项目贷款“试点”工作，坚持依法管理，提升服务质量，各项主要业务指标全面超额完成。2012年，全市新增住房公积金开户单位1172家，新增缴存职工12.65万人，完成公积金缴存46.90亿元，同比分别增长20.95%、7.02%、19.10%，累计归集总额235.47亿元，归集余额142.92亿元，累计缴存单位7662家，累计开户职工81.32万人；提取住房公积金20.36亿元，同比增长23.87%；发放个人住房贷款12738户，金额37.01亿元，同比分别增长25.8%、44.3%，累计个贷总额154.98亿元，个贷余额111.65亿元；发放支持保障性住房建设试点项目贷款3亿元，累计发放试点项目贷款7.08亿元；完成公积金业务收入6.31亿元，实现增值收益2.98亿元，增值收益率2.28%，提取城市廉租住房建设补充资金1.98亿元。

一、推进归集扩面。1. 建立联席会议和联动工作的“双联”工作机制。下发《关于进一步加强住房公积金扩面缴存工作的通知》，建立20个市政府职能部门、区、县（市）政府、园区管委会组成的公积金扩面缴存联席会议和联动工作的“双联”工作机制。各区、县（市）政府成立住房公积金扩面缴存工作领导小组，推动辖区内归集扩面；各职能部门深化信息资源共享，加强对行业内公积金缴存情况的审查和督促；各开发园区管委会组织召开“制度推进会”，促进园区非公企业建制。2. 配合市人大执法检查。7～9月，市人大常委会组织开展全市贯彻实施《长沙市住房公积金管理条例》执法检查。住房公积金管理中心逐一整改落实执法检查中暴露出的问题以及审议意见，推动执法检查中的企业开户汇缴，进一步规范全市住房公积金管理，将覆盖面逐步扩大到各类就业群体。3. 开展“归集执法集中服务月”活动。住房公积金管理中心机关处室与管理部捆绑开展归集扩面工作，实行机关下基层、处室包片、领导联点的工作机制，将归集工作任务层层分解落实。全年曝光135家应建不建单位“黑名单”，下发催建通知书2311份，下发整改通知书400份。

二、强化住房保障。1. 严格实行差别化贷款政策。按照“保一限二禁三”（保障第一套、限制第二套、禁止第三套）的差别化贷款政策原则，侧重支持职工购买首套、中小户型住房贷款，抑制投资投机性住房贷款，做到“应贷尽贷”，发挥制度的住房保障作用，个贷发放创造历史新高，支持职工购建房建筑面积120万平方米。2. 稳步推进利用住房公积金贷款支持保障性住房建设试点项目工作。一方面，加强第一批4个试点项目贷款资金的贷后管理，确保贷款资金有效安全使用。另一方面，开展扩大试点范围工作，获得住建部批复高新区金南家园等5个扩大试点范围项目17亿元贷款额度，主动协调项目解决报建困难，完善申报资料，抓紧贷款审批和发放。全年发放试点项目贷款3亿元，支持保障性住房建筑面积30万平方米。

三、完善科学管理。1. 资金管理精细化。健全内控体系。开展季度稽核、财务检查、廉政风险排查工作，全方位监督检查业务运营情况；严格落实个贷发放“三级审批”制，加强逾期贷款动态管理；科学盘存银行沉淀资金，实现资金保值增值。2. 业务管理信息化。建设“网上服务厅”，可办理公积金缴存、变更、查询和提取、贷款的预受理和预审批等业务；开发“手机3G网站平台”，可利用手机全天候接入中心网站查询信息、办理业务；开发“电子稽核系统”，实行系统自动检测、校验业务差错，并进行实时记录和报警。3. 行政管理规范化。强化工作推进督查机制，对住房公积金主要业务实行“周小结、月通报、季分析”制度，总结工作经验，分析运行形势，提出工作对策，促进工作效能提升。规范办公及服务秩序，实施绩效考核管理，运行电子档案系统，降低行政成本，提高工作效率。

四、优化服务品质。开展“优质服务年”主题活动，1. 全面布局服务网点。依托现有资源和合作银行网点，在市内五区全面设立管理机构，增设服务窗口，方便职工就近办理业务，实现机构网点在全市各区、县（市）全覆盖和住房公积金业务全市“通存通贷”。2. 大力推行“综合窗口制”。实行一个窗口对外，实现开户、汇缴、转移、划拨、提取、贷款业务一站式办结，减少了办事环节。3. 广推便民措施。上线运行银通平台，实现个人提取实时到账。联合房屋产权交易部门，组织开展公积金贷款上门集中面签服务，方便职工办事，提高工作效率和服务水平。（沈资江　黄露平）

【长沙市内五区管理部对外办公】经市编委会同意，住房公积金管理中心撤销城区管理部，在长沙市内分别设立芙蓉区、天心区、岳麓区、开福区、雨花区管理部。1月18日，市内五区管理部实现对外办公。通过加强信息系统软硬件建设和更新升级，调整市内五区辖区内缴存单位管理，加强各管理部业务、财务独立运作核算，住房公积金业务在市内五区“通存通贷”，缴存职工可任意选取就近管理部办理公积金缴存、提取、贷款等业务。至此，长沙住房公积金业务网点在全市九个区、县（市）实现全覆盖。

（沈资江　黄露平）

【“12329”热线开通】　9月20日，长沙住房公积金管理中心在全国率先开通“12329”住房公积金热线。该热线配备自动语音电话线路15条，人工服务人员12人，实现电信、移动、联通和铁通全网覆盖，可提供业务咨询、投诉建议、回访调查等基础服务和24小时自助语音咨询服务。12月底，初步完成公积金业务指南、业务查询、业务受理等扩展服务。该热线开通后，住房公积金管理效率和服务水平不断提高，工作透明度增强，社会监督力度加强，对切实维护缴存职工合法权益产生积极作用。热线自9月20日开通，年内接听咨询电话3.3万人次，日均接听量700个，通话率99%以上，超过国家标准85%的指标要求。

（沈资江　黄露平）

能源节约

【概况】　2012年，长沙市节能工作坚持源头控制与存量调整并重，采取有力措施，圆满完成目标任务。全年全市单位GDP能耗为0.601吨标准化煤，在2011年基础上下降6.04%，超年度预期目标2.54个百分点；完成“十二五”节能目标进度的58.9%，超过进度目标18.9个百分点；单位规模工业增加值能耗预计下降16.8%。

一、切实加强组织领导，建立健全四大节能体系。市政府建立健全节能工作协调机制，成立由市长任组长，分管副市长任副组长，各综合部门负责人参加的节能减排工作领导小组，定期召开联席会议，研究节能降耗重大问题，安排部署重点工作。1. 完善制度体系。相继出台《长沙市产业能效指南》、《长沙市节能减排财政政策综合示范总体实施方案》及长沙市节能减排财政政策综合示范“六化”（产业低碳化、交通清洁化、建筑绿色化、服务业集约化、主要污染物减量化和资源化、可再生能源和新能源利用规模化）专项方案等一系列规范性文件，有效地推进节能工作。2. 健全工作体系。确定由市发展和改革委员会主管全市节能工作，市绩效办将节能指标纳入目标考核，市统计局负责节能统计工作，市住建、交通、农办、科技、商务、机关事务等部门按照职责做好相关工作，各区县（市）、各部门、各行业层层成立节能工作机构、建立节能工作责任制，形成了覆盖全市的节能工作体系。3. 强化考核体系。制定并实施《长沙市“十二五”单位GDP能耗统计、监测、考核体系实施方案》、《长沙市重点用能单位节能低碳行动实施方案》，严格实行节能问责、节能评估和审查、节能目标评价考核、能源审计等制度，组织开展对区县（市）政府、重点用能单位节能目标考核和节能监督检查，对40个项目进行节能评估审查，60个项目进行了节能备案登记，做到计量准确、统计真实、考核到位。4. 培育服务体系。汇集各行业30多位专家，组建全市节能降耗专家库，成立节能服务协会等社团组织指导节能服务，培育扶持135家节能服务中介机构（其中87家入选国家发改委推荐目录），形成技术专业化、服务市场化、管理规范化的节能评估、能源审计、合同能源管理等节能降耗社会服务体系，完成黄花机场天然气分布式能源项目等合同能源管理项目50多个。

二、以工业节能为重点，全面推进六大领域节能。1. 重点抓好占全市用能49%左右的工业节能，狠抓电力、建材、有色、化工等六大高耗能行业和占规模工业能耗41%的334家重点用能单位（含65家“国家万家企业”）节能工作，督促湖南坪塘南方水泥有限公司等33家企业单位严格执行产品能耗限额标准，对长沙宁辉建材厂等5家高耗能企业执行惩罚性电价，对42家“国家万家企业”进行强制能源审计，使工业能耗持续大幅下降。2. 大力推进建筑节能，实施既有住宅节能改造，新建住宅严格执行建筑设计、施工阶段节能强制性标准，积极推进梅溪湖绿色建筑、绿色市政、新能源规模化利用等方面的绿色生态新城建设。2012年，全市新建民用节能建筑2068.84万平方米，建筑节能处于全国领先水平。3. 全力搞好交通节能，2012年，更新新能源与清洁能源公交车辆600台，年均节油2.3万吨标准煤；投入运营混合动力车1267台、电动服务车3台，采购比亚迪K9纯电动大巴100台。更新CNG双燃料出租汽车2726台，全市出租汽车CNG双燃料车累计达到4719台，占全市出租车总量的73 %。积极推进实泰物流甩挂站场公路甩挂运输试点。4. 积极做好农村节能，全市累计建成农村户用沼气池34万个，小区、联户沼气工程250个，建成县级服务站1个，乡村服务站535个。5. 认真开展公共机构节能，启动公共机构能源消费统计信息和监控基础性平台建设，组织全市公共机构建立能源消费统计台账，积极推进宁乡行政中心光伏发电等节能示范项目建设，在机关、学校、医院推广地源热泵、太阳能集热等技术产品。2012年，全市公共机构人均能耗预计下降4.04%左右。6. 着力开展商业和民用领域节能，严格执行“限塑令”、 公共建筑空调温度控制标准和宾馆酒店招待所等场所禁止免费提供一次性日用品等规定，大力推进可再生资源回收体系建设，积极开展宾馆酒店客房智能IC卡、绿色照明、中央空调末端智能控制改造，全市109家宾馆酒店改造综合节电率超过30%。六大领域节能工作，为实现全市节能目标发挥重要作用。

三、加快产业结构调整，实施十大重点节能工程。大力推进产业结构调整和优化升级，积极发展附加值高、耗能低、污染小的高新技术产业，加快淘汰高能耗、高污染、低效益的小水泥、小造纸等“五小”企业工艺、技术设备和产品，加快构建高端化高质化高新化产业结构。全年淘汰落后水泥产能8.8万吨、落后制革产能65万标张、落后造纸产能6.9万吨；关闭小企业3家，关闭淘汰落后锌冶炼产能0.18万吨、落后造纸产能3.2万吨。在结构调整的同时，加快实施重点节能工程。启动梅溪湖绿色生态新区建设、宁乡南方水泥有限公司高低压电机变频节能改造、华电长沙发电有限公司燃煤锅炉改造等一批节能改造示范项目，实施电机系统改造、工业燃煤锅（窑）炉改造、工业余热余压利用、建筑节能等十大重点节能工程，启动光伏发电、天然气分布式能源、能源监测体系建设等一批国家节能减排财政政策综合示范项目，形成有效的节能能力。

四、坚持依靠科技节能，推广节能新技术新产品。围绕推进科技节能，2012年，通过科技专项支持新能源与节能技术研发、产业化及应用推广项目66项，投入科技经费1762万元，对100台比亚迪纯电动大巴配套补贴2500万元。同时，积极运用科技节能成果，推广节能新技术，成功举办2012中国（长沙）科技成果转化交易会，新能源与节能技术领域签约项目22个，签约9.6亿元。公布《长沙市第八批推荐使用的节能产品（技术）导向目录》，重点推介水处理节能净化、低碳醇化燃料燃烧、汽车发动机增氧调压节能等节能技术和产品。积极落实国家“节能产品惠民工程”，着力推进高效照明产品进企业、进社区、进家庭。2012年，推广高效照明产品200多万只，预计年可节能约3.6万吨标准煤。

五、强化节能监督管理，大力推进全民节能行动。组织开展建筑节能与墙材革新工作专项检查，对22个在建工程施工现场进行重点督查，促进建筑节能工程质量不断提高。加大能效标识执法检查力度，对10多种家用电器、90多个品种型号的产品进行重点抽查，进一步净化节能产品市场。积极开展冬夏季温控执法检查，严格执行公共建筑空调温控标准。认真开展节能综合监察行动，组织专业技术人员对19家重点用能单位能耗设备进行免费能效检测，对锅炉等高耗能特种设备进行节能监测监管，对节能政策措施落实情况开展了督查整改，促进节能管理全面升级。在强化节能监管的同时，大力推进“五个一”节能宣传活动，组织“珍惜能源，低碳行动”摄影大赛，成功举办第四届中国（长沙）节能科技产品交易博览会，开展节能宣传进机关、进企业、进学校、进基层“四进”活动和节能示范单位创建活动，在长沙晚报、长沙新闻频道等媒体开辟《节能小贴士》、《节能课堂》等专题栏目，积极引导市民关注节能、支持节能、参与节能。（喻文辉）

【中国（长沙）第四届节能科技产品交易博览会】 6月10～12日，2012′中国（长沙）第四届节能科技产品交易博览会（以下简称节博会）在红星国际会展中心举行。本届节博会由湖南省发展和改革委员会、长沙市人民政府共同主办，长沙市发展和改革委员会、长沙市能源局、长沙市科学技术协会、长沙市广播电视台、长沙晚报报业集团共同承办。省人大常委会党组副书记、副主任陈叔红出席开幕式并宣布节能宣传周和节博会开幕，省政协副主席张大方，长沙市政协副主席龚振湘等出席，省政府副秘书长刘明欣主持开幕式，省发改委党组副书记、副主任黄河，长沙市委常委、副市长陈泽珲分别致辞，省市节能减排领导小组成员单位、长沙高新区、长沙经开区、宁乡经开区管委会相关负责人，以及区县（市）能源工作负责人参加开幕式。陈叔红、张大方向中小学生代表赠送节能科技书籍，长沙理工大学学生代表宣读了节能倡议书。展会共设国际标准展位400多个，展位面积近2万平方米，

6月10～12日，中国（长沙）第四届节能科技产品交易博览会在长沙举行

分为生活工业节能、交通节能、建筑节能及新型材料、太阳能及新能源综合利用、“珍惜能源·低碳行动”摄影大赛作品等展区，威胜能源、美国龙膜、恒瑞照明、大光明、神州光电、北京银行等近200家省内外企业参展，参观人数达5万多人次，累计实现交易总额（含签约、定购、销售等）2800万余元。展会期间还举办了长沙市“十大优秀节能工程”授牌、免费向市民发放高效节能灯等主题活动，共发放高效节能灯50000支。

（喻文辉）

【获“十一五”时期全国节能先进集体】 11月23日，人力资源社会保障部、国家发展和改革委员会、环境保护部、财政部等四部门联合下发《关于表彰“十一五”时期全国节能减排先进集体和先进个人的决定》，对“十一五”时期在节能减排工作中做出突出贡献的单位和个人进行表彰，长沙市能源局被评为“十一五”时期全国节能先进集体，长沙市能源局科员王伟被评为“十一五”时期全国节能先进个人。“十一五”期间，长沙市能源局强化措施，制定出台《关于推动节约能源工作的若干意见》、《节能减排综合性工作实施方案》、《长沙市固定资产投资项目节能评估和审查办法》（以下简称“能评”）、《单位GDP能耗统计、监测、考核体系实施方案》、《全民节能行动实施方案》、《长沙市节约能源办法》等节能政策法规，建立并实施项目准入、过程监管、责任考核等工作机制，开展项目“能评”和节能综合监察，实行公共建筑空调温度远程监控。强化对工业、建筑、交通运输、公共机构、商业等重点领域的节能指导和监管，率先于全国实施宾馆酒店等场所禁止免费提供一次性日用品和宾馆酒店客房智能IC卡、绿色照明、中央空调末端控制节电综合改造。大力培育节能服务机构，推进合同能源管理，组织举办节能宣传周、节博会、能源紧缺体验等活动，积极推广应用节能新产品、新技术，推介节能政策知识，引导市民为节能事业争做贡献。通过一系列务实举措，推动长沙市“十一五” 单位GDP能耗累计下降19.76%，超额完成省政府下达的节能目标任务，为全省乃至全国节能工作作出了积极贡献。

（喻文辉）

【发布《长沙市产业能效指南》】 为深入推进企业节能降耗，促进产业结构转型，长沙市能源局、长沙市统计局联合编制并发布《长沙市产业能效指南》（以下简称指南）。《指南》主要由长沙市工业能效概况与提效举措、工业产值能效、工业产品能效、非工业行业能效现状及分析共四章及相关标准附表组成。涵盖长沙市行政区域范围内的所有工业行业，经筛选统计其中470家企业的数据，结合长沙市现有产业的分布特点，整理汇总出31个大类行业和 102个中类行业的产值能效指标；遴选12种产品（工序）的国内外能效标杆值，梳理汇总9大类产品的74项产品单耗指标的准入值和限额值。同时对住宿行业、零售业、医疗机构以及行政机关等非工业行业提出能耗指标的限额值、先进值和建议准入值。

（喻文辉）

【举办“珍惜能源·低碳行动”摄影大赛】 为深入挖掘长沙市能源开发与综合利用成果，广泛推动全社会节约能源，加快建设“两型”社会，长沙市能源局联合长沙市摄影家协会、长沙市能源综合利用协会举办“珍惜能源·低碳行动”主题摄影大赛。本次摄影大赛共收到摄影作品3000多幅，从各个角度反映了长沙节能工作方面所取得的成就、能源综合利用下的生态环境和市民的低碳生活。经由主办单位和湖南省知名摄影家组成的评委会认真、公平、公正的评选，评选出获奖及入围作品100幅，其中李新华的《清洁能源应用 -- 太阳能、风能路灯》、龙鼎中的数码创意类作品《太阳能》获一等奖，乔育平、宁静、陈洪等3人获二等奖，朱志云、杨铁军等5人获三等奖，全裕高、曾祥平等10人获优秀奖，苏小明等80人获入围奖。获奖作品先后在中国（长沙）第四届节能科技产品交易博览会和长沙市政府办公大楼进行巡回展览。

（喻文辉）

村镇建设

【概况】 2012年，长沙市有113个乡镇，其中内五区（不含望城区）乡镇14个，四区、县（市）乡镇99个（建制镇80个，乡19个）。四区、县（市）村镇建成区面积386.96平方公里，总人口427.15万人。其中城镇人口214.69万人，四区、县（市）城镇化水平50.2%。长沙市15个中心镇（小城市）特色镇建成区平均规模达4平方公里。年内已初步形成中心城市—中等城市—中心镇—一般镇的城镇体系。村镇建设的不断推进有效带动农村劳动力的加快转移，2012年新增城镇就业人员10.4万人，不但增强了村镇的集聚效应，也为农村土地流转、现代农业发展创造广阔空间、提供积极条件。

一、基础设施逐步完善。基础设施是村镇赖以生存的重要前提，也是村镇健康发展的重要表现。2012年四区、县（市）小城镇建设投资105亿元，同比增13%。村镇的道路、供水、电力、通讯、燃气等基础设施快速发展，村镇综合承载能力逐步增强。随着基础设施的不断完善，村镇建设出现“三大转变”，即由建设房屋到建设环境转变，由解决居住问题向实现安居乐业转变，由物质文明建设向物质、精神双文明建设转变。

二、城镇个性开始彰显。长沙市坚持“特色建镇、个性发展”的指导思想，依托各地的人文景观、资源优势、历史文化和社会经济条件，扬长避短，形成异彩纷呈、各具特色的村镇发展模式。长沙县暮云镇发展以塑胶为主的工业制造业、浏阳大瑶镇建设烟花鞭炮基地，形成比较典型的产业支撑模式；天心区大托铺镇以湖南钢材大市场为依托，着力打造中南地区最大的钢材交易集散中心，形成比较典型的商贸物流模式；望城丁字镇发展麻石加工业，宁乡灰汤镇发展温泉旅游业，形成比较典型的资源开发模式；宁乡花明楼、浏阳文家市的发展，形成比较典型的人文特色模式。尤其是金州乡关山村农村宅基地置换城镇房屋的探索，靖港古镇的改造、白箬铺镇休闲产业的发展、莲花镇“两型”社会示范镇的建设、葛家乡的生态养殖的兴起，既切合实际，又注重创新，呈现出村镇发展的新特色。这些都是长沙市村镇特色建设的重要成果，也代表村镇建设的基本方向。

三、经济功能日益显现。长沙市坚持产业兴镇、项目强镇，大力发展二、三产业，经济总量不断壮大，经济结构趋于优化，带动能力大幅提高。2012年四区、县（市）村镇实现财政收入45亿元，镇平均财政收入达4500万元，其中，榘梨、暮云、江背、黄花、丁字、星城、永安、文家市、煤炭坝等乡镇财政总收入均超过1亿元。与此同时，长沙市乡镇企业已迅速增至16万家，乡镇工业园区23个，园区内企业超过1400个。村镇的产业发展，带动并扩大劳动就业，乡镇园区从业务工人员达到32.94万人。

四、投入体制不断创新。推进村镇建设，资金投入是关键。长沙市在推动村镇建设和发展过程中，始终瞄准市场化、社会化、低成本方向，努力拓宽融资渠道，大胆创新融资方式，逐步建立地方财政投入、设施有偿使用、公共事业收费、吸纳社会资本和引进外来资金等多渠道、多元化投资体制。在村镇建设过程中，财政投资、项目增资、招商引资、土地生资、开发带资、银行融资等多种方式都得到较好运用，收到明显成效。2012年，长沙市村镇基础设施建设招商引资项目达289个，实际引进资金近48亿元。

（张英杰）

环境保护

【概况】 2012年，长沙市深入开展水、气、声、固废与核辐射等环境污染防治工作，城乡生态环境有效改善，环境监管水平不断提升，生态文明建设迈上新台阶。年内，长沙市环保局被人社部、发改委、环保部和财政部联合评定为“十一五”全国节能减排先进集体；被湖南省人社厅、环保厅授予“湖南省环保系统先进集体”荣誉称号；连续7年被省环保厅评为目标考核一等奖；市环保局领导班子被市委、市政府评为年度绩效考核一等奖。

2012年，全市化学需氧量、氨氮、二氧化硫、氮氧化物排放量较2011年分别削减2.91%、2.83%、17.12%和0.03%，重金属五因子实现减排693.79千克。单位GDP化学需氧量排放强度由2011年的2.25公斤/万元降至1.89千克/万元，二氧化硫排放强度由0.51千克/万元降至0.36千克/万元，下降幅度居全省前列。全年空气质量优良天数332天，优良率90.71%，排名中部省会城市第一；湘江长沙段水质符合水环境功能区标准；区域噪声投诉较2011年下降27.9%。 （余　笑　王凌燕）

【污染物总量减排】 淘汰落后产能，关停湖南本安亚大新材料等93个污染项目。实施脱硫脱硝工程，完成4条新型干法水泥生产线脱硝设施建设，完成浏阳市和宁乡县热电厂循环流化床锅炉脱硫剂自动投料系统改造。实施机动车尾气污染防治工程，建成机动车排气检测站点10家、简易工况检测线37条，淘汰更新黄标公交车、出租车3335台。实施重金属污染综合治理工程，完成胜溪锰业、长沙伟业等66个涉重金属污染治理与退出项目。加强8家污水处理厂建设及运营管理督查督办，规范项目建设管理。整治大型餐饮油烟154家，实施扬尘减排管理135家。在经济社会高速发展的同时，实现主要污染物排放强度持续削减。 （余　笑　王凌燕）

【农村环境保护】 新建乡镇污水处理厂15家，续建12家，已建成的31家逐步规范运营。完成20头以上畜禽养殖场污染治理23万平方米。出台《长沙市农村生活垃圾处理若干意见》，引导农户实施垃圾分类减量、就地安全处置。完成县（市区）乡镇集中式饮用水源地保护区划分工作，逐步开展标志建设和环境管理。完成96个村连片综合整治示范建设。探索农村污染“三大治理”长效机制，宁乡县积极推广“一改三化”治理模式，变养殖场畜禽废料为农户清洁能源原料；浏阳市建立农村垃圾资源化市场回收网络，引导农户实施垃圾分类减量；开福区、长沙县探索污水处理厂第三方运营机制，确保污水处理设施发挥效能。出台《关于加强土壤污染防治工作的意见》、《长沙市土壤环保认证管理办法》。全市共创建国家级生态乡镇56个、生态村79个，省级生态乡镇49个、生态村139个。长沙农村环保得到国家、省市领导高度肯定，其中《长沙引入市场机制美化乡村环境》在央视新闻联播播出，向全国推介长沙市农村环保经验。

（余　笑　王凌燕）

【环境管理体制机制创新】 首次将“环保责任审计”纳入对区、县（市）党政领导干部经济责任审计范畴，完成对芙蓉区、望城区和宁乡县党政主要领导干部2008-2011年任期环保责任审计。将108家重点企业纳入全省企业环境行为信用评价体系，评价结果与绿色信贷、环保资金拨付挂钩。全面开展排污权交易，对503家单位初始排污权进行分配，收缴244家排污单位有偿使用费470.6万元，完成

表　2012 年长沙市环境空气质量状况

项目	单位	年均值	比上年变化幅度（%）	评价标准
二氧化硫	毫克 / 立方米	0.028	-1.2	≤ 0.06
二氧化氮	毫克 / 立方米	0.044	-0.3	≤ 0.08
可吸入颗粒物	毫克 / 立方米	0.089	+0.6	≤ 0.10
降尘	吨 / 平方公里·月	7.3	-0.75	≤ 8.00

注：1、评价标准为《环境空气质量标准》（GB3095—1996）二级年均值标准；
2、降尘评价标准为清洁对照点（沙坪）+3 吨 / 平方公里·月，降尘量为市区 16 个测点平均值。

表　2012 年湘江长沙段水质状况

监测断面	功能类别	本年度水质类别	上年度水质类别	水质优良率	水质状况
昭山	Ⅲ	Ⅱ	Ⅲ	91.7%	优
猴子石	Ⅱ	Ⅱ	Ⅲ	91.7%	优
三汊矶	Ⅳ	Ⅲ	Ⅲ	91.7%	良好
乔口	Ⅲ	Ⅲ	Ⅲ	91.7%	良好
湘江长沙段	Ⅲ	Ⅲ	Ⅲ	91.7%	良好

注：水质类别评价项目为《地表水环境质量标准》（GB3838-2002）表 1 中除水温、总氮、粪大肠菌群外的 21 项。

表　2012 年长沙市区域噪声及道路交通噪声状况

项目	平均等效声级（分贝）	比上年变化幅度（分贝）
区域环境噪声	54.7	+0.1
道路交通噪声	69.9	0

（监测数据由长沙市环境监测中心站提供）

26 家企业排污权交易，数量居全省第一。全面实施生态补偿，执行全国省会城市第一笔流域生态补偿资金 2.2 万元。全面实施环境风险企业责任保险工作，全市共投保 241 家，购买金额 137.49 万元。（余　笑　王凌燕）

【环境监测与监察】　完成 10 个可入肺颗粒物（PM2.5）监测站点标准化建设并投入试运行，自主开发环境空气质量实时发布系统。完成新港水质自动站的设备更新和坪塘水质自动站的建设，全市实现酸雨自动监测。全年开展各类环保专项执法行动 128 次，重点对涉重金属、水上餐饮、核与辐射、危险废物等行业领域开展集中整治，责令 768 家企业限期整改。开展无预案、无上级指挥系统、无后台支援方式的单项水和气环境应急演练，提高环境应急管理水平。加强信访和污染纠纷调处力度，处理各类环境信访事项 944 件，做到“件件有着落，事事有回音”。（余　笑　王凌燕）

【环保能力建设】　成立长沙市核与辐射和固体废物监督管理站、市机动车尾气监控中心。望城区、长沙县和宁乡县监测站通过实验室标准化验收。率先在全省建立环境监察移动执法系统，长沙市和 9 个区、县（市）在全省率先通过环境监察标准化验收工作。（余　笑　王凌燕）

【实施第二个环保三年行动计划】2012 年，长沙市全面启动第二个环保三年行动计划，共安排环境保护与生

环保部部长周生贤调研长沙农村环境综合整治工作

态建设项目409个，预计投资187个亿。1. 三年行动计划稳步推进。2012年度106个项目完成98个，完成率93%。非都市型产业逐步退出，淘汰关闭小塑料、小洗涤等五小企业（作坊）97家；退出畜禽养殖户1344户，城区（除岳麓区农村4乡镇外）实现畜禽养殖业全退出。依法取缔89家水上餐饮经营户；累计完成主城区68个排污口的截污改造。农村环境综合整治项目全面完成。2. 推进机制逐步建立。经过5年的探索与实践，逐步建立以目标责任制、联席会议制、定期督查制、效果评估制和政府为主多元投入制为主要内容的计划推进机制。（余 笑 王凌燕）

【开展水上餐饮专项整治】 为确保居民饮水安全，长沙市深入开展水上餐饮专项整治行动，依法取缔湘江长沙段饮用水水源保护区内的非法水上餐饮，全面完成93艘餐饮船舶（89家餐饮及茶水经营户）整治退出，并于6月19日顺利通过省人民政府验收。主要做法为：1. 加强组织领导，狠抓责任落实。成立水上餐饮专项整治工作小组，制定《长沙市水上餐饮专项整治工作方案》。2. 深入调查研究，全面了解情况。工作人员深入现场，对水上餐饮现状进行详细调查，掌握水上餐饮船舶数量和分布。3. 科学决策部署，各方联动配合。市政府组织召开调度会10余次，环保、公安交警、卫生、畜牧、工商、海事等相关职能部门密切配合，各区、县（市）具体实施，联合开展水上餐饮专项整治工作。4. 采取有效措施，开展严格执法。开展10次大规模专项执法行动，上船调查、宣传、劝退、执法、守点曝光，出动执法人员3450人次，对湘江长沙段13家水上餐饮经营户进行了立案查处与曝光。4月19日，水上餐饮船舶全部离开我市水域。5. 创新执法形式，整治成效显著。信息跟踪巩固成果，充分运用移动执法系统编写、发送执法信息，告知已撤离的渔民，不得再到湘江长沙段从事水上餐饮经营活动；科学运用执法方式，结合实际情况，变水上执法为岸上执法，采取以治安拘留为主体，训诫和行政处罚为辅的执法方式，对水上餐饮渔民起到强有力的震慑作用。6. 开展暗查暗访，巩固整治成果。加强巡防巡查，发现水上餐饮船舶和继续从事水上餐饮经营的，采取果断措施，立即开展整治。（何梅珍 刘跃辉）

【实施空气质量新标准监测】 长沙市按照国家新颁布的空气质量标准实施工作要求，自主开发环境空气质量实时发布系统，11月30日在长沙市环保局网站试运行发布，可入肺颗粒物（PM2.5）、可吸入颗粒物（PM10）、二氧化硫（SO_2）、二氧化氮（NO_2）等污染物指标在市环保局网站随时可查。全市共设立10个空气质量监测站点，分别为沙坪站点、湖南中医药大学站点、湖南师大附中站点、高新区站点、伍家岭站点、经开区站点、火车站站点、马坡岭站点、雨花区站点和天心区站点。（龙加洪 张晓范）

先导区·开发（园）区

责任编辑：周建文

大河西先导区

【概况】 2012年，长沙大河西先导区围绕“探索改革路径、创新发展模式、发挥示范作用、形成带动效应”的核心任务。全年实现地区生产总值1740亿元，增长15%，占全市的30%，完成固定资产投资1305亿元，增长20.7%，占全市的37.5%；完成工业增加值1150亿元，增长16%，占全市的33%。管委会直接投资超过120亿元，同比增长20%；完成财政总收入137亿元，同比增长37%（其中：公共财政收入48.85亿元，同比增长19.7%，）；招商引资到位资金137亿元，同比增长28%；土地出让37宗200公顷，成交价款153亿元，占全市城区土地出让量总量的75%实现79%的土地收入。

一、项目建设快速推进。管委会全年新建项目有110个项目开工，新竣工项目93个。基础设施建设上，共建设28个交通设施工程项目，总投资50亿元，新增道路通车里程80公里。坪塘大道及南延线、黄桥大道二段及南延线建成通车；新建环湖路、秀峰路等片区道路20条。公共服务配套建设方面。全年共建设9个科教文卫配套设施，完成投资20亿元；梅溪湖国际文化艺术中心全面开工建设；在建的14所学校中，长郡梅溪湖中学、岳麓区实验小学等2所学校9月竣工开学；梅溪湖三甲医院开工建设；全年共建设生态环境建设项目27个，实现投入近20亿元；梅溪湖全面竣工，蓄水量超过700万立方米，成为长沙最大的城市内湖；洋湖湿地公园二期100公顷已基本竣工，成为中部地区最大的城市湿地公园；建设了桃花岭公园、梅岭公园、银杏公园、施家港水上公园等5大城市公园和潇湘大道生态绿轴、梅溪湖环湖生态景观轴、东方红路生态绿轴等3条城市绿轴；推进湘江西岸及其支流近100公里的流域综合整治，建设截污干管40公里，流域功能水质达标率80%。

二、招商引资。2012年先导区管委会新引进项目22个，包括投资50亿元以上的项目2个，投资20亿元以上的项目5个，投资5亿元以上的项目9个。引进建设一批金融总部项目。民生银行大厦实现竣工，省信用联社已全面开工，浦发银行、鼎衡保险大厦开工建设，中赢广场（浙商大厦）广发银行长沙分行、中建五局、晟通集团等企业总部落户先导区。引进建设一批商业酒店项目。奥克斯商业综合体主体全面封顶；梅溪湖国际广场、楷林国际大厦、柏宁酒店、渔人码头全面开工建设。同时，还新引进保利万科、君悦、恩瑞万豪、三正半山酒店、东方红步步高商业广场等酒店和商业项目5个。引进建设一批科技研发项目。梅溪湖国际研发中心一期封顶，引进中国科技开发院、中冶长天、中化化肥、中瑞海建筑、景微电子等研发机构入驻。引进建设一批高端地产项目。万科、恒大、南山、金茂、中建、中海等国内知名地产企业在先导区开工建设40余个地产项目均实现开盘，开工面积600万平方米，竣工面积400万平方米。

三、经济效益快速提高。坚持“集中投入、大额投入、快速投入”的思路，实现了投入产出的良性循环和经济效益的快速提高。2012年先导区管委会完成市级财政总收入137亿元，同比增长37%；公共财政收入48.8亿元，同比增长128%。全年共为两桥一隧、城市地铁、石长铁路搬迁等全市重大项目承担建设资金8.5亿元。先导区管委会资产总额540.6亿元，资产负债率控制在50%，负债率在全省、全国的新区中最低。其中先导控股公司资产346亿元，资产负债率67.13%；土地储备交易中心资产32亿元，资产负债率20.35%；梅溪湖实业公司资产46.8亿元，资产负债率1.11%；土地开发公司资产109亿元，资产负债率28.2%；公共设施公司资产5.8亿元，资产负债率5.48%。

四、行政审批改革成效明显，通过实施4轮行政审批制度改革，取消了1项行政审批事项，合并8项审批事项，精简和合并审批环节8个。45项行政审批事项减少到36项，审批时限从平均220日缩减到42日。由两个审批部门共50名审批人员行使原12个部门由约400人负责的行政审批工作。2012年共完成5400个审批案卷，实现零投诉和零差错。

五、体制机制运转顺畅。按照“五统一分”（“五统”即统一制定“两型”社会建设改革实施方案、统一制定经济社会发展和城乡建设规划、统一土地开发利用的综合管理、统一产业布局与环境整治和项目准入、统一重大项目的策划与建设。“一分”即先导区内各区县分区组织实施。）的体制要求，坚持“谁投资、谁受益；谁受益、谁投资”的原则，理顺了先导区和各县区的投资建设关系。在征地拆迁、土地合作开发方面形成了双赢的互动关系。岳麓区全力做好征地拆迁、环境维护等工作，保障了先导区项目的快速建设。与高新区共同建设梅溪湖路西延线、合作开发东方红66.67公顷地块、共同开发雷锋湖片区。（周　坚）

【首届梅溪湖元宵灯会】 2月6日晚，梅溪湖国际服务区首届元宵灯会举行，灯会由长沙大河西先导区管委会主办，以“欢度元宵节，魅力梅溪湖”为主题，是环湖布置、突出水元素的灯会，活动除亮灯仪式外，还包括游园和焰火表演。灯会突出灯景、园景和人文的结合，设置了多种具有公众参与性、观赏性及视觉冲击性的节目，3万个大红灯笼高挂，10万市民参加灯会并游园参观。在梅溪湖南岸，景观主轴以金龙为龙头，500米叠水区组成“金龙戏水”长廊；湖北岸布置了“双龙戏珠”大型彩灯。各种艺术特效礼花组成的焰火巨龙在梅溪湖上空游动、彩色灯笼礼花挂满夜空，特制水上烟花组成的“绿草”烟火铺满湖面，园景设置了艺术铜人、科技魔术、手影、唯美水影画、川剧变脸等表演节目。（周　坚）

【洋湖、梅溪湖花卉艺术展】 4月25日到5月25日，梅溪湖国际服务区和洋湖总部经济区举办以“融入山水、亲近自然”为主题的花卉艺术展，免费向市民开放。梅溪湖展区突出立体花展的特色，重点布置金星路和二环线两个主入口、景观轴、文化岛、城市广场、风之语广场等6个主要节点，布展面积超过5万平方米，用鲜花200万盆。洋湖展区则突出平面花展的特色，包括山水洲城、花样洋湖、洋湖仙境、洋湖花海等四个分展区，摆放鲜花约120万盆，布展面积超过5万平方米。活动期间共吸引近100万市民前来参观。（周　坚）

【与湘潭九华经开区签订战略合作】 6月20日，长沙大河西先导区和湘潭九华经济技术开发区在长沙签署战略合作框架协议，是环长株潭城市群范围内首次进行跨区域战略合作协议，计划通过2-3年的建设，实现两大示范区在基础设施、产业发展和生态环境建设等方面的融城共建；同时，双方建立推动合作取得实效的合作机制。发布共同推进的项目，大河西先导区南进建设大王山旅游度假区，开工建设坪塘大道南延线、潇湘大道南延线等。（周　坚）

【梅溪湖国际文化艺术中心奠基】 10月26日，长沙梅溪湖国际文化艺术中心奠基开工。该项目由获得世界建筑界最高奖普利兹奖的英国扎哈哈迪德建筑事务所设计，项目总用地面积10万平方米，总建筑面积12万平方米，包括1800座的甲级大剧院、500座的小剧院和2.5万平方米的艺术馆，能承接世界一流的大型歌剧、舞剧、交响乐等高术表演，年接待能力250场次，31万／人次。计划2015年竣工运营。（周　坚）

【梅溪湖国际文化艺术周】 11月16日～22日，“沐浴心灵，升华星城”2012梅溪湖国际文化艺术周在长沙大河西先导区梅溪湖国际服务区隆重举行，本次活动由长沙市委市政府主办、长沙大河西先导区管委承办，参演的中外文艺团体达25个，中外艺术家和演职人员达1000余人，有16个国家40余名使节参与本次活动，观演的人数达到20万人次。美国、德国、西班牙、俄罗斯、古巴、乌干达等12个国家100余位国内外知名艺术家一流的文艺团体参加演出。包括4场大型文艺活动、6场国际文艺展演，其中德国柏林交响乐团是首次到长沙演出，也是该乐队首次在户外表演，享誉世界的西班牙拉夫拉前卫剧团是首次到中国进行高空机械专场演出。（周　坚）

【梅溪湖新城获批国家绿色生态示范城区】 11月，住房和城乡建设部正式批准长沙大河西先导区梅溪湖新城（以下简称梅溪湖新城）为“国家绿色生态示范城区”。成为省内第一、全国首批五个绿色生态示范城区之一。根据创建梅溪湖片区“国际服务区、科技创新城”的要求，梅溪湖新城总体战略定位为国家级绿色低碳示范新城，华中地区两型社会的新城典范，湖南省和长株潭最具国际化水平、科技创新、以人为本、生态宜居、可持续发展的活力新城。以绿色、低碳、生态的理念建设。梅溪湖新城比2009年国家平均碳排放量水平减排碳27.23万吨，减排量约26%。梅溪湖新城全面执行国家绿色星级标准建筑，且二星及三星以上绿色建筑比例不低于30%。梅溪湖新城总建筑面积约1040万平方米，二星级以上绿色建筑面积约343.8万平方米，占总建筑面积的33.1%。新城内部7所学校，全部按照绿色学校进行建设。公共建筑拟利用浅层地热，居住建筑拟利用太阳能热水。分好类的垃圾送至城区外部不同的垃圾处理场地，实现垃圾的资源化和无害化。新城内规划建立2个中水处理站，分别负责雨水和中水处理，用于城区内绿化浇灌和清洗道路广场用水等。非传统水资源利用率达10%以上，年可再利用水量达251.84万吨。通过地铁、300米内可达公交站系统、大于2米的自行车慢行交通、大于30%的清洁能源公交交通、10%的清洁能源车优先停车位、90%的慢行道路遮阳率等一系列措施构建完善的绿色交通体系。（周　坚）

【先导区建8大生态绿轴45公里绿色长廊】 2012年，先导区在整体推进梅溪湖和洋湖等形象片区建设的同时，按照点、线、面的结构布局，建设城市绿轴包括坪塘大道生态绿轴、洋湖大道生态绿轴、潇湘大道生态绿轴、梅溪湖环湖生态绿轴、大王山旅游度假区生态绿轴、梅溪湖三环线生态绿轴、东方红路生态绿轴、肖河景观生态绿轴等，通过8大生态绿轴的建设，形成总长45公里、总面积250万平方米的绿色长廊。重点建设梅溪湖文化艺术中心广场、洋湖城市中心广场、大王山会议会展中心广场、梅溪湖西区广场等四大中心广场以及高新区东方红广场、银杉广场、万科城市广场、麓云广场、麓松广场等5个节点广场。通过城市空间和绿地绿轴的建设，先导区在3年内将实现500米内有一个社区公园或一片城市绿地（湿地）、1公里内有一个城市公园或城市广场，5公里内有一座森林公园或大型休闲公园的目标。（周建文）

【靳江河流域水环境治理】 长沙大河西先导区全面开展对靳江河、龙王港、沩水河、八曲河、马桥河等5条湘江支流的综合治理。其中靳江河流域治理更是取得突破性进展，2012年各主要断面第一次实现有监测以来水域功能区的全面达到地表Ⅲ类水质标准。地表水由Ⅳ类水质提升到Ⅲ类水质，部分断面提升到Ⅱ类水质，宁乡县断面氨氮、化学需氧量、生化需氧量较2010年均下降50%以上。2011年先导区出台《靳江河流域水环境综合整治实施方案》，拟定“城乡污染同治、点线面相结合”的治理方针，投入治理资金近6亿元，全面部署和推进流域治理工作。通过将含浦科教产业园至湘江入口段沿线污水全面截污纳入了坪塘污水处理厂进行处理。淘汰关闭一批造纸企业、网箱养殖户和非法采砂场等水污染企业。对包括岳麓区莲花、含浦、坪塘3个乡镇的19个行政村及宁乡的4个乡镇等50多公里长的重点河段实施垃圾清理、清淤和生态修复。全面建设靳江河流域沿线乡镇污水处理厂及配套管网等，流域构建起了立体治理体系。含浦镇建设垃圾收集池900个，发放家庭垃圾分类收集桶10789个，并聘请18个环保员进行日常清洁和维护。进行环保理念宣传，建立河道巡查制度，对无证采砂、水上餐饮企业及时予以取缔；对水面漂浮物定期打捞；对靳江河上的九江坝进行提质修复。

（周建文）

中共长沙大河西先导区党工委、管委会

党工委书记 管委会主任	赵文彬
党工委委员 管委会副主任	刘继雄　陈鲁青
党工委委员	李爱诚　文　雄 谈文昌　夏艳兰

国家级开发（园）区

·长沙高新技术产业开发区·

【概况】 2012年，长沙高新技术产业开发区（以下简称“长沙高新区”）把握“转方式、调结构”总方向和“稳增长、促和谐”总要求，以深化国家创新型科技园区建设为主线，围绕推进高新技术产业集群建设、推进生态科技产业新城建设、推进平安幸福园区建设三个重点，全面深入实施产业集群提升、科技金融示范、创新人才汇聚、产业新城融合、创新环境优化五大工程，实现经济平稳健康发展，社会大局和谐稳定。

一、产业平稳健康发展。全年麓谷技工贸总收入1760亿元，比上年增长16%；规模工业总产值1238亿元，增长13%；先进制造产业产值988亿元，增长13%，全年产值过亿元企业50多家，过10亿元企业10余家；财政总收入60.36亿元，增长20%；公共财政预算收入20.88亿元，增长21%。综合经济实力位居全国高新区第16位，中部第2位。获国家高新区建设20周年先进集体称号。

二、招商工作取得新进展。全年新增注册企业905家，注册资本5000万元以上的企业18家；实际到位外资金2.4亿美元，增长12%，省外境内到位资金24.8亿元，增长26.8%，市外境内资金形成固定资产37亿元，增长17%；签约购地项目30个，合同总投资80多亿元，经营性土地签约金额22亿元。霍尼韦尔落户麓谷。

三、项目建设强势推进。实施项目建设“百日会战”、“百日攻坚”行动。全年新开工产业项目16个、续建产业项目27个，实现产业项目竣工投产15个，完成工业技改投资70.2亿元、增长20%。中联环境产业园、博泰航空、中电软件园二期、九芝堂二期等一批重大产业项目开工建设，远大住工、怡亚通、益丰大药房、力宇燃气、力合科技等一批项目竣工投产。金荣先导新材料工业园、凯天环保、移动电子商务基地等10多个重点项目完成开工前准备工作。

四、创新能力显著提高。全年有324个项目获得国家和省、市立项支持。申报国家企业技术中心3家，新获批市级企业技术中心4家。新认定高新技术企业66家，复审通过73家，麓谷高新技术企业总数460家。举办第六届科交会。企业专利授权总量2046件，其中发明专利265件、增长1.1倍。深交所长沙路演中心、市中小企业金融服务中心落户麓谷。首批2家科技银行运营，为100家中小微企业授信2.46亿元；成立麓谷高新天使基金，注册资金达1.5亿元；设立中小企业合作成长基金，为11家小微企业提供担保贷款3700万元；创投引导基金、统贷统还和小额贷款规模进一步扩大，新增3家小额贷款公司，投资担保金额6.3亿元。新三板工作加快推进，签订股改协议62家，完成股改25家，内核16家。加快国家海外高层次人才创新创业基地建设，现入选国家“千人计划”专家10名，省“百人计划”专家21名，市“313人才计划”专家46名，名列省市前茅。

五、园区承载功能不断增强。基础设施建设，新建、续建道路20条，总里程54.6公里，总投资达11.9亿元。加快12条主次干道和1座立交桥建设，梅溪湖路高新区段开工建设，南桥路、长川路、雷高路、望雷大道加快推进，东方红路全线、黄桥大道高新区段建成通车，旺龙路、东庆路、长延路和麓松西路相继拉通，东丰南路、长虹路实现与主干路网对接，三益输变电工程建设完工。征拆安置工作，全年完成征地拆迁面积345公顷，启动新拆项目15个，完成拆迁扫尾87户，倒房120户。加快保障住房建设，完成2291套保障房分配，实现交房1308套；麓城印象公租房项目竣工验收，新增房源1958套（间），成为全省公租房样板工程。生态环境建设，加强城乡结合部环境综合治理，完成桐梓坡路、金洲大道等6条道路的提质改造，雷锋河截污干管投入使用，加强环保监测和治理，全年空气质量优良率超过90%。长沙高新区获批成为湖南省首批环境服务业发展试点单位。

六、社会管理不断创新。全年完成6大类31项为民办实事工程，完成村级公路硬化5公里，维护砂石路面260公里，完成重点水库加固除险工程和塘坝、泄洪道清淤清障工程。统筹推进城乡社会保障体系建设，企业养老保险覆盖率、基本医疗保险覆盖率均达到97%，城乡居民基本养老保险实现全覆盖。全年有38批次2891名被征地农民纳入社会保障体系，基本医疗保险市级统筹和城乡居民医疗保险普通门诊统筹100%。加大创业富民力度，全面实施被征地农民就业创业三年行动计划，建立覆盖全区的公共就业信息网络体系。全年新增城镇就业1.25万人，增长248%，获全国就业工作先进单位称号。建立健全三级群众工作网络和联村驻点工作机制，为群众解决实际困难和问题1384个。进一步完善政务服务窗口建设，再造工作流程，规范服务行为，推行政务服务网上咨询、在线审批、电子监察和群众评价制度。全委25个部门和单位、157个事项实现在线办理。新组建非公企业党组织158家，开展非公企业联组建设，对342个基层党组织实行分类定级。积极开展创先争优活动，6个基层党组织和13名党员荣获省、市先进基层组织和优秀共产党员称号。拓展宣传工作渠道，《高新麓谷》发行量突破4万份，高新区门户网站荣获2012年度“中国政府网站领先奖”。长沙高新区全面导入ISO9000质量管理体系，建立行政管理服务质量持续改进体系，获得质量管理体系认证证书。 （曹　玮）

【湖南麓谷高新天使基金成立】 3月14日，湖南首支政府组织发起的“天使投资基金”——湖南麓谷高新天使基金在长沙高新区挂牌成立。该基金由湖南高新创业投资集团携手长沙高新区，通过吸引社会资本共同发起设立，总规模达1.5亿元，秉承“政府引导、民间为主、市场运作、风险补偿”的原则，专注于投资年销售额2500万元以下的种子期、初创期创新型企业，对单个项目投资最高不超过500万元。该基金将依托政策优势、项目优势和专业优势，切实发挥创业投资引导基金的杠杆放大功能，更有成效地支持和帮助初创期的科技型中小企业。 （曹　玮）

【获评全国就业先进工作单位】 7月17日，在国务院召开的全国就业创业工作表彰大会上，长沙高新区创业服务中心被国务院授予“全国就业先进工作单位”称号。全国仅有2家高新技术产业开发区创业服务中心获此荣誉。长沙高新区创业服务中心以促进科技成果转化、培育科技企业和企业家为己任，在推动区域就业工作等方面不断进行有益的探索和实践，先后成立中国长沙留学人员创业园、长沙大学生创业就业服务中心、湖南博士后创业园等特色孵化器，通过场地服务、创业培训、资金扶持和专业平台服务等服务手段扶持企业的发展。 （曹　玮）

【通过ISO 9000质量体系认证】12月19日，长沙高新区管委会获得方圆标志认证集团有限公司颁发的《ISO 9001:2008质量管理体系认证证书》，认证范围包括行政管理和服务，这对长沙高新区创新服务、创优服务具有里程碑式的意义。长沙高新区在全省园区率先引入ISO 9000质量管理体系，将园区干部人事、政府采购、资产管理、经费开支、基建工程等行政管理工作，全部纳入体系管理。通过认证，精简各类行政许可事项的受理流程，缩短办理期限。特别是联系民生最紧密、服务群众最直接的窗口单位和服务行业，均树立“以顾客（群众）为关注焦点”的服务理念，社会和公众的满意度不断提升。 （曹　玮）

湖南麓谷高新天使基金成立

【“创业必帮”孵化平台开放】 3月21日，“创业必帮”长沙软件园创新孵化平台正式开放。“黑马大赛”长沙软件园预选赛也同期举行。该平台是由长沙软件园与世纪必帮创业投资管理（北京）有限公司合作搭建的创新孵化平台，旨在为全市中、小企业和创业团队提供全方位的创业指导、孵化支持和专业投融资服务，面向创业者提供人才、资金、技术、市场、知识产权等全方位孵化服务。通过开展多种创业训练辅导，提升创业者的能力，并助其找到伙伴。在启动仪式现场，7家国内外知名投资机构与该平台签订框架协议。“黑马大赛”由《创业家》发起的创业精英选拔赛事，此次共有33家本土企业参加预选赛，多为互联网、软件类投资不超过1000万元的中小微企业。 （曹　玮）

【威胜和西门子成立智能计量公司】 9月13日，威胜集团有限公司与西门子（中国）有限公司合资成立的施维智能计量系统服务（长沙）有限公司的签约仪式在威胜科技园内举行。出席本次签约仪式的有省市十余部门的领导，以及双方的合作伙伴，金融界、新闻界、签约双方的高层管理者等，共计约70余人。施维智能计量系统服务（长沙）有限公司是西门子的智能电网领域在中国乃至亚洲成立的第一家合资公司，为客户提供创新的表计数据管理软件解决方案及高附加值的运营服务；威胜集团是中国领先的能源计量设备及整体解决方案供货商；两家公司均将会向合资公司就表计数据管理软件解决方案提供专有技术和管理经验。 （周建文）

【威胜研究院成立】 6月28日，威胜集团举行了威胜研究院揭牌仪式，这标志着威胜集团将充分发挥威胜集团院士专家工作站、博士后科研工作站、国家认定企业技术中心和国家地方联合工程研究中心等技术创新平台的资源优势，培育和提升集团核心竞争能力，成为“能源计量与能效管理专家”。威胜研究院瞄准国际前端技术和国内市场，进行前瞻性的研发，为企业的后续发展进行技术储备并提供科学支撑，威胜集团有研发与工程技术人员近600人，研究院将优化、整合科研资源和队伍，在智能电网下的智能用电（AMI）领域、新型互感器领域、电力电子领域开展技术研究。（周建文）

【获评国家高新区建设20年先进集体】7月7日，国家高新技术产业开发区工作会在北京召开，国家科技部授予长沙高新区等37个国家高新区管委会“国家高新技术产业开发区建设20年先进集体”荣誉称号，授予罗社辉、邓自力、莫一平、陈智勇等268名人员“国家高新技术产业开发区建设20年先进个人”荣誉称号。长沙高新区是湖南省唯一获此殊荣的园区，也是第七次获得全国先进高新区荣誉称号。（曹　玮）

【信息产业园创业基地奠基】 11月18日，长沙高新区信息产业园创业基地项目正式奠基，这是长沙首个软件产业综合体，是麓谷新城五大专业园区之一。创业基地项目总投资9.2亿元，计划分两期开发，一期开发面积17万平方米，二期开发面积10万平方米。项目建成后，可容纳1000家企业办公、研发、生产。创业基地包括软件研发楼、独栋软件生产楼、合栋软件生产楼、软件包装厂房等各功能区等。其物业形态不仅涵括电子信息产业企业总部基地、研发中心和中小企业孵化基地等，还包括配套的企业服务和商业设施。长沙信息产业园创业基地将打造“信息科技社区”，通过面向国内外科技型、创新型、成长型电子信息企业，提供研发、办公、中试、生产、展示、人才支撑、信息集成、品牌提升、区域总部、综合配套等多种服务，着力建设现代化、商务化、人性化新型企业服务社区。通过形成研发产业链和聚集效应，带动信息产业内的人流、物流、资金的积聚。（周建文）

【霍尼韦尔博云奠基】 8月8日，省委书记、省人大常委会主任周强在

“国家高新技术产业开发区建设20年先进集体”奖牌

长沙高新区宣布“霍尼韦尔博云航空系统（湖南）有限公司奠基”，标志着长沙在大飞机项目建设中取得重大进展。建成后的合资公司将为大飞机提供机轮和刹车系统，2010年7月，美国霍尼韦尔集团与湖南博云新材料股份有限公司、长沙鑫航有限公司组建的合资公司——霍尼韦尔博云航空系统（湖南）有限公司成为中国商飞C919大型客机机轮与刹车系统的唯一供应商。霍尼韦尔集团是全球领先的航空航天业务供应商，湖南博云拥有多项航空刹车材料制备技术的自主知识产权。（曹　玮）

【奥盛特大型旋挖机下线】 8月6日，湖南奥盛特重工科技有限公司旗舰产品OTR360D旋挖钻机成功下线。该产品采用“大三角、小变幅、前趴式”结构，提高了整机的稳定性，简化了变幅结构，实现了旋挖钻机在最大扭矩36吨米和钻孔深度96米的突破。盛特重工已覆盖旋挖大、中、小全系列产品，先后向国内外市场投放9款旋挖新产品，进一步确立了奥盛特重工在桩工机械领域的专业化地位。在国内重点基础工程施工中发挥着重要作用，并远销欧洲、亚洲、非洲等国家和地区。（曹　玮）

【益丰医药物流园落成】 10月12日，益丰医药物流园举行落成典礼，省、市领导，以及一些药企负责人、媒体及各界人士等共1300多人出席典礼。医药物流园位于长沙市麓谷高新区金洲大道68号，占地5.47公顷，规划建筑总面积6万多平方米，前后分两期，投资1.5亿元的一期已完成，包括益丰大药房办公区和中南地区物流中心，可容纳2000余人的现代化办公和年配送量50亿元的现代化物流配送。其中物流中心仓储面积达2.5万平方米，是湖南最大的医药物流中心，是国内医药零售行业规模最大、自动化程度最高的现代医药物流配送中心之一。益丰大药房在湖南、湖北、上海、江苏、浙江、江西等六省市开设了近600家直营医药连锁门店，年销售规模20亿元。物流园的全面落成，使益丰大药房的物流运作方式从传统式向供应链管理模式发展，实现了自动化、信息化和效益化。以物流中心为平台，与上游供应商、药品零售商、其他分销商建立面向市场的供应系统，提高药品分销效率，形成相对稳定的产销联盟网络。（周建文）

·长沙经济技术开发区·

【概况】 2012年，长沙经济技术开发区（以下简称长沙经开区）着力打造“中国力量之都”，努力提升园区发展软实力，园区经济保持平稳运行。完成规模工业总产值1315.2亿元，同比增长5.03%；完成规模工业增加值393.3亿元，增长7.04%；完成工商税收85.28亿元，同比增长21.52%；完成工业固定资产投资86.8亿元，同比增长20.7%；完成到位外

资2.71亿美元，同比增长21.79%；完成市外境内资金形成固定资产投资31亿元，同比增长25%；完成省外境内到位资金13.8亿元，同比增长7.8%。

一、产业结构优化升级。一批重大项目相继竣工投产，产能逐步释放。广汽菲亚特、住友橡胶、广汽三菱、蓝思星沙工厂、博世新厂房和研发中心、山河工业城等重大项目全面竣工投产，全年投产项目15个，新增产能200亿元，新增规模以上企业13家。园区产业结构朝多元并举、理性增长方向发展。主导产业中，工程机械产业实现产值987亿元，同比增长1.5%，占规模工业比重下降三个百分点；汽车制造实现产值113亿元，同比增长8.7%；电子及元器件产业实现产值56.3亿元，同比增长90.9%。科技创新助推产业升级转型。积极创建“国家知识产权示范园区”，加大科技创新支持力度，全年完成高新技术企业产值1182亿元，占规模工业总产值的90%。深入开展中小企业专利帮扶工作，全年园区授权专利836件，同比增长31%。获得国家技术发明二等奖1项。铁建重工获批为国家技术中心。

二、深入推进招商引资，招大引强。全年引进了日本富士通、日本邮船两家世界500强企业。与国际知名汽车品牌大众集团达成总投资超过200亿元，形成60万台轿车的产能的协议。举办了扩大开放工作会议。引进了长沙海关、省检验检疫局入驻园区办公，启动了星沙海关、长沙检验检疫局办公楼建设，积极推进综合保税区申报工作，继续推进长沙边检站实施“警民共建”。

三、规划国土稳步推进。完善规划编制体系，完成了新区概念规划编制、黄花片区、榔梨片区和星沙产业基地西片区控规编制。启动了东八线精品路、东六线精品街、小塘路精品社区、海关商检办公楼精品建筑、新区拓展规划精品规划等五项“精品工程”。积极推进国家生态工业示范园创建，出台了《关于推进国家生态工业示范园区建设的若干意见》、《关于推进生态园建设专项资金管理办法》，总投入近亿元，完成区环境在线监控系统建设，积极发展绿色经济、循环经济，实施了雨污分流，严格“三废”达标排放；新增绿化面积22.8万平方米，新建成泉塘公园、晓棠公园。全年共获批土地266.8公顷，实现耕地占补平衡指标133公顷。节约集约利用土地，盘活存量土地，加快中央商务区范围内土地回收与招拍挂，收回了光阳摩托、力元新材料、旭通科技等的约27公顷土地，引进了金科地产、红星美凯龙、万豪酒店等优质项目，园区被评为全省节约集约用地特等奖。

四、强力推进基础建设。全年投入征地、拆迁和基础设施建设资金25亿元，6个月时间完成了10个重点板块、约467公顷的拆迁腾地任务。全年完成基础设施建设投入3.34亿元，平整场地约200公顷，建成通车道路里程15.74公里，争取管网建设补助3670万元，争取电力投入1600万元，争取公租房试点资金5000万元、公积金贷款3亿元，盼盼路、东四线、东十线、东八下穿、广汽菲亚特桥等道路建设完工。绿化、电力、亮化、管网建设一并推进，并同步移交县直有关部门，规范了工程管理。

五、社会管理惠及民生。全年完成民生工程投入过亿元，全面推进榔梨公租房、龙华小学、龙华安置区、华湘安置区、泉塘公园、晓塘公园、“职工之家”、“天网工程”等民生工程建设，一批农贸市场、公交候车亭、公厕垃圾站、文体活动中心、社区警务室、医疗卫生服务中心等公共服务设施建成并投入使用。在湘绣苑、创业乐园、蓝色置业、幸福家园进行职工集中居住小区试点，探索实行公租房集中管理，妥善安置蓝思科技、广汽菲亚特、广汽三菱、住友橡胶等企业职工2000多人。充分发挥街道、社区的作用，实现了社区管理物业化、社会事务网格化。加强综治维稳、信访与安全生产管理工作，未发生重大恶性案件、安全事故和群体性事件。

六、拓展融资渠道，全年融资41.19亿元，其中发行公司二期债券12亿元，完成中央商务区等经营性用地拍卖工作，全年实现土地收入22.5亿元，争取上级资金2.51亿元。成立开发集团公司，启动公司框架组建、人员配备、建章立制等工作，面向市场开拓经营，开展参股、控股业务，公司总资产达216.2亿元，全年实现营业收入26亿元。

七、基地托管显成就，星沙产业基地快速推进项目建设，加快基础设施对接步伐。蓝田北路、凉塘东路、长界北路等主干道建成通车，全年累计完成固定资产投资18亿元，新开建工业项目5个，住友橡胶、山河智能、云箭科技、康宝莱等8个项目竣工投产。加快与黄花、榔梨产业基地对接工作，启动干杉片区道路对接规划。

八、完善机构设置理顺体制机制。成立了督查室。成立工程建设公司，开展工程代建、全程代办业务，实现建管分离。新设拆迁事务所，实现拆迁事务所、征地拆迁办公室独立运行。改进人员招聘方式，引进新机制，年内以劳务派遣方式分批次公开招聘13名工作人员。

九、投资环境提升。深化全程代办服务，全年提供各类全程代办项目服务10余个。大力推进政务公开，政务服务大厅投入使用。积极开展ADR非诉讼纠纷调处工作，为园区企业受理调解矛盾纠纷65起。妥善协调企业劳资纠纷，开展农民工工资支付执法检查，稳步推进工资集体协商，努力提高社会保险覆盖面，社会保险参保率89.8%。加强园区信用体系建设，建立健全规模企业信用档案，借助中介机构开展企业信用评级，完善园区诚信体系。以“基层组织建设年”为主题加强党的建设，集中组建非公企业党组织30家，三一集团党委被评为全国先进典型。区党工委“五个融合”党建工作机制，三一集团、广汽菲亚特等企业党建典型经验得到广泛宣传推介。深入落实党风廉政建设责任制，突出抓好教育预防。

十、人才队伍建设培训。继续巩固“星沙大讲堂”培训品牌，组织管委会机关和园区企业职工参加培训17期。在市委党校、北京大学举办两期干部轮训班，组织开展多轮技能培训、政策性培训等。继续干部交流锻炼，完善绩效考核办法，做到“工作任务、工作措施、具体目标、专项经费、评价办法”五位一体的有机结合，形成系统有效的考核激励机制。大力宣传和践行“简洁务实、无我有为、创新高效”的园区精神，人才交流引进平台上，为园区企业举办公益性招聘会

住友橡胶（湖南）有限公司投产仪式

35场，为企业招揽各类人才8500多人。加大校企对接，组织企业开展校园巡回招聘，帮助企业引进优秀毕业生3300多人。（杨　英）

长沙经济技术开发区党工委、管委会

党工委书记 长沙县委书记	杨懿文
党工委副书记 管委会主任	李科明
党工委副书记 管委会常务副主任	吴京生
党工委副书记 纪工委书记	高　杰
党工委委员 管委会副主任	陈新忠　巩　固 黄　瑶　刘逢春 范遵新
党工委委员 总工会主席	丁仁义
党工委委员	张贤长　张文球 王维倩　郭汉辉

【李岚清出席建区20周年系列活动】 12月3～4日，中共中央政治局原常委、国务院原副总理李岚清出席经开区建区20周年系列活动。期间先后出席了两大活动——“永远记住他们——缅怀大师、重温经典暨长沙经开区20周年音乐晚会”、“走进经典音乐”讲座并为“岳麓印吧”题词。省、市领导及经开区的一些干部职工一同参加了活动。（贺　艳）

【广汽菲亚特菲翔下线】 6月28日，落户星沙的广汽菲亚特经过2年多的建设正式宣布竣工投产，以此同时首款产品Viaggio菲翔也正式下线。省委书记、省人大常委会主任周强宣布新车下线。省委副书记、省长徐守盛在活动中致辞，广汽集团董事长张房有，菲亚特集团首席执行官、克莱斯勒集团董事长兼首席执行官马尔乔内，广东省委常委、广州市委书记万庆良，意大利驻中国大使馆大使严农祺等致辞。

菲亚特菲翔是新成立的广汽菲亚特的首款国产产品，集合了尖端一流的动力科技和超越同级别的配置水平。菲亚特Viaggio菲翔于2012年9月13日上市。其首款车型Viaggio菲翔配备具有世界先进水平的1.4升涡轮增压发动机，同时也配备最先进的6速干式双离合变速器，整车产品性能指标为国际同类车型产品的先进水平。一期形成年产14万辆整车的生产能力；二期计划形成年产25～30万辆整车的规模。（贺　艳）

【住友轮胎投产】 7月16日，世界500强企业住友橡胶（湖南）有限公司投产仪式在星沙产业基地举行。中共湖南省委书记、省人大常委会主任周强宣布正式投产。该项目于2010年8月签订合作协议并在长沙经开区星沙产业基地注册，是住友橡胶在中国设立的第二家邓禄普高级子午线轮胎制造工厂。2011年2月动工，总用地约55万平方米，分两期开发。一期正式投产后，主要生产高档轿车子午线轮胎。可年产1050万条轮胎，实现产值30亿元。（贺　艳）

【博世新厂启用】 10月12日，总投资7亿元的博世汽车部件（长沙）有限公司新技术中心及新工厂正式启用，新厂占地12760平方米，员工5000多名，产能增加一倍；作为博世全球研发基地之一，新研发中心将容纳350名本土研发人员针对全球市场进行研发创新。博世汽车部件长沙有限公司于2004年11月落户经开区，业务覆盖汽车电子驱动、起动机和发电机两个部门。为中国市场开发和生产包括ABS和ESP电机、发动机冷却系统、举窗电机、座椅调节电机、雨刮片、雨刮系统，以及起动/停止系统在内的一系列产品，同时还生产起动机和发电机。（周建文）

【知识产权司法保护签约】 4月25日，“湖南省知识产权司法保护签约暨授牌仪式”在长沙经开区举行，省

菲翔下线

高院副院长杨翔和经开区管委会主任李科明分别代表合作方签订“湖南省知识产权典型案例发布基地合作协议”。省优化办、省高院、省知识产权局、省工商局、省版权局，市优化办、市中院、经开区管委会等单位相关负责人以及在知识产权方面取得卓越成就的经开区园区企业代表等共120余人出席仪式。（袁　鸣）

【举办“五大活动”迎接建区20周年】2012年，长沙经开区围绕迎接中共十八大和建区20周年，举办了五大系列活动：一是“争先献礼”活动，包括公司化改造迈出坚实步伐、产业发展上新台阶、项目建设有新突破、园区拓展有新成果、招商引资有新进展、社会管理有新成效等；二是“形象提升”活动，包括开展软实力建设、推广园区精神、践行行为规范等；三是“环境整治”活动，包括园区道路绿化亮化美化、公交站牌标识系统提质、机关环境提质改造等；四是“对外宣传”活动，包括制作园区宣传套片、投放系列广告和专版报道等；五是“系列庆典”活动，包括组织新闻发布会暨“十百千亿”企业集中亮相仪式，开展首届职工摄影、征文、书法比赛及第二届经开区职工运动会，编撰《长沙经济技术开发区志（1992—2011）》、《“感谢，一路有你”国家级长沙经济技术开发20周年纪念画册》，举办20周年音乐晚会、“走进经典音乐”讲座，完成“印社、印吧、印室”建设及组织参观，召开20周年座谈会、答谢晚宴，组织20周年成果展、展示馆布展及园区参观等。（贺　艳）

【区志编纂工作完成】2012年12月《长沙经济技术开发区志》(1992～2011)（以下简称区志）完成编纂工作，该区志于2011年11月启动编纂工作，2012年3月完成初稿，7月完成送审稿。10月17日召开专家评审会，长沙市地方志办、长沙县史志档案局专家对《区志》进行评审。《区志》分为彩版、概述、大事记、专记和附录5个部分，计13篇、43章、133节、189目，约92万字。2012年11月，《长沙经济技术开发区志（1992～2011）》印刷出版。（贺　艳）

·宁乡经济技术开发区·

【概况】2012年，宁乡经济技术开发区（以下简称“宁乡经开区”）坚持生态立园理念，致力于推进平台高端化、产业差异化、招商立体化、融资多元化、人才市场化、公司现代化，努力提升承载能力和竞争实力，园区经济社会继续保持健康、快速、科学发展的良好态势。经济指标平稳增长。全年宁乡经开区完成工业总产值560亿元，同比增长26.1%，工业增加值136亿元，同比增长24.7%，财政收入完成13亿元。

一、招商引资上，全年引进项目28个，合同引资80亿元，到位省外资金12.17亿元，到位外资9000万元，其中亿元以上项目19个。其中包括投资10亿元的华润饮料华南生产基地、投资5亿元的皇室休闲食品总部基地、投资5亿元的中联重科混凝土输送泵生产基地、投资5亿元的卓越投资调味食品生产基地、投资5亿元的湘妹食品运营总部及生产基地。

二、项目建设，全年园区动工建设项目86个，其中新开工56个，续建目28个，竣工35个，累计完成固定投入54亿元。洽洽食品、文象碳基、蓝田再生、乐福来、妙盛孵化港一期等项目竣工投产，加加食品科技园、华润怡宝、格力销售中心、创业服务中心、金洲西线等重大项目工程正在建设中。

三、产业培育，通过加大产业升级力度，引导企业上项目、扩规模、延链条，园区投产企业有198家，食品、机电、新材料加现代服务业的“3+1”主导产业集群效应日益显现。其中园区食品产业发展迅速，入驻园区的知名食品企业30多家，生产总值超百亿，加加集团1月A股上市，成为宁乡本土首家上市公司；青岛啤酒高端纯生产品上线。楚天科技、飞翼股份、松井新材料、中财化建等一大批骨干企业创新升级，盈利再创新高。

四、科技创新全面加强。2012年，园区深化与科研院所的产学研合作，打造科技成果转化和科技创新服务平台，飞翼股份矿山填充装备技术研究中心获评湖南省工程技术中心，利洁生物技术中心获批省级企业技术中心，松井新材、湘路机械成为长沙市创新型企业，妙盛国际孵化港成为省级科技企业孵化器，拜特生物等5家企业成为高新技术企业，区内高新企业达35家。企业新增专利200余项，新增“中国驰名商标”1件、“湖南省著名商标”5件。

五、“两型”建设。园区创造性地提出“八大生态”建设理念，成为全省首批“两型示范园区”，打造生态产业体系，建设循环经济圈，获批“国家循环化改造试点园区”。“国家级再制造示范基地”建设通过国家发改委验收。园区于2012年年初启动“两化融合”工程，建立园区节能减排统计、监测、考核体系，9月由省经信委授予“全省能源利用信息化管理示范园区”称号。

六、文明创建。园区机关创新内

发展中的宁乡经开区

加加集团

部管理方式，打破内部日常考核和平均主义的制约，实施项目化管理考核。全面提升开发区行政管理效能。坚持物质文明、精神文明、政治文明、生态文明建设全面推进。园区构筑高效、勤廉的文明政务服务体系，优化服务水平，建立“一站式”服务中心，坚持“马上就办”的作风。以“建设开放文明园区、构筑和谐幸福家园”为宗旨的文明创建工作成为统领全区工作的重要抓手，获评“湖南省文明单位”。（谢喜阳）

宁乡经济技术开发区党工委、管委会

党工委书记	黎春秋
党工委副书记 管委会主任	戴中亚
党工委副书记 党工委委员	刘永红
党工委副书记 纪工委书记	高　杰
管委会副主任	陈海波　张君来
党工委委员 纪工委书记	刘　辉
党工委委员	王子进　喻锦东 袁　钊

【中博会宁乡专场活动】 5月17日，在第七届中国中部博览会的专场活动——“宁乡投资说明会暨重大项目签约仪式”上，宁乡经开区招商项目集体亮相：世界五百强华润集团投资5亿元建设华润饮料综合生产基地项目，皇室食品投资5亿元建设全国运营总部食品综合生产基地项目，深圳市文化产品进出口行业协会总投资15亿元打造“宁乡青铜时代国际文化创意产业园”，长沙盛泓机械有限公司投资5亿元建设总部基地及工程机械产品生产基地项目，湖南松井新材料有限公司投资1.5亿元建设高分子材料生产基地及国家级工程技术研究中心项目。（谢喜阳）

【“加加食品”股票上市发行】 1月6日，加加食品集团在深交所中小板挂牌上市。是宁乡县第一家上市公司，股票简称“加加食品”，代码为“002650”，发行价为30元/股，发行规模为4000万股，首期融资12亿元，占其发行后总股本的25%。募集资金用于公司年产20万吨优质酱油和年产1万吨优质茶籽油两个项目的建设。加加食品主要从事酱油、食用植物油和其他调味品的研发、生产和销售。凭借品牌优势、营销渠道、技术能力三大优势支撑，坚持围绕“淡酱油”战略，进一步做大做强公司的调味品业务；同时以茶籽油业务为突破口，进一步提升公司的食用植物油业务。（谢喜阳）

【华润怡宝开工】 10月15日，华润怡宝饮料长沙生产基地在宁乡经开区食品产业园开工。总投资额为8亿元，总产能72万吨/年，纯净水50万吨/年，饮料22万吨/年，产值20亿元，税收贡献1.5亿元。项目建成后，主要生产华润旗下品牌的纯净水、咖啡、奶茶饮料产品，并将辐射周边三省一市，成为华润在华中地区规模最大的综合性工厂。（谢喜阳）

【国家级开发区正式授牌】 12月16日，宁乡经济技术开发区晋升国家级经济技术开发区授牌仪式在宁乡举行，湖南省政协主席胡彪授牌。宁乡经开区2002年创建，坚持差异化发展道路，形成了以食品、机电、新材料和现代服务业为主导的“3+1”产业体系。功能组织日趋完善，园区规模不断壮大，建设成为改革开放的先行区，科技创新的领航区、现代产业的集聚区。已成为推动长沙市、湖南省新型工业化进程的重要平台。2010年11月，国务院正式批准宁乡经开区升级为国家级经济技术开发区，是中西部地区首家由县级政府主导的国家级开发区。（谢喜阳）

宁乡经开区办公大楼

【首届安全食品论坛】 12月16日，由新华社新闻信息中心、新华社湖南分社、宁乡经开区联合举办的中国（宁乡）首届安全食品论坛在宁乡举行。本次论坛以“精益、标准、安全”为主题，就食品产业园区安全评价体系的构建、食品生产中的节点控制、食品安全舆情监控与信息发布等问题进行了深入探讨和广泛交流。论坛通过了《宁乡宣言》。 （谢喜阳）

·长沙国家生物产业基地·

【概况】 2012年，长沙国家生物产业基地（国家级浏阳经济技术开发区，以下简称园区）以科学发展观统领全局，把调结构与转方式结合起来，坚持产业发展和城市建设同步推进战略，实现“造园”到“造城”的蝶变，园区发展实现历史性跨越，被国务院批准晋升为国家级经济技术开发区，被国家商务部批准为湖南第四家国家科技兴贸创新基地（生物类），被省能源局批准为首批循环经济试点示范园区。

一、2012年，园区实现工业总产值375亿元，同比增长49%；招商引资到位资金27亿元，其中到位省外境内资金10亿元，到位外资7400万美元。园区外贸强劲增长，蓝思科技出口交货值70.35亿元，同比增长98%，完成财政总收入12.48亿元，比上年同期增加4.11亿元，其中上划收入完成6.8亿元，地方收入完成3.8亿元，土地出让金收入1.88亿元。规模企业迅速成长。全年新增税收过4亿元企业1家（蓝思科技）；新增税收过1000万元企业3家，其中尔康制药、威尔曼制药、盐津铺子食品3家企业税收分别过5000万元大关；新增税收过500万元企业4家。园区全年税收过100万元的规模企业总数达59家。

二、招商引资。2012年，园区承接沿海地区产业转移，巩固电子信息产业集群，实现生物医药、电子信息、健康食品三大产业同步增长。园区新引进项目21个，总投资114亿元。其中投资过30亿元项目2个（蓝思科技新材料项目、中以光二代光纤生产基地项目），投资过10亿元项目2个（粤港城商业综合体项目、豫园广场商业综合体项目），投资过5亿元项目4个，投资过1亿元项目11个；总占地面积189.4公顷，新引进生物医药企业6家，分别为：江苏正大天晴投资5.2亿元建设肝炎药、心血管药制剂生产基地；华强制药投资5亿元建设制药生产基地；奇异生科投资2.3亿元建设植物提取物生产基地；艾尔希科技投资1.2亿元建设医疗特种气体生产基地；泰松生物科技投资1.5亿元建设肠衣及肝素钠原料加工基地；豫园生物投资1亿元建设生物菌生产基地及国家生物有机肥和根瘤菌工程中心。新引进电子信息企业3家，分别为：蓝思科技投资40亿元建设新材料生产基地；中以光通信投资5亿美元建设二代光纤生产基地；锐林新能源投资1.5亿元建设新能源储能材料生产基地。新引进健康食品企业4家，分别为：旺顺食品投资5亿元建设纯净水、饮品生产基地；坛坛香食品投资1.2亿元建设调料食品生产基地；上海赛艺食品投资1亿元建设进口食品加工生产基地；湘楚情食品投资0.8亿元建设湘菜配料生产基地。出台相关政策，积极鼓励园区第三产业发展，华强公司投资12亿元建设粤港城商业综合体项目、豫园公司投资10亿元建设豫园广场城市综合体项目、洞天公司投资3亿元建设五星级酒店项目。步步高、家润多、肯德基、麦当劳、君逸山水酒店等与园区签约，部分已实现营业。湖南发展集团、深圳丽景置业、绿之韵公司等与园区达成综合开发捞刀河的合作意向。

三、企业建设再上新的台阶。1.经济发展环境进一步优化。全面做好企业服务工作。全年共计组织138个（次）企业申报14个争资项目，争取上级资金近4000万元。新增小额贷款公司1家，园区金融服务机构13家。工商分局按“一审一核”授权更加到位，新增“好味屋”为“中国驰名商标”、新增“金磨坊”等5家企业申报“湖南省著名商标”。办理19件股权质押，为企业融资2.07亿元。环保分局对介面光电、神力胶业等8家企业办理了环保“三同时”验收手续；处理环保投诉48件，下达环境监察整改文书48份、责令停止生产文书2份；征收排污费64.8万元，向上争取环保资金2800万元。安监分局全年共检查生产经营单位366家次，下达整改指令书111份，排查整改隐患323处。已有19家企业通过了安全生产标准化验收。房产分局健全办事窗口，推行网上业务办理，为工业企业办理抵押登记61宗，抵押金额7.6亿元。2.通过促产促建，绿馨园食品、馋大嘴食品、尔康制药三期、威尔曼制药银河项目、三清制药、康师傅水厂三期、信达新材、洁洁环保等20个新项目开工；永和阳光、普济生物、宝利士、立德新材、九道湾食品、好味屋食品二期等15个项目投产；裕翔生物、盐津铺子蜜饯项目等项目在建；蓝思科技新材料、厚生医疗器械、贺福记食品等近20个项目在做平地、可研、设计等前期筹备工作。

四、科技工作。1.争取项目资金。推荐科技、发改、经信等职能部门10个计划类别项目总计76项，35个项目确定立项，获政府资助资金2500

浏阳经开区管委会

余万元。科技部重大新药创制专项“长沙国家生物产业基地创新药物孵化基地建设”获国拨资金1136万元。2. 知识产权工作。8月，园区知识产权工作站晋级为省市共建知识产权工作站。全年有专利申请企业43家，同比增长34.4%；专利申请量达到138项，其中发明专利57项，同比增长达40%。3. 加强人才建设通过国家级科技企业孵化器复核，留学人员创业园被省人社厅评为省级优秀留学人员创业园；湖南新药发现技术服务平台、基因合成与蛋白质药物研发平台全面投入使用；引进海外高端人才20余人，其中非华裔外籍专家3人、国家“千人计划”专家2人；引进留学生创业企业3家。

五、基础设施建设。全年获批贷款10.1亿元，年底到位资金7.2亿元，做好土地款清欠工作，收回企业购地款9858万元。征拆部门加大园镇合作力度，全年累计完成土地征收215公顷，拆迁房屋86户，拆违拆旧20余栋、迁移坟墓1500余冢、租赁农田40公顷、调处遗留问题100余宗，完善了北辰、南阳、东惠三大已建安置区的硬化、绿化、亮化、美化；全面铺开了永龙路安置房、南园安置区、安阳家园的建设工作。全年发放656名老年失地农民生活补助，完成959名被征地农民的农转非手续，园区参保失地农民人数占全市失地农民办理社保总人数的70%以上。全年基础设施建设直接投资9亿元，完成平地111公顷、路基5.5公里、路面5.5公里；完成新建绿化及铺装面积9.05万平方米，新架、改造电力线路25.3公里，新安装路灯213盏（约8.5公里）。自来水厂三期建设全面完成投入使用；污水厂三期完成土建，进入设备安装阶段；第二办公楼工程完成主体五层；影视会议中心工程完成基础、主体一层。其中蓝思科技新材料项目平地分七个标段同步施工，调运土石方206万立方米、平地66.67公顷，投资公司实现销售收入3亿元、利润2亿元。其中水务公司新增用户1200余家，营业总收入为2703万元、利润755万元，同比增长51%；房产公司打造了园区首个公租房项目精品工程，4栋房屋、246套住宅完成投资2500多万元；汉元公司实现收入近500万元，完成投资1450万元，汉元药材基地核心区域建设全面启动，一批商住用地进入开发。

六、建设服务工作提升档次。1. 完成北园和瑞林片区控制性详细规划成果编制，对中心区控规进行了完善整理；组织编制了捞刀河两厢环境整治及开发概念规划，为捞刀河整体开发提供了较好的规划指导；组织编制了南园健康大道两厢景观设计和办公楼、商贸街改造工程设计；完成了市政广场景观设计及紫星广场主雕塑设计。2. 加强了规划审批和执法。完成招商项目正式选址29个；组织17个新建工业项目、9个非工业项目的初步评审会；发放企业“建设用地规划许可证”32宗、发放企业“建设工程规划许可证（副本）”21宗、发放企业“建设工程规划许可证（正本）”36宗。查出企业违规建设18起，罚款10.2万元。出台《长沙国家生物产业基地规划范围内村民建房管理办法》，规范村民建房规划审批程序。3. 加强国土报批，已获正式审批的建设用地共100公顷，完成规划建设用地调整共154.79公顷，解决以色列中以光、盐津铺子、豫园二期等工业项目和捞刀河商业开发项目的落地问题。完成粤港城、豫园等5家共6宗工业土地转变为商住用地的挂牌出让，总面积18.28公顷，财政总收入土地价款1.86亿元。办理土地使用权证54宗。4. 加强招标采购，全年完成65个项目的招标，合同中标造价5.02亿元。完成采购成交资金2360万元。完成113个工程项目预算，总金额达5.39亿元。完成101份工程项目的结算审核，送审造价1.10亿元，核减金额2714.70万元。5. 城市管理上，新聘环卫工人80余名、增设垃圾桶470余个、修建全封闭式环保垃圾池6个。全年出动洒水车冲洗降尘2000余车、组织专人清除“牛皮癣”小广告1200余处。强制拆除违章建筑64起，应急救援出警处置救援217次，分局志愿消防队入选公安部首届“119”消防奖候选集体。

七、社会发展工作。投资165万元新建工业园实验小学综合楼、投资145万元新建环园实验小学宿舍楼、完成9个公交站台建设、完成园区门牌编制和路牌设置及安装工作、完成农贸市场建设。吸收丰国贸易、金爱丽、罗比特、豫园生场等加入企业互助协会；为东风制药等20家企业争取贷款1.26亿元。出台《促进第三产业发展的暂行规定》，组织召开第三产业招商大会，引进比一比、步步高、麦当劳等品牌商业门店。成立旅游办及旅游文化公司，确定医药保健、健康食品、医药科普、医药养生体验4条精品旅游线路。协调40多家企业参加现场招聘会，组织37所高职院校与蓝思科技、介面光电等实现校企对接。“五险”参保230324人次，同比增长21%；征收社会保险基金3.2亿元，同比增长38.8%。调处劳资纠纷207起。加强计划生育工作，37家企业成立了计生组织。加强公共卫生监管。发放餐饮服务许可证83份，取缔7家卫生不合格单位；制定了《突发公共卫生事件应急预案》；对323家食品生产经营户和餐饮单位2503名从业人员实施有效监管。

八、政务服务进一步规范化、优质化。文秘、调研、考核、督查、后勤、会务、接待等协调推进。组织了《大梦敦煌》2012年新春答谢会，做好接待工作，接待多个外省的考察团队和客人、客商169批次，共3231人。推行了机关指纹出勤考核。抓好党建工作和党风廉政建设，新成立企业支部4个，其中蓝思科技成立了园区首个非公有制企业党委；新组建4家企业妇代会；民主评议18家单位；举办园区第一届房车展、第八届职工运动会。宣传思想工作上通过园报、园网、《湖南日报》、湖南卫视等媒体宣传报道100多次。综治维稳开展“雷霆行动”、“五项专项”行动，公安分局共接报警案件1035起，群众求助360起，调解各类纠纷1256起，破刑事案件150起，查处治安案件235起，刑拘47人，治安拘留121人，打掉犯罪团伙3个，瓦解团伙成员10人，录入有价值的各类情报线索2459条，上路盘查人员车辆1778人车次，抓获网上逃犯5人，消防查检623家次。健全了人民调解组织，加大了纠纷调解力度。开展“平安园区”创建工作，实行网格化管理，建立治安联动机制，强化了社会管理创新。

（胡晓江）

浏阳经济技术开发区
党工委、管委会

党工委副书记 管委会主任	张贺文
党工委副书记 管委会副主任	周金文
党工委副书记 管委会常务副主任	吴京生
管委会副主任	周　剀　刘　良 邹先瑜　罗其胜 伍建明　陈志高
纪工委书记	杨国山
党工委委员	胡汉圣

【长沙国家生物产业基地升格为国家级经济技术开发区】　3月2日，国务院办公厅发文批准长沙国家生物产业基地（前身浏阳生物医药园）升格为国家级经济技术开发区，定名为浏阳经济技术开发区，实行国家级经济技术开发区的政策。这是继国家级长沙经济技术开发区、宁乡经济技术开发区之后，长沙拥有的第三个国家级经济技术开发区。长沙国家生物产业基地创建于1997年，曾用名浏阳工业小区、浏阳工业园、浏阳生物医药园，2006年10月经国家发改委批准为国家级生物产业基地并更名长沙国家生物产业基地。浏阳经济技术开发区以浏阳生物医药园、浏阳制造产业基地为核心，主要由生物医药园、电子信息园、机械制造园、保健食品园等园区组成。是全国生物医药产业最集中、最完备的园区之一。作为大力发展"两型产业"的经济技术开发区，该区域承担着浏阳新型工业化的主要职责，"以工业新城为支撑，壮大新兴工业"，2012年，浏阳市市委、市政府根据实际，整合各种要素，加大园区配套建设，推进经济开发区道路、供水、电力、燃气等基础设施建设，完善学校、医院、酒店、商场、银行等服务设施，全面提升经开区的承载功能。围绕生物医药、电子信息、机械制造、保健食品等主导产业，市委、市政府推动扶持政策向重点产业倾斜、领导力量向重点项目集中、生产要素向重点企业聚集，精心培育一批具有核心竞争力的龙头企业，带动相关配套企业进驻开发区，进一步做大做强优势产业集群，加快出台促进新型工业发展的政策措施，在要素保障、人才引进、技术改造等方面给予企业实实在在的支持。（胡晓江）

【蓝思科技新材料项目入园】　2012年3月，蓝思科技股份有限公司二期新材料项目签约落户长沙国家生物产业基地（浏阳经开区）。该项目总投资80亿元，总占地200公顷，将新增设备3000台，年用电13.62亿度，年耗水4500万吨，分三期实施。蓝思科技股份有限公司是长沙国家生物产业基地（浏阳经开区）引进的最大工业企业，是浏阳市投资最大、产值最高、用工最多的企业，主要生产高端手机视窗玻璃，是世界品牌苹果、诺基亚、三星等的配套商。2012年实现产值161.7亿元，纳税4.2亿元，实现出口交货值70.4亿元，连续两年位居湖南省加工贸易进出口额第一。（胡晓江）

蓝思科技股份有限公司

【纪实文学《拐弯》出版】　4月，记录长沙国家生物产业基地创业历程的长篇纪实文学《拐弯》出版，全书18万字，客观真实地记录了长沙国家生物产业基地由当年名不见经传的工业小区到国家级开发区的创业历程，兼具史料性、文学性。同时，该书也为读者打开了破解内陆地区经济发展难题的一扇窗口。《拐弯》由湖南省作家协会会员胡晓江创作，湖南省委原书记、湖南省人大常委会原主任杨正午作序。杨正午、储波（湖南省人民政府原省长）是当年浏阳工业园定位生物医药产业、打造专业化园区的主要决策者。（彭卫新）

省、市、县级开发（园）区

·长沙雨花经济开发区·

【概况】　2012年，长沙雨花经济开发区实现规模工业总产值180.38亿元，同比增长29.8%；完成固定资产投资59.9亿元，同比增长53%；完成工业投资36亿元，同比增长23%；完成技改投资27亿元，同比增长23.28%。引进各类产业项目42个，园区项目总数312个，合同引资总额300亿元。

一、平台建设成效初显。2012年2月13日，园区正式被工信部批准为"国家新型工业化产业示范基地（汽车产业）"。1. 园区引进的标准厂房项目东湖高新国际企业中心、九泰置业长沙总部基地，吸引中小企业入驻，平台效应凸显。管委会下属的开发公司子公司，南庭投资有限公司，通过近两年来开发建设保障房和工业地产调研，积累了经验，确立了工业地产专业开发商的总体定位。学习调研公司市场化运作的机制和模式，与东湖高新签订了合作协议，合资成立"东湖和庭投资公司"，加快推进园区工业地产项目建设。园区企业克明面业上市；华宽通完成新三板内核；长泰机械的IPO过会；正忠科技、正大轻科等十家企业完成上市对标，成为长沙市上市后备企业。2. 基础建设铺排有序。全年完成了东西向主干道振华路2.88公里的建设；拉通了支路八；完成下穿京珠高速东七路和振华路顶涵共计4孔的施工，完成绕城绿带、花卉路、振华路（万家丽路至新韶山路）、新兴路、支路六、仙姑岭路等共计5条主干道的绿化提质改造工作，完成消防站主体建设。产业链条逐渐完善。5月21日，园区龙头项目比亚迪轿车新车下线，围绕比亚迪项目，园区召集晓光模具、百固标准件等相关企业，召开了汽车行业配套对接会，实现园区企业内部的配合和协作，并引进一批上下游配套企业，完善汽车产业链条。

二、园区创新服务模式，搭建服务平台，形成全力服务企业发展的良好氛围。与台湾转型升级创新协会联姻成立企业创新服务中心，为企业提供通用物料集成采购、集合委外加工、专业化周边服务以及企业诊断等四大模块的专业服务，促进企业转型升级。通过创业投资、融资担保、产业扶持基金多方式为企业提供融资服务。园区注资300万元作为引导资金，与湖南金信担保公司共同打造互助成长平台，组织13家企业设立担保互助基金，解决中小企业短期资金周转的困难。正忠科技、朗科电器、科比特、钟爱一生、西姆西、奇思环保等企业获得授信2900万元，其中发放贷款1600万元。园区与建行铁银支行达成协议，采取园区与银行共担风险的方式，在园区中小微企业中推广建行助保金贷款，为急需资金的中小微企业提供500万元以内的贷款支持，长重、华隆、亿利达、五星重工四家企业共获1600万元贷款。

深入开展“全员分工抓帮扶、层层联动促发展”活动，园区干部职工深入132家企业进行了走访和调查，为企业解决共性和个性困难数十件。全年解决园区企业252名职工子女就学的难题，协助园区创合制造、西湖电缆、五星重工等120家企业获得科技部创新基金及其他各类资金奖金合计2000余万元，指导园区企业申请专利近100项。其中长重、百固获批高新技术企业，华隆已申请专利6项。组织园区300家次企业免费参加50场招聘会，为比亚迪进行专场校园招聘，为其解决用工缺口近200个。园区出60余万元，在长沙汽车工业学校设立教育奖励基金，为园区汽车专业人才培养储备。

比亚迪轿车下线

三、全面铺开项目招商。园区东湖高新“国际企业中心”和九泰置业“长沙总部基地”的标准厂房项目招商，2012年有近40家中小企业购买厂房。9月，与市房地产协会、市国土储备中心联合举办“绿心绿未来”新城推介会。4S店商业街区招商，整体包装和打造高档汽车4S店和绿化主题开放式公园，已引入宝马、凯迪拉克、奥迪、日产、标致、大众等12个品牌汽车4S店。

四、民生工程推进迅速。白田、联盟佳苑安置房项目完成交房，总建筑面积约33万平方米，主要安置比亚迪一、二期被拆迁农民，可安置3300人。联盟佳苑已主体竣工，二期洪塘家园项目开工，总建筑面积约28万平米，主要安置比亚迪三期被拆迁农民，可安置2800人。（范　君）

【比亚迪6B下线】 5月21日，长沙比亚迪新车下线仪式暨雨花环科园十周年庆成果展”在湖南长沙环保科技产业园隆重举行。湖南省委书记、省人大常委会主任周强，宣布一款车型项目代号为6B的新车正式下线，这标志着继B级车市比亚迪G6之后的另一款中高级车正式诞生。省市相关领导，以及比亚迪集团领导出席了此次活动。比亚迪长沙基地主要产品有传统燃油轿车M6、F0、6B和纯电动大巴K9系列。（范　君）

·望城经济开发区·

【概况】 2012年，湖南望城经济开发区（以下简称“望城经开区”）围绕“建设工业化与城市化相协调、二三产业相配套的现代化工业新城”，定位于“打造千亿级、进军国家队”的战略目标。全年规模工业总产值突破400亿元，同比增长28%；完成固定资产投资120亿元，增长21%；完成工业投资115亿元，增长22%；财政总收入突破20亿元，比上年度净增5亿元，其中国地税超8.3亿元，比上年度净增2亿元，创年净增长新高；长沙国家有色金属精深加工高新技术产业化基地获“长沙市创新园区”称号，列入“国家知识产权试点园区”，在2012年区绩效考核中荣获一等奖。

一、产业招商和项目建设上，2012年，望城经开区引进旺旺休闲食品群、军民结合卫星应用产业园、曾氏铝业、统一马口铁、万家乐、华南光彩光电、省军事博物馆、金红叶纸业等37个项目。其中公司总部落户经开区的3个；投资10亿元以上、年产值50亿元以上、年税收5000万元以上的重大战略性项目4个；投资亿元以上、年税收可实现1000万元以上的工业项目12个。产业项目方面，新开工的项目有：万家乐热能科技产业园、金桥商贸物流城、高星（钢铁）物流园、大河西汽车城等16个；续扩建项目有：中航起落架、航天磁电、中联消防、中联路机、泰嘉新材等24个；竣工投产项目有：大北农、欧柏泰克、广发隆平、中联消防、中联路机等 20 个。基础设施建设方面，新世博学校通过竣工验收开学；赤岗路西延线、同心路提质改造工程竣工；马桥河路南延线、金星西路提质改造等项目正建设实施；同心、东马、桂芳等重建地和望城经开区骨干道路的亮化、绿化、给排水、管线铺设等工程正建设实施。

二、规划编制方面。2012 年，完成并通过经开区南北两片 60 平方公里的控制性详细规划；编制完成北斗星航空航天主题公园规划和同心路、金星路、航空路绿化亮化设计等；与长沙市城市总体规划、长沙市土地利用规划实现对接和融合；统筹布局与先导区、麓谷高新区的主干路网，协调布局产业项目，统一规划市政管网，按“两型”社会的要求，谋划宜业宜居的现代化工业新城蓝图。

三、基础建设上，全年共筹集资金约 14 亿元，组织有关银行、担保机构等深入企业，创新开展企业债转股、银票贴现、税融通、仓单抵押等业务，全年共帮助企业融资 10.16 亿元，为 49 个项目企业争取专项扶持、补助资金 2780 万元。集约节约和依法用地，湖南省动物药厂、中航起落架、有色中央研究院、运发包装、瑞威电工等企业的闲置土地及厂房 5 宗用地实现了“腾笼换鸟”；全年获批新增建设用地 234 公顷，通过 2012 年度国土资源卫片检查。全年共完成拆迁项目 19 个，拆迁房屋 263 户 309 栋，完成拆迁腾地 300 公顷，保障金桥商贸物流城、高星钢铁物流园、湘江涂料等一批重点项目推进。实施惠民工程，安置拆迁群众。桂芳花园限价商品房启动建设，全年为 857 名拆迁群众发放购房补贴 6839 万元，为 935 人办理转户参保，为新政拆迁户办理申购限价商品房 540 套计 5.62 万平方米。组织失地农民就业培训，推荐 1500 余人次成功就业。（彭　珊）

万家乐（长沙）热能应用产业园开工

望城经济开发区党工委、管委会

党工委书记	张　权（2012.10 任） 徐志刚（2012.09 免）
党工委副书记 管委会主任	吴　皓（2012.10 任）
党工委委员 管委会副主任	谭平安　浣望民
党工委委员 纪工委书记	余梅香
党工委委员 管委会副主任（兼） 铜管循环工业基地管委会主任	刘　彪
党工委委员 总规划师	李彦波
党工委委员	李小平

【万家乐热能科技产业园开工】 9 月 8 日，望城经开区万家乐热能科技产业园开工仪式举行。项目占地 10 公顷，总投资 2.5 亿元，计划建成一个年产 30 万台燃气采暖热水炉、15 万套散热器，并集太阳能、空气能等产品研发、生产、销售于一体的产业基地。长沙市、望城区、经开区及万家乐热能科技公司的相关领导出席了仪式。（刘效艺）

【中博会签约 12 个重大项目】 5 月 16 日，望城经开区在第七届中博会，长沙市望城区投资环境推介暨重大项目发布签约仪式上签约旺旺城、湖南省军民结合卫星应用产业园、高星钢铁城、曾氏铝业、万家乐（长沙）科技产业园、长沙电机厂核级电机项目、统一马口铁生产项目、普洛斯（长沙望城）物流配送中心、大康牧业农产品冷链物流中心等 12 个重点项目，合同协议资金 127 亿元。（刘效艺）

【湖南省军民结合卫星应用产业园奠基】 9 月 12 日，湖南省军民结合卫星应用产业园在望城经开区奠基。省委副书记、省长徐守盛出席仪式并宣布奠基。项目规划用地 133.33 公顷，是目前规划中全国最大的以卫星应用、军工电子、云计算物联网为主

军民结合卫星应用产业园奠基

要产业领域的军民结合产业园，将建成集高端研发、企业孵化、军民结合、成果转化、产业链打造、国际交流等功能于一体的国家卫星应用产业示范基地、物联网产业基地和军民结合产业基地。该产业园计划在5年内实现引进和培育卫星应用及其他入园企业300家以上，年销售收入超300亿元。国家、省、市和解放军总部、省军区等领导出席奠基仪式。 （刘效艺）

·长沙岳麓科技产业园·

【概况】 2012年，长沙岳麓科技产业园坚持谋发展、求突破、变作风、抓落实，全面推进园区开发建设，掀起大建设、大发展的高潮。实现工业总产值15亿元，同比增长10%；完成社会固定资产投资13.5亿元，同比增长11%；省外到位资金12.8亿元，同比增长15%。

一、产业经济提速。园区加大统筹协调力度，组建高规格的顾问团队，完成总体规划的编制和审批。获批为省级工业集中区和服务外包示范基地，实现副县级机构升格。启动了文化创意产业园可行性研究报告编制工作。明晰总部商务基地、科技研发中心、文化创意高地和两型宜业新城的发展定位，区域功能更加明确。

二、工程项目推进。园区大力实施项目带动战略，对不同项目采取了不同的促建措施。中铁轨道交通、晚安家居两个项目建成投产。汽车4S城4家店投入运营。爱威科技、达嘉维康等项目启动建设。完成茯苓冲路、医专路等六路征地25公顷，汽车4S城、工业用地等项目拆迁腾地33.47公顷，共计动迁人口887人。

三、招商引资上。园区大力提升传统产业，倾力发展新兴产业，主动承接产业转移，组织专人分赴天津、杭州等地参加招商宣传推介活动，并协助举办“文化岳麓、财富高地”文化产业投资说明会，全年签约引进北京联东、湖南九城、爱威科技、四海通达、医枢亚网络、广瑞紧固件等6个项目。积极对接农发行、长沙银行等金融机构，拓展土地出让、资产变现、社会融资等多种融资渠道，争取融资到位资金10亿元。

四、配套设施逐步完善。坚持长远规划与近期建设并重，增强配套服务功能，提升园区整体形象。园区筹集资金6亿元，启动了第二期20平方公里范围内2条主干道、6条次干道共12公里的道路网络及配套设施建设，学士路二期、望江路、黎家村路、茯苓冲路竣工通车，其余次干道正加紧建设中。裕丰园三期和联丰苑保障性住房项目完成立项批复，推进后续工作。

五、服务功能提升。优化园区发展环境，协调工农关系，保障了项目的正常施工建设。推行“一站式”服务，为项目落地动工、快速建设、迅速投产创造最优条件。完成环卫、园林、新增路段、财评上报工作，签订门前三包责任书985份。推进数字化城管建设，全年处理案件1009件，督办案件69件，百姓投诉处理26条。8月份起将园区公共部分垃圾处理移交环卫局。协调新增909路公交线，并对3条公交线始发站进行规范。

六、紧密配合完成各方事务。启动第一批10名优秀人才引进计划。积极开展“两型”主题宣传，推进“两型”文化进机关。健全信访工作制度，完善“一网四库”基础，确保信访问题、应急事件的高效处置。加强园区门户网站日常管理。推进部门联动化解社会矛盾纠纷。落实安全生产举措。完善干部选拔和绩效考核工作机制，成立了3个非公经济党支部。在党员干部中开展“三个一”学雷锋党员志愿服务活动，积极开展“民情日记”评比。组织党员开展结对帮扶、走访慰问、志愿服务等活动，发放慰问金和慰问物资合计5万余元。 （姚寿主）

·浏阳制造产业基地·

【概况】 2012年，浏阳制造产业基地实现企业总产值140.6亿元，财税5.06亿元。全年引进项目21个，引资14.6亿，其中投资过亿元企业6个。引进了欧洲最大汽车零部件制造企业德国博世再制造项目，是博世在中国建立的第一个工厂；引进了世界500强企业美国普洛斯物流7月12日签约，投资规模2亿元以上；引进国内最大汽车发电机定子制造商、行业拔尖项目信质电机10月9日签约；与广州双桥、安富利科技、日本富士施乐以及博世和菲亚特配套企业等十多个项目进行洽谈。基地获批湖南省工业集中区，由长沙市级园区升格为省级园区。同时，获批国家级再制造示范基地，再制造产业公共发展平台全面启动，再制造产业发展中心、再制造旧件回收物流拆解清洗中心等7个项目完成可研，纳入2013年重点建设项目。

一、企业服务。在优化经济发展环境、维护社会稳定、推进第三产业发展和培育引进人才上。出台《关于加快城市建设及促进第三产业发展的奖励规定》，加大第三产业的扶持力度，新引进湖南教育集团、华盛集团入园投资兴业。坚持招大育大的工作理念，以企业为核心，在用地保障、融资贷款、项目申报、规划建设、人才保障、环境协调等方面全程指导，全面服务。全年完成审批建设用地62

浏阳制造产业基地

公顷，保障园区项目按约供地。帮助7家新入园企业完成“三同时”验收，环评执行率达到100%。指导青特、互利达等8家企业完成规划建筑方案设计，建成投产企业11家。重点突出安全生产、社会保障、综治维稳等工作，完成第一、二、三批375人被征地农民社保资金的发放，共收集2519人的社保资料，上报2092人，上缴社保资金7078.5万元，支付农民征地款2854万元，拆迁费3440万元，股田制利息1881万元。按照合同支付77个工程项目的工程款4943万元，支付率达92%，基地企业工伤保险办理率达99%，养老保险达40%以上。全年共接待来访人数 162/人次，及时处理信访事件16件。从宏观上推进产业结构优化，冶金延压、高端装备、建材食品、第三产业等非主导产业快速发展，形成多元支撑的产业格局。加大技术培训和人才引进，组织举办了两期焊工、电工等技工培训，并通过3次大型招聘活动，为企业招揽人才千余人。

二、基础建设与管理。强力推进基础设施建设，工程建设投入1.5亿元，全年新开工项目77个，收尾39个。道路建设共完成纬三路东延、西接，经四路南延，经七路，北辅路，纬1.5路等5条道路硬化2800米，桥涵2座，基本实现四纵九横大环线交通路网。完成工业房地产、青特等15块土地平整项目，调运土方40万立方米。完成2条河道、4个标段的河道改造工程3000米，污水主管网建设2000米、绿化亮化工程及礼耕安置小区保障性住房一期工程。编制《湖南浏阳工业集中区总体规划》、《国家级长沙再制造产业示范基地总体规划》及基地总规划整理工作。建立了园镇村三级规划管理机制，加大了规划执法检查，有效地遏制了违建现象。加强现场技术指导与服务，有序推进项目设计、预算、施工、建设、验收、建档等工作。完成征地52公顷，拆迁面积2.2万平方米，拆迁房屋84栋。落实青苗、设施补偿1200余户，迁坟400余座。

三、党群共建。充分发挥党组织、工会、共青团、妇委会的作用。举办座谈会、焊工技能比武、乒乓球赛、篮球赛等系列活动；进一步加强了非公经济党组织、工会和群团组织建设，新组建7家非公企业党支部，集中成立43家非公企业团支部；积极开展创新争优活动，百宜饲料和中大机械党组织分别获评湖南省和长沙市非公经济先进党组织。廉政建设上领导干部带头公开述职、公开承诺。突出土地出让、工程建设、资金调度、招商引资和人事安排等关键领域，严格规范审批和决策程序，出台《财务财产管理制度》、《公务、商务接待管理规定》。进一步加强政风行风监督管理，基地在机关、企业、教育界以及村组邀请30位政风行评议员，对管委会四局进行民主评议。（吴　正）

【与博世汽车部件有限公司签约】 11月19日，浏阳制造产业基地与世界500强企业之一、欧洲最大再制造企业德国博世集团正式签约。博世集团在中国的第一个再制造生产基地落户浏阳。计划作为博世汽车部件长沙有限公司的分公司，开展汽车部件再制造业务。拟在园区建旧机分解中心和物流中心，然后在两年内建设发动机生产线。将通过其在全国的渠道，回收该公司生产的旧部件，经过再制造技术重新让部件焕发生命力。（吴　正）

制造产业基地与博世集团正式签约

·宁乡金洲新区·

【概况】 2006年10月23日，中共长沙市委在宁乡县召开现场办公会，确定建设长沙金洲大道，金洲新区启动开发建设。2007年3月2日，金洲新区总体规划通过评审。2008年6月17日，金洲新区正式被纳入国家长株潭城市群“资源节约型和环境友好型”社会综合配套改革试验区长沙大河西先导区，定位为高新产业区。2011年9月2日，获批“长沙国家节能环保新材料高新技术产业化基地”。2012年2月29日，被批准为“湖南省新型工业化产业示范基地”。金洲新区是全国“资源节约型和环境友好型”社会综合配套改革试验区，长沙大河西先导区重要组团，是长株潭城市群重要的先进制造业基地，是湖南核心区域发展空间最大的工业园区之一。新区培育发展新材料产业、先进制造业、光电信息产业三大主导产业，着力打造“宜工、宜商、宜居、宜游”的现代化工业新城。引进三一（宁乡）产业园、红宇耐磨新材料、邦普循环科技、长高高压开关、星邦重工、博深实业、碧桂园山湖城、等112个项目，合同引资435亿元。金洲新区东距长沙高新区13公里，经金洲大道、长常高速与市区对接；距京珠西线约8公里。新区投入20亿元用于基础设施建设，建成了以金洲大道为主轴的园区路网40余公里，形成了“五纵五横”的内外交通路网，新区内的水、电、天然气等“七通”已基本到位。

2012年，宁乡金洲新区（以下简称新区）继续实施“三区四化”发展战略（即推进开发片区化、配套城市化、产业高端化、投资多元化，建设改革新区、科技强区、经济大区），以加强制度建设、突出要素保障、拓展发展空间为主要抓手，全年实现工业总产值220亿元，同比增长17.64%，完成财政收入10亿元，其中工商税收4.5亿元，同比增长38.03%，获批省级工业集中区和省新型工业化产业示范基地。

一、招商引资。2012年，新区按照“抓大放小、产业成链”的思路，紧盯战略性新兴产业和重大项目，全年引进各类项目24个，合同利用县域外资金121.1亿元，其中10亿元以上项目3个，5-10亿元项目1个，1-5亿元项目20个。重大项目上引进江西百乐集团、东鑫环保等一批重大项目。新材料产业集聚上实现新进展。新区借助国家新材料产业化基地平台，立足节能环保新材料定位，突出粉末冶金、电池材料等重点领域，全年新增升华微电子、中根新材、摩根海容、微晶石墨等6个新材料项目。招商信息化建设和制度建设有新提升。出台《宁乡金洲新区招商引资工作流程》和《宁乡金洲新区招商引资项目管理办法》，完成“客商信息管理系统”和“园区专家库”建设工作。积极开展合同清理工作，收回用地6.4公顷。

二、产业发展亮点纷呈。新区围绕“园区品牌升级、产业服务优化”，多措并举促进工业经济继续保持平稳增长，全年新增企业21家，亿元以上产值企业达到51家。优化企业服务。给予三一、红宇、邦普产业扶植资金和科研经费1.55亿元；全年向上争资4420万元，其中帮助精量重工、中基路桥、圣得西等企业获得国家项目资金和技改资金1995万元，新区获得先导区引导资金2050万元。重点企业发展态势好。三一起重机全年产值达到48亿元，位居行业第二名。红宇新材成功登陆创业板。邦普循环科技、圣得西缴纳税收分别超过两千万元。星港家居成为宜家家居合作商。赛诺生物在异种胰岛移植领域达到世界先进水平，建设了一家医用级供体猪生产基地。东鑫环保、长峰电缆等一批中小企业发展迅速。恩吉创业园申报为“市级孵化器”。

三、规划建设快速推进。全年总调度产业项目54个，基础设施项目21个；实现新开工产业项目18个，基础设施项目13个；完成规划项目71个，总投资82.9亿元，其中完成1000万元到5000万元项目28个，5000万元到1亿元的13个，亿元以上的30个。产业项目建设方面，实行股东式服务，加强项目调度，严把质量关和速度关，帮助企业掌握建设流程，推动各项准备工作平行展开，全年调度产业项目54个，竣工产业融和家具、星邦重工、天和钻具、星沙机床等32个，其中已投产有长沙康荣、长峰电缆等12个，碧桂园双语学校、普洛斯物流、晨晨牙刷等22个在建或即将启动建设。基础设施建设方面，新区启动了园区路网、安置房、污水管网等21个基础设施项目，新增泉洲路、欧洲北路、金水东路、金沙东路、亚洲路等8公里路网，完成普洛斯220万立方米土方工程，新辟4平方公里的发展空间；完成安置房建设8.15万平米。园区规划方面，总体规划和控制性详细规划的编制工作，启动中央商务区和新材料产业服务中心规划设计，完成园区18个项目勘察设计，开展园区基础设施项目立项、审批、办证等手续办理工作。

四、财税融资。新区重点抓好资金要素保障、企业税收征管、预算结算工作，设立国家金库宁乡金洲新区国库。加强税收征管。全年完成工商税收4.5亿元，提高资金管控能力，多方筹措资金，保障征地拆迁报批和项目建设资金支出。全年收入14.35亿元，其中各类融资6.5亿元，公司总资产达到29.95亿元，保障了园区基础设施、征拆报批等资金需求。

五、征拆补安和谐开展。新区全年批准用地207.53公顷，为企业挂牌办证42宗共计171.67公顷；拆迁15户，协议征地55.67公顷，安置304户。做好社会维稳。接访119人次，答复处理涉及信访问题49个，全力落实惠民措施。确保征拆补安资金全额支付，大力实施促进失地农民就业工程，组织招聘会10次，积极拓展失地农民投资渠道。

六、党工行政工作稳步开展。以创先争优主题活动带动工会、共青团建设。新区全年新建企业党支部15家，新建企业工会20家，基本确保所有投产企业全部成立工会和（或）党组织。组织金洲新区篮球赛、学雷锋演讲比赛、井冈山宣誓、未婚青年联谊、义务献血等活动。新区党委获得“长沙市创先争优先进基层党组织”。提升机关管理、对外宣传、重大接待等工作水平，在中央、省、市、县、媒体刊发新区推介文章139篇，完成接待省市级重要领导活动50余批次，组织开展“四优四强”活动。2012年，宁乡金洲新区加强管理创新，促进经济发展，组织开展了以“优机制、强队伍，优结构、强品牌，优民生、强基础，优方式、强势头”为主要内容的“四优四强”活动，调动了广大企业、管委会各部门以及驻区单位“共建园区、创先争优”的积极性，组织开展了金洲新区解放思想大讨论活动，组织了以招商引资、项目建设、产业发展、征拆补安、融资平台等专题会战，不断优化园区发展环境。加强作风建设。制度建设全面推进。（邵宝盛）

宁乡金洲新区党委、管委会

党委副书记	刘永红
党委副书记 管委会主任	廖非平
党委副书记 纪委书记	欧立新
党委委员 管委会副主任	曾　辉　张阳生 刘　颖　朱文祥 张学秋

【金洲新区获批省级工业集中区】2012年11月，湖南省人民政府批准设立宁乡金洲新区省级工业集中区，在新批的29个省级工业集中区宁乡金洲新区的综合实力位居第一名。省级工业集中区是省委、省政府为了优化产业布局、增强产业竞争力，实现集约节约发展，完善湖南省产业园区体系，提升园区发展科学水平，在现有工业集中区基础上选择有实力的园区升级而设立的。（邵宝盛）

【红宇新材上市】　8月1日，湖南红宇耐磨新材料股份有限公司成功登陆创业板，简称红宇新材，代码“300345”，发行2400万股，总股本9600万股，发行价17.20元/股。募集资金4.13亿元。成为宁乡金洲新区第一家本土上市企业。红宇新材2008年3月落户新区，总投资9000万元，占地6.67公顷，2009年底竣工投产，并将总部迁至宁乡。红宇新材主要从事耐磨铸件产品生产的高新技术企业，是《铬锰钨系抗磨铸铁件》的国家标准制定负责单位，拥有湖南省省级企业技术中心，与中南大学联合组建湖南省高效球磨机及耐磨材料工程技术研究中心。公司的主导产品包括球磨机磨球、衬板、磨段，产品和服务广泛应用于矿山、水泥、火电、冶金等高能耗行业，能够为上述行业企业的球磨环节带来显著的节能、减排、降耗、提产效果。（邵宝盛）

•隆平高科技园•

【概况】 2012年，隆平高科技园突出“转方式、调结构、稳增长”，真抓实干，保持持续稳健的发展局面。

一、工业经济平稳增长。全年共完成技工贸总收入362亿元，同比增长30%；工业总产值268亿元，增长27%；规模以上工业总产值264亿元，增长28%；固定资产投资增长20%以上，各项指标全面完成。园区规模以上工业企业达76家，其中产值过亿元的55家，过10亿元的4家，过20亿元的2家；上市公司4家，上市辅导期企业8家。绿叶生物、科裕隆种业等一批企业做筹划上市前期工作。苏宁先锋、湘茶高科进入规模以上工业企业。园区形成新材料、现代农业、现代服务业、电子信息、生物技术五大主导产业，连续第八年获推进新型工业化红旗单位，并获得“湖南省新型工业化产业示范基地”、“湖南省服务外包示范园区”、“长沙市工业地产示范园区”等称号。

二、招商选资突出质效。园区克服土地资源制约，突出项目成熟度、效益成长型和资源集约性项目的招商。全年完成市外境内固定资产投资23.4亿元，引进省外境内投资15亿元，实际到位外资9120万美元。先后引进和扶植省邮电规划设计院、琴海数码、艾迪康等服务外包企业，并获省、市服务外包产业示范园区称号。加强购地项目招商。科裕隆种业购买厂房入驻园区，实现当年见效。汇辰新能源生产基地项目签约。突出创业平台招商。金丹大厦、广发隆平、豪丹科技三大创业平台加大招商力度，引进华润双舟药业、南方大宗农产品交易所、众益传媒等企业21家，完成招商3.4万平方米。大红陶瓷、华星称重、华庆纤维、行知教学等企业利用闲置土地和厂房招商，经济效益不断提升。创业平台年纳税超过6000万元。

三、项目建设有序推进。湘茶高科技产业园项目占地5.33公顷，投资2.2亿元，上半年全面完工并实现投产，年销售36亿元。稀土新能源钕铁硼项目上半年实现投产，半年实现工业产值近2亿元。广发隆平二期两栋孵化楼建成并投入使用，2.5万平方米标准厂房全面启动招商。明园蜂业二期项目启动综合大楼桩基础工程。省有色院落户并搬迁。合平、东屯、望龙、新安等相关项目地块的拆迁完成，张公岭村30公顷的项目拆迁稳步推进。

四、自主创新能力增强。科研院所集群入驻。省稀土院、省邮电院、省有色院、省电力院陆续入驻。科技平台不断增加。广发隆平创业园先后被认定为省级创业孵化基地、国家级科技企业孵化器。明园蜂业被评为国家级农业产业化龙头企业。新振升集团新认定为省级企业技术中心，绿叶科技新认定为省级工程技术中心，国家级、省级科技平台达15个。全年组织申报科技项目近100项，为企业争取扶持资金1.05亿元。

五、基础工作。完成人大政协换届选举任务。开展非公企业党组织集中组建活动，新成立1个党委和11个党支部。加强企业帮扶，坚持领导干部联系企业，上门拜访、现场服务、问计谋策，针对性地解决突出问题60多个。创建平安园区、平安企业成效显著，15家企业成为安全生产标准化建设示范点，全年无安全生产责任事故，无群体性事件和群体性上访，无影响较大的治安和刑事案件。工会联合会开展“双亮双比双争”活动，规范化建设成效明显，劳资关系融洽。计生、妇联、共青团等工作正常开展。（杨明亚）

•星沙产业基地•

【概况】 星沙产业基地前身为星沙工业配套产业基地，是在2005年规划的黄丰组团的基础上，2006年3月29日经长沙县政府批准设立的非常设机构。2009年7月1日，经长沙县委批准，成立星沙产业基地，并授权经开区有关职能部门对星沙产业基地按“七统一”（统一发展规划、统一开发建设、统一产业布局、统一优惠政策、统一招商引资、统一环境治理、统一管理服务）的模式进行“七个托管”（规划托管、建设托管、开发托管、招商托管、产业布局和项目准入托管、环境治理托管、管理和服务托管），同时冠名为“国家级长沙经济技术开发区星沙产业基地”（以下简称“星沙产业基地”）。

基地范围为东至黄蜂路，西至绕城线，北至长峰路，南至长永高速公路，涉及黄花镇长龙、华湘、黄花、湘峰、茶塘5个村，一期启动区为5平方公里。在基地整体规划区内，开元东路以南为工业用地，重点发展汽车零部件、工程机械、电子信息、新型材料、生物医药等产业；开元东路以北以经营性项目为主，重点发展总部经济、金融投资、教育培训、工业信息服务、现代物流、住宅、商贸服务、休闲娱乐等第三产业，为基地提供配套服务。园区将形成以山河智能、云箭集团、万容科技等为核心的装备制造业，以住友轮胎、中联铝业等为龙头的汽车配套业，以康宝莱、赛隆医药等为代表的生物医药类新兴产业相辅相成的产业体系。园区在开发建设过程中坚持突出公司化运作。总注资3.8亿元的星沙产业基地开发有限公司，承担园区土地开发、资产运营等相关工作。公司与工管委相辅相成，实行“两块牌子，一套人马”的管理模式。2012年，园区以项目经济立园，坚持工业、民生、基础设施项目同步推进。全年共实现工业总产值5.6亿元；新引进工业项目14个，总投资18亿元；完成到位县外境内资金5.86亿元，外资7000万美元；完成固定资产投资19.3亿元，其中基础设施固定资产投资3亿元，累计实现工业增加值5.63亿元。园区建设项目达到70个。园区主干道通车总里程超过10公里，绿化亮化正施工，水电气网铺设到位，一期范围内所有过境万伏线路完成迁改，污水泵站及管道工程竣工，110KV长龙变电站进入收尾竣工，湿地公园规划定位；住友橡胶、山河智能、康宝莱等8家企业投产，万容科技、工业地产等项目加快建设，中联铝业、阳光动力、星都科技等11个工业项目相继启动；公共服务项目上，长龙湾保障性安居工程已展开投资计划和前期设计。幸福家园投入使用，省技师学院开工建设，长龙寿丰生态家园、县职教中心、蓓蕾小学正筹建。长龙街道正式挂牌成立，园区的服务机构更加完善。（田春雷）

【湖南泰兴达纸品包装投产】 1月9日，湖南泰兴达纸制品包装有限公司竣工投产。该公司一期工程占地面积5.2万平方米，投资8000余万元，主营瓦楞纸板、纸箱、彩色印刷与工业纸筒、纸护角等纸制产品，可实现年产值过亿元，创税1000万元。公司拥有国内先进的全自动七层纸板生产线与彩色印刷设备，覆面、上油、覆膜、成型等印后加工设备20台套，具有省内包装行业极为完善的设备配置。还具备独立产品开发，技术研究，印前、印中、印后及深度加工综合能力。并建立了完善的纸板、纸箱物理检测室。（田春雷）

【湖南经沣高新建材投产】 5月11日，湖南经沣高新建材有限公司在星沙产业基地投产，这是一家具有国际领先水平的烧结砖生产企业。与世界制砖设备及技术的领导者——美国Steele公司及SD公司的合作，在烧结砖过程中，将不再使用黏土和煤炭作为原料和能源，而以地铁渣土、页岩和天然气等作为替代，实现了无烟囱制砖，不破坏植被、不对空排放二氧化硫等污染气体，采用这种工艺生产的高强度烧结砖密实度、耐磨度及抗压度极高，颠覆传统制砖技术，具有鲜明的“两型”特色。项目总投资1亿元，年产能6000万块。（田春雷）

【美美食品项目落户星沙】 6月5日，台湾好帝一食品公司与星沙产业基地正式签约，并成立美美（长沙）食品有限公司，美美食品项目拟以糕点、咖啡饮品、果酱、沙茶调味料、冰激凌产品系列生产为主，生产模式采取统一生产制作。项目总投资为3000万美元，占地5.3公顷，建成投产后，可年产2000吨糕点，配合沙茶酱、咖啡饮品的生产，年产值可达5亿元，创税3000万元。（田春雷）

【“幸福家园”开园】 6月8日，关爱他人，关爱社会，关爱自然——“三关爱”志愿服务活动启动暨长沙县“幸福家园”开园仪式在星沙产业基地举行，中央文明办、省、市、县相关领导出席。幸福家园项目总投资1.15亿元，于2010年5月9日动工开建，是由中国志愿服务基金会捐建的首个廉租房项目，有包括单身公寓、成套住宅在内的12栋住宅共818套，其中，公租房586套，廉租房250套，可解决2000多人的住房问题。（田春雷）

【星工场动工】 8月22日，星工场动工开建，这是星沙产业基地首个工业地产项目。项目占地14公顷，由湖南兴旺集团投资近10亿元分两期进行开发，共规划建设21栋多功能标准厂房，其中多层厂房面积约17万平米，高层厂房面积约16万平米，研发、综合配套面积约7万平米，计划2015年12月建成，项目产业定位以精密机械、电子信息、物联网、物流及物流加工业为主导方向，打造集生产、加工、研发、综合配套于一体的全功能低碳智能产业园。建成后可容纳300家左右中小型企业，产值达50亿元。（田春雷）

【省技师学院和公共实训基地开建】 10月28日，湖南技师学院和湖南省公共实训基地开工奠基典礼在星沙产业基地举行。省、县区有关领导出席典礼。项目占地26公顷，总建筑面积15万平方米，主要建设高新技术培训楼、理论教学楼、实训工厂、实训一体化教学楼、图文信息中心、体育馆、学生公寓等，计划2014年建成投入使用，可容纳全日制学生6000人，年培训1.2万人次。（田春雷）

【山河工业城搬迁试生产】 12月5日，山河工业城搬迁试生产仪式在星沙产业基地举行。山河工业城是山河智能装备集团目前最大的生产制造基地，是基础装备生产基地和挖掘机生产基地。集研发、生产、办公、试验与检测以及核心配套企业于一体的新型产业化基地。工业城占地约178公顷，总投资45.3亿元，项目建成后年产值超200亿元，利税达26.15亿元。项目分三期开发，其中第一期开发66.67公顷，投资10.7亿元；用于已有产品产能的提升及新产品的产业化。（田春雷）

【康宝莱原料基地投产】 12月11日，康宝莱全球首个原料基地在星沙产业基地正式投产。同时康宝莱的质量卓越中心及全球检测中心落户星沙产业基地，该中心将全面检测康宝莱在全球88个市场的所有营养保健品及化妆品，实现“从种子到餐桌”的全过程安全检测。该项目投产后可形成年产1000吨左右天然植物提取物的生产规模，实现年均销售收入2.38亿元。第一期投资1500万美元，主要负责包括绿茶、红茶、玉米须、人参须等在内的天然植物提取。基地每年能从1000吨茶叶中提取精华，采用生物提取技术，保证产品质量。销售至全球88个国家和地区。位于长沙县金井镇的湖南湘丰茶业有限公司成为其合作伙伴，为其提供茶叶原料。（田春雷）

财政·税务

责任编辑：尚畅

财　　政

【概况】 2012年，长沙市完成辖内公共财政收入1245.33亿元，比上年增长13.06%。全市完成公共财政预算收入490.64亿元，同口径增长22.31%，其中，市本级完成231.25亿元，同口径增长13.49%；区县（市）完成259.39亿元，同口径增长31.41%。全市完成财政总收入796.57亿元，加上调整期的20.1亿元和地方教育附加7.87亿元，合计入库824.54亿元，同口径增长19.68%。全市完成上划中央“两税”（消费税和增值税75%部分）114.83亿元，比上年增加12.36亿元，增长12.06%。2012年全市完成公共财政预算支出624.62亿元，同比增加103.73亿元，增长19.92%。其中，市本级完成238.97亿元，同比增加23.47亿元，增长10.89%。

一、注重培植财源，服务经济取得新成效。围绕充分发挥财政政策资金引导作用，加大有效投入，丰富财政支持经济发展的手段，集中财力办大事。1. 优化公共财政投资结构。配合项目公司通过银行贷款、发行债券、信托融资、资产证券化以及政府资产整合等方式，年内统筹安排各类重点项目建设资金206.24亿元，突出重点、优化投向，加快推进事关全市经济社会发展全局的重大基础设施、生态环境、民生工程项目建设。大力支持科技创新和节能减排，投入科技发展专项资金，重点用于推进科技成果转化和产业升级、科技补助等。2. 支持优势产业加快发展。着力推进新型工业化进程，筹措工业、科技资金5亿元，支持发展工程机械、食品烟草和新材料三个千亿产业，加快汽车及零部件创建千亿产业步伐，加大对高端装备制造、节能环保、新能源汽车、生物医药、信息网络等战略性新兴产业支持力度。全市增值税同比增长12.69%，企业所得税同比增长30.77%。2012年安排2000万元对拟上市企业进行扶持。发挥政府采购功能作用，支持本地名优企业“两型产品”在长沙市政府采购实行首购。3. 促进园区经济发展。安排专项资金引导园区加快基础设施建设，开展园区企业发展大帮扶。高新技术开发区、经济技术开发区等四大设金库的园区成为长沙市财政收入的重要增长点，其中总量最大的为高新技术开发区，入库收入59.88亿元，增长最快的为浏阳生物医药园，增幅达34.04%。4. 大力支持科技创新和节能减排。支持全国可再生能源示范城市创建，支持成功创建全国节能减排财政政策综合示范城市，2012年获中央补助资金4.41亿元。5. 积极支持第三产业发展。坚持以消费结构调整带动需求结构的调整，着力推动第三产业发展。2012年投入旅游产业发展资金0.7亿元，注重开发特色旅游项目，橘子洲周末烟花燃放已成为长沙特色旅游项目。支持靖港古镇、灰汤温泉、铜官窑遗址、大围山森林公园等优质旅游产业开发与建设。现代物流、服务外包、电子商务等平台体系建设成效显著，长沙被列入全国20个服务外包试点城市之一。

二、注重精细管理，征管机制增添新动力。密切关注国家宏观政策和财政经济形势，创新征管工作思路，财政收入保持平稳较快增长。1. 建立定期协调机制。强化收入管理中组织协调作用，定期组织分析，跟踪收入进度，每季度牵头召开财税分析会，适时召开财税调度会，积极主动解决财税征管中的困难和问题，并实行以旬保月、以月保季、以季保年，确保各项收入均衡及时入库。2. 建立精细征管机制。加强税收基础管理，在抓好日常征管的同时，积极开展重点行业税收稽查、企业欠税清收、小税种稽查。加强重点行业、重点税种、重点企业税收的动态监控，及时掌握收入进度和税源发展变化趋势。全面加强依法治税，支持搭建综合治税体系，堵塞征管漏洞。完善非税收入征管措施，严格控制非税收入减免缓，加大经营服务性和国有资产收入的统筹力度，强化土地出让收益管理和收入催缴、国有资源有偿使用、政府性基金等非税收入征管。3. 创新收入征管措施。创新土地价款征管措施，严格按土地出让合同约定的缴纳期限征收，对逾期未缴纳部分计征违约金，同时规范修改宗地容积率及用途比例补缴土地价款的测算办法，确保调容增值收入成为政府收益，实现土地收入及时征管、应收尽收的新突破。

三、注重民生福祉，人民群众得到新实惠。坚持公共财政理念，财政支出保障力度进一步增强，为全市“学有所教、劳有所得、病有所医、老有所养、住有所居、困有所济、农有所补”提供财政支撑。2012年全市民生支出占公共财政预算支出的比重达76.97%。1. 做到学有所教。2012年市本级完成教育支出32亿元，确保市本级财政教育支出占公共财政支出的比例达到13.6%。市本级安排6458万元巩固完善义务教育保障新机制，落实好“两免一补”政策和进城务工农民随迁子女就学的各项政策，建立中小学校舍安全工程长效机制。完善和落实中等职业学校助学制度以及免学费政策，2012年投入免学费和学生资助经费达6.32亿元。支持高校、中职学校、基础教育学校的新建和改扩建。2. 确保劳有所得。建立面向城乡各类劳动者的就业创业服务和培训体系，扩大就业创业培训范围，鼓励创业带动就业。3. 力求病有所医。城乡居民医保财政补助标准逐步提高到2012年的每人每年240元。稳步推进医药卫生体制改革，支持推进基层医疗卫生机构综合改革，安排基层医改资金2.16亿元，支持推行尿毒症、儿童白血病等8类大病保障，将肺癌、食道癌等12类大病纳入保障和医疗救助试点范围。4. 突出老有所养。2012年企业人员养老金标准人均提高200元，城乡居民养老保险基础养老金每人每月提高到80元。5. 推进住有所居。市财政投入资金5.2亿元，用于经济适用房货币补贴、廉租房补贴及廉租房公租房建设、工矿区棚改等安居工程建设，进一步改善低收入家庭的居住条件。支持农村危房改造，补助标准由原来的每户2万元提高到每户4万元。6. 实现困有所济。2012年全市城乡低保人均月补差分别达到327元、121元，率先全省对重度残疾人生活进行补贴。7. 实施农有所补。认真落实惠农补贴政策，发放良种补贴、农资综合直补以及农机具购置补贴资金3.5亿元。安排4.85亿元重点支持农村“五大工程”建设。安排6300万元，支持加快发展优质高效农业。安排1000万元，积极完善农业生产社会化服务体系。

四、注重制度创新，财政管理实现新进展。逐步完善公共财政基本框架，保障财政职能作用的充分发挥。1. 继续深化预算编制管理。通过实施“制度预算、零基预算、综合预算、绩效预算”，规范财政供给政策，建立标准定额体系，完善编制流程、加强预算指标管理，增强政府预算的完整性、规范性和约束性。推行项目支出预算评审机制，严格执行“先评审、后招标，先评审、后拨款，先评审、后结算”的程序，建立项目安排事前预算评审、事中执行监督、事后绩效评价的体制机制。2012年共审查各类预结决算项目1139个，评审总金额51.99亿元，核减金额18.02亿元，核减率34.65%。2. 强化预算执行管理。落实厉行节约措施，制定差旅费、会议费管理办法，紧紧抓牢支出指标这个财政管理的龙头，建设运行财政应用支撑平台，设置科学合理的指标体系、集中支付、资金监管、银行账户管理等系统模块，理财水平进一步提高。建立债务管理机制，对债务资金实现从计划、使用、偿债、监督等各个环节的全程管理。3. 加强公共资产管理。继续扩大资本经营预算实施范围，实现资产管理信息系统全面上线，全年网上审批资产处置182笔。组织全市383家行政事业单位编报2013年度市属行政事业单位办公家具及设备配置计划，有效降低了行政办公成本。完成基金动态管理系统联网和教育资产专项清查，启动了廉租房、安置公房、指挥部资产清查工作。稳步拓宽经营性资产管理范围，全力清收不良资产和老贷，完成自营酒店整体招租工作，实现了经营性资产管理的新突破。公共资产管理经验先后在《中国财经报》、《行政事业资产与财务》等杂志和刊物上专题登载。4. 强化财政绩效管理。2012年共对109个财政支出项目进行了绩效评价，涉及评价金额达20.45亿元。强化绩效评价结果应用，评价结果作为编制和安排部门预算的重要依据，长沙市财政预算绩效管理工作在全省推广。5. 强化国库集中支付改革。严格划分项目资金项目化和一般事务性支出，项目化管理由理论变为实际。全市所有财政全额和差额拨款行政事业单位全部纳入国库集中支付范围，在全市范围全面推行公务卡结算。2012年市本级已实施改革的342家预算单位，2012年总支付242519笔，支付金额93.72亿元。“双控”管理软件全面升级，优化了支付流程，项目资金的使用管理更加规范。6. 扎实推进政府采购监管工作。率先全省建立政府采购专管员制度，在全市389家单位设立专管员836名。严格执行政府采购预算，2012年编报政府采购预算金额4.48亿元，申报预算的单位逐年增加，实报率为应报总数的88%。全年实际完成采购金额60.99亿元，节约资金10.47 亿元，资金节约率约为14.65%。 （严 波）

·财政统发工资·

【概况】 2012年，市财政统发工资工作全面落实市人民政府《长沙市市级财政统一发放工资管理暂行办法》，圆满完成财政统发工资各项工作任务。全年全市纳入财政统发工资单位1661家，纳入财政统发工资人员10.5万人，发放总额42.21亿元，完成各项代扣代缴等2.73亿元。其中市本级全年共发放工资及津补贴16.72亿元，统一发放工资的单位达279家，发放人员达30868人，全年代扣款项达8619.87万元，办理各项工资异动33.1万人次。

一、抓统发工作质量，更好地为统发单位和统发对象服务。1. 在日常业务工作中，注重从源头上把好入口关。严格按照该纳入的单位不遗漏、不该纳入的单位不统发的原则，坚持定期与组织部、编办、人社局等部门召开例会，研究讨论工资发放的各项政策规定，落实工资政策、明确执行标准、统一发放口径，对申请纳入统发的单位进行审核，从源头上把好入口关。2. 定期组织各区、县（市）统发工资人员召开工作会议，交流工作经验，围绕统发工作中出现的新情况、新问题，探讨解决问题的办法。2012年，根据长沙市开展规范性文件清理的通知，中心对《长沙市市级财政统一发放工资管理暂行办法》进行认真学习，并与市人力资源和社会保障局、市机构编制委员会办公室等部门进行商讨，代政府拟定《长沙市市级财政统一发放工资管理实施办法》，经政府审定同意予以印发。3. 完成工资统发软件升级与优化。根据市财政局内网信息平台工程的统一部署安排，结合中心的实际工作情况，委托长沙驷骥软件开发公司升级开发新的工资软件，软件充分结合本级财政统发工资的特点，做到与国库集中支付局、预算处等相关业务处室之间不同业务系统之间数据的对应衔接。4. 认真开展“吃空饷”专项治理工作。根据市委办公厅、市政府办公厅“转发市委组织部等五部门《关于在全市开展“吃空饷”专项治理工作的方案》要求，2012 年下半年，全市成立“吃空饷”专项治理工作领导小组，市财政统发中心配合相关部门开展清理工作，并抽调专人参与专项治理工作班子。经统计，全市共查处“吃空饷”人员 88 人次，共收缴违规资金 333.74 万元，查处单位 33 个。针对清理检查中主要存在的九大类问题，各相关部门服从部门联动，形成开展“吃空饷”专项治理工作的长效机制。5. 热情解释工资政策，积极为单位做好服务工作，确保各项工资津补贴的及时准确发放到位。在确保单位工资数据安全和个人工资数据隐私的前提下，为统发单位和个人提供详细的工资查询服务，同时提供长沙财政网上工资数据查询和银行柜台工资条打印等查询服务。最大限度地保障统发对象对自己工资的知情权，极大地方便了统发对象。

二、抓内部管理，严格按国家政策和规定的时限开展工作。中心在提高工作质量和工作标准的前提下，相继健全和完善了例会制度、业务工作流程、接件按时办结制度、公章使用制度、数据传递和工资单领取保密制度、稽核对账制度，不断修订完善《长沙市财政统发工资中心办理工资资料收发登记单》，做到业务工作步步衔接、环环相扣，责任明确。使全体人员有章可循，自觉按照标准、程序办事，使工作走上制度化、程序化、规范化的轨道，提升了管理档次，为中心工作的开展提供了有力保障。在整个业务工作中，对工资异动资料的收集、数据录入、数据稽核汇总、工资预算网上申报、经费指标申请到工资专户核对等各个环节从严要求，并分别明确权限和责任，全年市本级和区县未出现漏发、错发、重发和核对不符的业务，也未出现纠纷和投诉，得到领导和服务对象的一致肯定，树立了财政窗口的良好形象。

（市财政统发工资中心综合科）

•国库集中支付•

【概况】 长沙市国库集中支付局是隶属于长沙市财政局管理的副县级全额拨款事业单位。该局前身为长沙市会计委派管理中心，2003 年 12 月更名为长沙市国库集中支付核算局。随着财政国库集中支付制度改革的不断深化，2009 年 12 月再次更名为长沙市国库集中支付局，参照实行公务员管理。内设办公室、支付一科、支付二科、支付三科、支付四科、支付五科、会计科、稽核科等 8 个职能科室，编制 41 人，现有工作人员 44 人，平均年龄 42 岁。

2012 年，市国库集中支付局紧紧围绕加快深化和完善国库集中支付改革这一主题，优质服务，严格把好支出关口，不断提高支付效率，强化资金安全管理。市本级已实施改革的 342 家预算单位，2012 年总支付 242519 笔，支付金额 93.72 亿元，其中直接支付 155319 笔，金额 89.52 亿元，占总支付的 95.52% （超过省厅要求不低于 85% 的比例），授权支付划款清算 87200 笔，金额 4.2 亿元，占总支付的 4.48%。拒付各类违规请付资金 5187 笔，金额 2.29 亿元，结存财政存款（指标）4.18 亿元。2012 年度主要工作如下：

一、项目化管理理论变为实际，部门预算科学、细化。针对预算单位项目资金管理的相对粗放情况，将预算资金分为“项目化”支出和“一般事务性”支出，促进预算编制和执行的科学与细化。在 2011 年底提出项目资金项目化和一般事务性支出的界定方式和要求后，通过扎实细致的工作，探索出了管理措施，从 2013 年起将在预算指标下达时，严格划分项目资金项目化和一般事务性支出，并在支付执行上严格规范，这样真正起到国库集中支付促进部门预算编制及执行的科学、细化。

二、备用金业务顺利开发，网上借与还成功实现。在学习深圳市财政委员会备用金业务经验的基础上结合实际情况，形成了《长沙市财政局备用金开发应用业务方案》，正式的备用金管理制度已经出台。通过与软件公司、代理银行等部门多次沟通，在授权支付业务中开发启用“备用金”业务系统，2012 年 11 月下旬通过软件的测试后，对全市 10 家代理银行、106 个银行网点人员进行了培训及上岗考试。

三、强制目录如期发布，有效控制“三公”经费。根据省财政厅要求，结合长沙市实际情况，发布长沙市公务卡强制结算目录，明确规定了全市相关支出具体内容必须通过公务卡刷卡消费。严格执行相关规定，在资金报销审核时做到票款一致。2012 年，全市公务卡发卡单位累计 342 家，发卡数量 20192 张，刷卡 95655 笔，刷卡金额 3.08 亿元，报销金额 3.11 亿元。全市公务卡开卡数、刷卡量依然居全国省会城市前列。参加省国库管理局在郴州召开的全省各地州市的公务卡培训会上，作先进经验交流发言。

四、“双控”软件全面升级，科学管理成效显著。2012 年实现对“双控”管理软件系统的升级，与财政大平台对接。各项目单位和财政局各业务处室均根据各自的权限，申报审批计划、查询项目开支情况；优化支付流程，业务处室计划批复后，可直接办理支付；录入口下放后，项目单位对所属项目情况更清晰，大大提高了工作效率，实现了管理更科学、信息更准确、支付更便捷、数据更可靠的管理目标。通过加强管理，不断创新，项目资金的使用更加规范，其倒逼机制的作用日益体现。2012 年，全市已有 153 单位、633 个项目纳入“双控”管理，共开设“双控”账户 287 个，较 2011 年增加 21 个单位、217 个项目， 新增“双控”账户 37 个；全年累计支付项目资金 5574 笔，金额达 128.58 亿元，拒付各类违规资金 281 笔，金额 3.38 亿元。

五、区、县改革整体推进，成功经验共同借鉴。为促进全市国库集中支付改革全面整体深入推进，根据 2011 年各区县改革推进的具体情况于年初制定目标考核办法，促进区、县（市）逐步深入推进支付改革，定期对区、县（市）进行督查，组织区、县（市）之间交流学习，在各区县推广先进经验，确保了全市支付改革的整体推进。2012 年，实施改革的 9 个区县（市）总支付 572590 笔，金额 263.66 亿元；其中直接支付 454075 笔，金额 252.11 亿元，占总支付的

95.62%，授权支付划款清算118515笔，金额11.55亿元，占总支付的4.38%，拒付违规请付资金10397笔，金额6.73亿元。各区县（市）均经启动对政府性投资项目资金的“双控”管理工作，对政府性投资项目实行监管达104个单位，799个项目，核付资金151.74亿元；各区县开展3.0版本的升级以及公务卡强制目录执行的工作，2013年全面启动，“目标管理办法”促进了全市各区、县（市）改革的整体推进，使全市的支付改革整体上走在全省前列。

（市国库集中支付局办公室）

·非税收入管理·

【概况】 2012年，长沙市非税收入管理局围绕“依法征收、应收尽收、纳入预算、统筹安排、规范管理”的工作目标，以强化非税收入执收工作责任制为契机，以规范和加强非税收入管理为着力点，多措并举，攻坚克难，全市非税收入征收管理工作取得了新的成效。全年市本级非税收入共完成63.44亿元（不含国土收入及教育费附加，不含先导区），其中纳入公共财政预算收入完成55.6亿元，剔除一次性收入等不可比因素后，市本级非税收入及纳入公共财政预算的非税收入与上年均基本持平。

一、突出工作重点，坚持应收尽收。1. 突出工作重点，强化收入目标管理责任。根据全年收入目标任务要求，突出依法征收、应收尽收工作重点，将收入任务量化到个人到单位，狠抓落实。2. 逐月制订工作计划，研究促收措施。坚持每月定期召开非税收入形势分析会，及时通报每月收入完成情况，对照全年收入计划进度要求，认真分析影响收入的因素，特别针对重点收入执收大户，要求实行跟踪促收。3. 严格预算管理，硬化预算约束手段。对实行财政综合预算管理的执收单位，严格按照收入入库进度要求进行资金拨付。对未达到收入进度要求的执收单位，通过上门走访、下达催收函等方式，限时清缴入库。4. 加强城市基础设施配套费和基本建设项目报建缴费审核。严控非税收入缓减免。全年共审核土地出让方案卷宗275份，核定应收配套费17.91亿元，审核基本建设报建项目332个，核定应收报建费9.8亿元。5. 继续拓展“收支两条线”管理范围。2012年将市青少年宫、市农业机械研究所、市轻工研究所、市贺龙体育中心、市蔬菜科研所等单位纳入了“收支两条线”管理。6. 认真做好罚没物资和追缴赃款赃物的监销工作，确保罚没物资拍卖后资金及时缴库。全年配合行政执罚部门，集中报废电摩等车辆11504台，集中拍卖各种车辆10台次，金额330余万元，所有处置收入全部上缴国库。

二、规范票据管理，严格以票管收。1. 健全和完善票据管理制度。在做好各执收单位财政票据日常供应服务工作的基础上，按照《湖南省非税收入管理条例》、《湖南省非税收入票据管理办法》等规定要求，先后制定和完善了财政票据保管、购领核销、使用、销毁等管理制度，从制度上进一步规范了财政票据管理。2. 严格财政票据购领程序，严把财政票据核销关。凡需再次购领财政票据的单位，必须填报“票据购领、使用情况表”，并提交已使用未核销的票据，确认应上缴金额已及时足额上缴“非税收入汇缴结算户”后方能办理票据购领和核销手续，确保票款同步。全年全市共发放财政票据3216万份，其中市本级发放1182万份，核销872万份。3. 认真做好财政票据年检工作，确保财政票据管理安全。3～5月，集中开展对全市直各行政事业单位及社会团体2011年度的票据使用情况进行年检。全市应参加年检的单位524家，年检合格的单位507家，因合并或无票等原因注销“购领证”的单位17家，进一步规范财政票据管理行为。

三、加强调研稽查，突出以查促收。1. 继续完善“稽查＋调研”的收入监管机制。5月，配合市住房保障局对内五区的廉租房建设情况以及入住廉租房租金收缴情况进行了专题调研，为研究制定促收措施提供了第一手资料。6月，为进一步挖掘增收潜力，集中对房产、交通、环保、水务、卫生、民政、消防等部门20多家重点执收单位进行走访调研，详细了解了各执收单位非税收入执收工作的真实情况，协调解决了执收工作中存在的有关问题。2. 加强日常监督稽查。坚持对财政票据核销环节实行日常稽查制度，从机制上确保了财政票据使用安全和票款同步；坚持对基本建设项目报建缴费《完费通知单》实行日常审核制度，确保收入及时足额入库。3. 开展非税收入专项稽查。6月，配合财政监督局对市自来水公司代征代收非税收入项目的财务管理情况进行了重点稽查，督促其上缴应缴的城市污水处理费收入6576.42万元。11月，组织检查组对20家市直执收单位的全年票据管理使用情况和收入执收缴库情况进行专项稽查，重点就稽查过程中存在的有关问题进行督促整改，进一步规范了执收单位的票据管理和执收行为。

四、推进网络建设，完善系统控收。1. 不断完善非税收入征管系统功能。按照全省非税收入征管系统数据大集中建设要求，及时清理和调整非税收入基础数据库，适时推进基础数据同步更新、分成收入自动结算、统计报表自动生成等功能。2. 依托现有非税征管系统网络，不断完善系统软件收入会计核算、划缴、对账以及票据核销等模块，实现数据及时上传、信息共享，达到以票管收、票款同步、应收尽收、及时缴库的目的。3. 继续推进网络化管理。上半年，针对市法院和市公安局内部系统与非税征管系统联网对接做了大量的前期调研工作，目前非税征管系统与市公安局内网系统的机房已经连接成功，底层设备和软件升级逐步到位，为非税收入征缴的及时性、准确性提供保障。4. 加强与局信息中心、软件公司、网络银行、银联公司等部门的工作联系，及时协调处理各种突发事件（执收端、银行端、机房硬件、线路故障等），保障收费网络系统平稳运行。

五、严格执收考核，规范单位执收。1. 及时将非税收入执收工作责任制的主要精神向市政府进行了专题汇报，积极争取领导重视。召开市直执收单位相关负责人和区、县（市）非税局负责人会议，积极部署非税收入执收工作责任制规定的落实工作。2. 转发《非税收入执收工作责任制规定》、《湖南省财政厅关于做好省对市州非税收入征管绩效考核工作的通知》等文件，重点就非税收入缓减免、执收工作考核以及抓好落实提出有关意见，要求认真贯彻执行。3. 制定《市直单位非税收入执收工作考核办法》，将市直单位非税收入执收工作分为规范执收行为、收入收缴、票据管理、内部管理四个方面的内容进行考核。严格实行单位主要领导负总责、相关领导和执收人员具体负责的工作责任制。4. 组织检查组对20家市直执收单位和9个区、县（市）对执收工作情况及责任制落实情况进行了抽查，对发现的问题及时沟通，并督促整改到位，坚决杜绝非税收入执收管理乱作为、不作为现象。

六、创新活动载体，文明规范征收。1. 加强文明窗口建设。按照创建文明窗口的要求，坚持不断完善内部各项工作制度，规范操作流程和办事程序，提高工作效率，严格实行首问责任制和限时办结制，不断提高干部队伍的优质服务意识。同时制定创先争优活动实施方案，建立党员公开承诺公示栏，要求党员干部按照创先争优活动要求在工作中付诸实施，自觉接受群众监督。2. 创新政策宣传渠道。4月，与市总工会、市教育局、市物价局、市残疾人联合会、市水务局、市地税局联合主办“费·惠民生”大型系列收费基金主题宣传活动，主要对属于政府非税收入重要组成部分的各类费金的涵义及用途进行立体式宣传。7月，参加由市纠风办联合长沙电视台新闻频道、都市105长沙新闻广播共同举办的2期“政风行风热线”直播节目，选派嘉宾就非税收入管理有关热点问题做客直播间参与了节目访谈。除此之外，还依托“湖南非税收入网”、“长沙财政网”、“长沙非税网”等网站及时将有关非税收入征管政策、工作动态向社会进行宣传，全年共发布各类非税信息180多篇，进一步扩大了非税收入管理的社会影响面。

2012年，市非税局获得了由湖南省财政厅授予的“全省非税收入征收管理工作先进单位”、中共长沙市委授予的“全市创先争优先进基层党组织”、市政务公开工作领导小组办公室授予的“全市政务服务工作先进窗口”等荣誉称号。

（市非税收入管理局办公室）

·政府采购监督管理·

【概况】 2012年，全市政府采购工作以落实《政府采购法》为主线，以完善政府采购监管制度为重点，围绕扩大政府采购范围和规模，规范政府采购行为，强化政府采购监管，开拓创新，锐意进取，为全市财政工作的发展做出应有的贡献。全市政府采购工作在全省2012年度考评中获得政府采购工作先进单位及规模和效益工作先进单位等荣誉。

一、坚持应采尽采，不断拓展政府采购范围和规模。2012年，全市全年实际完成采购金额 60.99亿元，超过省下达任务7.79亿元，比上年增加14.93亿元，增长32.41%，与采购预算相比，节约资金10.47亿元，资金节约率约为14.65%，公开招标项目占采购总额的83.05%；其中：市本级完成采购金额25.39亿元，比上年增加5.24亿元，增长26%，公开招标项目占采购总额的77.82%；全年市本级政府采购招标项目1090个，通过系统共抽取评审专家 6394人次，共签订合同4376个；全年完成百万以上的采购合同289个（含协议供货），预算金额23.38亿元，合同金额 20.02亿元。围绕增规扩面积极开展政府购买公共服务工作，推行新的服务定点。2012年配合发改委、住建委等职能部门，对政府投资项目的工程咨询、监理、勘测等服务内容，采用公开招标方式确定定点入围中介服务单位，建立全市政府投资项目统一中介机构库，简化了政府投资项目选择中介服务机构的操作流程。

二、坚持应管尽管，不断强化政府采购监督管理。依法推进政府采购工作，规范政府采购行为，重在监督管理。2012年着重在“监、管”两字上做文章，通过提升服务水平促进政府采购监督管理。1. 加强日常的工作监管和专项检查力度，及时发现和查处政府采购中的违规行为。特别是加大了公务车维修、加油，公务出行、会议接待等定点工作的监督管理。2012年统一部署，各区、县（市）采购部门联合各区、县（市）纪委、监察局对定点油站的对号加油情况进行专项检查，对查出的违规行为做出处理，保证了全市定点加油刷卡工作的规范运行。组织对公务出行定点单位的检查考核。共抽查涉及国内及出国（境）公务出行定点单位8家，将考核结果及时进行了通报，针对存在的问题提出了整改要求，并根据目前出国（境）团存在的问题，下发《关于2011—2014年长沙市机关事业单位公务出行中介服务定点有关事项的补充通知》，进一步完善对出国（境）公务出行项目的规定。同时对会议接待、印刷、保险定点单位报表报送情况进行了情况通报。2. 加大对政府采购当事人违法违规行为的查处力度。一是对采购单位进行了39次违规告知，及时向有关机关事业单位发放异常、违规加油协助调查函4份；二是根据年度检查考核结果对30家代理机构发放了整改通知书，对4家代理机构在政府采购活动中的违规或者不规范行为下达限期整改通知；三是对政府采购定点供应商的违规行为进行了违规通报。对3家违规加油站进行了查处并扣缴履约保证金6000元，对政府采购定点维修企业发出21份整改通知书；四是对在政府采购活动中有违规行为的供应商作出了罚款6833元、列入不良纪录名单，在一年内禁止参加政府采购活动的行政处罚，还对在投标过程中有违规行为的8家供应商没收投标保证金共计255800元上交国库；五是对在长沙市政府采购评审活动中5名专家不认真履职的违规问题进行了通报；六是全年共正式接受并依法依规处理投诉10起，做到了无一起因为处理的不依法依规而引起行政复议和行政诉讼。认真处理了19起有关政府采购的信访举报和情况反映，做到了件件有回音、事事有着落。3. 加大对重点项目的监管力度，保证政府采购工作健康发展。一是与相关部门多次召开协调会，认真做好市公安局“天网工程”建设与服务招标合同审定工作；二是认真做好市重点工程项目“地铁2号线”地铁司机送外培训的招标、运营管理团队谈判及“地铁1号线”机电系统招标方案的审核等工作；三是明确重大采购项目承办人需对该项目的评标过程进行全程监管，及时处理评标现场发生的意外情况，制止和纠正评标现场不良行为。

三、坚持强化基础工作，不断推

进政府采购精细化管理。1. 发挥政府采购政策引导功能，积极服务“两型”社会建设。一是对企业投标产品取得环保认证和节能认证及属于《节能产品政府采购清单》、《环境标志性产品政府采购清单》的产品，在评分标准中给予总分值 4%-8% 的分值；二是将远大空调、中联重科道路清扫设备等节能环保产品列入协议定点采购品目、实行协议采购或直接订货采购；三是认真落实《政府采购促进中小企业发展暂行办法》的通知，在招标文件中明确对中小微型企业产品价格给予 3%-10% 的扣除，扶植中小微型企业的发展；四是认真落实协议融资、信用担保工作，全年共办理 5 份信用担保，金额高达 523 万元。2. 强化政府采购资金管理，提高资金使用效益。一是严格执行政府采购预算。大力宣传政府采购预算的重要性，督促落实单位的申报和执行，2012 年编报政府采购预算金额 4.48 亿元，比 2011 年增加了 0.9 亿元，申报预算的单位逐年增加，实报率达应报总数的 88%。二是严格审核政府采购合同。对政府采购中标后超预算合同项目，一律不予办理支付资金审核手续。对超预算、超合同的项目和资金严格程序重新申报、重新审核，在采购合同履约上强化采购资金管理。三是严格实行政府采购合同集中支付制度。由财政部门依据采购合同统一将采购资金直接拨付给供应商，既提高了资金的使用效率，又有效地遏制了回扣、虚假合同等弊端，提升了政府采购的公信力。四是积极探索新的集中采购模式。为进一步规范政府采购行为，提高政府采购规模效益和资金使用效益，着手开展“按季申报、批量集中采购”的前期相关准备工作。

四、坚持提高政府采购时效，不断推进政府采购信息化建设。1. 推进电子化政府采购平台系统建设。为建立资源共享、覆盖全市的信息网络系统，将政府采购过程中涉及的相关人和各个环节纳入同一系统，构建成一个统一的、全流程的电子化政府采购管理平台。2012 年，以省厅的平台为基础结合长沙市实际，进行系统的二次开发。市本级已选择 18 家一、二级预算单位作为电子化政府采购管理平台系统试点单位和在长沙市备案的 30 家代理机构以及 28 家综合协议供应商一道，于 2012 年 7 月 9 日起上线进行了试运行。注册试运行采购单位 26 家，代理机构 58 家，供应商 1122 家。根据试运行的采购单位、代理机构、供应商的反馈和建议，已对电子化政府采购平台的相关功能和流程提出更符合长沙市的具体需求。2. 拟订公务车用车消费电子信息化管理方案。将公务用车定点维修、保险、加油三卡合一，逐步建立数据统一的公务用车消费管理系统。与公务用车定点加油项目执行的银行平台湖南省建行营业部合作调研，提出相关要求，开发“长沙市公务用车消费管理系统”。系统开发工作已经初步完成，针对新系统邀请了部分车主单位、公车维修、加油、保险定点服务单位代表，召开了长沙市公务用车消费管理系统上线前演示座谈会，就公务用车消费管理系统的开发改进提出相关的意见和建议。3. 加快推进专家管理系统的建设。为强化评审专家的管理， 2012 年依托信息化建设的总体要求，积极推进专家管理系统的建设，经过近一年的系统开发，新的评审专家管理及抽取系统已经开发完成并投入使用，大大提升了对专家信息的整合和优化，也提高了监管的效率。

五、坚持加强培训宣传工作，不断增强依法采购意识。1. 强化专家队伍的监管，创新开展对评审专家的培训。2012 年继续抓好专家库建设，扩大范围广泛征集专家，全年共新征集各类专家 280 名。并配合省厅重新核实了专家信息，实现了省、市专家库的资源共享。联合省厅政府采购处，于 10 月底连续 8 期，对在库的 2265 名评审专家进行了集中培训，内容涉及评审纪律的要求，评审流程的规范，评审职业道德等多方面。这是自组建政府采购专家库以来，首次对评审专家进行集中培训，取得了良好的效果，《中国政府采购报》还进行了报道。2. 开展对采购人的专门培训，建立政府采购专管员制度。始终重视对采购单位采购业务的培训和政策法规的宣传教育，2012 年印发《关于实行长沙市政府采购专管员工作制度的通知》，建立政府采购专管员制度，组织 4 批次对全市 389 家单位的 836 名专管员进行了专题培训和考试，对政府采购业务办理流程及政策法规进行集中授课。考试合格的发给“政府采购专管员证”，并要求凭证来办理政府采购业务，提高了工作效率。同时将近几年来政府采购法律法规、规章制度汇编成《长沙市政府采购法规制度汇编》，发到每一位专管员手上。通过培训，采购单位专职人员的业务素质和专业水平得到了较大提高。3. 组织对政府采购监管人员的法律知识培训。为切实履行《政府采购法》赋予财政部门的监管职责，进一步提高政府采购监管人员的业务水平、依法行政能力和法律意识，举办全市政府采购监管人员的法律培训。市本级及各区、县（市）政府采购监管工作人员共 70 多人参加本次培训。

（市政府采购监督管理局办公室）

税 务

•国家税务•

【概况】 2012 年，全市国税系统严格依法治税，规范税收管理，强化队伍建设，提高行政效能，各项工作取得了较好的成绩。

一、税收收入平稳增长。2012 年，面对宏观经济低位运行和税收任务大幅增长的严峻考验，国税系统始终坚持组织收入原则，强化综合治税，勤征细管，挖潜促收，圆满完成全年税收工作任务。全年组织入库各项税收 725.22 亿元，同比增收 92.7 亿元，增长 14.66%，收入规模排名中部省会城市第 2 位、全国省会城市第 6 位，占全省国税收入总量的 54.24%。

二、依法行政深入推进。深入推行税收执法责任制，严格落实过错责任追究，执法准确率达 99.98%。全面开展税务行政审批事项清理，认真梳理规范性文件，开展政策落实情况自查，举办行政决策听证会，制定实施《重大行政决策程序规则》，进一步规范执法行为。全面落实税收优惠政策，为纳税人办理减免税 30.33 亿元。全年新创市级“依法办事示范窗口单位”5 个。创刊《星城国税》，广泛开展“六五”普法和税收宣传，表彰最受尊敬纳税人、开展税收游园会、

列，硬件运维经验得到国家税务总局推介。（贺仙峰）

【纳税服务】 2012年，地税系统以服务为宗旨，实现“四个转变”。1.服务内容向深层次转变。综合运用国家经济发展鼓励政策和税收优惠政策，从税收视角全力支持长沙经济转方式、调结构，重点支持创新型企业、高新技术企业和新兴产业跨越发展。联合省交通银行、市国税局推出“税融通”业务，自2011年6月推出，共为符合“税融通”条件的3212户纳税人建立台账并邮寄宣传资料，137户企业已获得总额9亿元纳税信用贷款。该项目被国家工信委、银监委评为“全国助推中小企业发展创新奖”。推进纳税诚信体系建设，全市261家纳税人荣获2010-2011年度纳税信用等级A级企业，88家纳税人作为连续三届“湖南省纳税信用等级A级企业”受到表彰。2.服务需求向纳税人为主导转变。邀请1760户纳税人参与“纳税人最满意的办税服务厅”和“纳税人最满意的办税服务员”创建活动评判。市局在第21个税法宣传月推出10大主题宣传活动，4个项目获得省局优秀，其中贯穿全年的“费·惠民生”大型费金宣传在全省系统进行了经验推介。3.服务组织向建立标准化、平台化、制度化服务体系转变。深入打造“一厅、一室、一网、一校、一线”五个服务平台，编制全市办税服务室分布地图和服务手册，开通重大项目、返乡农民工、大中专毕业生办税服务“绿色通道”，坚持科（分局）长值班制，推出服务承诺20条，设置导税台，提供“零距离”纳税辅导，让纳税人高效、快捷、放心办税；市局门户网站对外发布各类信息2646条，在市政府门户网站信息公开目录平台发布信息115条，受理回复各类信件142封、网上咨询760条，在市政府网站绩效考核中综合排名第一；全市11所纳税人学校开办培训105期、320课时、近20万余人次参与学习，网上视频课件点击量达30多万次；12366纳税服务热线受理业务12.23万条次，有效答复率100%，满意率99%以上；编印《地税政策服务园地》，免费向8000户重点企业发放。4.服务方式向信息技术支撑下的电子虚拟服务转变。利用QQ群、微博等先进介质发布涉税事项，加快推进同城通办和自助终端办理，突破办税的时空障碍，提高了纳税人办税满意率和税法遵从度。（贺仙峰）

【行政管理】 2012年，全市地税系统采取多项措施，加大依法行政力度，完善各项管理制度，收效显著。1.坚持依法行政。进一步规范税收规范性文件的起草、审查、发布、备案备查，出台任期经济责任内部审计等5个管理办法，重点完成3个基建项目审计，审减金额5700万元，审减率20.50%。落实重大案件审理制度，组织税收案卷评查，整改执法监察中发现的8个方面的问题，共审核行政处罚一般程序和简易程序1732起，涉及金额801.2万元。宁乡县局等5个单位被授予市级“依法办事示范窗口单位”。进一步规范2012年度注册税务师报考工作及55名非执业注册税务师的备案，积极探索税务师事务所规范管理方案。2.强化经费管理。修订、完善财务管理制度12项，并汇编成册。创新推出经费管理三级预警，预算控制良好。申请建设税务分局办税网点4个，68%的基层税务分局有了办公场地。3.深化行政管理。加强信息调研考核奖励，结合中心工作下发24个调研课题，在各级刊物上刊发信息调研近400篇，在全省系统排名第一。规范档案管理，全市13家单位已有11家成功争创省特级档案室；天心区局率先建立税收征管档案管理模式，加强税务平安小区建设，加强饮水设备和停车场道闸管理系统改造，组织劳务用工情况专项检查。（贺仙峰）

【获“全国五一劳动奖状”】 4月27日，中华全国总工会庆祝“五一”国际劳动节大会在北京人民大会堂召开，长沙市地方税务局被正式授予“全国五一劳动奖状”。2011年，全局以“聚财为国、收税为民”为工作宗旨，组织收入一举突破300亿元大关，达322.4亿元，总量占到全省地税收入的36.3%，总量和增幅皆居中部六省省会城市第二，为全市经济社会发展和全省地税事业发展作出了积极贡献。（贺仙峰）

【长沙市开征游艇类船舶车船税】 11月13日，长沙市水利置业投资发展有限公司名下的“双湾号”游艇，在长沙市地税局直属局缴纳了一笔金额为12474元的车船税。这是长沙市地税部门征收的第一笔游艇类船舶车船税，填补了长沙市船舶车船税征收空白，充分体现了新车船税法的意义。长沙市地税局直属局自接管全市车船税征收工作以来，积极开展船舶车船税征收管理工作，1.主动争取当地海事管理机构的支持，与长沙市海事局多次接洽，要求其向税务机关提供船舶信息、接受委托代征和协助把关等方式，积极支持和配合税务机关做好船舶车船税的征收管理工作。2.与长沙市海事局建立沟通协调机制，充分依托信息技术手段，搭建信息交流渠道，实现部门间信息共享。尤其是收集作为新车船税法中新单列税目的“游艇”类的相关信息资料，通过海事部门提供的信息，扎实做好征管基础工作。3.与海事部门积极协作，定期交换船舶的登记信息和纳税信息，加强船舶车船税的源泉控管，堵塞征管漏洞，确保船舶车船税委托代征工作顺利进行。（贺仙峰）

长 沙 市 科

全国人大常委会副委员长华建敏等领导参加科交会开幕式

2012 年科交会领导巡展现场

长沙市委书记陈润儿与驻长高校、科研院所主要负责人座谈

长沙市市长张剑飞为华曙高科等 3 家企业颁发首届“企业科
新市长奖”

学 技 术 局

市委常委、宣传部部长张湘涛接回国家级文化和科技融合示范基地牌匾

副市长夏建平为专家教授推介梅溪湖国际研发中心

全国工商联副主席李路一行到长沙生产力促进中心开展小微型企业“保生存谋发展”调研

长沙市第九届大学生科技创新创业大赛决赛

长 沙 市 科

2012年长沙市科技活动周启动式

示范推广的水果新品种

科技部组织专家对长株潭的节能与新能源汽车示范推广工作进行验收检查

学 技 术 局

中国科学院与长沙相关企业项目签约仪式现场

2012年长沙高新技术产业与风险投资对接会项目签约仪式现场

长沙科技人才创业沙龙启动式现场

新亚胜光电推出的魔幻舞台

晟通研制开发的全铝公交车

中联重科全球最大塔式起重机

CHANGSHANIANJIAN 2013

芙 蓉 区

芙蓉区区委书记　梁　仲

芙蓉区区长　于新凡

① 芙蓉区"爱心直通车"走进泸溪活动启动仪式

② 芙蓉区CBD加入中国商务区联盟

③ 廉洁主题群众文化活动

人 民 政 府

① 市委副书记张迎龙等一行调研定王台街道群众直通车工程

② 芙蓉区公推公选科级领导干部情景模拟测试

③ 芙蓉区引进优秀青年人才集中签约仪式

④ 素质教育剪影——东郡小学科技长廊

⑤ 素质教育剪影——楚怡小学音乐室

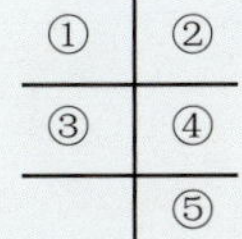

芙 蓉 区

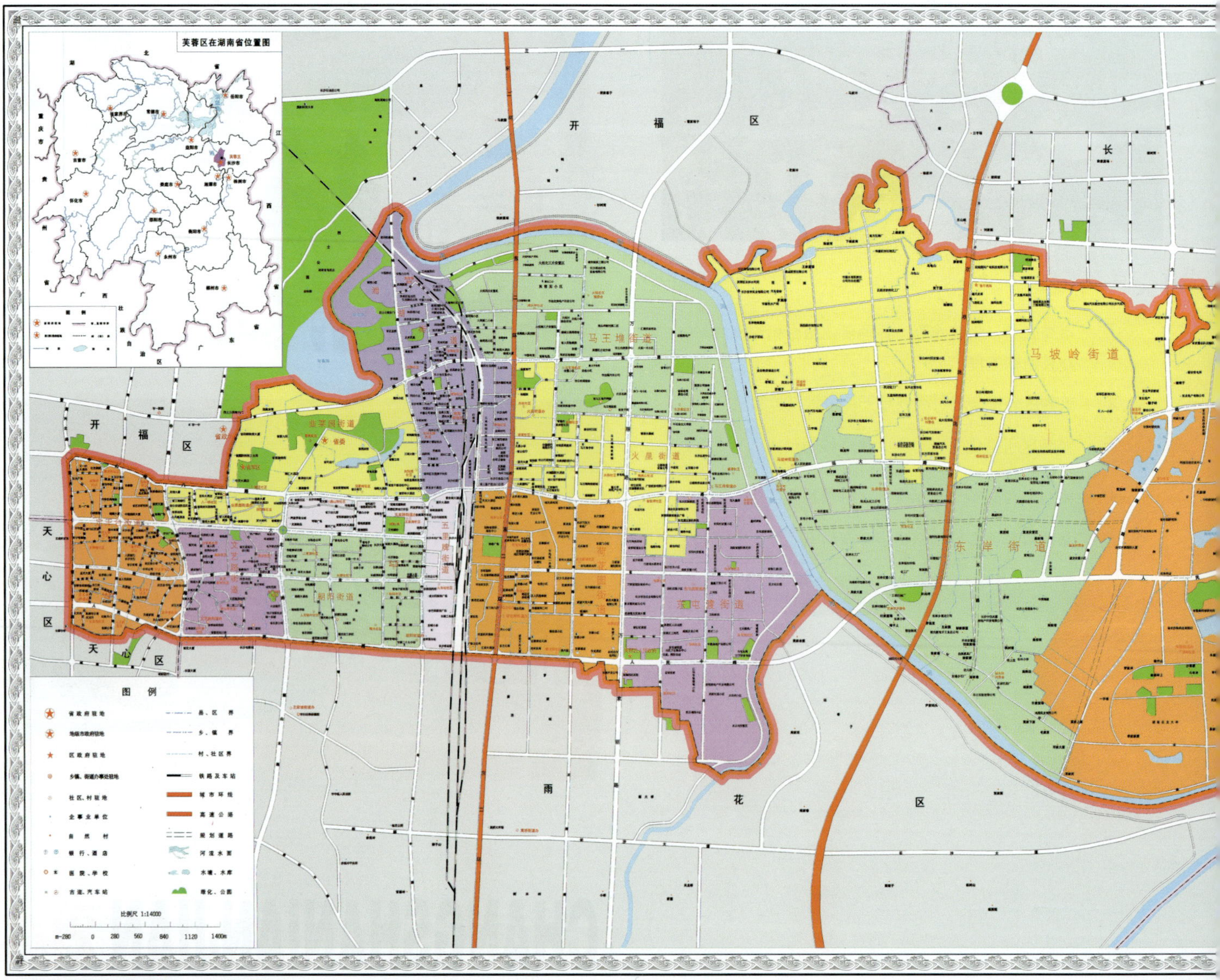

芙蓉区在湖南省位置图

开 福 区

长

马王堆街道

马坡岭街道

东屿街道

火星街道

东岸街道

定王台街道

朝阳街道

五里牌街道

天 心 区

雨 花 区

图 例

省政府驻地
地级市政府驻地
区政府驻地
乡镇、街道办事处驻地
社区、村驻地
企事业单位
自然村
银行、酒店
医院、学校
古迹、汽车站
县、区界
乡、镇界
村、社区界
铁路及车站
城市环线
高速公路
规划道路
河流水面
水塘、水库
绿化、公园

比例尺 1:14000

m-280 0 280 560 840 1120 1400m

长沙市芙蓉区人民政府编制　湖南省民政厅监制

人 民 政 府

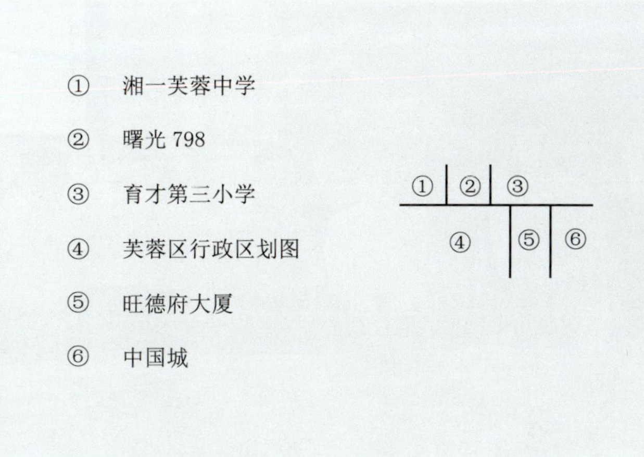

① 湘一芙蓉中学

② 曙光 798

③ 育才第三小学

④ 芙蓉区行政区划图

⑤ 旺德府大厦

⑥ 中国城

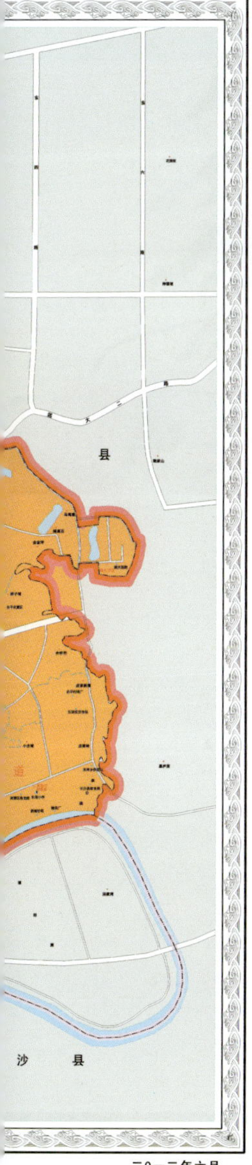

CHANGSHANIANJIAN 2013

天　心　区

① 长沙市副市长、天心区区委书记陈献春（左六）调研“两帮两促”工作

② 天心区人民政府区长曾超群

③ 天心区人大主任郑蓬

④ 区长曾超群督查文明创建

人 民 政 府

① 曾超群陪同省委常委、长沙市委书记陈润儿考察天心区工作

② 天心区政协主席曹健

③ 陈献春在文化产业园奠基仪式上讲话

④ 陈献春陪同北京企业负责人考察天心区

天 心 区

长沙市天心区国家税务局党组书记、局长欧阳光

2012 年，长沙市天心区国家税务局有在职干部职工 221 人，党员 130 人，占 58.82%，大专以上学历 204 人，占全局在职人数的 92.3%。该局共有内设科室 15 个，税务分局 3 个。负责天心区 12 个街道办事处的税收征管，担负着全区 10000 多户纳税人的国税征管工作。

数字　在科学举措中跨越。2012 年，该局共组织税收收入 18.49 亿元，总量实现新的突破；企业所得税增幅明显，全年共实现企业所得税 8 亿元，税收结构更趋合理，组织收入实现量质并进；重点税源企业税收持续增加，该局共有 107 户企业纳入重点税源管理，全年实现税收收入 13.34 亿元，增长 20.58%。

征管　在开拓创新中突破。以重点管理为导向，建立分级分类评估的税收重点管理机制，对辖区内重点税源与征管状况进行分析与评估；以个性化纳税服务为抓手，健全房地产、钢材市场、汽车经销等重点行业税收管理与服务工作运行机制；全面强化个体税收管理，逐步实现人机结合定税、阳光定税，规范普通发票委托代开管理，营造公平、公正、公开的税收环境。

发展　在优质服务中凸显。强化纳税咨询和自助服务功能，设立“学雷锋志愿者服务站”、开设绿色通道和残疾人专用通道、设立“爱心医药箱”为纳税人提供温暖服务；继续推行“领导值班制、公开服务承诺制、首问负责制、延时服务、预约服务”，同时结合一窗式、一站式深化免填单服务等各具特色的个性化服务；严格落实税收优惠政策，通过网络、报刊、短信平台等各种渠道进行政策解读，宣传税收优惠政策、规范和细化增值税减免退税的审批程序、工作时限、资料要求等等。

队伍　在严细管理中提升。坚持以“学习型”班子建设为核心，团结协作、勤奋务实，努力提升队伍素质；以税收工作需求为导向，深入开展“业务讲学”活动，采取院校送培、在岗培训、“请进来”相结合的办法，持续提升干部职工的业务能力素质；加大“三位一体”考核力度，形成你追我赶的工作氛围，激发队伍活力；开展形式多样的廉政教育，筑牢拒腐防变的思想防线；加强对税收执法权和行政管理权的监督制约，深入开展税收执法监察，健全和完善内控机制。

长沙市天心区国家税务局领导班子

召开党风廉政建设会议

国　税　局

① 长沙市天心区国家税务局酷贝拉“青少年税收教育基地”授牌仪式

② 纳税人学校

③ 税收征管人员深入钢材市场开展调研

④ 区国税局开办道德讲堂

⑤ 酷贝拉“青少年税收教育基地”拉开序幕

①	②
③	
④	⑤

岳 麓 区

① 省委副书记梅克保给岳麓区优秀教师代表送上鲜花和节日的祝福

② 区委副书记、区长周志凯对第七届中国中部投资贸易博览会香港—长沙商会交流会的香港来宾致欢迎辞

③ 中博会橘子洲焰火晚会

④ 岳麓区咸嘉湖街道主办的“大学文化进社区——雷锋精神的时代内涵讨论会”活动现场

⑤ 岳麓区2012年建筑工人劳动竞赛活动现场

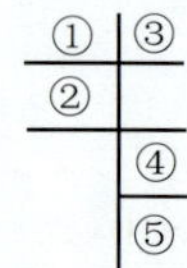

开创滨水新区　建设幸福北城

长沙金霞经济开发区巡礼

长沙金霞经济开发区是湖南省重点省级开发区，集水、陆、空、铁、管“五元化”交通运输优势于一体，成为全省唯一的综合性现代物流园区。近年来，园区相继荣膺“中国物流示范基地”、“国家电子商务示范基地”、“湖南省十大最具投资价值产业园区”和“湖南省新型工业化产业示范基地”称号。

2012年，园区共完成全社会固定资产投资60亿元、工业总产值242亿元、规模工业增加值32亿元、社会物流总额423亿元。火车货运新北站已正式开通运营，运能达1670万吨/年；湘江综合枢纽“一蓄两通”，长沙新港通航能力提升到常年2000吨级，“五定班轮”与“五定班列”相继开通，成为全省开放型经济发展的两大通道。园区内聚集了长沙统一、国药控股、九州通、武汉佳海、湖粮集团、卓尔企业社区等一批行业龙头企业，能源、粮食、医药、钢贸“四大”百亿级物流板块初步形成。

“十二五”期间，园区将围绕“打造千亿级企业，争创国家级园区”奋斗目标，以“产业兴园”为主线，实施“壮大现代物流、提速都市工业、培育商贸市场、建设两型园区”战略，奋力争创国家级现代物流园区。

① 湖南粮食集团粮食仓库

② 国药控股公司仓库

③ 铁路货运新北站

④ 长沙统一公司生产车间

⑤ 长沙新港

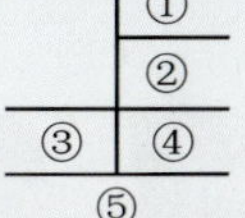

雨 花 区

① 区委书记周杏武在中部现代服务业中心推介会上致辞

② 区委副书记、区长邱继兴在推介会上作区情介绍

③ 2012年12月21日，雨花区举办打造中国中部现代服务业中心推介会

④ 2012中国中部（湖南）国际农博会主题活动现场签约仪式

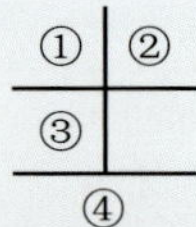

人民政府

① 区委副书记、区长邱继兴带队开展食品安全督查

② 雨花区“七彩雷锋日”学雷锋主题志愿活动启动仪式

③ 雨花区“学习雷锋 做美德少年”网上签名寄语活动启动仪式

④ 区教育局一幼金地园区

⑤ 湖橡棚改项目竣工交房

金　融

责任编辑：刘盼盼

【概述】 2012年，全市信贷规模合理增长，各类金融机构引进增加，金融生态环境不断优化，全市金融工作取得较好成效。

一、拓展融资渠道。1. 银行信贷合理增长。截至12月末，金融机构本外币各项存款余额8800.66亿元，同比增长19.5%，占全省的38.02%；各项贷款余额8518.93亿元，同比增长13.83%，占全省的54.44%；1～12月新增贷款1035.11亿元，占全省的47.38%。信贷重点支持了长沙市基础设施建设、支柱产业和中小企业的发展。银行机构自身也得到良好发展，1～12个月累计盈利251.63亿元，同比增盈44.46亿元，效益大幅提升。2. 直接融资规模加大。截至12月末，全市直接融资总额为330.28亿元，已超额完成全年直接融资目标任务（200亿元）。其中，首发上市融资13.75亿元；定向增发融资14.11亿元；公司债融资4.5亿元；短期融资券融资5亿元；企业债融资63亿元；定向债融资15亿元；中期票据融资74亿元；中小企业集合票据融资3.2亿元；私募股权融资5.11亿元；集合信托和单一计划信托共发行132.61亿元。3. 保险机构服务功能提升。2012年，农业险实现保费收入1.14亿元，保险赔付支出7348.26万元。种养两业承保数量分别为71.31万公顷和58.38万头，共为177.1万户参保农户提供风险保障。2012年，长沙市玉米保险试点工作开始推行。环境污染责任险、高危行业安全生产责任险等新险种试点工作继续推广，全市开办各类责任险的保险公司达到13家，全年累计承保3887笔，保费规模2555.96万元，实现赔付支出733.14万元。4. 探索新型融资服务方式。一是搭建各类银企对接平台。组织召开了全市金融工作会议，以分会场形式召开了中小微企业融资对接会，召开了“中小企业融资促进会”，组织承办了长沙市和银行机构合作发展暨重大项目推介会，发布了长沙市重大推介项目195个，产生了较大影响。二是创新开展长沙首届“小微企业金融服务节”。牵头组织，启动长沙首届小微企业金融服务节，13家参与银行推出税融通、网贷通等各具特色的小微金融产品和小微贷款利率优惠政策，小微金融服务水平明显提升，小微企业融资成本进一步下降，融资难的问题得到一定缓解。1～11月，全市小微企业贷款新增234.38亿元，同比多增85.38亿元，占全部企业新增贷款的38.84%，较上年同期提高16.37个百分点。三是成功发行省内首只3.2亿元中小企业集合票据。市城投集团等公司发行企业债券63亿元。小额贷款稳步开展，2012年，已纳入全省监测系统的26家小额贷款公司累计发放贷款44.87亿元，有力支持了中小微企业和“三农”发展。

二、发展多层次资本市场，推进企业上市。1. 完善企业上市扶持政策。成立长沙市企业上市工作协调领导小组及领导小组办公室（设市金融办）；进一步完善企业上市扶持政策，出台了《长沙市人民政府关于进一步加快发展资本市场若干意见的补充规定》（长政发〔2012〕34号），补充规定提高了企业上市前期费用补助，对企业在上市过程中集中遇到的困难如个人所得税缓征、历史沿革确认等事项作出了明确的规定。2. 推进企业上市。截至2012年，长沙市共新增上市公司（含过会企业）5家。三诺生物、开元仪器、红宇新材在深圳证券交易所创业板成功上市，湖南发展借壳ST金果上市；楚天科技通过中国证监会创业板上市发审会。蓝思科技等11家公司在审。族兴材料等8家公司在湖南证监局辅导备案。3. 推动全市股权投资类企业发展。全年市金融办已对招商湘江等10家股权投资类企业进行了备案，备案的股权投资类企业达到21家，已备案股权投资类企业管理资金总额约45亿元。湖南麓谷高新天使基金正式成立，充实了长沙市私募股权投资基金投资的企业类型。4. 推动投融资体制改革。指导市水业集团重组上市工作，推动将市排水公司股权划转至市水业集团。组织对市轨道集团开展融资租赁相关问题进行了专题研究。协调政府投资公司退出平台管理。

三、推进区域金融中心建设，加快金融产业集聚。1. 长沙金融生态区建设。长沙金融生态区项目已完成45.67公顷的征收腾地，启动性项目——华创国际广场奠基，生态区推出的金融总部区首批两宗地块成功拍卖。长沙金融生态区已成功引进中国邮储银行、北京银行、新韩银行、渣打银行、平安财险等金融机构区域性总部。2. 金融机构引进工作。2012年，新增4家金融机构。其中银行机构2家，东亚银行、渣打银行先后在长沙市开设长沙分行；保险机构2家，泰康养老保险湖南分公司入驻长沙市，全省首家法人保险机构吉祥人寿正式开业。3. 农村信用社改革。由望城农合行改制而成的望城农村商业银行挂牌营业。芙蓉区、天心区、开福区和雨花区河东四区农村合作银行改制工作已经启动并完成清产核资验收，相关改制重组建议已上报市政府。4. 新型金融组织建设。2012 年，新增 11 家小额贷款公司，至年底全市小额贷款公司达 30 家。新增 7 家融资性担保机构，全市共有融资性担保机构 70 家，建立健全市、区（县）两级监管工作网络，完成了辖内小额贷款公司和融资性担保机构的风险排查和现场检查，初步建立了融资性担保行业业务信息与监管预警系统。在村镇银行试点工作上，村镇银行设立实现零的突破，宁乡沪农商村镇银行和星沙沪农商村镇银行开业。5. 长沙市民卡工程建设。为加快推进全市统一的一卡通公司的设立，牵头组织相关单位多次磋商一卡通公司的建设方案，《长沙市民卡一卡通公司建设方案》已报送市政府。6. 开展长沙市现代金融业专题调研。市人大常委会组织，市金融办具体承办开展了长沙市现代金融业专题调研，形成了《加快发展长沙市现代金融业研究报告》，市人大常委会通过了《关于加快发展我市现代金融产业的决议》。根据人大决议，完成了《关于加快发展现代金融业的若干意见》。

四、优化金融环境，建设信用征信体系。1. 开展县域金融生态评估。完成《2011 年度长沙市县域金融生态评估报告》，辖内望城区、长沙县、宁乡县和浏阳市进行金融创安动态管理，会同人民银行长沙中心支行对望城区、长沙县开展“回头看”，浏阳市和宁乡县继续保持原有省级金融安全区。望城区、长沙县通过验收，继续保持原有市级金融安全达标单位称号。“金融生态良好城市”创建试点正式启动，组织召开了长沙市金融生态良好城市创建工作推进会。2. 做好信用征信管理工作。制定《长沙市信用征信管理办法》(长政办发[2012]25号）。在长沙信用网上开通信用信息查询窗口，促进征信产品的推广应用，积极探索采取政府购买的形式邀请商业评级机构牵头为中小企业开展信用评级服务。企业及个人信用报告查询使用量稳步增长。发放信用征信宣传手册 2000 册。在长沙信用网上开设宣传栏，宣传征信知识。3. 加强金融风险防范和处置。制定、落实 2012 年打击和处置非法集资宣传教育工作规划。做好“湘江 700”项目、“大成”国际酒店等涉嫌非法集资案件的工作预案、前期调查了解及处置工作；做好各区、县（市）处置辖区内非法集资案件的政策咨询与业务指导工作，督促完成案件的善后处置工作；完成“中天行”案长沙和郴州部分涉案资产的拍卖变现工作。做好全市非法集资的风险排查活动，核查整治风险隐患；组织全市防范非法集资的宣传教育活动，通过媒体定期刊登发布防范非法集资风险警示；做好预防非法集资的正面宣传工作及因非法集资案件引发的信访维稳工作。在 2012 年全省打非工作综治考评中长沙市打非工作获得满分 100 分。开展清理整顿各类交易所工作，推进“湖南维财”和“湖南创新”两家涉嫌变相期货案的处置工作。（市金融办）

【长沙市与银行机构合作发展暨重大项目推介会】 7 月 25 日，中共长沙市委、长沙市政府在世纪金源大酒店隆重举行长沙市与银行机构合作发展暨重大项目推介会。省金融办、人民银行长沙中心支行、省银监局、各金融机构、市委、市人大、市政府、市政协有关领导、大河西先导区、四区十园主要负责人、各区县（市）长、市直有关单位及部分投资公司、项目融资需求信息发布单位负责人出席了会议。会议由市委副书记、市长张剑飞主持，市委副书记、常务副市长张迎龙推介了重大项目，省委常委、市委书记陈润儿发表了重要讲话。推介会发布长沙市重大推介项目 195 个，总投资额达 8292 亿元，分为“四十”重大项目和 155 个一般项目。“四十”重大项目包括“十大片区建设”、“十大基础设施”、“十大中心镇（小城市）”和“十大产业项目”，涉及民生、综合交通体系、城市设施体系、新型城市化布局等领域，总投资 3748 亿元。一般项目 155 个，其中包括节能环保和社会事业领域一批辐射带动力强的重点项目。为促进银政企对接，加快项目落地，大会结束后，市委市政府组织召开了长沙市与银行机构合作发展座谈会、银行机构与重大项目负责人融资对接会。（市金融办）

【“金融知识进社区”活动】 9 月 13 日上午，市金融办在人民新村举办“金融知识进社区”活动。市金融办党组书记、主任李晓斌，芙蓉区区委常委、副区长罗玉环，长沙银行总行行长助理杨敏佳出席了活动。活动由长沙市人民政府主办，市金融办和长沙银行承办，面向普通社区百姓的社会公益活动。主要包含三个方面的内容：1. 开展金融知识讲座和金融知识问答；2. 开展金融知识现场咨询服务；3. 现场发放宣传资料。为加强宣传力度，活动组织方设计制作展板 30 块，内容涵盖了防范非法集资、个人信用征信、银行卡、反洗钱、反假币、支付结算、网上银行等，深入浅出、图文并茂地为百姓上了一次生动的金融知识教育课。活动当天累计发放宣传材料 1000 余份，接待咨询群众 200 余人。（市金融办）

银　行

【概况】 2012 年，全省银行业资产增速保持稳定。银行业总资产达 2.99 万亿元，增长 19.78%，其中贷款 1.56 万亿元，增长 16.2%。资产质量保持稳定。不良贷款继续双降，余额减少 61 亿元，比例下降 0.85%。盈利能力保持稳定。全年实现经营利润 393.47 亿元，平均资产收益率 1.43%，达到国际先进水平。银行业拨备覆盖率达 101.4%，其中法人机构拨备覆盖率达 90.4%，提高 30.7 个百分点。法人机构平均资本充足率为 10.55%，其中农合机构整体资本充足率升至 8.41%，34.4% 的法人机构实现资本充足率达标。

一、引导信贷合理投放，加大对实体经济的金融支持。引导银行信贷投放对接国家宏观政策和区域发展重点，支持“稳增长、调结构、惠民生”。全年银行业支持的 101 个重点工程新增贷款 647.6 亿元，占全省新增贷款的 29.6%；长株潭“两型”社会试验区新增贷款占全省新增贷款的61.2%；七大战略新兴产业贷款占比升至5.5%；保障性安居工程、下岗失业人员贷款增长明显加快。

二、支持金融均衡发展，增加薄弱环节金融供给。鼓励和支持银行业机构向县域及以下延伸服务，积极培育新型农村金融机构。全省新设村镇银行15家，按照“成熟一家，审批一家”的原则推进农信社改革，批准开业农村商业银行6家。着力缓解小微企业融资难，批设筹建小微企业专业支行或科技型专业支行6家，创新小微企业金融品种100余种、信贷担保产品200余种。省小微企业贷款增加480.3亿元（增幅排全国第5位），涉农贷款增加758亿元，增速分别高于全部贷款增速5.4和3.0个百分点。

三、改革创新，完善市场资金配置。指导非银行金融机构顺应市场拓展业务，湖南信托新增直接融资242亿元，占同期银行业新增贷款的12%；高速财务公司累计为湖南高速融资136亿元；三一汽车金融累计发放汽车抵押贷款150亿元，汽车贷款余额120亿元。督促银行业金融机构推进金融服务和产品创新，通过债务融资工具承销、认购专项信托产品等方式为企业融资近400亿元，承销短期融资券和中期票据312亿元。

四、防控风险，推进重点领域风险防控。以整改增信和防控到期风险为主线，推进政府融资平台贷款风险监管。坚持落实差别化房贷政策和防范房地产企业资金链风险同步推进，严格房地产信贷管理，房地产信贷没有出现大规模违约和波动。深入推进银行业不合理收费专项治理行动，取消收费项目577项，调整收费项目155项，清退违规收费3900余万元。加强合规管理与案件防控，全省银行业机构新发案件、涉案金额和风险金额同比均大幅下降，挽回资金损失275.4万元。稳妥处理客户投诉，受理各类信访投诉401件，现场快速处理167余起，较好维护了金融消费者合法权益。（侯　笛）

【渣打银行落户长沙】 7月19日，渣打银行长沙分行在长沙市芙蓉中路宣布试营业。这是继汇丰、花旗、新韩和东亚之后，第5家进驻长沙的外资银行，也是渣打在中国开设的第22家分行及第88个营业网点。作为第5家进驻长沙的外资银行，渣打银行在长沙市场首先开展的业务是以对公业务为主，开展对私业务为辅。渣打银行于1858年进入中国市场，是中国历史最悠久的外资银行。除长沙分行外，渣打中国目前在全国拥有21家分行、65家支行和1家村镇银行。2007年12月28日，汇丰银行成为首家入驻湖南的外资银行，2011年，以花旗为代表的外资银行加速进驻长沙，此后新韩银行、东亚银行相继在长沙设立分行。（年鉴编辑部）

·中国人民银行长沙中心支行·

【概况】 2012年，全市金融机构认真贯彻国家稳健货币政策，围绕长沙“四化两型”发展战略，加大金融支持力度，全市信贷总量保持平稳较快增长，较好地满足了实体经济资金需求，为长沙经济发展发挥了积极作用。

一、贷款平稳增长。截至2012年末，全市金融机构贷款余额8518.9亿元，增长13.8%。全年新增贷款1035.1亿元，同比少增100.5亿元。其中地方法人机构全年贷款多增52.8亿元。

二、突出信贷支持重点。1. 重点支持支柱产业发展。2012年末，全市交通运输业贷款增长23.8%，高于同期贷款平均增速10个百分点。2. 推动落实中小企业融资服务各项政策措施。全年全市中小微企业贷款新增555亿元，同比多增48.8亿元，增速高于全部贷款增速8.8个百分点。3. 加大对县域等薄弱环节支持力度，全年全市县域贷款新增154.5亿元，同比多增21.5亿元。4. 调控领域贷款明显少增。2012年末，全市房地产贷款同比增长14.1%，增速比上年回落14.2个百分点；全市“两高一剩”行业中长期贷款下降83.2亿元，同比多降99.5亿元。

三、存款保持快速增长。截至2012年末，全市金融机构存款余额8800.7亿元，同比增长19.5%，全年新增1436.6亿元，同比多增496.9亿元。其中单位存款新增803.8亿元，同比多增261.4亿元；个人存款新增477.1亿元，同比多增124.0亿元。

四、金融效益稳步增长，资产质量进一步提高。2012年，全市金融机构同比增盈44.5亿元，不良贷款继续“双降”，不良率低于全省平均水平1.78个百分点。（邹庆华）

【落实金融宏观调控政策】 2012年，人民银行长沙中支结合本地实际，增强窗口指导的针对性和有效性，把握信贷投放节奏，调整优化信贷结构，改善对薄弱环节的金融服务。1. 引导信贷合理增长。按照稳健货币政策“总量适度、审慎灵活、定向支持”的总体要求，通过召开不同层次的信贷形势分析会和专题座谈会、出台货币信贷指导意见、开展信贷政策导向效果评估、建立地方法人金融机构稳健性监测制度、执行差别准备金政策等措施，引导信贷投放总量和节奏均符合国家调控要求。2. 推动信贷结构优化。努力改善薄弱环节和民生领域信贷服务。牵头制定并推动省政府出台进一步支持中小微企业发展、促进专利权质押贷款等方面的工作意见，全年全省中小微企业新增贷款占全部新增企业贷款的78.4%；推动农村金融产品和服务方式创新工作覆盖到全省85个县（市），贷款同比增长33%；探索推动“小额担保贷款+特色种养殖”贷款新模式，前三季度全省小额担保贷款同比增长212.5%。3. 加强金融市场管理。完善利率定价能力评估指标体系，全面开展法人金融机构利率定价能力评估。协调与银行间市场交易商协会签署《借助银行间市场助推湖南省经济发展合作备忘录》，培育市场主体，支持企业拓宽融资渠道，2012年全省非金融企业发行债务融资工具312亿元，同比增长1.4倍，其中中小企业集合票据、非公开定向工具、区域集优模式3项创新产品实现“零的突破”。推进跨境人民币业务发展，2012年与湖南发生跨境人民币结算业务的境外国家和地区达47个，全省共办理跨境人民币结算业务112亿元。4. 提高监测分析水平。完善特色监测体系，编制并通过湖南省政府门户网站发布环洞庭湖粮食价格批发指数、湖南有色金属价格（郴州）指数。（刘瀛洲）

【深化金融服务创新】　2012年，人民银行长沙中心支行继续深化金融服务创新，突出创新重点和实际效果。1. 推进支付体系建设。人民银行长沙中支深化农村支付环境建设，协调省电信公司下调助农取款服务点通讯费用，出台助农取款服务管理制度，2012年全省累计发展助农取款服务点4.4万个，村级覆盖率达87.6%。加强支付系统管理，稳妥推进二代支付系统建设，建立ABS故障下业务异地接管和异地处理机制，确保了支付系统安全稳定运行。推动非金融机构支付服务发展，3家机构获得总行支付业务许可。2. 提高经理国库水平。推进国库会计标准化管理，会同财政部门对长沙地区代理国库集中收付业务进行现场检查，规范国库业务。配合地方政府及财政部门清理整顿财政专户，推行大额拨款审批制度，开发运行国库支出风险联合监督管理平台。配合税务部门全面启动缴税“同城通办”工作，进一步方便纳税人。推进“农村国债发行示范网点”建设，中国国债协会副会长张秉国到湖南调研时给予高度评价。3. 改善货币发行服务。加强人民币流通监测，规范发行基金押运安全管理，加大旺季现金和小面额人民币投放力度，确保合理现金供应。加强货币流通管理，对银行机构使用的清分机进行检测，探索开展金融机构回笼券社会化清分试点，提高流通货币质量。加大人民币反假工作力度，协调省综治委将反假货币工作纳入地方政府社会管理综合治理考核；配合公安机关破获假币案件65起。4. 推进金融信息化。开发建设公共服务业金融IC卡运营服务平台，制订《湖南省金融IC卡行业应用规范》。推动金融IC卡受理环境改造和应用，2012年全省新增发卡295万张。（刘瀛洲）

【维护区域金融稳定】　2012年，人民银行长沙中心支行全面推进金融管理，完善反洗钱工作手段，不断优化金融生态环境，确保了辖区金融稳定。1. 强化银行业金融机构管理工作。加强银行业金融机构新设机构管理，批复42家新设银行机构加入人民银行金融服务体系。督促落实重大事项报告制度，共受理银行机构重大事项报告75件，做到“快速处置、动态跟踪，确保稳定”。首次对省内25家银行机构2011年执行人民银行政策情况开展综合评价。制定金融消费权益保护办法，全省13个市州均开展金融消费权益保护工作。2. 加大反洗钱工作力度。组织对586家金融机构开展洗钱风险评估评级，评估范围扩大到证券和保险机构。对全省68家金融机构开展反洗钱现场检查，防范洗钱风险。制定《湖南省反洗钱可疑交易线索管理办法》，指导金融机构提高可疑交易识别能力，规范线索管理。全省协助公安部门破案件38起。与长沙海关、湖南证监局、湖南保监局签订反洗钱合作备忘录，完善反洗钱合作机制。3. 推动金融生态环境改善。协同省金融办修订省级金融安全区创建达标考核指标和标准，对申报省级金融安全区创建工作达标的5个县（市）进行现场考核验收。全省共有市级以上金融安全区51个，其中省级金融安全区17个。深化与湖南大学金融管理研究中心合作，对全省87个县（市）开展金融生态环境评估，并在新闻通气会上首次对外公布2011年度湖南省金融生态评估综合排名前3位的市（州）和综合排名前30位的县（市），40余家新闻媒体对评估结果发布情况进行了报道和转载，社会各界反映积极。（刘瀛洲）

【提升外汇履职效能】　2012年，人民银行长沙中支加快推进外汇管理理念和方式转型，认真落实外汇重点改革措施，主动改进外汇服务，完善管理手段，有力支持了开放型经济发展。1. 稳步推进外汇管理改革。积极推动资本项目直接投资外汇管理改革，取消35项直投业务审核权限，简化合并14项；在全省实施货物贸易外汇管理制度重大改革；改革财政转贷款外汇管理方式，实行财政转贷款省级财政部门定期登记制度。2. 改进外汇管理服务。修订《企业外汇收支操作指南》，编辑《银行执行外汇管理法规尽责指引》，成立“湖南省涉汇企业联合会”，开发外汇业务培训测试系统，形成外汇政策“服务”、“传导”、“学习”三大支撑平台；出台《关于支持湘南承接产业转移示范区建设的指导意见》，建立个案业务处理机制，加强对定点帮扶企业和骨干企业支持；与长沙海关签署《合作备忘录》，深化与商务部门的“汇贸协作”；探索建立外汇管理服务向县域延伸的“补充机制”。3. 努力提高外汇管理效能。积极运用非现场检查系统追踪违规线索，加大异常跨境资金流动查防力度和大要案查处力度，精准打击“网络炒汇”行为公司。全年共开展各类外汇检查77次。（刘瀛洲）

•中国农业发展银行湖南省分行营业部•

【概况】　2012年，中国农业发展银行湖南省分行营业部（以下简称“营业部”）按照“两轮驱动”和“两个主导品牌”的经营战略，有效地开展各项工作，取得了一定成绩。（落实“整合资源，做强做优”的信贷政策，致力于信贷资产业务的有效发展。全年累计发放贷款56.64亿元，累计收回贷款45.33亿元。12月末，营业部贷款余额为131.67亿元，较年初增加11.35亿元，增长9.43%。）　12月末，各项贷款余额131.37亿元，同比增加11.05亿元，增长9.18%；各项存款与上年基本持平。12月末，农发行各项存款余额21.99亿元，各项存款日均余额35.17亿元，日均人均对公存款1632万元；剔除从农发行划转垫付1998年6月1日以后政策性财务挂账贷款利息55850万元的因素，存款与上年基本持平；中间业务收入创历史新高。实现中间业务收入1036.73万元，同比增加182.63万元，增幅21.38%；不良贷款实现“双降”。12月末，不良贷款余额17360万元，下降380万元，不良贷款占比1.32%，下降0.15%；财务账面利润同比大幅增加。实现账面盈利33818万元，同比增加2353万元，增幅7.48%；人均创利144.52万元，比上年人均增加9.48万元，经营效益达到历史最好水平；资产利润率略有下降。12月末，资产利润率为2.74%，同比下降0.12%；收入成本比进一步下降，12月末，收入成本比为4.86%，同比下降1.69%。（何　舟）

【发展负债业务和中间业务】　引导涉农资金有效存入，组织了社保资金、公路建设资金、房屋维修基金、养老金存款等共计3.87亿元，还组织了单位定期存款2亿元。认真落实资金支付管理、企业销售货款的回笼管理，确保存款的稳定；积极拓展中间业务创收渠道，贷款项目评估等中间业务收入做到了应收尽收，确保了中间业务收入快速增长。（何 舟）

【发展粮棉油购销储信贷业务】 结合营业部的实际情况，重点支持了湖南粮食总公司打造全省粮食产业第一巨舰，重点支持银华、湘棉发挥好全省棉花产业的龙头支撑作用，全年累计发放粮棉油收购贷款13.31亿元，支持企业收购稻谷24万吨，累放棉花收购贷款7.1亿元，支持企业收购棉花89.6万担，有效提升了农发行支持长沙地区粮棉油政策性收储的市场份额。（何 舟）

【支持新农村建设和农业产业化经营】 围绕长沙市委、市政府社会主义新农村建设的整体规划，重点支持农用地治理、农民集中建房、水电路网、生态环境等基础设施建设，全年累放中长期项目贷款19.21亿元，推进了社会主义新农村建设进程。把握服务地方经济的本质要求，重点支持了红星实业、隆平高科、银华棉麻、湖南粮食集团总公司等4家国家级产业化龙头企业和湘丰茶业等19家产业化龙头企业。全年累放贷款9.28亿元，推动全市农业产业集群的加快形成和发展壮大。全年累计发放农业科技贷款1.9亿元。（何 舟）

【控制信贷风险】 2012年，营业部加强控制信贷风险。1. 全力清收湘农公司不良贷款。促成湖南万事达工贸集团有限公司与湘农公司达成初步合作意向，在湘农公司基本无资产的情况下，于9月份收回不良贷款380万元。2. 严控新增不良贷款。落实“贷款风险分级承诺”，除政策性、准政策性贷款外，全部实行了有效资产抵押和担保；2011年粮棉收购贷款全部按期结零，收购贷款本息收回率100%，规避了信贷风险。严格执行贷款约期还款计划，提前落实还款资金来源，10.513亿元中长期约期贷款全部按期收回，有效防范了中长期贷款还款风险。稳妥退出南山食品有限公司，收回贷款3400万元，坚决防止了新增不良；3. 加强基础管理。强化各项制度的落实，加强督促检查和考核，组织了粮油收购贷款、信贷业务合规检查等11次专项检查。加强信贷管理工作，加强了CM2006系统的管理，全面完成了评级授信工作，狠抓贷前、贷中、贷后三个关键环节管理措施的落实到位。开展CM2006二期升级试运行相关工作，推广综合办公平台，加强系统和网络安全规范管理。做好总行监事会和广州特派办检查发现问题的整改工作。（何 舟）

【树立企业品牌】 2012年，营业部着力打造企业品牌。1. 加强沟通协调，加强客户营销、服务和维护，夯实客户基础，加强与省茶叶公司、湘银、棉麻等国际业务重点合作伙伴的业务往来，先后多次上门走访、协调海利化工、红星实业等黄金客户流动资金贷款的续贷问题。继续深化“维护好老客户也是发展”、“服务创造价值”的理念，切实做好客户的服务和维护工作，农发行客户由年初的58家增加到63家，有效客户数量继续呈增长趋势，银企实现了双赢、共赢。2. 开展“创文明示范窗口、树优质服务标兵”活动，规范营业机构柜台服务，打造窗口形象。3. 开展了多层次的对外宣传工作，各种媒体对营业部的宣传和报告实现历史性突破，全年在中央主流媒体上刊发各类稿件55篇，为树立农发行的品牌形象营造了良好的舆论氛围。（何 舟）

•中国工商银行湖南省分行营业部•

【概况】 2012年，中国工商银行湖南省分行营业部（以下简称“营业部”）完成提升竞争力改革任务，各项业务实现持续健康发展。全年实现拨备前利润22.35亿元，同比增长2.52%；实现拨备后利润21.83亿元，同比增长9.15%；实现净利润16.35亿元，同比增长8.96%；实现经济增加值8.61亿元，同比增长10.78%；实现利息收入47.94亿元，同比增长17.90%。两项存款余额为689.76亿元，较年初增加44.95亿元，同比增加13.50亿元，其中储蓄存款、对公存款分别较年初增加34.26亿元、10.69亿元。各项贷款余额为740.96亿元，较年初增加26.47亿元。全年累计投放非信贷资金34亿元，占全省非信贷资金投放总额95%。实现中间业务收入6.99亿元。实现个金营业总额107.74亿元，同比增加6.52亿元。累计清收处置不良贷款2.57亿元，完成潜在风险贷款退转额12.37亿元。（龙 灿）

【主抓基础业务】 2012年，营业部主抓基础业务发展，促进持续健康增长。1. 不断开拓优质信贷市场，重点营销了符合总行信贷政策要求的客户。加快拓展大中型信贷市场。深度营销“四大新市场”龙头企业和上市公司，全年新营销大中型信贷客户112户，累计发放本外币公司类贷款262亿元。新增贷款重点投向了三一集团、中联重科、科力远、二十三冶、电广传媒等优质客户。加快拓展小企业信贷市场。以新型融资产品为拳头，进一步扩宽中小企业融资渠道，打造个性化融资服务方案，成功为一力物流园、中南纸业市场、高桥大市场等园区、市场内30余家中小企业提供了包括票据融资、商品融资、流动资金周转贷款、标准厂房按揭贷款在内的多品种融资服务，累计融资金额达10亿余元。加快拓展个人信贷市场。全年累计发放个人贷款30.28亿元。2. 积极抢占优质存款市场，逐步夯实了存款增长的基础。抢抓了旺季营销先机，开展了员工揽储营销竞赛活动，强化了理财产品销售与储蓄存款之间的协同效应，全年旺季大会战增储45.80亿元。做稳对公存款市场。积极做好存款大户的稳存增存工作，抢抓了财政社保资金专户的营销，年内公积金、移动、烟草等系统大户存款存量始终保持60%以上的市场份额，军队系统存款份额已超过95%。（龙 灿）

【拓展转型业务】 2012年，营业部有效拓展转型业务市场，着力提升了中间业务收入贡献度。创新推进投行业务稳健发展。按照“依法合规、服务匹配、要素完备、客户自愿”四项原则，大力营销结构化融资、项

劳多得，提高了员工发展业务的积极性。（王晓丹）

【风险管理】 2012年，中国银行股份有限公司湖南省分行实施全面风险管理，强化制度建设，加强监督检查，确保全行发展质量和发展安全。全年累计清收化解表内不良贷款7.44亿元，回拨准备金2.89亿元，实现表外不良现金回收值0.34亿元，完成待购汇还贷4户，彻底解决了“7466待购汇还贷”的历史遗留问题。开展“内控合规大检查”、“不规范经营”、“外汇业务合规”专项整治活动，完善诉讼案件督导机制，落实监管要求，防范声誉风险。加强运营、科技与安保管理，实现连续第十四个“安全年”。（王晓丹）

·中国建设银行湖南省分行·

【概况】 2012年，中国建设银行湖南省分行扎实开展经营管理工作，取得了良好的经营业绩和管理成效。全行全口径存款余额3920.85亿元，新增471.24亿元，增长率13.66%，余额和新增均排同业第一。各项贷款余额2311.98亿元，新增254.2亿元，增长率12.35%，余额和新增均排同业第一。荣获湖南省政府颁发的“金融机构支持地方经济发展目标管理一等奖”。（朱牧野）

【公司业务】 2012年，通过在全行深入开展“抓户增存”为主题的营销竞赛活动，对公客户量质齐升，“三类”企业（拟上市、小巨人、创业计划）营销多点开花。对公存款余额达到1738.57亿元，新增136.75亿元，增长率8.54%。狠抓项目营销与储备，重点客户的维护与挖潜，保持传统优势，对公贷款均衡增长，信贷营销成效显著；2012年，公司类贷款余额1782.83亿元，新增159.43亿元，增长率9.82%。（朱牧野）

【个人金融业务】 积极开展代发工资、县级支行劳动营销竞赛活动；强化私人银行业务名单制管理，推行首席客户经理及专属客户经理制度；开展“提高网点产能 提升网点竞争力”活动。个人存款余额2059.55亿元，新增319.36亿元，增长率18.35%。继续推进个贷中心业务管理水平和服务能力，推广运用业务管理系统，提升品牌形象，促进了业务的健康持续发展，个人贷款余额529.15亿元，新增94.77亿元，增长率21.82%。个贷不良额2.64亿元，比年初下降35万元。个贷不良率0.5%，比年初下降了0.11%。（朱牧野）

【战略性业务】 坚持产品创新，完善考核激励，传统业务和新兴业务同步发展，中间业务收入达到31.76亿元，四行占比34.45%，比上年提升0.39个百分点，继续保持同业第一。狠抓客户新增和典型案例应用推广，电子银行业务实现“量、质、效同步发展”。电子银行账务性交易量比70.57%，提升15.18%。坚持信用卡业务创新，加大高收益重点产品的营销推进，信用卡业务继续保持健康快速发展。信用卡客户新增47万户，信用卡净新增34.86万张，信用卡客户新增47万户，总量达到150万户，消费交易额419亿元。业务拓展成效显著，产品创新初显成效，国际业务稳定快速发展。国际结算量53.01亿美元，跨境人民币结算量16.55亿元，增长率586.72%。（朱牧野）

【风险控制】 加大不良资产回收、处置力度，通过现金回收、呆账核销、抵债资产处置等手段，累计清收处置不良资产29.12亿元，其中现金回收16.85亿元。不良额和不良率继续双降，不良贷款额为24.76亿元，比年初下降11.98亿，不良贷款率为1.07%，比年初下降0.72%。（朱牧野）

【业务创新】 成功办理湖南分行首笔人民币换币种海外代付业务、出口代付业务、进口信用证买方付息贴现业务，巩固了客户合作关系；创新推出封闭式管理系统，成功制出了全国第一张社保金融IC卡，并新推了福农卡、E宅购联名结算通卡、张家界市民IC信用卡等银行卡产品；推出助农取款服务；完成了小企业固定资产购置贷款、个体工商户贷款产品的创新运用；将传统的资金存放同业业务与保本型理财产品相结合，为理财产品的资金运用开辟新渠道。（朱牧野）

【支持地方经济】 中国建设银行湖南省分行积极支持长沙经济建设，2012年，继续支持沪昆铁路客运专线、湖南省公路投、湖南省铁路投、建工集团等在长沙的企业和项目发展。继续优化调整信贷结构，推动湖南省工业化和城市化发展步伐，重点支持资源节约型、环境友好型企业，助力湖南由农业大省向经济强省转变。2012年，中国建设银行湖南省分行加大对湖南中小企业的金融支持力度，组织开展了“搭平台、送产品、优服务、促发展”营销竞赛活动。2012年底，中小企业贷款余额792.3亿元，其中小微企业贷款余额266.61亿元，较年初增加74.04亿元，增幅38%。荣获长沙市政府颁发的“小微企业金融服务奖”和“融资特别贡献奖”，荣获人民银行长沙中心支行颁发的“小微企业金融服务先进单位”。（朱牧野）

·交通银行湖南省分行·

【概况】 2012年，交通银行湖南省分行着力提升经营水平和市场竞争力，各项工作稳健发展并取得较好成绩。截至年末，全辖本外币资产总额691.63亿元；人民币各项存款余额635.82亿元，较年初增加121.73亿元，增幅23.68%；人民币各项贷款余额为451.02亿元，较年初增加63.37亿元，增幅16.34%。不良贷款余额26251万元，不良贷款占比0.57%。完成国际结算量35.76亿美元，增幅17.66%。实现中间业务净收入4.2亿元，增幅为33.77%。在总行的综合绩效考核中名列第五名，综合竞争力排名第九名、服务提升考核排名第六名、内控评价排名第十名，并再次获得“经营管理优胜单位”称号。（刘　兵）

【强化客户基础】 “五一工程”建设初现成效，已成为全辖对公存款发展的“推进器”。全年对公客户数增幅达24.66%；对公有效客户完成总行任务的148.33%。利用本外币、境内外联动等，拓展国际结算优质业务客户，领汇财富高端客户完成全年任务的137%。对私有效客户增幅16.6%。达标沃德、交银客户总行任务完成率

3 月 27 日，交通银行湖南省分行物业维修基金自缴系统上线

分别为 120.83% 和 132.22%。代发有效客户提升增量和完成率在系统内分别排名第九和第七。家易通客户中的中高端客户覆盖率 33%。手机银行客户新增和电子支付有效商户新增等均超额完成总行下达的任务，完成率分别为 188.57% 和 233.33%。电子银行分流率完成总行任务的 135.52%。

（刘　兵）

【调整信贷结构】　积极落实国家宏观调控政策，加大信贷结构的调整，切实服务实体经济。以湖南“十二五”规划为蓝本，重点支持了省内重点行业和产业龙头企业，并对融资平台、房地产、钢贸行业等风险较高的存量贷款进行了全力压降。新增贷款中，抵押贷款的占比达 96%，担保结构进一步向好。中小微型客户占全部对公授信客户的 77%，增量占全部授信客户增量的 93%。中小微型企业贷款余额占全部对公贷款余额的 66.26%，同比增幅达 65.43%，高于全部对公贷款的增幅。个贷增幅达 12.48%。在调整新增资产结构的同时，下大力气压缩不良资产，全年压缩存量不良资产 6913.49 万元，化解存量“监察名单”贷款 16408.37 万元，收回新增不良贷款 5121 万元，收回已核销信贷资产 200 万元，超额完成总行各项资产质量任务，确保了资产质量的优良。

（刘　兵）

【创新业务】　以“一家做全国”供应链金融，深化与中联等集团客户的合作。联合省财政厅推出了“政府采购－速贷通”，联合省知识产权局推出了知识产权质押贷款“智融通”。办理了系统内第一单保险资金债权投资计划，开创了全省引入保险债权资金支持公路建设的先河。零售板块首次办理资产入池项目对接发行理财产品，获得了长沙市政府颁发的“小微企业金融服务奖”，税融通产品获得“小微企业金融创新产品奖”。

（刘　兵）

【风险管理】　全面风险管理委员会加贷审会、风审会的“1+2”风险管理体系不断完善。努力提高贷款五级分类的准确性，严格贷后管理检查、考核，强化“一把手”的风险管理责任，全年贷后管理考核在系统内排名第五。密切关注重点行业、重点区域风险，对于“两高一剩”和淘汰落后产能的领域，以及受经济波动较大的钢贸等行业，加强了风险管控，及时减持退出。关注表外业务风险，组织开展“合规文化建设年”活动，开展了不规范经营问题专项治理、产品销售合规检查、反洗钱、治理小金库等专项工作。狠抓案件高发领域的防控工作，严格执行案防“双挂钩”和考核“一票否决”，保持了安全运营和“零发案率”。

（刘　兵）

【机构建设】　增设了大客户一部、二部，将会计结算部分设为营运管理部与业务处理中心，促进营运能力和效率的提高。坚持不懈地推进“两轮驱动”战略，各辖属分行存款较年初增长形势良好，望城、宁乡、浏阳等县域支行也呈现较强的展业潜能。坚持高标准、高效益建设新建机构，做到“三个同步”，即：筹建与发展规划同步、市场拓展与渠道建设同步、企业文化与学习型组织创建同步。全年完成永州、怀化、娄底 3 家辖属分行和浏阳支行、郴州五岭支行、衡阳解放路支行、长沙柑子园支行共 7 家新机构的筹建及开业，为下阶段发展增添了生力军。常德分行营业部、株洲分行营业部、岳阳分行营业部获评为全国银行业文明规范服务“千佳”示范单位；星沙支行等 8 家网点获评为湖南省银行业“百佳”服务示范单位。

（刘　兵）

【履行社会责任】　为纪念建团 90 周年，弘扬五四“爱国、进步、民主、科学”的核心精神，成立扶贫助学小组，赴吉首市保靖县水田河镇交通银行希望小学，开展湘西助学活动，为“保靖县水田河镇交通银行希望小学”的全体师生们捐赠了大量文具。9 月份，在总行的支持下，出资十万元支持湘西希望小学建设。向怀化通道县原生态侗族村寨灾区募集爱心捐款 10 万元；各辖属分行也积极组织贫困学校、贫困生、残疾人、福利院的爱心捐助活动。全年累计对外捐赠折合人民币 48 万余元。组织青年志愿者开展“学习雷锋”义务献血爱心公益活动，这是交通银行湖南省分行连续四年发动员工参与献血活动；参与长沙市第二福利院开展的“春暖二福，与爱同行”2012 公益植树活动；组织参与“地球一小时”环保公益活动等，展现了交行良好形象。　（刘　兵）

·兴业银行长沙分行·

【概况】　兴业银行长沙分行开业于 1999 年 2 月 7 日，是兴业银行在中西部地区设立的首家省级分行级机构。截至 2011 年末，分行内设 15 个管理部门，在湖南省下辖 21 家分支机构，共有员工 835 人。2012 年，

排污权抵押贷款签约仪式

长沙分行改革落地、转型突破，发展跨越，经营管理迈上了新台阶，市场地位显著提升，各项业务强势领跑本地同类型同业，被总行由三类区行调升迈入二类区行。截至2012年末，分行总资产分行本外币总资产743.17亿元，较年初增加269.58亿元，增长56.92%。本外币各项存款余额475.37亿元，较年初增加152.50亿元，增长47.23%。本外币各项贷款余额303.05亿元，同比增加50.18亿元，增长19.85%。全年实现净利润12.43亿元，同比增加3.08亿元，增长32.94%。（董生昭）

【经营特色增强】 企业金融业务立足“一体两翼”业务格局，传统业务稳步发展，年末授信客户达874户，新增370户。投资银行业务快速发展，全年落地项目27个，融资金额139.7亿元。绿色金融业务市场影响良好，落地省内首笔排污权抵押贷款、合同能源管理贷款（EMC）业务，年末绿色金融业务余额36.96亿元，较年初增加14.7亿元，共支持省内162个节能环保项目。小企业业务较具规模，年末小企业信用资产余额45.78亿元，较年初增加24.49亿元。供应链融资业务取得长足发展，通过国内信用证、有追索权的明保理等新兴产品，累计为中联重科、泰格林纸、华菱集团和北汽福田等大型核心企业及其上下游企业实现融资231.29亿元。零售业务较快发展，兴业理财品牌响亮，年末综合金融资产174.29亿元，较年初新增45.9亿元。兴业通重点商圈行活动影响广泛，兴业通收单、白金信用卡、个人经营贷款等多种产品综合运用，全年累计发放个人经营贷款20.52亿元，成功发行信用卡3.39万张。安愉人生中老年客户服务方案、私人银行、贵金属交易、贵宾客户服务等市场口碑良好。金融市场业务立足全国大市场，银银平台持续释放能量，银证、银信、银保、银财合作全面开花，同业存放、资金拆借、资产托管、理财销售、票据业务等业务灵活运作，价值创造成果突出。（董生昭）

【体制改革】 企业金融、零售金融、金融市场三大条线改革全面投入运转，企业金融总部、业务总部、业务部三级运作的组织体系全面确立，零售支行实现独立运营核算，更名设立金融市场部，三大条线专业运营，分开核算，分灶吃饭，裂变、举牌、等级管理等模式全面推广，内生增长动力强劲。（董生昭）

• 长沙银行 •

【概况】 长沙银行成立于1997年5月，总部位于湖南省省会长沙，是湖南省首家区域性股份制商业银行，拥有包括广州、株洲、湘潭、常德在内的29家分支机构、81个营业网点，控股发起湘西、祁阳、宜章3家村镇银行，员工2477人。截至2012年末，全行资产总额达到1599.9亿元，存款余额达到1365.2亿元，贷款余额达到475.8亿元，年度利润达到24.07亿元，不良贷款率为0.74%，资本充足率达到12.67%,。综合实力位居长沙同业前三，在全国140多家城商行中排名前列，连续五年被银监会评为当前中国银行业最高等级的二类行，各项结构性指标全面达到上市银行水平。在英国《银行家》杂志评选的2010年度全球1000大银行中，长沙银行名列第673位；在香港《亚洲周刊》发布的“亚洲银行300排行榜”中名列第198位；在中国《银行家》杂志评选的2011年度全国城市商业银行（资产规模1000亿元以上）竞争力榜单中名列第六位。（马腾君）

【改革转型】 2012年，长沙银行通过加快改革释放发展活力，为超越发展提供了有力的机制和体制保障。1. 开启总分支改革，改变传统的总支两级扁平化管理，强化总行决策、指挥、推动功能，实行分级授权和权力下放，使分、支行真正成为决策、营销、服务中心。2. 推进人力资源系统改革，高管、专家、职业经理、客户经理、综合柜员五大序列入岗入列工作稳步推进，人才招聘引进、培养培训工作规范化、常态化，中层正职轮岗顺利完成，与经营战略相适应的战略性人力资源管理体系初步构建。（马腾君）

【特色业务发展】 2012年，长沙银行深化特色定位，创新特色模式，竞争能力在转型中持续提升。1. 小微金融实现创新。率先成立小微企业信贷中心，设立22家专营支行，不断深化小微企业服务模式。2. 同业业务稳步增长。实现同业业务收入10.32亿元，增长83.96%，全面拓展银银、银信、银证合作。3. 公司业务持续提升。交警罚没款自主缴费系统成功上线，省级代理业务成效显著，资产管理业务起步良好。4. 零售业务思路明晰。转账支付卡、公务卡发卡量、交易额大幅增长，开发移动金融、手机付项目；湖南省首家社区银行正式营业，长沙银行正向“长沙人家门口的银行”转变。5. 理财业务发展加快。全年累计发售理财产品108期，募集理财资金123.46亿元。6. 贸易融资业务特色凸显。全年国际结算量超过10亿美金，

累计资金交易量达到84.04亿美元。（马腾君）

【精细管理】 2012年，长沙银行推进管理方式转型，提升精细管理能力，为业务发展提供有力支撑。1.强化资产负债管理，实时监控各项财务指标和监管指标，严密防范流动性风险。2.推进总部效能建设，按照“一事不二议、一事不二审”原则全面梳理精简总行办公流程，贴近基层需求和业务需要。3.夯实IT建设，核心业务系统优化改造，系统建设全面推进，对业务发展和精细管理的支撑能力增强。4.优化考核办法，转变下达硬指标为鼓励分、支行自主选择、分档实现，推动分、支行自主发展和均衡发展。（马腾君）

【长沙银行小微企业信贷中心开业】 12月18日，长沙银行小微企业信贷中心开业暨“长湘贷”产品新闻发布会在通程国际大酒店举行，这是长沙行设立小微企业部、创建科技支行后，对小微企业金融服务的又一升级，弥补了当前长沙金融业服务小微企业的又一空白。省银监局副局长艾建华、省政府金融工作办公室巡视员邹接龙、市政府副秘书长卢兴映、省银监局城商处处长李训明、省银监局城商处副处长胡茹琰、市政府金融工作办公室副主任段永松、省银监局城商处科长王华芳，长沙银行董事长张智勇、行长朱玉国出席了开业庆典，并共同为小微企业信贷中心授牌。在发布会现场，首批微贷客户与长沙银行现场签约，标志着小微企业信贷中心正式起航。长沙银行自主创新的“长湘贷”产品，在湖南省内首推无抵押信用贷款模式，以求不断提升服务小微企业的水平。在当前国民经济高位下行的大背景下，小企业、特别是小微企业面临较多困难，融资压力尤为突出。小微企业信贷中心的成立将率先为小微企业提供优质高效的金融服务，解决企业发展资金困难问题。同时也将为进一步壮大实体经济、增加就业、改善民生、促进地方经济发展注入正能量。（马腾君）

【湖南首家社区银行开业】 12月20日，湖南首家社区银行长沙银行彭家巷社区银行在长沙市开福区彭家巷社区开业。彭家巷社区银行作为湖南省内首家社区银行，是长沙银行和彭家巷社区联手打造的新型便民社区银行，建立了集人工服务和24小时自助银行服务于一身的创新型服务营销渠道，为社区居民提供切实需要的金融产品和服务，尝试以小规模、低成本和差异化服务，全面构建两型社会的“金融数字社区”服务平台。长沙银行社区银行作为一种崭新的金融模式，将满足社区居民日常金融需求，实现多项业务代缴，有效分流柜面业务，为市民开创了金融服务的“新模式”；社区银行根植社区“接地气”，与市民和小微企业进行无缝对接，针对社区特色设计专属金融产品和服务，为推动差异化发展开辟了“新渠道”；同时，银行从社区吸收资金再投入到社区建设，真正实现“取之于民，用之于民”，为助推社区经济发展增添了“新动力”；社区银行与社区工作紧密结合、互相配合，大力开展共建活动，也为政府部门和社会管理创新注入了“新元素”，完善和提升了社区服务功能和品质。（马腾君）

【名列“亚洲银行300排行榜”第198位】 2012年，长沙银行通过加强管理水平，发展特色业务，提升优质服务等举措，保持了良好的可持续成长。12月31日，在香港《亚洲周刊》发布的“亚洲银行300排行榜”中名列第198位，同时荣获 “2012年20大纯利增长最高银行荣誉奖”，纯利增长速度位列第十三位；在中国《银行家》杂志评选的2011年度全国城市商业银行（资产规模1000亿元以上）竞争力榜单中名列第六位。（马腾君）

·长沙市农村信用合作社联合社·

【概况】 截至2012年末，长沙市农村信用社（农村商业银行、农村合作银行）存、贷款总量分别为852.11亿元和492.22亿元，分别居全市同级金融机构第三位和第五位；实现总收入60.49亿元，经营利润29.27亿元；不良贷款率、资本充足率、贷款损失准备充足率、不良贷款拨备覆盖率分别为1.88%、16.55%、569.2%和318.85%。

服务能力持续提升。全面落实银监会阳光信贷、惠农富民金融创新、金融服务进村入社区“三大工程”、省联社“百千万”客户工程和市联社“小微企业金融服务年”工程。全年累计投放各类贷款425.98亿元，同比多投84.47亿元，向区域净投放资金109.59亿元，有力地支持了地方经济发展，被长沙市政府授予“融资特别贡献奖”和“小微企业金融服务奖”。

经营实力逐步增强。产权改革稳步推进，望城农村商业银行挂牌开业，雨花、天心、芙蓉、开福4家农村合作银行完成清产核资等改革前期准备工作，全辖向省内农村商业银行投资

长沙银行小微信贷中心举行授牌仪式

参股1.1亿股、1.7亿元。拓展服务网络，增设自助设备，设立贷款中心、贷款专柜、便利店，审批建设费用3.2亿元，打造精品网点119个。创新业务品种，归类整合全市信贷产品，加快发展福祥便民卡、贷记卡、公务卡和福农一卡通、网银等新业务。

管理创新成效明显。组织开展多内容覆盖、多层次参与的各类培训235次（期），参训达2.96万人次。推行资金内部转移定价（FTP）和平衡计分卡实施工作，持续推进流程银行模式管理。推广远程集中授权，强化集中事中监督，前移风险监管端口。开展整体移位稽核和“飞行”检查，实行案防“三方联保”和员工“亲情账户”管理，员工案防自觉性不断增强。

文化建设加快推进。组织业务技术比赛、企业文化主题演讲比赛和首届“福祥杯”男子篮球赛等各类主题活动103次，集体凝聚力进一步增强。广泛开展“学习雷锋精神，争当服务先锋”活动，向通道灾区、贫困中学、福利院、敬老院、教育基金会、“爱心集市”献爱心。在省内主要媒体进行专题宣传报道，在车站、高速公路、市内交通要道、乡镇社区等醒目位置设立广告，企业形象得到进一步提升。

（张　茜）

保　　险

【概况】　2012年，长沙保险业以加快转变发展方式为主线，全力服务湖南“四化两型”建设，实现平稳健康发展。

一、行业保持平稳健康发展。2012年，长沙保险行业总体保持平稳健康发展。1. 业务规模保持适度增长。全年全市实现保费收入119.86亿元，同比增长4.53%。占全省保费收入25.85%，较上年提高0.75个百分点。其中财产险公司实现保费收入51.54亿元，同比增长13.84%。人身险公司实现保费收入68.32亿元，同比增长2.83%。2. 业务质量不断提高。财产保险业务中，非车险保险收入11.68亿元，占比22.66%，其中：信用险1.84亿元，增长38.35%；农业险1.24亿元，增长24.5%。信用险、农业险、责任险、意外险等险种在财产保险中发挥的作用愈加明显。人身险保费收入中新单期缴业务仍然维持较大的比重，达8.53亿元，健康险、意外险均有不同程度的增长。3. 新型销售渠道不断拓宽。近年电话销售、网络销售等新型销售渠道逐年拓宽，2012年得到迅猛发展并取得实效。全年电销业务首次突破10亿元，达10.58亿元。4. 市场体系不断完善。2012年，随着光大永明人寿、国华人寿、安邦人寿和泰康养老等4家分公司进入湖南寿险市场，驻长沙省级保险分公司增加达44家，其中财产险21家，人身险23家。总部驻长沙的湖南省首家保险法人机构吉祥人寿保险股份有限公司也于2012年9月21日挂牌营业，分支机构设立正加紧筹备。保险中介机构和兼业代理机构不断发展，专业的健康、养老、信用、年金等保险机构相继成立，逐步形成了覆盖长沙城乡的保险服务网络。

二、保险功能作用日益彰显。2012年，长沙保险业以推广湖南财产保险业城乡服务体系建设试点经验为契机，加大力度，切实发挥保险行业服务经济社会的作用。以机动车辆保险、农业保险等险种为重点，在全市开展保险业城乡服务体系建设，从制度机制上解决产品供需矛盾、理赔难、服务滞后等制约行业发展的瓶颈问题，促进保险公司提高服务质量，提高保险消费者满意度。1. 保障经济社会稳定运行。为全市经济社会提供1.82万亿元的财产风险保障，同比增长15.19%。人身险累计新增有效保险金额达0.45万亿元，同比增长2.66%；有效承保0.37亿人次，同比增长2.54%。全市保险赔付29.45亿元，同比增长3.06%。2. 加大涉农保险服务力度。在开展农房、水稻、棉花、能繁母猪、森林火灾等险种基础上，将农业保险服务领域延伸到特种种植、养殖业。2012年全市种植业承保面积160万公顷，同比增长98.58%；养殖业承保头数达47.04万头，同比增长68.54%；森林保险承保面积扩大到64.03万公顷，同比增长222.77%。农业保险赔款支出0.49亿元，近10万农户受益。3. 完善社会保险保障体系。配合国家医疗体制改革，积极参与城镇职补充医疗保险、企事业单位补充医疗保险。全年健康险保费收入5.58亿元，同比增长4.69%；支付赔款5.05亿元，增长5.2%。4. 服务两型社会建设。环境污染责任保险试点由长株潭拓展到全省各个市州，高危行业安全生产责任险试点稳步推进。5. 促进出口贸易发展。出口信用保费收入5129.9万元，为31.25亿美元的出口和投资提供了收汇保障。对出口企业的支持力度不断加强。

三、行业服务水平不断提升。2012年，长沙保险业坚持以服务为导向，改进服务方式，提升服务水平。1. 综合治理车险理赔难和寿险销售误导。对长沙产险公司开展积压未决赔案清理专项检查，倒逼产险公司建立长效机制。建立了寿险销售误导信访投诉“快查快处”机制，坚持有报必查、从快严查、从严追责。加强行业自律，湖南省保险行业协会制定了加强产险理赔服务和治理销售误导自律公约，并出台了销售误导投诉纠纷处理标准，促进了车险理赔和寿险销售不断规范。2. 不断完善保险服务标准。湖南保监局发出了《关于进一步加强机动车辆保险理赔管理的通知》，要求产险公司完善理赔基础管理和车险统一服务标准。建立客户个人信息保护制度，制定了《湖南保险机构客户个人信息保护工作监管指引》，要求保险机构完善客户个人信息保护机制，依法收集和使用客户个人信息。规范投保计划书管理，发出了《关于规范人身保险投保计划书管理的通知》，统一了投保计划书管理标准。3. 切实维护保险消费者合法权益。湖南保监局建立了局长接待日制度，加大基层信访问题化解力度。自觉接受社会监督，制定了保险业社会监督员管理办法，面向全省选聘58名社会监督员。开通了信访投诉热线。建章立制，确保12378热线湖南分中心正常运转。加强保险合同纠纷调解，全年共调解41件保险合同纠纷，涉案金额达247万元。4. 强化了服务质量评价。建立了产险服务质量评价体系，重点考察车险理赔查勘、定损、结案、付款等关键环节客户满意度。开展了寿险诚信服务状况评价，从销售诚信、管理诚信、社会评价3个方面，建立14

项指标进行量化考评。修订了完善保险业理赔服务指数编制管理办法等配套制度，启动分地区、分险种理赔服务指数测算。

四、保险市场秩序不断规范。2012年，切实加大监管力度，促进了长沙保险市场秩序的不断规范。1. 大力开展现场检查。根据中国保监会的统一部署，查处农险、电销违规业务，重点治理了理赔难和销售误导问题。2. 完善行政处罚工作机制。湖南保监局发出了《关于明确行政处罚案件追究直接责任人员和上级机构责任有关问题的通知》，推行直接责任人确认书制度，明确责任认定标准，完善取证程序和证据要求。制定了《农业保险现场检查中发现的违法违规行为认定标准》，将严重弄虚作假、违反内控制度、损害农户利益的情形列为监管重点，加大责任追究力度。3. 严格市场准入监管。探索建立保险机构市场退出机制，制定了《湖南保险业支公司及以下机构市场退出管理试行办法》和《产险中心支公司市场退出管理试行办法》，规范退出程序，保护消费者权益。规范现场验收工作规程，对现场验收标准予以量化、细化。加强高管人员管理，出台了《湖南保险机构高级管理人员准入管理办法》，强化省分公司考察责任，明确考察内容，规范申报行为。完善高管培训制度，将参训范围扩展到各保险公司省分公司财务、业管等部门主要负责人，以及所有营销服务部主要负责人，督促建立高管人才梯度队伍。

五、市场风险得到有效管控。2012年，坚持以防范风险为重点，切实加强风险管控，确保了长沙保险业健康稳定发展。1. 消除退保风险隐患。提高风险防范意识，运用专题会议、培训等方式，统一行业思想认识。加强动态监测，实时监测退保人数、退保金额等退保风险苗头，实行退保风险分类评价制度，对被列入重点关注类的公司发出风险提示函。开展退保风险排查，组织退保风险隐患摸底排查，要求公司落实管理责任，完善应急预案，加强舆情监测，引导媒体客观报道。2. 集中整治案件风险。开展非法集资排查，现场督导长沙保险分支机构整治非法集资工作情况。开展重点案件督查，建立案件问责台账，督促公司落实责任追究。开展“破案会战”行动，向公安经侦部门移交涉嫌保险诈骗线索21起，涉及金额277万元。3. 加强非现场监管风险预警。开展分支机构偿付能力风险监测，制定《保险公司分支机构偿付能力风险“红、黄、蓝”牌警示办法》，19家次公司受到亮牌警示。建立异动数据核查机制，制定了《湖南保监局保险统计数据核查办法》，对数据异动的3家保险机构进行现场核查，督促公司提高数据质量。细化了分类监管举措，向各公司及其总公司通报年度分类评价情况，把C类和D类公司作为风险防范重点，有针对性地实施现场检查、风险排查等监管措施。

（刘纵波　李晓鹏）

·中国人民财产保险股份有限公司长沙市分公司·

【概况】 2012年，中国人民财产保险股份有限公司长沙市分公司（以下简称“人保财险长沙市分公司”）在现代金融、社会保障、农业保障、防灾减灾和社会管理等方面发挥了重要作用，取得了较好的成绩。公司连续多年被省、市政府评为“重合同、守信用”单位、“文明单位”和“文明行业”。2012年，公司出单中心本部被人保集团公司评为“中国人保为民服务先进窗口单位”；被人保总公司评为“金牌服务示范窗口”；被省保监局评为“湖南省保险业双十佳优质服务窗口”。全年，人保财险长沙市分公司共实现保费收入11.57亿元，市场份额仍然稳居长沙财产保险市场第一位；未决赔款准备金累计计提4.3亿元，公司各项准备金计提充足，偿付能力不断提升。人保财险长沙市分公司在大力谋求发展的同时，其服务地方经济社会建设的能力也在不断增强。

一、保险保障工作。人保财险长沙市分公司加大对长沙市重要产业、重点工程、重大项目的风险管理和保障，积极开办了车辆保险、工程险、建筑施工企业意外险、信用险、中小企业保证险、健康险等险种。主动参与社会管理，积极协调促进安全生产责任险、校园方责任险、环境污染责任险、食品安全责任险、民生保险等险种的推广。2012年，公司为101万个企事业单位、个人及车辆提供了2638亿元的风险保障；共受理有效报案14.38万件，平均每天394起；共支付各项赔款6.1亿元；共上缴和代收税款1.58亿；解决就业岗位2000多个，充分发挥了保险的保障功能和经济补偿作用。

二、配合做好交通安全管理。2012年，人保财险长沙市分公司继续配合做好长沙市道路交通事故快处快赔，在全市设立的8个快处快赔服务点均派出快处快赔专员，方便出险客户迅速撤离现场，减少道路拥堵；做好农村“五小车辆”保险工作，配合交警部门将摩托车专项整治活动作为一项长效机制抓落实，保障乡村道路交通安全；进一步加快理赔速度，实行万元以下案件1小时通知赔付。2012年，公司1小时通知赔付达成率为97.57%；发挥费率的杠杆作用，激励投保人提高安全驾驶意识，减少交通事故的发生，改善道路安全状况，产生良好的社会效应。

三、服务“三农”。2012年，人保财险长沙市分公司共为75万户农户承保水稻11.91万公顷、油菜2.75万公顷、森林19.73万公顷、能繁母猪19.55万头、育肥猪8.63万头，承担风险保障达20.39亿元，全年支付农险赔款3737.16万元，开办农业保险以来，累计支付农险赔款过亿元。在发展农业保险的同时，公司持续推进“三农”保险服务体系建设工作，积极打造集承保、理赔及服务咨询于一体的“三农”营销服务部，让广大农民在“家门口”享受到中国人保的保险服务。

四、防灾减损。2012年，人保财险长沙市分公司充分发挥了风险管理专业优势，通过风险评估和防灾减损，促进全社会风险管理水平的提升。建立联动机制，将生产经营企业的安全评级、重大隐患整改情况费率浮动挂钩，推动企业安全生产工作落实；开展防灾减损工作。为重点风险标的提供专业培训，加强风险防范，帮客户规划防灾防损策略，发挥了风险顾问和安全检测员的作用；与气象局开展气象预警信息服务合作。为投保客户提供免费的气象预警信息服务，及时向客户发送的实时灾害动态短信通知，为降低自然灾害带来的损失发挥了积极作用。

五、加强服务能力建设。2012年，人保财险长沙市分公司以保监局城市服务体系建设唯一试点单位为契机，继续坚持以客户为中心，以服务为根本，着力开展提高服务标准、提升服务水平的“服务双提升”工作，使公司服务水平跃上新台阶。客户节期间，公司再次推动理赔服务升级，推出了“10+4”理赔服务承诺。即“暖心理赔、电子理赔、极速理赔、简便理赔、速递理赔、人伤无忧理赔、限时理赔、全国理赔、到家的理赔和全国范围内故障车辆免费救援”以及“限时理赔、专属理赔、简便理赔和全国通赔”。社会公众对公司的服务评价显著提升，2012年，人保财险长沙市分公司在湖南保监局组织的保险服务消费者满意度测评排名中名列第一，公司组织编写的《车险经营服务标准化指引》被作为行业标准在全省推广。

（陈 萱）

• 中国人寿保险股份有限公司长沙市分公司 •

【概况】 2012年，中国人寿保险股份有限公司长沙市分公司（以下简称“长沙市分公司”）在宏观经济形势异常复杂的情况下，长沙分公司以“稳中求进、奋力开拓”为总基调，以价值提升为核心，持续推进了公司稳健发展。

一、业务健康发展。2012年，公司实现总保费收入19.97亿元，实现标准保费7412万元，实现短险保费1.66亿元，其中意外险保费8701万元。 个险渠道：达成标准保费7174.33万元，达成首年期交保费16396.9万元，其中，5～9年期保费4393.85万元，10年期及以上期交保费8111.96万元，达成短险保费3535.97万元、意外险保费1443.5万元。银保渠道：达成新单保费3.73亿元，期交保费5201.85万元，长险首年标准保费1010.5万元。团险渠道：达成短险保费13087万元，达成意外险保费7264.69万元。

二、发展基础夯实。1. 销售力量不断加强。先后优选了6名后备干部到县支公司挂职锻炼，充实基层管理力量；共有26人志从机关交流到县支公司工作；在主管配置上优先保证销售部门主管需求，机关销售部门主管达到12人，较改革前增加8人，提升200%；从后援部门转向销售部门的优秀员工达33人。 2. 干部队伍不断优化。公司上下通过人力资源制度改革基本实现了干部队伍的年轻化、知识化、专业化。全市系统中层干部的平均年龄由42岁下降到37岁， 主管队伍的平均年龄从改革前的39岁下降到36岁； 全市干部队伍本科及以上学历由71 %提升到79%，提升了8个百分点 ；人力资源制度改后上岗的管理干部95%为所在岗位的专业化人员，比改革前提升近20个百分点。3. 销售队伍不断强化。个险渠道以“初管营”和“扬帆营”为日常化运作平台，加大队伍建设力度。全年“初管营”入营人数累计950人，“扬帆营”入营人数累计810人；强化了人力条线，在各经营单位专门设置了人力发展岗和辅导员岗；建立大收展队伍，在保持现有收展区部稳步发展的同时，依次建设了河西市区、望城城区、星沙城区、浏阳城区、宁乡城区5支收展团队；以“城区复兴计划”为抓手，在中心城区建立了高素质的“百人兵团”。银保渠道持续优化了客户经理队伍结构，打造了一支高素质理财经理队伍，还成立了理财经理队伍建设专项工作小组，专门负责全市理财经理队伍建设的指导和销售支持。团险渠道打造了一支与各销售拓展团队相适应、与长沙市行政区划相匹配的销售队伍；强化了小额保险、计生等专职客户经理队伍和法人单位、企业年金及重点项目拓展团队两支队伍建设；推进了小额信贷专业拓展团队、建工险专业拓展团队、银行对公专业拓展团队、代理公司和经纪公司专业服务团队4支队伍建设。

三、完善管理模式。公司稳步推进了长沙中心城区的组织架构整合，实施了“专业化经营、扁平化管理”的新机制，提升了工作效率。特别是在团险渠道组建了一支高素质的大客户服务团队，在银保渠道全面推进了客户经理和理财经理两支队伍建设，为长沙中心城区发展提供了强大的活力。长沙中心城区的核心业务实现了全新的飞跃，强化风险防范。按照“坚持制度经营、依规治司”的准则，有效规避了各类经营和管理风险。公司制定了各类办公管理制度、会务制度、各类项目议事制度和《两个规范》，不断完善规章制度；组织全员学习，增强制度的执行意识，确保有章可循，做到有令必行、有禁必止，在公司上下营造了以制度管人、按流程办事的良好习惯；增强了按规范流程办事的意识，推进内控标准执行工作，提高法律事务日常关注度，从流程角度防范风险；落实治本抓源头工作措施，加强了对市、县两级干部的监督管理，加强了对“三重一大”决策的检查，加大了各类风险排查和信访核查力度。

（阳爱萍）

• 中国太平洋财产保险股份有限公司长沙中心支公司 •

【概况】 2012年3月，中国太平洋财产保险股份有限公司长沙中心支公司（以下简称“太平洋产险长沙中支”）完成从原太平洋产险湖南分公司营业部分设筹建工作。2012年，太平洋产险长沙中支管理规范有序，服务创新改善，经营依法合规，各项经营指标达到预期。

一、经营业务平稳发展，切实服务本地客户。2012年，实现保费收入40110万元，占太平洋产险湖南分公司全省总保费的25.06%，比上年增长3046万元，增长率达8.22%。与分公司营业部合并后的保费收入8.37亿元，占长沙地区保险市场份额的16.24%，行业排名稳居第三。全年累计赔款支出23088万元。重大客户业务基础稳固，与大唐电力公司、湖南南方水泥有限公司、广汽集团及旗下广汽东阳公司和广汽菲亚特公司、中国化工集团及其下属企业、湖南省通信建设有限公司等多家世界500强、全国500强企业开展业务合作，并继续成为湖南省政府、长沙市政府保险采购指定单位。车险业务持续稳健发展，全年保费收入共36355万元，为长沙地区近12万客户提供专业的车险保险服务。

二、打造湖南服务业首家“五星级示范服务门店”。公司立足于湖南市场，提出将示范服务门店打造成“服务三湘客户，符合两型社会发展要求”的星级保险服务门店，同时实现服务过程的低成本、高效率、高效能，以更优的服务来满足广大消费者日益增长的保险服务要求。2012 年 11 月，门店顺利通过中国质量协会专家组的两次验收。12 月 9 日，中国质量协会在北京钓鱼台国宾馆举行“全国现场管理星级评价—太平洋产险 2012 年星级服务门店”授牌仪式，长沙中支门店被授予“五星级示范服务门店”称号。并被中国太平洋财产保险股份有限公司评为全国太保第三代服务门店的标杆，被湖南保监局和省保险行业协会评为全省保险行业第一个五星级示范服务门店。

三、推行新科技新模式，提升理赔效率。运用 3G 快速理赔新技术，车险小额案件实现当日出险，次日赔付。对 5000 元以下无人伤车险案件，现场一次性完成查勘定损和单证、信息采集等工作。推进公估查勘、定损、单证收集三位一体的新理赔模式，此项创新经总公司批准于 2012 年 3 月在长沙地区全面推行，并取得了良好的工作成果，提高了理赔效率，强化了理赔功能，节约了理赔成本。推行内部管理新模式，设立未决管理专岗，制定未决常态化管理制度，每日统计公司总体未决情况和各部门未决结构并用 OA 形式通报到各部门，分化考核到部门及各岗位员工。同时，由未决管理岗对未决结构每日进行分析，指导公司各个部门进行未决清理，使未决管理工作真正落地实施在日常工作中。

四、兑现 30 项服务承诺，全面提供风险保障服务。自 2012 年 7 月 1 日起，从保险销售、承保、理赔、回访、投诉、增值服务及履诺等环节，向社会大众作出 30 项服务承诺。特别是针对客户重点关注的理赔问题，作出了如下承诺：对损失金额 5000 元以下且单证手续齐全的车险上门理赔客户，现场完成理赔并支付赔款；对 3000 元以下车险案件，1 个工作日内赔付；提供“异地出险，全国通赔”的车险直通车服务，为客户提供随时随地、高效便捷、统一标准、统一品质的理赔服务；对损失金额 1 万元以下的非车险案件，资料齐全的 1 个工作日内通知赔付。

五、依法合规经营，管理能力不断增强。2012 年，公司逐步完善各项内控管理制度，堵塞经营漏洞，防范经营风险，主动合规，落实保费清收责任制，严格见费出单制度。对大团单业务、项目业务的转账结算和分期付费进行了规章约束，有效化解了应收保费风险，应收保费率控制在 4% 左右。规范业务竞争，以承保核保为基础，制定正确、合理、灵活的业务管理政策，对险种结构、业务规模进行适时调整和管控，按照合规要求遏制恶性竞争，坚决打击违规承保、制止高费用拼抢业务、反对不计成本追求规模，筑牢了风险和合规管理的底线。

（刘　密）

中国保监会保险消费者权益保护局局长李世玲参观湖南五星级示范门店

证　券

【概况】　2012 年，湖南资本市场不断强化市场监管，全力维护市场稳定，市场规模不断扩大，市场主体运行质量不断提升，保持了平稳健康快速发展态势。

一、逆势推动直接融资和再融资。2012 年，受宏观经济增速放缓和股市持续低迷影响，资本市场直接融资规模呈现明显下滑趋势。仅从首发融资情况来看，全国审核企业家数同比下降 36%，发行企业家数同比下降 45%，募集资金同比减少 63%。在此背景下，开展直接融资宣传培训，强化业务指导，优化监管服务，拓展融资渠道，全年实现直接融资 116.51 亿元。一是首发融资逆势而上。加加食品、克明面业、三诺生物、开元仪器、红宇耐磨 5 家企业发行上市，募集资金 30.92 亿元，在全国排名第 10 位；金贵银业和楚天科技 2 家企业过会等待发行；天雁机械和中油金鸿 2 家企业，分别借壳济南轻骑和领先科技实现上市。二是上市后备资源储备充足。2012 年新增申报企业 17 家，在审企业达 22 家，双双创下历史新高。永州和湘西分别有 1 家和 2 家企业辅导报备，实现多年来上市报备企业零的突破。同时，上市公司利用再融资实施并购重组，通过沿产业链上下游的行业整合，公司资源控制力和整体实力进一步提升。2012 年全省上市公司实现再融资总计 43.65 亿元，其中 3 家公司发行公司债券融资 12.8亿元。上市公司完成重大资产重组 5 起，涉及金额 103.03 亿元。湖南发展通过重大资产重组由长期停牌公司转变为主业突出，业绩优良的公司，2012 年三季报净利润同比上升 75.08%；南岭民爆通过非公开发行股份购买神斧 95.1% 股权，成功整合资产规模为自身 2 倍的神斧民爆；电广传媒通过吸收合并湖南省 97 家有线电视网络公司，基本实现湖南省内有线电视“一张网”的格局。

二、防范化解重大风险，提升上市公司治理水平。2012 年，成立了风险处置领导小组，针对辖区内 *ST（ST）公司，在政府主导下一手抓并购重组，尽量不退市；一手抓风险处置，尽力保稳定。*ST 创智、*ST 恒立 2 家公司由于退市风险积聚，辖区内发生多起突发事件。湖南证监局及时与地方政府维稳办、公安部门及深圳、上海和北京等公司中小股东集中区域的证监局沟通协调，加强与中小股东面对面沟通解释，做好劝道和稳控工作，有效防范了事件的进一步蔓延。经过多方努力，ST 张家界、ST 天一、*ST 金果、*ST 嘉瑞、*ST 恒立等 5 家公司的高风险得到有效化解。在提升上市公司治理水平方面，在全国率先制定了《湖南上市公司内部控制建设验收标准》和《验收考评操作指引》，对 5 家内控试点公司进行了检查，整改内控及公司治理问题 76 个；对全省上市公司承诺履行情况进行了认真清理和检查。对超过承诺履行期未履行的 5 家上市公司开展专项核查，将尚未履行和正在履行的重大承诺事项记入诚信档案 15 家次。督促 20 家公司专项披露了尚未履行完毕的承诺情况。同时，对未按承诺比例分红、长期不履行分红义务公司强化监管约束。截至 2012 上半年，湖南上市公司现金分红家数 42 家，占比 57.5%，平均派现率 26.83%，分别比上年同期增加 12 家、9.35%、0.75%。

三、全面提高证券公司竞争力。开发了证券经营机构合规监控平台，发现违规问题 91 个，全年因限制转销户、违规营销等行为导致的书面投诉仅有 2 起。收集违法违规案例 90 余篇汇编成册，内容包括了案情介绍、违法违规事实分析、危害后果等，对规范从业人员职业行为具有很强的警示和教育意义。通过与辖区内证券公司开展专题研讨，分析探讨创新发展的方向和规划。并明确对创新业务发展“行政许可快审查、征询意见快回复、备案事项不设卡、创新思路不说不”的工作原则，积极支持和推动创新业务发展。3 家证券公司年内先后获得融资融券、债券质押式报价回购、上交所股票约定购回、转融通等创新业务资格，现金宝、股票约定购回等业务资格以及其他自主创新产品也开始起步，各公司的业务收入结构和盈利模式有效改善。继续坚持“低于成本即违规、低于报备即失信”的两条佣金红线原则，引导辖区证券行业行程科学合理的服务定价机制。经济业务秩序明显好转，限制转销户和执业人员违规展业等违规行为的数量较 2011 年明显减少。对方正证券、财富证券以及 17 家营业部进行全面现场检查。发现并督促公司整改合规管理、风险监控等方面问题共计 63 个，有效提高了辖区证券经营机构的内部管理水平和规范经营意识。

四、坚持市场培育，增强期货市场服务经济发展能力。指导和推动湖南省粮食期货交易与产业发展办公室出台《关于全省国有粮食企业参与套期保值业务的指导意见（试行）》。联合交易所和行业主管部门组织相关企业举办各类行业性培训 6 期，累计受众 3000 余人，增强了实体企业科学规范参与期货市场的意识和能力。2012 年，全省增设衡阳三塘粮库和株洲渌口国家粮食仓库两家交割库，进一步优化了辖区交割库布局，盘活了交割库资源。湖南农产品期货交割库数量在中部地区排名第一，其中早籼稻交割库 10 家，占全国总量的一半，有效促进了期货与现货产业的对接。取消“传统”期货居间业务。截至 2012 年 7 月，原有期货居间人合同全部取消或执行完毕。湖南期货经营机构手续费净收入中，居间人份额由 2011 年的 52% 降至 10.7%；居间人返佣总额同比减少 67.1%。湖南期货市场秩序明显改善，期货经营机构原来主要依靠居间人开拓市场的状况得到根本扭转，期货从业人员履职能力和开拓市场能力得到较大提升，为全国期货市场治理居间业务提供了有益经验和样本。

五、严厉打击违法违规行为。2012 年，开展现场检查 120 余次，督促整改问题 500 余个。开展法制宣传培训 30 余次，录入诚信信息 600 余条。举办内幕交易警示教育展，推动省监察厅将内幕交易行为纳入湖南省国家工作人员廉政风险点进行管理，省国资委将内幕交易防控工作纳入国有控股上市公司及其控股股东业绩考核评价体系。查办各类案件 20 起，打击非法证券活动 16 起，向公安机关移送线索 4 起，抓获涉案人员 8 人，涉案金额近 9.4 亿元。不断深化和推动多部门执法协作，联合宣传、广电等部门，累计清理规范违规广播电视节目和广告 7 个；大力加强与司法机关执法合作，调取户籍、账户等资料 46 份，IP 地址落地 30 份；与湖南银监局联合下发文件，落实辖区银行资料查询冻结机制；与人民银行长沙中心支行签署《反洗钱监管合作备忘录》，建立了反洗钱信息共享和监管联动机制。

（周 静）

工　业

责任编辑：刘盼盼

【概述】 2012年，长沙市规模以上独立核算工业企业2282家，从业人员平均人数61.2万人，资产合计5825.1亿元。全市共有规模以下工业企业和工业个体户58181家，从业人员55.2万人，其中企业8858家，从业人员29万人，工业个体户49323家，从业人员26.2万人。

全年完成全部工业总产值8228亿元，同比增长16%，全部工业增加值3051.9亿元，同比增长15.7%，规模工业总产值7000.4亿元，同比增长17.5%，规模工业增加值2309.6亿元，同比增长16.8%，实现工业投资1147.7亿元，同比增长22.1%，工业招商到位内外资456.5亿元，同比增长12%，全面完成年初既定各项目标任务。呈现了以下几个特点：

一、经济运行低开稳走。全市规模工业增加值增速2月份跌入11.9%的谷底，3、4月份回升到14.4%以上，5、6月份稳住在15%以上，下半年均保持在16.5%以上。全年规模工业增加值在全国26个省会城市中，总量排名第8位，增速排名第6位；在中部6个省会城市中，总量和增速均排名第三。全年工业增加值占GDP的比重47.7%，较上年提高0.3个百分点，工业经济对GDP增长的贡献率56.1%，拉动GDP增长7.3个百分点，工业综合效益指数385%，同比提升1个百分点，实现利税总额1257.2亿元，同比增长11.7%，利润总额523.3亿元，同比增长8%。

二、多点支撑逐渐形成。工程机械、汽车、食品烟草和材料产业持续壮大，新能源汽车、电子信息、生物医药等战略性新兴产业快速崛起，产业格局由一业独大向多点支撑转变。四大优势产业规模工业产值占全市的67.2%，规模工业增加值占全市的72.3%。在工程机械产业增速下滑、汽车及零部件产业产能尚未释放的情况下，食品烟草、材料产业保持了稳定增长，起到了“压仓石”的作用，电子信息和生物医药产业异军突起，其规模工业产值增速分别高出全市平均增速11.7和12.1个百分点，其规模工业增加值增速分别高出全市平均增速15.1和13.2个百分点，强力支撑了全市工业的稳定增长。

三、园区地位日益突出。园区承载功能逐步提升，项目聚集效应逐步显现，园区经济在全市工业中的比重逐步提高，全年园区完成规模工业产值5133亿元，同比增长20.5%，高出全市平均增速3.1个百分点，占全市规模工业产值的73.3%，比上年提高8.5个百分点；规模工业增加值1392.3亿元，同比增长19.9 %，高出全市平均增速3.1个百分点，占全市规模工业增加值的60.3%，比上年提高4.6个百分点。

四、技术创新成效明显。建立5个主导产业公共技术研发与检测平台，表彰优秀技工100名，评选技术创新示范企业20家，实施市级以上技术创新项目334项，新获省级企业技术中心5家，国家创新示范企业2家，新认定中国驰名商标10件，总数位列中部省会城市第一。全年完成规模工业新产品产值1538.9亿元，同比增长36.1%，技术创新对经济增长支撑作用逐步凸显。

五、服务体系逐步完善。管理升级、创业辅导、协同创新、上市对标、融资服务等服务体系和机制基本完善，管理和创新的基础更加夯实，促进了中小企业和非公经济的平稳较快增长。中小企业完成工业增加值1678亿元，同比增长16.7%以上，非公有制经济完成增加值3914亿元，同比增长13.1%，实现税金542亿元，同比增长30.2%。长沙服务中小企业的举措得到省经信委的高度评价，被总结提升为长沙经验，在全省予以复制和推广。

六、招商投入不断扩大。策划、包装和会审工业重大招商项目55个，总投资691亿元，签约投资亿元以上重大工业项目80个，总投资435.7亿元。通过以商招商、产业招商、专业招商等方式，全年实现工业项目到位外资19.8亿美元，同比增长14%，到位市内境外资金形成固定资产投资331.7亿元，同比增长8.8%。主动解决签约项目、在建项目遇到的困难和问题，积极促成大唐电信、格力电器、国富通等项目签约，全力推动比亚迪、广汽菲亚特、广汽三菱、住友轮胎等重大产业项目竣工投产。

七、“两型”建设稳步推进。修改完善“两型”创建方案和标准，组织园区、企业参与“两型”创建，2个工业园区和20家工业企业成为“两型”示范单位。开展热电、食品饮料、新材料等高耗水行业的节水工作，完成一批重点企业节水技术改造项目，全市万元工业增加值用水量降低到58立方米。成功关闭7家落后产能企业，进一步优化了产业结构。完善工业节

进展，煤矿质量标准化建设完成验收，省二级矿井4家，省三级矿井22家；煤炭生产许可证年检通过省局审查，25家合格，4家基本合格；根据省政府有关文件要求，完成长沙市煤矿兼并重组工作方案，拟组建5个煤矿集团，并在浏阳澄潭江片区先行试点。

二、行业安全稳定工作。按照“谁主管，谁负责”和“一岗双责”的原则，分解落实企业的安全、维稳、综治目标责任，召开安全、信访、维稳、拆迁专题会议37次，排查不稳定因素5项，协调处理行业不稳定事件22起（其中参加全市维稳行动18次），接待来信来访77起267人次（其中5人以上集访15起163人次，个访62起104人次），信访总量同比下降40.12%。妥善处置市水泥、原水泥制管、石棉水泥3家企业的突出信访个案，全面平息原墙体材料厂各类不稳定因素，妥善处置原水泥制品厂建湘新村31栋分户国土证的办理，依法依规处理涉法涉诉案件。

三、煤矿安全监管工作。全年组织或参加各类煤矿安全生产工作会议18次，执法检查及明查暗访109矿次，排查隐患445条，已整改431条，整改率97%，发文件、文书75份，汇报材料及信息报送39份，2次组织煤矿安全发展调研督查，圆满完成国家安监总局、省政府和市政府调研督查。以培训促安全，全年培训特种作业人员308人，煤矿安全教育8个专项培训1600人次。全年全市煤矿仅发生伤亡事故2起，死亡2人，百万吨死亡率0.4，事故指标、死亡人数和百万吨死亡率均控制在省、市下达的指标之内，杜绝了较大事故发生，煤矿安全生产形势为历年最好。

四、调煤保电任务圆满完成。在省、市政府“年度40万吨电煤调运，1000万元煤炭价格调节基金征收”两项考核目标任务面前，面对“第一、二阶段煤价上扬、电煤难调送”，“第三、四阶段煤价下跌、基金难征收”两个阶段性问题，煤炭行业坚持一手抓安全生产、行业管理，一手抓调煤保电。共调运长沙电厂电煤40.73万吨，足额征收并上缴煤炭价格调节基金1000万元。市政府被评为全省调煤保电先进单位，多家煤矿被评为省、市调煤保电先进单位。（张凤辉）

【汽电行管办概况】 2012年，长沙市汽车电子行业管理办公室（以下简称行办）按照“助推产业发展，深化企业改革，加强国资监管、提高队伍素质、促进和谐稳定”的整体思路，全面完成了各项工作任务。

一、经济指标完成情况。曙光电子集团全年完成生产总值5559万元，生产电子管184万只；长沙新创韶光微电子有限责任公司完成生产总值2032万元，生产匀胶铬版173905万块、洗涤器5100套、天线3000只、网罩26400套。

二、国有资产监管工作。对17家国有和集体企业改制资金进行了双控，包括控规土地处置和补偿资金的全程监管，确保了国有资产和集体资产的安全。2012年3月，行办与湖南景天投资管理有限公司顺利签订《房屋租赁合同》，对行办资产经营公司汽贸大楼进行整体招租，经过4个月时间对汽贸大楼进行整体改造，实现了大楼商业价值的大幅提升，彻底消除了安全隐患，确保了国有资产的保值增值。

三、妥善处理改制遗留问题。指导长沙韶光微电子总公司留守组和长沙新创韶光微电子总公司对破产资产进行了再次清理、甄别和确认，完成了破产期间审计工作，对破产总成本费用进行了锁定，已通过市兼破办联合会审；完成了湖南天心电子公司职工安置工作，理顺劳动关系即期费用到位后，公司于4月份启动签订理顺劳动关系协议，通过多次协调，全面完成职工安置工作，并协调企业争取办理直管公房回购手续，落实关门走人后续资金；推动长沙无线电厂自建经适房工程，2012年4月该厂自建经适房工程启动；支持政府重点工程建设，完成了长沙汽车仪表厂拆迁腾地工作，补偿资金全部到位，妥善处理了大量有关职工安置的遗留问题。

四、维稳安全工作。2012年，行办共接待来访30批次320人次，处理网上信访答复4件，上访人数较上年呈下降趋势，未发生大规模群访、集访和越级上访事件。通过行办和企业的共同努力，较好地解决了韶光社区的供电保障、原长沙汽车配件厂部分职工无法领取失业救济金、湖南天心电子公司和长沙市广播通讯实业公司部分人员到龄不能退休等一些关系职工群众切身利益的具体问题。完成了长沙人民无线电厂、长沙汽车附件一厂等企业的房屋安全隐患整改工作，全年行业内未发生一起责任安全事故。（易海东）

【化工医药行管办概况】 2012年，市化工医药行业通过全面实行绩效目标综合考核，较好地实现了行业有效管理，促进了各项工作，确保了行业各项绩效考核目标任务全面完成。

一、行业大局稳定。1. 制定下发行业安全生产指导意见，对行业全年安全生产工作进行部署安排，强化安全管理。2. 坚持每季进行一次安全生产督查、召开一次安全生产调度会，年度开展一次安全生产月活动。3. 层层签订安全生产责任状，行办与市政府、市国资委和所属企业均签订了安全生产责任状。4. 落实重大安全隐患治理。争取上级支持解决铬盐、七宝山、湖药、生化、湘化、湖磷BC级危房整改资金55万元，确保整改到位。湖磷、七宝山、湖药、高果糖5家企业拆除D级危房13栋4400平方米，消除了隐患。5. 打非治违。对行业非煤矿山及涉危化品企业进行了专项安全生产检查整治。全年接访115批374人次，其中5人以上25批251人次；受理上访信件27件；办结市长信箱信件6件、市委群众工作领导小组交办信件2件；信访量同比下降。收集不稳定信息132条，调处化解矛盾13起。上级支持解决维稳困难补助资金80万元。特别年初行业排查可能影响行业稳定的21个突出历史遗留问题，实行领导包案，全力化解。行业年初排查影响稳定的21个突出历史遗留问题，现已解决16个，占近80%，维护了行业稳定。

二、行业改革。1. 破产操作推进。行业国企改革2011年下半年在上级支持下，突破湖药、湖磷资产处置、长化安置资金巨大缺口等难题后，2012年加紧推进。一是长沙化工厂破产人员理顺劳动关系安置签订协议8月28日启动，全厂1407人至2012年11月20日已签1173人，占83.36%，没有出现预期的不稳定状况，理顺劳动关系工作顺利推进。二是湖南化学试剂总厂破产各项基础工作已全面完成并上报待批，债权人会议顺利召开，年底将终结破产程序。三是湖药破产人员安置成本核算和资产处置工作正在进行，将按计划进度要求完成。2. 改制遗留问题。长化、生化、麻田、古港等企业破产后资金缺口问题在上级的支持下已经落实。永和原试点改制不完善及资金短缺问题，上级已同意重新审计核算。矿橡退休人员入社保、延星经济实用房办证、医药供销协保人员生活费低、高果糖综合楼拆迁住户安置问题等已妥善解决。3. 协调指导麻田、雨衣2家企业民事诉讼案件2起。4. 全行业17家企业158名职教幼教退休教师落实待遇已全部完成调查、摸底、核实上报。

三、行业发展情况。2012年市化医行业企业生产经营面临原材料价格上涨、人员费用成本升高、部分产品市场疲软、销售价格上不去等不利因素。通过深化改革，按现代企业制度完善经营机制，加强科技创新发展，支撑行业经济的部分重点企业步入良性发展的快车道，后劲增强，产值增长。湘江涂料集团占化工医药行业经济的大半，在大环境不利，特别是中日合资的湘江关西公司受到影响的情况下，为保增长、促发展，采取以下措施。拓展营销渠道，增加大客户，稳定销售市场；对接市场，开发新产品。根据市场需要，2012年投资1.2亿元在湘江关西建成6000多平方米的技术研发大楼和年产8000吨的环保型水性汽车漆年底已投产。对接工程机械，开发耐磨聚脲弹性涂料，占领了全国皮卡车用漆80%的市场。强化内部管理，实行绩效考核。确保了公司年油漆销量10万吨，预计全年产值23亿元，同比增长3%，预计利税（在支付日本关西技术提成费3000万元的情况下）1.6亿元，同比增长6%。环保搬迁积极推进，位于望城区的14.6公顷土地5000万元（摘牌价）已摘牌。湖南省七宝山硫铁矿2002年并轨改制后，为解决下岗失业人员就业和企业解困，重点抓博隆矿业开发和项目开发，取得了良好的社会效益和经济效益。通过考核验收，2012年3月被国土资源部授牌为国家绿色矿山建设试点单位。博隆矿业开发有限公司2005年入股筹资组建，发展迅速，2012年产值1.3亿元，税收2800多万元，利润1800多万元，安排下岗失业人员和当地农村富余劳动力940余人。并通过了省环保厅组织的清洁生产验收和国家级安全标准化建设“四级”验收。项目发展取得成效。矿山地质环境治理重点项目获国土资源部批准，由中央财政投资2000万元，2012年开始实施；铜锌硫尾矿综合回收和利用示范工程项目，国土资源部批准，总投资2600万元，中央财政补助725万元，2012年11月已完成；矿区周边深部勘探一期项目，省国土资源厅批准，总投资500万元，财政补助330万元，2012年11月已开始实施；地质资料信息服务产业化集群化项目，省国土资源厅2012年10月批准，总投资260万元，财政补助170万元。长沙市湘岳化工有限责任公司，以滨江新城开发建设拆迁为契机，生产基地搬迁岳阳云溪工业园。2011年12月底一期工程建成试产成功，2012年3月全面竣工投产，截止到10月累计生产焦亚硫酸纳产品1.8万吨。新基地的生产设施、工艺流程、科技水平、环保消防、整体布局处于同行业领先水平，企业竞争力增强。同时投资近3000万元收购天福乳胶华夏商务楼，发展第三产业，增加新的经济增长点。长沙东风药业有限公司，针对原材料成本大幅上升的困难，为加快发展，工业、商业、服务业并举。根据生产车间人员偏多的问题，实行竞争上岗，压缩用工40%，降低用工成本，同时狠抓节能降耗，劳动竞赛，全年预计实现销售收入1.8亿元，利税800万元。长沙天福乳胶有限公司资产置换后组建大福乳胶有限公司迁入浏阳生物工业园，烟胶、乳胶制品等产品在园区投产，发展前景良好。

（市化工医药行管办）

【物资行管办概况】 2012年，市物资系统直属企业经营状况不一，情况复杂，特别是部分企业股权转让后仅有几名留守人员，为加强行业管理，市物资行管办注重点面结合，各有侧重。

一、实施目标管理。结合实际，采取“定目标——抓落实——总考核”的方式加强管理：年初根据各公司的实际情况分别确定不同的目标，签订目标管理责任书；平时将综治、维稳、党建等专题督查结合起来，定期或不定期深入企业了解情况，帮助企业解决矛盾问题；年末再由办公室牵头，机关各部门参与组成考核领导小组，一一对照责任目标书通过听汇报、看资料的方式进行考核。

二、加强数据管理。组织所属企业认真做好企业财务快报、财务决算及统计工作，及时完成有关信息的收集、整理、分析、汇总和上报工作。

三、审计管理。按照市财政局的统一安排，及时提供资料，配合审计师事务所，做好所属企业财务监督及专项资金审核、企业内部审计、经济责任审计工作，推动企业积极构建“规范、稳健、高效”的财务管理模式。重点加强对国有控股企业物资股份公司的审计工作，在系统内部抽调专人，对物资股份公司的年度经营状况进行审计，出具了详实的审计报告，为加强管理提供有效依据。

四、根据企业的不同情况，有针对性的加大指导力度。2012年指导国有控股企业物资股份公司加强董事会、监事会工作，依托大楼成立物业公司，促使大楼管理更规范，创造了新的经济增长点。物资大楼闲置资产基本盘活，遗留多年的经济纠纷问题逐步解决，物业公司有序运转，步入良性循环；指导正常经营企业物贸公司面对效益亏损，及时转换采购模式，参加“项目发展年”活动，参与中小企业调研，与商会合作，邀请德国专家到公司座谈，探讨中小企业发展课题；指导困难企业达润公司着力加大明晰产权力度，多方协调年内完成了对公司整体资产的审定确认；指导股权转让企业机电公司积极做好债务打包工作，签订了以综合大楼抵偿欠款协议，已完成了产权交割，土地过户手续办理中，公司银行欠款全部偿清。

五、深化法制建设。指导所属企业建立内外结合的法律顾问制度和涉法涉诉案件的报告、协调、结案制度，经营公司、股份公司等相关企业都聘请了法律顾问，有效推进依法办事。

六、加强国有资产监督管理。跟踪检查所属企业监管资产，完成产权登记初审及年检工作，将抽查结果在系统国资监管工作会上通报、讲评，督促企业建立健全台账，补充完善各类监管协议，确保资产监管工作有序推进。严格遵守程序，做到依法、有序地处置国有资产。针对改制企业股权转让后法人变更中如何确保国资监管的到位，形成了一套以确保国有资产和改制企业人员安置提留资产安全为前提，按照审计、结算、签订补充协议书、承诺书及移交代管、资产押管等步骤推进的行之有效的管理办法。指导达润公司与财政局、产权交易中心等有关部门协调；完成储运公司的监管资产审计工作；做好金属公司国有监管资产的清算工作，有效确保了国有监管资产的完整和安全。

七、维稳安全工作。坚持安全维稳例会制度交流促进管理的办法经验，提高应对处置突发事件的能力。通过定期专项督查和不定期抽查等方式，发现隐患1处，下达隐患整改通知书2份，促使企业尽快整改到位。帮助股份公司筹措资金，完成了下水道改造、年久失修阀门更换、电梯年检、灭火器和烟感喷淋等消防设施排查更换等工作，确保了物资大楼的安全。金属公司收购方因经济原因股权二次转让，近百名职工集资款一时难以退回引发极大的不稳定，通过先与区政法委、债权人等多方协调，促使集资款全额退回。全年共进行矛盾排查处理8次，接待上访人员14批次，配合国资委维稳办处理群体性军转干部聚众上访7起，信访件较上年同期大幅下降，案件办理及时到位办结率实现100%。（市物资行管办）

工程机械

【概况】 长沙工程机械产业共有规模企业112家，其中主机企业28家，配套件企业84家，已经形成了以中联重科、三一集团、山河智能等企业为龙头的各具特色的制造群体。随着一批骨干企业的崛起，带动了一批工程机械及相关企业在长沙落户发展，其中有中国铁建重工、恒天九五、奥盛特重工、长沙方圆、湖南中立、德邦机械等。集群重点聚集在长沙高新技术开发区、长沙经济技术开发区，浏阳现代产业制造园和宁乡经济技术开发区也在逐步集聚。2012年，工程机械产业实现规模工业产值1947亿元，同比增长8.7%，但产业规模仍居四大优势产业集群之首。

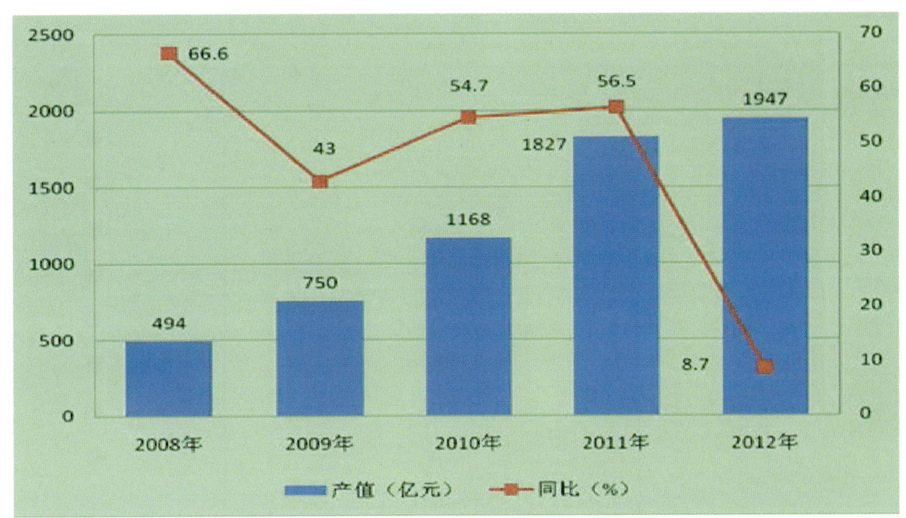

2008-2012年长沙工程机械产值、增速

发展速度快，创新能力强。长沙工程机械产业经过短短三十年，尤其是2008年到2011年，保持了50%以上的增长速度，2012年受宏观经济形势影响，工程机械产业由前几年的高速增长逐步回归理性增长，增速跌至8.7%。长沙工程机械行业不仅规模大，创新能力更加引人注目。长沙中联重科继承科研院所的传统，不断开发新产品，先后推出了80米碳纤维臂架泵车、CSS3混凝土喷射机械手、QY804桥汽车起重机、中联CIFA33X-H泵车、GWD3000型干粉搅拌主机，自主研发制造的超大吨位履带起重机ZCC3200NP，最大起重量达到3200吨，最大起重力矩达到82000吨米，为世界上起重能力最强的移动式起重机。三一集团在新产品的研发上同样取得了优异的成绩，世界最长臂架的86米混凝土泵车，1000吨的全地面起重机，自主研发的“全球第一吊”3600吨履带起重机。具有院校背景的山河智能更是以技术创新为特色，其静力压桩机、小型挖掘机和旋挖钻机都有很多独创技术。中联重科、三一重工、山河智能都拥有国家级技术中心，并且建立了包括大量外国专家在内的由机、电、液等专家组成的企业研发队伍。中联重科先后取得1300多项科研成果，主持制（修）订国家和行业标准307项次，目前在用的有效标准187项。中联重科、三一重工、山河智能等企业拥有数百项国家专利。

产品起点高，品种规格全。除了农用挖掘机、轮式装载机这类产品外，其他工程机械主导产品在长沙的企业均有生产。长沙工程机械行业主要生产12大类、100多个小类、400多个型号规格的产品，产品品种占全国工程机械品种的70%。主要产品为拖式混凝土泵、混凝土泵车、混凝土布料杆、混凝土搅拌机、塔式起重机、塔式起重布料两用机、挖掘机、压路机、摊铺机、汽车起重机、旋挖钻机、静力压桩机、盾构机等14个品种。

（市工信委）

【数控剐齿机床正式投产】7月6日，友谊阿波罗旗下的长沙机床厂与天津大学联合开发的专利技术“圆柱齿轮剐齿加工法”通过国家知识产权局审查，成为国内唯一掌握该加工技术的机床企业。运用该技术设计的齿轮加工设备——数控剐齿机床已正式投产，效率是传统技术的7倍多，价格仅为国际同类产品的1/2。长沙机床厂1912年创建，1957年始负责全国插拉刨科研、开发和国家技术标准的制定。60年代后期发展专用机床的生产，2005年长沙机床厂改制，友阿先后投入3亿对厂全面改造。2009年，长沙机床公司与天津大学共同开发圆柱齿轮剐齿加工技术，并依此原理在国内首次提出数控剐齿机床概念。数控剐齿加工原理，是目前国际上最先进的齿轮加工技术，填补了国内空白。

（周建文）

表　　长沙主要工程机械企业产品结构

系列	产品	中联重科	三一集团	山河智能
混凝土机械	搅拌楼（站）	●	●	
	泵车	●	●	
	拖泵	●	●	
	搅拌车	●	●	
	车载泵	●	●	
	布料机	●		
	布料泵	●		
	砂浆车	●	●	
	皮带输送车		●	
	湿喷机		●	
	搅拌泵车	●	●	
土方机械	挖掘机	●	●	●
	推土机	●		
	装载机	●		●
	平地机	●	●	
筑养路机械	沥青路面地热再生设备	●		
	沥青拌合站	●	●	
	压路机	●	●	
	摊铺机	●	●	
	铣刨机	●	●	
桩工机械	旋挖钻	●	●	●
	凿岩台车			●
	压桩机		●	●
	潜孔钻		●	●
	连续墙抓斗	●	●	●
	螺旋钻机			●
	水平定向钻		●	
	旋喷钻		●	
	气举反循环钻		●	
	切削钻机			●
起重机械	全路面汽车起重机	●		
	汽车起重机	●	●	
	越野轮胎起重机	●	●	
	履带起重机	●	●	●
	塔式起重机	●		
	随车起重机	●		
专用车辆	清障车	●		
	电缆车	●		

续表

系列	产品	中联重科	三一集团	山河智能
专用车辆	拉臂式自装卸装置	●		
	泡沫消防车	●		
	云梯消防车	●		
	高喷消防车	●		
	抢险救援消防车	●		
石油装备	石油钻机		●	
	井架、底座		●	
	石油钻机电气控制系统		●	
港口、物料搬运（起重运输）机械	牵引车			●
	自卸车			●
	正面吊	●	●	
	堆高机		●	●
	场桥		●	
	叉车			●
	堆取料机	●		
	物料输送系统	●		
	港口装卸系统	●		
	门座式起重机	●		
环卫、市政技术	吸粪车	●		
	下水道养护机械	●		
	洗扫车	●		
	扫路车	●		
	路面清洗车	●		
	垃圾车	●		
	除雪车	●		
盾构		铁建重工		

注：“●”表示长沙工程企业生产产品。

• 中联重科股份有限公司 •

【概况】 中联重科股份有限公司创建于1992年，注册资本77.06亿元，员工3万余人。2000年10月在深交所上市、2010年12月在香港联交所上市，是中国工程机械装备制造领军企业，全国首批创新型企业之一。主要从事建筑工程、能源工程、环境工程、交通工程等国家重点基础设施建设工程所需重大高新技术装备的研发制造。中联重科先后收购了英国保路捷、湖南机床厂、浦沅集团、中标公司、陕西新黄工、湖南车桥厂、华泰重工、意大利CIFA、常德信诚液压。目前，生产经营基地分布于中国湖南、上海、陕西、广东以及意大利米兰等地，已形成中联科技园、麓谷工业园、泉塘工业园、麓谷环保产业园、常德灌溪工业园、望城工业园、益阳沅江工业园、上海工业园、陕西渭南工业园、意大利CIFA工业园等产业园区，总面积近300万平方米。中联重科自上市以来，年均复合增长率超过65%，生产具有完全自主知识产权的13大类别、66个产品系列，640多个品种的主导产品，是全球产品链最齐备的工程机械企业。塔式起重机和环卫机械市场占有率均居国内第一，汽车起重机市场占有率国内第二位。2012年产值926.36亿元，同比增长13.39%。

（市工信委）

【全球最大上回转塔机D5200创新世界纪录】 2月，中联重科自主研发的全球最大上回转塔机D5200将重达230吨的桥梁钢塔节段提升到205米高度，并将该节段成功地安装在马鞍山长江公路大桥中塔顶部，标志着马鞍山长江公路大桥中塔主体施工完毕，同时创下两项新的世界纪录，起重设备第一次实现了将200吨以上物体一次性提升到200米以上的高度，中联D5200成为了世界上第一台实现“双两百”的起重机；利用D5200的优异、可靠性能，马鞍山长江公路大桥创造了桥梁建筑史上钢塔结构90天安装42个节段（安装总高度=126米×2）的最快纪录。（市工信委）

【ZE205E-H1混合动力挖掘机成功下线】 5月16日，国家“863”课题项目“ZE205E-H1混合动力挖掘机”在中联重科渭南工业园成功下线，由此，中联重科在“新型混合动力工程机械关键技术及系统”这一领域走在了业界前沿。经过国家工程机械质量监督检验中心的检测表明，ZE205E-H1混合动力挖掘机各项性能指标及混合动力测评系统均满足国家863课题研究目标，部分指标优于国家标准要求；产品排放达到欧III标准；并且节能效果超过当前国际水平。标志着中联重科已成为国内外少数能够掌握混合动力技术的工程机械企业之一。（市工信委）

【国际标准化组织/起重机技术委员会秘书处在长沙成立】 7月17日，由国家标准化管理委员会主办的“国际标准化组织/起重机技术委员会(ISO/TC96)秘书处成立大会”在长沙召开。5月，经国际标准化组织技术管理局（ISO/TMB）和国家标准化管理委员会批准，国际标准化组织/起重机技术委员会秘书处(ISO/TC96)由英国迁往中国，由中联重科股份有限公司承担ISO/TC96秘书处工作，北京起重运输机械设计研究院总工程师张喜军任ISO/TC96主席、中联重科股份有限公司研究员付玲任ISO/T96秘书处秘书。国际标准化组织/起重机技术委员会(ISO / TC96)成立于1961年，下设有9个分技术委员会，中国承担ISO/TC96的主席和秘书处工作。ISO/TC96秘书处在长沙成立，是我国第一个装备制造业的国际标准化秘书处，彰显了中国在全球制造业的领先地位，也是中国实质性参与国际标准化工作的又一重大突破。既有利于促进全球起重机行业的发展，也对促进中国工程机械制造产业发展、推动工程机械制造标准体系建设、提升工程机械制造技术的水平、加快中国工程机械制造业标准国际化进程，以及显著提升湖南省参与国际标准化活动的能力与水平均具有极其重要的意义。（年鉴编辑部）

【中联重科益阳产业园项目正式签约】 8月10日，占地80公顷、建设周期2年、总投资18亿元的中联重科益阳产业园项目正式签约。中联重科益阳产业园包括三个项目：中联重科中旺公司、再制造中心和全球培训基地。中旺公司主要从事工程机械、环保机械、建筑机械等高新设备及配件的研发、生产和销售，位于望城经济开发区内，拟整体搬迁至益阳产业园，计划总投资7.5亿元，占地31.6公顷。中联重科再制造中心是通过回购工程机械、工程机械拆解、清洗、检测和评估、再制造等生产流程，使再制造产品质量达到或超过新品。该项目总建筑面积21万平方米，总投资6.5亿元。中联重科全球培训基地建设项目规模为30个学员班，2000名学生，内部培训日均2600人，总建筑面积18万平方米，总投资4亿元。（市工信委）

【第10000台搅拌车下线】 9月11日，中联重科混凝土机械公司2012年第10000台搅拌车销售发车仪式在益阳沅江工业园举行。2012年，中联重科混凝土机械公司以“生产小汽车的方式制造搅拌车”作为生产理念，创新搅拌车生产管理方式，提升涂装厂产能、质量，推进精益生产，充分融合意大利CIFA的欧洲先进制造工艺技术，体现可靠性和人性化的设计理念，并导入新的生产技术装备，提升产品质量。2012年搅拌车最高月产量达到1800台，同比上年最高月产量1190台，增幅达51%。中联重科搅拌车产品实现全系列覆盖，无论是方量还是底盘都能满足用户的个性化需求，产品的市场认可度得到极大提高。中联重科混凝土机械公司销售突破第10000台搅拌车，是中联重科搅拌产品生产的一个历史新突破，标志着中联重科搅拌车全球市场占有率第一。（市工信委）

【全球首台节能型搅拌主机JS3000成功下线】 11月18日，中联重科混凝土机械公司自主研发的全球首台节能型搅拌主机JS3000在汉寿工业园成功下线。该主机的下线，是中联重科搅拌类产品核心技术的成功运用，标志着中联重科节能型搅拌主机在研发、生产中已实现一条龙式的生产，中联搅拌主机的竞争力又提升了一个台阶。节能型搅拌主机JS3000为中联重科JS系列3方搅拌主机。该主机的亮点在于其高配的驱动装置，与国内外行业同类产品相较，各类品质皆处于领先状态。与普通型的3方搅拌主机相比较，其在生产效率不变的情况下，能耗可降低22.2%。市场上现9方搅拌车占有率最大，如配置2方搅拌主机，需要5个生产周期才能装满1车，而3方节能搅拌主机只需3个周期即可装满一车，生产效率提升了66.7%，成本却增加不到20%，实现了与9方搅拌车的完美匹配。在社会节能降耗的大环境下，节能型搅拌主机JS3000十分适应市场需求，具有广阔的市场前景。（市工信委）

【两项发明专利获中国专利奖金奖】 11月30日，中国国家知识产权局和世界知识产权组织联合组织的第十四届中国专利奖颁奖大会在北京国家会议中心隆重召开。中联重科发明专利“动力单元及其控制方法”（专利号：ZL201010145312.3）和“起重机”外观设计专利（专利号：ZL200530049075.0）分别获得中国专利金奖和中国外观设计金奖，成为湖南本届唯一获得专利金奖的工程机械企业。是中国在专利领域方面的最高荣誉，是国家对专利的最高认可。“动力单元及其控制方法”发明专利突破工程起重重型装备的“心脏部件”动力控制系统关键技术瓶颈，解决了超大动力设计关键技术难题。而且节约能源、降低油耗，专利应用后单台设备节省燃油率为18%；采用控制逻辑可视、故障诊断和查询指导等技术，可靠性高，单台采购成本降低；采用新的控制技术，提升了产品市场占有率。经推广应用，该专利技术获得了用户的广泛认可，已产生直接和间接经济效益逾48亿元。“起重机”外观设计秉持整车大弧度流线型设计理念，采用该外观设计的起重机线型流畅，结构紧凑，造型简洁。其起重机吊臂采用多边形或U型，使得汽车起重机的发展由原来的笨重走向轻量化。同时运用新材料、新工艺，推动了材料、工艺等基础工业的发展。该外观设计专利广泛应用于中联重科30吨到500吨的全系列汽车起重机产品上，这些产品一经投放市场，就受到海内外用户的一致好评。由该外观设计专利直接带来的新增销售额逾65亿元。（市工信委）

·三一集团有限公司·

【概况】 三一集团有限公司始创于1989年，集团拥有员工近7万名，主导产品为混凝土机械、筑路机械、挖掘机械、桩工机械、起重机械、非开挖施工设备、港口机械、风电设备等全系列产品。其中混凝土机械、桩工机械、履带起重机械为国内第一品牌，混凝土泵车全面取代进口，国内市场占有率达57%，为国内首位，且连续多年产销量居全球第一。近年来，三一连续获评为中国企业500强、工程机械行业综合效益和竞争力最强企业、福布斯“中国顶尖企业”、中国最具成长力自主品牌、中国最具竞争力品牌、中国工程机械行业标志性品牌、亚洲品牌50强。三一集团拥有国家级技术开发中心和博士后流动工作站， 共申请专利4141件，授权有效专利2211件。两次荣获国家科技进步二等奖，其中三一重工技术创新平台荣获2010年度国家科技进步二等奖，是新中国成立以来工程机械行业和湖南省唯一获此殊荣的企业，也是工程机械行业获得的国家级最高荣誉。在国内，三一建有上海、北京、沈阳、昆山、长沙等五大产业基地。在全球，三一建有21个海外子公司，业务覆盖达150个国家，产品出口到110多个国家和地区。三一已在印度、美国、德国、巴西相继投资建设工程机械研发制造基地。2012年产值825.74亿元，同比增长2.96%。（市信工委）

【并购德国机械第一品牌“大象”】 2012年1月21日， 三一重工联合中信产业基金，宣布收购世界混凝土机械第一品牌——德国普茨迈斯特（简称大象）100%股权，其中三一占90%，中信基金占10%。这是中国企业第一次收购全球第一品牌100%股权。（市工信委）

【与帕尔菲格公司合作成立合资公司】 2012年3月，三一重工与奥地利帕尔菲格公司签署协议，成立两家合资公司，全面进军随车吊市场。这是三一第一次以成立合资公司的形式与外界合作。按照协议，三一帕尔菲格将在三一重工宁乡产业园附近建立新厂，针对中国和全球市场，研发、生产和销售随车起重机等特种车辆装备；帕尔菲格三一总部将设在奥地利萨尔茨堡，在欧洲、独联体国家及美洲分销三一轮式起重机。两家公司均已开业，三一帕尔菲格董事长卡尔玛表示，三一帕尔菲格的目标是五年内做到国内随车吊市场占有率第一，改变国内格局，引领随车吊行业发展，并创造一个合资公司的典范。（市工信委）

【参加全国科技创新大会】 2012年7月6日，全国科技创新大会在北京召开。国家发展改革委、科技部、财政部、中共北京市委市政府、三一重工等9家单位受邀出席大会，并作典型发言。三一重工是其中唯一的企业代表。与传统制造业依靠“低成本优势”和“技术引进”进行创新的常规模式不同，三一定位高品质的产品，坚持核心技术自主研发、核心部件自主研制，每年在研发上的投入达到销售收入的5%～7%。三一的混凝土机械、桩工机械、履带起重机械为国内第一品牌，拥有86米臂架泵车、超高压混凝土输送泵、世界最大吨位挖掘机、亚洲首台千吨级全地面起重机、3600吨“全球第一吊”履带起重机等世界领先的产品，成为中国最大、全球第六的工程机械制造商。另外，截止到11月底，集团专利申请总数已达5873件，授权3303件。申请总数稳居中国工程机械行业第一，超出第二名1927件。（市工信委）

【营销体制改革】 2012年9月，三一集团营销体制变革基本完成。通过合作与培育，历时5年，三一在全国共建成170多家代理商。有力的代理商营销体系，优越的销售渠道为企业建立起又一核心竞争力。三一重工董事长梁稳根强调，代理商是三一最核心的资产之一，任何时候，三一都将与代理商风雨同舟，团结共进。三一将用几十年积累下来的经验、实力、品牌，帮助代理商成功，打造世代依存的代理商体系。（市工信委）

【荣登亚洲品牌榜】 2012年9月，亚洲品牌500强排行榜在香港发布。在这份被国内外媒体誉为“亚洲品牌第一榜”上，三一重工位居第36位，较上年上升12位，名列中国工程机械行业第一。并且三一重工被评为“亚洲十大最具影响力品牌”。亚洲品牌500强组委会认为，三一通过创新，打造了高品质的产品，改变了中国制造的形象。三一品牌已经在世界范围内具备了较高的品牌知名度和美誉度。（市工信委）

【梁稳根再度当选年度经济人物】 2012年12月12日，有着经济界“奥斯卡”之称的“CCTV中国经济年度人物”评选结果在北京揭晓，三一重工董事长梁稳根凭借2012年的一系列战略与举措，获评“2012中国经济年度人物”。这是继获评“2005中国经济年度人物”之后，梁稳根第二次获此殊荣。（市工信委）

·山河智能装备集团·

【概况】 山河智能装备集团创始于1999年，以上市公司山河智能装备股份有限公司（证券简称：山河智能；证券代码：002097）为核心企业，以长沙为总部，建立了多家子公司。逐步形成了一个以工程机械为主业、产学研特色鲜明、在国内外具有一定影响力的国际性企业集团，跻身于全球工程机械企业50强。在集团创始人、中南大学机电学科带头人何清华教授的带领下，以“修身、治业，怀天下”为核心价值观，依靠自主创新，引领市场，凭借良好的技术实力和现代化管理，迅速崛起。集团总资产已超过50亿元，已在大型桩工机械、全系列挖掘机、现代凿岩设备、工业车辆、矿业装备、起重机械、路面机械、液压元器件、军用工程机械和通用航空设备等十多个领域，成功研发出上百个规格型号，具有自主知识产权和核心竞争力的高品质、高性能工程机械产品。批量出口全球60多个国家和地区。“SUNWARD”商标已在全球数十个国家注册。公司获得“国家认定企业技术中心”、“国家博士后科研工作站”、“国家创新型企业”、“国家工程机械动员中心”等称号。山河智能装备集团以“做装备制造领域世界价值的创造者”为使命和愿景，自主创新成果获得国内外领导和专家的高度认可，党和国家领导人李克强、温家宝、张高丽、李长春等先后到山河智能视察，对山河智能坚持自主创新给予了高度评价和肯定。2012年，公司实现营业收入19.38亿元，较上年下降37.3%；利润总额1362万元，较上年下降92.76%。主要原因是公司以桩工机械、挖掘机械为主营产品，该子行业年内均出现严重下降（35%以上）。（市工信委）

【获评“2012施工企业最满意品牌（旋挖钻机类）”】 5月中旬，“中国施工企业工程机械装备应用调查”结果在中国施工企业管理协会第27次年会暨2012年中国施工装备展览洽商会上揭晓。此次评选活动由中国施工企业管理协会主办，通过对中国施工企业施工装备使用管理情况进行调查，结合中国施工企业管理协会及网络、杂志的其他数据，评选出工程机械行业优秀品牌和产品。山河智能凭借优质的产品、全方位的服务，获评“2012施工企业最满意品牌（旋挖钻机类）”。 山河智能旋挖钻机技术达到国际先进水平。其施工速度快、成孔质量好、环境污染小、操作灵活方便，安全性能高，适用性强等特点获得施工方的一致好评。同时山河智能针对大型桩工设备的施工特点，推出“放心托付——山河工地管家”的亲情服务，协助用户设计施工方案、解决施工中遇到的问题和难点、加强设备的维护与保养等，保证施工方的顺利施工。山河智能以高品质的设备和精心服务，使客户对山河智能品牌更加信赖。（市工信委）

【山河智能装备集团航空产业基地项目开工】 8月10日，山河智能装备集团航空产业基地项目在湖南株洲通用航空城举行奠基开工仪式。山河科技在2010年启动新基地建设项目的规划，2011年正式与株洲市政府签署合作协议，落户株洲国家高新区董家AF高科技产业园。山河航空产业基地项目总投资4亿元，占地26.67公顷，一期用地13.33公顷，项目完成后，将形成年产量1165台（套），产值15.23亿元的生产能力。山河航空产业基地是山河科技集研发、生产、办公、试验检测与航空服务于一体的新型产业化基地，满足山河科技10～15年内通用航空类产品的发展需要。项目将完成系列轻型飞机及公务机、固定翼无人机、三角翼及飞行船、无人直升机四大类产品的生产线建设，在无人机和轻型飞机领域，将建成国内具有重要影响力的研发、生产制造基地。（市工信委）

【获国家战略性新兴产业专项资金支持】 9月，国家发改委下发《关于下达战略性新兴产业项目（工业领域第二批）2012年中央预算内投资计划的通知》。山河智能申报的“智能化桩基础成套施工装备关键技术开发及应用”项目获得1690万元专项资金支持，成为2012年度长沙市唯一获得该专项资金支持的单位。战略性新兴产业是指以重大技术突破和重大发展需求为基础，对经济社会全局和长远发展具有重大引领带动作用，知识技术密集、物质资源消耗少、成长潜力大、综合效益好的产业，现阶段以高端装备制造、节能环保、新能源、新材料等7大产业为重点培育和发展对象。山河智能申请的“智能化桩基础成套施工装备关键技术开发及应用”项目，提供包含预制桩和现场成孔灌注桩在内的成套桩基础施工解决方案，将重点开发以绿色环保型液压静力压桩机为代表的预制桩施工装备和以高性能旋挖钻机为代表的现场成孔灌注桩施工装备，旨在利用智能化、自动化、绿色化等现代高新技术，提升大型桩基础施工装备的技术水平，加强技术延伸，促进产业升级，符合战略性新兴产业的发展要求。在该项目中，山河智能将创新开发填补国内空白的双动力头强力多功能钻机、静力沉管灌注压桩机等产品，进一步夯实山河智能在大型高端桩工机械领域的龙头地位。（市工信委）

【签约湘军通用航空有限公司】 10月23日，山河科技与湘军通用航空有限公司（以下简称“湘军通航”）正式签约结盟，标志着湖南通用航空全产业链的初步建立，开启了湖南通用航空产业发展新纪元。将于年底在株洲投入运营的山河航空产业基地，将成为湖南省首家以通用航空产品的研发、生产，以及下游产业运营全产业链服务为主业的示范性航空产业基地。《湖南省通用航空产业发展规划（征求意见稿）》对外发布，在2012年至2030年间，湖南省将新增通用机场21个，到“十三五”末期，培育打造以通用航空为主要特色的新的千亿产业。顺应湖南省通用航空产业的发展潮流，山河科技和湘军通航将在通用航空领域通力合作，覆盖从产品研发、制造到运营的完整通用航空产业链，经营范围涵盖飞机销售、飞行培训、飞机托管、航空娱乐飞行以及商业飞行等项目。山河科技是山河智能装备股份有限公司的子公司，专业从事载人和无人驾驶通用航空器

山河科技航空产品“全家福”

的研发、制造的高新技术民营企业，是国内首家正式获得中国民航轻型运动飞机型号认证的通用航空器生产厂家，填补湖南省无通用飞机整机制造厂家的空白。湘军通航是湖南省首家获批的以轻型运动飞机为主营机型的民营通用航空公司，主要从事公务飞行、私用飞行驾驶执照培训、出租飞行、通用航空包机飞行、空中广告、航空摄影、空中巡查、空中拍照等业务。湘军通航已确定选用山河科技阿若拉 SA60L 双人座轻型运动飞机作为筹办机型，并与山河科技签订大批量订货协议，首批2架产品2012年交付。

（市工信委）

【Aurora（阿若拉）SA60L 轻型运动飞机获“2012 年中国优秀工业设计奖金奖”】　11 月 27 ～ 30 日，“2012 年中国优秀工业设计奖终评产品作品展”在厦门市国际会展中心举行，最终的十大金奖于 30 日晚揭晓，在厦门国际会议中心举行的颁奖晚会上，工业和信息化部党组书记、部长苗圩颁奖，湖南山河科技股份有限公司的产品——山河 Aurora（阿若拉）SA60L 轻型运动飞机获金奖，公司总经理邹湘伏上台领奖。2012 年中国优秀工业设计奖，是中国工业设计领域的首个国家政府奖项，企业广泛参与，地方工业和信息化部门共同支持，具备极高的科学性、权威性。全国 30 个省（区、市）和 17 家中央企业的 1451 件产品获得初评资格，专家精选的 421 件作品进入终评展示。经过专家评选、会场展示及答辩陈述等层层严格考核，最终 10 个产品获得金奖。

Aurora SA60L 轻型运动飞机共申请发明专利 6 项、实用新型专利 5 项；授权实用新型专利 4 项、外观专利 1 项。在第二届“芙蓉杯”国际工业设计创新大赛上，Aurora SA60L 轻型运动飞机凭借其优雅的气动外形获得企业优秀奖。作为国内首款申请并获得民航适航认证的全复合材料轻型运动飞机，山河 Aurora SA60L 轻型运动飞机为山河科技自主开发的单发双座、下单翼轻型运动飞机，整机主要采用碳纤维复合材料为结构主材，确保飞机质量轻、强度高、安全性好。飞机采用全模具化生产，工艺水平和飞行性能比肩欧美同类型产品。同时，Aurora SA60L 飞机也是国内首款向中国民航局申请并获准颁发轻型运动飞机适航认证的国产品牌飞机，最大起飞重量 600 公斤，能完成连续筋斗、横滚、大坡度盘旋等高难度的特技飞行动作，操作性能非常优异，并且飞机使用 97 号车用汽油，百公里油耗低于 10 升，实用性高，后期保养及维护方便、成本低。可广泛应用于飞行员培训、农林服务、航拍航摄、航空旅游、运动休闲等各个领域，现已交付内蒙、河北、北京、天津、湖南等省市的通航公司共 9 架，国外 1 架，后续意向订单达 30 多架。

（市工信委）

汽车产业

【概况】　随着工业化进程的加快，长沙市先后引进长丰汽车、众泰汽车、博世等知名企业，从 2007 年开始，全市围绕抓大工业思路，抓大项目，引进大企业落户，强化重大项目招商，在随后的金融危机大环境下，长沙市把汽车产业作为“弯道超车”的重要着力点，全面把握“行业洗牌重组加速”及“总体产能急剧扩张”的两大历史性机遇；2009 年作为“长沙汽车产业发展年”被载入全市工业发展史册，该年相继引入的比亚迪、广汽菲亚特、陕汽重卡等知名企业，为未来全市汽车工业飞速发展打下了坚实的基础，不仅如此，广汽集团与长丰集团的重组，是国内《汽车产业调整和振兴规划》颁布实施后中国汽车企业第一个战略重组项目，并由此拉开了中国汽车重组大幕，对整个行业的整合与发展起到突出的示范作用。长沙现已成为全国首个最完整车系制造城市：整车生产能力涵盖了轿车、轻中重载货汽车、越野车、专用车、客车、新能源汽车等 6 大类，初步形成以“两区、两园、一廊”为基地、以 6 大类整车为核心的汽车产业集群。全市共有规模以上汽车及其零部件企业 98 家（整车企业 10 户，零部件企业 88 户），其中 3 家世界知名汽车企业、4 家中国汽车二十强企业，有 16 家企业被列入国家车辆生产企业及产品公告，整车产能约 40 万辆。2012 年全市汽车产业完成规模以上工业总产值 311 亿元，同比增长 7.8%。

（市工信委）

【长沙比亚迪汽车有限公司】　长沙比亚迪汽车有限公司成立于 2009 年 8 月，在整体收购美的客车的基础上，在长沙完成投资近 30 亿元，通过兼并重组形成了涵盖纯电动大巴、轿车、电动轿车及相应配套零部件的新

表　　主要整车企业产量和规划产能

	2012 年产量（台）	2013 年计划产量（台）	2015 年规划产能（台）
合计	104136	338500	1780000
北汽福田	67681	90000	300000
陕汽重卡	1906	2000	50000
比亚迪（客车）	212	2500	20000
比亚迪（轿车）	16096	100000	800000
广汽菲亚特	13505	90000	300000
广汽三菱	2000	50000	300000
梅花汽车	2736	4000	10000

能源汽车基地。2010年9月30日，比亚迪纯电动客车K9在长沙举行下线仪式；2011年5月6日，比亚迪纯电动客车K9获得生产公告，并进入国家工信部《节能与新能源汽车示范推广应用工程推荐车型目录》，K9正式量产。截至2011年11月底，共产销纯电动客车210台，产值超过4亿元，主要供给深圳大运会、韶关等。2011年，公司向大运会提供新能源K9大巴共计200台，其中深圳巴士集团股份有限公司101辆，深圳市东部公交交通有限公司23辆，深圳市西部公共汽车有限公司76辆，部分作为大运工作车、礼宾车使用外，绝大多数投入到大运公交专线使用当中。大运会期间，K9作为本次大运公交专线单车累计行驶里程约4000公里，行驶期间无任何异常。在大运会结束后，这些新能源车辆全部投入到深圳市202线、高峰15线、高快2线、MF007线、245线和123线等公交线路使用当中。第一台整车比亚迪6B于2012年5月16日成功下线。2012年，公司实现销售1.6万辆乘用车及212辆纯电动大巴的产能，实现产值约11亿元。预计投产3年内产值可达到80亿元，员工超万人。

（市工信委）

【广汽菲亚特汽车有限公司】 广汽菲亚特汽车有限公司（以下简称广汽菲亚特）设立于2010年3月9日，由广州汽车集团股份有限公司和菲亚特集团汽车股份公司以50∶50的股比共同投资成立。首期总投资约为50亿元，注册资本为18亿元。一期形成年产销14万辆整车的规模，二期（2015年）计划形成年产25～30万辆整车的规模，建成集乘用车、发动机生产等业务于一体的具备全球领先水平的汽车生产基地。6月28日广汽菲亚特菲翔投产并上市以来，产量爬坡速度超过预期，市场销售节节攀升。2012年共完成产、销13505辆和11288辆，实现工业生产总值14.6亿元、工业销售产值12.2亿元。

（市工信委）

【广汽三菱汽车有限公司】 广汽三菱汽车有限公司是由广州汽车集团股份有限公司、三菱自动车工业株式会社、三菱商事株式会社三方合资经营的中外合资企业，合作年限30年，注册资本人民币17亿元，其中广州汽车集团股份有限公司持有50%股权、三菱自动车工业株式会社持有33%股权、三菱商事株式会社持有17%股权。广汽三菱主要从事汽车及汽车零件的研究开发、生产、销售并提供相应的售后、咨询和技术服务等业务。2012年10月12日广汽三菱在长沙挂牌成立，位于中国湖南长沙经济技术开发区，首款新车新劲炫ASX也在同日下线。按照规划，广汽三菱从2012年开始3年内，将先后引进新劲炫、帕杰罗劲畅等三菱全球战略车型，计划在投产后的5年内，达到30万台的生产能力。

（市工信委）

【博世汽车部件（长沙）有限公司】 博世汽车部件（长沙）有限公司2004年由德国博世集团注册成立，注册资金6950 万美元。主要产品包括汽车稳定系统和刹车防抱死系统用的马达、发电机冷却风扇、举窗电机、座椅电机、蒸发风机、雨刮电机、雨刮系统、雨刮片、启动/停止系统、起动机和发电机等。2012年，公司实现产值33.9亿元，同比增长11%；销售收入42.8亿元，同比增长14%；税收4.9亿元，同比增长6%。全年进出口总额3.32亿美元，同比增长8%，其中进口额2.18亿美元，同比增长10%，出口额1.14亿美元，同比增长10%。

（市工信委）

【湖南丰源迪美科技股份有限公司】 湖南丰源迪美科技股份有限公司（以下简称丰源迪美公司）是经湖南省国资委批准，由长丰集团有限责任公司和美国De Amertek corporation, Inc共同投资成立的一家集汽车电子产品的研发、生产、进出口销售及服务为一体的高新技术企业，于2009年11月26日注册成立，注册资本1亿元，该项目是长丰集团“十二五”规划中的重点项目，规划打造中国最大的汽车电子生产基地。项目占地61.33公顷，计划5年内总投资20亿元，坚持总体规划分步实施的原则，边生产，边建设，滚动发展，确保2015年实现年产100万台套，年销售收入达50亿元的规模。

（市工信委）

【陕西汽车集团长沙环通汽车制造有限公司】 陕西汽车集团长沙环通汽车制造有限公司（以下简称陕汽环通）是一家由陕西汽车集团与长沙环通机械实业有限公司共同投资组建的集重型卡车整车及零部件研发、生产、物流、销售于一体的大型企业。根据集团“十二五”规划，陕汽环通将按照集团“做强重卡，做大商用车，培育新的增长点，实现可持续发展”的战略部署，秉承“德赢天下，服务领先，品质成就未来”经营理念，在做好重型卡车发展的同时，开拓发展其他商用车，带动发展专用车、汽车零部件和其他汽车衍生行业，力争早日建成年产、销整车5万辆年，销售收入100多亿元的大型整车企业，为长沙市汽车产业做出贡献。（市工信委）

【住友橡胶（湖南）有限公司】 住友橡胶工业株式会社是世界六大轮胎生产商之一。1909年开始为英国邓禄普（DUNLOP）公司生产轮胎制品。其主要业务内容为制造各种用途的轮胎、体育用品、精密橡胶制品、环境设施、生活用品等。20世纪90年代，住友将“邓禄普”轮胎推向中国市场，并于2002年在江苏常熟设立在中国的首个工厂。2010年，住友橡胶在长沙设立其在中国的第二家工厂，选址落户于经开区星沙产业基地。项目于2010年8月落户，生产项目为年产1050万条子午线轮胎，一期总投资3亿美元，占地40公顷，2012年计划投资4亿元， 于7月16日举办开工仪式。项目建成后可实现年产值30亿元，实现税收1.4亿元，解决劳动力就业2600人，经济效益和社会效益十分显著。

（市工信委）

食品产业

【概况】 2012年，长沙市规模以上食品生产企业达253家，其中产值过十亿元企业5家，产值过亿元企业118家，从业人员6万余人，资产总额近800亿元，完成工业总产值1210亿元（含烟草700亿元），同比增长17%。占全市规模工业总产值17.30%，占全省食品工业总产值四分之一强，居全省第一位。食品工业是长沙市优势产业之一，建设了浏阳生物医药园、隆平高科技园、湖南食品工业园（望城区）和宁乡食品工业园等4个重要食品生产基地（园区），聚集了绝大部分省内食品工业的知名企业，如娃哈哈、可口可乐、青岛啤酒、旺旺食品、人人家食品、澳优乳业、加加集团、凯雪粮油、南山食品等。长沙市食品产业已逐步形成规模化、集群化的态势，成为拉动全市工业经济增长的重要力量。粮油食品、茶叶、乳制品、啤酒、休闲食品、保健食品等优势行业格局基本形成；乳品、啤酒、大米、烟草等行业产品质量居国内领先水平，部分产品达到国际先进水平；“绝味食品”、“加加食品”、“明园蜂业”、“人人家食品”、“怡清园茶叶”等具有良好的市场知名度。

一、全市食品工业持续稳定增长，支柱产业作用日益明显。近年长沙市食品企业积极抢抓发展机遇，坚持以市场为导向、以资源为依托、以科技为支撑、以增效为目标，大力推进产业发展和创新，部分企业完成了原始资本积累过程，食品工业体系逐步成长壮大。

二、企业初具规模，行业门类齐全。截至2012年底，长沙市已形成以烟草加工为主，以饲料加工、休闲食品和调味品等其他加工业为辅的产业格局，乳品、啤酒、大米、烟草等行业产品质量居国内领先水平，部分产品达到国际先进水平，“绝味食品”、“加加食品”、“明园蜂业”、“人人家食品”、“怡清源茶叶”等具有良好的市场知名度。

三、产业优势突出，发展潜力巨大。长沙处于湖南“鱼米之乡”腹地，原料资源丰富，随着长株潭一体化，庞大的消费群体和日益增长的消费购买能力。良好的区域优势，较强的科技优势，充足的资源优势和较好的市场优势为长沙食品产业发展提供了一片广阔的市场发展空间。（市工信委）

【长沙卷烟厂】 湖南中烟工业有限责任公司长沙卷烟厂始建于1947年。2006年10月，湖南烟草工业实施合并重组，长沙卷烟厂成为湖南中烟工业公司6个非法人卷烟厂之一，更名为湖南中烟工业公司长沙卷烟厂；2007年11月，随公司改制更名为湖南中烟工业有限责任公司长沙卷烟厂。工厂占地面积32.77万平方米，拥有意大利产COMAS制丝线3条，国产、德国产卷接机37台，国产、德国及意大利产包装机39台，国产滤嘴成型机18台，年卷烟生产能力750亿支(150万箱)，在册在岗人员2148人。长沙卷烟厂以管理进步为主线，围绕“卷烟上水平”基本方针，严格管理规范，企业发展健康平稳。4月，长沙卷烟厂获2009—2011年度“全国烟草行业卷烟工厂标兵单位”称号；9月，长沙卷烟厂获得第十届全国TnPM信息化应用二等奖、管理创新优秀奖、六项改善案例优秀奖；12月，长沙卷烟厂卷包车间丙轮班获年度“全国质量信得过班组”称号。

2012年，长沙卷烟厂主要“白沙”和“利事”品牌卷烟。全年生产卷烟639亿支（127.80万箱），同比增加4.95%。其中，生产内销卷烟628.75亿支（125.75万箱），出口卷烟10.20亿支（2.04万箱）。生产“白沙”624.95亿支（124.99万箱），其中“白沙”精品类343.8亿支(68.76万箱)。加工“万宝路”8.75亿支(1.75万箱)。全年万支卷烟综合能耗为3.29千克标煤，平均消耗烟叶6.84千克/万支、滤棒1684.94支/万支、盘纸617.91米/万支、水0.11吨/万支、生产耗电7.67千瓦时/万支。长沙卷烟厂以夯实管理基础为核心，以管理精细化为方向，系统审视各项管理，不断健全体系运行管理基础。以产品质量管理为试点，开展企业流程梳理与优化工作。以内部审核为载体，全面核查管理体系运行、质量管理与改进、目标计划实施和指标参数管控，发现整改22个问题。推进参数管控体系建设，深化企业综合管理平台应用，推进目标任务、重大课题、重点计划的分层分解，细化分解目标8124项、计划6264项，目标量化比例达到43.2%。推进度量体系建设，促进工厂管理上水平。调整完善指标结构树，强化目标与指标的联动管控。设计开发“目标计划事件预报警”系统的关联应用功能，实现企业运行、职能管理、部门管控的有效对接，集成和提炼各类信息，强化分析改进，提高管理信息的应用效率。明晰岗位参数管控要求，修订完善8个部门197份岗位工作标准，规范岗位作业行为，强化岗位目标驱动。组织实施管理进步课题，围绕制约企业管理进步的重点、难点问题，实施6个重大课题和27个基础管理优化课题。集约9家兄弟烟厂资源，推进国家局“卷烟生产加工精细化”专题工作，形成《精细化管理与实践——卷烟生产加工精细化管理指南》、《精细化管理与实践——卷烟生产加工精细化管理案例集》阶段性成果，在行业“创建优秀卷烟工厂”活动中，被评为标兵单位。12月6～7日，长沙卷烟厂承办全国烟草行业企业管理现场会，并与会议代表交流管理经验。

2012年，长沙卷烟厂在建的湖南中烟公司技术中心试验楼（主体工程）、香精香料调配试验车间、员工食堂完成基础和主体验收工作；大托片烟醇化库建设项目进行场地平整和

长沙卷烟厂大门

长沙卷烟厂全自动机器人开包系统

施工图设计与评审；厂区道路改造、雨水收集、和天下等工程项目按计划完成；项目竣工资料归档753项。全年技术改进立项申请57项，通过54项，成果评定54项。完成首组国产超高速ZJ116卷接机和ZB48包装机安装调试，分别于9月和11月投入使用。长沙卷烟厂注重过程工艺的精细化管控，深化工艺问题研究改进，强化工艺过程控制，推进参数化管控与应用，持续提升工艺质量保障能力。制丝工序CPK达标率97.94%，同比提升5.32%；卷包工序烟支缺陷率0.35%，同比降低0.01%，盒装缺陷率0.88%，同比降低0.43%。创新质检模式，基于职能转换和过程检控方式转变，制订卷烟产品质量动态检验办法，建立动态质量检验模式。根据岗位自检、部门内部检控、质量监督检测的质量数据变化，适时调整检验频次，加大对过程参数异常以及趋势性、重复性问题的管控力度。调整辅料、成品的检测重点，增加对烟丝储存过程等质检盲区的检测，提高产品质量保障能力，全年发现并整改质量问题和隐患96项，质量保障水平得到提升。外检合格率100%；公司监督抽检成品合格率100%。（长烟办）

【首组国产超高速卷接机和包装机投入生产】“超高速卷接包机组研制”是国家《烟草行业中长期科技发展规划纲要（2006～2020年）》确定的行业科技重大专项项目。国产超高速卷接机生产运行速度达16000支/分钟，国产超高速包装机生产运行速度达800包/分钟，代表国际先进卷烟设备技术水平。常德烟机厂引进德国豪尼公司PT2-2超高速设备技术研制生产超高速ZJ116卷接机，上海烟机厂引进德国福克公司FOCKE FC 800研制生产超高速ZB48包装机，国家烟草专卖局选定长沙卷烟厂和上海卷烟厂为样机试用单位。首台国产超高速ZJ116卷接样机和国产超高速ZB48包装样机分别于2012年3月19日和5月7日到长沙卷烟厂，长沙卷烟厂超高速技术调试项目组成员与国外技术专家、国内样机生产厂家的技术调试人员密切协作，抓紧新设备安装调试。6月18日顺利实现卷接与包装连机调试生产，生产出的产品质量符合工艺质量控制标准要求。国产超高速卷接机和包装机分别于9月14日和 11月15日通过验收，设备投入生产。

（长烟办）

【加加食品集团股份有限公司】 加加食品集团股份有限公司是一家集研发、生产、营销于一体的大型调味食品上市企业，创建于1996年，拥有长沙加加食品销售有限公司、盘中餐粮油食品（长沙）有限公司、郑州加加味业有限公司、加加食品集团（阆中）有限公司等4家全资子公司。企业总资产18.6亿元，员工1800人，2012年实现销售收入16.5亿元，实现利税3.5亿元，企业综合实力位居国内调味品行业前列。公司实施以“加加”系列酱油为主导，食醋、鸡精、味精和食用植物油等多品类协同发展、共用营销渠道的经营战略。经过多年的不断努力，陆续在全国各地发展了近1,200家总经销商，形成以湖南长沙、河南新郑、四川阆中三大生产基地为中心，辐射全国的销售网络。公司先后荣获“中国名牌”、“中国驰名商标”、“国家级农业产业化重点龙头企业”、“国家食品工业重点企业”、“全国酿造酱油示范企业”、“食品安全示范单位”等荣誉称号。在广大消费者心目中，“加加”已成为优质、美味生活的一种象征。2012年1月6日，公司成功登陆A股资本市场，被誉为“中国酱油第一股”，股票简称：加加食品，股票代码：002650，成为宁乡本土首家上市公司。加加集团上市募集资金将用于年产20万吨优质酱油项目和年产1万吨优质茶籽油项目。项目规划建设于宁乡经济技术开发区园区内，总用地28公顷，该项目是实施公司战略发展规划、实现公司产品结构升级、完善公司产品结构的重要战略举措，项目建成后，将进一步做大酱油品牌，做强食用油品牌，预计3年后产值可达到50亿元，将有力推动中国调味品行业的发展，振兴民族产业，打造百年企业。

（市工信委）

加加酱油产品

【湖南省怡清源茶业有限公司】 湖南省怡清源茶业有限公司，中国驰名商标，现公司下辖安化怡清源茶业有限公司、湖南怡清源长春茶业有限公司、湖南怡清源有机茶种植有限公司三个全资子公司，拥有享誉海内外的“怡清源”品牌。怡清源茶业集茶叶科研、茶园基地建设、茶叶生产、加工、销售、茶文化传播于一体，是商务部认定的全国百家大型农产品流通企业、农业部认定的全国新农村建设百强示范企业、中国茶叶流通协会认定的中国茶叶行业百强企业、湖南省人民政府认定的湖南省农业产业化龙头企业。“安化怡清源”是第一个获得安化黑茶出口生产备案证明的企业，怡清源茶文化艺术团被誉为“茶道潇湘第一家”。公司核心产品是以“野尖”为代表的黑茶系列、“黑玫瑰”为代表的功能茶系列、“野针王”为代表的绿茶系列。“野尖”黑茶，湖南高档黑茶的代表，袁隆平院士品饮后题词盛赞，“安化野尖，黑茶顶尖”；“黑玫瑰”茶，中国第一款女性生态

怡清源茶业自主研发的黑玫瑰茶，获三项国家专利，被誉为“杯中的美容院”

美容养颜茶，获 3 项国家专利，是深圳茶博会金奖产品，被誉为“杯中的美容院”；“野针王”，罕见的优质地方特色产品，被誉为“三湘第一绿茶”、“绿茶之尊”，因其“形赛银针、香斗龙井、味胜碧螺”，集中国三大名茶优点于一身， 2007 年曾作为国礼送给俄罗斯总统（时任）普京。

公司下设怡清源茶业研究所，聘请国内高等院校和科研院所 20 多位专家教授与公司专业技术人员共同组成公司的研发和技术团队，开发多项拥有自主知识产权的成果，包括三项省级科技成果。公司在全省发展优质茶基地 1.37 万公顷，建设茶叶初加工厂 8 座、精加工厂 3 座。安化怡清源，是怡清源在安化黑茶原产地建设的中国最洁净化、现代化的黑茶加工中心；茶马驿馆，是怡清源在黑茶之源黄沙坪投资的世界最具特色的黑茶文化主题宾馆。公司已通过 ISO9001 国际质量管理体系认证和 HACCP 食品安全管理体系认证。公司以“连锁专卖、特约经销、电子商务、国际贸易”为主营销模式，建立近 400 家专卖店（英国 2 家），1 万多个终端网点。怡清源在茶叶科研、生产、加工、销售和茶文化的传播上都起到了龙头企业的带头作用，引导湖南茶产业向科学、规范、健康的方向发展，把湘茶推向全国，推向世界。2012 年，怡清源完成工业总产值 4.51 亿元，同比增长 13%。怡清源茶业在长沙县百里茶廊里投资打造集茶园基地、生产加工基地、茶文化基地于一体的现代生态茶业基地。销售上，公司国内重点市场影响力明显提升，电子商务突显线上特色，并且积极开拓海外市场，实现多元化产品出口，现怡清源茶产品遍布东欧、东南亚、欧美等多国市场。“好茶就在怡清源”，怡清源品牌已以为越来越多的人所熟悉。2012 年怡清源茶文化艺术团被评为“全国工人先锋号”。

（市工信委）

【盐津铺子食品有限公司】 盐津铺子食品有限公司现注册资金 5000 万元。公司位于国家级浏阳经济技术开发区（长沙国家生物产业基地），占地 10 公顷，建筑面积 40000 多平方米，总资产 2 亿多元。公司生产的“盐津铺子”系列休闲食品销营销网络以湖南、深圳、上海为中心，拉动中部地区、珠三角地区、长三角地区，辐射周边省市及全国，产品畅销全国各地，产品销量位居全国同行业前茅，连续 3 年在省内同行业销售名列第一，2011 年销售额 4 亿余元，上缴国家税金 3200 余万元，实现利税总额 6000 余万元。经过“品牌拓展、定向研发、以销定产、以产定购、全程品控”，公司已成为一家品牌知名度高、成长性好、带动能力强的国内休闲食品知名龙头企业。近年来，公司屡获殊荣，公司“盐津铺子”商标被国家工商总局评为“中国驰名商标”，公司被农业部评为“全国农产品加工业示范单位”、“全国创业带动型优秀企业”，公司荣获“第九届中国食品安全年会食品安全示范单位”，是“湖南省农业产业化龙头企业”、湖南省“小巨人”计划企业、长沙市“小巨人”计划企业、“湖南省会自主创新示范企业”、长沙市“两帮两促”企业、“湖南省创业富民明星单位”、“湖南省农产品加工质量管理先进企业”、 “长沙市拟上市公司”。盐津铺子已通过国家 QS 安全质量认证和 ISO9001：2000 质量管理体系认证、HACCP 认证。“盐津铺子”系列产品被省质量技术监督局评为“湖南省名牌产品”，并荣获“中国（长沙）国际食品博览会金奖”。盐津铺子不断进行技术改造，不断引进新设备，采用新技术。开发新产品，企业的产品质量也不断提高，深受广大消费者的欢迎，2011 年 7 月，盐津铺子投资 5000 万元新建的国内最先进的豆制品生产线建成投产，该项目投产后，产值增加 2 亿元以上，年新增利税 3000 万元以上，增加社会就业 600 人以上。同时，盐津铺子又启动了新建国内最先进的蜜饯制品生产线项目，该项目主体工程已经完工，2012 年盐津铺子完成 5.5 亿元工业总产值。

盐津铺子与湖南省农科院农产品加工研究所确立技术战略合作关系，采用定向研发和技术转让方式，筹建“盐津铺子凉果蜜饯研究中心”，解决技术瓶颈问题，确立国内凉果蜜饯行业标准。2009 年公司与湖南农业大学食品科技学院签约，正式建立以食品安全为核心的合作关系，采用产学研结合方式，充分利用湖南农业大学的科技优势与企业的资源优势，转化科技成果，研究与开发新型食品安全技术和新型安全食品。双方合作开发的蜜饯腌渍液的综合利用技术现在已取得重要成果，已申请并获授权发明专利和实用新型专利 20 余项。盐津铺子作为农产品加工龙头企业，大力推进农业产业化，带动农民增收，促进企业增效。盐津铺子在解决劳动力就业和带动农民增收致富两个方面，较大程度地为促进地区经济发展发挥着重要作用。盐津铺子在当地政府的指导下，运用“公司＋基地＋农户”的运作模式，重点培育发展生姜等农产品种植基地。盐津铺子在浏阳七宝山、小河、张坊等乡镇发展种植基地面积上 666.67 公顷。以每户种植 3～4 亩计，可带动农民致富 3000 ～ 4000 户，每年可直接增加本地农民收入 3000 多万元，为地方财政增加收入 500 万元以上。预计 5 年内销售收入突破 20 亿元。同时，对休闲食品行业保持专注、专业，进驻国内顶尖品牌行列，并以品牌和产品为核心竞争

力，不断拓展在全国市场的影响力。（市工信委）

材料产业

【概况】 2012年，全市材料产业有规模以上企业542户，从业人员约8万人，完成工业总产值1239亿元，同比增长19.2%，占全市规模工业总产值的比重为17.7%。其中，晟通科技、金龙铜业完成总产值分别居全市材料产业第一、二位。“十二五”前半期，全市材料工业围绕调整结构的主线，加快化工材料、建筑材料等传统材料产业改造升级步伐；加快储能材料、先进金属材料等新型材料产业发展进程；加快材料工业与长沙市主导产业的融合。材料工业规模不断扩大，产业结构不断优化，成为全市工业经济四大主导产业之一。与“十二五”初期的2010年相比，长沙市材料工业产值规模由774亿元上升到1200多亿元，年均增长24%。（市工信委）

【金属材料】 2012年完成总产值380亿元。形成了从铝锭→铝材、铝箔→铝塑复合板、铝制品零部件及其应用的铝材深加工产业链；以及从稀土金属等合金材料→硬质合金→硬质合金工具的硬质合金产业链。（市工信委）

【新能源材料】 2012年总产值40亿元。主要产品有锂离子电池材料、续化带状泡沫镍、无汞电解二氧化锰、镍氢电池负极材料等先进电池材料和锂离子动力电池、镍氢动力电池、铅布铅酸电池等。形成从电池原材料→电池关键材料→动力电池的产业链。（市工信委）

【化工材料】 2012年完成总产值约220亿元。主要产品有合成洗涤剂、涂料（含汽车油漆）、烟花化工产品、工程塑料等。长沙市是国内高档合成洗涤剂原料第二大制造商，主要与宝洁等大型公司配套，引进大型的日化企业是招商的重点；涂料特别是汽车涂料具有较强的竞争力，汽车底漆国内市场占有率20%，随着长沙市汽车产能的释放，本地配套率将大幅提高；烟花化工与长沙市烟花产业形成了稳固的配套链，其规模随着烟花产业的发展而发展。（市工信委）

【建筑材料】 2012年完成总产值约240亿元。主要产品既有水泥等传统材料，又有高分子新型材料，形成从玻璃纤维、高分子材料→新型建材→卫生洁具、轻质楼盖材料、保温材料的新型建材产业链。传统材料以本地房地产、基础设施配套为主，新型建材已逐步向省外扩张。（市工信委）

【湖南晟通科技集团有限公司（长沙产业园）】 公司成立于2003年，坐落于望城经济技术开发区，拥有国家认定企业技术中心和国家级检测中心（实验室）。园内有20万吨/年的高精铝板材加工项目、12万吨/年高性能单双零箔项目、10万吨/年铝工业型材项目，主要产品有双零铝箔、双金属合箔、空调箔、轨道交通用高性能大截面挤压材，以及汽车、船舶、航空航天、军工等高性能、大截面、高强度铝合金管、棒、型材等产品，其中板带箔坯料国内市场份额接近70%。2012年公司产值规模达136亿元。（市工信委）

【湖南金龙国际铜业有限公司】 公司成立于2006年，位于望城经开区，注册资本6000万元，是一家专业利用铜铝再生资源循环经济制造铜铝新材的国家高新技术企业，拥有湖南铜铝材精深加工工程技术研究中心、湖南铜铝产品检测中心等多个技术创新平台，主要产品有光亮铜（铝）杆、铜板、铜线、铜材、铜管、铜（铝）排、铜包铝、铜（铝）合金、铜包钢、纳米漆包线、扁铜线、铜（铝）箔等，主要用于电子信息产业、汽车、航空、航天、船舶、核电、电力电缆、轨道交通等领域。2012年公司产值达60亿元。（市工信委）

【湖南湘江涂料集团】 前身为湖南造漆厂，创立于1950年，位于长沙市开福区内，是中国涂料协会副会长单位、中国涂料十强企业、湖南省最大的涂料生产基地。主要产品为汽车涂料、工业涂料、特种涂料、民用装饰涂料及涂料用树脂，涂料年生产能力15万吨，控股子公司湖南湘江关西涂料有限公司是目前国内品种最齐全规模最大的汽车原厂漆供应商。“十二五”期间，投资8.3亿元新建环保涂料生产基地，产值规模达到40亿元。2012年公司产值达20亿元。（市工信委）

【湖南丽臣实业股份有限公司】 前身湖南日用化工厂，创建于1956年，位于长沙市开福区内。主要产品：表面活性剂、家庭系列洗涤用品、宾馆系列洗涤用品。是国内最早生产表面活性剂的厂家，表面活性剂的研发技术和产销能力居国内同行领先地位，是宝洁、安利、强生、高露洁、雅芳等多家驰名跨国公司和国内著名企业长期战略合作伙伴。“十二五”期间，投资7.8亿元，使表面活性剂产能达35万吨、洗涤用品达到15万吨产能。2012年公司产值达13亿元。（市工信委）

【湖南杉杉户田新材料有限公司】 前身为湖南杉杉新材料有限公司，成立于2003年11月，2010年与日本户田、伊藤忠商社合资后更名为湖南杉杉户田新材料有限公司。座落于长沙国家高新技术产业开发区内。主要产品：钴酸锂、锰酸锂、镍钴锰三元系、镍钴二元系、磷酸铁锂等锂离子电池正极材料，国内市场占有率高达30%，国内同行业第一。“十二五”期间，计划投资1.85亿，实现9000吨/年的生产产能，总产值达50亿元，年均增长率超过25%。2012年公司产值达6.5亿元。（市工信委）

生物医药

【概况】 长沙生物医药产业发展是以湖南浏阳国家生物医药园区为核心区，在地理范围上主要聚集在浏阳国家生物医药园、长沙高新区、开福区、暮云工业园、金霞经济开发区、湖南高科技食品工业园，还有部分散布在长沙不同的区域，产业聚集尚在形成之中。由现代中药、基因工程和现代种苗产业组成，现代中药加工技术和现代种苗技术处于全国领先水平，而基因工程及技术处于中部领先水平。近3年来，生物医药企业平均都保持30%以上的产值增长率，平均盈利率达到10％～20%。2012年，规模以上生物医药生产企业63家，产值197.5亿，同比增长29.5%。长沙生物医药产业已形成现代中药创新及特色中药、抗肿瘤药物、高端原料药及制剂、药用辅料、生物诊断试剂、疫苗、动物保健药产业七大特色领域。

（市工信委）

【九芝堂股份有限公司】 九芝堂股份有限公司是国家重点中药企业，湖南省重点高新技术企业，国内上市公司。其前身“劳九芝堂药铺”创建于1650年，是中国著名老字号。公司下辖9家子公司：九芝堂医贸有限公司、湖南九芝堂医药有限公司、湖南九芝堂零售连锁有限公司、常德九芝堂医药有限公司、湖南九芝堂斯奇生物制药有限公司、海南九芝堂药业有限公司、成都九芝堂金鼎药业有限公司、九芝堂商南植物药有限公司、成都九芝堂金鼎药材种植贸易有限公司；2个分公司：九芝堂印刷包装分公司、九芝堂外经贸分公司；1家参股公司：海南神农大丰种业科技股份有限公司。公司年销售额过亿元的产品有3个：驴胶补血颗粒、斯奇康、浓缩丸系列，年销售额过千万元的产品有4个：裸花紫株片、乙肝宁颗粒、足光粉、补肾固齿丸。其中驴胶补血颗粒年销售额超过2亿元。公司综合经济实力在湖南省医药行业排名第一，在全国医药上市公司中排名二十强之列，是湖南省质量管理奖企业。公司医药工业主要生产线均通过国家GMP认证，医药商业的批发与零售通过国家GSP认证。

（市工信委）

湖南迪诺制药有限公司

【湖南迪诺制药有限公司】 湖南迪诺制药有限公司成立于1997年，前身源于湖南省医药工业研究所，是一家从事医药、原料药产销一体的现代成长型高新技术企业 。公司行政总部设立于长沙中天广场，在浏阳国家级生物医药园区拥有两个经过GMP认证的现代化制药基地，包括片剂（含青霉素类）、胶囊、软膏、乳膏（含激素类）、干混悬剂、微丸、小容量注射液、化学合成原料药、口服液、冻干粉针剂等十个剂型十四条生产线，以及遍布全国的办事处和完善的现代化销售网络，具有良好的市场基础和品牌知名度。公司注重新药产品、知识产权的开发，着力突破自主知识产权的关键、核心技术，不断推进专利信息平台建设 ，成为湖南省长沙市中成药及生物医药产业集群重点扶持5家核心企业之一，并先后获得政府颁发“湖南省高新技术企业”、“湖南省医药工业十佳企业”、“科技创新先进单位”、“长沙市利税大户”、“长沙产学研合作奖”、“AAA级信用企业”等诸多荣誉称号。

（市工信委）

【长沙东风药业有限公司】 长沙东风药业有限公司始建于1958年，1997年改制成股份制企业，已有50多年药品生产历史。公司总部位于长沙市芙蓉中路的繁华商业区，生产基地位于长沙国家生物产业基地·浏阳生物医药园，总面积近5万平方米，公司在职职工人数197人，公司制药设备齐全，检测手段完善，人员结构合理。公司建有片剂、胶囊剂、糖浆、颗粒、膏剂、散剂共6种剂型的生产线，全部通过了国家GMP认证。在40多个品种中，以胶囊剂为主，其中“金维康”牌多维元素胶囊系全国独家生产，康尔心胶囊系省内独家生产，熊胆丸、浓维磷糖浆、四物膏、复方地巴唑氢氯噻嗪胶囊、小儿氨酚黄那敏颗粒等均受到用户的青睐，“灸王”牌纯中药艾条畅销日本及东南亚各国。公司连续多年被长沙市政府授予优秀“小巨人企业”、并获得“长沙市诚信建设示范单位”、首届省会百佳企业、“自主创新”示范单位、省质量监督A级企业、长沙市文明单位、以及“先进基层党组织”等光荣称号。（市工信委）

【湖南麓山天然植物制药有限公司】 湖南麓山天然植物制药有限公司成立于1992年，公司集科、工、贸于一体，主要从事中成药制剂、天然植物提取物以及各类保健食品的开发、生产和经营。公司占地3.45公顷，建有片剂、胶囊剂、颗粒剂以及前处理提取四条生产线，主要生产改善心脑血管循环、调节血脂，提高免疫力等几大类药，公司拥有固体制剂车间面积近3000平方米（其中洁净区面积1000多平方米），仓储面积900多平方米，精封包车间200多平方米，配备有先进的中药提取、分离和精制系列的制药设备和先进的科研、检验设备，具有通过国家GMP认证的标准提取车间和固体制剂车间。湖南麓山天然植物制药有限公司秉承诚信为本的办事原则，多次被省政府授予“长沙市重合同受信用单位”称号、2000年获得“长沙市明星科技民营企业”称号，2007年被评为省高新技术企业；公司产品“华宝通”（银杏叶胶囊、银杏叶片）被中国保护消费者基金会推荐为消费者信得过产品，银杏叶胶囊获得“湖南省名牌产品”和“高新技术产品”称号，2011年公司的“麓山”商标被评为湖南省著名商标。公司非常重视技术创新工作，开展了多项科研攻关项目并多次获得国家级、省级经费支持，如“青蒿、银杏、石斛优良品种规范化、标准化、规模化种植和繁育及其研究”、“丹芍化纤胶囊科研成果转化项目”穿心莲内酯提取纯化工艺等。公司和湖南中医药大学、中南大学等省内多所高校开展合作，并成为湖南中医药大学药学院产学研基地，开展了银杏叶GAP种植基地建设、多种提取物工艺改进等项目。

（市工信委）

电子信息

【概况】 2012年全市信息产业实现总产值850亿元，同比增长26%。全市共拥有电子信息企业1800多家，其中规模以上的企业228家，产值过亿元的企业有87家，过10亿的企业4家，过50亿和过百亿的企业各1家，聚集了微软、IBM、摩托罗拉、思科、戴尔、爱立信、富士康、日立、哈里斯等10多家世界500强企业和拓维信息、长城信息、威胜集团、宇顺电子等10多家上市公司。已形成了电子信息制造业产业集群，代表企业有中电48所、纽曼数码、长城信息、蓝思科技、威胜电子、航天卫通、新亚胜、宇顺电子、介面光电、华能自控、国科广电、创芯科技等；软件产业集群，代表企业有湘邮科技、拓维信息、三辰卡通等；信息服务业产业集群，代表企业有湖南移动、青苹果数据、中软国际、源数科技、科创信息、快乐购等。拥有国家软件产业基地、国家数字媒体技术产业化基地、国家级信息服务业高技术产业基地、国家动漫游戏产业振兴基地、中国服务外包基地城市等多个国家级品牌；先后建立了湖南移动电子商务产业园、长沙信息产业园、长沙星沙信息产业园、长沙光伏产业基地等省级专业园区；建设了中电软件园、麓谷信息港、麓谷企业广场、金荣科技园等一大批孵化器和加速器，初步形成了孵化器、加速器、标准地块和专业园区四级产业载体建设体系，为产业提供了很好的发展平台。构建了软件构件库、行业知识库、数字媒体资源库、测试用例库、IP核库等“五库”，服务外包支撑平台、软件研发技术平台、数字媒体创作平台、软件质量保障平台、嵌入式开发服务平台、集成电路设计服务平台和IT人才服务平台、信息资源支撑平台和网络基础资源平台等“九平台”，面向企业提供产品研发、软件测试、质量保障、人才培训、技术指导等各类公共技术服务；拓维信息的国家手机动漫公共技术服务平台、蓝猫动漫的国家动漫游戏渲染平台等一大批依托龙头企业建立的公共平台，降低了企业的研发成本，提升了企业的核心竞争力。随着中电48所 “国家光伏装备工程技术研究中心”、威胜集团“国家企业技术中心”、湘计海盾、麒麟信息等国家和地方联合工程研究中心的建立，已初步形成国家级工程中心、省市级技术中心、院企研发中心并存的、多层次的技术创新体系。部分制约行业发展的关键和共性技术取得突破，国防科大成功研制出“天河一号”千万亿次高性能计算机；中电48所研发的丝网印刷机、自动检测分选设备和神州光电研发的彩色太阳能电池组件填补了国内空白；国科广电研发的国内首款直播卫星解码芯片GK6105S，达到国际先进水平。蓝思科技浏阳、星沙基地以及正在加紧建设的桌梨基地与介面光电、宇顺电子共同打造国内最大的显示屏功能玻璃面板、触控面板生产基地；创芯集成6英寸晶圆项目建设顺利，年底有望投产；中电软件园正式开园，签约入园企业160家，入驻企业44家；大唐电信签约落户；日本富士通的汽车电子项目、基伍伟业的品牌手机项目成功落地；国家直播卫星产业基地和省北斗卫星导航示范应用产业化基地落户长沙，戴尔服务中国运营中心、富士康研发总部、中兴通讯研发基地、国家超算长沙中心、中国电信湖南IDC及云计算运营中心、中国移动电子商务支付中心等一大批重大项目建设或投产，为长沙市信息产业发展增强了后劲。

（市工信委）

【信息化建设】 1. 扎实推进电子政务建设。加大对项目建设的统筹管理力度，积极推进了“天网工程”、“智能交通”“数字城管”等一批市级重点信息化工程建设；对长沙市个人住房信息系统工程、长沙车驾管业务监管系统、人民会堂会议表决系统、医疗服务监控系统等十余个项目的技术方案进行了审核；验收了长沙市公安局警用地理信息系统、长沙市城管车辆GPS监控系统项目一、二期项目、数字城管二期、知识产权库等一批信息化工程项目，一大批电子政务工程的建成大大提高了长沙市电子政务的总体水平，为长沙市构建“阳光政府”和便民利民发挥了重要作用。2. 加快网络基础设施建设。全面推动“光网长沙”和“无线长沙”建设，实现全域光网通达，中心城区WLAN无缝覆盖。加快宽带网络建设，将长沙打造成“光网城市”，全面推进“光纤入户”工程建设改造。启动覆盖全市公共场所的无线城市基础设施和具有中国自主知识产品的4G网络TD-LTE试点，搭建统一综合门户平台，构建完善的移动电子政务、公共事业、医疗、教育、金融、旅游、生活服务、消费购物、就业、交通等十大信息化应用，推动移动电子商务基地发展。3. 推进社会公共领域信息化建设。以打造智慧城市为目标，将物联网技术渗透融入到城市建设、管理的各个环节，使教育、科技、医疗、社会保障、交通等方面的信息化应用水平显著提高，城市运行、管理、服务等功能的智能化程度明显提高。抓好智能交通、智能城乡管理、智能公共安全、智能建筑节能、智能旅游等试点。以“智慧生活”推动人们行为方式、家居生活方式、出行交通方式、消费方式等向智能化、低碳化方向发展，提供符合公众高品质需求的社会服务。抓好智能家居、智能社区、智能医疗保健、智能养老护理等试点。信息化与新城镇建设相结合，以生产、生活、生态领域的信息化为重点，进行智慧新城镇建设试点。4. 积极推进两化深度融合。以传统行业为突破，大力推动企业转型升级。大力推进利用信息技术改造提升传统产业，重点在装备制造、食品加工、纺织服装、烟花鞭炮等传统行业进行试点示范，打造“智慧产业”。三一重工建成了全球PLM协同研发平台、制造执行系统（MES）、全球供应商门户系统（GSP）、企业资源管理信息系统（ERP），实现了研发制造数字化、商务服务自动化、业务财务一体化。加加集团建设了企业资源管理信息系统（ERP），实现了设计、生产、销售等环节全过程信息化管理。东信烟花公司研发的“烟花爆竹药配自动化控制系统”和“大型焰火燃放远程无线控制系统”，实现了生产安全控制与燃放远程无线控制。忘不了公司建设的“基于信息技术的中型服装企业快速反应系统（MTM）”，提高柔性化生产能力和工艺控制精度。5. 全力推进信息化公共服务平台建设。一是充分运用现代信息网络技术，着力构建“事前风险预防、事中风险监控、事后风险救助”的法律服务体系，为企业打造24小时贴身服务的法律顾问服务平台。选聘11家律师事务所作为支撑服务单位，开展“政府为中小企业购买法律服务”活动。已有2216家中小企业注册使用，各律所共接受企业咨询服务4910次，举办法律讲座142次；代理诉讼案件47起，非诉讼案件148起，并与40多家企业签定法律服务合同。立足于中小企业融资服务，构建中小企业融资服务数据库，采用B/S结构，搭建一个供企业、金融机构、信用服务机构、融资中介机构、监管部门等各参与方进行融资业务办理和信息交流的网络平台。一方面，通过平台改善了信息不对称问题，促进中小企业重视信用状况、提高信用能力；另一方面，拓宽中小企业的融资渠道，为金融机构（包括担保机构）搭建优质客户筛选机制，降低业务风险；同时为主管部门进行数据统计、行业监管、制定政策等提供参考依据。企业信用评级工作有序开展，中小企业融资服务平台系统开发工作已完成，二是向广大中小企业提供网上融资服务。加快现代物流公共信息服务平台建设。金霞经济开发区依托金霞海关保税物流中心，整合区域内京广铁路长沙货运站、长沙新港码头、长沙机场、京珠高速、绕城高速等交通资源，构建包括门户网站、终端服务、短信提示、信息交换、货物交易、安全监控等功能的现代综合物流公共信息服务平台，提升全市物流业信息化水平，为工业经济发展提供有力保障。加快网络协同制造技术服务平台建设。在三一重工、中联重科、北汽福田长沙汽车厂等企业集团建立了网络协同制造技术服务平台，提高企业供应链协作管理水平和产品生命周期管理能力，降低企业运作成本，提高了产品竞争力，并鼓励这些平台对外开放，向行业提供工业设计、创意服务等。三是加快重点行业专利数据库服务平台建设。数据库平台已建成工程机械、生物医药、新材料、电子信息、汽车、装备机械液压技术和食品烟草专利等7个行业分库，共收集世界各类专利题录、文摘数据5000多万条，系统访问量达到20000余次，专利下载30000余条次。通过应用，企业提高了认识，规避了风险。长沙共计有30余家企业在该数据库基础上建立了企业自身产品专利数据库。6. 加快推进“三网融合”。两化融合和三网融合互为支撑、相互影响，作为第一批国家三网融合试点地区，长沙市抓住契机，一是统筹规划加快了网络建设和升级改造，加强有线数字电视网络建设和整合力度，全面推进有线电视网络数字化和双向化升级改造；二是切实推动了关联产业的发展，组建5家“三网融合关键技术研发中心”，培育30家具有自主知识产权的三网融合重点创新型企业，推动网络成套装备研制、终端设备制造、信息服务应用、物联网应用等新兴产业发展。三网融合的持续推进改善了两化融合的发展环境，提供了技术支撑。

（市工信委）

【长城信息产业股份有限公司】 长城信息产业股份有限公司长城信息产业股份有限公司是中国电子信息产业集团有限公司控股的国内有影响力的行业信息化产品提供商，全国电子计算机制造企业自主创新能力十强、中国软件百强企业之一和湖南省重点支持的骨干企业。公司业务涵盖金融电子、高新电子、医疗电子、软件园区开发、软件系统集成与服务及电子产品制造。公司通过坚持技术创新，积极开展对外合作，培育在各个细分市场领域的核心竞争力，技术水平和市场占有率一直处于国内领先地位。公司是国内领先的金融电子设备生产商和金融IT服务的重要提供商，金融电子产品占有国内市场三分之一强，并行销国际市场；作为全国最大的高新电子显示设备供应商，公司研发生产的“神舟七号”、“神舟八号”飞船液晶显示器填补了国内空白；作为湖南最大的医疗科技企业，长城信息拥有多项医疗产品专利及计算机软件著作权；公司正着力打造中部地区最强、全国一流的软件园，以带动中西部地区的软件、高新技术进步和新兴产业的发展。公司确立了中长期发展战略，通过产业运营和资本运作相结合的模式，调整产业结构，走内涵式发展和外延式增长相结合的发展道路。公司三大主业金融电子业务、高新电子业务、医疗电子业务将连续3年内以不低于30%、40%、50%的速度快速发展，并做到“专、精、强”，在细分市场做到行业第一，把长城信息打造成一流的人才、一流的业绩、一流的回报、一流的企业文化的高科技公司。

（市工信委）

【蓝思科技（长沙）有限公司】 蓝思科技（长沙）有限公司位于长沙经济技术开发区内，是一家致力于将产品开发制造向产业链发展，并研发科技含量更高层次的多点触控组件、关键触控屏幕的企业。是湖南省“十二五”期间“重点扶持的战略性新兴产业百强企业”之一及“战略性新兴产业重大建设项目”之一。2011年1月注册成立，注册资本6000万美元，投资总额18000万美元，现有员工7000多人。现在全球同行业中，蓝思科技以技术最前沿、工艺最成熟、设备最先进、客户最稳定、生产规模最大、加工精度最高而享誉海内外。现已通过ISO9001质量管理体系、ISO14001环境管理体系和SA8000社会责任体系认证，拥有一个国际化的经营管理、工程研发团队，具备从模具设计、制作到设备研发、加工、组装及产品规模生产的能力，以适应电子信息产业快速发展对高端显示屏的市场需求，能为国际一流品牌的新产品研发提供有力的配套支撑。（市工信委）

【介面光电（湖南）有限公司】 介面光电（湖南）有限公司公司立于2010年10月12日湖南长沙国家生物产业基地介面光电科技园区，已具备全球第一的研发能力和第三的产能触控面板厂。湖南厂总占地面积26.67公顷，2011年9月29日第一期工程建成投产，实际投资9000万美元。

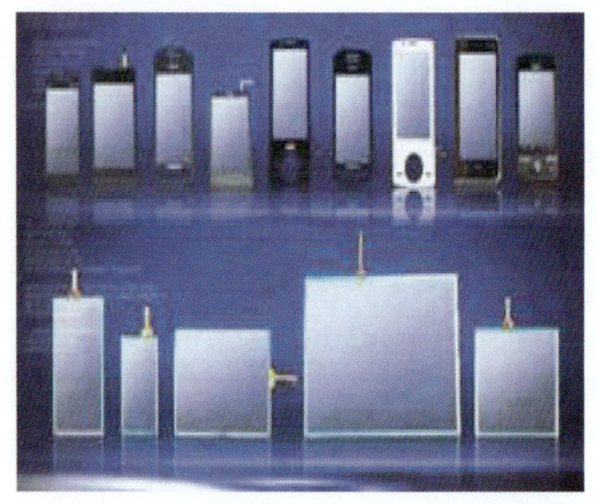

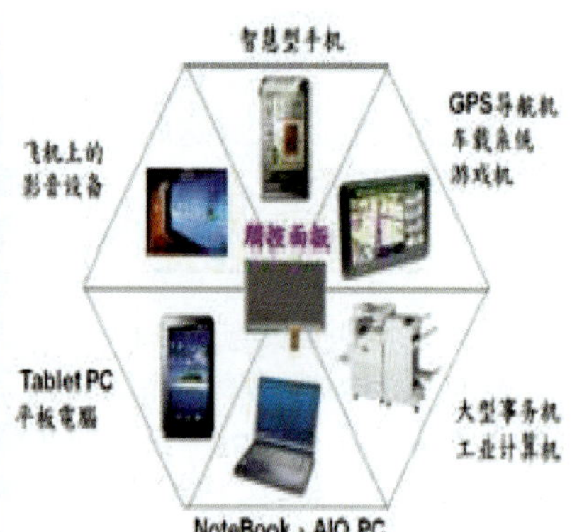

介面光电产品

第二期工程将于2012年6月开始建设，预计投资1亿美元，第二期工程建成后，预计用工达到12000人，形成每年3.84亿片触控屏的生产能力，将占到2013年全球产量的35%，成为全球最大的触控屏生产基地和研发、销售中心。现在介面光电（湖南）厂区完成了A、B两栋车间建筑物，每栋的第一层是厂务及物料库房、第二及第三层是生产车间。第一期启动车间A第二层的生产及配套设施，设备及无尘室都是业界最先进的，生产最先进的电容式触控面板，每月产量约500万个手机用和100万个平板计算机用的触控面板。介面光电客户涵盖三星、HTC、索尼爱立信、摩托罗拉、宏基、华硕、华为、BYD、日立、夏普、NEC、富士康、COMPAL等。

（市工信委）

【湖南新亚胜科技发展有限公司】 湖南新亚胜科技发展有限公司公司成立于2001年，注册资本1099万元，总部位于长沙市金霞经济开发区，现有员工160余人。公司下辖两个全资子公司湖南新亚胜能源有限公司、深圳星亚胜科技有限公司及一个合资分公司新加坡YES TECH-MATA(S) LED DISPLAY LLP公司，并在北京、上海、成都等地设立办事处。公司主要从事LED应用电子产品，包括LED显示屏系列、LED照明系列、LED控制系统等的研发、生产及销售，产品大部分已通过中国CCC认证及欧盟CE认证，且一直接受ISO9001：2008质量管理体系监管。公司的销售网络已经扩展至全国近二十个省份及全球五大洲。公司于2008年获得“高新技术企业”证书，并被认定为“市级企业技术中心”。公司“太阳能无线LED信息显示屏”项目获得科技部中小企业创新基金立项及“国家重点新产品”证书；荣获长沙市总工会2010年度“长沙市职工科技创新奖”一等奖及2011年度长沙市科技进步奖三等奖。2010年，公司获得“长沙名牌”证书，入选长沙市“三百之星·成长企业”，连续两年为“长沙市两帮两促重点帮扶企业”。2010年，公司被湖南省教育厅授予“湖南省高校产学研合作示范基地”证书，被授予“长沙名牌”证书。新亚胜LED光电产业基地位于长沙市开福区金霞经济开发区，2011年，基地一期已经竣工投产，规划用地面积20344平方米，总建筑面积24698平方米，一期全部投产后将成为国内领先的LED应用产品生产基地，年规模产能可达3亿元。（市工信委）

新能源和节能环保产业

【概况】 新能源和节能环保产业是“十二五”期间国家重点发展的战略性新兴产业。近年来，长沙市新能源和节能环保产业快速发展，全市初步形成以中电四十八所、神州光电为主导的太阳能光伏装备产业，以比亚迪汽车业为主导的新能源汽车产业，以中联重科环卫机械分公司为主导的环卫环保装备制造、城市污泥、餐厨垃圾资源化处置成套装备产业，以远大住工为主导的绿色低碳住宅产业化，以惠明环保为主导的垃圾填埋沼气发电产业，以湖南永清集团下辖的湖南永清机械制造公司、麓山脱硫脱硝为主导的烟气脱硝技术及设备制造产业，以归一建材、巨星建材、金德意为主导的资源综合利用产业，以万容科技、邦普科技为主导的城市矿产循环利用产业，以华时捷、湘牛环保、三锦节能和凯天环保为主导的污水处理设备与技术、节能环保厨具及烟气治理等极具发展潜力的产业集群。其中，远大住工为国内第一家以“住宅工业”行业类别核准成立的新型住宅制造工业企业，形成国内唯一完整的住宅工业化体系。湖南万容科技有限公司着力打造湖南省电子废弃物处理中心，建设长沙电子废弃物处理示范基地和回收处理设备装配基地。

（市工信委）

【中国电子科技集团公司第48研究所】 前身为长沙半导体工艺设备研究所，由原国防科委第14研究院北京新工艺研究室和公安部湖南实验工厂合并组建。48所技术力量雄厚，专业门类齐全，拥有设计、制造、总装、测试等系统平台，是中国主要以集成电路、半导体照明、太阳能光伏、磁性材料、新型储能材料、特种传感器和SOI材料等技术为主的骨干科研生产机构，是中国唯一以离子注入机为主的微电子装备供应商、以MOCVD设备为主的光电子装备供应商，是全国最大的太阳能光伏制造装备供应商、最大的磁性材料制造装备供应商。48所太阳电池制造装备具备了“整线交钥匙”工程的能力，国内市场占有率达到80％以上，扩散炉、刻蚀机、PECVD等装备批量供应国际著名的无锡尚德太阳能电力有限公司等；磁性材料制造装备的国内市场占有率也达70％以上，氮气氛保护推板窑批量供应浙江横店东磁股份有限公司、浙江天通控股股份有限公司等上市企业。同时，48所利用自身的装备和工艺优势，不断开发具有自主知识产权的装备上伸下延产品，成为了国内最大的太阳能光伏产品、高档磁性材料、新型储能材料、特种传感器、SOI材料及高性能氮化钒添加剂的制造企业和国家科技部、北京市太阳能光伏电池示范生产单位及湖南省太阳能光伏产业、磁性材料产业和新型储能材料产业的牵头单位。48所现已具备年产各类大型电子专用装备3000台（套）、1000MW完整太阳能光伏产业链、

10000吨高档磁性材料、5000吨完整新型储能材料产业链、10000支特种传感器、50000片SOI材料、5000吨氮化钒添加剂的生产能力。48所已通过ISO9001、GJB9001、UL、CE、TüV、NRE等质量管理体系认证，是我国第一家通过ISO14001环境管理体系认证和OHSAS18001职业健康安全管理体系认证的电子专用装备研制生产单位，是总装备部“军用电子元器件科研生产先进单位”和“军用电子装备科研生产许可证”单位；48所电子专用装备及环保节能产品的用户覆盖含香港、台湾在内的全国29个省市区及美国、德国、法国、西班牙、意大利、新加坡、韩国、伊朗、印度等国家。

（市工信委）

【湖南万容科技股份有限公司】 湖南万容科技股份有限公司以“电子废弃物的环保处理与资源回收利用”为主导，面向电子废弃物这一永不衰竭的“城市矿山”，通过运用高科技的治理技术和方法，推进电子废弃物的无害化处置与资源利用价值最大化，为全球面临的因电子废弃物的不断增长、不当处置所带来的环保治理、资源浪费等世界性难题而提供系统的解决方案。万容科技将研发具有自主知识产权的废弃物资源化利用的关键技术，并建立标准体系，打造“万容”循环再造的名牌产品，成为国内“城市矿产”设备制造龙头企业。通过销售的各类设备在全国各地的运营，实现年回收再生铜、铝等有色金属5万吨、金、银等稀贵金属1000吨、非金属材料20万吨，年产值突破50亿元；完善以长沙、汨罗、郴州为中心，辐射全省、影响中南地区的电子废弃物、报废汽车、废旧机电设备、薄皮容器等废旧资源回收网络体系，实现年处理“城市矿产”30万吨，相当于节约44万吨原矿、节能10万吨标准煤，减排二氧化碳27万吨；并通过开展基于厂内和工业园区处置合作项目，实现为全国200家电子电路企业、重金属化工企业、电镀、冶金等高污染行业提供固体废弃物、重金属废液、废水等危险废弃物处置与资源回收系统服务，实现处理5万吨重金属废液、固废。

（市工信委）

【湖南永清环保股份有限公司】 湖南永清环保股份有限公司创建于2004年，是为高污染、高耗能工业企业提供烟气排放综合解决方案的环保工程公司。公司在钢铁、冶炼行业脱硫技术及设施运营上全国第一，工程总包国内领先。公司注册资本5008万元，员工200多人。是湖南省环保领域唯一列入“双百”工程的明星企业，是2009年省政府工作报告点名支持做大做强的环保企业。公司于2011年3月8日成功登陆深交所，成为现湖南省环保行业唯一的上市公司 。2012年，公司与新余市人民政府及新余钢铁集团签订《合同环境服务协议》，成为全国第一个地级市以上的合同环境服务协议；公司于永兴县人民政府签订《永兴县合同环境服务合作协议》。作为湖南省环保行业的龙头企业，公司承担了湖南省内60%以上的二氧化硫减排任务。公司拥有环境工程设计甲级、电力新能源发电、火力发电设计乙级、环境污染治理设施运营甲级、环保工程专业承包三级、环境影响与评价乙级等多项资质，具备了与烟气脱硫脱硝业务、布袋除尘业务、环保热电业务、环境工程咨询业务、建设项目环境影响评价业务相关的全部资质。公司业务已涉及钢铁、有色、电力、石油、化工、建材六大高耗能行业众多环保项目的建设，已成为国内具有钢铁烧结机烟气脱硫业绩的少数几家企业之一，也是全国率先拥有大型钢厂脱硫设备运营业绩的专业公司。公司拥有一支由高素质的技术人才队伍组成的省级环保技术中心。公司注重自主创新，不断加大节能减排技术研发，先后与美国乔治理工大学、德国巴克杜尔公司等国家一流高校、环保企业进行节能减排业务合作与技术交流。另外，公司在钢铁烧结机脱硫、有色冶炼炉窑烟气脱硫、造纸厂锅炉烟气脱硫、烟气脱硝和余热发电领域取得了突破进展，自主创新多项关键技术，并成功进行科技成果转化。已成为国内拥有烟气脱硝技术完全自主知识产权的企业。公司研发的节能减排技术成果已广泛应用于火电、钢铁、冶炼、化工、建材、造纸、海洋石油等行业。

（市工信委）

【湖南凯天环保科技股份有限公司】 凯天环保科技股份有限公司是一家集环境规划、评价、运营、检测，环保产品研发、设计、制造、销售及安装服务于一体的高新技术环保企业。专业从事工业厂房内环境治理、大气污染治理、烟气脱硫脱硝脱汞治理、水、气、土壤重金属治理、环境服务等业务。凯天环保秉承“引进—吸收—集成—提高”的科研理念，自1998年开始通过与德国、法国、丹麦等欧美多家知名环保企业的长期技术合作中，不断追求技术创新，其产品技术及系统工程设计能力已达到国际先进水平。产品广泛应用于铁路机车、工程机械、冶金、电厂等200多个领域。公司拥有整体厂房恒温恒湿控制与除尘、有机废气、有毒气体综合治理相结合的高端专利工程技术，是目前国内唯一能解决这一关键性技术的企业。

（市工信委）

【湖南三锦节能环保科技有限公司】 湖南三锦节能环保科技有限公司（以下简称“湖南三锦”）始建于2001年，国家发改委、财政部首批备案的“节能服务公司”、 “中国节能协会节能服务产业委员会副主任单位”、“2011中国节能协会节能服务产业行业新星、优秀企业”、湖南省“高新技术企业”、湖南省“十二五”战略性新兴产业百强企业、湖南省政府重点支持的上市后备企业。湖南三锦秉承“节能服务中国，环保情系民生”的价值观，站在问鼎行业顶级技术的高度，致力于节能环保装备产业化，结合国际能源供求现状，审视国内能耗超标问题，整合国内顶级专家、技术、资金资源，潜心探索，以节能效益分享型“合同能源管理”的模式全面进入节电、节煤、节气和节油四大领域，主要针对市政设施（路灯、给排水）、大中型工业企业（锅炉、炉窑、用电系统）、大型建筑（空调系统、用电系统、用水系统）等高能耗单位进行整体节能改造。湖南三锦打造全国最大的节能减排装备生产基地，具体表现在两个方面：1. 装备的先进性，要建设一个装备精良，技术先进、国内首屈一指的，集新型节能减排隔污燃炉厨具机组、工业脱硫脱硝设备、超细颗粒聚并器、新型冷凝式无焰燃烧燃气锅炉、工业锅炉余热余压回收利用为一体的节能减排装备制造基地；2. 充分发挥产学研合作单位的人才、技术优势，以节能环保为契机，实现公司的体制和机制创新，并由此建立全新的企业运行机制，谋划建设一个富有活力、勇于创新的现代化的上市高科技企业。（市工信委）

【长沙归一建材科技有限公司】 石膏建材作为新型绿色环保建材，已被越来越多的人所认识和接受。国外十分重视石膏建材的研发和应用，品种繁多，并赋予了许多新的功能，应用十分广泛。在美国等发达国家，建筑的墙体、墙面、天花板、地面等普遍使用石膏建材，利用率已达85%以上。中国对石膏建材的研究和应用起步较晚，大量化学石膏仅少量用作水泥缓凝剂，主要问题是难以克服石膏建材“强度低、不耐水”两大弱点，长期困扰着石膏建材的研究和应用推广，生产使用远不及欧美等发达国家。归一公司经过多年的研究，终于攻克了石膏制品“强度低、耐水性能差”这一世界性难题，并成功开发出高强耐水石膏生态墙板、石膏（多孔）砖、粉刷石膏、砌筑砂浆、自保温砌块等一系列生态环保建材以及与这些产品匹配的工艺设备，产品性能优越，拥有国家专利技术和专有技术20余项。归一生态墙材项目之所以被专家誉为代表了21世纪人类保护环境的理念及绿色建材发展的典范，更大的特色在于所有产品的主要原材料均是建立在对工业副产品（脱硫石膏、磷石膏、氟石膏、粉煤灰、矿渣等）的综合利用上，不仅能达到保护耕地与矿山资源、节能降耗、发展循环经济之目的，更能在变废为宝的循环利用中产生巨大的经济和社会效益。（市工信委）

供电管理

【概况】 2012年长沙电业局围绕电力改革的整体目标，全面推进企业发展方式和电网发展方式转变，有效促进了经济、社会与环境综合价值的协调发展。完成了“三集五大”体系建设的阶段性任务，企业效率、效益明显提升。城市综合电压合格率、城网供电可靠率、农网供电可靠率同比均有上升，分别达到99.979%、99.9786%和99.9245%。同业对标综合排名连续3年稳定保持在全国27个大型供电企业的第9位，连续2年省内排名第一。

一、安全生产创造新记录。深入开展“安全年”及“深化反违章、实现无违章”活动。完成了十八大、中博会等重要政治保电任务，顺利实现了第三个安全年目标，揽获安全生产多个奖项。继荣获“全国供电可靠性金牌企业”以来，保持了持续稳定的良好局面，截至2012年12月31日，安全纪录达到3398天，再创新高。在长沙电网负荷屡破历史新高的情况下，有效保障了全市优质供电。

二、生产精益化管理实现新提升。在省内率先开展配网状态检修试点工作，输变电设备状态检修覆盖率达100%。高质量完成国网公司首批配电网示范工程建设和验收，配电运维水平显著提升，配网累计跳闸次数同比下降48.4%，配网故障抢修效率提高30%。深化输电线路专项治理，110千伏及以上线路跳闸次数同比下降52%，实现了220千伏线路外力破坏“零跳闸”。在省内率先开展220千伏变电站整站集中检修，倒闸操作量减少70%，检修时间减少60%，实现检修效率、效益和安全运行水平同步提升。

三、电网建设迈出新的步伐。如期完成长沙新一轮电网评估，通过规划解决城市发展最终电力容量的科学布点，正式启动溪洛渡－浙江金华±800千伏特高压直流输电线路长沙段工程，长沙首座220千伏智能化变电站月塘变电站等一批具有代表性的工程相继投产，高质量完成国家电网公司首批配电网示范工程建设，有序推进智能小区建设。实施了中西部农网完善工程、扩大内需工程、农网改造升级工程，实现长沙地区农村配网村、组改造率100%。2012年累计完成投资11.078亿元，建成110千伏项目12项、容量99.2万千伏安、线路115公里。

四、服务踩上新台阶。践行“你用电，我用心”承诺，严格执行“三个十条”，深入开展大服务素质提升体系建设。以客户和市场为导向，开展“捷电通”、“阳光业扩”和“服务进企业、进社区”等活动；打造“一站式”报装服务，大大缩短业扩报装时间；先后推出了“电力服务E网通”、“800095598”全国首个企业电力QQ在线服务、“电力小精灵”社区网络咨询、“95598网站服务”、“百度电力缴费地图”、“支付宝缴纳电费”等服务项目，让广大电力客户享受到更加便捷、周到的电力服务。与社会的互动步入良性轨道，客户满意率持续上升，树立了“电黄牛”的形象。

五、助推“两型”社会发展取得新进展。严格贯彻落实“节能减排”政策，助推长沙生态文明建设。全面开展“三节约”活动，杜绝资源浪费；充分发挥集抄建设和运用成效，努力降损增效；推广新型节能技术，严把高能耗、高排放企业用电关，配合淘汰落后产能；大力支持电动汽车产业发展，累计建设2座充换电站、29个交流充电桩，覆盖全市的智能充换电服务网络基本形成。

六、企业管理开创新局面。坚持重点突破与全面提升相结合，开展管理提升活动和依法从严治企专项检查，强化经营诊断分析，“三重一大”决策管理、业扩工程“三不指定”、公务用车、薪酬福利、集体企业管理等各个方面逐年规范，保障了企业健康发展。发挥劳模和骨干的示范引领作用，以创建劳模工作室和职工创新工作室为代表，推动企业发展创新，市电业局连续多年获得省、市职工科技创新工作先进单位。2012年完成79项创新活动，40余项成果获得全国、国家电网公司、湖南省电力公司嘉奖，10多项成果申请了国家专利。

七、农电工作取得新成绩。率先实践先进的农电管理模式，积极探索科学用工机制，在全省最早成立市级农电公司和城区农电分公司，生产、营销等专业化管理向农电全面延伸，农电管理水平大幅提升。继长沙地区全面建成新农村电气化县以来，2012年下属长、望、浏、宁全部迈入国网公司一流县级供电企业行列。3个供电所被评为国网公司“标准化示范供电所”，长沙县电力局、浏阳电力局荣获国网公司“科技进步县供电企业”称号。（陈　进）

烟花爆竹

【概况】 2012年，全市有烟花爆竹企业1024家，占全国产能的70%。全年花炮产业集群实现总产值172.8亿元，同比增长22.2%，其中国内销售104亿元，同比增长27.77%；出口销售24.56亿元，同比增长5.49%；焰火燃放金额5.53亿元，同比增长23.65%；相关产业实现产值38.17亿元；产业创税10.66亿元。

一、集约经营。企业抱团发展的趋势日益明显，和信焰火燃放集团、湖南浏阳焰火燃放集团相继成立，销售过亿元的企业集团达10多家，产值总量不断提增。专业化生产意识不断加强，专业化生产带来的单个产品的市场占有率大幅提升，实现了小产品、大市场的规模效益。组织开展了全市花炮产业普查调研和新《烟花爆竹生产企业安全生产许可证实施办法》的宣传贯彻工作。以第三轮换证为契机，强力推进企业安全生产标准化建设，全年投入建设整改资金5亿多元。全市有266家企业换发安全生产许可证，有760家企业通过标准化企业评估验收。

二、市场开拓。积极实施“走出去”战略。全年共组织浏阳市东信、官渡、颐和隆等150多家花炮企业参加了第七届中博会地理标志产品展、广交会、义乌博览会、广州博览会、美国烟花订货会和德国纽隆堡国际玩具展烟花订货会等国内外大型展会。成功申办到第14届国际烟花论坛的承办权，拓展浏阳花炮的国际市场，积极搭建浏阳花炮贸易平台，全年共组织430家企业进入山东、辽宁、福建等15个省市自治区参加烟花爆竹订货会。加快发展电子商务，全市有300多家花炮企业建立了网站，200多家企业开展了电子商务交易，交易额达20多亿元。

三、打假维权。创新打假维权工作，成立湘赣交界重点区域烟花爆竹“打非治违”联动机制，有效遏制了假冒伪劣行为。联合工商、质监等部门每季度开展一次“浏阳花炮”假冒伪劣行为联合整治行动。帮助企业到贵州、邵阳武冈、岳阳临湘、娄底新化等地查处假冒伪劣产品。加大法律维权服务，全年累计解答花炮企业法律咨询183次，协助企业解决运输、销售、燃放过程中各类法律事务。大力推进电子防伪码和流向码的应用，遏制假冒伪劣产品在市场流通。

四、科技创新。积极为企业牵线搭桥，帮助企业与科研院所进行联合攻关。组合烟花等自动化成套设备、组盆机、自动化捆筒机、自动化内筒装药机等一批科技含量高、安全保障能力强、生产功效高的新机械研发成功并投入生产。全自动组合烟花流水线实现全程电脑控制，占用土地不到0.33公顷，一条生产线的年产量可达1.6亿元，该流水线的成功研发对于推动浏阳花炮手工生产向机械化生产转变具有重要的里程碑式的意义。安全自动化烟花引线生产成套设备通过省级评审。“新型环保烟花外筒及制造技术的研究与应用”项目通过省级科技成果鉴定。全年共获花炮授权专利200多件，研发和改良安全环保、富有文化创意的新产品1000多个。

五、品牌建设。长沙橘子洲周末音乐焰火大赛成为长沙独有的旅游项目，橘子洲焰火燃放模式成功推广到青岛、三亚、台湾苗栗等知名旅游城市。在首届2012中国（三亚）国际音乐艺术焰火大赛上，开创世界最大的海上艺术焰火燃放。组织浏阳10家知名花炮企业联合承办第七届中部贸易投资博览会全景激光音乐焰火晚会得到各级领导和观众的高度评价，大幅提升焰火燃放的文化价值。浏阳花炮企业承办阿尔及利亚庆祝独立50周年焰火燃放，浏阳烟花在阿尔及利亚48个城市绚丽绽放，成为全球有史以来最大规模的同一主题庆典焰火。全年新增中国驰名商标2个、湖南省著名商标10个，“浏阳花炮”地理标志荣获“入世十年”湖南省知识产权事业最具影响力事件之一。浏阳花炮获2012品牌中国金谱奖－花炮行业最佳品牌形象奖。

六、人才培养。通过与湖南商学院、湖南安全技术职业学院等专业院校合作，建立长期人才培引机制，引进技术人才500多名。通过“精英人才供需见面直通车”，吸引近50名高级管理人才加入花炮行业。举办3期花炮营销员培训班、2期“花炮企业现代管理研讨班”和1期焰火技术人员培训班，提升营销人员、高级管理人员和燃放人员的专业技能。每月定期举办一期音乐焰火编排培训班，提高花炮企业燃放技术骨干的焰火文化创意水平。积极开展行业交流活动，全年共开展40多期花炮创新沙龙和2期花炮创新论坛活动，共同探讨浏阳花炮产业发展相关问题。举办了浏阳市花炮职工技能大赛和首届花炮行业演讲比赛以及花炮行业文艺汇演，通过文娱活动丰富花炮文化，增强行业凝聚力。 （黄 露）

【国际烟标委（ISO/TC264）秘书处在浏阳成立】 5月10日，国际标准化组织烟花爆竹技术委员会（ISO/TC264）秘书处在浏阳正式成立，实现了湖南省国际标准化组织零的突破，标志着在烟花产业的国际舞台上，中国在制定国际标准上将起到主导作用。 （黄 露）

【第七届中博会焰火创多个世界纪录】 5月17日，由浏阳10家知名花炮企业联合承办的第七届中部贸易投资博览会全景激光音乐焰火晚会在长沙橘子洲绚丽绽放。整场晚会采用全景艺术焰火表演形式，综合运用激光、灯光等多种表演方式；世界首创的水面矩阵烟花、巨幅网幕烟花等悉数登场，创下多个世界纪录；特效产品、新产品数量之多，超过历次重大焰火燃放活动。 （黄 露）

【个人燃放保留1.2寸以下内筒产品】 经过两年多的商讨，2012年10月举行的公安、安监等七部委联席会议上，一致通过了个人燃放类产品“保留1.2寸以下规格较小的内筒型组合烟花”的决议。此项决议对行业的影响巨大，是花炮业界的一大福音。 （黄 露）

【中国首获国际烟花论坛举办权】 4月23日，以浏阳花炮界代表为主的中国代表团赴马耳他参加第13届国际烟花论坛，并争取了董事会同意将第14届国际烟花论坛放在长沙、浏阳举办，这将是“国际烟花论坛”首次由中国举办。 （黄 露）

城市公共交通

【概况】 2012年，长沙城市公共交通建设突出优先发展，积极争创“公交都市”，以交通运输部开展国家“公交都市”示范工程建设为契机，推进公交优先发展战略实施。10月，长沙与北京、深圳等城市一道成功获批为国家“公交都市”第一批的15个试点城市，获得国家在资金、政策、项目、技术等方面的支持，有力推动公交引领城市发展理念落实，缓解城市交通拥堵，方便人民群众出行。不断争取财政资金对公共交通倾斜，全年市财政发放燃油补贴、车辆更新补贴等公交专项资金共计5.78亿元，为上年的115%。有序推进城乡公交一体化，对具备条件的农村客运班线实施公交化改造。以出租汽车行业为重点，深入开展和谐劳动关系创建活动。加强公共客运服务监督，以公交补贴为引导，开展服务质量综合考评，有效推动公共客运行业提升服务水准。截至2012年底，包括县（市）在内，全市公共汽车营运车辆达4294辆，营运线路187条，营运线路长度4384公里，出租车营运车辆7424辆，公交客运总量达83161.2万人次。

（甘抱朴　李少春）

【城市客运交通建设】 一是积极推动“公交都市”建设，制订《公交都市建设示范工程申报方案》并主动协调争取，按要求组织申报工作，使长沙成功获批为交通运输部第一批国家公交都市试点城市；起草《长沙市人民政府关于优先发展城市公共交通的实施意见》和《长沙市“公交都市”建设示范工程实施方案》，明确责任分工和工作重点，从规划、政策、资金、机制保障等多个方面确保公交优先政策的实施；制订《长沙市节能减排财政政策综合示范交通清洁化实施方案》争取国家财政支持，获财政部和国家发展改革委批复。组织公交规划修编的会审工作。二是加强基础设施建设。全年按照截弯取直、减少重复率的原则，优化调整公交线路27条，填补公交空白路段81公里，为上年的249%，配合市政工程临时调整公交线路126条次，改造公交中途站为港湾式公交站16个，拆移公交中途站60个，新增公交中途站121个，验收启用浏阳关口站和望城燕坡站。三是落实财政补贴，加快车辆更新。财政政策进一步向新能源车辆倾斜。根据动力类型和节能环保程度，按实际购车价的一定比例进行补贴，提升车辆等级和服务设施，要求所有更新车辆安装监控设备和GPS终端等，切实改善市民的乘车环境。发放2011年度燃油补贴、车辆更新补贴、服务质量考评奖励等各类资金等共计5.78亿元。全年更新609台新能源与清洁能源车辆。淘汰国Ⅲ以下标准公交车2368辆，出租汽车4075辆，超额完成市政府“环保三年行动计划”要求2012年淘汰30%黄标公交车和出租车的任务。公交车辆的更新逐步向高等级和新能源车辆倾斜，既提升市民乘坐公交车的舒适性，也凸显了节约能源、减少废气排放、净化城市空气社会效益。（陈　娟　潘　晖）

【城市公共客运管理】 2012年8月1日，长沙市公共客运管理局成立，全面承担城市公交、出租汽车、道路旅客运输及客运站的管理职责，通过强化城市客运管理，规范行业秩序。一是加大行业监管力度，全年共检查公共客运车车辆13.56万台次，其中公交车5.03万台次、出租车8.53万台次。立案查处行业投诉、违章2034起，其中公交676起、出租车1358起。二是针对出租车拒载和卫生差，公交车丢站甩客、提前收班、私自改道等现象开展专项整治行动。三是公共客运服务质量考评监督小组每月采取不定期、不通知的方式对各出租车企业回场制度落实情况进行督查，促进行业回场检查工作日趋常态化。四是在行业内认真开展文明创建活动。在营运车辆卫生保洁、从业人员服务行为等方面常鸣警钟，圆满完成国家文明指数测评任务，进一步深化行业文明创建常态化水平。五是开展“学雷锋”、“管理服务提升年”主题活动，有效地提升管理水平。严格督查考评。严格执行《长沙市公交行业服务质量考核（试行）办法》和《长沙市客运出租汽车营运单位服务质量考评办法（暂行）》，联合社会专业测评机构和市民监督员，细致全面地对各公共客运企业的服务质量进行考核，对考评情况实行“一月一通报、一月一讲评”，每月通过《长沙晚报》对公交行业的综合服务质量和排名进行公布。共测评5.49万台次公交车辆，1.59万台次出租汽车。提升监管设施。对公共客运行业视频监控现状进行调研，出台《“天网工程”

公交视频监控建设实施方案》，积极推进公交车车载监控设备安装工作。全市的公交车辆全部安装视频监控（2个探头），可以对车内情况进行视频录象，实现视频监控全覆盖。六是完善从业培训。对公交车和出租车驾驶员的教材和考试题库进行更新升级。投入使用新的电脑考试室，培训合格率稳定在90%以上，没有一起重大投诉。全年培训出租车从业人员近4000人，办班66个，培训合格率90%以上；培训公交从业人员1170人，办班17个，培训合格率90%以上；开办站务员班一期63人，培训合格率95%。
（陈 娟 潘 晖）

【城市公共汽车】 2012年，长沙市城区（未含县市，下同）有公共汽车线路139条，营运线路总长度3263公里。有营运车辆3775台，折合4878标台，分属8家经营企业，按燃料类型分，燃油车3198台（柴油车1856台，汽油车30台，油电混合动力车1312台），天然气燃料车577台；按是否带有空调设备为等级标准来分，高等级车2676台，非高等级车1099台。营运总里程3.06亿公里，客运总量7.66亿人次，营运总收入10.87亿元。有18条道路（五一大道、芙蓉路、三一大道、人民东路、书院路、晚报大道、桐梓坡路、银盆南路、麓山路、韶山路、万家丽路、金星路、岳麓大道、蔡锷路、中山路、解放路、城南路、车站路）设置了大客车专用道，总长度129.6公里。公共汽车行业从业人员有9973人，其中驾驶员6358人。
（潘 晖）

【城市出租汽车】 2012年，长沙市城区（未含县市）有出租汽车6280台，分属26家经营企业（含城市出租汽车协会个体分会），出租汽车品牌为捷达、威志、雪铁龙、桑塔纳3000。行驶总里程10.45亿公里，营运总收入17.19亿元，客运总量13858.5万车次/28473.4万人次（按每车次载客两人统计）。出租汽车行业有从业人员16666人，其中驾驶员15924人。
（吴 兵）

【道路客运管理】 2012年，全市（含长沙县、宁乡县、浏阳市、望城区）有道路客运站285个，实际占地面积83.18万平方米，其中一级站4个，二级站7个，五级站60个。营运客车5415台，客位数13.08万座，其中班线车3278台，旅游车872台，包车336台；高级车842台，中级车2467台，卧铺车91台。客运线路1436条，其中跨省线路189条，跨地市线路398条，跨县线路409条，县内线路440条。2012年客运量33862.52万人，旅客周转量123.62亿人公里，其中客运班次143.12万班，客运量3154.23万人，旅客周转量47.46亿人公里。道路旅客运输经营从业人员16642人，其中驾驶员7945人，乘务员4104人。汽车站经营从业人员1672人。
（唐汝明）

【交通行政执法工作】 2012年8月，长沙市交通行政执法局成立。截至2012年12月31日，共查扣非法营运车辆733台（其中城市非法营运车辆536台、非法道路旅客运输车辆52台、套牌出租车10台，查扣线路牌证135副），处理结案570台、线路牌证116副，使全市交通运输秩序得到有效治理和维护。主要做法是采取了“五抓”：抓执法宣传、抓责任落实、抓规范管理、抓日常监管和抓专项整治。
（张 金）

【湖南巴士公共交通有限公司】 简称“湖南巴士”，2012年末有员工3663人（其中劳务派遣工1507人），拥有公交线路53条，线路总长度752.35公里，平均线路长度14.2公里，营运车辆1071辆，日均运客64.11万人次，年营运收入3.5亿元。营运区域以长沙火车站为中心，东至黄花国际机场，西连岳麓山，北达湖湘文化市场，南接省会南大门。

公司践行“绿色巴士、服务到家”的宗旨，坚持“尊重人的价值，勇于承担责任”、“善待员工就是善待乘客”的巴士企业文化理念，着力推进“四个优先”（发展优先、品牌优先、员工优先、管理优先），竭诚为广大乘客服务，努力实现“三个满意”（市民满意，员工满意，政府满意）的工作目标。公司先后荣获“全国城市公交行业诚信建设十佳示范单位”、“全国城市公共交通先进集体”、“长沙市文明单位”、“长沙公交明星企业”、“长沙市创建全国文明城市工作模范单位”、“湖南省建设系统精神文明建设先进单位”、“长沙市群众工作先进集体”、“长沙市劳动竞赛先进集体”等称号；公司所辖一分公司为“全国模范职工小家”、312线为“全国公交文明线路”、9路线为全国建设系统“工人先锋号”、160线路为省经贸系统“工人先锋号”，126车队、115车队、112线路为市级“工人先锋号”。2012年3月9日，长沙市国有资本以1.06亿元受让湖南巴士65%的股权。至2012年6月底，长沙国有股权在湖南巴士占77.75%。成为长沙市唯一一家国有控股公交企业。
（谭善政）

【湖南龙骧巴士有限责任公司】 公司由长沙市公共交通总公司改制组建，于2005年3月1日正式运营。公司下设6部1室，10个车队，6个车间，有营运线路41条，营运车辆973台，营运线路总长度1445.9公里，员工总人数3135名，为长沙公共客运行业的骨干企业。公司以“树立新观念、建立新机制、引导新行为、创造新价值”的企业精神为指引，围绕“12331”工程，全力构建 “创新龙骧、文明龙骧、和谐龙骧、繁荣龙骧”。公司实行一级核算，二级管理，遵循“企业经营以营运为中心，企业管理以财务为核心”的经营管理方针，全面推行绩效考核及车队长领导下的线长负责制和车间主任领导下的班组长负责制。通过创新和加大科技投入力度，率先使用天然气（LNG、CNG）公交车以及混合动力公交车，通过聘请“银发大使”、安全巡查员、义务监督员、24小时服务热线以及开展各类劳动竞赛等措施，不断提升服务质量，强化“龙骧巴士，心系你我他”的品牌形象。公司被评为“长沙市公共客运行业明星企业”，连续六年被评为“湖南省A级纳税信用单位”、先后3次被评为“全国交通运输企业文化建设优秀单位”。中央电视台先后6次报道该公司员工见义勇为和助人为乐的事迹。
（禹惠珍）

【长沙恒通巴士有限责任公司】 公司成立于2004年1月，是一家国有股份的有限责任公司，从事城市公共客运交通运输。拥有营运线路3条：501环线、502线、503线，线路总长83.6公里，有93台高等级营运车辆，营运日均客运量达6.96万人次。三条营运线路将长沙市区与星沙城区有机的结合，高效地解决了市民出行的问题。公司自创建以来，队伍稳定，管理完善，奉行“恒通服务，非凡呵护”的服务理念，发扬“团结、务实、优质、高效”的行业精神，塑造一流行业形象，争创一流社会效益，公司设有公共事业部、生产经营部、财务劳资部以及501车队、502车队和公司保养场、公司停车场。公司有员工225人，所有公交车辆都实现3G智能公交监控系统，高效为乘客为市民提供优质服务。（黄　广）

【长沙市三叶联营公共汽车公司】 公司成立于1993年，注册资金203.3万元，是一家国有企业，公司地址在岳麓区银杉路456号，在雨花区设有分公司1个。年末有员工330人，拥有公交线路4条，线路总长度94.8公里，平均线路长度23.7公里，日营运时间长达18小时40分钟，营运车辆159辆（其中高等级油电混合车91台），日均客运量10万人次。公司自成立以来，始终坚持以人才为本、诚信立业的经营原则，竭诚为广大乘客服务。公司连续十二年荣获“长沙市文明单位”，先后荣获长沙市交通运输系统“城市公共交通先进集体”、“长沙市创建全国文明城市工作单位”、“长沙市精神文明建设先进单位”等称号。（唐　慧）

【长沙众旺公交有限责任公司】 公司成立于2004年1月，注册资本1000万元，是一家专业从事城市公交客运和站场经营的交通运输企业。公司有经济管理、财务会计、运输管理、机务管理等专业管理人员148人，下属公交线路12条，公交车驾驶员690人，维修技术人员78人。公司法人治理结构较为完善。股东大会下设执行董事和监事，总经理和副总经理由执行董事聘任。公司经营实行执行董事领导下的总经理负责制，层级负责。各机构制衡制度完善，企业运作规范。（黄　文）

【长沙红光巴士有限公司】 公司成立于2004年8月，注册资本500万元，企业信用等级AA级，为具有完全从事城市公交客运资质的企业。公司地址在高新区雷锋镇雷锋汽车站内，拥有办公楼1栋，面积约2400平方米；客、货停车场1个，面积约33000多平方米；有公交营运车辆248台。公司根据股份制企业管理的基本要求，由股东会成立董事会和监事会。设有综合办公室、财务科、营运稽查保卫科、安全科、技术设施科、法务科、人力资源科、安全宣教科、收银中心、收箱班、维修保养场等部门。公司现有各类专业管理人员50余人，司乘人员300余人。管理人员中，大专以上学历的占总人数的40%，具有高、中级技术职称的10人。近年来，公司加大科技投入力度，先后淘汰落后、废旧的公交车，更新购买操作简化、设备先进、性能优越、节能环保的新型公交车。为消除各种安全事故隐患，投入150多万元更换车内监控设备、安装视频监控等硬件设施，确保公司的车辆监控及GPS达到100%。有市内的公交线路7条，912线（星语林·汀湘十里——高桥）、912区间线（九龙领仕汇——体育新城）、913线（雷锋汽车站——桃花村）、918线（望城汽车新站——长沙汽车西站）、915线（湖南省科学技术馆——世界之窗、海底世界）、916线（雷锋中学——玫瑰园）、916区间线（桃花岭公园——长沙汽车北站），各条线路都客源稳定，运营情况良好。（张　建）

【长沙嘉年华巴士有限公司】 公司成立2004年1月，注册资金为600万元，拥有员工689人，营运线路10条，即为801路——810路；营运大巴347台，营运线路310公里，日客运量达十万多人次。长沙嘉年华巴士作为首批进入城市公交领域的民营企业，创建以来，确立“以人为本、服务至上”的准则，改善服务质量，努力为乘客提供“安全、准点、方便、舒适”的乘车环境，力争创一流公交企业，以优质的服务回报社会。2004年公司被长沙消费者委员会授予“长沙市诚信经营单位”；2005年1月，公司通过ISO9001质量管理体系认证，8月，公司被湖南发展研究中心授予“湖南大学工商管理学院实践与就业指导基地”；2009年被评为创建全国城市文明先进单位；2012年被评为明星企业；2013年被评为信用3A单位。（柏秉双）

【长沙万众公共汽车有限公司】 公司成立于2004年，主营城市交通客运汽车配件销售和汽车维修保养，拥有面积约800平方米的车辆保养场地、9600平方米的停车坪以及办公场地、调度室等一系列配套设施，总投资达2100余万元。于2009年收购长沙凯程巴士有限责任公司，公司下设财务部、人力资源部、营运部、安全部、机务部、办公室“五部一室”，设有营运线路9条，有营运车辆365台，在职员工700余名。公司以“服务千家，满意万众”为企业服务宗旨，努力打造“万众公交”品牌形象，为市民提供安全、便捷、舒适的乘车环境。大力推行和提倡“爱国守法、明礼诚信、团结友善、勤俭自强、敬业奉献”的职业道德，制定严格的营运管理制度及奖罚制度。车队通力合作，保证营运车辆的正点发车、正站停靠、不争不抢、匀速行驶。树立“一切为了乘客”的服务理念，以优质服务受到社会称赞。（何　文）

铁　路

·铁路建设·

【概况】 2012年，经长沙市通车运营的铁路有武广高铁、京广铁路、石长铁路，在建铁路有沪昆客专、石长复线增建二线、长株潭城际铁路，开展前期可研工作的有蒙西至华中地区煤运通道岳阳至吉安段铁路。根据全国中长期铁路网规划纲要，还将逐步启动渝厦高铁、长岳城际铁路、长沙西环线等项目。年内在建铁路情况：1、沪昆客专。沪昆客专全长2245公里，湖南段508公里，长沙境内101.87公里，长沙段投资约116.3亿元，途径长沙县、宁乡县、浏阳市、雨花区，长沙境内设站高铁长沙南站，计划杭长段2014年9月竣工，长昆段2014

年11月竣工。2. 石长复线。石长复线全长282公里，长沙境内约58.05公里（含联络线6.7公里），全线总投资约108亿元，长沙段投资约21.1亿元，途径开福区、望城区、宁乡县，长沙市境内设站快活岭站、捞刀河站、长沙西站、望城站、宁乡站，根据铁道部批复调整计划竣工时间为2015年3月。3. 长株潭城际铁路。长株潭城际铁路全长约96公里，长沙境内约43.5公里，总投资240.5亿元，长沙段投资约146.6亿元，途径芙蓉区、天心区、岳麓区、开福区、雨花区、长沙县，境内设站暮云站、生态动物园站、中信新城站、汽车南站、湘府路站、香樟路站、树木岭站、长沙火车站、开福寺站、滨江新城站、市府站、雷锋大道站、尖山站、黄金镇站。

（张　翔）

【协调服务工作】 2012年，长沙市扎实推进铁路项目建设和征地拆迁工作，长沙市铁路建设办公室坚持从大局着眼，积极维护社会稳定，扎实做好高效协调、优质服务工作，为全市铁路建设提供坚强有力的保障。1. 在建铁路建设。一是联合有关部门加大对破坏铁路建设施工环境行为的治理力度，妥善化解和处理路地建设各类矛盾纠纷，全年共组织召开各类大小协调会议310余次，形成会议纪要89份，妥善协调处理各类突出问题190余起．二是积极协调相关部门和单位急事急办、特事特办，超常运作、灵活变通，简化和优化铁路建设项目的行政审批程序。2. 做好长沙市铁路网规划工作。一是在城际铁路长益常线和长浏线方面，市铁建办通过多方努力，2012年对城际铁路长益常线完成了可研评审，并上报铁道部和省政府，待签订铁路建设出资协议后，即可启动开工建设。二是加大对城际铁路长浏线建设项目的协调沟通力度，多次就有关问题向省政府和铁道部汇报和对接，该项目进入预可研评审阶段。三是在新建蒙西至华中煤运通道项目方面，长沙市参加了由国家发改委、铁道部在北京组织召开的新建蒙西至华中地区铁路煤运通道工程的预可研评审会议，通过积极争取，获专家组最终评审意见：推荐采用中线方案（途经浏阳市，并在浏阳设站）。下阶段，长沙市将加强与铁道部和铁三院沟通对接，做好可研性评审及初步设计工作。3. 加大对武广高铁方面遗留问题的处理力度，在中南汽配城浏阳河隧道上方绿化排水、公跨铁道路移交、开福区海塘村制梁场12.73公顷土地复垦复绿等方面做好协调工作，为迎接武广高铁国家验收工作奠定了坚实基础。

（张　翔）

【铁路项目建设】 1. 沪昆客专长沙段。截至2012年底，路基土石方完成51万立方米，AB组填料完成24.4万立方米，浆砌石完成50圬工方，CFG桩完成4.4万米，隧道折合成洞1229米，大桥、特大桥完成2821根钻孔灌注桩，承台335个，墩身完成342个，完成简支现浇梁22孔；折合完成桥4248延米，完成了7座中桥和5座涵洞的施工。长沙市境内柏加浏阳河特大桥、长沙浏阳河特大桥、西北上下行联络线特大桥和南西联络线特大桥转体斜拉桥等重难点、控制性工程年内已实施架梁施工。2. 石长铁路增建二线。2012年，长沙市境内开工工点227个，其中桥梁工程施工工点16座，占辖区内桥梁工程工点的41%；涵洞施工工点158座，占辖区内涵洞工程工点总量的41%；隧道工程施工工点1座，占辖区内隧道工程工点的100%；路基工程施工工点51处，占辖区内路基工程工点的80%。长沙市境内重点控制工程湘江特大桥和柞树湾均正式开工建设。长沙市辖区内路基工程累计183.6万立方，开工累计完成土石方452万立方米，占辖区总量的77%；桥梁工程累计完成7404延米，占辖区总量的61.5%；涵洞工程累计完成1792延米，开工累计完成2541延米，占辖区总量的50%；隧道工程累计完成638延米，占辖区总量的22.4%。3. 长株潭城际铁路。截至2012年底，路基土石方开工累计完成52.58万立方米，特大、大、中桥设计开工累计完成2289.5延长米，完成设计量的12.8%；涵洞设计开工累计完成93.22横延米，隧道设计开工累计折合完成587.2成洞米，房屋设计开工累计完成13969.77万平方米，施工便道、通信、盾构隧道管片厂、梁场等大型临时设施设计开工累计完成4000万元，完成设计量的100%。

（张　翔）

【征地拆迁工作】 1. 沪昆客专。2012年，长沙市境内杭长段和长昆段分别需征地171.8公顷、85.53公顷，需动迁人口2272人，杭长段计划拆迁30.69万平方米，长昆段计划拆迁8.6万平方米。截至年底，杭长、长昆段全线红线内房屋拆迁现全部完成。2. 石长铁路增建二线。截至2012年底，石长复线长沙市红线内累计交地127。47公顷，占征地总量的98%；拆迁房屋10.25万平方米，占拆迁总量的98%。其中：开福区应征地37.07公顷，已征地37.07公顷，征地完成率100%；应拆迁房屋4.02万平方米，已拆迁3.82万平方米，拆迁完成率95%；望城区应征地49.53公顷，已征地44.57公顷，征地完成率90%；应拆迁房屋3.88万平方米，已拆迁3.83万平方米，拆迁完成率98.8%；宁乡县应征地50.93公顷，已征地45.87公顷，征地完成率90%；应拆迁房屋2.6万平方米，已拆迁2.6万平方米，拆迁完成率100%。3. 长株潭城际铁路。截至2012年底，长沙市境内实际应征集体土地42.87公顷，已征地39.2公顷，征地完成率91%；集体土地房屋应拆迁7.47万平方米，已拆迁房屋5.77万平方米，拆迁完成率77%，集体土地上的征地拆迁工作基本按长株潭城际铁路项目建设施工需要完成（除农民两安用地和受设计方案调整以外）。

（张　翔）

•长沙车站•

【概况】 长沙车站位于长沙市芙蓉区车站中路406号，是京广线上的一等客运站，为全国最大的铁路客运站之一。长沙车站1975年7月动工，1977年7月1日建成通车，2009年12月26日长沙车站接管京广高速铁路武广段湖南境内的8个车站。分为京广线长沙站和高铁长沙南站，长沙南站下辖岳阳东站、汨罗东站、长沙南动车所、株洲西站、衡山西站、衡阳东站、耒阳西站、郴州西站。管辖范围全长479.59公里，涉及岳阳、长沙、株洲、衡阳、郴州等5个地市，在册职工1663人，具有技术职称的有104人，其中高级职称3人、中级职称27人、初级职称74人。长沙车站管理设置为7科2办1室6车间：安全科、技术统计科、人劳科、财务科、职教科、客专科、收入路风科、行政办、党群办、电算室，客运车间、售票车间、运转车间（含客技站）、乘务车间、行包车间、长沙南站。设有31个生产班组，其中高铁长沙南站下设7个班组，分别为岳阳东站、汨罗东站、株洲西站、衡山西站、衡阳东站、耒阳西站、郴州西站及长沙南动车所。（谷祥文）

【生产与经营指标】 2012年，长沙车站日均接待、发送旅客列车234列，其中既有线日均159列，高速铁路日均75列，日均发送旅客9.49万人，完成运输收入43.92亿元，完成年计划98.79%，同比增加15.24%，发送旅客3476.17万人，完成年计划102.39%，同比增加15%，固定资产总计5167.55万元。（谷祥文）

【安全生产及经营管理】 2012年，长沙车站以推进安全风险管理为抓手，贯彻落实党的“十八大”、全国铁路工作会议及集团公司职代会精神，以提高高铁客运服务质量和行车安全为重点，开展“以服务为宗旨，待旅客如亲人”活动，有序推进经营管理方式转变，提升职工队伍素质。年内，长沙车站有3名职工在全国铁路第四届客运系统职工技能竞赛中获奖，李亚菲获得客运值班员第二名、火车头奖章、全路技术能手称号；谢倩兰获得客运员第二名、火车头奖章、全路技术能手、新长征突击手称号；邓丹获得客运计划员第三名、火车头奖章、全路技术能手、新长征突击手称号。全年长沙车站实现无行车、人身、火灾、设备责任事故，截至12月31日，实现无责任铁路C类及以上交通事故2077天。（谷祥文）

【春运工作】 长沙车站2012年春运工作始于1月8日，止于2月17日，历时40天，京广线长沙站节前日均接发旅客列车193列，节后194列；武广高铁长沙南站节前日均接发动车组97对，节后80对。长沙站节后发送旅客249.3万人，同比增加12.6%；其中，武广高铁发送旅客150.7万人，同比增加20.5%；长沙站发送旅客98.6万人，同比增加2.3%。为确保春运工作安全有序，1. 旅客购票实现历史性变化。一是购票渠道多样化。充分发挥互联网、电话订票、代售点售票的优势，三种方式发售车票比例节前已达61.4%，同比增加57%；节后达到45.4%，同比增加106.8%。旅客能够做到家中订票、就近购票，节省往返于大卖场之间的时间成本及路费开支，方便旅客购票。二是代售点网络化。截至1月27日，全市代售点总数达222家，同比增加151家，增长212.7%，市内平均2公里设有1个代售点，排长队购票现象基本消除，售票组织工作实现有序可控。三是售票组织均衡化。通过采取售票公开化、透明化，及时投放各次列车票额，有效地消化临客票额，起到延长客流高峰和削峰填谷的作用。同时，售票信息公开、透明，旅客咨询、查询方便、快捷，实现随时点击、随时购票。四是售票宣传透明化。按照“开放办春运”的理念，每2小时就将剩余票额、临客开行等信息通过QQ群向省市33家主流媒体向社会发布。并与湖南都市频道、长沙政法频道等媒体合作，通过“都市一时间”“政法新闻”等栏目不间断发布客票信息。完善售票揭示，并在票厅设置服务咨询台，安排专人引导，实现旅客有序购票。2. 大力开展服务旅客创先争优活动。一是优化旅客乘车环境。筹集资金380余万元，相继改造售票大厅、车站雨廊、重点旅客候车室等，继续推进站区商业网点改造，较好地改善站区环境。二是突出主题打造亮点。围绕“亲情化、个性化”服务，客运车间以“真诚服务，由心开始”的主题，先后推出“小勇板凳”、“便民小推车”等一批特色服务项目。高铁车站以“笑迎天下客，和谐高铁行，擦亮窗口，打造三站一线服务名片”主题，推出一系列特色项目，带动服务亮点的打造，提升整体服务水平。三是服务好重点旅客。配备轮椅、担架等专用服务设施，主动为老、弱、病、残、孕等重点旅客提供服务。四是完善旅客投诉渠道。将每位旅客投诉情况登记在“路风投诉登记本”上，做到件件有登记、事事有回音。 3. 内聚合力，关心职工生活。切实做好调资方案的落实，并在1月20日前将增资发给职工，将部党组关怀落到实处，大大激发了职工奋战春运的积极性。同时，从职工最关心的问题从手，推进生产生活设施建设，通过做好节日走访慰问，开展与职工谈心活动，充分调动广大干部职工保安全、保秩序、保服务的工作热情，形成共同打好春运攻坚战的强大合力。（谷祥文）

【长沙——深圳高铁直通首发】 长沙一深圳普速列车是1988年开通的57/58次，运行时长16个小时，后经多次提速，整个行程仍需10小时

4月1日，武广高铁长沙南站开往深圳北站的G6001次动车

左右，夕发朝至的状况让许多旅客期盼列车速度能更快些。4月1日，备受关注的长沙—深圳高铁动车直通首发，原需10多个小时的旅程缩至3小时，日出才饮长沙水，海滨午休小梅沙，直通首发动车全程给人以快捷的体验。武广高铁每天有10对动车往返长沙南站与深圳北站，长沙南站最早发车为7时开行的G6001次，10时21分抵达深圳北。 （编辑部）

长沙车站

站　　长　贺利平
党委书记　周爱国（2012.07任）
　　　　　易甫生（2012.07免）
副 站 长　王　伟　赵军生
　　　　　何秋利　王海湘
　　　　　匡文彬
总工程师　郦宏远

·站场建设·

【概况】 2012年1月8日，长沙铁路新北站开通，历时3年多建设的长沙铁路新北站正式投入运营。湖南省委常委、长沙市委书记陈润儿，长沙市委副书记、市长张剑飞及广铁集团有关负责人参加开通仪式。长沙铁路新北站位于开福区新港镇，面积约2平方公里，铺设铁轨19条，建有4个面积4500平方米的巨型仓库，设计年吞吐量1670万吨，远期为3000万吨/年。5月30日18时，始建于1909年、1911年1月11日投入运营的火车北站关闭。长沙铁路货运新北站的投入使用，将彰显区域性的铁路物流优势，作为中国南方最重要的货运枢纽，新北站坐拥黄金地段，京广铁路复线贯穿南北，319国道、京珠高速公路等公路干线交会于此，1.5公里外的长沙新港通江达海。霞凝货场将超越传统意义上的铁路货场，成为集承运、装卸、联运（海铁、水铁）、仓储、配送、流通加工于一体的枢纽型大型铁路物流基地。

长沙铁路新北站建设是长沙铁路南北站迁建项目（长沙市人民政府和广州铁路（集团）公司以土地置换方式合作兴建项目）的重要组成部分，包括捞刀河站改建工程和霞凝站新建货场工程两大部分，总投资为12.6亿元。长沙铁路新北站建设项目于2008年10月16日开工，捞刀河改建工程京广双线改线长度共8.2千米，石长双线改线长共2.6千米，车站设到发线9条（含正线），牵出线2条，另新建捞霞联络线3.4千米，机务折返所1处，还建大机修基地1处，新征用地40公顷，工程静态投资7.2253亿元，其中建安工程投资2.75亿元。霞凝站新建货场运量按2000万吨规模规划，近期按500万吨设计、建设，车站增设到发线2条，调车线4条，货场按5束10线的规划总体规划，近期设3束5线，新征用地837亩，工程静态投资5.3319亿元，其中建安工程投资3.17亿元。
（隋主任）

公　　路

【概况】 2012年，长沙市交通运输工作突出“率先发展、惠民发展、和谐发展”工作思路，圆满完成年初确定的任务目标。全系统各单位先后获得全国交通运输行业文明单位、全国交通运输企业诚信建设先进单位等多项荣誉；荣获全省春运优质服务先进单位、市级文明标兵单位称号；连续第三年荣获全省交通运输发展目标管理考核一等奖；涌现了全国公路交通系统金桥奖获奖个人、全国交通依法行政先进个人等先进典型。

一、突出率先发展，加大资金投入。2012年，全市完成公路基础设施建设投资121.1亿元，创历史新高，其中高速公路97亿元、农村公路5.4亿元、干线公路14.6亿元、站场4.1亿元。截至年底，全市公路通车总里程达1.57万公里，其中国道477.8公里、省道2517.32公里、县道2047.79公里、乡道2707.57公里、村道7958.99公里。桥梁2532座，14.26万延米。完善全市交通规划编制，印发《长沙市“十二五”综合交通发展规划》和《长沙交通规划建设服务指南》。

二、突出惠民发展，推进交通公共服务均等化。1.“十件实事”成效显著。兑现2011年全市交通运输工作会议作出的“十件实事”承诺：新改建农村公路危桥29座；建设农村公路1577.4公里，为计划目标的105%；在干线公路沿线创建5个星级服务加油站，超出原计划2个，经考核全部达标。2.运输保障实施有力。公路客运全年新增班线16条、班次31个，全市公路运输完成旅客周转量123.6亿人公里，货物周转量206.1亿吨公里，分别为上年的102.4%、128.1%；做好春运、“十一”等高峰期的客货运输工作。3.文明创建深入开展。着力提升交通运输行业的社会形象和公众满意度，以“管理服务提升年”、道路客运企业“三优”活动为主题，开展行业文明创建，先进典

公路养护人员实施预防性养护作业现场

型不断涌现。4. 客运设施和服务水平进一步优化，长沙汽车南站和汽车东站在省交通运输厅举办的创建“群众满意客运站”活动年度网络投标中分列第一、三名，G106 浏阳——龙伏公路通过省级“文明样板路”考核验收。

三、突出和谐发展，提升交通可持续发展水平。安全维稳形势持续稳定。落实安全工作责任制，强化应急管理体系建设，对公路危货企业经营资质严格监管。加大交通建设质量监督力度，干线公路验收合格率 100%，全面落实“平安工地”建设，全年交通运输行业未发生一起场内安全事故。深入开展一系列学雷锋活动、“一推行四公开”活动，促进干部作风进一步转变。廉政建设持续巩固。形成廉政建设分级负责的责任网络，认真开展重要岗位、重点部门效能监督工作。实现全年全系统各单位班子成员无违纪违法的良好局面。

（甘抱朴、李少春）

【公路建设】 一是高速公路建设协调有力。2012 年，扎实做好长沙境内 9 条高速公路建设的协调服务工作，大浏、浏醴、长湘三条高速公路实现通车。截至年底，全市高速公路总里程达 500.55 公里，占全省高速公路总里程的 17%，高速公路路网密度居全省首位。二是农村公路建设及养护稳步增长。圆满完成全年农村公路建设目标，实现全市自然村通畅率 100%，公路三级管养机制进一步完善，农村公路路况优良率达 75.8%，比上年提高 3 个百分点。三是干线公路建设扎实推进。全年国省干线通车里程达 141.6 公里，为年初计划的 110%，既有国省干线路况优良率达 87.5%，高出全省考核标准 3.5 个百分点。完成全市“十二五”干线公路项目施工监理打捆招标，改变监理力量薄弱、质量控制缺位的被动局面。四是站场建设成果显著。河西综合交通枢纽年内开工，汽车南站综合交通枢纽完成方案征集及评审工作，全年建成望城燕坡汽车站等 4 个三级以上客运站和 2 个农村客运站，农村招呼站遍及全市公路沿线。 （甘抱朴、李少春）

【公路运输管理】 突出规范发展，强化交通运输管理。着力整治行业市场。组建专门的交通行政执法机构，加强执法联动，查扣非法营运车辆 3782 台次，大力遏制非法营运猖獗势头。规范客货运输市场，严把公路运输市场准入关口，对客货运输行业推行年度质量信誉考核。积极扶持现代物流和企业发展。为丁字镇京阳物流中心、黄兴镇家电物流中心等物流园区纳入省级规划积极开展协调服务。长沙实泰置业有限公司和长沙大地物流有限公司获批为交通运输部甩挂运输试点企业。交通企业与央企对接合作取得良好进展。切实加强交通法制建设。《长沙市道路货物运输管理条例》等法规制订修订列入市人大立法计划。公路“三乱”、“两超”整治效果明显，全市超限超载率控制为 4.23%。 （甘抱朴、李少春）

【公路养护】 2012 年，市公路管理局突出抓好公路养护主业，管养原有普通国省道路况优良率达到 87.54%，高出省下达的优良率考核目标 3.54 个百分点；新调增普通国省道路况优良率达到 62.1%，高出省下达的优良率考核目标 2.1 个百分点。1. 突出日常养护精细化。制定完善《公路小修工程管理办法》《日常养护巡查考核办法》《日常养护年末检查考核办法》等，突出抓好日常养护流程管理和施工作业等关键环节，力求在投资上精打细算，在施工中精益求精。大力提高小修工程机械化程度，购置了扫路车、洒水车、综合养护车、压路机等养护机械设备，提高了养护工作效率。加强日常巡查力度，市公路管理局每季、县公路管理局每月、道班每天至少进行一次巡查，确保路面清洁、无坑槽，路肩平顺、无反坡，水沟畅通、无积水。2. 突出养护工程标准化。加强养护工程源头监控，严格执行设计标准，对 100 万元以上的养护工程实行公开招标，优选施工队伍。实施合同管理，与施工方签订施工承包、安全生产、质量保证和廉政合同，严格落实工程质量和安全生产管理规章制度。积极推广新技术、新工艺，在公路大修工程中推广应用水泥路面碎石化技术，积极探索应用路面冷再生技术，全年完成公路大中修标准里程 113.04 公里，水泥路面换板 78993 平方米，危桥改造 3 座，实施安保工程线路 2 条，计 37.152 公里。3. 突出预防性养护规范化。贯彻“全寿命周期养护成本最小化”的工程理念，着力构建以专项资金为主的投入机制、以“查、治、督”为重点的工作机制、以奖惩为导向的考核机制，推进预防性养护规范化管理。全年国省干线实施预防性养护里程达到 358.95 公里，延长了公路使用寿命。4. 突出迎国检工作常态化。认真总结“十一五”迎国检工作经验，进一步巩固迎国检成果，实现迎国检工作向常态化转变。2012 年，

10 月 16 日，参加全省公路养护技能比赛

市公路管理局制定周密的迎国检工作方案，与县、乡政府以及公安、交警、城管等部门密切配合，加快推进各项养护工作，全市国省干线路容路貌全面提升，保障了国检工作顺利进行。

（于国栋）

【路政管理服务】 2012年，市公路管理局以打造“畅安舒美”公路为目标，大力实施公路管理新举措，切实保护公路建养成果。1. 着力提升日常管理成效。以公路管养站为依托，积极推进路政员驻站制，实行养护、路政联合巡查、统一管理，有效提高公路违法行为查处率。以治理违法非标、涉路施工、占用公路用地为重点，开展路域环境专项整治，基本消除国省干线公路用地范围内违法现象，全年公路违法行为查处率达到97.4%，结案率达到98.4%。2. 加大治超工作力度。采取固定检测与流动稽查相结合的方式，实行24小时领导带班制，加大路面执法力度，车辆非法超限运输率控制在4.23%，无因违法超限运输引起的重、特大交通事故发生。按照市政府联合治超工作会议要求，起草《长沙市车辆超限超载集中整治工作方案》《长沙市道路货运车辆非法超限超载治理暂行办法》，为构建“政府主导、源头治理、部门联动”的治超工作长效机制打下良好基础。3. 加快推进路政执法规范化建设。落实制定路政案件查处分离制度，形成案件调查取证和定案处理相互制约、相互监督、相互配合的运行机制。认真做好路政执法“四统一”建设，树立良好的社会形象。承办全省路政管理规范化现场会，宁乡县局路政大队的规范化管理广受好评。4. 进一步提升执法服务水平。开展了“两证”换发执法培训，执法人员参培率达100%。扎实开展示范路政管理大队、示范公路超限检测站创建活动，不断提升路政执法文明程度，全年无公路“三乱”、无投诉现象。继续落实行政许可办理“一站式”服务，提升行政审批效能，实现超限运输车辆行驶公路审批全部当天办结。全年办理行政许可343件，无超时、无差错。坚持主动服务，与中石油、中石化等单位衔接，创建四星级服务加油站3个，三星级服务加油站2个，超额完成省下达的目标任务。

（于国栋）

【干线公路建设】 将干线公路建设纳入区、县（市）绩效考核指标体系和行政效能监察范畴，加强督查通报，确保责任落实。强化质量安全教育，定期组织质量安全培训和质量讲评会，提高工程参建各方质量安全意识。实行施工监理统一招标，强化对项目施工、监理单位的监管，及时消除工程质量安全隐患，确保干线公路建设健康有序发展。2012年完成干线公路建设总投资14.63亿元；完成宁乡“黄—祖—沩”公路等新改建项目10个，合计里程141.6公里，为年度计划的110%；新开工金洲西宁乡—益阳等项目15个，合计里程264.5公里，为年度计划的112%；高标准完成国道G106线32.43公里省级文明样板路创建任务，受到省验收考评组高度评价，提升了省会城市公路形象。（于国栋）

【农村公路管理养护】 2012年，全市农村公路养护体制改革进一步深化。全市县级农村公路管理机构不断完善，各乡镇均成立农村公路养护管理办公室，明确1名乡级领导负责农村公路管养工作，配备交通专干1—2名。各行政村明确村主任或村支部书记兼任管养负责人。全市形成县道县管、乡道乡管、村道村管的三级管养体系，农村公路责任主体进一步明确。路政管理力度不断加大，由政府牵头，部门联动联合治超机制不断完善，严控源头治理环节，治超工作前移，超限超载的现象得到有效治理。以农村公路管养年活动为契机，全市创建6个农村公路管养示范乡镇（长沙县高桥镇、望城区格塘镇、宁乡县回龙铺镇、浏阳市文家市镇、岳麓区雨敞坪镇、开福区捞刀河镇）；创建118条文明示范路，共计445.3公里，包括11条县道水泥（沥青）路118.3公里、15条乡道水泥（沥青）路90.1公里、92条村道水泥（沥青）路236.9公里，完成总投资5570万元。农村公路管养示范乡镇面貌一新，文明示范路亮彩纷呈。（刘建伟）

【雷锋北大道拓改通车】 9月6日，望城区举行雷锋北大道拓改通车和金星大道、普瑞大道、雷锋大道提质改造竣工典礼，市委副书记、常务副市长张迎龙，市人大常委会主任余合泉，副市长何寄华出席典礼。雷锋北大道原名高乔大道，作为防汛抢险通道始建于1998年，自拉通以来，成为长沙连接岳阳、益阳的交通要道。雷锋北大道拓宽改造工程于2010年12月动工，总投资约5.5亿元，南起望城沩水桥，北至乔口柳林江，全长16.35公里。其中沩水桥至京珠西线望城互通段长2.8公里，路幅宽32米，双向六车道，作为京珠复线长湘高速望城互通连接线建设。从望城互通至柳林江13.55公里，路幅宽25米，双向四车道。拓改的雷锋北大道与雷锋大道连接贯通后，北至乔口柳林江，南接岳麓区，成为望城南北走向的最长交通主干道。同日，望城区对接岳麓区和长沙高新区的融城主干道金星大道、普瑞大道、雷锋大道经提质改造后也全线完工通车。

（甘抱朴）

水　　路

【概况】 2012年是长沙水路基础设施建设大投入、大推进的一年，港口、航电枢纽投资12亿元，为历年最高水平。港口、航电枢纽建设取得重大进展。湘江长沙综合枢纽工程实现“一蓄两通”（蓄水、通航、通桥），长沙港霞凝港区三期工程、铜官码头一期工程等项目前期工作进展顺利。完成《长沙港总体规划》等规划的编制工作。一是加强航道建设维护。做好在建涉航工程和重点河段的航标设置维护，2012年共完成航道养护51780标天，确保施工工程及过往船舶顺畅，及时抢通浏阳河东屯渡西垅长善垸河段、芙蓉北路浏阳河桥区、勒江河丰田渡口等航道障碍。二是强化水路运输市场监管。严把水路运输市场准入关口，运输企业核查合格率达100%。三是开展营运船舶整顿。全市的船舶运营秩序进一步规范，湘江枢纽工程实现蓄水通航后，在时间紧、任务重、压力大、业务不熟悉的情况下，大力加强通航组织调度，克服各种困难，坚持24小时不间断工作。保证重点物资、人民生活必需品及时通过。全年完成水运旅客运输量1.07万人，旅客周转量9.29万公里；货运量2556.42万吨，货物周转量25.51亿吨公里。（甘抱朴 李少春）

【水上交通安全管理】 2012年，长沙市地方海事局严格监管，全力确保全市水运安全。1.坚持加强水上交通安全检查督查。节假日和重大会议期间开展专项整治，对辖区航道内船舶非法采砂、载客、超载、无证航行进行整治；对超载船舶强制卸载至300厘米干舷以上；对无证船舶采取行政强制措施；对驾驶员无证驾驶的移送公安机关治安处罚；对危险品码头、危货船舶、旅游船、渡口渡船、水工作业区等，针对性的开展安全隐患排查，严格落实安全生产责任制。年末，长沙市地方海事局被市政府评为安全生产目标管理考核先进单位。2.认真做好“110”处警工作。坚持24小时水上值班制度，接警及时，处警迅速，事故定性准确、处理及时果断、公正公平。全年接警17次，均成功处置，受到社会好评。3.开展渡口安全专项整治。根据全省水上交通安全专项整治要求，开展以渡口渡船为重点的水上专项安全整治，对20处未经审批的渡口，已得到相关县、市（区）人民政府的批准。健全“县（区）管乡（镇）包村落实渡运安全管理机制”，建立辖区渡口签单发航制度。在全省率先对重点渡口安装视频监控。所有渡船均购买乘客人身意外伤害保险。明确安全管理各方责任并在各渡口予以公示。年内，长沙市水上安全专项整治经验在全省得到推广。4.完成河道及砂场整治任务。为全面实现二环线内砂场外迁工作，保护城区环境，减轻主城区交通压力，根据市河道及砂场综合整治指挥部的统一部署安排，市地方海事局主要承担对浏阳河、捞刀河全面禁航，配合水务部门打击长沙湘江沿线偷卸砂石行为。抽调专门力量组成执法队开展巡查，主动参与新建砂场的科学统筹规划。（杨光贵）

【船舶船员管理】 创新管理理念，完善管理机构，坚持执法为民，服务社会宗旨，使行业管理日趋规范。一是船舶检验质量不断加强。深入推进船舶检验质量管理体系建设，注重加强船舶的审图、建造和营运检验管理，把好船舶安全源头关。加强对107艘“四客一危”（客渡船、客滚船、高速客船、旅游船、危险品货船）船舶的检验工作，做到重点把关，无一漏检。二是船员培训、船舶登记不断加强。船员培训实行“考培分离”，全年共培训船员182名。船舶登记严格遵守三级审批等各项制度，船员适任发证合格率100%。三是港口码头管理不断加强。新设立长沙霞凝港海事处，强化危货行业经营资质监管，严查安全隐患，消除了集星码头烟花堆场隐患，完成砂场及码头年审换证工作。严把船舶安全运输关口，依程序开展船舶船员审查签证。（杨光贵）

【文明执法依法征费】 2012年，在运砂船舶禁航，重点规费征收受到影响的情况下，市地方海事局强调文明执法，依法征费，确保应征不漏，圆满完成全年征收任务。一是依法征收上凸显文明执法。在查处违规、违章行为时，执法执收人员坚持文明用语在先、亮明身份在先、指明违章事实在先、权利告知在先，用微笑面对当事人，用真诚感动当事人，尽量减少执法执收工作的阻力。二是在征收方式上凸显公开透明。包干征收的大额规费统一在政务大厅窗口缴纳，所有船舶缴纳规费实现网上对照查询，确保“公开、公正、透明”。三是在征稽力度上凸显应征不漏。强化协作征费、依法征费、集约征费和文明征费，有针对性地集中力量，找准时段，前移“关口”，加大“对外稽查，对内稽核”力度；强化征费责任量化到人，综合下达，捆绑考核，奖惩兑现，确保规费应征不漏。（杨光贵）

【翁孟勇到长沙新港考察】 2月10日，交通运输部党组副书记、副部长翁孟勇在省交通运输厅党组书记、厅长贺仁雨陪同下，到长沙新港考察调研，张剑飞、张迎春，何寄华、唐志浩等市领导和市交通运输局党委书记朱东铁、局长刘明理等领导陪同。翁孟勇认真听取汇报，他强调，长沙新港变化一次比一次大，当前要借助湖南加大水运发展力度的有利契机，加快枢纽、港口和湘江2000吨级航道提升建设，更好地服务经济社会和航运的持续发展。（洪 琳 胡富君）

【首次起吊装船“三湘第一”巨型钢管】 2月11日，长沙新港首次起吊“三湘第一”巨型钢管并顺利装船。该巨型钢管长8.37米，重17.26吨，直径为3.44米，刷新2007年3月29日，该港起吊浏阳株树桥至长沙星沙引水工程水管直径2.8米的纪录，成为长沙新港起吊直径最大的巨型圆钢管货物。（胡富君）

【长沙新港首次接纳5000吨级货轮】 3月10日，湖南最大的一艘

2月10日，交通运输部党组副书记、副部长翁孟勇一行考察长沙港霞凝港区

5000吨级集装箱新货轮驶进长沙新港，成为该港有史以来接纳最大吨位的货轮。由湖南远洋运输公司总投资1580多万元建造的名为“湘远18号”的货轮，是湖南首批按照船型标准化建造最先进的船舶，2011年底正式运营，因满载吃水4.2米，时值湘江水枯，该轮无法进长沙。近期湘江水涨赐良机，该轮从上海满载271个集装箱首次进“母”港。（胡富君　洪　琳）

【3000吨“生物柴油”首次装船发运】人们听到“潲水油”就会谈“油”色变，长沙金德意饲料油脂有限公司采用科学方法，精心加工提炼“生物柴油”，使“潲水油”变废为宝。9月26日，3000多吨散装的“生物柴油”通过液态油灌车运抵长沙新港装船发运。生物柴油”是将由有关部门统一收集到的“潲水油”添加普通柴油，混合后加入添加剂，经过6～8小时化学反应，提炼成柴油。通过这种方法提炼出来的柴油基本不含硫和芳烃，而且含氧值很高，十分有利于内燃机的正常燃烧，还可降低尾气有害物质排放，所以称为“生物柴油”。它与普通柴油相比，“生物柴油”可以生物降解，能降低90%的空气毒性和94%的致癌率，而且没有硫散发，可减少酸雨发生，加之更环保、价格更便宜，因此十分走俏市场。据生产方长沙金德意饲料油脂有限公司有关部门负责人介绍，随着油价的上涨，推进节能环保，公司还将加大“生物柴油”的生产量，预计每月有4000多吨从长沙新港装船发运长江沿线。（胡富君　杨　洪）

【长沙新港首次发运出口硫磺漏斗火车厢】10月30日，长沙新港二期工程的件杂货物码头的后堆场停满了硫磺漏斗火车厢。一辆辆深银灰色车身，严实地盖着桔黄色防护罩的火车货车厢在“双梁门式”起重机下起吊。这批硫磺漏斗火车共240辆，首批62辆分批装船发运。这既是国际金融危机以来，长沙港接纳的第一批出口火车货车厢，又是首次出口亚洲沙特阿拉伯的硫磺漏斗货车厢。据物流中心负责人介绍，由湖南株洲车辆厂生产的这批同类型的硫磺漏斗火车货车厢，通过汽车运进港区，每辆长15.5米，宽3.21米，高4.54米，单辆体积吨重30吨。由于体积大，又占舱容，港口为确保枯水期水路运输安全，谨防受载装船卸厢中转环节时无碰撞和磨擦掉漆，专门挑选调派安全可靠的1000—2000吨级大型钢质货轮装船，视其受载货船的船身吃水深度和舱容决定配载辆数，并使用专业吊具，采取分批分船陆续装船发运上海港转海轮出口。（杨　洪）

【“五定班轮”运作成熟规范】“五定班轮”（定装卸港口、定运输线路、定班轮船期、定运输时间、定全程运价）低耗环保低成本，是降低企业运输成本，提高物流效益的现代物流形式。对出口企业来说采用五定班轮运输方式，具有大运量、高效、安全的优势，是一项提高本土现代物流水平，拓宽进出口运输渠道和招商引资的重要服务平台。“长沙—上海”五定班轮于2011年8月开始试运营，2011年12月27日正式首航。2012年1～11月，共计发出139个航次，出运箱量16550个标箱，班轮运作逐渐成熟，取得良好的效益，也呈现出良好的发展前景。为确保五定班轮服务质量与效率，海关、检疫、海事等部门驻港建立一站式联动机制，对五定班轮航线运输的货物设置优先通关通道，为客户提供便捷高效的通关服务。长沙集星集装箱码头有限公司码头实行全天候作业，专用通道、专用堆场、专班管理、优先靠泊、优先装卸，保证船舶抵、离长沙港时间不超过24小时，集装箱货物装、卸船不超过15小时。公司充分考虑实际航行条件的变化，区分丰水期、枯水期等水文条件，对航线运营实行规范化、差异化管理，抓住“箱源集并、审验通关、装卸作业、水上运输、抵港转运”等关键环节，采取综合措施，优化工作流程，强化服务监管，打造品牌航线。在一年的运营中凸显着以下优势：发航时间准时、无挂靠港、航行时间缩短、价格上优惠8%-10%。（谭　君）

【长沙霞凝港海事处成立】为加强霞凝港管理，9月14日，经长沙市机构编制委员会同意，设立湖南省长沙市地方海事局长沙霞凝海事处，为长沙市地方海事局正科级派出机构。该处核定全额拨款事业编制4名。主要负责宣传、贯彻和执行国家及省、市有关方针政策、法律法规和规章制度；承担霞凝港港埠企业的港口行政管理和港口安全监督工作；进出霞凝港船舶的签证工作和有关征费工作；向进出霞凝港船舶船员发布航行安全信息和提供咨询服务工作；进出霞凝港船舶装运危险货物的申报管理工作。（杨光贵）

【重点渡口安装视频监控】根据全省水上交通安全视频监控建设要求，3月10日，长沙辖区一批渡口在全省率先实现视频监控，并且与省地方海事局水上交通安全指挥监控中心对接。率先安装视频监控的主要渡口有：双江口渡口、铜官渡口、靖港渡口、暮云渡口、黄土塘渡口、石嘴头渡口、兴马洲渡口、坪塘渡口、丰田渡口、将军塘渡口、渡头渡口、丁字镇渡口、芝子港渡口、白沙渡口等14处。长沙市辖区渡口主监控室设竹山园长沙海事码头。（杨光贵）

民用航空

【概况】2012年，长沙黄花国际机场学习借鉴发达国家机场运营管理经验，科学管理、和谐运行，稳中求进，10月8日，顺利通过国际民航权威机构SKYTRAX评审，获“国际三星机场认证，以全球第98名，实现跻身“全球机场百强”。全年黄花国际机场完成旅客吞吐量1475万人次，货邮吞吐量11.06万吨，运输起降12.62万架次，同比分别增长7.78%、-3.68%、8.93%，连续四年实现年旅客吞吐量超过1000万人次，中部地区排名第一，中南地区仅次于广州、深圳，排名第三，全国机场排名第十二。其中国际旅客吞吐量达到73万人次，再创历史新高，连续9年超过其他中部五省的总和。

一、安全形势平稳。深入贯彻持续安全理念，强化“两个体系”运行，切实履行好湖南机场管理集团公司赋予的统一管理、统一协调、统一指挥、统一监察的主体职能，通过机场安全管理委员会、机坪运行管委会、航空安保委员会、应急救援领导小组充分协调运行安全问题，开展“彻查隐患、治理三违”和行李运输服务整治等专项行动，组织完成安全审计复审、安保审计项目整改工作，全年未发生一起事故征候，不安全事件发生率下降34%，安全保障飞机起降126,228架次，全面实现年度安全目标。安全绩效管理试点工作获得民航局评估组褒奖，推进航空安保管理体系建设经验在海峡两岸航空安保交流会上获得好评。

二、跻身“全球机场百强”，生产经营稳健增长。全年机场保障运输起降12.6万架次，完成旅客吞吐量1475万人次，稳居中部地区第一，全国第十二位，成功跨入全球机场百强行列，位列全球第98位。1. 着力增效。切实提高市场开发成效，深化同航空公司的合作，促进航线数和航班密度的稳步增长。长沙黄花国际机场容量调整正式得到民航局批复，高峰小时容量标准由27架次调整为33架次。容量评估工作对长沙机场航班时刻容量的提升、航班起降架次的增加以及航空公司对长沙机场运力的投放起到积极推动作用。长沙机场航线网络辐射全国（含港台）及韩日、东南亚等68个大、中城市，共执行30家航空公司的近100条航线，每周实际执行航班密度2500架次左右，过夜飞机达19架。运输生产增长带来主营业务的增收，2012年完成主营业务收入4.74亿元。2. 着力节支。认真总结前两年全面预算管理经验，核定各单位年度成本费用预算，加强对预算执行事前、事中的监督；加大成本费用开支的审核力度，把好各单位控制指标使用额度和进度财务关。大力推进节能降耗工作。完成桥载空调等节能减排项目的上报工作，申请补贴资金647万元；做好新奥燃气配套项目建设，改造后节约费用456.09万元；根据T2航站楼空调运行特点，制订五种经济运营策略，全年燃气费用控制在932万元左右，较年度预算节约273万元；航站楼每小时照明耗电量由220.2千瓦时降低至165.7千瓦时，实现每日节省电能24.75%的目标。

三、通过国际星级机场认证，品牌形象加快提升。2012年，全面启动长沙机场创国际三星机场工作，成立旅客服务质量共同促进委员会，成立服务质量纠察分队，对37项服务承诺及《候机楼管理规定》执行情况实施纠察行动，组织运行保障单位加强大面积航班延误应急处置协调联动和备降航班保障工作力度，成功完成雷雨、冰雪、大雾等复杂天气大面积航班延误服务保障，优质完成党的十八大、“第七届中博会”、“第四届海峡两岸航空安保座谈会”等重大活动代表进出机场的服务保障工作，全年共协调接待政务要客17815批次，共计68204人次。

四、后台支撑日益强化，保障能力不断提高。实施信息化建设新项目，成立长沙机场呼叫中心，依托政府专网实现湖南机场管理集团及下属五个机场的视频会议、集中监控、应急指挥信息发布的统一联动；T2航站楼WiFi无线网络项目进入实施阶段；组织制定《长沙机场网络应用安全管理规定》和《长沙机场通信管理规定》，统一规范场内通信管网的建设使用。依法推进综治执法工作，2012年，纠正客运服务不规范行为209起，查处出租车违章352起，查获机动车非法营运116起，处罚78起。积极化解机场发展与周边乡村之间矛盾，全年接待上访村民共计182人次，协调处理50起村民上访事件，处理机场周边赔偿事务计12起。做好医疗服务保障工作，接诊病人7000人次，急诊处置754人次，急危重病人抢救转运110人次，与SOS国际救援组织合作5次。

五、创先争优工作获表彰，党建保障卓有成效。以项目推进表形式推动创先争优活动向纵深发展，长沙黄花国际机场分公司党委被湖南省直工委和湖南机场管理集团公司评为创先争优先进单位；积极推进组织建设工作，落实“三会一课”、思想形势研判等制度，完成班子民主测评和支部分类定级，夯实了基层党组织工作基础；推行思想政治工作“全程跟进法”，获得湖南省直工委党建创新项目一等奖；开展文明督查40余次，“学雷锋做雷锋精神传承人”活动广受好评，完成创建“湖南省文明单位”复查工作。长沙黄花国际机场分公司被湖南省总工会授予“湖南省五一先锋集体”称号，长沙黄花国际机场分公司物业管理部女工委被评为“全国民航先进女职工组织”，长沙黄花国际机场分公司信息管理部导航管理室被评为“全国民航工人先锋号”，长沙黄花国际机场分公司安检护卫部党总支被评为省直先进基层党组织，长沙黄花国际机场分公司分公司团委被评为“湖南省五四红旗团委”，长沙黄花国际机场分公司机场保障部灯光站被评为“全国民航先进基层团组织”。

（唐骊萍　曹泽明）

【获“SKYTRAX国际三星机场”认证】 10月8日，国际民航业的权威认证机构SKYTRAX官方网站正式将

10月8日，长沙黄花机场荣获国际三星机场

和死角，确保网络的安全可靠；四是不断完善维护工作，加强维护知识学习。（邓惠君）

【《湖南省电信条例》立法调研座谈会召开】 10月23日，湖南省政府法制办与省通信管理局在中国电信长沙分公司召开《湖南省电信条例》（长沙）立法调研座谈会。会上，市法制办、市工信委、市发改委、市住建委等十多家政府单位以及省、市电信公司、联通公司、移动公司等代表作了发言，并得到了省政府法制办郑友处长、省通信管理局吴晖处长等领导高度重视，为《湖南省电信条例》成为一部具有可操作性的规章提供了可能性，将有效维护电信业务经营者的合法权益。（邓惠君）

·中国移动通信集团湖南有限公司长沙分公司·

【概况】 中国移动通信集团湖南有限公司长沙分公司（以下简称“长沙移动”）是中国移动在长沙的市级分支机构，下辖芙蓉区、雨花区、天心区、开福区、岳麓区、长沙县、望城区、浏阳市、宁乡县9个区县（市）分公司。截至2012年底，公司共有在职员工2881人。

业务发展：2012年累计完成运营收入突破50亿元，期末客户超过700万户，全年缴纳各类税款6.57亿元，被湖南省地方税务局和湖南省国家税务局评为“纳税信用A级单位”，获天心区政府“纳税贡献奖”。针对客户需求，及时推出畅通无忧、资费优化、扣费提醒等11项惠民举措，多项惠民举措切实降低了广大民众的通信费用。在国家政策范围内，有效降低资费，陆续推出家园卡、长话卡、畅聊卡等卡品，以及长话包、夜话包、漫游包等话务优惠包，长话价格下调了50%左右，市话价格降低到了最低0.08元/分钟。统一下调38个国家和地区的语音、短信、移动数据等国际漫游资费，与2011年相比，最高降幅超过80%。长沙移动推出的预存话费送话费、预存话费送手机等活动，一直深受的广大客户的喜爱和好评。为积极响应国务院、省政府号召，把长沙打造成全国一流的移动电子商务样板城市，长沙移动建立功能强大的移动电子商务平台，高度关注集团客户在移动行业应用方面的业务需求，推出平安城市、城管局城管通、校讯通、农信通、电子商务等具有示范意义的亮点信息化工程项目。长沙移动还推出MAS业务，可方便的实现短彩信发送、移动OA、手机邮箱、移动客服等多种个性化无线信息应用；加大专线业务发展力度，向企事业单位提供数字电路、光纤等线路的租用和维护服务。长沙移动2012年与长沙市政府签署“无线城市建设合作协议”，为服务长沙市“两型社会”的建设，提高长沙城市运行效率和城市核心竞争力贡献力量。

客户服务：认真贯彻落实中央以及工信部、中国移动集团公司关于为民服务创先争优的精神和要求，深化为民服务举措争创群众满意窗口单位。2012年新增渠道555家，全市共计有各类移动渠道网点3855家。为更好、更方便的服务于城市、农村客户，长沙移动投入建设资金，全面实施服务网点“倍增计划”，各类社会代理渠道已延伸至车站、码头、各类市场、黄金地段。牢固树立“客户为根，服务为本”的服务理念，推进客户互动与关怀，开展“我清楚我满意”业务、服务客户感知提升活动；推进“十项服务10分满意，千万客户有奖体验”活动及长沙本地“百分努力10分满意”短信互动活动，满意率均值超93%。定期开展总经理客户接待日活动，全面展现长沙移动的窗口形象及服务举措。

网络建设：2012年长沙移动固定资产投资超过12亿元，2G基站达5300个，现网交换机VLR容量达1080万户、HLR容量为762万户，载频约7万多个；建设TD基站2870个，3G载频约2万多个，市区主干道TD网络覆盖率为100%。调整网络运维架构，建立面向市场、客户的运维机制，网络指标持续改善。树立网络经营理念，提升网络设备利用率。转变维护思路，变被动维护为主动服务维护，扎实做好十八大等重大活动、重大突发事件通信保障工作。

企业文化：落实党风廉政建设责任制，完善企业反腐工作机制。圆满完成行业行风评议工作，获得评议组好评。深入推进“创先争优”、党团员“亮身份、亮标准、亮承诺”等活动，组织召开省直窗口单位“服务为民、创先争优，争创群众满意窗口”活动现场会，深受省委组织部好评。全力推进“村村通电话”工程建设，扩大城乡网络覆盖，提高城乡通信能力；积极推动“信息扶贫、信息下乡、信息进村”工作，与长沙市人民政府联合开展“159惠农富民工程”，继续参与市委宣传部组织开展的“三下乡”活动，为广大农民朋友送去丰富的物资和精神食粮。长沙移动组织开展扶贫帮困活动和义务植树、义务献血、爱心送考等多种形式的社会公益活动，多次为灾区、帮扶对象、困难及患病职工、学校教育、希望工程捐

7月17日，“无线城市建设合作协议”签约仪式现场

款捐物，为服务地方经济建设，创建社会主义和谐社会作出应有贡献。

（蒋　甜）

【与长沙市政府签署“无线城市建设合作协议”】　7月17日，中国移动湖南公司长沙分公司与长沙市政府在北京签署“无线城市建设合作协议”，该项目是2012年湖南省与央企对接合作长沙市专场推介会的重大项目之一。湖南省委常委、长沙市委书记陈润儿，长沙市委副书记、市长张剑飞，长沙市副市长何寄华，中国移动通信集团公司副总裁刘爱力，中国移动通信集团湖南公司副总经理李大川，中国移动湖南公司长沙分公司总经理刘必争出席签约仪式。何寄华与湖南移动李大川代表双方签署合作协议。按照协议约定，“十二五”期间，长沙移动拟在长沙市投入100亿元，加快“无线城市”网络基础设施建设，搭建统一的“无线城市”平台，把长沙建设为“全国领先、中部第一”的示范性无线城市，推进中国移动电子商务基地建设和产品创新、推广，把长沙打造为全国唯一的移动电子商务中心。双方将本着“发挥优势、相互促进、长期合作、互利共赢”的原则，紧紧围绕“数字长沙”发展和服务目标重点开展四项合作。一是加快“无线长沙”网络基础设施建设，增强“数字长沙”发展支撑能力。二是加快“无线长沙”信息化项目应用推广，促进“数字长沙”电子政务和移动电子商务快速发展。三是加快“无线长沙”平台建设，提升“数字长沙”社会信息化服务水平。四是推进农村信息惠民工程，加速农村信息化进程。

（蒋　甜）

【长沙移动妙高峰3G手机大卖场盛装开业】　8月28日，长沙移动妙高峰3G手机大卖场盛装开业，三星、HTC、苹果等八大品牌手机厂商同步入驻，将最时尚的品牌手机、最直接的视觉体验、最尖端的网络通讯通过互动体验形式精彩呈现，这种开放式的、一对一的互动体验营销模式瞬间就吸引客户的眼球，来到卖场的客户均有耳目一新的感觉，无不拍手称好。开业当天，卖场共计接待顾客800余人次，发放宣传单页近5000份，日均销售3G手机较往常增加近一倍。

（蒋　甜）

•中国联通长沙市分公司•

【概况】　中国联合网络通信有限公司长沙市分公司（简称“长沙联通”）是中国联通在长沙的市级分支机构，负责经营在长沙市行政区域内的基础电信业务即2G业务、3G业务、固定电话业务、互联网宽带业务、国际国内长途、IP业务、数据通信业务和增值电信业务。2012年，长沙联通先后荣获“中国联通先进基层党组织”、“湖南省优秀企业文化建设示范基地”、“集团级文明单位”、“省级青年文明号”等一系列荣誉称号。

一、发展状况。2012年，长沙联通绩效考核位列全省前茅，通信服务收入连续4年保持20%以上的增长势头，收入市场份额达19.36%，3G累计净增用户市场份额达到50.8%，收入增量市场份额达到40.03%，收入利润率稳居湖南联通乃至南方21省前茅。截至年底，长沙联通2G、3G、固话宽带总用户突破300万户。上缴各种税费近9000万元，连续8年被长沙市国家税务局、长沙市地方税务局联合评为“纳税信用等级A级单位”。

二、客户服务。年内，长沙联通遍及城乡、村镇的实体营业网点（含自营厅、合作厅、专营店等）超过3000多个，3G玩家俱乐部总数增至28家，形成服务到位、可持续性发展的渠道服务网络。长沙联通为客户提供的网上营业厅、短信营业厅、手机营业厅等查询工具的上线，让广大客户通过便捷的服务窗口，能随时随地了解自己的通信消费情况。为提高纠错响应速度，长沙联通实行“24小时紧急回复”、“收费误差，双倍返还”和“先退费后查证”等便民措施，凡是多收、错收的费用，均给予双倍返还；对于资费价格不清楚者，长沙联通开通全生命周期消费提醒服务系统，每周一系统默认发送的流量“周提醒”短信，提高了客户响应速度，提升了客户满意度。

三、通信能力：优质服务的前提要有优质的网络做保障。2012年，长沙联通秉承“以市场和客户为中心打造精品网络”的理念，在顺应“数字湖南”的基础建设上，对宽带提速、基站建设、室内分布WLAN工程、传输网络、接入网建设上都做出了卓有成效的工作，长沙联通全年完成固定资产投资近6.25亿元，新增建设开通WCDMA网基站653个、GSM网移动基站77个；共铺设光缆2364公里；新建管道约150公里；安装传输接入设备约616台，安装光交约102座。不断优化与扩容完善网络结构，提高网络安全能力；着力建设“营销网络一体化”工程，每一次大型促销促销、专项营销之前，网络支撑都先行一步。3G网络全面升级到HSPA+，网速升级到21M，12月15日成功打通第一个LTE电话；为切实响应国家对网络提速的要求，长沙联通对宽带资费政策进行调整和优化，老用户全部实现宽带免费升级，同时针对新装用户，全

7月2日，长沙联通启动一年一度“沃.超越”杯职工篮球赛

面推出8M高宽带政策，资费降幅达60%，真正让长沙人民享受到联通极速宽带所带来的畅快体验，造福全体网民。

四、基础管理：2012年，长沙联通在“树文化、建体系、理流程、强支撑”的基础管理指导下，开展了“比标杆、比执行、比结果、比提升”的“四比”竞争力提升活动，并打造“沃增收”“沃降本”“沃畅通”“沃成长”四大平台，确保各项基础管理的精细化水平得到了有力提升。在“沃增收”平台中，长沙联通主打存量经营和增量经营两大工作，促进公司快速全面发展。在“沃降本”平台中，通过采取专业竞赛和搜集合理化建议以此来控制成本的增长和提高利润百分点。在“沃畅通”平台，通过基层人员座谈会、生产经营分析会讨论、管理提升活动问题查找、区县直接反馈建议、员工交流论坛上收集意见等形式，营造了“无障碍”的交流氛围。在“沃成长”平台中，长沙联通更是以关注人才梯队建设为重点，选拔和培养一支对外具有竞争力、对内具有与公司持续发展相适应的“复合型”优秀人才，以此来充实管理干部队伍。

五、员工关怀。2012年，长沙联通持续健康发展的同时，提出了“双满意”的口号，旨在把长沙联通建设成为一个“员工满意型”、“客户满意型”的幸福长沙，以此来提高公司的整体凝聚力和战斗力。一是积极优化薪酬体系，提升基层员工待遇，通过对一线的资源倾斜，来提升队伍的士气。二是努力关怀职工和家属，帮助困难员工积极走出困境。2012年长沙联通通过行政拨款、员工捐款、工会拨款等三个渠道募捐善款帮扶救助特困员工。三是建立了俱乐部体系，成功建设员工活动室，号召员工每天锻炼一小时、每周参加一次俱乐部活动，每季参加一次体育赛事，全面提升员工内部满意度。（陈　念）

9月14日，在中国湖南第三届旅游节中长沙联通推出的“金牌旅游管家”参展

【建立“沃帮”帮扶基金】 8月5日，长沙联通“沃帮”帮扶基金爱心募捐仪式在友谊路办公楼举行，长沙联通分公司工会针对公司员工专门建立的“沃帮”帮扶基金，旨在发扬员工互助友爱、扶危济困、风险共担的精神，为符合资助条件的员工提供资助，以此增强企业凝聚力和员工向心力，创建和谐向上的企业文化。“沃帮”扶助基金的扶助对象是针对家庭生活条件困难或因新增突发变故导致家庭经济状况受到严重影响难以维持的工会会员，其中突发变故包括会员本人或直系亲属因重病、不可抗力导致的自然灾害、意外伤害等。“沃帮”帮扶基金是由行政拨款、工会补贴和员工爱心捐助及其他收入组成的，是完善帮扶救助工作的长效机制，有利于倡导“我有困难人帮我，人有困难我帮人”的和谐企业文化。（陈　念）

【联通“金牌旅游管家”推出】 9月14～16日，在为期3天的中国湖南第三届旅游节博览会上。长沙分公司推出的联通“金牌旅游管家”受邀参展。联通沃展区被分为三部分。行业应用展示区针对人们旅途中经常出现的疑难问题，借助联通强大的3G网络支撑以及丰富多彩的业务应用，给出了一套完整的信息化解决方案，全方位展示了联通沃3G作为旅游顾问的贴心之处；终端展示区邀请三星、华为、HTC等厂商到场布展，最新的机型、最强大的功能受到现场观众的瞩目；3G玩家俱乐部服务区则为到场观众免费提供包括软件下载、旅游应用演示、贴膜等精细化的智能手机服务，受到现场市民的欢迎。展会期间，湖南省旅游局局长杨光荣参观长沙市分公司在博览会里设立的联通沃3G馆，希望长沙市分公司继续加大行业运用的发展，让出门在外的游客在纵览世界美景的同时，真正畅享通信美好生活，为建设湖南旅游强省做出更大的贡献。（陈　念）

农村经济

责任编辑：吴丫丫

【概述】 2012年，长沙市实现农林牧渔业总产值419亿元，增加值272.31亿元，分别同比增长4%、4%；农村居民人均可支配收入1.51万元，同比增长18.4%。

一、农业综合生产能力显著提高。粮食生产保持稳定增长态势，湘米振兴工程深入实施，全年种植粮食作物37.1万公顷、总产247.94万吨，其中优质稻面积27.1万公顷，占水稻播种面积的80.3%。全年蔬菜播种面积15.4万公顷，产量496.69万吨，总产值突破60亿元，全市专业蔬菜基地面积9671.5公顷，蔬菜生产千亩示范园、万亩示范片建设初见成效。畜牧产业平稳发展，标准化规模养殖加快推进，全年出栏生猪833.2万头，出笼家禽6005万羽，出栏牛10.8万头，出栏羊83万只。林业产业发展加快，完成林产工业产值48.12亿元，花卉苗木生产面积2.87万公顷，茶叶、水产、水果、中药材等产业规模和效益均实现稳步增长。

二、城乡一体化发展进程提速。城乡一体化发展政策体系已初步建立，在城乡规划、基础设施、公共服务、产业发展、生态环境和管理体制的一体化上取得了突破性进展。一批试点乡镇的重大项目顺利推进，特色产业迅速发展。如望城区乔口渔都建设全面完成，两线两片提质改造和滨江新区建设如火如荼。长沙县榔梨、金井、开慧等镇容镇貌焕然一新，农民集中居住点初步建成，农村生态旅游、商业街招商等受到热捧。浏阳市大瑶镇李畋广场、中国花炮文化博物馆、大瑶通程商业广场等重大项目陆续建成，大瑶逐渐成为湘东门户区域性商业、文化、娱乐中心，辐射周边萍乡、醴陵等地区，覆盖超30万人口。宁乡县灰汤镇高标准打造了中部华天城、紫龙湾、金太阳、桃花谷等省内外一流的休闲度假场所，沩山乡的万佛灵山主题公园成为长沙西部旅游新景观。

三、现代农业发展步伐加快。按照“四化同步”的发展要求，切实加快农业现代化进程，全市农业农村经济质量明显提高。1. 农产品加工保持较快增速。全市农产品加工企业实现销售收入848亿元，同比增长20%以上。2. 休闲农业蓬勃发展。成功举办中国·长沙首届自然生态博览会，国内外嘉宾客商近1200人参加盛会，全面展示了长沙自然生态环境之美、休闲农业与乡村旅游发展之好、城乡一体化进程之快。全年休闲农业接待人数2350万人次，实现经营收入49.8亿元，带动近8万户农民受益。3. 农业招商引资形势喜人。全年包装农业项目361个，签约引进农业项目311个，协议引资总额410亿元，实际到位资金69亿元。县域经济发展迅速，三县（市）在全国县域经济“百强县”评比中，均实现跨越进位。4. 科技应用能力提升。全市主推农业新技术37项，优质农作物新品种45个。超级杂交稻面积8.47万公顷。

四、农村基础设施日臻完善。以农村电网扩容、公路通达、饮水安全、环境整治、校舍改造等为代表的惠农“五大工程”继续推进，其中农村电网扩容工程累计完成投资3.52亿元，新增、改造配电变压器1482台，新建、改造低压线路3347千米，完成一户一表改造近6万户；农村公路通达工程完成农村公路建设1147公里，累计投资4亿元；农村环境整治工程完成20万平方米畜禽养殖污染治理与退出，全市104个乡镇完成覆盖全乡镇的农村垃圾收集处置设施体系建设；农村安全饮水工程解决了33万人口饮水安全问题；农村校舍安全工程持续推进，通过合格学校建设、公办幼儿园建设等项目整合，全市农村地区实施项目239个，投资总额过5亿元。河道及砂场综合整治成效显著，湘江长沙综合枢纽库区配套建设顺利推进。农村能源服务体系不断完善，在全市范围内启动了120个服务网点的建设工作，重点打造了12家市级示范性能源环保服务站，共新建户用沼气池5884个，增加池容折合8万多立方米。

五、农村改革稳步推进。重点推进以土地承包经营权出资入股的土地流转形式，发展多种形式的土地专业合作社，农村规模化经营程度大大提高。2012年，经工商注册登记的农民专业合作社4038家，比上年增加1736家，农村土地流转面积18.88万公顷。“一事一议”活动开展顺利，全年共有782个村开展了“一事一议”筹资筹劳活动，带动投资达3.9亿元，为农村公益事业发展发挥了积极作用。农村党风廉政建设扎实推进。坚持“标本兼治、注重预防”的方针，紧紧围绕农村基层干部权力运行、廉洁履职和作风转变等重点部位和关键环节，落实措施，完善制度，着力推进33个农村“三资”（资金、资产、资源）交易平台的示范建设，全面组建村务监督委员会，从管理体制和工作机制上，进一步强化农村党风廉政建设的反腐败工作。成功举办长沙市有机农业（台湾）培训班，长沙农民领军人物的培育工作受到各界关注。农业产业化经营的加快发展、农村体制机制改革的深入推进为农民收入的增长奠定了坚实的基础。（张　婷）

【长沙生态经济投资洽谈会】　9月15日，长沙生态经济投资洽谈会在宁乡举办。洽谈会以“搭建投资平台，建设美丽乡村”为主题，以项目推介洽谈为载体，长沙市副市长黎石秋和宁乡县、长沙县、浏阳市、望城区负责人分别推介了长沙市和四县（市、区）的投资环境和重大项目。投资洽谈会共推出生态经济投资项目80个，其中统筹城乡发展项目28个、生态经济与休闲农业项目29个、种植养殖项目8个、农产品加工业项目15个。经前期充分对接和洽谈，当日会上签约项目30个，会下签约项目3个，合同利用资金209.9亿元，协议利用资金210亿元，全部为过亿元项目。不少签约项目特别引人注目，如长沙市政府与台湾南良集团以及湖南九龙经贸集团签订的湘台九龙国际生态农业新城建设项目，总投资额80亿元；望城区政府与新华联控股集团签订的铜官国际文化创意产业园建设项目，总投资额100亿元。（张　婷）

种植业

·粮油作物·

【概况】　2012年，长沙市粮食收获面积37.07万公顷，同比增长1.3%；粮食总产247.9万吨，同比增长1.4%；油菜收获面积4.41万公顷，增加1000公顷，同比增长2.4%。优质稻面积27.53万公顷，增加0.53万公顷。粮油生产均完成省、市政府下达的任务。长沙市人民政府被省农业厅向省政府推荐为粮食生产先进市（州），望城区被推荐为“全国粮食生产先进县”，宁乡、长沙两县被推荐为“全省粮食生产标兵县”。

一、稳定粮食面积和总产。1.市政府与粮食生产主产区、县（市）签订粮食生产目标责任状。明确各级粮食生产的基本目标与要求。2.市政府分别下发《关于进一步加强粮食生产的通知》（长政函〔2012〕25号）和《关于做好2012年冬季农业生产工作的通知》（长政函〔2012〕190号）。3.市政府分别召开粮食生产和冬季农业两个专题会议，对全年粮食生产和2012年冬季农业作了具体部署。

二、粮食生产转型升级。1.全年优质稻面积27.53万公顷，占水稻播种面积的82%，增长6%。其中高档优质稻6.67万公顷。大宗水稻作物品质结构进一步优化提质，全市形成了以宁乡东湖塘、花明楼、回龙铺、双江口，望城区格塘、靖港、乌山，长沙县春华山、果园、金井等地为重点的优质稻走廊和核心示范区。2.特色稻米产业有新的进展。金霞、盛湘、卫红分别在果园、沙田、东湖塘推广高档优质稻有机栽培技术面积813公顷。金刚特色稻米研究所、尚海农科、雨杰合作社在金刚、坪塘、莲花、枫木桥开发营养保健稻米、功能稻米面积248公顷。特色水稻品种选育、引进示范取得新进展。特色稻米稻谷收购价在每50公斤350至380元，亩收入比种植一般优质稻每亩高1050至1620元，经加工增值，每公斤稻米售价最高可达72元。亩加工后利润3222至13920元。稻米产业潜质开发有了重大突破。

三、集约化经营加速推进。全市加大对龙头企业、种粮大户、种粮合作社的政策扶持和财政投入力度，大力推动粮食的适度规模化生产、集约化经营、社会化服务、产业化开发。1.企业建基地成效显著。全市148家粮食加工企业通过自办和订单两种形式建设基地11.53万公顷，同比增加1.13万公顷。金霞米业、盛湘集团、卫红米业、花明粮油在果园、回龙铺、沙田、东湖塘、大屯营等乡镇领办基地，开展高档优质稻有机栽培和优质稻生产示范，带动效应明显。2.合作社带基地稳步发展。全市种粮专业合作社97家，示范面积3.63万公顷，合同收购稻谷19.5万吨。隆平粮社、万家春合作社和格塘粮社成为全国、全省的示范合作社。3.大户办基地发展迅速。全市共有2公顷以上的种粮大户8657家，示范面积4.67万公顷，同比增加5333.33公顷。全市粮食规模经营面积19.87万公顷，占水稻播种面积的57%。

四、推进良种良法配套。1.发展超级杂交稻。市农业局选择在长沙县青山铺、北山、干杉，望城区乌山，浏阳市永安、古港，宁乡县黄材，开福区捞刀河等地进行超级稻的试验推广，取得良好效果。全市创建万亩示范片5个、千亩示范片52个，最高亩产760公斤。2.扩大良种面积。市本级财政安排专项资金20万元，在永安、格塘、回龙铺进行特种（特色）稻米新品种试验、示范。全市早稻主要推广湘早籼24号、45号等品种，晚稻主要推广湘晚籼17号等品种，推广面积29.07万公顷，占水稻面积的84%，增长4个百分点。3.推广有机栽培。按照“绿色、有机、生态”的发展理念，在严格筛选基地的前提下，示范推广有机稻标准化生产技术，产地选用稻鸭共栖种植模式，基肥采用发酵鸡粪、菜籽饼进行有机增肥。在病虫害防治技术上，采用物理防治与生物防治相结合，必要时搭配生物农药的防治方法。4.落实常规技术。根据往年早、晚稻品种搭配不当，播种、移栽期随意性较大，大田基本苗不足，晚稻齐穗期安排不科学、部分禾苗肥瘠不均的现状，2012年调整了早、晚稻品种搭配结构，增加了大田基本苗，示范推广测土配方施肥32.8万公顷次，常规技术措施得到进一步落实。

五、开展高产创建。农业部共安排长沙市水稻万亩高产创建示范片36个，安排专项资金672万元，市级财政配套专项资金100万元。长沙县全县、浏阳市永安镇、宁乡回龙铺镇成建制开展高产创建，示范面积10.47万公顷，同比增加5333公顷。示范区双季稻亩产1050公斤，同比增加50公斤。1.依托产业园区开展示范。通过三年的建设，宁乡现代粮食示范区已初具规模。2012年，示范区早稻面积2300公顷，晚稻面积2521公顷，两季亩产1061公斤，同比增加34公斤，示范区共增产粮食116万公斤。2.依托种粮合作社开展示范。全市

4月13日，农业部农机司司长宗锦耀调研长沙市机插集中育秧

97家种粮合作社参与高产创建，实行种子统供、肥料统配、病虫统防、农药统施于一体的经营方式，涌现不少高产典型，如格塘三桥水稻标准化基地核心示范区面积21公顷，两季亩产可达1050公斤，比非示范区增产130公斤。3. 依托种粮大户开展示范。种粮大户成为长沙市发展粮食生产的重要力量。浏阳市北盛镇种粮大户邹朝晖种植双季稻94.67公顷，两季亩产960公斤。科技兴菜，促进蔬菜高产优质。4. 加强标准化生产基地建设。2012年市本级财政安排200万元建设29个水稻标准化基地，分别推广无公害、绿色、有机栽培技术，示范面积1.06万公顷，同比增加2067公顷。核心基地逐渐成为具有影响力的示范样板。金霞粮食集团连续三年参与长沙市水稻标准化基地建设，完成有机稻标准化生产管理体系的制定，产品获得有机食品认证。东湖塘、沙田有机稻标准化基地核心区建设有了新的进展，已申报有机认证。通过加快水稻基地标准化、栽培技术规范化建设，这几家企业与合作社稻米质量明显提高，均取得良好的社会与经济效益。

六、立足防灾抗灾。1. 推广早稻防灾抗灾技术。农业部门举行了8次育秧工作会议和培训，全面推广工厂化育秧、集中保温育秧等早稻防灾控灾技术，将集中育秧台账做到了农户，全市共落实2.6万公顷集中育秧任务。新建工厂化育秧大棚14个。新增无人遥控防治飞机20架。由于集中育秧、工厂化育秧工作抓得扎实，早稻没有出现秧苗紧缺情况，为稳定早稻播种面积奠定了基础。2. 坚决遏制早晚稻撒播。全市各级加大工作力度，向广大稻农宣传直播产量不稳、风险较大的弊端，并从经济、行政上加以制约，水稻撒播得到了强力遏制。3. 切实加强专业化服务。市政府安排专项经费200万元，扶持水稻病虫专业防治工作，并与区、县（市）签订专业合同，力求把病虫害损失降到最小。全市病虫专业化防治组织25个、从业人员8500人，通过机械和小型无人遥控飞机喷雾防治稻田9.47万公顷次，同比增加1.87万公顷次。水稻代耕、代种、代育、代收等业务蓬勃兴起，其中代耕、代收面积分别达37.47万公顷次和34.6万公顷次。4. 加快实施水稻生产保险。市政府安排专项经费700万元，实现了中央、省、市对水稻生产的联保，并安排125万元建立常年水稻种子风险储备机制。5. 强化农业气象信息预警。农业与气象部门共建农业气象灾害预警平台，累计向种粮大户、种粮合作社、龙头企业和相关农业管理人员发送气象预警及农业技术提示信息30万人次，及时指导农技人员、农民落实防灾抗灾技术，加强田间管理。（周　鹏）

·蔬菜产销·

【概况】 2012年，长沙市蔬菜播种面积13.06万公顷，同比增长0.69%；总产量46.23亿公斤，同比增长1.4%；总产值60.22亿元，同比增长10.1%。马王堆、红星两大批发市场全年成交总量37.1亿公斤，成交额83.3亿元，同比增长13%和26.4%。

一、狠抓落实，全面推进标准化基地创建。1. 全市64家开展标准化专业蔬菜基地建设初见成效，全年建设面积1587公顷，标准化专业蔬菜基地面积9667公顷。2. “百千万”工程快速推进，百亩蔬菜种苗中心开始种苗生产，各区、县（市）千亩示范园、万亩示范片建设初见成效，长沙县宇田、龙华山、国进、隆平等沿S207线建设的标准化专业蔬菜生产基地已连片，望城区的斌辉、柯柯，宁乡县的明德、农夫，浏阳市的浩博、长发，开福区的文中等基地都已初具规模。3. 着力打造品牌。蔬菜产业品牌化运作再上台阶。全市重点打造了众发、采鲜园、金双园、隆平等地方蔬菜特色品牌，博野、浩博、天野山等有机蔬菜品牌，国进、致远摩谷等食用菌品牌。

二、科技兴菜，促进蔬菜高产优质。1. 积极推广病虫害绿色防控技术。2012年，推广诱蚜板、性诱剂、生物低毒农药等生物、物理病虫害防治技术。全年共推广杀虫灯500盏、诱捕器1000个、诱芯1000个、黄板4.5万块，防治面积1.5万公顷。2. 大力发展设施蔬菜生产。大力推广钢架大棚、竹架棚、遮阳网、防虫网等设施及碰滴灌节水栽培技术，设施蔬菜栽培面积稳步增加，全市推广大中棚面积2733公顷，小拱棚面积1.07万公顷，温室面积100公顷，防虫网3933公顷。3. 加大科研推广与技术培训力度。全年下达科研项目41项，安排科研推广经费200万元。共选配出辣椒、丝瓜、苦瓜、冬瓜、南瓜、豇豆等新组合200多个，推广长研辣椒、早优丝瓜、丰园苦瓜等品种30多个，推广面积近0.67万公顷，其中菜科所承担的《瓜果类蔬菜标准化栽培技术研究与应用》项目获2012年长沙市科技进步二等奖。同时，继续开展科技培训，全年共开班243期，培训人员4.2万人次。科研水平和科技种菜水平显著提高。

三、加强监管，狠抓蔬菜质量安全。年内，农业部对长沙市开展了4次农产品质量安全例行监测工作，4次国检平均农残合格率96.65%，同比增长0.3个百分点，其中标准化专业蔬菜基地抽检全部合格。1. 从源头入

9月6日，省农业厅副厅长谢国华调研长沙市直销

手，通过推进标准化生产控制产品质量。督促各基地规范从播种到采收的全程生产操作技术，依法严禁使用高毒高残留农药，推广使用蔬菜良种和高效低毒低残留农药。2. 建立质量安全检测及追溯机制，严格产地准出制度。要求各蔬菜基地建立田间生产档案，重点健全田间投入品台账记录，实现从播种到采收的全程质量可追溯，同时要求基地和主产蔬菜的村必须配备农残速测仪，对出园的每批次产品进行自检，合格后才可出园，以确保产品质量安全。3. 加强宣传，增强菜农和消费者的安全意识。制定《关于加强蔬菜质量安全管理进一步规范生产经营的通告》，高温季节利用广播、宣传车、板报、专栏等形式，深入各区、县（市）的基地、市场进行了农产品质量安全生产及相关政策法规的宣传。4. 加大安全生产的检测力度。64家立项建设的标准化专业蔬菜基地全部建成可联网的农残检测室。各区、县都已建立农残速测点，定期不定期地进行自检，市农产品质监中心逐月定期深入到各基地抽检。2012年，全市农贸市场、生鲜超市、生产基地共抽检蔬菜样品11065批次，合格率99.5%，全市未发生一起因食用蔬菜引起的群体性中毒事件。

四、全面贯彻落实《蔬菜基地管理条例》。《长沙市蔬菜基地管理条例》自2012年1月1日颁布实施后，市农业局组织3次专题会议，充分利用标语、横幅、板报等进行宣传，各区、县（市）相继组织开展学习培训。全市组织各类培训学习28次，悬挂大型横幅235条。全市开展基地登记造册，严格基金收取。1. 根据条例要求，市农业局组织区、县（市）蔬菜主管部门与专业队伍按照相关要求，对全市规模蔬菜基地进行登记造册，重点在开福区开展蔬菜基地制图试点工作。2. 根据《蔬菜基地管理条例》“占补平衡，严格监管”原则，开展新菜地开发建设基金收取工作，全年共收取2495万元，投放到各蔬菜基地，有力促进了长沙市蔬菜产业发展。

五、健全流通体系，开展产销对接。1. 组织开展蔬菜产销对接。33家蔬菜流通企业和配送公司分别与45家超市、门店建立了产销关系，有10多家蔬菜基地与家润多、沃尔玛、新一佳等多家大型超市签署了合作协议。浏阳天野蔬菜进入家润多的5个大型超市，望城柯柯农业与步步高超市达成合作协议，成为步步高超市第一家合作授牌基地。宏坤农业、健晨食品等多个企业分别与中南大学、湖南大学、湖南中医药大学等10多所高校签订了蔬菜供货合同。2. 积极开展蔬菜社区直销试点工作。从5月开始，市农业局挑选健晨食品、宏坤农业、博野有机等14家为社区直销店示范单位，开展直销试点，新开148家（社区直销店68家，生鲜超市80家）。蔬菜社区直销店带来新鲜、放心、实惠的农产品，得到市民热情欢迎。

（周　鹏）

畜牧水产养殖

【概况】 2012年，长沙市畜牧水产养殖工作按照中央、省、市农业农村工作会议精神，围绕“上规模、定标准、树品牌、优环境、延产业、强基础、严执法、保安全”的工作思路，强力推进标准化规模养殖，生猪、家禽等主导产业平稳健康发展，市场供给充足有序，防疫免疫机制进一步创新，重大动物疫病得到有效控制；执法监管措施进一步强化，畜禽水产品质量安全水平稳步提升。全年生猪、牛、羊、家禽分别出栏（笼）833.2万头、10.78万头、83.08万只、6005.75万羽，分别同比增长3.5%、1.9%、3.1%、3.7%；水产品总产量11.4万吨，同比增长6.5%。养殖业生产总值162.98亿元，同比增长2.6%，占农业生产总值比重的38.8%。

一、明晰思路，加快转变养殖业发展方式。1. 着眼长远，科学谋划现代养殖业发展。随着长沙城乡一体化发展进程加快，养殖业面临适养区域日趋减少、生态环境保护要求不断提高等多重制约，产业转型迫在眉睫。长沙市畜牧兽医水产局（畜牧局）通过深入调研，提出“保量、减排、提质、增效”的发展目标。一是组织编制产业发展规划。招标委托省农林工业勘察设计研究院编制《长沙市现代养殖业发展规划（2012～2020）》，在科学测算未来长沙畜禽水产品需求和环境承载量的基础上，明确提出调整产业结构、创建特色品牌、培育龙头企业、推广生态环保养殖模式、强化监管体系建设等具体目标，突出“优化结构保供应、提升效益促增收、强化监管保安全”，力求在农业中率先形成“两型”发展模式、率先走出一条现代化发展的新路子。二是突出养殖粪污治理。根据养殖规模和周边环境，因地制宜引导养殖户推广种养平衡、生物垫料、沼气、大型污水处理系统等粪污治理模式。提供技术指导，积极配合实施“环保三年行动计划”。全年内城区共退出畜禽养殖38.1万平方米，四区县（市）完成养殖污染治理68.1万平方米。选定2个大型生猪养殖场开展节水治污示范点建设，全年节水2.04万立方米，完成污染治理3.18万平方米。三是启动网络信息平台建设。推行行业现代化、信息化管理，组织开发畜牧兽医水产远程管理服务平台，建成生猪标准化养殖、水产健康养殖、动物防疫管理等七大功能模块，录入养殖场（户）信息35万条、动物免疫数据70万条。建设完成长沙市养殖业信息网和兽医网，宣传法规政策，普及养殖科技，推介外地经验，行业监管服务能力得到有效提升。2.政策扶持，着力提升产业发展水平。全年争取各级规模养殖场建设资金2655万元，扶持建设规模养殖场（小区）116个。申报国家农业清洁生产示范项目资金340万元，在浏阳市开展生猪清洁养殖示范试点；获批省级畜牧良种补贴资金306万元，补贴良种生猪配种13.8万胎次、推广良种公羊375头。各项扶持政策的落实，有效调动养殖户发展规模养殖的积极性，一批辐射面广、带动力强、生产经营水平高的养殖龙头企业和专业合作组织，逐步成为带动农户发展规模养殖的主体。全市发展养殖业专业合作社200余家，建成投资千万元以上的大型生猪产业化项目30个。宁乡县流沙河生猪养殖专业合作社从10多个养殖场，扩大到拥有156家标准化、现代化、生态化连锁养殖基地的规模合作社，获得全国“农民专业合作社示范社”称号。15个畜禽水产品完成了无公害认证申报和审核。广大养殖企业、养殖户逐步认同和接受“抓标准、创名牌、兴产业”理念。3.示范带动，强力推进标准化生产。制发《关于加快推进养殖业标准化生产工作的意见》，着力创建示范基地和示范区、县（市），全面推进生猪标准化生产和水产健康养殖工作。下达生猪标准化生产场创建任务50个和创建水产健康养殖面积666.67公顷的任务，按照“深入指导、强化监管、严格验收”的要求，分层级举办培训班，实行市畜牧局领导联片、县畜牧局领导联点，逐场深入指导，明确创建要求，规范考核机制，狠抓创建进度，纳入对各区、县（市）畜牧局年度目标管理考核的重要指标，与下年度养殖业项目资金安排挂钩。全年创建生猪标准化生产场61个，市级水产健康养殖示范场17个、面积1513.33公顷。获批国家级、省级畜禽标准化示范场14个、休闲渔业示范基地10家、部级水产健康养殖示范场5个，全市形成国家、省、市、县四级养殖业标准化生产示范梯队。

二、创新举措，突出抓好重大动物疫病防控。市畜牧局探索实施“四个创新”，着力完善疫病防控长效机制，圆满完成部、省“不发生区域性重大动物疫情”的防控总目标，连续12年获得“全省重大动物疫病防控工作红旗市”荣誉表彰。1.创新基础免疫工作机制。率先全省推行“规模养殖场（大户）程序化免疫、散养农户春秋季集中免疫和平时申报免疫相结合”的新型动物免疫制度，依托长沙晚报等市、县主流媒体发布《长沙市重大动物疫病强制免疫公告》，明确养殖户动物防疫法律义务和主体责任，公示各区、县（市）防疫责任人姓名及手机号码，公开承诺限时上门免疫，建立定期回访等一系列制度，确保免疫工作到位。全市基础免疫模式发生根本性转变，养殖户变被动接受畜禽免疫为主动申报免疫，畜禽免疫密度常年保持90%以上。湖南省畜牧兽医水产局将这一免疫模式作为创新经验全省推广。2.创新疫病防控管理模式。一是推行种畜禽场疫病净化计划。降低养殖业疫情风险，保障养殖增收，市畜牧局联合湖南农大等科研单位，整合技术资源，向市科技局申报《长沙市规模养殖场猪伪狂犬病净化项目》重大专项。拟用4年时间，通过检测—淘汰—免疫—监测—净化的科学程序，逐步实现生猪规模养殖场猪伪狂犬病净化目标，并为其他动物疫病净化积累经验。二是探索建设无害化处理体系。开展病害畜禽尸体无害化处理专题调研，积极呼吁和争取建立市、县两级无害化处理体系；投资近450万元指导浏阳市、望城区试点建设病害畜禽尸体混凝土处理池406个。3.创新免疫效果评估机制。结合各区、县（市）畜禽养殖特点和动物疫情流行趋势，制定高致病性禽流感、口蹄疫、布病、结核病等10种动物疫病具体监测方案，以动物疫情高风险区、免疫抗体水平不达标的场户为重点，在全市设立30个监测点，有针对性地开展免疫效果评估、病原学监测和流行病学调查。全年完成动物疫病抗体和病原学监测3.12万份，禽流感、口蹄疫、猪蓝耳病、猪瘟4种免费强制免疫动物疫病抗体合格率分别为100%、86.6%、99.4%、90.6%，平均94.2%，超过部、省70%的标准。4.创新应急管理模式。在落实应急值守、保障应急供应、完善应急预案的基础上，着重提高队伍应急能力水平。11月27日，市畜牧局在宁乡县举办“2012年全省突发重大动物疫情应急演练”。采取市和区、县（市）联合组队，畜牧、卫生、工商、公安等成员单位联动的实战演练模式，现场演练重大动物疫情应急处置全过程。指导芙蓉区、浏阳市等地相继开展突发重大动物疫情应急演练。

三、严格监管，确保畜禽水产品质量安全。全年省级4次随机抽查监测长沙市畜禽产品1834批次、水产品35批次，“瘦肉精”和药物残留产地监测阳性检出率均为零。抽检饲料产品175个，合格率98.8%。自行开展畜禽水产品监测3.65万批次，其中畜禽产品3.2万批次、水产品监测5346 批次，合格率分别为99.86%、99.74%。全年未发生重大畜禽水产品质量安全事故。1.加强检测能力建设。应对新的《饲料和饲料添加剂管理条例》颁布实施，组建饲料检测实验室，添置200万元检测仪器设备，申报通过43项饲料检测项目资质认证，建立饲料抽样检测体系，解决多年来市级无饲料检测资质能力的被动局面。全年共开展饲料质量安全例行抽样检测80批次，检测项目353个。市动物疫病预防控制中心编制的《猪伪狂犬病病毒聚合酶链式反应检测方法》（DB43/T 697-2012）等4个地方标准，由省质量技术监督局颁布实施，填补国内检测技术空白。市重大科技专项“食品安全快速高效检测技术研究”，经过3年科研攻关，顺利通过市科技局验收。通过举办检测技术培训班、开展检测能力比对等活动，指导县级兽医实验室完善质量管理体系，改善设施条件，提升检测水平，市、县两级兽医实验室全部通过省级考核验收。2.强化养殖业投入品监管。创新推行行业质量安全诚信体系建设，在全市饲料、兽药生产企业建立质量诚信档案，突出强化生产经营户食品质量安全第一责任人意识。重点加强

慢上涨。14日开始湘江中下游地区出现强降雨过程，长沙站水位从16日11时开始上涨速度加快，17日23时出现洪峰，洪峰水位34米，距警戒水位2米，流量5300立方米/秒。

7月13～18日一次强降雨过程再次袭击长沙市，全市平均降雨达162毫米，沩水宁乡站于7月17日0时出现2012年最高水位43.26米，距警戒水位1.74米。

四、2012年雨水情主要特点

1. 降雨总量偏多，时空分布较均，全年没有出现明显旱情。1～9月全市累计平均降雨较历年同期均值偏多16.7%，汛期降雨较历年同期均值偏多18.4%；降雨空间分布上，东部略偏多，中部和西部降雨略少。4～9月，浏阳市总降雨量达1440毫米，较历年均值偏多27%，长沙县、望城区、宁乡县降雨量在1050～1170毫米之间。除7月初出现短时间轻度干旱外，全年未发生明显干旱。

2. 汛前降雨天数多，汛期降雨过程多。1月12日～1月23日，长沙市出现了一次持续时间长达12天的降雨过程，持续长时间的阴雨连绵；入汛以后，出现了8次强降雨过程，分别为4月10～12日、4月28～5月1日、5月8～10日、5月11～14日、5月22～27日、6月7～11日、6月25～27日、7月13～18日。

3. 汛前降雨偏多，入汛时间提早。2012年1～3月全市累计平均降雨350.2毫米，比历年同期偏多11.2%；湘江长沙站3月8日11时出现32.29米的洪峰水位，流量9100立方米/秒，为1998年以来同期最高水位。

4. 市内支流年最高水位出现时间不同步。浏阳河、捞刀河、沩水的年最高水位分别出现在5、6、7月，明显异于往年。

5. 湘江长沙站刷新历史最低水位。1月1日20时湘江长沙站水位下降至24.63米，再次刷新历史最低水位。1月12日14时，长沙站水位上涨至25米，并一直维持在25米以上。 （王　亮）

表　长沙市主要河流控制站年最高水位情况

河名	控制站	年最高水位（米）	出现时间（月.日）
湘　江	长沙站	35.01	6.13
浏阳河	榔梨站	35.02	5.13
捞刀河	罗汉庄站	32.27	6.13
沩　水	宁乡站	43.26	7.17

•水　利•

【概况】 2012年，是长沙市贯彻落实2011年中央1号文件和各级水利工作会议精神、加快推进水利发展改革的第二年。省水利工作会议将2012年确定为“水利改革攻坚年”。一年来，在市委、市政府的正确领导和科学决策下，长沙市水务局党委、局行政团结带领全市各级水务部门，坚持“以水务改革推动水务事业创新发展”的基本建设理念，牢牢把握统筹城乡、民生为本、生态优先、资源节约的治水原则，“大干水利、大兴水利”，防汛抗旱、农田水利、供排水工程建设与管理、河道采砂综合整治和湘江库区水利项目建设各项水务事业取得显著成绩。长沙市连续三年捧夺省水利建设“芙蓉杯”，市水务局被授予“2012年度全省河道管理先进单位”。

一、围绕中心，防汛抗旱工作夺取全面胜利。2012年，全市累计平均降雨1882.6毫米，较历年同期均值（1546毫米）偏多21.8%，汛期降雨较历年同期均值偏多18.4%，浏阳市总降雨量达1440毫米，较历年均值偏多27%。先后发生8次比较明显降雨过程。受湘江上游两次超警戒水位影响，湘江长沙站6月13日出现35.01米最高水位，流量1.29万立方米/秒。主汛后期，受长江干流和洞庭湖高水位“顶托”影响，长沙站持续20天维持在33米以上较高水位。面对较为复杂的防汛抗灾形势，在上级有关部门的高度关注和大力支持下，市委、市政府和市防指立足“三防三保”（防山洪地质灾害、防城区内涝内渍、防流域性洪水，保山塘水库安全、保湘江堤垸安全、保湘江枢纽工程安全），全面落实各项汛前准备工作，强化汛期值班防守和防汛检查督查，防汛工作扎实有效，确保了“四不”目标（不垮一库、不溃一垸、不因灾死一人、城区不淹一片）。科学编制防汛预案，健全应对措施，突出抓好防灾预警系统建设。投资2300余万元，实施了长、望、浏、宁4个县级山洪灾害防治非工程措施建设，初步建成了覆盖全市山洪灾害防治区的非工程措施体系。加强物资储备。按照市级300万元、县（市）区100万元、乡镇50万元的标准，准备防汛应急资金；储备防汛物资编织袋300余万条，编织布100余万平方米，砂石、块石近30万立方米，铅丝、钢管210余吨。科学调蓄雨洪资源。通过科学调度、有效应对，不仅保证了安全度汛，工程调蓄水量也有较大幅度的增加。全年工程蓄水13.4亿立方米，比往年增蓄5亿多立方米。7、8月份高温少雨天气来临，全市没有出现明显旱情，夺取了防汛抗旱工作的全面胜利。

二、加大投入，农田水利建设任务圆满完成。2012年，全市共投入各类水务建设资金20亿元（仅限局统计）。完成了长沙县梨江垸、望城区高裕垸、岳麓区麓山垸、开福区苏托、霞凝垸等堤防工程16.49公里，完成了长沙县果园镇双江垸和黄兴镇敢胜垸四水治理年度堤防加固。完成2011年度计划内的28座小一型、48座小二型水库除险加固任务，启动2012年度143座小型水库的除险加固工作。投入5100万元，完成黄材灌区、浏阳灌区2个大型灌区年度续建配套与节水改造建设；完成宁乡洞庭桥、望城格塘、浏阳关山、长沙县金江坝、岳麓区泉水冲5个中型灌区配套建设任务；完成田间水利设施配套1666.67公顷。对90处小型机埠实施更新改造，完成山塘清淤扩容3333.33公顷水面，沟渠疏浚1000公里，改善灌溉面积1.27万公顷；新建灌区配套渠系180公里，护砌渠道330公里，维修、改造渡槽16处。持续推进长沙县、宁乡县、浏阳市国家小农水重点县建设。新建农村饮水工程50余处，解决了30万农村人口的饮水安全问题。

三、依法治水，水资源管理日趋严格。1. 积极推行最严格的水资源管理制度。颁布实施了湖南省首个地方性水资源管理法规——《长沙市水资源管理条例》，2012年1月正式实施；完成《长沙市水功能区划》编制，划定水资源保护区、保留区、开发利用区和缓冲区，并上报市政府审批，正式颁布施行；编制《长沙市县级城镇饮用水源地保护和安全保障规划》、《长沙市用水定额》、《先导区规划水资源论证》、《株树桥水库水源地保护规划》，管水法规制度逐步完备。落实最严格的水资源管理四项制度，对水资源进行合理配置，初步划定用水总量控制、用水效率控制、水功能区纳污控制“三条红线”，启动水质达标考核细则的编制工作。2. 采取有效措施加强水资源保护。加快全市水质监测系统建设，完成了《长沙市水资源管理系统项目规划》和《长沙市水资源管理信息系统建设实施方案》的编制工作，并通过省水利厅审查；完成株树桥水库水源地水质自动监测站的建设并投入试运行；启动黄材水库水源地水质自动监测站的建设前期工作。继续推进水库退出投肥养渔和重要水源地确界立碑等工作，在湘江库区设置水资源管理、保护的宣传、警示标牌，力争3年内全面完成饮用水源和大中型水库投肥养殖。启动长沙、望城、浏阳、宁乡四县（市、区）水产养殖生态修复试点，在龙王港河段和南郊公园景观湖开展了微生物技术修复试点。加强重点水资源地建设与保护，株树桥水库按照国家级重要水源地达标建设的要求，提出了“全国示范、湖南第一”的工作目标，水资源管理和保护得到长江委领导的高度肯定和推广。3. 积极开展水污染综合治理。严格水行政许可审批，出台《长沙市水务局规范权力运行制度汇编》和《长沙市水务局行政许可指南》，水资源、排水、水土保持、水工程建设等涉水行政许可办理程序全面规范；加强涉水工程和水污染事件的检查、查处力度，依法管水、保水能力得到有效提升。开展以河湖水体限制纳污为主要内容的农村环境综合治理，关停了一批污染企业和规模养殖场；加强水土流失治理，完成水土流失综合治理13.3平方公里，完成崩岗治理45处。长沙县在乡镇污水处理、灌区供水定额管理、水生态修复、流域治理方面积极探索，不断创新，取得了良好的效果。按照主城区全截污工程计划，拟对主城区排入湘江、龙王港、浏阳河、捞刀河、圭塘河流域的72个排水口进行全截污，完成工程69个，率先在全省基本实现了主城区污水“全截污、全收集、全处理”。

10月10日，湘江长沙综合枢纽工程实现“一蓄两通”

四、重拳出击，河道及砂场综合整治工作强力推进。按照省长徐守盛提出的“要像管理城市街道一样来管理河道”的重要指示，水上安全工作会议后，全市开展了大规模的砂场综合整治工作。投入3000余万元，启动湘江干流及主要支流的河道清障和河岸披绿工作，清理采砂尾堆、完成修复河道土方46万立方米。4月底，按照“依法整治、疏堵结合、科学布局、规范管理”的原则和“整治不彻底决不收兵，规范不到位决不放手”的基本要求，在10天内，对湘江综合枢纽库区范围内123家砂场全部进行拆除，40条采砂船组织退出，649条运砂船暂停营运。出台《长沙市河道采砂规划（2012～2014）》和砂石管理相关规定，新建了6个大型砂石基地；按照属地管理原则，成立砂石管理公司，在政府的监督指导下，实行市场化管理与运作，全面规范河道采砂和砂石生产、运输、销售秩序，河道采砂综合整治取得前所未有的阶段性成果。2012年底，岳麓区坪塘砂场率先建设投产。

五、攻坚克难，湘江长沙综合枢纽库区配套建设顺利推进。受市人民政府委托，湘江枢纽“一蓄两通”库区水利项目建设由市水务局牵头负责，与相关区县和工程责任单位开展了规划、设计、评审等工作，并协助市枢纽公司细化下达了建设计划和部分启动资金。各区、县迅速行动，成立相应组织机构，积极开展相关工作，在天气持续阴雨、建设资金又未能按期到位的情况下，不等不靠，主动作为，各项工作稳步推进。工程于4月基本完成，5月份进行初步验收。共完成库岸防护66公里，涵闸改造65处，泵站改造16处。

六、强化责任，水务改革示范市建设成效显著。2012年，湖南省被国家确定为全国水利改革试点省，长沙市被确定为全省水利综合改革示范市。按照《湖南省加快水利改革试点方案》（湘政发〔2011〕30号）和省水利厅有关要求，长沙市全面启动水务改革工作。成立以市长张剑飞为组长的“长沙市水务改革发展工作领导小组”，制定《长沙市水务改革实施方案》（简称《方案》），出台了《长沙市城区居民阶梯式水价和非居民超定额累进加价制度》。7月、8月，省水利厅厅长戴军勇、副厅长詹晓安带领相关人员，现场督查长沙市水务改革工作，认为长沙市水务改革工作已经走到了全省前列，《方案》富有前瞻性、科学性、全局性和可操作性。《方案》征求了省住建厅、市直相关部门、各区县（市）人民政府和全市水务系统意见，并通过了省水利厅的审查，计划2013年正式颁布实施。10月11日，水利部水务改革工作小组赴长沙市进行专题调研，听取了长沙市水务改革汇报，现场考察了长沙县，对长沙市水务改革的成功经验和长沙县水管单位改革、农业水价改革工作给予了充分肯定和高度评价。

七、突出重点，扎实推进节水型社会建设试点工作。加强组织领导，增补市旅游局、市卫生局、各区县（市）人民政府为全市节水型社会建设领导小组成员。结合中央、省、市一号文件精神，对《长沙市节水型社会建设试点规划》中部分制度建设、节水指标、重点项目建设等内容进行修订完善，获得市政府批复执行。按照节水型社会建设和省水利厅要求，将“万元工业增加值用水量”、“水功能区水质达标率”等指标纳入市直相关部门、区县（市）人民政府绩效考核，责任上肩。积极推进长沙城区计划用水和定额用水管理制度，运用经济杠杆，促进居民和非居民单位由被动节水向主动节水转变。积极建设节水示范项目，农业节水灌溉、工业冷却水回收、管网改造、节水产品使用、雨水收集、非常规水利用等30余个项目列入年度节水示范。加强节水宣传，广泛利用电视、网络、报刊等大众媒体进行宣传，提高市民爱水、护水、惜水意识。在大河西先导区规划展览馆、第二制水公司和开福污水处理厂等地打造一批节水教育示范基地，向公众开放，全面展示长沙市节水型社会建设现状和水的生产、处理工艺流程，让公众切身感受节水的重要性，提高节水意识。

八、真抓实干，其他工作圆满完成。1.“两帮两促”扎实有效。6月以来，湘江主汛期多轮较高水位洪峰经过湘江长沙综合枢纽坝址，最高水位一度达到31.90米，流量为1.27万立方米/秒。帮扶组与枢纽公司、监理、施工、设计等单位奋战一线，使枢纽工程成功经受住多轮洪峰的考验。对综合枢纽和库区水利项目建设中的实际困难，帮扶小组一方面深入工程建设一线，了解工程进度，掌握第一手资料；另一方面积极与联点市领导汇报，多方进行协调，寻求在资金筹措、建设用地、土地征收等方面的解决办法，帮助解决各种实际困难，为各类建设项目的顺利展开和圆满完成发挥了重要作用。2. 议案、提案、信访接访工作群众满意。从维护社会稳定大局出发，认真细致办理每个信访件，热情接待来访群众，耐心听取群众诉求，认真办理每件政协提案，解决群众反映的每一个问题，化解不和谐因素。全年共办理人大建议17件，政协提案15件，处理市长信箱信访件25件，信访局来信18件，接待上访群众39批次，350余人次，见面率、答复率、满意率均为100%。3. 水利经济继续保持全省领先。按照中央加快经济发展方式转变的战略部署，紧紧围绕水利经济“五项重点”工作，充分发挥自身优势，全市水利经济继续保持全省领先。4. 认真抓好水务信息化建设和信息公开工作。及时更新网站信息，完善信息发布平台，做好信息报送和信息公开工作；编制局信息化建设中长期规划，编制《长沙市水务局信息化发展规划（2012～2015）》，全面启动水务信息化建设。5. 全力抓好安全生产和社会管理综治工作。将安全生产作为党委、单位各项工作的保底工程来抓，加强领导、强化责任、突出重点、完善制度、规范管理，加大督查力度，实现全年安全无事故。全面落实市社会管理综合治理有关规定，制定完善应急处突预案，组织专项反恐演练；加强宣传教育，让全局干部职工熟悉应急处突方案，确保全系统的高度安全稳定。（廖森胜）

移民开发

【概况】 长沙市拥有大中型水库23座，在建水库和水利水电工程3座。其中大型水库3座，分别是浏阳株树桥水库、宁乡黄材水库和湘江航电综

浏阳社港石牛村移民安置小区

11 月 9 日，湖南省水库移民产业开发现场会在长沙召开

合枢纽工程，中型水库 20 座。核定大中型水库移民 58795 人，小水库移民近 13 万人，大部分移民以“插花”方式安置在全市 133 个乡镇的 1090 个行政村。

长沙市移民开发管理局（简称长沙市移民局）全面贯彻《大中型水利水电工程建设征地补偿和移民安置条例》（国务院令第 471 号）、《国务院关于完善大中型水库移民后期扶持政策的意见》（国发〔2006〕17 号）和《湖南省大中型水库移民条例》。2012 年，全市移民工作认真贯彻落实市委、市政府战略部署，以城乡一体化和农业现代化为统领，以保障和改善移民生活为重点，以项目资金规范化管理为保障，充分发挥库区和移民安置区优美的生态环境及良好的自然资源优势，坚持“重点打造典型库区、科学布局主导产业、着力建设示范基地、积极扶持优势龙头企业”的库区产业发展思路，移民产业年产值达 20 亿元以上，移民生活水平不断提高，库区生产生活条件不断改善，库区和移民安置区保持和谐稳定。（江启霞）

【移民扶持工作】 2012 年，长沙市移民局认真做好库区移民扶持工作，一是坚持足额及时发放移民直补资金。全年共计发放移民后扶直补资金 3359.5 万元，发放率 100%。二是大力开展移民培训。全市共完成移民实用技术培训 1346 人次，转移就业技能培训 316 人次，参训移民的就业率超过 90%，超额完成省移民局下达的年度任务。三是开展特困移民帮扶。积极申请市财政安排专项资金，开展春节期间特困移民慰问工作，共慰问特困移民 125 户，发放慰问金 10 万元。（江启霞）

【移民资金管理】 严格执行移民资金管理工作制度，积极推行移民资金县级报账制和移民开发项目全过程监管。2012 年先后出台《长沙市移民资金县级报账制实施细则》和《长沙市大中型水库移民后期扶持项目管理实施细则》，全市移民资金和项目管理工作进一步规范和加强。在管理上，全市移民系统严格实行移民资金与行政工作经费分账核算，建立健全项目资金台账，全面完成 2011 年度项目计划验收工作。在监管上，将移民资金、项目管理纳入纪检监察工作目标管理考核，充分发挥内部监督作用，严格移民资金和项目规范管理。截至 2012 年底，全市拥有库区茶园 1591 公顷、油茶林 3114.4 公顷，建设食用菌基地 207.67 公顷、蔬菜基地 502.87 公顷，全市库区和移民安置区主导产业开发基地面积超过 1.07 万公顷，移民人均纯收入增长 18% 以上，高于当地农民人均纯收入增长水平。初步形成以宁乡、长沙县为重点的茶叶产业；以浏阳、宁乡为重点的油茶产业；以望城为重点的水产、蔬菜产业；以长沙县为重点的食用菌产业；以宁乡为重点的土花猪产业；以浏阳、宁乡为重点的小水果产业等七大产业群，涌现出沩山毛尖、金井茶、湘丰茶、国进食用菌、宁乡土花猪、望城水产、浏阳山茶油等特色品牌。（江启霞）

【移民产业开发】 长沙市移民局坚持“重点打造典型库区、重点布局主导产业、重点建设示范基地、重点扶持优势龙头产业”的库区产业发展战略，深化“公司＋基地＋移民户”的利益联结机制。2012 年，新开茶叶基地 133.33 公顷，新开油茶基地 300 公顷，全部超额完成年度任务；建立油茶、茶叶等示范基地 3 个。（江启霞）

【湖南省水库移民产业开发现场会】 11 月 9 日，湖南省水库移民产业开发现场会在长沙浏阳召开，全省 14 个地州市的移民工作对口单位参加。湖南省副省长徐明华、省水库移民开发管理局局长颜向阳、省政府副秘书长陈吉芳、长沙市副市长黎石秋等省市领导出席会议。与会领导和嘉宾参观了淳口佳源生态油茶示范基地和农大社区苗木基地、沙市贵太太油茶加工厂。徐明华对浏阳的移民产业开发给予充分肯定：“浏阳移民产业开发抓得好，抓得实，工作卓有成效，为全省移民产业开发树立了样板”。现场会上重点推介了长沙市用城乡一体化思路谋划移民产业发展的成功经验，总结了湖南移民产业开发取得的成绩和存在的问题，并对全省移民产业开发思路和方向进行研究部署。

（江启霞）

商贸服务业

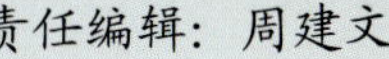

【概述】 2012年，全市商务系统明确目标任务；抓重点环节、主攻工作难点；抓协调服务、创优工作环境；抓工作督查、确保计划进度，全面完成商务工作各项目标任务。全年实际利用外资29.77亿美元，同比增长14.44%；利用市外境内资金完成固定资产投资965.29亿元，同比增长20.04%；实际利用省外境内资金456.65亿元，同比增长16.9%；完成进出口总额87.08亿美元，同比增长16.1%，增幅高于全省平均水平，其中完成加工贸易进出口17.52亿美元，同比增长69.36%；完成社会消费品零售总额2510亿元，同比增长18%，增幅全省第一；外派劳务10764人次；新增境外投资项目24个；新增中方合同投资额1.23亿美元；服务外包业务总量完成350亿元，同比增长18%；社会物流总额2.03万亿元，同比增长19.3%；重点电子商务企业相关交易总额420亿元，同比增长28%。

一、举办大型商务活动，注重实际效果。举办第七届“中博会”，周密细致地接待，展示了长沙形象。中博会期间，全市共签约项目52个，引进资金448.8亿元。全年开展小分队招商活动近百余次，央企对接会、境外工程机械和生物医药等招商活动推介了长沙的产业优势，广交了客户资源，签订了一批重大项目。开展为期101天的第五届“福满星城”购物消费节，取得了良好的经济效益和社会效益。制作《山水洲城 快乐长沙》城市宣传册、《2012长沙投资环境报告》等，携手全球知名财经媒体《福布斯》中文版在长沙发布2012中国大陆最佳商业城市排行榜，举办“2012福布斯中国城市投资与发展论坛”，广泛宣传长沙的城市形象，扩大长沙国际影响。

二、注重产业结构调整，提升商务经济质量。注重产业链招商。围绕高新技术、新材料等战略性新兴产业，汽车产业链和先进制造业，提升现代服务业，全年引进8家境外世界500强企业在长沙投资，优化产业结构，提升商务经济的质量。注重外经贸结构调整。机电和高新技术产品出口增幅高于市均增幅18.1%和71.4%。注重产业融合服务。进一步推进现代服务业与电子信息产业、现代制造业、现代农业等产业的融合步伐，有效促进三次产业的互动共进、协调发展。争取现代服务业综合试点等国家七项商务试点任务。通过前期积极建立健全工作机制，研究出台各项试点的实施办法，筛选审定一批重点项目，实现了试点工作的良好开局。商务部副部长高虎城、姜增伟，流通发展司司长向欣等领导到长沙调研，现代服务业综合试点、中小商贸流通企业公共服务平台建设试点等工作。

三、服务重点项目建设，增强商务发展后劲。精细包装和发布了122个重大招商项目。针对“中博会”、“央企对接会”重大签约项目，成立市级领导调度项目工作机制，围绕66个重大商务项目，开展个性化服务，推进开福万达广场、运达广场、长沙国金中心、马王堆蔬菜市场搬迁等项目的建设，完成年度投资额155亿元。

四、推动长沙经济社会发展。全市招商引资、商贸流通、外经外贸、现代服务业指标增速均高于同期全市GDP增速。全市外资企业累计就业人数达到16.05万人。流通业为主的服务业创造就业岗位180多万个，占全市就业人数的41.1%。商务系统深入实施“万村千乡市场工程”，全年新建和改造农家店231家，配送中心5个，乡镇商贸中心3个。深入实施农贸市场提质改造工程，在全面改造城区农贸市场的基础上，长、望、浏、宁新建提质改造17家乡镇农贸市场。深入实施“家电下乡”工程，全年共销售家电下乡产品144.9万台，发放补贴资金3.7亿元。（李 江）

【长沙商务经济领军人物暨2012年度商务经济十大新锐人物评选】 活动由长沙市委、市政府主办，市商务局和长沙晚报报业集团联合承办。推荐评选范围是在招商引资、外经外贸、商贸流通、现代服务业方面勇于开拓，致力推动本行业本企业发展，具有创新精神、有突出贡献的行业领军和新锐人物。经过市商务局各处室、各区县（市）商务局、招商局和各行业协会、商会等部门推荐，个人自荐，专家评审，网络投票，组委会评审等相关程序后，评选出以下长沙商务经济领军人物（按得票多少进行排序，票数相同者按姓氏笔画排序）1. 长沙通程控股股份有限公司董事长周兆达。2. 湖南友谊阿波罗控股股份有限公司董事长胡子敬。3. 快乐购物股份有限公司董事长陈刚。4. 湖南一力股份有限公司董事长李艳归。5. 老百姓大药房连锁股份公司董事长谢子龙。6. 长沙饮食集团有限公司董事长刘国初。7. 长沙市蔬菜食品集团有限公司董事长张卫民。8. 蓝思科技股份有限公司董事长周群飞。9. 湖南汽车城永通有限公司董事长蒋宗平。10. 湖南省青苹果数据中心有限公司董事长唐五一。2012年度长沙商务经济十大新锐人物为：1. 湖南省茶业集团股份有限公司董事长周重旺。2. 长沙五十七度湘餐饮管理有限公司总经理汪峥嵘。3. 长沙市实泰置业有限公司总经理钟贤柏。4. 友谊阿波罗股份友阿奥特莱斯分公司总经理薛宏远。5. 湖南家润多超市有限公司董事长郑知求。6. 长沙马王堆农产品股份有限公司董事长庄永锐。7. 湖南颐而康保健连锁股份有限公司总经理周春国。8. 嘉丽购物有限责任公司总经理肖永霖。9. 长沙牛耳教育咨询有限公司总经理赵静芳。10. 湖南万众和社区服务管理有限公司董事长黄跃佳。（周建文）

【现代服务业综合试点】 12月5日，财政部、商务部与湖南省人民政府签署了《关于推进长沙市现代服务业综合试点的合作协议》，标志着长沙市现代服务业综合试点工作正式启动。长沙与重庆、深圳共同成为第二批试点城市。长沙市选择现代农产品物流产业作为试点主导产业，围绕“服务业倍增计划”和“把长沙建设成为中部现代服务业中心”的总体目标，做好顶层设计，通过开展现代服务业综合试点工作，制订“15442”的目标。“1”是把长沙建设成为在大宗特色农副产品物流和集散交易领域具备全国领先水平和较强引领带动效应的示范城市。“5”是形成具有全国影响力的农产品现代物流的信息中心、交易中心、仓储集散中心，争取最终成为重要的价格中心和认证中心。“4”是建立农产品冷链物流体系、农产品物流专业技术人才支撑体系、农产品物流区域联动服务体系、农产品物流配送无缝对接体系。“4”是构建新型物流机制、公共服务机制、科技创新机制、融资支撑机制。“2”是实现到2014年，全市社会物流总额达27500亿元，年均增长20%；全社会物流成本占GDP比重由目前的18.3%降至16.5%的指标。完善工作体制机制。成立了专门组织机构，不断完善《长沙市现代服务业综合试点项目管理办法（试行）》、《长沙市现代服务业综合试点资金管理办法（试行）》、《长沙市现代服务业综合试点绩效考评办法（试行）》等规章制度。重点做好项目铺排工作。认真筛选、梳理了30个重点项目作为第一批试点项目，主要涉及农产品物流及与之相关的内容，总投资达112亿元。（刘真真）

【中小商贸流通企业服务平台建设试点】 确立“一友两手”的服务宗旨，即：真诚相助的知心朋友，全天候的工作帮手以及长期推动其健康发展的有力推手。将实施长沙市中小商贸流通企业成长服务工程（简称“191•N工程”）作为工作目标，即：组建1个服务中心，构建创业指导、人才培养、信息服务、管理咨询、法律维权、市场开拓、技术创新、融资担保、服务创优9大服务平台，重点服务1000家中小商贸流通企业，进而推动全市（N家）中小商贸流通企业全面发展。服务平台中，融资平台城市商业合作社和互助合作基金金融服务项目实施稳健，成立30家城市商户合作社，组建7支互助合作基金，实现放款总额超过6亿元。（刘真真）

【肉菜流通追溯体系建设试点】 6月20日，长沙市政府与商务部签约，长沙市正式成为全国第三批肉菜流通追溯体系建设试点城市。收集全市肉菜批发市场、屠宰场、提质改造的农贸市场、肉菜经营超市、团体用肉单位、肉菜直营店的基本情况和数据，进行抽样复核，形成了长沙市肉菜流通追溯体系建设基础数据汇总表。12月19日在公共资源交易中心采用竞争性谈判方式，通过专家评审完成了设计咨询公司招标，确定流通产业促进中心为长沙市肉菜追溯体系的设计咨询公司。制订并由市政府办下发《长沙市肉类蔬菜流通追溯体系建设试点工作方案》。（陈勇会）

【国家电子商务示范基地建设】 5月29日，长沙市由商务部授牌成为“国家电子商务示范基地”，示范基地建设采取“一拖三”方式，即由国家级长沙高新技术产业开发区、雨花现代电子商务产业园和长沙金霞经济开发区三个园区共同组成。成立了长创建工作领导小组。研究制定了《长沙市国家电子商务示范基地创建工作推进方案》、《长沙市电子商务产业发展规划（2013-2015）》、《关于进一步加快现代物流、服务外包、电子商务等现代服务业发展的若干意见》、《长沙市电子商务统计报表制度》等。（刘真真）

【节能减排服务业集约化试点】 自2011年6月，财政部、国家发改委联合下发《关于开展节能减排财政政策综合示范工作的通知》，将长沙列为国家首批8个节能减排财政政策综合示范城市之一以来，商务局全面征集了82个试点项目（总投资额达280.7亿元）。从中挑选25个前期工作充分、示范效应突出的项目作为2012年度实施和重点推进项目。主要涉及现代物流业、信息服务业、家政服务体系、再生资源回收利用、科技金融、文化旅游等领域，总投资25.07亿元，全年完成投资9.19亿元，同时申请安排中央支持资金4010万元。（刘真真）

【农产品现代流通综合试点】 2012年，长沙市被纳入商务部农产品现代流通综合试点城市。市商务局、市财政局从全市100多家涉农企业和基地中筛选推荐了9家企业，通过省财政厅组织的专家审评小组评审的有湖南长沙农产品物流中心、现代资源、新一佳、通程万惠、家润多、新五丰等7家企业共12个项目（包括交易中心、物流配送、冷冻冷藏、信息化平台、农超对接基地等），获得国家财政补贴资金1920万元，带动企业投资13亿元。已预拨70%资金1344万元至各试点企业。（刘真真）

招商引资

【概况】 2012年，长沙市共引进外来资金1147.41亿元（以中国外汇交易中心2012年12月31日公布的美元对人民币中间价作为汇率计算依据，1美元对人民币6.2855元），同比增长18.05%，新批外商直接投资项目94个，同比降低49.19%；合同外资22.23亿美元，同比降低54.69%。

一、利用外来投资情况。2012年新增霍尼韦尔国际、三菱自动车、富士通、华润集团、西门子、威立雅环境、日本邮船、渣打银行等8家境外世界500强企业到长沙直接投资和设立分支机构，境外世界500强企业在长沙直接投资的有49家。新批的94个外商投资企业中，投资总额超过3000万美元的企业有10个，实际到位外资超过3000万美元的公司有6家。2012年全市新型工业化项目利用外资19.8亿美元，占全市实际利用外资总量的66.54%。新批外商独资、中外合资企业占据全市实际利用外资94%的份额，其中中外合资占实际利用外资总量的14%，占比同上年同期提高了5个百分点。2012年全市招商引资的主要来源仍以亚洲国家和地区为主，实际利用外资22.96亿美元，同比增长10.93%，占全市实际到位外资总量的77.13%。

二、内联引资情况。全年一、二、三产业实际到位资金分别为7.18亿元、189.02亿元、260.43亿元，比例分别为1.5%、41.4%和57.1%，引资结构不断优化。全市实际利用长三角、珠三角、环渤海区域资金分别为：120.48亿元、137.31亿元、84.38亿元，分别占全市实际到位资金总额的26.38%、30.06%、18.47%。实际利用省外境内资金排名前三名的是广东（137.31亿元）、北京（63.43亿元）和浙江（50.98亿元）。

三、主要招商引资活动。全年举办市级及以上重大招商活动40余场，小分队招商活动近百余场次。主要举办第七届中国中部投资贸易博览会，主办及组团参加了六场大型招商活动，分别是“长沙与中央企业合作发展暨重大项目推介会”、“香港长沙商会成立暨长沙市重大项目推介会”、“中国·长沙首届自然生态博览会暨中国休闲农业与乡村旅游节主题活动”、“2012港湘金融合作专题研讨会”、第二届“香港博览会”和第十六届“中国国际投资贸易洽谈会”。策划境外招商活动，举办欧洲工程机械招商活动，筹备新加坡现代服务业招商活动。重点组织参加“第七届中博会”、“第八届珠洽会”、“长沙与央企经贸合作活动”，共签约项目74个，总投资约824.7亿元，引进资金约799.7亿元。签约项目产业上，主要集中在现代服务业和新型工业化项目，其中商贸流通及商务服务业项目占签约项目总数的43.2%，工业制造业项目占签约项目总数的24.3%。

四、外来投资服务。2012年，长沙市商务局窗口共接待各类来访咨询2800人次，来电咨询3200人次，平均每天接待来访和来电的群众约20多人次。受理3000万美元以下外商投资企业批准证书核发并办结63件；受理3000万美元以上鼓励类和允许类外商投资企业审批并办结3件；变更并办结62件。受理酒类批发许可证新批核发135件；到期换证并办结212家，变更并办结23件。（李　江）

【第七届中博会】 5月18～20日，第七届中国中部投资贸易博览会（以下简称“中博会”）在长沙举行，18日，中共中央政治局委员、国务院副总理王岐山在湖南国际会展中心宣布开幕。来自73个国家和地区的327个团组，70多家世界500强跨国公司，50多家境外知名商协会、贸促机构，皖豫鄂湘赣五省领导、有关省区市和国务院相关部门、中央企业负责人、墨西哥前总统比森特·福克斯等外国政要应邀出席开幕式及高峰论坛。第七届中博会提出“开放崛起、绿色发展”的主题。突出绿色产业、新能源和节能环保的理念，重点展示节能环保领域的新产品和最新技术。围绕新能源新材料、旅游、文化等重点行业，突出中部地区特色，通过投资贸易展览（含综合展、中部六省及港澳地区展、网络展等）、项目对接洽谈、招商引资推介、专项合作洽谈、热点经济论坛等多种形式，为中外客商搭建经济技术交流与合作的平台，推动国际资本和沿海产业向中部转移，实现双向互动、互利共赢，促进共同发展。

中博会期间，中部六省共开发报送招商项目7212个。长沙共签约项目52个，引进资金448.8亿元，其中外资项目23个，引进资金26.08亿美元；内资项目29个，引进资金284.5亿元。在长沙、株洲、湘潭、张家界4市举办的重大活动和专题活动，还有各区县（市）、园区组织的一批招商活动。其中的重大活动有：世界华商领袖峰会；欢迎晚宴；激光焰火晚会；领导巡馆；开幕式；高峰论坛2012；中部六省与跨国公司恳谈会。专题活动有：新能源新材料产业发展论坛；可持续发展市长论坛——2012市长与跨国公司对话会；优化外贸国内布局研讨会暨东中西部外贸订单对接会；世界清洁燃料技术在中部地区的应用暨合作前景研讨会；中国文化创意产业研讨会；中非商务合作论坛；中部发展金融论坛；中国（长沙）物联网应用暨智慧城市论坛；旅游投融资合作洽谈会；跨国采购洽谈会；中部各省专题活动等。（周建文）

【参加第八届“珠洽会”】 11月28日至12月2日，第八届泛珠三角区域合作经贸洽谈会（简称第八届“珠洽会”）在海南省海口市举行。湖南展馆以“湘品出湘、合作共赢”为主题，重点展销湘茶、湘绣、湘酒、湘瓷、湘食等5大特色产品。长沙市商务局组织了长沙青竹湖湘绣有限公司、长沙沙坪金球湘绣有限公司、太阳鸟游艇股份有限公司、华润怡宝饮料（长沙）有限公司等四家企业参展。期间签约一个总投资10亿元的项目，一期项目签约金额5亿元。（宋孝明）

【参加第十六届“投洽会”】 9月8～11日，第十六届中国国际投资贸易洽谈会（以下简称“投洽会”）在厦门举行。各类投资项目对接会达18场次。长沙市代表团由市商务局牵头，市国资委及高新区、芙蓉区、宁乡经开区等共同参会。长沙市代表团充分利用对接会平台，发布重大招商项目29个，对长沙的招商环境作宣传推介。吸引境内外投资商前来衔接洽谈。借投洽会契机，代表团还拜访当地的客商和企业，推介长沙市的投资优势。宁乡经开区参会代表考察了福建省晋江市安海博源膨化芯材有限公司。（颜　权）

【中机国际工程研发中心奠基】 10月27日，中机国际工程技术研发中心在长沙东塘奠基。该研发中心是湖南省与央企对接的重要项目之一，将重点研发电力工程、新能源装备、高端制造、绿色建筑、自动测试等技术，并积极推进其产业化，促进中国工程建设领域的技术进步，提升中国国际工程的竞争力，带动技术装备、物资材料的出口和劳务输出。也带动湖南和长沙的机电产品和劳务走向国际市场。计划2015年投入使用。中总投资10亿元，其中场地设施投资6亿元，包括一栋地上26层、地下4层、总建筑面积10.8万平方米的研发大楼。落户于湖南的中机国际工程设计研究院创建于1951年，曾在四川设计出东方电机厂。2011年5月正式更名为“中机国际工程设计研究院有限责任公司”。中国机械工业集团有限公司投入4亿元在长沙启动中机国际工程技术研发中心项目，重点研发新能源、环保、机械装备检测、特种建筑和国际工程等技术，是中国最早组建的综合性设计单位之一，已发展成为集工程咨询、工程设计、工程总承包、项目管理、工程监理和设备成套为一体的国家大型甲级综合设计研究院。

（周建文）

“福满星城”购物消费节标识

商贸流通

【概况】 2012年长沙市累计实现社会消费品零售总额2510亿元，增速达18%。

一、消费环境不断改善。实施“万村千乡市场工程”。2012年，全市10家承办企业共投入资金7992万元，新建和改造农家店200个，配送中心5个，乡镇商贸中心3个。标准化农家店已覆盖全部乡镇和85%的行政村。实施“农贸市场提质改造工程”。在望城区、长沙县、浏阳市、宁乡县新建提质改造17家乡镇农贸市场，其中新建10家，提质7家，改造面积3.11万平方米，财政投入资金1007万元，带动社会投资6000万元。扎实推进社区便利店建设。年内共新建和提质改造社区便利店67家，不断提升应急保障能力。建立和完善了生活必需品等应急物资供应保障网络，确定50多家应急企业组成应急物资调运网络，10家大型连锁超市组成应急物资供应网络，确定19家肉食储备企业，共落实4万头活体和500吨冻肉的市级肉食储备任务，开展五年一次的长沙市生活必需品防空袭预案的修编工作；完善《长沙市成品油供应中断应急预案》，确保成品油市场供应。

二、消费氛围日趋浓郁。举办2012“福满星城”购物消费节，实现社会消费品零售总额504亿元，比上年同期增长19%。消费节共举办28个专题活动，推出了受各方喜爱的“福星”卡通人物形象。开展全国（长沙）消费促进月活动及湘菜产业促进周活动。落实家电下乡惠民利民工程，全市共设立家电下乡网点1253个，共销售家电下乡产品144.93万台，总计销售金额33.7亿元，发放补贴金额3.7亿元。

三、行业管理日趋规范。加强规划引导。完成《长沙市城市商业网点布局规划（2005-2020）》（2011年修订）工作；制定《长沙市烟花爆竹经营流通市场商业布点规划（2013-2017年）》。加强行业服务。商务行业协会建设上，在第一批市级社会组织评估中，有8家获得3A以上评估等级，占全市的30.8%，其中4A级有2家。组织金筷子点菜师技能大赛、长沙市美容美发化妆品行业形象设计化妆大赛、长沙市药技师职业技能知识大赛等九项劳动技能竞赛，提高行业服务水平。强化重点行业推进。加强典当拍卖，进一步强化二手车交易市场的管理。加大对非法报废汽车回收拆解市场的打击力度。开展再生资源回收体系建设宣传活动，获批国家区域性大型再生资源回收利用体系基地建设项目资金资助。推动家政服务业发展，严格成品油管理。

（李　江）

【“福满星城”名称及形象标识成注册商标】 11月14日，国际商标局颁发“福满星城”文字商标注册证（第9961447号）和“福满星城”图形商标注册证（第9961430号）。规范了“福满星城”名称及形象标识的使用，保护购物消费节良好的品牌形象。2008年始，长沙市商务局牵头组织连续五年举办“福满星城”购物消费节，并形成统一的购物消费节形象标识。市商务局向国家商标局申请注册“福满星城”名称及形象标识商标。

（李　江）

【内贸工作】 2012年，内贸行业立足“改革、发展、稳定”主题，引导行业发展、推进企业创新，构筑行业和谐稳定，各项工作取得显著成效。全系统实现营业收入总额107.69亿元，实现利润总额6.76亿元，上缴税金6.8亿元，为全市商贸流通经济发展作出贡献。国资监管工作进一步优化。国有资产出资人职责得到切实履行，所有者权益得到最大维护，国有资产保值增值责任到位，国有股权收益稳步增长，债权回收方式创新，重点工程征收安置依法依规、拆迁资金使用科学合理。以人为本、关注民生，各类群体的利益得到有效保障。各企业都出台了改善民生、提高各类群体福利待遇的管理办法和规定，在党的基层组织建设年活动中，强化基层党组织建设。基层党支部分类定级、晋位升级工作齐争共创、全面提升；企业党组织架构全面理顺，基层党组织完成换届工作；抓好文明创建和党风廉政建设工作。安全维稳工作注重以科学发展的理念引导企业，从整体和长远上宏观把握实际效果，协调各方关系，担当担责，重点、难题问题得到有效突破，为系统企业的稳定和发展提供了良好环境。（曾向阳）

【餐饮业管理与发展】 2012 年，长沙餐饮业持续健康发展，全市餐饮零售额 265.48 亿元，较上年增长 14.1%。形成以湘菜为主体的多菜系、多业态并存，百花齐放的发展格局。长沙拥有玉楼东、杨裕兴、火宫殿、新华楼等 8 家中华老字号，火宫殿、新长福等 2 家中国驰名商标，长沙饮食集团、毛家饭店、秦皇食府等 3 家中国餐饮百强企业，徐记海鲜、秦皇食府、湘西部落、餐谋天下、冰火楼、大容和、好食上、57 度湘、富临美食等 40 多家知名餐饮企业，在大力发展正餐经营的同时，快餐、大排档、农家乐、咖啡厅、西餐、酒吧、茶馆、寿司、烧烤、日韩料理、自助餐厅、私房菜馆、会所餐饮等多种经营业态。长沙乐和城、悦方 IDMAI、新世纪百货、步步高商业广场、通程商业广场、世纪金源购物中心、王府井百货、天虹百货、华润万家、万达购物等上十家场所里，集聚了 500 多家时尚餐饮门店，年销售超过 20 亿元，成为时尚消费的主流。老字号突出长沙味道，2012 年接待游客、食客 300 万人；杨裕兴在长沙布点 50 多家，向群锅饺、和记米粉、双燕馄饨等在市场上恢复发展。餐饮网点向西移，潇湘大道、沿江大道两边的餐饮，城郊的农家乐、土菜馆门店增多；市中心的写字楼里大众化的小餐饮越来越多。中央电视台、长沙电视台、湖南电视台以及《长沙晚报》等媒体对湘菜的关注度日益提高。但人工成本、原料成本、房租负担不断上涨，利润水平越来越低。2012 年长沙餐饮从业人员的平均工资上涨了 10%，房租平均上涨了 8%，导致行业利润下降明显。（王奇玉）

【金口岸珠宝玉器城开业】 4 月 30 日，长沙金口岸珠宝玉器城开业，同时启动长沙首届珠宝玉器节。金口岸珠宝玉器城是湖南最大的珠宝玉器城，项目共三层，面积 4000 余平方米，位于长沙市人民路，2011 年 7 月启动招商，由湖南成信商业地产投资有限公司运作，有周六福、金叶珠宝、勐拱翡翠等在内的近百珠宝品牌设立门面，经营有黄金，铂金，钻石，K 金，翡翠，玉器，银饰，水晶，玛瑙，特色饰品等，集零售于批发于一体。湖南最大眼镜城也身处其中，专营中高档眼镜及眼镜配件用品。1 月 10 日，金口岸珠宝玉器城开始试营业。（周建文）

【大瑶通程商业广场开业】 9 月 23 日，通程在浏阳市大瑶镇的购物中心开业，广场总经营面积近 3 万平方米，通程电器、通程百货、通程万惠超市三个业态进驻。有完善社会主义新农村现代流通体系、造福“三农”的标杆意义，大瑶是全国最大的花炮原辅材料集散中心和全国小城镇综合改革示范镇，自实施“拓城兴市”战略以来，已成为浏阳南区的政治、经济、文化中心和“领跑全省、辐射湘赣”的区域性次中心城市。（熊 文）

大瑶通程商业广场

【“爱尚通程”网上商城上线】 9 月 19 日，通程集团旗下的“爱尚通程”网上商城（www.dolton.cn ）正式上线运营，“爱尚通程”是湖南省首家双线运营的综合性电子商务网站，有超过 700 个知名品牌陆续进驻“爱尚通程”网。还会陆续开通在线缴费、预约家政、酒店预定、生活代购、家电维修及其他社会服务预定等业务。在营销、物流、客服和支付方式上都得以完善。（熊 文）

【通程典当星沙分公司挂牌】 7 月，通程典当星沙分公司正式挂牌，这是通程典当第一家分公司，表明通程综合投资板块连锁经营拓展迈出关键性一步。为通程典当和通程集团的综合投资板块起到探索作用。通程典当星沙分公司位于长沙新城区 319 国道与京珠高速交汇处的中南汽车世界内，主营动产质押典当业务、财产权利质押典当业务以及房地产抵押典当业务，力推汽车质押业务。注册资本 1.5 亿元。（熊 文）

【设立友阿知青困难帮扶慈善基金】 9 月 28 日，长沙慈善会、湖南友谊阿波罗商业股份有限公司（以下简称“友阿公司”），在阿波罗商业广场举行友阿知青困难帮扶慈善基金捐赠暨项目启动仪式。省、市及友阿公司领导出席了启动仪式。友阿公司向长沙市慈善基金会捐赠 1000 万元，设立“友阿老知青困难帮扶慈善基金”，专项救助曾从长沙市下放到省内外各地农村或农场，现因各种原因家庭陷入生活困境的知青。这是首家设立帮助困难知青的救助基金。（曾向阳）

【友谊咨询大厦奠基】 8 月 3 日，友谊投资咨询集团办公大楼奠基。地处长沙市开福区芙蓉北路与兴联路交会处东北角，计划建 30 层，总建筑面积约4.5万平方米，建成后，集中介咨询服务与政务服务于一体，搭建入驻企业内部资源共享平台，实现现代生产性服务业的信息化和集约化，将成为湖南友谊投资咨询集团为广大客户服务的高端咨询平台。友谊咨询服务领域涵盖工程咨询、招标、监理、代建和财务审计、税务咨询、评估，开发了房地产智能评估系统、经济片区投入产出分析、区域策划、中小企业诚信示范园区建设等。（曾向阳）

【湘菜烹饪和服务技能赛上获奖】 9月，湖南省第七届湘菜美食文化节期间举办了湘菜烹饪、服务技能大赛。139名烹饪选手，58名服务选手参赛。长沙市餐饮行业协会组织长沙湘菜队伍参赛，获得两金、三银、一铜的成绩。火宫殿的马莉、吴江两位选手获得服务金牌，金太阳的尹神佑、老湘食的舒焱明、旺府的肖俊峰获得银牌，旺府的刘新华获得铜牌。

（王奇玉）

【杨裕兴规范加盟提质发展】 2012年，杨裕兴规范加盟提质发展，通过强势治理本埠市场，实现门店换代。提高加盟门槛，对门店进行整治。3月份淘汰了十家各方面情况较差门店。加强门店现场管理，通过联点经理负责制，深度升级配送中心等手段，食品安全和卫生意识得到质的提高。对甘长顺品牌重新策划包装，先后开办了保利店和扬帆店，陆续有西蓝湾、金源、天心区政府等近十家门店摘牌。有荷花池、蓝天、今朝、火星、解放东路、白泉、女大、假日等杨裕兴门店进行了改造装修。

（王奇玉）

【蔬菜食品集团产业升级转型】 蔬菜食品集团创新经营管理，开辟农业休闲、货运物流、股权投资等项目的同时，整合集团资源，全面推动公司传统产业升级转型。与中江置业合作开发建设大型城市综合体——百纳广场，4月，百纳广场开盘，是公司探索物业资产经营新方式、实现传统产业升级转型的新举措。该楼盘位于地铁2号线和4号线双铁口，万家丽路与远大路在此汇合。（王奇玉）

【长沙农产品物流中心奠基】 11月9日，马王堆农产品市场外迁项目—长沙农产品物流中心在长沙县黄兴镇打卦岭村奠基，该项目计划2014底建成投入运营。农产品年交易总量可达70亿公斤以上，年交易额可达350亿元以上。马王堆农产品批发市场历经二十余年发展，已成为一个农产品集散中心、价格形成中心和信息发布中心，承担了长沙市85%以上的蔬菜和90%以上的海鲜水产供应任务，保障了全省60%的蔬菜和80%的海鲜水产供给。但随着城区扩容，市场已超负荷运转，市场功能作用的发挥受到严重制约。蔬菜食品集团与股东单位协作，推动马王堆农产品批发市场外迁，凭借长沙市蔬菜食品集团和深圳农产品股份公司在农产品流通行业的优势地位，建设长沙农产品物流中心项目，项目总用地面积67.27公顷，总投资15亿余元，提升硬件设施。管理模式与绿色市场参与者，建立全面的食品安全监管体系。流通形式和物流综合服务平台。（王奇玉）

对外贸易

【概况】 2012年，长沙市完成进出口总额87.08亿美元，同比增长16.1%，其中出口51.78亿美元，同比增长26.5%；进口35.29亿美元，同比增长3.6%；进出口总额约占全省总额的40%。

一、继续提升对新兴市场贸易比重。对欧盟进出口额同比增长8.4%，对美国、俄罗斯、东盟和拉美进出口额分别增长4%、9.7%、20%和42.3%。对日本进出口同比下降2.3%。对新兴市场贸易比重不断提升，东盟成为长沙市第四大贸易伙伴，印度尼西亚等新兴市场国家在长沙市贸易伙伴中地位提高。截至2012年底，与长沙市有贸易往来的国家（地区）有192个。

二、机电、高新技术产品出口持续快速增长，传统大宗商品出口保持平稳，主要进口商品增长放缓。2012年，全市机电产品和高新技术产品分别出口26.68亿美元和8.99亿美元，同比增长34.2%和87.5%，高出全市同期整体出口增速7.7%和61%。传统大宗商品出口稳中有升，其中烟花爆竹、农产品、茶叶出口分别增长2.5%、12.5%和25%。全市进口增速放缓，机电产品进口24.07亿美元，同比下降1.8%，高新技术产品进口4.72亿美元，同比下降5.7%，农产品进口1.15亿美元，同比下降13.5%。

三、加工贸易发展迅速，贸易结构更趋合理。一般贸易进出口实现67.3亿美元，同比增长9%。其中出口39.62亿美元，同比增长20.4%，进口27.68亿美元，同比下降4%。加工贸易实现进出口17.52亿美元，同比增长69.4%。其中出口11.42亿美元，增长69.2%，进口6.1亿美元，增长69.7%。加工贸易占全市贸易总额的比重达到20%，贸易结构更加合理。

四、外贸队伍持续壮大，贸易主体格局更加完善。新增对外贸易备案企业347家，全市拥有进出口经营资格企业达到3841家。“三资”企业累计完成进出口37.22亿美元，年均增长40%，占全市进出口总额的43.7%。全年民营企业完成进出口额37.53亿美元，同比下降0.4%；国有企业实现进出口10.32亿美元，同比下降1.3%。（许米娜）

【参加第二届中国—亚欧博览会】 9月1～7日，第二届“中国—亚欧博览会”在新疆乌鲁木齐举行，市委副书记、市长张剑飞率长沙市商务局、相关区县园区以及9家参展企业组团参会。其中三一重工在展会期间共成交了机械设备50多台。中联重科现场成交4000多万元。山河智能现场成交800多万元。湖南亿利达实业有限公司与巴州若羌县委县政府达成合作协议，开发富硒农业项目。展会期间，长沙市企业共接待客商一万多人次，现场成交金额1400万美元，意向成交额约0.78亿美元。成交额较大的商品主要是泵车、起重机等工程机械类产品和黑茶。产品主要销往新疆本地以及俄罗斯、哈萨克斯坦、乌兹别克斯坦、乌克兰、吉尔吉斯、塔吉克斯坦等中亚和东欧国家。

（许米娜）

查发进口旧机电产品漏证情事、查获冻肉走私贩私和查处2家企业进口特许权使用费申报不实案，得到海关总署肯定。（谭朴妮）

【首届关企合作论坛】 7月18日，由长沙海关与长沙市人民政府共同举办首届“关企论坛”。深入推进关企合作，积极开展关企对话，探索关企合作的新形式。长沙海关创新服务模式，降低海关和企业的管理成本和运作成本，推动关企合作互利双赢。为企业提供提前报关、预约通关以及进出口商品预归类、预审价等更多便捷的个性化服务。论坛上，长沙海关与三一集团、特变电工衡阳变压器有限公司签署合作备忘录，承诺及时高效地为企业办理通关手续，为企业提供海关业务的指导或培训，会上，长沙海关开通了“关企e线通”新的服务平台，主要利用电子口岸的身份认证技术，在网上建立海关与企业联系沟通的直通式管道，通过短信平台实现企业直接与海关进行点对点、实时、双向互通信息，优化海关政务公开方式和企业办理海关业务流程，为海关和企业节省大量的行政成本和管理成本。副省长何报翔以及海关总署、省发改委、省商务厅、省经信委、省口岸办、省贸促会、长沙市政府、长沙海关等单位领导和80余家企业代表参加了会议。（黄劲松）

【长沙星沙海关启动建设】 2010年6月3日，中央编办批复设立长沙金霞海关，机构规格为正处级，隶属长沙海关，核定行政编制70名，是中部第一个省会城市的隶属海关。后中央编办批复更名为长沙星沙海关。长沙星沙海关办公综合楼选址位于长沙经开区漓湘东路与东十线交界处西南角，规划用地1.5公顷。综合楼建筑面积约1.1万平方米，按照政府投资、全程代建、用户监督、共同负责的原则进行建设。经多方共同协作，5个月时间内完成项目的选址、立项、设计、报建、招标等各项筹建工作，于9月19日举行星沙海关办公综合楼奠基仪式，标志着星沙海关进入实质性建设阶段。星沙海关的建设，有利于改善长沙市开放型经济发展环境、完善对外贸易交流服务功能、提升出入境通关服务水平。（黄劲松）

•出入境检验检疫•

【概况】 2012年7月1日起，长沙出入境检验检疫局（以下简称“长沙局”）正式开展长沙检验检疫施检业务。原向湖南检验检疫局本部报检的长沙地区出入境货物由长沙局受理。长沙局正式受理长沙地区所辖企业注册登记、报检员注册和注销。产地证签证工作暂由湖南局本部受理。因综合楼正在兴建，现与位于湘府中路188号的湖南出入境检验检疫局合署办公，开辟长沙局专用窗口办理相关业务。全年，长沙局共对18674批、14.39亿美元的出入境货物实施检验检疫。推动了进出口货物电子监管、直通放行、绿色通道等便利化措施；促进装备制造、烟花爆竹、陶瓷、湘绣等长沙拳头产品出口；扩大工程机械、汽车和电池等高新技术产品和高附加值产品出口；进一步提高进出口食品农产品安全监管水平，促进辖区出口结构调整和转型升级。（陈弼飞）

【长沙局正式施检】 国家质检总局于2011年初批准成立长沙出入境检验检疫局，（简称“长沙局”）是中部六省首个省会城市检验检疫分支局，承担长沙地区的进出口商品检验、出入境卫生检疫和动植物检疫、进出口食品安全以及认证监管等工作。2012年4月11日和13日，湖南检验检疫局先后下发《关于葛军凯等3人职务任免的通知》（湘检人〔2012〕49号）及《关于成立中共长沙出入境检验检疫局党组的通知》（湘检党〔2012〕12号），成立长沙局领导班子。5月3日，湖南局下发《关于长沙检验检疫局业务交接工作的会议纪要》（湖南出入境检验检疫局会议纪要2012年第5期），明确长沙辖区内检验检疫施检业务一次性移交长沙局，湘潭、娄底等长沙辖区外的检验检疫施检业务暂由原业务处室执行，长沙局办公用房暂设在湖南局综合实验楼内。6月5日，湖南局印发《关于长沙出入境检验检疫局内设机构设置的通知》（湘检人〔2012〕78号）。6月13日，湖南局下发《关于长沙检验检疫局人员配备的通知》（湘检人〔2012〕89号），从各单位调动人员到长沙局。

7月1日，长沙局正式开展长沙辖区检验检疫施检业务。开始受理长沙地区所辖企业注册登记、报检员注册和注销长沙地区所辖业务范围内的日常报检等业务。长沙检验检疫局正式运行后，将推动进出口货物电子监管、直通放行、绿色通道等便利化措施；促进装备制造、烟花爆竹、陶瓷、湘绣等长沙拳头产品出口；扩大工程机械、汽车和电池等高新技术产品和高附加值产品出口；进一步提高进出口食品农产品安全监管水平，促进辖区出口结构调整和转型升级。9月26日，长沙出入境检验检疫局综合楼在长沙经开区人民东路奠基，综合楼位于人民东路西侧、映霞路以南，规划净用地1.33公顷，建设规模1万平方米。计划2013年建成投入使用。

海关综合楼奠基

同步建设的还有湖南国际卫生旅行保健中心综合楼，该中心能较好地满足湖南出入境人员的健康体检需求，方便出入境人员。（陈弼飞）

【开展“两个专项”活动】 2012年，长沙局开展质量安全风险排查整治、道德领域突出问题教育专项治理等两个专项活动，对与业务相关的企业及产品、工作程序进行全面风险排查，识别风险点347个，对自身工作、队伍建设、行风建设、业务管理、廉政建设等进行全面排查，从中识别隐患7项，制定并落实整改措施351条，制定长效措施26项。（陈弼飞）

【机电产品检验监管】 2012年，长沙局检验监管进口机电产品594批、1.1亿美元，出口机电产品1840批、21781万美元，进口汽车10586辆、9.01亿美元，检出不合格进口机电产品2批、14万美元，不合格出口机电产品6批、106万美元，对自带入境、经特殊程序进口或入境后改装的702辆汽车实施安全检测，对国外汽车生产商实施缺陷召回的1391辆进口汽车进行召回情况后续监管，对存在安全隐患的22台器械实施监督技术整改。（陈弼飞）

【轻纺化矿产品检验监管】 2012年，长沙局检验监管进口轻纺化矿产品53批、211万美元，出口轻纺化矿产品1806批、4852万美元，出口运输包装657批，检出不合格出口轻工品1批、2万美元。对8家出口危险货物包装容器生产企业实施质量许可证年审，取消2家企业年审资格，并对其余6家企业的不符合项整改情况实施严格验证。开展打击侵犯知识产权和制售假冒伪劣商品工作，对辖区内日常消费品出口企业进行全面摸底排查，并开展突击性检查，增加现场检验和抽测比例。预先制定检验方案，严格核查验证，经长沙口岸直接入境进口危化品安全交付使用。（陈弼飞）

【食品检验监管】 2012年，长沙局检验进口食品及化妆品96批、1355万美元，出口食品1276批、5539万美元，检出不合格进口食品14批、23万美元，不合格出口食品2批、5万美元。开展打击非法添加和滥用食品添加剂行动，全面排查企业使用食品辅料、添加剂和种植基地使用农业化学投入品，对5家出口加工食品企业添加剂进行重新备案。强化对进口葡萄酒掺杂使假指标的检测鉴别，检出不合格进口葡萄酒12批计81.6吨。对网络媒体报道的“美赞臣等品牌婴儿配方奶粉中检出香兰素”进行核实排查，依实妥善平息该突发事件。（陈弼飞）

【动植物及其产品检验检疫】 2012年，长沙局检验检疫入境动植物及其产品165批、2814万美元，出境动植物及其产品1601批、6235万美元，检出不合格出境动植物产品2批、5万美元。开展检疫除害处理专项整治，完成对长沙8家标识加施企业的现场检查以及整改措施验证。制定肉类企业HACCP验证提升计划实施方案，对备案肉类生产企业进行文件和现场审核验证，并制定实施整改措施。完成注册饲养场疫情监测工作，对甲型H1N1猪流感等6种疫病实施监测。完成供港澳食用活动物安全风险监控、进出口食品安全分风险监控、出口动物源性食品残留等3项监控抽样送检。开展进出境种苗专项检查，对长沙从业企业进行全面督查。开展打击非法进口肉类专项整治行动，对1批来自德国疫区禽肉进行无害化处置。（陈弼飞）

【服务外向型经济发展】 2012年，长沙局服务外向型经济发展，针对长沙在全国率先批量出口再制造工程机械。长沙检验检疫局扶持企业探索开展再制造工程机械出口业务。为冻肉生产企业提供硬件设施升级、技术改进指导，保证长沙冻肉生产行业在时隔8年后再次出口。制定扩大服务措施，吸引经营单位将长沙作为其进口食品入境口岸，长沙市进口食品经营单位数量增加到49家。为长沙涂料企业提供安全数据报表编制等技术扶持，长沙涂料产品实现批量出口。扩大优惠措施覆盖面，检验检疫绿色通道企业增加到24家，出口工业产品一类企业增加到4家，4家长沙企业被评为“2012年中国质量诚信企业”。（陈弼飞）

【科研工作】 2012年，长沙局结合长沙产业布局现状和开放型经济发展趋势，对实验室建设进行了规划研究，并向国家质检总局申报在长沙局建立工业品安全检测国家重点实验室。与湖南检验检疫局技术中心反复实验研究，成功建立辣椒苍痂病菌、辣椒轻微斑驳病毒的检测方法和除害处理方法。开展湖南省科技厅下达的“湖南出口黑茶质量与安全控制技术”课题研究，已完成《湖南出口黑茶质量风险分析报告》撰写和课题抽样方案制定工作。开展哥伦比亚口蹄疫解禁的风险分析工作，并向国家质检总局猪病检疫工作协作组报送分析报告。（陈弼飞）

• 边防检查 •

【概况】 2012年，长沙边防检查站检查出入境人员780228人次，同比增长14.70%；检查交通运输工具5356架次，同比增长16.69%；口岸流量连续六年位列在中部六省第一。查处违法违规案件142人次，同比增长84.42%，查获偷渡案件3起4人次，同比增长300%。（谢屹华）

【提服试点工作】 2012年，公安部边防管理局确定，长沙边防检查站为“提高边检服务水平长效机制建设试点单位”（简称“提服试点”）。长沙边检站积极引入学分管理、绩效管理、教育管理理念，建设具有边检职业特色的文化氛围，拓展社会沟通渠道，丰富监督内容模式，同时建成集情报调研、信息研判、证件研究、执法办案的“四位一体”实战型勤务指挥中心。（谢屹华）

【打造“长沙边检”服务品牌】 2012年，长沙边检站打造长沙边检品牌。组建“雷锋号边检女子服务队”，推出“舒畅国门、快乐潇湘”服务理念，配发印有自创LOGO标志的执勤用品，在执勤现场制作张贴“长沙边检人”漫画墙贴、“执勤八不准”提示漫画，在营区建设警营文化长廊；全新装修现场备勤室、就餐室、边检书吧，添置多功能躺椅、书柜、餐桌，借鉴企业文化拓内涵，设计制作边检服务橱窗、照片墙、笑脸墙、个性展示墙、“科

队家园”展板，营造深厚的边检职业氛围。长沙边检品牌在全国推广。（谢屹华）

【边检品牌推介活动】 8月19日，长沙边检站在黄花国际机场承办湖南边防总队中国边检服务品牌推介活动。召开新闻发布会、提供边检业务咨询、宣讲边检政策法规、推出便民服务举措、播放边检服务宣传片等内容。先进人物代表接受采访等。全面介绍了长沙边检倾力打造的“舒畅工程”，进一步提升了长沙边检社会形象和影响力。省市厅局领导及机场、旅行社、航空公司等60多个涉边企业负责人参加了活动。（谢屹华）

【服务保障大型国际会议】 2012年，长沙边检站组织各执勤业务科服务各种大型国际会议，大型国际会议边检管控和服务工作质量向更高层次迈进。完成第七届“中国中部投资贸易博览会”、第八届湘台经贸交流会、第九届海峡两岸信息产业和技术标准论坛、2012海峡两岸炎帝神农文体祭等10余项重大勤务保障任务。（谢屹华）

供销合作贸易

【概况】 2012年，长沙市供销社系统全年完成商品销售（营业）收入45.76亿元，比上年增加8.26亿元，增幅22%；实现利润总额1.66亿元，比上年增加0.33亿元，增幅24.8%。

一、融身城乡统筹，服务主力。1.农资经营平稳有序，服务水平进一步提高。做好大化肥淡季储备工作。全系统筹措资金1.15亿元，储备大化肥5.1万吨，全年农资商品销售总额突破5亿元。优化采购方式。驰原农资公司与国内10多家大型厂商建立了直供关系，各县级农资公司统一进货，直接与生产厂家对接，减少中间环节，降低采购成本，浏阳市社农资公司被评为全省“十强农资流通企业”。开展“农资经营诚信店”活动，保证商品质量。共有9家获得省社“农资经营诚信店”称号。配合工商、质监等部门开展农资打假专项治理工作。加强农技服务。市农资流通协会和各农资公司积极向农民群众推广新肥新药，印制宣传资料、图册，指导使用新的施肥用药方法。长沙县美丰农资公司免费发放病虫情报15期、宣传资料近万份，举办科技培训学习班3期，参培人员近千人。2.网络提质逐步推开，服务能力进一步增强。农资网络建设，市农资商品中心储备库一期工程完成投资5000万元，年生产能力达12万吨的生物饲料厂进入设备调试和试生产阶段，三号储备库1.4万平米主体工程竣工。望城、长沙、浏阳3个县级农资配送中心和宁乡道林配送站改造完工，市级财政补贴资金拨付到位。完成22个村级农资配送站选址并全面铺开建设。生活用品服务网络提质扩张。路口公司在长沙县福临镇兴建了总面积达6815平方米的农村商贸综合体。浏阳比一比超市稳健扩张连锁业务，年销售总额近2亿元。新长久公司新开门店7家，并筹建望城乔口镇中心店。再生资源链式网络逐步完善。蓝田再生资源加工产业园一期开园，形成生产能力。规范管理658个社区再生资源回收利用网点，通过中央、省市的督查验收。全市再生资源回收加工产业链完成对接。3、帮扶推介形成常态，服务意识进一步提高。一是助力项目申报。市县两级供销社协调联动，帮助所属企业和农民专业合作社开展项目申报工作，全系统申报国家级项目3个、省市级项目10余个，争取各类项目支持资金3000余万元，促进了供销社农业产业化、流通现代化的发展。二是引领市场开拓。望城区社建立电子商务平台，开通供销通业务，与57家社会门店达成合作协议。宁乡县社整合社会资源，着手打造以“宁乡供销”为统一商标的地区性农副产品知名品牌，帮助楚香源茶叶专业合作社在俄罗斯设立销售分公司。三是引导行业合作。长沙市社引导长沙市供销茶业有限公司、湖南金井茶业有限公司等7家单位组织成立长沙市茶业协会，强化茶企茶人的合作。浏阳市社通过联合社引导成立森湖新合作畜牧科技公司和森湖六旺生猪养殖专业合作联社，打造生猪养殖全产业链。四是强化宣传推介。长沙市社帮助筹办市茶业协会和市供销茶业公司成立大会，精心策划全面的宣传推介。浏阳市社帮助社员单位设立网站专页，提升知名度。

二、完善经营模式，跨越发展基础进一步夯实。1.以强化管理为根本，经济效益稳步提高。梦洁公司外抓开拓，内强管理，发展电子商贸，经营效益提升。蓝天再生公司全面实施财务预算管理制度，严格审批制度，严控费用开支，不断提高计划、实施、控制、执行等能力，规范内部管理，资金使用效率和企业综合效益提高。长沙大厦抓经营效益，化解历史债务，改造提质，节能降耗，资产挖潜，开拓经营等办法提高经营服务水平和品质。开通海外预订网站，吸引国际旅行散客，打开国外预订市场，公司整体经营水平出现质的飞跃。银河大酒店获长沙市“十佳星级酒店”称号。经发公司久发连锁探索经营改革之路，采取培养青年员工、精简人员、延长营业时间、定岗定薪、单店核算等一系列方式，将职工收益与企业效益紧密挂钩，取得初步成效。新长久公司开展“清理库存，加快商品周转”专项工作，淘汰了近500种滞销商品，引进600多种适销商品，库存优化，商品流转加快，资金周转率提高。2.以市场开拓为方向，竞争能力逐步提升。天祥日杂公司通过品牌推介、客户联谊等活动，推出“长丰精品烟花系列”、“开门红日景烟花系列”及“天祥”、“天禧”、“天福”等“天”字系列礼炮产品，推广自主品牌，扩大经营规模。金苹果公司进一步发挥品牌优势，“农科”市场经营状况好转，浏阳金苹果文市批发城项目顺利实施，进入金融担保行业，成立湖南金苹果投资担保有限公司，成为新的经济增长点。3.运作资本，增强企业实力。市社以资本为纽带，与民营企业“金井茶叶”和“蜜蜂哥哥”合作成立长沙市供销茶业有限公司、长沙市供销蜂业有限公司。望城区社改建星城商场后，通过公开竞标的方式出租一楼门面，门面租金得以提高。望岳经理处并入金苹果公司，实现了系统资源的整合。驰原农资公司和顺民公司将原办公用房整体招商，物业收入较上年实现倍增。洞天公司购进一些地段优越的商业门面，通过协商，收回全部临街门面的所有权，增收百万元物业费。经发公司使用部分拆迁补偿资金，购置位于浏阳河风光带边的2000多平方米的商业门面，调整资产结构。

三、抓项目建设，发展创新步伐进一步加快。1. 营造合力抓好进度，项目建设步伐加快。市社各级领导明确分工，指导、督促建设，推动项目实施。加强与各级部门和机构的协调，帮助企业争取、落实各方扶持和财政补贴。各项目单位外抓协调，内抓管理，项目建设顺利实施。蓝天再生公司、驰原农资公司等单位通过盘活资产、完善制度、加强内控等，进一步节约运营成本，用好存量资金，使在建项目取得突破性进展。东岸公司协调好内外关系，确保项目实施，“岸址汀兰”项目全面建成。市社所属单位不断加强横向联系合作，探索全方位的合作，初步呈现信息共享、资源互补、智力和关系互助，共建项目的局面，加速了系统项目建设的整体进度。2. 借助外力搞好开拓，重大项目实现突破。吸纳有实力的社会战略投资者参与供销社的重点项目建设。驰原农资公司将项目用地折现变为股份，吸引佳和公司参资5300多万元入股，实现了农资商品中心储备库项目一期工程的顺利竣工。金苹果公司通过与多家企业的合作洽谈，与湖南恒丰投资管理有限公司达成合作协议，签署工程意向合同书。8月，主营有色金属再生资源回收利用精深加工的湖南金龙国际铜业有限公司被商务部列为2012年区域性大型再生资源回收利用基地建设项目，获国家补贴资金500万元。3. 宣传推介。以市社为平台宣传推介各类项目。新长久公司欧乐生鲜便利店项目做好宣传推介，作为重点项目上报国家争取支持。招商银行湖南省分行为该项目提供近亿元的贷款支持，并帮助新长久公司开展上市的前期准备服务。天祥日杂公司湘商综合楼项目经过广泛的宣传造势，凭借其紧邻沿江风光带的独特地域优势，已吸引一些有实力的开发集团洽谈合作意向，开展各项前期工作。大托经理处、腾飞公司的联合开发项目也通过积极向社会公开推介，取得较好效果。

四、加强自身建设，抓组织、廉政、民生、人才队伍和基础性的建设，创先争优成果进一步扩大，强化责任分解，加强责任督查、考核，开展党风廉政文化建设、制度建设。全系统为困难职工申请各类补贴补助40余万元。北城经理处在企业资金紧张的情况下，筹措资金将企业下岗人员生活费标准提高了30%。工会、监审、安全维稳、信访和机关建设各方面都取得了很大成绩和荣誉。（邹　晟）

【再生资源回收利用宣传活动】 12月8日，长沙市再生资源回收利用宣传活动启动仪式在湖南师范大学举行。本次活动主题是“挖掘城市矿产，发展循环经济，环保高校行”，活动内容包括绿色兑换、绿色创意大赛、城市与环保同行、再生资源知识论坛、有奖问答、企业代表主题演讲等，长沙市再生资源回收利用体系建设将最终形成以回收站点为基础、分拣加工基地为核心、加工利用为目的、信息化平台为支撑，符合城市建设发展规划，布局合理、功能完善的，完整的先进的再生资源回收、运输、加工、利用体系。长沙市是商务部第二批再生资源回收体系建设试点城市。每天产生的垃圾约有1000吨，实际上这是一座资源丰富的“城市矿石”。回收1吨废纸，可造纸0.8吨，节约木材3立方米。回收1吨废钢，可炼钢0.8吨，回收1吨废塑料瓶，可节约6吨石油。全市已完成建设941个社区回收网点、500个废旧电池回收箱、9个废钢铁、废纸、废塑料、废电池分拣加工中心，以及4个再生资源市场。（周建文）

工商市场监管

【概况】 2012年，工商市场监管方面，着力强化日常监管，认真开展专项整治，在食品安全、农贸市场、重要商品市场监管方面入手。做好创建文明市场和诚信市场活动、农贸市场文明创建指数测评工作，肉品市场整治，红盾护农等专项工作，认真落实国家的有关文件精神，大抓安全生产，与注册分局、企监处、食安处等部门的协调，在市场准入把关、整顿规范市场主体经营行为等方面认真履行职能，积极开展安全生产打击非法违法生产经营行为，加强证照管理和强化食品安全监管。

一、把建立诚信示范市场，创建工作纳入年终目标考核，并组织开展评比验收。坚持每个月由工商市场监管局牵头，组织开展了农贸市场文明指数测评，每月随机抽取城五区的25个农贸市场进行交叉检查测评，并当场计分。抓好文明创建工作的常态化督导检查。成立五个督查组，不定期对农贸市场进行督导，分片包干，严格按照创建标准，找准差距和突出问题，限时督促解决，并及时通报，有力地推动了文明创建常态化的保持。

二、突出重点，扎实开展肉品市场专项整治。开展了元旦、春节市场秩序整治“红盾风暴5号”行动集贸市场食品安全周，整治的目标和重点是全市各集贸市场内经营不合格肉制品，腊制品和水产品的经营户。出动

长沙再生资源回收宣传

执法人员 2569 次，车辆 1362 台次，检查经营户 4920 户，查处无照经营户 18 户，检查批发市场、农贸市场 1600 个次，收缴不合格肉品 1200 公斤。

三、开展市场农产品质量安全专项整治。开展农贸市场内使用工业松香褪鸭毛专项整治。根据 4 月 5 日、8 日新闻媒体曝光的雨花区杨家山家禽市场内有用工业松香对家禽脱毛一事，对市场内禽类经营和加工户进行突出检查，同时，立即下发紧急通知，对各管辖片的集贸市场的家禽经营户进行了摸网式的排查。重点加强对马王堆蔬菜批发市场内的农产品质量监管。督促市场开办者履行食品安全责任，建立健全食品安全各项制度，并发挥市场检测中心作用，加大对农产品的检测密度，加强与农业部门、畜牧部门协调配合，适时开展了对柠檬藕、硫磺姜、染色青豆、水产品等专项整治，对发现销售不合格的柠檬藕、染色青豆等 100 余公斤都监督其进行销毁处理，并及时在新闻媒体进行消费提醒，确保消费安全。另开展对辣酱制品进行质量检测，共抽检 16 个批次，共查出 3 个不合格批次并立案查处。抓水产品批发市场日常监管，与畜牧水产部门密切配合，及时处置并销毁了问题牛蛙 250 公斤。

开展流通环节食品安全百日执法行动。对流通环节水发食品、腌腊制品、湿面粉、湿面条专项执法检查。主要检查索证索票制度的落实情况和抽样检验，共出动执法人员 2790 人次，执法车辆 486 台次，检查农贸市场 329 个，检查水发食品经营户 416 余户，腊制品经营户 219 户，湿面条、米粉经营户 210 余户，委托法定抽检水发食品 50 个批次，有 5 个批次不合格；腊制品 18 个批次，6 个批次不合格；湿面条、米粉 5 个批次均不合格。对销售不合格食品的均已立案调查，至年底已结案 4 起，罚款 2.3 万元，有力地打击和震慑了食品违法行为。

四、开展红盾护农行动，维护农民农资商品消费安全。在全市对农资市场主体资格进行了全面调查摸底，健全农资经营户“经济户口”和台账，将所有农资经营单位的地址、经营范围、经营品种、证照办理等有关情况作了详细的梳理，清除取缔不具备经营资质和无照经营的 10 余户。规范农资市场经营行为。进一步落实“两账两票，一书一卡”制度和种子留样备查等制度，免费发放农资经营户销货票据 1500 余本，基本建立了农资质量追溯制度。加大对流通领域农资商品的监测力度，市局在全市范围内开展统一的抽检活动。各县（市）分局也根据各自实际情况开展检测工作，并及时整合资源，做到信息共享，市局本级共抽检化肥 38 个批次，12 个不合格。农药 6 个批次，3 个不合格，各县（市）分局抽检 73 个批次，26 个不合格，对检测出的结果进行分析，发布市场预警信息，引导农民正确消费，从而最大限度地预防和消除农资商品安全隐患。开展以种子、化肥、农药、农膜、农机具等主要农资商品，为重点农资打假专项行动。做到“乡不漏村、村不漏户”，全市系统共查处各类农资案件 47 起，罚没入库 51.7 万元，为农民挽回经济损失 20 余万元。

五、深入规范和整治成品油市场秩序。严把市场准入关，对全市的成品油市场进行一次全面清查，严格审查成品油经营单位的经营资格和经营范围，确保经营主体合法有效。全年查处无照经营案件 2 起，超范围经营案件 3 起，并依法进行处罚。加强日常巡查监管，完善经济户口管理。共检查加油站 300 余个。指导督促成品油经营企业建立和完善内部管理制度，加强自律，提高质量意识及责任意识。严厉打击成品油市场非法经营行为。对市区、县（市）30 个加油站、54 个油品进行抽样检测，查出 13 个加油站中 17 个油品不合格，对 7 个加油站进行了立案查处，罚没入库 21.3 万元。配合省局对中石油、中石化公司所辖加油站进行了成品油质量监测，对 8 个加油站的 15 个样品进行抽检，查出中石化 4 个加油站的 0# 柴油不合格，进行了约谈并责令整改。认真解决消费者投诉。全年共接到申诉 35 起，调解处理 21 起，立案调查处理 14 起，行政处罚 14 万元。加强对加油站销售休闲食品的质量安全检查。共抽检 4 个加油站 16 个样品，查处其中 2 个加油站 3 个不合格样品。

六、积极参加市安委会组织的专项治理工作，参与湘江砂石场的综合治理、水上餐饮专项治理、深化非煤矿山整顿关闭专项行动等。对全市在营的 150 个农贸市场进行安全隐患排查，出动执法人员 650 余人次，开展农贸市场冬、夏两季用电、防火安全大排查。回复市政协委员和长沙市人大的 4 个提案。一是周俊敏委员《关于开展长沙市商务诚信建设的建议》；二是董雄姿委员《关于开展农村公路周边环境整治的建议》；三是吴王英委员《关于加强专业肉食品加工中小体系建设与管理的建议》；四是长沙市人大《关于整治规范长沙宠物市场的建议》。（黄　忠）

粮油贸易

【概况】　2012 年，长沙粮食行业落实“大粮食、大产业、大物流、大市场”发展战略，稳中求进，推进现代粮食产业体系建设，实现行业发展，确保省会粮食安全。全行业经济总量和企业效益大幅提升，全年实现销售收入 130.62 亿元，完成利税 1.11 亿元，同比分别增长 51.2% 和 31%，实现工业总产值 150 亿元，同比增长 15.8%。

粮食宏观调控能力增强。全年筹措收购资金 10 亿元，收购原粮 75 万吨，销售贸易粮 90 万吨，加强仓房设施改造，维修仓容 20 余万吨。规范储粮管理，确保 12.51 万吨市、县级储备粮油的储存安全，完成各类储备粮 9.28 万吨，新增地方油脂储备 1500 吨。完善了“粮食应急预案数据库”，保障全市粮油市场供应充足、价格稳定。

粮食流通产业快速发展。编制《长沙市粮食流通产业中长期发展规划（2012-2020 年）》，明确长沙市粮食流通产业的发展思路和战略目标。申报国家、省级项目 50 个，争取扶持资金 2735 万元。湖粮集团、亮之星等一批企业加强校企合作，申报省级科技项目 5 个，获国家专利 2 项。湖粮集团收购整合金山粮油、琼湖粮库、小河口粮库、润农茶油、北京湖湘天地贸易公司，争取发行企业债券，控股金健米业，集团规模壮大，产业链条延伸。金霞粮食物流园基础设施建设完成投资1.55亿元，饲料交易市场搬迁、铁路专用线开通等重大项目全面完成并投入运营。

粮油质量监管扎实开展。开展监督检查504次，查处违法违规行为为83例。做好粮食收购许可证年度核查工作，40家企业被注销收购资格。对50个存储库点、174家重点企业开展粮油库存检查，确保库存完好，储存安全。长沙县积极推进农户科学储粮工程，推广“丰产仓”6000户。推进安全生产“标准化”建设，湖粮集团、凯雪、湘粮机械通过“三级”达标验收；开展“打非治违”专项行动，检查企业123家（次），整改安全隐患169起，全年无较大安全生产事故。以湖粮集团为主体，扎实推进放心粮油工程，全面完成项目规划、方案报批等工作，中心旗舰店、超市专柜、质检中心、物流配送中心等建设快速推进。

党建人才工作夯实和谐基础。积极开展基层党组织建设年活动。人才队伍建设上，湖粮集团、湘粮机械等引进管理、技术人才70余人。推动行业文明建设、文明创建和“一推行四公开”活动，开展文化活动和做好老干部工作，慰问困难职工460余户。筹集帮扶资金40余万元，为群众办实事12件。畅通信访工作渠道，接待上访36批（次），无非正常上访和群体性事件。（柳　青）

专营专卖

·烟　草·

【概况】　2012年，长沙烟草行业销售卷烟33.37万箱，实现销售收入81.9亿元，同比增长15.04%；实现税利19.3亿元，同比增长8.39%，剔除工商调拨价调整影响，同比增长16.85%；其中利润10亿元，剔除不可比因素，同比增长18.77%；税金9.3亿元，同比增长12.09%。长沙市烟草专卖局（湖南省烟草公司长沙市公司）围绕“卷烟上水平”战略方针和主要任务，按照“夯实基础、创新机制、抢抓机遇、科学发展”总体思路，坚持质量方针，以标准规范管理、以创新促进发展、以竞争激发活力、以满意赢得市场，创建“学习型组织、创新型团队、服务型企业、廉洁型班子”，全市烟草系统运行继续保持良好发展态势。

一、稳定烟叶规模，提升结构质量，优化烟叶结构，保护烟农利益，发展现代烟草农业。全市共种植烤烟11060公顷，同比增加813.33公顷，种植晒黄烟1533.3公顷，同比增加466.67公顷；收购烟叶46.32万担，同比提高4.49%。晒黄烟市场需求上升，推进晒黄烟发展到7.96万担。提升烟叶质量，上等烟比例达到52.58%，为历年最高。全面推行不适用鲜烟叶田间处理称重验收方式，优化烟叶结构，下低等烟比例控制到2.95%。推行在烟站开展散叶专业化分级方法，提高烟叶分级纯度，控制不予收购的下低等烟和级外烟进入收购环节；推进中心仓库二次验级，强化烟站责任，努力提高烟叶等级质量，省局检查收购等级合格率84.08%，工商交接等级合格率70.82%。现代烟草农业有新发展。

完善烟基建设管理制度，引入全程跟踪审计，出台项目变更签证管理办法，推行现场管理员片区责任制，完成2011年度烟基项目行业投入1.91亿元，建设烟水路、农机具、育苗工场和烤房等项目2833项。探索烟站部分职能向合作社转移、成立劳动力资源服务中心、以合作社为纽带的烟农保障体系、合作社设施综合利用等举措，合作社发展到81家，同比增加14家，烟农入社率提高到70%，评选2家省级示范社、5家省级规范社，专业化服务面积不断扩大，烤烟户均种植面积达到1.8公顷，同比提高0.33公顷，户均总收入7.9万元，同比提高29%。浏阳沙市单元通过国家烟草专卖局验收并被评为全国优秀。产业发展上。积极开展全程机械化试点、不同装烟方式试验示范、壮苗培育技术示范研究、订单生产试点、GAP（优质农业生产管理英文“Good Agricultural Practice”的缩写）管理试点等项目，发挥示范先导作用，积累发展经验。

二、提升服务软实力，促进卷烟营销。用满意创新营销和提升服务，打造一流的服务和经营手段，加强品牌培育，引入中华（大中华）等9个知名新低焦品牌，市场占有率首次达到4.32%。增量、扩点、稳价，合理投放，实现中华、云烟等品牌覆盖率同比增长10%、18%，订单满足率超过80%。出台货源分配投放、品牌分级等五项营销工作标准，退出部分价格倒挂品牌。探索网络营销，推广电子商务，开发“一站式服务平台”，全面试行网上配货，网上订货率上升，协议供货，承担省局两项试点，推进终端建设，现代终端达到总数5%。优化服务流程，将34条服务线路整合成20条，固化客户每周访销日，新增重点品牌贡献度等指标，优化客户评价体系。自主开发客户经理服务督察考评系统，量化考核办法，“以市场为尺子”评价服务质量。按照“现代、经济、适用、效率”的原则，推广运用行业物流标准，积极做好设备改造，进一步降低机损烟比例，建立成本预警机制，控制细节成本，单箱物流费用128.83元，分拣仓储费用19.86元/箱，配送费用39.48元/箱，客户满意度98.55%。通过建章建制规范烟草服务行为，服务集成提升服务质量，受理客户需求19285起，下线督查回访37次，走访520户卷烟零售户，发布督查通报11期。

三、专项治理，专卖管理。做好“天价烟”治理工作，与物价、公安、工商全面清查纠改。印制发放文件、宣传告示合计8万多份。强化监管，遏制真品卷烟非法流通。1～12月共查处外地区5万元以上违法案件264起，涉案卷烟8992.9多万支。真品卷烟外流案件数量逐月下降，下半年后，5万元以上真品卷烟外流案件数为零。坚持与公检法、工商的联合协调打假破网机制，加大案件的查处力度，保持工商20人、公安4人常驻烟草协同办案。共打掉国标网络案10起，依法批准逮捕37人、刑拘40人、判处有期徒刑26人。破获“4.20”特大售假网络案，案值逾千万元，打击长期盘踞在坡子街等区域的江西籍售假团伙。对火车站、汽车站等贩假贩私重灾区和部分江西、浙江籍售假重点人群，进行打击。开展“维点”、“利剑”等专项整治行动，共查获各类烟草违法案件2490起，查获违法卷烟16785.045万支，查获违法烟叶5800公斤，查获售假经营工具230余套（组），涉案金额7000多万元，上缴财政罚没款1869.26万元。5月，天心公安分局刑侦大队、经侦大队分别在长沙、昆明实施收网。警方收缴价值30余万元各品牌假烟1200余条，抓获犯罪嫌疑人15人，协助烟草局查封假烟酒店4家，涉案价值高达1000余万元。6月，长沙公安侦破高仿假烟案，抓获赵某等11名犯罪嫌疑人。缴获各类假冒伪劣卷烟6950条，涉案价值200余万元。12月，长沙市雨花区公安部门和长沙市烟草稽查大队在雨花区大桥货运市场三区7栋"恒邦物流"公司内展开抓捕缉赃行动。缴获各类假烟共4100条，涉案金额100余万元。

四、以召开行业企管会为契机，推动企业管理上新台阶。2012年，全国烟草行业企业管理现场会在长沙烟草召开，以此为契机，一是积极开展"管理创一流"活动。先后制订46项管理标准、69项工作标准和22项技术标准，形成较为完整的企业标准体系。其中"卷烟配送星级制服务标准"被确定为行业标准。建设多渠道统一订单平台，实现一体化综合管理平台整体上线运行。形成"一图一卡一棵树、四维三层目标抓"的目标管理体系，建立公司级目标57个、部门级目标316个、岗位目标857个。二是运用预算管理和资金监管两个系统加强制度建设和规范管理，以降低成本费用和提高效率为重点，开展全面审计自查工作，完成财政部驻湘专员办、省地税稽查局及国家局、省局审计检查组各项检查工作。通过省局会计基础工作规范化达标。在全省系统国有资产经营业绩考核中排第一。三是加强创新管理和依法治企。加强项目申报管理、运行监督和成果鉴定服务，科技创新取得新成效。全市系统共开展科技创新项目64项，授权专利8项，申请软件著作12项，发表论文20篇。新修订《长沙市烟草制品零售点合理布局管理办法》、《合同管理办法》，依法规范生产经营管理。严格行政执法监督，强化行政处罚案件的合法性审查，对所属单位按季度进行案卷评查，通过提升专卖案卷水平，提升执法的程序化、规范化水平。四是围绕安全生产标准化建设工作，切实加强安全现场管理，开展安全隐患排查与整治，查出隐患400多处，投入整改资金200余万元，整改率100%，安全行车100万公里未发生大小交通事故，确保平安稳定，在全省系统率先通过国家二级安全生产标准化达标创建评审。

五、抓人才队伍建设。抓好"领航人才工程"，加强县级局领导班子和后备干部建设。抓好"杰青人才工程"，对优秀管理和青年科技后备人才的培养和储备。对高层次人才的引进力度，特招引进烟叶生产和信息安全技术专业博士各1人，并通过省局公开招考引进大学生21人，其中研究生学历以上的达42.9%。抓好基层人才队伍建设，浏阳市局将原有8个烟站整合为5个烟叶基地单元，营销基层队伍建设进行探索。积极推进优秀市级局（公司）创建试点工作。

六、思想作风文化建设和党风廉政建设。一是突出重点，加强班子建设和作风建设。开展学习宣传贯彻党的十八大精神系列活动，召开组织生活会开展对照检查；营销、专卖、烟叶等业务部门结合工作实际，开展多项特色主题活动。市局党组成员联点帮助联系单位，解决实际困难和问题30余项，中层以上干部撰写调研报告50余篇。持续开展创先争优活动，继续深入开展领导干部讲廉政党课活动。坚持每周廉政短信提醒、发送短信51条1.98万人次，报道廉政信息39条，制作廉政宣传期刊2期。大力推进企业文化中心和党团活动中心建设。企业文化中心将文字、图片展板、多媒体演示、多媒体互动有机结合，展示长沙烟草的发展历程、文化架构、荣誉成就、社会公益、员工风采等内容。两个中心建成企业的形象窗口、党员教育的培训基地，提升长沙烟草服务客户服务社会的形象，获"湖南省文明窗口"荣誉称号。（胡　嘉）

·盐　务·

【概况】长沙市盐务管理局与湖南省轻工盐业集团有限责任公司长沙分公司、湖南盐业股份有限公司长沙市分公司机构分设、职能分开、合署办公。设6科室3中心，下设浏阳、宁乡两个县市支公司（盐务管理局）。现有在职职工128人，离退休职工47人。是集盐产品调运、仓储、分装、销售、物流配送于一体的国有独资的国家"AAA"级盐业批发企业。是长沙市人民政府盐业行政主管部门，负责长沙市6区2县1市的盐业市场管理和全市700多万人民生活、生产用盐的供应。

定期开展"3·15""5·15"大型宣传活动，并联合市食安办、公安、工商、质量技术监督、卫生等职能部门开展系列专项行动。全年共查处各类涉盐违法案件23起，查处违法盐产品100.87吨，没收各类违法盐斤40.35吨，端掉了4个假冒伪劣私盐加工窝点，收缴一批作案工具，打击一些涉盐犯罪嫌疑人，移交司法机关判刑3人，维护了全市食盐市场的正常秩序，全市碘盐覆盖率达到100%，合格碘盐市场占有率99%以上。

创新营销模式，适应市场经济的要求，把食盐专营引入市场，加快终端网点建设，全面推行片区经理负责制。不断调整产品结构，加快新产品对市场的投入。扩大经营范围，积极推进非盐商品经营。2012年市场食盐产品已达到10个，改善了原单一的产品结构，满足不同人群的消费需求。全年销售各类盐103912吨，实现利润总额3679万元，销售量与利润创历史最高水平，人均创业绩排全国地市级前列。实现非盐商品经营收入5715万元。

开展文明创建工作。2012年被省轻工盐业集团授予"四好班子"建设先进集体、先进基层党组织、文明单位；被省国税局、地税局授予纳税信用A级企业；通过省人力资源与社会保障厅的省级模范用工企业的复查；被省委、省人民政府授予"省级文明单位"称号。（罗文阁）

·石　油·

【概况】2012年，中国石化湖南长沙石油分公司换届，新领导班子带领全体干部职工一起，抓机遇，夯实管理基础，以务实的作风推动各项工作全面发展。成品油市场形势严峻复杂克服，经营创效任务艰巨繁重的困难。公司成品油销售量、零售量、非油品销售额、利润、网建等完成年度目标任务。公司销售总量、零售总量分别达到84.5万吨、73万吨，连续8年上缴利税过亿元，中国石化在长沙地区市场份额保持在80%以上。在全省“比学赶帮超”活动中位居红旗榜榜首，并首次进入中国石化销售企业全国地市公司综合竞争力排名十强。

一、抓规范、夯基础，全面提升基础管理工作，全面梳理部门岗位职责，理顺业务流程。注重源头把关，完善合同会签会审流程，制定投资、资产租赁、维修、资产处置和零星采购等操作流程和管理规定等，用制度约束管理者行为。统一标准，规范操作。推行加油站新的基础工作管理规范，账表册单全面推行电子化操作，减少手工填制的账表册单。全面整治库站“脏、乱、差”现象。大力开展“三查、三找、三评、三提高”活动，对影响经营和安全的，重点投入，加大整改力度，库站面貌有了较大的改观。强力抓油品数质量损耗管理。建立数质量管理责任制和超耗索赔制度。全年汽油损耗率控制在全省平均水平以内，柴油损耗率控制在省公司标准范围之内。

二、带队伍、提素质，提高全员执行能力。倡导务实工作作风。建立月工作计划、周工作调度、月讲评考评机制、完善督查督办制度，确保各项工作能按要求、按时落到实处。以“盯目标任务不放松、盯工作进度不放松、盯落后单位不放松”为着力点，公司上下对每天、每月的销售任务、完成进度以及影响经营因素和落后单位做到时刻督促。加大教育培训力度，提高员工素质。全年举办各类岗位培训班21期2280人次，组织职业鉴定3批次342人，考取初中级工100人，高级工11人，公开选拔15名后备站长和43名后备计量员、核算员等，被中共长沙市委授予“学习型党组织示范单位”称号。

三、抓经营、谋发展，不断增强市场竞争能力。突出经营质量保效益。在油价“四涨四落”波动的情况下，公司严格执行成品油销售价格政策，严守经营纪律，做到量效兼顾，成品油累计销售价格到位执行率一直排名全省前列。实行网建辖区负责制，明确片区经理作为辖区市场网点建设的第一责任人，做到市县联动，责任到人。全年新建加油加气站8座，超额完成省公司下达的网建任务。

做大做强经营总量不放松。在零售上，一方面以提高单站销量、资产经营质量为重点，抓加油站在营率以及设备设施完好率，加大对影响安全、经营的设施设备改造，消除制约经营增量的各种不利因素，全年完成22座站的形象改造、全自助改造。另一方面加大IC卡促销拓市力度，全年IC卡日均沉淀资金突破2亿元。在直批上加强客户开发和维护力度，开发新直批客户80家。非油品业务上，按照“全员、全网络营销”、“站内销售与站外销售相结合”、“谁销售、谁受益”的思路，实现全员全网络覆盖销售。

四、抓考核、重激励，充分调动员工工作活力，公司制订涵盖机关、库站基层的10多个绩效考核方案，形成全员、全覆盖的考核激励机制。经营一线员工收入与绩效挂钩，经营指标与机关人员收入挂钩。把机关、油库等非经营部门干部、员工收入的30%与经营指标挂钩。把经营一线员工收入的30%单独与毛利率高的汽油销量挂钩。全年汽油销售同比增量5万吨。

五、促和谐、维稳定，增强企业凝聚力，公司从抓基础、强素质入手，一手抓经营管理、一手抓队伍建设；一手抓硬件建设、一手抓软件提升，推动企业全面均衡发展。规范用工盘活人力资源。全面清理用工，加强企业规章制度的健全完善，进一步明确职能分工和岗位职责，严格考核。大力开展培训提升素质。公司制定中层干部日常考核和定期述职考核制度，建立后备站长选拔培养机制和大学生培养成才计划，加强加油站员工五项技能培训和考核等等，干部员工队伍整体素质、文化年龄结构等都得到大大改善。公司建立“经理信箱”、“领导接待日”、“知心热线”、“谈话走访制度”，及时掌握了员工思想动态，适时疏导，解决员工的实际问题；通过大力加强基层党组织建设，开展“我爱石化、我爱长沙”系列活动，营造“家”文化，增强员工归属感；领导先后20多次主动下访到矛盾集中的地方和职工家庭，做好信访维稳等。

（张克学）

会　展

【概况】　2012年，长沙市举办各类展览（包括展销会、博览会、展览会）175个，大型会议类168个，其他节庆演出赛事类约350个。会展题材涵盖汽车、机械、建材、电子、医药、环保、科技、能源、教育等行业，总展览面积达135万平方米，参展参观人数近94万人次，同比分别增长5%和32.3%。单个展会的平均展览面积达到8000平方米，展览面积1万平方米以上的大型展览项目70个以上。被授予“十佳会展城市”、“中国会展金海豚奖”、“中国十大影响力会展城市”等称号。长沙新会展中心建设成立领导小组及办公室，场馆位置确定为黄兴镇。取得突破性进展。

完善会展优惠政策。2012年，根据《长沙市人民政府办公厅关于进一步搞活流通扩大消费的若干意见》和《长沙市会展项目扶持资金管理暂行办法》等文件精神，长沙市会展工作管理办公室（以下简称市会展办）联合市财政局为长沙市组展机构争取300多万元的资金补贴，全部用于扶持具体会展项目，提量提质长沙会展。

国际化水平明显提升，中博会引来众多国际代表团出席，签订201个外资项目，达成4183万美元的外贸交易。长沙车展上，以世爵中国、奔驰中国、宝马中国、大众中国、丰田中国、标致中国等为代表的国际汽车品牌巨头的投入力度加大，各种概念车的亮相展示当今世界汽车工业的新成就，助升展会规格。橘洲音乐节有来自芬兰的Dead Shape Figuer乐队及来自英国的Architects乐队参演，有了和本土音乐文化不一样的歌唱风格。

引进高水平展会。市会展办总结经验，创新机制，积极引进外来展会。搞“国字号”大型展会，提升长沙会展业国际化水平。加强与国家部委、行业协会的联系，积极申办更多、更高规格的国际展览和会议。申办2012中国国际水利机械及施工装备展、第九届中国检验医学暨输血试剂仪器展览会、2012中国（长沙）太阳能品牌产品博览会、2012中国农业机械工业展览会等“国字号”展会；出台奖励政策，发放申办全国性、国际性展览项目中介人奖励专项资金，有效激活长沙会展市场，调动全市专业场馆、展览公司、会展企业等社会各界力量，各会展主体逐步建立国际营销网络体系，拓展其与国际国内知名展览公司的深度和广度。提高申办全国性（国际性）展览项目的积极性，为长沙会展结构优化注入新活力。

创新人才培养新模式。市会展办以加强产学研合作为抓手，加大会展专业人才培养。利用湖南商学院、湖南商贸旅游职业学院等四所高校的千人会展专业学生资源。建立长效沟通机制，安排学生进驻“水工展”、“中博会”、“长沙车展”等大型会展活动学习锻炼，联合湖南铁道富孝职业培训学校等院校，培训了一百多名会展策划师、助理会展师、会展设计师等会展专业人才。（冯　烨）

表　　2012年长沙市重点会展项目

序号	展会名称	举办时间	举办地点
1	2012湖南春季家装博览会	2.23～26	湖南国际会展中心
2	2012第九届中国（长沙）太阳能品牌产品博览会	3.16～18	长沙红星国际会展中心
3	第九届中国检验医学及输血试剂仪器博览会	3.21～23	长沙红星国际会展中心
4	2012中国国际水利机械及施工装备展览会	3.22～24	湖南国际会展中心
5	2012全国农业机械展览会	4.15～17	湖南国际会展中心
6	2012第十二届湖南公共安全产品与技术博览会	4.19～21	长沙红星国际会展中心
7	2012年第十二届春季美容美发化妆用品（长沙）博览会	4.26～28	湖南省展览馆
8	湖南长沙房地产交易展示会（第33、34届）	5.4～5.7 9.28～10.1	长沙红星国际会展中心
9	第七届中国中部投资贸易博览会	5.18～20	湖南国际会展中心
10	2012年中国中部（长沙）国际装备制造业博览会	5.29～31	湖南国际会展中心
11	2012中国（长沙）第四届节能科技产品交易博览会	6.9～11	长沙红星国际会展中心
12	2012第三届中国（湖南）教育博览会	6.26～27	长沙红星国际会展中心
13	2012长沙国际动漫游戏展	7.6～9	湖南省展览馆
14	第六届中国住宅装饰装修产业国际博览会	9.6～10	湖南国际会展中心
15	第九届中国金鹰电视艺术节	9.7～9	湖南国际会展中心
16	2012长沙橘洲（国际）音乐节	9.8～9	橘子洲头
17	2012第三届中国湖南旅游商品博览会	9.14～16	长沙红星国际会展中心
18	2012第三届中国长沙（国际）孕婴童产业博览会	10.18～21	长沙红星国际会展中心
19	2012年中国（长沙）国际店铺综合展暨 中国国际商业地产博览会	10.25～28	长沙红星国际会展中心
20	2012中国（长沙）科技成果转化交易会	10.28～29	长沙高新区（麓谷广场）
21	第十九届湖南省植保信息交流 暨农药械展示交易会	11.15～16	湖南省展览馆
22	2012中国中部（湖南）国际农博会	11.18～24	长沙红星国际会展中心
23	2012第六届中国（湖南）国际食品博览会	11.30～12.3	湖南国际会展中心
24	第八届中国（长沙）国际汽车博览会	12.13～17	湖南国际会展中心

旅　　游

责任编辑：周建文

【概述】 2012年，长沙旅游处于历史发展最好时期。全市紧紧围绕培育千亿元产业、打造世界旅游目的地的目标，大力实施旅游强市战略，跳出旅游抓旅游，创新思路谋旅游，转变方式做旅游，实现了全市旅游业又好又快发展。长沙市被评为“中国十大文化旅游城市”、“中国十佳休闲宜居生态城市”，沩山风景名胜区获批国家级风景名胜区，长沙市旅游局获“全国旅游系统先进集体”和“湖南省文明标兵单位”。

全市旅游经济主要呈现“三高”特点：一是各项指标再创新高。全年共接待国内外游客8088.07万人次，同比增长34.5%；实现旅游总收入783.1亿元，同比增长34.36%，占全省的35.9%，居全国省会城市第七位。其中接待入境旅游者105.19万人次，同比增长25.98%，实现旅游创汇6.64亿美元，同比增长6.34%；接待国内旅游者7989.18万人次，同比增长34.72%，实现国内旅游收入741.13亿元，同比增长36.36%。二是旅游消费持续走高。假日消费火爆。元旦小长假、“春节”黄金周、清明节和“五一”小长假、“十一”黄金周出现了“旅游高峰”。“春节”黄金周期间，全市共接待游客138.1万人次，同比增长17.7%，实现旅游收入11.3亿元，同比增长32.9%。元旦、清明两个小长假，接待游客294.5万人次，同比增长25.6%。“五一”小长假，全市共接待192.4万人次，实现旅游收入13.7亿元，同比增长29.2%。“十一”黄金周接待游客719.36万人次，同比增长25%，实现旅游总收入49.73亿元，同比增长44%。消费总额增长较快。全年旅游消费总额增长28.6%，占全社会消费品零售总额的30.5%，成为与住房、汽车消费并列的消费热点，成为全市扩大内需，拉动经济发展的动力马车。三是发展质量不断提高。产品体系更趋完备。形成以刘少奇故居、岳麓山·橘子洲、第一师范等为代表的“红色”旅游，以大围山旅游区、关山村、光明村等为代表的“绿色”旅游，以岳麓书院、马王堆汉墓陈列馆、贾谊故居、天心阁为代表的“古色”旅游，以湘江水上旅游、灰汤温泉、沩山漂流为代表的“蓝色”旅游。

市场主体更具竞争力。全年全市经营收入过亿元的旅游企业达到34家，其中，亲和力、湖南光大、海外旅行社、华天、新康辉、省国旅、长沙国旅等7家旅游社进入全国百强，亲和力获全国纳税十强，华天和亲和力旅游社获入境旅游十强。华天酒店集团进入全国酒店二十强，运达喜来登酒店在亚洲喜来登酒店集团中排名第一。收入结构更加合理。逐渐改变了以往国内游客一家独大的局面，入境游客首次突破100万人次，标志着长沙旅游国际化水平迈上新台阶。

长沙市坚持“发动领导、发动区县、发动部门、发动业界”的工作方法，将发展旅游作为“一把手工程”来抓，大力实施政府主导战略，积极争取各

2012年旅游总收入同比增长

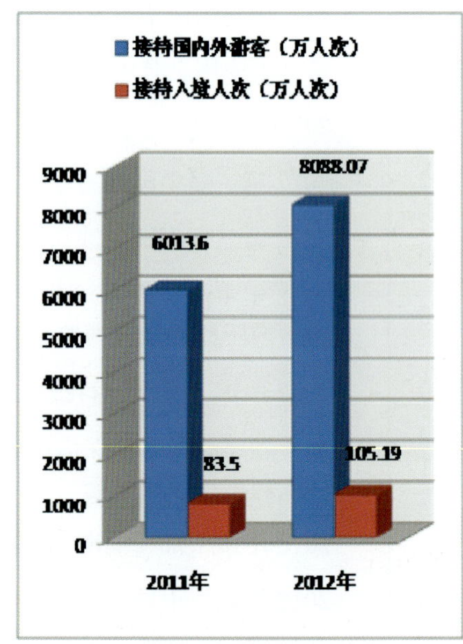

接待旅游人次同比增长34.5%
接待入境游客同比增长25.98%

表　2012年旅游业经济指标

项目	单位	2012年	2011年	比上年同期增长%
旅游总收入	亿元	783.1	582.85	34.36%
国内旅游收入	亿元	741.13	543.5	36.36%
入境旅游收入	万美元	66453.29	62492.5	6.34%
接待旅游者人次	万人次	8088.07	6013.6	34.5%
接待国内旅游者	万人次	7989.18	5930.1	34.72%
入境旅游人次	万人次	105.19	83.5	25.98%

级领导和部门对旅游业的重视，形成发展合力。市委把“推进旅游改革创新示范市建设”，“促进文化、生态、旅游和经济共同繁荣”，“推进炭河里、汉长沙王、铜官窑考古遗址公园建设”，列入常委会2012年工作要点。市政府《政府工作报告》中着重强调“坚持把旅游业打造成战略性支柱产业”。市人大就全市贯彻落实市人大常委会《关于加快推进旅游业发展的决议》情况进行了专题视察，全力推动长沙旅游发展。

市领导重视多次出席相关旅游活动。一是出台旅游强市决定。5月15日，市委召开常委会专题研究《关于加快现代旅游业发展建设旅游强市的决定》。6月7日，市委、市政府出台《关于加快现代旅游业发展建设旅游强市的决定》，把旅游业的发展提到更加重要的战略层面。二是召开旅游发展大会。8月23日，长沙市首次召开高规格、大规模的全市旅游发展大会，党政主要负责人参会，全面部署“旅游强市”战略。三是加大旅游投入力度。市政府坚持每年财政预算资金向旅游倾斜，优先保障旅游支出，列入市财政预算的全市旅游发展专项经费增加到8142.9万元，增长35.8%。全市旅游项目计划总投资1800亿元。各区、县（市）都加大对旅游专项发展资金的投入，9个区、县（市）全年旅游财政专项拨款达3079.61万元。3月30日，市人大组织召开各市直相关部门贯彻落实《关于加快推进旅游业发展的决议》情况汇报会，市人大常委会副主任张建国作重要讲话。市政府办、市旅游局、市发改委、市财政局、市交通局、市商务局、市文广新局、市规划局等单位负责人参会并发言。4月18至19日，市人大常委会主任余合泉率市人大常委会全体组成人员、党组成员，市人大民侨外委委员就全市贯彻落实市人大常委会《关于加快推进旅游业发展的决议》情况进行专题视察。（王　涛）

【国家旅游局支持长沙旅游发展】　8月17日，省委常委、市委书记陈润儿到国家旅游局汇报长沙旅游工作，国家旅游局局长邵琪伟表示，国家旅游局将大力支持长沙旅游的发展，全力支持湘江水上旅游规划开发和长株潭中央商务休闲区建设，支持灰汤温泉国家旅游度假区和大围山国家生态旅游示范区创建；全力支持“快乐长沙”品牌营销以及世界旅游目的地建设，并将“快乐长沙”纳入国家旅游对外营销的整体格局对外宣传推介，对长沙的重大旅游节会活动给予指导与支持；全力支持长沙旅游公共服务体系建设，对长沙旅游创意研发中心、游客咨询中心、旅游集散中心和旅游购物中心重点给予编制规划、业务指导以及专项经费等方面的支持。

（王　涛）

【全市旅游发展大会】　8月23日，长沙市首次召开全市旅游发展大会，全面部署“旅游强市”战略。省委常委、市委书记陈润儿做了《吹响旅游强市新号角，推进旅游产业大发展》的重要讲话，市委副书记、市长张剑飞做《加快现代旅游业发展，大力推进旅游强市建设》的工作报告，会议下发了《中共长沙市委、长沙市人民政府关于加快现代旅游业发展建设旅游强市的决定》，表彰了2011年全市旅游工作先进集体。（王　涛）

【长沙规划大旅游格局】　按照延伸产业链、提升附加值的要求，在长沙市域范围内整合和配置旅游资源，打造实施精品工程，打造旅游强势品牌。一是八大特色旅游产业链：即延伸吧文化旅游产业链；培育（体育）旅游产业链；提升烟花旅游产业链；做强湘绣旅游产业链；做大会展旅游产业链；打造康体旅游产业链；拓展购物旅游产业链；发展生态旅游产业链。二是“一带三圈”旅游产业功能区。以湘江长沙综合枢纽蓄水通航为契机，按照江河相连、江湖相接的要求，整合湘江、浏阳河、捞刀河、沩水河、圭塘河、梅溪湖、松雅湖等水资源，编制长沙市水上旅游规划，大力开发水上旅游，加快湘江休闲旅游观光带的开发建设，推动湘江建成“东方莱茵河”。以岳麓山—橘子洲生态文化旅游区成功创建国家AAAAA级旅游景区为契机，整合马王堆、汉王陵、铜官窑、天心阁、黑麋峰、大王山、西湖文化园、洋湖垸、麓谷动漫游戏城、金鹰影视文化城等中心城区旅游资源，加快推进黑麋峰创建国家户外运动休闲旅游基地，推动形成以岳麓山—橘子洲生态文化旅游区为核心的都市休闲旅游圈；加快推进灰汤温泉旅游度假区创建国家旅游度假区，整合沩山大佛—炭河里和花明楼等西部旅游资源，推动形成以灰汤温泉旅游度假区为核心的西部生态田园休闲度假旅游圈；加快推进大围山生态旅游区创建国家生态旅游示范区，整合浏阳河旅游风光带和文家市等东部旅游资源，推动形成以大围山生态旅游区为核心的东部山地度假旅游圈。三是十大旅游产业功能区。岳麓山-橘子洲、灰汤温泉、大围山、黑麋峰、马王堆－汉王陵、铜官窑、天心阁、沩山大佛—炭河里、花明楼、大王山。四是重点开发五条精品旅游线。湘江休闲旅游观光游、都市休闲游、西部生态田园休闲度假游、东部山地度假游、毛泽东成长路线游。五是建一批特色街镇。建设美食集中区，精心打造坡子街、潮宗街、太平街等一批特色风情街区，文家市镇、大围山镇、板仓镇、黄兴镇、靖港镇、乔口镇、丁字镇、莲花镇等一批特色旅游城镇，关山村、光明村、彩陶源村等一批特色旅游村。（周建文）

【宁乡打造“五养”之乡】 2012年，宁乡县打造“五养之乡·中国宁乡”旅游主题，“少奇故里瞻以养德、灰汤温泉泉以养生、密印禅寺禅以养心、西部漂流动以养气、宁乡花猪食以养胃”。“五养之乡”成为宁乡最新的招牌。突出原汁原味乡土风情，坚持品牌特色化发展；突出乡村资源禀赋优势，坚持项目差异化发展；突出乡村旅游体系延伸，坚持产品多极化发展；突出乡村旅游富民特点，坚持产业效益化发展。以提高乡村旅游产业整体集群优势和竞争力为目标，按照政府引导、市场准入的原则，通过吸引内外资源，发挥自身优势，强化现代休闲理念，扶持发展以花明楼炭子冲村和金洲镇关山村为代表的乡村休闲旅游项目，培育红色经典、温泉养生、佛教朝圣等旅游线路。（周建文）

【获全国旅游系统先进集体称号】 4月26日，由人力资源和社会保障部、国家旅游局联合主办的“全国旅游系统先进集体、劳动模范和先进工作者表彰大会”在北京举行。长沙市旅游局继2007年之后再一次被授予“全国旅游系统先进集体”荣誉称号，成为全国唯一连续两次获此殊荣的城市。（王　涛）

【考察交流】 8月29日至9月1日，湖南省委常委、长沙市委书记陈润儿率长沙市党政主要领导代表团赴西安、成都、昆明三市考察，倡议建立四市旅游联合体。四个省会城市都是首批全国历史文化名城，无论是人文资源还是自然资源都非常丰富，应该相互利用好各自的优势，有利于共同推进文化旅游产业的合作与发展。长沙市的倡议得到了认同。（王　涛）

行业管理

【概况】 2012年，长沙旅游围绕品质抓旅游，围绕游客优服务。按照“一切为了游客，一切服务游客”的理念，大力开展“创建人民满意城市、争创人民满意行业”活动，全面提升旅游行业服务水平。一是开展品质旅游活动。召开全市品质旅游建设大会，在全国率先开展“突出五心服务，发展品质旅游”活动，即实施旅游精品打造工程，让游客动心；实施旅游诚信建设工程，让游客放心；实施旅游文化培育工程，让游客开心；实施旅游市场监管工程，让游客安心；实施旅游服务提升工程，让游客称心。积极开展“品质旅游·伴你远行”系列活动，出台了《长沙市旅游行业发展品质旅游工作方案》。2月29日，长沙市旅游局下发了《长沙市旅游系统“快乐行业”创建活动工作方案》，正式启动长沙市旅游系统创建“快乐行业”活动。3月4日，长沙市旅游局党组书记、局长谭勇同志带领全局干部职工及旅游行业数百名从业人员，冒着大雨在雷锋纪念馆举行了以“弘扬雷锋精神，倡导品质旅游”为主题的长沙旅游行业学习雷锋大会暨自行车旅游协会骑行雷锋故里活动，在全市旅游系统掀起了学习雷锋的热潮。二是加大旅游市场监管。大力规范“一日游”市场，集中整顿散拼市场，严厉打击零负团费，地毯式清理旅游信息市场，规范各类广告1.4万条，建立了集中约谈制度。健全假日协调机制，定期开展联合执法检查，确保无一起重大旅游安全事故和重大旅游投诉。加强了旅游安全生产工作，继续实行随团服务质量跟踪制，维护广大游客合法权益。促使全市旅游品质大为提升，重大旅游投诉和旅游安全事故为零，游客满意率高达99%。三是加强旅游人才培训。全年共举办各类高中级培训班8期，旅游从业人员培训班22期，长沙品质旅游大讲堂2期，累计培训各类旅游从业人员1.2万人次，获全省唯一的教育培训工作优秀单位。与省旅游局联合举办省第四届旅游企业大型人才招聘会，全市270家旅游企业参加，提供15179个就业岗位，9871人达成就业意向，获全省唯一的特别贡献奖。（王　涛）

【游客满意度测评】 1月5～7日，2011年第四季度全国游客满意度调查结果出炉，长沙名列第八，从市场问卷调查、网络测评、旅游投诉与质量监督等方面来看，长沙居于全年现场评价满意度最高的十个城市之一。（王　涛）

【启动品质旅游，伴你远行系列活动】 3月13日，长沙市旅游局启动了“品质旅游，伴你远行“3•15”专题系列活动，活动内容包括全市旅游服务质量义务监督员招募、“品质旅游”倡议活动、“品质旅游”宣传咨询日活动、长沙“精品一日游”体验活动、旅游市场联合执法检查、旅游投诉预防走访调研等六大系列。此次系列活动，旨在倡导诚信经营和理性消费，完善质监网络，共塑长沙品质旅游的品牌形象。（王　涛）

【自驾游协会成立】 7月3日，长沙市自驾旅游协会成立大会暨第一届会员代表大会举行。大会聘请长沙市原政协主席董学生，为长沙市旅游协会第一届名誉会长，选举产生杨国林为理事会会长，并通过了《长沙市自驾旅游协会章程》。该协会由长沙市旅游局、长沙市民政局主管，其业务范围包括组织策划自驾旅游活动，培养自驾旅游专业人才，建设旅游行业服务和交流互动平台。承担本地自驾游客的服务及引导对接外地自驾游客到长沙自驾游的全面服务。进一步打造长沙旅游品牌、规范长沙自驾游市场发展、推动旅游产业转型升级。（王　涛）

项目建设

【概况】 2012年，长沙始终坚持把旅游项目作为拉动旅游业发展的第一动力，大力开展旅游项目建设。2012年长沙市旅游重点项目共110个，项目总投资1830.6亿元，年度计划投资309.6亿元。其中新建项目39个，项目总投资465.7亿元，年度计划投资86.1亿元；续建项目71个，项目总投资1125.5亿元，年度计划投资222.6亿元。

一、旅游项目招商取得新进展。2012年为“精品项目建设年”，加强旅游项目的策划包装，招商项目引资总额稳步增强。建设先导梅溪湖片区、灰汤温泉、铜官窑、先导控股滨江片区等。其中梅溪湖国际旅游会展基地引资约150亿元，区域内基础设施建设、高星级饭店、洋湖垸湿地公园、大河西规划馆等项目全面推进；莲花“和”文化旅游度假区招商引资总投资预计50亿元，龙洞佛文化、云盖谷人文生态休闲城、世界自行车主题文化公园、蓝色地球村等5大项目基本落实，项目资金陆续到位；组织旅游企业参加第七届中博会旅游投融资洽谈会，投资65亿元的长沙灰汤温泉国家旅游度假区和长沙龙熙温泉现场签约。加快国际高端酒店的引进，瑞吉、W酒店、威斯汀、JW万豪、凯宾斯基、香格里拉等13个国际品牌酒店签约落户长沙。

二、旅游创建工程实现新突破。景区创建实现历史性的突破，岳麓山·橘子洲旅游区成功创建为AAAAA级景区，新增石燕湖生态旅游景区、长沙生态动物园、宁乡紫龙湾旅游区、湖南省森林植物园、沩山密印寺AAAA级景区5家，东鹜山创建为AAA级景区；“251”工程加快建设，有2个省级重点项目、4个市级重点项目、7个县级重点项目在建，“3521”创建工作工程强力推进，浏阳市获全省旅游强县（市），花明楼镇、铜官镇、椝梨镇获特色旅游名镇，汉回村、炭子冲村等6个村荣获首批旅游名村，绿世界农庄、湘丰山庄等12个单位荣获省级乡村旅游区（点）。强化星级旅游饭店和旅行社的创建工作，新增五星级旅游饭店1家、四星级旅游饭店2家，新创1家五星级旅行社和5家四星级旅行社。红色旅游深入发展，浏阳市文家市秋收起义纪念馆、湖南省青少年活动中心、浏阳市胡耀邦故里旅游区、长沙伯瑜万福源博物馆等5个景点获评“湖南省红色旅游（区）点”。旅游消费购物得到加强，长沙灰汤温泉特色产品开发有限公司、浏阳特产城命名为湖南省旅游购物示范点。

三、旅游精品建设开创新局面。市政府专门召开全市精品旅游区建设动员大会，重点规划建设湘江休闲旅游观光带、都市休闲旅游圈、西部生态田园休闲度假旅游圈、东部山地度假旅游圈等“一带三圈”旅游产业功能区，抓好岳麓山—橘子洲生态文化旅游区、灰汤温泉旅游度假区、大围山生态旅游区等十大旅游产业功能区开发建设，开发一系列精品旅游线路，着力培育文化游、体育游、烟花游、生态游等旅游新业态，形成了一批大精品、大项目，灰汤温泉、大围山创“国字号”工程通过省级验收，铜官窑国家遗址公园6月开园，沩山—炭河里文化旅游区全面启动，花明楼文化旅游区、耀邦故里景区全面升级改造。在全省旅游景区管理服务工作会议上，长沙市在会上作典型发言，长沙县获全省旅游工作十佳县（市）区，岳麓山·橘子洲旅游区、宁乡花明楼刘少奇纪念馆、长沙海底世界被评为“全省十佳景区”。（王　涛）

【岳麓山－橘子洲旅游区获评国家AAAAA级景区】 1月9日，国家旅游局在北京为2011年新评定的6家国家AAAAA级旅游景区授牌，长沙市“岳麓山－橘子洲旅游区”被正式授牌为国家AAAAA级旅游景区。国家旅游局规划财务司副司长张吉林主持授牌仪式，长沙市政府副市长陈献春出席。

（王　涛）

【长沙AAAA级景区增至14家】 近几年来，长沙市加大对旅游基础设施投入，景区建设取得长足发展，2012年先后有杨开慧纪念馆、胡耀邦故居、靖港古镇、湖南省植物园、紫龙湾度假区、长沙生态动物园、石燕湖景区等7家景区被评为国家AAAA级景区，加上原有的湖南省博物馆、雷锋纪念馆、海底世界、世界之窗、浏阳大围山森林公园、刘少奇纪念馆、天心阁公园，长沙的国家级AAAA景区达到14家。（王　涛）

【花明国际文化旅游度假城建设启动】 11月23日，港股上市企业键桥投资（香港）有限公司与宁乡县人民政府正式签约，启动建设花明国际文化旅游度假城项目，计划用地270公顷，在六年内完成投资40亿元，花明楼镇将建设“一心两翼三区域”，以“修养文化”为内核，以芙蓉寨森林公园、双狮岭生态文化园、大夫堂‘靳尚府’楚文化遗址建设为延伸打造景点。项目建设范围涵盖花明楼集镇及周边部分区域，与刘少奇故居、刘少奇纪念馆和花明园景区有机结合，通过游客集散中心、高端五星级旅游酒店和会议中心、特色旅游商业街、环花明湖园林、景观工程、花明湖湖水治理、管线工程、太极湖景观、人造沙滩、音乐喷泉、实景舞台剧场进行综合开发，建设特色旅游新城，打造大花明楼5A级旅游景区。

（周建文）

【宁乡启动滨江公园建设】 12月12日，宁乡滨江大道进入铺油路阶段。这标志着宁乡滨江公园景观一期已做好前期准备工作，启动建设。滨江公园选址群英垸南段自沙河桥至南太湖村入口处，全长2.5公里。规划总用地面积249350平方米，规划建筑面积约3万平方米。项目总投资约7亿元，建设内容主要包括公园园林绿化景观、主题广场、商业建筑、滨江大道、防洪堤整治、驳岸、泵站、市政管线、亮化等。项目将通过环境整治、市政建设和综合开发，把项目区域打造成为纵贯全城的生态景观带，根据滨江公园建设性质分为景观绿化和商业建筑两块；景观绿化按其功能分区，由南太湖往北至汽车桥分为5个标段（A、B、C、D、E）进行招标和施工；商业建筑分为两个标段进行招标和施工。其中一期建设为A、B标段的景观绿化建设及其内的商业建筑；二期建设为C、D、E标段的景观绿化建设及其内的商业建筑。项目自2010年10月份启动拆迁以来，现已完成252户私房和8宗单位资产的拆迁。

（周建文）

【新增5家湖南省旅游购物示范点】 1月19日，经省旅游购物示范点评定委员会检查评定通过，湖南沙坪湘绣股份有限公司、湖南金玉堂珠宝有限公司、湖南省沩山湘茗茶叶有限公司、

湖南金霞湘绣有限公司、湖南省神农礼品开发有限公司等5家单位被评为湖南省旅游购物示范点。（王 涛）

【铜官窑遗址公园开园】 6月5日，长沙铜官窑国家考古遗址公园举行开园仪式，是湖南省第二个国家级考古遗址公园，位于长沙市望城县丁字镇彩陶源村。长沙铜官窑，始于初唐，盛于中晚唐，衰于五代。是我国陶瓷釉下多彩的发源地，开辟了陶瓷历史的新纪元，唐代三大出口窑瓷之一。1983年，发现了迄今为止保存最完整的唐代古龙窑——谭家坡一号龙窑，发掘取泥洞、淘洗池、储泥池、陶车坑、工棚、烘烤炉、釉缸、装窑台面等28处遗迹，出土可修复文物上万件。从2009年起，长沙投资2.8亿元对核心保护区及考古遗址公园进行一期建设。改造唐风民居104幢，完成入园门楼、梦回大唐瓷版画长廊、觉华塔、宝塔广场、登山游道、石渚坪广场、彩唐桥等建设，铜官窑千年历史再现世人眼前。建成后的遗址公园，是历史文化旅游、乡村旅游、生态旅游相结合的文化精品工程。（王 涛）

市场拓展

【概况】 2012年，市委、市政府明确了“快乐长沙”旅游城市形象定位，并纳入全市对外统一宣传战略。紧紧围绕“快乐长沙”旅游城市形象，加强旅游宣传营销，拓展旅游客源市场。一是坚持放大媒体宣传。重点在首都机场、黄花机场推出长沙旅游城市形象广告，在《当代中国画报》、《中国旅游报》、《中国国家旅游》和《青年时讯》开辟专题、专版宣传，组织开展“乐游长沙·网传幸福”2012中国网络媒体长沙行活动，人民网、凤凰网、国际在线等38家知名网站对“快乐长沙”城市形象进行全方位的推介。从2月8日开始，在央视1套、13套《朝闻天下》推出“快乐长沙”形象广告。同时改版长沙旅游网，IP流量达到117万，创刊《乐游长沙》杂志，形成了立体宣传长沙旅游的网络。全年关于长沙旅游的宣传报道达到100多万条（次），用于市场宣传经费600万元。二是坚持办大节会活动。先后举办灰汤温泉节、生态文化旅游节、漂流节、樱花节、杜鹃花节等近20个旅游节会活动。举办2012全国公路自行车锦标赛暨中国长沙环湘江自行车国际邀请赛，继续推出橘子洲周末音乐焰火燃放活动，第四届中国（长沙）灰汤温泉节。三是坚持加大内外促销。高度重视境内区域合作，在广州、深圳两地召开“2012长沙樱花节、灰汤桃花节、靖港古镇旅游推介会”，向广深两地市民推介长沙春季特色旅游产品。在湘潭、株洲举行灰汤温泉推介会。组团参加了2012中国国内旅游交易会，集中推介长沙旅游。突出开展境外旅游促销，分别在日本、韩国、德国、巴西、智利、澳大利亚等10多个国家和香港、澳门、台湾等地区进行长沙旅游推介，专程赴俄罗斯进行旅游促销，与莫斯科签订每年1万人的游客引进协议，到长沙游客国家上升到83个。1月10日，2012年全省旅游市场开发工作会议在通程酒店举行。长沙市旅游局获得全省市场开发工作突出贡献单位，长沙市中国国际旅行社、世界之窗等10家长沙市旅游企业获得全省市场开发工作先进单位。（王 涛）

【长沙温泉旅游节】 1月10日，中国长沙（灰汤）第三届温泉旅游节开幕式暨灰汤华天城温泉度假酒店开业庆典在宁乡县灰汤镇举行。10月31日～11月6日，中国·长沙（灰汤）第四届温泉旅游节开幕暨“邀省会名家，享灰汤温泉”体验推介活动在宁乡县灰汤镇启动，省、市领导出席。张国庆、周德华、刘建武等百名劳模参加开幕式。旅游节期间，分别邀请了千名劳动模范、千名教育专家、千名医疗专家、千名文化名人、千名企业家、千名老干部、千名科技专家和部分市民到灰汤休闲度假。（王 涛）

【开福新春喜乐会】 1月27日至2月6日，长沙第三届开福新春喜乐会在开福区开福寺文化广场举行。活动由长沙市委、市政府主办，开福区委区政府、市旅游局、市商务局、湖南人民广播电台承办，活动主题为“幸福长沙、和谐开福”。主要有祈福、赏灯、游乐和公共大舞台四大活动，吸引了市民及游客超过300万人次。市民们在开福寺文化广场及周边品尝美食，竞猜灯谜，观赏花灯，在开福寺进行新春祈福，欢度传统新春佳节。2月6日，举办长沙第三届开福元宵喜乐会。（王 涛）

【世界名花生态文化节】 3月27日，由省林业厅、长沙市政府主办，市旅游局、省森林植物园、雨花区政府承办的世界名花生态文化节在湖南省森林植物园开幕，“春之歌”主题花展历时两个月，将打造出长沙“最美的春季花园”，是湖南省规格最高、规模最大的综合性世界名花盛会，吸引数十万名游客参观。省旅游局纪检组长高扬先、市政府副市长、天心区委书记陈献春出席开幕式。（王 涛）

【生态文化旅游节】 3月30日，在浏阳市高坪镇启动第六届长沙生态文化旅游节暨“魅力乡村·最美高坪”—第四届浏阳河乡村休闲观光节，由长沙市人民政府主办，长沙市旅游局、浏阳市人民政府承办。长沙市副市长、天心区委书记陈献春，长沙市副市长、浏阳市委书记钟刚等领导出席启动仪式。启动仪式涵盖了“游乡村”、“美乡村”、“赞乡村”、“展乡村”、“乐乡村”五大主体活动，旨在提升浏阳优秀旅游城市品牌，推介浏阳秀美山水风光，展示浏阳新农村建设成果。系列活动还有：6月，在望城千龙湖生态农庄举办“2012家庭趣味龙舟挑战赛”；在国庆“黄金周”前夕，举办“《长沙乡村自助游手册》发行暨百家乡村旅游企业黄兴广场营销活动”等。（王 涛）

【网络媒体长沙行】 4月21～25日，“乐游长沙 网传幸福”2012中国网络媒体长沙行举行。开幕式由红网面向全球进行同步直播，国际在线、新华社、中新社、凤凰网等来自全国的37 家媒体记者参加。“2012网民最喜爱的中国十大文化旅游城市”评选颁奖仪式也在开幕式上举行。北京、长沙、成都、郑州、库车等十座城市被评选为全国网民心中最美之城。在“对话长沙”现场环节中，长沙市委书记、市长张剑飞风趣幽默地回答国内、外记者问，连线微博网友答疑。

在论道长沙环节，中国文化学者、旅游专家刘思敏、湖南省旅游首席专家团专家郑焱、千岛湖风景旅游局副局长杨一峰就旅游营销进行话题探讨。除开幕式以外，来自全国30余家网络媒体的主编和记者在长沙进行为期6天的旅游主题考察活动和深入采访，将在长沙发掘出的美和幸福通过网络发布，与人们共享。（王　涛）

【大围山杜鹃花节】 5月，长沙市第四届大围山杜鹃花节在浏阳大围山举行，杜鹃花节以“漫游杜鹃花海，放飞自然心情”为主题，包括长沙市第四届大围山杜鹃花节开幕式、“花仙子T台走秀” 杜鹃花摄影写生、大围山露营基地挂牌暨露营徒步大会、大围山旅游地产研讨招商会、旅行社踩线活动等六大系列活动。（王　涛）

【中博会激光焰火晚会】 5月17日，第七届中国中部投资贸易博览会激光焰火晚会在长沙市橘子洲头上演。此次焰火，规模超北京奥运会和上海世博会，由全球十大燃放企业一同打造，是世界最大的音乐激光矩阵焰火，跨度5公里，横跨整个橘子洲。晚会以“湘江之韵”为主题，以湘江为主线，以激光、焰火为载体，全面展现湖湘文化的灵魂、湖南的发展和中博会的主题。分6个乐章：序曲（再聚湘江），第一篇章（湘江魂），第二篇章（湘江美），第三篇章（湘江情），第四篇章（湘江梦），尾篇（共生崛起）。创造了3个世界第一，大量使用10吋、12吋烟花弹，总共40万发烟花，20万次点火。（王　涛）

【《乐游长沙》杂志创办】 7月19日，《乐游长沙》杂志正式创刊，杂志全面推介长沙的乐娱、乐游、乐吃、乐购，展现长沙旅游项目建设形成的新产品，宣传长沙旅游项目建设的新成就，构建多层次及内容丰富的旅游产品体系，全方位展示“快乐长沙”城市形象，提升城市旅游形象，打造“快乐长沙”品牌，推动长沙旅游强市建设。省委常委、市委书记陈润儿，市委副书记、市长张剑飞分别为创刊号题写寄语。（王　涛）

【虚拟旅游实景体验项目完成】 12月15日，长沙市虚拟旅游实景体验项目“在线版”和“U盘版”全面完成。长沙市虚拟旅游项目基于电子地图进行二次深度开发，项目历时半年，涵括了长沙市所有AAAA级以上旅游景区，共采集和制作了300多个经典旅游区美景片段，集中打造了一个以“快乐长沙”为品牌的网上动态的虚拟旅游平台和专项旅游宣传产品。（王　涛）

【首届百万花·蝴蝶文化节】 10月20日，主题为“万千蝶舞，浪漫尽在此时”的首届百万花•蝴蝶文化节在湖南省森林植物园内举行。此次以蝴蝶、花海为主要元素，融艺术、浪漫、低碳、科普于一体，作为全国最大规模的蝴蝶节，有20个珍稀品种的逾20万只蝴蝶；用地4公顷，用30个品种百万株彩色葵花海；以及用地2万平方米57个品种的景观花卉展览。游客不仅能观赏七彩葵花海，与万千蝴蝶零距离亲密接触，还有更丰富的仙境蝴蝶谷、梦幻城堡、蝴蝶爱情长廊、蝴蝶科普之窗和蝴蝶科普馆游园等。（王　涛）

中博焰火

【参展湖南旅游产业博览会获奖】 9月16日，长沙市旅游局获中国湖南（第三届）旅游产业博览会优秀展台奖；湖南沙坪湘绣股份有限公司、湖南省工艺美术馆、湖南神农礼品开发有限公司等3家单位获得湖南优秀旅游商品企业奖励；菊花石雕《桃花源记》、湘绣《武陵源风光》、流水工艺品《风生水起》等3件商品获得湖南优秀旅游商品金奖；沙坪湘绣绣花鞋《天韵臻品》、红色旅游产品《主席像系列》、福满乾坤等3件商品获得湖南优秀旅游商品银奖；陶瓷作品《梦回大唐》、神农福百草茶、湖湘文化扑克等3件商品获得湖南省优秀旅游商品铜奖。（王　涛）

【环湘江国际自行车邀请赛】 9月26～29日，2012 全国公路自行车锦标赛暨中国长沙环湘江国际自行车邀请赛在梅溪湖畔举办。大赛分公路大组赛、锦标赛和个人计时赛，全国20余个省市21支车队76个自行车俱乐部，以及10多个国家和地区近1000名运动员参赛。通过选手们的激烈比赛。公路大组赛的男子甲组、乙组以及女子组分别由张利、陈湘源、袁薇分获各项目的冠军。锦标赛成年男子80公里城市绕圈赛中，运动员们经过10圈75.5公里的激烈的争夺，香港队的郭灏霆摘得冠军，亚季军分别被黑龙江队的赵宇箭与山东队的王美银获得。个人计时赛由中国攻队的张利夺取冠军，北京皇冠自行车队的崔昊和凯路仕队的Daniel Carruthers（丹尼尔）分列第二、第三位。（王　涛）

【市第四届浏阳河漂流节】 7月5日，由长沙市人民政府主办，长沙市旅游局、长沙晚报社、浏阳市人民政府承办的长沙市第四届浏阳河漂流节在浏

环湘江国际自行车邀请赛

阳市体育中心开幕，本届漂流节以“激情漂动、美丽浏阳”为主题，大围山峡谷漂流、周洛飞瀑漂流、皇龙峡漂流、凤凰峡漂流、榴花洞漂流、大围山龙须漂流、六叠泉硒漂流、浏河源漂流八大漂流景点共同参与。活动持续到8月底，期间，推出100家旅行社漂流踩线、千人自驾游漂流体验、漂流美图摄影、漂流团购大优惠、微博网友浏阳激情漂流等特色活动，各大漂流景区也进行了拓展训练、烧烤、野外露营、山泉漂等系列特色活动。（周建文）

【乔口渔都开街】 9月13日，望城区乔口渔都盛装开街。当天晚上，中国·长沙首届自然生态博览会暨全国第四届休闲农业与乡村旅游节开幕式在乔口柳林湖畔隆重举行。素有“长沙十万户，乔口八千家”美誉的乔口镇扼望城西北门户，处长沙、益阳、湘阴、宁乡四县交界处，位于湘江之滨，八百里洞庭湖边，三面环水，境域内大大小小的湖泊星罗棋布。随着经济发展和城乡一体化建设的推进，望城乔口镇深度挖掘了古镇文化特色，精心修复了三朝皇帝御赐牌匾的百岁坊、渐源寺和乔江书院，精心构造了独具乔商文化的百岁街、江西会馆、三贤祠、刘福泰行等文化景点。打造水乡古镇、商贸名镇、风情小镇。有涵着历史之美的古迹和古村群落，又有着日新月异、环境优美的景区，还有集休闲、娱乐、垂钓于一体的水上乐园，还有特色美食。（周建文）

【橘子洲首个国际风筝节】 2012中国·长沙橘子洲首届国际风筝节9月28日开幕，持续至10月31日，以“快乐长沙 筝艳橘洲”为主题，主题活动有风筝嘉年华、国际风筝放飞比赛、国际专业队放飞表演、亲子DIY乐园等，此外，还举行大型风筝室外艺术展，活动期间，汇聚国际、国内顶尖的风筝放飞人员，展示奇特各异的风筝，风筝艺术长廊则是将通往景区的主通道装点成风筝的海洋，五彩斑斓的铁蝴蝶点缀于草坪树木之间，共有40组景点，五大类：动物世界、水族世界、鸟语花香、昆虫世界、八仙过海（人物类）。室内精品风筝展则汇集了各类、各地方独具特色的风筝精品。（王　涛）

附录：

长沙市部分旅游景区介绍

长沙市风景秀丽，自然环境优美，人文历史绵长，孕育了丰富的旅游资源。2012年全市旅游景区（点）达120个，国家A级旅游景区28个，其中5A级1个、4A级14个；旅游产品极大丰富，全市共有地文景观、人文景观、水域风光、生物景观、古迹与建筑、休闲购物等旅游资源8大类、29个亚类、91个基本类型。

【岳麓山－橘子洲旅游区】 国家AAAAA级景区，位于古城长沙湘江西岸，规划面积35.20平方公里，核心景区面积7.14平方公里，包括岳麓山景区、橘子洲景区、岳麓书院和新

岳麓山风景名胜区

橘子洲景区

岳麓书院

新民学会旧址

民学会四个旅游区（景点），景区集“山水洲城”奇观于一体，自然环境优美，人文底蕴深厚，基础设施完善。2012 年 1 月 9 日，岳麓山－橘子洲旅游区获得国家 5A 级景区授牌，成为长沙史上第一个国家 5A 级景区。

【刘少奇故居纪念馆】 国家 AAAA 级景区、中国十大红色经典景区，位于花明楼镇炭子冲，占地面积 66.67 公顷，总建筑面积 3.1 万平方米。有刘少奇同志故居、纪念馆、铜像广场、文物馆及花明楼、修养亭、万德鼎、刘少奇坐过的飞机、炭子冲民俗文化馆、刘家祖坟等。

刘少奇故居纪念馆

【长沙世界之窗】 国家 AAAA 级旅游景区，位于浏阳河畔金鹰影视文化城，是由湖南电广传媒股份有限公司、深圳华侨城控股股份有限公司和香港中旅集团共同投资兴建的大型文化主题乐园，占地 40 万平方米，融世界各国建筑奇观、五洲风情歌舞表演、大型器械游乐、影视拍摄基地于一体。宇宙升降机、太空飞椅、阿波罗飞船等游乐项目，组合成湖南最大规模的极品游乐群。

长沙世界之窗

【长沙海底世界】 国家 AAAA 级景区，位于金鹰影视文化城内，毗连湖南广电中心，是集观赏、游乐、科普、休闲于一体的现代化海洋主题公园。拥有中南地区最长的海底隧道，上千种海洋珍稀鱼类与海洋生物，亚洲最大的人造海水缸。主池隧道 78 米，淡水、海水缸 48 个。

长沙海底世界

【天心阁】 国家 AAAA 级景区，位于长沙城区最中心，占地面积 2.67 公顷，以天心阁与长沙古城墙作为主要景点。天心阁原为一层建筑，至清乾隆加修至两层，1852 年太平军攻打长沙后复修城垣，将原两层扩建为三层，整个建筑色调凝重而雄浑，风格去华饰存古朴，属典型的明清时期南方园林建筑风格。

天心阁景区

【雷锋纪念馆】 国家 AAAA 级景区，位于高新区雷锋镇，是全国爱国主义教育示范基地、全国青少年教育基地。1968 年建馆，雷锋纪念馆总面积 10.8 万平方米，建筑面积约 8500 平方米。雷锋生平事迹陈列馆展出文物 113 件、图片 137 张、雕塑 8 组；雷锋故居总面积 500 平方米，陈列有雷锋一家用过的棉被、蚊帐、床具、炊具、农用具等生活、生产用品，雷锋曾在此居住了 18 年。1991 年 3 月 16 日，江泽民专程到馆视察并亲笔题写馆名。

雷锋纪念馆

【大围山国家森林公园】 国家AAAA级景区，位于浏阳市东北部与江西铜鼓县交界处，国家森林公园。该公园是山岳型自然风景与第四世纪冰川遗迹地貌风景区，古称首禅山，有121个旅游景点。1992年林业部批准为国家森林公园，1996年正式开园。

大围山国家森林公园

【杨开慧纪念馆】 国家AAAA级景区，位于长沙县开慧乡开慧村，1966年建成开馆，省级重点文物保护单位和省爱国主义教育基地，省妇女儿童爱国主义教育基地。杨开慧故里是毛泽东早期从事革命活动、长沙地区第一个农村党支部清泰支部成立的地方，也是长沙县北部开展革命斗争的场地。主要有杨开慧烈士故居、烈士陵园及烈士生平业绩陈列馆。故居始建于1795年，是杨开慧、杨开明和杨展学习和成长的摇篮。毛泽东曾于1921年至1927年先后三次到板仓调查，并在此小住。

杨开慧纪念馆

胡耀邦故居

【胡耀邦故居】 国家AAAA级景区，位于浏阳市中和乡苍坊村，为普通民居建筑，整体布局为倒凹字形，始建于清朝咸丰年间，占地面积450平方米，建筑面积300平方米，共计19间，其中自中轴线以西部分为胡耀邦家的住房（9间半），以东部分为胡氏宗亲住房。1915年11月20日，胡耀邦出生于西侧横厅内屋一间10多平方米的耳房里，并在此度过了他的童年和少年时代。1996年公布为省级文物保护单位。2002年公布为省爱国主义教育基地。

【靖港古镇】国家AAAA级景区，地处长沙县望城区沩水入湘江口，是中国历史文化名镇。靖港扼湘江逆上长沙之要冲，历来为兵家必争之地。唐武德四年（621）内乱频仍，高祖皇帝李渊派大将军李靖南下戡乱，李靖驻兵芦江，“秋毫无犯，百姓德之，名曰靖港，以志不忘”。1854年3月，太平军征湘军占领靖港，石贞祥率征湘军大败曾国藩水师于靖港。曾国藩在对岸铜官渚愤而投江，遇救。现存8街4巷7码头，民居1008栋，主街道长1275米，有数十处古商铺、作坊、会馆、庙宇等遗址。

靖港古镇

【紫龙湾温泉度假区】 国家AAAA级景区，依托古老灰汤温泉、投资逾三亿、按五星级酒店标准兴建而成，拥有占地面积达三万平米的湖南首家大型露天温泉区，拥有目前中国最大的温泉接待中心，拥有建筑面积达两万平米的五星级温泉国际大酒店，集旅游度假、疗养健身、休闲娱乐、商务会议、宴宾典庆等功能于一体，各类配套设施一应俱全。

紫龙湾温泉度假区

关等方面达成了两项合作意向；组织参加了十五届北京国际科技产业博览会、深圳高交会、长台高新技术企业对接会等活动，与美国中医药协会、德国机械设备制造业联合会等境外行业建立了合作关系。2012科交会上，台湾企业届60多名企业家组团参会、参展，与长沙企业在更广、更深领域开展了合作。

三、科技支撑作用日益明显。1.高新技术产业多级发展。全年新增高新技术企业85家，全市高新技术企业总数占到全省总数的一半以上。积极组织企业申报高新领域国家科技计划2013年备选项目（“863”计划和科技支撑计划），推荐7家，其中5家进入科技部最终评审。全市高新技术产业总产值达4200.7亿元，同比增长16.1%。2.大力培育战略性新兴产业。组织专家编写了战略性新兴产业发展技术创新目录，继续设立了培育战略性新兴产业科技支撑资金，针对战略性新兴产业共下达经费9456万元。积极开展长沙市2012年技术先进型服务企业认定及复审工作，新增5家技术先进型服务企业，总数达到24家。隆平高科技园成立了服务外包示范基地，宁乡金洲新区节能环保新材料产业化基地、望城有色金属新材料精深加工基地被正式认定为国家级高新技术产业化基地。3.助推现代农业快速发展。推进农业特色产业示范基地建设，新增基地13家；推进农村信息化建设，新认定信息服务示范站13家，各信息服务站、示范站上门服务达700余次，培训600余期，培训3万余人（次），发送农业技术市场服务短信近15万余条。研究制定了《长沙市农业类科技特派员工作组织实施意见》，选派了新一批28名农业特派员。星火科技“12396”科技助农“直通车”信息工程、科技特派员试点工作、“百村百名大学生”培养工程有效地推动了农业科技成果和先进实用技术的推广，都市农业和生态农业体系基本形成。4.促进“两型社会”和谐发展。进一步加大了民生科技发展力度，建设了健康科技研发平台，推进了食品安全关键技术研究。加强了“两型社会”科技支撑体系建设、生态修复、节能减排、新能源汽车示范推广试点工程等工作，生态环境持续改善。

四、科技管理能力不断提升。1.加强产业顶层设计。印发了《2012年度长沙市科技计划项目申报指南》，围绕创新型城市建设、“五化一率先”发展战略，设立了创业富民资金、中小企业发展资金、培育战略性新兴产业科技支撑资金、科技成果转化资金、产学研合作资金、社会发展科技支撑基金、科技平台建设资金和产业投资资金8个大类，并围绕长沙经济发展方向设定了20个专项。针对高新技术产业发展放缓的新形势，2012年新增中药创新关键技术、检测试剂与医药抗体关键技术、汽车轻量化关键技术、绿色建材与建筑节能关键技术、食品安全关键技术等重大专项支持方向，形成长沙市高新技术产业多级发展、齐头并进的局面。2.完善科技管理体系。2012年先后制定下发了《长沙市科技发展专项资金及科技计划项目管理办法》、《市外高等院校（科研院所）长沙技术转移机构工作绩效评价办法》、《长沙市科技创新平台管理办法》等一系政策文件。《长沙市科技风险投资资金管理办法》、《促进科技与金融、文化结合 打造新兴产业名城的若干意见》等文件已上报市政府。3.实施重大专项绩效评估。对长沙巨星轻质建材股份有限公司、湖南华强电气有限公司、国防科学技术大学等10家单位承担的重大专项中期评估。参加本次中期评估的10个项目，立项支持金额645万元，计划带动总投资24472.77万元，实际到位资金达到12505万元，占预计总投资额的51.09%，政府资金撬动比例达1∶19.39。2011年实现总产值65232.48万元。“新型轻质高强空心楼盖关键技术与产业化”、“轨道车辆结构用大型复杂铝合金型材先进制备技术及产业化”等项目的关键技术已达到国内领先或国际先进水平。4.强化科技计划项目绩效。在2011年立项的科技计划项目中选取了777个项目进行了跟踪督查，从自评情况来看，其产出情况总体较好，绩效明显。相关专项资金已全额拨付到位，同时企业自筹资金达到283148.789万元，新开发或引进新产品1195项，专利申请1880项，发表论文483篇，获得科技奖励数36项，新增产值815735.71万元，新增利税134845.51万元，出口创税1956.2万元，带动社会投入211426万元，新增就业20746个，建设公共平台48个。

五、科技工作彰显特色。1.促进科技与文化结合。与省厅一同启动了申报“长沙国家文化科技融合示范基地”工作，制定了《长沙（国家）文化和科技融合示范基地建设规划》，长沙市获批国家首批文化和科技融合示范基地。已有2个科技与文化融合重大项目获得国家立项支持，2个项目正在审批中。2012科交会突出文化与科技融合，“面向动漫文化产业集群的综合公共服务平台及应用示范”等一批重大项目成功签约。2.深化科技金融结合。定期组织银企对接活动，其中，“春暖天心”小微企业银企对接会，签订了1.432亿元的融资意向书；长沙高新区成立了湖南麓谷高新天使基金，扶持初创型创新企业；长沙银行、浦发银行科技支行累计为100家中小企业放款4.8亿元；2012科交会上，国内外有100多家风险投资机构的代表到长沙与高新技术产业对接，总签约金额超过5亿元。3.科技奖项激励科技创新。为扩大科技奖项覆盖面，进一步促进创新创业，设立了“企业科技创新市长奖”，湖南华曙高科技有限责任公司等3家企业获奖，山河智能装备股份有限公司等47家单位获得了2012长沙市科技进步奖，袁隆平农业高科技股份有限公司等10家单位获得2012产学研合作与成果转化奖，有效促进了全市科技工作者参与创新创业，服务长沙经济社会发展。4.加强指导产业技术创新战略联盟建设。为加快完善以企业为主体、市场为导向、产学研相结合的技术创新体系，强化创新战略联盟在资源共享、协同攻关等方面的作用，制定了《长沙市产业技术创新战略联盟管理办法（试行）》、《长沙市产业技术创新战略联盟绩效考核办法》，建立了联盟绩效考核指标。组织召开了2012年长沙市产业技术联盟工作会议，总结了各联盟成立以来的发展运行情况，分析了当前联盟存在的不足和急需解决的问题，明确了下一步联盟的中心工作。中国高校技术转移中心长沙联盟发挥市外创新资源与长沙产业之间的桥梁作用，在2012科交会上签订合作项目资金2000多万元。5. 召开了驻长沙高校、科研院所负责人座谈会。为积极探索创新型城市建设的途径和方法，充分发挥驻长沙高校和科研院所对地方发展的作用，先后召开了驻长沙高校主要负责人座谈会、驻长沙科研院所负责人座谈会。陈润儿、张迎龙等省市领导与高校领导就推进投资稳定增长、推进产业协调发展、推进宜居城市建设、推进城乡统筹发展、推进文化繁荣发展、推进综合配套改革、推进对外开放合作、推进民生事业发展等方面进行了深入讨论。陈润儿、李军、夏建平等省市领导与中国科学院亚热带农业所、中机国际、中冶长天等科研院所负责人就产学研合作、科技成果转化和人才引进等方面进行了交流和探讨。

六、自身建设不断加强。开展了基层群众“办事难”专项治理，深入基层为民办实事。大力开展“一推行四公开”工作，建立了群众工作站，解决各类问题50余个。给予宁乡县巷子口镇狮冲村30万元、浏阳市大围山镇金钟桥村40万元、宁乡县花明楼镇炭子冲村20万元的项目立项。支持局“两帮两促”工作组深入对口企业中联重科考察调研，收集汇总企业需解决的16个问题，针对企业提出的相关问题，进行了分类，建立问题处理台账。已协调相关单位解决主要问题11个。组织开展重要效能督查，制定了《长沙市科技局专项效能监察和重要岗位监督工作方案》，长沙市现代农业特色产业科技示范基地建设工作”和“农业特色产业科技示范基地管理岗位”作为专项效能监察的重点。以创建文明城市为立足点，抓机关文明创建工作，组织开展了“结对帮扶惠民生、文明创建树新风”、“保护湘江母亲河，打造东方莱茵河”、“向雷锋同志学习，当服务群众贴心人”等活动。慰问了宁乡县巷子口镇狮冲村、浏阳市大围山镇金钟桥村、宁乡县花明楼镇炭子冲村、中意电器有限公司，慰问困难群众近80户，发放慰问金4万余元，物资一批，慰问局系统困难职工、离退休困难家庭26户，发放慰问金39200余元。（陈　昶）

·科技环境·

【完善科技创新政策体系】 牵头制定《长沙市“十二五”新材料技术及其产业化发展规划》和《长沙市“十二五”信息网络技术及其产业发展规划》。为加强市外高校（科研院所）长沙技术转移机构的服务管理，制定《市外高等院校（科研院所）长沙技术转移机构工作绩效评价办法》（长科发〔2012〕7号）。在科技平台建设方面，出台《长沙市科技创新平台建设管理办法》（长科发〔2012〕43号）；针对长沙产业技术创新战略联盟的发展实际，为促进其规范管理和技术创新，制定《长沙市产业技术创新战略联盟绩效考核办法》（长科发〔2012〕8号）。在推进农业科技创新方面，研究制定《长沙市市派农业类科技特派员工作组织实施意见》（长科发〔2012〕18号），修订《长沙市现代农业产业科技示范基地管理办法》（长科发〔2012〕10号）。在推进科技与文化融合方面，制定了《长沙（国家）文化和科技融合示范基地建设规划》和《长沙（国家）文化和科技融合示范基地建设方案》。

（方民寨）

【创新型单位建设】 出台《2012年度长沙市创新型单位建设工作方案》，评定长沙金霞经济开发区管理委员会等56家单位为长沙市第五批创建创新型单位。按照《关于开展2011年创建“创新型单位”验收工作的通知》，经集中汇报与验收小组现场考察、公示等程序，对湖南望城经济开发区管理委员会等54家单位进行了验收，并正式授予“长沙市创新型单位”称号。三诺生物传感股份有限公司、九芝堂股份有限公司、湖南电器研究所、湖南省茶业有限公司、长沙赛普尔自动化工程设备有限公司5个单位获省级创新型（试点）企业，其中九芝堂股份有限公司被认定为国家创新型（试点）企业。截至2012年底，长沙市省级以上创新型（试点）企业共有49家，国家级创新型（试点）企业9家。（李　畅）

【2012年科技活动周】 2012年，长沙市科技活动周以“创新驱动发展 创业成就未来”为主题，以推动科技成果转化和创新就业、惠及民生为支撑引领社会经济发展的出发点和落脚点，开展了系列以提高长沙自主创新能力建设为重点的活动，包括：2012年长沙市科技活动周启动式暨大中华珍珠文化专业科普馆开馆典礼、长沙市大学生科技创新创业大赛、世界清洁燃料技术在中部地区的应用暨合作前景研讨会、科普基地开放和市直各部门等五项主体活动内容。科技活动周期间，共组织开展大型科普活动60余次，举办培训班、讲座200余场次，张贴或悬挂标语、横幅800多条，发放科普读本、资料100多万本（份），参与人员达80万人次。（吴许文）

【获评首批国家级文化和科技融合示范基地】 2012年，长沙市被科技部与中宣部等五部委认定为首批国家级

2012年长沙市科技活动周启动式

市委常委、宣传部长张湘涛接回国家级文化和科技融合示范基地牌匾

文化和科技融合示范基地，制定《长沙（国家）文化和科技融合示范基地建设实施方案》，成立基地建设领导小组。组织基地内拓维信息、湖南大剧院、湖南省工业设计协会、中南传媒、湖南有线电视等文化类企业分别组团申报了5个国家文化科技创新工程项目，其中湖南大剧院和湖南省工业设计协会分别牵头组团申报的项目已经立项，共获资金支持1500余万元。省科技厅在产学研专项、战略性新兴产业专项和新型工业化专项中对长沙文化创新项目予以倾斜支持，共支持项目18个，资金达到1亿元。长沙市科技计划顶层设计了一个科技与文化融合示范基地建设科技重大专项，在重大专项中实施两大工程——现代文化产业科技引领工程和传统文化产业科技提升工程，在两大工程中分动漫、数字出版、电广传媒、演艺文化、湘绣、陶瓷、烟花等9个领域连续三年支持一批文化科技企业。2012年，共支持子项目13个，资金共计1380万元。开展科技与文化融合示范单位认定工作，拓维信息系统股份有限公司、天舟文化股份有限公司、湖南青苹果数据中心有限公司等企业成为首批10家科技与文化融合示范单位。

（杨保国）

【促进科技与金融结合】 2012年，长沙市以长沙高新区国家科技金融结合试点示范园区为突破口，加强了科技与金融结合工作。长沙高新区坚持“政府引导、市场主导”的科技和金融结合思路，支持长沙银行、浦发银行在园区内设立湖南省首批科技支行，并给每家科技支行设立2000万元的风险补偿基金，为其向销售收入5000万元以下的科技型中小微企业贷款承担70%的信贷风险。同时要求其提高对科技型中小微企业贷款的风险容忍度，创新融资产品和内部考核机制，简化审贷流程，提高审贷效率，真正降低对科技企业的贷款门槛。科技支行成立后半年的时间里，就对园区内77家小微企业贷款1.95亿元，其中贷款额100万元以下的企业达25家。同时，长沙高新开发区还引进了力源小额贷款有限责任公司、长沙高新区合作成长基金、湖南麓谷高新天使投资基金等科技贷款公司和基金，并出台了《长株潭国家高新技术产业开发区企业股权和分红激励试点实施办法》促进科技企业与金融结合。2012年，三诺生物、湖南发展、开元仪器、红宇新材4家科技企业成功上市，楚天科技IPO成功过会。

（陈　昶）

·高新技术·

【集群发展高新技术产业】 2012年，长沙市着力培育工程机械、新材料、生物与新医药、电子信息等优势产业集群发展，高端制造、新材料、新能源与环保、新能源汽车、生物产业、文化创意、信息网络等七大战略性新兴产业持续发力，强力支撑高新技术产业发展。重点支持了汽车、先进装备制造、新材料、生物与新医药、信息网络、新能源与资源开发、生态环境保护等一系列重点领域科技支撑重大专项。全年共支持产业上下游高新技术企业科技计划项目93个，共计3880万元。2012年，长沙市高新技术改造传统产业（含工程机械产业）实现高新技术产值2393.8亿元，占全市高新技术总产值比重为57%；航空航天产业实现跨越式发展，产值24.1亿元，同比增长171.2%，增幅为各领域之首。

（杨楚彬）

【培育重点高新技术企业】 国家火炬计划重点高新技术企业是提升自主创新能力、调整产业结构、转变发展方式、引领长沙高新技术产业跨越发展的中坚力量。2012年长沙新增中国铁建重工集团有限公司、金杯电工股份有限公司等20家国家火炬计划重点高新技术企业，占全省新增企业数的近一半。全市累计达到38家，成

中联重科全球最大塔式起重机

为长沙科技创新中的骨干力量。新认定长沙汉拓信息技术有限公司、湖南丰汇银佳科技有限公司、长沙空行动画制作有限公司、湖南神锋电子科技有限公司、湖南微凯信息科技有限公司5家技术先进型服务企业。另有中软国际（湖南）信息技术有限公司等7家企业通过复审，4年来全市共认定24家技术先进型服务企业。

（王岁红）

【发展高新技术产业平台】 2012年，长沙成为首批国家级文化和科技融合示范基地，浏阳经开区成为国家级经开区，长沙望城有色金属新材料精深加工高新技术产业化基地成为国家级高新技术产业化基地，金洲新区等6个园区申报省级高新区，雨花经开区获批“国家新型工业化产业示范基地”，金霞经开区获批“国家电子商务示范基地”；湖南广发隆平高科技园创业服务有限公司和湖南麓谷科技孵化器有限公司跻身“国家级科技企业孵化器”。

（黄 可）

·农业科技·

【发展现代农业特色产业科技示范基地】 2008年开始实施农业特色产业科技示范基地的建设工程，至2012年已发展市级特色基地57家，省级基地9家。25家市级特色基地和7家省级特色基地已建设完毕，通过验收。2012年新发展市级特色基地13家，滚动支持市级特色基地19家，投入经费730万元；新发展省级基地1家，滚动支持1家，省级投入经费40万元。对2008年以来认定的44个特色基地进行了调研，编写了《农业科技耀星城——长沙市现代农业特色产业科技示范基地建设成果汇编》。为规范基地项目的立项与管理，2012年对原有的《长沙市现代农业特色产业科技示范基地管理办法》进行了修订。到2012年，57家市级基地累计创造的税收2亿多元。共开发或引进新品种近200个，新品种栽培示范面积达到约0.47万公顷，开发新技术20余项、新产品100多个，申请专利30项，转化新技术100余项。

（曾 敏）

【开展科技特派员工作】 2012年，选派了第五批特派员28名，投入专项经费280万元，市内企业获得省级科技特派员工作站项目2个，省级科技特派员创业链项目1个，省级科技特派员项目1个。全年，科技特派员共推广新技术和新品种100余项，举办农村实用技术培训200余期，印发各类技术培训实用手册万余本，使4万多农民直接受益。对特派员和特派员驻点单位分别进行了问卷调查，研究制定了《长沙市农业类科技特派员工作组织实施细则》，在制度上明确细化了驻点单位科技计划项目经费管理、特派员与驻点单位职责、工作考核等。编写了《科技活雷锋——长沙市农业类科技特派员事迹汇编》。

（胡和平）

【扶持科技（专业）合作社】 落实《农民专业合作社法》和《湖南省贯彻实施〈农民专业合作社法〉办法》，支持长沙市农民专业合作社开展科技创新。全年，市科技计划共支持合作社项目56项，经费694万元。其中产学研金合作资金专项1项，经费10万元；产业投资资金专项2项，经费35万元；高新技术改造传统产业资金专项4项，经费84项；科技成果产业化资金专项36项，经费405万元；科技成果孵化资金专项1项，经费5万元；科交会对接项目资金专项1项，经费15万元；民生科技支撑资金专项3项，经费60万元；社会创业资金专项8项，经费80万元。合作社承担的市科技计划项目按技术领域划分，种植类项目有42项，养殖类项目有12项，农产品加工类项目2项。

（邬新泽）

某示范基地推广应用的喷灌系统

·产学研合作·

【2012中国（长沙）科技成果转化交易会】 2012中国（长沙）科技成果转化交易会10月28～29日在长沙高新区麓谷会展中心举行。由科技部、教育部、中国科学院、湖南省人民政府主办，科技部火炬高技术产业开发中心、湖南省科技厅、湖南省教育厅、中科院武汉分院与长沙市人民政府承办的第六届全国科技成果转化盛会。全国人大常委会副委员长华建敏，科技部副部长曹健林，教育部副部长杜占元，中国科学院党组成员、秘书长邓麦村，湖南省委副书记、省人民政府省长徐守盛，湖南省委常委、长沙市委书记陈润儿，湖南省委常委、省人民政府副省长陈肇雄，湖南省人大常委会副主任蒋作斌，湖南省政协副主席谭仲池等省市领导以及来自国内外近百所重点高校、科研院所的的近千名专家、学者，300余位海（境）外嘉宾，100余家国内外投资机构的300多位代表，100多家央企、上市公司、500强企业的企业家代表约5000人参加了盛会，参观人数超过5万人次。

本届科交会有两个国家级展示，分别是国家科学技术获奖项目暨新技术展、国家“科学发展，成就辉煌”科技图片展，另八大展区分别是：综合展示区、科技与文化融合展示区、

全国人大常委会副委员长华建敏等领导参加科交会开幕式

科技与金融融合展示区、中科院创新成果展示区、历届科交会成果展示区、民间科技发明展示区、企业技术需求和融资需求展示区、最新先进适用技术成果展示区。会期有主题鲜明的开幕式、闭幕式以及内容丰富、特色鲜明的科技成果展示、重大项目签约。主场外有9大具有特色的分会专场，分别是：中国科学院科技合作项目签约仪式暨科技成果推介会、中国高校技术转移中心长沙联盟工作年会、海峡两岸科技合作交流项目（长沙）推介会、长沙科技人才创业沙龙启动式暨海归创业精英交流会、增量制造产业高端论坛暨激光烧结装备发布会、长沙高新技术产业与风险投资对接会、IEEE第19届工业工程与工程管理国际研讨会、第四届药源国际研讨会、第二届湖南创意设计艺术节系列活动——大型多媒体科技梦幻晚会。

大会展出总面积超过1万平方米，分室内、室外两个部分。室外以大型实物展为主，展出近百家单位的100多件最新科技产品。室内展出面积超过6000平方米，展出科技成果1340项，技术需求273项，融资需求157项，有600多个国内外单位的1000余件实物参展。大会共收集科技成果10806项，收集技术需求427项，收集投融资需求244项，全部制作成光碟对外发布。大会期间，组织了近18场科技成果对接洽谈会、投资推介会和经验交流会，现场解决和协议解决了90多项技术难题。经过前期洽谈、对接，共签订了各类科技合作项目230个，签约金额达147.992亿元。

（陈　昶）

【驻长沙高校、科研院所主要负责人座谈会召开】 2012年1月26日，市委、市政府组织召开主题为“进一步加强产学研合作　促进国家级创业型城市建设”的驻长沙高校校长（书记）、科研院所院（所）长座谈会，10所驻长沙本科院校、12家驻长沙科研院所共计27位高校、院所领导出席了座谈会，就本校（院、所）如何加强产学研合作、加快科技创新步伐，服务长沙经济社会发展等方面积极献言献策。

（潘　攀）

【举办“科技助农四川大学专家教授长沙行”活动】 2012年3月8～10日，“科技助农四川大学项目对接会”在长沙举办。四川大学的专家们先后对盐津铺子食品有限公司、浏阳市葛家乡大源村、浏阳生物医药产业基地管委会等多家单位进行了调研和实地考察；举办了“统筹城乡发展问题”、“生态农业循环”、“有机废弃物的定向资源化”等主题的专题讲座；结合长沙农业需求，举办了项目推介会并进行了现场诊断，与50多家长沙本地农业企业现场达成了合作意向。

（胡　劲）

【主办长台高新技术企业对接会】 2012年9月，市科技局与高新区、市台办一起主办“第九届海峡两岸信息产业和技术标准论坛——长台高新技术企业对接会”，参会的台湾企业达15家，嘉宾有50余人，通过参加此次对接会与长沙有初步合作意向的有9家，其中长沙赛普尔公司已与台湾优仕达资讯股份公司就Phonekey Club防伪电子锁的研发应用及市场推广达成了框架合作协议，首期签约金额500万元。

（周　淦）

·科技平台·

【发展产业技术创新战略联盟】 2012年，长沙新筹备组建了“长沙市嵌入式系统产业技术创新战略联盟”，主要成员单位由湖南华诺星空电子技术有限公司、湖南麒麟信息工程技术有限公司、长沙景嘉微电子股份有限公司、湖南创越电子科技有限公司等组成。同时积极协调长沙福田汽车科技有限公司等单位参与组建了湖南省汽车及零部件产业技术创新战略联盟，获得省科技厅批准试点。出台了《长沙市产业技术创新战略联盟绩效考核办法》，建立了联盟绩效考核指标，并启动了联盟的考核工作。

（黄　可）

【科技创新研发平台建设】 2012年，中国铁建重工集团有限公司技术中心获国家认定的企业技术中心。全市全年共获批组建“湖南省数控精密磨床工程技术研究中心”等13家省级工程技术研究中心，获批组建中南大学的“精神病学与精神卫生学湖南省重点实验室”等4家省级重点实验室。新批准组建了“长沙市固态存储工程技术研究中心”等13家市级工程技术研究中心。

（庄淑华）

【科技企业孵化器建设】 湖南广发隆平高科技园创业服务有限公司、湖南麓谷科技孵化器有限公司被科技部认定为国家级科技企业孵化器。2012年新认定了市级科技企业孵化器5家，每家单位给予50万元的经费支持。积极引导孵化器做好创业服务工作，在2012年新认定的孵化器中，新增在孵企业122家，新增毕业企业47家。

（范增祥）

表　2012 年长沙新增国家级创新型企业名单

序号	单位名称
1	湖南九芝堂股份有限公司

表　2012 年长沙新增省级创新型（试点）企业名单

序号	单位名称
1	三诺生物传感股份有限公司
2	九芝堂股份有限公司、
3	湖南电器研究所
4	湖南省茶业有限公司
5	长沙赛普尔自动化工程设备有限公司

表　2012 年长沙市新增高新技术企业名单

序号	企业名称	序号	企业名称
1	湖南鼎新沃克信息技术有限公司	39	湖南宝利沥青有限公司
2	湖南主导科技发展有限公司	40	长沙格翎电池材料有限公司
3	湖南省安德生科技发展有限公司	41	湖南众业科技实业有限公司
4	湖南三一智能控制设备有限公司	42	长沙三元农业科技有限公司
5	长沙天恒测控技术有限公司	43	湖南松源化工有限公司
6	湖南国科微电子有限公司	44	湖南中岸生物药业有限公司
7	湖南网优科技发展有限公司	45	湖南天地恒一制药有限公司
8	二十三冶建设集团有限公司	46	湖南优蜜食品科技有限公司
9	湖南商康医药电子商务有限公司	47	湖南明瑞制药有限公司
10	中建五局土木工程有限公司	48	长沙新奥燃气发展有限公司
11	湖南富马科食品工程技术有限公司	49	湖南惠明环保能源有限公司
12	长沙湘风鼓风机制造有限公司	50	湖南高华环保股份有限公司
13	湖南正大轻科机械有限公司	51	长沙达树环保工程有限公司
14	长沙湘丰茶叶机械制造有限公司	52	长沙洁洁环保科技开发有限公司
15	长沙市雷立行电子科技有限公司	53	凯德自控技术长沙股份有限公司
16	长沙桑尼重工机械有限公司	54	湖南三唐信息科技有限公司
17	湖南鑫永生科技发展有限公司	55	长沙威佳通信科技有限公司
18	湖南超牌科技有限公司	56	长沙联远电子科技有限公司
19	长沙迪普机械科技有限公司	57	湖南华辰智通科技有限公司
20	浏阳市东信烟花集团有限公司	58	长沙金博联信息技术有限公司
21	浏阳红旗重型车架有限公司	59	长沙迪迈数码科技股份有限公司
22	长沙重型冶金机械有限公司	60	长沙九龙晖科技有限公司
23	湖南利达实业发展有限公司	61	湖南德天信息科技有限公司
24	长沙艾科瑞齿轮机械有限责任公司	62	湖南图维依动网络有限公司
25	湖南湘冶机械制造有限公司	63	湖南青果软件有限公司
26	湖南新兴电器控制设备有限公司	64	湖南联保卫康信息科技有限责任公司
27	湖南协力液压有限公司	65	长沙世邦通信技术有限公司

续表

序号	企业名称	序号	企业名称
	湖南博信电气有限公司	66	长沙创荣电子科技有限公司
29	长沙通石达机械制造有限公司	67	湖南新纪元消防工程有限公司
30	湖南铃木环保科技有限公司	68	湖南孚瑞锑格机械设备有限公司
31	湖南全程齿轮传动机械有限公司	69	湖南盛和电子自控科技有限公司
32	长沙诚源电器成套有限公司	70	长沙斯科供水设备有限公司
33	长沙安瑞电器有限公司	71	湖南湘能智能电器股份有限公司
34	湖南湘路机械科技有限公司	72	长沙伟定达电气自动化工程有限公司
35	湖南楚天电气工业有限公司	73	长沙欧伊尔实验设备有限公司
36	湖南瑞克液压油缸有限公司	74	长沙同大水泵实业有限公司
37	长沙凯德防水涂料有限公司	75	湖南固特邦土木技术发展有限公司
38	湖南飞碟新材料有限责任公司	76	长沙前元塑料技术开发有限公司
77	湖南龙石山铁皮石斛基地有限公司	117	长沙神久机械制造股份有限公司
78	湖南亿年西鱼农牧渔业发展有限公司	118	湖南飞洋机电科技有限公司
79	湖南昊康医疗科技有限公司	119	长沙伍扬工业设备科技有限公司
80	湖南隆平种业有限公司	120	长沙果福车业有限公司
81	长沙新奥燃气有限公司	121	长沙星沙包装有限公司
82	湖南中洲节能科技有限公司	122	湖南稀土技术开发有限公司
83	长沙水杯子直饮水工程设备有限公司	123	湖南神力铃胶粘剂制造有限公司
84	湖南现代威保持环保科技有限公司	124	长沙星城微晶石墨有限公司
85	湖南永清环境修复有限公司	125	蓝思科技股份有限公司
86	湖南天天向上网络技术有限公司	126	长沙中清耐磨材料科技有限公司
87	天舟文化股份有限公司	127	湖南银河冶金科技有限公司
88	湖南有色光电科技有限公司	128	长沙青之源办公家具设计有限公司
89	湖南康通电子科技有限公司	129	湖南博伟新材料有限公司
90	湖南省高速广信科技发展股份有限公司	130	长沙骅骝冶金粉末有限公司
91	长沙科瑞德电气有限公司	131	湖南化工研究院
92	湖南赛由信息技术有限公司	132	长沙得悦科技发展有限公司
93	湖南众益文化传媒有限公司	133	湖南中联生物技术有限公司
94	湖南浩丰文化传播有限公司	134	湖南省五季风生物科技有限公司
95	长沙博龙信息技术有限公司	135	湖南润邦生物工程有限公司
96	中国有色金属城市勘查设计研究院有限公司	136	长沙拜特生物科技研究所公司
97	稻之道供应链有限公司	137	湖南贵太太茶油科技有限公司
98	湖南省邮电规划设计院有限公司	138	湖南省长沙市爱晚亭家纺用品公司
99	湖南天辰通信有限责任公司	139	湖南帝亿生物科技有限公司
100	湖南路桥建设集团公司	140	湖南宝利士生物技术有限公司
101	湖南航天远望测控技术有限公司	141	长沙比扬医疗器械有限公司
102	长沙仙达实业有限公司	142	长沙海凭医疗设备有限公司
103	长沙长源变压器有限公司	143	湖南迅刻节能科技有限公司
104	长沙东星仪器有限责任公司	144	湖南菲尔姆光能有限公司

续表

序号	企业名称	序号	企业名称
105	湖南鑫众工业装备有限责任公司	145	湖南湖大瑞格能源科技有限公司
106	湖南普天科比特科技有限公司	146	湖南京湘电气有限公司
107	湖南汉升机器制造有限公司	147	长沙翔鹅节能技术有限公司
108	湖南五新重型装备有限公司	148	长沙拓天节能技术有限公司
109	长沙佳利汽车有限公司	149	远大空品科技有限公司
110	湖南鑫隆模塑料科技开发有限公司	150	长沙易控工业自动化有限公司
111	湖南力科自动化技术有限公司	151	湖南净源环境工程有限公司
112	湖南佳一电力科技开发有限公司	152	长沙湘蓝科学仪器有限公司
113	湖南润成机械有限公司	153	湖南久晟环保科技有限公司
114	湖南时代矿山机械制造有限责任公司	154	浏阳市鑫利粉末冶金有限公司
115	中阀科技（长沙）阀门有限公司	155	湖南艾特美电子科技有限公司
116	长沙百固标准件制造有限公司	156	湖南创远智能科技有限公司
157	湖南立森数据技术有限公司	168	湖南省锦新建设股份有限公司
158	湖南海福来汽车零部件有限公司	159	长沙信长电力科技有限公司
169	长沙策源科技开发有限公司	170	长沙长泰机器人有限公司
160	湖南琴海数码有限公司	171	长沙坛坛香调料食品有限公司
161	长沙市中智信息技术开发有限公司	172	湖南远能电力发展有限公司
162	长沙高新开发区佳程科技有限公司	173	湖南省树山环境工程有限公司
163	长沙国通电力科技有限公司	174	长沙市猛然建材科技有限公司
164	长沙润伟机电科技有限公司	175	湖南天泉科技开发有限公司
165	湖南华曙高科技有限责任公司	176	湖南麓南脱硫脱硝科技有限公司
166	湖南金鸿科技工业股份有限公司	177	长沙智多星信息技术有限公司
167	湖南长江石化环保科技有限公司	178	湖南四方利水自动化设备有限公司

表　2012年长沙通过复审的高新技术企业名单

序号	企业名称	序号	企业名称
1	长沙市盛唐科技有限公司	26	长沙三博士电器有限公司
2	湖南长海科技发展有限公司	27	长沙波隆机械制造有限公司
3	湖南国科广电科技有限公司	28	长沙磐龙安全系统设备有限公司
4	长沙弛顺网络科技有限公司	29	湖南德邦重工机械有限公司
5	湖南维胜科技电路板有限公司	30	湖南金峰金属构件有限公司
6	长沙力智数字房产技术发展有限公司	31	湖南省时利和科技发展有限公司
7	湖南爱瑞杰科技发展股份有限公司	32	恒天九五重工有限公司
8	长沙凯士达信息技术开发有限公司	33	长沙精达印刷制版有限公司
9	湖南新空间系统技术有限公司	34	湖南耐普泵业有限公司
10	湖南第一工业设计研究院	35	磐吉奥（湖南）工业有限公司
11	中建五局第三建设有限公司	36	湖南新宇金属制品有限公司
12	中国水利水电第八工程局有限公司	37	湖南时代卓越汽车电子技术有限公司
13	中机国际工程设计研究院有限责任公司	38	长沙黑金刚实业有限公司

续表

序号	企业名称	序号	企业名称
14	中国建筑第五工程局有限公司	39	长沙星特自控设备实业有限公司
15	湖南省水利水电勘测设计研究总院	40	湖南银河电气有限公司
16	湖南省建筑设计院	41	湖南省九方环保机械有限公司
17	湖南省中药提取工程研究中心有限公司	42	湖南先悦科技有限公司
18	湖南同飞电力调度信息有限责任公司	43	长沙鼓风机有限责任公司
19	中铁十二局集团第七工程有限公司	44	湖南仪峰优化控制技术有限公司
20	长沙星电电力勘测设计院	45	长沙熙迈机械制造有限公司
21	湖南省电力勘测设计院	46	长沙瑞翔科技有限公司
22	湖南航天机电设备与特种材料研究院	47	长沙电力设备有限公司
23	长沙三占惯性制动有限公司	48	长沙盛泓机械有限公司
24	长沙高新技术产业开发区 湘仪动力测试仪器有限公司	49	湖南同心实业有限责任公司
25	中联重科物料输送设备有限公司	50	湖南晓光汽车模具有限公司
51	湖南长沙星城环卫机械制造有限公司	90	湖南泰通电力科技有限公司
52	长沙广义变流技术有限公司	91	长沙有色冶金设计研究院有限公司
53	湖南煤矿安全装备有限公司	92	湖南环达环保有限公司
54	湖南长重机械股份股份有限公司	93	湖南浩美安全环保科技有限公司
55	湖南元亨科技发展有限公司	94	长沙中天电子设计开发有限公司
56	湖南普沃尔重型机械有限有限公司	95	湖南天骄物流信息科技有限公司
57	湖南五星重工有限公司	96	湖南省天骑医学新技术有限公司
58	长沙中传机械有限公司	97	长沙高新技术产业开发区 博海生物科技有限公司
59	湖南顶立科技有限公司	98	湖南江河机电自动化工程有限公司
60	湖南天盛复合钢带有限公司	99	湖南诺维科技发展有限公司
61	湖南湘江关西涂料有限公司	100	长沙华科信息技术有限公司
62	长沙海大铝业有限公司	101	长沙至卓信息科技有限公司
63	湖南金龙电缆有限公司	102	湖南辰泰电子信息技术有限公司
64	湖南英捷高科技有限责任公司	103	湖南金智高科技发展有限责任公司
65	湖南神力实业有限公司	104	湖南麒麟信息工程技术有限公司
66	长沙艾森设备维护技术有限公司	105	湖南强智科技发展有限公司
67	长沙经阁门窗幕墙工程有限公司	106	湖南中本智能科技发展有限公司
68	湖南省冶金材料研究所	107	长沙艾特科技开发有限公司
69	湖南航天磁电有限责任公司	108	长沙景嘉微电子股份有限公司
70	湖南日用化学科学研究所有限责任公司	109	湖南省康普通信技术有限责任公司
71	长沙族兴新材料股份有限公司	110	湖南创智和宇信息系统有限公司
72	长沙绿蔓生物科技有限公司	111	湖南普照智能交通技术有限公司
73	湖南农大动物药业有限公司	112	湖南龙通科技有限公司
74	湖南南山食品有限公司	113	湖南源科创新科技有限公司
75	湖南鑫广安农牧股份有限公司	114	鹰皇商务科技有限公司

续表

序号	企业名称	序号	企业名称
76	湖南泰谷生物科技有限责任公司	115	湖南创越电子科技有限公司
77	湖南豫园生物科技有限公司	116	长沙中大时代电子科技发展有限公司
78	湖南大北农农业科技有限公司	117	长沙长泰机械股份有限公司
79	湖南斯奇生物制药有限公司	118	长沙泰时电气设备有限公司
80	长沙兴加生物技术有限公司	119	湖南湘能电气自动化有限公司
81	湘北威尔曼制药股份有限公司	120	长沙和捷实业有限公司
82	湖南太阳龙医疗科技有限公司	121	长沙华德科技开发有限公司
83	湖南利洁生物化工有限公司	122	湖南奥盛特重工科技有限公司
84	湖南天龙制药有限公司	123	长沙高新开发区湖湘测控仪器有限公司
85	湖南浏阳河饲料有限公司	124	长沙威佳电子科技有限公司
86	湖南湘药制药有限公司	125	湖南湘投金天科技集团有限责任公司
87	湖南红太阳新能源科技有限公司	126	长沙锐合钻石工具有限公司
88	中建（长沙）不二幕墙装饰有限公司	127	湖南特种金属材料厂
89	湖南科立电气有限公司	128	长沙健源医疗科技有限公司
129	长沙高新技术产业开发区 爱威科技实业有限公司	133	长沙绿铱环保科技有限公司
130	长沙隆泰微波热工有限公司	134	长沙恒宇节能环保科技有限公司
131	长沙紫宸科技开发有限公司	135	长沙华恒信息科技有限责任公司
132	长沙华时捷环保科技发展有限公司		

表　2012年长沙市新增国家火炬计划重点高新技术企业名单

序号	企业名称	技术领域	证书编号
1	力合科技（湖南）股份有限公司	资源与环境技术	GZ20124300001
2	湖南千山制药机械股份有限公司	高新技术改造传统产业	GZ20124300002
3	中国铁建重工集团有限公司	高新技术改造传统产业	GZ20124300003
4	长沙巨星轻质建材股份有限公司	新材料技术	GZ20124300004
5	湖南迪诺制药有限公司	生物与新医药技术	GZ20124300005
6	湖南九典制药有限公司	生物与新医药技术	GZ20124300008
7	长沙三诺生物传感技术股份有限公司	生物与新医药技术	GZ20124300009
8	湖南汇一制药机械有限公司	高新技术改造传统产业	GZ20124300011
9	拓维信息系统股份有限公司	电子信息技术	GZ20124300012
10	华自科技股份有限公司	电子信息技术	GZ20124300013
11	湖南博云新材料股份有限公司	新材料技术	GZ20124300015
12	湖南尔康制药股份有限公司	生物与新医药技术	GZ20124300016
13	湖南稀土金属材料研究院	新材料技术	GZ20124300017
14	金杯电工股份有限公司	电子信息技术	GZ20124300023
15	长沙景嘉微电子有限公司	电子信息技术	GZ20124300026
16	长缆电工科技股份有限公司	高新技术改造传统产业	GZ20124300027

续表

序号	企业名称	技术领域	证书编号
17	湖南纽曼数码科技有限公司	电子信息技术	GZ20124300028
18	湖南长城信息金融设备有限责任公司	电子信息技术	GZ20124300029
19	湖南国科广电科技有限公司	电子信息技术	GZ20124300032
20	湖南圣湘生物科技有限公司	生物与新医药技术	GZ20124300036

表　2012 年长沙新增的国家级企业技术中心

序号	名　称	依托单位
1	中国铁建重工集团有限公司技术中心	中国铁建重工集团有限公司

表　2012 年长沙新增的省级工程技术研究中心

序号	名　称	依托单位
1	湖南省数控精密磨床工程技术研究中心	湖南宇环同心数控机床有限公司、湖南大学机械与运载工程学院
2	湖南省矿山充填装备工程技术研究中心	飞翼股份有限公司、中南大学
3	湖南省网络教育应用工程技术研究中心	湖南长海科技发展有限公司、湖南师范大学
4	湖南省地下掘进装备工程技术研究中心	中国铁建重工集团有限公司
5	湖南省新型热工装备工程技术研究中心	湖南顶立科技有限公司
6	湖南省钾及伴生物工程技术研究中心	化工部长沙设计研究院
7	湖南省新型球墨铸铁材料与结构工程技术研究中心	长沙金龙铸造实业有限公司、湖南大学
8	湖南省作物多熟制工程技术研究中心	湖南农业大学
9	湖南省葡萄工程技术研究中心	湖南农业大学
10	湖南省竹木加工工程技术研究中心	中南林业科技大学、湘潭恒盾集团科技实业有限公司
11	湖南省中药不良成分快速检测及脱除工程技术研究中心	湖南中医药大学、长沙安迪生物科技有限公司、湖南省食品药品检验研究院
12	湖南省呼吸疾病临床医疗技术研究中心	中南大学湘雅医院
13	湖南省儿童重症临床医疗技术研究中心	湖南省儿童医院

表　2012 年长沙新增的省级重点实验室

序号	名　称	依托单位
1	精神病学与精神卫生学湖南省重点实验室	中南大学
2	电子功能复合材料湖南省重点实验室	国防科学技术大学航天与材料工程学院
3	病毒性肝炎湖南省重点实验室	中南大学
4	园艺作物病虫害治理湖南省重点实验室	湖南省植物保护研究所

表　　新批准组建的市级工程技术研究中心

序号	名　称	依托单位
1	长沙市固态存储工程技术研究中心	湖南源科高新技术有限公司
2	长沙市节能型止回装置工程技术研究中心	湖南搏浪沙水工机械有限公司
3	长沙市时鲜水果工程技术研究中心	湖南省园艺研究所
4	长沙市汽车摩擦材料工程技术研究中心	湖南博云汽车制动材料有限公司
5	长沙市商用汽车制造工程技术研究中心	长沙福田汽车科技有限公司
6	长沙市拉削工程技术研究中心	长沙插拉刨机电设备制造有限公司
7	长沙市湘绣创新工程技术研究中心	湖南沙坪湘绣股份有限公司、湖南师范大学
8	长沙市煤化工设备研制工程技术研究中心	湖南安淳高新技术有限公司
9	长沙市绿色复合地板制造工程技术研究中心	湖南康派木业有限公司
10	长沙市散装物料装卸运输工程技术研究中心	湖南长重机器股份有限公司
11	长沙市钻凿设备工程技术研究中心	长沙黑金刚实业有限公司
12	长沙市嵌入式图形系统工程技术研究中心	长沙景嘉微电子股份有限公司
13	长沙市低阶煤洁净综合利用工程技术研究中心	湖南华银能源技术有限公司

表　　2012年新认定的市级科技企业孵化器

序号	名　称	主管单位
1	湖南大学科技园有限公司	长沙高新技术产业开发区管理委员会
2	长沙软件园有限公司	长沙高新技术产业开发区管理委员会
3	长沙高新开发区橡树园企业创业服务有限公司	长沙高新技术产业开发区管理委员会
4	湖南妙盛国际企业孵化港	宁乡经济技术开发区管理委员会
5	金洲新区恩吉创业园创业基地	宁乡县金洲新区管理委员会

表　　国家科学技术进步奖获奖项目表（通用项目）

序号	项目名称	主要完成单位	主要完成人
一等奖			
1	复杂难处理镍钴资源高效利用关键技术与应用	金川集团有限公司，中国恩菲工程技术有限公司，昆明理工大学，北京矿冶研究总院，中南大学，东北大学，西北矿冶研究院	杨志强，万爱东，王　华，武　浚，周　民，陈自江，刘玉强，邵剑辉，蒋开喜，段希祥，汪海洲，李尚勇，包国忠，申勇峰，陈爱良
2	创新团队	国防科学技术大学高性能计算创新团队	国防科学技术大学高性能计算创新团队
二等奖			
3	优质早籼高效育种技术研创及新品种选育应用	中国水稻研究所，湖南省水稻研究所，湖南金健米业股份有限公司	胡培松，赵正洪，唐绍清，黄发松，王建龙，罗炬，周斌，张世辉，应杰政，吕燕梅
4	与森林资源调查相结合的森林生物量测算技术	中国林业科学研究院资源信息研究所，国家林业局中南林业调查规划设计院	唐守正，张会儒，曾伟生，李海奎，胥辉，雷渊才，贺东北，徐济德，王琫瑜，陈永富

续表

序号	项目名称	主要完成单位	主要完成人
5	难造块铁矿资源制备优质炼铁炉料的关键技术	中南大学，武钢集团昆明钢铁股份有限公司，湖南华菱湘潭钢铁有限公司，湖南华菱涟源钢铁有限公司，包头钢铁（集团）有限责任公司，鞍钢集团矿业公司，太原钢铁（集团）有限公司	姜涛，范晓慧，李光辉，郭宇峰，李春龙，邵安林，唐启荣，贺淑珍，胡友明，杨永斌
6	面向互联网计算的虚拟计算环境	国防科学技术大学	王怀民，卢锡城，王戟，李东升，彭宇行，王意洁，褚瑞，刘锋，张一鸣，陈振邦
7	沥青路面状态设计法与结构性能提升技术及工程应用	长沙理工大学，湖南省高速公路建设开发总公司，武汉理工大学，海南高速公路股份有限公司，广东省长大公路工程有限公司	郑健龙，周志刚，钱国平，曾胜，刘朝晖，赵平，黄绍龙，李宇峙，关宏信，吕松涛
8	水田杂草安全高效防控技术研究与应用	湖南农业大学，湖南人文科技学院，中国水稻研究所，华南农业大学，湖南省农药检定所，湖南振农科技有限公司，湖南农大海特农化有限公司	柏连阳，周小毛，王义成，余柳青，刘承兰，金晨钟，曾爱平，袁哲明，刘祥英，李富根
9	海底大型金属矿床高效开采与安全保障关键技术	山东黄金集团有限公司，中南大学，北京科技大学，北京黄金经济发展研究中心	陈玉民，李夕兵，刘钦，修国林，赵国彦，胡乃联，毕洪涛，姜福兴，刘志祥，张炳南
10	中国东部中生代隐伏金属矿找矿理论技术创新与重大突破	中国地质科学院矿产资源研究所，中国地质科学院地球物理地球化学勘查研究所，河南省地质矿产勘查开发局，湖南省地质矿产勘查开发局，广东省地质局，河南省有色金属地质矿产局，河北省地质矿产勘查开发局	毛景文，王学求，张宗恒，贾宝华，杜海燕，郭保健，刘建明，李春生，田豫才，黄水保
11	金川镍矿高应力特大型矿床连续开采综合技术	金川集团有限公司，北京科技大学，中国恩菲工程技术有限公司，中南大学，天地科技股份有限公司，中国科学院地质与地球物理研究所	王永前，姚维信，吴爱祥，陈得信，刘育明，王新民，康红普，马凤山，高　谦，王玉山

表　2012年度国家技术发明奖获奖项目目录（通用项目）

序号	项目名称	主要完成单位	主要完成人
		二等奖	
1	水稻两用核不育系C815S选育及种子生产新技术	湖南农业大学	陈立云，唐文帮，肖应辉，刘国华，邓化冰，雷东阳
2	混凝土泵车超长臂架技术及应用	三一重工股份有限公司	易小刚，周翔，谭凌群，易秀明，刘永红，唐修俊
3	超精密光学零件可控柔体抛光技术与装备	中国人民解放军国防科学技术大学	李圣怡，戴一帆，彭小强，解旭辉，周林，石峰
4	基于广域电压行波的复杂电网故障精确定位技术及应用	华中科技大学，长沙理工大学，湖南湘能电气自动化有限公司，	尹项根，曾祥君，张哲，陈德树，苏盛

表 2012年度国家自然科学奖获奖项目目录（通用项目）

序号	项目名称	主要完成单位	主要完成人
二等奖			
1	神经生物信息模式识别与时空分析	中国人民解放军国防科学技术大学	胡德文，王正志，周宗潭，徐昕，刘亚东

表 2012年度湖南省技术发明奖获奖项目目录

序号	项目名称	主要完成单位	主要完成人
一等奖			
1	大跨度悬索桥加劲梁〞轨索滑移法〞架设新技术	湖南路桥建设集团公司，湖南省交通规划勘察设计院，西南交通大学	胡建华，沈锐利，张念来，陈国平，贺淑龙，叶新平
2	电力电子混合和混杂系统先进控制方法及应用	湖南大学，株洲变流技术国家工程研究中心有限公司，湖南中科电气股份有限公司	罗安，帅智康，王卫安，吴传平，章兢，欧阳红林
二等奖			
3	超／特高压绝缘纸板关键技术研发及产业化	湖南广信电工科技股份有限公司，长沙理工大学	刘德云，成余庆，郑小玲，魏冬云，陈启杰，黄游宇
4	大吨位起重机超长臂伸缩关键技术及产业化	中联重科股份有限公司	张建军，郭纪梅，颜颢，许俭波，刘永赞，李英智
5	控制电位选择性氯化分离贵锑的关键技术及应用	中南大学，湖南辰州矿业股份有限公司	杨天足，刘伟锋，刘勇，陈芳斌，阳振球，张杜超
三等奖			
6	高阻燃环保、消防型电缆	湖南金龙电缆有限公司	毛炯明，陈善求，周国新

表 2012年度湖南省技术发明奖获奖项目目录

序号	项目名称	主要完成单位	主要完成人
一等奖			
1	非线性偏微分方程多解及奇异问题高效计算方法研究	湖南师范大学	谢资清，陈传淼
2	中国蜘蛛肽类毒素组学及其结构与功能研究	湖南师范大学	梁宋平，刘中华，曾雄智，王贤纯，肖玉成，王美迟
3	可扩展并行计算机系统结构机理及方法	中国人民解放军国防科学技术大学	杨学军，窦勇，肖侬，唐玉华，吴俊杰，王之元
4	光纤激光相干合成的机理与方法	中国人民解放军国防科学技术大学	刘泽金，周　朴，许晓军，王小林，马阎星，侯　静
5	茉莉素信号传导的分子机理研究	湖南农业大学，清华大学	任春梅，谢道昕，彭文，戴良英，高必达，熊兴耀
6	食品安全与检验检疫危害因子检测新原理新方法	湖南出入境检验检疫局检验检疫技术中心，江南大学	王利兵，胥传来，丁利，匡华，徐丽广，苏荣欣
二等奖			
7	脑胶质瘤抑瘤基因 LRRC4 的生物学功能及作用机制研究	中南大学	武明花，李桂源，张祖萍，张秋红，李小玲，黄河

续表

序号	项目名称	主要完成单位	主要完成人
8	血液系统恶性肿瘤分子机制及药用植物有效成分作用研究	中南大学	胡维新，刘静，罗志勇，陶钧，石奕武，何莉芳
9	乙型肝炎病毒在肝外组织的感染情况研究	中南大学	陈立章，范学工，高建明，刘富强，吴成秋，莫显昆
10	可扩展高性能计算的若干基础理论与方法	湖南大学，温州大学	李肯立，李仁发，刘文斌，王树林，唐晓勇，唐卓
11	洞庭湖区洪灾风险分析与形成机制及减灾对策研究	湖南师范大学	毛德华
12	季风区水循环中水稳定同位素的变化特征及其影响机制的研究	湖南师范大学	章新平，刘晶淼，张新主
13	低维介观系统中的电子输运及其调控	长沙理工大学	丁开和，张卫兵，邓小清，邱 明
14	艾灸诱导热休克蛋白对胃黏膜损伤保护作用及其线粒体信号途径研究	湖南中医药大学	常小荣，易受乡，阳仁达，严洁，林亚平，郁洁
15	爪哇稻及其亚种间杂种优势的研究	中国科学院亚热带农业生态研究所，国家杂交水稻工程技术研究中心	肖国樱，袁隆平，唐俐，邓晓湘，罗闰良，樊庆鲁
		三等奖	
16	洞庭湖水系名贵鱼类微卫星标记筛选及其在种质资源保护中的应用	长沙学院	鲁双庆，张建社，刘臻，褚武英
17	HMG-CoA 还原酶抑制剂在慢性肺疾病中的抗炎作用	中南大学湘雅二医院	吴尚洁，邢西迁，段书，甘烨，张艳，陈平
18	水岩作用下岩体断裂损伤与流变基础理论研究	中南大学，湖南科技大学	曹平，赵延林，陈枫，陈沅江，林杭，李江腾
19	新型材料及结构的力学性能与破坏机理研究	湖南大学	戴宏亮，傅衣铭，侯鹏飞
20	体适能的监测与训练及其机理研究	湖南师范大学	汤长发，李艳翎，王步标，贺洪，刘文锋
21	衰老机理本质及相关研究	湖南师范大学	印大中，李国林，朱泽瑞
22	7- 二氟甲氧基 -5,4'- 二甲氧基金雀异黄素防治动脉粥样硬化	湖南师范大学	符晓华，曹建国，向红琳，刘飞，王莉，赵红
23	西藏红拉雪山黑白仰鼻猴保护生物学研究	中南林业科技大学，中国科学院昆明动物研究所，中国科学院动物研究所	向左甫，李明，刘志谨，肖文，崔亮伟，王林
24	运用 EDTA 修复重金属污染土壤的研究	湖南农业大学，中南林业科技大学	雷鸣，曾敏，秦普丰，廖柏寒，铁柏清，曾清如
25	智能计算及复杂系统建模与控制	长沙理工大学	李茂军，樊绍胜，莫红，陈志盛，苏盛
26	中药材百合品质的影响因素及种质评价研究	湖南中医药大学	童巧珍，周日宝，刘湘丹，王朝晖，刘平安，潘清平
27	新型印迹材料的研制及应用研究	吉首大学，湖南大学	张朝晖，姚守拙，胡宇芳，张华斌，李辉

表　　2012 年度湖南省科学技术进步奖获奖项目目录

序号	项目名称	主要完成单位	主要完成人
		一等奖	
1	集装箱装卸成套设备关键技术研究及产业化	三一重工股份有限公司	李翠英，彭国成，易小刚，廖荣华，吴乐尧，周嵩云，张寒，姚智明，王庆云，安旭波，李映新，金晶
2	复合式土压平衡盾构设备研制及其应用	中国铁建重工集团有限公司，中南大学	程永亮，夏毅敏，张静，邹今检，朱宗铭，刘在政，龚文忠，肖前龙，麻成标，郭春雷，王庆柱，崔美玉
3	湖南省极端气象灾害预警评估技术体系研究与示范应用	湖南省气象科学研究所，湖南大学，中南大学，湖南农业大学，湖南省气象台，湖南省气候中心，湖南省气象服务中心	汪扩军，蔡荣辉，赖明勇，胡望宇，柳建新，黄璜，廖玉芳，许和连，陈江民，黎祖贤，白树仁，罗伯良
4	芦苇硫酸盐浆氧脱木素和 ECF 漂白技术	沅江纸业有限责任公司，长沙理工大学	廖万坤，贺建洲，马乐凡，张陆彪，杨一平，杨傲林，刘正宏，崔健，唐珲军，陈敬新
5	52000 千牛米上回转自升式超大型塔式起重机开发与应用	中联重科股份有限公司，中铁大桥局集团有限公司	喻乐康，阳云华，陈龙剑，李桂芳，刘帝芳，李宇力，付英雄，冯广胜，何首文，刘圣平，钱建军，周汉麟
6	高速铁路过渡段路基关键技术研究与应用	中南大学，中铁第四勘察设计院集团有限公司，中南林业科技大学，铁道第三勘察设计院集团有限公司，湖南大学	王永和，卿启湘，何群，范臻辉，肖宏彬，杨果林，冷伍明，魏丽敏，朱德兵，屈晓辉，李小和，郭建湖
7	人胚胎干细胞建系、建库及诱导分化的系列研究及初步应用	中南大学，湖南光琇高新生命科技有限公司	林戈，卢光琇，欧阳琦，杨胜，陆长富，杜丽丽，杜娟，王建，周药，谢常青，徐小明，张前军
8	高耐磨高能制动粉末冶金摩擦材料的研制与产业化	中南大学，湖南博云新材料股份有限公司	姚萍屏，熊翔，易茂中，黄伯云，汪琳，白燕麟，冯志荣，张红波，何俊，徐惠娟，李红梅，张建斌
9	自身免疫性疾病的发病机制及其临床应用	中南大学湘雅二医院	陆前进，肖嵘，赵明，李亚萍，周英，胡南，罗勇奇，龙海，尹恒，张秀娟，雷文知，吴爱玲
10	汽车用新型铝、镁合金开发、先进挤压成形技术及应用	湖南大学，深圳大学，长沙仲腾金属材料科技有限公司，深圳市华加日西林实业有限公司，广汽长丰汽车股份有限公司	李落星，娄燕，刘再德，王冠，贺四清，蒋斌，张辉，张立强，刘志文，周佳
11	新型广义复合地基技术及其在公路软基处治中的应用	湖南大学，湖南省交通科学研究院	陈昌富，张玲，赵明华，邹新军，张建华，万剑平，杨明辉，刘晓明，罗宏，刘杰，周德泉，陈秋南
12	结构加固新技术	湖南大学，湖南工业大学，湖南省建筑设计院	尚守平，杜运兴，蒋隆敏，许宁，彭晖，曾令宏，王海东，陈大川，罗利波，张毛心，文学章
13	大型风力发电机复合材料叶片设计、制备和试验技术	中国人民解放军国防科学技术大学，株洲时代新材料科技股份有限公司	曾竟成，杨军，彭超义，肖加余，刘建勋，杨孚标，梁自禄，尹昌平，冯学斌，袁健，刘卓峰，杨金水

续表

序号	项目名称	主要完成单位	主要完成人
14	高油分、高抗逆、高产量“三高”优质油菜新品种选育和推广	湖南农业大学	陈社员，官春云，王国槐，刘忠松，官梅，李栒，谭太龙，刘唐兴，宋志荣，田森林，邬贤梦，肖钢
15	黑茶保健功能发掘与产业化关键技术创新	湖南农业大学，湖南省茶业有限公司，益阳茶厂有限公司，湖南省白沙溪茶厂有限责任公司，湖南省茶叶研究所，国家植物功能成分利用工程技术研究中心	刘仲华，周重旺，黄建安，吴浩人，傅冬和，尹钟，肖力争，刘素纯，朱旗，肖文军，彭雄根，罗向上
16	星载新一代统一测控扩频应答机	中国人民解放军国防科学技术大学	王跃科，杨俊，张传胜，邢克飞，杨建伟，陈建云，周永彬，明德祥，钟小鹏，陈莉，李献斌，陈星
		二等奖	
17	多臂节长臂架混凝土泵车及其关键技术	中联重科股份有限公司	吴斌兴，刘志军，许平增，岳红旭，王佳茜，易伟春，吴瀚晖，黄柯，吴德志
18	长距离复杂岩溶地层盾构施工技术研究	中铁十二局集团第七工程有限公司，中铁十二局集团第二工程有限公司，长沙市轨道交通集团有限公司，中铁十二局集团有限公司	王宗勇，毋海军，雷　军，黄　伟，崔红琴，向前进，陈俊，要建国，杨建山
19	国审转基因抗虫棉湘杂棉8号和湘杂棉11号的选育与产业化	湖南省棉花科学研究所，湖南隆平高科亚华棉油种业有限公司	周世象，李建彬，赵瑞元，朱春生，周德桂，张志刚，吴佶膛，杨翠国，何叔军
20	面向互联网及手机WAP网站的热敏舆情与低俗淫秽信息监管平台	中共湖南省委互联网新闻宣传办公室，国防科学技术大学	肖卫东，李芳芳，葛斌，毛星亮，卿立新，贺明科，屈贵全，贺弘联，封孝生
21	湖南省12396星火科技信息共享与服务平台	湖南省科学技术信息研究所	肖雪葵，杨宇，贺和初，段立军，范玉柱，王凤悦，朱文舟，陈拓明，陈婕
22	单拱四车道公路隧道设计优化与施工技术研究	湖南省交通科学研究院，中南大学，湖南省汝郴高速公路建设开发有限公司	张亮，谢先康，杨小礼，罗杰，蔡向阳，周栋梁，卿笃干，李中铭，李永鑫
23	农村饮用水水质处理技术研究	湖南省水利水电科学研究所	甘明辉，徐义军，李旷云，王积建，李桂元，阳世清，徐建求，王睿，邹晓蓉
24	湖南重点外来入侵物种调查及高危物种综合防控技术研究与应用	湖南省农业资源与环境保护管理站，湖南农业大学，中国科学院亚热带农业生态研究所	尹丽辉，谭济才，何满庭，肖顺勇，谭琳，刘守龙，刘军，陈欣欣，邓旭
25	松材线虫病重大疫情控制技术研究	湖南省森林病虫害防治检疫总站，湖南省森林植物园，湖南省林业科学院	王明旭，戴立霞，黄向东，夏永刚，王溪林，张祺，罗贤坤，潘布阳，刘敏
26	微红梢斑螟和松实小卷蛾生物学特性及防治技术	湖南省林业科学院，湖南省森林病虫害防治检疫总站，靖州苗族侗族自治县林业局，湘乡市林业局	何振，梁军生，颜学武，刘敏，夏永刚，喻锦秀，童新旺，王溪林，罗贤坤

续表

序号	项目名称	主要完成单位	主要完成人
27	转化医学用于张崇泉名老中医学术经验传承与推广应用研究	湖南省中医药研究院	卜献春，张崇泉，王凤雷，张炜宁，宁泽璞，李志，赵瑞成，刘慧萍，谭光波
28	氨基酸保护剂 FMOC-OSu 中试及生产	湖南化工研究院，湖南海利化工股份有限公司	徐建兵，臧阳陵，周勇，王晓光，黄明智，陈明，熊前政
29	防雷防冰闪复合技术及装备研制与应用	湖南省电力公司科学研究院，湖南省电力勘测设计院，固力发集团有限公司	陆佳政，周卫华，赵纯，李波，方针，蒋正龙，张红先，黄福勇，李辉
30	龙滩电站进水口反倾向层状结构岩质高边坡稳定性与治理措施研究	中国水电顾问集团中南勘测设计研究院，龙滩水电开发有限公司，武汉大学，河海大学，中国科学院地质与地球物理研究所	冯树荣，赵红敏，夏宏良，肖峰，胡大可，赵海斌，龙先进，李学政，傅胜
31	特大型砂石开采、加工及输送系统关键技术研究与创新	中国水电顾问集团中南勘测设计研究院	谭建平，宋立新，龚德红，冯树荣，王忠耀，陈伟，石青春，盛乐民，文杰
32	铁路数字选线关键技术研究与应用	中南大学，中铁第一勘察设计院集团有限公司，中铁二院工程集团有限责任公司，中铁第四勘察设计院集团有限公司	蒲浩，胡建平，缪鹍，孟存喜，周德宏，李伟，殷继兴，冯威，彭先宝
33	常见子宫体疾病发病机制与防治研究	中南大学湘雅医院	张怡，张瑜，刘惠宁，张志凌，戴芙蓉，李新国，朱欣，曹兰琴
34	感染性脑损伤致颅高压与血脑屏障改变的关系及临床应用	中南大学湘雅医院	尹飞，彭镜，何芳，邓小鹿，段元冬，吴丽文，杨丽芬，甘娜
35	隐患资源协同开采技术	中南大学，长沙矿山研究院，广西高峰矿业有限责任公司	周科平，周爱民，苏家红，罗周全，毛建华，黄应盟，邓红卫，孟中华，邓金灿
36	HPV 感染与宫颈病变的基础和临床研究及应用	中南大学湘雅二医院	刘凤英，黄民主，聂妹芳，李登清，丁晖，李津，孟渠成，刘毅智，汪明明
37	非霍奇金淋巴瘤细胞生物学特性及治疗	中南大学湘雅医院	钟美佐，黄进，李斌，刘恩伊，唐友红，刘巍，胡华斌，程婷婷
38	高血压降压疗效个体差异的机制研究	中南大学湘雅三医院	袁洪，黄志军，刘晶晶，邢晓为，姜绮霞，唐晓鸿，李莹，蔡菁菁，阳国平
39	基于改质燃烧与热回收利用的节能技术开发与应用	中南大学	邓胜祥，涂福炳，廖胜明，周孑民，杨敬飚，龚春雷，周育才，冯少峰，李继中
40	血吸虫病防制关键技术研究	中南大学	汪世平，徐绍锐，戴 橄，沈国励，黄琼瑶，熊海波，车宏莉，余俊龙，周火炬
41	发电机有功与无功控制动态仿真成套设备关键技术与应用	湖南大学，中国电力科学研究院，国家继电保护及自动化设备质量监督检验中心，南京南瑞继保电气有限公司	刘觉民，章兢，周泽昕，王伟，鲁文军，朱振飞，周冰航，陈明照，谭立新

续表

序号	项目名称	主要完成单位	主要完成人
42	RDC15 控制与匹配关键技术及产业化	湖南大学，湖南江麓容大车辆传动股份有限公司	周云山，张飞铁，安颖，薛殿伦，李泉，张军，蔡源春，高帅，曹成龙
43	移动式半导体激光强化与修复汽车模具的装备与工艺	湖南大学，湖南湖大三佳车辆技术装备有限公司	刘继常，刘林峰，刘金水，颜丙功，伍耀庭，鄢铨，李瑛，张秋萍，郑耀明
44	规划战略环评的若干关键技术研究与应用	湖南大学	李晓东，袁兴中，梁婕，陈耀宁，黄瑾辉，李忠武，焦胜，曾光明，杜春艳
45	软件及文本数字水印与信息隐藏技术与应用	湖南大学，南京信息工程大学，南京湘慧达电子科技有限公司	孙星明，李庆国，付章杰，夏志华，王保卫，杨林聪，孙光，田祖伟，马廷淮
46	高效节能型太阳能光伏玻璃幕墙系统关键技术	湖南大学，中建（长沙）不二幕墙装饰有限公司，中国建筑第五工程局有限公司	何韶瑶，李水生，谭青，蔡燕君，初祎君，肖坚，王爱卿，张敬农，孙波
47	区域自然资源评价与优化配置系列研究	湖南师范大学	谢炳庚，李晓青，邓楚雄
48	大规模网络安全态势分析关键技术与系统 YHSAS	中国人民解放军国防科学技术大学，山东中创软件商用中间件股份有限公司，湖南蚁坊软件有限公司	韩伟红，贾焰，李爱平，方滨兴，周斌，杨树强，刘江宁，韩毅，黄三伟
49	资源节约型环保竹材复合重组加工关键技术与生态产品设计	中南林业科技大学，湖南省林业产业协会，浏阳市中南竹业有限公司，洪江市华宇竹业有限公司	张仲凤，韩健，欧阳叙回，钟元桂，陈耀春，傅倩，张继娟，王智丰，黄凯
50	叶类蔬菜害虫防控关键技术及其系列杀虫剂的研发与应用	湖南农业大学，湖南大方农化有限公司，国家植物功能成分利用工程技术研究中心，湖南省植物保护研究所，中国烟草中南农业试验站	李有志，刘松，李冠华，文礼章，符伟，李旭君，杨中侠，成燕清，周尚泉
51	公路边坡动力稳定性分析及柔性抗震支挡技术	长沙理工大学，湖南省高速公路建设开发总公司	付宏渊，刘建华，虢柱，蔡向阳，贺炜，张立，何忠明，李金宝，夏栋舟
52	大型滑动轴承动态载荷与润滑状态在线检测与诊断技术	长沙理工大学，大唐华银电力股份有限公司	李录平，晋风华，卢绪祥，饶洪德，靳攀科，黄章俊，邹新元，周臻，刘建龙
53	补阳还五汤主要有效组分心脑血管作用的研究	湖南中医药大学	邓常清，唐映红，吴露，欧明娥，张伟，李花，梁燕，贺福元，陈北阳
54	养阴柔肝、化瘀通络法治疗高血压病疗效及分子机理研究	湖南中医药大学	谭元生，何泽云，唐莹，张稳，雍苏南，张志国，谭超，宋雪云，范瑜洁
55	堆载预压、水泥土搅拌桩联合水泥土墙处理深厚软土的加固技术及应用	湖南工业大学，中南大学，江西有色建设集团有限公司	刘杰，何杰，张可能，罗大生，杨庆光，吴有平，刘方

续表

序号	项目名称	主要完成单位	主要完成人
56	稻类资源抗瘟性评价体系建立与应用	湖南省植物保护研究所，湖南农业大学生物安全科学技术学院，湖南省水稻研究所，湖南省农业信息与工程研究所	肖放华，郭新华，肖友伦，李小娟，刘二明，李睿，李小湘，梁志怀，徐志德
57	籼粳亚种间强优恢复系R640的创制与应用	湖南杂交水稻研究中心	邓华凤，舒　服，何　强，张武汉，杨峰，袁隆平，田　妍
58	超级杂交晚稻组合丰源优299的选育与应用	湖南杂交水稻研究中心	阳和华，王伟平，徐秋生，杨峰，胡忠孝，田妍，谭炎宁
59	干、湿式永磁强磁场磁选机的研制及碳酸锰、氧化锰矿石的选矿工	长沙矿冶研究院有限责任公司，中信大锰矿业有限责任公司，云南文山斗南锰业股份有限公司，福建连城锰矿	曹志良，李维健，王运正，张　勤，詹海青，吕达海，张梓兴，黎贵亮，高德云
60	重金属超标土壤的农业安全利用关键技术研究与应用	中国科学院亚热带农业生态研究所，湖南省农业资源与环境保护管理站，株洲市环境保护研究院，湖南省土壤肥料研究所，中国农业科学院农业环境与可持续发展研究所	黄道友，朱奇宏，刘国胜，谢可军，曾希柏，揭雨成，刘守龙，罗尊长，刘大锷
61	紫外光通信系统	中国人民解放军国防科学技术大学	杨俊才，常胜利，杨建坤，贾红辉，张海良，尹红伟，陈宁，兰勇，戴穗安
		三等奖	
62	机场燃气分布式能源系统集成技术及其应用	长沙新奥远大能源服务有限公司	林世平，陈斌，邓跃云，雷军成，韩占民，叶彩花，贺燕军
63	现代中药协日嘎四味汤胶囊产业化	湖南九典制药有限公司	朱志宏，卜振军，谭军华，宋化杰，徐霞，马丽芳，阳海
64	植物育苗自动化	湖南省湘晖农业技术开发有限公司	主要完成人：汪湘流，吴小平
65	节能型酚醛泡沫材料无废水排放产业化生产技术研究与应用	湖南中野高科技特种材料有限公司	主要完成人：谢建军，张洋，黎超，喻泽
66	真空脱脂烧结淬火多功能炉	湖南顶立科技有限公司	主要完成人：戴煜，羊建高，谭兴龙，胡祥龙，李利文，邓军旺
67	污泥常温深度脱水工业化处理系统	湖南多普生环境能源有限公司	主要完成人：何杰，张玲，肖锡兰，夏畅斌，盛中桂，胡杰
68	2BFYQQ-6型油菜浅耕直播机	现代农装株洲联合收割机有限公司，湖南农业大学	钱旭华，官春云，刘建洪，杨正国，刘兴国，罗海峰，冯正科
69	富硒农产品生产关键技术研究与应用	湖南农业大学，长沙隆农农业科技开发有限公司，常德市农业局，湖南省瑞纳福实业有限公司，湖南亲硒元超市有限公司	邓正春，吴永尧，颜送贵，喻米玲，吴平安，杨大伟，杨宇
70	柑橘幼林高效立体栽培模式研究	永州市林业科学研究所，湖南省森林植物园，湖南省林产品质量检验检测中心	主要完成人：谢红梅，彭信海，文卫华，柏劲松，黄光文
71	中药足部外治法结合西医治疗对老年人脉管系统粥样病变的防治研究	湖南省老年医院	主要完成人：洪秀琴，唐建明，欧春莲，王志兴，徐佳

续表

序号	项目名称	主要完成单位	主要完成人
72	土地合理利用及其综合评价	湖南省国土资源规划院	主要完成人：方先知，赵亚辉，肖莉，张伟娜，麻战洪，李佩瑾，刘明亮
73	可控挤入灌浆防渗堵漏技术	湖南宏禹水利水电岩土工程有限公司	主要完成人：龚高武，彭春雷，贺茉莉，宾斌，赵铁军，饶谦学，解素欣
74	流速仪新型自动检测系统	湖南省水文水资源勘测局	沈起鹏，龚亚新，方性良，刘小元，谢宁，李刚，张志坚
75	洞庭湖北部地区水资源短缺形成机理和治理措施研究	湖南省水利水电勘测设计研究总院	张振全，黎昔春，廖小红，黄云仙，张愫，钱湛，宋平
76	黄羽肉鸡饲料营养调控技术研究与应用	湖南省畜牧兽医研究所，湖南尤特尔生化有限公司，湖南光大牧业科技有限公司	主要完成人：戴求仲，蒋桂韬，刘绍伟，胡艳，张旭，王向荣，李彩军
77	春秋兼用斑纹全限性桑蚕品种南 o 岳 x 星 o 辰的选育与推广	湖南省蚕桑科学研究所	主要完成人：艾均文，颜新培，孟繁利，李章宝，谈顺友，向生刚，薛宏
78	环洞庭湖防护林体系建设技术	湖南省林业外资项目管理办公室，湖南省林业科学院	主要完成人：戴成栋，陈朝祖，欧阳硕龙，侯燕南，吴秋莲，杨楠，马丰丰
79	锑矿区废弃地植被恢复技术及应用研究	湖南省林业科学院，湖南环境生物职业技术学院，湖南农业大学，湖南省冷水江市林业局	主要完成人：童方平，龙应忠，姚先铭，揭雨成，杨勿享，徐艳平，李贵
80	早产儿屈光状态改变及眼底筛查	湖南省儿童医院	王平，陶利娟，杨惠玲，王曦琅，郭燕，熊师，肖志刚
81	湖南省 0139 霍乱传染特性及其流行状况快速评估方法研究	湖南省疾病预防控制中心	龙智钢，胡世雄，邓志红，湛志飞，覃 迪，高立冬，曾亚雄
82	降低油茶籽油中苯并 (a) 芘含量关键加工技术研究	湖南省食品质量监督检测所，常德市产商品质量监督检验所，郴州永兴泰宇茶油有限公司	主要完成人：杨代明，冯敏，杨军，谢新华，曾小明，戴丽平
83	刮刀钻头的结构设计及其在软岩大直径超深孔钻进工艺的应用研究	湖南基础工程公司	主要完成人：王建军，刘睦峰，彭振斌，沈劲松，李奋强，左文贵，彭文详
84	道路隔离护栏分维自动机械清洗技术研究及产业化	中联重科股份有限公司	主要完成人：秦 娜，滕新科，龙亮，蒋岳林，易尧，辛绪早，肖庆麟
85	百万千瓦级核电站海水循环泵双相不锈钢叶轮技术开发项目	湖南湘电长沙水泵有限公司	主要完成人：周红，闵正清，厉浦江，罗世新，康清权，王吉勇，林敬闯
86	氯代苯基异氰酸酯生产开发	湖南化工研究院，湖南达洁科技有限公司，湖南海利化工股份有限公司	刘卫东，杜升华，兰世林，胡汉忠，王艳丽，庞怀林，阳梅
87	中国农药发展战略研究	湖南化工研究院	王晓光，成四喜，李海屏，叶贵标，马进，谢伟胜，欧晓明
88	大型火电机组安全、节能运行关键技术研究与应用	湖南省电力公司科学研究院	焦庆丰，陈一平，黄来，罗洁，刘文丰，雷霖，李明

续表

序号	项目名称	主要完成单位	主要完成人
89	变压器油中金属含量的影响及处理技术研究	湖南省电力公司科学研究院	钱晖，胡旭，冯兵，龚尚昆，常燕，刘小玲，万涛
90	高度集成智能组件研制及三层一网110kV智能变电站的实现方法	湖南省电力公司，湖南省电力勘测设计院	孙志云，唐卫华，谢彬，牛黎军，王家红，刘志斌，张力
91	中重冰区OPGW标准化设计	湖南省电力公司，湖南省电力勘测设计院	吴煌，李钢梁，侯长健，欧名勇，符旻，周坤，张吉栋
92	基于量子化学原理的高性能锂离子电池正极材料的研制及应用	湖南有色金属研究院，湖南美特新材料有限公司	陈海清，刘军，李碧平，樊玉川，朱果，许芳艳，陈燕彬
93	井下移动式泵送充填采矿技术研究	湖南有色冶金劳动保护研究院，湖南宝山有色金属矿业有限责任公司	袁梅芳，薛峰，李志超，郭世伟，黄建旗，刘伟强，李印洪
94	基站线路巡视巡检信息回传与综合管理系统	中南大学，中国移动通信集团湖南有限公司长沙分公司，长沙格来飞思信息技术有限公司	邹北骥，周晓春，吕晓阳，王磊，石文博，吴波，冯湘韶
95	浅埋暗挖水下软岩双洞隧道修建关键技术	中南大学，中铁隧道股份有限公司	傅鹤林，郭乃正，欧阳刚杰，付文辉，刘运思，杨建山，黄伟
96	多个穿支皮瓣的解剖学、影像学研究及临床应用	中南大学湘雅二医院	王先成，方柏荣，李晓芳，鲁青，王玉银，杨丽嫦
97	慢性前列腺炎诊治理论的创新与应用	中南大学湘雅二医院	杨金瑞，刘龙飞，王龙，彭风华，李可，蒋照辉
98	加味补肝汤治疗糖尿病周围神经病变的临床及机理研究	中南大学湘雅医院	陈泽奇，叶仁群，邱新建，熊丽丽，黄娟，傅擎宇，谢桂
99	类风湿关节炎的发病机制及综合治疗研究	中南大学湘雅医院风湿免疫科	左晓霞，周亚欧，罗卉，李通，刘思佳，谢艳莉，赵洪军
100	实时超声弹性成像在浅表器官及组织疾病鉴别诊断中的应用	中南大学湘雅医院	肖萤，刘芳，谭荣，谢萍，庄承成，徐乐天，盘丽娟
101	下尿路机械性梗阻微创治疗的技术创新与应用研究	中南大学湘雅医院，中南大学湘雅二医院，中南大学湘雅三医院	唐正严，丁见，李杨，王龙，张向阳，何乐业，王荫槐
102	新辅助化疗在Ⅱ、Ⅲ期乳腺癌中的应用价值及优化诊疗方法的研究	中南大学湘雅医院	唐利立，海健，欧慧英，郭磊，毛杰，申郑堂，邬玉辉
103	缺血后处理心肌保护的临床研究	中南大学湘雅医院	罗万俊，陈日，黄日茂，李钡，林国强
104	腹腔镜技术在妇科疾病诊断和治疗中的应用及其基础研究	中南大学湘雅二医院	方小玲，符淳，黄凤英，夏晓梦，范红，吴献青，施晓波
105	超声造影及ARFI等多种超声新技术在肝癌诊断、介入治疗及疗效评估中的应用研究	中南大学湘雅三医院	周平，肖际东，何炜，高峰，罗卓琼，肖丽，朱文晖

续表

序号	项目名称	主要完成单位	主要完成人
106	基于虚拟拨测和模型检查的移动话单计费正确性检测技术及其应用	湖南大学，中国移动通信集团湖南有限公司	杨金民，郭小明，蔡立军，刘磊，谭本军，王洪涛，秦拯
107	CNC8325B 凸轮轴高速数控复合磨床	湖南海捷精密工业有限公司，湖南大学	彭克立，高峰，张麟捷，张才友，熊万里，邓朝晖，王清标
108	长株潭城市群发展模式研究	湖南师范大学	朱翔，贺清云，彭鹏，韦晓晖，徐美，李静芝，朱政
109	基于语义的三维模型重建技术开发与应用	中国人民解放军国防科学技术大学，广州市欧克地理信息技术服务有限公司	程志全，党岗，金士尧，熊四明，熊岳山，徐凯，李宝
110	支持基于内容检索的媒体语义特征分析技术	中国人民解放军国防科学技术大学	吴玲达，魏迎梅，谢毓湘，杨征，陈丹雯，杨冰，宋汉辰
111	生鲜湿面制品工业化生产工艺技术及产业化	中南林业科技大学，长沙南泥湾食品厂	周文化，何功秀，张江，张建春，郑仕宏，唐翩，周其中
112	废弃混凝土资源化再生利用关键技术研究与应用	中南林业科技大学，同济大学，中南大学，湖南铭健达交通科技有限公司	尹健，李益进，张雄，贺国京，吴昊，罗才洪，张松洪
113	三个高产优质特色花生新品种的选育与推广	湖南农业大学	李林，刘登望，李妮，杨友才，邹冬生，张映信，陈启忠
114	珍稀药用真菌资源化利用关键技术及产业化	湖南农业大学，长沙桑霖生物科技有限公司	刘东波，谢红旗，夏志兰，熊兴耀，李坚，谢玲
115	畜禽饲料有效磷评价方法与低磷日粮配制技术研究	湖南农业大学，湖南百宜饲料科技有限公司	方热军，尹奇志，贺建华，曹满湖，陈清华，杨玲媛，邓近平
116	畜禽细菌性疫病防治兽药制剂新技术研究与应用	湖南农业大学，湖南农大动物药业有限公司，株洲市神农动物药业有限公司，湖南五指峰生化有限公司，湖南泰谷生物科技有限责任公司	孙志良，董伟，陈小军，刘兆颖，刘自逵，张明军，肖红波
117	湖南主要养殖水体健康养殖模式及关键配套技术研究与应用	湖南农业大学，大通湖天泓渔业股份有限公司，常德市畜牧兽医水产局，湖南省水产科学研究所，湖南东江湖渔业股份有限公司	肖调义，李德亮，赵玉蓉，李祖军，胡　毅，刘寅初，江　辉
118	沥青路面再生利用成套关键技术	长沙理工大学，湖南省交通科学研究院，海南高速公路股份有限公司	周志刚，应荣华，吴超凡，田小革，孙志林，姜守东，关宏信
119	内河新型板梁式全直高桩码头结构研究	长沙理工大学，湖南省交通规划勘察设计院	周作茂，刘晓平，刘学著，范焱斌，杨伟杰，卢陈，陈凤姣
120	面向物联网应用的异构无线网络可信融合关键技术	长沙理工大学	李平，李峰，廖年冬，熊兵，夏卓群，彭玉旭，汤强
121	沥青混合料施工性能评价体系及应用关键技术	长沙理工大学，河南高速公路发展有限责任公司安新改建工程项目部，河南新欣高速公路有限公司，中交四公局第二工程有限公司，北京中企卓创科技发展有限公司	魏建国，李平，付其林，李宏志，关京，吴剑波，叶松
122	隧道路面多孔混凝土制备技术与复合式路面新结构、新材料的应用	长沙理工大学，湖南省常吉高速公路建设开发有限公司	陈瑜，刘朝晖，王辉，钟放平，叶群山，张起森，韩红桂

续表

序号	项目名称	主要完成单位	主要完成人
123	高速公路项目全过程管理关键技术	长沙理工大学，吉首大学	卢毅，肖湘愚，李珏，李永汉，王首绪，张欢，张生
124	马王堆养生文化及养生药枕的开发应用研究	湖南中医药大学，湖南省博物馆	何清湖，周德生，李晓沙，喻嵘，胡华，王培雷，刘朝圣
125	基于"益气解毒法"复方制剂治疗鼻咽疾病的临床应用与机制分析	湖南中医药大学	田道法，何迎春，卢芳国，曹建雄，唐发清，王大海，周小军
126	柴胡三参胶囊对冠心病室早大鼠心肌细胞 Ca2+，SERCA 影响	湖南中医药大学	刘建和，程丑夫，吴亦之，唐路，莫观海，梁菲梅，郭亚妮
127	温病"卫气营血辨证"内涵研究及临床运用	湖南中医药大学	赵国荣，艾碧琛，贺又舜，肖碧跃，谢静，陈锡军，熊焰
128	张力平衡针法治疗脑卒中痉挛瘫痪的技术	湖南中医药大学，湖南省省直中医医院（原株洲市中医院）	章薇，娄必丹，刘智，王净净，李金香，吴清明，成钢
129	绿色环保挤出成型发泡纸板关键技术	湖南工业大学，恒天九五重工有限公司	曾广胜，陈一，许超，徐成，林瑞珍，孟聪，陈磊
130	RBD 系列人工智能计算机控制锰锌铁氧体可控气氛钟罩炉	长沙矿冶研究院有限责任公司	侯拥和，欧阳建，侯季淹，杨克辉，张勋郎，王朋生，宇文静
131	岩溶大水矿山井下近矿体帷幕注浆及安全高效开采综合技术	长沙矿山研究院有限责任公司，莱芜莱新铁矿有限责任公司	辛小毛，徐加夫，肖凤元，李迎佳，康瑞海，张京涛，曾先贵
132	航天遥感图像质量成像的数学处理技术	中国人民解放军国防科学技术大学	朱炬波，谢美华，汪雄良，张增辉，刘吉英，赵侠，黄石生
133	高精度北斗测量天线技术	中国人民解放军国防科学技术大学	张勇虎，李垣陵，黄仰博，喻小虎，葛锐，苏映雪，伍微
134	XX 艇用海水泵减振降噪	湖南湘电长沙水泵有限公司	高新民，陈立，黄鹤

表　2012 年长沙市科学技术进步奖获奖项目

序号	项目名称	主要完成单位	主要完成人
		一等奖	
1	智能挖掘机关键技术及产业化	山河智能装备股份有限公司、中南大学	何清华、张大庆、刘心昊、郭勇、张云龙、陈欠根、赵喻明、郝鹏、谢习华
2	手机动漫公共技术服务平台	拓维信息系统股份有限公司	龙伯康、易璐、封模春
3	改性酚醛泡沫墙体防火保温材料生产技术	湖南中野高科技特种材料有限公司	谢建军、赵彤、张洋、程珏、黎超、侯志彪、喻泽、熊稳
4	"三层穗法"生产水稻温敏不育系核心种子的方法	湖南隆平种业有限公司	刘爱民、肖层林、龙和平、李小华、廖翠猛、杨文星、谭志军、范小兵
5	高效节能油田注汽锅炉关键技术研究及应用	长沙锅炉厂有限责任公司	徐树伟、丁鹏涛、刘强、尚力、周建国、王汝金、刘亮、刘志斌

续表

序号	项目名称	主要完成单位	主要完成人
		二等奖	
6	超高速数控磨削关键技术及装备	湖南海捷精密工业有限公司、湖南大学	彭克立、高峰、张麟捷、张才友、陶剑波、曹晖、黄险峰
7	BG2100 路面铣刨机	中联重科股份有限公司	喻钢、尹苟保、熊震、王少军、颜林军、陈兵、程德军
8	DDZY102 费控智能电能表	威胜集团有限公司	李先怀、樊坚、周弼、扶忠权、周树山、刘虎踞、张亮
9	浏阳彩色菊花石雕刻技术及资源开发利用	湖南永和菊花石工艺美术有限公司	袁耀初、李舟、李浩、李钧、李艺
10	安全环保烟花爆竹材料和综合燃放技术研究及其产业化 -- 环保烟花	浏阳市达浒花炮艺术焰火燃放集团有限公司	江木根、宋建芳、孔祥磊
11	YJJJ(T)I-127/220kV 交联聚乙烯绝缘电力电缆整体预制橡胶绝缘件绝缘（直通）中间接头	长缆电工科技股份有限公司	俞正元、肖上林、薛奇、郭长春
12	带铁芯平板式直线伺服电机	长沙一派数控机床有限公司	朱更红、谌国权、苏焕宇、谭铭志、谢洪权、宋建、邓祚国
13	基于 Sip 封装的直播卫星解调解码融合芯片 GK6105S	湖南国科微电子有限公司	姜黎、隋军、祈卫、黄新军
14	基于物联网应用的金融移动终端	湖南长城信息金融设备有限责任公司	刘永红、曾立志、谭军、官峰、银磊、刘光明、王振华
15	新型可再生无卤阻燃聚乙烯功能材料研究开发	湖南科天新材料有限公司	王小红、蒯建政、廖剑波、贺热民、肖玉珍、成佳
16	用切向连续挤压机连续生产铝包铜管的工艺研发及应用	湖南金龙国际铜业有限公司	谭雄雅、叶景高
17	蜂胶产品深加工与质量控制技术研究及应用	湖南省明园蜂业有限公司	刘家银、尹永、郭维列、贺炜、周孜、董湘晖、徐志军
18	瓜果类蔬菜标准化栽培技术研究与应用	长沙市蔬菜科学研究所、长沙市蔬菜科技开发公司	王安乐、邓稳桥、李立坤、张艳、谭远宝、杨福强、林佳福
19	新型微生物可溶性秸秆腐熟剂研发与应用	湖南泰谷生物科技有限责任公司	曹典军、郭帅、谭武贵、易利辉、丰来、蔡浩、侯亚卓
20	卷曲型名优绿茶全自动加工工艺技术研究与示范	湖南湘丰茶业有限公司、湖南省茶叶研究所、中国科学院亚热带农业生态研究所	郑红发、李盛华、李赛君、包小村、肖润林、饶树林、谭正初
21	相变蓄能空调在通信基站中应用技术研究	长沙麦融高科有限公司、湖南大学	张泉、廖曙光、廖义钊
22	高配比硫酸渣氧化球团生产技术的开发与应用	中冶长天国际工程有限责任公司、铜陵有色集团金属控股有限公司铜冠冶化分公司	叶匡吾、刘树立、夏耀臻、徐五七、宁德乙、左永伟、唐达高

续表

序号	项目名称	主要完成单位	主要完成人
		三等奖	
23	多功能自力套筒式消能阀	湖南泵阀制造有限公司	朱铁强、滕达、李志鹏、张长宗、张宗海
24	大型高性能充填工业泵的开发及产业化	飞翼股份有限公司	何干君、欧阳绪荣、耿林祥、周清海、张永华
25	YTDM-580CNC/CBN 数控立式双端面磨床	湖南宇环同心数控机床有限公司、湖南大学电气与信息工程学院	许世雄、王洪、钟红燕、肖 健、谭跃辉
26	LNG 接收站立式长轴海水泵	湖南耐普泵业有限公司	黄建平、彭智新、肖鹏辉、刘佳林、易敏
27	高精度高强度汽车、履带、越野起重机三大系列桁架臂生产新工艺	长沙金阳机械设备科技开发有限公司	童自海、谢长青、彭志明、李奎
28	微波能高温应用关键技术改造的研发与工程示范	长沙隆泰微波热工有限公司	彭虎、杨军、王雄
29	安全环保模压成型组合烟花新工艺技术	浏阳市颐和隆烟花制造有限公司	黄明初、黄光辉、黄光明、陈世义
30	桥梁预应力智能张拉控制系统	湖南联智桥隧技术有限公司、湖南省高速公路管理局、湖南省通平高速公路建设开发有限公司	谢立新、章照宏、梁晓东、吴涛、罗卫华
31	内燃机车能耗监测统计分析系统	长沙南车电气设备有限公司	谢石辉、戴亚钦、李早红、吴洪良、姚丽娜
32	两型校园（机关、企业等）数字化综合信息管理平台的关键技术研究及其产业化	湖南远控能源科技有限公司	李光辉、龙志坚、练波、 明龙、郑万容
33	汽车影音导航信息系统	湖南纽曼数码科技有限公司	常促宇、张树民、郝小汉、邓志伟、唐未德
34	影视演艺 LED 高清电子显示屏	湖南明和光电设备有限公司	周志林、傅高武、常青、彭岳棋
35	新型电镀效果铝颜料	长沙族兴新材料股份有限公司	刘维民、夏风、曾孟金、梁晓斌、姜小平
36	准球形硅微粉制备导电粉高效开发利用	湖南金马硅业有限公司	葛鹤松、李舟、蔡有兴、陈旭
37	“三低一高”花卷茶系列新产品开发研究	湖南省茶业有限公司、湖南农业大学、湖南省白沙溪茶厂有限责任公司	周重旺、刘仲华、施兆鹏、吴浩人、尹钟
38	国家三类新药奥利司他原料药的产业化	大邦（湖南）生物制药有限公司	彭滢、郭霞凌、张虓
39	灵芝 GAP 栽培及深加工技术研究与系列产品开发	长沙湘蕈生物科技有限公司、湖南农业大学、长沙市雨花区食用菌科技合作社	喻桃生、夏志兰、陈裕新、刘瑶、彭波
40	生猪健康环保养殖新技术及绿色兽药（添加剂）研究与推广示范	湖南省畜牧兽医研究所、湖南光大牧业科技有限公司	周望平、傅胜才、杨俊、杜丽飞、邱美珍
41	高效环保型苄·乙漂浮性水稻除草剂研制与应用	湖南大方农化有限公司、长沙矿冶研究院	李旭君、肖国光、周尚泉、肖焱、刘松

续表

序号	项目名称	主要完成单位	主要完成人
42	湖南水稻机插育秧机械化成套设备和技术的研究与推广	长沙市农机研究所、长沙市绿苗农业科技有限公司	周文、罗建国、熊建中、王龙飞、刘琼
43	系列重金属在线监测仪器研发及产业化	长沙华时捷环保科技发展有限公司	何劲松、蒋晓云、谭自强、唐浪、王强
44	新型高效节能真空脱脂烧结淬火一体炉	湖南顶立科技有限公司	戴煜、羊建高、谭兴龙、邓军旺、胡祥龙
45	种用于干燥的高温空气源热泵热风机	湖南省浏阳市择明热工器材有限公司	汤世国、李向群、汤慧鑫、寻小勇、张林树
46	煤转气沥青混凝土拌和设备研发及应用推广	湖南湘路机械科技有限公司	李运华、彭鸿、游毅中、杨峰、宋继华
47	从钨基高比重合金废料中回收利用钨、镍等稀贵金属	浏阳市鑫利粉末冶金有限公司	张雪云、霍广生、刘文赋、刘文峰、张爱丽

表　2012 年长沙市产学研合作与科技成果转化奖获奖单位

序号	获奖单位	序号	获奖单位
1	袁隆平农业高科技股份有限公司	6	楚天科技股份有限公司
2	九芝堂股份有限公司	7	湖南中医药大学
3	金杯电工股份有限公司	8	湖南电器研究所
4	三一集团有限公司	9	长沙坛坛香调料食品有限公司
5	湖南省冶金材料研究所	10	长沙高新技术产业开发区爱威科技实业有限公司

表　2012 年长沙市企业科技创新市长奖获奖单位

序号	获奖单位	序号	获奖单位
1	介面光电（湖南）有限公司	3	蓝思科技股份有限公司
2	湖南华曙高科技有限责任公司		

知识产权保护及应用

【概况】　2012 年，长沙市知识产权局紧扣经济社会发展大局，创新思路、求真务实，各项工作取得显著成效。长沙以全国城市综合排名第四的成绩获首批“国家知识产权示范城市”称号。市知识产权局被国家知识产权局和公安部授予“全国知识产权执法保护先进集体”称号，被国家知识产权局评为“知识产权人才工作先进集体”。国家知识产权示范城市授牌仪式期间，省委书记、省人大常委会主任周强，国家知识产权局副局长贺化高度评价长沙知识产权工作。中央电视台、《经济日报》、《湖南日报》多次专栏报道长沙知识产权工作。

2012 年，全市累计申请国内专利 14973 件，同比增长 14.1%；获得国内专利授权 10382 件，同比增长 55.1%，年专利申请量和授权量双双突破万件；发明专利申请量 5883 件，发明专利授权量 2180 件，均居全国省会城市前列。PCT 申请（申请国际专利）400 件，居全国省会城市第 1 位；

全市拥有有效发明专利7802件，每万人发明专利拥有量达到11件。中联重科股份有限公司的专利“动力单元及其控制方法”、“起重机”分别获得第十四届中国专利金奖和外观设计金奖。（阳　明）

【长沙发明专利授权量跻身全国城市十强】　2月24日，国家知识产权局副局长甘绍宁发布了2011年全国发明专利授权总体情况，发明专利授权量排名前十的省、城市和企业榜单出炉。长沙以1767件发明专利授权，荣登2011年全国城市年度发明专利授权10强榜。在全国受理PCT国际申请排名前十企业榜单中，长沙市知识产权示范企业中联重科和三一智能分别排名第6位和第8位。（阳　明）

【首届文化企业版权管理培训班开班】　3月28日，由市委宣传部、市知识产权局联合举办的长沙首届文化企业版权管理培训班在长沙开班。这是长沙首次针对文化企业开展的版权培训，来自全市文化企业、新闻媒体、文艺演出团体、版权中介机构的负责人以及全市从事版权行政管理工作人员共120余人参加了培训。培训邀请了原新闻出版总署巡视员、北京君策知识产权发展中心副主任许超，原武汉市中级人民法院知识产权庭庭长、北京君策知识产权发展中心副主任李艺虹，广东省版权局副局长钱永红，中国社会科学院知识产权中心主任李明德，长沙市中级人民法院知识产权庭庭长余辉等知名专家、学者和教授，讲授了著作权国内外形势、文化企业内部版权管理、文化企业版权风险等相关课程。该培训是长沙市知识产权局正式接管全市版权管理工作后开展的首个活动，主要目的是进一步提高全市文化产业市场主体版权创造、运用、保护和管理的能力，助推长沙国际文化名城建设。（阳　明）

【长沙跻身首批国家知识产权示范城市行列】　4月27日，在第7次国家知识产权局开放日活动上，国家知识产权局局长田力普发布了首批国家知识产权示范城市名单。长沙以全国排名第四的成绩跻身首批国家知识产权示范城市行列。8月8日，国家知识产权示范城市授牌仪式在长沙市人民政府会议中心举行，国家知识产权局副局长贺化为长沙授牌并作重要讲话，市委副书记、常务副市长张迎龙代表市人民政府接牌并作表态发言。仪式由市人民政府副市长夏建平主持，国家知识产权局专利管理司副司长雷筱云、省知识产权局副局长陈仲伯、市人大常委会副主任罗购三、市政协副主席彭继球、市政府副秘书长刘秋成等领导出席。城市知识产权试点示范工作是国家知识产权局延续多年的重点工作项目，经过十余年的创新发展，试点示范城市遍及全国29个省（自治区、直辖市），总数已达104个。2008年《国家知识产权战略纲要》实施以来，长沙知识产权局紧扣实施知识产权战略主线，依托“国家知识产权工作示范城市”平台，发挥知识产权支撑引领长沙经济社会发展作用，创新思路，取得显著成效。2011年全市专利申请量突破万阵，达到13122件；发明专利授权量1764件，排名全国所有城市第十位；PCT（国际专利申请量）居省会城市第1位，省会和副省级城市第2位；全市每万人有效发明专利拥有量达到9.8件，超出“十二五”规划目标每万人3.3件2倍多。长沙集聚了全省一半以上的高新技术企业，2011年全市高新技术产业总值达3500亿元，占规模工业产值的52%；全市应用型科技成果转化率达85%，知识产权对经济增长的贡献能力显著增强。（阳　明）

【著作权登记补助系统开通】　2012年10月，长沙市知识产权局著作权登记补助系统正式开通。根据长沙市知识产权局、长沙市财政局联合下发的《长沙市知识产权补助实施细则》规定，注册地在长沙的法人或其他组织以及户籍地在长沙的自然人可以通过长沙市知识产权局官方网站在网上申请著作权登记补助。长沙市著作权登记补助系统是全省第一个著作权登记补助网上申报系统。自2011年接管版权行政管理工作以来，为更有力地激励创造和版权产业发展，2012年6月28日长沙市知识产权局联合市财政局下发了《长沙市知识产权补助实施细则》，对注册地在长沙市的法人或其他组织以及户籍地在长沙市的自然人的著作权登记进行一定金额的补助，以激励全市人民的作品创作热情，提高作品创作质量。（阳　明）

【长沙市知识产权投融资服务“金桥工程”签约仪式举行】　2012年11月28日，长沙市知识产权投融资服务“金桥工程”签约仪式暨知识产权金融服务新产品发布会在湘麓山庄举行。仪式由市人民政府副秘书长刘秋成主持，省知识产权局纪检组长李丽娅、长沙市人民政府副市长夏建平、交通银行湖南省分行副行长王庆艳、长沙市知识产权局局长彭民安以及长沙银行、浦发银行长沙分行、东莞银行长沙分行有关负责人出席。各区县（市）、高新区、经开区知识产权局，各园区知识产权管理部门，知识产权优势培育企业和部分中小知识产权战略推进工程试点企业负责人等80多人参加了签约仪式暨知识产权金融服务新产品发布会。“金桥工程”是中小企业融资的服务平台，是促进知识产权资源与金融资源有效融合的桥梁与纽带。“金桥工程”坚持 “政府引导、银企参与、市场运作、共创品牌”的原则，计划用3年的时间，为500家企业开展知识产权质押贷款和全面金融服务，提供总额30亿元的综合授信支持，其中交通银行湖南省分行授信10亿元、长沙银行授信10亿元、浦发银行长沙分行授信5亿元、东莞银行长沙分行授信5亿元，通过发挥各方优势，创新金融产品，优化服务模式，实现资源共享，从机制构建、信息交流、项目筛选、政策扶持、风险管控、人才培养等方面共同拓宽中小企业融资渠道，促进知识产权融资业务规模化发展。通过该工程的实施，搭建银企之间的融资桥梁，深化银政合作、银企合作，探索知识产权与金融资源有效融合模式，有效缓解了中小企业融资难题。签约仪式上，交通银行湖南省分行与长沙大家物联网络科技有限公司，长沙银行与湖南明和光电设备有限公司，浦发银行长沙分行与湖南利洁生物化工有限公司、湖南神塑科技有限公司，东莞银行长沙分行与湖南天鹰投资集团有限公司成功对接，5家企业成功融资1.71亿元。截止到2012年10月，知识产权投融资服务项目286项，融资金额20.69

亿元，其中知识产权质押融资 4.17 亿元。（阳　明）

科学普及

【概况】 2012 年，长沙市科协按照“三服务一加强”工作定位，开拓创新，圆满完成了各项工作。

一、服务经济社会发展成效明显。发挥科协人才荟萃、学科齐全、联系广泛、网络健全的优势，凝聚科技工作者的智慧和力量，服务长沙经济社会发展。成立“促进企业技术创新办公室”，搭建“专家服务、技术创新服务、人才服务、管理咨询服务、融资服务、知识产权服务”等六大服务平台，组织学会和科技工作者开展科技服务“进园区、进企业”活动。加大院士专家工作站建设力度，新建 4 个院士专家工作站，引进 5 名院士、4 个专家团队、14 名高级专家，为科技园区及企业提供技术创新综合服务。积极推介国外专利信息，在雨花区、天心区、望城区等各区县市科协的大力支持下，在高新园区企业举办了 3 期国外专利信息推介和技术创新培训，110 多家企业直接获益。深化科普惠农，新建 5 个科普惠农服务站，开展订单式培训，先后举办 9 期农业科技创新和实用技术培训，培训农民千余名。积极为党委政府提供科学决策咨询，组织科技工作者撰写了 7 件集体提案，其中 1 件被市政协评为优秀提案。汇编市第十届政协科协界别提案《诤言——来自科技工作者的声音》，进一步激发了科协界委员和广大科技工作者建言献策的积极性。芙蓉区科协汇编出版顾问决策参考 4 期，为区域经济与社会发展难点热点问题献计献策。岳麓区科协充分发挥驻区高校、科研院所集中优势，探索建立政产学研协同创新合作机制，促进了区域经济社会发展。

二、学术交流深入活跃。以“科技创新与战略性新兴产业”为主题，举办 2012 年长沙市科学技术学术年会，年会共征集 438 篇学术论文，评出优秀论文一等奖 11 篇，二等奖 18 篇，三等奖 41 篇。年会首次搭建产学研合作平台，现场发布驻长沙高校和科技经济园区 100 多项优秀科技成果和 60 多项园区企业技术需求，部分校企达成合作协议。特邀钟掘院士和吴金明教授在年会主会场作专题学术报告，设立宁乡经开区“长沙食品工业发展战略论坛”、湖南环保科技产业园“新能源汽车技术创新论坛”、市林学会“长沙湿地保护与建设论坛”、浏阳市科协“现代农业产业带建设论坛”4 个分会场，进一步扩大了学术年会的影响面；各学会根据各自特点和会员需求，组织开展了各种交流活动，会员交流日趋活跃，服务会员、服务经济更加鲜明。组织参加 2012 年湖南省第十四届自然科学优秀论文评选，共有 10 篇论文获奖，其中一等奖 1 篇，二等奖 4 篇，三等奖 5 篇。

三、全民科学素质有了新的提升。立足大联合大协作，认真履行《全民科学素质行动计划纲要》领导小组办公室职责，积极引导有关部门、单位和社会力量参与科普，社会化科普工作格局进一步强化。全市新增 6 个省级科普示范社区、3 个省级农村专业技术协会、1 个省级农村科普带头人，新增 2 个全国科普教育基地、4 个全国农村科普示范基地和 6 个全国科普示范社区，共获奖补资金 200 多万元。宁乡县科协加大科普惠农投入力度，在《今日宁乡》报和宁乡电视台连续推出 17 期科普惠农专栏，采取以奖代补的方式，投入资金 20 万元，扶助科普示范基地、科普带头人和农技协建设。科学普及品牌效应进一步彰显。举办 60 场“全国科普日”系列活动，15 期“专家与媒体面对面”科普专栏，7 场次“星城科学讲堂”，33 场次、行程 3000 多公里的“科普大篷车”基层巡展，2 期特色主题科普展览，以及参与开展科技活动周、科技“三下乡”活动，有效提升了长沙市全民科学素质水平。组织专家建设科普知识库，编印生活科学丛书《市民食品安全常识》、《百姓安全用药知识》并免费发送至广大干部和市民，深受欢迎。雨花区科协积极实施“科普大篷车进校园活动”，两年来将科普大篷车开进全区 56 所中小学校；芙蓉区实施科普“一堂课、一支队伍、一个专栏、一本书、一个节、五个一”工程；长沙县依托“科普惠农讲师团”开展科普活动，积极推进“三农网络科普书屋”建设，有力地推进了区县科普工作。青少年科技教育再上新台阶。先后主办了市青少年科技创新大赛、中小学生机器人竞赛、中小学生现场网页制作竞赛、中小学生“奇思妙想闯七关”等系列赛事，组织参加省第三十三届青少年科技创新大赛及中小学生机器人竞赛，获一等奖 39 项、二等奖 44 项、三等奖 28 项，组织参加第二十七届全国青少年科技创新大赛及第十二届中国青少年机器人竞赛，获一等奖 6 项、二等奖 8 项、三等奖 7 项、专项奖 5 项。参加第十二届全国“明天小小科学家”评选，获二等奖 2 项、三等奖 1 项。参加国际可持续发展项目奥林匹克竞赛，获金奖 1 项（中国代表队参加此项竞赛首次获得金奖）。参加第六十四届纽伦堡国际发明展览会，获金、银奖各一项（64 年来长沙青少年首次在纽伦堡国际发明展览会上获得的最高发明奖）。表彰了首届长沙市青少年科技创新市长奖获奖者，启动了第二届长沙市青少年科技创新市长奖推荐评选工作并召开专家评审会。联合市关工委开展“走近科学、快乐夏天”主题科普夏令营活动，组织参加省级及全国“高校科学营”活动等等，青少年科技教育活动参与面越来越广，参与人数日益增加，青少年“爱科学、学科学、用科学”的热情日益高涨，青少年科学素养进一步提升。2012 年市科协被中国科协评为“第 27 届全国青少年科技创新大赛基层赛事优秀组织单位”、“全国科普日活动优秀组织单位”。

四、优秀科技人才不断涌现。扎实做好市青年科技奖评选表彰工作，3 月，隆重表彰了卜振军等十名首届长沙市青年科技奖获得者，每人奖励 2 万元。9 月，启动第二届长沙青年科技奖推荐评选工作，召开专家评审会，评选出十名拟表彰对象。扎实做好政协科协界委员推荐工作，推荐的 14 名候选人中，有 10 人确定为新一届政协委员。推荐全国优秀科技工作者表彰对象 3 人，其中 1 人获表彰。在企业深入开展“讲理想、比贡献”活动，在 2011 — 2012 年度全国“讲理想、比贡献”活动中，2 个单位被评为先进集体，2 人分别被评为优秀组织者和科技标兵。依托长沙晚报、长沙新闻频道、星辰在线、市科协网广泛宣传首届市青年科技奖获得者、三湘院士和全国优秀科技工作者。

五、科协组织的凝聚力影响力进一步加强。区、县（市）科协学会组织发展有了新进展，天心区成立了青少年科技教育协会，至2012年，全市已有6个区、县（市）科协建立了综合性学会。浏阳市科协开展星级学会（协会）评比考核，有效促进了学会（协会）建设。不断加强科协基层组织建设，全年新增1个园区科协、4个乡镇街道科协组织。积极开展“建家交友”活动，加强科技工作者状况调研，宁乡县科协被中国科协评为“全国科技工作者状况调查优秀调查站点”。（杨　文）

2012年全国科普日湖南·长沙主场活动

长沙市科学技术协会

名誉主席　（按姓氏笔画为序）
何继善　佘永富
李显模　李斌恺
官春云　钟　掘（女）
钟志华　袁隆平
黄伯云
主　　席　李克俭（兼）
党组书记、副主席　李范坤
副 主 席　熊　鸣　王　准
易　方
副县级纪检员　杨迪君
副主席（兼）　（按姓氏笔画为序）
刘国华　李　跃（女）
邱兵东　胡　勇
郭清泉　章利云（女）
廖洪元

【举办2012年全国科普日湖南·长沙主场活动】 9月15日，由湖南省科协、长沙市人民政府主办，长沙市科协、天心区人民政府、湖南省科技馆承办的以“食品安全与公众健康”为主题的2012年“全国科普日”湖南长沙主场活动启动式在省科技馆隆重举行。启动式由省科协党组书记、副主席邹志强主持，中共长沙市委副书记、市长张剑飞致词，中国科协副主席、省科协主席黄伯云院士作重要讲话，省委副书记梅克保宣布活动开始，省人大常委会副主任肖雅瑜、省政协副主席武吉海、长沙市副市长夏建平、长沙市政协副主席、市科协主席李克俭等领导出席。除主会场外，长沙市科协分别在芙蓉区、岳麓区、开福区设立了三个分会场，共开展60项丰富多彩、别致新颖的群众性科普活动，其中市级活动19项、区、县（市）活动41项，全民科学素质得到有效提高。（杨　文）

【第二届长沙市青年科技奖】 12月7日，第二届长沙市青年科技奖评审会开评。评审会由中科院院士俞汝勤主持，市政协副主席、科协主席李克俭，市委组织部副部长杨意平，市科协党组书记、副主席李范坤，市人社局副局长戴崇华，市科技局副局长胡勇，市科协党组成员、副县级纪检员杨迪君等领导出席。陈立云、杨旭静、肖志强、方奎等各学科知名专家作为评委参评。该次评审会共接收51名全市推荐、申报人选参评，经资格审查，全部合格。10名人选通过专家评审，经公示与批准，成为第二届长沙市青年科技奖得主。（杨　文）

【第二届长沙市青少年科技创新市长奖】 12月28日，由长沙市人民政府主办，市科协、市教育局、市科技局、市知识产权局承办的第二届长沙市青少年科技创新市长奖评审工作在麓山宾馆举行。中国科学院院士、湖南大学教授俞汝勤担任本次评审委员会主任，市政协副主席、市科协主席李克俭、市政府副秘书长刘秋成及在长相关大学的专家教授参加了评审会。全市共推荐、申报了25名合格人选。9名人选通过专家评审，经公示与批准，成为第二届长沙市青少年科技创新市长奖得主。（杨　文）

【开展“专家与媒体面对面”系列科普活动】 “专家与媒体面对面”是长沙市科协联合长沙晚报举办的系列科普活动。为此，长沙晚报开辟科普专栏《科学生活家》，开通热线96333，就读者在生活中遇到的疑点和困惑，邀请该领域专家予以解答释疑，正确引导人们科学生活。至2012年12月31日，共出版27期《科学生活家》。（杨　文）

【湖南环保科技产业园科协成立】 11月6日上午，园区45家重点工业企业的企业家代表、技术人员代表共140人汇聚一堂，隆重召开环科园科学技术协会成立大会。市科协副主席熊鸣、园区党工委书记杜旭辉、区人民政府副区长李国军、园区管委会主任郭四军、市科协学会部部长宋和平、区科协主席刘虎其出席了会议。大会审议通过“湖南环保科技产业园科协章程”，选举产生了园区科协第一届委员会，杜旭辉当选园区科协名誉主席，郭四军当选园区科协主席，李国庆、柳相军、仲志刚、欧阳伟、刘德权五位当选副主席。园区科协的成立，为园区凝聚科技工作者、推动园区创新发展、促进科学技术的繁荣和发展提供了平台。（杨　文）

【"院士专家工作站"建设卓有成效】 2012年，长沙市院士专家工作站建设卓有成效，共设立了四家企业院士专家工作站，分别是：威胜集团有限公司院士专家工作站，长沙长泰机器人有限公司院士专家工作站，湖南金龙电缆有限公司、湖南金龙国际铜业有限公司院士专家工作站，华自科技股份有限公司院士专家工作站。"院士专家工作站"的设立，成功实现企业技术创新需求与院士专家资源对接，为企业技术创新提供技术支撑。（杨 文）

【2012实施知识产权战略巡讲活动在长沙举办】 9月12日，由中国科学技术咨询服务中心、国家知识产权局办公室、湖南省科学技术协会、长沙市人民政府主办，湖南省科学技术咨询中心、长沙市科学技术协会、长沙高新技术产业开发区管委会和长沙市知识产权局共同承办的"2012实施知识产权战略巡讲（湖南·长沙）活动在长沙隆重启动。中国科协书记处书记、党组成员、中国知识产权研究会副会长张勤博士作了题为《科技创新与国家知识产权战略》主题报告，科技部知识产权事务中心主任杨林村、北京工业大学教授林耕分别作了题为《商业秘密构成要件中"不为公众所知悉"技术信息的判断》和《技术交易与风险防范》的专题报告。（杨 文）

【举办科普巡展活动】 2012年共出动科普大篷车44次，行程3000余公里，随车参加科普活动的科普志愿者200余人次，活动覆盖面达市属三县（市）六区的社区、乡镇和学校。随车展出的车载展品30台套；展出各类配发和自制科普展板100余块；发放各类科普宣传资料10000余份。随同科普大篷车举办各类科普讲座、报告会等8场次，同时举办了科普惠农专家讲座和科技咨询等活动，参观、参加和体验人次达10万余人次。科普大篷车所到之处，场面生动，气氛热烈，受到广大中小学生、群众的欢迎。（杨 文）

科普巡展活动

社会科学

【概况】 2012年市社科联（院）课题研究、社科普及、人才培养、咨询服务、学会管理等各项工作都取得新进展。长沙市社科联被评为湖南省社科系统先进集体，所属学会中有2家被评为全国标兵学会，4家被评为全国先进学会。

一、履行智库职责，服务发展。市社科联（院）着重加强全局性、战略性、前瞻性重大理论与实际问题研究，建立规范稳定的直报渠道，实现重大成果进入决策，不断提升成果水平和转化能力。1. 开展课题研究。充分发挥"研"的优势和"联"的特点，注重资源整合，围绕新时期长沙又好又快率先发展和"五化一率先"发展战略，组织开展社科研究，抓好成果转化工作。按照市委宣传部的要求，组织实施国家重大社会科学基金项目《雷锋精神研究》申报工作并获准立项，成功实现长沙市申报国家社科重大课题零的突破；成功举办开题论证会，湖南省委宣传部发来贺信，长沙市委常委、宣传部长张湘涛出席，《湖南日报》、《长沙晚报》广泛宣传报道；承担省哲学社会科学规划办公室《雷锋家乡学雷锋的实践及启示》、《湖南如何在引领思想道德风尚、弘扬社会主义核心价值体系方面创造有益经验的路径、对策研究》和《长株潭两型社会实验区文化绿芯建设》3项课题的研究，在《人民日报（理论版）》、《光明日报（理论版）》等国家级刊物上推出系列精品理论文章。同时，围绕长沙市委市政府的重大战略部署，积极组织开展应用对策研究，完成课题报告近10项。2. 组织编撰《长沙文化发展报告蓝皮书（2012）》。围绕推进国际文化名城建设，继续配

"院士专家工作站"建设卓有成效

合市委宣传部编辑出版《长沙文化发展报告蓝皮书（2012）》，注重整合资源、集中优势、突出特色，为长沙市文化大发展大繁荣提供理论支撑、发挥积极作用。该书由张湘涛作序，由湖南人民出版社出版发行。该书以总报告为引领，从宏观视野与高端论坛、区域文化发展报告、文化产业园区发展报告、文化产业集团发展报告、借鉴与参考等方面对长沙文化的发展进行系统阐释和深入思考，总结成功经验，分析存在的问题，提出切实可行的对策建议，为国际文化名城建设提供理论支撑。3. 做好社科规划立项工作。以课题研究为抓手、学术活动为纽带，开展课题招标、课题规划立项和社科学术活动，组织联络一批社科专家，围绕长沙市经济社会又好又快率先发展中的热点难点问题，开展社科研究和学术研讨，拿出一批高质量的研究成果，供市委、市政府领导决策参考。

二、整合社科资源，拓展交流平台。社科联担负着组织、管理和协调社科界开展理论研究与学术交流的重要职能。1. 做好“雷锋精神”论坛相关工作。承办雷锋精神论坛——研究“雷锋精神”理论与实际工作者分论坛相关工作。论坛举办、承办单位有关领导以及湖南师范大学师生等300余人参加相关活动。2. 主办易经哲学与湖湘文化研讨会。与湖南省科学发展与社会和谐研究院联合主办“易经哲学与湖湘文化研讨会”。湖南省委原书记熊清泉，省人大常委会原副主任唐之享，长沙市委常委、宣传部部长张湘涛出席会议。《法制日报》原副社长、《中国律师报》副总编辑、中国行为法学会常务副会长、天台易道研究院院长马宝善作主旨演讲。全省300多名易经哲学和湖湘文化研究者出席论坛，湖南省、长沙市媒体广泛宣传报道。3. 召开“湖南精神”集中提炼工作座谈会。按照长沙市委宣传部的要求，组织召开长沙市“湖南精神”集中提炼工作座谈会，邀请省市有关专家对“湖南精神”进行了探讨。围绕心忧天下、厚德致远、脚踏实地、敢为人先；赤诚、坚韧、务实、创新；重大义、勇担当、敢争先、乐奉献；爱国奉献、尚德重智、勤劳务实、创新图强四条候选表述语，邀请湖南省社科联副厅级纪检员郑升、湖南省社科院副院长贺培育等专家进行研讨。

三、普及社科知识，服务大众。普及社科知识，服务社会大众，提升公民素质，是社科联一项重要工作职能。1. 承办湖湘大学堂名家讲坛活动。立足深入解读湖湘文化内涵，服务国际文化名城建设，承办由中共湖南省委宣传部、湖湘大学堂组委会、湖南省社科联联合主办的湖湘大学堂名家讲坛活动，邀请郑佳明、唐浩明、朱汉民三位湖湘文化研究的领军人物同台演讲。2. 做好“知长沙、爱长沙”大型知识竞赛的出题工作。知识竞赛试题涵盖历史文化事件、历史文化名人、历史文化古迹、幸福家园、创业之都和宜居城市等六大类。其中组织专家命题近5000道，包括历史文化事件类100题，历史文化名人类813题，历史文化古迹类786题，幸福家园类1016题，创业之都类812题，宜居城市类824题。3. 办好《长沙社科》杂志。编辑出版《长沙社科》四期，新增探索实践和社科动态栏目，充分发挥其在课题成果转化、社科知识普及、社科人才培养等方面的积极作用。杂志免费赠送长沙市委、市人大、市政府、市政协领导以及市直机关各单位，与全国社科系统300多个单位进行交流，获得社会各界好评。4. 做好学习宣传党的十八大的相关工作。承办由长沙市委宣传部主办的长沙市学习宣传贯彻党的十八大精神座谈会的相关工作，邀请宣传文化系统各单位主要负责人、省会专家学者、基层工作代表参加，张湘涛出席会议并讲话，在长沙晚报开辟专版，刊登座谈会发言观点。与长沙晚报共同承办长沙市学习宣传党的十八大精神理论征文活动，在长沙晚报刊载征文启事，推出精品理论文章，营造浓厚学习氛围，推动实际工作开展。

四、指导管理学会，推动社团发展。市社科联坚持“管”、“联”并举，强化自身的桥梁纽带作用，做到真情联心、常态联络、工作联动。1. 召开长沙市社科工作会议部署年度工作。经过精心筹备，2012年4月召开长沙市社会科学工作会议。长沙市领导张湘涛、夏建平、钟新莲等出席会议。张湘涛在会上作重要讲话，对推进全市社科工作的繁荣发展提出了明确要求。2. 做好学会管理服务日常工作。做好学会年检工作，配合民政部门督促学会按照国务院《社团登记管理条例》规定进行年检。举办学会工作培训班，组织开展全市社科类学会骨干培训，各学会秘书长及业务骨干均参加了学习，邀请长沙市人民政府办公厅督学黄永琪作《谈思维创新与持续学习》专题讲座，长沙市会计学会、长沙市商业经济学会等学会在培训班上做经验推介。推荐一批全国先进学会。于安全等95人被评为“长沙市社科工作先进个人”。3. 表彰优秀社科人才和优秀社科成果。不断完善激励机制，开展长沙市第十届社科优秀

2012年5月10日，学会集中年检

人才评选和第十四届社科优秀成果评奖。并对毛政相、唐曙光、柳玉3位第九届“长沙市社会科学优秀人才”，马贤兴、张鸿辉、罗雄、何旭、张国辉5位“长沙市社科先进工作者”，对《长沙人居环境发展报告》等68项第十三届社会科学优秀成果进行通报表彰，并在《长沙晚报》、《长沙社科》和相关网络媒体上对优秀人才、成果和学会进行宣传推介。（张效锋）

【长沙市社科工作会议】 4月19日，长沙市社会科学工作会议召开。市领导张湘涛、夏建平、钟新莲等出席。市委常委、宣传部长张湘涛对一年的社科工作给予充分肯定，对推进全市社科工作的繁荣发展提出了明确要求：抓好科学谋划，注重前瞻性。要有超前的意识，要有国际的视野，要有开放的胸襟。抓好理论创新，注重时代性。理论研究要善于“求真”，敢于“求新”，勇于“求精”。抓好成果转化，注重实效性。努力彰显时代价值，突出实践应用。要抓好机制建设，注重基础性。进一步加强机制建设，重投入强保障、重组织强功能、重人才强活力。省社科联党组成员、副厅级纪检员郑升对大会表示祝贺，并向广大社科工作者表示问候。他指出，面对新形势新任务，社科事业大有可为，广大社科工作者任重道远，长沙市社科联应该发挥社会科学的功能和作用，坚持正确方向，坚持应用研究，坚持贴近群众。会议对毛政相、唐曙光、柳玉3位第九届“长沙市社会科学优秀人才”，马贤兴、张鸿辉、罗雄、何旭、张国辉5位“长沙市社科先进工作者”，对《长沙人居环境发展报告》等68项第十三届社会科学优秀成果进行通报表彰，并在《长沙晚报》、《长沙社科》和相关网络媒体上对优秀人才、成果和学会进行宣传推介。（张效锋）

【承办湖湘大学堂名家讲坛活动】 6月12日，由中共湖南省委宣传部、湖湘大学堂组委会、湖南省社科联联合主办、市社科联承办的湖湘大学堂名家讲坛活动举行，邀请郑佳明、唐浩明、朱汉民三位湖湘文化研究的领军人物同台演讲，三位名家视角新颖，见解独到，信息丰富，会场气氛非常热烈，让听众享受文化盛宴。湖南卫视分专题直播了活动盛况，潇湘晨报、长沙晚报专版登载专家观点。（张效锋）

【参加全国大中城市社科联第23次工作会议】 5月，参加全国大中城市社科联第23次工作会议，向会议推荐了一批长沙社科类先进学会的工作经验，长沙市会计学会、长沙市商业经济学会获全国大中城市标兵学会的称号，长沙市检察学会、长沙市工商行政管理学会、长沙市群众文化学会、长沙证券学会获全国大中城市先进学会的称号。（张效锋）

【研究成果】 1. 配合全市开展的学雷锋活动，组织实施了全国哲学社会科学重大基金项目《雷锋精神研究》申报工作并获准立项，成功实现了申报国家社科重大课题零的突破；承担了湖南省哲学社会科学规划课题《湖南如何在引领思想道德风尚、弘扬社会主义核心价值体系方面创造有益经验的路径、对策研究》，在《人民日报（理论版）》推出精品理论文章；围绕市委、市政府中心工作组织完成了8项市级社科规划立项课题研究。2. 完成《长沙文化发展报告蓝皮书（2012）》文稿编辑整理工作，该书10月底由湖南人民出版社公开出版发行，2012年在全书的编辑过程中，单位加大力度、挖掘深度、拓展广度，全书约30万字，市委常委、宣传部部长张湘涛为本书作序并担任全书主编。3. 在《湖南日版（理论版）》推出《从更高层次认识把握落实科学发展观》、《博弈·合作·利他》、《学雷锋活动与社会主义核心价值体系大众化建设》3篇理论文章；在《长沙文化发展报告蓝皮书（2012）》推出3篇调研报告（理论文章），在《长沙晚报》推出《学习和实践雷锋精神基本路径》的理论文章；另有多篇理论文章或调研报告在《湖南社会科学报》、《长沙通讯》、《长沙政协》、《长沙社科》等其他刊物上刊发。4. 承担了省哲学社会科学规划办公室《雷锋家乡学雷锋的实践及启示》课题的研究，在《光明日报（理论版）》推出精品文章，成果的核心观点在湖南省委宣传部主办的《成果要报》刊发。承担了湖南省雷锋精神研究会2012年立项课题《雷锋家乡学雷锋：力争走在全国前列的理论与实践研究》，项目研究正在顺利推进。5. 研究制定长沙市第十四届社科优秀成果评选方案、公告、评审文件等呈报市领导批准；在《长沙晚报》、星辰在线以及长沙市政府门户网站发布评奖公告，开展申报工作。（张效锋）

望 城 区

① 中共中央委员、新华社党组书记、社长李从军，省委书记、省人大常委会主任周强一行到雷锋纪念馆视察

② 省委书记徐守盛一行到望城考察

③ 2012年10月10日，湘江长沙综合枢纽蓄水通航，省领导周强、徐守盛、李盛霖、胡彪同时启动通航按钮

2012年，望城区辖10个镇(其中雷锋镇交由高新区托管)，10个街道，1个乡，共有126个村民委员会，30个社区居民委员会。全区总面积969平方公里，耕地总面积30.36千公顷。年末，全区总人口52.43万人。

2012年，望城区委、区政府带领54万望城人攻坚克难，奋勇前行，取得了极不平凡的业绩，工业经济稳步提升，农业经济提质增效，项目建设亮点纷呈，社会事业全面繁荣，人民生活稳步提高，各项工作全面突破，开创了前所未有的局面。“中博会”望城专场喜获丰收，现场签约38个项目，合同协议资金471.8亿元；湘江长沙综合枢纽工程蓄水通航，为长株潭城市群地带航运、防洪、供水、宜居、旅游提供了重大便利；长沙铜官窑国家考古遗址公园、乔口渔都盛大开园（街），黑麋峰获评国家级森林公园，中国（望城）第四届休闲农业与乡村旅游节盛况空前，望城乡村古镇游获评全国十大乡村旅游精品线路，休闲旅游“望城模式”享誉全国。全年共完成财政一般预算总收入37.83亿元，比上年增加9.02亿元，增长31.3%；完成地区生产总值374.9亿元，同比增

人 民 政 府

① 在人民大会堂召开第四届中国（望城）休闲农业与乡村旅游节媒体通气会

② 2012年6月5日，铜官窑遗址公园举行开园大赏

③ 丰富多彩的群众文化活动

④ “这是我应该做的”专场汇报演出

长13.6%；完成固定资产投资336.2亿元，同比增长33.3%。城镇居民人均可支配收入27790元，增长14.1%。全年农民人均纯收入16495元，增长20.2%。区域综合实力位列全国市辖区百强第57位。

黑麋峰蓄能发电站

望　城　区

①②
③④
⑤⑥⑦

① 文化名人望城采风暨百万惠民消费券发放启动仪式

② 千龙湖全景

③ 千龙湖蔬菜基地

④ 乔口柳林湖

⑤ 来自 50 个国家的 70 多名汉语桥选手参观望城靖港古镇

⑥ 靖港古镇

⑦ 望城城区鸟瞰图

人 民 政 府

① 望城区斑马湖鸟瞰图
② 长沙铜官窑遗址公园
③ 中国（望城）第四届休闲农业与乡村旅游节开幕式盛大焰火表演
④ 望城区被授予“最值得驻华大使馆向世界推荐的中国优秀乡村旅游目的地”
⑤ 望城区举行新设街道授牌仪式
⑥ 晟通科技车间一角
⑦ 中航工业飞机起落架有限责任公司

长 沙 县

中共长沙县委书记、长沙经济技术开发区工委书记　杨懿文

中共长沙县委副书记、长沙县县长　张庆红

2012年，长沙县辖18个镇、5个街道办事处、218个行政村、76个社区。年末总户籍人口81.3万人。在县委、县政府的正确领导下，全县人民按照“三个共同”理念，围绕“争当排头兵，领跑中西部，进军前十强”的目标，攻坚克难，奋力拼搏，县域经济社会快速科学发展。全年地区生产总值880.1亿元，工业总产值1654.3亿元，财政总收入150.4亿元。城镇居民人均可支配收入27398元，农村居民人均纯收入17070元。在全国第十一届县域经济基本竞争力排名中跃升至第15位，在全国中小城市科学发展百强县（市）评比中跃居第13位，荣居中西部第一。广汽菲亚特、广汽三菱、住友轮胎等世界500强企业项目建成投产，上海大众、长沙国际会展中心、中部首家“中国电子商务示范园区”等一批重大项目相继落户。创建国家生态县通过省级考核，成为全省首个通过国家生态县创建技术评估的县（区）。深入实施教育强县战略，在中部地区率先建成创新型县。城市配套日益完善，数字化城管系统投入运行。给力民生保障，推进“革命先烈后代幸福计划”，全年民生支出61亿元，占公共财政支出的78%。

① 2012年9月27日，中共中央组织部副部长王秦丰（左二）到长沙县福临镇金坑桥村视察指导工作，观看党务、村务、财务公开栏

② 2012年6月4日，省委常委、长株潭两型社会试验区工委书记张文雄（前右一）到星沙产业基地调研“两型”社会建设情况

③ 2012年6月28日，长沙县荣获全国创先争优活动先进县（市、区、旗）党委奖牌

①
②③

人 民 政 府

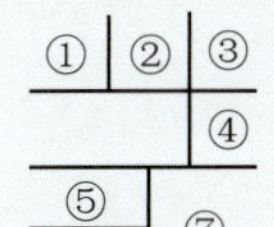

① 长沙县第十六届人民代表大会第一次会议

② 2012 年 11 月 5 日，长沙县创建国家生态县省级考核验收汇报会

③ 长沙县数字化城市管理信息系统

④ 长沙县餐饮服务食品安全示范街

⑤ 2012 年科技活动周启动仪式

⑥ 2012 年 4 月 29 日，县领导出席“相约幸福，‘骑’乐无穷”百里自行车拉力赛暨自行车健康骑行活动

⑦ 星沙产业基地

长 沙 县

① 2012年11月9日，湖南长沙农产品物流中心奠基仪式在黄兴镇打卦岭村举行

② 2012年党团员志愿者“红色服务月”活动

③ 长沙县“庆‘八一’、迎‘十八大’民兵连歌咏比赛”

④ 2012年6月27日，黄兴大道南延线沪昆高铁下穿工程开工暨黄兴大道南延线全线工程动员大会隆重举行

宇田现代农庄

人 民 政 府

2012年6月4日，长沙市2012年“相约最美乡村”暨金井镇公共自行车投放仪式在金井镇文化广场启动

2012年8月6日，《星沙时报》创刊

2012年10月23日，青松老年公寓老人欢度重阳节

2012年11月18日，长沙县举办第二届“天骄杯”广场书画大赛

美丽星沙·魅力星沙

浏 阳 市

长沙市副市长、浏阳市委书记曹立军

2012年，浏阳市辖4个园区，4个街道，27个镇，6个乡，共401个村（社区），境内总面积5007.75平方公里，年末总人口为1436249人。

市域经济持续增长，综合实力显著增强，地区生产总量811.13亿元，同比增长14.4%。实现财政总收入55.31亿元，增速居长沙九区（县）第一位，县域经济综合实力排名全省第二位，基本竞争力提升至全国第60位。

产业结构不断优化，发展质量稳步提高，工业经济迅速壮大，工业总产值由五年前的360.3亿元增长到1402亿元，亿元企业方阵基本形成，年产值过10亿元企业5家，过亿元企业达134家。蓝思科技进出口总额居全省第一，农业发展提质增效。农林牧渔业总产值由五年前的54.5亿元增长到108.44亿元，农业产业结构进一步优化，成为全省农业结构调整示范县（市）。新增高产油茶12万亩，油茶总面积75万亩，居全省第一。成功创建“国家级蔬菜标准化示范县（市）”和“全国油料大县（市）”。

社会事业实现新进步，民生保障切实改善。2012年，五大保险新增参保10.4万人，城镇登记失业率控制在3%，巩固完善国家基本药物制度，人口自然增长率控制在6.3‰，获评“全省人口和计划生育优质服务先进县（市）”。优先发展教育文化事业，教育环境明显改善，成立浏阳河文化产业园，建成浏阳市国家综合档案馆，开展“欢乐浏阳河”广场文艺活动，组织和参加县级以上运动会67次，全市数字电视覆盖率达98%，社会管理和安全生产形势平稳向好，获评“全省社会管理综合治理和安全生产先进县（市）”。

人 民 政 府

① 副省长徐明华（右二）考察淳口镇农大社区苗木基地

② 胡耀邦故居

③ 2012年7月30日，省委常委、长沙市委书记陈润儿（前排中）考察城乡一体化建设

④ 浏阳城区

①②
③
④

浏 阳 市

① 长沙市副市长、浏阳市委书记曹立军在2012年湖南省水库移民产业现场会上作典型发言

② 铁四院到浏阳考察蒙西至华中地区铁路走向

③ 2012年4月11日，浏阳河综合治理和开发建设项目签约仪式

④ 2012年7月21日，副省长韩永文（左七）到浏阳调研高速公路建设

⑤ 崛起中的浏阳制造产业基地

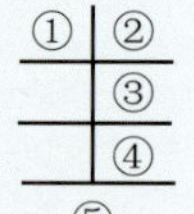

人 民 政 府

① 中共浏阳市委副书记、浏阳市市长余勋伟

② 2012 年 11 月 22 日，省委书记、省人大常委会主任周强（右一）专题调研信息产业与信息化工作

③ 省长徐守盛（中）在浏阳调研

④ 2013 年 2 月 25 日，浏阳市首届全民健身运动会

CHANGSHANIANJIAN 2013

浏 阳 市

2012年5月10日，国际标准化组织烟花爆竹技术委员会（ISO-TC264）秘书处在浏阳成立，成为落户湖南的第一家国际标准化机构

2012长株潭食品产业转移招商推介会上，浏阳农业园现场协议签约1家企业入园，图为园区与苍南笑食品公司签约

风光旖旎的浏阳河畔

人民政府

① 2012年4月20日，蓝思科技与浏阳经开区成功签约40亿元，购地1000亩从事新材料项目生产

② 大瑶镇李畋广场

③ 集中连片的村民住宅区

④ 一片金黄的千亩油菜基地

⑤ 2012年6月1日，浏阳“一线三城”公交车正式开通，串起永安－浏阳－大瑶经济走廊，全长61公里，覆盖近50万人口

⑥ 浏阳万丰湖

①	②
③	
④	
⑤	⑥

宁　乡　县

① 2012年，省委书记周强（左三），省委常委、市委书记陈润儿（左二）等领导视察宁乡上市企业

② 2012年，省委副书记、省长徐守盛（右二）、陈润儿（右一）视察宁乡新农村建设

③ 省政协主席胡彪（右二）一行到宁乡专题调研新型城镇化建设

④ 2012年，沩山风景区被国务院批准为国家级风景名胜区

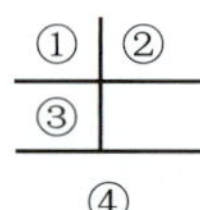

人 民 政 府

①②
③
④⑤

① 全国政协常委、人口资源环境委员会副主任汪啸风（前中），市委副书记、常务副市长张迎龙（前右）等领导到宁乡调研

② 长沙市长张剑飞到赛诺生物企业调研

③ 宁乡经济技术开发区工委书记、县委书记黎春秋

④ 县委副书记、县长周辉（左三）调研项目建设

⑤ 宁乡玉潭公园

宁 乡 县

① 国家级宁乡经济技术开发区一角

② 金洲新区成为省级工业集中区

③ 宁乡现代粮食产业示范区用无人驾驶飞机喷洒农药

④ 宁乡县城一角

⑤ 茶叶之乡

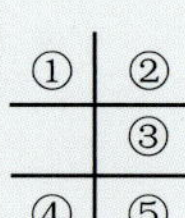

人 民 政 府

① 县委书记黎春秋（右一）、县长周辉（右四）在九折仑滑翔基地降落场听取项目情况介绍

② 县委书记黎春秋（前左二）深入烟田了解情况

③ 2012年10月26日，举办中国·宁乡第二届宜居文化节

④ 2012年7月16日，炭河里国家考古遗址公园举行开工仪式

CHANGSHANIANJIAN 2013

教　育

责任编辑：周建文

【概述】 2012年，长沙市本级教育经费投入30余亿元，财政教育支出达到公共财政预算支出的13.6%；新改扩建公办幼儿园52所；加大城区学校配套，新改扩建中小学45所，新增学位约3.5万个，新增合格学校122所，提质改造原合格学校74所，全市规模以上义务教育学校全部达到合格学校标准，提前三年完成了合格学校建设任务。学前三年毛入园率89.13%、小学适龄人口毛入学率123.5%、初中适龄人口毛入学率113%、高中阶段毛入学率96.2%、高等教育毛入学率72.8%、城乡社区学校覆盖率分别为100%、57%。

启动新一轮对口支援，7所省级示范性高中对口支援11所初级中学、托管14所新建学校，组建雅礼实验中学等6所公办学校，创建国家级省级示范性职业院校4所、实训基地2个。以“师德师风建设年”为抓手，树立师德模范，开展专项整治；加强了名校长（书记）、名教师队伍建设，打造名师工作室21个，滚动培训教师2.1万人次，公开招聘教师2000余名。启动县域义务教育均衡发展督导评估，两个区县荣获省级三项全优。全市初中毕业会考一次性合格率和体育中考合格率分别为90.57%、95.73%，高中学业水平一次性合格率90.19%，高考总上线97.89%（本科上线率69.4%）。

麓山、南雅两校改制稳步推进。深化中考中招制度改革。省级示范性中学指标生招生计划直接分配比达45.1%。深化基础教育课程改革。高效课堂试点有序推进，创建市级课改样板校建设校15所。推进职业教育办学模式改革。试点实施“预备员工制”，适应新时期经济发展增开新专业15门，建设院校与行业、企业合作专业课程体系建设20个。选派骨干教师支教，加强优质学校的对口扶持。农村规模以上学校标准配备班班通比例达84.2%。保障适龄少年儿童入学权利。健全资助体系，投入免费入学和学生资助经费6亿余元，受惠学生达到140余万人次；三类残疾儿童入学率86.03%；坚持“两个为主”，确保88503名义务教育阶段随迁子女100%在公办学校就读。健全就业服务体系，开展校园招聘活动100余场次。

实现行政执法人员全部持证上岗；倡导民办教育优质诚信服务，建立民办学校办学社会监督机制，开展民办教育机构清理和整治，取缔或劝诫关停89个；查处办班补课、家教家养、违规收费等热点问题查办案件7起；31所学校获评校务公开民主管理示范校和先进校。开展安全文明校园创建，出台学生用车管理意见，综合治理工作连续五年获全省教育系统综合评分第一名；全市20余所学校开展了教育国际交流。宣传统战、“两型”教育、国际交流、计划生育、信访接待、工会团队、老干关协以及机关作风建设等各项工作也都全面做好。长沙市教育局获得了国务院全国两基工作先进集体、中共中央全国“创先争优”先进基层党组织荣誉称号，并获省级以上奖项50余项，20多项工作省级以上经验交流和推广。2月13日，长沙市人民政府教育督导室被教育部评为“全国教育督导先进集体”。对2012年预计出缺职位进行初始提名，共有106人次被提名推荐。全年共任免干部104人，其中提拔62人，交流61人。实行机关中层空缺职位竞争上岗，干部轮岗交流或提拔任职达75%。直属单位中层干部实行竞争上岗、聘期管理，全年共备案审批中层干部92名。全年举办培训班13期，培训干部1189人。以实施“五型五力”工程为抓手开展党的基层组织建设年活动。组织市教育系统首届基层党建工作创新成果评选活动。开展“我身边的雷锋”微电影创作等活动。开展第四届“统战工作日”活动。组织“金秋助学”，重点帮扶100名考上大学的困难职工子女，帮扶金达30万元。举行纪念建团90周年活动，成立青年教师“护苗”志愿者服务队。发挥老同志优势，推进“四项教育”活动，老同志走进校园、社区，走近青年教师和学生。（肖碧芬）

【成立国际教育交流处】 3月，长沙市教育局国际教育交流处成立，处室挂靠在长沙市教育局办公室，其主要工作职责是：组织指导教育方面的国际合作与交流；统筹管理出国留学、中外合作办学、外籍人员子女学校；承担教育涉外监管有关工作；负责举办国际教育展览的初审及报批；规划、协调、指导汉语国际推广工作；指导、协调教育对外宣传工作；开展与港澳台的教育交流与合作。（周卓莹）

【外来务工人员子女入学政策调整】 7月19日，长沙市教育局重新修订《关于做好义务教育阶段入学管理工作的通知》（长教通〔2012〕150 号），取消原政策中规定外来务工人员需在长沙办理社会保险其子女方可在长沙入学这一条件，保障外来人员子女公平受教育权利。2012 年秋季，城区义务教育阶段中小学生 27.08 万人，外来人员子女 88503 人，约占城区义务教育中小学生人数的 32.7%。其中芙蓉区 17638 人，天心区 9242 人，岳麓区 13426 人，开福区 6892 人，雨花区 29183 人，高新区 2461 人，长沙市市直学校 9661 人。

（周小青　廖学文）

【“预备员工制”试点】 2012 年，长沙市启动“预备员工制”办学模式的探索，在 7 所中高职院校开展预备员工制试点。引进行业、企业与经济园区参与职业教育的实习实训基地建设、师资队伍培养、专业和课程建设、学生的教育与管理，探索企业与学校双主体育人的新型职业教育办学模式，形成人才培养新格局，提升职业教育的内涵和人才培养的质量。具体做法为学校与企业共同招生、共同教学、共同管理，共同评价。（范　霖）

【“我身边的雷锋”校园微电影大赛】 2012 年 3 月至年底，以弘扬雷锋精神为主题，由市委宣传部、市教育局等部门联合举办，在全市各级各类学校举办爱尔杯“我身边的雷锋“校园微电影大赛。旨在鼓励全市师生用现代科技知识和全新的艺术创作手段，发现身边的“活雷锋”，弘扬真善美，营造校园学雷锋氛围，展现和谐社会风貌。8 月 8 日　活动共收到作品 108 部，通过专家评选（占 70%）和网络投票评（占 30%）相结合的方式。评审出最佳影片奖、最佳导演奖等，68 个单位获奖。35 部优秀作品在湖南教育电视台展播，68 部优秀作品在新浪网展播，网络投票数总计 4985591 人次。此次校园微电影大赛得到了国内多家媒体的报道和宣传。（郑　敏）

【教育系统妇工委成立】 8 月，长沙市教育局设立教育系统妇女工作委员会。主要工作职责包括：宣传、贯彻党的路线、方针、政策，引导妇女发扬自尊、自信、自立、自强精神，提高思想道德素质、科学文化素质和健康素质。提高妇女的理论素养、知识水平和工作技能，弘扬社会公德、职业道德和家庭美德。推动并督促下属各单位落实相关妇女发展政策。代表妇女发挥民主参与、民主管理、民主监督作用。（梁　瑛）

【师德师风建设年】 2012 年为长沙市师德师风建设年。长沙市教育系统举办师德师风建设报告会、“唱响师德赞歌”歌咏比赛、“立德树人铸师魂”典型事迹报告会，开设师德师风专题网站，开展在职教师家教家养、为培训机构组织生源拿回扣、兼职兼课等行为专项治理工作。制定了《长沙市师德师风建设考评细则》，组成督察组对下属各单位进行重点督查和整治。（李　星）

“我”身边的雷锋微电影

【国际发明展览会获奖】 11 月 1 日至 5 日，在德国举办的第六十四届纽伦堡国际发明展览会上，中国展团取得 8 项金奖、6 项银奖、6 项铜奖和 2 项专项奖。其中长沙市马坡岭小学周晅民的发明作品《防雨水挂锁》获金奖；长沙市长郡芙蓉中学陈鑫的发明作品《输液管内空气排除器》获银奖，这是 64 年来长沙少年在德国首获最高发明奖。（周利明）

【长沙县捐资助学】 2012 年，长沙县共为 16 万人次义务教育阶段学生（春季 79602 人，秋季 81162 人）免除学杂费，免补经费共计 7600 多万元。为辖区内 4 所民办学校免除学杂费 102 万元。扶助贫困学生 13834 人次，扶助金额达 1325.3613 万元。发放冠名奖助学金 130 多万元。资助孤儿 133 人次、残疾特困学生 721 人次和县特校 70 名学生金额 81.34 万元。资助大、中、小学贫困学生 5861 人次。长沙县获得全省教育基金会先进单位称号。（黄伊利）

【浏阳市教育强乡镇】 2012 年，浏阳市各乡镇（街道）投入教育经费 3196 万元。浏阳市教育局对提出 2012 年验收申请的 7 个单位进行了视导，对尚未创建教育强乡镇（街道）的 17 个单位开展了专项督查。社港、张坊、蕉溪、溪江、七宝山、官桥等 6 个乡镇实现教育强乡镇目标，全市教育强乡镇（街道）达 70.3%。

（周利明）

【全国德育现场会在宁乡召开】 10 月 24 ～ 28 日，2012 年全国和谐德育年会暨第十五届学术研讨会暨中国伦理学会德育专业委员会第八届学术研讨会在长沙市宁乡县召开。大会有中宣部、教育部等一些领导参加。举行从幼儿园到大学各学段和谐德育研究与实验论坛，中国伦理学会部署年度和谐德育深化研究与推广实验重点工作，进行和谐德育深化研究与推广实验，以及表彰先进。会议期间，宁乡县教育局介绍了德育工作经验。全国 1000 多名德育教师到宁乡县一中、玉潭中小等 10 所学校实地查看，听取学校文化建设经验，观摩和谐德育养成教育主题班会，同时参观考察长

沙德育基地等。全国推广宁乡德育经验。（汪建业）

【芙蓉区拓展优质教育资源】 5月16日，芙蓉区湘一芙蓉中学成立新闻发布会召开，湘一芙蓉中学教育教学及日常行政管理交由长沙市第一中学统一管理，区政府为其提供人、财、物保障。学校地处五一大道省政府对面，有特级教师1人，高级教师55人；省级骨干教师6人，市级骨干教师36人。同年，芙蓉区还将西垅小学交由育英小学托管，创办了育英西垅小学。（周利明）

【开福区成立校车服务公司】 2012年，开福区成立校车服务公司，该公司为长沙市内五区第一家。公司购置了10台配置高的校车，开通11条营运线路，服务开福区农村学校学生安全上下学。（周利明）

【望城区迎"三检合一"】 4月，望城区迎接省、市两级"两项督导评估考核、教育强区视导、县级政府职业教育工作"三检合一督导评估。评估组通过听取汇报，查阅资料，实地考察了10个乡镇、30所学校，走访了人社局、编办等部门。通过一系列的考核，望城区三项考核均获优秀等次。省教育厅组织的公众教育满意度调查评估中，望城区排名全市第一、全省前列。（罗婷婷）

【高新区教育局成立】 1月18日，高新区正式成立教育局。通过全员公开竞聘确定了局长、副局长、中层干部及工作人员15人。之后，又增配两名副局长，增设一个处室，形成了教育局局机关一正三副三个处室的配备。（周利明）

【各类校庆】 2月21日，南雅中学举行十周年校庆暨第十届田径运动会。4月10日，长沙市第十五中学在科学馆演艺大厅举行建校九十周年庆典大会，学校举行学校创始人宾步程、曹典球铜像揭幕仪式以及校友联谊会等。9月29日，宁乡一中举行百年校庆，近万名校友齐聚校园庆祝。10月18日，美术学校举办建校五十五周年庆典及晚会。10月28日，稻田中学举行建校百年庆典。省、市、区多位领导及各相关单位负责人、各届校友、全校师生共四千余人汇聚学校。11月10日，望城二中举行70周年校庆和文艺演出。11月18日，长沙市一中举行百年校庆。（周建文）

【长沙命名第二届第一批市级名师工作室】 12月4日，长沙市教育局命名了第二届第一批市级名师工作室10个。分别是1. 邓志刚语文工作室（设在长沙市雅礼中学）。2. 夏远景数学工作室（设在长沙市周南中学）。3. 姚建民化学工作室（设在长沙市长郡中学）。4. 高建军生物工作室（设在长沙市一中）。5. 梁良樑地理工作室（设在湖南师大附中）。6. 朱爱朝小学语文工作室（设在芙蓉区育英小学）。7. 陈春华中学英语工作室（设长沙市长郡中学）。8. 陈立军德育（班主任）特色工作室（设长沙市明德中学）。9. 高席兰中职教育（财经类）特色工作室（设长沙财经学校）。10. 肖宗文科技创新特色工作室（设天心区沙湖桥小学）。（周建文）

学前教育

【概况】 2012年，长沙市审批注册的各级各类幼儿园1325所，在园幼儿205063人，离园人数为66828人。学前三年教育毛入园率达89.13%。教职工19879人，其中专任教师为9125人。现有审批注册的各级各类幼儿园占地面积为2370767平方米，校舍建筑面积1384818平方米。学前教育加快实现普及发展。制订完善相关政策。出台公办幼儿园建设标准、民办幼儿园办园标准等，下发《长沙市农村小学附属幼儿园办园标准（试行）》，支持尚无公办幼儿园的农村地区依托现有富余校舍资源增设幼儿园。加大公办园建设力度。将公办幼儿园建设纳入省、市为民办实事工程，计划新建、改建或扩建公办幼儿园35所，实际完成52所，完成年初计划的149%。加快发展普惠性幼儿园。草拟《长沙市普惠性民办幼儿园管理办法》，指导区县（市）制定普惠性幼儿园建设实施办法，对民办幼儿园实行补贴。推动小区配套幼儿园建设。按照新建项目配套幼儿园必须与居住区建设同步设计、同步施工、同步验收、同步交付使用的要求，做好城市配套小区报建项目审查工作，督促开发商配套建设幼儿园。全面加强学前教育管理。培训幼师600多人，举办幼师技能竞赛，组织开展一日活动常规检查，启动新一轮幼儿园对口支援工作，全面提升全市幼儿园办园水平。（周利明）

普通中小学教育

【概况】 2012年，长沙市有普通中学284所，小学938所，其中初级中学175所，高级中学35所，完全中学33所，九年一贯制学校38所，十二年一贯制学校3所。普通初中在校学生数为219855人，小学在校学生数为439532人，普通高中学生数为123914人。招生数小学为78853人，初级中学为76904人，高级中学为44398人。毕业生数小学为69948人，初级中学为64544人，高级中学为35723人。全市普通中学现有在职教职工28063人，其中专任教师为23678人，小学现有在职教职工21410人，其中专任教师为20147人。全市普通中学现有占地面积为12090176平方米，校舍建筑面积5503366平方米，小学占地面积为9696655平方米，校舍建筑面积3436762平方米。义务教育加快实现均衡发展。大力改善办学条件。建成义务教育合格学校省实事项目校22所，备案校22所，教学点和非完小改造项目校48所，全市规模以上义务教育学校全部达到合格学校标准；新、改、扩建城区中小学45所，完成年初计划的125%。保障农民工子女同等受教育权利。城区秋季共接收农民工子女88503人，比上年增加8988人，占城区义务教育阶段中小学生总数的32.7%，符合条件的农民工子女100%在公办学校就读。大力推进教育信息化建设。完成长沙教育城域网建设。农村规模以上学校班班通比例达到84.2%。标准配备学校11月底完成装备，标准配备学校达到84.2%，获湖南省现代教育技术先进单位。扩充优质教育资源。推进省示范性普通高中对12所初级中学进行新一轮对口支援，完成南雅和麓山两校改制工作，新组建雅礼实验中学等6所公办学校，将好学校办到了老百姓家门口，各区均有2所以上优质公办初中分布，全市新增优质公办初中学位3.5万个，有效缓解了“择校”矛盾。2012年，城区小学一年级平均班额47.11人，比2011年平均班额下降0.2人，城区初中一年级平均班额52.30人，比2011年平均班额下降0.15人，义务教育均衡发展经验在教育部简报做交流推广。（周利明）

【周南中学承办湖南省中学生排锦赛】 8月12日，由湖南省体育局主办，长沙市体育局、周南中学承办的2012年湖南省中学生排球锦标赛，在周南中学钟黄德荣体育馆举行。来自长沙、常德、安乡、澧县、衡阳、岳阳、冷水江、湘阴八个市、州的14支参赛队伍，160余名运动员，进行了42场比赛。东道主周南中学男、女排球队双双摘冠。（周利明）

【雅礼中学生获国际信息学奥赛金牌】 9月23～29日，第24届国际信息学奥林匹克竞赛在意大利米兰举行，中国4名选手参加。来自雅礼中学的钟沛林、艾雨青两位同学经过与来自81个国家和地区的317名选手激烈角逐，双双获得金牌。雅礼中学信息学竞赛国际金牌总数达到9枚。（周利明）

【首届中学生模拟联合国大会】 2月，雅礼中学模拟联合国社团发起并主办湖南省首届中学生模拟联合国大会(英文简称“HUNMUN”)。来自南雅中学、长郡中学、长沙市第一中学、明德中学、周南中学、麓山国际实验学校、长郡双语学校、湖南省地质中学、田家炳实验中学、邵阳市第二中学等10余所学校共150余人参加。在3天的会期中，“小外交官”们在大会设置的IAEA（国际原子能机构）、UN-HABITAT（联合国人居署）、UNSC（联合国安理会）的三个传统会场，模拟国际各方分别就核应用、核安全和核危机的应对，区域性难民境外安置问题，叙利亚局势问题等展开激烈讨论。（周利明）

【获宋庆龄少年儿童发明奖】 长沙市实验中学重视学生的创新思维教育和动手能力培训，在2012年，学生积极参加各类科技比赛，学生邓钰英发明的“可充电插座”和“婴儿持瓶器”，李雪晴发明的“节能型冰箱半导体除霜器”被评为第八届宋庆龄少年儿童发明奖湖南省优秀项目奖，其中学生邓钰英发明的“可充电插座”报送全国参加评选。指导老师陈义华被授予优秀园丁奖，学校获“第八届宋庆龄少年儿童发明奖优秀组织奖”。（周利明）

【市一中承办湖南省中小学音乐美术教师基本功赛】 8月24～26日，湖南省第六届中小学音乐美术教师基本功大赛在长沙市第十一中学举行。来自全省14个市州中小学校的音乐、美术教师近120人参加了比赛。大赛的音乐比赛内容包括音乐理论、钢琴弹唱、自选项目、声乐等项；美术比赛内容包括理论考试、色彩写生、手绘平面设计、手工制作等项，给参赛选手提供了一个全方位展示自己业务素质的平台。（周利明）

【长沙外国语学校搬迁】 9月3日，长沙外国语学校2012年秋季开学典礼在新校区田径场举行，标志着长沙外国语学校正式实现新校区搬迁。2011年，长沙市政府斥资近5亿元整体回购原湖南交通职业技术学院井湾子校区（韶山南路635号），交付长沙外国语学校易址拓建。新校区占地9公顷，建筑面积10.7万平方米，截至2012年12月，学校投入2000万元，完成新校区第一期校园建设的提质改造。（周利明）

【麓山国际实验和南雅改为公办学校】 麓山国际实验学校和南雅中学为20世纪90年代创立的国有民办学校。2012年改制为公办学校，南雅中学改制后为公办完全中学，麓山国际改制后为公办九年一贯制学校。2012年5月至2015年8月为改制过渡期，在改制过渡期内保留寄宿制办学模式。在2012年9月实行市属公办学校运行体制，纳入市财政预算管理，按照市属同类公办学校经费预算安排政策执行。（周利明）

【新增五所市直属公办初中】 2012年，长沙市新增五所市直属公办初中，分别是雅礼实验中学、明德华兴中学、周南实验中学、长郡梅溪湖中学、和田家炳实验中学。雅礼实验中学位于长沙市劳动西路，办学规模33个班。明德华兴中学位于开福区湘春路，办学规模35个班。周南实验中学位于长沙市北正街，办学规模38个班。长郡梅溪湖中学位于梅溪湖国际服务区，办学规模72个班。原长沙市田家炳实验中学更名为长沙市实验中学，原田家炳实验中学北校区设立新的长沙市田家炳实验中学，办学规模36个班。（周利明）

【实小获“湖南省两型示范创建单位”称号】 3月，长沙市实验小学获“湖南省两型示范创建单位”称号。学校定期开展“两型示范班级”评比、“两型美德之星”评比、“两型示范家庭”评比、两型手抄报比赛、废弃物回收利用、文明餐桌行和“光盘行动”等活动。（长沙市实验小学办公室）

【长郡中学夺世界中学生羽毛球锦标赛冠军】 5月2～6日，由长郡中学16位选手组成的中国中学生羽毛球代表队，代表中国在葡萄牙参加2012年世界中学生羽毛球锦标赛，长郡中学获得比赛中分量最重的男子选拔组团体冠军金牌，同时还获得女子选拔组亚军银牌和学校女子组亚军银牌。2012世界中学生羽毛球锦标赛由世界中学生体育协会主办，每两年举办一次。该项赛事分为学校组和选拔组，设立4个项目：男（女）子选拔组团体赛和男（女）子学校组团体赛，中国的两个组别都由长郡中学担当，该校8名男运动员和8名女运动员前往参赛。获得男子选拔组团体赛冠军和女子选拔组团体赛亚军、女子学校组团体赛亚军，成为湖南选手有史以来此项赛事取得的最好成绩。（周建文）

【中德学生艺术交流】 为了庆祝中德建交40周年，中德学生互相进行艺术交流，5月29日，德意志童声合唱团与长沙市中小学生合唱艺术交流会在长郡中学报告厅举行。合唱团近20位团员与长郡中学、育英小学的学

德意志童声合唱团在长沙举行音乐会

生们在长郡中学举办了一次艺术交流会。合唱团带来的梦幻、轻柔的《乘着歌声的翅膀》歌声中拉开序幕，中德孩子互学艺术。长郡中学一位老师即兴演唱的花鼓戏《打铜锣》和主持人表演的神曲《忐忑》活跃了氛围；育英小学合唱团为这次交流会献上了《花大姐》，德意志童声合唱团用中文演唱了童谣《虫儿飞》。艺术交流会最后，德意志童声合唱团邀请长郡中学、育英小学的学生们一起合唱《牵手》。德意志童声合唱团是世界上最优秀的合唱团之一，由70名年龄从10岁至15岁的男孩组成，是当今世界乐坛最大型的童声合唱团编制。应德国大众国际文化交流协会、德中友协等邀请，长沙市长郡中学交响乐团70名团员，代表中国中学生最高水准集体赴德，参加中德友谊交响合唱庆典音乐会，为中德建交40周年暨2012中国文化年献上音乐盛宴。7月30日和8月5日，分别在在庆典音乐会开幕式和闭幕式上，长郡中学交响乐团在德国西柏林大剧院和奥地利维也纳金色大厅，表演曲目《交响诗"长岛人歌"》（选段）和《红旗颂》。庆典期间，长郡中学交响乐团还在巴赫供职的圣托马斯教堂举行特别音乐会，演奏了几首重奏曲目。（周建文）

【长沙七所中学更名】 2012年，高新区延风中学更名为师大附中高新实验中学；长沙市第十二中学更名为湘一芙蓉中学；明德中学老校区（湘春路）更名为明德华兴中学；周南中学老校区（北正街）更名为周南实验中学；长沙市田家炳实验中学（原东校区，火星古汉路）更名为长沙市实验中学；长沙市实验中学（开福区乐古道巷）更名为长沙市田家炳实验中学；雨花区洞井中学更名为明德洞井中学。更名后的学校分别由大附中、长沙市一中、明德中学、周南中学、田家炳实验中学等学校托管和帮扶。

（周建文）

【"明德·南山杯"海峡两岸高中男子篮球赛】 2012年"明德·南山杯"海峡两岸高中男子篮球邀请赛8月18日至29日在长沙市明德中学举行。本届邀请赛共有海峡两岸12所中学的球队参加，共计42场篮球循环赛。台湾方参赛球队有：新北市南山高级中学、台北市松山高级中学、桃园县光启高级中学、宜兰县宜兰中学、台南县新荣高级中学、高雄县三民高级中学；大陆方参赛球队为：长沙市明德中学、长沙市麓山国际实验学校、西安交大附属中学、南京市第九中学、沈阳市第三十一中学、深圳南山北师大附属中学。比赛期间，赛事组委会还组织了"中华传统体育文化教育校长论坛"和"篮球之夜"两岸学生联欢晚会两个主题活动。8月26日在明德中学闭幕。东道主明德中学队在决赛中以70：59击败台湾松山高中队，再次获本次海峡两岸高中男子篮球赛冠军。12支球队赛出了风格、赛出了水平，展现了海峡两岸新一代高中生的良好精神风貌。 （周建文）

【参加青少年科技创新大赛】 8月，第27届全国青少年科技创新大赛近日在宁夏银川举行。来自长沙的7个中学生取得了4金3银的成绩。长沙市南雅中学的孙峙梁、董昱麟、彭瑶琪发明的《违规排污口追根溯源侦测机器巡警》、湖南师范大学附属中学肖萌同学撰写的《一种真菌对常用除草剂"都尔"的高效降解》、长沙市雅礼中学易沁莹同学撰写的《三国吴简中木质素降解菌的筛选鉴定及其在造纸黑液处理中的应用》、长郡中学刘畅之同学撰写的《高效降解有机磷和菊酯类农药菌株的筛选及在蔬菜生产中的应用》荣获青少年创新项目一等奖；宁乡县双江口中学廖钰佳发明的《农村家用"双温控一补水"稻种催芽温箱》、芙蓉区马坡岭小学周晅民同学发明的《无电安全电烙铁》、长沙市第一中学段若冰同学撰写的《克氏原螯虾肠道抗菌活性物质的分离与鉴定》获得二等奖；谭迪熬老师发明的《探秘简牍信息传承湖湘文化》作品获得科技辅导员创新项目三等奖；雨花区和平小学资琪绘制的《未来的校车》获少儿科幻绘画三等奖；宁乡县第十三高级中学的《每一滴水都可能是我们生命的最终依赖——长沙市2011》和芙蓉区燕山小学的《水——生命的律动》荣获青少年科技实践活动三等奖，长沙市科学技术协会荣获基层赛事优秀组织单位奖。长郡中学获得全国"科技创新十佳学校"称号。在全国设立的专项奖励项目中：湖南师范大学附属中学肖萌同学的项目获得英特尔英才奖、长郡中学刘畅之同学获得二十一世纪青少年科技创新奖和中鸣科学奖、长沙市南雅中学孙峙梁、董昱麟、彭瑶琪同学获得茅以升科学技术奖、高士其科普奖和先导科技创新奖、长沙市一中段若冰同学获得广东科学中心专项奖。

（周利明）

中等职业教育

【概况】 2012年，长沙市各级各类中等职业学校50所，在校学生98962人，招生数33964人，毕业生数40569人。在职教职工4890人，其中专任教师3215人。全市各级各类中等职业学校校舍建筑面积为1359458平方米。职业教育加快实现提质发展。优化专业结构。根据长沙产业发展需要，增开工程机械运用与维修等15门新专业。深化课程改革。支持职业院校与行业、企业专家联合进行课程开发，完成二十个专业的课程体系建设。推进校企合作。实施“预备员工制”办学模式试点，7所学校试行企业与学校共同招生、共同管理、共同教学与共同评价。加强基础能力建设。启动国家中等职业教育改革发展示范校建设，有1所学校入围全国中职改革发展示范校项目，2所学校推荐为全国实习实训基地建设单位，创建省级示范校3所。职教发展相关经验《创新管理机制，推动职业教育内涵发展》被纳入为教育部典型案例，《对接区域产业升级需要，推动职业教育内涵发展》在全省职教工作会议作经验交流。（周利明）

【中职学生专业技能赛】　3月24日，2012年长沙市中等职业学校学生技能大赛举行，在长沙职教基地开设了主赛场和开幕式。同时，分别在长沙市卫生职院、长沙服装工业学校、长沙县职业中专学校设立了分赛场。本次大赛以“厚德技精，乐业自强”为主题，由长沙市教育局、长沙市人力资源和社会保障局、长沙中华职教社共同主办，由长沙财经学校承办，共有41家院校973名学生参加16个专业64个项目的技能竞赛。竞赛专业有计算机应用技术、现代制造技术、汽车维修、服装设计与制作、美术、烹饪、电子电工、建筑工程技术、会计、护理、农业技术、现代物流、美容美发、旅游服务与管理、中药、英语16个专业。来自长沙市信息职业技术学校、三一集团、长沙建筑工程学校、长沙财经学校、长沙县职业中专、望城区职业中专、长沙市美术学校、长沙舞蹈艺术职业中专、长沙汽车工业学校、长沙国宾旅游外事学校、长沙新东方烹饪学院、省劳动人事学校的师生进行了精彩的技能展示和表演。键盘飞歌、灯泡上割钢丝、丝绸上切肉丝、炫酷的调酒、优雅的茶艺展示等，中职学生用精湛的专业技能，体现了技术和艺术的完美结合。长沙市中等职业学校学生专业技能竞赛旨在激发广大职业学校学生树立苦练技能的热情，已经连续举办20年。（周建文）

【航天学校入围省示范性中职】　8月，湖南省2012年职业教育“十二五”省级重点建设项目评审结果揭晓。长沙航天学校顺利通过了湖南省示范性（特色）中等职业学校资格审查、文件审阅、视频答辩、专家投票四个阶段的严格评审，正式入围该重点建设项目。（周利明）

高等教育

【概况】　2012年，长沙市共有各级各类高等院校55所，在校学生数为523174人，在职教职工为51798人。累计输送高校新生34544人，新生录取率达到89.96%。成功举行大中专学生创业教育服务月活动、就业服务进校园系列活动；开展“送政策、送岗位、送培训”进校园等系列活动，支持和配合高校开展校园招聘活动近100余场次。

职校技能比赛

【湖南一本院校增至10所】　2月22日，湖南省普通高等学校招生委员会作出决定，湖南农业大学、中南林业科技大学、南华大学、湖南科技大学、湖南中医药大学5所二本高校调整到本科一批录取。

1. 湖南农业大学，于1951年3月9日由湖南省立修业农林专科学校和湖南大学农业学院合并组建，时名“湖南农学院”，同年11月毛泽东主席亲笔题写校名。其前身可追溯到创办于1903年的修业学堂，1994年2月，经原国家教育委员会批准更名为湖南农业大学。特色专业有茶学、水产养殖学、植物保护等。

2. 南华大学，位于衡阳，是由工业和信息化部、国家国防科技工业局、中国核工业集团公司与湖南省人民政府共建，是所具有54年办学历史的大学。特色专业有临床医学、核科学技术等。

3. 中南林业科技大学，于1958年由湖南林学院诞生。1963年，湖南林学院与华南农学院（现华南农业大学）林学系合并在广州成立中南林学院。几经搬迁，2003年，学校主体迁往长沙。2005年中南林学院更名为中南林业科技大学。特色专业有林学、生物学、林业工程等。

4. 湖南科技大学，学校起源于北宋时期兴办的湘潭县学，始建于解放前夕成立的湘北建设学院，2003年经教育部和湖南省人民政府批准，由湘潭工学院和湘潭师范学院两所全日制本科院校合并组建而成。特色专业有安全工程、采矿业等。

5. 湖南中医药大学于1934年由时名湖南国医专科学校，1960年改办为普通高等本科学校湖南中医学院，2002年湖南省中医药研究院与湖南中医学院合并，2006年经教育部批准更名为湖南中医药大学。特色专业有中西医临床医学等。（周建文）

·长沙学院·

【概况】　长沙学院占地132.6万平方米，现有两个校区，校舍建筑面积29万余平方米，教学科研仪器设备总值8350万元，图书馆藏书118万册，全日制在校生13312人。有教职工939人（含非在编143人），其中专任教师692人，专任教师中有7人具有正高职称、205人具有副高职称。享受国务院政府特殊津贴专家5人，“新世纪百千万人才工程”国家级人选1人、教育部新世纪优秀人才支持计划人选1人、湖南省新世纪“121人才工程”人选3人、湖南省教学名师2人、湖南省青年教师教学能手8人。现有16个教学系部，35个本科专业，拥有1个教育部一类特色专业建设点，1个省重点专业，3个省级特色专业，2个省级资助建设专业，2个省级专业综合改革试点项目，1个省实践教学示范中心，1个省实践教学示范中心建设单位，1个省级校企合作人才培养示范基地，7门省级精品课程，2个省级教学团队，4个省级优秀教研室。学校已形成拥有4个省级“十二五”重点建设学科、2个湖南省社会科学研究基地、2个湖南省高校科技创新团队、1个湖南省高校产学研合作示范基地、1个长沙市文化研究基地、8个校级重点学科、7个校级重点建设学科、3个校级科研创新公共平台、9个校级创新团队及团队培育对象、20个校级研究所的学科建设格局。学校与湖南大学开展全面战略合作，与长沙经济技术开发区、长沙高新技术产业开发区、国家生物产业基地开展产学研战略合作。建立覆盖各学科、各专业的稳定的校外实习基地106个，其中10个实习基地为省优秀实习教学基地。学校先后获得“长沙市文明单位”、“湖南省文明高等学校”、“湖南省党建工作先进高校”、“湖南省文明单位”称号。

推进以评促建，本科教学合格评估准备工作全面铺开。遴选了58个教学评建项目。完成2011年度、2012年度教学工作基本状态数据填报。教学建设上，专业建设和课程建设得到进一步加强：2个专业通过学士学位评估；2个专业立项为教育部和湖南省“十二五”综合改革试点专业。2门省级精品课程通过复核，获继续资助。实践教学取得新成效：获得2012年中央财政资金资助300万元；立项湖南省2012省级校企合作人才培养示范基地1项；组织了2012年学校实验室建设项目调研、专家论证，确定34个项目为第一批建设项目。遴选建设了数学建模等8个创新训练基地。全年共获得省级及以上竞赛奖项180项，其中艺术设计团队在“全国大学生广告艺术大赛‘南京青奥会’专题设计竞赛”中，3件作品获一等奖，成为继田径队、数学建模队之后，第三个取得学科竞赛全国一等奖新突破的团队。承办全省大学生田径锦标赛，长沙学院代表队获本科学院组金牌总数和团体总分六连冠。招生与就业指导上2012年新招收本科生2900人，2012届毕业生一次性就业率为88.09%，较上年提高了13.9%，其中在长沙地区就业的占就业总人数的46.8%，就业质量不断提高。

学科建设稳步推进，师资队伍结构持续改善。2012年新引进和培养博士15名，博士人数达106人。新晋升教授副教授16人，高级职称教师占教师比例已达37%。学校生师比达到18.3。科研工作上新台阶。加大了4个省“十二五”重点建设学科、8个校级重点学科和4个校级重点建设学科的建设力度。全年进校科研经费首次突破千万元大关。全年共获各级各类纵向科研项目144项，其中国家级项目6项，并实现了国家自科基金重点项目零的突破。横向项目8项，并取得了大项目突破。获省哲学社会科学优秀成果一等奖、二等奖各1项；省自然科学成果三等奖1项。全年公开发表科研论文500余篇，出版专著15部。与高新技术产业开发区签订合作共建岳麓山国家大学科技园框架协议；与远大空品科技有限公司签订产学研合作协议。争取市财政落实生均1.2万经费拨款和1.55亿化债资金。金工实习工厂主体工程完工并通过验收；综合楼、新图书馆、弘昱学生公寓二期、学生活动中心、教学实验楼、外教楼等工程开展了前期准备工作。完成了原附中校区维修改造等共计160个维修项目。教育信息化和数字校园建设进一步加强。加强党建与思想政治工作，学习贯彻落实十八大精神，坚持与创先争优、学习型党组织建设有机结合开展基层组织建设年活动。党建暨党风廉政建设，推进校务公开和信息公开，开展了基建维修、资金管理、招生考试、人员招聘等8个方面的督查。完成了学校2011年度预算执行情况审计、决算审计和基建、修缮工程项目审计共178项。

加强管理工作。教学管理上制定了《长沙学院各主要教学环节质量标准及评价方案》等管理文件，认真落实听课制度，组织校、系（处）领导、校内专家对学校近4年来新进教师的教学随堂听课、评课；组织聘请校外专家对近3年的试卷、毕业论文（设计）进行了质量随机抽查评估。组织开展了本科教学满意度的问卷调查工作。学生教育管理方面举办了2012年“学风建设月”活动。在全校开设了《大学生心理健康教育》课程，建立了“学校领导小组、心理健康教育中心、院系心理联络员、班级心理委员、宿舍心理信息员”五级心理健康防护网络体系。加强了专职辅导员队伍建设，2012年公开招聘7名具有硕士以上学位辅导员。全年共投入和争取奖助贷免补资金1895.7万元资助贫困生。开展了校内环境专项整治、园区工作季度考评等行动。开展了经常性的食品卫生监督检查，加强了医疗保健和卫生防疫工作。建立了食堂饭菜价格调节基金，食品价格保持基本稳定。完成附中原校区资产移交工作。认真开展了国有资产管理工作，全校固定资产总值10.7亿元。切实做好了特别防护期、重大节假日的维稳工作，保证了校园安全。妥善处理了电梯意外坠落导致学生受伤事件、部分学生疑似食物中毒事件等2起突发事件。

其他工作。继续教育学院加大了与企业合作力度，举办大学生创业培训、农民工培训和职业技能培训。推进了人才培养的国际交流与合作。与7所高校开展了学生交流项目，招收留学生7名，另与长沙医学院合作招收留学生56名。搞好了图书情报服务、学报和档案工作。推进学校民主管理，广泛听取高层级人才、民主党派、人大代表、政协委员等各方面人士的意见。附属中学完成新校区搬迁，教育教学质量稳步提升。　（全湘燕）

• 长沙职业技术学院 •

【概况】 2012年，长沙职业技术学院在教学科研、师资队伍、德育工作、招生就业、专业建设、校企合作、新校区建设、对外交流和校庆活动上做好一年工作。全年学院教师在各级各类刊物上发表的专业学术论文共计141篇，其中CSCI来源期刊3篇，北大核心期刊7篇。出版发行著作、主编或参编教材15部，省、市科研教改课题立项8项，英语、思政省教育规划专项课题各2项，获专利1项。引进了专业骨干2名，优秀硕士研究生4人。外聘了评建专家1人，评估督导教授3人，汽车专家1人。共32名教师入选国家职业教育师资培养计划；近100名专业教师到对口企业进行岗位培训；20余名教师攻读在职研究生。评估工作上，所有分项自评报告及佐证材料已完成初稿，学院评估迎检材料已成雏形。学院机构空间入选“全国优秀专有云平台”。

共聘任了26位专业导师，帮助每一位学生制定可行的职业生涯规划和学习计划。举办“校园文化艺术节”“师生体育节”“首届孝文化节”“成功素质展示节”“空巢老人社会调查与志愿服务”“牵手留守儿童活动”等活动。发放各类奖学金总金额达165万元，共减免245名贫困学生学费90余万元。在原教学系部的基础上重新组建了人文信息系、建筑与艺术设计系、经济贸易管理系、特殊教育与学前教育系。机械工程系的机械制造与自动化专业成功立项为“2012年中央财政支持的职业教育实训基地建设项目”，特殊教育专业申报国家教育部、财政部、中残联的“第二期特殊教育学校建设项目”。共招收中高职学生1700余人，共录取听障学生128人。学院举办了数场校园招聘会，共有200多家企业参加，毕业生就业率达92.20%。新办了湘海班、“小南国班”，订单培养班增至21个。

推动新校区征地拆迁。8月份学院与高新区管委会签订了《供地协议》。对学院新校区总体规划方案进行了修改完善。筹集新校区建设资金1.3亿元，与市国土局做好南校区土地置换前期工作。举办建校110周年校庆庆典大会、师生书画展、校情校史教育、校庆文艺晚会等活动，得到了与会领导、各届嘉宾和各位校友的高度评价，扩大了社会影响。全年学院领导带队外出考察学习10余次，外校领导、各届专家到学院讲学20余次，频繁的对外交流活动提高了学院的声誉。 （周利明）

• 长沙商贸旅游职业技术学院 •

【概况】 2012年，长沙商贸旅游职业技术学院在高考招生就业、教学科研、师资队伍素质建设、大学生各类竞赛和组织基本建设方面做了大量工作，2012年，学院共录取新生2360人，注册到校新生2207人，高效完成2012招生录取工作，公开招聘教师8人。16人晋升讲师，10人成功晋升副高以上职称，其中副教授及其他副高职称7人，教授3人。共45位教师参加国家、省、市级课题的申报，获得立项25项。在各级各类刊物上公开发表论文191篇，其中核心期刊22篇；获奖论文125篇，获奖成果25项；公开出版教材、著作41部；获国家专利6项。

学院投资近40万元建设了职工之家和学生活动中心。辖党总支10个，党员766人，其中在职教职员工党员210人，离退休党员65人，学生党员491人。组织民盟成员赴千龙湖参加集体活动。民盟支部活动日趋活跃，影响加大。

学院获评全国科研先进单位、湖南省党建工作先进高校、湖南省文明高校、湖南省普通高等学校大学生心理健康教育先进单位、湖南省大学生暑期三下乡社会实践先进单位、湖南省招生工作先进单位、湖南省军训工作先进单位、湖南省五四红旗团委、长沙市平安和谐先进单位、长沙市廉洁文化进校园示范学校、长沙市“五五”普法依法治理先进集体等国家、省、市荣誉30余项。学院学生代表湖南省参加全国高职院校烹饪大赛获“一金二银三铜”，奖牌数居省内高职院校首位；参加“神州视景杯”第四届全国旅游院校服务技能（导游服务）大赛获“一金一银一铜”；参加湖南省第十届大学生“旅游论坛”主题客房设计大赛获“一金一银一铜”；参加湖南省第六届大学生军用枪射击锦标赛中获男子精度射击第一；参加湖南省大中专学生羽毛球比赛获“三金一银二铜”。

切实加强了法制、消防、国防、安全等方面的教育，加强了校园周边环境治理和反邪教、反传销的工作力度，全年学院无任何违纪违法现象，未发生任何重大安全事故。与墨尔本商学院、肯恩大学等多所国际知名院校缔结了友好姊妹学院协定；与北岛学院、日本树人学院签署了合作协议。 （周利明）

成人教育

【概况】 2012年，长沙市有成人高等学校5所，在校就读学生数为102923人，在职教职工为566人。终身教育体系不断完善，成人高考、长线自考和全日制自考报考人数持续增长。社区教育扎实推进。长沙终身教育学习网新增网络课程418门，注册人数超过15万人，岳麓区咸嘉街道、岳麓区望城坡街道、望城区格塘镇、芙蓉区定王台街道等4个乡镇获批全国社区教育示范乡镇，教育系统开展全民终身学习活动，获全国全民终身学习活动周优秀组织奖，相关工作全国交流。 （周利明）

【天心区加快终身教育体系建设】 2012年，天心区加快终身教育体系建设。把大力发展终身教育、推进学习型城区建设作为提高市民科学文化素质和思想道德素质的基本途径。积极推进社区教育，以省级示范性社区教育实验区创建工作为抓手，加强社区学院和街镇社区学校建设，确保各街镇60%的社区、村建立社区学校。同时督促和指导各街镇落实社区教育各项工作目标任务，积极开展数字化学习型社区创建活动，满足社区居民多样化的教育需求。天心区被被省教育厅授予2012年度示范性社区教育实验区建设单位。举办了第三届全民终身学习活动周活动。金盆岭街道的狮子山社区学校、裕南街街道的长坡社区学校被评为长沙市示范性社区学校。 （天心区教育局办公室）

【长沙市民办教育优质诚信服务示范校评选】 4月21日，市教育局、长沙晚报报业集团联合实施“长沙市民办教育优质诚信服务计划”，9～12月，开展了“2012年度长沙市民办教育优质诚信服务示范校（园）”评选活动。活动规定，参选机构必须是教育行政部门审批发证的民办学校（含培训学校）和民办幼儿园。参选机构必须诚信守法、服务优良，年内没有任何形式的投诉举报和法律纠纷；能够提供办学资质证明及办学规模、办学条件和师资力量等方面情况。分四个阶段（推选报名、宣传投票、综合评审、表彰奖励）进行。通过广泛宣传发动，各学校（园）自愿报名，市、县（区）两级教育局审查推荐，共有61所学校（园）报名参选。通过公众投票（包括长沙民办教育网网络投票和《长沙晚报》纸质票根投票）和专家组综合评审，并报局行政审议，最终评选出2012年度长沙市民办教育优质诚信服务示范校（园）28所。（周利明）

【单次自考地级市第一】 2012年，长沙市完成了第61次、62次自学考试，共359082名考生报名参考，报考1265949科次，设立了132个考点，启用了42623个考试，动用考务工作人员9万多人次，考试规模占全省的3/4，单次考试科次达到近70万科次，单次考试规模在全国地级市中名列第一。（周利明）

特殊教育

【概况】 长沙市有特殊教育学校4所，在校学生为1110人，招生数为138人，毕业生数为60人。在职教职工240人，其中专任教师179人。学校占地面积为88852平方米，校舍建筑面积为45774平方米。（周利民）

【承办省安全骨干班现场经验交流会】 9月14日，长沙市特殊教育学校承办湖南省安全骨干班现场经验交流会。骨干班200余人参观了学校消防特殊教育基地，体验消防逃生模拟室，听取林海燕副校长题为“教育管理并举、构筑平安校园”的安全教育经验推介报告。其中重要的一个观摩学习是，特殊学生现场消防大演练、听障生消防安全手语操，针对社会特殊群体的安全教育和训练，上了切实有效的一课。（长沙特校办公室）

【举行第四届校园文化艺术节开放活动】 5月16日，长沙市特殊教育学校举行“阳光·梦想”第四届校园文化艺术节开放活动。湖南省残疾人联合会基金会副秘书长刘映波、长沙市人民政府副市长夏建平等省、市和教育局的领导以及长沙市各区、县（市）音乐教研员、全市中小学从事艺术教育工作的教师四百余人出席开放活动。开放活动分“艺术教育交流”和“‘翼之梦’艺术团汇报演出暨艺术节颁奖”两个阶段。有培智孩子的“童稚世界”音乐治疗课、听障孩子的“无声之美”舞蹈训练课，为观众形象诠释了特殊孩子艺术教育所需的“爱心”“细心”“耐心”；张锡所作的《艺术，开启残障孩子心灵之窗》的主题发言，分享了长沙特校历经9年艰辛创办“翼之梦”艺术团的成功经验；“翼之梦”艺术团8个综合节目的汇报演出，献上了一顿美轮美奂的视听盛宴。长沙特校第四届校园文化艺术节自4月初开幕以来，以“阳光·梦想”为主题，以师生艺术创作大赛为主体，相继开展了“校园十大歌手选拔赛”（学生）、“班级歌咏赛”、“校园德育（课本）剧比拼”、“雷锋在我心”绘画比赛、“两型班级”板报竞赛、“春色满园·快乐特教”艺术展演等一系列艺术活动，营造浓厚的校园文化艺术氛围，展示长沙特教人崇尚艺术、创造艺术、享受艺术的阳光风貌。

（长沙特校办公室）

文 化

责任编辑：周建文

【概述】 2012年，长沙市文化广电新闻出版局深入贯彻落实国家和全省文化、广播电视、新闻出版工作会议精神，按照市委经济工作会议和政府工作报告要求，坚持科学发展，扎实推动文化事业发展和文化产业繁荣；加快改革攻坚，深入推进文化体制改革和机关建设管理，全面完成了年度工作目标任务，实现“十二五”文化建设的良好开局。5月10日，长沙被中宣部、文化部、科技部等五部委认定为全国首批十六家国家级文化和科技融合示范基地之一。

2012年，全市共建成示范性乡镇综合文化站20个，示范性综合文化站达78个；建成农家书屋351家，全市农家书屋达1364家；完成农村广播电视户户通65177户。实施“公共文化进村入户、群众文艺千团百佳、外来务工人员文化共享”等文化惠民工程，完成湘江剧场好戏天天演和送戏下乡660场；送电影20585场。财政支持图书馆、群众艺术馆、博物馆和纪念馆全面深化公益性免费开放。开展“舞动星城 歌涌湘江”百万群众广场舞蹈合唱展演、百佳群众文艺团队评选暨千团星级评定，“群文湘军”异军突起，在全国创建督导评估中，长沙经验在全国现场经验交流会上做典型推介。

湘剧《古画雄魂》再度入选国家舞台精品艺术工程三十台，作为全省唯一剧目应邀晋京为党的十八大演出。在省艺术节上，农民工题材的花鼓戏《太阳出来了》继获省“五个一工程奖”后再获“田汉优秀剧目奖”，湘剧《苏秀才》获“田汉艺术大奖”，18人次获单项奖；群文作品获6金3银3个优秀节目奖，2人获评“群文之星”，2项活动获评项目类“三湘群星奖”，2个节目入围国家复赛，金奖数和获奖率居全省第一。举办2012年“杜鹃花奖”专业文艺汇演，举办新年音乐会、雷锋精神论坛主题晚会、“两会”专场演出等23场次；“长岛人歌”群文晚会到北京参加“大地情深”——国家公共文化服务示范区创建城市展演，成为文化部盘点2012年文化亮点的压版照片。

全年新增电影院8家，全市29家电影院年票房收入突破2.2亿元，较上年增长40%，占全省的52%。颁布《长沙市民办博物馆管理办法》，全市民办博物馆发展至6家。湖南湘绣城、明和光电获批国家文化产业示范基地，长沙天心文化产业试验园区升格为国家文化产业示范园区，举办第十九届长沙图书交易会、第四届“阳光娱乐 创业兴文”活动。全年文化产业总产值达1250亿元，年增长20%，文化对经济的贡献率居省会城市第一方阵。配合做好滨江文化园“两馆一厅”建设，全面启动实验剧场和中山亭装修提质工程，铜官窑国家遗址公园建成开园，炭河里国家遗址公园动工建设，《汉代长沙王陵墓群保护总体规划》通过国家文物局评审。

加强市场监管，全年开展各类整治行动27次，检查经营场所7000多家次。做好了大众游乐场、银宫影剧院等系统维稳工作。加强文物安全保护工作，全国田野文物安全工作会议在长沙召开，“长沙模式”全国推广。推进非物质文化遗产保护传承，全市公布第三批市级非遗名录项目14个，新增省级非遗项目4个、国家级代表性非遗传承人2人。湖南湘绣城（金霞湘绣公司）、湖南明和光电设备有限公司两家单位被文化部批准为国家级文化产业示范基地。

文化行政体制改革基本完成，与广播电视台实现了局台分设、政事分开，与文化市场综合执法局实现行政审批与行政执法分开、统一执法，并完成委托执法的有关工作。国有经营性文化单位转企改制基本到位。文化体制改革上，完成文化市场综合执法、国有文艺院团体制、电影发行放映单位转企改制、非时政类报刊出版单位、有线电视网络整合等文化体制改革重点任务。被评为“全国文化体制改革工作先进地区”；长沙市文化市场综合执法局被评为“全国文化体制改革先进单位”。 （刘飞飞）

【湖南和光传媒成立】 2月25日，湖南和光传媒有限责任公司（以下简称“湖南和光传媒”）在长沙揭牌成立，这是长沙市文化体制改革进程中，首家转企改制后成立的文化影视制作企业。湖南和光传媒由影视制作人罗浩任董事长。公司的前身是长沙广播电视集团所属长沙广播电视艺术中心。按照现代企业制度和法人治理结构要求打造，全面与市场接轨。集影视剧策划、制作、发行、演员经纪等于一体。25日，与北大青鸟投资集团、杭州银江传媒及香港俊星传媒签订战略合作协议，并聘请编剧盛和煜、作家何立伟为艺术顾问，签约导演嘉娜·少哈提等加盟公司。该团队曾拍摄《雍正王朝》、《走向共和》、《恰同学少年》等电视剧。拍摄完成拟上映的影视作品有《东山学堂》、《生死钟声》等。抗日题材大戏《长沙保卫战》《省港大营救》、大型文献电视剧《毛泽东传》等项目也在筹备中。

8月19日，湖南和光传媒联手湖南省话剧有限责任公司、长沙市歌舞剧院、长沙市花鼓戏保护传承中心、长沙市湘剧保护传承中心等四大文艺团体就演艺资源合作举行签约仪式，四个文艺院团成为和光传媒的影视表演人才基地。12月26日，由湖南和光传媒联合中国电视剧制作中心、湖南广播电视台、浙江美浓影视有限公司、北京希世纪影视文化发展有限公司等单位投资拍摄的，大型史诗电视剧《毛泽东》开拍，新闻发布会在北京人民大会堂湖南厅举行。（周建文）

【长沙两部作品获全国“五个一工程”奖】　9月24日，中宣部在北京举办第十二届精神文明建设“五个一工程”颁奖，长沙创作的歌曲《今夜想起你》和广播剧《扁担上的影院》获奖。广播剧《扁担上的影院》，将视角对准首届感动中国文化人物、全国优秀农村电影放映员马恭志，反映他克服身体残疾走村串组送电影下乡，为群众送去丰盛精神食粮的故事。歌曲《今夜想起你》，表达了对公安干警服务人民、奉献社会的由衷赞美。（周建文）

文化事业管理

【概况】　2012年，长沙的文化市场管理方面围绕中心工作，服务全市文化事业发展，着眼于繁荣、监管两手抓，强化日常监管，加强技术管控，持续开展网吧、游艺娱乐业场所专项治理。

一、通过上传下达，统筹安排全年工作目标，年初召开区县文化市场管理工作会议，传达国家、省、市文化市场工作会议精神，设定重点是文化市场专项整治和加强全市游艺娱乐经营场所管理工作的全年工作目标。3月14日召开电玩分会的成立大会。通过行业协会引领会员单位加强经营自律，增强行业凝聚力。

二、精心谋划，努力推进阳光娱乐。市文广新局会同省文化厅、市委宣传部、市工商局、市公安局、市旅游局、市文化市场综合执法局等部门联合开展了第四届“阳光娱乐 创业兴文”系列活动。8月8日，“湖湘明星红毯酒会”，9月21日，“万名市民进歌厅惠民活动推广活动”。9月至12月，超过5000人参赛的“网吧电子游戏竞技大赛”。12月份，“酒吧文化宣传展示月”。第七届中博会期间，打造“阳光娱乐 创业兴文”系列活动信息平台，在全市文化娱乐经营场所开展电子宣传屏建设工作，中博会期间在50余家最大型的娱乐场所循环播放主题宣传视频。一系列活动巩固了文化市场文明创建成果，倡导了娱乐行业健康文明风尚，推动了长沙国际文化名城建设。

三、阶段推进，突出重点，逐月开展专项工作，从2月开始，由市文广新局牵头，成立了由市文广新、公安、工商、文化市场综合执法四个单位组成的专项整治领导小组，开展为期6个月的游艺娱乐场所专项整治行动，做好6月份的禁毒宣传、安全生产教育及“两考”期间文化市场静音工作，组织200余家文化经营单位召开工作会议并观看禁毒主题电影。市、区（县）两级市场及稽查人员于高考、中考期间对近50所学校守点护考。组织100位娱乐场所及网吧业主组成文化行业百人方阵参加“情系蓝结家园、共建和谐长沙——长沙市大型禁毒宣传活动暨焚烧毒品仪式”。市禁毒委授予文广新局“长沙市禁毒工作先进单位”称号。多次开展文化市场安全大检查，对网吧、娱乐场所等公共聚集场所消防安全以及应急预案进行了督查。从12月11日至12月21日，针对圣诞、元旦、春节及寒假来临，组织开展全市网吧经营秩序专项检查；对文化娱乐经营场所进行安全生产检查和登记工作。

四、左右协调，上下联动，深化探索网吧管理长效机制。与市公安、工商、各区文体局联合对全市的文化经营场所逐一上门，对全市的娱乐场所进行重新审核登记工作。2012年全市网吧需重新审核登记的为1689家，五区1121家，已完成重新审核登记并换证的共计997家。自2005年，长沙市成为全国网吧管理长效机制试点城市以来。在网吧管理方面积极探索新模式、创造新经验，取得一定的成效。大力推行网吧连锁化经营，全市成立网吧连锁管理有限公司16家，旗下直营及加盟店500余家。通过明晰连锁公司产权关系、调整连锁公司一类地区的划分、实行奖励办法等一系列举措，提高网吧连锁经营管理水平，优化内部管理体系，积极发挥示范引导作用，扩大连锁网吧的影响力和主导地位。基本实现黑网吧的动态清零。但部分城乡结合部还有黑网吧和农村信息服务站。加强对绿色上网场所的管理，全市已建成和开放360家绿色上网场所，基本覆盖各个社区。升级和完善“网乐潇湘”文化监管平台，全市“网乐潇湘”的安装率达100%，在线率达90%。（刘飞飞）

·文化市场管理·

【概况】　2012年，长沙市文化市场综合执法局强化执法队伍建设，抓住群众反映较多，社会影响较大的问题开展专项整治行动，落实监督管理措施，打击各类违法经营行为，营造良好的社会文化环境。2012年，长沙市文化市场综合执法局被人力资源和社会保障部、新闻出版总署评为“全国新闻出版系统先进集体”；被中共中央宣传部、文化部、广电总局、新闻出版总署授予“全国文化体制改革先进单位”；被全国“扫黄打非”工作领导小组评为全国“扫黄打非”先进集体；被国家版权局授予查处侵权盗版案件有功单位一等奖。

一、“扫黄打非”工作。2012年，把封堵查缴政治性有害出版物作为全市“扫黄打非”工作第一任务，开展多次专项行动。出动检查人员4.7万人次，检查出版物市场、店档摊点2.27万个次，检查印刷企业3611家次，收缴非法出版物12万余册，督办查办“扫黄打非”案件95起，行政处罚案件36起，刑事处理案19起，刑事处罚人数61人。

1.创新“扫黄打非”长效监管机制。发挥市“扫黄打非”办公室的综合、协调、指导、督办作用，组织成员单位合力齐抓“扫黄打非”工作，做好发行、贮运、销售等各个环节的监管。先后修定完善出台《长沙市“扫黄打非”责任制》、《关于深入开展“扫黄打非”建立出版物市场长效管理机制的意见》、《关于对举报“制黄”、“贩黄”侵权盗版和其他非法出版活动有功人员的奖励暂行办法》、《长沙市“扫黄打非”应急预案》、《长沙市“扫黄打非”工作重大案件协调机制》等系列制度与办法。

2. 加大出版物市场监管力度。落实日常巡查、暗访督查、举报实查三项制度。对长沙市出版物市场进行拉网式清查，组织查堵政治性非法出版物专项行动和整治淫秽色情低俗信息专项行动。长沙市文化市场综合执法局重新下发《长沙市关于开展查堵反制香港政治性有害出版物专项行动的通知》和《关于开展集中整治淫秽色情出版物及信息专项行动的通知》，对深化两个专项行动进行再动员、再部署。9至10月，全国“扫黄打非”办三次到长沙督查。全年收到上级交办和社会举报案件及案件线索61件，做到交办、督办、回复率均为100%。

3. 及时查处非法出版大要案件。查处吴文华等人印刷并传播政治性有害出版物案，当场收缴46册《改革历程》。查处高桥泰轩音像店贩卖淫秽光盘案。现场扣押淫秽光盘32张，盗版光盘2万多张，对因涉嫌贩卖淫秽物品的当事人给予行政拘留。4月24日，组织开展了2012年侵权盗版及非法出版物集中销毁行动，共销毁非法侵权盗版音像制品及软件56万张，非法及盗版图书51万册。

二、检查执法工作。执法局8月份人员全部到位后，加大对文化市场的日常巡查，对违法违规行为的整治和打击力度。出动检查人员7000余人次，检查出版发行、印刷复制、版权保护、网吧、娱乐、音像、电影、广播电视等经营单位5800余家次，开展集中检查专项行动8次，查处各类案件 21 起，查获收缴非法出版物4.2万余册。

1. 加强日常监管，净化市场环境。加强对书报刊、音像及电子出版物、印刷、文化娱乐、网络、广播电视、电影放映等市场的日常监管和行政执法。出版物市场做到天天有人管、时时不失控。加强定王台和校园周边出版物市场的巡查监管力度，出动检查人员900余人次，检查出版物经营单位2000余家次，收缴非法出版物1200余册（张）。对音像制品、电子出版物、计算机软件经营行为出动检查人员200余人次，检查出版物经营单位300余家次，收缴非法出版物3万余册（张）。印刷市场检查全市各类印刷企业200余家次，对执行制度不到位、变更经营场所未备案的10家单位提出警告，责令改正，并查处2家印刷企业违规装订行为。检查娱乐市场经营单位300余家次，检查大型营业性演出3次。对互联网上网服务营业场所进行全面监管，共检查网吧3000余家次，采取错时检查、联合执法的方式，对网吧违规接纳未成年人行为进行重点监管。10月份办案15起。对全市38家宾馆酒店、7家社会单位和2个集中市场（高桥、南湖）开展广播影视经营执法检查。配合省广播电视局检查了湖南经视、政法频道和金鹰955电台等广播电视经营场所，同时还检查湖南大剧院、横店潇湘王府井影城、长沙万达影城等6家电影放映、播出经营场所。

2. 开展专项整治，狠抓大案要案。开展8次集中行动，打击各种盗版侵行为。组织开展“2012年打击非法印刷发行活动”、“2012年春季中小学教辅材料检查”和“动漫市场整治”、对定王台等音像制品市场集中整治等专项行动。立案查处芙蓉区湘亚书局等发行非法出版物案。严厉打击利用互联网从事盗版侵权活动的犯罪行为，查处“林海非法发行”案。开展“规范境外电视接收专项工作”集中检查行动。

3. 坚持暗访督查，文明创建工作扎实有效。将全局干部分成五个组，加强对城内五区的暗访检查和监管，加大对网吧和学校周边文化市场的暗访督查，及时梳理汇总，发现问题，反馈给五区文化管理部门予以纠正。在文明创建迎检期间，全局干部都下到基层，分组对文化市场进行全面巡查、重点执法、分点蹲守。

三、主动加强管理服务，促进文化产业发展。

1. 试行公示制度，促进执法公开。探索侵权盗版行为网上公示制度和业内公示制度，出台《长沙市文化市场责任主体违法违规经营行为公示制度》，通过网页公示、集中性文化市场张贴公示和行业大会通报公示等方法，警示违法经营行为，接受社会和群众的监督。启用文化执法网上办公系统。向社会公示文化市场统一举报电话12318，落实奖励举报制度。

2. 指导区县执法业务，规范执法行为。与九个区（县、市）文化市场综合执法机构签订“2012年印刷发行监管工作责任书”。指导区、县执法机构按照属地管理原则开展好执法办案工作，全年查处案件230余起。举办为期4天的市、区（县、市）文化市场执法业务培训班，规范执法行为。提出构建区、县（市）执法机构改革的建议，明确区县（市）文化执法局领导职数，并与市编办下发《关于理顺市、区县（市）文化市场执法体制有关事项的通知》，理顺市、区（县市）两级执法机构的关系问题。

3. 指导行业协会加强自律，守法经营。召开长沙市印刷行业和出版发行业专项工作会议，要求协会负责单位在守法、诚信经营方面起到带头作用，加强行业自律。走访市、区网吧协会、市娱乐协会，就加强行业自律工作进行指导，对市场现状进行研讨，提出工作建议，有效衔接与协会的工作。与长沙市印刷行业协会黄花分会、市民营印务商会联合召开“新形势下长沙印刷行业规范与发展座谈会”，指导行业健康发展。（蒋嫦娥）

【启动“扫黄打非”社区工程】 9月8日，湖南省“扫黄打非”社区工程启动仪式在长沙市岳麓区岳龙社区举行。岳龙社区作为湖南省“扫黄打非”社区工程示范点取得良好成效。湖南省新闻出版局副局长黄赞佳等领导出席并参加了300余人规模的启动仪式，参观了“扫黄打非”社区工程建设设施与宣传活动阵地。（蒋嫦娥）

•公共文化建设•

【概况】 2012年，长沙市公共文化事业建设从基础设施、文化设施、群众文化、民生文化、文化创办赛事及大众文化、传统文化方面着手，实现公共文化繁荣。

一、抓示范区创建，改善基层文化民生。全面完成第四批20个示范性乡镇（街道）综合文化站建设任务；实施“公共文化进村入户、群众文艺千团百佳、文艺精品培育、书香星城211、外来务工人员文化共享、公共文化数字服务”等六大文化惠民工程，丰富了群众文化生活，改善基层文化民生。深化制度设计研究，完成《长沙区域图书馆资源共享机制研究》和《长沙群众文化活动长效机制研究》两项课题研究。5月份，文化部组成督导组对示范区创建城市进行了中期督导评估，25个重点指标有17个重点指标为优，8个重点指标为良，指标优良率达100%。9月24至26日，长沙在文化部组织召开的创建国家公共文化示范区现场经验交流会上作典型发言。在湘全国人大代表、省人大常委会和市人大常委会先后专题调研长沙公共文化事业发展，市十三届人大四十一次会议审议全市公共文化事业发展情况。

二、抓实事工程，夯实基层文化阵地。抓好新增第四批20个示范性乡镇（街道）综合示范性文化站建设。开展“十一五”文化站评估检查。对全市纳入“十一五”规划的42个乡镇综合文化站展开全面检查评估。对2011年示范性乡镇（街道）综合文化站项目进行绩效自评，认真分析项目资金的产出成果和效益情况，强化文化站财政支出管理，提高财政资金使用效益。市群艺馆积极开展“农民工精神新家园”建设系列活动，推出农民工歌手大赛、舞蹈大赛、征文比赛等十大主题活动。雨花区高桥街道依托文化站开展“新市民”素质工程计划和系列文化活动，建设农民工文化阵地，获全国“农民工文化服务示范项目”称号。

三、抓活动开展，打造“群文湘军”品牌。以群众文艺“千团百佳”群文工程为抓手，组织开展长沙市第四届“百佳群众文艺团队”评选暨星级评定活动，评选出最佳团队20支，优秀团队30支，先进团队100支；三星级团队85支，四星级团队42支，五星级团队15支。长沙组织开展“舞动星城 歌涌湘江”百万群众广场舞蹈、合唱展演。组织开展“校园文化进社区”活动，举办校园文化优秀节目汇演。推动群众文艺团队建设。举办全市文化辅导员、文化信息资源共享工程管理员培训班，提升群众文化工作队伍的理论水平和业务素质。

四、抓精品创作，重大艺术赛事获佳绩。组织开展全市“三湘群星奖”初选工作以及美术、书法、摄影作品评选活动，举办2012年全市音乐舞蹈大赛，评出金奖4个，银奖7个，优秀奖9个。在此基础上，精选一批优秀作品节目参加第四届湖南省艺术节群众文化艺术活动、“三湘群星奖”评选及“湖南百年”美术创作工程。在2012年湖南省艺术节上，长沙群文节目获得6金、3银、3个优秀节目奖，2人获评“群文之星”，2个群文活动获评“三湘群星奖——项目奖”，金奖数和获奖率居全省第一。其中，2个节目入围第十届中国艺术节复赛。

五、抓非遗保护，传承优秀民族文化。加强国家级、省级非物质文化遗产项目管理和保护自查，对全市所有国家级、省级非遗项目保护规划实施情况、保护现状、保护单位履责情况、补助资金使用情况和代表性传承人义务履行情况等进行全面摸底和自查自纠，通过省文化厅督查。组织开展长沙市第三批市级非遗名录项目申报评审工作，长沙棕编等14个项目入选。新增省级非遗项目4个，推荐国家级非遗代表性传承人4人。围绕第七个文化遗产日“活态传承，重在落实”的主题，举办了湘剧“师徒情”专场演出，各区县（市）组织形式多样、各具特色的“文化遗产日”展览、展示活动，以及“我们的节日”系列传统文化节庆活动，全社会非遗保护意识日益浓厚。（刘飞飞）

【“舞动星城 歌涌湘江”百万群众广场舞蹈、合唱展演】 10月25～30日，由长沙市委、市政府主办，市委宣传部、市文广新局承办的“舞动星城 歌涌湘江”百万群众广场舞蹈、合唱比赛和展演，在贺龙新世纪体育文化广场举行。整个演出由起场——龙狮大会舞、承场——广场舞大串烧、转场——腰鼓大齐奏、合场——千人歌舞、龙狮齐舞、万鼓齐鸣四个板块组成。演员达到6000人，整个展演气势磅礴，场面恢宏壮阔，是近年来长沙市参与人数最多、涉及范围最广、演出规模最大的活动之一。本次活动成为长沙群众文化人才的大会聚、文化活动的大展示、艺术水平的大提升，致力打造群文湘军、创造长沙模式、形成全国影响。

广大群众文艺团队也找到了发挥自身作用的着力点，增强实力，激发活力，彰显魅力，全市群众文艺团队由2007年初的不到100个发展到了目前的1200余个，常年参加文艺团队的群众有数十万人，长沙市共举办合唱和广场舞比赛1万多场，1000多支业余群文队伍逾百万群众参与其中。学生文艺团队、农村文艺团队、社区文艺团队、企业文艺团队竞相发展。城乡干部群众找到了自编自演、自娱自乐的兴奋点，城市的大街小巷、农村的田间地头文艺演出不断，文化活动频频。每日清晨或夜晚，在全市城乡、各单位、各路段，都可以看见一支支队伍、一队队人随着音乐节拍欢乐起舞，成为长沙一道靓丽风景线，也正是这一支支队伍，汇成了“群文

舞动星城·歌涌湘江

湘军”的滚滚洪流。

百团汇演展演在节目内容上注重老少皆宜、雅俗共赏，脍炙人口的经典歌曲、就地取材的文艺作品、多姿多彩的民间文化都在舞台上得到尽情展现，既唱响了主旋律，又体现群众“自己报节目、自己演节目、自己评节目”的鲜明特色。在表演形式上不拘一格、丰富多彩，歌舞、小品、戏曲、杂技、武术等应有尽有，“台上演得尽兴，台下看得过瘾”。在参与对象上，讲究广泛参与、多方活动，幼儿园的小朋友、离退休的老同志、年轻的艺术爱好者等，地不分南北，人不分老幼，都能一展身手参与其中。在场地选择上，坚持方便群众、就地演出，广场、街道、社区、学校、工厂、剧院、乡镇、村部都留下了百团汇演展演的足迹，由此形成的广场文化、社区文化、校园文化、企业文化、机关文化，像一股股泉流喷涌而出，汇成了长沙群众文化的滚滚洪流。

组织引领上，各级党委、政府找到了发展群众文化的切入点，建立起组织领导、策划协调、运作服务的有效机制，确保责任落实到位、工作措施到位和经费投入到位。各区县（市）为此次比赛和展演活动进行很多的积极准备，依托百团汇演展演的广阔平台，策划了“滨江剧场”、“才艺擂台”、“七彩广场”等活动载体，精彩纷呈。自 2012 年 6 月开始，上百万群众参加了全市各街道（乡镇）、社区（村）组织的培训和训练，共有 375 支队伍 15000 余人参加区县（市）选拔赛，10 月 25 日，27 支群众文艺团队参加了全市的比赛。决出了 15 支代表队获金奖和 12 支代表队获银奖。

（周建文）

【校园文化进社区】 12 月 12 日，长沙校园文化进社区集中展示活动在田汉大剧院举行。活动由市委宣传部、市文明办、市文广新局主办，市群众艺术馆承办。以创作一流的作品、开展一类的活动、培养一等的人才为标准，以多出精品力作、多出工作成果、多出优秀人才为目标，以演艺、讲座、培训、作品、网站、图书、设计等进社区为主要内容，积极搭建公益性文化活动平台，努力提高校园文化、社区文化的建设水平，引导高校学生和社区群众在文化建设中互相服务、互相支持、互相提高。展示活动包括优秀节目汇演、优秀作品展两部分。汇演的 18 个节目由全市六区分别推荐，12 所在长沙高校艺术院系 300 多名学生参演，展出的 103 幅作品来自 13 所在长沙高校艺术院系和部分社区。汇演包括歌舞、乐器、快板、相声等多种形式。长沙舞蹈学校选送的舞蹈《金稻梦》、湖南艺术职业学院选送的舞蹈《抢花鞋》、中南大学选送的舞蹈《湘江浴月》等节目集灵动与柔美于一体，有很好的艺术水平。（刘飞飞）

【《长岛之歌》晋京演出】 9 月 25 日晚，一台以“扬湖湘文化特色，展群艺百团风采”为主题的文艺晚会--《长岛之歌》在北京市丰台区文化馆剧场演出。长沙市应文化部邀请，进京参加“大地情深”——国家公共文化示范区创建城市（湖南长沙）群众文化展演活动，以浓郁的湖湘历史文化底蕴和喜庆的群众文化氛围，展示长沙市丰硕多彩的创建成果，生动鲜活的群众文化。晚会汇集近年来在长沙百团汇演中涌现出来的群文优秀节目，以歌舞、快板、戏曲、山歌等艺术形式，充分体现了特色鲜明的湖湘文化，生动鲜活的群众文化，精致多样的长沙文化。12 个节目，90 分钟，参与演出的 120 余名演员，均选拔自长沙市 1000 多支群众文艺团队。

（刘飞飞）

• 文化产业发展 •

【概况】 2012 年，长沙继续打造以湖南广播影视集团、湖南电广传媒股份有限公司等为龙头的一批广电湘军；以湖南出版集团、天舟文化等为龙头的一批出版湘军；以拓维信息、蓝猫动漫等为龙头的一批动漫湘军。芒果传媒、天择传媒、宏梦卡通、山猫卡通、青苹果、快乐购、嘉丽购等一批文化企业，在多方面占据全国第一的局面。继续打造科技与文体融合度较高的文化创意产业，丰富文化产品，繁荣文化市场。

一、文化与科技融合方面，5 月 10 日，长沙被中宣部、文化部、科技部等五部委认定为全国首批十六家国家级文化和科技融合示范基地，坚持科技支撑，融合创新；项目引领，应用导向；突出特色，拓展业态；重点突破，集群发展的“四个原则”。以“文化 + 创意 + 科技 + 产业化”的融合发展模式，建立文化科技协同创新体系。长沙在市科技局设办公室，形成了以市委宣传部、文广新局、科技局为主体的多部门联动的工作机构。加大对基地的资金投入力度。共支持项目 18 个，专项资金支持 1 亿元；在市本级设立科技与文化融合示范基地建设科技重大专项，在重大专项中实施两大工程——现代文化产业科技引领工程和传统文化产业科技提升工程，在两大工程中分动漫、数字出版、电广传媒、演艺文化、湘绣、陶瓷、烟花等九个领域，从 2012 年起，市

国家公共文化示范区创建城市群众文化晋京展演

文化产业引导资金由原来的每年2000万元增加到1亿元；新设文化事业发展专项资金，本年实际安排2500万元；同时要求各区县（市）设立文化产业引导资金且每年不低于3000万元。进一步出台、完善一系列政策，鼓励支持文化事业发展。

二、文化与科技融合项目带动上，9月，基地内拓维信息、湖南大剧院、湖南省工业设计协会、中南传媒、湖南有线电视等文化类企业分别组团申报5个国家文化科技创新工程项目，全部入库。在2012中国（长沙）科技成果转化交易会上，中南传媒和华为双方合作投资5000万元在长沙成立天闻数媒公司，与拓维信息和蓝猫等四方就联合研发面向动漫特色文化产业集群的综合公共服务平台及示范项目；湖南大剧院和明和光电等三方联合研发湖南演艺内容网络化传播服务集成技术研发与运营示范项目；湖南省工业设计协会和大红陶瓷等六方就联合研发基于长沙地域文化的创意设计公共服务平台建设项目、湖南有线电视集团和快乐购物股份有限公司等三方联合研发湖南互动电视云平台项目；中南传媒和青苹果数据中心双方联合研发基于OA模式的国际学术期刊在线出版与推广平台项目等科技与文化融合类项目达成合作协议并签约。

三、文化与科技融合示范工程项目上。青苹果数据中心大力发展现代数字内容产业。快乐购物股份有限公司全力研发基于“三屏合一”的多媒体营销平台。长沙天际传媒有限公司利用现代信息技术和电子传播手段，在全市铺设5000个服务终端，打造一个集传统和现代于一体的“悦读长沙”优质文化产品公共传播平台。湖南星辰在线网络传播有限公司利用移动新媒体技术，着力打造一个从新闻资讯服务到城市生活消费导航，全媒体互动的“掌上长沙”服务平台。长沙广电充分利用“三网融合”延伸产业链条，嘉丽购物频道2012年创收突破3亿元。湖南和光传媒有限责任公司引进北大青鸟等战略投资者，整合人才、科技资源优势，打造影视拍摄基地。湖南长广天择传媒有限公司实现每天20个小时以上自制节目的生产能力。湖南华凯创意展览服务有限公司利用现代科技手段，在展馆布展、建筑模型、三维动画、标牌标识等领域技术领先。

中南数字出版基地揭牌仪式

四、助推文化产品国际化上。根据市委、市政府推进国际文化名城建设的战略思想，在文化产品国际化方面。办好“芙蓉杯”国际工业设计创新大赛，加强工业设计与文化旅游产业、信息出版业、娱乐传播业等创意产业结合，将科技、人文和艺术融合创造新的商业模式、市场和生活方式，营造“创意长沙”的浓厚氛围。办好2012中国（长沙）科技成果转化交易会，重点突出文化科技融合，共有动漫文化、互动电视云媒体、舞台声光电、先进数字出版、花炮燃放系统、湘绣、陶瓷及工业设计等7个领域的20多家长沙文化产业龙头企业参展。

五、动漫产业建设，发挥“国家数字媒体技术产业化基地”、“湖南国家动漫游戏产业振兴基地”两个国家级平台作用，在卡通动画节目制作和传播，数字媒体技术研发，国内外数字动漫成果转化，国家动漫游戏成果转化和动漫游戏人才集聚培养，以及衍生产品制造方面，确保长沙动漫原创产业的领先优势。进一步打造湖南省数字卡通动画、国家（湖南）电视动画动漫和国家（湖南）手机动漫三个公共技术服务平台。中南国家数字出版基地在长沙挂牌，成为第四个国家数字出版基地。主要建设方向是中南地区数字出版企业和数字内容运营企业集聚中心、数字版权认证维护中心、无线终端阅读内容制作中心、数字出版投融资中心和数字出版技术研发中心。（刘飞飞）

【出台加快电影产业发展意见】 5月15日，长沙市委办公厅、市政府办公厅下发《关于加快电影产业发展促进电影事业繁荣的实施意见》（长办发〔2012〕36号）和《长沙市支持新建改造多厅数字影院以奖代补办法》（长政办发〔2012〕22号）两个文件。提出“繁荣生产创作，提升原创能力；加快影院建设，优化发展布局；推进公益放映，提高服务水平；深化改革创新，增强发展活力；加大产业扶持，推动市场繁荣；培育骨干企业，壮大市场主体；加强行政管理，维护市场秩序；狠抓人才队伍，强化智力支持”等八大措施。（刘飞飞）

文学艺术

【概况】 长沙市文联机关下设办公室、组联处、文艺交流处和机关党总支4个正科级处室，二级机构《创作》杂志社和长沙画院，下属16个文艺家协会。2012年，长沙市文联着眼于多出精品力作、多出工作成果、多出优秀人才，不断强化思想武装、完善工作格局、推进精品创作、培养文艺人才，文艺事业稳步前进，呈现良好发展态势，各项工作取得新的成效。专业艺术围绕“恢复一批，提升一批、创作一批、储备一批”的工作方针，大力推进“出人出戏出精品”的战略目标，积极开展公共文化服务体系建设，各项艺术事业迈上新台阶，取得了较好的成绩。长沙现发展和完善文学、戏剧、美术、音乐等文艺家协会13个，会员近4000名。从2012年始，组织开展长沙市文学艺术奖的评奖工作，2年一届，对全市14个文艺门类作品进行评奖，鼓励精品创作。

一、8月，市文联新领导班子到位后，完成作家协会、音乐家协会、美术家协会、诗人协会、楹联家协会和嘤鸣诗社等文艺家协会的换届选举。新成立群众文艺工作者协会、电影电视艺术家协会和岳麓印社，原中共中央政治局常委、国务院副总理李岚清为岳麓印社题写社名。不断壮大全市文艺队伍，市文联现有下属文艺家协会16个，企业文联和区县文联5个，2012年新增会员400余人。并推动长沙市作协实施具有首创意义的签约作家制度，签约一批青年作家和网络作家。出台《长沙市文联所属各协会（社团）工作经费管理办法》，组织草拟《关于进一步加强文联工作促进文艺繁荣的意见》，出台《长沙市奖励和扶持文艺创作专项资金使用管理办法》，设立奖励和扶持文艺创作的资金，推动文艺精品创作。

二、精品创作成果丰硕。长沙市文联带领全市文艺工作者致力于多出精品创作、多出工作成果。积极推介优秀作品参与全省全国性的文艺奖项评选活动，组织优秀文艺作品参加第一届湖南文学艺术奖，13部作品获奖，组织参加中宣部“五个一工程”奖、文化部群星奖文华奖、全国美术展览奖、民间文艺山花奖等奖项评选，协助市委宣传部开展首届“长沙文学艺术奖”评选活动，文学方面，长篇小说《雷锋》、随笔集《当时明月当时人》等一批作品出版，长篇纪实《铸剑》获全国第十二届“五个一工程”奖，熊东遨获“华夏诗词奖”一等奖。戏剧方面，新创排现代湘剧《苏秀才》，花鼓戏《太阳出来了》获2012年湖南省“五个一工程”奖，湘剧《古画雄魂》入围中国舞台艺术精品工程30台。音乐方面，歌曲《今夜想起你》获全国第十二届“五个一工程”奖。湖南知青艺术团获2012中国（广州）星海国际合唱锦标赛、星海国际合唱大奖赛金奖。舞蹈方面，新创作《郎打山歌姐来和》等作品，舞蹈《绣女情韵》获2012年湖南省艺术节银奖，王印英获第一届湖南省文学艺术奖。电影电视方面，广播剧《扁担上的影院》、MTV《今夜想起你》获全国“五个一工程”奖，纪录片《毛泽东遗物的故事》获第22届中国广播电视影视大奖·广播电视节目奖纪录片大奖，电视剧《黎明前的暗战》获中国广播影视大奖·飞天奖三等奖。美术方面，国画《十五的月亮》参加建军85周年暨十二届全军美展获优秀奖，国画《紫藤花开》入选2012吴冠中艺术馆开馆暨全国中国画作品展。书法篆刻方面，李砺的诗词、吴贤军和林杰的篆刻作品入展“百年西泠·翰墨春秋”西泠印社诗书画印大展。摄影方面，夏腾煌作品《夏日等待》、彭盼作品《Timex（天美时）》获湖南省第十六届摄影艺术展银奖。群众文艺方面，市群文协会参加第四届湖南艺术节取得6金5银5铜。民间文艺方面，出版灯谜专著《湘迷三味》，邬建美湘绣作品《雄狮》获第十届中国民间工艺品“山花奖”。曲艺方面，新创作相声剧《夺宝奇兵》等作品，周卫星、曾敏小品《婚礼》获第一届湖南省文学艺术奖。

三、坚持以文惠民，一是文艺活动精彩纷呈。围绕迎接、庆祝、学习宣传贯彻十八大开展多次活动，“科学发展、辉煌成就”主题文艺创作，“颂歌声声献给党”全国征歌，宣传党的十八大书法美术摄影展览活动等。诗人协会编辑出版《风雅长沙》诗集，舞蹈家协会举办“喜迎十八大”群众舞蹈艺术精品展演，剧协选择十大精品剧目进京展演等。二是协会活动丰富多彩。戏剧家协会和曲艺家协会在湘江剧场分别开展了“好戏天天演·快乐满星城”活动和每周一次的“笑工场”曲艺演出。举办第七届“索尔杯”全国青少年国际标准舞蹈公开赛暨湖南省第三届大学生国际标准舞锦标赛。开展“外来务工人员精神新家园”系列活动。组织剪纸艺术进校园进课堂活动，举办长沙市青少年校园剪纸大赛及优秀作品展，出版《校园山花集》。举办杨应修先生诞辰一百周年纪念活动，征集其作品进行集中展览，出版《杨应修画集》。组织开展秦卓夫书法作品展和研讨会。三是专题活动。开展“文艺走基层”活动、“书画进万家、书香飘三湘”活动、“党旗飘飘——星城先锋谱”主题征文等活动。积极参加“三下乡”、“五老四教”、“我推荐、我评议身边的好人”、“保护湘江母亲河”等活动。到联点单位长沙县江背镇开展调研活动，与镇党委政府一起制定了《江背镇文化发展三年规划》。三是主题活动方面，承办全国首届雷锋精神论坛“走进雷锋的故乡”文艺晚会，长沙市创建文明城市答谢晚会、2012年新年交响音乐会等大型文艺晚会。市政府每年增加100万元，送戏下乡进社区专项经费提高到400万元。全年送戏下乡完成660场，超额完成60场。长沙市市直剧团改革，市歌舞剧院实现单位性质、管理模式、经营模式的三个转变，由事业单位整体转制为企业，成为长沙歌舞剧院；成立了市湘剧保护传承中心和市花鼓戏保护传承中心。

四、加强队伍建设，培养推介优秀艺术人才。组织湖南省“三百工程”申报，推荐30名老、中、青优秀艺术家参评。推介6人参加“长沙市年度十大文化领军人物”评选活动。向省文联、省民协推荐了湖南省非物质文化遗产——长沙棕编的杰出青年传承人周佳霖。《所属协会和县（市）文联全年组织各艺术门类培训2500人次。举行作协副主席杨林《侗族大歌》诗集研讨会。加强自身队伍建设。市文联机关申请增设了文艺交流处，对3个科级领导岗位实施竞争上岗，打造文艺发展交流平台。加大对外文化交流的力度，开展文学艺术交流活动30余次，张双锡赴温哥华举办书法篆刻作品展。肖剑参加“中国书画世界行，走进阿联酋南非”活动获中非文化交流贡献奖。湖南知青艺术团参加“亲亲中华一在美巡回慰问演出”。组织参加哈尔滨—长沙书法联展。参加“合肥与国内友好城市暨中部省会城市艺术联展”活动。组织音乐家、美术家、书法家、民间文艺家等协会与宁波、南京、西安、延安等地进行文艺交流。接待韩国龟尾文化院访问代表团，接待桂林、南宁、岳阳、常德等地文联。与全国剧协共同举办湘剧《牌匾传奇》剧本研讨会。举办《创作》杂志创刊30周年系列活动，开通杂志网络版，与长沙晚报共同组织“文学期刊，你还爱它吗”专题座谈，举办“新媒体时代文学期刊的生存与发展”论坛、“市场化冲击下文学的精神品格”文学名家创作座谈，主要文学期刊负责人和部分国内知名文艺评论家到长沙出席活动并参观采风。

五、注重理论学习，以单位组织学和党员干部自觉学相结合的方式，座谈会、研讨会的形式，在系统深入组织开展学习贯彻十七届六中全会精神，胡锦涛在全国第九次文代会、第八次作代会上的重要讲话精神。举行“长沙文艺界学习十八大精神专题讲座”，召集各协会主席、秘书长、市文联机关全体干部、离退休老同志系统学习十八大精神。组织召开民主生活会、举办道德讲堂等活动。举办纪念毛泽东《在延安文艺座谈会上的讲话》发表70周年座谈会，通过重温毛泽东的讲话精神，研讨长沙文艺发展的机遇形势，引导全市文艺工作者进一步坚定政治信仰和群众情怀、树立价值追求和职业风范。以文化人，注重把对党和国家重大会议政策精神的学习落实到具体的文艺活动中去，发挥文艺宣教润物无声的作用。

（陈　强）

长沙市文学艺术界联合会

党组书记　王　俏（2012.8任）
　　　　　曹　伟（2012.8免）
主　　席　何立伟
党组成员
副县级纪检员　王　勇（2012.8任）
党组成员
副 主 席　谢胜文（2012.8任）
　　　　　李小军（2012.8任）
　　　　　唐　樱（2012.8任）
　　　　　宋　元（2012.3退休）
　　　　　佘明辉（2012.8免）
　　　　　刘忠宏（2012.8免）

【长沙文艺界代表座谈会召开】 5月22日，纪念毛泽东《在延安文艺座谈会上的讲话》发表70周年，长沙市文艺界代表座谈会召开，市委常委、宣传部长张湘涛，市文联、各文艺家协会的主要负责人，及来自文学、音乐、舞蹈、美术、摄影、民间艺术、曲艺、戏剧等艺术类别的优秀艺术家代表参加座谈会。回顾体悟延安文艺座谈会精神，并表示，应继承和弘扬优秀传统，潜心艺术创作，勇攀艺术高峰，为长沙文艺事业繁荣和发展作出新的贡献。（陈　强）

第八次文代会

【庆祝建军85周年联欢晚会】 7月31日武警湖南省消防总队培训基地与长沙市文联共同举办“庆八一·警民鱼水情”联欢晚会，长沙市文联的艺术家们与武警官兵共迎“八一”，同叙军政军民友情。晚会由长沙市曲艺家协会、舞蹈家协会、音乐家协会与总队培训基地共同编排，近两个小时中。艺术家们和消防武警们轮番上台表演，先后推出了舞蹈《水鼓情浓》、花鼓戏《军民鱼水情》、快板《攀高峰》、男生独唱《什么也不说》等十余个反映军民鱼水情深的节目。（陈　强）

【长沙市第八次文代会】 10月24～26日，长沙市文联组织召开市第八次文代会，参会代表达357人，省文联、省作协、市委、市人大、市政府、市政协、长沙警备区领导出席，省委常委、市委书记陈润儿出席会议并作重要讲话，会议通过文联工作报告，修改文联章程，选举产生市文联新一届领导班子。会议期间举办书画笔会、书画作品展览、大型文艺晚会，编印了《文墨诗韵（2005-2012年长沙文学艺术成果集）》。（陈　强）

【《创作》三十周年系列活动】 12月10日，文学期刊《创作》创刊30周年系列活动启动，开通了杂志网络版，与长沙晚报共同组织“文学期刊，你还爱它吗”专题座谈，举办“新媒体时代文学期刊的生存与发展”论坛、“市场化冲击下文学的精神品格”文学名家创作座谈，省政协副主席、省文联主席谭仲池，省作协副主席唐浩明在论坛上讲话，被中国作协《中国作家》、《诗刊》杂志特约的矛盾文学奖、鲁迅文学奖获得者和中部六省著名作家熊召政、陈世旭、邵丽等以及主要文学期刊负责人和部分国内知名文艺评论家到长沙出席活动并参观采风。（陈　强）

【市群众艺术馆保护“长沙弹词”】 根据“长文广新〔2012〕149号文件”精神，长沙市文广新局决定，长沙市群众艺术馆为长沙弹词保护单位，承担长沙弹词的保护职责。长沙市群众艺术馆将认真贯彻《非物质文化遗产法》，依法履行保护职责，切实做好保护工作；充分利用现代科技手段，广泛搜集整理长沙弹词的文字、声音和图像资料，建立长沙弹词数据库；进一步摸清长沙弹词的生存状况，举办培训班，建立长沙弹词队伍，确保长沙弹词有序活态传承。长沙弹词是长沙的一张文化名片。发源于长沙，以长沙方言为基础，依字行腔，是道情的一种，也称为长沙道情。是湖湘曲艺四大演唱艺术之一，是湖南现存的古老曲种，历年来，长沙市委、市政府和各级文化部门对“长沙弹词”的抢救和保护十分重视，2006年，“长沙弹词”列入省级非物质文化遗产保护名录。同年长沙市政府投入资金15万元，组织进行了“长沙弹词”的保护工作，2009年被正式列入国家级非

物质文化遗产名录。　　　　（周建文）

【“杜鹃花奖”专业文艺汇演】　12月11日～14日，长沙市“杜鹃花奖”专业文艺汇演演出七场，全市各级专业剧团选送的34个剧（节）目、300多名专业艺术人员参演。演出内容以新创或改编、移植剧（节）目为主，通过戏曲、歌舞、器乐、小品等多种表现形式，集中展示了长沙市的专业艺术生产创作成果，体现了中青年演职人员的艺术水平，经组委会对《太阳出来了》（选段）等13个获得综合奖的剧目和殷婷等78个获得单项奖的个人进行了表彰奖励。（周建文）

公共图书馆

【概况】　长沙公共图书馆有市直属领导的长沙图书馆以及各个大学的所属图书馆。2012年，长沙市图书馆总分馆、数字图书馆、Web图书馆，图书馆三维服务网络初具雏形，读者能多渠道快速获取全面而个性化的文献信息，社会影响和读者满意度提高；阅读推广创意新颖，初步形成品牌，市图书馆被评为市文明标兵单位、市先进基层党组织、市十佳平安和谐模范单位、中国图书馆学会全民阅读优秀组织奖。

一、筹备新馆开放。新馆定位为长沙文献信息资源与服务中心、全民阅读推广教育中心、区域图书馆网络中心、文化学术交流中心，现代化智能化的城市中心图书馆。成立了新馆开放运行筹备办，有计划分阶段筹备新馆开放，协调新馆功能布局、装饰装修、设施设备配备等工作，优化新馆设计效果色彩，形成了新馆《内部功能布局方案》、《整体运营方案》，派人到先进图书馆跟班学习业务和管理知识，并在工作中创造条件进行实践。抓好中山亭提质改造，项目定位为“文物景观精品”，做好投资评审和招标准备。

二、基础业务提高。以“布网”推进体系建设。构建以市图书馆为总中心馆，2000个基层图书馆（室）、农家书屋为基础，100个分馆为骨干，流动图书车和街区自助馆为补充的图书馆服务网络。全市已建各类分馆33家，10家分馆在建。以“布点”强化规模效益。开展流动图书车进机关、学校、企业、军营、社区、村组、广场、工地等的“八进”活动，目前申报建立流通服务点的有70家。2012年下发分馆流通图书30000多册，计90多万元。总分馆、服务点之间实行资源共享、协同采编、统一检索、通借通还，“网点”整合区域图书馆文献信息资源，满足了读者阅读需求的广泛性和复杂性，初步形成“十分钟服务圈”。通过总分馆推广，岳麓区公共图书馆的数量由仅有的1家增至8家，便捷、细致、优良的服务获得广大市民的好评。以“技术＋管理”的方式实现总分馆业务统筹管理、统一服务。对全市分馆人员进行系统业务培训，整合8个区县、24个街道、社区、学校、企业、机关图书馆书目数据50多万条。

杜鹃花奖的专业汇演

三、加强数字图书馆建设，进一步丰富馆藏资源，投入40多万元采购网站协作平台、全文检索系统、信息雷达等业务软件，完成数字图书馆的前期建设工作，建起“长沙市图书馆”网站平台，整合链接区域图书馆网站，投入110万元采购数据库，供分馆共享；建设特色资源，通过征集和购买、交换等方式收集地方文献3000多种，建立地方特色数据库6个。共采购中文图书30000余册；盲文图书和期刊约240种；实现数字资源和纸质文献借阅“一卡通”。数字图书馆引入品牌数据库20多个，供总分馆读者免费使用；与市教育局共享数字图书馆资源，全市20万中小学生通过电子学生卡免费利用数字资源。

四、社会服务。全面落实免费开放。图书馆5个主要窗口365天不闭馆，每周开放时间66.5小时，18个服务项目全免费。免费开放后九个月的图书外借量为免费前的2.13倍，办证量为4.46倍，网站访问量为4.2倍。利用网络、通讯等先进信息技术创新服务。新采购的电子阅报机，为读者提供3000多种报刊查阅。岳麓区步步高广场的第一台街区24小时自助图书馆，办证量已超2000个，每月流通量超1万次。流动图书馆车投入试运行。联合咨询与全国图书馆密切合作，馆际互借、文献传递、长图微博、书讯、各类主题QQ群（长沙读书人之家、经典诵读、橘洲讲坛）与读者随时互动。

五、阅读推广。以“三湘读书月”活动为依托，举办“全民诵经典，书香满星城”、“十大藏书家”评比；定期开展影视欣赏、猜灯谜到图书馆、读书沙龙、读书报告会、知识竞赛等活动，图书馆主人征集、读者沙龙汇聚一大批读书人，“长沙读书人之家”24小时在线响应；“你的BOOK我买单”之社会版、社区版、学生版、网络版让全城读者免费任意选择自己想看的新书，尝试图书馆与读者共同培育和开发馆藏资源；每周举行“橘洲讲坛”，讨论社会热点、道德伦理、形式政策、市民关注、经典阅读、人文社会科学知识，“道德讲坛”巡讲在各分馆举办；长图微博“每日一书”有效引导全民阅读，“道听‘图’说”

分享读者旅途阅读体会，“毕业季”系列活动吸引广大学子；“梦想在这里起飞”阳光周末公益课堂为外来务工人员子弟免费培训、盲人无障碍电影欣赏，与市科协合作举办“星城科学讲堂”等活动。

六、内部管理改革增强活力。建立健全多项管理制度，调整部门运作架构。实施过程管理。加强年度考核管理，完善沟通交流平台，完善考核方案，考核结果公示，确保考核的公平性和透明度。以项目管理提高效率；考核结果与部门个人评优评先结合。“橘洲讲坛”通过实行目标任务与奖励相结合的方式，挖掘各部门潜力，引进社会资源，逐步打造服务品牌。加大引导力度，推行业务工作项目制，调动全员工作积极性，激活员工活力，全面提高工作效率。多方协调争取项目支持，为员工素质提高搭建平台，开展《长沙区域图书馆资源共享机制研究》、《长沙地方文献数字服务平台建设》、《长沙数字资讯中心服务平台建设》、《长沙区域数字图书馆资源共建共享对策研究》等项目和课题研究，提高了员工研究能力。

（刘飞飞）

【长沙首个企办图书馆开馆】 7月31日，由长沙市图书馆与拓维信息系统股份有限公司合作共建的长沙图书馆拓维分馆成立，市图书馆一次性配送图书400余册，书目种类涉及文学、科技、励志、管理等方面。这是长沙市首个在高新技术企业中建成的图书馆分馆。拓维分馆馆藏图书已有2000余册，作为长沙图书馆总分馆体系成员馆，拓维分馆的读者将能享受到长沙图书馆总分馆“一卡通”服务，凭分馆读者证，在全市总分馆均能享受图书借还服务。根据分馆读者需要，总中心馆长沙图书馆将定期为分馆更新馆藏资源，保障分馆读者阅读需求。

（刘飞飞）

文博工作

【概况】 2012年，全市的文博工作，在大遗址保护、文物维修、保护力度加大、纪念园、基础工作、科技保护、馆藏文物、制度建设、社教工作、主题活动和学术工作方面。较好地贯彻全文物工作会议精神和市文广新局的工作部署，坚定地落实法律法规及相关行政决策的要求，取得一定的工作实绩。

一、大遗址保护长沙铜官窑遗址、汉长沙国王陵墓群、炭河里遗址列入150处代表中华文明的大遗址保护名录，长沙市成为大遗址保护重点市之一。6月5日，长沙铜官窑国家考古遗址公园开园，日均接待游客达1200人。针对汉长沙国王陵墓群的测量测绘、水文地质、现代生物、水文水系等多项专业基础工作形成成果，考古调查和钻探全面铺开，《汉长沙国王陵墓群保护规划》获国家文物局批准，完成《汉长沙王考古遗址公园及周边建设控制规划》，启动《汉长沙国王陵保护条例》立法。7月16日，举行炭河里考古遗址公园奠基仪式，完成青铜文化博物馆建设基础部分工程，制定了《城墙保护方案》和《水利整治方案》。

二、基础工作。编制具有示范性的《长沙市第三次全国文物普查工作报告》和《第三次全国文物普查登录不可移动文物名录》。完成城区600余处不可移动文物的数据整理工作，全市第三次全国文物普查数据整理完成量接近30%。研制长沙市不可移动文物数据分析软件，着手编制全市文物资源信息管理系统框架设计。各区县（市）已将新发现文物点公布为一般不可移动文物，浏阳市、宁乡县、望城区公布83处县级文物保护单位。确定212处（266个点）市级文物保护单位的申报名录。加强基本建设工程中的文物保护。全年共完成地下文物保护评审项目130余个，实施文物调勘面积达697万平方米，其中重点调勘面积65万平方米。组织开展长沙国际金融中心、万达公馆CD区、湖南中加学校、长房天翼未来城、农信家园、华远工地等较大型的考古发掘工作，共发掘墓葬55座，古遗址2处，古井453座，出土器物数百件，依法妥善处理潮宗街古城墙遗址等一系列文物保护事宜。

文物维修保护上。国家文物局批准《湖南省立第一师范学校旧址保护规划》，《谭嗣同故居保护规划》已过国家专家组评审，启动胡耀邦故居等一批文物保护规划的编制。完成寻淮洲故居、田波扬故居、中共湘鄂赣第一次党代会旧址、刘少奇故居、杨公庙、覃理鸣墓等多处文物修缮工程和云山学校的修复工程，制定湖南省立第一师范学校、雷锋剧院、沈家大屋、长沙海关公廨旧址、易祓墓等文物保护单位的维修方案。

科技保护外向度提升。长沙走马楼三国吴简的整理工作全面完成，完成国家交办的科技保护课题，实现标准化管理。市文物考古研究所联合清华大学、中国文化遗产研究院、湖南大学开展东汉简牍保护整理，完成2500余枚简牍的清洗整理和扫描拍照。长沙望城风篷岭一号墓出土饱水漆木器文物保护修复项目完成35件文物的脱水，修复文物14件。坡子街南宋涵渠木构件脱水保护工程结项。市博物馆完成114件馆藏珍贵文物的修复保护，对东牌楼迁移保护遗迹进行科技处理。开展文物标本的检测，委托北京大学、陕西师范大学等高标机构对多个样品进行分析。

馆藏文物得到进一步充实。根据市博物馆新馆展陈需要确定征集文物的工作方向，全年新征集各类文物403件（套）。开展黄兴北路拓改工程的文物资源调查，搜集到一批文物信息，并征集长沙北站、粮食一库的部分实物。开展2006-2011年度新增馆藏文物的鉴定工作，完成2372件（套）文物的鉴定，其中珍贵文物748件（一级文物47件，二级文物62件，三级文物639件）。

制度建设紧贴时代脉搏。结合当前城乡基本建设规模不断扩大、公众参与文物保护的意识逐步增强的客观形势，组织研制了《长沙市民办博物馆管理办法》、《长沙市市级文物保护单位申报与退出管理办法》和《长沙市棚户区不可移动文物保护实施办法》。《长沙市民办博物馆管理办法》。组织完善了《长沙市不可移动文物安全工作考评细则》，制定了《长沙市流动博物馆章程》。

三、安全工作上。夯实文物安全联动机制。市、区县、乡镇（街道）、村（保护员）构成的文物安全责任工作体系进一步落实，特别是乡镇（街道）、村（保护员）的职责得到强化。

重视文物安全队伍建设，各区县（市）对保护员进行业务培训。对汉长沙国王陵、明长沙藩王墓群实行重点巡防，采用“基层一天数巡、区县每天抽查、市级一周一督”的办法。望城区专门设立汉长沙国王陵安防工作站，并引入安保公司承担汉王陵的安全工作。

有效化解文物安全风险。全年共组织了4次市级文物安全专项督查和多次不定期检查，发现并督促整改一批文物安全隐患。岳麓区、望城区和长沙县共成功阻止4起文物盗掘事故的发生，其中岳麓区文物部门与公安机构联手破获了天马山文物盗掘未遂案，抓获犯罪分子5名并已判决。市文物考古研究所、开慧故居纪念馆分别对文物库房进行提质改造。

四、社教工作上。新建成湖南地质博物馆、南宋涵渠遗址陈列馆，全市民办博物馆已发展至6家。博物馆（纪念馆）共有基本陈列24个，李富春纪念馆、郭亮陵园推出新的展览。依托博物馆（纪念馆）举办内容丰富的临时展览，全年临时展览达23个，其中市博物馆承办的《湖南科学发展成就展》影响较大。全市各博物馆（纪念馆）广泛与机关、企事业单位、学校及社会组织开展形式多样的文明共建活动，市直各文博单位还利用节假日、国际博物馆日和中国文化遗产日，组织“植物导赏亲子乐园”、“快乐六一，无烟小天使体验”、“小志愿者招募”、“小小讲解员培训”、“简牍制作”、“快乐寻宝”、“考古DIY”、“公众考古”、“女子成人礼”、“汉服表演”等多项社会教育活动，市博物馆特别针对青少年朋友开展“暑期博乐会”，推出印象·清水塘图文手工作品征集、寻找清水塘的故事、器物们的成语故事会、艺术书签会等一系列活动。市民文化遗产讲堂、船山讲堂、天心阁国学讲堂约请一批资深专家开展专题讲座24次。全市积极送展览进学校、入社区、下农村45次，送讲座113场次。全市博物馆（纪念馆）年接待观众总计达802万人次，具有文化遗产性质的开放单位年接待量超过1200万人次。市博物馆全年入馆人数已超50万，贾谊故居全年接待观众18万人次。

五、学术工作上，专业著作出版《长沙重大考古发现》、《长沙考古文存》、《厚重沩宁》，完成《汉长沙国考古发现与研究》、《历代名流咏贾谊诗联集注》、《长沙文物精萃》的编撰工作，《长沙吴简文字编》、《长沙走马楼吴简研究论文集》、《简牍学大辞典》等书籍的编撰工作正在进行，《长沙走马楼吴简竹简·六》即将付印。研究论文有继续推行《文博专业课题及工作研究奖励制度》，市直文博单位共推出57篇研究论文，涵盖考古学、博物馆学、历史学、文物保护学、管理学等多个学科门类。其中《长沙五一广场东汉简牍发掘简报》等3篇报告即将在《文物》上刊发。学术活动方面。市博物馆承办省博物馆学会第七次年会，就博物馆藏品征集、保护与管理等命题进行研讨并形成论文集。长沙简牍博物馆利用吴简学术平台，与岳麓书院开展学术合作。市文物考古研究所对汉长沙国王陵和沩水流域的考古调查与钻探。3人参加国家文物局组织的研修班学习，市文物考古研究所所长何旭红参加“汉代西域考古与汉文化国际学术讨论会”并作学术报告。（朱丰顺）

【中国书院博物馆开馆】 以岳麓书院为依托，经过十一年的精心筹备，中国书院博物馆正式开馆迎客，国家文物局副局长顾玉才出席开馆仪式。中国书院博物馆是全国唯一的书院专题博物馆，也填补了湖南省无“国字号”博物馆的空白。（朱丰顺）

【市博物馆新馆建设】 市博物馆新馆主体基本完成外墙装饰。内装修正在进行。完成了《星城追问》、《长岛人歌》两个基本陈列的内容设计。组织专业技术人员外出学习调研，完善了新馆运营管理方案。根据新馆陈列布展需要，加强了展陈文物的征集和科技保护工作。（朱丰顺）

【秋收起义纪念园工程启动】 2012年，浏阳市决定在秋收起义会师旧址群的基础上，围绕红色革命主题，抢救性维修秋收起义旧址群，计划以文家市会师旧址群为依托，构建打造集秋收起义研究、文化遗产保护和展示、爱国主义教育、军事教育、红色旅游体验等功能于一体的秋收起义纪念园。通过整合周边资源，建设开发一个综合性纪念园区。用地20.5公顷，总投资2.7亿，重点建设“一馆一场”（秋收起义陈列馆、会师广场），预计2015年完成核心工程的建设。秋收起义文家市会师纪念馆是首批全国重点文物保护单位，但目前的建设现状与其历史地位还不相符合。浏阳通过整合秋收起义系列文物保护单位，制定了《秋收起义纪念园概念性规划》。规划中的秋收起义纪念园主要由文物保护区、红色文化体验区、附属功能区等三部分组成。2012年投入4100万元，对文家市镇创业大道进行了立面改造，文家市会师旧址消防工程、防雷工程得到国家文物局批复。完成了杨勇故居的征地搬迁和修缮工程，启动了里仁学校的征拆。9月13日，国家文物局局长励小捷一行专题对秋收起义纪念园建设进行了调研。（朱丰顺）

【全国田野文物安全现场会】 9月8～9日，国家文物局在长沙召开田野文物安全现场会。来自全国的16个文物重点省（市、自治区）文物行政部门负责人及50个地市政府和文物部门的代表参加会议。与会代表参观长沙市近年来的文物保护成果，重点考察了文物保护的安防监控系统，观摩文化站的文物管理工作。长沙市和望城区文物保护经验被现场推荐，副市长夏建平在题为《全面落实“五纳入”，构建文物“安全网”》的发言中介绍长沙田野文物保护的经验。全国第三次文物普查表明，全市共有不可移动文物点2608处，其中各级文物保护单位217处，在城区内划定地下文物埋藏区68个。在全国所有不可移动文物中，田野文物占总量的46.59%，它们很多地处偏远，安全保护任务重，难度大。田野文物仍是文物犯罪侵害的首要对象。长沙市政府陆续出台了一系列规章制度，如《长沙市不可移动文物安全管理办法》等。长沙市文物保护状况持续好转，同时，切实加强文物安全管理工作的各项保障，市、区县（市）财政将共计1000万元的文物安全管理经费纳入常年预算。在文物安全预防方面，落实末端守护，责成有关单位指定专员负责文物安全。（朱丰顺）

【三湘巨变辉煌成就展】 9月26日上午，“科学发展·成就辉煌——党的十七大以来湖南经济社会发展成就展览”在长沙市博物馆举行。本次展览由省委、省政府主办，省委宣传部、省委组织部、省发改委和长沙市委承办。筹展工作历时3个月，展陈面积近2000平方米。分为经济发展实现新跨越、两型社会展示新风貌、法治湖南谱写新篇章、民生事业迈上新台阶、文化科教创造新业绩、改革开放取得新突破、党的建设开创新局面等板块，全方位、多角度地展示了党的十七大以来湖南省科学发展的奋斗历程和各条战线的辉煌成就。为应对观众与媒体访问高峰，市博物馆对安全、保洁、园艺、设施管理、票务、讲解、接待等工作进行了充分部署。

（周建文）

档案工作

【概况】 2012年，长沙市各级档案部门全面履行档案行政管理和保管利用职能，着力转变档案事业发展方式，完成各项工作任务。档案行政管理机构10个，档案馆13个（国家综合档案馆10个，专业档案馆3个），专职档案人员270人，累计研究馆员4人，副研究馆员8人，馆员18人，助理馆员9人。13个国家综合、专业档案馆全年接收档案共347806卷、130067件册。档案部门累计馆藏全宗1629个，案卷3908808卷，以件为保管单位档案456251件，录音、录像、影片、磁带、磁盘、光盘档案7438盘，照片档案269148张，底图5724张，馆藏资料72687册。长沙市档案局连续27年被评为市级文明单位，并被湖南省档案局评为“2012年度全省档案工作优秀单位”。

一、档案法制工作。1. 会同市政府督查室组成四个督查组，对市政府56个市直单位的档案工作进行联合专项检查、督查。2. 举办“长沙市档案法律法规及业务知识竞赛”，纪念《档案法》颁布25周年。3. 按照立法程序，起草《长沙市档案管理条例（草案）及立法调研工作方案》，为出台《长沙市档案管理条例》打下基础。举办两期共180人参加的档案业务知识培训班，参加国家档案局举办的“飞狐灵通杯”档案法制知识有奖竞赛活动，完成答卷5000多份。

二、档案规范化管理工作。1. 完成市直单位《机关文件材料归档和文书档案保管期限表》审批。2. 完成区县档案馆档案接收范围细则审批，编制《长沙市档案馆的档案接收范围细则》上报省档案局。3. 在全市机关企事业单位推进档案工作规范管理创建及复查工作，指导8家单位晋升为档案工作规范化管理省特级，4家单位升为档案工作规范化管理省一级。完成重点建设项目档案登记，开展重点建设项目档案的检查。推进中西部县级档案馆建设，浏阳市档案馆进入使用前准备，望城区、长沙县档案馆的馆库建设动工前准备。同时完成长沙市重点档案抢救及保护项目。4. 在浏阳市社港镇和开福区四方坪街道进行民生档案服务社会管理创新试点。制定《家庭建档的收集范围和保管整理办法》，在长沙县、开福区和天心区的3个社区进行家庭档案文化试点。

三、档案信息化工作。1. 档案数据整合和系统开发。全年完成与开福区档案局档案目录数据整合，实现档案数据的跨区、县查询。完成《长沙市电子文件中心档案数据查询系统深度开发项目》验收。2. 档案馆数字化建设。加快全市档案目录数据库、全文数据库建设，拥有档案条目330多万条，扫描档案原文累计近200万页，数字档案馆（室）系统二期工程已启动。3. 档案异地备份，保档案安全。继续做好与贵阳市档案局档案数据的异地备份工作，确保数据安全。与各区县签订数据联合异地备份协议。

四、档案安全与开发利用工作。1. 档案资料的接收和征集。全市各级国家综合档案馆共依法接收档案347806卷，以件为保管单位档案130067件。市档案馆收集反映长沙市企事业单位等概貌的手工制卡片4200张，1983年的航拍照片7卷200多张，湖湘文化系列丛书《湖湘文库》470册。2. 档案的保管保护。执行各项安全管理制度，未发生档案泄密、损毁、丢失事故。3. 档案信息公开服务。全市各级档案馆共接待查阅利用者16.7万人次，查阅档案、资料2.88万件、21.8万卷次。市档案馆进一步敞开服务窗口，优化查阅环境，推出电话查阅、信函代查、预约查阅、计算机自助查阅等，档案局获 “长沙市政务公开政府服务工作先进单位”称号，政府信息查阅中心窗口被评为“2012年雷锋号示范窗口”。4. 档案开发。组织召开长沙市第一次编研展览工作座谈会，提出2012年～2014年三年档案编研工作计划。召开专题协调会议，收集省委常委，市委书记陈润儿、市委副书记、市长张剑飞的重要公务活动档案。5. 档案宣传。在《兰台世界》、《长沙通讯》、《长沙史志》等刊物发表论文5篇，在《中国档案报》、《档案时空》等公开刊物上发表多篇文章和短讯。在湖南省档案学会第二十次论文评选中，《做好公安档案保密工作的思考》被评为一等奖。

（金　科）

新闻出版

【概况】 2012年，长沙市出版物发行机构（网点）1588个，从业人员1.04万人，销售收入50.76亿元；印刷企业738家，三印企业907家，年产值72亿元，比上年增长20%。4月，长沙市文广新局设立印刷复制、出版发行两个处室，负责新闻出版工作。全年做好新闻出版行政执法委托事项、“知长沙、爱长沙”知识竞赛新闻出版内容出题、组织行业申报长沙市首批文化名家暨十大文化领军人物、重点人才申报等工作。

一、农家书屋建设。全面完成中央和省里认定的1364家农家书屋的建设任务，形成全覆盖、高效能、可持续的农家书屋管理服务体系。市级和区县（市）财政共投入资金2954万元（不含专项工作经费）；其中市本级财政投入配套资金1364万元，区县（市）财政投入配套资金1590万元。重点扶植建设一批农家书屋，长沙县北山镇青田村王庚仕书屋、黄兴镇李中笑图书户、望城区星城镇李芳的师友书屋、金山桥街道的农民书画家尚游的“泥香居”、浏阳市荷花街道办事处杨家弄村建国书屋、宁乡县道林镇华鑫村沈家巷图书室等等。涌现出胡锦涛总书记3次寄信勉励的李中笑图书户，温家宝总理亲笔签名赠书的师友图书馆，被《湖南日报》等媒体专题报道的道林沈家巷万册图书馆，被评为全国示范性农家书屋的长沙县北山镇青田书屋等先进典型。营造扎根基层、奉献基层的良好氛围。

二、规范完善行政审批。形成《关于印刷企业行政审批有关事项的处理办法》，规范设立审批。对设立个体印刷企业行政审批进行再规范；首次开展数字印刷企业设立审批，对于民营企业申请一次性内部资料准印证和内报内刊，进行认可与规范。审批印刷企业10家、出版物零售单位41家，核发一次性内部资料准印证16份，审核上报省局审批印刷企业15家、出版物批发单位8家、内报内刊单位2家。加强业务培训，举办三期印刷网络管理软件应用培训班，全市印刷企业近500人参加培训，严格年度检验，依法注销1家没有按时参加年检的印刷企业。

三、探索日常管理新模式。与县（市）区局签订2012年印刷发行监管工作责任书，加强重点地区监管。2月至4月，加强对定王台书市、黄花印刷工业园及陡岭印刷企业的检查。8月迎文明创建测评，分别召开印刷企业、发行单位动员大会，开展净化社会文化环境暑期专项行动。9月对市属媒体开展打击“新闻敲诈”治理有偿新闻专项行动。11月开展迎18大保安全稳定专项检查。建立信息发布系统。充分利用定王台书市广播系统、电子显示屏、公示栏，行业QQ群、网站、短信平台，撰写广播稿和短信，进行法规宣传和安全生产教育，加强日常管理。日本购岛事件发生后，通过信息发布系统，下发了《做文明守法的经营者爱国者》，进行及时有效的引导。

四、产业发展凸显优势。1.趁市政协“民建委员界别活动周”期间，民建副主席段安娜，到定王台书市开展提质改造调研，推动定王台书市提质改造。2.推动印刷业优化结构。主动引进银行与印刷企业对接，多点布局、四面突围、用抱团购地与个人单独解决结合、租和售结合的思路，指导企业到宁乡、长沙县、望城区购地建厂房，到天心区、雨花区环保工业园购买现成厂房。由长沙搬入长、浏、宁三县（市）发展的企业10家，在工业园区购买现成厂房的8家，个人购地解决4家。3.推动产业集团形成联盟。协助行业内23家优秀单位争取市级文化产业引导资金。依托定王台书市和长沙图书交易会这两块品牌，打通出版物策划、出版、印刷、仓储物流、展示、发行环节，定王台发展成一个年产值过50亿元的、在全国发行界入前10的中大型专业发行集团。依托黄花印刷园区，形成大企业联盟，产值过10亿元，进全国印刷业前25名。 （刘飞飞）

【第十九届长沙图书交易会】 第十九届长沙图书交易会于3月24～27日在和一大酒店举行。来自全国各地的280余家出版社、期刊社、新华书店及一些民营的书业代表参会，2000余人参加洽货、出版物的展示和订货，展会期间成交金额近10亿元。交易会组织者，长沙市文广新局开拓创新展会内容和形式，组织安全有序，多渠道为参会书商提供服务保障，进一步确保了这一品牌在全国的影响和地位。 （周建文）

广播电视

【概况】 2012年，长沙市广播电视台各媒体强化舆论宣传，深化体制改革，推动产业发展，影响日益扩大，实力不断增强，事业和产业呈现良好发展势头。围绕党的十八大、国际文化名城建设、学雷锋活动、第七届中博会等中心任务，注重策划，创新方式，提升效果，为长沙经济社会的和谐稳定发展提供有力的舆论支持。

一、宣传方面。1. 舆论引导唱响主旋律，全力以赴打造主流精品。从7月份开始，做好十八大的宣传工作，为十八大召开营造了良好的舆论氛围。主要新闻媒体统一开辟《科学发展 成就辉煌》专栏，策划《长沙民生大改善》、《城乡一体化巡礼》、《走进长株潭“两型”试验区》、《长沙巨变》等近10组系列报道，集中宣传党的十六大特别是十七大以来，长沙市改革开放和社会主义现代化建设的辉煌成就，共发稿150多篇。新闻频道重磅策划推出的《2012 飞越长沙》、《第六极——长沙汽车产业的光荣与梦想》、《灰汤神韵》等系列报道，政法频道策划的《湘情湘味》、《静距离看长沙》、《开往春天的地铁》、《重返汶川》、《大爱玉树》等专题，大策划、大视野、大手笔，成为十八大宣传工作的一道亮点。在数质量上，重大主题宣传水平都有显著提升。用随行广播车，先后为第七届中博会商务考察、国防科大将军培训班考察等提供随行广播服务。

2. 大型活动提升影响力，举办一系列具有广泛影响的品牌活动，大型活动策划运作能力不断增强。策划执行了“雷锋精神”论坛、“创业大本营”、庆祝“五一劳动节”文艺晚会、庆祝长沙获“全国文明城市”文艺晚会等。同时，各媒体结合自身特色，策划橘洲音乐节、孕婴童产业博览会、灰汤旅游节等一系列具有广泛影响的品牌活动，丰富了市民的文化生活，为全市建设国际文化名城打造了一系列文化品牌。

3. 精品创优上，广播剧《扁担上的影院》、音乐电视《今夜想起你》均获全国“五个一工程奖”，文献纪录片《毛泽东遗物的故事》获中国广播影视大奖·星光奖·纪录片大奖，新闻评论《廉租房便宜了谁》获中国广播影视大奖提名奖。另外，由天择传媒制作的三档电视栏目：《花样年华》、《士兵突击》和《大爱东方》跻身2012年全国广播电视创新创优栏目，同期受广电总局表彰的全国只有18个。11月，由广电总局和《中国广播影视》主办的TV地标（2012）全国电视栏目综合实力大型调研成果发布会上，天择传媒获“年度最佳电视节目制作机构”大奖，《观点致胜》入“年度城市台电视栏目六强”，《知音人间》获“年度地面频道品牌栏目”奖。在省广播电视奖评选中，长沙市广播电视台各媒体以一等奖件数和获奖总数两个最多，处全省地市州台第一，连续16年夺得全省第一。

“科学发展 成就辉煌——2012飞越长沙”开机仪式

4. 收听、收视率和市场份额平稳增长，虽有国家广电总局“限娱令”、“限广令”和新媒体发展的挤压，但长沙市广播电视台各媒体提前谋划，尽早布局，调整节目思路，加强节目编排，对现有节目提质创新。2012年，总收视率为8.13，比上年增长6%，市场份额与上年持平。4个主要频道进入省会电视媒体收视前10强，其中长沙政法、经贸、新闻、公共四个频道分别排名在第三、第四、第八和第十。

二、技保基建上。2012年，长沙市广播电视台完成广播播出时间34608小时，电视播出时间52560小时，其中直播节目900多小时，录播节目600多小时。无线发射中波完成播出3750小时，调频完成播出8424小时，移动电视完成播出4984小时，数字微波完成播出8544小时。技术部门克服硬件设备老旧等困难，强化安播管理和技术改造，加强检修维护和培训演练，进一步完善安全播出运行保障体系，保证了全年安播零事故，完成了党的十八大等特护期的安全播出和安全防范任务。基建上，截至2012年年底，新广电中心主体大楼已完成地下室结构工程，主楼结构已完成到17层，辅楼已封顶，裙楼完成屋面架构施工。

三、经营产业。2012年的经营状况总体稳健，总收入13亿元，增长40%。机关公用支出继续零增长，主要财力集中投入在安全播出改造、新中心道路和基建项目等方面，累计投入超过4000万元。现代女性频道全年收入达901万元。“户户通”、银星影城、田汉大剧院等运营平稳。同时在多个不同的领域进行本土多元化开发，增强自身抗风险能力，拓展发展空间，增强产业发展的活力和后劲。

1. 以天择传媒为龙头，探索体制内制播分离新模式。截至2012年底，与长沙市广播电视台合作的媒体达61家，节目销往全国100多家地面电视台。天择传媒经营收入为1.92亿元，较上年增长90%。并完成了第二轮增值扩股，融资1亿元。天择传媒被评为湖南省文化企业三十强、影视类文化企业四强。2. 嘉丽购物开播两周年，努力探索“专卖店式”电视购物

《扁担上的影院》海报

模式。坚持女性购物平台定位，引进品牌商品，提升服务质量，在全省14个市州、88个县全面落地覆盖，拥有固定会员58万。2012年销售收入为2.61亿元，同比增长80%。3.“三网融合”取得新进展，国安网络增值业务积极推进。网络经营总收入3亿元，同比增长25%。付费、高清、互动电视等业务实现快速增长，增值业务收入6322万元，同比增长134%。4.移动多媒体平台不断延伸，全市有1762台公交车、3500台出租车安装长沙移动电视接收终端，发展CMMB（手机电视）用户6万户。与长沙市轨道交通集团签署合作协议，地铁电视前期筹备工作已经到位。5.星卡正式获国家支付业务许可证牌照。为预付卡发行与受理业务的发展奠定基础。星广传媒全年创收6509万元，同比增长189%。6.积极对接新媒体、新技术和新业态。5月，手机应用软件客户端“长沙网络电视”正式上线，苹果和安卓手机用户下载后，可同步收看或点播长沙广电的节目。10月，取得国家广电总局“信息网络传播视听节目许可证”新证，长沙广播电视视频网站的发展有了政策保障。

四、内部管理上。1.文化体制改革。内部体制机制改革取得实质性进展，局台分离后，公务员分流工作12月份完成，台机关竞聘上岗8月份完成，艺术中心转企改制，和光传媒有限责任公司于2月25日正式挂牌成立。三网融合上，5月，国安网络公司与湖南有线集团签署网络整合协议，实现统一呼号、统一技术平台、统一业务运营、统一服务规范，形成全程全网、互联互通的格局，标志着全省广电网络整合工作的完成。2.内部建设上，认真组织中心组学习，提高台（集团）党委班子的决策水平和领导能力。同时，积极开展了各类教育培训，全年选送20人次党员干部参加高校学习培训，组织党支部书记培训、人力资源干部培训、干部网络教育培训等，为台（集团）深化改革、加快发展提供坚强的组织保障和人才保障。积极推进党团建设。开展学雷锋、创先争优和“一推行四公开”活动。实行党员公开承诺，倡导“礼仪进机关”。台机构改革到位后，及时成立台机关党委，调整改选各党支部。台（集团）机关党委被评为“长沙市直机关创先争优先进基层党组织”。以党建带工建，开展文体活动，激发工作活力。开展文明创建。主要媒体开设文明创建专栏，全年共制作播出创建公益宣传片3万条次。组织干部职工开展“道德讲堂”，近1500人注册加入志愿者服务队。扎实推进党风廉政建设。深入落实党风廉政建设责任制。创新廉政宣传，《行风》、《开心讲廉》、《热线001》等廉政栏目进行改版升级，策划关于食品安全等一系列群众关注的热点报道。各媒体围绕全市党风廉政建设工作发稿近千条，播出廉政公益广告数千分钟。（胡　琳）

【广播影视管理】 2012年，广播影视管理方面以“办好实事，服务基层，服务群众”为中心，重点抓好广播电视户户通工程建设、广告管理、播出机构管理、互联网管理等。行业管理走向规范有序。1.实施广播电视户户通工程。6月12日，组织召开了全市广播电视户户通工作大会。全年完成户户通工程建设6.9万户。扩大直播卫星公共服务工程。长沙的1596套直播卫星已全部安装到位。2.加强网络传送机构的管理。从5月份开始，对全市五家广播电视传送机构进行换证检查，对不符合规定的传送机构负责人进行约谈，提出整改意见。加强卫视设施管理。加强与市、县文化综合执法部门的联系，加强“境外卫星电视传播秩序专项整治”，对星级宾馆登记备案，采取有效措施，对非法境外卫视信号进行防守。每季度汇总上报卫视设施管理统计报表与总结，确保国家政治安全、信息安全、文化安全和社会稳定。3.加强广告监管。3月2日，联合市工商局召开市级媒体广告监管工作会议，对广告监管情况进行通报，并要求市属各媒体对广播播放情况进行了自查自纠。组织市属各媒体参加贯彻实施《大众传播媒介广告发布审查规定》电视电话会议，各媒体依法播放广告的自律意识、大局意识得到强化，市、区县（市）媒体广告播放的违规率呈逐年下降趋势。4.加强企事业广电站的管理。对三一重工、长铁集团、曙光电子集团等9家单位内部广电站自办节目和传送节目内容的管理，确保安全播出。加强地面数字电视管理。对无线传送节目的内容、技术、服务、范围进行明确，规范全市无线传输的正常秩序。组织各区县（市）开展2011年广播电视户户通项目的财政绩效自评及2012年广播电视户户通项目预算绩效评价指标设计工作。分赴浏阳、望城、宁乡、长沙县等地开展为民办实事和电影转企改制等工作调研，了解长沙市文化体制改革发展中的相关情况。同时，开展高山无线发射台建设等公共文化事业调研。（刘飞飞）

【第九届金鹰节】 第9届中国金鹰电视艺术节于9月7～9日在长沙举行。开展了包括开幕式、第26届中国电视金鹰奖颁奖典礼、金鹰电视论坛、电视艺术工作者“送欢乐、下基层”慰问演出、闭幕式暨颁奖晚会等的主题活动。期间，有众多影视明星、电视艺术工作者到长沙领奖或参加演出，是2012年度文艺娱乐界的一件大事。根据央视索福瑞全国网收视数据显示，本届金鹰节开幕式晚会、主持人盛典及颁奖晚会的收视率，分别达到1.81、2.12和1.91，份额分别占到5.23%、6.74%和6.21%，全部占据全国同时段电视收视的第一名。本届金鹰奖组委会收到参评电视剧158部，电视文艺节目221部，电视纪录片183部，电视动画片41部，城市形象片及公益广告83部。通过2012年6月1日00时至8月15日24时止的观众投票，共评出了电视剧、电视剧演员、电视剧创作单项、电视文艺节目、电视纪录片、电视文艺和纪录片创作单项、动画片、形象宣传（含公益广告）片、电视节目主持人、最佳表演艺术、最具人气演员、观众喜爱的电视剧演员等十二大项的79个奖项。

相关链接：中国金鹰电视艺术节，简称金鹰节，由中国文学艺术界联合会和中国电视艺术家协会主办的全国性电视艺术综合奖，其前身为“《大众电视》金鹰奖”，是国家级的唯一以观众投票为主评选产生的电视艺术大奖。也是中国第一个以国产电视艺术作品作为评奖和交流对象的电视艺术节庆活动。自2006年起，改为每两年在长沙举办。（周建文）

【“我们都是活雷锋”特别晚会】 3月5日晚，湖南卫视播出了一台具有特殊教育意义的“我们都是活雷锋”特别晚会，“梦想不分大小，从我做起，从身边做起，小平凡就有大快乐，我们都是活雷锋”。通过雷锋知识问答等形式，参与“雷锋是谁”“谁是雷锋”“什么是雷锋精神”“怎样学雷锋”等问题的讨论，让80后90后了解到雷锋精神的真正内涵。“这是晚会宣传片里的话语，也是永不过时的‘雷锋精神’内涵所在。”晚会邀请到雷锋小学和雷锋青年时的多位同学和战友，为大家讲述雷锋生活中不为人所知的一面。特别邀请90后学生，第13届“湖南青年五四奖章”获得者毕明哲进行访谈，毕明哲在中学6年的时间里，坚持每天都背着患先天性肌无力的残疾同学王理上下学。而在高考结束后，毕明哲放弃已经考上的新疆本科院校，选择留在长沙和王理一起读专科，又开始了“背着兄弟上大学”的征途。通过了解他的事迹，看到他身上彰显的现代文明社会的人文色彩和人本理念，从而展现新一代青年传承雷锋精神的新面貌。（周建文）

【“现代传播与城市文明”金鹰国际论坛】 9月8日，“现代传播与城市文明”金鹰国际论坛在长沙举行，来自英国、韩国、新加坡、哥伦比亚等国的城市管理者、传媒人纷纷就城市文明与现代传播话题展开精彩对话。长沙市委副书记、市长张剑飞作主题综述。著名学者、厦门大学教授易中天作即兴主题感言。论坛由中国传媒大学《现代传播》主编、长江学者特聘教授胡智锋主持。论坛开设两个单元，其一是“对话”单元——当今正处在一个软实力竞争的时代，各国、各地区都把传媒作为软实力的重要组成部分，和国家、城市的发展紧密结合在一起。这是历届金鹰节以来首次将热门话题引入金鹰论坛，采用城市代表、传媒代表、评议人等边三角发言的形状，从视觉造型、谈话结构、程序组合等方面来创新论坛的传达方式，让参与者更有互动感、丰富感和视听感。现代传播担负着社会进步、社会文明和社会发展的重任，作为现代城市，更需有现代传播作为辅佐，在文明建设中使自身得到进步与发展。因此，搭建一个交流与对话平台，让现代传播与城市文明这一热门话题得到沟通与升华，将对社会有非常积极的意义。其二是“赏析与评述”单元——将播放国内外城市形象片和纪录片，其中包括金鹰节部分获奖形象宣传片、长沙市城市宣传片、韩国首尔市城市宣传片等。（周建文）

天择传媒引进战略投资者

报　刊

【概况】 2012年，《长沙晚报》报业集团整个集团呈现出了报纸传播能力和品牌影响力稳步增强、主营业务稳中有升、系列媒体子公司全面增收、全媒体构架基本成型、重大项目全面推进、文明创建成果显著的整体格局。累计实现营业收入突破3亿元，盈利较上年同期增长148.4%。《长沙晚报》覆盖面进一步扩大，全年日均累计有效发报同比增长13.4%；《长沙晚报》品质有所提升，平均每期阅读率达到18.46%，同比增长10.2%，保持第5年连续增长的提升速度。通过文明创建系列活动，集团的凝聚力不断增强，员工幸福指数不断提高。

一、围绕“做中国一流传媒”目标，抓媒体改版提质、改革创新。在办报理念上。长沙晚报站在时代和纸媒突围、发展需要的高度，从奋斗目标到新闻理念，从编辑主导到版面包装，从报业经营到队伍建设，从新媒体发展到未来潜在读者的培育，提出“月月改版、天天提质”、“坚守公信力就是增强生命力”、“细节让报纸更精彩”等一系列办报理念，形成了一套比较系统的、符合长沙晚报实际、具有长沙晚报特色的办报和经营理念。舆论引导力上，2012年，长沙晚报先后推出全国“两会”报道、“建设人民满意城市”、“争当雷锋精神传人、弘扬社会文明新风”、“率先发展看长沙·两帮两促”、“2011年长沙十大新闻事件”、“相约最美乡村”，以及“走基层、转作风、改文风”等一批社会影响大、权威性高、特色鲜明的专栏专题，计400多个，取得良好社会反响。对党的十八大宣传报道高度重视，精心策划，认真组织，做到报道效果好，版面安排好，形式创新好。改版提质上，《长沙晚报》把改版提质作为提升报纸品质的重中之重，按“月月改版、天天提质”的要求，在优化版面结构、提高报道质量，整体策划和推广方面取得显著效果，推出一批精品力作。同时抓策划，提升品质，主攻头版，保持报纸可读性、关注度，提升时评、经济、财经等版面质量，下半年周刊版面、文体奥运报道等有创新；伦敦奥运、搜捕重庆周克华、神舟九号升空等国内外重大新闻都有一线现场报道。

二、精准定位，系列媒体全面发力。星辰在线不断加强内容建设，实行夜班新闻编辑制度，每天推出一个星辰话题。全年编发各类新闻超近5万条，制作大型新闻专题80多个，配合报网互动重点突出推出“党的十八大”、全国两会、“伦敦奥运”等重大策划报道，先后获得湖南新闻奖一等奖、中国城市网盟精品奖等多个奖项。知识博览报以增期改版为契机，进一步精准定位，调整报纸内容结构，突出中国周边安全这一重点，深受读者欢迎，成为全省两家连续5年入围中国邮发重点畅销品牌报纸之一。《品周报》锁定城市精英人群，全面改版扩容提质，全铜版纸印制，成为湖南省第一份真正意义上的铜版全彩报，成为长沙公共区域最具影响力的都市周报。《学生·家长·社会》和《晚报文萃》深受读者喜爱。1月15日，集团正式与中国晚协签署合作协议，中央级报刊《晚报文萃》落户集团，对《晚报文萃》进行再投资、再扩大、再推广，全面走向全国市场。

三、媒体融合，构建全媒体传播平台。全面整合新媒体业务，8月，集团组建新媒体事业部，实现掌上长沙、湘江手机报、长沙晚报数字报、二维码、卫星报、滚动新闻、官方微博七大传播方式的全面整合，对集团旗下新媒体进行整合运营。同时推出了晚报QQ800096333、电子阅报触摸屏终端等项目。报网融合不断深入。长沙晚报借助奥运良机，运用掌上长沙、微博、二维码等新媒体形态，实现了全媒体传播。实现全媒体立体传播。10月16日，长沙晚报以图文配合及二维码视频等全媒体报道形式，推出了《哀鸿道——本报记者亲历湖南千年鸟道捕猎之殇》特别报道，引起强烈社会反响。此后，长沙晚报进行了全面策划和跟踪报道，运用二维码、视频上传网络、手机终端等多种方式进行强力推广，视频点击量近400万，引起了新华社、中央电视台和全国多家媒体高度关注，引发了全国范围内对于野生动物保护的全面思考和大量报道。是长沙晚报勇于担当社会责任、善于策划新闻事件、敢于制定重大议题的体现，更是长沙晚报实施新闻传播转型的有力实践。

四、资源整合，品牌影响力不断扩大。2012年，长沙晚报社和广州日报社签订缔结友好报社协议，集团和中央人民广播电台签署战略合作协议。极大地提升晚报集团的品牌影响力和号召力，在新闻资源共享、人才交流培训、项目开发合作、新技术运用等方面实行全面合作。4月1日，武广、广深高铁对接，长沙晚报精心策划，与深圳特区报联合推出“双城加速度--长沙深圳高铁直通特别报道”，做到了社会效益与经济效益双赢。年底，又与京深高速沿线主要城市七大主流媒体合作，推出“同城中国”系列报道。在经济新闻中心的运作下，长沙晚报品牌栏目“湖南高考名师大讲堂”，探索与株洲、衡阳等市报社合作，打造当地的高考名师大讲堂，实现品牌输出，创新盈利模式，获得多赢。读者服务中心在60余所学校发展校园记者9800多人，同比增长6%，增加有效发行，提升报纸品牌影响力。长沙晚报共有1件作品获得中国新闻奖，14件作品获得湖南新闻奖一等奖，中国晚报赵超构新闻奖特等奖作品1件，一等奖作品2件，还有数十篇作品获得二、三等奖。星辰在线共有5件作品获得湖南省新闻奖一二三等奖，“你说话吧”网络专刊首届湖南出版政府奖“音像制品、电子出版物和网络出版物提名奖”。

五、始终抓住稳增长、谋发展这一主线不放松，通过加大经营创新力度，规范经营管理规范，进一步细分行业市场，实现集团稳中求进的年度目标，同时通过调整产业布局，推进体制改革、挖掘市场潜力为集团长远发展打下了坚实的基础。

抓广告经营上，确保经营创收。通过强化管理、控制成本、加大营销推广力度，从4月份开始广告经营的稳步回升。4月27日，长沙晚报创造创刊以来的历史性纪录——当日报纸总版面数达100个版，其中广告总版数56个版，广告日刊发收入突破400万元。按照“发行增量、服务增值、拓展增速、管理增效、改革增彩”的要求，通过规范发行投递制度、抓发行队伍管理、积极策划组织营销活动、全面并轨开福片区等方式，基本实现《长沙晚报》发行净增3万份。挖掘行业周刊潜力，房产事业部进一步明确品牌定位，瞄准目标客户，加大策划力度，全年组织活动27场，直接拉动1600万元的特刊广告投放，所占市场份额由上年同期的35%上升到42%。加强策划，活动营销增效益。集团各经营部门组织的各类营销活动成为拉动经营创收的最有力手段，做到周周有好活动，月月有大策划，2013年福满星城购物消费节、两届公园购房节，2012相约长沙最美乡村，2012湖南汽车展览会，96333中小学生夏令营活动等，均成为集团经济增长的亮点。抓清欠、挖掘增收潜力。进一步澄清底子、明确责任、强化督查、成效显著，全年共收回老欠、陈欠3000多万元，有效地提高集团资金的利用率，确保集团利益最大化。

市场开拓上，推进产业经营项目增效。集团投资2000万元增加了印刷设备，提升印能，调整结构。印务公司将外报印刷业务全面转给利德，全力做好长沙晚报的印刷，使《长沙晚报》印报完成时间提前半小时，提高了报纸的印刷时效和质量。利德印务大力拓展外报印刷业务，积极寻求商务印刷合作，与“北京画中画公司”、

"华商印务公司"达成合作意向，积极走向产业化经营道路。建设集团麓谷文化产业基地上，完成了土地摘牌、红线确定、土地置换、土地手续办理、方案设计公开招标、与长房集团合作谈判等工作。

六、实施体制改革，全面激发集团发展活力。1. 深化改革，全面启动改制上市工作。2012 年，集团将经营性部分固定资产和现金总计 2500 余万元作为增资，注入长沙晚报传媒有限公司，聘请宏源证券为集团整体上市的财务顾问和承销保荐商，为下一步的公司股份制改造做好准备。宏源证券工作组已完成了前期调查工作，并为集团提出科学、合理、符合集团实际情况的资本运作方案及证券发行方案。2. 抓住非改契机，调整优化媒体布局。抓住非时政类报刊改革契机，清退相关子媒体的非公有资本，重新调整媒体的定位，采取一公司多媒体的模式，将《品周报》、《学生·家长·社会》杂志和《晚报文萃》杂志捆绑运作，新成立天际传媒公司进行整体经营。利用《娱乐快报》原有刊号，于 2012 年 8 月 6 日正式创刊《星沙时报》，全面覆盖长沙县，为主报长沙晚报输送大量的新闻作品和广告客户，上年收入突破 500 万元。与市轨道交通集团合作的湖南省第一份地铁报也将推出。3. 机构和薪酬改革。集团将长沙晚报广告中心改制成为长沙晚报广告公司，实行公司化运作，为广告经营的市场化运作迈出了一大步。又相继新设立了长沙晚报旅游工作室、汽车事业部和新媒体事业部，对部门的工作职责及经营目标任务做出更明确的细化和说明，通过配套薪酬改革，员工收入增加 12% 左右。

七、实施精细化管理，全面提高集团执行力，完成制度化建设工作。全年完成"集团规章制度汇编"，共收集、整理、修订集团各个层面各类规章制度共 218 条，37 万多字，全面实行财务会计委派制，规范合同签订和审核制度，加大催收清欠和核查旧账的力度，逐步以准上市公司的现代化财务制度来规范集团的各项行为。规范经营绩效量化考核标准，纳入清收欠款任务。集团加强广告投放数据的专业监测，深入一线对长沙晚报发行投递质量进行调查。

八、抓住党建工作，加强团队建设，2012 年，集团加强思想政治工作，深入开展创先争优活动，集团及各部门先后荣获"创建全国文明城市先进集体"、"先进基层党组织"、"湖南省妇女创先争优先进集体"、"长沙市优秀巾帼文明岗"、"省级青年文明号"等多项荣誉，并通过省级文明单位考评验收。龙钢跃获湖南首届政府出版奖出版人物奖，庄居湘和李万寅被评为湖南省新闻出版行业第二批领军人才，刘先根连续 3 次获得中国新闻奖，李锋获评央视 2012 年度法治人物，彭红丹被市妇联授予"长沙市三八红旗手"，郝振宇获"第十一届湖南省优秀新闻工作者"称号等。

围绕中心工作，抓思想政治建设和党风廉政建设。强化党建基础，严格落实党风廉政建设责任制。集团要求纪检监察部门全程参与数字报建设招标，印务公司和利德公司设备采购招标、96333 呼叫中心项目招标等。加强班子建设，提高集团整体决策能力，党委班子由 2011 年的 6 人增加到 2012 年的 9 人。注重以人为本，加强内部人才培养和选拔力度，构建员工成长通道。创造发展平台，加大优秀领导干部人才推荐力度。先后推荐了集团副总经理董小林和长沙晚报副总编辑李万寅任集团党委委员。坚持深入一线，切实转变各级工作作风。集团上下深入学习贯彻落实党的十八精神落实"走基层、转作风、改文风"部署，深入乡村田头基层一线采访报道。改进长沙晚报采前会、编前会，完善编委会制度，强调采编人员要改进采编作风，创新文体表达，力求报道有深度、广度、高度和温度。进一步转变作风联系群众，坚持做好"领导接待日"制度，切实解决职工的实际困难。集团"一推行四公开"活动工作组深入天心区吴家坪社区开展入户走访 1300 余户，为社区居民解决实际困难上百起，年终社区群众测评满意率为 100%。结合创先争优，营造和谐稳定发展氛围。深入推进文明创建工作，11 月 6 日，集团通过省级文明单位的考评验收。加大企业文化活动。进行首届"十大明星员工"评选，增设道德讲堂，开展各类技能竞赛，进一步提升志愿者活动，加强内部治安防范，开展消防安全、交通安全、生产安全、普法教育和培训等等一系列工作，无刑事案件和重大安全责任事故。（刘先根　范　良）

【推出候鸟保护报道《哀鸿道》】10月16日，《长沙晚报》A19版推出《哀鸿道——本报记者亲历湖南千年鸟道捕猎之殇》报道，同步推出二维码视频报道，集中展示摄影记者李锋和文字记者颜家文，深入湖南桂东县和炎陵县交界地带罗霄山脉，在被称为中国内陆第二大鸟类迁徙通道上，通过深入暗访，见证并记录下不法分子猎杀候鸟和非法交易的情形，披露许多令人发指的屠杀候鸟的细节。特别报道以文字、图片和二维码视频等全媒体形式见报后，引发读者、网民、公益环保人士，新华社、湖南卫视、新京报、新浪湖南等媒体的广泛关注。一股"让候鸟飞"的网络正能量演变成一场候鸟保护行动。掀起"候鸟保护"舆论风暴。在全国产生重大影响，引起新华社、中央电视台和全国多家媒体强烈关注，引发全国范围内对野生动物保护的全面思考和大量报道。在 12 月 4 日第 12 个全国法制宣传日，中央电视台《法治的力量——2012 年度法治人物颁奖盛典》上，以长沙晚报记者李锋为代表的候鸟守护者群体成为获奖者之一。（周建文）

卫 生

责任编辑：吴丫丫

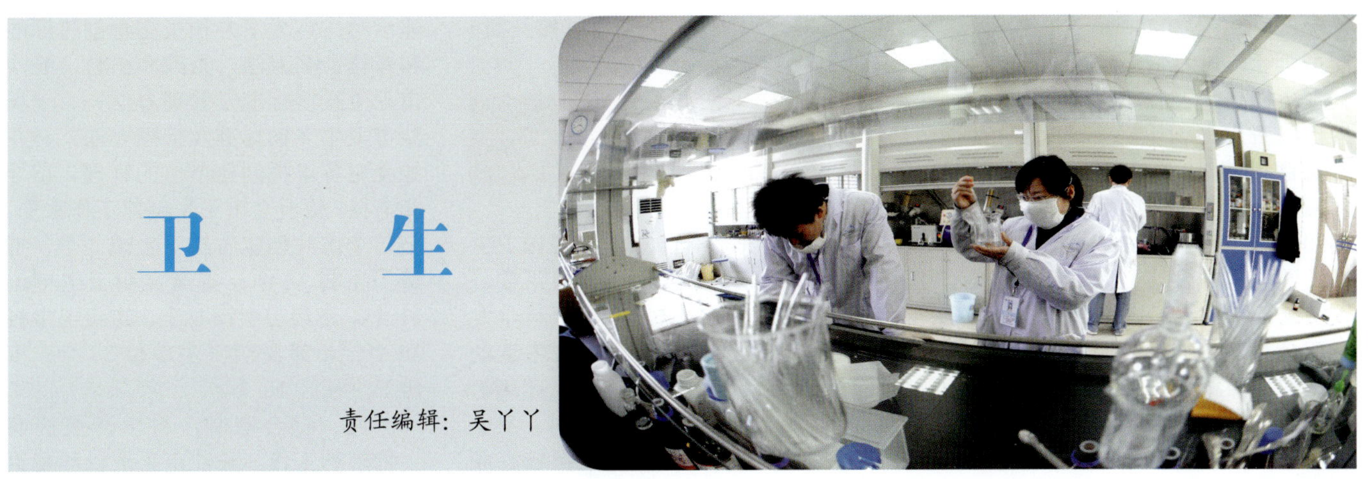

【概述】 2012年，长沙市辖区内有注册登记的各级各类医疗卫生机构、医疗点、村卫生室等4270个，其中各级政府开办的医院42个（其中三级以上医院24个），各级各类企事业单位及社会力量开办的医院172个；卫生监督机构12个；疾控机构12个；建制乡镇卫生院110个；行政村卫生室1366个；社区卫生服务机构246个（中心55个，站191个）。共有病床5.13万张，卫生技术人员5.57万人。2012年，全市辖区内各级各类医疗机构门急诊总量达3193.14万人次、出院病人170.53万人次。市卫生局现有直属医疗卫生机构13个，其中医院7个，其他卫生单位6个。开设病床5584张。共有在岗人员8942名，其中高级职称976名，中级职称2208名，具有博士、硕士学位的1084名。2012年，市直医院门急诊283.68万人次、出院病人20.11万人次，卫生业务总收入24.95亿元。

2012年，长沙市卫生发展及居民健康主要指标情况：每千人口卫生技术人员7.79人、病床7.18张，居中部省会城市前列，高于全国平均水平。人均期望寿命78.9岁。甲乙类传染病发病率由2009年的389.46/10万下降至2012年的269.91/10万，无传染病暴发流行。2012年，孕产妇死亡率15.64/10万，5岁以下儿童死亡率5.58‰。（廖 凯）

【医疗卫生体制改革】 2012年，长沙市卫生系统按照省、市医改工作部署要求，围绕健全基层医疗服务体系、促进基本公共卫生服务均等化、建立国家基本药物制度及推行公立医院改革等5项重点改革任务，积极开展工作，取得了初步成果。

一、基层医疗卫生服务体系建设继续加强。1. 突出抓好基层卫生人才培养。2012年，全市累计完成第二、三批共221名全科医生转岗培训工作，完成基层卫生技术人员培训3973人次。从市、县两级医疗机构选派医卫科技特派员66名下到乡镇卫生院指导开展医疗卫生服务。完成基层在岗卫技人员参加学历教育报名90人。安排113名市级医疗卫生系统晋升中高级职称的卫技人员对口指导支援基层卫生工作。完成农村定向免费培养医学本科生12人（含中医2人）。2. 继续实施基层医疗机构基础建设。2012年，共完成14所乡镇卫生院64所村卫生室建设改造项目，投资额4496万元，竣工面积2.8万平方米。稳步推进农村卫生信息化建设，县（市）覆盖率100%，乡镇覆盖率50%。3. 提升基层医疗机构服务效能。在全市范围内积极推行“五五三”双向转诊新模式。通过实行双向转诊制度，基本实现“小病不出乡，大病不出县”的目标，基层医疗机构的门诊、住院量分别增长30%和10%左右。积极推进乡村卫生一体化建设管理措施，由乡镇卫生院对村卫生室的人才培训使用、基本医疗及公共卫生服务、药品采购配送使用等实行一体化建设管理，较好地落实乡村医生的工作待遇。

二、基层医疗机构综合改革不断深化。1. 进一步完善人事改革制度。在2011年确定基层医疗机构人员编制总额后，根据基层医疗卫生服务功能定位和发展需要实行动态调整，重点保障公共卫生服务人员的编制。在基层医疗机构全面推行公开聘用、竞争上岗、岗位管理措施，分流安置非专业技术人员。普遍实行基层医疗机构法定代表人任期目标责任制。2. 建立绩效考核及分配激励机制。各区、县（市）卫生局均成立会计核算中心，统一使用省卫生厅的基层医疗机构会计核算软件，对政府办基层医疗机构实行“集中管理、分账核算”。市县两级卫生、财政部门实行“双考核双挂钩”的政策措施，对基层医疗机构完成公共卫生、基本药物制度工作进行考核，与财政经费核拨挂钩；基层医疗机构普遍实行全员工作数量、质量考核，与绩效工资挂钩。3. 抓紧进行基层医疗机构债务清理化解工作。锁定基层医疗机构负债总额5.34亿元。及时将中央、省债务化解专项补助资金1085万元下拨到区、县（市），市财政按照与上级财政1:1的比例安排市级化债配套资金1085万元。区、县财政安排拨付了部分化债资金。全市累计化解基层医疗机构债务1.4亿元。

三、国家基本药物制度全面推进。在2011年底乡镇卫生院和社区卫生服务中心实施基本药物制度的基础上，全市1366个行政村卫生室全面实施基本药物制度，按政策规定，由乡镇卫生院（社区卫生服务中心）统一集中网上采购配送基本药物，实行零差率销售。2012年，市财政按照常住人口人均3元和1元的标准，分别给予乡镇卫生院和社区卫生服务中心和村卫生室专项补助。县级财政以每年6000元至20000元不等的标准，给每所行政村卫生室予以补助。推行基本药物制度之后，基层医疗机构门诊次均费用平均下降37.9%，住院次均费用下降3.7%。望城区药品价格降幅40%以上，每年可减轻患者负担4000万元以上。

四、基本公共卫生服务均等化有效实施。2012年，长沙市基本公共卫生服务项目专项经费人均25元。市级财政按照年人均1万元的标准，对1366所村卫生室乡村医生进行补助。长沙市公共卫生服务项目按国家标准有序推进，全市居民健康档案规范化电子建档率79.58 %。高血压、糖尿病规范管理人数分别为41.2万人和12.7万人。重性精神病累计筛查管理17570人；完成农村妇女宫颈癌筛查11.3万人次、乳腺癌6539人次；全市农村孕产妇住院分娩补助6.2万人，叶酸增补7.03万人，完成“百万贫困白内障复明”手术7949例。广泛深入开展健康促进行动，市级财政安排360万元，组织开展健康大讲堂、建设健康教育阵地等15项健康促进行动，健康教育受众达300余万人次，居民健康知识知晓率85%。

五、积极推进公立医院改革。1. 争取政策，确保公立医院改革顺利启动。对公立医院改革试点单位的在岗人员工资、离退休人员补助、基础设施建设、公共卫生服务支出等方面给予财政保障，为长沙市公立医院改革的顺利推进奠定坚实的基础。指导浏阳市做好财政投入、药物零差率销售、医疗服务价格调整的测算等工作，浏阳市3所县级公立医院于2012年底正式启动公立医院改革。2. 改革公立医院内部运行机制。在市、县两级医院全面推行“十项便民惠民”及“三好一满意”措施，落实无假日门诊、电子病历、常见疾病临床路径管理、优质护理服务、抗菌临床应用整治等工作制度，加强医疗质量安全评价控制，落实医疗质量安全责任制和责任追究制，持续提高医疗服务质量。3. 加强医学科研及人才建设。市、县两级医院建立一批重点医学专科，引进百余名博（硕）士研究生及高级职称学科人才。市、县两级医院现有1个国家医学重点专科及12个省级医学重点专科，市属7所医院有4所达到三级甲等标准。

（廖　凯）

爱国卫生运动

【概况】 2012年，长沙市爱国卫生工作按照国家、省爱卫会以及市委、市政府的要求和部署，坚持以科学发展观为指导，围绕纪念爱国卫生运动60周年的主题，扎实开展城乡环境治理、农村改厕、病媒生物防制、卫生创建和健康教育等工作，取得较好成绩。

一、常抓不懈，深入开展乡村环境卫生整洁行动。1. 加强领导，科学部署。按照“扩面提质促深度”的思路，市整洁行动领导小组多次召开会议，专题研究整洁行动相关工作，不断提升治理标准，丰富行动内涵，促使各级各部门进一步深化认识、细化责任、强化举措。2. 推广典型，促进交流。全年，长沙市爱国卫生运动委员会办公室（以下简称市爱卫办）召开整洁行动现场会5次，组织各区、县（市）整洁办、爱卫办以及部分乡镇村的负责人到乔口、靖港、大瑶等先进乡镇学习交流，举办各类农村环境治理专题讲座、现场指导20余次。3. 强化管理，严格督查。全年，市整洁办组织日常督查2次，抽查乡镇59个、村128个；集中督查 2次，共查乡镇113个，评选出2012年度上、下半年“十佳十差”乡镇、村共80个。全市共评选三年整洁行动“优秀乡镇”10个。

二、规范管理，全面实施农村改厕项目。2012年，按照村自愿申报、县（区、市）审核推荐、市级批准的程序，全市共有99个村承担中央补助地方农村改厕任务1.5万座。为确保全市改厕任务如期保质完成，市爱卫办与各区县签订改厕承诺书，要求各区县必须按照250元/座的标准安排配套资金；举办改厕项目培训班10余次，对项目村负责人和施工人员共400余人进行专题培训；安排专人到各项目村进行检查指导，并组织专项督查1次，共检查33个项目村。截至2012年11月底，全市共新建或改建农户三格式化粪池12442座，完工率82.9%。

三、全面推进，积极开展卫生创建活动。市爱卫办积极完善创建标准和考核命名办法，修改和出台《长沙市卫生社区标准及管理办法》、《长沙市卫生乡镇标准及管理办法》，并加强对各申报创建单位的管理、指导和考核，提升全市卫生创建工作水平。全年全市共创建省级卫生镇3个、省级卫生村14个、省级文明卫生单位11个、市级卫生镇6个、市级卫生村38个、市级文明卫生单位38个、市级卫生社区10个。

四、综合防制，科学开展病媒生物防制工作。长沙市采取以环境治理为主的综合防制措施，科学开展以灭鼠为重点的全市性病媒生物防制活动。1. 广泛宣传。各区、街、社区利用广播、橱窗、板报、张贴提示等宣传灭鼠有关知识，得到广大群众的配合及支持。2. 加强培训。市爱卫办在各区、县（市）组织除四害技术培训3次，培训街道、社区专干500余人次。3. 推行市场化运作。继芙蓉区之后，雨花区采取以奖代补方式，在全区各街道实行除四害工作市场化运作，在春、秋两季灭鼠投药检查中，其投药到位率100%。4. 考核达标。5月和11月下旬，市爱卫办组织开展全市除四害效果考核，各项控制指标均达到国家规定标准，为2013年的全省城市卫生检查打下坚实基础。

五、以纪念爱国卫生运动60周年为主题，积极开展群众性爱国卫生运动。1. 积极开展第24个爱卫月活动。全市上下以“爱国卫生人人参与，健康生活人人享有”为主题，积极开展健康教育宣传、城乡环境卫生整治等爱国卫生活动。2. 深入开展公共场所和工作场所禁烟工作。组织对机关、医院、学校、超市等公共场所或工作场所进行督查。首次组织开展全市“无烟单位”、“无烟家庭”的评比活动，授予旺旺医院等20家单位、赵家夫等100户家庭“无烟单位”和“无烟家庭”称号。3. 开展爱卫干部培训。3月29～30日，市爱卫办举办全市爱卫干部培训班，共161人参加。培训期间，市爱卫办举办“纪念爱卫60周年知识问答暨歌唱比赛联谊晚会”，广大参训人员积极参与，大展才艺，展示了长沙市爱卫干部不凡的才艺和全面的素质。4. 积极配合国家、省爱卫部门，做好纪念爱国卫生运动60

周年先进集体和个人的评选，以及湖南省纪念爱国卫生运动60周年的图片资料收集整理工作。（颜昌清）

【市爱卫办获奖】 3月1日，长沙市召开环境保护“三年行动计划”大会，新一轮《长沙市环境保护三年行动计划》正式出台。市爱卫办获得长沙市“环境保护三年行动计划（2008～2010）工作先进集体”称号。（颜昌清）

【举办全市爱卫干部培训班】 3月29～30日，市爱卫办在长沙县举办长沙市2012年爱卫干部培训班。参加培训班的有各区、县（市）爱卫办工作人员、各街道及部分乡镇的分管领导和爱卫专干、部分企事业单位爱卫专干共161人。（颜昌清）

【省爱卫办领导到长沙调研】 3月30～31日，湖南省卫生厅副厅长林安弟、省爱卫办主任刘五星到长沙市宁乡县金州镇关山村、城郊乡石泉村、菁华铺镇新卯村和望城区白箬铺镇光明村、黄泥铺村和靖港镇新峰村等地调研城乡环境卫生整洁行动开展情况。（颜昌清）

【开展世界卫生日宣传活动】 4月6～7日，长沙市组织开展世界卫生日宣传活动。由芙蓉区爱卫办主办、荷花园街道办事处承办的“纪念爱国卫生运动60周年——2012年世界卫生日主题宣传活动”在大润发前坪广场举行，湖南省爱卫办主任刘五星、副主任徐小生出席芙蓉区集中宣传活动。活动围绕第24个爱卫月“爱国卫生人人参与，健康生活人人享有”的主题，发放宣传资料近千份、摆放爱卫健康教育展板30余块，在活动现场设置了义诊台、健康咨询台、除四害咨询台，为现场的朋友们免费发放除四害的药具及健康知识宣传手册，向广大的居民朋友们普及爱国卫生法律法规和健康卫生知识、营造人人关注健康卫生的浓厚氛围。（颜昌清）

【召开长沙市爱卫全会】 8月16日，长沙市市长张剑飞主持召开长沙市爱国卫生运动委员会全体会议，全面总结和部署全市爱国卫生工作。会议研究决定，同意全面启动创建国家卫生城市工作；同意持续开展以县城、乡镇、村为重点的环境卫生整洁行动（2013～2015年）；同意统筹创建国家卫生城市、乡村环境卫生整洁行动（2010～2012年）总结表彰等工作。会议审议了《长沙市卫生社区标准及管理办法》（讨论稿）、《长沙市卫生乡镇标准及管理办法》（讨论稿），并审定了长沙市2011年度命名市级文明卫生单位、卫生社区、卫生村建议名单。（颜昌清）

【组织开展乡村环境卫生督查】 11月30日～12月11日，长沙市整洁办组织市委督查室、市农办、市文明办、市民政局、市水务局、市城管局、市环保局等部门20余人，按照“统一标准、分类督查”的原则，分4组对各区、县（市）推荐的“十佳”、“十差”的候选乡镇（街道）以及两次获得“十佳”称号的乡镇、被评为2012年上半年“十差”的乡镇进行集中督查。12月14日，市整洁办组织各督查组进行集中评分汇总，初步评出2012年下半年全市乡村环境卫生整洁行动“十佳十差”乡镇、10个乡村环境卫生整洁行动“优秀乡镇”。12月21日，副市长夏建平、副秘书长刘秋成主持召开市整洁行动领导小组会议，审议2012年下半年全市整洁行动集中督查结果。（颜昌清）

基层卫生

【概况】 2012年，长沙市全面推进乡镇卫生院管理年活动。严格按照《湖南省乡镇卫生院管理年活动总结经验考核评分细则》的要求，抽调医疗、护理、妇幼、疾控、财务等方面专家组成2个考核评估小组，采取看现场、查资料、提问题、听意见、阅病历、访病人、考“三基”等形式，对乡镇卫生院管理年活动开展以来的情况进行考核评估。共抽取34个乡镇卫生院，抽取的乡镇卫生院在区、县（市）的全面考核评估中等次优秀28个，合格的6个，优秀比例82.4%。专家组对抽取的乡镇卫生院进行严格复核评估，最高得分940.1分，最低813.8分，平均885.3分，复核成绩与区、县（市）评估成绩符合率100%。浏阳市被评为“全省乡镇卫生院管理年先进集体”，喻国军等8人被评为“先进个人”。

一、扎实开展农村卫生人员培训工作。根据国家、省关于深化医药卫生体制改革有关精神，按照“强基层、建机制、保基本”的工作要求，着力加强卫生人才队伍建设，认真开展基层卫生人员培训工作。2012年，省卫生厅下达长沙市市本级培训任务2269人，实际完成3233人，完成率142.49%。其中防疫专干培训任务113人，实际完成119人；妇幼专干培训计划113人，实际完成114人；药剂技术人员应培训113人，实际完成117人；乡村医生培训计划1918人，实际完成2883人。

二、积极开展示范社区卫生服务中心创建。2012年7月，根据各区县申报，市卫生局对11家申报省级和国家级社区卫生服务中心进行市级验收，验收后向省卫生厅推荐9家。8月上旬，省卫生厅组织专家对长沙申报单位进行验收评估。望月湖、雨花亭继续保留省级示范社区卫生服务中心，朝阳、东屯渡、浏府、四方坪、东风路创建为省级示范社区卫生服务中心，其中推荐朝阳为国家级示范社区卫生服务中心，朝阳通过国家级确认。

三、大力开展乡村一体化工作。2012年，以村卫生室实施基本药物制度为契机，加快推进全市乡村卫生服务一体化工作。制定并下发《长沙市卫生局关于推进乡村卫生服务一体化管理的通知》，明确村卫生室工作职责，使其能协助承担公共卫生服务和简单医疗服务；进一步规范行政村卫生室设置，严格乡村医生聘用管理，合理配备乡村医生，全面实施基本药物制度。各行政村卫生室按规定使用国家基本药物（含省增补基本药物），并实行零差率销售，统一网上采购，统一企业配送，发挥卫生院监督指导作用。

四、村卫生室建设及农村卫生信息化建设。2012年，市级村卫生室建设项目共65个。各区、县（市）均将村卫生建设工作摆在重要议事日程上，尤其是长沙县和望城区，均争取政府支持，增加了建设数量，望城全年建设34个，长沙县全年建设103个。各县的村卫生室建设成片连线，起到了规模效应和示范效果。全县统一建设规划设计，建设标准和规格较高。乡、村两级积极支持村卫生室建设，为建设项目用地、审批提供了极大帮助。截至2012年11月底，56所村卫生室完成建设任务。农村卫生信息化建设稳步推进，县（市）覆盖率100%，乡镇覆盖率50%，推广的乡镇卫生院辖区内村卫生室覆盖率100%。宁乡县、长沙县作为试点县分别于4月和6月通过省卫生厅验收，卫生院和村卫生室实现全覆盖。（廖　凯）

妇幼保健

【概况】　2012年，全市活产83118人，孕产妇死亡率控制在15.64／10万，孕产妇住院分娩率99.99%。5岁以下儿童死亡率5.58‰。产前筛查率84.18%，新生儿疾病筛查率97.3%，新生儿听力筛查率92.54%。各项重大公共卫生项目中叶酸服用率95.82%、艾（滋病）梅（毒）乙（肝）检测分别为99.18%、99.15%、99.17%，婚前医学检查率83.38%，农村孕产妇住院分娩补助率90.62%。

一、加强妇幼卫生综合管理。1. 群体保健队伍按省标基本配备到位。市妇幼保健院群体保健人员由2011年的24人增加到26人。县级人员的配备已经全部达到“二甲”标准。浏阳市、宁乡县、开福区、天心区、岳麓区成立健康教育科，浏阳市、宁乡县、望城区、天心区、岳麓区、开福区成立信息管理科。全市165个乡（镇）街，专干配备达标的有137个，达标率83.03%。专干总数由2011年的384人增加到587人，其中儿保专干配备率100%。每个行政村均有1名以上接受过专业培训的保健员。2. 妇幼保健机构等级创建工作顺利通过。3月26～27日，长沙市妇幼保健院顺利通过省卫生厅组织的三级甲等妇幼保健院的评审验收。3. 规范母婴保健技术服务管理。举办助产与节育技术人员岗位培训班。重点强化相关法律法规、政策及技术规范的学习。对2012年新上岗及需变更“母婴保健技术合格证”的340名从业人员组织资格考试。加强母婴保健技术服务市场监管。结合绩效考核、产科质量综合督导半年与年度考核对持证上岗、非医学需要的胎儿性别鉴定和终止妊娠手术、“出生医学证明”的管理与签发等情况进行严格的督查。除极个别证件变更不及时外，没有发现其他违规现象。

二、推进妇幼基本公共卫生服务项目。1. 认真履行专业机构的业务指导职能。积极参与基本公共卫生服务与乡镇卫生院管理年考核工作，了解并帮助解决孕产妇与儿童健康管理服务中存在的问题。在工作标准上将“规范”与“传统”兼容，以高标准作为工作蓝本；在业务指导上将培训与现场指导相结合，把握基层服务的质量关。2. 孕产妇和儿童两个系统管理质量明显提高。2012年，长沙市孕产妇系统管理率93.13%，健康档案建档率98.72%，早孕建册率75.38%，较2011年上升29.76个百分点。3岁以下儿童系统管理率84.98%，7岁以下儿童保健管理率和建档率分别为87.51%、90.04%，均较2011年有所提高。

三、妇幼重大公共卫生项目得到进一步发展。1. 婚检、叶酸服用、艾梅乙检测工作稳步上升。2012年，叶酸服用率95.82%、婚检率83.38%、艾梅乙检测率均在99%以上。全年共新增艾滋病阳性孕妇19例，上年结转2例孕妇，共管理艾滋病阳性孕产妇21例。9月，长沙市妇幼保健院获中国CDC妇幼保健中心授予的“预防艾滋病母婴传播技术指导优秀奖”。2. 抓紧实施新一轮“两癌”检查项目。按照要求，成立长沙市项目领导小组和技术指导小组，设立项目管理办公室。市妇幼保健院对9个区、县（市）妇女保健科主任、妇女病查治专线管理人员及妇女病查治技术小组成员共75人进行为期一天的培训。结合年终工作检查，进行了“两癌”项目基本情况的督查，组织专家对新项目县（市）进行了现场技术质控与技术指导。

四、规范儿童保健服务。1. 儿保门诊规范化建设全面开展。为落实《湖南省儿童保健合格县市区创建实施方案（试行）》，对县、乡两级儿童保健门诊情况进行了摸底，并按照湖南省县、乡级儿童保健服务规范化建设考核评分细则对基层进行了分类指导。在开福区四方坪社区卫生服务中心召开了2012年长沙市城区儿童保健门诊规范化建设工作现场观摩会，有效地促进了县、乡两级儿保门诊的规范化建设和服务的改进。2. 新生儿窒息复苏项目。督促县级以上助产机构建立新生儿窒息复苏院内领导小组并完善相关制度。认真开展师资培训工作。市卫生局下发《2012年长沙市新生儿窒息复苏技术县级师资培训认证工作方案》，对各区、县（市）选拔的34名产儿科主任进行了培训，31人考核合格。

五、信息质量管理进一步细化。实行信息归口管理，建立妇幼卫生信息交换平台。每月交换一次艾滋病梅毒阳性病例、叶酸发放信息，每季进行一次孕产妇死亡、儿童死亡、出生缺陷儿的情况交换。设制“长沙市出生缺陷干预实施情况季报表”，数据来源于村级四册，解决因产前筛查、新生儿疾病筛查、新生儿听力筛查数据过去来源于医疗机构而不能真实反映辖区人口接受服务情况，以及对各区、县（市）考核不公平的问题。重视信息业务培训。市、县两级妇幼培训都将信息列为重要授课内容。进一步完善信息工作的痕迹管理。完善了各种类信息资料接收登记、上报登记，信息资料分发登记，报表资料的业务审核记录与反馈登记、信息汇总分析归档登记等等。将项目信息报表纳入常规质控的内容。将督导及质控情况及时反馈给受检单位。

（廖　凯）

疾病预防控制

【概况】　2012年，长沙市疾病预防控制工作以全面提升疾病预防控制和应对突发公共卫生事件能力为主线，进一步加强疾病预防控制和卫生应急体系建设，完善工作机制，认真实施扩大国家免疫规划，抓好重大疾病预防控制，做好救灾防病及各类突发公共卫生事件的防范处置工作。

一、加强领导，完善体系。市政府调整成立由分管卫生工作的副市长担任组长的全市防病工作领导小组，负责全市防病工作的统筹协调工作。组织召开了全市疾病预防控制及卫生应急工作会议，加大防病工作的财政投入，继续抓好基础设施建设，进一步引进专业人才，加大技术培训力度，强化疾控机构内部管理，积极开展防病工作督查及基本公共卫生服务涉及疾控机构项目的绩效考核，各项工作稳步推进。

二、加强健康教育与健康促进工作。认真贯彻落实《长沙市城乡居民健康促进行动方案（2011～2015）》，将2012年确定为“健康促进年”，市卫生局下发《2012年长沙市健康促进年活动方案》、《长沙市2012年全民健康生活方式行动实施方案》，召开工作推进会议，促进各项工作落实。加强健康教育阵地建设。在基层医疗卫生机构建立健教室、阅览室，积极开展全民健康生活方式示范单位、示范社区和示范食堂（餐厅）等创建工作。在芙蓉区、望城区茶亭镇积极开展健康促进工作试点。芙蓉区积极开展城乡居民健康促进行动启动仪式、健康跑等活动，建立社区健康书屋（柜），打造浏阳河千米健康步道；茶亭镇积极开展“健康促进惠民生，幸福家庭新农村创建”主题活动。加强新闻媒体宣传。在长沙电视新闻频道、湖南交通频道开通“健康温馨提示”，每天在30条线路的700台公交车定时播发健康语音提示。积极开展“健康教育大讲坛”。通过举办国际著名专家艾滋病综合防治报告会、在“全民健康生活方式日”举办食品营养与食品安全大型讲座以及宣传普及“健康66条”，形成“百名专家、千场讲座、百万听众”系列健康教育和健康促进活动。

三、加强慢性疾病防控工作。积极做好慢性病防治工作，以落实基本公共卫生服务项目工作为契机，加强高血压、糖尿病等重点人群的健康管理。市卫生局制定《长沙市慢性病发病登记报告工作规范（试行）》，下发专题文件要求各级各有关医疗机构启动慢性病的登记报告工作。按照省卫生厅要求，全面宣传发动慢性病综合防控示范区创建工作，芙蓉区、天心区、浏阳市向省卫生厅申报慢性病综合防控示范区创建，望城区、宁乡县积极争取政府支持，开展申报前期的准备工作，芙蓉区政府出台《芙蓉区慢性非传染性疾病综合防治规划（2012～2016）》，浏阳市启动“创建慢性病综合防控示范区及社区诊断基线调查”。芙蓉区、天心区、岳麓区、开福区、雨花区启动“城市癌症早诊早治项目”国家重大公共卫生服务项目，对肺癌、乳腺癌、大肠癌、上消化道癌、肝癌进行早期筛查和经济学评估。

四、抓好重点传染病防控。1. 制订下发《2012年重点传染病监测实施方案》，健全监测网络，规范疫情报告，积极开展漏报调查及防病工作督查，进一步提高疫情监测、报告、管理和疫情处置能力。2. 全面部署、科学规范应对手足口病疫情。市卫生局联合教育部门开展了对医疗机构、托幼机构的手足口病防治工作督导，并下发通报，督促各项防控措施的落实。按照“村级随访、乡镇初筛、县级留观、定点救治、危重专管”的分级救治模式全面加强病例救治工作，有效控制手足口病疫情。3. 切实抓好艾滋病防治管理。积极开展对《湖南省实施〈艾滋病防治条例〉办法》及艾防知识的宣传工作，加强党政领导干部的宣传教育，针对高危人群积极开展行为干预，做好监管场所、男男同性恋人群、孕产妇、手术病人等初筛检测工作，认真落实国家“四免一关怀”政策。4. 积极推进消除疟疾工作。按照《长沙市2010～2015年消除疟疾行动计划》，加强开展疟疾防控知识及镜检知识培训，加强实验室设备配合，积极主动应对输入型疫情，认真做好应急处置、应急监测、病例救治等工作。

五、全面抓好卫生应急工作。1. 加强预案建设。根据省政府相关要求，制定《长沙市流感大流行应急预案》，确定《长沙市卫生局应急预案体系建设方案》，完善脊髓灰质炎、新型冠状病毒感染等重点热点传染病防控应急预案。2. 加强应急值守与信息报送。坚持24小时应急值守制度，下发《长沙市卫生局关于做好突发事件紧急医疗救援信息报告工作的通知》，进一步完善应急信息报送制度。3. 做好卫生应急宣传工作。坚持做好“5·12防灾减灾日”等应急宣传工作，组织卫技人员进社区、进校园、进厂矿、进村舍，开展急救技能竞赛、食物中毒应急演练、义诊咨询等各种形式宣传活动。4. 做好突发事件研判与应急演练。加强对重大传染病疫情等突发公共卫生事件的科学预测研判，组织做好突发公共卫生事件应对工作评估和风险隐患趋势分析，深入开展卫生应急大练兵大比武活动，分别开展山洪地质灾害救灾防病应急桌面演练及突发公共卫生事件应急模拟演练。5. 积极开展卫生应急综合示范区创建工作。以创建活动作为载体，加大投入，创新机制，深入开展应急体系“一网四库”建设，建立健全科学高效的卫生应急管理模式。宁乡县、浏阳市正式提交创建申请，望城区、天心区等积极筹备当中。6. 加强卫生应急保障。按照“平战结合”的原则，针对气候特点，加强灾情疫情及救援处置情况的信息报告和管理；及时更新药械、治疗药品、防洪物资，加强应急物资储备；全面做好第七届“中博会”等卫生应急保障工作。7. 及时高效处置突发公共卫生事件。通过不断巩固和强化各项基础工作，全年共发生9起突发公共卫生事件，较上年同期有明显降低，均得到及时有效处置，未引起次生衍生事故。

六、血吸虫病地方病防治。2012年，全市共完成查螺面积5256.439万平方米、灭螺面积1190.67万平方米、人群化疗4473人，均超额完成省卫生厅下达的工作任务。（廖 凯）

卫生监督执法

【保障餐饮食品安全】 2012年，长沙市加强对餐饮食品安全的卫生监督执法。1. 强化日常监管。制定餐饮服务监督检查工作方案，结合文明城市复评验收、食品安全城市创建等中心工作，强化日常卫生监督，监督检查覆盖率100%。2012年，共培训体检农村厨师3087人次，培训基层食品安全技术专干1773人次，指导农村集体聚餐6803例，发放宣传资料3.64万份。2. 强力开展专项整治。组织开展专项整治行动14次，检查单位3.2万家次，责令整改7664家次，立案449起，结案411起，罚款到位金额177万元。整治学校食堂原料采购和食品添加剂使用，责令改正774所，立案处罚45起。3.有效保障重大活动食品安全。对省、市两会、第七届中博会等135次重大活动进行了食品安全保障。2012年，出动卫生监督员2101人次，检查餐饮单位2636家，查处无证单位46家，责令改正589家，查处餐饮环节食品违法案件15起。4.科学开展食品检测。开展监督抽检，抽检熟肉制品、自制饮料等13个类别，共210个样品。对于抽检不合格的单位，卫生监督员进行了监督检查，认真指导其整改提质，并立案查处2起。积极向市政府汇报，筹集专项资金200万元，开展食品安全检验检测工作，抽检食品2292批次。认真履行食品安全风险监测与评估职能。采集化学性污染物样品446批次，检出阳性样品54个；采集食源性致病菌样品310批次，检出阳性样品20批次；以16家二级以上综合医院为监测点，以省儿童医院和长沙市第一医院为主动监测哨点医院，开展了食源性疾病监测工作。5.加强企业诚信管理体系建设。制定了创建示范餐饮单位的实施方案、示范街创建工作方案及验收标准，创建9条市级餐饮食品安全示范街、26家示范餐饮企业、22家示范学校食堂，并通过媒体进行了公示。打造阳光厨房，让消费者直接参与监督。并通过网络实现远程监控，提高监管效能。已打造89家阳光厨房。

（廖　凯）

【规范医疗服务市场】 1.深入开展打击非法行医和非法采供血液（浆）工作。2012年，共组织2次集中打击行动，出动执法人员6386人次，查处1537户，立案查处案件207起，取缔无证非法行医239户，罚款208户次，罚、没款109.1048万元，没收药品、器械424箱，依法移送7起非法行医涉嫌犯罪案件。2.严厉打击违法医疗广告行为。2012年，对35家违法发布医疗广告的单位或个人实施了警告处罚，并将42家医疗机构移送工商行政管理部门处理。3.加强医疗服务市场诚信体系建设。探索建立医疗机构诚信服务体系，结合日常监管情况对全市各级医疗机构建立违法处罚档案，加大对诚信单位及个人的宣传力度，做好创建10所医疗质量信得过民营医院相关工作。4.开展依法执业的监督指导。持续对医疗美容、母婴保健、口腔、血液透析、微生物实验室等医疗技术服务开展专项整治行动，其中检查医疗美容机构9家、母婴保健技术服务机构16家、口腔诊疗机构176家、病原微生物实验室65家。5.强化传染病防治工作。开展手足口病防治专项检查，检查医疗机构991家，其中含长沙市手足口病定点救治医院9家、中小学及托幼机构1124家、疾病预防控制机构10家。

（廖　凯）

【加强职业病防治】 1.开展监督检查。对全市5家职业健康检查机构和1家职业病诊断机构进行监督检查。开展职业卫生应急调查处置、健康教育、建设项目职业病危害评价，职业卫生监测评价、职业健康监护等工作。2.开展职业病防治法宣传。共出动宣传车6台次、出动技术业务人员10人30人次，新闻通报1次，广播电视等媒体报道1次，发放宣传材料12960份，《职业病防治法》宣传展板巡展8次，展出宣传画403块，深入企业宣传45次，设职业病防治知识咨询台2处，现场咨询2次，接受咨询2433人，接受培训1500人。3.开展重点职业病监测。2012年，长沙市职业病诊断机构共诊断报告职业病31例，其中湖南省职业病防治院报告10例、长沙市疾控中心报告21例。31例职业病中，尘肺病14例，占45.2%，其中矽肺13例、煤工尘肺1例；职业性耳鼻喉口腔疾病9例，占29%，均为职业性噪声聋；慢性职业中毒8例，占25.8%，其中慢性铅中毒5例，慢性苯中毒3例。4.职业健康风险评估。开展职业卫生（放射卫生）岗前、在岗、离岗前的职业健康体检单位423个，共体检人数1.68万人次。其中上岗前体检1.05万人，在岗期间体检1.04万人，离岗前体检559人，其他体检377人。对91家企业进行了职业病危害因素检测，完成建设项目职业病危害控制效果评价9个、预评价项目10个；放射防护共监测130家，完成各种放射卫生职业病危害评价项目25家。5.加强放射诊疗单位监管。对130家放射诊疗单位放射防护质量进行检查、评分，对违法行为严重的5家医疗机构进行立案查处。（廖　凯）

【生活饮用水监督管理】 1.大力开展监督检查。进一步完善324家供水单位的基本信息资料，2012年，共监督检查供水单位394家（次），监督覆盖率100%，调查处理群众投诉举报6起，查处违法案件5起。与2011年同期相比，二次供水单位水质监测合格率同比上升2.9%，达93.6%，其中细菌学指标合格率97.4%。2.科学开展饮用水卫生监督监测工作。进一步完善水质监测点设置和饮用水突发公共卫生事件应急预案，对纳入长沙市饮用水卫生监测点的8家集中式供水单位、10家二次供水单位进行定时监测，全面监控饮用水消毒剂余量、色度、浊度、pH值等6项指标，并将统计分析结果及时进行网络直报，防止饮用水污染事件的发生。3.开展“饮用水卫生宣传周”活动。组织9个区、县（市）卫生监督机构开展饮用水卫生宣传周活动。宣传周期间，长沙市卫生监督员共进城市社区宣传13次，进农村6次，进学校11次，进繁华商业区10次，张贴宣传海报124张，展出宣传画板23块，发放宣传资料1.43万份，接受咨询534件，收到建议11条，受理群众的投诉举报5起，并进行调查处理，受益群众6.29万人。

（廖　凯）

【公共场所监督与管理】 1.深入开展公共场所量化分级管理。长沙市对6000余家四类经营性公共场所进行量化分级管理。全市评定卫生信誉度A级单位137家，包括住宿业65家、沐浴场所22家、美容美发场所32家、游泳场所18家。2.开展公共场所卫生监督监测抽检工作。共监测99个人工游泳池水质、78个住宿场所公共用品用具消毒效果、14个沐浴场所公共用品用具消毒效果、12个商场空气质量、10个公共场所的通风管内表面积尘和集中式空调冷凝水、冷却水。人工游泳池水质合格率89.9%，住宿场所公共用品用具消毒合格率96.2%，沐浴场所公共用品用具消毒合格率85.7%，商场空气质量合格率100%，集中空调通风系统合格率40%，空调冷凝水、冷却水合格率100%，并及时上报和公示监测结果。3. 开展专项检查，净化公共卫生环境。在全市范围内的游泳场所、KTV、酒吧、茶座、棋牌室、酒店、足浴等公共场所开展专项整治行动。检查公共场所443家，针对这些公共场所的公共用品用具消毒所存在的不规范、不符合要求的行为，结合监督抽检结果，下达“卫生监督意见书”450余份，责令200余家公共场所进行整改，并对问题严重的30余家公共场所依法进行立案处罚，确保长沙市的民心工程真正落到实处。

（廖　凯）

医政管理

【概况】　2012年，长沙市医政工作以加强医疗质量与安全管理为核心，统筹兼顾各项重点工作，积极开拓思路、创新工作，较好地完成了各项任务。

一、加强医疗质量和医疗安全监管。1. 完善医疗质量安全管理体系建设。2012年，新增加妇科、产科两个质量控制中心，分别挂靠在市第一医院和市妇幼保健院，地市级医疗质量控制中心达16个。各质控中心通过组织医疗质量、医疗安全、医疗技术等会议、培训、沙龙、讨论等学术活动近40次，累计参加培训、交流的各级各类卫生技术和管理人员2700余人次，先后对医疗机构开展近50余次检查和考核，有效促进全市各相关专业医疗质量技术水平和管理水平提升，保障医疗质量安全。2. 认真督查医疗质量安全工作落实。组织对市直医院、县级医院、企事业单位职工医院、医学检验机构及社会力量办二级医院，分别进行内容涵盖医疗、护理、院感、抗菌药物管理、麻醉精神类药品管理等多专业的医疗质量和医疗安全专项检查，累计检查各级各类医疗机构104所。

二、继续推进公立医院改革工作。1. 不断加强抗菌药物临床应用管理。对全市抗菌药物临床应用情况进行总结和专门部署；对相关指标超标的50余所医疗机构进行通报，并分2批对超标严重的14家医院的院长和药剂科负责人进行诫勉谈话。制定并下发《2012年全市抗菌药物临床应用专项整治工作实施方案》，并与发证的110余家医疗机构签订抗菌药物临床合理应用责任状。在医疗质量安全检查中，均把抗菌药物临床合理应用作为重点检查内容，认真剖析和解决抗菌药物不合理应用的突出问题和重点环节。长沙市三级综合医院抗菌药物品种均未超过50种，二级综合医院未超过35种；大部分二、三级医院综合医院住院患者抗菌药物使用率未超过60%，门诊患者抗菌药物处方比例未超过20%，急诊患者抗菌药物处方比例未超过40%，抗菌药物使用强度控制在每百人天40DDDs以下，Ⅰ类切口手术患者预防使用抗菌药物比例控制在30%以下。长沙市中心医院在卫生部抗菌药物检查评估中再次位居全省第一。2. 深入开展优质护理服务。市卫生局下发《2012年长沙市推广优质护理服务工作实施方案》。在7家三级医院优质护理服务全覆盖的基础上，23家二级医院均实施优质护理服务。全市三级医院实施优质护理病房达100%，二级医院实施优质护理病房达60%以上，陪护率从过去的90%以上下降至60%左右，危重患者护理合格率100%，病人健康教育覆盖率100%。长沙市中心医院2012年度被评为“优质护理服务先进单位”；长沙市第一、三、四医院获评“优质护理服务先进病房”。3. 实施“十项便民惠民措施”和“三好一满意”（服务好、质量好、医德好、群众满意）工作。开展预约诊疗与便民门诊服务。通过现场、电话、网络等多种方式开展门诊预约诊疗，方便病人就诊。二级医院专家门诊预约率基本达到20%，三级医院接近60%；口腔科、产前检查、术后病人复查等复诊预约率80%以上；部分三级医院的专家门诊预约率100%。进一步优化流程和环境。95%的二级及以上医院达到“整洁医院”要求。长沙市共9家医疗机构开展了“一卡通”服务。继续实行“无假日医院”。全市7所三级医院全部实行“无假日医院”，11家县级医院和1家民营眼科医院开展“无假日门诊”。根据群众需求与医院实际，扩大开放科室，增加出诊专家数量，确保节假日门诊的质量。有7所三级医院、1所二级医院和多所民营医院通过电话、网络等多种方式开展门诊预约诊疗，其中部分三级医院的专家门诊预约率100%。继续推进临床路径、单病种管理和同级医院结果互认，有效降低医疗费用。按照三级医院开展25个病种、三级专科医院开展15个病种、二级医院临床路径开展10个病种的要求，全市开展临床路径管理的医院27所，其中三级医院7所、社会力量办医院3所、中医医院3所，共开展109个病种临床路径，其中中医临床路径管理病种10余个，部分医院进入临床路径管理的病种近40种。实现104个单病种管理。大力推进同级医疗机构检查、检验结果互认工作，促进合理检查，降低患者就诊费用，长沙市三级医院全部实现检查、检验结果互认。

三、行政审批程序不断规范。积极配合政务工作窗口办公提速，加强与窗口工作的衔接。根据各专项法律法规，结合实际情况和具体问题，简化医疗机构审批和核换证流程，各项审批工作均在规定工作日内完成，有效缩短了审批时间。提高业务工作和医疗信息的公开化和透明化，提高窗口效率，方便群众。

四、对重大活动的医疗保障和突发公共事件的医疗救治。实施专项专案管理的工作机制，全年完成医疗保障近20次，圆满完成各类保障任务。成功处理“3·1”树木岭交通事故、“11·7”宁横公路大成桥交通事故、“11·29”育婴第二小学踩踏事件、“12·1”高桥15组仓库爆炸事故、“12·6”晚安床垫公司坍塌事故等突发公共事件紧急救治5起，及时救治伤病员，有力保障人民健康，有效维护社会稳定。

五、采供血工作。加大无偿献血宣传和献血者招募工作力度，建立区域内血液应急保障机制，完善质量控制体系建设，保障全市部、省、市、县各级医疗机构临床合理用血需求和血液质量安全。指导与督促医院按照《医疗机构临床用血管理办法》要求，提高科学合理用血水平。献血总人数13.4万人次，采集血液总量约44.4

吨。2012年上报市政府批准新增采血车固定停靠点30个，并上报市政府在各区、县(市)规划新建9个献血屋。

六、积极推动“百万贫困白内障复明工程”和“微笑列车”唇腭裂患者深度关怀项目。按照卫生部、省卫生厅要求，积极联系协调市财政、市残联，继续实施长沙市贫困人口白内障患者医疗救治工作。确定长沙市三医院、长沙市四医院、长沙爱尔眼科医院、湖南博雅眼科医院等8家定点救治医院。截至2012年11月30日，长沙市共完成白内障手术例数7612例，完成97.6%。长沙市口腔医院作为长沙市微笑列车深度关怀项目唯一定点医院，完成唇腭裂手术约37台次，达到总任务进度要求。（廖　凯）

医学科研

【医疗人才队伍培养】 1. 抓好全科医生转岗培训。加强市中心医院全科医生转岗培训基地建设，优化“一对一”个性化培训模式，完成第二批106名学员培训。从长沙县、宁乡县、望城区选送3人参加湖南省县级医院高级全科医生转岗培训，将全科医生培养向深度广度拓展。2. 加强继续医学教育管理。按要求做好2012年国家分配农村订单定向免费培养医学本科生协议签订工作，完成协议签订11人（含中医1人）。各市直医疗卫生单位积极申报和举办继教培训项目，联系组织各类学术研讨交流活动，共举办国家级继教班5期、省级继教班40期、市级继教班29期。注重高精尖人才培育，加强与发达地区及国际先进医疗技术的对接，国外进修5人次，省、部级进修297人次，市级进修24人次。各单位人才培养举措形式多样，成果丰富。3. 推进住院医师规范化培训建设。加强住院医师规范化培训指导和管理，有35名医生通过住院医生规范化培训，申请省卫生厅办理“湖南省住院医师规范化培训合格证”。完成4家市直医院住院医师规范化培训临床基地的申报工作，通过了内科、外科、妇科等14个相关专科46个基地的现场评审。4. 落实科技特派员工作。从4家市级医院和6家县级医院共选派医卫科技特派员40名，驻长沙县、望城区、浏阳市、宁乡县的8个乡镇卫生院帮扶指导。继续从20家市县级医疗卫生单位遴选66名临床、公卫、护理、检验等骨干力量至基层帮扶支持，深入开展临床医疗指导、教学查房和医疗文书书写指导。（廖　凯）

【医学重点科学建设】 2012年，全市卫生系统坚持将学科建设作为医院保持可持续发展、增强核心竞争、实现优质品牌的抓手，加强整体规划和科学发展，重点学科建设取得显著成效。2012年，长沙市中心医院医学实验室通过了中国合格评定国家认可委员会IS015189医学实验室现场评审，并推荐101个项目作为认可项目。长沙市第一医院神经病学科增设“卒中门诊”、“康复门诊”，聘用神经外科客座教授1名，破格招进康复医学科人才1名，引进硕士研究生1人，投资150余万元对康复室进行整体改造，该院成为全国首批“阿尔茨海默病治疗中心医院门诊”授牌单位之一（湖南省仅2家）。（廖　凯）

【医疗卫生科研建设】 1. 组织开展科技创新工作。全年各医疗卫生单位共有国家级科研立项7个，部、省级立项3个，省厅立项33个，市级科研立项15个，其中获科研成果3项，验收7项，获科技进步奖2项，获专利2项。长沙市中心医院“十一五”重大专项的科研成果“益肺通络方”获国家专利（专利号：ZL201110093717.1）。2. 开展创新型医院的创建工作。根据《2012年度长沙市创新型单位建设工作方案》的有关精神，在原有市中心医院、市八医院、浏阳市人民医院、市三医院、市口腔医院、浏阳市妇幼保健院、市一医院、市疾控中心、宁乡县人民医院、浏阳市中医医院共10家创新单位的基础上，又有市四医院、市妇幼保健院、爱尔眼科医院共3家单位列入了长沙市创新型创建单位。3. 引进新业务、新技术。2012年，市直单位共开展新技术154项，开展新业务1569例，参与人数737人次，有效提高了专科技术水平，创造了良好的社会效益和经济效益。长沙市一医院通过积极引进开发新业务、新技术，重点专科得到迅速发展。4. 开展学术交流。各医疗卫生单位积极创造条件广泛参与国内外学术交流会议，参加全国学术会议756人次，省学术会议898人次，国际学术会议41人次。广大医务人员在工作中努力探索，积极进行科技学术研究，共发表医学论文1104篇，其中5篇SCI文章，国家级期刊上发表522篇，核心期刊发表328篇。市直单位的学科带头人及技术骨干在各级医疗学术团体组织的任职人数不断增加，其中24人任国家级专业委员会委员；4人任省级主委，41人次任副主委，省级委员313人；23人在省级以上学术刊物任编委，学术影响进一步扩大。（廖　凯）

【卫生科普宣传】 2012年，全市共出卫生科普宣传栏623个，组织大型宣传174余场，开办健康教育培训班200期，培训人员2.82万人次，利用电视媒体宣传健康知识289次，利用报纸期刊宣传446期，举行健康知识讲座435场次，撰写卫生科普手册4本、健康教育文章2篇，发放各类科普宣传资料13万多册（份）、卫生科普手册1.08万份，接受现场咨询3.24万人次。通过开展卫生下乡活动，各医疗卫生单位组织医学专家、技术骨干和医务人员采取讲座、免费义诊等形式积极为农村居民送医、送药，共组织下乡622次，义诊171人次，派出专家4711人次，接受义诊人数4.06万人，免费送药价值10.48万元。（廖　凯）

中医药事业

【概况】 2012年，长沙市加强中医药服务体系建设，积极推进基层中医药服务能力。认真组织国家中医药管理局对长沙市岳麓区的“全国基层中医药工作先进单位”的复评工作，11月通过省级评估。努力开展中医适宜技术基层能力推进项目，开展乡镇卫生院、社区卫生服务中心中医科、中药房标准化建设，在乡镇卫生院、社区卫生服务中心建设一批中医药综合服务区。加强综合医院中医药工作。

长沙市第四医院和长沙市第一医院成功申报为“全省综合医院中医药工作示范单位”，长沙市第四医院被省中医药管理局推荐为“全国综合医院中医药工作示范单位”。

一、提升中医药服务能力建设。加强中医药适宜技术推广。继续抓好宁乡县中医医院和浏阳市中医医院基层常见病多发病中医药适宜技术推广能力建设项目，两个中医适宜技术基地建设全部完成，开通了基地培训网络。组织对全市青竹湖卫生院等2个卫生院、40个社区卫生服务站或村卫生室开展中医适宜技术推广能力建设项目，制定具体的实施方案和考核办法。

二、加强中医药特色优势专科建设。长沙市中医医院针灸康复科、宁乡县中医医院眼科、骨伤科、中风科和浏阳市中医医院烧伤整形科、骨伤科和中风科都顺利通过专家现场评估验收。组织长沙市中医医院临床药学和长沙市中心医院肺病科成功申报国家中医药管理局“十二五”重点专科建设项目，进一步打造特色突出、优势明显、疗效显著、服务一流、管理规范的中医名科。

三、加强中医药行业监管和自身建设。积极推行中医坐堂医诊所试点工作，年初，组织全市14个中医坐堂医诊所召开座谈会，设立中医坐堂医诊所信息交流平台，相互交流经验，到中医坐堂开展较好的同仁堂进行现场学习观摩，积极推进中医坐堂医协会的建立。强化中医药队伍建设。在全市中医药行业深入推进创先争优活动，深化“三好一满意”活动，利用医院网站、宣传栏、电子屏等阵地广泛宣传，营造浓厚的氛围。长沙市中医医院成功申报“全国中医药行业争先创优先进单位”。浏阳市中医医院在创先争优活动和“仁心工程”建设活动中，顺利通过省文明办的“省级文明单位”复查。

（廖　凯）

·资料·

长沙市2012年传染病与突发公共卫生事件监测年报

一、疫情概况

2012年，经中国疾病预防控制信息系统报告统计，现住址为长沙市的法定甲乙类传染病共20种18936例，死亡38例。甲类传染病报告1例，甲乙类传染病年发病率、死亡率、病死率分别为267.05/10万、0.54/10万、0.2%。丙类传染病7种31872例，死亡8例，发病率、死亡率、病死率分别为449.49/10万、0.11/10万、0.025%。

1. 发病、死亡顺位。甲乙类传染病发病数居前十位的病种：肝炎6799例、肺结核5728例、梅毒4371例、痢疾770例、淋病676例、猩红热217例、艾滋病160例、出血热81例、疟疾39例、伤寒+副伤寒31例，共占总病例数的99.66%。死亡数顺位依次为：艾滋病15例、狂犬病10例、肺结核10例、肝炎2例（乙肝1例、丙肝1例）、钩体病1例。丙类传染病发病数顺位为：手足口病25365例、其他感染性腹泻3711例、流行性腮腺炎2012例、急性出血性结膜炎275例、风疹306例、流行性感冒199例、斑疹伤寒4例。手足口病死亡8例。

2. 不同传播途径传染病构成。从不同传播途径传染病构成比看，呼吸道传染病5950例、血源及性传播疾病11668例、肠道传染病1140例、虫媒及自然疫源性疾病178例，无新生儿破伤风，分别占总病例数的31.42%、61.62%、6.02%、0.94%。死亡构成为呼吸道传染病10例、虫媒及自然疫源性疾病11例、血源及性传播疾病17例，分别占总死亡数的26.32%、28.94%、44.74%。

与上年比较，发病率呈上升趋势的为血源及性传播疾病上升2.63%、虫媒及自然疫源性疾病上升11.25%。发病率呈下降趋势的为呼吸道传染病下降7.02%、肠道传染病下降13.64%。

3. 传染病发病、死亡特点。甲乙类传染病中无发病的病种为鼠疫、传染性非典型性肺炎、脊灰、人禽流感、炭疽、白喉、甲型H1N1流感、新生儿破伤风。与2011年相比：总发病率下降2.54%，死亡率下降37.09%，病死率下降35.61%。发病率较2011年上升的病种为艾滋病(HIV)、丙肝、梅毒、血吸虫、疟疾、布病；其他病种发病率均有不同程度的下降或持平（见分析表）。死亡病种为狂犬病、艾滋病、肺结核、肝炎（乙肝、丙肝）、钩体病。丙类传染病中无发病的病种为黑热病、包虫病、丝虫病、麻风病。与2011年比较总的发病率上升8.00%，死亡率上升694.37%，病死率上升638.24%。其中手足口、其他感染性腹泻、流感发病率有所上升，其余病种均有所下降。

4. 长沙市疫情与全国、全省疫情比较。长沙市2012年甲乙类传染病发病率269.91/10万，高于全国238.76/10万、全省242.29/10万发病率水平。

二、甲乙类传染病流行病学分析

1. 地区分布：全市9区、县（市）甲乙类传染病发病率最高的是浏阳市，为404.34/10万，发病率最低是长沙县，为174.23/10万（图5）。高于全市平均发病率水平的有浏阳市、天心区和宁乡县。其中城区发病率238.25/10万，农村发病率294.40/10万。与上年比较，发病率上升的地区为开福区、宁乡县、浏阳市、岳麓区，其他地区均有不同程度的下降。

2. 时间分布：从1～12月疫情分布，看发病曲线基本平滑，1月份发病数略低。

3. 人群分布：

3.1 性别：18936例甲乙类传染病病例中，男性11726例，女性7160例，男女比例为1.64:1。除梅毒女性病例多于男性病例、乙脑持平外，其余病种男性病例均多于女性病例。

3.2 年龄：从发病数看，“0—9岁”低年龄组以“0岁”组发病数最多，“10—岁”以上年龄组中，“20—岁”组为发病高峰；在发病前5位病种中，肺结核以中老年发病为主，肝炎、梅毒、淋病以青壮年发病为主，痢疾以低年龄组及青壮年组发病为主。而从发病率看，高峰值为“0—岁”组、“25—岁”组及“50—岁”以上高年龄组。痢疾、猩红热、麻疹、百日咳、伤寒+副伤寒以低年龄组发病率较高，淋病为中青年发病率高，肺结核、肝炎为中老年发病率高，梅毒以“0—岁”组及老年组发病率高。

3.3 职业：农民发病最多，为 8054 例，占病例总数的 42.53%。其次为家务及待业、离退人员，其发病数分别占总数的 10.39%、5.98%；学生、散居儿童、托幼儿童共发病 1308 例，占总数的 6.91%。

三、重点疫情分析

1. 霍乱：本年报告本地病例 1 例，发病率 0.01/10 万。2012 年 8 月 6 日，长沙市先后报告 2 起霍乱疫情。一起为衡阳市输入长沙市芙蓉区的霍乱疫情（本地病例 1 例）；另一起为湖南省中医附属二医院报告的感染来源不明的江西籍霍乱疫情（2 例病例，不统计到长沙市）。两起疫情共有霍乱确诊病例 3 例、带菌者 1 例、密切接触者 23 名。

2. 肝炎：报告发病 6799 例，死亡 2 例。其中甲肝 81 例、乙肝 5333 例、丙肝 1128 例、戊肝 180 例、未分型 77 例。发病率 95.89/10 万，与上年比较下降 1.61%，发病率位于长沙市传染病首位。除丙肝、未分型发病数有所上升外，其他各型肝炎较上年均有所下降。发病率最高的地区为浏阳市 168.97/10 万，其次为天心区 120.20/10 万、芙蓉区 91.18/10 万。男女比例为 1.99:1，40—49 岁发病数最多。

3. 肺结核：本年发病 5728 例，死亡 10 例，占总甲乙类传染病死亡病例的 30.25%。其中涂（+）1953 例、菌（-）2975 例、未痰检 705 例、仅培阳 95 例。发病率 80.78/10 万，居长沙市传染病发病率第二位，较上年下降 4.22%。城区发病率 71.08/10 万，农村发病率 90.77/10 万。以浏阳市发病率最高为 114.58/10 万，其次为宁乡县 88.70/10 万、望城区 88.58/10 万；职业以农民（3141 例）发病为主，占该病发病总数的 54.84%。年龄以 15—岁以上成年人发病为主，男女比例为 2.36:1。

4. 麻疹：本年麻疹发病 3 例。发病率 0.04/10 万，较上年下降 88.96%。均为 0 岁组病例，分布在雨花区。

5. 痢疾、伤寒 / 副伤寒：本年痢疾报告病例 770 例，其中 1 例阿米巴性痢疾、769 例细菌性痢疾，发病率 10.86/10 万，较上年下降 15.29%。发病率最高的地区为岳麓区 24.65/10 万，其次为浏阳市 21.60/10 万。伤寒 + 副伤寒发生病例 31 例，其中伤寒 25 例、副伤寒 6 例；发病率 0.44/10 万，较上年下降 18.96%。

6. 淋病、梅毒、艾滋病（HIV）：长沙市法定性传播传染病共发病 5207 例，占总甲乙类传染病发病数的 27.5%。其中淋病 676 例、梅毒 4371 例、艾滋病 160 例（死亡 15 例，另有 HIV 感染者 341 例，死亡 14 例）。三种病中艾滋病、梅毒发病率较上年有所上升，淋病发病率略有下降。梅毒、淋病、艾滋病发病率分别位居传染病发病的第三、五、七位。

7. 猩红热、百日咳：该二种病种为长沙市除肺结核、麻疹外主要的呼吸道传染病，以低年龄组发病为主，分别报告病例 217 例、1 例，猩红热发病率与上年比较下降 45.97%，百日咳发病数比上年减少 4 例。

8. 出血热、钩体病、狂犬病、乙脑：该四种自然疫源性疾病病例主要分布在农村。出血热报告病例 81 例，无死亡；钩体病 2 例，死亡 1 例；狂犬病 10 例，均死亡；乙脑 8 例，无死亡。与上年比较发病率均有所下降，下降幅度分别为 6.44%、33.8%、29.04%、20.56%。

9. 布病：本年度报告 16 例本地病例，发病率 0.23/10 万，无死亡。其中芙蓉区 1 例、宁乡县 15 例。宁乡县 15 例病例均为一起布病聚集性疫情报告。

5 月 12 日，宁乡县报告该县发生一起布鲁氏菌病聚集性疫情。造成疫情的原因为外来病羊输入本地养殖户，引起养殖户饲养羊群患病而导致人感染布病。该事件涉 7 个乡镇，确定 10 个疫点，共核实感染者 22 人，其中确诊病例 15 人、隐性感染者 7 人，密切接触者 171 人，历经 5 个月结案。

10. 疟疾、登革热：该两种病种主要为输入性病例。本年报告疟疾 39 例，发病率较上年上升 17.40%；登革热 1 例，比上年减少 1 例。两种疾病病例均为出国务工回国人员。

11. 手足口病：本年共报告病例 25365 例，报告重症病例 42 例，死亡 8 例，发病率 357.72/10 万，死亡率 0.11/10 万。为丙类发病率首位，较上年发病率上升 25.73%、死亡率上升 694.37%。实验室诊断病例 522 例，其中 374 例为 EV71 阳性、78 例为 Cox16 阳性、70 例为其他肠道病毒阳性。病例主要为散居儿童（19675 例），占报告病例总数的 77.57%；幼托儿童（4894 例）占报告病例总数 19.29%。3 岁及以下年龄组发病（21523 例）占报告病例总数的 84.85%。

12. 流感：共报告病例 199 例，发病率 2.81/10 万，发病率较上年上升 6.86%。从分月发病情况看，发病高峰在 1 月、7 月、10 月。年龄分布以 3 岁以下居多。

13. 流行性腮腺炎：本年报告病例 2012 例，发病率 28.38/10 万，较上年下降 50.71%。

14. 急性出血性结膜炎：本年报告病例 275 例，发病率 3.88/10 万，较上年下降 68.53%。

15. 其他感染性腹泻：本年报告病例 3711 例，发病率 52.34/10 万，较上年增长 0.84%，发病以学生及儿童为主。位居丙类传染病发病率第二位。

四、突发公共卫生事件

2012 年，长沙市共报告突发公共卫生事件 10 起，发病人数 230 例，死亡 1 例。与 2011 年相比，报告总起数（23 起）下降 56.52%，发病人数下降 73.98%，死亡人数下降 85.71%。10 起事件中无较大及以上突发公共卫生事件，一般突发公共卫生事件 8 起，未分级突发公共卫生事件 2 起，10 起事件均为传染病，其中甲类传染病 1 起、乙类传染病 3 起、丙类传染病 3 起、其他传染病 3 起。8 起一般事件中，水痘 3 起，流行性腮腺炎 2 起，霍乱、感染性腹泻、细菌性痢疾各 1 起。有 6 起发生在学校、1 起发生在集体食堂、1 起发生于其他场所。2 起未分级事件中，1 起人感染布鲁氏菌病、1 起钩体死亡病例。

地区分布以浏阳市为主，占总起数的 30%（3/10），开福区、宁乡县各报告 2 起，天心区和长沙县各 1 起，芙蓉区、岳麓区和雨花区无突发公共卫生事件报告。时间分布以第四季度（5 起）为主，占总起数的 50%（5/10），其中 10 月 3 起，11 月、12 月各 1 起；其次为第二季度（3 起），占总起数的 30%（3/10），其中 4 月 1 起，5 月 2 起。1 月、2 月、6 月、7 月、9 月无突发事件报告。（廖　凯）

体　育

责任编辑：吴丫丫

【概述】　2012年，长沙体育工作始终坚持以科学发展观为统领，牢固树立建设体育强市和健康型城市的奋斗目标，不断创新工作思路，各项工作成效显著。

一、着眼抓根本，全力拓宽公共体育服务渠道。积极推动全民健身法制化进程。2012年4月15日，《长沙市全民健身办法》（以下简称《办法》）以“市长令”形式正式颁布，6月10日起正式实施。努力推进体育为民工程。在城乡共建设420个篮球场和248处健身路径，为逐步形成各级各类体育设施布局合理、互为补充、覆盖面广、普惠性强的全民健身设施网络化格局打下良好的基础。2012年暑期，政府购买公共游泳场所服务共向中小学生提供免费游泳服务32万余人次，得到社会广泛好评。市体育局编制了《长沙市全民健身地图》和《长沙市民健身指南》，在全市发放5万余册。着力打造全民健身活动品牌。举办“长沙市第二届全民健身节”系列活动，历时4个月，共举办大型群体活动近100场，基层体育活动1000余场次，参与各项活动的人数200多万人次，社会效果显著。加强体育组织网络建设，在全市各社区共配备400名城区设施管理员，开展科学健身的培训、指导及其社区体育设施的管理。加强社会体育指导员队伍建设，加大培训力度，5～11月在贺龙体育中心进行了5期的社会体育指导员培训。

二、突出抓重点，着力夯实竞技体育发展基础。积极推进训练管理制度改革，拟定并修改了《长沙市体育局局属教练员、运动员管理办法》。加强青少年体育指导与检查，加强体教结合，联合市教育局开展了“中小学优秀体育教师、优秀课余运动训练教练员、优秀学校体育工作者”的评选活动。根据市教育局相关统计，2012年，长沙市初中毕业生体育中考合格率95.73%。参加湖南省青少年锦标赛，金牌和团体总分均居全省第一。组队参加湖南省第四届大众体育运动会和湖南省第八届老年人运动会，名列全省第一。长沙市输送的运动员在2012年伦敦奥运会上获得女子花游团体银牌。

三、注重抓创新，大力拓展体育产业发展空间。市体育局研究编制《长沙体育旅游发展规划》。努力打造高水平竞技表演市场。2012年2月22日，中国对科威特男子足球比赛在贺龙体育中心顺利举行。5月底，长沙贺龙体育中心被中国足球协会授予“中国之队主场”称号，正式成为中国之队正规主场赛事的首选场馆。4月份，长沙市从广东引进了全国男子篮球职业联赛的老牌劲旅柏宁男子篮球队，填补了省会长沙没有一支高水平篮球职业队伍的空白，全年共举办10多场主场赛事，为广大市民朋友提供了一个欣赏高水平体育赛事的舞台。10月初，中国·长沙第五届“贺龙杯”体育舞蹈城市公开赛在长沙举行，来自全国各地的1300多名运动员参加了比赛。探索整合社会资源发展体育事业新途径。经湖南省民政厅、湖南省体育局批准，成立了长沙市体育基金会。12月上旬，长沙市篮球协会和湖南省广播电视大学签订社会体育培训与人才培训战略合作协议，全面承包运营湖南电大的体育场馆，在部分场馆有偿或低偿运营的基础上，其他场地设施免费向市民开放。进一步拓宽体彩销售渠道，全年体彩销售7.2亿元。加强体育产业服务平台建设，建立了长沙体育产业信息平台“星城·新动力”体育网站。在全国建立起了第一个以体育产业信息为核心内容的专业服务系统，有效地整合了全市体育产业资源，通过发布体育产业政策、提供体育劳务、发布体育赛事信息、提供体育健身咨询与指导等，为市民提供全方位的体育信息服务。（李卓民）

群众体育

【第四十六届春季马路赛跑】　为全面贯彻落实长沙市颁布的《长沙市全民健身办法》，推动全民健身运动广泛开展，3月25日，长沙市第二届全民健身节启动仪式、长沙市第四十六届春季马路赛跑暨安利纽崔莱健康跑（长沙站）在贺龙体育中心东广场举行。本届全民健身节为期5个月，既有组委会组织的8大主体活动，又有体育协会组织的12种运动项目，还有各区、县（市）组织的54个自选动作。市委副书记、市长张剑飞宣布活动启动，省体育局副局长熊倪，市领导赵建强、陈献春、夏建平、钟新莲、王洪浪等和近2万名市民一起参加了当天的活动。　（蒋慧娟）

【《长沙市全民健身办法》施行】 6月10日，长沙市人民政府颁布的《长沙市全民健身办法》（市长令第119号）正式施行。《办法》是长沙市人民政府颁布的推进新时期全民健身事业发展的重要指导性文件，《办法》的颁布是长沙市全民健身事业法制化、规范化发展的重要标志，对进一步促进全民健身事业科学发展具有重要的意义和深远的影响。有效促进群众在以社区、单位、学校、乡镇、社团为平台开展简单易行、小型多样、因地制宜的健身锻炼活动，积极打造长沙市“15分钟健身圈”，满足全市人民群众的体育健身需求，构建较为完善的全民健身服务体系。（蒋慧娟）

【纪念毛泽东“发展体育运动，增强人民体质”题词发表60周年活动】 6月10日上午，省会长沙纪念毛泽东“发展体育运动，增强人民体质”题词发表60周年活动在长沙贺龙体育中心东广场举行。本次活动由湖南省体育局主办，长沙市体育局承办，省人大常委会副主任肖雅瑜、省人民政府副省长李友志、省政协副主席龚建明、长沙市副市长夏建平、市政府副秘书长刘秋成等领导出席。活动仪式由省体育局局长李舜主持。长沙市体育局局长李卓民、有关市直部门负责人和广大全民健身运动爱好者一起参加了活动。（蒋慧娟）

【长沙40余家游泳场所免费向中小学生开放】 2012年，长沙市继续采用政府“购买服务”方式，组织大部分游泳场所免费向中小学生开放。其免费开放服务对象是长沙市中小学生，开放的具体时间是7月10日～8月25日的14:00至18:00。免费开放的游泳场所增加到40余家，覆盖长沙市六区（芙蓉区、天心区、岳麓区、开福区、雨花区、望城区）、三县市（长沙县、宁乡县、浏阳市）。相比往年，2012年的最大特色是全面实行网上预约、在线管理。长沙市体育局通过长沙体育信息平台——星城新动力网（www.xingdl.com），建立购买游泳服务管理数据库，与各游泳场馆电脑实时在线联接。通过此服务管理系统进行在线管理能及时有效地统计各场馆服务的人数，收集汇总学生参与活动的信息，合理安排资源。（蒋慧娟）

竞技体育

【“羽林争霸”2012红牛城市羽毛球赛湖南赛区长沙站】 4月21日，“羽林争霸”2012红牛城市羽毛球赛湖南赛区长沙站的比赛，在跃美羽毛球馆举行。湖南省羽毛球乒乓球运动管理中心党支部书记张绍臣，长沙市体育局党委书记、局长、市体育总会主席李卓民，长沙市体育局副局长、长沙市羽毛球协会主席江哲明，北京红牛饮料销售有限公司湖南分公司总经理赵晓刚出席了本次比赛开幕式。本次比赛共有来自长沙各地的34支“羽林”精英队、200多名业余羽毛球爱好者参加角逐，为晋级前4奋力拼杀。根据赛程安排，长沙站的前4名与湖南赛区其他5个城市的晋级队伍一起参加6月2～3日进行的赛区决赛，获胜者获得进军全国南区决赛乃至伦敦总决赛的资格。4月22日下午，在长沙站的决赛场上，海盟—四海一家中队、腾飞一队、北斗星天玑队分别夺得冠亚季军，长沙学院队晋级前4名。（蒋慧娟）

【全国青年迎青奥长跑活动（长沙站）暨2012香雪健康跑活动】 4月22日，全国青年迎青奥长跑活动（长沙站）暨2012香雪健康跑活动在湖南大学体育场正式启动。为了在广大青少年中广泛宣传奥林匹克精神，为青奥会在中国的成功举办，营造良好氛围，国家体育局、教育部、共青团中央和第二届青年奥林匹克运动组织委员会联合在全国100个城市分4个阶段，举办以“激情飞扬、与青奥同行”为主题的“全国青年迎青奥”长跑活动。本次活动由国家体育总局、教育部、共青团中央和南京青年奥林匹克组委会主办，湖南省体育局、湖南省教育厅、共青团湖南省委和长沙市人民政府承办，市体育局、市教育局、团市委协办。共有来自湖南大学的青年学生代表4000余人参加。（蒋慧娟）

【第四届大众体育运动会跳绳比赛】 11月6日上午，湖南省第四届大众体育运动会跳绳比赛在长沙贺龙体育中心东广场举行，来自全省各市州的13支代表队、近百名选手参加比赛。省体育局副局长孙平波，市领导夏建平、钟新莲等出席活动并为选手们加油助威。东道主长沙代表队成为最大赢家，荣获团体第一和男子个人第一名，女子荣获第二、第三名。（蒋慧娟）

体育产业

【长沙市群众体育文化发展事业战略合作签约发布会】 3月1日上午，市体育局和湖南中粮可口可乐饮料有限公司在贺龙体育中心会议室共同签署了《长沙市群众体育文化发展事业战略合作意向书》。未来5年内，湖南中粮可口可乐将投入不少于600万元用于长沙市群众体育文化活动。省体育局副局长熊倪、市政府副市长何寄华、市政府副秘书长刘秋成，市体育局局长李卓民、湖南中粮可口可乐有限公司总经理陈红兵、市体育局纪委书记谭艳辉和副局长江哲明等领导和嘉宾出席了签约仪式。（蒋慧娟）

【柏宁男篮入驻长沙】 4月23日，长沙市体育局与柏宁篮球俱乐部战略合作暨2012全国男子篮球联赛（NBL）长沙赛区新闻发布会隆重开启。此次长沙市体育局携手柏宁篮球俱乐部入驻长沙，制定本土化与进军CBA的宏伟目标，打造属于长沙自己的职业篮球队——长沙柏宁篮球队。长沙柏宁篮球队落户长沙后，首个主场比赛于5月12日在湖南大学南校区体育馆上演，训练基地设在湖南大学北校区。接下来的两三年将大力培养本土球员，组建具有湖南特色文化底蕴的球迷协会，真正做到扎根长沙。（蒋慧娟）

社会生活

责任编辑：吴丫丫

人民生活

【城市居民生活状况分析】　据国家统计局长沙调查队居民家庭抽样调查统计，2012年，长沙城市居民人均可支配收入2.91万元，同比增长14.1%，剔除价格因素影响，实际增长11.5%。人均消费支出1.85万元，同比增长5.3%。

一、收入稳步增长，收入来源多元化。城市居民家庭收入格局呈现以工资收入为主，收入来源多元化特征。从城市居民家庭收入构成看，工资性收入和财产性收入保持较快增长速度，经营性净收入和转移性收入保持持续稳定增长。1. 经济稳步发展带动工资性收入增长18%。工资性收入是城市居民收入的主要来源，2012年，工资性收入占城市居民家庭总收入的56%。影响工资性收入增长的主要因素：一是随着劳动力成本的上升，企业职工工资收入、工资性补贴得到大幅度增加。省人社厅公布2012年职工工资增长指导线最高为20%，基准线为13%，最低为6%。长沙经济发展超过全省水平，职工工资增长快于全省平均水平，年内长沙职工工资最底标准由1020元提高到1160元，增长13.7%。其中服务行业用工工资由每月1200元左右，上涨到每月1600元左右，平均上涨幅度超过30%。二是长沙经济保持较快发展势头，为职工工资收入增加打下基础。三是长沙就业形势保持稳定，家庭人口负担系数下降。2012年，城市居民家庭人口负担系数为1.97，比上年同期下降2%，助推人均收入的上涨。四是城市居民收入渠道拓宽，很多居民利用自己的一技之长从事第二职业，其他劳动收入明显上升。2. 财产性收入增长近5成，成为居民收入增长最大亮点。随着居民家庭财富的增加，投资理财成为城市居民家庭收入的一个重要来源。2012年，城市居民家庭人均财产性收入为1867.54元，同比增长48.4%。其中出租房屋收入同比超50%，股息与红利收入增长14.4%，利息收入增长79.1%。出租房屋收入对财产性收入增长贡献率超90%，出租房屋收入大幅度增长主要原因有：一是城市居民家庭拥有两套及两套以上住房户数增加，户均出租房屋套数和出租房屋面积分别比2011年增长31%和37.1%。二是出租房屋价格上涨，近两年来，长沙住宅租赁价格明显上升，大幅度增加了居民出租房屋收入。3. 经营性净收入稳步增长，同比增长6.4%。由于国家在政策上大力扶持私营经济和个体经济发展，市委、市政府积极鼓励下岗失业人员、高校应届毕业生等自主创业，提供小额贷款并给予许多优惠政策，为许多应届毕业生和下岗职工从事家庭个体经营和劳动就业提供了条件。随着个体经营人数增加和经营范围的多元化，长沙市城市居民经营性净收入同比增长6.4%，经营性净收入占居民家庭总收入比重达13.4%。

二、社会保障机制进一步完善，保障力度进一步加大。2012年，长沙市政府致力完善社保机制，坚持全覆盖，广受益，强化社会保险扩面征缴，重点开展面向农民工、灵活就业人员等群体的扩面征缴行动，落实各类特殊群体参保政策，各险种参保覆盖率达95%以上，居民社会保障水平得到大幅度提高。长沙城市居民家庭人均社会保障支出1134.78元，同比增长12.8%。其中个人缴纳的养老基金同比增长12.1%，个人缴纳的医疗基金同比增长7.7%，个人缴纳的失业基金同比增长50.7%。

三、居民消费水平稳步提高，消费结构更趋合理。2012年，长沙城市居民人均消费支出为1.85万元，同比增长5.3%，在居民八大类消费支出中，呈现出“六升二降”格局，其他商品和服务、设备用品和服务、居住消费支出增幅明显，医疗保健、交通和通讯支出同比下降。1. 食品消费支出同比增长8%，恩格尔系数为37%。受食品价格上涨的影响，城市居民人均食品消费支出比上年增长8%，剔除食品价格影响，实际增长4.5%，食品消费支出占消费支出的比重为37%，恩格尔系数比上年略有回升。受居民在外饮食价格上涨影响，居民家庭在外饮食支出比上年增长28%。2. 节能补贴政策，成为拉动城市居民消费支出增长的亮点。备受关注的“国家节能补贴”新政，是继“家电下乡”、“家电以旧换新”之后国家出台的又一惠民新政。对促进家电升级换代、改变家电消费结构起到积极作用，并直接刺激城市居民家庭平板电视、电冰箱、洗衣机和热水器消费量的大幅度增长。2012年，城市居民家庭每百户洗衣机购买量比上年同期增长52.5%，人均消费金额增长39%；每百户热水器购买量增长72.7%，人均消费金额增长64.5%；电冰箱人均消费金额同比增长47.3%。受国家节能补贴政策的影响，居民家庭设备用品及服务消费比上年同期增长12.2%。3. 居民住房装潢消费增加，居住消费同比增长8.6%。2012年，长沙居民住房条件继续改善，住房装潢消费增加，居民家庭购买维修用建筑材料和住房装潢支出同比增长16.6%，城市居民家庭居住消费增长8.6%。4. 网络消费同比增长43.4%。截至2012年底，长沙城市居民家庭每百户家用电脑拥有量达93台，同比增长11.7%，其中接入互联网的计算机达75台，同比增长15.4%。接入互联网的移动电话34部，同比增长19.3%。网上购物和享受各种服务成为一种快捷和时尚的消费观念，人均通过互联网购买商品或服务支出达91.94元，同比增长43.4%，网上购物已经被越来越多的居民所接受。5. 教育费用稳步增长，休闲旅游成时尚。2012年，长沙市城市居民人均教育文化娱乐服务支出2459.12元，同比增长5.3%。其中人均教育支出1220.78元，增长11.9%，托幼费和课本及参考书支出分别增长42.2%和22.8%。随着居民消费结构由生存型向发展型、享受型转变，老百姓的娱乐、旅游等休闲消费快速增长。2012年，城市居民家庭外出旅游人次达1.47次/人，同比增长21.5%，人均旅游花费总额647.72元，同比增长32.6%。6. 兼有保值功能的个人消费品大幅度增长。在城市居民八大类消费中，其他商品和服务同比增长21.6%，成为城市居民消费亮点。其他商品和服务消费中，居民购买金银珠宝饰品和手表分别比2011年增长25.3%和2.8倍。

（袁忠文）

【农村居民生活状况分析】 2012年，长沙市农业、农村经济持续向好，发展区域经济，支撑农民就业转移成为长沙农民增收的新亮点，农民收入连续9年保持增长。据长沙市农村住户调查数据显示，2012年，长沙市农村居民人均纯收入1.58万元，同比增长17.6%；农村居民人均可支配收入1.51万元，同比增长18.4%；农村居民人均劳务经济收入8751元，同比增长29%；农村居民生活消费支出1.02万元，同比增长18.4%。

一、农村居民生活主要特点。1. 工资性收入快速增长是农民收入增长的主要拉力。2012年，全市农村居民工资性收入人均8751元，比上年增加1967元，同比增长29%，拉动农民人均纯收入增长14.7个百分点，对农村居民全年增收的贡献率达83.2%，比上年提高18个百分点，是农村居民收入最主要的拉动力，工资性收入占农民人均纯收入的比重达55.5%，比上年提高4.9个百分点。工资性收入中，在非企业组织中劳动收入453元，占工资性收入的5.2%；在本乡地域内劳动收入4842元，占工资性收入的55.3%；外出从业收入3456元，占工资性收入的39.5%。2. 向非农行业转移是农村劳动力就业的主要方向。传统农业生产已经不是长沙市农村居民的主要就业方式。工资性收入的快速增长，也反映出了长沙市农村劳动力就业结构的变化。全市农村住户调查显示，在有劳动力从业的被调查家庭中，93.9%的家庭都有劳动力以从事务农以外的行业为主，仅有6.1%的家庭全部从事农业生产，该比例比上年下降3.8个百分点。从农村居民劳动力从事的主要行业结构看，农业仍然是从业人员最多的行业，占比达21.6%，但比上年下降6.6个百分点；在其他行业中，农村居民从业较为集中在制造业、建筑业、居民服务及其他服务业，占总数的44.3%。其中制造业占20%，比上年上升4.4个百分点，已接近农业占比；建筑业占13%，比上年下降0.9个百分点；居民服务及其他服务业占11.2%，比上年下降1个百分点。3. 区域经济的发展是推动农民增收的主要动力。调查显示，长沙市农村居民收入的增长与地区经济尤其是乡镇本身经济的发展，有着极为密切的关系。从从业地区看，长沙市农村居民从业地区主要集中在省内，占95.5%，其中在本乡内的占77.3%，比上年上升3个百分点；在县内从业占到85.4%，比上年上升3.8个百分点。在本乡地域内劳动得到的工资性纯收入人均4842元，增长33.4%，占全部纯收入的30.7%；在省内获得的收入7332元，同比增长29%，占全部纯收入的46.5%。全市地区经济的发展，企业规模扩大和数量的增加，扩大了本地务工需求，增加了本地就业机会，降低了务工成本，促进了农村劳动力有序向本地非农领域转移。4. 家庭经营纯收入仍是农村居民收入重要部分。2012年，全市农村居民家庭经营纯收入5377元，同比增长4.4%，增速放缓，比上年下降6.9个百分点。家庭经营纯收入占纯收入的比重为34.1%，虽然比重比上年下降3.4个百分点，但在农民收入中占比仍然超过1/3。其中第一产业纯收入人均3003元，占家庭经营纯收入的55.8%；非农产业纯收入2375元，占家庭经营纯收入的44.2%。农村居民家庭经营的非农产业中，又以第三产业为主，达到1940元，占非农产业纯收入的81.7%。5. 生活消费较快增长，家庭生活越趋现代化。随着收入的提高，农民消费积极性也越来越高。2012年，农民人均生活消费总支出1.02万元，同比增长18.4%，其中购买服务类的支出达2953元，同比增长25.2%。衣、食、住、行等支出全面上升，其中支出大头在食品，达3756元，占到消费支出的37%，增长热点则在衣着、文化教育娱乐和交通通信，其中衣着消费支出694元，同比增长28.4%；文化教育．娱乐消费支出876元，同比增长27.8%；交通和通讯消费支出1591元，同比增长27.8%。从耐用消费品拥有情况看，农村居民家庭生活更加现代化。洗衣机、电冰箱、空调机、彩电的每百户拥有量分别为94台、88台、76台和113台。移动电话每百户233台，户均达2.3台，汽车也逐渐普及，生活用汽车的每百户拥有量达17台。

二、进一步推动农民增收的建议。“三农”问题的核心在于农民，农民收入增加了，农村经济才有活力，才能保证农村地区的长期稳定，全面建设小康社会的目标才能如期实现。国家对农业的重视程度和扶持力度不断加大，中央一号文件连续十年聚焦三农，年初颁布的一号文件，强调把解决好农业问题作为重中之重，把城乡发展一体化作为解决“三农”问题的根本途径；统筹协调，促进工业、信息、城镇、农业现代化同步发展，强化现代农业基础支撑，推进新农村建设。因此，如何保障和推动农民收入继续稳步快速增长，是长沙市农村工作必须贯彻始终的重点。1. 加快推进农业经济结构调整，增加农民农业生产经营收入。农业家庭经营收入是农民收入的重要组成部分，近年出现增长速度放缓的情况。长沙市农业生产结构性矛盾表现在三个方面：一是虽然农业生产的区域化分工有了较大进展，但区域比较优势尚未充分发挥出来，区域性结构不同程度存在大而全、小而全问题。二是一般性品种多，专用品种少；初级产品多，加工产品少，精深加工产品更少。三是产品质量偏低，名优产品比例不高。为此，大力推进农业结构战略性调整，不断提高农业竞争力，是解决现阶段农民增收的重要问题。一是政府要加强引导，依靠典型示范推动结构调整。改变光靠行政手段推动结构调整的做法，创新工作思路，从示范引导入手，引进新品种、新技术，示范一批，推广一批。通过典型示范，效益吸引，提供服务的方法引导农民主动调整产业产品结构，形成农业结构调整的浓厚氛围。二是要在农产品结构调整上，大力实施“良种”工程，坚持在名、特、优、新上做文章，培树知名品牌。引进优质高效新品种，提高农产品科技含量和市场竞争力，促进效益的提升，进而实现农业生产由追求数量型向追求质量效益型转移。2. 加强农民职业技能培训，提高农村居民非农行业就业能力。农村劳动力向非农行业转移已经是全市农村居民就业的主要趋势，带动了农民收入的快速增长。由于农村教育水平较低，长期以来，农业劳动力生产技能较低，所掌握的职业技能较少，农村劳动力大部分被限制于从事于技术含量较低的工作或有限的工种，所以必须加强对农民劳动者进行职业技能培训，提高他们非农村产业生产技能的水平和层次，进而提高其在非农行业的收入。同时要引导企业履行社会责任，支持企业多留用农民工，督促企业及时足额发放工资，妥善解决劳动纠纷。对于生产经营遇到暂时困难的企业，要根据有关政策，使其与员工在双方平等协商的前提下，尽可能地采取灵活用工、弹性工时、在岗培训等多种措施稳定就业岗位。要在扩大城乡基础设施建设和新增公益性事业中，尽可能多地使用农民工；采取以工代赈等方式，引导农民大规模参与农业农村基础设施建设。要充分挖掘农业内部就业潜力，拓展农村非农就业空间，因地制宜地发展农村二、三产业。要鼓励和支持农民工回乡创业，以创业带动就业，以就业促进创业，为农村劳动力提供尽可能多的就业增收机会。要健全和完善统一开放、竞争有序的人力资源市场，为农民工提供免费的职业介绍、职业指导等服务，以扩大农民工就业增收空间。3. 加快农业产业化经营发展步伐。农业产业化是促进农民增收的有效途径。发展农业产业化，着重点是培育和发展农业产业龙头企业和农民专业经济合作组织等农业生产组织。一是推进各种专业经济合作组织和中介服务组织的发展。按照政府引导、农民自办、能人带动等方式和“风险共担、利益共享”的原则，围绕龙头企业和市场需要，按区域布局和产业类型组建集生产技术指导、销售服务为一体的专业性经济合作组织，真正把农户、企业和市场连接在一起，降低农产品流通成本，提高农民在基地生产和市场销售上的集约化水平和组织化程度，解决小生产与大市场之间的矛盾，使之成为组织和带领农民闯市场的主力军。二是创新合作扶持方式，按照扶持龙头企业就是扶持农民的思路，由直接扶持农民向扶持龙头企业转变，从资金、政策上向龙头企业倾斜，增强其自身实力和带动辐射能力。三是要把龙头企业当成推进农业产业化的主要载体和关键来抓。根据全市的区域优势和产业特点，大力发展和培育产地市场型、深加工型及基地订单型龙头企业，通过协议购销合同、保护价收购等形式，与农户结成利益共同体，逐步形成一头连农户，一头连市场，农工贸一体化，产加销一条龙的产业发展链条，带动全市传统特色产业的改造升级，使其真正成为优势产业。（王　浩）

民政工作

【概况】　2012 年，长沙市民政局保持了长沙民政在全省总体领先、在全国部分领先的良好势头，形成了“事业发展，干部成长，群众满意，领导肯定”的可喜局面，获“中华慈善奖”、“全国民政系统信访工作先进集体”、“全国社会组织创先争优活动优秀指导单位”、“全省民政工作先进集体”、“全省和谐社区建设工作先进单位”、“全省老龄工作先进单位”、“全省退役士兵教育培训工作先进单位”、“全省巾帼建功活动先进单位”等称号。在第十七次全省民政会议上，长沙市民政局作了全面经验介绍。（谭卓华　周　湛）

【优抚安置】　2012 年，市民政局出台了《长沙市退役士兵职业教育和技能培训办法》，10 月 7 日起实行及时处理退役士兵上访事件，保持了基本稳定。稳妥推进长沙军供站人事制度改革，有效破解了改革阵痛带来的遗留问题。成功举办双拥工作总结表彰暨军民联欢大会，全面部署了争创“六连冠”的目标任务。开展“关爱功臣进万家”活动，对农村老党员、在乡老复员军人等困难家庭实施帮扶救助活动，妥善解决了无军籍职工津补贴问题，顺利推进了离退休干部的住房改革。长沙县以住房援建和医疗救助为重点，深入实施了革命烈士后代幸福计划。（谭卓华　周　湛）

【社会福利】　为老服务。建成城乡居家养老服务中心（站）413 个，实现城区全覆盖；打造了“96880”、“一键通”等居家养老服务品牌，大力培育康乐爱老、康乃馨等一批民办养老服务品牌机构，新增养老床位 3512 张。紧紧围绕“六个老有”的工作目标，切实维护老年人的合法权益。芙蓉区加大政府购买养老服务力度，被评为“全国养老服务示范区”；望城区社会化养老的做法得到民政部领导的高度评价。特殊群体服务。打造全国脑瘫儿童康复示范基地，儿童康复工作被央视《新闻 1+1》栏目专题报道。积极推广精神病人康复会所模式，开福区和天心区建成两家区级精神病人康复会所，心翼会所康复模式被《光明日报》专题刊载，长沙市第三社会福利院心翼“会所模式”社区精神康复项目获全国优秀专业社会工作服务项目二等奖。出台《关于加强和改进流浪未成年人救助保护工作的意见》，累计救助生活无着流浪乞讨人员近3万人次，市救助管理站被评为“国家一级救助管理机构”。全国精神卫生福利工作经验交流会和第七届全国救助站长交流会先后在长沙召开，长沙市精神病人救助康复模式、流浪未成年人“类学校”、“类家庭”保护教育模式等经验在会上推广。全年共销售福利彩票15.45亿元，增幅21.13%，筹集公益金4.49亿元。（谭卓华 周 湛）

【社会救助】 2012年，长沙市民政局提高了最低生活保障标准、五保供养标准和医疗救助标准，实施20所农村敬老院改扩建。共发放城乡低保金和各类补贴6.15亿元，城乡低保月人均补差分别为327元、121元。提高精神病人用药档次，对农村五保对象和重症精神病人实行免费住院治疗，全市精神病人药物救助5.1万人次，累计发放救助药品价值580万元，救助效果明显提高；重症精神病人免费住院治疗2971人次，支付住院救助金1025万元，实现了应救尽救。积极推广精神康复会所模式，在开福区和天心区新建两家区级精神康复会所，长沙市精神病人“免费发药、免费检查、免费住院、免费康复”的做法在民政部精神卫生福利工作经验交流会上得到推介。市民政局自主开发的居民家庭收入核对系统，是全国联网部门最多、核对信息最全、数据连接最及时、应用范围最广的核对系统。（谭卓华 周 湛）

【婚姻家庭】 2012年，长沙市民政部门理顺婚姻登记机制、规范工作流程、提升服务水平，全面实现了以县为单位集中登记和网上在线登记，继续开展历史婚姻登记信息补录工作，进一步推进婚姻登记工作的信息化，开展婚姻登记优质服务活动，全年共办理结婚登记7.62万对、离婚登记1.65万对，出具（无）婚姻登记记录证明5.7万份。（谭卓华 周 湛）

【救灾救济】 长沙市民政局创新农村危房改建模式，在上门核查、建立危房信息库的基础上，将一般援建与重点援建相结合、政府援建与社会参与相结合，对一般援建户和重点援建户，分别按2万元和4万元的新标准予以补助，2012年共完成1.13万户，有效破解了农村特困群众住房难题。完善了网络平台，建成4级雷锋超市242家和大学雷锋超市9家，打造了学雷锋活动的响亮品牌，雷锋超市的经验做法得到部省领导的高度评价。（谭卓华 周 湛）

【社会慈善】 长沙市民政局建立了以项目为载体的募捐救助模式，全年筹集慈善款物4100万元，发放救助金1818万元，惠及困难群众2.7万人次，其中慈善助学500万元2319人，慈善基金余额突破2亿元，连续第5次获全国最高慈善奖“中华慈善奖”，在全国城市公益慈善指数排名中位列中部第一、全国第七。（谭卓华 周 湛）

【社团组织管理】 长沙市出台了《长沙市社会组织登记和监督管理办法》及其实施细则，对工商经济、社会服务、社会福利和公益慈善4类社会组织实行直接登记，实现了社会组织的提速发展，全市共登记社会组织2972家，增长率17.2%。采用“政府兴办、民间管理、公众监督、社会受益”的模式，建成孵化基地4家，为初创期社会组织提供了场地和资金支持，其中市本级孵化基地投入800多万元，委托长沙市仁与公益组织发展研究中心进行第一期孵化工作，对5个待孵化机构进行了招募和公示。率先全省开展福彩公益金向社会组织购买公益慈善服务，共立项17个。成立长沙市评估委员会和复核委员会，率先全省开展社会组织评估工作。推行党建工作与登记管理工作“同登记、同台账、同年检、同换届、同考核、同评估”相结合的“六同”模式，实现了党的工作和党组织在社会组织中的全覆盖。（谭卓华 周 湛）

【社会工作】 2012年，市民政局积极组织社会工作考试与培训，举办了两期民政部社会工作骨干培训班。建立社会工作重点人才数据库，录入中级社会工作师信息140余人。加大政府购买力度，扶持民办社会工作机构和社区社会工作站，开展社会工作服务管理标准体系建设课题研究。（谭卓华 周 湛）

【社区建设】 2012年，市民政局依法、依规、依程序完成了第八次社区居委会换届选举，在全市范围内推行“选聘结合，三位一体”社区管理模式，探索完善以“八化”为抓手的社区管理社会化新路子。出台《关于规范社区专职工作人员工资福利待遇的意见》，建立社区工作人员待遇自然增长机制，社区主任年均收入可达4万元以上，极大激发了社区人员的工作活力。联合市财政局按精品、示范社区建设标准，审核验收示范社区5个，精品社区30个。将城中村改造工作纳入市政府对市直有关部门和区政府的绩效考核内容，起草了《关于城中村改造过程中若干具体问题处理意见》，全面完成首批5个试点村第八次社区居委会换届选举。出台《长沙市村务监督委员会实施意见》，整

全市贯彻实施《长沙市地名管理办法》工作会议

合村务公开监督小组、民主理财小组、党风监督员等监督力量，将其职能并入村务监督委员会。（谭卓华　周　湛）

【区划地名工作】　2012年，长沙市民政局指导天心区、岳麓区、望城区和长沙县，对部分乡镇、街道区划进行优化调整，区划设置更加科学合理。在深入调查研究、广泛征求意见、进行立法听证的基础上，拟定了《长沙市地名管理办法》，以政府规章的形式正式出台。《政区大典·长沙分卷》市、区、乡镇三级词条50余万字完成4审并上报省编委会进行终审，编纂工作取得阶段性成果。

（谭卓华　周　湛）

【殡葬管理】　2012年，大力推行惠民殡葬，全面实施城乡居民运输、冷藏、火化、生态葬4项基本殡葬费用全免，共发放金额1475.67万元补助17102户。加强农村公益性墓地建设监管，开展乱埋乱葬打击工作，在强制火化区50%以上的村和社区设立白理事会，充分发挥其积极作用；着力整治城区殡葬秩序，全市平均火化率73.6%。

（谭卓华　周　湛）

【长沙基本殡葬服务费政府买单】　2012年，长沙市民政局正式推行实施《关于对城乡居民基本殡葬服务费实行政府补助的通知》，对于按照要求安葬逝者的家庭，政府补助接运费、冷藏费、火化费和生态葬共4项城乡居民基本殡葬费最高合计1120元的补贴。市民政局局长曹再兴表示，相比全国其他地方，长沙此次补贴政策涵盖范围更广，补贴对象由低保困难对象扩充到普通人家。补贴的项目由2个扩充到4个项目，补贴的标准也更高。截至2012年8月底，近万人享受了该政策。

（谭卓华　周　湛）

老龄工作

【概况】　一、出台老龄事业发展规划。根据中央、省、市关于编制“十二五”规划的有关精神，在深入调研的基础上，长沙市老龄委编制了《长沙市老龄事业发展第十二个五年规划》（草拟稿）（以下简称《规划》），并多次以书面、会议形式向各成员单位、各街乡主管领导和部分老年代表征求意见，局党委会议对《规划》进行了逐条讨论。5月15日，市老龄办向市人民政府提交了《关于审议批准发布实施〈长沙市老龄事业发展第二个五年规划〉的请示》。8月7日，市老龄办在湘麓山庄组织召开2012年度老龄工作全会，会议由长沙市政府副秘书长黄雄姿主持，市委副书记、常务副市长、市老龄委主任张迎龙，市老龄委顾问王克俭、杨宏、刘湘皋等参加，市委组织部、宣传部等20多个部门参会。会上，市老龄办就《长沙市老龄事业发展“十二五”规划》出台等工作做了说明并提请全会审议。经审议，全会集体通过了《长沙市老龄事业发展“十二五”规划》，该规划由市人民政府颁布实施。

二、加大老年人福利优待力度。1. 高龄津贴发放稳步推进。根据《关于进一步加强老年人优待工作的意见》和《关于逐步建立高龄老人生活补贴制度的通知》文件精神，长沙市高龄津贴发放工作坚持因地制宜、适度普惠，充分考虑区情和高龄老人的基本生活需求，在具体的发放程序上做到动态监控、公开公平。3月底，市老龄办下到浏阳市、宁乡县、望城区对高龄津贴下发情况进行督查，5月对百岁老人的情况进行统计复核，6月与市财政局福利处联合制定高龄补贴发放工作绩效自评表，进一步强化高龄津贴管理，杜绝高龄津贴发放过程中的违规行为。6月，国家审计署对长沙市高龄补贴发放工作进行了审计，经审计长沙市高龄补贴发放工作程序规范、管理科学，做到了应发尽发，高龄老人权益得到有效保障。2. 常规优待工作扎实开展。一是做好老年优待证的办证工作，截至2012年底，全市10个办证点共为全市适龄老人办证10万余本；二是认真办理人大代表提案，市老龄办联合市教育局、市人社局、市财政局、团市委，对市人大第227号提案进行了认真答复；三是做好来信来访的接待工作，全市共接待来访老年人2000余人，为老人解决困难500余件。

三、提升社会化养老服务质量。为进一步解决农村社会老人养老服务问题，加大推动城市社区（居家）养老服务发展力度，根据省老龄委、省民政厅《关于做好农村综合性养老服务和城市社区（居家）养老服务示范点建设工作的通知》（湘老龄发〔2012〕2号）精神，市老龄委制定了详细的工作方案，进一步强化“惠老工程”建设力度。1. 抓农村示范点建设。市老龄办牵头组织市救助局、福彩中心等单位负责人组成验收检查组，对2011年拟定的14个市级农村综合性养老服务示范点进行验收，从福彩公益金中下拨惠老资金70万元；2012年，新勘定长沙县果园敬老院等10个点作为2012年度省级示范点，浏阳市金刚镇敬老院15个点为市级示范点，通过示范点建设，加大了面向社会老人服务的力度，为区域所辖社会老人提供娱乐休闲、日间照料、短期托养、配餐等服务，方便老人之间互助交流，受到老年人的欢迎，示范点逐步向区域性养老中心转变。2. 抓城区养老中心建设，着重选取服务多样化、队伍多元化的养老中心作为城市、社区（居家）养老服务示范点，2012年勘定了省级示范点10个、市级示范点10个。新打造的城市社区（居家）养老服务示范点注重信息化管理，建立了老年人基本状况、基本需求等基础信息库，添置了康复健身设备、文化娱乐器材、老年教育和其他服务设施，被广大老人称为“家门口的活动中心”。选取了雨花区康乐养老服务中心开展城市社区居家养老服各信息系统建设试点，争取在城区内打造没有围墙的“虚拟养老院”。

四、开展文明为老活动。1.“敬老文明号”创建活动全面铺开。“敬老文明号”是经中央批准，在全国各级涉老部门、为老服务组织、公共服务窗口行业等单位，开展的文明为老服务争创活动。一是精心组织，制定标准。成立市“敬老文明号”创建活动领导小组，明确创建活动单位和部门的职责；制定了创建活动实施方案，明确创建范围、创建条件和创建步骤；制定“敬老文明号”创建考核和管理办法，根据涉老职能部门、公共服务窗口、为老服务组织的不同特点，制定相应的考核细则。二是加强指导，严格验收，2012年，共有100多家单位申报“敬老文明号”，通过审核、实地考核、综合评价，有80家单位被授予长沙市首届“敬老文明号”称号。随着“敬老文明号”创建活动的不断推进，越来越多的涉老单位优待优惠老年人政策不断扩大、为老服务创新措施不断出台，将敬老惠老的美德落实到具体行动中。2.“三老”主题教育活动蓬勃开展。为进一步弘扬中华民族尊老爱老敬老的传统美德，根据国家老龄办、省老龄委有关部署，长沙市开展了“尊老爱老助老”主题教育活动，成立了由市委宣传部、市直工委、市民政局、市教育局、市文广新局、团市委、市妇联、市关工委、市老龄办共9家单位负责人组成的组委会。4月17日下午，长沙市第二届“敬老爱老助老”主题教育活动在长沙市人民会堂举办了启动仪式，打响湖南省“敬老爱老助老”主题教育活动头阵。活动开展以来，共推荐杨松青、张建国等27名省级“孝亲敬老之星”和2家省级“敬老模范单位”，通过网络投票和短信投票，推荐11名全国“孝亲敬老之星”和1个敬老模范先进单位。3. 空巢老人关爱活动长效开展。为加大空巢老人关怀力度，市老龄办以重大节日为契机，为他们送上温暖。一是开展节日慰问联迎活动。各区县开展“党群一家亲、邻里一家亲”的春节联迎、共吃年饭活动，邀请孤寡、空巢老人共吃团圆饭，全市共慰问孤寡、空巢、特困老人9万余人。二是积极开展惠老志愿服务活动。发动和号召广大群众自发地参与志愿服务，共同服务于老人，全市共组织志愿者到敬老院为老年人服务300（场）次，组织志愿者在广场、社区服务150场（次），为1.5万多名老年人提供修理家电、理发等家政服务和医疗、法律等咨询服务。

五、老人文化生活日益丰富。10月，长沙市开展了以“敬老爱老·共建共享”为主题的“敬老月”系列活动。1. 举办隆重的庆祝仪式。活动仪式由长沙市民政局局长曹再兴主持，省民政厅党组成员、省老龄委副主任兼省老龄办主任陈毅华对省市老龄工作提出了要求和期望，市人民政府副市长黎石秋向全市110万老年朋友致祝词。老龄委的老顾问、老领导们对10名困难老人代表进行了现场慰问。2. 开展丰富多彩的活动。组织了“千名老人游园欢乐行”、“敬老爱老志愿全城大行动”、“翰墨书香写夕阳”笔录会、“金秋惠老”慰问大行动、心系老年——孝心工程讲座等一系列敬老爱老活动。全市各老年文艺团体以“江南style”等精彩节目为“敬老月”献礼，一批志愿者为老年人提供了老年法宣传、老年病防治、老年保健知识等系列服务，一批老年书画家在安华山庄老年公寓现场作画。3. 进行走访慰问。从福彩公益金中安排了10多万元慰问金，从10月下旬到11月中旬，由市民政局党委班子成员分别带队走访慰问长沙市部分困难老人，为他们送去党和政府的温暖和关怀。据不完全统计，“敬老月”活动直接惠及老人6万余名，市级庆祝活动参与老人5000多名。“敬老月”活动深入到乡村、街道的各个角落。

（郭　华）

人口和计划生育

【概况】 2012年，全市人口计生工作按照市委、市政府确定的“稳政策、强基础、创一流”的目标要求，抓重点破难点，抓基层强基础，抓创新铸品牌，保持良好发展态势，取得良好工作成效：全市人口自然增长率5.55‰、符合政策生育率92.94%、村（居）民自治合格率91.23%、五项优惠奖励政策落实率100%，在全省考核评估中基础分和总体分均名列全省第一，实现全省计划生育工作模范市“十一连冠”目标，连续荣获“全省人口计生工作创新奖”。

一、重点项目创新推进。1. 免费优生检查形成新的政策标准。立足2007年以来全市免费优生（TORCH）检测工作基础，2012年，长沙市进一步加大预防出生缺陷工作力度，按照“高标准覆盖、高质量实施”的原则，制定出台《长沙市免费孕前优生健康检查工作实施方案》，在全市所有区、县（市）全面开展免费孕前优生健康检查工作，并在国家标准上进一步提标扩面，一是在目标人群上全面覆盖，将目标人群由农村人口拓展到含农村人口、城镇人口、流动人口在内的全员人口；二是在经费保障上全面提标，将每对夫妇的结算标准由240元提高到400元。项目实施以来，受到社会各界的广泛关注和人民群众的普遍欢迎，全市免费优生检查群众参与率和干预到位率均达100%，被评为“全省第二届人口计生工作创新奖”。在2012年8月的全省项目推进会上，国家人口计生委科技司对长沙做法高度肯定，并表示要全国推广。2. 信息化的建设凸显新的发展态势。坚持把人口计生信息化建设作为创新社会管理、强化综合治理、优化公共服务的重要内容，以及统筹解决人口问题的重要抓手。2012年，围绕“人房关联、以房管人”的思路，突出社区管理功能，着眼社区管理需求，切实整合地理信息和人口信息，全面整合原有业务管理软件和基层自主开发软件，创新开发“人口网格化信息管理系统”，全市初步构建以信息采集、业务运行、共享协同、监管督办、考核评估、决策支持等为主要功能的人口计生信息应用体系，该系统在全市城区全面上线。4月1日，国家人口计生委主任王侠和省委书记周强到长沙考察人口计生工作，对长沙市开发的社区人口网格化信息管理系统给予高度评价，并表示要全国推广长沙经验。3. 流动人口服务构建新的工作模式。按照试点工作要求，结合全市工作实际，整合相关部门资源，市委、市政府出台《关于推进全市流动人口计划生育基本公共服务均等化工作的实施意见》，着力构建长沙市推进流动人口基本公共服务均等化的“5+10”模式（即5项计生服务加10项公共服务）。深入开展流动人口计划生育基本公共服务均等化示范创建活动。

二、民生服务显著优化。立足基本职能，着眼群众需求，围绕家庭发展，着力完善人口计生服务形式和内容。1. 不断完善利益导向政策体系。通过不断优化人口计生利益导向工作机制，全市形成了以“六奖扶两免费”为主要内容的利益导向政策体系（即农村部分计生家庭奖扶制度、计生家庭特别扶助制度、自愿放弃再生育奖励制度、独生子女保健费制度、城市低保户计生家庭奖扶制度、手术并发症人员扶助、免费计生技术服务、免费孕前优生健康检查）。始终坚持把基本国策作为相关领域政策的“上位依据”，积极推进人口计生政策与有关公共政策的衔接和兼容。如全面落实征地补偿独生子女“多一份额”政策，惠及2.5万户家庭、受益总金额40多亿元，兑现1.5万户家庭、受益金额达30亿元。3月，长沙市在全国人口计生利益导向机制建设会议上作典型发言。2. 切实优化计生公共服务手段。围绕技术服务、人员培训、优生指导、生殖保健等八大职能，通过“四优一满意”服务站所创建、“服务育龄群众百日行”活动等，不断加强基层服务站所能力建设，提升技术服务人员综合素质，尤其在流动人口均等化服务、免费孕前优生健康检查、手术并发症人员扶助、婴幼儿早期教育、生殖健康保健服务等方面，进一步拓展服务范围、规范服务流程、统一服务标准、提升服务水平。长沙市对国家规定的计划生育免费技术服务项目基本实现全覆盖，手术并发症人员扶助落实率100%，并在2012年全省计划生育药具业务培训暨知识竞赛活动中囊括团体第一名、个人单项第一名。3. 深入开展人口文化宣教活动。始终坚持“四个纳入”和“六个融入”（即纳入各级党委中心组学习计划、纳入各级党委宣传工作计划、纳入全市干部普法计划、纳入各级党校和行政院校教学计划；融入“五下乡”、“文明创建”、“青年文明号”、“巾帼建功”、“芙蓉助学”、社会主义新农村建设），全面推进婚育新风进万家活动，并充分发挥人口计生宣传网络作用，开展多形式、多层次的宣传培训，努力形成全社会人人遵守政策、自觉计划生育的良好氛围。同时，切实加大人口计生宣传报道力度，2012年，全市人口计生工作多次受到国家、省级媒体典型报道，被国家人口计生委相关媒体评为“基层宣传工作先进单位”。

三、基础管理逐步夯实。1. 全面强化基层管理。在基层基础工作获得“全省首届人口计生工作创新奖”的基础上，2012年继续深入推进“三级联创四到基层”工作，坚持求真务实、实事求是的原则，按照“宽指标、严考核”，“抓两头、带中间”的思路，统筹考虑区域之间、城乡之间的差距和特点，实事求是确定区、县（市）的指标和任务，并加强过程考核和平时管理，突出示范带动和重点指导，充分发挥考核的促动作用，全面促进整体的平衡发展。特别是在2012年省模名额保持不变、申模单位大幅增加的情况下，全市9区、县（市）全部进入“省优”行列取得“满堂红”。2. 严格执行依法管理。深入开展依法行政示范创建、文明执法等工作，全面推进人口计生政务公开、村（居）务公开、办事公开，并通过开展专项督察、畅通信访渠道、优化举报方式，加强重点性监督和全过程监督。特别是在社会抚养费征收、“两非”（即非医学需要的胎儿性别鉴定、非医学需要的人工终止妊娠）整治、孕前型管理、落实奖扶政策等方面，通过创新“阳光征费”模式、创新执法听证形式、创新质量管理方式，全系统依法行政意识进一步增强、水平进一步提升。同时，切实强化人口计生综合治理部门责任，尤其对于“两非”典型案件查处等重点工作，切实加强层级之间和部门之间协调配合。2012年，全市整治“两非”案件查处数突破18例。3. 创新推进自治管理。不断加强村级计划生育网络、阵地、机制、能力建设，推进基层群众自治示范村（社区）创建活动，进一步完善农村“两委抓导向、协会唱主角、村民搞自治、计生上水平”和城区“两委总揽、协会主理、单位协同、民主协议、履约自律”的人口计生基层群众自治工作机制，全市共15个村（社区）被评为“全国人口计生基层群众自治示范单位”。特别是探索开发和推广应用“计划生育协会综合管理信息系统”，解决协会工作难题，创新协会工作方式，为进一步推进人口计生群众自治工作搭建了新的载体和平台。同时，积极推进创建幸福家庭活动，提升家庭发展能力，促进家庭全面发展，受到中国计划生育协会党组书记、常务副会长杨玉学高度评价。（袁　科）

【实施免费孕前优生健康检查项目】7月19日，市人民政府办公厅印发《长沙市免费孕前优生健康检查工作实施方案》，明确在所有区、县（市）全面开展免费孕前优生健康检查工作，规定“凡符合法定生育条件，且户籍在长沙市（或纳入各区县（市）人口计生部门管理的常住人口和流动人口）的计划怀孕夫妇，均纳入全市免费孕前优生健康检查服务范围”。该方案不仅将目标人群由国家规定的农村人口拓展到含农村人口、城镇人口、流动人口在内的全员人口，并结合实际工作和长远发展需要，将每对夫妇的检查结算标准由国家规定的240元提高到400元，确保基本检测项目需要、核心项目的高质量和相关工作正常运转。8月29日，在全省免费孕前优生健康检查项目推进会议上，国家人口计生委科技司司长张世琨充分肯定长沙经验，认为“长沙的创新做法代表了国家的发展方向，希望长沙为下一步全国推广工作提供经验和蓝本”。在2012年度全省人口计生工作考核评估中，该项目被评为“全省第二届人口计生工作创新奖”。

（袁　科）

8月13日，市政府召开全面实施免费孕前优生健康检查项目新闻发布会议

【开发应用人口网格化信息管理系统】 为全面构建管理网格化、服务精细化、手段信息化的人口计生工作新格局，市、区、街三级人口计生部门联手开发并试点运行“人口网格化信息管理系统”。8月8日，市人民政府制定下发《长沙市推行人口网格化信息管理系统工作方案》，决定在全市推行“人口网格化信息管理系统”，构建人口信息集中式资源数据库，完善“人房关联、以房管人”的全员人口管理服务模式，建立科学统筹、动态监测、信息共享、功能兼容的全员人口管理服务信息化工作机制，实现全员人口信息全面融入全省人口计生管理服务和全市社会管理工作的大格局。（袁　科）

【试点实施促进流动人口社会融合工作】 2012年，市计生委围绕市委、市政府出台的《关于推进全市流动人口计划生育基本公共服务均等化工作的实施意见》和打造“5+10”模式（即5项计生服务加10项公共服务）的要求，深入推进全市流动人口计划生育基本公共服务均等化工作，各区、县（市）结合各自实际、打造工作亮点、创建服务品牌，相继探索形成了“一证式”服务、“流动式”服务、“集约式”服务、“基地式”服务、“自助式”服务等工作模式，受到《中国人口报》专题报道。长沙市被确定为国家首批促进流动人口社会融合示范工程试点市。（袁　科）

民族工作

【概况】 2012年，长沙市民族工作按照“民族工作‘三进’出精品，联谊活动呈亮点，服务能力上水平，民族经济谋发展”的工作思路，进一步延伸基层民族工作触角，拓展城市民族工作社会化的平台载体，为巩固发展平等、团结、互助、和谐的社会主义新型民族关系，促进省会民族团结、经济繁荣和社会稳定作出积极贡献。长沙市民族宗教事务局（以下简称市民宗局）被省民委评为“2012年度全省民族工作系统先进单位”。

一、民族联谊活动呈亮点。1. 搭建民族团结进步宣教平台营造氛围。指导长沙市民族联谊会圆满完成换届，依托民族联谊会（分会），借助民族联谊活动和重大节日、重要会议等契机抓好重点宣传，结合“民族团结进步行动”这一载体进行宣传，不断增强社会各界的民族团结意识，营造民族团结进步的良好氛围。2. 利用民族团结特色活动平台激发活力。指导雨花区高桥大市场民族之家开展“名城长沙、三湘之美”各民族同胞摄影展，激励在长务工的少数民族同胞热爱长沙，创业长沙；组织长沙市商贸旅游职业技术学院新疆班学员到沙坪和汉回村进行社会实践活动、种植“民族友谊林”、参加市委统战系统“同心同行——喜迎十八大”文艺汇演，开阔新疆学员的视野；指导长沙县和浏阳市组织开展“少数民族同胞故乡行”活动。明德中学每年开展民族传统文化博览会、扶助少数民族贫困生就学捐赠活动及少数民族班成果展示会三大活动；市民族联谊会连续15年每年组织“省会各民族联谊联欢活动”。各试点社区对所在辖区内的少数民族人员建立民族工作档案，设置联系卡，开展以民族团结为主题的民族联谊活动。如岳麓区阳明山庄社区的民族文化艺术活动、芙蓉区湘湖社区的民族工作“直通车”和望城区旺旺路社区的“民族团结一家亲”等活动，加强了各族同胞之间的沟通和联系，促进了民族团结和社会和谐。

二、民族事务管理有创新。1. 健全少数民族流动人员管理机制。制定《关于进一步探索做好少数民族流动人口服务管理工作办法的意见》；在岳麓区、雨花区民宗局参与下，完成《城市少数民族流动人口矛盾纠纷情况分析及对策研究》调研课题，调研成果在全省民族工作70多个研究课题中获一等奖；妥善处理涉及少数民族的矛盾纠纷19起，有效维护了社会和谐稳定。2. 推进民族工作“三进”（进学校、进社区、进企业）机制。全市依托21个民族工作“三进”试点单位积极拓展民族事务管理社会化平台。如芙蓉区区委书记出席在湖南机电职业学院举行的“民族一家亲”系列活动启动仪式；岳麓区阳明山庄社区积极构建3个平台载体，倡导民族工作新风尚；雨花区在高桥大市场开展民族联谊系列活动；长沙县组织少数民族干部赴湘西古丈开展“民族情深，爱心之旅”捐资助学活动等。指导各试点单位在对少数民族人员服务管理方面开设绿色通道、开通热线电话，及时跟踪服务，协调解决问题。如湘湖社区、旺旺路社区和长沙环球职业中专等单位通过不同形式对辖区内老弱贫困人员和少数民族困难学生实行长期结对帮扶。开福区浏河村社区依托社区内新家园协会，天心区白沙井社区依托民族联谊分会向少数民族同胞提供免费的职业技能培训，通过各种渠道优先推荐再就业。在此基础上，组织召开了全市民族工作“三进”现场经验交流会，总结推介民族事务社会管理创新成果。

三、贯彻民族政策有力度。市民族宗教事务局与市委组织部、统战部联合在市委党校举办了第九期少数民族干部培训班，来自8个少数民族族别的40名学员，参加了为期4周的学习培训活动；联合出台《长沙市2012～2016年培养选拔少数民族干部工作规划》，为进一步加强少数民族干部队伍建设提供政策依据。严格执行少数民族高考考生优惠加分政策，全年共办理376名高考民族优惠加分考生民族成份审核，无一例违纪违规现象。做好清真“三食”（清真饮食、清真副食、清真肉食）相关工作，全年发放清真肉食补贴共47万元，清真冷藏补贴25万元。做好对口援疆工作，做好新疆吐鲁番地区到湘轮训的3批700多名乡村干部考察接待工作；局领导带队赴吐鲁番支援对口县级市吐鲁番市民宗部门，共援助人民币5万元、物资折合人民币1万余元，加强了对口联系。

四、民族经济社会事业发展有成效。1. 推动民族经济持续发展。积极扶持开福区汉回村城乡一体化建设，多方协调争取建设发展资金，为民族村新农村建设注入新的活力；指导帮助加快汉回村重点项目建设，成立“汉回一家亲互助会”，现场筹集款项100余万元。首次将汉回村纳入全省少数民族特色村寨保护与发展试点单位，从省民委积极争取特色村寨建设资金每年40万元。做好“十二五”期间新一轮全国民族特需商品定点生产企业的申报，申报3家企业均获国家有关部门批准，5年内享受国家民族优惠政策。2. 积极挖掘民族文化。牵头与市文联少数民族作家多次商讨挖掘汉回村民族文化，积极组织作家对汉回村进行实地走访调研，收集有关撰写汉回村报告文学的素材。2012年，向省民委争取了民族文化发展经费5万元，用于汉回小学民族文化的宣传及村民族文化广场的相关建设。长沙市明德中学成立了以著名歌唱家李谷一为名誉校长的“明星艺术学校”，到少数民族地区选拔民歌、民舞、民乐突出苗子50名，为民族文化的传承发展培养人才，这支艺术团体曾代表湖南省赴澳大利亚访问演出，受到当地各界高度好评。

（赵　萍　金　婷）

【第九期少数民族干部培训班】 2月27日～3月23日，市民宗局和市委组织部、市委统战部、市委党校、市社会主义学院在市委党校联合举办了长沙市第九期少数民族干部培训班。培训班学员共40名，其中汉族1名，其余有瑶族、侗族、壮族、土家族、回族、苗族、白族、彝族等8个少数民族；学员来自市、区（县、市）、街道（乡、镇）等各级党、政机关和事业单位，重点培养中青年干部，平均年龄为35岁，最小的为27岁；注重男女比例，女性18名，占45%，男性22名，占55%；通过系统学习马克思主义理论，了解和掌握当代世界经济、科技、法律、军事、民族、宗教等方面的基本动向，有针对性地思考和研究中国经济社会建设中的重大理论和现实问题，强化党性观念和公仆意识，坚定走中国特色社会主义道路的信念，进一步夯实理论功底，努力贯彻落实科学发展观。自1994年以来，长沙市每两年举办1期全市少数民族干部培训班，落实党关于加强少数民族干部培养的民族政策，截至2012年底共举办了9期，培养了300多名少数民族干部。

（付长清）

【长沙市民族联谊会第五次代表大会】 9月22日，长沙市民族联谊会召开第五次代表大会，选举产生新一届领导班子。参会人员200余人，邀请了长沙市各区、县（市）民宗局、市民族联谊会分会等负责人参加会议，省政协副主席龚建明，省政协民族宗教委员会主任李壮丽，省民委党组副书记、副主任田代武，市委常委、统战部部长文树勋，市委常委陈献春和市政协副主席陈立湘等领导出席会议。会议选举产生了马小强等217名理事，选举了会长姚子珩，常务副会长欧阳久耀，副会长王国梅、刘佳勇、杨俊、肖丽萍、姚仁智、钟斌、唐樱、曹承明、黄禹康、黄祖群、蒯知渐，秘书长黄禹康等新的领导班子。

（付长清）

【民族工作“三进”现场经验交流会】 10月24日，长沙市民宗局组织召开民族工作“三进”现场经验交流会。湖南省民委党组副书记、副主任田代武，中共长沙市委常委、统战部部长文树勋，市委常委陈献春，市人大副主任张建国，市政协副主席陈立湘等领导出席会议，各区、县（市）民宗局局长和21个民族工作“三进”前期试点单位负责人参加了会议。与会人员参观了市级试点先进单位阳明山庄社区和长沙市商贸旅游职业技术学院。市民宗局局长姚仁智对全市民族工作“三进”工作进行了回顾总结，并对今后几年民族工作“三进”进行了工作部署。阳明山庄社区和长沙市商贸旅游职业技术学院等试点单位代表作了经验介绍。副主任田代武和部长文树勋分别作了讲话。

（付长清）

宗教工作

【概况】 2012年，长沙市宗教工作围绕“抓规范管理、重教育引导、解重点难点、促和谐稳定”的思路，全面贯彻党的宗教政策，依法管理宗教事务，推进宗教领域社会管理创新，继续保持了长沙市宗教界的和谐稳定，为全市经济发展、社会稳定作出了贡献。长沙市民族宗教事务局被省人社厅、省宗教局评为“湖南省宗教工作系统先进集体”和“2012年全省宗教工作红旗单位”。

一、宗教政策法规宣传教育有新思路。1. 进一步加大宣传力度。根据全国宗教工作系统法制宣传教育第六个五年规划的有关精神，结合长沙市宗教工作实际，市民宗局制定《长沙市民族宗教工作系统法制宣传教育第六个五年规划》。继续将宗教方面的政策法规和理论知识纳入市委中心学习组和市县两级党校、行政学院的学习内容，局领导多次到党校及有关部门讲授民族宗教政策理论知识课。2. 进一步拓展宣教层面。在全市范围内深入开展着眼于构建长效机制的宗教政策法规普法宣传品牌打造活动，采取巡回展览、文艺演出、编印宣传手册、政策咨询等多种形式宣传，扩大了宗教政策理论和知识的知晓面。充分利用各级网站、工作简讯、会议培训等阵地和平台，加大对社会各层面，特别是宗教干部队伍以及宗教界代表人士的宣传力度。3. 进一步丰富宣教形式。组织举办宗教工作综合技能培训班；结合省宗教局统一部署的“宗教界政策法规学习月”活动，制定下发《关于在全市宗教界开展宗教政策法规学习月活动的实施意见》，指导督促各地开展宗教政策法规的集中学习宣传。

二、宗教界合法权益保障有新成效。1. 认真做好了建议提案的答复办理。确保涉及宗教团体自身建设、宗教活动场所完善格局及宗教界合法权益维护等方面的人大代表建议和政协委员提案三个100%目标的实现；以办理建议和提案为契机，推动做好各项工作。2. 积极落实宗教界代表人士的政治安排。以人大、政协换届为契机，积极争取在市人大、政协新一轮换届中适当增加宗教界代表委员名额，全市宗教界新一届市政协委员7名、市人大代表4名，提名推荐在人员数量、人选质量、推荐领域上都有新的突破，进一步保障宗教界平等参与决策和公共事务管理的权利，为全市宗教界参政议政提供更为广阔的平台。3. 切实推动宗教领域重点难点问题解决。组织开展了一次宗教领域重点问题大调研，在推进宗教活动场所合理布局进程中，做好了开福寺整体规划落实、玉泉寺、基督教城南堂搬迁建设规划以及清真寺改扩建等工作，争取市财政支持将全市7大宗教团体工作经费补助由过去每年5万元增加到8万元，并列入财政预算，受到宗教界的好评。

三、宗教事务依法管理有新机制。1. 突出宗教文化建设引领机制。深入开展宗教领域文化建设工作。组织举办网络文化与网站管理（宗教）研讨会、宗教界“宗教·文化·道德”为主题的讲经说法交流会和宗教界书画艺术展，共收到书画作品160余件；积极整合宗教文化旅游资源，推介9处宗教活动场所作为全省宗教界爱国主义教育基地。指导宗教界按照国家六部委文件精神和《同心同行——湖南宗教界慈善大行动规划》要求开展公益慈善活动，全年累计捐助慈善款额500万元。望城洗心禅寺在全省率先成立慈善基金会，拟扶助万名学子圆大学梦。由长沙市基督教城南堂发起，120余个堂点参加的湘江“爱护母亲河”公益活动也产生了良好的社会影响。市民宗局制定下发《关于加强我市民间信仰活动场所文化建设的意见》，指导各地民间信仰活动场所在加强规范管理基础上，积极开展文化建设，对首批13处民间信仰优秀传统文化建设示范场所进行了授牌，促进了长沙市民间信仰事务管理提质创新。浏阳市在全国民间信仰工作座谈会上介绍了相关经验。2. 强化宗教领域抵渗机制。巩固长沙市依法治理基督教私设聚会点专项工作成效，在望城区召开了长沙市基督教专项治理工作经验交流现场会，国家宗教局二司司长和省宗教局局长出席会议；根据长沙市农村和城区治理工作的不同要求和实际情况，推行一些行之有效的工作举措，形成以望城区为代表的相对成熟的农村治理经验。进一步健全宗教事务管理“三级管理、四级网络”工作体系，抓好有关活动场所的摸排和重点人员的防控，与有关部门配合查处了如藏传佛教、达洼宣教团、境外基督教组织的非法传教等活动。配合省委统战部、省宗教局圆满完成了天主教湖南教区主教祝圣相关工作，获得省委、省政府的充分肯定。3. 巩固“一创两专”工作运行机制。“和谐寺观教堂”创建活动，宗教教职人员认定备案和宗教活动场所财务监督管理专项工作是依法管理宗教事务的基础性工作。召开“一创两专”工作促进会，进一步加大对基层“一创两专”工作的指导力度，规范“一创两专”工作的运行机制，巩固“和谐寺观教堂”创建活动实效。全市已登记开放的186处宗教活动场所共140处达到“和谐寺观教堂”创建标准，达标率超过75%。

（金　婷）

【国家宗教事务局二司司长马宇虹到长沙调研】　3月28日，国家宗教事务局二司司长马宇虹一行在湖南省委统战部副部长邓焕生、湖南省宗教事务局局长孙剑霖、副局长向茂林的陪同下到长沙市调研宗教工作。马宇虹一行重点察看了长沙市天主教堂维修情况，随后听取了长沙市的宗教工作汇报。马宇虹对长沙市宗教工作取得的成绩给予充分肯定，对长沙市今后的工作提出了希望和要求。29日，马宇虹一行出席了长沙市“依法治理基督教私设聚会点工作”现场经验交流会。

（何武军）

【天主教湖南教区主教祝圣典礼】　4月25日，天主教湖南教区屈蔼林主教祝圣典礼在长沙天主教圣母无染原罪堂举行。祝圣典礼由天主教北京教区主教李山主礼，安徽教区主教刘新红、山东兖州教区主教吕培森、江西教区主教李稣光、广东江门教区主教梁建森、广西教区主教谭燕全襄礼。湖南省25位神父以及修女、教友代表200多人参加祝圣典礼。主教祝圣仪式按照中国天主教主教团《关于选圣主教的规定》和《主教圣秩授予典礼》有关程序进行，仪式上宣读了中国天主教主教团批准书，新任主教屈蔼林在仪式上进行了宣誓。中国天主教爱国会副主席兼秘书长刘元龙参加典礼并致贺词，中央统战部、国家宗教局以及部分省市统战、宗教工作部门有关领导应邀观礼。整个祝圣典礼庄严肃穆、热烈祥和、井然有序。祝圣仪式后，教友们纷纷向屈蔼林主教表示祝贺。

（何武军）

【望城区洗心禅寺获批成立慈善基金会】8月2日，湖南省民政厅下发文件，同意长沙市望城区洗心禅寺成立“湖南省长沙市洗心禅寺慈善基金会”。洗心禅寺多年致力于发展慈善事业，基金会的获批成立，是洗心禅寺慈善事业发展的里程碑。洗心禅寺在望城区政协的支持下，发动广大信众积极捐款，连续6年捐资助学贫困大学生240名，捐资96万余元。汶川地震、青海玉树地震发生时，洗心禅寺僧众第一时间反应，捐资捐物200多万元。2012年以来，洗心禅寺在首座和尚妙华法师和方丈悟圣大和尚的推动下，拟成立洗心禅寺慈善基金会，进一步扩大筹资规模，拓宽筹资渠道，拟每年资助1000名贫困大学生、捐资400万元，并在此基础上，制定了持续资助10000名贫困大学生，捐资4000万的慈善助学事业中长期目标。（何武军）

区划调整

【长沙县白沙乡撤乡设镇】　根据长沙市人民政府长政〔2011〕63号文件请示，经省人民政府批准，以湘民行发〔2012〕1号文件批复，同意撤销白沙乡，设立白沙镇。以原白沙乡的行政区域为白沙镇的管辖区域，白沙镇辖1个社区居委会、10个建制村，总面积60.4平方公里，总人口2.1万人，镇人民政府驻李家山（原白沙乡人民政府驻地）。

（易　荣）

【长沙县干杉乡撤乡设镇】　根据长沙市人民政府长政〔2011〕65号文件请示，经省人民政府批准，以湘民行发〔2012〕3号文件批复，同意撤销干杉乡，设立干杉镇。以原干杉乡的行政区域为干杉镇的行政区域，干杉镇辖1个社区居委会、8个建制村，总面积73.6平方公里，总人口3.4万人，镇人民政府驻干杉（原干杉乡人民政府驻地）。　（易　荣）

【天心区大托镇撤镇设街道】　根据长沙市人民政府长政〔2012〕19号文件请示，经省人民政府批准，以湘民行发〔2012〕18号文件批复，同意撤销大托镇，设立大托街道。以原大托镇的行政区域为大托街道的管辖区域，大托街道辖5个社区居委会、10个建制村，总面积42.25平方公里，总人口5.4万人，办事处驻芙蓉南路（原大托镇人民政府驻地）。

（易　荣）

【岳麓区坪塘镇含浦镇撤镇设街道】 根据长沙市人民政府长政〔2012〕25号文件请示，经省人民政府批准，以湘民行发〔2012〕20号文件批复，同意撤销坪塘镇，设立坪塘街道。以原坪塘镇的行政区域为坪塘街道的管辖区域，坪塘街道辖5个社区居委会、15个建制村，总面积112平方公里，总人口6.17万人，办事处驻白庙子（原坪塘镇人民政府驻地）。同意撤销含浦镇，设立含浦街道。以原含浦镇的行政区域为含浦街道的管辖区域，含浦街道辖2个社区居委会、10个建制村，总面积91.8平方公里，总人口6.31万人，办事处驻含浦（原含浦镇人民政府驻地）。（易　荣）

【岳麓区天顶乡撤乡设街道】 根据长沙市人民政府长政〔2012〕25号文件请示，经省人民政府批准，以湘民行发〔2012〕22号文件批复，同意撤销天顶乡，设立天顶街道。以原天顶乡的行政区域为天顶街道的管辖区域，天顶街道辖1个社区居委会、7个建制村，总面积20.86平方公里，总人口5.68万人，办事处驻枫林三路（原天顶乡人民政府驻地）。（易　荣）

【望城区高塘岭镇星城镇撤镇设街道】 根据长沙市人民政府长政〔2012〕26号文件请示，经省人民政府批准，以湘民行发〔2012〕21号文件批复，同意撤销高塘岭镇，设立高塘岭街道。以高塘岭镇的行政区域为高塘岭街道的管辖区域，高塘岭街道辖9个社区居委会、4个建制村，总面积42.61平方公里，总人口9.89万人，办事处驻郭亮北路107号（原高塘岭镇人民政府驻地）。同意撤销星城镇，设立星城街道。以原星城镇的行政区域为星城街道的管辖区域，星城街道辖2个社区居委会、9个建制村，总面积73.54平方公里，总人口7.72万人，办事处驻西塘（原星城镇人民政府驻地）。（易　荣）

【望城区丁字镇黄金镇撤镇设街道】 根据长沙市人民政府长政〔2012〕26号文件请示，经省人民政府批准，以湘民行发〔2012〕23号文件批复，同意撤销丁字镇，设立丁字街道。以原丁字镇的行政区域为丁字街道的管辖区域，丁字街道辖2个社区居委会、8个建制村，总面积89.39平方公里，总人口5.88万人，办事处驻丁字湾（原丁字镇人民政府驻地）。同意撤销黄金镇，设立黄金街道。以原黄金镇的行政区域为黄金街道的管辖区域，黄金街道辖3个社区居委会、6个建制村，总面积71.95平方公里，总人口5.92万人，办事处驻桐林坳（原黄金镇人民政府驻地）。（易　荣）

【长沙县黄花镇析置长龙街道】 根据长沙市人民政府长政〔2012〕31号文件请示，经省人民政府批准，以湘民行发〔2012〕25号文件批复，同意从黄花镇析出茶塘、长龙、湘峰3个建制村以及华湘建制村在长永高速以北的区域，设立长龙街道。行政区划调整后，长龙街道辖3个建制村，总面积29平方公里，总人口1.22万人，办事处驻幸福家园；黄花镇辖3个居委会、18个建制村，总面积141平方公里，总人口7.07万人，镇人民政府驻地不变。（易　荣）

【天心区部分街道行政区划调整】 根据长沙市天心区人民政府天政〔2012〕15号文件请示，经长沙市人民政府批准，以长政函〔2012〕86号文件批复：

一、撤销坡子街街道、学院街街道、书院路街道，合并组建新的坡子街街道。新组建的坡子街街道下辖太平街社区、西牌楼社区、八角亭社区、坡子街社区、黄兴南路社区、文庙坪社区、半湘街社区、登仁桥社区、樊西巷社区、楚湘社区、碧湘社区、创远社区、西湖社区、沙河社区、青山祠社区共15个社区，区域面积1.94平方公里，常住人口6.62万人。街道治所设原坡子街街道治所。

二、将金盆岭街道析置为金盆岭街道、赤岭路街道。1. 新的金盆岭街道下辖夏家冲社区、狮子山社区、天剑社区、黄土岭社区、涂新社区、赤岭路社区共6个社区，区域面积3.97平方公里，常住人口4.22万人。街道治所设原金盆岭街道治所。2. 新设立的赤岭路街道下辖白沙花园社区、新丰社区、芙蓉南路社区、南大桥社区、广厦新村社区、新开管委会共5个社区、1个管委会，区域面积3.72平方公里，常住人口4.8万人，街道治所设书院南路189号（原广厦新村社区治所）。

三、将新开铺街道析置为新开铺街道、文源街道。1. 新的新开铺街道下辖新天社区、桥头社区、新开铺社区、豹子岭社区、新天村、石人村共4个社区、2个村，区域面积6.41平方公里，常住人口3.16万人。街道治所设原新开铺街道治所。2. 新设立的文源街道下辖天鸿社区、状元坡社区、文源社区、梅岭社区、金汇社区共5个社区，区域面积5.04平方公里，常住人口5.54万人。街道治所设青园路506号湖南省科学技术研究开发院内。

四、撤销大托街道析置为黑石铺街道、大托铺街道、先锋街道。

1. 新设立的黑石铺街道下辖一力社区、黑石铺社区、黑石村、九峰村、披塘村共2个社区、3个村，区域面积8.97平方公里，常住人口2.08万人。街道治所设芙蓉南路248号（原大托镇政府治所）。2. 新设立的大托铺街道下辖黄合村、兴隆村、桂井村、大托村、新港村共5个村，区域面积15.12平方公里，常住人口1.43万人。街道治所设原大托镇水利管理站。3. 新设立的先锋街道下辖牛角塘社区、暮云社区、融城社区、先锋村、新路村共3个社区、2个村，以及大托机场区域、天心环保工业园，区域面积16.62平方公里，常住人口1.87万人。街道治所设中意二路139号天心环保工业园管委会办公楼。调整后，天心区辖坡子街街道、城南路街道、裕南街街道、金盆岭街道、赤岭路街道、新开铺街道、文源街道、桂花坪街道、青园街道、黑石铺街道、大托铺街道、先锋街道共12个街道。（易　荣）

【望城区部分街道行政区划调整】 根据长沙市望城区人民政府望政〔2012〕60号文件请示，经长沙市人民政府批准，以长政函〔2012〕107号文件批复：

一、将高塘岭街道拆分为高塘岭、喻家坡2个街道。1. 高塘岭街道辖胜利村、高塘岭社区、西塘街社区、雷锋路社区、高塘社区、裕农村、白芙塘社区、莲湖社区，面积21.47平方公里，人口58106人，办事处驻地设高塘岭社区。2.喻家坡街道辖旺旺路社区、喻家坡社区、原佳村、高冲村、仁和社区，面积21.14平方公里，人口40794人，办事处驻地设旺旺路社区。

二、将星城街道拆分为白沙洲、大泽湖、月亮岛3个街道。1.白沙洲街道辖马桥河村、腾飞村、黄田村，面积25.44平方公里，人口20709人。办事处驻地设腾飞村。2.大泽湖街道辖东马社区、西塘村、回龙村、南塘村，面积25.33平方公里，人口26430人。办事处驻地设西塘村。3.月亮岛街道辖银星村、月亮岛社区、中华岭村、戴公庙村，面积22.77平方公里，人口30061人。办事处驻地设中华岭村。

三、将丁字街道拆分为丁字湾、书堂山2个街道。1.丁字湾街道辖双桥村、翻身垸村、兴城社区、金云村、丁字湾社区，面积39.89平方公里，人口31140人。办事处驻地设兴城社区。2.书堂山街道辖书堂山村、何桥村、石渚湖村、中山村、彩陶源村，面积49.50平方公里，人口27660人。办事处驻地设石渚湖村。

四、将黄金街道拆分为金山桥、黄金园、廖家坪3个街道。1.金山桥街道辖金坪社区、金山桥社区、桐林坳社区，面积24.07平方公里，人口20858人。办事处驻地设金坪社区。2.黄金园街道辖桂芳村、黄金园村、英雄岭村，面积27.44平方公里，人口21627人。办事处驻地设桂芳村。3.廖家坪街道辖白马村、廖家坪村、三益村，面积19.92平方公里，人口16715人。办事处驻地设三益村。

（易　荣）

【岳麓区部分街道行政区划调整】根据长沙市岳麓区人民政府岳政〔2012〕73号文件请示，经长沙市人民政府批准，以长政函〔2012〕138号文件批复：

一、将坪塘街道析置为洋湖、坪塘2个街道。1.从坪塘街道析置洋湖街道，将岳麓街道靳江河以南部分区域划入洋湖街道。洋湖街道下辖3个社区、4个村，即坪塘社区、白庙子社区、新生社区、洋湖村、连山村、蓝天村和山塘村。街道辖区面积约23平方公里，人口约3.7万人。办事处治所设白庙子社区。2.坪塘街道下辖2个社区、11个村，即桐溪港社区、观音港社区、狮峰山村、红桥村、长塘村、太平村、花扎街村、新合村、兴丰村、白泉村、新塘村、双湖村和鹅洲村。街道辖区面积90.13平方公里，人口约4.6万人。办事处治所设狮峰山村。

二、将含浦街道析置为学士、含浦2个街道。1.学士街道下辖1个社区、4个村，即白鹤社区、联丰村、学士村、玉江村、东山湾村。街道辖区面积42.2平方公里，人口约4.6万人。办事处治所设联丰村。2.含浦街道下辖1个社区、6个村，即含浦社区、干子村、官埠口村、大坡村、九江村、芝字港村和新田村。辖区面积49.6平方公里，人口约4.8万人。办事处治所设含浦镇社区。

三、对银盆岭街道进行调整。将观沙岭街道银桥社区全部以及西湖街道金星社区部分区域（银双路以北）划入银盆岭街道。调整后的银盆岭街道下辖11个社区、2个村，即银建社区、银太社区、银鸿社区、中联社区、林海社区、火炬城社区、桐梓坡社区、英才园社区、银星社区、铜盆湖社区、银桥社区、银盆岭村和傅家洲村。街道辖区面积7.99平方公里，人口约14.28万人。办事处治所不变。

四、对观沙岭街道进行调整。调整后的观沙岭街道下辖7个社区、4个村，即岳北社区、石岭塘社区、桔洲新苑社区、施家港社区、三汊矶社区、土城社区、银纺社区、观沙岭村、岳华村、石岭塘村、茶子山村。街道辖区面积10.24平方公里，人口约13.17万人。办事处治所不变。

五、对岳麓街道进行调整。调整后的岳麓街道下辖6个社区、5个村，即琵琶塘社区、云麓园社区、科学村社区、麓山南路社区、靳桥社区、桃花坪社区、左家垅村、靳江村、五星村、桃花岭村、黄鹤村。街道辖区面积19.66平方公里，人口约9.96万人。办事处治所不变。

（易　荣）

【一批建筑物命名】　1.1月13日，市地名委员会以长地发〔2012〕1号文件批复，同意将坐落在营盘东路与迎宾路交汇处沿营盘东路由西往东前行约200米靠北面的2栋17层楼高的建筑物群命名为“湖宾佳园”。

2.1月13日，市地名委员会以长地发〔2012〕2号文件批复，同意将坐落在劳动西路与梓园路交汇处沿劳动西路由西往东前行约200米靠南面的1栋22层楼高的建筑物命名为“雅第大厦”。

3.1月13日，市地名委员会以长地发〔2012〕3号文件批复，同意将坐落在天心区大托镇先锋村范围内的15栋16—17层楼高的建筑物群命名为“中建芙蓉嘉苑”。

4.2月8日，市地名委员会以长地发〔2012〕4号文件批复，同意将坐落在滨江路与茶子山路交汇处西北角的1栋25层楼高的建筑物命名为“民生大厦”。

5.2月22日，市地名委员会以长地发〔2012〕5号文件批复，同意将坐落在晚报大道与嘉雨路交汇处东南角的5栋28层楼高的建筑物群命名为“佳兆业时代广场”。

6.2月22日，市地名委员会以长地发〔2012〕6号文件批复，同意将坐落在青竹湖路与中青路交汇处沿中青路由北往南前行约700米靠东面的17栋4—6层楼高的建筑物群命名为“佳海工业园”。

7.2月28日，市地名委员会以长地发〔2012〕7号文件批复，同意将坐落在芙蓉北路与兴联路交汇处沿兴联路由西往东前行约400米靠东面的30栋1—32层楼高的建筑物群命名为“福晟世家小区”。

8.3月7日，市地名委员会以长地发〔2012〕8号文件批复，同意将坐落在芙蓉南路与新电路交汇处沿新电路由东往西前行约300米靠北面的3栋4—7层楼高的建筑物群命名为“五田物流园”。

9.3月7日，市地名委员会以长地发〔2012〕9号文件批复，同意将坐落在麓山南路与清水路交汇处沿清水路由西往东前行约100米靠北面的1栋6层楼高的建筑物命名为“麓南商业广场”。

10.3月7日，市地名委员会以长地发〔2012〕10号文件批复，同意将坐落在兴联路与芙蓉北路交汇处沿芙蓉北路由南往北前行约100米靠东面的4栋26—27层楼高的建筑物群命名为“华麓雅苑”。

11.3月23日，市地名委员会以长地发〔2012〕11号文件批复，同意将坐落在中豹塘路与中意一路交汇处的西南角的22栋4—18层楼高的建筑物群命名为“长城水郡家园”。

12.3月23日，市地名委员会以长地发〔2012〕12号文件批复，同意将坐落在含浦中路与联丰路交汇处沿联丰路由西往东前行约500米靠东面的22栋2—34层楼高的建筑物群命名为“华润橡树湾”。

13.3月29日，市地名委员会以长地发〔2012〕13号文件批复，同意将坐落在树木岭路与曲塘路交汇处东北角的1栋33层楼高的建筑物命名为“鑫秋大厦”。

14.3月29日，市地名委员会以长地发〔2012〕14号文件批复，同意将坐落在岳麓大道与银盆南路交汇处东南角的11栋25—33层楼高的建筑物群命名为“奥克斯广场”。

15.3月29日，市地名委员会以长地发〔2012〕15号文件批复，同意将坐落在体院路与豆花塘路交汇处西北角的4栋9层楼高的建筑物群命名为“杜花嘉园”。

16.3月29日，市地名委员会以长地发〔2012〕16号文件批复，同意将坐落在三湘南湖大市场内的18栋5层楼高的建筑物群命名为“颜家嘴新寓”。

17.3月29日，市地名委员会以长地发〔2012〕17号文件批复，同意将坐落在芙蓉北路与新安路交汇处沿新安路由东往西前行约600米靠南面的11栋4层楼高的建筑物群命名为“鹅羊山德丰小区”。原长地发〔2010〕154号文件作废。

18.3月29日，市地名委员会以长地发〔2012〕18号文件批复，同意将坐落在芙蓉南路与环保路交汇处东南角的32栋13—15层楼高的建筑物群命名为“中信凯旋蓝岸花园”。

19.3月29日，市地名委员会以长地发〔2012〕19号文件批复，同意将坐落在中意二路与新电路交汇处沿中意二路由西往东横跨中意二路两侧的67栋16—17层楼高的建筑物群命名为“中信凯旋城”。

20.4月16日，市地名委员会以长地发〔2012〕20号文件批复，同意将坐落在银杉路与含光路交汇处西南角的1栋5层楼高的建筑物命名为“永丰新寓”。

21.4月16日，市地名委员会以长地发〔2012〕21号文件批复，同意将坐落在太阳山路与青竹湖路交汇处东北角的4栋6—25层楼高的建筑物群命名为“北域青园”。

22.4月16日，市地名委员会以长地发〔2012〕22号文件批复，同意将坐落在枫林三路与麓枫路交汇处沿枫林三路由东往西前行约150米靠北面的4栋15—18层楼高的建筑物群命名为“麓景裕园”。

23.4月25日，市地名委员会以长地发〔2012〕23号文件批复，同意将坐落在解放西路与蔡锷路交汇处西北角的2栋63—89层楼高的建筑物命名为“国金中心”。

24.4月25日，市地名委员会以长地发〔2012〕24号文件批复，同意将坐落在新姚南路与芙蓉南路交汇处沿芙蓉南路由北往南前行约200米靠西面的1栋9层楼高的建筑物命名为“现代广场”。

25.5月2日，市地名委员会以长地发〔2012〕25号文件批复，同意将坐落在韶山中路与新建路交汇处沿韶山中路由北往南前行约300米靠东面的2栋25—39层楼高的建筑物命名为“凯宾商业广场”。

26.5月2日，市地名委员会以长地发〔2012〕26号文件批复，同意将坐落在东方红路与麓松路交汇处西北角的32栋3—33层楼高的建筑物群命名为“旭辉御府”。

27.5月9日，市地名委员会以长地发〔2012〕27号文件批复，同意将坐落在望龙路与隆平路交汇处西北角的13栋3—32层楼高的建筑物群命名为“紫御园”。

28.5月14日，市地名委员会以长地发〔2012〕28号文件批复，同意将坐落在黄谷路与万家丽南路交汇处东南角的8栋5—17层楼高的建筑物群命名为“芙佳花园”。

29.5月17日，市地名委员会以长地发〔2012〕29号文件批复，同意将坐落在紫薇路与古汉路交汇处沿紫薇路由北往南前行约20米靠西面的1栋6层楼高的建筑物命名为“紫来阁”。

30.5月25日，市地名委员会以长地发〔2012〕30号文件批复，同意将坐落在湘江北路与湘江银盆岭大桥交汇处由南往北前行约300米靠西面的7栋6—45层楼高的建筑物群命名为“北辰时代广场”。

31.5月25日，市地名委员会以长地发〔2012〕31号文件批复，同意将坐落在龙王港路与麓景路交汇处沿麓景路由北往南前行约100米靠西面的44栋2—44层楼高的建筑物群命名为“金茂苑”。

32.5月25日，市地名委员会以长地发〔2012〕32号文件批复，同意将坐落在青山路与雷锋大道交汇处沿雷锋大道由南往北前行约30米靠东面的17栋5—6层楼高的建筑物群命名为“青山阳光公寓”。

33.5月25日，市地名委员会以长地发〔2012〕33号文件批复，同意将坐落在湘江北路与青竹湖路交汇处东北角的3栋2—6层楼高的建筑物群命名为“中南纸业大市场”。

34.5月25日，市地名委员会以长地发〔2012〕34号文件批复，同意将坐落在新联路与湘府西路交汇处沿新联路由北往南前行约200米靠西面的11栋3—18层楼高的建筑物群命名为“天悦嘉园”。

35.5月25日，市地名委员会以长地发〔2012〕35号文件批复，同意将坐落在长沙大道与万家丽中路交汇处东北角的1栋25层楼高的建筑物命名为“圭水大厦”。

36.5月25日，市地名委员会以长地发〔2012〕36号文件批复，同意将坐落在高升路与中意一路交汇处沿高升路由南往北前行约300米靠东面的5栋26层楼高的建筑物群命名为“和馨佳园”。

37.5月30日，市地名委员会以长地发〔2012〕37号文件批复，同意将坐落在湘春路与湘江中路交汇处东北角的9栋32—45层楼高的建筑物群命名为“复地崑玉府”。

38.5月30日，市地名委员会以长地发〔2012〕38号文件批复，同意将坐落在湘雅路与芙蓉中路交汇处沿芙蓉中路由南往北前行约300米靠西面的1栋27—38层楼高的建筑物命名为“金色地标大厦”。

39.6月21日，市地名委员会以长地发〔2012〕39号文件批复，同意将坐落在劳动西路与天剑路交汇处的西北角1栋30层楼高的建筑物命名为“凯瑞大厦”。

40.7月2日，市地名委员会以长地发〔2012〕40号文件批复，同意将坐落在万家丽中路与湘府东路交汇处由万家丽中路由北往南前行约600米靠西面的10栋7—9层楼高的建筑物群命名为“御和苑”。

41.7月16日，市地名委员会以长地发〔2012〕41号文件批复，同意将坐落在芙蓉南路与正塘坡路交汇处东南角的1栋20层楼高的建筑物命名为“太和商务广场”。

42.7月16日，市地名委员会以长地发〔2012〕42号文件批复，同意将坐落在秀峰路与芙蓉北路交汇处沿芙蓉北路由南往北前行约350米靠西面的6栋4—25层楼高的建筑物群命名为“秀峰景园”。

43.7月19日，市地名委员会以长地发〔2012〕43号文件批复，同意将坐落在阳光路与万家丽北路交汇处西北角的1栋17层楼高的建筑物命名为“金鹰汇大厦”。

44.7月19日，市地名委员会以长地发〔2012〕44号文件批复，同意将坐落在西三环与学丰路交汇处沿学丰路由西往东前行约850米靠北面的2栋11—18层楼高的建筑物群命名为“腾越公寓”。

45.7月19日，市地名委员会以长地发〔2012〕45号文件批复，同意将坐落在东方红北路与青山路交汇处沿东方红北路由北往南前行约800米靠北面的12栋16—20层楼高的建筑物群命名为“金南家园”。

46.7月25日，市地名委员会以长地发〔2012〕46号文件批复，同意将坐落在尖山路与青山路交汇处东北角的7栋24—27层楼高的建筑物群命名为“和印轩”。

47.8月7日，市地名委员会以长地发〔2012〕47号文件批复，同意将坐落在桐梓坡西路与嘉运路交汇处沿嘉运路由南往北前行约1000米靠东面的4栋33层楼高的建筑物群命名为“麓城印象公寓”。

48.8月13日，市地名委员会以长地发〔2012〕48号文件批复，同意将坐落在绕城高速与芙蓉南路交汇处沿芙蓉南路由北往南前行约200米靠西面的26栋13—17层楼高的建筑物群命名为“和鑫园”。

49.8月13日，市地名委员会以长地发〔2012〕49号文件批复，同意将坐落在滩头坪路与东二环交汇处沿东二环由北往南前行约50米靠西面的2栋20层楼高的建筑物群命名为“星火名园”。

50.8月16日，市地名委员会以长地发〔2012〕50号文件批复，同意将坐落在木莲东路与圭塘路交汇处横跨木莲东路的15栋3—33层楼高的建筑物群命名为“清溪川玖号”。

51.8月21日，市地名委员会以长地发〔2012〕51号文件批复，同意将坐落在麓谷大道和文轩路交汇处西南角的6栋1—27层楼高的建筑物群命名为“海创科技工业园”。

52.8月27日，市地名委员会以长地发〔2012〕52号文件批复，同意将坐落在龙王港路与麓景路交汇处沿龙王港路由东往西前行约500米靠北面的22栋3—26层楼高的建筑物群命名为“湖墅嘉园”。

53.8月31日，市地名委员会以长地发〔2012〕53号文件批复，同意将坐落在麓松路与桐梓坡西路交汇处沿桐梓坡西路由西往东前行约440米靠南面的28栋6—15层楼高的建筑物群命名为“金泓园”。

54.8月31日，市地名委员会以长地发〔2012〕54号文件批复，同意将坐落在麓山南路科学村文明小区内的1栋9层楼高的建筑物命名为“和锋大厦”。

55.8月31日，市地名委员会以长地发〔2012〕55号文件批复，同意将坐落在火炬西路与车站北路交汇处沿车站北路由东往西前行约50米靠东面的2栋28—30层楼高的建筑物群命名为“经典民家公寓”。

56.8月31日，市地名委员会以长地发〔2012〕56号文件批复，同意将坐落在太平老街与解放西路交汇处的西北角的1栋5层楼高的建筑物命名为“涵相大厦”。

57.9月6日，市地名委员会以长地发〔2012〕57号文件批复，同意将坐落在万芙路与迎新路交汇处沿迎新路由西往东前行约50米靠北面的6栋22层—33层楼高的建筑物群命名为“英泰汇景豪庭”。

58.9月17日，市地名委员会以长地发〔2012〕58号文件批复，同意将坐落在体院路与木莲东路交汇处沿体院路前行540米靠西面的1栋7层楼高的建筑物命名为“京豪大厦”。

59.9月20日，市地名委员会以长地发〔2012〕59号文件批复，同意将坐落在洞井路与井湾路交汇处西南角的4栋12—29层楼高的建筑物群命名为“万象美域家园”。

60.9月27日，市地名委员会以长地发〔2012〕60号文件批复，同意将坐落在人民东路与万家丽中路交汇处的西南角的1栋20层楼高的建筑物命名为“东郡华蓉广场”。

61.9月27日，市地名委员会以长地发〔2012〕61号文件批复，同意将坐落在中意一路与时代阳光大道西交汇处沿时代阳光大道西由东往西前行约200米靠南面的9栋7—26层楼高的建筑物群命名为“红星嘉和苑”。

62.9月28日，市地名委员会以长地发〔2012〕62号文件批复，同意将坐落在时代阳光大道与万芙北路交汇处沿万芙北路由南往北前行约280米靠东面的8栋18层楼高的建筑物群命名为“南贡雅苑”。

63.10月10日，市地名委员会以长地发〔2012〕63号文件批复，同意将坐落在湘江北路与龙福路交汇处东南角的7栋3—40层楼高的建筑物群命名为“楚雅苑”。

64.10月10日，市地名委员会以长地发〔2012〕64号文件批复，同意将坐落在合平路与远大三路交汇处沿合平路由南往北前行约750米靠东面的5栋2—32层楼高的建筑物群命名为“千江锦园”。

65.10月10日，市地名委员会以长地发〔2012〕65号文件批复，同意将坐落在木莲东路与洞井路交汇处沿木莲东路由西往东前行约100米靠南面的2栋15—17层楼高的建筑物群命名为“环保佳园”。

66.10月15日，市地名委员会以长地发〔2012〕66号文件批复，同意将坐落在潇湘北路与含光路交汇处西南角的12栋32层楼高的建筑物群命名为“恒大御景湾”。

67.10月15日，市地名委员会以长地发〔2012〕67号文件批复，同意将坐落在岳民巷与周家巷交汇处东北角的1栋5层楼高的建筑物命名为“红枫大厦”。

68.10月18日，市地名委员会以长地发〔2012〕68号文件批复，同意将坐落在含光路与金星北路交汇处西南角的1栋24层楼高的建筑物命名为“恩瑞大厦”。

69.10月18日，市地名委员会以长地发〔2012〕69号文件批复，同意将坐落在谷苑路与麓松路交汇处沿谷苑路由西往东前行约400米靠南面的7栋14—18层楼高的建筑物群命名为“海凭园”。

70.10月18日，市地名委员会以长地发〔2012〕70号文件批复，同意将坐落在龙王港路与麓景路交汇处沿麓景路由北往南前行约100米靠东面的9栋3层楼高的建筑物群命名为“创智园”。

71.10月22日，市地名委员会以长地发〔2012〕71号文件批复，同意将坐落在西三环与学丰路交汇处沿学丰路由西往东前行约850米靠北面的2栋11—18层楼高的建筑物群命名为“麓山花苑”。原长地发〔2012〕44号文件作废。

72.10月29日，市地名委员会以长地发〔2012〕72号文件批复，同意将坐落在岳麓大道与岳华路交汇处东南角的8栋33—35层楼高的建筑物群命名为“璟峰苑”。原长地发[2010]142号文件作废。

73.10月29日，市地名委员会以长地发〔2012〕73号文件批复，同意将坐落在黄土岭路与雨花路交汇处沿雨花路由北往南前行约100米靠东面的4栋24—32层楼高的建筑物群命名为“裕华名苑”。

74.10月29日，市地名委员会以长地发〔2012〕74号文件批复，同意将坐落在长沙大道与沙湾路交汇处沿沙湾路前行约100米靠西面的8栋14—33层楼高的建筑物群命名为“紫台名苑”。

75.10月29日，市地名委员会以长地发〔2012〕75号文件批复，同意将坐落在曙光中路湖橡社区内的2栋34—35层楼高的建筑物群命名为“晨兴家园”。

76.10月29日，市地名委员会以长地发〔2012〕76号文件批复，同意将坐落在火炬西路与车站北路交汇处沿车站北路由东往西前行约50米靠东面的2栋28—30层楼高的建筑物群命名为“经典名家公寓”。原长地发〔2012〕55号文件作废。

77.11月1日，市地名委员会以长地发〔2012〕77号文件批复，同意将坐落在曲塘路与沙湾路交汇处西北角的11栋34—35层楼高的建筑物群命名为“吉联苑”。

78.11月1日，市地名委员会以长地发〔2012〕78号文件批复，同意将坐落在潇湘北路与含光路交汇处东北角的10栋22—37层楼高的建筑物群命名为“江汇苑”。

79.11月6日，市地名委员会以长地发〔2012〕79号文件批复，同意将坐落在木莲路与杨子路交汇处沿杨子路由西往东前行约700米靠南面的11栋17层楼高的建筑物群命名为“月雅苑”。

80.11月16日，市地名委员会以长地发〔2012〕80号文件批复，同意将坐落在新韶西路与书香路交汇处的西北角10栋18—32层楼高的建筑物群命名为“御文雅苑”。

81.11月16日，市地名委员会以长地发〔2012〕81号文件批复，同意将坐落在浏阳河大道与荷花路交汇处的西南角5栋2—3层楼高的建筑物群命名为“浏阳河婚庆文化园”。

82.11月17日，市地名委员会以长地发〔2012〕82号文件批复，同意将坐落在桃花塅路与金海路交汇处的东南角的3栋17层楼高的建筑物群命名为“桃坪苑”。

83.11月17日，市地名委员会以长地发〔2012〕83号文件批复，同意将坐落在文轩路与麓松路交汇处沿麓松路由北往南前行约400米靠西面的12栋5层楼高的建筑物群命名为“景枫苑”。

84.11月17日，市地名委员会以长地发〔2012〕84号文件批复，同意将坐落在佳园路与文轩路交汇处横跨佳园路东西两侧的54栋5层楼高的建筑物群命名为“丰和佳苑”。

85.11月17日，市地名委员会以长地发〔2012〕85号文件批复，同意将坐落在栖才路与文轩路交汇处的东北角10栋6层楼高的建筑物群命名为“延丰家园”。

86.11月17日，市地名委员会以长地发〔2012〕86号文件批复，同意将坐落在文轩路与东方红中路交汇处沿文轩路由东往西前行约200米靠北面的18栋5层楼高的建筑物群命名为“麓延公寓”。

87.11月17日，市地名委员会以长地发〔2012〕87号文件批复，同意将坐落在文轩路与东方红中路交汇处沿文轩路由东往西前行约300米靠南面的34栋5层楼高的建筑物群命名为“庆和佳园”。

88.11月23日，市地名委员会以长地发〔2012〕88号文件批复，同意将坐落在中意一路1072号湖南省总工会干部学校内8栋11层楼高的建筑物群命名为“金桂园”。

89.11月23日，市地名委员会以长地发〔2012〕89号文件批复，同意将坐落在德雅路1116号国防科技大学内的17栋6—27层楼高的建筑物群命名为“科大景园”。

90.11月27日，市地名委员会以长地发〔2012〕90号文件批复，同意将坐落在大王家巷144号聚福园内的1栋12层楼高的建筑物命名为“聚福大厦”。

91.11月27日，市地名委员会以长地发〔2012〕91号文件批复，同意将坐落在枫林三路与麓云路交汇处沿枫林三路由东往西前行约750米靠南面的11栋4—33层楼高的建筑物群命名为“宜居雅苑”。

92.11月28日，市地名委员会以长地发〔2012〕92号文件批复，同意将坐落在香樟东路与花侯路交汇处沿花侯路由北往南前行约1200米靠西面的14栋5—27层楼高的建筑物群命名为“黎雅苑”。

93.12月17日，市地名委员会以长地发〔2012〕93号文件批复，同意将坐落在咸嘉湖西路与谷丰南路交汇处沿谷丰南路由南往北前行约200米靠西面的6栋28—32层楼高的建筑物群命名为“谷丰怡景苑”。

94.12月17日，市地名委员会以长地发〔2012〕94号文件批复，同意将坐落在山月路与洪山路交汇处东北角的196栋2—7层楼高的建筑物群命名为“御景龙城”。

95.12月17日，市地名委员会以长地发〔2012〕95号文件批复，同意将坐落在韶山北路与城南路交汇处沿韶山北路由北往南前行约100米靠东面的1栋25层楼高的建筑物命名为“城市动力大厦”。

96.12月24日，市地名委员会以长地发〔2012〕96号文件批复，同意将坐落在长沙大道与沙湾路交汇处的西南角的4栋32层楼高的建筑物群命名为“东城港家园”。

97.12月24日，市地名委员会以长地发〔2012〕97号文件批复，同意将坐落在时代阳光大道与万家丽南路交汇处沿时代阳光大道由西往东前行约1500米靠北面的8栋33层楼高的建筑物群命名为“东宸林海小区”。

98.12月24日，市地名委员会以长地发〔2012〕98号文件批复，同意将坐落在绕城高速与芙蓉南路交汇处沿芙蓉南路由北往南前行约200米靠西面的26栋13—17层楼高的建筑物群命名为“融和雅苑”。

99.12月28日，市地名委员会以长地发〔2012〕99号文件批复，同意将坐落在车站北路与双河路交汇处沿双河路由西往东前行约100米靠南面的2栋23—26层楼高的建筑物群命名为“雅居江景华府”。

100.12月28日，市地名委员会以长地发〔2012〕100号文件批复，同意将坐落在蔡锷路与湘春路交汇处沿湘春路由西往东前行约150米靠南面的1栋33层楼高的建筑物命名为“祥瑞家园”。

101.12月28日，市地名委员会以长地发〔2012〕101号文件批复，同意将坐落在中青路与大安路交汇处东南角的6栋18层楼高的建筑物群命名为“福竹园”。

102.12月28日，市地名委员会以长地发〔2012〕102号文件批复，同意将坐落在公交路（规划名）和中央大道（规划名）交汇处东北角的13栋2—23层楼高的建筑物群命名为“湖境雅苑”。

103.12月28日，市地名委员会以长地发〔2012〕103号文件批复，同意将坐落在友谊路与新开铺路交汇处东南角的8栋3—32层楼高的建筑物群命名为“文景领秀苑”。原文（长地发〔2008〕180号）作废。

（易　荣）

【一批建筑物变更】 1.5月15日，市地名委员会将坐落在云栖路与金牛路交汇处沿云栖路由西往东前行约100米靠南面的13栋28—33层楼高的建筑物群“中海江御名园”的数据13栋变更为30栋。原文（长地发〔2011〕89号）不变。

2.9月13日，市地名委员会将坐落在湘江北路与湘江银盆岭大桥交汇处由南往北前行约200米靠东面的17栋2—43层楼高的建筑物群“北辰三角洲奥城”的数据17栋变更为30栋。原文（长地发〔2010〕96号）不变。

3.9月26日，市地名委员会将坐落在桐梓坡西路与东方红中路交汇处沿东方红中路由北往南前行约300米靠东面的21栋7层楼高的建筑物群“桔洲新苑”的数据21栋变更为29栋。原文（长地发〔2008〕195号）不变。

4.10月16日，市地名委员会将坐落在金星中路与佑母塘路交汇处由西往东横跨佑母塘路两侧的27栋3—33层楼高的建筑物群“钰龙天下佳园”的数据27栋变更为40栋。原文（长地发〔2009〕131号）不变。

5.11月1日，市地名委员会将坐落在京珠高速与长沙大道交汇处东北角的24栋3—26层楼高的建筑物群“新华都万家城”的数据24栋变更为26栋。原文（长地发〔2010〕20号）不变。（易　荣）

【一批道路命名】 1. 经岳麓区民政局岳民字〔2012〕1号文件请示，1月13日，市民政局以长民发〔2012〕5号文件批复，同意将起点为潇湘北路，终点为潇湘北路，长4100米，宽23米的半弧形滨江景观道命名为“滨江路”。

2. 经岳麓区民政局岳民字〔2012〕4号文件请示，2月29日，市民政局以长民发〔2012〕16号文件批复，同意将起点为麓山南路，终点至后湖路（暂名），长1180米，宽30米的路段命名为“清水路”。

3. 经岳麓区民政局岳民字〔2012〕10号文件请示，5月3日，市民政局以长民发〔2012〕47号文件批复，同意将起点为左五路（规划名称），终点为云栖路，长1000米，宽约4米的路段命名为“金麓巷”。

4. 经天心区民政局天民〔2012〕30号文件《关于拟命名“骏才路”的请示》、天民〔2012〕31号文件《关于拟命名“玉桂路”的请示》、天民〔2012〕32号文件《关于拟命名“向公塘路”的请示》、天民〔2012〕33号文件《关于拟命名“园艺路”的请示》的请示，10月24日，市民政局以长民发〔2012〕88号文件批复，同意将起点为新开铺路，终点为中意一路，长2000米、宽40米的路段命名为“向公塘路”；将起点为新姚南路，终点为雀园路，长900米、宽30米的路段命名为“骏才路”；将起点为御邦路，终点为乌塘路（规划名），长500米、宽40米的路段命名为“玉桂路”；将起点为湘府中路，终点为雀园路，长2500米、宽40米的路段命名为“园艺路”。

5. 经雨花区民政局雨民〔2012〕7号文件请示，12月7日，市民政局以长民发〔2012〕104号文件批复，同意将起点为浏阳河大堤，终点为京珠高速，长2300米，宽约24米的路段命名为“长托路”。（易　荣）

长沙市体育局

第四十六届春季马路赛跑在贺龙体育中心广场举行，市长张剑飞、副市长夏建平领跑

长沙市城区社区篮球场建设揭幕仪式

全国青年迎青奥长跑活动（长沙站）暨2012香雪健康跑活动在湖南大学体育场正式启动

湖南省第四届大众体育运动会跳绳比赛在长沙举行

长沙群众体育活动丰富多彩

政府购买游泳场所服务免费对中小学生开放

校园足球在长沙广泛开展

传统体育项目龙舟赛在长沙千龙湖举行

三湘名校 宁乡一中

校长 欧阳才

湖南宁乡一中历史悠久，始建于1912年，由伟大的民主战士、革命家、教育家朱剑凡先生“毁家兴学”创办，并任第一任校长，现为湖南省首批示范性高级中学。

学校占地400亩，总建筑面积13万平方米；规划合理，设施先进，功能齐全，环境优雅。学校现有高中班80个，在校学生5200余人；教师结构合理，师资力量雄厚；358名专任教师中有特级教师4人，中学高级教师156人；国家级骨干教师5人，省、市级骨干教师45人。

学校以“育人为本，和谐发展”为办学理念，以“全面贯彻党的教育方针、全面实施素质教育”和“学会做人、学会学习、学会生活、学会健体”为办学思想。几代一中人秉承“诚、信、勤、朴”的传统校训，保持和发扬了严谨规范的校风、敬业乐群的教风，形成了“全面+特长”的办学特色。

宁乡一中教学质量始终名列湖南省前茅，高考本科上线稳居全省先进行列，每年向高校输送1000多名优秀学生，其中400名以上的学生升入重点大学。近80%的本科升学率让学校获得了“宁乡一中考不倒”的美誉。学校在高中数、理、化、生、信息学五科奥赛中共获省级以上一等奖70多人。竞技体育成绩突出，近年来获省级以上运动会金牌数达51枚，有运动健将1名，一级运动员21名。在秘鲁举办的2011年世界青少年举重比赛中，该校获1金2银；在波兰举行的世界中学生田径锦标赛中，该校获1银2铜，团体总分第四的佳绩；在2011年中田赛上斩获3金1银2铜，获得女子甲组团体第一，团体总分第五的辉煌成绩（湖南共6枚金牌）。

宁乡一中的成就得到了社会各界和各级领导的肯定。学校先后接待了长沙市、湖南省、教育部等各级领导和11国驻华使节的视察；成功地承办了中华人民共和国第五届城市运动会的女篮比赛、2006年中国定向运动锦标赛、2011年全国中学生田径锦标赛等大型体育赛事；2005年、2007年、2009年、2011年，学校连续四届评为“中国百强中学”。2003年，著名科学家、原全国人大委会副委员长、中科院院长、中国科协主席周光召院士亲手将其所获得的“两弹一星”勋章赠给了宁乡一中。

宁乡一中名师荟萃，英才辈出，享誉湖湘，现在正朝着“三湘领先，国内一流，国际知名”的办学目标奋进！

2011年6月25日，波兰世界中学生田径锦标赛中获一银两铜。（图为世界中学生体育协会官员给女子百米银牌尹笑颁奖）

2011年，全国中学生田径锦标赛在宁乡一中举行，图为开幕式

宁乡一中百年校庆开幕式

隆平高新科技园

① 国家主席习近平会见全国劳模，与中科院院士袁隆平亲切握手

② 国务院总理李克强看望中科院院士袁隆平

③ 世界杂交水稻之父——袁隆平院士在进行杂交水稻攻关

④ 红旗路——南接武广客运南站

⑤ 隆平高科技园管委会办公楼

管理委员会

① 省委副书记、省长杜家毫考察振升集团

② 人民东路——中心城区与黄花机场连接线

③ 新振升集团——振升铝材 构筑未来

④ 经阁集团

⑤ 国科广电——国家数字电视产业化基地

①	
②	④
③	⑤

隆平高新科技园

省茶业集团——立志打造百亿湘茶企业

国家级广发隆平创业服务平台（一期）

豪丹科技创业平台——湖南省科技成果转化中心

湖南省稀土新材料研究院生产车间

怡清源科技产业园外景

管理委员会

大红陶瓷——1200℃高温窑炉里幻化成真

新振升集团生产车间

省茶业集团GMP生产车间

隆泰微波——工业微波领域国际国内领先

金丹科技创业大厦——中部最高的工业标准厂房

宁乡经济技术开发区

宁乡经开区工委书记、中共宁乡县委书记黎春秋在宁乡经开区重大项目签约仪式上致辞

宁乡经济技术开发区2010年11月经国务院批准为中西部地区第一家由县级政府创建的国家级经开区。园区总规划面积60平方公里，2012年，全区完成工业总产值560亿元，工业增加值136亿元，财政总收入突破13亿元。

园区现已引进企业220多家，拥有规模企业160多家，形成了以“3+1”为主导的产业格局，即食品、机电、新材料和现代服务业。其中，以加加集团、青岛啤酒、洽洽食品为代表的食品产业是园区第一主导产业，已拥有规模食品企业30多家，2012年，食品产业产值突破100亿元。

园区先后获全国唯一“中小企业信用体系建设示范园”、全国唯一“中国食品工业示范园区”、“湖南十大最具投资价值产业园区”、“湖南省文明标兵单位”、“湖南省节约集约用地先进单位”、湖南省首批“两型”示范园区、“湖南省2012年度新型工业化考核一等奖”、“国家循环化改造示范试点单位”等称号。

宁乡经开区鸟瞰图

宁乡经开区主题雕塑—拓荒牛

管 理 委 员 会

① 湖南省政协主席胡彪（右一）为宁乡经开区授牌，宁乡经开区工委副书记、管委会主任戴中亚（左一）接牌

② “两型”示范企业——天宁热电

③ 青岛啤酒生产车间

④ 宁乡经开区项目建设

⑤ 崛起的工业新城

⑥ 宁乡经开区蓝月谷生态产业园鸟瞰图

宁乡金洲新区

宁乡金洲新区是国家长株潭城市群“资源节约型、环境友好型”社会综合配套改革试验区长沙大河西先导区重要组团和高新产业区，于2006年10月正式启动建设，总规划面积55.6平方公里，东接望城区，西至沩江，北至长常高速，南至三一九国道，已开发33平方公里，先后获“长沙国家节能环保新材料高新技术产业化基地”、“湖南省新型工业化产业示范基地”称号，2012年11月，经省人民政府批准设立省级工业集中区。

六年来，宁乡金洲新区致力于从理念、投入、机制等方面构建综合优势，摸索出一条符合宁乡实际的新型工业化道路，创造了宁乡经济发展的“金洲速度”和“金洲品质”。新区坚持“创新、惠民、共建”的发展理念，积极实施“三区四化”战略（即推进开发片区化、配套城市化、产业高端化、投资多元化，建设改革新区、科技强区、经济大区），在全县率先探索实行人事制度改革、项目进入门槛和退出机制、“股东式”服务、“三公开三公示”等制度创新，载体公司新城公司保持高速稳健发展，优质储备资产充足，形成了金洲新区快速发展的动力，经济规模位居长沙“四区十园”中第五名和全省107个国家级、省级园区中第15名。

宁乡金洲新区重点发展先进装备制造业、新材料、光电信息产业，配套发展现代服务业。截至2012年底，累计引进三一重工、碧桂园、普洛斯、红宇新材、圣得西、邦普循环、族兴新材、星港家居等132个项目，建成投产企业86家，其中，年产值亿元以上企业51家，基本形成先进装备制造、新材料两大产业集聚区。工业总产值215亿元，年均增长率为112.17%，财政收入10亿元，年均增长率为82.05%，工商税收4.5亿元，年均增长率为81.26%。新城公司总资产35亿元，年均增长率为103.22%，负债率为51%。新区高度重视打造科技型创新园区，有高新技术企业23家，省、市企业技术中心13家，新区企业拥有各类专利600余项，人才1500人，其中，教授160多人，博士200多人，硕士900多人。建设了恩吉创业园中小企业孵化平台，成功培育了东鑫环保、微晶石墨等优质企业。

金洲新区一角

管理委员会

2012年10月，湖南省委书记周强、市委书记陈润儿等省、市领导调研金洲新区

宁乡经开区工委书记、中共宁乡县委书记黎春秋率县四大家领导调研园区在建项目

宁乡金洲新区标志

宁乡金洲新区

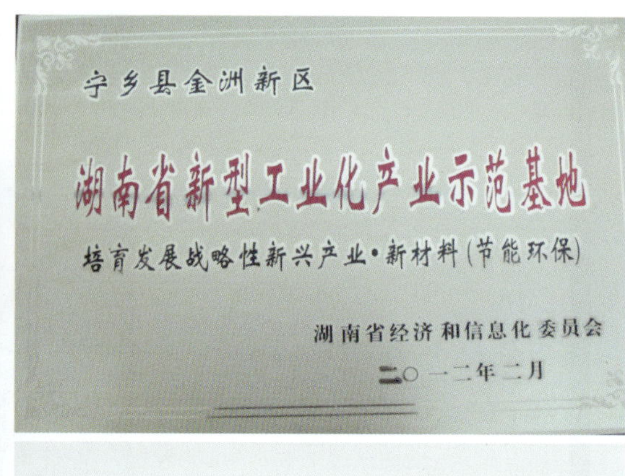

①|②
③

省级工业集中区是省委、省政府为了优化产业布局、增强产业竞争力，实现集约节约发展，完善湖南省产业园区体系，提升园区发展科学水平，在现有工业集中区基础上选择有实力的园区升级而设立的。宁乡金洲新区位于宁乡县东部，是大河西先导区重要组团和高新产业区，重点发展先进装备制造业、新材料、光电信息产业3个主导产业，累计引进项目132个，其中，竣工投产企业86家，亿元以上企业51家，2008～2012年，工业总产值年均增长率为165%，工商税收年均增长率为158.5%。2012年，完成技工贸收入215亿元，主导产业产值占全部产值比达85%，完成财政收入10亿元，其中工商税收4.5亿元。2012年11月，湖南省人民政府批准设立宁乡金洲新区省级工业集中区，在新批的29个省级工业集中区中宁乡金洲新区的综合实力位居第一名。

① 中共宁乡县委副书记、县长周辉调研金洲新区

② 宁乡金洲新区获批湖南省新型工业化产业示范基地

③ 宁乡金洲新区党委书记刘永红、管委会主任廖非平深入企业开展“两帮两促”工作

管 理 委 员 会

① 世界第二家、亚洲第一家异种移植供体培育中心在金洲新区正式启用

② 园区项目正在建设

③ 2012 年 8 月，红宇耐磨成功上市，成为新区第一家本土上市企业

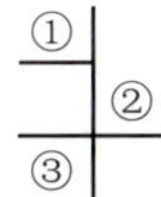

KINGLE 经阁集团
KINGLE GROUP

经阁集团成立于1992年8月，经过20多年的开拓创新坚持走低碳经济之路。现已发展成为以生产经营高档铝型材、节能环保鲁班门窗为主，工业铝型材并驾齐驱的多元化经营格局的现代企业集团。经阁集团位于湖南省长沙市高新技术开发区隆平高科园内，占地500余亩，项目总建筑面积为146000平方米，其中科研办公及营销接待大楼38000平方米，主厂房 62000 平方米，装配车间 28000 平方米，模具车间及其他5000平方米，辅助设施建筑面积13000平方米。依傍107国道、京珠高速公路，紧邻汽车东站、长沙火车站、黄花国际机场，交通十分便利。

经阁集团拥有资产16.5亿元，年产高档铝型材能力12万吨，产品有：高档彩色电氟铝型材、高档氟碳铝型材、木纹铝型材、电泳涂漆铝型材、粉末喷涂铝型材、隔热节能铝型材、工业型材、电子产品、航空航天、高速列车、轻轨专用铝型材等，节能铝门窗、幕墙、防护智能门窗年加工安装能力300万平方米，是国家建设部全国铝门窗、幕墙型材科研、生产定点基地。

集团秉承“科技创品质，品质赢品牌，品牌誉天下”的经营宗旨，引进国际上最先进的铝型材门窗幕墙生产技术、工艺和设备，研制开发了一系列畅销国内外的高品质铝型材，其中隔热铝型材的研制已列入国家863研究课题项目，并被列入国家级重点科技火炬计划。1997年以来，“经阁牌”铝型材通过了中国方圆委质量认证、ISO9001国际质量体系认证和ISO14001环境管理体系认证，先后获“中国消费者信得过产品”、“湖南省著名商标”、“中国驰名商标”等称号。同时企业凭借雄厚的实力和优质的产品，跻身于“中国民营企业500强”、“2002年中国铝型材企业十强”、“长沙市十大标志性龙头企业”及“长沙工业

20强企业”、荣获长沙市2008年工业经济工作先进单位、销售过20亿元奖、工业二十强排名第七位、利税过亿元企业排名第十位、技术改造过亿元企业。2009年荣获“湖南百强企业”、“湖南制造业五十强企业”，2010年再次荣获“中国铝型材企业十强”。2011年经阁集团与中国五矿湖南有色国贸有限公司强强联合，增资2亿元扩大生产规模；并荣获“湖南省有色金属行业50强企业”、“铝型材行业十大最具影响力品牌”等荣誉。2012年被评为“湖南省名牌产品”、“安全生产标准化三级企业”并获得“中国有色金属工业协会理事单位”等荣誉。

经阁集团本着“和衷共济、诚信敬业、共同发展”的企业精神，以“吸科技精华，书楼阁经纬，创世纪辉煌”的胸襟，以独特的企业文化和驰名品牌及优质的产品卓立于世，为建设“两型社会”谱写更加辉煌的篇章。

长沙同兴房地产开发有限公司成立于2004年，系宁乡县城市建设投资集团有限公司全资子公司，属于国家三级房地产开发企业，是宁乡第一家通过国家EWC质量体系认证的房产公司。公司坚守“以人为本、和谐发展、与业主同兴”的企业宗旨，秉承“人与自然、和谐共处”的开发理念，打造宁乡地产品牌，为美丽新宁乡建设不断开拓奋进。

作为本土房产的中坚力量，该公司自成立以来，一直充当宁乡新城区建设的开拓者与担当者，取得了相当大的成绩，所推出的几个楼盘均取得了良好的销售业绩。该公司先后倾力打造了一环西路样板房—藏金楼，宁乡第一个别墅小区—同兴花园及其二、三期商品房，原生态多层住宅小区—兴旺佳园。其产品以过硬的质量、优质的服务、正规的物管，获广大顾客一致好评。

自2012年来，该公司应广大购房者的要求，在继续秉承保证楼盘品质和贴近老百姓消费的原则下，推出宁乡首席滨江公园生活典范楼盘——兴隆苑，将再一次以其良好的品牌形象与信誉，让您感受大家风范，尽显尊贵、典雅的生活方式。

兴隆苑，永远比你想象的要多一点！

开发商：长沙同兴房地产开发有限公司

公司地址：宁乡县东沩广场6号

项目地址：二环路与白马东环线交汇处

售楼热线：0731-88312888 87830495

房地产开发有限公司

兴隆苑简介

兴隆苑位于宁乡县白马桥东环线、绕城线二环东路、溜子洲大桥交汇处，处于沩江城市沿江风光带上游，与即将启动建设的30万平米滨江公园隔江相望，面临溜子洲、相对“十里芙蓉”长廊，近观南太湖、远眺凤凰山国家森林公园，是“一江两岸三洲”最为精粹的生态型滨江区域和核心景观区，是宁乡未来5－10年城市发展的重要方向，承担城市休闲运动、休闲购物、生态旅游等功能的核心载体。

随着“一江两岸三洲”和滨江公园的规划与建设，溜子洲与南太湖水域这片县城中心城区的东南部，无疑将成为未来发展之重心。兴隆苑占据优越地理位置，坐享未来的市政规划和不可限量的发展前景，深得政府注力。同时，尽揽白马大市场成熟核心商圈，鼎盛商机炙手可热。兴隆苑享有得天独厚的教育氛围，小区独立幼儿园，以及约100亩的宁乡最大中小学——滨江学校近在咫尺，可以让住户的孩子享受幼儿园、小学、中学一体化精英教育体系。

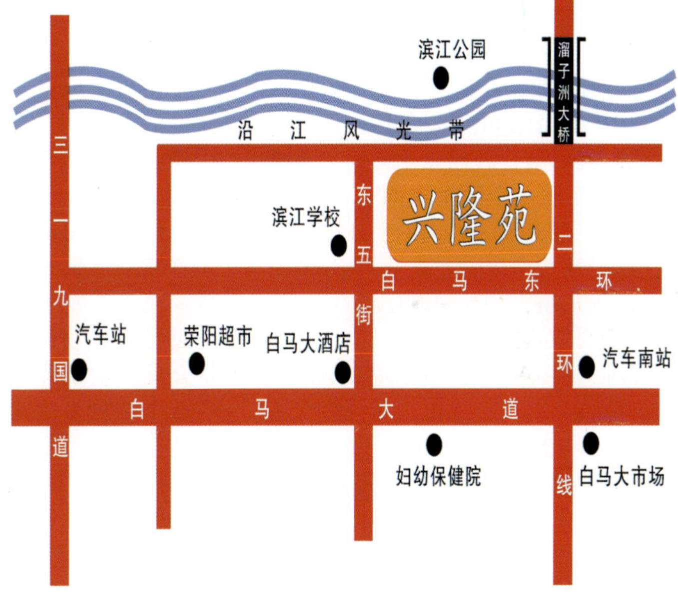

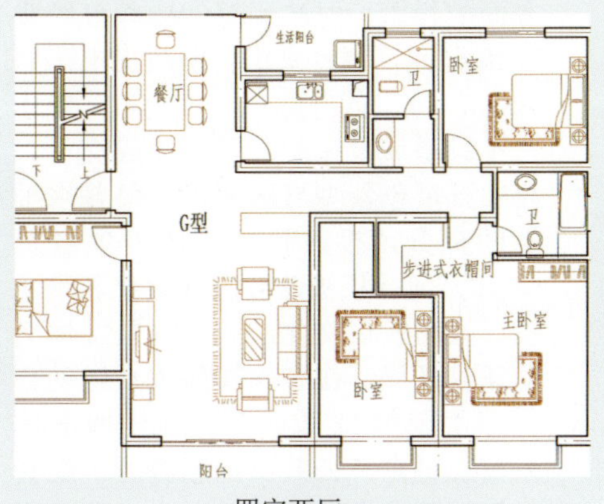

四室两厅

（G户型：参考建筑面积157.8㎡）

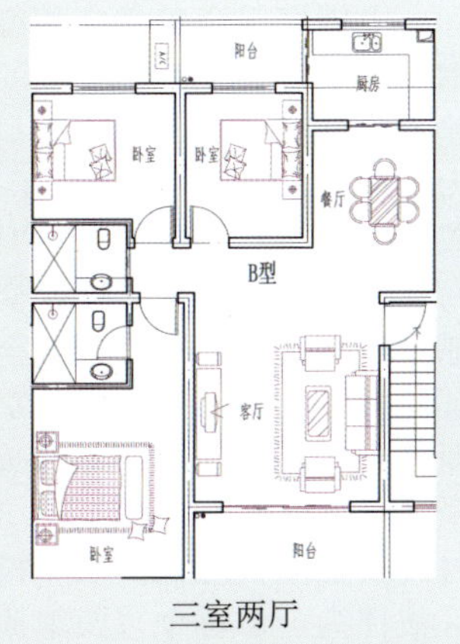

三室两厅

（B户型：参考建筑面积123.13㎡）

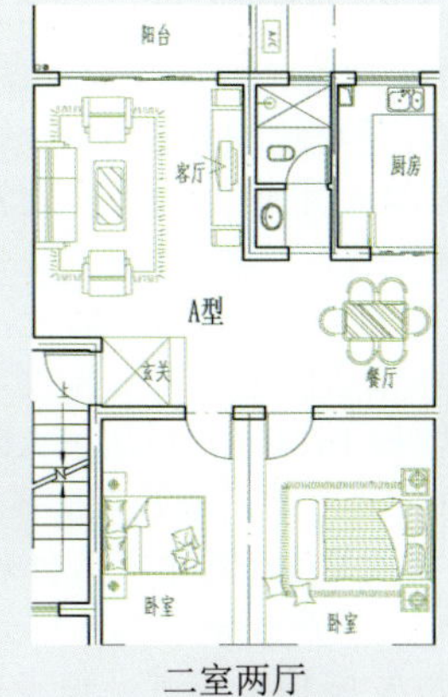

二室两厅

（A户型：参考建筑面积90.77㎡）

本资料图文最终以政府批准文件为准，开发商拥有最终解释权。

区　县

责任编辑：吴丫丫

芙蓉区

【概况】 芙蓉区辖定王台、韭菜园、文艺路、朝阳、五里牌、马王堆、荷花园、东屯渡、火星、东岸、马坡岭、东湖12个街道和隆平高科技园（正县级）、湘湖管理局（副县级）。截至2012年底，全区土地面积42.8平方公里，耕地面积0.18千公顷；总人口53万人（其中非农业人口50万人），人口自然增长率6‰。

综合实力再攀新高。2012年，实现地区生产总值（GDP）798.03亿元，按照可比价计算比上年同期（下同）增长12.8%。第一、二、三产业实现增加值分别为1.34亿元、144.6亿元和652.09亿元，各增长-22.4%、16.6%和12%。一、二、三产业比例为0.2∶18.1∶81.7，在GDP增幅中，分别拉动GDP增长0、2.9、9.9个百分点，一、二、三产业对GDP增长贡献率分别为0、22.7%、77.3%。实现财政总收入77.67亿元，增长19.5%，公共财政预算收入30.1亿元，增长29.3%。完成全社会固定资产投资248.68亿元，增长36%。完成社会消费品零售总额502.63亿元，增长15.8%。城镇居民人均可支配收入3.29万元，增长14%，农村居民人均可支配收入2.16万元，增长12.3%。实际到位外资4.21亿美元，市外境内资金形成固定资产投资159.6亿元。

经济发展稳中求进。稳步推动经济转型升级、提质增效。楼宇经济和现代服务业蓬勃发展，新增楼宇企业270家，省级金融机构增至61家，芙蓉CBD成功加入中国商务区联盟。传统商贸业繁荣兴旺，社会消费品零售总额继续保持全省区县第一。友谊商店年销售额突破20亿元，创下全省百货单店第一。婚庆文化园、曙光798等特色街市相继开业，新增限额以上商贸企业37家。工业经济强劲复苏，完成规模以上工业增加值69.45亿元，增长22.2%。招商引资成效显著，成功引进华为湖南分公司、省轻轨公司等总部型企业11家。坚持强西拓东、城乡统筹，发展格局不断优化。完成街道行政区划调整，资源配置更趋科学合理，实现经济版图重构，成为全省首个消除乡镇建制的城区。新组建的定王台街道实现财税24.01亿元，努力打造“中部第一街”。

城市建设稳步推进。实施基础设施项目91个，到位轨道交通建设资金1.69亿元，8个地铁站口主体竣工，地铁交通二号线隧道全线贯通。营盘路跨浏阳河大桥实现通车。旺德府国际、中国城等商务楼宇相继竣工，新增商务楼宇62万平方米。隆平新区建设拉开大幕，片区规划日渐成熟，为建设“国际种都”做好了顶层设计，成功抢注“东方种都”、“国际粮都”商标，水稻博物馆、种业交易中心等抓紧前期工作。东片开发全面发力，征地拆迁加快推进，完成京港澳高速西辅道、杉木路、营盘路东延线等7个项目征地任务，腾地73.33余公顷。村民安置步伐加快，东岸梅园安置小区被评为全省首个“国家康居示范工程”，新桥村高层安置房主体封顶。

城市品质稳步提升。围绕全国文明城市复检和创建人民满意城市工作主题，加强城市管理工作力度，全面推行网格化管理，城管综合考评实现全市“八连冠”，文明创建步入常态化轨道。完成棚改近500户，实施4批城乡结合部环境综合整治，完成朝阳路、文艺路等道路两厢立面整治。在乔庄、湘府等社区开展宜居社区建设，39个老旧社区实施规范化物业服务。加强生态建设，浏阳河风光带西岸全线拉通，新增绿地32公顷。强化污染治理，空气质量平均优良率87.13%，区域环境噪声值降至47分贝，优于全市平均水平。促进节能减排，万元规模工业增加值取水量下降24.3%，单位地区生产总值能耗降低3.77%。围绕传承“雷锋精神”，开展学雷锋系列活动，涌现出一大批先进典型，市民素质不断提升。

社会事业协调进步。统筹推进民生事业，人民共享发展成果。教育事业优先发展、均衡推进，足额保障配套学校和幼儿园建设、校安工程等方面的投入，财政预算安排教育经费5.48亿元，教育支出占财政支出比例为20.12%，创办湘一芙蓉中学，育才三小、星城世家幼儿园等建成交付。扎实开展创新型城区建设，科普水平不断提升，投入科技发展专项经费3462万元。积极开展国际文化名城建设，大力发展文化产业，群众文体活动蓬勃开展，在省第四届大众运动会上夺得金牌12枚。公共卫生服务体系日益健全，公共卫生服务区级配套经费按要求足额及时到位，15分钟医疗圈基本建成，居民对社区卫生服务机构满意率99%，朝阳社区卫生服务中心创建为“全国示范社区卫生服务中心”。加强计生优质服务，被评为“全国阳光计生行动示范单位”。推进创业富民，成立全市首家失地农民创业就业服务中心，安排创业扶持奖励资金6431万元，发放小额担保贷款1304万元，新增就业2.4万人，城镇登记失业率控制至2.4%。新增各类保险参保人数8.6万人，社会养老保险实现全覆盖。城乡低保应保尽保，保障低保对象7万余人次。强化住房保障，新建廉租房343套，新增公租房588套。

发展大局和谐稳定。坚持正确处理发展、改革和稳定的关系，维护大局和谐稳定。深入推进群众工作“直通车”工程，落实“一推行四公开”（全面推行干部联点驻村驻社区，公开联系方式、公开岗位职责、公开监督机制、公开考核办法）和“四联三为”（ 联企业、联项目、联社区、联家庭，为群众、为基层、为企业），走访群众8.1万户次，解决具体问题8600多个。加强社会管理综合治理，推进平安和谐模范城区创建，开展“雷霆行动”、“春季攻势”等专项行动，人民安全感显著提升，民调指数全省排名不断靠前。完善矛盾纠纷排查调处机制，化解矛盾纠纷1020件。朝阳二村、东岸地区的一批拆迁历史遗留问题得到解决。食品安全监管机制日趋健全，餐厨垃圾得到严格管理。全面落实安全生产目标责任制和一票否决制，安全生产形势保持稳定。应急预案更加完善，应对突发事件的能力稳步提升。国防教育和征兵工作进一步加强，双拥优抚安置政策全面落实，军政、军民关系更加融洽。

发展合力稳步增强。加强政府精细化管理，提升政府系统的决策力、执行力、公信力，营造了协力同心、共谋发展的良好局面。坚持依法行政，规范权力运行，将法律审查引入政府决策和执行的各个环节。严格执行区人大及其常委会的决议，自觉接受人大代表、政协委员和社会各界的监督，办理建议、提案162件，办复率100%。坚持科学决策、民主决策，强化公众参与、专家论证和政府决策相结合的决策机制。公开政务信息，建立政府信息查阅中心并免费开放，便利服务居民。坚持高效服务，区、街、社区三级政务中心全面建成，134项政务服务事项100%实现在线办理。坚持廉洁从政，严格落实党风廉政建设责任制，严查各类贪污腐败行为，保持了干部队伍的清正廉明。

存在的问题和不足，主要表现为：依靠区位优势造就的产业优势和资源优势正在逐步弱化，基础设施的承载功能日益不足，部分老旧社区的生活条件相对较差，东片开发建设明显滞后，项目建设推进乏力，一批历史遗留问题尚未得到妥善解决，政府自身建设尤其是干部队伍的能力建设亟待加强，等等。

（鲁素爽）

芙蓉区

中共芙蓉区委员会

书　记　梁　仲
副书记　于新凡（2012.09任）
　　　　王瑜珲（2012.08免）
　　　　李　蔚（2012.12免）
常　委　廖铁成　罗玉环
　　　　谭　果　伍艳飞
　　　　张　勇　刘熙宇
　　　　吴　敏
　　　　欧千军（2012.09任）

区人大常委会

主　任　罗树林（2012.11任）
　　　　张新亮（2012.11免）
副主任　李学山（2012.11免）
　　　　宋晋武
　　　　卢　涛（2012.11免）
　　　　张振强（2012.11免）
　　　　张安琪（2012.11免）
　　　　虞德良（2012.11免）
　　　　陈忍冬（2012.11任）
　　　　严国益（2012.11任）
　　　　马京沙（2012.11任）
　　　　罗尔曼（2012.11任）

区人民政府

区　长　于新凡（2012.11任）
　　　　李　蔚（2012.11免）
副区长　罗玉环
　　　　陈忍冬（2012.11免）
　　　　欧千军（2012.11免）
　　　　严国益（2012.11免）
　　　　王清华（2012.09免）
　　　　刘熙宇（2012.11任）
　　　　张庆和（2012.10任）
　　　　彭尚松
　　　　许　凡（2012.10任）
　　　　彭　娟（2012.10任）

区政协委员会

主　席　刘建新（2012.11任）
　　　　王功长（2012.11免）
副主席　王　景（2012.11免）
　　　　漆苏皖（2012.11免）
　　　　李　瑛（兼，2012.11免）
　　　　陈建萍
　　　　洪曙光（兼）
　　　　李国开（2012.11任）
　　　　谢志鹏（2012.11任）
　　　　黄金国（2012.11任）

【定王台街道打造“中部第一街”】 1月1日成立的定王台街道，面积1.46平方公里，地处长沙市城区中心五一核心商圈。2012年，街道以“打造总部经济基地、建设湖南金融核心、树立长沙文化地标”为宗旨，以楼宇经济为主线，以项目建设为重点，延伸招商引资触角，加大税源培植力度，确保经济又好又快发展。通过划分网格化责任区促进管理，深入宣传、强化服务，全年发展重点项目8个，完成地税收入19.16亿元、国税收入4.85亿元，实现财税收入共计24.01亿元，努力打造“中部第一街”。街道内共有商务楼宇29栋，总建筑面积187万平方米；入住企业2192家，平均入驻率90%；其中税收超亿元的楼宇共5栋，分别为中石油大厦、中天广场、第一大道、顺天财富中心、中隆国际；另有成功招商的亿元楼宇1栋，即天心城市广场。商务楼宇中总部经济成为税收贡献中坚力量，第三产业特别是金融业尤为发达，智力密集、资金密集、服务密集型的服务经济特征非常明显。

（鲁素爽）

【政府信息公开工作稳步推进】 2012年，芙蓉区认真贯彻《中华人民共和国信息公开条例》，落实《芙蓉区政府信息公开工作制度》，依托原有的政府门户网站、新闻媒体、档案馆、信息公开栏等平台，全新打造区政府信息查阅中心，积极主动公开信息6.41万条，其中网站公布4762条，

浏阳河婚庆公园美景

新闻媒体公开1239条，政府信息查阅中心公布3000条，档案馆公开资料2.5万条、查阅2569条，公告栏公布2530条，其他途径公开2.5万条。区政府门户网站浏览量142.64万次。9月24日，区政府信息公开中心正式建立，设在区政务大厅内，面向社会开放，免费提供政府信息查阅服务。10月，中心顺利通过省、市两级验收并获得好评。该中心建成后仅三个月即为群众提供信息查阅近3000人次。（鲁素爽）

【浏阳河婚庆文化园开园】 9月25日，浏阳河婚庆文化园开园，正式面向市民开放。长沙市副市长钟钢，芙蓉区区委副书记、区长李蔚，芙蓉区区委副书记于新凡，芙蓉区人大常委会主任张新亮，芙蓉区政协主席王功长等出席开园仪式。浏阳河婚庆主题文化园拥有从恋爱、结婚到婚典的完整婚恋产业链，是湖南省首家集婚庆、旅游、休闲、娱乐等特色于一体的一站式休闲娱乐综合体，位于荷花路与浏阳河大道的交汇处，占地约8.13公顷。（鲁素爽）

【创业服务在行动】 2012年，芙蓉区以创建国家级创业型城市为目标，坚持从创业者的需求出发，突出政策宣传、营造浓厚氛围、开展丰富活动、打造典型示范，不断优化全区创业环境，提高创业政策知晓度，激发创业活力，取得了丰硕成果。年内申报市级创业项目98个，获得扶持资金403万元；发放大学生自主创业租金补助29.8万元；区财政整合安排创业富民资金1.04万元。全区发放《宣传手册》2万份，以群众工作“直通车”为契机，推广创业帮扶直通车进校园、进社区、进楼宇，举办优秀创业者宣讲活动12期，新增私营企业2806个，新增个体工商户3214户。大力打造创业基地，引资兴建“大麓珍宝城”、“摩登十八服饰城”，组织区内各类专业性市场、特色街巷、大型楼宇和孵化基地为不同层次、不同需求的创业者提供创业平台和创业服务，10月12日，广发隆平高科技园创业服务公司和湖南农大大学生创业孵化基地被认定为全省首批省级创业孵化基地。搭建创业平台，成立芙蓉区两年创业者商会、创业指导中心，开展创业论坛、创业体验等活动，重点引导和鼓励大学生参与创业。（鲁素爽）

【“候鸟”俱乐部活动出成效】 芙蓉区宣传和文化部门依据辖区经济繁荣、外来务工人员大量集中的实际区情，创新开展“候鸟”俱乐部活动。自2011年11月正式启动，截至2012年底，开展公益性文化活动共计200场次，参与群众累计20万人次，其中外来务工人员8万人次；发放宣传手册4000份，图书借阅流量10万次；全区居民包括外来务工人员参加文体活动时间人均每周不低于5小时。在区文化馆、图书馆、各街道文化站设立“候鸟”俱乐部，每月组织文艺团队和电影公司到外来务工人员较为集中的社区、企事业单位、公司、工地等处慰问演出、放映电影；开设图书阅览室供其及子女读书、看报、参与公共文化鉴赏；利用区内文化培训机构资源，提供免费培训、学习、演出等服务；组建外来务工人员和农民艺术团，创编特色节目。年内，“白领驿站”、“CBD精英大擂台”、“广场舞沙龙”等各种活动精彩纷呈，健美操、拉丁舞、礼仪化妆等培训接连不断，吸引大批外来务工人员及其子女积极参与。挖掘了12支外来务工人员艺术团队，培养了华旭组合、张印龙等一批文艺人才，创作了《城市候鸟》、《我是雷锋家乡人》等原创作品。“候鸟”俱乐部积极引导拓宽服务项目和领域，经常组织职能部门为外来务工人员提供维权咨询、用工信息、安全教育等服务，充分发挥融合性社会组织的作用，使外来务工人员在城市找到归属感，使他们体面地工作、有尊严地生活，有力地促进了和谐社会建设。（鲁素爽）

【非公经济组织党建结硕果】 2012年，芙蓉区非公党工委“围绕发展抓党建，抓好党建促发展”，坚持一手抓组织组建，一手抓作用发挥，在服务企业、促进发展、凝聚人心上取得良好成效。非公经济党组织集中组建工作排名全省第一、被评为全市一等奖，先后在全省非公经济组织党建工作会议和创先争优活动总结大会作典型发言。自2004年在全市率先成立非公经济组织党工委以来，芙蓉区采取单独组建、联合组建、派驻组建等方式，共组建非公企业党组织719家（其中2012年组建247家），实现党的组织全覆盖。创新党组织设置模式，10月设立芙蓉区第一个创业服务平台党委——湖南广发隆平高科技园创业服务有限公司党委，将入驻创业园区的21家企业和13家党支部102名党员凝聚在党旗下，形成经济契约关系与党组织隶属关系交叉，企业经济发展、社会管理与党组织建设相互作用，社会管理各项职责“根根柱子落地”的良好局面。省、市非公党组织创先争优总结大会对此专题推介。选派30名新成立的非公经济党组织书记到清华大学进行专题培训；评选出7个“红旗非公有制经济组织和社会组织党组织”；广泛开展“亮身份、亮承诺、亮形象”的“三亮”活动；组织全区红旗非公党组织、创建先进单位和新组建的非公党组织结对共创，结成125对开展“1+2”主题实践活动；引导党组织和党员开展义工活动；在全区非公企业党员中组织开展“党员先锋在身边”征文评选活动。（鲁素爽）

【群众工作“直通车大课堂”】 2012年，芙蓉区通过群众工作“直通车大课堂”对全区科级领导干部实行大轮训，全年举办8期、培训学员495名。“大课堂”实行分类分批培训，按照“一年一训、一月一班、一周一课”要求，分党务综合类、经济类、政法维稳类、城建城管类和社会事务类共5大系统，培训对象涵盖全区所有科级领导干部。培训中开设“三课一考”，有针对性地精选政治理论、群众工作和业务技能课程，结业考试采取无领导小组讨论方式进行。每次培训严格按照有关规定进行量化考核，实施培训管理学分制，并与年终绩效考核挂钩。区委组织部和区委党校全程负责培训的组织实施，通过细化管理确保培训取得实效。群众工作“直通车大课堂”是芙蓉区在新形势下提高领导干部素质、提升领导干部群众工作本领和能力的重要举措，自开办以来，受到全区和社会各界关注，获“长沙市优秀学习载体”称号，并被《长沙晚报》专题报道。（鲁素爽）

【获“全国阳光计生行动示范单位”称号】 芙蓉区以“阳光计生直通车”为抓手，致力于把“阳光计生行动”打造成一项群众知心、暖心、顺心的民心工程。全区所有街道（局）、社区（村）实现“阳光计生”全覆盖。2012年，获“全国阳光计生行动示范单位”称号。芙蓉区着眼机制建设，成立专门队伍，投入1800余万元建设工作阵地、宣传长廊，筹资2000余万元建设服务所，投入100多万元进行奖励帮扶。强化行动举措，规范公开内容、拓展公开形式、严格公开制度，以政务公开带动“阳光管理”，以定期座谈、上门访需、设本登记、网络征集等多种方式的民主评议推动“阳光服务”，以服务热线、信访接待、社会监督、有奖举报等办法保障“阳光维权”。通过“阳光计生”行动有力保障了群众对人口计生工作的知情权、参与权和监督权。（鲁素爽）

【“东岸梅园”获“国家康居示范工程”称号】 “东岸梅园”位于芙蓉区东岸街道东屯村，是芙蓉区原东岸乡被拆迁农民的安置小区，总占地面积约13.2公顷，总规划套数2600多套。为顺应芙蓉区城市东拓进程，更新农民安置房建设理念，努力打造城市精品，该项目从立项之日起，按照“国家康居示范工程”要求，在规划、设计、工程施工等方面严格把关，并委托专业房地产开发团队——长沙郡城项目管理有限公司进行代建，实现对全过程的精细化管理。作为长沙市芙蓉区的重点安置房工程项目，“东岸梅园”2010年9月正式开工建设，2012年10月竣工交付，经验收合格，已基本完成分房工作。“东岸梅园”的成功运作，对于城市形象的提升、旧城改建模式参考及湖南保障房发展方向均有着重要的借鉴意义。12月12～14日，“2012省地节能环保型住宅国家康居示范工程与住宅产业化技术创新大会”在长沙通程国际大酒店隆重举行，来自全国各地代表近600人参加了本次会议，“东岸梅园”农民安置小区及项目建设管理单位“长沙芙蓉新城置业有限公司”、“长沙郡城项目管理有限公司”，分别领取了住建部住宅产业化中心颁发的“国家康居示范工程”和“住宅建设创新成效突出单位”奖牌。（鲁素爽）

【芙蓉环卫连续12年在全市行业劳动竞赛中排名第一】 2012年，芙蓉环卫以抓精细、保常态为工作理念，以夺一流为工作目标，完善制度、加大投入、夯实队伍、创新方法，通过全体环卫人的不懈努力，在确保全区整洁美观和树立良好品牌的同时，赢得了居民群众的好评，并荣获全市“2012年度环境卫生管理工作红旗单位”、“2012年渣土管理工作红旗单位”。环卫工作网格化布局进一步完善，“两天三班”清扫保洁作业的“芙蓉模式”进一步推广和深化；机械化作业率居全市五区第一；率先推行清扫保洁无缝对接、作业车辆GPS定位管理、定期人机结合清洗、不同路段采用不同作业工具、对临时员工即进即训、每月定训等工作方法和管理经验，为环卫部门一直致力打造的“芙蓉模式”再注入新的内容，已在全市得到推广。（鲁素爽）

环卫工深夜清洗马路

表 

2012年芙蓉区主要经济指标与2011年比较

单位：亿元

指标名称	地区生产总值	农林牧渔业总产值	工业总产值	规模以上工业总产值	社会固定资产投资总额	社会消费品零售总额	财政总收入	财政支出	人均可支配收入（元）	
									城镇居民	农村居民
2011年	698.4	2.37	287.96	253.69	200.12	435.42	65	28.855	28855	19215
2012年	798.03	1.94	342.2	306.4	248.68	502.63	77.67	35.9	32885	21582
2012比2011年增长（%）	12.8	-22	21.4	22.2	36	15.8	19.5	24.42	14	12.3

天心区

【概况】 2012年，天心区辖坡子街、城南路、裕南街、金盆岭、赤岭路、新开铺、青园、文源、桂花坪、大托、黑石、九峰12个街道办事处。土地面积71.97平方公里，截至2012年底，全区户政人口14.09万户，39.38万人。人口自然增长率3.42‰，符合政策生育率9.87‰。

天心区围绕“南拓西接、扩容提质”发展战略和“提升发展年”发展主题，圆满完成指定目标，全区经济社会实现了又快又好的发展。2012年，全年实现地方生产总值528.6亿元，同比增长12.6%；完成财政总收入65.3亿元，同比增长19%；完成规模工业总产值398.7亿元，同比增长25.5%；完成全社会固定投资570.4亿元，同比增长13.3%；实现社会消费品零售总额292.54亿元，同比增长17.8%；高新技术总产值198.8亿元，同比增长18.8%，经济实力稳步增强。

经济结构不断调优。突出抓好金融服务、文化创意、商贸物流和新型工业发展，策划推出扩大消费“十大主题、百项活动”，积极推进重点产业项目建设，国家级广告产业园正式落户天心并启动建设，东亚银行长沙分行正式营业，金融业税收占税收收入的比重达16%，悦方购物中心、奥特莱斯购物公园、王府井百货及各类特色街区保持繁荣，保利国际广场、华远华中心等城市综合体加快建设，经济发展质量稳步提升。

发展后劲不断增强。精心组织天心（北京）形象推介会、中博会新加坡专场招商会和北京知名企业长沙行等系列招商活动，先后与新加坡大华银行、香港恒生银行等金融机构达成合作意向，成功引进了中国五矿有色、海信商业广场、中化石油湖南分公司、荣宝斋、北纬国际传媒等大型企业和项目，全年新增个体工商户2536户、工商企业1744家。

城区环境不断改善。全年共安排重点项目76个，全面拉通了竹塘路、新姚路、丽江路、高家冲路、青山路等市政道路，协调推进了地铁一、二号线、城际轻轨及湘府路大桥建设，城区交通条件有效改善。湘府英才小学建成开学，明德天心中学、青园小学综合楼、新城区消防站等公益项目加快建设，城区配套水平稳步提升。城区改造加快推进。全面启动省直机关集中办公区、南湖路两厢、太平路、枣子园等7个项目的拆迁改造。支路街巷提质、社区环境提质和危旧社区改造任务全部完成。扎实开展城乡结合部环境综合整治，建成九峰苑、李家湾子社区公园，推进了芙蓉路及书院路两厢绿化提质，完成湘江大道、二环线等道路的路面整修，全年拆除违章建筑20.3万平方米，拆除违章广告1.3万平方米，治理“五小”门店144家，城区绿化、亮化水平全面提升，展现了文明城区的良好形象。

社会保障不断完善。进一步健全和完善了以城乡低保、就业、社会救助为主要内容的社会保障体系，全年共新增城镇就业1.32万人，发放城乡低保金3285万元、医疗救助金243.17万元，筹建廉租房和公租房2580套，省、市、区27项为民实事全面完成，群众生活条件稳步改善。社会事业协调发展。教学改革实验区建设全面启动，高考本科上线率87.5%。基本药物制度全面实施，公立医院改革取得实质进展。区文化馆实现整体搬迁，新增2个市级示范街道综合文化站。全员人口信息管理系统进一步完善，低生育水平保持稳定。社会大局保持稳定。突出稳定第一责任，着力完善情报信息网，积极开展“信访积案化解”攻坚活动，加强安全生产监管和突发事件处置，成功应对和处置了杉木冲路段山体滑坡、“9·18”涉日集会游行等突发事件，全区无重大安全生产责任事故和群体性事件发生。

行政效率不断提升。认真办理人大议案2件、代表建议54件和政协委员提案127件。建立和完善项目资源库、咨询专家库和企业诚信库，确保了决策科学民主。政府管理更加规范。落实《关于严格控制财政预算追加的通知》、《天心区政府性投资项目资金管理办法》等制度，完成审计项目160多个，审减资金约3亿元。建立重大项目纪检监察干部联系制度，全面强化了对工程建设、公务用车、政府采购等工作的督查监管。顺利将9街1镇调整为12个街道办事处，有效整合了管理资源，提升了管理效率。建立重大项目引进工作联系会议制度，有效促进了项目落地。积极开展“办事难”专项整治，全面理顺行政审批“两集中、两到位”工作机制。

差距和不足：全区发展转型的步伐有待进一步加快，发展空间不足、产业层次不高、骨干企业不多等制约因素依然存在；城市管理和配套与城市发展不同步，群众在就学、就医、出行等方面的满意度有待提升；社会管理创新力度尚待提高，促进社会和谐的任务比较繁重；政府自身建设还存在薄弱环节，创新能力和服务意识有待进一步增强。 （何建国）

天心区

中共天心区委员会

书　记　夏建平（2012.02免）
　　　　陈献春（2012.02任）
副书记　曾超群　邓鹏宇
常　委　郑　明　夏钟剑
　　　　骆正平　张界贻
　　　　苏宏洲　杨中建
　　　　李　曦　谭雄伟

区人大常委会

主　任　郑　蓬（女，2012.11免）
　　　　于　献（女，2012.11任）
副主任　佘小玲（女）
　　　　汤楚罗
　　　　颜小平（女）
　　　　彭剑飞（兼，2012.11免）
　　　　蔡承伟（2012.11免）
　　　　谭文敏（瑶族，2012.11任）
　　　　邱忠献（2012.11任）

区人民政府

区　长　曾超群
副区长　夏钟剑
　　　　杨中建
　　　　汤建尧（2012.09免）
　　　　浣灿勇（2012.11免）
　　　　康镇麟（2012.09任）
　　　　刘晓蓉（女）
　　　　贺国权
　　　　侯向宇（2012.09任）

区政协委员会

主　席　曹　健（2012.11免）
　　　　邓　林（2012.11任）
副主席　皮丹丁（女）
　　　　黎小玲（女）
　　　　杨培春
　　　　陈　劲（女，兼）

【雷锋超市进高校】 4月28日，新开铺街道文源社区在中南林业科技大学开设的长沙市第一个“雷锋超市”正式运转。“雷锋超市”是一个解决弱势群体生活非盈利性扶贫救助中心，是物质超市和精神超市两者合二为一，来传承雷锋精神、传递社会爱心。物质超市。1. 明码标价，免费资助。对高校贫困学生发放分类爱心救助卡，特困生可免费获得1000元的商品，困难学生可免费获得800元的商品资助。2. 学生自治，学校监管。建立严格的财务和物资管理制度，积极向校内外争取物资，设立捐赠电话，超市服务设立了学习用品服务区、生活必需品服务区、特色服务用品服务区（提供残疾、疾病等学生特色用品）、义卖区。3. 爱心义卖，社会捐赠。根据学生的困难程度不同，设为5个星级，由班主任老师推荐、学校领导审批的困难学生，可以凭相应星级的“爱心卡”，在超市免费领取不同价值的生活、学习用品。在爱心超市存放一定时间无爱心卡用户选走的物品，将放到“义卖区”，供非爱心卡用户选购，所得的钱投入捐献箱，存入学校爱心基金会，专门用于帮扶贫困学生。精神超市。以非物质资助方式，专门开设了针对贫困学生的阳光社区心理服务超市、志愿者服务超市、勤工俭学服务超市、互助学习服务超市、榜样服务超市等。 （何建国）

【长沙（国家）广告产业园奠基】 11月26日，天心区获批建设的长沙（国家）广告产业园在天心区黑石铺街道九峰村举行奠基仪式。它是全国首批“国家广告产业园”之一，也是中南地区唯一国家级园区。出席奠基仪式的有国家工商行政管理总局副局长甘霖，中共湖南省委常委、长沙市委书记陈润儿，湖南省人民政府副省长盛茂林及市、区主要负责人。长沙在广告产业发展方面具有人才、市场、文化等方面的独特优势，广告业发展有着良好的基础和广阔的前景，长沙（国家）广告产业园以高起点规划、高标准建设、高质量管理、高效益产出，不断提升广告产业园的专业化、集约化、国际化水平，推进湖南“两型”社会建设战略部署，将成为“科技孵化的园地、人才聚集的洼地、广告产业的基地和文化创意的高地”，为全国的广告产业园区建设发挥示范引领作用。 （何建国）

【区计生局连续七年保持“国优”称号】 天心区计生局严格按照省、市的要求，以“争先创优”为目标，以稳定低生育水平、完成人口计划指标为基础，切实夯实基层基础，继续深化计生综合改革，不断创新和总结经验，依法履行工作职责，坚持民本理念，想群众之所想，解群众之所忧，帮群众之所困，为全区经济又好又快发展提供了良好的人口环境，2012年，连续第七年保持“国优”称号。 （黄　俊）

【获全省“平安区县”称号】 2012年，天心区连续六年获全省“平安区县”的称号。天心区区委、区政府坚持把平安建设作为促进社会和谐的重要基础，紧紧抓住影响群众安全感的突出治安问题，加大矛盾纠纷排查化解力度，加大对严重刑事犯罪的防范和打击力度，努力完善立体化社会防范体系和公共安全体系，稳定全区大局。整合保安队员、治保基干、楼栋长、治保积极分子、平安志愿者等群防群治力量，编织“六大防控网络”（街面治安防控网、社区（村）防控网、电子视频防控网、重点行业及要害部位防控网、内部单位治安防控网和社会矛盾纠纷化解网）。构建了“四联”（警民联手、巡守联动、人技联合、点面联管）、三化（标准化、常态化、规范化）立体式“大防控”体系，融入全市“天网工程”，新增监控点位2026个，新增摄像头2974个，区、县边境建设点位266个，414个摄像头，保证了视频监控对全区的无缝覆盖，平安建设赢得了广大人民群众的支持。 （黄　赛）

表　　2012 年天心区主要经济指标与 2011 年比较

单位：　万元

指　　标 名　　称	地区生产总值	农林牧渔业总产值	工业总产值	规模以上工业总产值	全社会固定资产投资总　额	社会消费品零售总额	财政一般预算支出	农民人均可支配收入（元）
2012 年	5280614	16532	3987000	3701130	5704013	2925388	324382	22475
2011 年	4646300	19500	3584200	3255700	6102600	2505600	272093	20843
2012 年比 2011 年增长（%）	12.6	-15.7	25.5	10.6	13.3	17.8	19.2	15.4

注：1. 因年报数据调整，2011 年数据有所变化。
2. 由于财税体制改革原因，“地方财政收入”的收入口径从 2011 年开始不再使用，特此说明。

岳麓区

【概况】　岳麓区位于长沙市湘江西滨，辖岳麓、橘子洲、望月湖、银盆岭、观沙岭、西湖、望城坡、望岳、咸嘉湖、梅溪湖 10 个街道办事处，天顶乡 1 个乡，莲花镇、坪塘镇、含浦镇、雨敞坪镇 4 个镇，并设岳麓科技产业园和科技园创业服务中心，岳麓山风景名胜管理局，包括了麓山景区和橘子洲景区；截至 2012 年底，全区土地总面积 558 平方公里，总人口 62.7 万人，人口出生率 13.1‰，人口自然增长率 8.1‰。

经济实现快速发展。坚持产城融合发展思路，在新城建设中培育产业，在产业培育中调整结构，区域综合实力步入全国市辖区百强行列。1. 经济指标全面完成。全年实现地区生产总值 635 亿元，增长 14.5%；完成地方财政总收入 41.7 亿元，增长 26.1%，增幅居中心城区首位，税收收入占财政总收入的比重为 89.2%；完成全社会固定资产投资 485 亿元，增长 31%；实现规模工业增加值 307 亿元，增长 18.1%；实现社会消费品零售总额 177.8 亿元，增长 17%。2. 经济结构日益优化。岳麓科技产业园获批“省级工业集中区”，联东 U 谷等重大产业项目相继落户园区，南二环品牌汽车 4S 店长廊初具规模，含浦声域、达嘉维康药业、爱威科技等入园项目加快建设，园区产业支撑体系不断完善。滨江新城 B7 地块成功招商，麦当劳等区域总部抢滩岳麓，华润万家等七大国际品牌主力店进驻奥克斯广场，财富瑞士、佳兴豪生等五星级酒店，世茂、绿地等城市综合体和罗马广场、步步高大学城店等购物中心加快建设，金麓国际、美雅斯等星级酒店和冰火楼等餐饮名店相继开业，梅溪湖国际文化艺术中心开建，万达、金逸等知名影视院线和唯歌等娱乐名店开业运营。现代都市农业稳步发展，留香等生态休闲园开园，天泉草业等农业龙头企业示范带动作用不断增强。3. 经济活力不断增强。主动联手主流媒体，果断推出区域价值推介月活动，“一对一、一帮一”协助解决房地产业等领域的发展瓶颈问题，全年实现商品房销售面积 261.9 万平方米，增长 17.6%；完成商品房销售额 166 亿元，增长 31.4%，跻身全国建筑强区行列。继续开展创业富民行动，制定和实施文化产业等扶持政策，适时推出“人文岳麓·财富高地”、“风尚生活·乐购岳麓”等商务节会，全面激活区域经济发展内生动力。全年新增私营企业 1344 家，规模以上企业 81 家；引进市外境内资金形成固定资产投资 96 亿元，到位外资 1.84 亿美元；第三产业增加值增长 11% 以上，固定资产投资中生产性服务业投资比重占 20% 以上。

城乡面貌日新月异。1. 重点项目强力推进。全年启动城建、产业、民生重点项目 160 项 214 子项，完成投资 217 亿元，是新区成立以来开工项目最多、投资额度最大的年份。全年累计签约 4189 户，征拆腾地 533.33 余公顷，集体土地征地拆迁是全市力度最大、腾地最多、完成最好的区（县）；滨江新城银太区域、长望路东段、轨道 2 号线、西湖文化园龙头山、南湖路湘江隧道如期实现征拆腾地，洋湖坪塘片区、滦湾镇棚改分别完成征拆签约任务的 97%、98.9%。京珠复线、坪塘大道等 20 条道路竣工，新增通车里程 43 公里，滨江新城、梅溪湖、坪塘南等片区路网不断完善；湘江福元路大桥建成通车，湘府路大桥、南湖路隧道和大河西综合交通枢纽、轨道 2 号线、城际铁路、国家超级计算长沙中心等省市重点工程建设有序推进。谷山庭院一期、谷山乐园二期、麓谷锦和二期、山水新城等经适房项目如期交房；谷山庭院二期、谷山乐园三期经适房项目抓紧建设；湘江长沙综合枢纽库区一期、四水厂改扩建、学猴大新线电力改造工程任务全面完成。2. 城乡环境同步治理。顺利完成区划微调，天顶、坪塘、含浦撤乡（镇）建街，新增学士、洋湖街道，城乡融合进程加快。开展“洁净岳麓”专项行动，桐梓坡路“四改一提升”工程加快推进，拆除违法建筑 40.4 万余平方米、户外广告 5.6 万余平方米，新建岳华嘉园等社区公园 4 个，提质改造白鹤家园等社区 3 个、晨风路等背街小巷 4 条，实行开放式社区物业服务 12 个，完成房屋“平改坡”24 栋，完成梅溪湖出入口环境整治，全面启动西北二环线等城乡结合部环境综合治理，城区人居环境显著改善。洋湖再生水厂和莲花、雨敞坪镇污水处理厂投入运营。大力整治扬尘污染，严格渣土管理，截至 2012 年 12 月 31 日，全年空气质量优良率 91.9%，比全市均值高 1.19 个百分点。加大噪声治理力度，全年区域环境噪声平均值为 52.5 分贝，较 2011 年下降 0.4 分贝。对二环线内所有农民安置小区和河道河床实施专业保洁维护，取缔水上餐饮和地摊式砂场，坪塘砂石转运基地即将运营。地表水水环境功能区达标率100%，湘江饮用水源保护区水质稳定达标。3. 两型建设富有成效。完成“两型社会建设重大项目库”建库，在全市率先建立《长沙市岳麓区“两型”社会建设环境准入的若干规定》，狠抓节能减排，率先在全市推行绿色GDP考核指标体系，并获评全市两型重点改革项目。两型示范创建项目数量和引导扶持资金全省领先。完成餐饮企业改烧清洁能源7家，实现餐饮企业安装油烟净化装置11家，淘汰涉重金属企业19家，2011年单位GDP能耗下降3.49%（2012年考核2011年单位GDP能耗下降率）。实施第二轮“环保三年行动计划”，健全农村生活垃圾再生资源回收网络。全面实施白泉、新塘等生态绿心区域保护，全年新增绿地140.58公顷，建城区绿地率54.9%，绿化覆盖率55.2%，人均公园绿地面积26.3平方米。含浦、莲花、雨敞坪等37个村农村环境连片综合治理富有成效，目标任务顺利完成。梅溪湖新城获评全国首批“绿色生态示范城区”。坚持集约节约用地，加强耕地保护和闲置土地清理，有序推进农村集体土地流转。莲花“两型”社会示范镇建设稳步推进，生态宜居走廊初具雏形。

社会事业全面推进。加大民生事业的投入，区本级民生保障支出占一般预算支出的65.9%。1. 实事工程全面完成。省、市实事工程涉及岳麓区的各项指标全面完成。全区城镇登记失业率控制在2.29%。全年完成职业技能培训2.57万人，新增城镇就业人员1.75万人。建成5个街（镇）和84个村就业社保维权信息服务中心。城乡居民社会养老保险覆盖率100%。城乡低保实现应保尽保。加固病险水库2座，完成山塘清淤168.67公顷。新建农村沼气池100口。完成农村危房改造210户。新建农家书屋7个。解决3241户广播电视用户收视问题。建设篮球场66个。解决农村饮水不安全人数5300人。全区15个街道(镇)综合文化站、125个村(社区)文化活动室（中心）圆满完成提质任务，达标率100%。建设标准化专业蔬菜基地140.67公顷。办理法律援助案件276件。2. 社会事业统筹发展。新、改、扩建岳麓区实验小学等学校15所。街道（镇）综合文化站和村（社区）文化活动室（中心）实现免费对外开放。全面推广“计生业务服务管理综合系统”，计划生育和人口管理创新工作取得新进展。建立卫生高级人才引进基金，引进47名副高职称专业人才，65岁以上老年人免费健康体检5.24万人，建档率86.5%，居民对基层医疗卫生机构满意率在全市名列前茅。全年安排科技发展专项经费2855万元，占本级财政预算的1.31%。全年小额担保贷款1308万元。民兵预备役、国防动员和征兵工作富有成效。人防、外事、侨务、民族、宗教、对台、双拥、史志、档案、保密、机关事务管理、老干、老龄、关心下一代等工作均取得新的进步。工会、共青团、妇联、工商联、残联、侨联、科协等群众团体为岳麓发展作出了新贡献。3. 人民生活持续改善。继续开展创业富民行动，全年个体企业户数增长10.08%，私营企业户数增长26.29%。多途径增加群众收入，城乡居民人均可支配收入分别为3.05万元和1.37万元，分别增长16.5%和17%。开展早餐食品、非法添加和滥用食品添加剂、五小门店、中秋国庆节前食品、餐厨垃圾、废弃油脂等专项整治行动。大力推进保障性安居工程建设，麓枫和苑、山水新城等保障住房建设加快推进，建成五星、望岳村等农民安置小区7个，完成棚户区改造1126户，新建廉租住房1.5万平方米(306套)，定向筹集公共租赁房840套（间），在“岳华嘉园”农民安置小区中筹集公共租赁住房300套（间），城乡居民居住条件进一步改善。完善灾害救助、城乡特困救助、特困家庭医疗救助等制度，大力发展慈善事业，关心帮助困难群体，让每个居民共享社会主义大家庭温暖。

社会大局和谐稳定。深入实施依法治区方略，积极推行政府精细化管理，切实提高行政效能，和谐岳麓构建取得新成效。1. 积极推进依法行政。岳麓区人民政府自觉接受区人大及其常委会的监督，配合人大代表开展视察和执法检查工作，履行重大事项报告制度，支持人民政协履行政治协商、民主监督和参政议政职能，办理人大代表建议67件、政协委员提案194件。在长沙市第十四届人大一次会议《政府工作报告》起草过程中，逐街镇听取新当选的人大代表、政协委员以及民主党派、工商联、无党派人士和人民团体的意见和建议，科学描绘了岳麓区未来5年的发展蓝图。扎实推进普法教育，认真做好人民调解、社区矫正、安置帮教和法律援助工作。加强行政执法监督和检查，依法行政水平稳步提升。2. 积极创新社会管理。深入开展“一推行四公开”活动，创新“一联一、一帮一、一助一”群众工作实践，结对帮扶4199人。建立完善社会稳定风险评估机制，一批社会关注、群众关心的热点难点问题得到妥善解决，党群干群关系进一步密切。推行社区网格化管理服务模式，妥善做好新建小区的学校、幼儿园、社区办公场所等移交管理工作，积极构建新型社区管理服务体系，社会管理基础进一步夯实。3. 积极推进平安建设。深入开展安全生产示范城区和食品安全城区创建，推进企业安全生产标准化建设，严格交通、消防、校车、非煤矿山、建筑工地等领域的安全隐患排查整治，切实保障学校、农村集体聚餐及节假日期间的食品安全，全年没有发生大的安全事故。完善应急管理机制和预案体系，认真抓好“一网四库”建设，不定期组织开展应急救援演练，政府应急处理突发事件能力进一步提升。深入实施“天网工程”，扎实开展“打黑除恶”等专项行动，健全社会治安防控体系，依法惩治违法犯罪行为，全区社会大局和谐稳定。

不足与困难：经济发展的结构性矛盾仍很突出，长效财源培植亟待加强；群众利益诉求日益多元，社会管理服务尚待创新；转型发展正处关键时期，政府行政效能有待提升。

（周义娟）

岳麓区

中共岳麓区委员会

书　记　陈　中

副书记　周志凯　刘　汇

常　委　陈　中　周志凯　刘　汇（女）　贺赤兴　袁健康

刘　立　周　凡
彭利芝（女）
蔡　锋　黄灵赛
吴　江

区人大常委会

主　任　胡杰夫
副主任　钟红剑　杨利双（女）
　　　　辜显旺（兼）
　　　　王剑鸣　陈怀宇

区人民政府

区　长　周志凯
副区长　刘　立　周　凡
　　　　张铁炎　苏春光
　　　　潘旺明（援藏）
　　　　李　舜（女）
　　　　陈定佳　刘雄辉

区政协委员会

主　席　袁精华
副主席　曾高杰　林俐俐（女）
　　　　喻英姿（女）
　　　　刘　平　卜茂荣

【岳麓城管捐建长沙首家“城管爱心书屋”】 2月13日，书院路第一小学收到了一份特殊的礼物——长沙市城管执法支队岳麓区大队直属中队捐建的长沙首家“城管爱心书屋”挂牌，首批800余册图书亮相。“城管爱心书屋”希望雷锋精神在孩子们心中扎根，并传承下去，由一个学生带动一个家庭，营造人人学雷锋的良好氛围。开学典礼上，城管队员给18名家庭贫困的学生送上书包和文具。大队以“城管爱心书屋”为载体，围绕学业辅导、亲情陪伴、自护教育、爱心捐赠等内容开展志愿服务活动。大队采取“结对+接力”的工作机制，切实给他们提供持久关爱，弘扬和传承雷锋精神。（周义娟）

【首家名师工作室成立】 2月23日，长沙市首家“班主任名师工作室”在岳麓区第一小学挂牌成立。工作室由顾问团、核心团员和培训学员组成。目标在三年之内全面提高岳麓区各个学校的班级管理质量，力争成为岳麓区的一张教育名片。有着25年教龄的岳麓区第一小学王大庆是该工作室的首席名师，也是工作室的核心人员。名师工作室的主要目标是培养精英的班主任老师，通过老师自身素质的培养和提升来提高岳麓区的整体教学水平。工作室在三年之内，通过发论文、做报告、实践教学心得来反映成果。（周义娟）

【“党派联村落、高校联项目”活动启动】 4月11日，岳麓区统一战线“党派联村落、高校联项目”活动在莲花镇启动，全区各民主党派、工商联、无党派人士联谊会、驻区高校党委统战部和社会各界人士为主体的社会实践服务队，在年内有计划地开展结对帮扶、送医下乡、科技普及、法律援助等活动，为推动莲花“两型”社会示范镇建设贡献力量。岳麓区“党派联村落、高校联项目”活动以“同心”思想为引领，按照“思想上同心同德，目标上同心同向、行动上同心同行”的要求，充分调动辖区统一战线资源，将广大统一战线成员的力量和智慧凝聚到率先建成引领全省、示范全国的“两型”新区目标上来。启动仪式上，岳麓区统一战线法律援助中心莲花工作室正式成立，10多名受聘的义务法律顾问定期为群众提供资询服务。各高校统战部、各民主党派社会实践服务队已对接了莲花各村、社区、学校等地并开展服务。（周义娟）

【非公企业法律服务顾问团成立】 6月5日，全省首个非公企业法律服务顾问团在岳麓区正式成立，17名从驻区各律师事务所挑选出来的优秀律师接过聘书上任，成为该区17个服务片区“一对一”的法律“秘书”，以无偿为主提供法律服务。岳麓区非公企业得到快速发展，如何提高非公企业依法管理、依法经营、依法维护自身权益的能力和水平显得极为迫切。岳麓区委新经济组织工委和区司法局共同发起成立非公企业法律服务团，将该区划分为17个服务片区，每名顾问团成员负责一个片区内非公企业的法律服务工作。开设流动法治讲堂，采取“菜单式”教学方式，为区域内非公企业讲授“企业股权治理”、“企业合同风险与管理”、“企业融资风险控制”等法律知识，提升企业依法治企水平；举办企业风险管理实务沙龙，邀请非公企业主与顾问团成员共享企业管理成功经验，交流企业面临的风险管理问题，探讨解决风险的途径和办法。并为非公企业管理开展法律“体检”，通过一年一次的走访，开展非公企业管理漏洞分析服务，为其科学健康发展“把脉”、“开方”。（周义娟）

【百万元津贴外聘医技专家】 6月12日，岳麓区政府出台政策：区财政每年出资100万元成立“岳麓区医技专家帮扶基金”，对14家乡镇卫生院、社区卫生服务中心外聘的20名医技专家，给予每人每年5万至8万元的补助，以此提升基层医疗单位的医疗技术水平。岳麓区在破解“看病难”时发现，基层医疗单位高水平专家欠缺，是群众舍近求远，“扎堆”大医院的重要原因。2012年初，岳麓区启动“人才兴医”工程，为区内14家乡镇卫生院、社区卫生服务中心牵线搭桥，与省内10多所三甲医院开展技术合作，从这些医院聘请了20多名退休的专家教授，到这些卫生院、卫生服务中心坐堂门诊。与一般的聘请专家不同，这些外聘的医技专家不仅常驻卫生院、卫生服务中心，还担负业务指导、人员培训等任务。据莲花镇、雨敞坪镇等偏远乡镇卫生院负责人介绍，自从外聘专家常驻卫生院后，老百姓对专家水平非常认可，加之医疗费用低，卫生院门诊量比以前增加了30%以上。（周义娟）

【开展“党旗在脚手架上飘扬”主题党建活动】 2012年，岳麓区内有建安类非公企业、在建房地产项目和商业工发项目60多个。在这些项目工地中，众多流动党员处于“无组织、无人管、无活动”的状态。6月开始，岳麓区在建安房地产项目中开展“党旗在脚手架上飘扬”活动，探索在项目上建立正式党支部、临时党支部、党小组等多种形式，为流动党员安家，充分发挥项目党组织的战斗堡垒作用和党员的先锋模范作用，促进项目工地建设。通过开展“亮身份、树形象”、“党员责任岗”、“我为工地发展献一计”、质量安全劳动竞赛等活动，组织党员倾听工人意见，维护工人利益，化解劳资纠纷，为项目顺利建设提供坚强的保障。全区建安

房地产项目党建工作实现全覆盖。活动开展以来，该区各项目未发生一起责任安全事故和一起民工工资纠纷。（周义娟）

【区少年宫成全省机器人教育培训基地】 6月21日，岳麓区中小学智能机器人展示活动在枫林绿洲小学举行，来自岳麓区90多所中小学的近500名学生展示了该区中小学智能机器人制作活动的水平。岳麓区自2006年开展智能机器人活动以来，在省、市、全国和国际各级机器人竞赛中均取得了优异成绩。岳麓区少年宫成为全省机器人教育培训基地。机器人比赛让学生亲身体验竞赛的魅力，借此接触高新技术，在获取知识和实践能力的同时，激发自己的创新意识。（周义娟）

【率先试点“警灯闪烁”工程】 9月1日，岳麓区咸嘉湖街道试点“警灯闪烁”工程率先在全市启动，在警用车辆的带领下，40多台警灯闪烁的电动巡逻车和自行车上路，驶入各自的巡逻网格。“警灯闪烁”工程是一项以民防为主、社会共同参与的平安建设工程。整合治安队伍力量，以当地巡防队员、实有人口与出租屋协管员、驻街单位和物业公司保安为主，并动员楼栋长、居民党员参与。“警灯闪烁”工程所配置的警用电动车和自行车，车身喷印了“治安巡防”字样，其巡防队员均有专业配备。“警灯闪烁”与长沙实施的“天网”工程互补，形成预警触角敏感、信息研判同步、调度快捷有序、侦控一体的防控格局，对违法犯罪特别是多发性侵财犯罪实施精确打击。（周义娟）

【首创群众工作站标准 推行网格组团式服务】 2012年，岳麓区开展群众工作站标准化建设，推进该区群众工作站和群众工作的均衡发展。该标准涉及机构、阵地、干部管理和制度建设等37个指标。其中明确群众工作站设在村（居）委会，统一制作悬挂工作站标牌，设置群众工作意见箱，并定期开启收集；驻村（社区）干部每年上门入户率不低于80%，必须到党员家庭、村民组长（楼栋长）家庭、特困家庭和有特殊诉求的家庭走访；民情台账记录完整，家庭情况、人员类别、矛盾隐患、利益诉求清楚；群众反映的问题和诉求均作答复，应解决且有条件解决的问题解决率不低于95%。该区推广群众工作网格组团式服务，将各村（社区）按区域划分为网格单元，通过群众工作站、市直单位、区直单位和街道驻村（社区）干部以及村（社区）两委委员、党员、居民组长、楼栋长、志愿者等加入，组成网格服务团，为网格区域内的群众开展多元化服务，确保做到群众诉求小事不出网格、难事不出村（社区）、大事不出街道（镇）。此前，群众工作网格组团式服务在桔子洲街道率先推行，成为岳麓区“服务型”群众工作的标杆。出台了“一推行四公开”群众工作调度管理办法，实行“村（社区）一月一碰头，街道（乡镇）一月一调度，区级一季一会审”的三级调度工作机制，确保662名联点干部的入户上门率、问题解决率、群众满意率达标。（周义娟）

【梅溪湖国际服务区试点城市维护管理市场化运作】 2012年，岳麓区率先在梅溪湖国际服务区进行城市维护作业市场化运作试点。经先导区、岳麓区合作埋单，通过招标引入高端物业服务，市政、园林、环卫、秩序维护和消防管理全部打包，设有20个固定岗亭，78人“三班倒”形成零空档巡逻圈，115人环卫队伍分插A、B、C三大片区。由岳麓区和先导区每月考核，达到优秀以上定期拨付物业费，物业管理费每年1600余万元。高品质的物业服务真正使梅溪湖管理精细化、常态化，打造梅溪湖全新形象。岳麓区借梅溪湖维护作业走向市场化的契机，将岳麓区城市维护管理逐步走向市场化。（周义娟）

表 2012年岳麓区主要经济指标与2011年比较

单位：万元

指标名称	地区生产总值	工业增加值	农林牧渔业总产值	社会固定资产投资额总额	社会消费品零售总额	财政总收入	财政总支出	农民人均可支配性收入（元）
2011年	5466679	2734928	223314	4176239	1520740	330573	248564	11711
2012年	6316135	3717980	229258	4760994	1769464	416933	282665	13650
2012年比2011年增长（%）	14.7%	17%	0.9%	31.1%	16.6%	26.1%	13.7%	16.6%

开福区

【概况】 2012年，开福区辖长沙金霞经济开发区管委会、青竹湖生态科技（产业）园管委会、长沙金霞海关保税物流中心和洪山、望麓园、清水塘、湘雅路、伍家岭、新河、东风路、通泰街、四方坪、芙蓉北路10个街道办事处及青竹湖、捞刀河、新港3个镇。土地总面积188平方公里，其中城区面积65平方公里，耕地面积3.28千公顷。截至2012年底，户籍人口43.33万人（以第六次人口普查为准），其中非农业人口34.77万人，人口自然增长率4.46‰。

经济发展平稳向上。全年完

成地区生产总值532.2亿元，增长11.2%；完成全社会固定资产投资407.6亿元，增长10.3%；社会消费品零售总额431亿元，增长14.6%；完成地方财政总收入和公共财政预算收入70.5亿元、26.74亿元，分别增长17.9%、33.23%，经济增长速度和运行质量同步提升，第一方阵地位更加巩固。对外开放不断深化，全年引进市外境内资金137.66亿元，到位外资4.18亿美元。成功举办历时一个半月的第五届金秋经贸文化节活动，购房、消费、文化旅游、产业推介等系列活动取得良好的社会影响和经济带动效应，投资开福、宜居开福成为社会共识。年内共包装推介成熟项目51个，洽谈对接美国温德姆酒店集团、法国迪卡侬公司、龙湖地产等一批战略投资商，卓尔物流、华创索菲特、红星美凯龙等37个重大产业项目签约落地。

项目建设稳步推进。坚持把重点项目建设作为经济工作的“第一阵地”，着力破解土地、资金、手续办理等制约瓶颈，全年融资续贷15.84亿元，实施重大项目85个，完成投资89.91亿元。积极支持中央省市重大工程和重点项目建设，中南纸业大市场一期工程开工奠基，福元路湘江大桥建成通车，地铁1号线、石长铁路复线、319国道拓改工程、车站北路捞刀河大桥、芙蓉北路浏阳河桥按计划推进。鹅羊东路、葡园东路一期全部竣工，滨河北路、栖凤路、栏山路、新欣路、青竹湖路东延线二期进展顺利，苏托垸、霞凝垸大堤达标工程全面完成，启动汉沙公路南延线、山窑塘泵站、墙板厂泵站、筒车坝泵站二期建设，城北配套更加完善。产业平台大幅夯实，长沙铁路货运新北站开通运营，货物吞吐能力提高4倍；长沙新港国际集装箱运输线增至7条，吞吐量突破10万标箱；金霞经开区入驻企业146家，初步形成能源、粮食、医药、钢贸等四大“百亿级”产业板块，获批国家电子商务示范基地。重点片区开发强势推进，滨江地块、洪山局24.13公顷拆迁全面扫尾，车站北路19.13公顷、朝正垸片区改造加快推进，面向全球招标苏托垸片区概念性规划；全年累计投入棚改资金18.6亿元，征收房屋21万平方米。新政下的首个城市房屋棚改项目黄兴北路建设及棚户区改造全面启动，签约率80.69%。火车北站棚改片区首批两宗地块成功出让并创下长沙年度单价地王，渣打银行、邮政储蓄银行、人保财险、申银万国证券等区域性金融总部相继入驻，长沙金融生态区的发展价值得到社会广泛认可。

产业优势更加凸显。一、二、三产业比调整为0.8∶25.9∶73.3。全年服务业增加值达400亿元，同比增长13.7%，服务经济的产业主导优势彰显。房地产业量价趋稳，全年投资193亿元，销售商品房194万平方米，万达广场、北辰三角洲、泊富国际、昆玉国际、华创广场、华尔街中心等代表性城市综合体进展顺利，全区在建商业商务面积超过300万平方米，产业转型升级的基础大幅夯实；金融业对经济发展的贡献稳步提升，全年全口径税收突破15亿元，税收贡献稳居第二。民俗游、生态游、宗教游持续升温，全年接待游客620万人次，旅游总收入70亿元。城北物流在全市最具竞争优势，金霞物流园主营业务收入181亿元，增长74%；260余家企业、3000种商品通过金霞保税物流中心流转业务，加工贸易总额占全市40%以上，业务范围覆盖全省。在物流产业的强力带动下，工业经济进一步提升，规模工业总产值142亿元，增长16%，新亚胜成功研发世界最轻薄LED显示屏，猴王茶叶、金球湘绣、康普药业等20多家企业获评“中国名牌”和“湖南省著名商标”，经济结构的调整优化，带动发展质量和效益的大幅提升，全区税收收入占财政总收入的88.39%，位居内五区第二。

民生事业竞相发展。优化财政支出，竭尽所能保障和改善民生，全年投入民生资金12.6亿元，占全年财政支出的44%，同比增长23.8%；城乡居民人均可支配收入分别为3.18万元、2.33万元，分别增长16.5%、15%；为民办实事任务全面或超额完成。发放城乡低保补助和各类救助资金5758万元，发放小额担保贷款1365万元，新增各类就业人数8567人，零就业家庭就业援助率100%。五大社会保险全区统一征缴，覆盖率95%。国家基本药物制度全面实施，青竹湖镇、新港镇卫生院和10个村卫生室建成使用，四方坪和东风路两个街道卫生服务中心成为省级示范。加快推进教育强区，恒大小学、北辰小学等四所学校完成主体工程，新增校舍面积10.8万平方米。努力创建国家公共文化服务体系示范区，区文化活动中心加快建设，新建11所农家书屋，区、街、社区三级文化站点实现全覆盖。人口计生工作保持“国优”，稳居全省前列，成功创建全国阳光计生行动示范区。圆满完成第八届社区换届选举，水风井、江湾等5个社区成功创建为长沙市精品示范（两型）社区，开福区获评“全省民政工作先进区”。启动九尾冲廉租房项目建设，筹集公租房579套，办理各类住房保障凭证1957户。53家砂石场全面拆除，餐厨垃圾无害化处置水平居全市前列，城市空气质量优良率、区域环境噪声达标率分别为92%、100%，一江两河流域水质达标率100%，继续保持“国家生态示范区”称号，罗汉庄、竹隐村、金鹰社区获评“省级生态村（社区）”。

管理创新继续深化。坚持城市品位提质与市民素质提升同步推进，强化公共服务和城市管理水平，顺利通过全国文明指数测评。深入开展市容秩序“五治”和城乡结合部综合整治，拆除违章广告、违法建筑22万余平方米，新建月岛、河畔等社区公园4个，提质改造背街小巷4条，景观街、“平改坡”任务全部完成。突出网格化管理、信息化支撑、协同化服务，纵深推进社会管理创新，建立健全“1+5+X”网格化模式，社会管理综合治理工作被评为全省先进。在全省率先推行“一级登记、两级备案”的双轨制群众自治组织管理模式，583家群众组织登记备案，社会组织的管理日益规范。以群众工作统揽信访工作，创新推行“四三制”调解，区社会矛盾调处中心全年共接待群众1353批2860人次，化解重大信访问题29个，矛盾调处率达84%。坚持网格巡逻和立体防控，摧毁犯罪团伙51个，人民群众的安全感和幸福指数大幅提升。安全生产工作再次荣膺全省先进，食品药品监管富有成效，社会大局和谐稳定。

发展环境更加优化。以转变政府职能为抓手，进一步提升政务服务水平，“两帮两促”、“创业富民”活动持续开展，新增个体户和私营企业注册 5017 家，累计为帮扶对象解决困难 128 个。办理人大建议、政协提案 152 件，人大的法律监督、政协的民主监督和社会公众的监督得到全面落实。涉及群众利益的重大决策坚持集体讨论、专家论证、公众参与。行政复议、行政应诉、行政执法监督工作继续加强。加快推进行政审批改革，清理规范性文件 45 件，区级行政审批事项精简到 46 项，削减率近 50%。推行“三审合一”，对 14 名领导干部进行经济责任审计，审计政府投资项目 248 个，审减资金 2.3 亿元。政府投资项目资金实行“双控”管理，14 个基层医疗卫生机构和 7 个重点项目指挥部纳入集中支付范畴。率先全市推行“一总两分”国有资产管理新模式，全区 270 家单位实现信息化管理全覆盖。（王从福）

开福区

中共开福区委员会

书　记　张迎春（女，2012.12 免）
　　　　李　蔚（2012.12 任）
副书记　凌勤杰（2012.11 免）
　　　　廖建华（女，2012.11 任）
　　　　沈裕谋
　　　　曾筱峰（2012.08 任）
常　委　张迎春（女，2012.12 免）
　　　　李　蔚（2012.12 任）
　　　　凌勤杰（2012.11 免）
　　　　廖建华（女，2012.11 任）
　　　　沈裕谋
　　　　曾筱峰（2012.08 任）
　　　　胡政旗
　　　　张作林
　　　　周　虔（女）
　　　　刘小虎
　　　　刘文立
　　　　张　武
　　　　杨应龙
　　　　鲁若冰（2012.08 免）
　　　　郭朋芳（2012.08 任）

区人大常委会

主　任　刘国际（2012.11 免）
　　　　许振勤（2012.11 任）
副主任　王颂交（2012.11 任）
　　　　范为宁（女，2012.11 免）
　　　　李光华（2012.11 任）
　　　　王冬元（女，2012.11 免）
　　　　袁剑英（女，2012.11 任）
　　　　陈尚义（2012.11 免）
　　　　李正元（女）
　　　　罗伟明（2012.11 任）

区人民政府

区　长　凌勤杰（2012.11 免）
　　　　廖建华（女，2012.11 任）
副区长　胡政旗
　　　　张　武
　　　　李光华（2012.10 免）
　　　　袁剑英（女，2012.10 免）
　　　　周　飞（2012.09 免）
　　　　汤建尧（2012.10 任）
　　　　张春雄（2012.09 任）
　　　　邓　平
　　　　何惠凤（女，2012.09 任）
　　　　廖　勇（2012.11 任）

区政协委员会

主　席　刘正林（2012.11 免）
　　　　熊建伟（2012.11 任）
副书记　邓毅芳（2012.09 任）
副主席　伍建新（女，2012.11 免）
　　　　刘永红（女）
　　　　邓毅芳（2012.11 免）
　　　　杨庆江（兼）
　　　　苏松泉（兼）
　　　　杨　艳（女，2012.11 任）
　　　　焦　灿（2012.11 任）

【长沙铁路货运新北站运营】 参见 P277 页“站场建设”相关条目

【金霞经济开发区获批“湖南省新型工业化示范基地”】 2 月 29 日，全省加速推进新型工业化工作会议在长沙召开。省委副书记梅克保，省委常委、副省长陈肇雄，省人大常委会副主任陈叔红，省政协副主席王晓琴等领导出席会议。金霞经济开发区被授予第一批“湖南省新型工业化产业示范基地（改造传统产业•工业物流）”称号，管委会主任袁政国参加会议并接受副书记梅克保的授牌。（吴冬良）

【湘雅路街道办事处推出“雷锋时间银行”】 3 月 5 日，湘雅路街道办事处在湘雅医院绿化广场举行“学习雷锋，情暖开福”活动暨“雷锋时间银行”授旗仪式。“雷锋时间银行”是湘雅路街道将“奉献他人、提升自己”的志愿服务理念与雷锋精神相结合而推出的公益服务平台，是指志愿者将参与公益服务的时间存入“时间银行”，成为银行“储户”，需要时可从“银行”取相应的“时间币”，享受返还服务的权利。湘雅路街道下设 7 个社区“支行”，不断拓展公益服务平台，通过动员社区力量，整合辖区湘雅医院仁爱医院、老百姓大药房、湖南科技出版社、区图书馆等资源，发展“储户”近 2400 名。“银行”中存储的公益服务项目包括民事纠纷调解、医疗保健咨询、法律援助、家政服务、护绿养绿等十几类，涵盖了社区居民所需的服务种类。“雷锋时间银行”以一种新型的社会成员互助模式，创新了学习雷锋的形式，从心灵上为高尚道德行为拓展了发展空间。（吴冬良）

【黄兴北路系列棚改项目启动】 黄兴北路系列棚改项目是国务院第 590 号令颁布施行后，长沙市城区实施的第一个大型棚改项目，3 月 20 日发布第一批用地 3 个项目征收决定公告，3 月 31 日发布第二批用地 6 个项目的征收决定公告，两批用地共涉及被征收私房 3307 户，直管公房 899 户，单位 123 家，征收总建筑面积约 47 万平方米，包括黄兴北路道路建设及棚户区改造项目、九尾冲棚改项目、太平路棚改项目等。截至 12 月 31 日，共完成私房签约 2667 户，签约比例 80.65%，私房备案 2484 户，私房腾房及拆除共 2245 户；公房签约 707 户，签约比例 80.62%；单位签约 114 家，签约比例 92.68%。（吴冬良）

【《中国共产党长沙市开福区历史》发行】 4 月 19 日，《中国共产党长沙市开福区历史》首发式暨编纂工作总结表彰大会在区机关会议室召开。《中国共产党长沙市开福区历史》是一部与 1919 年五四运动以来的中国国史、中共党史有着密切联系的，时间跨度长达 90 年的地方党史史学专著，是全国第一部写到 2010 年的地方党史史书。该书记述了中国共产党在开福区 90 年来，团结带领广大人民进行革命、建设、改革事业所走过的艰辛而辉煌的伟大历程。全书包括三大时期，即新民主主义革命时期、社会主义革命和建设社会主义道路探索时期、改革开放新的伟大革命时期，共 8 篇 30

章 100 节 404 目 108 万字 1184 页。（吴冬良）

【开福区首家社区爱心救助基金成立】 清水塘路群众工作站依托社会化管理服务体系，以全市上下广泛开展的“学雷锋活动”为契机，整合辖区内的优势资源，筹建社区爱心基金，创建社区关怀、救助、帮扶困难群众的新平台。5 月 26 日，清水塘路社区爱心救助基金在市、区红十字会、区委宣传部、区民政局、区计生局的指导与支持下成立。当天共筹得爱心资金 4.2 万元，接受社会爱心人士捐赠衣服、鞋子、被褥等爱心物资价值 5000 元，首批救助特困难家庭 5 户，发放救助基金 2000 多元。爱心基金的建立，既是积极传承雷锋精神，倡导社会文明新风的实际行动，也是整合社区资源，深化扶贫帮困，促进社会关怀的有力举措，更是深入推进社会化管理服务的重要途径，必将推动社区公益爱心事业的长效常态发展和社区的文明和谐进步。（吴冬良）

【“国家电子商务示范基地”落户金霞经济开发区】
参见 P314 页“商贸服务业”相关条目

【省委书记周强到王家垅社区调研】 6 月 12 日，省委书记、省人大常委会主任周强和省委常委、省委秘书长杨泰波在省委常委、长沙市委书记陈润儿陪同下，到东风路街道王家垅社区调研创新社会管理工作。市委常委、开福区委书记张迎春和东风路街道工委书记田营分别就开福区创新社会管理工作、东风路街道群众协会“草根自治”和“社会管理创新孵化园”工作作了汇报，省、市领导对开福区及东风路街道创新社会管理工作予以高度肯定。（吴冬良）

【中国和平统一促进会考察团视察沙坪湘绣产业园】 6 月 20 日，中央统战部副部长斯塔率中国和平统一促进会 74 个国家和地区的 200 余位港澳台海外代表到捞刀河镇沙坪湘绣产业园进行考察。省委常委、统战部部长、中国和平统一促进会常务理事李薇薇，市委常委、统战部部长文树勋，市委常委、区委书记张迎春，区委副书记、区长凌勤杰，区直相关部门负责人等省、市、区领导陪同考察。斯塔副部长一行参观了沙坪湘绣博物馆和湘绣大师楼，了解沙坪湘绣历史，观看各类湘绣藏品，感受沙坪湘绣的独特魅力。（吴冬良）

【长沙市成立首个村级慈善机构】 7 月 24 日，长沙市首个村级慈善机构——“汉回一家亲互助会”正式成立，湖南省委统战部副部长邓焕生，开福区委副书记、区长凌勤杰共同授牌。省、市、区有关领导，市直、区直有关单位，相关爱心企业、爱心人士以及汉回村联点干部、支村两委成员、全体党员纷纷参与捐款。长沙佳海房地产开发有限公司等 8 家企业与长沙隆顺房地产经纪公司等 8 家捞刀河镇汉回村的小微企业签订帮扶协议，结成帮扶对子。2012 年，开福区统一战线实施开展“汉回同心行”活动，引导各界人士支持汉回村发展，成立“汉回一家亲互助会”和开展“百企联百村”帮扶活动就是其中系列活动之一。（吴冬良）

【湖南省内陆港启动建设】
参见 P321 页“口岸管理”相关条目

【渣打银行（中国）长沙分行开业】
参见 P234 页“银行”相关条目

【第五届开福金秋经贸文化节】 10 月 18 日～11 月 30 日，第五届开福金秋经贸文化节开幕式暨大城北投资推介会在万达文华酒店举行。副省长何报翔、省政协副主席谭仲池、张剑飞、袁观清、张迎春、凌勤杰等省、市、区领导以及 300 多名客商出席推介会。经贸活动以“开创滨水新区、建设幸福北城”为主题，组织和举办了“开工、开业、开福”十大经贸活动、“滨水新区、幸福北城”购房消费活动、“乐购开福、品质生活”系列促销活动。10 月 18 日，大城北投资推介会成功签约赛伦国际电子纸产业园、长沙统一企业二期、卓尔第一企业社区长沙物流总部基地、湖南九州通现代医药物流中心、迪卡侬长沙旗舰店暨湖南行政总部、长沙开福区红星美凯龙家居生活广场等 12 个重点项目（场外签约 5 个），签约金额逾 110 亿元。（刘红南）

【长沙万达文华酒店开业】 10 月 19 日，万达酒店及度假村管理有限公司麾下华中首家豪华酒店——长沙万达文华酒店暨名仕会正式开业。长沙万达文华酒店位于中山路与湘江路交界处东南角，毗邻湘江，拥有 424 间艺术风情浓郁的客房和套房。万达文华酒店的正式营业，为 2013 年开福万达广场整体开业奠定了基础。万达酒店及度假村管理有限公司同步启动为中国贫困山区寄宿学校建设“万达爱心放映室”为己任的“万达儿童基金”，向中华慈善总会捐赠 100 万人民币作为“万达儿童基金”的启动资金，资金将全部用于在中国贫困山区寄宿学校建设“万达爱心放映室”。（刘红南）

【月湖大市场开业】 10 月 25 日，总投资 1 亿元、规划面积超过 66.67 公顷、一期面积达 6 万平方米的重点民生工程——湖南月湖大市场盛大开业，标志着长沙城北规模最大、功能最全、档次最高的五金机电市场“航母”正式启航，以长沙为轴心、辐射全省、影响中南的五金机电商品集散地正式形成。月湖大市场位于长沙新世纪片区核心地段，毗邻月湖公园，北靠三一大道，西临万家丽北路，以马栏山 45 栋安置小区和洪山文化城 61 栋安置小区为基础，将被征地农民的安置闲置房屋底层统一归集，按专业市场的要求统一改造成门面，引进投资商统一运营，提供门面租费全免、税收返还、资金补贴等惠民政策，将“服务为先”招商理念落到实处。月湖市场的开业，能从根本上解决失地农民的长远生计。（刘红南）

【罗莎（中国）控股入驻长沙金霞经济开发区】 11 月 12 日，罗莎（中国）控股入驻长沙金霞经济开发区项目签约仪式在世纪金源大酒店举行。金霞经济开发区管委会主任袁政国与长沙罗莎食品有限公司董事长郑聪俊代表双方签约。党工委书记张毅等园区领导及普罗集团相关领导出席了签约仪式。该项目选址经开区沙坪组团，项目总用地面积约 3.36 公顷，主要建设罗莎蛋糕生产厂房、配送中心，并作为罗莎蛋糕项目公司总部所在地。项目总投资 1 亿元，预期产值 10 亿元。

计划2014年5月前启动建设，2015年5月底前实现项目投产。（吴冬良）

【福元路湘江大桥通车】
参见P183页“重点工程”相关条目

【恩瑞国际物流城启航】 11月28日，中国唯一钢铁物流综合体，中南地区投资规模最大、功能最齐全的工业物流项目恩瑞国际物流城正式亮相，其中项目A区正式开业，B区启动建设，铁路专用线正式开工。当日，中国建设银行、中信银行分别与项目签订20亿元、30亿元授信协议，中国五矿、中铁物资、中国储运、宝钢、三井等签订入驻协议。恩瑞国际物流城是省重点招商和重点建设项目，位于长沙市金霞物流园区，规划总面积约133.33公顷，总建筑面积逾200万平方米，投资38亿元。项目全部建成后，可实现年货物吞吐量1000万吨，交易额超600亿元，创造利税逾10亿元。（刘红南）

【长沙金融生态区首批两宗地块出让】 12月7日，经过数轮激烈竞价，备受瞩目的长沙金融生态区首批挂牌出让的两宗地块成功出让，其中网挂063号地块由湖南盛世金融城置业有限公司以93783万元的总价摘得，楼面均价5421.24/平米，每亩单价超3000万元，创下本年度商业规划地块的楼面地价最高值；网挂064号地块由绿地地产集团长沙置业有限公司竞得，成交总价72060万元。上述两宗地块将发展成为长沙金融生态区最核心的部分，规划建设300米高的地标建筑，标志着火车北站片区开发建设进入新阶段。（刘红南）

【湖南出入境检验检疫局入驻金霞保税物流中心】
参见P321页“口岸管理”相关条目

【四方坪街道创新民生档案管理模式】 四方坪街道围绕以建好民生档案、服务社会管理为主题，把人民群众最关心、最直接、最现实、最敏感的利益问题作为建档的重点，紧贴党和政府的中心工作，将涉民利益密切的重点民生档案统起来、管起来、用起来，充分发挥档案联民、为民、助民的服务作用，为各级领导体察民情、掌握全局、科学决策服务。他们利用社会管理创新信息平台优先建立民生档案电子目录，将全街划分为56个网格，以“人进户、户进房、房进格”的模式，实现了全街12个社区，6.3万人口的档案信息化。12月24日，市档案局授予四方坪街道“民生档案服务社会管理创新示范单位”称号。（吴冬良）

表　2012年开福区主要经济指标与2011年比较

单位：亿元

指标名称	地区生产总值	农业总产值	规模以上工业总产值	全社会固定资产投资	社会消费品零售总额	地方财政收入	地方财政支出	农民人均可支配收入（元）
2012年	532.2	7.92	144	407.6	431	70.5	35.8	31335
2011年	472.5	6.76	129	370	376.9	59.85	28.08	27311
2012年比2011年增长（%）	11.2	-2.4	11.2	10.3	14.6	17.9	27.49	14.7

说明：因工业和投资统计口径变化，2011年部分数据按照新口径进行了调整。

雨花区

【概况】 2012年，雨花区土地总面积115.23平方公里，城区总面积约71.1平方公里，辖12个街道、1个省级工业园区（长沙雨花经济开发区），共有97个社区，37个社区筹委会。截至2012年底，全区户籍总人口55.65万人，其中城镇人口48.80万人，人口出生率11.88‰，人口自然增长率5.76‰。

综合实力持续攀升。全年实现地区生产总值727.67亿元（含长烟），同比增长11.3%。完成财政总收入92.05亿元，同比增长20%，税收收入占财政总收入比重为92.75%；地方公共财政收入32.51亿元，同比增长26.62%。实现规模以上工业总产值432.22亿元（含长烟），同比增长12.8%。实现固定资产投资432.42亿元，同比增长22.7%，其中生产性服务业投资比重占30.2%。社会消费品零售总额467.21亿元，同比增长15%。第三产业增加值增长率12.3%，合同累计引进外资4.16亿美元，实际到位外资4.3亿美元。城市居民人均可支配收入32460元，增长14.9%，实现了全区经济总量、财政增量和税收质量的“三量齐升”。

投资消费增速强劲。全年策划包装重点项目30个，登记在册的产业项目189个，其中在建项目119个。比亚迪汽车城一期、东湖高新国际企业中心等项目竣工投产，和立东升长沙总部基地等项目启动建设，跨国公司总部经济园、华晨豪生大酒店等项目进展顺利，德思勤城市广场、运达中央广场、喜盈门城市广场等项目扎实推进。组织参加高铁新城（上海）推介会、长沙广州推介会、央企对接会等招商活动，成功引进中海油湖南销售有限公司等世界500强和腾讯大湘网等国内知名企业。举办了2012中国中部（湖南）国际农博会、浪漫樱花·快乐消费——红星商圈樱花消费节、快乐金秋·乐购雨花——高端家居建材消费节等节会活动。

产业发展优化升级。第三产业转型发展，湘电总部楼、商会大厦等高档商务楼宇建成运营，第一财经、天闻数媒、钢为网络等知名现代服务业企业纷纷落户，费尔蒙、铂尔曼、凯宾斯基等国际知名酒店相继进驻。打造中国中部现代服务业中心工作全面启动，“两圈一路”产业发展规划编制顺利推进。新型工业加快发展，新增规模工业企业8家，环科园获批“国家新型工业化汽车产业示范基地”，入园企业达350家，亿利达、晓光模具等工业企业产销两旺。都市农业特色彰显，克明面业、红星盛业等农业龙头企业不断壮大，农业综合效益不断提升。房地产业健康发展，完成商品房销售259.26万平方米，约占市内五区的1/4强。

城市品质不断提高。全区累计实施工程项目68个，启动征拆项目62个，腾地520.53公顷，新建、改造城市主次干道15条、14.6公里，木莲冲路、沙湾南路等9条道路竣工通车，洞井路、香月路等16个市考核项目任务圆满完成。高铁新城、工业新城、腹地开发建设卓有成效，雅塘片区开发全面启动，城市绿道设计初步规划完成，沪昆高铁、城际轻轨、地铁1、2号线和湘江综合枢纽工程长沙库区建设等上级重大项目协调服务工作进展顺利，圭塘河生态景观区一期景观工程启动建设，潭阳安全饮水工程实现供水。深入开展乡村环境卫生整洁行动、城乡结合部环境综合整治等专项行动，打造了曙光南路特色景观街，新建社区公园4个，新增绿地84.3公顷，组织开展“百日拆迁扫尾行动”，拆除违法建筑76万平方米。巩固提升文明创建成果，顺利通过省级文明城区考核验收。

民生福祉有效改善。1.8万名被征地农民纳入社保体系，新型农村社会养老保险参保人数25208人。实施惠民解困“雨露工程”，累计救助4.36万户次，发放救助金2704万元。完成棚户区改造1168户；完成新增廉租住房1134套，新增公共租赁住房980套。全面完成菜篮子工程建设，蔬菜基地抽检60批次，合格率100%。建成公办幼儿园2所，车站南路、洞井中学、长塘里、德馨园等学校提质扩容，教育支出占公共财政支出比例达22.7%。新认定高新技术企业17家，专利授权998件。新建示范性街道综合文化站2个、文体广场12个、社区图书室12个、社区篮球场66个，社区健身器材投放率在85%以上，街道综合文化站和社区文化活动室（中心）达标率均达100%。安排文化发展专项资金3000万元，圭塘河生态文化景观工程等重大文化项目稳步推进。完成职业技能培训8549人，城镇新增就业12952人，实现“零就业”家庭动态清零，城镇登记失业率2.05%。扎实推进“创业富民”活动，搭建创业指导服务“一中心、六平台”，完成小额担保贷款1207万元，新增私营企业3472家，新增个体户8456户。

社会大局和谐稳定。全面推行“一推行四公开”工作，全区126个联点驻站工作组、427名干部累计走访群众39万余人次，累计收集处理群众反映的诉求及问题5986件。县级领导落实接访日制度，接待群众286批909人次。深入开展“三定三抓”、“两帮两促”等帮扶活动，成立78个联点工作组，按7个片区帮扶项目破解拆迁、融资、基础配套等难题。开展安全生产示范创建，推进安全生产“百千万”工程，强化消防安全、交通安全、建筑安全，全区未发生较大及以上安全生产事故。维护社会大局和谐稳定，构建矛盾纠纷“四级三调”机制，新建区联席办指挥调度中心，建立维稳联调联办制度，调处各类矛盾纠纷2452起，接待来访群众980批3072人次，初访办结率90%以上。深入推进平安城区创建，大力实施“天网工程”，组织开展铁锤行动、春季攻势、破案会战、雷霆行动等专项行动，严打整治“两抢三盗”等多发性侵财犯罪，严厉查禁“黄赌毒”，打击和处置非法集资，连续七年被授予全省“平安县（市、区）”称号。

（钟　波　杨　胜）

雨花区

中共雨花区委员会：

书　记　周杏武
副书记　邱继兴
　　张白云（女，2012.12免）
　　张　敏（2012.12免）
　　汪　娟（女，2012.12任）
常　委　周杏武　邱继兴
　　张白云（女，2012.12免）
　　张　敏（2012.12免）
　　汪　娟（女，2012.12任）
　　冯聪龙　王清政
　　叶方舟　胡金文（援藏）
　　何托林
　　郑力虎（2012.12免）
　　王雄文　王维宁
　　罗予武（2012.09任）

区人大常委会：

主　任　谭小杰（2012.11免）
　　龚景顺（2012.11任）
党组书记　龚景顺（2012.12任）
党组第一副书记　龚景顺（2012.12免）
副主任　胡和平
　　罗自贤（2012.09免）
　　刘海秋
　　周天辅（2012.09免）
　　周凌云（女）
　　谢爱龙（2012.11任）
　　杨　平（女，2012.11任）

区人民政府：

区　长　邱继兴
副区长　张　敏（2012.11免）
　　王雄文
　　罗予武（2012.09任）
　　张庆和（2012.09免）
　　彭可佳（2012.09免）
　　邹犇淼　余宏卿
　　王清华（女，2012.09任）
　　李国军（2012.09任）
　　谭应林（2012.09任）

区政协委员会：

主　席　李电晖
副主席　康长萍（女）
　　陈国强
　　廖云伟
　　罗艳辉（女）
　　任壮岳

【街道析置】 根据《长沙市人民政府办公厅关于析置雨花区洞井、黎托街道并启用井湾子街道办事处的通知》（长政办函〔2011〕46号）文件精神，雨花区将洞井街道析置为洞井、同升两个街道办事处，将黎托街道析置为黎托、东山两个街道办事处，同时启用原与雨花亭街道合署办公的井湾子街道办事处，将雨花亭街道拆分为雨花亭、井湾子两个街道办事处。1月1日，雨花区举行了东山、井湾子、同升街道办事处成立揭牌仪式。至此，雨花区由原来辖9个街道增加至12个街道。

（钟 波 杨 胜）

【湖南省环保科技园更名为“长沙雨花经济开发区”】 3月5日，省人民政府下发《湖南省人民政府关于部分省级开发区更名的通知》（湘政函〔2012〕88号），长沙雨花工业园区正式更名为长沙雨花经济开发区，并经省、市编办文件批复，确定雨花经开区升格为正处级机构，作为长沙市委、市政府派出机构，委托雨花区委、区政府进行管理。（钟 波 杨 胜）

【环科园获批“国家新型工业化产业示范基地”】 3月23日，工业和信息化部在北京召开工业转型升级规划贯彻实施工作会议暨第三批国家新型工业化产业示范基地授牌仪式。湖南环保科技产业园被授予“国家新型工业化产业示范基地（汽车产业·长沙雨花工业园区）”牌匾，标志着长沙市又新增一张“国际级名片”。（钟 波 杨 胜）

【高桥街道新市民服务平台项目获评“农民工文化服务示范项目”】 5月10日，在全国农民工文化建设现场经验交流会上，高桥街道“新市民服务平台”项目荣获“农民工文化服务示范项目”先进单位称号，成为全省唯一获此荣誉的单位。高桥街道针对外来农民工占总人口81%的现状，依托“他乡美”新市民俱乐部平台，提出了“进了高桥门，就是高桥人”的服务理念，不断强化服务举措，夯实文化基础设施，加强思想道德素质培训和文化活动开展，基本实现了“新市民”与常住市民的服务均等化。

（钟 波 杨 胜）

【怡智家园智障人士服务中心获全国“阳光家园”称号】 5月10日，雨花区怡智家园智障人士服务中心在全国“阳光家园计划”总结部署暨现场工作会上，获评首批全国“阳光家园”示范机构，成为全省唯一一家残疾人托养服务机构。雨花怡智家园按照“两个体系”的建设要求，秉承“乐于奉献，服务为先”的工作理念，为智障人士提供最优质、最贴心的全方位服务，让他们充分感受社会的温暖。家园招收了62名学员，他们每天都会学习文化课、电脑技能培训课、卡片制作课、串珠制作课等课程，在充实的生活中，最大限度地实现了自我价值。

（钟 波 杨 胜）

【2012中国中部（湖南）国际农博会】 2012中国中部（湖南）国际农博会于11月18～24日在长沙红星国际会展中心举行。本届农博会规模大、产品多、人气旺、交易活跃，展会新增高桥茶博会以及“农超对接、农校对接”等特色活动，吸引来自境内外2000家企业参展，其中国家级龙头企业50家、省级龙头企业80家，西班牙、澳大利亚、越南等4家境外企业参展，30个代表团、数十万宾客参观了农博会，参展产品达8100余种。作为中部农博会的首次大型茶业展会，高桥茶博会三天时间实现现场交易和订单额达1.2亿元。“农超对接、农校对接”洽谈会暨签约仪式，吸引平和堂、沃尔玛、家乐福、步步高等100余家知名采购商、省内高等院校和大型超市以及近百家规模企业、农产品基地参加洽谈，达成签约意向67对，现场签约或意向合同金额超78.32亿元。本届农博会累计实现合同成交和现金交易总额162亿元。

（钟 波 杨 胜）

【率先提出“打造中国中部现代服务业中心”】 12月21日，雨花区在融程花园酒店举行打造中国中部现代服务业中心推介会，率中部之先提出“打造中国中部现代服务业中心”的发展目标。活动由中共雨花区委、雨花区人民政府主办，第一财经、中国房地产金融、湖南德思勤投资有限公司协办，国家有关部委、省、市各级领导，知名金融专家以及世界500强央企、大型金融机构、现代服务业重点企业等负责人出席活动。会上，中国长城资产管理公司、中融国际信托有限公司等十大基金公司携3000亿元签约德思勤城市综合广场。共有14家世界500强企业湖南总部落户雨花，近30个大型物流企业筑巢雨花，18家国际高端五星级酒店相继进驻，为雨花区打造中国中部现代服务业中心奠定了坚实基础。

（钟 波 杨 胜）

【“三定三抓”活动帮扶出成效】 2012年，在全区深入开展以“定目标、定责任、定奖惩，抓引进落地、抓建设成长、抓提质升级”为主要内容的“三定三抓”活动，明确由64名县级领导牵头，成立78个联点工作组，联点帮扶80个重大产业项目，攻拆迁之难，解融资之困，比服务之忧，累计解决规划用地手续、教育公共配套等突出问题230个，征收腾地520.53公顷，拆除违章建筑14.15万平方米，形成了推进产业项目建设的强劲态势。

（钟 波 杨 胜）

【全面推行“两代表一委员”工作室制度】 为探索完善基层党代表、人大代表、政协委员作用发挥的有效途径，雨花区委出台了《关于建设“两代表一委员”工作室的实施意见（试行）通知》文件（雨发〔2012〕33号），在全区12个街道134个社区（筹委会）全面建设“两代表一委员”工作室，推进“两代表一委员”服务进社区活动。工作室以“听民声、知民情、促和谐、谋发展”为主题，采取定期接待、联系、走访党员群众和辖区单位，积极参与社区事务、调研视察、学习研讨和建言献策等，不断探索服务党员群众新途径、新平台，不断增强代表、委员的责任感和使命感，更好地履行职责、发挥作用。通过加强驻室代表、委员与基层党员群众之间的走访、交流，了解掌握了一批基层群众关心、关注的热点和难点问题，协调各方力量，整合资源，有效解决各类困难，各项工作走在全省前列，得到了党员群众的高度评价和认可。

（钟 波 杨 胜）

表　　2012年雨花区主要经济指标与2011年比较

单位：亿元

指标名称	地区生产总值（含长烟）	农业总产值	工业总产值（含长烟）	规模以上工业总产值（含长烟）	全社会固定资产投资	社会消费品零售总额	地方公共财政预算收入	地方公共财政预算支出	城镇居民人均可支配收入（元）
2012年	727.67	3.35	444.22	416.60	432.42	467.21	32.51	42.37	32460
2011年	647.27	4.93	360.33	360.33	382.12	407.29	25.68	35.83	28260
2012年比2011年增长（%）	11.3	-29.9	12.8	14.6	22.7	15.0	26.62	18.24	14.9

注：2012年雨花区实施城乡一体化，没有农民可支配收入数据。

地方公共财政预算收入2011年25.68亿元，是指上年同期不含调整期入库数。

望城区

【概况】　2012年，望城区辖10个镇（其中雷锋镇交由高新区托管）、10个街道、1个乡，共有126个村民委员会、30个社区居民委员会。全区总面积969平方公里，耕地总面积30.36千公顷，其中水田面积26.4千公顷，旱地面积3.96千公顷。截至2012年底，全区总人口52.43万人，人口出生率14.17‰，人口死亡率10.01‰，人口自然增长率4.16‰。年内最高气温37.7℃，最低气温-2.4℃，年降水量1730毫米。

全年完成地区生产总值374.9亿元，同比增长13.6%。其中第一产业增加值29.7亿元，增长5.1%；第二产业增加值276.8亿元，增长14.6%；第三产业增加值68.4亿元，增长13.3%。三次产业结构比为7.9∶73.8∶18.3，与上年比较，第一产业所占比重下降0.5个百分点，第二产业比重下降0.1个百分点，第三产业比重上升0.6个百分点。年内，全区完成财政一般预算总收入37.83亿元，比上年增加9.02亿元，增长31.3%。全年完成固定资产投资336.2亿元，同比增长33.3%。其中城镇及以上固定资产投资286.6亿元，同比增长24%；农村固定资产投资49.6亿元，同比增长136%。2012年，区域综合实力位列全国市辖区百强第57位。

工业经济稳步提升。2012年，全区完成工业总产值667.2亿元，同比增长19.3%。其中规模以上工业总产值534.5亿元，增长23.1%；规模以下工业总产值132.7亿元，增长6.2%。在规模以上工业总产值中，食品及饮料制造业产值62.1亿元，占11.6%；有色金属冶炼及压延加工业产值222.8亿元，占41.7%；机械制造业产值74.3亿元，占13.9%；建筑材料制造业产值35.3亿元，占6.6%；电力生产供应业产值24.7亿元，占4.6%。全区有规模以上工业企业209家（不含挂靠高新区的6家单位及中联2家分公司），增加5家。完成规模以上工业增加值222.7亿元，增长16.2%。工业集群效应进一步凸显，经开区、铜官循环经济工业基地、乌山创业富民基地、丁字物流基地承载功能不断增强，产业建设加速推进。

农业经济提质增效。全区完成农林牧渔业总产值52.22亿元，同比增长5.1%。其中农业产值29.96亿元，增长6.2%；林业产值0.62亿元，增长5.7%；牧业产值17.74亿元，增长3.1%；渔业产值3.24亿元，增长5.3%；农林牧渔服务业产值0.66亿元，增长4.4%。全年完成水稻总产量34.52万吨，增长0.63%；蔬菜产量89万吨，增长12.2%；茶叶产量620吨，增长1.47%；水果产量3.28万吨，增长0.43%。全年出栏肉猪110.66万头，比上年增长7.94%。全区规模以上农产品加工企业40家，完成规模以上农产品加工产值97.45亿元，增长18.5%。全区农民专业合作组织293个，比上年增加73个，参与专业合作社的农户4.1万户，流转土地1.09万公顷。农业产业化、组织化、集约化程度不断提升。

第三产业繁荣活跃。完成房地产投资60.99亿元，商品房销售125.09万平方米，新城·国际花都、润和·紫郡等楼盘产销两旺。联诚·华天酒店、家润多超市、天园地芳珠宝城建成开业。联诚商业步行街、广源家居等商业广场经营红火。长沙铜官窑国家考古遗址公园、乔口渔都盛大开园（街），黑麋峰获评国家级森林公园，中国（望城）第四届休闲农业与乡村旅游节盛况空前，望城乡村古镇游获评全国十大乡村旅游精品线路，休闲旅游“望城模式”享誉全国。全区共有各类景区、点105处。其中主要景点26处，4A旅游景区2家，3A旅游景区1家；全国休闲农业与乡村旅游示范点1家，全国工农业旅游示范点3家，全国历史文化名镇1家，全国特色旅游名村1家，湖南历史文化名镇2家，省级工农业旅游示范点7家，省级特色旅游名村2家。星级农庄52家，其中五星级农庄10家，四星级农庄9家，三星级农庄33家。星级旅游饭店2家，五星级和三星级旅游饭店各1家。全年实现旅游综合收入28.5亿元，接待游客突破650万人次。全年完成邮电业务总量5.73亿元，增长10.6%。其中邮政业务总量4655万元，增长19%；电信业务总量7607万元，增长6.8%；移动业务总量3.58亿元，增长11.5%；联通业务总量9220万元，增长6.7%。截至2012年底，固定电话用户6.61万户，移动电话用户55.3万户，国际互联网用户5.57万户。

项目建设亮点纷呈。大力实施“新

城建设年”活动，切实加强项目调度，现场研究、现场交办、现场破解，一批重点难点问题得到有效解决；做实做细项目前期工作，探索实行工程设计、施工一体化总承包及项目代建管理模式，项目精细化管理扎实推进。积极搭建银政企对接平台，实施企业代建、政企共建、BT、BOT、发行信托理财产品等多元融资模式，努力破解资金制约难题。完成房屋征拆1088栋、腾地646.67公顷，启动项目建设205个，竣工投产（运）121个，完成投资287亿元。京港澳复线（望城段）、黄桥大道建设取得重大进展；芙蓉北大道拓改、潇湘大道和湘江大道北延线、石长铁路复线加快建设；雷锋北大道拓改、望城汽车站建成投运，发展承载力显著增强；湘江长沙综合枢纽工程实现蓄水通航，水、铁、公一体化交通格局基本形成。强化项目包装、策划与推介，突出节会招商，成功举办第七届中博会望城专场，积极参加央企对接会等招商活动，招商引资取得重大成果，引进项目73个，其中投资过亿元项目48个；到位区外境内资金100亿元，到位外资1.49亿美元，远大“天空城市”、新奥燃气总部、上海嘉洁、龙湖地产等一批优强项目成功落户。

社会事业全面繁荣。新增农村劳动力转移就业5667人、城镇就业岗位4108个，零就业家庭实现动态清零，城镇登记失业率控制在3.5%以内。五项社会保险参保91万人次，归集社会保险费6.2亿元，发放保险金4.3亿元。城乡居民养老、医疗保险参保缴费率分别为91%、98%。免费实施白内障患者复明手术380例。实施农村危房改造1200户、棚户区改造2.5万平方米，新建廉租房300套，筹集公租房775套。新增城乡低保265户，退出低保252户。城市低保累计发放3169万元，9.04万人次，月人均救助350元。农村低保累计发放4514万元，27万人次，月人均救助167.2元。农村五保户分散供养标准3540元。建设合格学校20所、房地产配套学校1所、公办幼儿园5所，省教育“三检合一”督导评估获优秀等级。完成区人民医院住院综合楼、脑科医院（一期）建设和26个村卫生室改扩建工程，新建4个卫生院公转房，医疗条件不断改善；乡镇卫生院综合改革扎实推进，村卫生室实现基本药物零差率销售。截至2012年底，拥有各类医院23所，床位1678张，医技人员1543人，卫生防疫人员214人。全年5岁以下儿童死亡率5.73‰，婴儿死亡率3.44‰，参加农村新型合作医疗人数达44.87万人，参合率达100%。全区文化产业单位138家，增加16家，增长13.1%。全年送戏下乡152场，送电影下乡2108场。完成格塘、乔口、大泽湖、白箬铺共4个乡镇街道的综合文化站建设，建成30个农家书屋并对外开放，完成77套健身器材投放安装工作，完成有线电视“户户通”工程1.21万户。

人民生活稳步提高。全区实现社会消费品零售总额547497万元，增长17.2%。其中城镇零售额418287万元，增长16.3%；乡村零售额129210万元，增长20.2%。农民人均纯收入1.65万元，增长20.2%；城镇居民人均可支配收入2.78万元，增长14.1%。

存在的困难和问题：经济总量不大，工业经济的支撑作用还不强，现代服务业发展滞后，项目招商的质量和效益有待进一步提高；城市规划建设管理水平仍然不高，城市品位与现代化公园式城区有一定差距；改善民生民利任务依然繁重；少数干部理念和作风难以适应撤县设区的新形势、新要求，反腐倡廉建设需要进一步加强等等。 （钟 婷）

望城区

中共望城区委员会

书 记 谭小平
黄佳惠（2012.02免）
副书记 孔玉成 刘林平
刘国龙（挂职）
汪 娟（2012.12免）
常 委 尹英龙 谢 进
余学辉 周志军
丁光辉 王华英
秦国良 周志辉
骆志平（2012.09免）
易 冒（2012.09免）
丁四明（2012.08免）

区人大常委会

主 任 喻金平
李雪明（2012.11免）
副主任 陈义文 杨金其
文菊华 杨德明
丁四明
高 潮（2012.11免）
徐罗生（2012.11免）
佘建良（2012.11免）

区人民政府

区 长 孔玉成
谭小平（2012.11免）
副区长 谢 进 余学辉
姚建刚 戴水文
韦树恒 杨利成
苏敏芳
杨金其（2012.11免）
王华英（2012.11免）
秦国良（2012.11免）
吴 皓（2012.11免）

区政协委员会

主 席 骆志平
杨万平（2012.11免）
副主席 凌立霞 严毅夫
蔡 锋 李建龙
张锰辉
杨乐明（2012.11免）
文菊华（2012.11免）

【省鱼类遗传育种中心落户望城】 1月17日，省鱼类遗传育种中心落户望城区乔口渔场樟木桥分场。中心占地13.3公顷，总投资3000万元，由湖南师范大学生命科学学院开发建设，建设内容包括国家科研课题任务、鱼类新产品的研发、科技成果转化、科普教育与农业技术培训等，具有科学与商业的双重价值。项目建成后可年产各类优质三倍体鱼苗4亿尾，形成国内领先的鱼类遗传育种研究平台，承担湖南乃至全国遗传育种的研究任务。 （何 远）

【望城区小城镇建设经验获全省典型推介】 4月27日，湖南省第三轮示范镇建设工作会议在望城召开，望城区小城镇建设经验获典型推介。望城区以“打造一江两岸四镇、建设环湘江生态旅游圈”为重点，加大对小城镇建设的政策扶持力度和资金投入力度，小城镇建设专项资金从2007年的300万元增长到2011年的2000万元，并通过科学定位、合理规划、创新机制、多元投入、突出特色、强化产业等措施，建成“小汉口”靖港、“千年渔都”乔口、“陶城”铜官、“戏剧之乡”新康、“绿城”格塘等一批产业集群、功能齐全、布局合理、环境优美、宜居宜业的特色小城镇。乔口镇入选全省第三轮示范镇建设。

（谢晓燕）

【第七届中博会望城推介会】 5月16日，以“相约雷锋家乡，共建希望之城”为主题，第七届中博会长沙市望城区投资环境推介暨重大项目发布签约仪式在普瑞温泉酒店举行。五矿集团、中粮集团等有意投资望城的世界500强央企、名企等战略投资商，以及知名商协会的负责人等300多位客商齐聚望城。推介会上，望城共推出包括望城有色金属新材料深加工高新技术产业化基地、长沙西部物流园、月亮岛片区和斑马湖片区综合开发、长沙黑麋峰国家森林公园、两湖湿地公园等在内的22个优质招商项目。签约仪式上，38个涉及食品、医药、金融、现代服务业等领域的项目成功签约，合同协议资金达471.8亿元。望城认真贯彻落实科学发展观，大力推进新型城市化、新型工业化、农业现代化，积极发展现代服务业，成功打造了望城经开区、滨水新城、铜官循环经济工业基地、望城国家农业科技园区等产业发展平台。中博会望城专场的成功举办，有力地向外界展示了望城良好的投资环境，进一步助推了望城的经济发展。

（钟　婷）

【第四届中国（望城）休闲农业与乡村旅游节】 望城区注重休闲农业与乡村旅游开发，在近五年中，共累计投入资金300多亿元，其中社会投资达200亿元以上。全区逐步形成以民俗风情、农事体验、农家休闲、瓜果采摘、观光农业、规模种养、商务接待为主体的产业带动型休闲农业产业。为进一步提升望城形象、扩大望城影响、推动望城发展，由国家农业部、湖南省人民政府共同主办的2012中国（望城）休闲农业与乡村旅游节在望城区举办。节会分预热活动和主体活动两部分。在预热活动中，7月8日，来自法国、日本、韩国、澳大利亚等70多个国家参加第十一届“汉语桥”世界大学生中文比赛的选手，到望城区参观靖港古镇、长沙铜官窑国家考古遗址公园，体验湖湘文化；7月19日，举办“读城2012•两岸四地摄影家走进雷锋故乡——长沙市望城区”大型活动暨诗词征集书画赛，来自香港、澳门、台湾和内地两岸四地的摄影家深入望城各地，对望城的自然风光、名胜古迹、民风民俗、投资经营环境及经济社会建设成果等进行全方位、多角度的摄影创作；8月18日，在人民大会堂北京厅召开2012中国（望城）第四届休闲农业与乡村旅游系列活动媒体通气会，举行文化名人望城采风暨百万惠民消费券发放启动仪式，著名词作家方文山、作曲家雷颂德、诗人汪国真和摄影家郭三省4位文化名人走进望城，为节会编撰有关望城的文化作品。主体活动是在9月13～15日期间举行的以“湘水神韵　都市田园”为主题的包括开幕式及文艺晚会、两岸休闲农业合作与理论探讨、休闲农业与乡村旅游星级企业授牌、十大精品线路和十大休闲农庄发布会等活动。13日晚上，在望城区乔口渔都柳林江畔，中国长沙首届自然生态博览会暨中国（望城）第四届休闲农业与乡村旅游节隆重开幕。开幕式由国家农业部乡镇企业局局长张天佐担任主持，国家农业部、长沙市望城区领导等分别发表了讲话。发布了全国十大休闲农庄、十大精品线路、台湾地区十大经典休闲农场，以及14个湖南最佳乡村自然生态旅游目的地。当晚围绕“生态都市、快乐长沙”，通过三个篇章——《水韵•诗》、《田园•赋》、《快乐•颂》，表现了春天之美、浏阳河之韵、洞庭湖之香、雷锋精神之德，以及长沙、望城深厚的文化底蕴。此次节会的成功举办，全面展示了自然生态环境、休闲农业与乡村旅游发展情况、城乡一体化成果。

（何　远）

【全省首次自行车速降大赛】 8月5日，由长沙市人民政府、望城区人民政府、长沙市体育局、长沙市体育总会承办的长沙市第二届全民健身节“捷安特”杯黑麋峰自行车速降比赛在望城区的长沙黑麋峰国家森林公园举行。这是湖南省首次举办的自行车速降赛事，邀请了北京、上海、杭州、广州、深圳、重庆等地的顶级玩家和墨西哥、英国的外籍车手，共61名选手参赛。比赛线路相对落差300米左右，线路长度1900米，包括2.5米大落差跳台以及1.8米的大型土包腾跃。比赛分为精英组和大众组，分别决出前6名和前10名。活动的举办，推动了全民健身活动的开展，是黑麋峰国家森林公园将体育运动与休闲旅游完美结合的一次崭新尝试，展示黑麋峰国家森林公园优美的田园风光，秀丽的自然景观，为创建国家级户外运动休闲基地打下良好基础。

（曾梦遥）

【望城汽车站投入运行】 9月7日，国家一级客运站望城汽车站正式投入运行。望城汽车站于2011年4月启动建设，占地面积9.13公顷，总投资8500万元，是湖南省“十二五”规划重点建设项目。新汽车站位于长沙市望城区雷锋大道以东，潇湘大道以西，紧邻湘江长沙综合枢纽及长沙市规划建设的地铁四号线延长线站点，距京珠高速仅3.8公里。按国家一级客运站标准建设，拥有先进的客运售票系统、信息发布系统、自动电子屏显示广播系统和智能化安检系统，其建设规模、载运能力、管理水平排在湖南省县区级车站首位。新车站正式启用后，所有停靠老汽车站的客运车辆、出租车一律进入新站运营，并逐步打造成集地铁、公交、长途、出租车等多种运输方式为一体的综合客运枢纽站，市民在该站可实现公交、地铁、水运多种交通出行方式的零换乘。该站的投入运营，标志着望城“路、站、运”一体化建设初具规模，对优化大河西交通布局，改善群众出行条件，提升望城城市管理水平，彰显区位优势，推动区域经济社会跨越式发展具有重大意义。

（钟　婷）

【获评“全国市辖区综合实力百强”】 9月，中国中小城市科学发展评价体系研究成果发布暨第九届中国中小城市科学发展高峰论坛首度推出“2012年度中国市辖区综合实力百强”（全国百强区）名单，望城区在全国符合条件的611个市辖区中综合得分位列第五十七位，跻身全国百强。综合得分来自人均GDP、地方财政总收入、全社会固定资产投资、城镇居民可支配收入和农民人均纯收入共5个指标。望城以食品加工、有色金属精深加工暨先进制造、航天航空、现代商贸物流等四大产业为主导，不断增强望城经开区、铜官循环经济工业基地、乌山创业富民基地、丁字物流基地“一区三基地”的承载功能，凸显工业集群效应，带动地区生产总值与财政收入增长；从优化投资环境、扩大宣传力度方面着手提高全区投资吸引力，并以积极高效的工作机制保证项目落实到位，保持区域内经济发展活力；完善“一园一带一廊”农业发展格局，以农业科技园为引领扎实推进湘江休闲农业示范带、百里水产走廊建设，带动以休闲农业为主的望城特色旅游产业发展，促进区内居民收入增长。第一、二、三产业齐头并进，互促共赢，推动望城区域综合实力迈上新台阶。（张理希）

【全省最大起重工程船出产】 11月12日，湖南省长沙船舶厂新建500吨起重船在望城区靖港镇下水。该船是长沙船舶厂迁址靖港镇后的出厂的第一艘船舶，总长60米，型宽20米，型深3.6米，设计吃水2.2米，设计起重能力达500吨，起重参数涵盖湖南水域船舶空船重量，自主设计的臂架主钩起重量为2×230吨，起升高度21米，副钩起重量1×150吨，起升高度为32米，起重系统采用国内最先进的计算机控制管理系统，可快速对现场数据进行采集和处理，并实时监控、记录臂架工作数据，有助于提高设备的实用性和稳定性，是湖南省吨位最大、起重能力最大的工程船舶。投入运营后，主要用于省内主要干流及洞庭湖水域水下沉船、沉物的打捞作业，事故船舶救助等。（张理希）

【望城公众信息网获“中国政府网站优秀奖”】 12月，中国优秀政府网站、政务微博推荐及综合影响力评估结果公布，通过互联网综合影响力指数、单位自荐、专家推荐材料等方面的综合评定，望城区公众信息网入选“中国政府网站优秀奖”榜单。2012年，望城区公众信息网在保持政务公开、公众参与、在线办事三大基础功能上，启动升级改版工作，将原有的9个一级栏目、48个二级栏目、54个三级栏目精简为“走进望城、信息公开、政民互动、公共服务、在线办事”等5个一级栏目、51个二级栏目、236个三级栏目，并为部门和乡镇、街道建立子网站，规范区政府及部门信息公开目录，保证信息发布更加规范合理、高效准确。年内，望城区公众信息网上主站发布政府信息3600余条，其中含图片的信息120余条；子站发布政府信息7500余条。政府信息公开发布平台信息3555条。网站浏览量达30万人次/月，总浏览量超过1200万人次。收到市政府门户网站转发市长信箱信件168封，处理152封，回复90.4%，作为政府门户网站的基本职能得到履行与完善。（张理希）

【新华联集团投资百亿打造铜官国际文化旅游度假区】 12月23日，望城区政府与新华联集团签订合作协议，新华联集团投资100亿元与望城共同打造铜官国际文化旅游度假区。项目位于湘江长沙综合枢纽至长沙铜官窑的滨江区域，总面积256.87公顷，按照国家AAAAA级景区的标准整体规划设计，以“市场运作、政府助推、营造特色、突出文化”的运作模式和“统一策划、统一设计、统一风格”的原则分5期进行开发，投资涵盖陶瓷文化、历史博览、技术孵化等基地以及沿江旅游项目、特色商街、度假酒店、艺术家创业基地、低碳高端居住住宅等。旨在将复苏传统陶瓷工艺与旅游产业发展相结合，形成世界唯一的唐文化、陶瓷文化、湖湘文化与现代气息相互融合的精品旅游产品。（钟 婷）

【京珠复线望城段通车】 12月26日，京珠复线望城段通车。京珠复线望城段建于2009年3月，由湖南省长湘高速公路建设开发有限公司设计施工。总投资4735亿元，起于茶亭镇中心村，止于白箬铺镇龙塘村，与岳麓区莲花镇龙洞隧道对接，途经茶亭、铜官、新康、乌山、白箬铺5个乡镇、26个村（社区），主线长45.09公里，连接线7.87公里，采用双向六车道高速公路标准设计，设计时速120公里/小时，路基宽34.5米，全路段设互通5处，上湾、西湖2处停车场，雷锋服务区、茶亭通信监控中心2处配套设施。其中位于望城段上的湘江特大桥，全长8.3公里，主跨长195米，净空约20米，横跨湘江两岸，连接沩水，是湖南省在建高速公路中最长的桥梁，是交通部“两型”科技示范工程。京珠复线望城段通车，使湖南省南北向交通拥挤状况得到改善，长株潭城市群和武汉城市圈的联系更加便捷。（熊帅杨）

【开展“雷锋家乡学雷锋，全民行动树新风”活动】 2012年，望城区开展“雷锋家乡学雷锋，全民行动树新风”系列活动。氛围营造方面，采取设立雷锋家乡雕塑标志、将雷锋元素植入市政设施等社会宣传方式，凸显雷锋家乡名片效应，联系网站、报纸、电视台等媒体部门，对雷锋事迹及区内学雷锋活动开展新闻宣传，硬件与软件相结合，在社会营造浓厚学雷锋氛围；活动开展方面，以“3·5”纪念日为契机，开展文艺演出、植树、展览、授奖等活动，以“行动快、形式新、内容实、效果好”为标准，推广“寻找身边雷锋”等常态化活动，并以书籍、动漫、音乐等文化活动为载体，图文并茂地展现雷锋家乡新时期的雷锋故事；实效影响方面，在机关开展“廉洁勤政、务实为民”，在学校倡导“四爱”、培育“五心”，在社区动员“友爱互助、邻里和谐”，在农村宣传“摒除陋习、树立新风”，在企业提倡“诚实守信、服务社会”，在家庭发扬“孝老爱亲、重责明理”，在社会各个层面、各类群体中调动学雷锋热情，使雷锋精神深入社会生活各方面，产生推动社会文明进步的实际效应。活动开展以来，望城人民积极响应，以实际行动树立助人为乐、勤俭刻苦的良好社会风气，体现出雷锋家乡人民的道德风采。（何 远）

表　　2012 年望城区主要经济指标与 2011 年比较

单位：亿元

指标名称	地区生产总值	农林牧渔业总产值	工业总产值	规模以上工业总产值	社会固定资产投资总额	社会消费品零售总额	地方财政收入	财政支出	人均可支配收入（元）	
									城镇居民	农村居民
2011 年	327.43	47.83	546.20	420.00	270.80	46.71	28.80	29.78	24391	13723
2012 年	374.89	52.22	667.21	534.47	336.24	54.75	37.83	38.01	27790	16495
2012 比 2011 年增长（%）（按可比价计算）	13.6%	5.1%	19.3%	23.1%	33.3%	17.2%	31.3%	27.6%	14.1%	20.2%

长沙县

【概况】　2012 年，长沙县辖 18 个镇、5 个街道办事处、218 个行政村、76 个社区。全县总面积 1997 平方公里，其中耕地面积 5.8 公顷（未含可调整地类）。截至 2012 年底，总户籍人口 81.3 万人，人口出生率 15.2‰，死亡率 10.1‰，人口自然增长率 5.1‰，年均气温 17.6℃，年内最高气温 38.5℃，最低气温 -4.2℃；年降水量 1730 毫米。

地区生产总值 880.1 亿元，按可比价格计算，比上年增长 11%，其中第一产业增加值 59.1 亿元，增长 5.2%；第二产业增加值 637.5 亿元，增长 10.9%；第三产业增加值 183.5 亿元，增长 13%。三次产业比由上年的 6.5:73.2:20.3 调整为 6.7:72.4:20.9。完成财政总收入 150.4 亿元，增长 24.7%。城镇居民人均可支配收入 2.74 万元，增长 13.6%，农村居民人均纯收入 1.71 万元，增长 19.9%。按常住人口计算，全县人均生产总值比上年增长 10.4%。在全国第十二届县域经济基本竞争力排名中跃升至第 15 位，在全国中小城市科学发展百强县（市）评比中居第 13 位，居中西部第一。

农林牧渔业总产值 92.9 亿元，增长 5.2%，其中农业总产值 53.2 亿元，增长 5.5%；林业总产值 2.5 亿元，增长 11.8%；牧业总产值 34.1 亿元，增长 3.9%；渔业总产值 2 亿元，增长 9.2%；农林牧渔服务业产值 1.1 亿元。全年粮食播种面积 8.6 万公顷，粮食总产量 57 万吨。油料播种面积 0.7 万公顷，总产量 1.2 万吨。茶园面积 0.6 万公顷，总产量 2 万吨。蔬菜播种面积 3.1 万公顷，总产量 103.3 万吨。果园面积 0.6 万公顷，总产量 8.2 万吨。猪、牛、羊肉类产量增长 5.1%，禽蛋产量增长 1.8%，牛奶产量增长 4.9%，水产品产量增长 10%。全县共有农产品加工企业 251 家，其中国家级龙头企业 1 家、省级龙头企业 15 家、市级龙头企业 55 家。全县 54 家规模农产品加工企业实现工业总产值 104.2 亿元，增长 8.7%。农民专业合作组织 912 个。农业机械总动力 138 万千瓦，农业机械化综合水平达 76.3%，率先在全省实现农业生产机械化。完成水利投资 7 亿元，完成 81 座病险水库除险加固、9 万人安全饮水、200 公里沟渠疏浚、666.67 公顷山塘清淤、600 口山塘整修、60 座小型灌排泵站更新改造、30 座小型河坝整修加固、1333.33 公顷高效节水蔬菜灌溉、开慧清洁小流域治理等，被列为小农水建设重点县、全国沟渠疏浚重点县、高效节水示范县、全省水利改革发展示范县、实行最严格水资源管理示范县、生态水利建设试点县。

全县公路客运量 952 万人，旅客周转量 55365 万人公里，公路货运量 2004 万吨，货物周转量 102048 万吨公里。境内公路总里程 4911 公里，其中高等级公路 333 公里。实现邮电业务收入 10.8 亿元，其中邮政业务收入 0.8 亿元、电信业务收入 10 亿元。截至 2012 年底，拥有固定电话用户 32.4 万户，其中城市电话用户 21.5 万户，乡村电话用户 10.9 万户；移动电话用户 115.9 万户，互联网宽带用户 15.82 万户。全县通村公路总里程 4880 公里，改造乡村公路 490 公里、桥梁 34 座。完成农网改造 5653 户。大力开展城乡绿化，全县森林覆盖率 48.1%。认真落实生态补偿机制，白沙镇桃源村生态扶贫移民工程基本完成。拥有国家级生态乡镇 6 个，创建国家生态县通过省级考核，成为全省首个通过国家生态县创建技术评估的县（区）。城市配套设施日益完善，数字化城管系统投入运行。污水处理、自来水、天然气、数字电视、公共交通“五网下乡”继续推进，有污水处理厂 21 座，新建四池净化系统 2800 个。城市生活污水集中处理率 100%，集镇自来水管网基本拉通。城乡一体化试点全面实现三年目标，城市化率 52.4%。

工业总产值 1654.3 亿元，增长 13.5%；工业增加值 557.3 亿元，增长 11.1%；工程机械、汽车及零部件、电子信息三大产业分别实现规模工业总产值 919.2 亿元、190.2 亿元、48.4 亿元，三大支柱产业产值占全县规模工业总产值的 76.8%。规模工业企业完成主营业务收入 1537.5 亿元，增长 5.35%。三一集团、中联重科蝉联工程机械行业全球 50 强，在 2012 年度全球工程机械 YellowTable 排行榜中位列第六名和第七名。完成工业投资 194 亿元，增长 13.2%，5000 万元以上在建项目（不含房地产项目）完成投资 194.8 亿元，占固定资产投资总额的 40%。

社会消费品零售总额 219.6 亿元，增长 18.9%。接待游客 460.2 万人次，实现旅游综合收入 50.1 亿元；乡村旅游接待游客 211.6 万人次，实现收入9.5亿元。商品房销售面积276.5万平方米，成交金额131亿元，增长5.6%。新开工建设各类保障性住房2815套，基本建成964套。住宿、餐饮业零售额7.7亿元，增长15.9%。

固定资产投资488.3亿元，增长31.7%。浏醴高速、黄兴大道北延二期建成通车，人民东路东延、万家丽北路北延加快建设，黄兴大道南延全面开工。

招商引资成效显著。全年实际到位外资4亿美元，实际到位内资109.7亿元。引进项目273个，广汽菲亚特、广汽三菱、住友轮胎等世界500强企业项目建成投产，上海大众、长沙国际会展中心、中部首家“中国电子商务示范园区”等一批重大项目相继落户。

社会事业全面推进，民生保障力度加大。全年民生支出61亿元，占公共财政支出的78%。全年参加城镇职工基本养老保险的人数15万人，参加城镇居民养老保险人数1.4万人，参加新型农村养老保险人数49万人，参加城镇职工基本医疗保险人数11.2万人，参加失业保险职工人数4.9万人，参加工伤保险职工人数9.5万人，参加生育保险的人数8.9万人，参加城乡居民医疗保险人数72.3万人。累计向低保对象发放最低生活保障金9113万元，向城乡特困家庭发放医疗救助金1146.7万元，向2100余户特困户发放临时救助163万元。农村“五保”对象集中供养率16%，城镇“三无”对象集中供养率36%。继续推进革命先烈后代幸福计划，全县18个镇（街）慰问革命先烈后代家庭506户，慰问资金95.9万元；援建烈士后代建房68户，资金170万元。组织开展春节“送温暖、送红包”慰问活动，发放慰问金1800万元，慰问各类对象2500余户。继续加大农村特困户危房改建力度，投入资金2775万元（县级1460万元）资助1600户农村危房改建。以吴文炳烈士墓园为基础，启动长沙县烈士墓园扩建工作。广播电视综合覆盖率100%。深入实施教育强县战略，在中部地区率先建成创新型县。初中入学率、巩固率及小学学龄人口入学率、巩固率均为100%；小学毕业升初中比例100%。免除16万人次学生杂费，义务教育阶段学生杂费免除率100%。全县对各级各类贫困学生资助金额2330万元。拥有各类独立的研究开发机构57家，其中省级企业技术（研究）中心18家、国家级企业技术中心3家。全年专利申请量为2547项，其中专利授权量和发明专利授权量分别为1614件、219件。全县有高新技术企业115家，实现高新技术产业产值和增加值分别为1225亿元、386亿元；有“中国驰名商标”17个、“湖南省著名商标”93个。长沙金井茶厂总裁周宇、湖南中铁五新钢模有限责任公司董事长王祥军、湖南开心农业发展有限公司董事长唐军荣获“2012年度中国创业领袖”称号，湖南易通汽车配件科技发展有限公司荣获“2012中国诚信创业示范企业”。人口计生工作继续保持“国优”。全县有农家书屋288个，村级文体活动室235个，文化站18个。

存在的主要困难和问题：经济转型升级的任务仍然繁重，政府提供的公共服务产品还不能完全满足人民群众的需求，社会管理创新和改革的力度还需进一步加大，政府工作效能和水准还需进一步提升，经济发展环境还有待进一步优化。

（周进银）

长沙县

中共长沙县委员会

书　记　杨懿文
副书记　张庆红
　　　　孙晓勇
　　　　李洪波
常　委　杨懿文　张庆红
　　　　孙晓勇　李洪波
　　　　郭润葵　周志远
　　　　杨忠文　胡春山
　　　　杨　莉（女）
　　　　周志文　常利民
　　　　彭　勇

县人大常委会

主　任　徐敏芝（女，2012.11免）
　　　　李建章（2012.11任）
副主任　唐智斌（2012.11免）
　　　　周郁文（2012.11免）
　　　　张政文（2012.11免）
　　　　周安伟（2012.11任）
　　　　柳铁强
　　　　曹艳萍（女）
　　　　彭　军　其（2012.11任）
　　　　唐俊兴（2012.11任）

县人民政府

县　长　张庆红
副县长　胡春山
　　　　杨　莉（女）
　　　　周辉斌（2012.11免）
　　　　周安伟（2012.11免）
　　　　万惠明（2012.10免）
　　　　王国良
　　　　黄　梁（2012.11任）
　　　　谭浩然（2012.10任）
　　　　曾卫国（2012.11任）
　　　　邹春林（2012.11任）

县政协委员会

主　席　李世安（2012.11免）
　　　　王益枝（2012.11任）
副主席　喻国华（女，2012.11免）
　　　　邓新明（2012.11免）
　　　　杜宏亮
　　　　李楚屏（女，兼）
　　　　黄　梁（兼，2012.11免）
　　　　郭艳红（女，2012.11任）
　　　　陈沃辉（2012.11任）

【百里茶廊跻身国家级示范区】 5月，长沙县百里茶廊正式获得国家标准化委员会颁发的合格证书，标志着百里茶廊从此跻身“国字号”农业标准化示范区。百里茶廊茶叶标准化示范区项目实施区域包括春华、路口、高桥、金井、双江、白沙、开慧、福临、北山9个乡镇，示范推广面积2666.67公顷，其中核心示范区533.3公顷。截至2012年底，百里茶廊茶叶标准化示范区内的茶叶生产、加工、销售已自成体系，形成区域化布局、规模化生产、专业化加工、产业化经营的格局，茶叶产业成为该县农业增效和农民增收的主导产业之一。

（熊翠红）

【城管迈入数字化时代】 长沙县政府投入近2000万元，成立数字化城市管理指挥中心，建立数字化城管信息系统，3月10日试运行，6月1日正式运行。数字化城管以大城管格局为基础，将城区划分为209个单元网格、22个管理网格，40名信息采集员每天上街巡查采集信息，及时上报到数字化城管指挥中心，每个社区安排有1名城管执法队员和1名城管专干，确保及时发现和解决问题。通过安装在10台执法车辆的无线视频传输设备和12台环卫清洗、清扫车辆上的GPS定位设备，随时随地对执法车辆和环卫车辆的运行地点、运行状态、运行线路进行远程调度和全方位监督。开通城市管理热线电话12319或84011109，引导公众共同参与。与城区三个街道专网链接，与城管委各成员单位信息共享，按照“第一时间发现问题、第一时间处置问题、第一时间解决问题”的要求，基本建成一个权责明晰、流程畅通、监督有力的指挥系统。从6月1日正式运行至12月25日，采集案件4.17万件，受理和派遣各类有效案件3.02万件，结案率由49.07%提高到97.73%（按期结案率67.73%），达到预期目标，派遣案件涉及县城管局、星沙街道、湘龙街道、泉塘街道、公安局、电力局、住房保障局、工务局、经开区办、区建设局、电信公司、自来水公司等25个责任单位。数字化城管指挥中心与城管委考评办相结合，每月向城管委提交数字化城管数据分析报告，为城市管理日常考核提供科学依据，建立监督、指挥、执行分离的城市管理体制，实现权责利有机统一。通过先进的管理理念和科学技术有机结合，实现全时段、全方位的数字覆盖，再造城市管理流程，加强部门联动，不断提高结案率，真正做到问题快速发现、任务准确派遣、处理及时到位，城市管理效率大大提高，基本实现城市管理的精准、高效。

（周柏清）

【获评“全国创先争优先进县（市、区、旗）党委”】 6月28日，在中央召开的全国创先争优表彰大会上，中共长沙县委被评为“全国创先争优先进县（市、区、旗）党委”。县委书记、长沙经开区党工委书记杨懿文代表县委，作为全国32个受表彰的县级党委之一，赴京参加表彰大会，受到胡锦涛、习近平等中央领导的亲切接见。在创先争优活动中，长沙县积极创新推进方式，大力推行“以上带下、以城带乡、以强带弱”的基层党建“三带工程”，创新实施以“群众参评、党员互评、支部讲评、领导点评”为主要内容的“四评”工作法，探索建立以“入户走访察民情——互动沟通听民声——跟踪办理解民忧——限期反馈安民心——上门回访满民意”为主要内容的“五步循环”群众工作法等。

（周进银）

【《星沙时报》创刊】 8月6日，由长沙晚报报业集团主办，与长沙县倾力打造的全新媒体《星沙时报》正式创刊。省委副秘书长、省委宣传部副部长李发美等省市县领导共同见证《星沙时报》启航。《星沙时报》秉承“本土就是主流，贴近就是力量”的办报理念，深耕星沙，面向长沙，辐射株潭，影响湖南，全力打造一流媒体。该报开设有要闻、大星沙、经济圈、民生汇、松雅湖副刊等栏目，每周一、三、五出版，全彩对开八版，创刊号52版。报型采用国际流行“黄金报型”——瘦报，美观、时尚、简约、方便。

（熊翠红）

【创建国家生态县通过省级考核】 11月5日，省环保厅副厅长潘碧灵率队对长沙县创建国家生态县进行省级考核验收，考核组一致同意该县通过省级考核验收，并报送环保部进行审核验收。2008年，长沙县委、县政府提出5年内创建“全国生态县”的战略目标，2012年长沙已具备申报国家生态县的五项基本条件，完成或超额完成22项生态县建设指标。全面完成18座中心集镇污水处理厂建设工程，形成以星沙污水净化中心为主体，城北、城南污水处理厂为两翼，乡镇污水处理厂为网络的城镇污水处理设施系统，成为全省第一个实现乡镇污水处理设施全覆盖的县；建立“户有垃圾桶、组有收集池、村有回收点、镇有中转站”的基础设施网络，村村选招培训专职保洁员，年投入2600万元，率先在全省建立农村生活垃圾“户分类减量、村主导消化、镇监管支持、县以奖代投”模式；平稳拆除禁养区、限养区9179户养殖设施98.8万平方米，巩固减量退出成果，共计发放养殖转产扶助资金6843万元，减少存栏120万头，实现禁养区退出和限养区规模控制的目标；在城市照明亮化建设中，率先推广节能型路灯建设，累计安装7000余盏LED路灯和900余套风光互补路灯，基本实现城区和安置小区节能路灯全覆盖，节省电能60%以上；加大对破坏环境资源违法行为的打击力度，成立农业行政执法大队，发布《关于严禁非法捕杀、经营水陆野生动物的通告》，制定治理非法捕捞、驯养、繁殖、经营水陆野生保护动物专项整治行动方案，率先实施禁捕水陆野生动物专项行动；借鉴安吉、双流、江阴等生态建设先进地区经验，高标准编制《生态县建设规划》，分阶段、有步骤落实各项创建指标，在部颁22项标准“规定动作”的基础上，进一步提升创建水平，建设十项创新指标，率先在全省实践国家生态县创建。

（周进银）

【挺进全国县域经济十五强】 12月10日，第十二届全国县域经济与县域基本竞争力百强县（市）在北京公布。长沙县位居百强县（市）第15位，较上届第18位上升三位，连续第五年稳居“中部第一县”。在9月公布的第九届中国中小城市科学发展百强排名中，长沙县跃升至第13位，排名居中西部第一。至此，在全国两项县域经济重量级评价排名中，长沙县均跻身“前十五强”。

（周进银）

【大学生创业大厦投入使用】 12月12日，长沙县大学生创业大厦正式投入使用。该大厦坐落于湖南机电职业技术学院内，位于万家丽北路与湘龙路交汇处，周边两公里范围内有湖南工程职业技术学院、贺龙体校等10多所高校，是大学生创业的理想之地。大厦拥有43个标准办公室、2个多媒体会议室、1个文印室，毕业三年内的大学生在县内创办的企业，属于年度扶持重点创业产业范围的均可免费入驻3年。已有19家文化传播、企业管理咨询、软件开发、数码科技、装饰设计等行业的大学生初创企业入驻大厦进行孵化。

（熊翠红）

【创新群众工作】 长沙县委群工部制定《2012年长沙县驻村（社区）群工站干部年度述职群众民主测评实施方案》、《长沙县群众工作考核办法》及《细则》，将群众工作表现和实绩纳入单位和干部年度绩效考核内容。全县291个村（社区）均成立群众工作站，1341名优秀干部被派驻入村开展工作。累计走访户数2.79万户，反映问题2.05万个，解决问题2.03万个，走访率99.5%。县财政安排200万元困难救助专项资金为群众办事解难。走访慰问困难群众9000余户次，发放慰问金额2910余万元，帮助村（社区）解决道路、水利、生产等问题1600余起，协调各类项目建设60个，帮助群众代办事项1465件。在白沙镇试点成功的基础上，探索总结出以“入户走访察民情—互动沟通听民声—跟踪办理解民忧—限期反馈安民心—上门回访满民意”为主要内容的“五步循环”群众工作法，并在全县推行实施。县电视台、《星沙时报》等媒体开设群众工作专栏，县委群工部每月编印《群众工作简报》2期，通过“数据信息”、“群工动态”、“基层简讯”、“队员手记”、“精品站点”等栏目宣传引导全县群众工作开展。该县群众工作受到中央电视台、人民网、新华网、凤凰网、《湖南日报》、《长沙晚报》等多家媒体宣传报道。

（周进银）

【在全省率先实现农业机械化】 2012年，长沙县“农机购机补贴项目”兑现农机购置补贴资金912.43万元，补贴机具1697台套，全县农机总动力138万千瓦，增长8%。通过水稻机械化育插秧技术的进一步推广，水稻耕种收综合机械化水平达76.2%，高出全国农作物耕种收综合机械化水平19个百分点，率先在全省实现水稻生产全程机械化。完成机耕面积89.01千公顷，机耕率99.5%，机插（抛、播）面积8.8千公顷，机插（抛）率12%，机械收割面积80.06千公顷，机收率98%，机械化植保面积43.45千公顷，植保率48.57%，机电排灌面积38.92千公顷，农机运输量2.88亿吨公里，农副产品加工量47.05万吨。农业机械在耕田、植保、排灌、收获、运输、加工等高强度劳动环节替代85%以上的人工劳动，水稻生产耕、种、收机械化作业综合水平76.2%，农机作业总收入9.866亿元。长沙县作为全国50个双季稻高产创建整建制推进示范县，全年播种面积保持稳定，品种结构持续改善，落实早稻集中育秧286.7公顷。全县粮食生产机械化耕种和收割水平达99%，在全省率先实现农业机械化。

（周进银）

【设立全国首个县级专利奖】 2012年，长沙县设立全国首个县级专利奖励，由县人民政府授予在全县专利创造和运用中取得显著经济和社会效益的专利权人、发明人，县财政安排60万元奖金以促进专利转化和运用。三一重工股份有限公司“回转机构平稳启制动的控制方法及装置”专利被评为县专利金奖，获奖20万元。山河智能装备股份有限公司“一种履带式桩架及其安装方法”、湖南亚林食品有限公司“以豌豆为原料加工多味青豆的方法”等两项专利获评县专利优秀奖，分获奖金5万元。

（熊翠红）

浏阳市

【概况】 浏阳市位于湘赣边境，湖南东部偏北，省会长沙市的正东方。市境内浏阳河、捞刀河、南川河分别汇入湘江，浏阳河为湘江源头之一。浏阳东南西北分别与江西省宜春市的铜鼓县、万载县、萍乡市的上栗县，湖南株洲市的醴陵市、株洲县，长沙市的长沙县，岳阳市的平江县交界。境内东西长125.8公里，南北长80.9公里，全市居北纬27°51′～28°34′，东经113°10′～114°15′，境内总面积5007.75平方公里。2012年，浏阳市辖4个园区：长沙国家生物产业基地、制造产业基地、两型产业园、大围山国家森林公园，4个街道：淮川、集里、荷花、关口，27个镇，6个乡，共401个村（社区）。截至2012年底，公安户籍户数41.68万户，总人口143.62万人，增长0.89%，其中农业人口127.89万人，非农业人口15.73万人。年内出生人口1.86万人，出生率13‰，比上年增加0.4个千分点。年内死亡人口8277人，人口死亡率5.8‰，比上年增加2.1个千分点；人口自然增长率7.2‰，比上年下降1.7个千分点。年平均气温17℃，比历年同期平均偏低0.5℃；年极端最低气温-5.3℃，出现在12月31日，年极端最高气温37.1℃，出现在7月22日。年降水量2080.9毫米，比历年同期平均偏多529.6毫米；年降水日数193天，暴雨日数8天，日最大降水量126.4毫米，出现在7月16日，雨季开始早且无明显结束特征。全年日照时数1524.8小时，比历年平均值偏少70小时。4月10日及6月14日出现两次大风天气，其中6月14日极大风速达每秒25.2米，为有历史记录以来的第一大值。无霜期日数303天，雷暴日数44天。

全年实现地区生产总值811.13亿元，同比增长14.4%，其中第一产业增加值71.64亿元，第二产业增加值575.38亿元，第三产业增加值164.11亿元，分别增长5.2%、16.3%和11.8%。三次产业对经济增长的贡献率依次为3.1%、79.4%和17.5%，分别拉动经济增长0.4个百分点、11.4个百分点和2.6个百分点；三次产业结构为8.8：70.9：20.3。实现财政总收入55.31亿元，增长31.7%。农民人均纯收入1.57万元，比上年增加2526元，增长19.1%；农民人均可支配收入1.53万元，比上年增加2394元，增长18.6%；农民人均生活消费支出9859元，比上年增加1626元，增长19.8%。全市城镇居民人均可支配收入2.73万元，比上年增加3225元，增长13.4%；城镇居民人均生活消费支出1.78万元，比上年增加1290元，增长7.8%。2012年，浏阳市财政总收入增速居长沙九区（县）第一位，县域经济综合实力排名全省第二位，基本竞争力提升至全国第60位。

农林牧渔业总产值108.44亿元，增长5.2%，其中农业产值58.89亿元，增长5.5%；林业产值11.96亿元，增长4.7%；牧业产值31.75亿元，增长4.8%；渔业产值3.18亿元，增长6.4%；农林牧渔服务业产值2.66亿元，增长4%。粮食总产量55.14万吨，增长1.9%；蔬菜总产量111.03万吨，增长8%。完成营造林面积5060公顷，其中退耕还林200公顷，幼林抚育面积800公顷。生猪出栏197.55万头，增长3.4%；山羊出栏68.12万只，增长3.4%；家禽出笼1151万羽，增长8%。肉类总产量17.4万吨，增长4.6%。水产品总产量2.27万吨，增长6.1%，其中鲜鱼产量2.11万吨，增长0.5%。

实现工业总产值1456.83亿元，增长21.6%；实现工业增加值521.26亿元，增长17.2%，其中规模以上工业企业740家，实现规模工业产值985.06亿元，增长29.7%；实现增加值294.57亿元，增长24.2%。产值过亿元企业198家，实现产值656.95亿元；产值过10亿元企业9家，实现产值253.15亿元。年内，花炮产业集群实现销售总额172.8亿元，创税10.7亿元，分别增长22.2%和1.5%；33家生物医药企业实现产值135.71亿元，增长32.8%；78家机械制造企业实现产值285.54亿元，增长50.1%，其中9家电子信息企业实现产值181.98亿元，增长71.9%。生物医药园实现工业总产值377亿元，财税收入12.5亿元（含土地出让金，下同），分别增长49.3%和50.6%，其中蓝思科技加工贸易进出口总额位居全省第一。制造产业基地实现工业总产值141.38亿元，财税收入5.07亿元，分别增长33.4%和18.5%。两型产业园实现总产值40.1亿元，财税收入4060万元，分别增长54.2%和101.6%。

社会消费品零售总额158.1亿元，增长14.1%。商品零售额138.8亿元，增长14.4%；住宿餐饮业收入19.3亿元，增长11.3%。接待旅游人数898.3万人次，增长27.9%；旅游产业收入82.3亿元，增长71.7%。建筑行业实现增加值54.11亿元，增长10.4%。四级以上建筑企业38家，实现建筑业产值28亿元，增长23.7%。房地产业实现增加值19.29亿元，增长4.8%。房地产企业57家，实现房地产投资额35.76亿元，增长55.2%；商品房屋销售面积94.45万平方米，增长5.2%。邮电业务总量8.84亿元，增长13.6%。截至2012年底，拥有移动电话用户114.03万户，增长15.8%；固定电话用户15.16万户，增长2.8%，其中农村电话用户13.97万户；国际互联网宽带用户7.83万户，增长13.5%。

固定资产投资435.99亿元，增长31.3%，其中工业投资271.1亿元，增长60.8%，技术改造投资274.1亿元，增长84.7%。高速公路投资43.6亿元，大浏、浏醴高速建成通车，完成南横线柏加段路基、淳乌公路和大围山入园公路，拉通农村公路506.6公里，建成全省县级城市首个公共自行车租赁系统，开通“一线三城”公交。建设农村安全饮水工程11处，改造城镇路面34.4万平方米、房屋立面1640户，投资城乡电网建设提质1.7亿元，获批“全国可再生能源建筑应用示范县（市）”，实施三大河流综合治理，推进万丰山水库综合整治，建成乡镇污水处理厂11家，治理养殖污染28万平方米，植树527万株，创建省级生态村15个，在全省城乡环境卫生整洁行动和文明城市创建考核测评中均名列第一。

全年新引进项目172个，其中亿元以上项目36个，有投资40亿元的蓝思科技新材料项目、投资5亿美元的二代光纤通信生产基地、投资18.5亿元的华能天然气热电联产或分布式能源项目、投资15亿元的龙源电力石柱峰风力发电项目、投资10亿元的中伟地产建材城项目、投资5亿元的五星级酒店综合开发项目、浏阳花炮文化创意产业园项目、投资4.5亿元的浏阳市农村烟花物流园项目、投资3亿元的湖南安全食品产业中心项目、投资2亿元的普洛斯现代物流仓储设施开发项目、投资1.94亿元的安庆元鸿谭磷铜多金属矿开发项目等。全年共实现到位资金108.6亿元，其中完成省外境内到位资金35.21亿元，引进长沙市外境内项目形成固定资产投入57.5亿元，实际利用外资13269万美元，三资企业主营业务实现销售收入91.4亿元。

社会事业实现新进步，民生保障切实改善。五大保险新增参保10.4万人，城镇登记失业率控制在3%，建设保障性住房5292套，改建农村危房5357栋，创建省示范职教中心、省示范职业中专和45所省级合格学校，新建改建公办幼儿园12所，引进优秀教师234人，教育环境逐步改善。巩固完善国家基本药物制度，全面实施行政村卫生室、社区卫生服务站基本药物零差率销售，有效降低人民生活负担，人口自然增长率控制在7.2‰，获评“全省人口和计划生育优质服务先进县（市）”。申报专利706件，申报科技项目180个，成立浏阳河文化产业园，建成浏阳市国家综合档案馆，新建农家书屋122家，改扩建乡镇综合文化站2个，争取省农民健身工程项目20个，开展“欢乐浏阳河”广场文艺活动，组织和参加县级以上运动会67次（含各类协会组织），参加活动人数3.4万人次。运动员在全国比赛中获得奖牌3枚，在省市比赛中获得金牌9枚、银牌6枚、铜牌1枚。《浏阳日报》每期发行量3.83万份。全市广播综合人口覆盖率100%，电视综合人口覆盖率98%，闭路电视用户23.5万户，增长12.3%。实现特护期进京赴省“零非访”目标，依法打击各类违法犯罪行为，推进食品药品安全建设，安全生产形势平稳向好，获评“全省社会管理综合治理和安全生产先进县（市）”。

（唐继武）

浏阳市

中共浏阳市委员会

书　记　钟　钢（2012.12免）
　　　　曹立军（2012.12任）
副书记　余勋伟（2012.11任）
　　　　吴　震
　　　　付旭明
常　委　唐建新
　　　　黄　阳
　　　　刘　旭（女）
　　　　熊清溪
　　　　周春晖
　　　　黄文先（援藏）
　　　　邱山东
　　　　朱发军（2012.08免）
　　　　蒋少军
　　　　陈荣华（2012.08任）

市人大常委会

主　任　张若林（2012.11免）
　　　　鲁建文（2012.11任）
副主任　孙建科（2012.01任）
　　　　寻爱国（2012.11免）
　　　　刘仙娥（女）
　　　　卜继炘（2012.11免）
　　　　张友根

刘一江
杨 智（2012.11 任）

市人民政府

市 长 曹立军（2012.11 免）
余勋伟（2012.11 任）
常务副市长 唐建新
副市长 熊清溪
蒋国平（2012.09 免）
张葵红（2012.11 免）
邓雪琴（女）
李 航（2012.09 免）
莫小佳（2012.10 任）
邓阳锋（2012.11 任）
赵丁山（2012.11 任）
戴武明（2012.11 任）

市政协委员会

党组书记、主席 鲁建文（2012.11 免）
李家喜（2012.11 任）
党组副书记 周春晖 张葵红（女）
副主席 易利文（2012.11 免）
陈 涛（2012.11 免）
张葵红（女，2012.11 任）
谢建国
郭荣华（兼）
廖伟平（女）
谢鹤林（2012.11 任）

【浏阳河综合治理和开发建设咨询项目成果通过终审】 2月4日，浏阳河综合治理和开发建设咨询项目签约仪式在浏阳市银天大酒店举行。浏阳市水务局受浏阳市人民政府委托，与中国社会科学院项目评估与战略规划研究咨询中心签订了“浏阳河综合治理和开发建设项目技术咨询合同”，委托该中心对浏阳河生态补水、河道疏浚、水源涵养和绿化工程、污染治理和生态河道检测站网系统进行科学论证和统筹规划，全力打造名河旅游品牌，该项目咨询费用共300万元。中国社会科学院学部委员、中国工程院院士、中国社会科学院项目评估与战略规划研究咨询中心主任李京文带领的专家组一行应邀出席会议，并通过听取情况汇报、实地考察、调研走访、技术性论证等形式对浏阳河流域整体情况进行调研，研究浏阳河生态保护建设项目，为浏阳河综合治理项目科学论证、统筹规划。水利部、国家发改委等单位相关领导参与考察并指导规划实施。7月15日，浏阳河综合治理与开发建设咨询项目终期成果评审会在银天大酒店举行。李京文率社科院项目评估与战略规划研究咨询中心专家，通过近6个月多次详细的实地考察调研，最终形成了《浏阳河综合治理和开发建设咨询研究报告》终期成果。来自中国社会科学院、中国工程院、国家发改委、水利部、科技部、湖南省发改委、湖南省水利厅、长沙市发改委、长沙市水利局等部门的评审验收专家对该报告予以高度评价并一致认为：开展《浏阳河综合治理和开发建设咨询研究》课题研究并积极抓好落实，对于实现“建设美丽浏阳，打造幸福家园”的浏阳市发展目标具有重要意义，对浏阳经济社会发展具有积极推动作用，研究报告获得评审专家一致通过。

（罗 伊）

【市人民法院获“全国模范法院”称号】 2月13日，市人民法院被最高人民法院授予全国法院系统最高荣誉——“全国模范法院”称号。2012年，浏阳市法院受理各类案件9437件，结案8600件。其中诉讼案件6693件，结案6117件，结案率91.4%；执行案件（含非诉执行案件）2744件，执结2483件（含旧存），年度执结率90.5%。积极拓展司法为民服务平台，重视民权保护，回应群众关切。全年共组织巡回办案83场次、集中巡回法律宣传5场次，走访群众3716人次，现场化解社会矛盾纠纷166起，办结来信来访170件，为经济困难的当事人实行缓、减、免交诉讼费35.2万元，发放执行救助金14万元，减免执行费8.1万元；始终坚持严管厚爱的管理方针，提升队伍整体素质，打造忠诚、为民、公正、廉洁的法官形象，队伍整体形象在省委政法委组织的社会民意满意度调查中位居长沙法院系统第一名。（李昭菲）

【“海峡两岸同心光明行慈善活动”暨眼科学术交流会】 3月26日，由中国和平统一促进会、台大眼科、台湾诺贝尔医疗机构、深圳市爱视科技股份有限公司等共同发起的“海峡两岸同心光明行慈善活动”暨眼科学术交流会在浏阳举行。该活动被纳入中央统战部“同心·民生保障工程”，是在中国和平统一促进会理事张小玲的推动下，联合海峡两岸医师力量开展的扶贫复明医疗活动，免费治疗了100名贫困白内障患者，召开了3场眼科学术交流会议。

（易 静）

【实施“蒲公英——乡村青少年成长计划”】 4月开始，活动由市委宣传部牵头，市教育局、浏阳日报社、市关工委、市妇联等单位为成员单位。活动内容包括建立班班图书角、开设蒲公英课堂、开展手拉手结对互助活动、建设乡村学校少年宫、开展母亲夜话沙龙活动、建立青少年星级档案共6项内容。截至2012年底，“图书角”共收到社会各界捐款16万多元，折合“图书角”326个，其中全市25个教学点实现全面覆盖，中和苍坊完小、浏阳特殊教育学校实现班班有；蒲公英课堂，由教育局牵头，每个季度组织志愿者到乡村学校进行素质教育培训和心理健康教育；手拉手结对互助活动，教育局每学期组织城区和农村学校开展1次以上城乡家庭手拉手结对活动，在留守儿童较为集中的学校每月组织城区学生与留守儿童家庭结对互助体验活动1次以上。各界社会人士为山区教育捐资260万元，捐赠课桌5714套，成立100万的教育基金；建设乡村学校少年宫，统一配备音乐室、舞蹈室、美术书法室、劳动技能室、微机室、阅览室、棋艺室、体育活动场等“七室一场”，已建立22所，计划2013年覆盖每个乡镇街道，准备推广文明单位结对共建；母亲夜话沙龙活动，由市妇联牵头每季度邀请专家和家教经验丰富的母亲就青少年成长话题进行家教经验在线或现场交流研讨；建立青少年成长星级档案，由市关工委牵头，乡镇街道关工委、社区、村关协共同参与，对平常表现好、获星级别高的青少年在将来参军、就业等方面重点予以推荐。10月，长沙市关工委在浏阳召开“推广浏阳‘评星建档，创新机制’经验现场会”。

（何俊雄）

【“向日葵女孩”感动浏阳一中校园】 浏阳一中2009届校友何平同学的

优秀事迹在省、市和中央媒体报道后，在全国产生强烈反响。为积极响应浏阳市委关于向何平学习的号召，浏阳一中举行了“向何平校友学习，做阳光励志青少年”动员会，制作并组织观看何平校友优秀事迹专题片，举行何平校友先进事迹报告会，以何平事迹为题材，拍摄了微电影《阳光下的向日葵》，何平亲自主演，获浏阳市微电影大赛最佳人气奖。何平校友敢于担当、阳光坚韧、自强不息的精神和事迹感动了全体师生，形成了联系实际学习何平校友的热潮。（喻中祥）

【林卓宇入选省作协会员】 浏阳一中高二文科自主培训班学生林卓宇热爱文学创作，发表各类文学作品1000余篇，出版著作10本，参加国家、省市各级比赛多次获一等奖，连续两届获评长沙市星城之星“文学之星”，6月底，入选长沙市作家协会理事，并成为省作协最年轻的会员。

（喻中祥）

【大围山红莲寺竣工】 9月8日，浏阳大围山红莲寺开光庆典暨佛祖真身舍利安奉仪式隆重举行。有着“湘东明珠”美誉的大围山，经过多年的建设发展，景区形成“春赏花、夏避暑、秋登高、冬滑雪”为主题的四季旅游产品项目体系。红莲寺的竣工开光，不仅为弘扬佛教理念、促进和谐社会建设、丰富大围山国家森林公园旅游文化内涵发挥了重要作用，还为提升大围山旅游景区的知名度、美誉度和推动浏阳旅游事业的发展提供了良好条件。大围山旅游景区是历史上的佛教胜地之一，坐落于大围山之巅的红莲寺便是南北朝时期佛教兴盛的历史见证之一。据史料记载，红莲寺由南朝时期龙树菩萨传人开山建造，盛于唐代，毁于明初，清代恢复小庙一座，改称玉泉寺。（周育波）

【浏醴、大浏高速公路通车】 12月23日，浏醴、大浏高速公路正式通车。浏醴高速是岳阳至汝城高速公路的一段，起于平江和浏阳交界的黄泥界，跨洞阳河于枫浆桥与长浏高速公路相交，南下进入醴陵市于板杉乡与醴潭高速互接。全线共设互通式立交9处，服务区2处，匝道收费站7处（社港、沙市、北盛、江背、跃龙、普迹、枫林）；大浏高速起于浏阳大围山东麓湘赣边界铁树坳，止于浏阳砰山，设砰山互通与在建的长浏高速公路互接，全线共设置6处互通式立交，2个服务区，省界主线收费站1处，匝道收费站5处（大围山南、官渡、古港、溪江、蕉溪）。浏醴、大浏高速公路是湖南省高速公路网中“五纵七横”的一纵一横。建成通车后的浏醴高速，成为长沙东部地区南下广州、北上武汉的快捷通道，是泛珠三角经济区和中部崛起的重要南北省际通道；竣工通车的大浏高速，有效打通了向东出省的快速通道，将大大促进中部地区尤其是长株潭城市群承接东部地区产业转移，加速融入长江三角洲等经济发达地区。（唐继武）

【在全省率先开通阳光三农网】 2012年，浏阳市投入12万元，建设浏阳市阳光三农网，搭建农村集体“三资”管理平台，对农村集体“三资”实行信息化管理。全市37个乡镇街道均在网上全面公开惠农补贴资金、资产资源交易和村级财务收支等情况，让农村集体“三资”在阳光下运行，主动接受广大村民的监督。（钟　弦）

【建成全省县级城市首个公共自行车系统】 2012年，为建设美丽浏阳，打造幸福家园，提升城市生活品质，改善人居环境，促进交通畅通，建设生态宜居城市，浏阳市委、市政府建设城市公共自行车租赁系统，年内一、二期全部建成，共新建站点98个，公共自行车2000辆，停车柱2600个，监控摄像头近200个。系统管理和运行情况良好，各类设备故障率平均不超过1%，自行车丢失率为0，大修率不超过1%，市民求助每天不超过20人次，基本无投诉现象发生，市民办卡2万张，日平均借车量1.2万次，低碳生活、绿色出行的生活模式在浏阳蔚然成风，公共自行车作为一种便捷、时尚、环保、舒适的交通方式，被越来越多的市民所选择。年内，市公共自行车全年使用数量达230万次。6月26日，湖南省委常委张文雄调研浏阳公共自行车工作，称赞公共自行车节能环保，提高了市民的幸福指数；10月中旬，经湖南省住房和城乡建设厅批准，浏阳市向住建部申报第三批“城市步行和自行车交通系统”示范项目；12月27日，湖南日报以《浏阳掀起骑行风——自行车出行系列报道之四》为题，对浏阳公共自行车系统进行了专题报道。有多个城市到浏阳参观考察，并拟将浏阳模式作为其建设公共自行车系统的重要参考。浏阳公共自行车系统为其他中小城市建设城市步行和自行车交通系统提供了一个良好的范例。（巫明霞）

【杨厚波被评为“全国粮食生产先进工作者”】 杨厚波，男，中共党员，大学本科文化，1967年8月出生于湖南省浏阳市，先后担任浏阳市人民政府办公室副主任、浏阳市北盛镇党委书记、浏阳市交通局党委书记等职务，2008年1月～2013年1月，担任浏阳市农业局局长。2008～2011年，连续4年被评为“浏阳市先进工作者”，2010年被湖南省农业厅评为“十佳农业局长”，2012年被评为“全国粮食生产先进工作者”。针对日益严重的耕地抛荒现象，他在充分调研的基础上拟定了“四个一律”政策，强力遏制耕地抛荒，取得明显成效，浏阳粮食播种面积常年稳定在8万公顷以上、总产稳定在55万吨以上，水稻种植面积比5年前增加1万公顷。在农忙季节，为抢抓农时，他常常主动放弃周末及节假日休息时间，奔赴农业生产第一线，指导、帮助农民解决实际困难和农业问题，他的工作时间经常是5+2、白＋黑，每年深入基层的时间都多达230多天。他撰写了《新形势下湖南农业可持续发展问题研究》、《确保国家粮食安全——浏阳市四轮驱动粮食生产科学发展的调查》等调查研究论文数十篇（件），字数累计超20万字，并分别在《农民日报》《中国食品质量报》等刊物上发表或获奖，他不仅仅是一位行政一把手，更是一位地地道道的农业专家。杨厚波把自己当成了一个农业人，把浏阳农业当作伟大的事业去追求，在他和浏阳农业人的努力下，浏阳农业呈现出粮食、蔬菜、烤烟、油菜、花木、水果、药材、茶叶八大产业齐头并进、提质增效的新局面，构建了“四位一体”的农产品质量安全网络，水稻耕种收机械化综合水平由49%提高到70%，农技推广机制不断创新、渠道不断拓宽、形式不断丰富，在服务“三农”中发挥着更大的作用。浏阳现代农业加速发展，国务院总理温家宝、副总理回良玉、科技部部长万钢等领导亲临浏阳视察时对浏阳农业生产工作给予了充分肯定，浏阳先后被评为“全国粮食生产大县（市）”、“国家商品粮基地县（市）”、“全国油料大县”、“全省做优做强湘米产业基地县（市）”等，成功举办了第一届中国杂交水稻大会现场观摩活动、第五届国际杂交水稻大会现场观摩活动。（张倩影）

【市森林公安局获“全国森林公安系统优秀公安局”称号】 2012年，市森林公安队伍，在依法打击毁林违法犯罪、保护森林资源和生态安全、维护林区社会稳定、巩固全民绿化成果、森林防火等方面成效显著，被评为“全国森林公安系统优秀公安局”。全年共接、处警836起，查处各类森林案件560起，其中刑事案件立案68起，同比（上年57起）增长19.3%；破案78起（含积案12起），同比（上年62起）增长25.8%。公安行政案件74起，同比（上年66起）增长12%。林业行政案件408起，同比（上年443起）减少7.9%。共计刑事拘留54人，取保候审54人，监视居住3人，逮捕42人，移送起诉案件73起（含积案19起）119人（含积案和在逃人员34人），同比（上年移送起诉案件57起91人）分别增长28.1%和30.8%；治安罚款8人次，警告4人次，公安行政拘留81人，同比增长（上年公安行政拘留77人）增长5.2%；林业行政处罚657人次，收缴木材648.27立方米。共为国家、集体和个人挽回经济损失308.65万元。该局获“全国森林防火工作先进集体”、“全国森林公安法制工作先进集体”，多次专项行动被公安部、国家林业局评为“先进单位”、“湖南省优秀森林公安局”等称号。（陶功财）

【获批“全国可再生能源建筑应用示范县（市）”】 2012年，为充分发挥浅层地热能、太阳能等可再生能源资源丰富的优势，浏阳市积极开展了全国可再生能源建筑应用示范县的申报工作，制定了《浏阳市可再生能源建筑应用专项规划》和《浏阳市可再生能源建筑应用示范县实施方案》等相关政策。2012年，浏阳市获批“全国可再生能源建筑应用示范县（市）”，并获得专项财政补助资金1000万元。浏阳市建成的可再生能源建筑应用面积约25万平方米。市妇幼保健院、教育宾馆、亚大国际新城等安装了地源热泵，银天大酒店、理想家园等项目集中安装了太阳能热水器，应用效果明显，农村地区可再生能源建筑应用示范已启动。（李青青）

【获评首批创建全国农民林业专业合作社示范县】 2012年，浏阳市完善林权登记台账8800公顷，完成林权数据库矢量化面积33.8万公顷，图幅232张，小班29万个；办理森林资源流转30起，面积3666.67公顷；办理抵押贷款37起，贷款金额4890万元。累计完成森林保险承保面积22.45万公顷，占浏阳林地面积的60%，林药、林菌、林蜂等林下经济蓬勃发展，启动了林业服务中心建设，林业专业合作组织建设强力推进，被国家林业局确定为首批创建全国农民林业专业合作社示范县。（孔　觉）

【获“全国高标准基本农田建设示范县”称号】 2012年，浏阳市组织申报2012年度省、市投资高标准基本农田建设项目10个，建设总规模约4366.67公顷，预算总投资约1.13亿元。开展永久性基本农田保护划定工作，安装655块永久性基本农田保护界桩，发放29万张基本农田保护责任卡，组织重新签订基本农田保护责任状。截至2012年12月底，全市耕地保有量7.78万公顷，基本农田保护面积6.66万公顷，分别超过长沙市下达目标任务的2.13%和1.52%，并成功申报为国土资源部“全国高标准基本农田建设示范县”。（罗其晏）

宁乡县

【概况】 2012年，宁乡县辖12个乡、21个镇、370个村、52个社区居委会。总面积2912.8平方公里，其中耕地面积9.47万公顷。截至2012年底，总人口137.75万人，比上年增长0.48%，人口男女性别比为104.2:100。人口出生率12.92‰，死亡率6.76‰，自然增长率6.16‰。年平均气温16.9℃，降水量1869.6毫米，日照时数1334.6小时，无霜期281天，年内最高气温为7月11日的37℃，最低气温为1月25日的-3.2℃。

全年实现地区生产总值732.5亿元，比上年增长14%。其中第一产业实现增加值84.85亿元，增长5%；第二产业实现增加值501.74亿元，增长16.2%；第三产业实现增加值145.91亿元，增长11.5%。全县三次产业结构由上年的11.8:68.1:20.1调整为11.6:68.5:19.9。地方财政收入40.81亿元，比上年增长23.3%，其中公共财政预算收入24.49亿元，增长20.2%。公共财政预算支出48亿元，增长34.4%。全县金融机构各项存款余额278.41亿元，比年初增加39.89亿元，增长16.7%。城镇居民人均可支配收入2.4万元，比上年增长13.6%。农村居民人均可支配收入1.32万元，比上年增长19.7%；农民人均纯收入1.38万元，增长19.3%。在第十二届全国县域经济基本竞争力百强县（市）评选中，宁乡县排名第61位，比上届前进7个名次。

农林牧渔业总产值128.04亿元，比上年增长5%。其中种植业产值64.95亿元，增长4.1%；林业产值3.65亿元，增长7.6%；牧业产值52.98亿元，增长4.9%；渔业产值4.62亿元，增长8%；农林牧渔服务业产值1.84亿元，增长8.1%。粮食种植面积12.91万公顷，其中稻谷种植面积11.97万公顷，东湖塘有机稻基地通过有机认证，再获“全省粮食生产标兵县”。烟叶种植面积6400公顷，增长9%；年内新建烤烟房1202座，新增烤烟房容量1600公顷，有15家烟叶专业合作社，中国社会科学院连续两年跟踪调研宁乡烟叶专业合作社建设情况；蔬菜种植面积3.94万公顷，增长5%；油料种植面积7300公顷，增长41.7%；沩山茶叶基地和金洲茶叶基地扩面提质，产品出口至俄罗斯及东欧国家。主要农产品产量稳中有增，全年粮食总产量85.25万吨，与上年持平；烟叶1.4万吨，增长8.5%；蔬菜136.8万吨，增长5%；油料1.44万吨，增长24.1%；出栏肉猪241.69万头，增长3.3%；出笼家禽4122.55万羽，增长3%。生猪出栏数量连续三年位居全国第一。花猪产业深度开发，注册成立宁乡花猪产业发展有限公司，土花猪获批"中国驰名商标"，青龙寨养殖项目投资6000万元，该项目被列为长沙市城乡一体化现场会和中国·长沙首届自然生态博览会暨全国第四届休闲农业与乡村旅游节的参观点。全年新建义务植树基地22个，总面积173.33公顷，参加全民义务植树人数68万人次，植树128万株。完成营造林8266.67公顷，获"全省营造林工作先进单位"称号。投资1000多万元，对东花、宁沩、宁灰公路等共计140多公里道路两旁进行绿化提质，栽植大叶樟、塔柏、杨树、红叶石楠球，撒播花草种子，铺草地等。全年有15家单位获省、市园林式单位，花园式单位和绿色村庄、绿化工作先进单位等称号。金洲镇关山村创建为全国生态文化村、全省绿色村庄。截至2012年底，农机总动力157.57万千瓦，比上年增长1.5%。水稻耕种收综合机械化水平69.4%，比上年提高0.3个百分点。农村基础设施加快改善，投入1.6亿元，建设593.33公顷21个高标准基本农田项目，开发耕地333.33公顷，确保了耕地占补平衡。全年实现水利建设投入6亿元，治理病险水库31座，清淤山塘906.67公顷，安全饮水解困10.4万人。为1.58万户偏远乡镇群众开通电视信号。新建户用沼气池1927口，养殖小区联户沼气工程15处。

完成工业总产值1464.66亿元，比上年增长20.2%，其中规模工业总产值1192.95亿元，增长24.3%。实现工业增加值451.73亿元，增长17.1%，其中规模工业增加值300.01亿元，增长21.3%，高于全市4.5个百分点。年内新增规模企业60家，全县规模以上工业企业总数589家，其中产值过亿元企业180家。在规模以上工业中，全县重工业实现增加值172.83亿元，增长33.8%，占规模工业增加值的比重达57.6%。集体企业增长25.9%，股份制企业增长20.8%，外商及港澳台商投资企业增长18.5%。全县园区规模以上工业实现产值612.6亿元，占全部规模工业的51.4%，比上年增长45%；实现增加值149.79亿元，增长41.3%。先进装备制造、食品、新材料新能源三大主导产业共实现产值705.65亿元，占全部规模工业比重的59.1%，对规模工业增长贡献率达62.8%。规模工业实现主营业务收入1159.55亿元，比上年增长24.8%；利润总额92.62亿元，增长31.2%；利税总额148.1亿元，增长27.7%；亏损企业4家，比上年减少4家，亏损额下降48.6%。加快"两型"园区建设、"两型"企业建设。宁乡经济技术开发区获批全国首家循环化改革试点园区，金洲新区获批"省级工业集中区"，夏铎铺机械工业园入园企业80家，煤炭坝、大成桥等乡镇工业加快发展。工业企业主要产品产量稳定增长，服装2100万件、大米95.15万吨、食用植物油7.22万吨、酱油22.8 万吨、啤酒6.78万千升、配混合饲料88.29万吨、水泥484万吨、钢材9.86万吨、机制纸26.71万吨、涂料14.44万吨、电力电缆3.46万千米、减速机20.28万台、铸造机械1.65万台、家用电冰箱16.5万台、家用洗衣机37.65万台。年内新增亮之星、沙龙畜牧2个"中国驰名商标"，涌金铝业、搏浪沙水工机械、易达塑业、中财化学建材、桑铼特、三星机床等14家企业15个产品获"湖南名牌"。加强食品监督抽查。全县有166家发证食品生产企业、90余家食品生产小作坊，全年巡查食品企业400多次，完成食品定检、监检831批次，监检合格率92%。加加集团、红宇新材2家企业上市。推进清洁生产，淘汰落后产能小企业4家，淘汰落后产能19.8万吨。在源头上把关防控，严格高耗能污染项目准入管理制度，规模工业万元增加值能耗下降14.8%。全年全县建筑业增加值 50亿元，比上年增长8.3%。

加快第三产业发展。全年实现社会消费品零售总额152.17亿元，增长13.8%；实现进出口总额2.4亿美元，增长26%；外派劳务1200人，为农民创汇争收1.2亿元；全县新增及变更进出口经营权备案登记企业30家。房地产开发投资45.25亿元，增长12%；房屋建筑施工面积528.64万平方米，增长27.8%；竣工面积222.42万平方米，增长45.4%；商品房销售面积90.04万平方米，其中住宅80.07万平方米；商品房销售额37.34亿元，其中住宅29.5亿元。建成廉租房709套、公租房2322套，改造棚户1260户，发放廉租房租赁补贴174户，总户数2910户，获"湖南省安居工程先进县"称号。全年引进规模以上项目248个，其中亿元以上项目68个，到位县域外资金262.5亿元，实际利用境外资金1.8亿美元，增长20%。年内接待海内外游客962.5万人次，增长27.25%，实现旅游收入78.57亿元，增长48.81%。沩山景区入选国家级风景名胜区，密印寺景区被评为国家级AAAA景区，举办中国灰汤首届金太阳湘女温泉节、长沙首届自然生态博览会、第二届宜居文化节和第四届灰汤温泉节。宁乡县被长沙市人民政府评为"全市旅游工作目标管理先进单位"。全年完成邮电业务总量2.47亿元，比上年增长16.5%。截至2012年底，本地固定电话用户10.7万户，下降5.3%；移动电话用户92.6万户，增长15.9%；互联网宽带用户7.28万户，增长27.9%。

城乡环境建设全面加强。全年完成固定资产投资492.34亿元，比上年增长29.2%。其中城镇投资420.22亿元，增长38.9%；农村投资72.12亿元，下降8.4%。全年完成投资超过5000万元的在建项目124个，全年完成投资168.2亿元，占全社会投资总额的34.2%。基础设施建设不断加强，旧城改造加快推进，全面治理"四溪一渠"，修缮38条背街小巷，八一路提质改造、状元楼主体、玉潭公园一期等项目竣工，天祺阿波罗、春城商业广场、文体中心、金洲坝水电站、玉潭中路等项目加快建设。年内改造建设农村公路610多公里，改建加固桥梁23座，玉煤公路、沩山外环线如期竣工，玉菁公路完成路基工程，宁灰公路创建为“旅游示范公路”，巷子口和黄材汽车站完成建设。全县公路通车里程3972.4公里，境内铁路里程68公里；旅客周转量27.57万人公里，增长2%；货物周转量134.27万吨，增长1.4%。全县工业废水排放达标率85.6%，“三同时”执行合格率达100%，城镇生活垃圾无害化处理率100%。严厉打击超标排放、偷排偷放、恶意排污等各类违法排污行为，责令限期整改35家，立案查处27家，限期治理7家，强制关闭12家。全年化学需氧量、氨氮、二氧化硫、氮氧化物削减率分别为7.6%、6.6%、4.5%、11%。环境质量继续保持良好，全年空气质量优良天数353天，城区环境空气质量优良率96.1%。

社会事业发展。全县有高新技术企业和生产高新技术产品的企业59家，全年实现高新技术产值324.4亿元，增加值83.9亿元，占地区生产总值的比重为11.5%，比上年提高1.2个百分点。全年申请专利721件，其中发明专利161件；授权专利667件，其中发明专利102件。组织实施国家、省、市重大科技专项77项，转化科技成果180项，再获全国科技进步先进县。宁乡被列入湖南省可持续发展实验区。“多功能野外工作平台”、“车载酒驾自动控制系统”、“平抛运动演示仪”在第七届国际发明展览会上分别获金、银、铜奖，宁乡连续6年获全国青少年科技创新一等奖。全县共有普通中小学325所，在校中小学生15.74万人，教职工1.01万人。有幼儿园203所，在园幼儿3.7万人，教职工2842人。适龄儿童入学率100%，九年义务教育完成率100%，小学升学率100%，初中升学率96.4%。高考二本以上人数3348人，上线率48.1%，比上年提高3.9个百分点。全县共投入义务教育“免补”经费1.16亿元，23.13万人次学生享受“一费制”全免入学，免除了24.18万人次学生杂费，义务教育阶段学生杂费免除率100%。加快教育强县建设，创建合格学校32所，建成公办幼儿园38所，“政府主导、属地负责、部门共管、公司管理、客运经营”的校车管理和营运模式成为中国“中西部地区校车安全管理工作的模板”，突出校舍安全工程，改造C、D级危房44万平方米，其经验在全国推介。全县有广播电台1座，电视发射台和转播台2座，公共图书馆1座，藏书量19.3万册，广播、电视综合人口覆盖率均达98%，有线电视用户11万户。县档案馆馆藏档案15.52万卷（册）。全县累计建成15家乡镇综合文化站、403家农家书屋、124个全民健身工程、120支群众文艺团队。全年共组织送戏下乡128场、送电影下乡5065场、捐赠图书30余万册。全年累计查处违法违规经营文化场所75家，收缴非法出版物3.7万册，销毁电游赌博机具125台。全县共有卫生机构47个，其中县直医卫单位8个、乡镇卫生院33个、民营医院6个，卫生机构床位总数4351张，卫生工作人员3593人。全年孕产妇死亡率17.78/10万，婴幼儿死亡率3.64‰，5岁以下儿童死亡率6.37‰。县人民医院入选“全国县级医院百强”，县妇幼保健院被评为“全国百强县级妇幼保健院”。人口计生工作获全省模范。全县共有体育场馆4座、400米田径场7个、乡镇门球场8个，建有11个体育协会。竞技体育训练和竞赛水平不断提升，在国内外各级比赛中获金牌103枚，进一步巩固提升了宁乡竞技体育品牌。全县五大社会保险参保总人数32.69万人，新增参保人数11.27万人，新型农村社会养老保险参保人数91.6万人，城乡居民基本医疗保险参保总人数117万人，企业养老保险和基本医疗保险覆盖率均达96%。年内改扩建敬老院9所，在农村危房改建三年行动计划实施的第二年中，投入资金7264万元，完成3208户危房户改造；全县有“五保”对象1.39万户，发放“五保”供养金4753万元，全额资助“三无人员”1.38万人参加农村合作医疗和城镇医保；发放大病医疗救助金1704.4万元，救助4715人次；城市低保对象4691户8258人，发放保障金3652万元；农村低保对象1.71万户3.72万人，发放保障金4837.47万元；转移安置灾民3833人，下拨自然灾害款585万元，救助社会精神病人8327人次，发放救助药物价值116.5万元；接收慈善捐款1635万元，救助6075人次，救助1679万元；县慈善办被评为全省“慈善工作先进单位”，救助管理工作被民政部授予“国家三级救助管理机构”称号。

法制建设不断健全。县人大、政府、政协圆满换届。县人民政府自觉接受人大和政协监督，办理人大议案和代表建议125件、政协委员提案153件，办复率100%。强化行政审批“三集中三到位”，25个主要职能部门136项行政审批及服务事项纳入政务中心办理，网上在线审批办结率99%，取消行政许可36项。继续开展政风行风千人评议活动和“5127”引进人才工程。组建人才工作局、预防腐败局，实行纪检监察派驻机构统一管理。全年安全生产事故5起，死亡5人，比上年分别下降58.3%、61.5%。道路交通事故104起，死亡43人，比上年分别增长36.8%、22.9%。消防事故334起，增长47.7%，无人员死亡。

存在的主要困难和问题：创新驱动、内生增长的动力仍显不足，培育新的经济增长点还需下更大工夫；创新社会管理、解决群众最关心的民生问题还需努力。

（蔡水林）

宁乡县

中共宁乡县委员会

书　记　黎春秋
副书记　周　辉　邓杰平
常　委　黎春秋　周　辉
　　　　邓杰平　刘　亮
　　　　汤智斌　胡德强
　　　　谢圣彬　刘莉霞
　　　　陈永高　刘　平
　　　　龚　畅

县人大常委会

主　任　贺应辉
副主任　周泽祥　熊志扬
　　　　闵志平　彭曦明
　　　　谢文军（兼）

县人民政府

县委副书记、县长　周　辉
县委常委、常务副县长　刘　亮
县委常委、副县长　龚　畅
副县长　钟利仁　王湘云
　　　　刘俊武　漆曙光

冯智君

县政协委员会

主　席　喻亚军
副主席　喻立明
　　　　胡日新（兼）
　　　　程万谋（兼）
　　　　李　纯（女）
　　　　杨志武

【建设炭河里遗址公园】 7月16日，炭河里考古国家遗址公园开工建设。炭河里遗址位于湖南宁乡县黄材镇寨子村塅溪与沩水交汇的台地上，本体面积2.3万平方米，1963年初发现，1976年进行过小面积试发掘，1994年重新勘探，认为该遗址与青铜器有直接关系，是揭开宁乡青铜器之谜的突破口。宁乡因出土了以四羊方尊为代表的3000余件商代青铜器而被誉为"南中国青铜文化中心"。2011年，经国家文物局批准进行试挖掘，发现大型土台建筑遗迹，确定为商周时期古文化遗址。2002年至2004年在国家文物局的支持下，湖南省考古研究所先后三次对该遗址进行大面积的发掘，不仅发现有商周时期的大型宫殿建筑基址和城墙，还在遗址周围发现大量的西周古墓葬，出土了具有本地文化特征且器物极为精美的陶器、玉器、青铜器等文物，证明炭河里遗址为西周时期某一方国的都城所在地，被评为"2004年度全国十大考古新发现"。2006年，国务院列其为第六批全国重点文物保护单位。2011年，国家文物局列其为"十二五"期间全国7处大遗址保护项目之一。炭河里国家考古遗址公园计划总投资10亿元，建设内容包括遗址本体保护展示馆、炭河里青铜文化博物馆、远古文明体验区等。规划面积为遗址保护范围内79.87公顷，首期工程有炭河里青铜文化博物馆、城墙本体修复工程。遗址外围规划建设炭河里青铜文化城和黄材商周风貌古镇。（蔡水林）

【沩山成为国家级风景名胜区】 10月31日，沩山风景名胜区被国务院批准为第8批国家级风景名胜区。沩山风景名胜区成立于2005年，位于宁乡西部，与安化、桃江两县接壤。景区规划面积190平方公里，区内有人口16万人。景区距宁乡县城37公里，距长沙市68公里，是一个集礼佛、度假、休闲、探险于一体的综合性旅游景区，分千佛洞景区、三关门景区、密印寺景区、炭河里·青羊湖等四大景区。2012年，景区内有AAAA级景区1处，AAA级景区2处，全国重点文物保护单位1处，省级文物保护单位11处，市级文物保护单位1处，县级文物保护单位7处。沩山夏季气温宜人，比长沙市区低8～10℃，是良好的休闲疗养避暑胜地。2012年，景区人气不断攀升，接待国内外游客88万人次，比上年增长13%，旅游综合收入2.54亿元，比上年增长15.4%。（蔡水林）

【宁乡中学生获国际发明奖】 11月9～12日，由中国发明协会、中国教育装备行业协会、发明者协会国际联合会等主办的第七届国际发明展览会在江苏昆山举办。有30多个国家和地区的3000多个项目参展，宁乡十三中学生表现突出。十三中文汇、陈灵宇和李欣怡创作的"多功能野外工作平台"获金奖；文汇、陈韬、陈灵宇和王子涵发明的"车载酒驾自动控制系统"获银奖；获得铜奖的作品是"平抛运动演示仪"，由文汇、姜小连创造发明。"多功能野外工作平台"最初的发明动机是解决课桌上堆不下众多学习用品的问题，经过10多次修改、转换，最终得到了一种具有储物箱、急救箱、书柜、写字台、靠背椅、折叠坐凳等多功能的野外工作平台。"车载酒驾自动控制系统"是安装在汽车上的一套酒驾检测、控制汽车点火的系统。"平抛运动演示仪"则解决了在中学物理教学过程中平抛运动实验的老大难问题，采用普通又便宜的材料制作，原理简单，操作方便，易于理解。小球从斜槽滚下一次就能够完整描出运动轨迹，将实验由10多分钟变为几秒钟，既减小了实验误差，又节约了时间。（蔡水林）

【宁乡县人大、政府、政协换届】 11月20～23日，宁乡县第十六届人民代表大会第一次会议在玉潭召开。会议先后听取和审查并通过了政府、计划、财政、县人大常委会、法院、检察院六个工作报告，选举产生了新一届县人大、县人民政府领导班子，贺应辉当选为县人大常委会主任，周泽祥、谢文军、熊志扬、闵志平、彭曦明当选为县人大常委会副主任，周辉当选为县人民政府县长，刘亮、龚畅、钟利仁、王湘云、刘俊武、漆曙光、冯智君当选为县人民政府副县长，选举产生了张帅为县人民法院院长、刘伟东为县人民检察院检察长。11月19～22日，政协宁乡县委员会第十一届一次全体会议在玉潭召开。会议通过了政协工作报告，并选举产生了新一届政协委员会领导班子。喻亚军当选为政协宁乡县委员会主席，喻立明、胡日新、程万谋、李纯、杨志武当选为政协宁乡县委员会副主席。（蔡水林）

【灰汤获评"全国社会化新农村建设示范镇"】 12月，灰汤镇获"全国社会化新农村建设示范镇"称号。灰汤位于宁乡县西南边陲，因其"泉沸如汤滚、汽腾如灰雾"而得名。灰汤温泉。居中国三大高温复合温泉之首，已有2000多年的历史。灰汤镇严格按照"生产发展、生活宽裕、乡风文明、村容整洁、管理民主"的目标要求，实施旅游带动战略，实施城乡统筹战略，推行城乡环境同治，创新群众工作方法，推行基层民主管理，经济保持健康快速发展，人民生活水平不断提高，社会良性进步。一是新农村建设成效显著。灰汤作为长沙市10个城乡一体化示范点之一，大力推进交通一体化、供水一体化、垃圾处理一体化、污水处理一体化，推进城乡一体发展。全年完成生产总值6.6亿元，全社会固定资产投资14.6亿元，农民人均纯收入1.61万元，完成工商税收4148万元，获"长沙市经济社会发展十快乡镇"称号。二是新农村建设面貌改观。大力完善农村基层设施，硬化村组公路100多公里，推进乌江河道整治、农网改造和农业水利建设。推进城乡环境卫生综合整治，推行集镇精细化管理，获"长沙市城乡环境整治十佳乡镇"、"2010～2012年乡村环境卫生整洁行动优秀乡镇"等称号。三是新农村建设后劲增强。全面启动城乡居民养老保险工作，在全县率先启动失地农民社保工作，失业保险、医疗保险、工伤保险、生育保险参保率和征缴率均达100%，社会保障体系更加健全。扎实推进社会管理创新，“一推行四公开”工作深化了干群关系，融洽了鱼水感情，全镇呈现出和衷共济、共谋发展的和谐氛围，发展后劲显著增强。（胡　赞　蔡水林）

【获“全省粮食生产先进县”称号】2012年，宁乡县蝉联“全省粮食生产先进县”。1. 突出政策扶持推动，夯实产业发展基础。一是领导重视。成立由县委书记、县长黎春秋为首的粮食生产工作领导小组。二是加大财政投入。落实各项惠农政策，全年发放补贴资金1.6亿元；出台粮食生产奖励扶持政策，每年安排1000万元专项用于粮食生产责任制考核，全年县财政共安排2.1亿元资金直接用于粮食生产。三是积极向上争资。全年共争取项目资金6亿余元。四是创新考核机制。落实粮食生产行政首长负责制，探索建立农业经济绩效考核差别化考核体系，打造一批规模化生产大镇和特色化生产基地。2. 突出控荒保耕战略，扩大粮食生产面积。一是实行补贴按实发放。全年粮食播种面积13.15万公顷，比上年增加286.67公顷。二是促进土地适度流转。各乡镇成立土地流转服务中心，村设土地流转信息专管员，组配土地流转信息员。全县种粮合作社65家，承包耕地2公顷以上种粮大户6344户，承包面积2.25万公顷，占粮食播种面积的18.42%。3. 突出科技技术支撑，提高粮食单产水平。一是推广关键增产技术。开展水稻集中育秧，全县共发展育秧主体627个，落实秧田面积373.2公顷，抛栽大田9333.33公顷，被评为“全省水稻集中育秧先进县”；通过增加用种量、秧田面积和秧盘数量，提高成秧率和抛栽质量等措施确保合理密植。从品种搭配、播插期控制、生育进程调控等方面下工夫，全力确保晚稻安全齐穗。二是创新技术服务手段. 利用现代传媒平台，开辟兴农富民专栏，邀请省、市专家现场指导，将严禁稻田抛荒和水稻直播等粮食产业政策送到千家万户，将测土配方施肥和病虫害专业化防治等种粮新技术送到田间地头。三是加强农资市场监管。全年共检查农资门店1065家（次），查获非法农资148.2吨，立案查案31起，为农民挽回经济损失1200多万元。4. 突出基地示范引领，提升粮食生产效益。一是打造高产基地。整合部门项目资金，高标准建设基础设施；积极争取政策扶持，优价提供优质农资；全程技术培训指导，严格落实“六个统一”规程；联手龙头加工企业，全部实行订单生产，打造回龙铺高产创建整建制示范乡镇和双江口、花明楼等4个高产创建万亩示范片。全县千亩示范片个数24个，优质稻面积9.33万公顷。二是挖掘地方特色，建设特色基地。利用西部山区独有的富硒土壤和优越的自然条件，对接粮食加工龙头企业盛湘集团，构建“龙头企业+基地+农户”的产业化体系，推行有机标准化生产综合配套技术，统一良种供应，统一有机施肥，统一绿色防控，统一加价收购，推进沙田万亩富硒有机稻生产示范区建设。年内示范区面积413.33公顷，其中核心示范区33.33公顷，粮食收购价380元/50公斤，农民亩均收入3000元，增收1000多元；企业亩加工产值4000元，亩品牌销售收入超万元。三是注重品牌效益，打造有机基地。支持湖南卫红米业有限公司自办基地，走产加销一体化的粮食产业化发展道路，采用有机标准化生产流程，配套频振式杀虫灯、性诱剂、稻鸭共育、放养赤眼蜂等生物防控技术，打造66.67公顷有机高档优质稻核心示范区。

（蔡水林　张兴荣）

【获“湖南省安居工程先进县”称号】2012年，宁乡县按照省、市的要求，进一步明确工作责任，把保障性安居工程建设列入重要议事日程，切实做好保障性安居工程建设工作。年内启动廉租房、公租房、棚改房等五类保障性住房21个76万平方米，铺开了“十二五”住房保障目标93%的建设量，其中建成廉租房709套、公租房2322套，改造棚户1260户，解决7000人住房问题。发放廉租房租赁补贴174户，总户数2910户，超额完成了省、市目标，获“湖南省安居工程先进县”称号。

（蔡水林）

【宁乡救助站获评“国家三级救助管理机构”】2012年，宁乡县以着力保障和改善民生，切实维护流浪乞讨人员的基本权益为目标，完善工作制度，强化部门协作机制，加强基础设施建设，规范内部管理，提高服务水平，满足流浪乞讨人员求助服务需求，推进救助管理机构标准化建设。并坚持“自愿求助，无偿救助”的原则，积极开展街头主动劝导救助，做到人性化、亲情化服务，切实维护流浪人员的基本生存权益，全年救助各类受助人员1631人次。其中危重病人87人次、智障人员43人次、精神病人113人次、肢体残疾人141人次、未成年人125人次、老年人209人次，其他流浪乞讨人员913人次。宁乡救助管理站被民政部授予“国家三级救助管理机构”称号。（王力支　戴　兵）

【兴工强县】　2012年，宁乡县实施兴工强县战略，突出工业经济主导地位，浓厚工业发展氛围，加速推进新型工业化进程。一是抓政策引导，浓厚发展氛围。县委、县政府出台并完善加快新型工业化的政策和措施，减免县级收费，制定《关于加大扶持力度，优化政务服务，促进工业经济持续快速发展的通知》，召开全县工业经济工作大会，兑现上年度800多万元工业奖励，开展企业帮促活动，加大对园区建设和企业发展的支持力度，优化政务服务，改善发展环境。对优秀企业家在政治、经济等方面给予特殊待遇，营造崇工重工、创新创业浓厚氛围。提升园区承载能力。经开区、金洲新区确立“产城融合”理念，把园区作为产业新城、科技新城、生态新城打造，加快金玉乡镇工业集中区开发建设，加大乡镇园区扶持力度，促进“两区四园五小区”互补发展。鼓励优势企业整合生产要素、上下游产品和市场渠道，狠抓龙头企业和产业链重大项目招商，打造“横成群、纵成链”的复合支撑型产业体系。二是抓运行调度，力保工业经济持续增长。下达工业经济发展目标任务，制定工业经济考核实施细则，召开工业经济运行调度会，开展业务培训，引导企业通过科技创新来推动产业转型升级和上规模。确保规模工业产值增速保持30%以上，总量占全县规模工业总产值55%以上。三是抓“两型”引领，努力推进产业转型。加快“两型”园区建设，“两型”企业建设，宁乡经开区紧盯国家级经开区第一方阵，主攻食品、机电、循环经济等产业；金洲新区重点发展先进装备制造、新材料新能源、光电信息等战略性新兴产业。支持金洲新区申报长沙市“两型”园区建设示范单位，组织东方时装、邦普循环科技等10家企业申报长沙市“两型”企业建设示范单位。宁乡经济技术开发区获批“全国首家循环化改革试点园区”，9月，金洲新区获批“省级工业集中区”。全年完成工业总产值1464.66亿元，比上年增长20.2%。

（蔡水林）

【新农村和城乡一体化建设】 2012年，宁乡县全面加强新农村和城乡一体化建设。一是以镇带村，推进城乡一体化示范镇村建设。灰汤镇、花明楼镇、沩山乡、大成桥镇、关山社区共5个示范乡镇村共建项目32个，累计完成项目总投入41.3亿元。高标准完成公路新建改建106公里，新增绿化面积2.1万平方米，新建扩建大型水利工程4处，新增蓄水面积1.2万立方米，完成农居外墙立面改造357户。新增产业招商项目16个，新增农业产业结构调整面积3000公顷，新增就业岗位1.2万个。二是以产兴业，推进重点农业产业示范基地建设。回龙铺现代粮食产业示范区累计完成项目总投资6000万元，完成国土整理面积26.67公顷，高标准衬砌水渠水圳66公里，新修公路6.2公里，推广农业新技术5项。宁乡花猪青龙寨养殖文化园累计完成投资5000万元，高标准建成猪舍19栋近1.1万平方米。长沙赤龙岛湖泊水果庄园规划建设面积533.33公顷，10月启动建设，与四川银河集团签订项目开发合同，引进资金30亿元。三是以点连线，推进全县新型城镇化建设。县委出台推进新型城镇化的决定，以新型城镇化推进新农村建设。组织10个乡镇参加湖南省中心镇、特色镇申报，灰汤镇获“全省示范镇”称号，灰汤镇、双凫铺镇获“全省中心镇”称号，花明楼、夏铎铺、沩山、黄材、巷子口获“全省特色镇”称号，宁乡县是全省获得称号最多的县。 （齐晓霞）

【全国生猪出栏大县】 2012年，宁乡在全国生猪出栏大县中连续三年位居前列。2010～2012年分别出栏生猪230万头、233.96万头、241.69万头。一是养猪是农民收入的重要来源，积极性高。根据有关数据测算，扣除成本，养殖一头生猪能赢利280元。二是县委、县政府围绕促进农村经济发展、增加农民收入和养殖业可持续发展为工作重点，全力打造生猪规模化、工厂化养殖。年内，全县创建国家级生猪标准化场1个，省部级生猪标准化场2个，市级生猪标准化场18个，县级生猪标准化场12个；通过生猪标准化规模场养殖（小区）建设项目，改造养殖场34个；通过生猪调出大县奖励资金项目，扶持改造养殖场56个，其中5个养殖场安装了视频监视系统。抓好生猪规模养殖户的栏舍治理，其中500头以上规模养殖户168户，治理面积28万多平方米，500头以下养殖户590户，治理面积21万平方米。引进泰国正大集团进入宁乡基地，该基地占地11.33公顷，投资6300万元，猪舍处于恒温状态，空气经过过滤消毒，是湖南养殖基地标准化、现代化、规模化、工厂化的榜样。三是养猪业带动了饲料工业的发展壮大。全年生产配混合饲料88.29万吨，比上年增长46.78%。四是深度开发花猪产业。宁乡土花猪是全国“四大地方名猪”之一，具有胆固醇含量低、不饱和脂肪酸含量高、肌肉更有弹性、口感好、肉味香浓、没有异味腥味等特点。2012年，宁乡土花猪获“中国驰名商标”，并注册成立宁乡花猪产业发展有限公司，打造了宁乡花猪青龙寨文化养殖园这一集养殖、展示、文化、休闲、观光、科研为一体的独特平台。 （蔡水林）

【现代烟草农业建设】 2012年，宁乡现代烟草农业建设取得显著成绩。一是夯实烟区基础、增强发展后劲。完成2011年烟水烟路项目514个，并通过省局验收。年内烟基项目投入1亿元，完成6处育苗工场、1205座烤房、1处烘烤工场、50个晒烟调制棚等项目建设，配套烟用农机具282台套；资福标准化晒烟站竣工投入使用。县烟办、县烟草公司紧盯烟草项目，争取到各类烟草项目投入10亿元，其中通过包装推介晒黄烟、沙性土壤烤烟，省局批准晒烟新增1个基地单元，新增烟基投入1个亿；流沙河沙性土壤烟区单列烟基，按照喻家坳三民—玉山核心示范区的投入标准打造第二个核心示范区，投入规模达5000万元。烟区水源工程项目通过国家烟草局专家组评审，行业补贴资金9300万元。烟区土地整理项目完成整体规划，规划整理面积5000公顷，行业配套投入2.7亿元；长沙市现代烟草农业科技示范园落户宁乡县，项目总投资5亿元。二是烟区生产组织模式创新不断涌现。全县注册成立烟叶专业合作社15家，组建专业服务队42支，入社烟农3812户，服务面积3467公顷。宁乡县烟叶合作社建设不断深化、覆盖范围更加广泛、服务水平更加专业，黄材镇富源烟叶专业合作社成立劳动力服务中心，开展专业化服务，既解决了烟农劳动力短缺的问题，又带动了全镇烟叶规模扩张、质量提升。喻家坳乡金醇烟叶专业合作社利用两场资源种植蘑菇，增强自身发展能力，同时发动烟农利用分散的烤房、大棚和杂屋种植蘑菇，废弃的菌包再加工成烟草苗肥，帮助烟农实现上半年以烟为主、下半年多种经营、多渠道增收的目标。县人民政府获“全省烟叶工作先进单位”称号。

（喻 雯 丁志群）

责任编辑：尚畅

十八大长沙代表

陈润儿

陈润儿，1957年10月出生，湖南茶陵人，1975年9月参加工作，1975年12月加入中国共产党，中央党校经济管理专业毕业，在职研究生学历。

1975年至1992年，先后任中共茶陵县思聪公社党委秘书，县委办公室秘书，马江人民公社党委书记，县委常委、县人民政府常务副县长，县委副书记、县人民政府县长，县委书记；1992年至1997年，先后任中共郴州地委委员、郴州市（县级）委书记，地委副书记，市（地级）委副书记；1997年至1999年，先后任中共娄底地委副书记、地区行署副专员，地委副书记、地区行署专员；1999年至2000年，任湖南地质矿产厅党组副书记、副厅长；2000年至2006年先后任中共湘潭市委副书记、市人民政府代市长，市委副书记、市人民政府市长，市委书记；2006年任中共湖南省委常委、长沙市委书记。中共第十七届中央候补委员、中共第十七次全国代表大会代表、湖南省第十届人大代表；2012年，当选为中共第十八次全国代表大会代表。

梁稳根

梁稳根，1956年12月出生，湖南涟源人，1983年7月参加工作，2004年4月加入中国共产党，中南矿冶学院金属材料专业毕业，工学学士学位。现任三一重工股份有限公司董事长。2004年获得全国五一劳动奖章，2005年被评为“全国劳动模范”，2009年被授予“优秀中国特色社会主义事业建设者”称号。

1983年至1985年任兵器工业部洪源机械厂体改办副主任；1985年至1986年任国营洪源机械厂计划科长沙站站长；1986年至1991年创办涟源特种焊接材料厂任厂长；1991年起先后任湖南三一集团有限公司董事长兼总经理，三一集团董事长、三一重工股份有限公司董事长，三一重工股份有限公司董事长。中共第十七次全国代表大会代表；2012年，当选为中共第十八次全国代表大会代表。

张国庆

张国庆，女，1954年9月出生，湖南长沙人，1971年6月参加工作，1995年2月加入中国共产党，湖南行政学院法律专业毕业，大学本科学历。现任长沙市天心区金盆岭街道天剑社区党委书记、居委会主任。2004年，获“全国五一劳动奖章”，2005年被授予“全国先进工作者”称号，2011年被评为“全国优秀党务工作者”。

1991年至1996年任长沙市南区侯家塘街道办事处扫把塘二村居委会主任；1996年起先后担长沙市天心区金盆岭街道办事处天剑社区党支部书记、居委会主任；天剑社区党总支书记、居委会主任；天剑社区党委书记、居委会主任。中共第十七次全国代表大会代表；2012年，当选为中共第十八次全国代表大会代表。

叶　钦

叶钦，1972年12月出生，湖南长沙人，2007年6月加入中国共产党，长沙交通学院建筑工程专业毕业，大专学历。现任湖南建工集团总公司水电施工员。2011年被评为“湖南省优秀青年农民工”。1993年至1999年，先后担任高岭建筑公司南航工地电工，海天大厦工地电工；2000年至2001年，任岳阳城建公司新大新大厦水电施工员；2002年至2005年，任洞井建筑公司贺龙体育场及新世纪大厦水电施工员；2006年至2007年，任湖南省第三工程有限公司国防科大0506、0507工程水电施工；2008年起先后

任湖南建工集团六公司承建湖南新省政府宿舍楼项目水电施工员，六公司承建省人大住宅项目水电施工员，湖南建工集团总公司湘麓国际二期酒店、公寓项目水电施工员。2012 年，当选为中共第十八次全国代表大会代表。

全国“五一”劳动奖章获得者

郝 鹏

郝鹏，1980 年出生，中共党员，工学博士，长沙市经开区引进人才，山河智能装备股份有限公司挖掘机研究院中挖所高级工程师。在机械电子工程领域工作了十多年，承担过一些重大项目及成果，2000 年参加陕西省青年项目“沥青混凝土摊铺机行驶控制研究”；2001 参加“川藏公路 102 滑坡群 2 号滑坡体锚索锚固实验研究”，成功解决川藏线滑坡群的治理问题；2003 年参加国家“863”计划项目“挖掘机机电一体化及制造信息化”，负责挖掘机动力系统匹配与控制分项及监控系统分项；2009 年参加国家“863”计划项目“混合动力挖掘机的研究”；主持并参加山河智能装备股份有限公司四项公司级重大项目，累计实现产值十多亿；2010 年成功申报博士后项目“液压挖掘机负载辨识技术的研究”并获批。他始终坚持理论与实践相结合，深入现场调研，参加“服务万里行”活动，跨越数十个省份，服务六十余台设备，为客户解决了诸多系统性问题。通过努力钻研和奋斗，获得发明专利一项，实用新型专利四项，发表论文二十余篇，EI、SCI 检索 6 篇，先后获得国家优秀专利奖、湖南省自然科学优秀学术论文奖、经开区优秀党员、山河智能岗位能手、创新标兵等荣誉称号和奖励。2012 年，获全国五一劳动奖章。

汤兰玲

汤兰玲，女，1964 年出生，中共党员，大学文化，湖南浏阳市人，现任长沙市公安局开福分局湘雅路派出所三角塘社区户籍民警，二级警督。从 1989 年湖南大学毕业分配到长沙市公安局参加工作以来，汤兰玲一直从事户口接待、社区民警等基层基础工作。作为一位女性公安民警，她用自己女性特有的热心、细心、爱心，扎根基层，为民服务。她把社区警务当成一块“田”，她就是这块田里辛劳不息的一名耕耘者，她心思缜密，整合维稳侦查追逃信息往往能点石成金；她把社区治安当成一棵“树”，她就是这棵树下深扎入地的一条大树根，她扎根群众，主动服务，将一个治安重点社区改造成平安文明社区；她把社区事务当成一个“家”，她就是这个家里亲和温情的一个事儿妈，她融入百姓，促进和谐，建立起了亲如家人的警民关系。汤兰玲用自己的聪明才智守护着社区的和谐与安宁，赢得了居民群众的赞誉和各级各部门的好评。先后获得“全国三八红旗手”、长沙市首届十佳“人民满意警察”、湖南省“五一先锋”、湖南省“十佳杰出公安民警”等荣誉，2012 年被推荐参选“全国优秀人民警察”。2012 年，获全国五一劳动奖章。

刘 娟

刘娟，女，1975 年出生，中共预备党员，大学文化，现任长城信息湖南医疗设备科技有限公司总经理助理、研发中心副部长。曾先后荣获长沙市芙蓉百岗明星、长沙市高新开发区有突出贡献的科技专家、湖南省职工科技创新一等奖（项目负责人）、湖南省芙蓉百岗明星、湖南省五一先锋、长沙市高新区优秀科技人才等荣誉。刘娟具有产品开发和项目管理的丰富经验，技术水平、项目管理与沟通协调能力十分突出。她带领医院信息部研发团队开发并实施了医院信息系统系列产品，为公司医疗电子产品成功推向市场打下了基础，取得了良好的经济效益和社会效益。她主持开发的移动医务系列产品和自助综合服务系统软硬件产品获得了 8 项专利、1 项软件著作权和 1 项科技成果，同时自助综合服务系统的产品通过多项资质相关的检测。其中自助综合服务系统目前已在北京 301 医院、空军总医院、瑞金医院、南昌大学第一附属医院、中山大学附属肿瘤医院等全国三甲医院推广实施，该项目经中央电视台及各大媒体多次报道之后，全国各地的知名医院都对该项目非常感兴趣，很多医院已经有了明确的合作意向。2011 年，刘娟负责开发的医院自助综合服务系统累计创造销售收入近亿元。2012 年，获全国“五一”劳动奖章。

汪 辉

汪辉，1964 年出生，中共党员，大专学历，长沙湘剧院党支部书记，中国戏剧家协会会员，湖南省戏剧家协会会员，长沙市戏剧家协会副主席，湘剧“非遗”传承人，国家一级演员。从艺 38 载，汪辉在戏剧人生舞台上塑造了众多不同的角色，为湘剧艺术发展与传承做出了重大的贡献。从 90 年代初期起，他在新创剧目《布衣毛润之》饰李家驹、《铸剑志》饰曾业、《人间知己》饰柳直荀、《亲亲社区》饰张建设、《古画雄魂》饰伊腾，《酒村长》饰江皋等，所率团队二次荣获中宣部“五个一工程奖”，文化部“文华新剧目奖”，全国“映山红演出一等奖”，全国长江流域国际艺术节“优秀剧目奖”，省“田汉戏剧大奖”，三次湖南省“五个一工程奖”，优秀剧目“田汉”金奖。2010 年《古画雄魂》获中国第九届（广州）艺术节优秀文华剧目奖。其中湘剧《古画雄魂》两度入围文化部舞台艺术精品三十台。个人荣获“中国第四届戏剧节个人表演奖”，全国映山

红民间戏剧节“育花奖”， 湖南省戏剧“芙蓉奖”，湖南第一届艺术节“配角奖”，第二届湖南省艺术节“田汉”表演奖。先后被评为长沙市宣传系统优秀共产党员，长沙市文艺十星和湖南省送戏下乡“优秀演员”，湖南省“德艺双馨”候选人和全省“好剧团”、“好团长”。2012年，获全国五一劳动奖章。

彭正军

彭正军，1974年出生，中共党员，本科文化，岳麓区谷峰村老屋湾组人，从事过瓦工、钢筋工、放线工等工作，现任湖南省西城建设有限公司项目经理，一级建造师，先后被评为长沙市优秀青年岗位能手、湖南省优秀项目经理和湖南省五一先锋。彭正军相继参加了湖南省国税局、长沙市国税三分局、湘腾城市广场等十几项省市重点工程的施工建设。他参与完成的施工项目总造价达 6 亿元，工程项目优良率达 100%，多次荣获“湖南省优质工程”、“湖南省安全文明工地”，创省市优良工程 20 余项，实现利税 8000 万元。彭正军善于学习和创新。在长沙市国税三分局办公楼工程施工中，创造性提出模板组合标准方案，提高了装模速度，降低了施工成本，提高了工程整体质量，为公司减少工时 2000 多个，节约木材近 100 个立方米，节约木模板近万平方米，创经济效益 50 多万元。他勇担社会责任，2008 年冰灾时，他带领项目成员奋战了两天两夜，将三汊矶大桥桥面上的结冰和积雪铲除干净；2009 年元宵节，岳麓区含浦镇突发山火，他立即带领几十名员工上山救火，直到凌晨把大火全部扑灭；2010 年，龙王港大堤的排灌站阀门失灵，河水倒灌到望月湖小区，导致十几栋居民楼进水，严重威胁着小区居民的安全，他带领十几个队员奋战了一夜，成功地将隐患排除。2012 年，获全国五一劳动奖章。

全国“三八”红旗手

彭 莉

彭莉，女，1973 年出生，土家族，中共党员，本科学历，中学高级政治教师。1995 年从湖南邵阳师范大学政史系毕业，一直在新康乡新康中心学校从事政治教学和初三班主任工作。望城县第十二届人大代表，望城区第一届人大代表，望城区第一届残疾人联合会代表，望城区第一届工会代表，长沙市第十四届人大代表。担任过省万名班主任培训部班主任，连续三年担任“国培计划”长沙地区小学语文辅导老师，也是长沙市民族联谊会望城分会成员。彭莉长年以校为家，她经常上一个初三班语文、三个班政治，担任初三寄宿班班主任，外加学生作文的课外辅导，教研组长，课时任务很重，还经常外出参加会议。2011 年 9 月，政教主任的重担压到了彭莉的肩上。她既当初三寄宿班班主任又当政教主任，还教初三语文，身兼数职。她带的班级“班风正、学风浓、士气旺”，多个班级被评为长沙市和望城区优秀班集体。课堂风趣幽默，学生非常喜欢她上课。她甘心情愿地利用休息时间对望城班主任和年轻教师进行培训，淡泊名利。作为代表，她还利用休息时间和一切机会调查民情民意。她提出的许多建议因为科学中肯符合实际被采纳。自参加工作以来，彭莉先后获得市优秀政治教研工作者、国家级优秀作文辅导教师、“国培计划——中西部农村中小学骨干教师远程培训”优秀辅导老师、长沙市第二届“感动星城，十大魅力教师”提名奖、“望城区十大杰出青年”荣誉称号、长沙市“雷锋家乡志愿助残阳光使者”称号、长沙市望城区“学雷锋标兵”称号、“全国妇女创先争优先进个人”等多项荣誉称号。她有多篇论文先后获得国家、省、市各级大奖，《语文课中使用多媒体教学的作用》获省二等奖、论文《土壤究竟给了他们什么样的养分》获国家一等奖、论文《发掘初中思想品德教育的乡土资源》获国家二等奖、论文《养成好习惯是储存一生的财富》获省德育论文二等奖、论文《对多媒体教学在思想品德课中运用的反思》获市一等奖、论文《主体性模式下优化讨论教学法的尝试与思考》获省三等奖、论文《引导学生在诗意中触碰语感》获省电化教学论文二等奖、《从“孩子为谁而玩”说起》获市心理健康论文一等奖、《略谈政教处如何高效转化后进生》获长沙市德育论文二等奖等。2012 年，获全国“三八”红旗手称号。

表　2012年“中国好人榜”长沙地区获奖人物

助人为乐		
孙建华	女	湖南省建工集团省建五公司学校教师
杨德才	男	长沙市爱康盲人按摩院院长
谭映天	女	长沙市稻田中学教师
李沁珂	女	长沙市大同小学四乙班学生
肖卓作	女	长沙红十字会志愿者、左家塘街道官塘冲社区党员
贺国辉	女	长沙市岳麓区望岳街道晶彩饰界理发店店主
林芝纯	女	长沙县白沙乡大花村候家组村民
见义勇为		
浣　兵	男	长沙龙骧巴士公交车驾驶员
刘永恒	男	湖南龙骧巴士有限公司二车队值班线长
陈建明	男	长沙市岳麓区含浦镇学士村村民
谢　芳	女	长沙市岳麓区坪塘镇绿荷塘村民组村民
诚实守信		
严春霞	女	长沙国旅国际旅行社工作人员
南凤梅	女	长沙宁乡坝塘镇保安村老党员
敬业奉献		
陈超英	女	湖南中建五局土木公司原董事、党委副书记兼纪委书记、工会主席
辜大为	男	湖南中医学院医学专业毕业、主任医师
郭　卫	男	长沙龙骧巴士公交车驾驶员
刘冬华	女	长沙市天心区中鑫敬老院护理人员
吴建松	男	长沙市雨花区井湾子街道红星村党支部书记、红星实业集团有限公司董事长
余柳英	女	长沙市开福区望麓园街道荷花池社区主任
杜　贞	女	长沙市岳麓区国税局工作人员
欧有才	男	长沙宁乡县邮政局乡邮员
孝老爱亲		
晏晓峰	男	长沙晚报报业集团员工、星辰在线视频部主任
李劲松	男	长沙市雨花区粟塘村村干部
叶　果	女	长沙市长沙县安沙镇村民
李佑莲	女	长沙浏阳市蕉溪乡高升村村民

表 1

长沙市行政区划变动情况

	单位	1950 年	1978 年	1985 年	1990 年	1995 年	2000 年	2005 年	2010 年	2011 年	2012 年
一、行政区划											
市辖区数	个	5	5	5	5	5	5	5	5	6	6
市辖县（市）数	个	…	2	4	4	4	4	4	4	3	3
镇数	个	…	7	16	21	70	75	79	85	88	82
县辖区数	个	…	16	39	39	…	…	…	…	…	…
街道办事处	个	6	39	32	35	50	50	55	59	62	82
居民委员会数	个	59	329	459	535	701	763	569	590	638	689
乡数	个	18	84	217	210	51	46	37	26	22	19
村民委员会数	个	11	1096	2996	2987	3121	3111	1281	1226	1187	1170
二、土地面积	平方公里	112.00	3995.00	11818.00	11818.00	11819.50	11819.50	11819.50	11815.96	11815.96	11815.96
# 市区	平方公里	112.00	352.00	352.00	367.00	556.33	556.33	556.33	958.80	1909.86	1909.86
# 建成区	平方公里	6.70	53.04	57.18	101.00	115.00	118.82	167.70	272.39	306.39	315.81
三、户籍总人口	万人	314.52	458.23	504.22	550.05	562.82	583.19	620.92	650.12	656.62	660.62
# 市区	万人	41.36	94.83	115.72	132.68	145.45	175.41	208.65	239.53	296.79	297.90

注：从 2011 年起，市区包括望城区，后同。

表 2

长沙市国民经济和社会发展主要指标

	单位	1978 年	1985 年	1995 年	2000 年	2005 年	2010 年	2011 年	2012 年	1978 年—2012 年平均递增（%）	2000 年—2012 年平均递增（%）	2010 年—2012 年平均递增（%）	2012 年比 2011 年（±%）
土地面积	平方公里	3995.0	11818.0	11819.5	11819.5	11819.5	11816.0	11816.0	11816.0	3.2	持平	持平	持平
年末总人数	万人	458.23	504.22	562.82	583.19	620.92	650.12	656.62	660.62	1.1	1.0	0.8	0.6
市区人口	万人	94.83	115.72	145.45	175.41	208.65	239.53	296.79	297.90	3.4	4.5	11.5	0.4
县（市）人口	万人	363.40	388.50	417.37	407.78	412.27	410.59	359.83	362.72	0.0	-1.0	-6.0	0.8
从业人员	万人	209.61	257.97	348.11	358.80	358.92	424.07	438.99	447.93	2.3	1.9	2.8	2.0
# 农村劳动力	万人	153.22	183.47	226.22	206.70	193.29	181.11	180.37	178.32	0.4	-1.2	-0.8	-1.1
# 职工人数	万人	56.40	74.50	91.40	85.00	76.34	107.60	116.21	117.75	2.2	2.8	4.6	1.3
地区生产总值	亿元	16.84	45.08	332.75	715.34	1783.48	4547.06	5619.33	6399.91	13.2	14.9	13.8	13.0

续表

	单位	1978年	1985年	1995年	2000年	2005年	2010年	2011年	2012年	1978年—2012年平均递增(%)	2000年—2012年平均递增(%)	2010年—2012年平均递增(%)	2012年比2011年(±%)
第一产业	亿元	5.61	12.09	45.58	74.11	113.98	202.01	243.38	272.31	5.2	4.9	4.0	4.0
第二产业	亿元	7.44	19.73	140.34	278.19	785.65	2437.03	3151.68	3592.52	15.1	17.6	16.4	14.5
#工业	亿元	6.37	15.58	106.57	223.18	581.96	2020.68	2662.47	3051.94	15.2	18.3	18.0	15.7
第三产业	亿元	3.79	13.26	146.83	363.04	883.85	1908.02	2224.27	2535.08	14.8	13.6	11.3	12.0
人均地区生产总值	元	370	900	5930	11699	28131	66443	79530	89903	11.9	13.6	11.5	12.1
固定资产投资总额	亿元	2.41	12.57	104.95	202.32	881.42	3192.57	3510.24	4011.96	24.4	30.5	23.2	20.3
#更新改造	亿元	0.09	3.48	23.62	31.87	123.87	753.14	961.36	1302.85	32.5	36.2	22.4	17.5
公共财政预算收入	亿元	4.23	6.57	17.99	34.45	108.06	314.28	425.78	490.65	…	26.5	24.9	15.2
公共财政预算支出	亿元	1.67	2.79	21.60	41.43	133.05	403.33	520.89	624.62	…	25.4	24.4	19.9
耕地面积	千公顷	255.91	250.05	245.77	242.32	246.90	276.79	275.65	274.89	0.2	1.1	-0.3	-0.3
农林牧渔业总产值(现价)	亿元	9.77	16.58	86.84	116.79	187.13	323.64	387.72	419.78	5.2	5.5	4.0	4.0
#农业	亿元	7.56	9.99	42.66	62.80	92.64	173.59	208.26	230.31	4.0	4.7	6.0	4.7
农业机械总动力	万千瓦	33.62	81.86	153.67	241.00	330.65	486.74	516.44	542.00	8.5	7.0	5.5	5.0
粮食产量	万吨	189.81	244.92	244.80	262.33	262.28	236.36	244.51	247.94	0.8	-0.5	2.4	1.4
棉花产量	吨	3205	1195	797	993	1000	1185	1169	1088	-3.1	0.8	-4.2	-6.9
油料产量	吨	12055	8160	25677	26263	30833	77280	79261	80644	5.7	9.8	2.2	1.7
猪牛羊肉产量	吨	95856	156867	366689	427874	575605	594503	578389	624978	5.7	3.2	2.5	8.1
水产品产量	吨	7755	23265	61664	85191	104201	106571	107154	114084	8.2	2.5	3.5	6.5
建筑业总产值(现价)	亿元	1.45	6.66	52.31	123.38	579.36	1740.17	2100.27	2328.32	24.2	27.7	15.7	10.9
社会消费品零售总额	亿元	7.72	24.39	165.80	349.30	748.57	1812.08	2125.91	2454.71	18.5	17.6	16.8	15.7
普通高校在校学生数	人	18895	37182	64866	125582	394399	508254	516765	523174	10.3	12.6	1.5	1.2
普通中学在校学生数	万人	33.11	22.20	28.41	38.42	34.52	30.74	32.51	34.38	0.1	-0.9	5.8	5.8
小学在校学生数	万人	68.01	61.63	62.37	46.65	33.87	41.35	42.54	43.95	-1.3	-0.5	3.1	3.3
医院卫生院数	个	248	291	205	263	260	255	255	254	0.1	-0.3	-0.2	-0.4
执业医师和执业助理医师数	人	7247	10187	12107	12345	12088	18258	19100	20268	3.1	4.2	5.4	6.1
医疗病床数	个	12976	13743	21378	20590	27395	42629	47036	51285	4.1	7.9	9.7	9.0
城市居民人均可支配收入	元	327	838	4860	7530	12434	23347	27069	31044	14.3	12.5	15.3	14.7
农民人均纯收入	元	143	443	1737	3005	4908	11206	13400	15763	14.8	14.8	18.6	17.6

注：1、根据国家抽样调查情况，全省统一对2010年粮食产量数据进行了调整。
2、从2012年起，一般预算收入和一般预算支出改名为公共财政预算收入和公共财政预算支出。

表3 长沙市地区生产总值

单位：万元

	地区生产总值		第一产业		第二产业		第三产业	
	2012年	2012年比2011年(±%)	2012年	2012年比2011年(±%)	2012年	2012年比2011年(±%)	2012年	2012年比2011年(±%)
全市	63999097	13.0	2723145	4.0	35925162	14.5	25350790	12.0
市区	39761985	13.0	567734	0.9	18778810	14.6	20415441	11.9
#望城区	3748847	13.6	297037	5.1	2767762	14.6	684048	13.3
县区	24237112	13.0	2155411	5.1	17146352	14.1	4935349	12.2

续表

	地区生产总值		第一产业		第二产业		第三产业	
	2012年	2012年比2011年（±%）	2012年	2012年比2011年（±%）	2012年	2012年比2011年（±%）	2012年	2012年比2011年（±%）
长沙县	8800904	11.0	590544	5.2	6375254	10.9	1835105	13.0
浏阳市	8111256	14.4	716403	5.2	5753749	16.3	1641104	11.8
宁乡县	7324953	14.0	848464	5.0	5017349	16.2	1459140	11.5

表4　2012年长沙市人口自然变动情况

	年末总户数（户）	年末总人口（人）	全年出生人数（人）	全年死亡人数（人）	年出生率（‰）	年死亡率（‰）	年自然增长率（‰）
总计	2114650	6606166	82741	42575	12.56	6.46	6.10
市区	997460	2979005	37146	15854	12.49	5.33	7.16
芙蓉区	131533	408872	4086	1329	9.98	3.25	6.74
天心区	140854	396222	4072	1581	10.25	3.98	6.27
岳麓区	201697	626976	8755	3156	14.29	5.07	9.22
开福区	167043	433334	5363	2677	12.47	6.23	6.25
雨花区	179878	556458	6750	1671	12.19	3.02	9.17
望城区	176455	557143	8120	5440	14.23	10.05	4.18
县（市）	1117190	3627161	45595	26721	12.62	7.40	5.22
长沙县	253517	813395	12247	8100	15.15	10.02	5.13
浏阳市	416843	1436248	18637	8277	13.03	5.79	7.25
宁乡县	446830	1377518	14711	10344	10.70	7.53	3.18

表5　长沙市年末分行业单位从业人数

单位：人

	1978年	1985年	1990年	1995年	2000年	2005年	2010年	2011年	2012年	2012年比2011年（±%）
总　计	563950	744994	845916	914026	684907	729738	1105562	1219060	1240583	1.8
#国有经济	367858	513354	605100	677857	535949	360468	414172	404248	412834	2.1
集体经济	196092	231623	237748	207917	88107	47315	48184	41585	37511	-9.8
按行业分										
（一）农、林、牧、渔业						3004	505	1455	1229	-15.5
（二）采矿业						11610	9954	12207	12303	0.8
（三）制造业						168420	305091	371362	368714	-0.7
（四）电力、燃气及水的生产和供应业						7573	16147	6629	7901	19.2
（五）建筑业						122285	169912	196162	194690	-0.8
（六）批发和零售业						45294	66543	74873	76171	1.7
（七）交通运输、仓储和邮政业						30442	28120	44962	47043	4.6
（八）住宿和餐饮业						31889	44017	43464	45050	3.6
（九）信息传输、计算机服务和软件业						10518	16945	18904	19519	3.3
（十）金融业						23398	53141	51768	52307	1.0
（十一）房地产业						23064	41564	41882	43910	4.8
（十二）租赁和商务服务业						16334	21333	23028	29299	27.2
（十三）科学研究、技术服务和地质勘查业						24270	38114	40617	45940	13.1

续表

	1978年	1985年	1990年	1995年	2000年	2005年	2010年	2011年	2012年	2012年比2011年（±%）
（十四）水利、环境和公共设施管理业						7530	17171	15480	15883	2.6
（十五）居民服务和其他服务业						2417	5205	6257	7308	16.8
（十六）教育						83364	109835	113833	112403	-1.3
（十七）卫生、社会保障和社会福利业						34838	57216	58435	62148	6.4
（十八）文化、体育和娱乐业						15737	19224	23999	22743	-5.2
（十九）公共管理和社会组织						67751	85525	73743	76022	3.1
（二十）国际组织						—	—	—	—	—

注：从2003年起开始启用国民经济行业新分类标准，2002年及以前年份无同口径数据。

表6

2012年长沙市规模以上工业增加值

	企业单位数（个）	工业增加值（万元）	2012年比2011年（±%）
规模以上工业企业	2282	23098396	16.8
在总计中：芙蓉区	106	694547	22.2
天心区	83	996249	21.8
岳麓区	108	3019306	19.2
开福区	72	362556	11.2
雨花区	100	6400405	14.5
望城区	214	1353659	19.2
长沙县	314	4325877	11.5
浏阳市	733	2945699	24.2
宁乡县	552	3000098	21.3
按经济类型分：国有企业	42	6562427	14.4
集体企业	50	225149	24.3
股份合作企业	26	152262	20.1
股份制企业	1451	13217272	17.3
外商及港澳台投资企业	129	1282778	24.5
其他企业	584	1658508	16.7
按轻重工业分：轻工业	1097	9797421	17.2
重工业	1185	13300975	16.6
在总计中：国有及国有控股企业	93	9406776	14.5
大中型企业	316	15918946	13.6

表7

2012年长沙市规模以上分行业工业增加值

	企业单位数　（个）	工业增加值（万元）
规模以上工业企业合计	2282	23098396
按工业行业中类分组		
（一）采矿业	83	442397
1. 煤炭开采和洗选业	21	167829

续表

	企业单位数 （个）	工业增加值（万元）
2. 黑色金属矿采选业	7	27604
3. 有色金属矿采选业	8	93199
4. 非金属矿采选业	46	153765
（二）制造业	2166	22091247
1. 农副食品加工业	138	579001
2. 食品制造业	61	336635
3. 酒、饮料和精制茶制造业	55	237405
4. 烟草制品业	2	5757445
5. 纺织业	26	145559
6. 纺织服装、服饰业	27	145020
7. 皮革、毛皮、羽毛及其制品和制鞋业	16	53756
8. 木材加工和木、竹、藤、棕、草制品业	21	101444
9. 家具制造业	31	97887
10. 造纸及纸制品业	69	181773
11. 印刷和记录媒介的复制	55	202700
12. 文教、工美和体育娱乐用品制造业	16	41954
13. 石油加工、炼焦及核燃料加工业	5	31153
14. 化学原料及化学制品制造业	491	1621248
15. 医药制造业	64	591721
16. 橡胶和塑料制品业	81	263778
17. 非金属矿物制品业	196	644436
18. 黑色金属冶炼和压延加工业	44	83807
19. 有色金属冶炼和压延加工业	65	856342
20. 金属制品业	72	375229
21. 通用设备制造业	190	1024568
22. 专用设备制造业	136	6093727
23. 汽车制造业	97	614733
24. 铁路、船舶、航空航天和其他运输设备制造业	13	96785
25. 电气机械和器材制造业	107	484453
26. 计算机、通信和其他电子设备制造业	47	1195455
27. 仪器仪表制造业	29	162108
28. 其他制造业	6	39206
29. 废弃资源综合利用业	4	13542
30. 金属制品、机械和设备修理业	2	18377
（三）电力、燃气及水的生产和供应业	34	564752
1. 电力、热力生产和供应业	9	428399
2. 燃气生产和供应业	10	76129
3. 水的生产和供应业	15	60224

表 8

长沙市主要工业产品产量

	单位	1978 年	1985 年	1990 年	1995 年	2000 年	2005 年	2010 年	2011 年	2012 年	2012 年比 2011 年（±%）
原煤	万吨	196	178	240	354	173	297	420	512	627	22.59
发电量	万千瓦小时	11551	12214	14581	21505	6036	33702	584611	766616	593623	-22.57
饮料酒	万吨	0.68	2.47	2.54	6.53	6.05	16.79	34.07	92.13	75.43	4.34
卷烟	万箱	11.31	17.00	36.10	71.63	87.13	126.27	350.55	363.24	367.55	1.19
纱	吨		10314	12238	11970	17115	18899	36443	52345	51410	-1.79
棉布	万米	3185	4885	5688	5367	63.57	225.00	326.16	410.32	607.00	47.90
印染布	万米	1930	2922	2507	2561	2749	2259	2908.0	—	—	—
服装	万件				1539	1315	1886	3706	3692	4033	9.24
皮鞋	万双	145	306	548	1443	338	496	892	—	—	—
人造板	立方米		2444	20526	61003	102149	47358	25892	—	—	—
机制纸及纸板	万吨	1.88	4.33	6.13	13.02	3.09	14.38	21.36	23.41	26.71	14.10
硫酸	万吨	5.52	3.91	7.61	12.58	10.92	3.61	—	—	—	—
涂料	吨	5667	12377	13586	19548	20214	49155	139323	160285	26337	64.32
肥皂	吨	10356	23511	21593	20866	7912	8697	—	—	—	—
合成洗涤剂	吨	8087	15646	26411	44432	71323	94069	130297	152366	152042	-0.21
牙膏	万支	3313	5746	6071	3510	2300	836	—	—	—	—
水泥	万吨	22.31	54.27	89.32	248.00	313.81	537.37	1462	1338	1319	-1.40
钢材	吨	16062	28420	55428	19849	18449	19443	94218	85270	98586	15.62
金属切削机床	台	2486	4723	1332	1460	858	1246	2963	2532	1661	-34.40
泵	万台	0.48	0.90	1.15	1.72	0.42	0.74	0.76	0.80	0.90	12.50
风机	万台	0.32	1.14	0.94	1.22	0.22	0.59	0.49	0.42	2.44	22.61
汽车	辆	502	3402	1103	2076	1377	61823	100388	91582	103943	13.50
交流电动机	万千瓦	31.0	50.8	59.4	62.0	35.0	165.0	215.0	244.0	311.9	27.84
变压器	万千伏安	33.55	35.38	40.51	38.61	124.99	147.16	14.71	8.67	—	—
家用电冰箱	万台	—	—	16.40	21.83	44.54	55.54	31.31	26.01	16.50	-36.56
彩色显像管	万只	—	—	—	0.32	371.18	690.93	4.72	5.32	7.06	32.71

注：本表 2010 年 -2012 年数据为快报数据。

表 9

长沙市农村基本情况

	单位	2012 年					
		全市	市区	#望城区	长沙县	浏阳市	宁乡县
一、农村乡（镇）个数	个	101	17	11	18	33	33
村（居）民委员会数	个	1511	396	156	292	401	422
二、乡村户数	万户	133.91	35.13	15.48	24.84	36.98	36.96
乡村人口数	万人	442.70	111.66	51.24	80.25	128.95	121.84
#乡村劳动力资源数	万人	290.18	70.00	32.20	51.63	78.93	89.62
三、年末耕地面积	千公顷	274.89	44.93	30.48	57.68	78.11	94.17
#水田	千公顷	241.62	38.56	26.94	53.57	69.83	79.66

续表

	单位	2012 年					
		全市	市区	# 望城区	长沙县	浏阳市	宁乡县
旱地	千公顷	33.27	6.37	3.54	4.11	8.28	14.51
四、养殖水面	千公顷	26.24	9.67	7.19	4.45	5.00	7.12
五、农业机械总动力	万千瓦	542.00	112.00	55.60	138.50	133.90	157.60

表 10　　长沙市农业总产值　　单位：万元

	2012 年农、林、牧、渔业总产值						2012 年比 2011 年（±%）
	合计	市区	# 望城区	长沙县	浏阳市	宁乡县	
总计	4197846	903938	522236	929012	1084447	1280449	4.0
一、农业产值	2303064	532582	299625	532048	588902	649533	4.7
1、谷物及其他作物	820701	150226	105452	164267	215114	291094	0.8
# 粮食作物	708177	143354	99760	157496	155442	251885	0.9
油料作物	44250	5245	4123	6326	25279	7399	-1.3
烟叶	63840	25		292	33680	29843	0.6
2、蔬菜园艺作物	1296102	367483	184314	278870	315407	334341	5.8
# 蔬菜	1092777	343993	176235	203930	245257	299597	5.6
3、水果、坚果、饮料和香料作物	170024	14854	9840	87167	44538	23464	20.1
# 茶	86277	2406	2225	67567	1907	14398	11.5
水果	78440	12417	7584	15711	41256	9056	31.4
4、中药材	16238	19	19	1744	13842	634	-2.2
二、林业产值	195535	14031	6198	25331	119639	36534	7.3
林木的培育和种植	59180	8035	3283	21601	29449	95	8.9
竹木采运	49957	3949	1175	1181	29875	14953	2.0
林产品	86398	2047	1740	2550	60315	21486	9.4
三、牧业产值	1484271	296316	177408	340755	317443	529757	2.7
生猪	1148672	253607	145374	312444	238071	344550	3.8
牛	28869	2032	1175	5294	6550	14995	-29.3
羊	23392	805	433	1065	18967	2555	0.3
家禽饲养	269666	37590	29600	18534	46630	166912	2.1
牛奶	3307	953	473	1711	545	98	0.2
其他	10365	1330	354	1708	6680	647	40.8
四、渔业产值	145535	47911	32356	19601	31846	46178	1.4
五、农林牧渔服务业	69441	13099	6649	11277	26618	18448	5.9

表 11

长沙市农作物产品产量

单位：吨

	2012 年产量						2011 年产量	2012 年比2011 年（±%）
	合计	市区	# 望城区	长沙县	浏阳市	宁乡县		
粮食	2479354	505048	368874	570464	551362	852480	2445121	1.4
稻谷	2303806	465353	340907	525580	511752	801121	2289909	0.6
小麦	2088	70	70		90	1928	1977	5.6
薯类	79026	30109	22196	20589	15708	12620	76009	4.0
杂粮	75544	7325	4295	18608	17284	32327	59803	26.3
大豆	18890	2191	1406	5687	6528	4484	17424	8.4
棉花	1088			21	594	473	1169	-6.9
油料作物	80644	9243	7003	11567	45307	14527	79261	1.7
# 油菜籽	64729	7189	5319	9776	41284	6480	64794	-0.1
烟叶	29408	13		132	15210	14053	25077	17.3
# 烤烟	25655	13		104	15210	10328	21607	18.7
麻类作物	346	20	20		292	34	522	-33.7
甘蔗	4478				3150	1328	4965	-9.8
蔬菜	4966859	1430259	912756	1034043	1134535	1368023	4708907	5.5
茶叶	27151	726	620	19867	1528	5030	25984	4.5
水果	376979	52246	33093	81756	183269	59708	343210	9.8
# 柑橘	96626	16870	7844	14436	43035	22285	88687	9.0

表 12

长沙市肉类、牛奶、禽蛋、水产品产量

	单位	2012 年产量						2011 年产量	2012 年比2011 年（±%）
		合计	市区	# 望城区	长沙县	浏阳市	宁乡县		
肉猪出栏头数	万头	833.20	186.19	110.65	207.77	197.55	241.69	804.68	3.5
出栏肉猪肉产量	吨	599354	130048	80457	151672	143619	174015	551949	8.6
牛羊肉产量	吨	25624	840	601	2744	13637	8403	25432	0.8
出笼家禽	万羽	6005.75	460.92	312.17	271.28	1151.00	4122.55	5788.74	3.7
牛奶产量	吨	7879	3593	2703	2795	891	600	6456	22.0
禽蛋产量	吨	53439	16977	14071	8955	9851	17656	52492	1.8
水产品产量	吨	114084	40198	23476	17767	22720	33399	107154	6.5
# 鲜鱼	吨	111661	38727	22042	17411	22174	33349	104889	6.5

表 13

长沙市固定资产投资主要指标

金额单位：万元　面积单位：万平方米

	1978 年	1985 年	1990 年	1995 年	2000 年	2005 年	2010 年	2011 年	2012 年	2012 年比2011 年（±%）
固定资产投资	24100	125655	181209	1049543	2023194	8814166	31925699	35102425	40119564	20.3
# 城镇固定资产投资	19338	90094	105287	924113	1533449	7911578	29098275	32742805	37423204	20.8
（一）按项目性质分										
基本建设	17355	47881	64098	384730	724858	—	—	—	—	—

续表

	1978年	1985年	1990年	1995年	2000年	2005年	2010年	2011年	2012年	2012年比2011年(±%)
技术改造	907	34767	31403	236186	318703	1238674	7531385	9613561	13028480	17.5
城镇集体及其他	1076	7446	9786	25440	40775	—	—	—	—	—
房地产开发	—	—	—	229657	330238	2563500	6841481	8869232	10320003	16.4
城镇工矿区私人建房	—	—	—	48100	118875	—	—	—	—	—
(二)按构成分										
建筑安装工程	13406	49277	65569	570017	1124602	5337629	20468048	23805512	28811193	13.1
设备工器具购置	5545	28204	31336	243588	170537	859072	2674215	2462481	3478171	30.3
其他费用	387	12613	8382	110508	238310	1714877	5956012	5874642	7830200	50.3
(三)按三次产业分										
第一产业	2090	484	1622	852	14414	46245	531109	329684	715465	35.8
第二产业	6594	41097	49746	187677	296055	1770047	7726675	9687339	11936025	25.5
第三产业	10648	48513	53919	735584	1222980	6095286	20840491	22125612	27468074	17.8
新增固定资产	13202	64883	82545	493739	883380	3437205	13758212	19716236	22607968	14.6
竣工房屋面积	81.41	186.78	109.77	314.55	343.54	931.57	1741.56	1606.85	1528.11	-4.9
#住宅	41.17	93.49	91.95	168.87	198.51	534.03	1184.42	1216.21	1150.53	-5.4

表14　长沙市资质建筑业基本情况

	单位	2012年	2011年	2012年比2011年(±%)
企业个数	个	555	540	2.8
亏损企业	个	101	65	55.4
建筑业总产值	万元	23299080	21002701	10.9
竣工产值	万元	15036364	11581484	29.8
房屋建筑施工面积	万平方米	19728.70	18325.65	7.7
本年新开工面积	万平方米	6540.38	7299.01	-10.4
投标承包面积	万平方米	16099.54	14931.5	7.8
房屋建筑竣工面积	万平方米	5005.64	4523.29	10.7
资产合计	万元	14979997	12540899	19.4
工程结算收入	万元	21974786	19993351	9.9
工程结算成本	万元	19734193	18001663	9.6
利润总额	万元	828360	712628	16.2
计算建筑业劳动生产率平均人数	万人	78.62	75.98	3.5

表15　长沙市交通运输情况

	单位	1990年	1995年	2000年	2005年	2010年	2011年	2012年
货物运输量	万吨	1215	6419	5910	10991	22947	25651	26145
铁路	万吨	364	284	206	218	167	172	157
公路	万吨	446	5376	4972	9833	19270	21788	23139
水运	万吨	405	758	729	934	3369	3529	2668
货物周转量	万吨公里	—	601306	1404785	1003793	2192493	2571162	3016629

续表

	单位	1990年	1995年	2000年	2005年	2010年	2011年	2012年
公路	万吨公里	13439	306737	308200	447386	1285375	1609109	2061286
水运	万吨公里	59367	288791	1094511	99596	369090	408774	425713
旅客运输量	万人	3942	8935	9052	10895	33984	35525	36440
铁路	万人	672	785	981	1218	1642	1816	1954
公路	万人	3036	8021	7825	9228	31257	33102	33847
水运	万人	219	44	43	7.29	18	15	1
航空	万人	15	85	203	442	1066	592	638
旅客周转量	万人公里	—	348951	348315	995729	1945489	2454122	2544691
公路	万人公里	117989	267579	275029	469947	1130385	1206736	1236101
水运	万人公里	10322	6325	3580	1211	141	125	9

注：2011年部分统计指标统计口径和计算方法更改，2011年数据与以前年度不具有可比性。

表16 长沙市邮电基本情况

	单位	1978年	1985年	1990年	1995年	2000年	2005年	2010年	2011年	2012年	2012年比2011年（±%）
邮电通信网											
年末邮电局（所）	处	262	270	274	426	706	1008	860	717	497	-30.7
年末邮路长度	公里	24167	22212	34558	48275	53435	53609	50671	51771	62291	20.3
邮电业务量											
邮电业务总量	万元	704	1958	6643	89069	349844	802762	846295	1049349	1149802	8.9
函件	万件	2145	5362	6453	11139	8399	3919	4248	4175	3431	-17.8
报刊期发数	万份	71	197	118	160	171	86	53	62	44	-29.0
年末固定电话用户	万户	0.85	2.33	3.36	30.40	108.47	218.56	210.40	214.43	211.65	-1.3
年末移动电话用户	万户	—	—	—	3.70	58.78	316.85	780.21	898.48	984.45	9.6
国际互联网用户	万户	—	—	—	—	14.6	63.93	90.78	115.60	134.25	16.2

注：1. 从2010年开始，邮电业务总量为2010年不变价数据，与以前年度数据不具有可比性。
2. 年末邮电局（所）统计口径为自办局所，未包含代办所。2012年邮电局所（含代办所）有8637处，比2011年减少12.4%。

表17 长沙市社会消费品零售总额

单位：万元

	1978年	1985年	1990年	1995年	2000年	2005年	2010年	2011年	2012年	2012年比2011年（±%）
总计	77191	243928	513871	1658020	3492966	7485700	18120800	21259112	24547118	15.7
一、按销售单位所在地分组										
市区				1256370	2669100	5722359	13934435	16689148	19249096	15.6
县区				401650	823866	1763341	4186365	4569964	5298022	15.9
二、按行业分组										
批发零售业	67281	191952	385805	1280314	2570810	6310593	16098960	18919810	21877371	15.9
住宿餐饮业	2769	10593	27762	100764	402656	1105383	2021840	2339302	2669747	14.3
其他	7141	41383	100304	276942	519500	69724				

注：2005-2008年数据根据全国第二次经济普查结果调整，从2010年开始取消行业分组中的“其他”。

表 18　长沙市旅游业情况

	单位	1985 年	1990 年	1995 年	2000 年	2005 年	2010 年	2011 年	2012 年
一、接待境外旅游者人数	人次	20257	51000	119122	221772	255475	702141	835241	1050912
1. 外国人	人次	9706	13103	54444	128105	182656	459228	527389	650966
2. 港、澳、台同胞	人次	10551	37897	64678	93667	72819	242913	307852	399946
二、接待境外旅游者人天数	人天	85079	204000	416927	652576	1098542	2643911	3516365	4098556
1. 外国人	人天	41501	85082	226975	384315	785421	1699145	2220307	2538767
2. 港、澳、台同胞	人天	43578	118918	189952	268261	313121	944766	1296056	1559789
三、旅游外汇收入	万美元	1446	2897	4500	11900	20198	52878	62493	66453

表 19　长沙市财政预算收、支情况

单位：万元

	全市	2012 年					2011 年	2012 年比 2011 年（±%）
		市区	# 望城区	长沙县	浏阳市	宁乡县		
公共财政预算收入	4906482	3879279	228554	535004	247313	244886	4257827	35.5
# 营业税	1243894	1020225	52565	133966	39163	50540	1052273	24.7
增值税	260885	144523	16141	74663	23371	18328	231512	25.9
企业所得税	390218	328488	3893	27406	18948	15376	298408	61.0
公共财政预算支出	6246207	4515890	380230	788551	460549	481217	5208876	29.1
# 一般公共服务	955208	719714	54768	105602	59785	70107	754276	23.9
社会保障和就业	536018	361443	41972	54783	57555	62237	519402	22.4
科学技术	167458	141111	7356	16205	4421	5721	154252	15.7
教育支出	1166756	800228	79887	166862	98204	101462	723656	34.2
农林水事务	400387	185572	59054	85275	61182	68358	302751	18.4

表 20　长沙市金融、保险情况

单位：亿元

	2012 年	2011 年	2012 年比 2011 年（±%）
一、金融业			
金融机构存款余额（本外币）	8800.66	7364.26	19.5
# 单位存款	5184.68	4381.00	18.3
个人存款	3004.07	2526.93	18.9
金融机构贷款余额（本外币）	8518.93	7483.83	13.8
# 短期贷款	1957.10	1708.80	14.5
中长期贷款余额	6393.43	5698.04	12.2
二、保险业			
保费收入	121.40	111.31	9.1
赔付款	38.60	31.65	22.0

表 21　长沙市公用事业情况

	单位	2012 年	2011 年	2012 年比 2011 年（±%）
一、自来水				
全市水厂个数	个	7	7	0.0
全市自来水生产能力	万吨 / 日	265	221	19.9

续表

	单位	2012年	2011年	2012年比2011年±%
年末供水管总长度	公里	3050	2323	31.3
二、公共交通				
1. 全年客运总量	万人次	106361	106159	0.2
2. 年末实有公共汽车营运车辆	辆	3775	3651	3.4
3. 年末实有出租汽车	辆	6420	6420	
三、煤气、液化气				
（一）煤气供气总量	万立方米	64297.7	50363	27.7
#家庭用量	万立方米	24910.9	19450	28.1
家庭用煤气人口	万人	264.7	246.1	7.6
（二）液化气供应总量	吨	76663	93000	-17.6
#家庭用量	吨	63385	84300	-24.8
家庭用液化气人口	万人	267.3	178.5	49.7
四、年末城市住宅建筑面积	万平方米	13267	11813	12.3
人均住房面积	平方米	31.8	32.2	-1.2
五、城市供电				
全年用电量	万千瓦小时	2040474	1838972	11.0
#工业用电	万千瓦小时	757802	675729	12.1
城乡居民生活用电	万千瓦小时	666846	587635	13.5
六、道路				
年末实有铺装道路总面积	万平方米	2967	2799	6.0
七、城市下水道长度	公里	2169	2601	-16.6
八、年末实有永久性桥梁	座	172	168	2.4
九、城市环卫				
生活垃圾粪便清运量	万吨	169.4	143.2	18.3
生活垃圾粪便无害化处理	万吨	169.4	143.2	18.3
十、城市园林绿化				
园林绿化地面积	公顷	9293	9188	1.1
#公共绿化地面积	公顷	2804	2794	0.4
人均公共绿地面积	平方米	11.4	10.8	5.6

注：1. 全市用电情况根据市电业局统计资料整理。2. 城市园林绿化地面积统计口径调整。

表22

长沙市各类学校基本情况

单位：人

	2012年				2011年			
	学校数（所）	在校学生数	毕业生数	教职工人数	学校数（所）	在校学生数	毕业生数	教职工人数
总计	1350	1446763	376920	107098	1408	1410469	349177	106096
高等学校	50	523174	151428	50902	50	516765	143310	50930
中等职业学校	50	120945	47767	4890	59	115596	35083	4794
技工学校	23	18003	7391	1537	26	26250	10645	2340
普通中学	284	343769	100267	28063	280	325136	93657	26871

续表

	2012年				2011年			
	学校数（所）	在校学生数	毕业生数	教职工人数	学校数（所）	在校学生数	毕业生数	教职工人数
小学	938	439532	69948	21410	987	425405	66371	20865
盲聋哑学校	4	1110	49	240	5	1079	49	239
工读学校	1	230	70	56	1	238	62	57

表23　长沙市文化、新闻、出版事业情况

	单位	1978年	1985年	1990年	1995年	2000年	2005年	2010年	2011年	2012年	2012年比2011年(±%)
一、电影放映单位	个	484	844	807	644	458	…	…	…	…	…
#电影院影剧院	个	31	42	47	29	20	…	…	…	…	…
电影观众人数	万人次	11272	9325	10728	2261	…	…	…	…	…	…
二、艺术表演团体	个	13	14	12	12	13	12	12	12	9	-25.0
艺术表演观众人数	万人次	351.0	207.0	118.6	130.3	121.0	247.0	271.2	193.7	166.1	-16.4
三、公共图书馆	个	5	7	7	7	7	12	12	12	12	持平
图书馆藏书数	万册					480.1	521	633.1	953.44	997.64	4.6
四、文化馆	个	10	11	11	11	11	10	10	10	10	持平
五、图书出版印数	万册	1983	18850	32135	33677	24844	30483	31109	34479	36290	5.3
六、杂志出版印数	万册	2680	5149	5144	7636	10404	10925	12540	12140	12496	2.9
七、报纸出版印数	万印张	30057	59431	40325	55721	62354	75309	101861	94019	102698	9.2

表24　长沙市广播、电视基本情况

	单位	1978年	1985年	1990年	1995年	2000年	2005年	2010年	2011年	2012年
市台平均日播音时间	时′分″		10′45″	11′30″	16′30″	37′40″	88′96″	139′71″	139′48″	142′6″
市电台覆盖率	%		76.00		95.00	95.00	96.88	99.14	99.3	99.31
县（市）区广播台、站	个	5	5	5	5	4	4	4	4	4
市电视台每周播出时间	时′分″		16′00″	56′00″	42′00″	206′30″	858′12′′	1060′47′′	1078′30′′	1096′58′′
市电视台覆盖率	%		23.60	90.00	98.00	97.30	97.88	98.49	98.61	98.62

表25　长沙市卫生事业基本情况

	单位	1978年	1985年	1990年	1995年	2000年	2005年	2010年	2011年	2012年	2012年比2011年(±%)
卫生机构数	个	1195	1403	1346	1100	1036	1519	2655	2680	4270	59.3
#医院、卫生院	个	248	291	297	205	263	260	255	255	254	-0.4
床位数	张	12976	13743	18349	21378	20590	27395	42629	47036	51285	9.0
#医院、卫生院	张	11036	11503	14766	17594	17281	25501	39983	42954	46382	8.0
卫生工作人员	人	21583	29620	34190	37115	36225	37711	59738	66104	69011	4.4
#卫生技术人员	人	16068	21611	26307	27553	27460	28943	48791	53030	55978	5.6
#执业医师和执业助理医师数	人	7247	10187	12423	12107	12345	12088	18258	19100	20268	6.1

表 26

长沙市环境污染及治理情况

	单位	1979年	1985年	1990年	1995年	2000年	2005年	2010年	2011年	2012年
一、工业废水排放总量	万吨/年	5000	6394	13878	6298	5532.9	4065	4336	4051	3777
#符合排放标准的	万吨/年	200	2342	10259	3804	4212.6	3562	3955	—	—
二、工业废气排放量	万标立方米/年	115000	839385	1441740	1890488	2624324	3078324	6269499	10219789	5470000
三、工业粉尘排放量	万吨/年	6	1.26	4.61	0.85	7.81	10.06	10.52	1.59	1.20
四、工业固体废物产生量	万吨/年	47	39.49	57.07	75.18	137.53	109.7	148.8	177.6	103.5
#综合利用量	万吨/年	23.97	2.79	15.49	58.13	101.79	98.4	148.4	174.8	94.7
五、锅炉总数	台	666	1046	819	489	407	307	284	269	259
#达标数	台	220	597	647	433	359	243	256	—	—
六、工业窑炉	台	670	683	578	395	465	222	219	108	116
#达标数	台	73	91	288	271	232	117	151	—	—

注：从2011年起，工业粉尘排放量（去除量）指标已改成为工业烟粉尘排放量（去除量）

表

长沙市城市居民家庭生活调查主要指标

	单位	2012年	2011年	2012年比2011年（±%）
一、调查户数	户	550	550	0.0
家庭人口数	人	1604	1621	-1.1
#就业人口数	人	862	852	1.2
二、平均每户人口	人	2.91	2.95	-1.4
平均每户就业人数	人	1.56	1.55	0.6
平均每一就业者负担人数	人	1.86	1.90	-2.1
三、平均每人年实际收入	元	32377	28376	14.1
平均每人年可支配收入	元	31044	27069	14.7
四、平均每人年消费性支出	元	19639	18069	8.7
（1）食品	元	7128	6498	9.7
（2）衣着用品	元	2254	1953	15.4
（3）家庭设备用品及服务	元	1297	1162	11.7
（4）医疗保健	元	882	943	-6.5
（5）交通和通讯	元	2950	2916	1.2
（6）娱乐、教育、文化服务	元	2670	2410	10.8
（7）居住	元	1816	1701	6.8
（8）杂项商品和服务	元	641	486	32.1

表 28

农村住户调查主要指标

	单位	2012年						2011年全市	2012年比2011年(±%)
		全市	市区农村	#望城区	长沙县	浏阳市	宁乡县		
一、调查户数	户	690	310	100	100	180	100	980	-
家庭常住人口	人	2648	1153	402	378	762	355	3796	-
平均每户人口	人	3.84	3.72	4.02	3.78	4.23	3.55	3.87	-
二、人均总收入	元	20648	21000	19754	22083	22118	17937	18057	14.3
三、人均总支出	元	15579	14832	12951	14369	17785	14577	13629	14.3

续表

	单位	2012年						2011年	2012年比
		全 市	市区农村	#望城区	长沙县	浏阳市	宁乡县	全市	2011年 ±%
(一)生活消费支出	元	10155	10957	9670	8487	10784	9875	8579	18.4
1. 食品消费	元	3756	4106	4200	3222	3338	4251	3241	15.9
2. 衣着消费	元	694	893	633	763	610	582	540	28.4
3. 居住消费	元	1628	1422	1383	605	2897	1074	1540	5.7
4. 家庭设备、用品消费	元	698	703	615	525	700	797	572	21.9
5. 交通通讯消费	元	1591	1745	1099	1748	1435	1537	1245	27.8
6. 文教娱乐消费	元	876	1041	796	934	732	863	685	27.8
7. 医疗保键消费	元	681	776	716	519	766	615	548	24.3
8. 其他商品和服务消费	元	232	271	228	172	308	157	208	11.5
(二)家庭经营费用支出	元	3415	1665	1635	4191	4422	3261	3160	8.1
(三)其他支出	元	2009	2211	1646	1691	2579	1441	1889	6.3
农民人均可支配收入	元	15057	16430	16391	15948	15301	13166	12717	18.4
农民人均纯收入	元	15763	17339	16495	17070	15719	13763	13400	17.6
四、平均每人居住面积	平方米	62.6	68.9	64.4	62.3	53.5	67.4	62.0	0.9

表29

2012年长沙市各种物价指数

以2010年为100

	全市	#市区		全市	#市区
商品零售价格指数	101.7	101.5	十四、书报杂志及电子出版物	100.4	99.8
一、食品	103.2	103.3	十五、燃料	103.4	103.6
#1. 粮食	105.0	104.3	十六、建筑材料及五金电料	101.8	101.6
2. 油脂	101.3	102.2	居民消费价格总指数	102.0	102.3
3. 肉禽及其制品	99.3	100.3	服务项目价格指数	101.5	102.1
4. 水产品	110.1	110.4	一、食品	102.9	103.3
5. 菜	112.1	109.9	#1. 粮食	105.0	104.3
二、饮料、烟酒	102.3	102.7	2. 油脂	101.2	102.2
三、服装、鞋帽	101.2	101.5	3. 肉禽及其制品	99.0	100.3
四、纺织品	100.1	100.1	4. 水产品	110.1	110.4
五、家用电器及音像器材	99.0	100.1	5. 菜	112.0	109.9
六、文化办公用品	99.8	100.1			
七、日用品	100.9	101.3	二、烟酒及用品	102.3	102.7
八、体育娱乐用品	100.5	101.0	三、衣着	101.3	101.6
九、交通通信用品	97.8	96.0	四、家庭设备用品及维修服务	101.7	102.3
十、家具	101.8	102.1	五、医疗保健和个人用品	102.1	102.8
十一、化妆品	100.9	101.1	六、交通及通讯	100.0	99.7
十二、金银珠宝	102.6	100.5	七、娱乐教育文化用品及服务	101.8	102.1
十三、中西药品及医疗保健用品	102.7	102.7	八、居住	101.9	102.5

《长沙市全民健身办法》

长沙市人民政府令第119号

《长沙市全民健身办法》已经2012年2月21日市第13届人民政府第49次常务会议通过，现予发布，自2012年6月10日起施行。

市长：张剑飞

二〇一二年四月十五日

第一章　总　则

第一条　为了促进全民健身活动的开展，保障公民参加全民健身活动的权益，增强公民体质，根据《中华人民共和国体育法》、《公共文化体育设施条例》和《全民健身条例》以及有关法律、法规，结合我市实际，制定本办法。

第二条　本市行政区域内全民健身活动及其相关管理工作适用本办法。

第三条　市、区县（市）人民政府应当加强全民健身工作的领导，将全民健身事业纳入国民经济和社会发展规划。

第四条　市、区县（市）体育行政主管部门负责本行政区域内全民健身工作。

发展和改革、规划、住房和城乡建设、财政、教育、民政等有关部门应当按照各自职责，协同做好全民健身有关工作。

第五条　乡镇人民政府、街道办事处应当组织和协调开展本辖区内的全民健身活动。

第六条　广播、电视、报刊、互联网等大众传播媒体应当加强对全民健身的公益宣传，普及科学健身知识，增强公民健身意识。

第七条　对在全民健身工作中成绩显著的组织和个人，市、区县（市）人民政府及其体育行政主管部门应当给予表彰和奖励。

第二章　全民健身活动

第八条　每年的八月为本市的全民健身月。

市、区县（市）人民政府及有关部门在全民健身月期间应当集中组织全民健身宣传和开展全民健身活动；国家机关、企业事业单位和其他组织应当结合自身条件组织本单位人员开展全民健身活动；公共体育设施在全民健身月期间应当优惠或者免费向公众开放。

第九条　市、区县（市）人民政府及其体育行政主管部门应当鼓励和引导公民参加全民健身活动，定期举办全民健身运动会，开展具有地方特色或体现风俗传统的全民健身活动。

工会、共青团、妇联、残联等社会团体应当结合各自特点，组织开展全民健身活动。

第十条　各级体育总会、单项体育协会、行业体育协会和体育类民办非企业单位等体育社会组织应当按照国家有关规定，组织开展全民健身活动。

体育行政主管部门应当加强对体育社会组织的指导，采取措施促进各体育社会组织的联系和交流。

第十一条　学校应当按照国家有关规定开设体育与健康课程，并将其列为考核学生学业成绩的科目。学校每学年至少举行一次全校综合性体育运动会。

学校应当组织开展课外体育活动，保证学生在校期间每天参加一小时的体育活动，制定每天一小时校园体育活动工作方案并报教育行政主管部门备案。教育行政主管部门、体育行政主管部门应当加强对每天一小时校园体育活动等学校体育活动开展情况的监督检查。

教育行政主管部门应当将学校组织开展学生体育活动情况作为对学校年度考核的重要指标，并将教育行政主管部门、体育行政主管部门对学校体育活动开展情况的监督检查结果作为学校年度考核的重要依据。

第十二条 国家机关、企业事业单位、社会团体和其他组织应当根据本单位的特点制定职工体育健身指导方案，积极推广工前（间）操等形式的体育健身活动。鼓励有条件的单位成立健身俱乐部、举办职工运动会。

第十三条 社区居民委员会应当积极发动和引导社区居民参与体育健身活动，并根据社区的特点，因地制宜地组织、推广小型多样的体育健身活动。

第十四条 市、区县（市）人民政府应当统筹城乡全民健身事业发展，积极扶持农村体育，按照因地制宜、灵活多样的原则，定期开展综合性或者单项农民体育健身比赛活动。鼓励村民委员会和个人组织开展适合农民参加的全民健身活动。

第三章 全民健身设施

第十五条 本办法所称全民健身设施，是指公共体育设施和其他向公众开放用于开展全民健身活动的设施。

本办法所称公共体育设施，是指各级人民政府或者社会力量投资建设的，不以营利为目的、向公众开放用于体育活动的建筑物、场地和设备。

第十六条 公共体育设施的规划和建设应当遵循统筹协调、城乡兼顾、合理布局、规范实用和方便群众的原则。

第十七条 市体育行政主管部门应当会同发展和改革、规划、住房和城乡建设、国土资源等相关行政主管部门，按照不低于国家对公共体育设施用地定额规定的指标，根据本市国民经济、社会发展水平以及体育事业发展的需要，制定公共体育设施建设专项规划和公共体育设施设置规范，并报市人民政府批准。

县(市)体育行政主管部门应当会同发展和改革、规划、住房和城乡建设、国土资源等相关行政主管部门，根据市公共体育设施建设专项规划，结合实际情况，制定本辖区的公共体育设施建设专项规划，并报县(市)人民政府批准。

第十八条 市、区县（市）人民政府应当按照国家和省有关规定，根据公共体育设施建设专项规划，按照就近、便民的原则建设一定规模和数量的篮球场、小型足球场、羽毛球场等全民健身活动场所。全民健身活动场所的规划建设应当广泛听取社会公众和辖区内居（村）民的意见。

乡镇人民政府、街道办事处和有条件的社区（村），应当建设小型多样、方便实用的全民健身场所。

第十九条 全民健身场所配备的设施、设备和器材应当符合安全和质量标准，美观耐用，并在醒目位置上标明使用方法和注意事项。

全民健身场所应当按照国家相关规定设置无障碍设施、设备，并配备一定比例的残疾人专用健身器材。

第二十条 新建、改建、扩建公园、广场、公共绿地、沿江（湖、河）风光带等公共场所应当结合自然条件，配套建设全民健身路径、健身步道、登山道、自行车道等公共体育设施。

第二十一条 公共体育设施的管理单位应当建立使用、维护、安全、卫生管理制度，负责公共体育设施的定期维护、保养工作，确保公共体育设施安全和正常使用。

公共体育设施管理单位按照产权人管理与属地管理相结合的原则予以确定，具体办法由市体育行政主管部门另行规定。

第二十二条 任何单位和个人不得擅自改变公共体育设施的功能和用途，不得缩小其建设规模和降低其用地指标，不得侵占、破坏公共体育设施。

第二十三条 公共体育设施管理单位应当按照体育行政主管部门的规定，确定公共体育设施每年向公众开放的时间。法定节假日和学校寒暑假期间，公共体育设施应当适当延长每天开放时间。

公共体育设施管理单位应当向公众公示其服务内容和开放时间。需要临时调整开放时间的，应当提前向公众公示。

第二十四条 公共体育设施应当逐步向公众免费开放；确需收费的，应当对学生、老年人、现役军人、残疾人等免费开放或者优惠开放。

公共体育设施确需收费的，应当依法经财政、价格行政主管部门批准，并在显著位置公示收费依据和标准。收费收入应当用于公共体育设施的日常维修、保养和管理，不得挪作他用。

第二十五条 新建或者旧城改造开发居民住宅区，应当按照因地制宜的原则，结合人口、占地规模和国家有关设计规范，配套规划建设体育设施，与主体工程同时设计、同时施工、同时验收、同时投入使用。规划、住房和城乡建设行政主管部门对其进行设计审查时应当征求同级体育行政主管部门的意见。

第二十六条 在法定节假日和寒暑假期间，公办学校应当在保障校园安全的前提下，积极创造条件向公众开放体育设施。公办学校开放体育设施的安全保障和维护费用的具体办法，由市教育行政主管部门会同市体育行政主管部门制定，报市人民政府批准后实施。

鼓励国家机关、企业事业单位、民办学校、居民住宅区、社会团体和其他组织向公众开放体育设施。

第四章 全民健身保障

第二十七条 市、区县（市）人民政府应当逐步加大全民健身的投入，保证公共体育设施适应全民健身的基本需求。全民健身工作所需经费应当列入同级财政预算，并随着国民经济的增长而逐步增加。

体育彩票公益金应当根据国家、省有关规定用于全民健身事业。

第二十八条 鼓励自然人、法人或者其他组织投资兴建公共体育设施，出资举办全民健身活动，为全民健身事业提供捐赠或者赞助。

向全民健身事业捐赠资金、设施和器材的，依照相关法律、法规的规定可以享受有关税收优惠政策和留名纪念。

第二十九条 乡镇人民政府、街道办事处应当确定全民健身工作人员，在各级体育行政主管部门指导下，组织、协调和开展全民健身工作。

鼓励乡镇人民政府、街道办事处建立体育健身指导站、体育俱乐部等体育组织，培育发展基层体育社团、民办非企业单位等社区体育类社会组织。

第三十条 市、区县（市）体育行政主管部门应当加强对社会体育指导员的培训和管理，建立和完善社会体育指导员制度和服务规范，建立社会体育指导员接受培训和提供服务的档案。

社会体育指导员数量应当达到国家规定标准。社会体育指导员应当在全民健身活动中宣传科学健身知识、传授体育健身技能，为居（村）民开展全民健身活动提供公益性指导服务。

经营性体育健身服务单位应当根据健身项目要求，按照有关规定配备一定数量的社会体育指导员。

第三十一条 市、区县（市）体育行政主管部门应当建立全民健身信息服务平台，为公众提供全民健身指导信息，并通过广播、电视、报刊、互联网等途径公布本行政区域内免费和收取成本费用的公共体育设施名录以及向公众开放的学校体育设施名录，对公共体育设施的管理和使用情况进行监督检查。

设施名录应当包括设施名称、地址、开放时间、收费方式、管理单位、联系方式等信息。

第三十二条 市体育行政主管部门应当根据国家有关规定，制订本市国民体质监测方案，会同教育、卫生、统计等有关部门定期开展国民体质监测和全民健身活动状况调查。国民体质监测结果应当向社会公布。

学校应当全面实施《国家学生体质健康标准》，开展学生体质健康监测，建立学生体质健康档案。教育行政主管部门应当将学生体质健康监测结果纳入学校评估指标体系。

第五章 法律责任

第三十三条 学校违反本办法第十一条规定，未将每天一小时校园体育活动工作方案报教育行政主管部门备案或者未按规定开展每天一小时校园体育活动的，由教育行政主管部门责令限期改正；拒不改正的，对负有领导责任的负责人和其他直接责任人员依法给予处分。

第三十四条 违反本办法第二十一条第一款规定，公共体育设施管理单位未履行对公共体育设施的维护和保养责任的，由体育行政主管部门责令限期改正；拒不改正的，对负有责任的主管人员和其他直接责任人员依法给予处分。

第三十五条 违反本办法第二十三条规定，公共体育设施管理单位未按相关要求向公众开放或者未公示服务内容以及开放时间的，由体育行政主管部门责令限期改正；拒不改正的，对负有责任的主管人员和其他直接责任人员依法给予处分。

第三十六条 违反本办法规定，其他有关法律、法规已有处理规定的，由相关行政主管部门依法予以处罚。

第三十七条 体育、规划、住房和城乡建设、国土资源等有关行政主管部门及其工作人员不依法履行职责的，对负有责任的主管人员和其他直接责任人员依法给予行政处分；构成犯罪的，依法追究刑事责任。

第六章 附 则

第三十八条 本办法自2012年6月10日起施行。

《长沙市慈善事业促进条例》

2012年4月26日长沙市第十三届人大常委会第四十次会议通过，
2012年5月31日湖南省第十一届人大常委会第二十九次会议批准

第一条 为了规范慈善活动，保障慈善活动当事人的合法权益，弘扬慈善文化，促进慈善事业发展与社会和谐，根据《中华人民共和国公益事业捐赠法》和《湖南省募捐条例》等法律、法规的规定，结合本市实际，制定本条例。

第二条 本市行政区域内的促进慈善事业的相关活动适用本条例。法律、法规另有规定的，从其规定。

第三条 发展慈善事业，应当遵循政府引导、民间运作和非营利的方针。

开展慈善活动，应当坚持自愿、合法、诚信的原则，尊重他人人格尊严，不得违背社会公德，不得损害公共利益和他人的合法权益，不得泄露个人隐私和商业秘密等信息。

本条例所称慈善活动，是指以募集、捐赠财产或者提供精神安慰、劳务帮扶等方式，自愿、无偿开展的赈灾、扶老、济困、助残、救孤等活动。

第四条 市、区、县（市）人民政府应当将发展慈善事业作为社会保障体系建设的重要补充，纳入国民经济和社会发展规划。乡镇人民政府、街道办事处应当支持和配合本辖区内开展的慈善活动。

市、区、县（市）人民政府民政部门应当加强对本行政区域内慈善事业的指导、协调和相关监督工作。　　财政、审计、人力资源和社会保障、教育、文化、广播电视、新闻出版、卫生、城管执法、食品药品监督、工商、质监、税务等部门和工会、共青团、妇联、残联等组织应当在各自的职责范围内做好慈善事业的相关促进工作。

村民委员会、社区居民委员会应当支持开展慈善活动。

第五条　依法成立的红十字会、慈善会、公募基金会按照有关法律、法规的规定可以开展与其宗旨相适应的、面向社会公众的慈善募捐活动。

其他公益性社会团体和公益性非营利的事业单位经市、县（市）民政部门许可后，可以开展面向社会公众的慈善募捐活动。

第六条　依照本条例第五条开展的慈善募捐活动（以下简称“慈善公募”）中，捐赠的物品应当符合安全、卫生、环保等标准。捐赠批量产品的，应当提供产品质量检验合格证书或者相关证明材料；捐赠专业器材的，应当组织生产销售者做好安装、调试和操作培训等后续服务；捐赠食品、药品的，应当具备产品质量合格、有效期限和其他相关证明。

第七条　在慈善公募活动中，捐赠人应当诚实守信，履行捐赠承诺；募捐人应当通过网站、电视或者报刊等媒体向社会公开受捐情况和捐赠人履行捐赠承诺的情况。

第八条　慈善公募募捐人应当建立募集财产管理和使用情况跟踪核查、评估、反馈等工作制度，并向社会公开。

捐赠人有权向慈善公募募捐人或者受捐机构查询捐赠财产的使用、管理情况，并提出意见和建议；对于捐赠人的查询，上述机构应当配合。

第九条　慈善公募募捐人应当依照国家和省有关规定，建立财务会计制度和受赠财产的使用制度，向财政、审计等相关部门报告受赠财产的管理和使用情况，并接受监督。

财政、审计等部门应当支持募捐人对所募财产依照相关法律法规、组织章程等规定自主管理和使用。

第十条　慈善公募募捐人使用所募财产开展慈善救助活动，应当规范救助程序，及时发放救助款物，建立救助档案，提高服务水平和工作效率，降低工作成本。

慈善公募募捐人使用所募财产开展慈善救助活动时，不得将与本组织及其工作人员有直接利益关系的单位或者个人作为受益人，但在当地民政部门登记确需救助的除外。

第十一条　慈善公募募捐人应当建立救助项目管理制度，对需要救助的对象实行分类管理，建立救助项目库，明确项目救助对象、救助内容和救助程序。各个救助项目的财物应当专账管理、专项使用。

鼓励自然人、法人和其他组织对救助项目进行捐赠，慈善公募募捐人应当按照捐赠人的意愿开展救助活动。

第十二条　为了帮助特定对象，自然人、法人或者其他组织可以依法面向本单位、本社区（村）等特定人群开展慈善募捐活动和民间互助性的捐赠活动。

捐赠人要求查询或公开捐赠财产使用情况的，活动组织者应当配合。　　第十三条　慈善活动中，捐赠人捐赠的财产应当是其有权处分的合法财产，可以是资金、物品等有形资产，也可以是知识产权等无形资产。

捐赠的财产须办理权属变更登记的，捐赠人应当配合，所需手续费用由捐赠人与募捐人协商解决。

捐赠知识产权等无形资产的，应当提供有关权属证明，并依法办理相关手续。

第十四条　鼓励和支持自然人、法人和其他组织开展慈善活动，兴办慈善实体。

按照国家有关规定，捐赠人捐赠财产享受税收优惠的，税收征收部门应当及时办理相关手续。办理税收优惠手续需要募捐人、受益人协助的，募捐人、受益人应当提供协助。

第十五条　鼓励自然人、法人和其他组织积极参与慈善救助活动，向孤寡老人、孤儿、残疾人、重病患者、受灾人等特殊人员提供精神安慰、劳务帮扶等服务。

公益性社会团体和公益性非营利的事业单位开展慈善救助活动时，可以邀请志愿者参与救助对象核查、救助项目实施等工作。

鼓励志愿者服务组织根据社会需要定期开展慈善救助活动。

第十六条　鼓励和支持公益性社会团体和公益性非营利的事业单位在开展慈善活动时，整合资源，加强协作。

鼓励和支持公益性社会团体和公益性非营利的事业单位积极开展国际慈善交流与合作，吸纳国际慈善资源。

第十七条　鼓励和扶持弘扬慈善文化的文学艺术创作活动。

鼓励高等院校和社会科学研究机构开展慈善文化研究与学术交流。

市属报刊、广播电台、电视台、网站等媒体每年应当制作和发布一定数量的慈善公益广告；鼓励其他媒体制作和发布慈善公益广告。鼓励报刊、广播电台、电视台、网站等媒体开设慈善专题栏目或者节目，并为慈善活动的开展提供优惠或者免费宣传。

第十八条　鼓励公益性社会团体和公益性非营利的事业单位加强与企业等社会各界的联系，采取冠名等协作方式，开展慈善论坛、晚会、研讨会等慈善文化活动，建设慈善文化培育基地，促进慈善文化的发展。

第十九条　公共文化体育场馆、公园、车站、机场、码头等公共场所应当为开展慈善活动提供场地、用水、用电等方面的便利。

第二十条　每年3月1日为长沙慈善日。公益性社会团体和公益性非营利的事业单位应当在慈善日积极开展宣传活动。

第二十一条　市人民政府民政部门应当建立和完善慈善信息网络系统，建立统一的公益慈善信息平台，及时发布下列信息，但依法应当保密的除外：

（一）募捐机构的信息；

（二）募捐活动信息；

（三）接受捐赠信息；

（四）慈善项目实施及相关救助信息；

（五）捐赠款物使用信息；

（六）其他应当公开的慈善信息。

市、区、县（市）人民政府民政部门应当加强本行政区域内募捐、捐赠和救助等信息的采集，相关机构应当配合；鼓励自然人、法人和其他组织向当地民政部门提供求助、捐赠和救助信息。

第二十二条 公益性社会团体和公益性非营利的事业单位应当依据有关法律、法规的规定，将其开展的慈善活动信息及时公开，并按国家规定将信息报送当地民政部门。

第二十三条 对慈善事业作出较大贡献的自然人，其本人或者家庭生活遇到困难需要救助时，当地民政部门和开展慈善活动的组织在同等条件下应当优先救助。

第二十四条 市、区、县（市）人民政府应当对慈善事业发展作出重大贡献的公民、法人和其他组织予以表彰。

对于为本市慈善事业发展作出重大贡献的境外人士，市人大常委会可以依法授予荣誉称号。

第二十五条 社会公众、新闻媒体有权对慈善活动及募捐财产管理使用进行监督。

任何单位和个人对慈善活动及募捐财产管理使用有异议的，可以向市、区、县（市）人民政府民政部门反映，民政部门应当进行调查核实，并及时反馈调查结果。

第二十六条 违反本条例第十条第二款规定的，由民政部门责令限期改正；逾期不改正的，对负有责任的主管人员和其他直接责任人员依法给予处分。

第二十七条 违反本条例其他规定，相关法律、法规已规定法律责任的，依法追究法律责任。

第二十八条 本条例自2012年9月1日起施行。

《长沙市轨道交通管理条例》

2012年8月29日，长沙市第十三届人民代表大会常务委员会第四十二次会议通过；
2012年9月27日，湖南省第十一届人民代表大会常务委员会第三十一次会议批准

第一章 总 则

第一条 为了促进轨道交通发展，加强轨道交通管理，保障轨道交通建设的顺利进行和安全运营，维护乘客的合法权益，根据有关法律、法规的规定，结合本市实际，制定本条例。

第二条 本市行政区域内轨道交通的规划、建设、运营及其相关管理活动适用本条例。

本条例所称轨道交通，是指本市行政区域内由市人民政府组织建设的，为公众出行提供服务的城市轨道公共客运系统。

第三条 轨道交通应当遵循政府主导、统筹规划、优先发展、安全便捷、规范运营的原则。

轨道交通属于市政公用事业，实行企业化经营。

第四条 市人民政府应当加强对轨道交通工作的领导，统筹协调轨道交通规划、建设、运营及其相关管理活动涉及的重大事项。

市建设行政主管部门负责轨道交通建设的管理，市交通运输行政主管部门负责轨道交通运营的管理。

市发展和改革、财政、城乡规划、国土资源、公安、安全生产监督管理、审计、国有资产监督管理、国家安全、城市管理和行政执法、环境保护、物价、人民防空等部门在各自的职责范围内负责轨道交通的相关监督管理工作。

轨道交通沿线各区、县（市）人民政府应当按照市人民政府规定，在资金、土地、建设、安全管理等方面配合做好轨道交通建设、运营相关工作。

第五条 轨道交通建设单位、运营单位由市人民政府依法确定。

轨道交通建设单位、运营单位应当履行市政公用事业的社会责任，负责轨道交通建设、运营范围内的日常工作。

轨道交通运营单位依照本条例的授权实施相关行政处罚。轨道交通运营单位应当确定专门机构负责行政执法工作。执法人员依照《湖南省行政执法条例》规定的条件任用。

第六条 电力、通信、供水等相关单位，应当优先保证轨道交通用电、通信、用水等需要，保障轨道交通正常建设、运营。

第二章 规划与用地管理

第七条 轨道交通规划应当纳入城市总体规划，并与土地利用总体规划相衔接。轨道交通规划包括轨道交通线网规划、轨道交通线网各线路的详细规划以及与详细规划相衔接的各专项规划。

轨道交通规划应当符合城市经济社会发展需要，与城市建设、人口规模、交通需求、环境保护、防灾救灾等相适应。

轨道交通规划应当与城市道路、铁路、公路、航空、港口等规划相衔接，并预留必要空间，以确保安全便捷的换乘条件和足够的疏散能力。

第八条 轨道交通线网规划由市城乡规划行政主管部门会同相关部门组织编制，并按照相关规定报批。轨道交通线网各线路的详细规划和各专项规划由轨道交通建设单位组织编制，经市城乡规划行政主管部门审查后，按相关规定报批。

轨道交通规划的编制应当广泛征求社会公众的意见，并组织专家论证。

经批准的轨道交通规划不得随意变更，确需变更的，应当按照原审批程序报批。

第九条　实施轨道交通线网规划时，由市建设行政主管部门会同相关单位组织编制轨道交通分期建设规划。轨道交通分期建设规划经市人民政府审核，报上级机关批准后实施。

第十条　市城乡规划、国土资源行政主管部门应当按照轨道交通规划做好轨道交通设施用地的控制管理，并优先安排相关用地。

轨道交通规划确定的轨道交通设施用地，未经法定程序调整，不得改变其用途。

第十一条　按照轨道交通线网规划，市城乡规划行政主管部门应当根据轨道交通沿线经济发展、安全运营的需要，会同国土资源等有关行政主管部门编制轨道交通沿线土地开发控制规划，报市人民政府批准后，依法组织实施。

第十二条　轨道交通设施用地由市人民政府依法划拨。

轨道交通设施用地与其他用地不能分割的，在出让、划拨其他用地前，城乡规划行政主管部门应当提出轨道交通出入口、通风亭、冷却塔等设施以及地下结构要求的规划条件，作为国有土地使用权出让等有偿使用合同或者国有土地使用权划拨批准文件的组成部分。

需要在已出让、划拨的土地上建设轨道交通出入口、通风亭、冷却塔等设施的，轨道交通建设单位可与土地使用权人就设施建设所需用地进行协商，协商一致的，依法变更土地使用权；协商不一致的，可以依法由市、县（市）人民政府收回土地使用权并给予补偿。

第十三条　轨道交通设施建设用地及相邻土地使用权实行分层登记制度，分别设立地上、地表、地下建设用地使用权。

地下建设用地使用权根据不动产登记簿确定。本条例实施前，地表建设用地使用权已经出让或者划拨的，其地下建设用地使用权应当根据规划资料、土地使用权登记资料和建设使用情况等确定。具体办法由市人民政府另行规定。

建设用地使用权人未经有关部门批准不得扩大地下空间使用范围。

第十四条　轨道交通设施建设使用地下空间应当采取有效措施，防止和降低对相邻建（构）筑物的影响，保障其安全。造成损害的，应当依法承担相应法律责任。

第三章　资金保障与综合开发管理

第十五条　轨道交通发展所需资金以政府投入为主，通过多渠道、多方式筹集。

鼓励国内外企业和其他组织投资轨道交通建设和运营。

市人民政府设立轨道交通发展专项资金，实行专款专用。

第十六条　市人民政府建立轨道交通投资、融资协调机制。

市人民政府建立轨道交通运营补贴机制。轨道交通运营单位提出轨道交通运营补贴方案，经市交通运输行政主管部门和财政部门等审核后，报市人民政府批准。

第十七条　轨道交通建设单位、运营单位可以在轨道交通设施用地范围内依照相关规定从事房地产、广告、物业管理等综合开发活动，但应当按规定报请市人民政府批准。

与轨道交通设施结构上不可分割、工程上应当统一实施的开发项目，可以由市人民政府依法批准轨道交通建设单位、运营单位实行综合开发。

综合开发应当优先建设轨道交通运营配套设施，统筹安排公共交通枢纽、交通换乘设施、公共步行空间等公共配套设施。

综合开发所获得的收益，应当纳入市国有资本经营预算管理，用于轨道交通发展，并接受市财政、审计部门的监督。

第十八条　轨道交通建设单位、运营单位依法将与轨道交通运营服务直接相关的权益或者资产进行抵押、质押、置换，应当按规定报请市人民政府批准。

第四章　建设管理

第十九条　轨道交通工程建设应当符合有关法律、法规关于建设工程管理的规定。

轨道交通工程建设项目的勘察、设计、施工、监理、监测等工作，应当遵守有关规范、技术标准。

第二十条　轨道交通建设单位应当保证轨道交通安全设施设备与轨道交通主体工程同步设计、同步施工、同步验收、同步投入使用。

第二十一条　轨道交通建设单位应当根据轨道交通运营功能配置规范，配置安全可靠的运营设施和服务设施，建设轨道交通安全监测和施救保障系统。

第二十二条　因轨道交通建设需要迁改设施、管线的，由相应设施、管线产权单位按照轨道交通工程建设要求组织进行迁改。设施、管线迁改费用由市财政、审计部门审定后，由轨道交通建设单位承担。

因管线产权单位或者规划要求提高现行标准或者增加相关管线容量、数量的，增加的相关费用由管线产权单位承担。

第二十三条　轨道交通建设单位承担工程质量、安全生产和文明施工的综合管理责任，轨道交通工程施工单位根据合同约定承担工程质量、安全生产和文明施工的相应责任。

轨道交通建设单位、施工单位应当建立安全生产预警和应急协调机制，建立健全事故预防、报告和处理制度，编制专项应急处置方案并组织演练，实行建设项目安全监测动态管理，确保安全生产。

轨道交通建设单位应当依法做好建设期间的道路维护、环境保护、文物保护、市容和环境卫生工作，并负责建成后道路和相关设施的恢复。

轨道交通建设单位应当按照国家有关规定，控制轨道交通建设过程中的噪声、扬尘等污染。

第二十四条 轨道交通建设单位应当对轨道交通沿线地质状况、已有建（构）筑物及各种管线进行查勘、建档和动态检测。

轨道交通建设单位对建（构）筑物、管线进行查勘和检测时，应当提前向相关所有权人或者管理人发出书面通知，相关所有权人或者管理人应当予以配合。

第二十五条 轨道交通工程施工单位应当在轨道交通沿线设立监测控制点进行工程监测，相关单位和个人应当予以配合。

任何单位和个人不得毁损或者擅自移动轨道交通沿线工程监测设施。

第二十六条 轨道交通建设影响道路通行的，轨道交通建设单位应当向公安机关交通管理部门报告，公安机关交通管理部门应当组织制定交通疏解方案。

交通疏解方案应当在实施日的七日以前在本市主要媒体上发布。

第二十七条 轨道交通建设工程竣工后，轨道交通建设单位应当组织工程质量初验，市建设行政主管部门应当参加并负责监督。初验合格后，轨道交通建设单位应当组织不少于三个月的试运行。

试运行期满后，轨道交通建设单位应当依法办理轨道交通设施及相关项目的验收。验收合格的，按照国家有关规定进行试运营基本条件评审，评审合格后方可移交轨道交通运营单位进行不少于一年的试运营。

试运营期满，市人民政府应当按照规定报请国家有关部门对轨道交通工程进行验收。验收合格后，轨道交通建设单位应当及时办理移交手续。

第五章 运营管理

第二十八条 市交通运输行政主管部门主要履行下列职责：

（一）制定轨道交通服务规范；

（二）制定轨道交通乘客守则；

（三）对轨道交通服务质量进行监督和考核，并向社会公布；

（四） 制定轨道交通沿线各站点公交线路接驳换乘方案并负责组织实施；

（五）监督轨道交通运营单位履行安全运营责任；

（六）受理公众对轨道交通运营单位的投诉；

（七）依法查处轨道交通运营管理中的违法行为；

（八）法律、法规、规章和市人民政府规定的其他职责。

第二十九条 轨道交通运营单位应当履行下列安全运营职责：

（一）制定安全运营管理制度和操作规程；

（二）设立安全运营管理机构，配备专职安全运营管理人员；

（三）保障安全运营所需资金的投入；

（四）开展安全运营的日常检查和安全性评价，及时消除安全隐患；

（五）制定运营应急处置方案；

（六）及时处置、如实报告安全运营事故；

（七）法律、法规规定的其他安全运营职责。

第三十条 轨道交通运营单位应当定期对从业人员进行安全教育和业务技能培训，保证从业人员具备必要的安全运营知识，熟悉有关安全运营规章制度和安全操作规程，掌握相应的安全操作技能，考核合格后方可上岗。

国家对从业资格有规定的，轨道交通从业人员应当取得相应资格。

第三十一条 任何单位和个人不得危害轨道交通运营安全、扰乱运营秩序。

轨道交通运营单位及其工作人员对危害轨道交通运营安全、扰乱运营秩序的行为有权予以制止；对于违反治安管理规定的行为，由公安机关依法处理。

第三十二条 未经市人民政府批准，轨道交通运营单位不得擅自暂停线路运行，但本条第二款规定的情形除外。

轨道交通运营过程中发生故障、突发事件危及安全运行的，轨道交通运营单位可以暂停线路运行，但应当及时组织乘客疏散和换乘，同时向社会公告并报告市交通运输行政主管部门。

第三十三条 轨道交通运营单位应当遵守轨道交通服务规范，保持车站、车厢整洁，保证轨道交通通道、出入口的安全、畅通和客运服务安全，提高列车正点率。

轨道交通运营单位应当在车站醒目位置公布首末班车行车时刻、列车运行状况提示和换乘指示，应当在车厢内通过广播、电子显示屏等播报站名。

第三十四条 轨道交通指引导向和安全警示标志由轨道交通运营单位提出设置方案，转由市人民政府确定的单位按照有关规定统一设置。

在与出入口合建的物业范围内设置指引导向标志的，物业的所有权人、使用权人应当配合。

第三十五条 轨道交通票价依法实行政府定价。轨道交通运营单位应当执行政府确定的票价，不得擅自调价、变相涨价。

第三十六条 乘客应当使用有效车票乘车，不得无票或者使用无效车票乘车；不得持伪造、变造的优惠乘车证件或者冒用他人优惠乘车证件购票乘车。

第三十七条 乘客应当遵守乘客守则。禁止携带影响人身、财产安全，环境卫生和运营秩序的下列物品进站、乘车：

（一）爆炸性、毒害性、放射性、腐蚀性、易燃性物质或者传染病病原体等危险物质；

（二）枪支、弹药或者弩、匕首等国家规定的管制器具；

（三）犬只、家禽等动物；

（四）易污损、有严重异味、无包装易碎和尖锐的物品；

（五）法律、法规、规章以及规范性文件规定的其他物品。

第三十八条 对进入轨道交通车站乘客携带的物品，轨道交通运营单位应当进行必要的安全检查，对拒绝接受安全检查或者携带危害轨道交通安全的物品的乘客，有权阻止其进站或者责令其出站。对强行进站或者扰乱安全检查秩序的，由公安机关依法处理。

第三十九条 禁止下列影响轨道交通安全运营的行为：

（一）非法拦截列车或者阻碍列车正常运行；

（二）损坏车辆、隧道、路基、车站设施、轨道等设施设备；

（三）干扰机电设备、电缆和通信信号系统；

（四）擅自操作有警示标志的按钮、开关等装置，非紧急情况下动用紧急或者安全装置；

（五）擅自移动、遮盖安全消防警示标志、疏散导向标志、测量设施以及安全防护设备；

（六）擅自进入轨道、隧道或者其他有禁止进入标志的区域；

（七）攀爬或者跨越围墙、栅栏、栏杆、闸机、机车、安全门、屏蔽门等设施；

（八）强拉、敲打屏蔽门、安全门及车门或者阻挠其开关；

（九）强行上下车；

（十）在车站或列车的通道、出入口长期逗留或者在运行的自行扶梯、活动平台逆向行走等妨碍通行的行为；

（十一）在轨道交通地面线路和高架线路弯道两侧修建妨碍行车瞭望的建（构）筑物，或者种植妨碍行车瞭望的树木；

（十二）在通风口、车站出入口五十米范围内存放爆炸性、毒害性、放射性、腐蚀性物质或者传染病病原体等危险物质；

（十三）在轨道交通通风亭、冷却塔外侧五米内堆放物品；

（十四）在轨道交通车站出入口外停放车辆、堆放杂物、乱设摊点等妨碍乘客通行和救援疏散；

（十五）其他影响轨道交通安全运营的行为。

第四十条　禁止下列影响轨道交通运营秩序和环境卫生的行为：

（一）在车站或者列车内吸烟、点燃明火，随地吐痰、便溺，乱吐口香糖渣、槟榔渣，乱扔果皮、纸屑等废弃物；

（二）在车站或者列车内乞讨、卖艺、派发传单（广告），擅自从事销售活动或者招揽搬运物品；

（三）在车站、列车或者其他轨道交通设施设备上涂写、刻画，擅自张贴、悬挂物品；

（四）在车站或者列车内大声喧哗或者弹奏乐器、播放音乐干扰他人；

（五）其他影响轨道交通运营秩序和环境卫生的行为。

第四十一条　在轨道交通车辆段和车站范围内设置广告、商业店铺或者敷设管线的，应当符合法律、法规、市人民政府有关规定，不得影响轨道交通的运营。

在轨道交通设施范围内拍摄电影、电视剧或者广告等，应当经轨道交通运营单位同意。

第四十二条　精神病患者、智障者、醉酒者、学龄前儿童应当在健康成人的陪护下乘车。

第四十三条　轨道交通运营单位应当在轨道交通车站、列车内的明显位置公布市交通运输行政主管部门及本单位的投诉受理电话、通信地址和电子邮件信箱，方便乘客的投诉和社会监督。

轨道交通运营单位对乘客投诉应当及时答复；需要调查的，轨道交通运营单位应当自受理投诉之日起十个工作日内作出答复。乘客对答复有异议的，可以向市交通运输行政主管部门申诉。

市交通运输行政主管部门应当自受理乘客投诉或者申诉之日起十个工作日内作出答复。

轨道交通运营单位应当将乘客投诉及处理情况汇总，并定期向市交通运输行政主管部门报告。

第四十四条　任何单位和个人发现有危害轨道交通运营安全的情况，应当及时报警或者向轨道交通运营单位报告。

对避免轨道交通运营安全事故发生的人员，轨道交通运营单位应当予以奖励。

第四十五条　轨道交通运营单位应当定期向市交通运输行政主管部门报告运营中的安全、服务质量、经营管理等情况。

第四十六条　轨道交通运营单位应当每两年委托专业机构进行轨道交通运营安全及服务情况评估。

市交通运输行政主管部门应当对评估报告进行审查，并督促轨道交通运营单位对评估中发现的问题进行整改。评估报告中与乘客密切相关的内容应当予以公布。

轨道交通运营单位应当建立公众评估机制，听取乘客对运营安全、服务质量等方面的意见。

第六章　安全保护区管理

第四十七条　轨道交通应当依照国家及其他相关规范设置安全保护区，其范围如下：

（一）地下车站与隧道结构外边线外侧五十米内；

（二）地面车站和高架车站以及线路轨道结构外边线外侧三十米内；

（三）出入口、通风亭、冷却塔、变电站、垂直电梯等建（构）筑物外边线和控制中心、车辆基地用地范围外侧十米内；

（四）轨道交通过江、过河隧道结构外边线外侧一百五十米内。

安全保护区范围应当在制定相关规划时予以确定。因地质条件或者其他特殊情况，轨道交通建设单位、运营单位需要调整安全保护区范围的，应当经市城乡规划行政主管部门审定。

第四十八条　市城乡规划行政主管部门在审批安全保护区内的建设项目时，应当充分考虑轨道交通设施安全保护的需要，并征求市建设、交通运输行政主管部门的意见。

第四十九条　在安全保护区内进行下列作业的单位或者个人，应当向有关行政主管部门提交有相应资质的专业机构出具的轨道交通运营安全影响评估报告：

（一）建造或者拆除建（构）筑物；

（二）从事打桩、挖掘、地下掘进、爆破、架设、降水、地基加固等施工作业；

（三）修建塘堰、开挖河道水渠、疏浚作业、采石挖沙、打井取水；

（四）大面积增加或者减少载荷等显著影响轨道交通地下设施安全，危及轨道交通运营活动的；

（五）敷设管线或者设置跨线等架空作业，埋设电缆、管道设施，穿凿通过轨道交通路基的地下坑道；

（六）需移动、拆除和搬迁轨道交通设施的作业；

（七）其他可能危害轨道交通设施的活动。

在安全保护区内进行前款所列活动，有关行政主管部门依法许可时，应当书面征求轨道交通建设单位、运营单位的意见。轨道交通建设单位、运营单位应当在有关行政主管部门规定的期限内给予书面答复；无需有关行政主管部门行政许可的，单位或者个人应当在作业前书面征求轨道交通建设单位、运营单位的意见，轨道交通建设单位、运营单位应当及时给予书面答复。

第五十条 在安全保护区内作业的轨道交通工程施工单位，应当采取相应的安全保护措施保证轨道交通运营安全。

出现危及运营安全的情形时，施工单位应当立即停止作业，采取补救措施，并报告许可作业的行政主管部门、其他相关行政主管部门和轨道交通建设单位、运营单位。

第五十一条 轨道交通建设单位、运营单位应当对安全保护区的安全状况进行日常巡查和管理，对可能危害轨道交通设施及安全运营的行为及时予以制止，并报告相关行政主管部门。

第七章 应急管理

第五十二条 市建设、交通运输行政主管部门应当会同有关行政管理部门制定本市轨道交通建设、运营突发事件专项应急预案，报市人民政府批准后实施。

轨道交通建设单位、运营单位应当根据专项应急预案制定轨道交通建设、运营突发事件应急处置方案，分别报市建设、交通运输、安全生产监督管理行政主管部门备案。

第五十三条 轨道交通建设单位、运营单位应当配套建设应急救援场所，配备相应的设施、设备和物资、装备，成立应急管理领导机构和具体办事机构，组建应急咨询专家组和应急救援队伍，定期组织应急培训、演练，建立与全市应急保障体系联动的机制。

第五十四条 发生突发事件，轨道交通建设单位、运营单位应当按照轨道交通突发事件应急处置方案，迅速采取有效措施，进行先期处置、抢救，疏散人群，防止事故扩大，避免和减少人员伤亡、财产损失，同时及时向市人民政府应急管理部门和相关行政主管部门报告。

相关行政主管部门应当根据突发事件的可控性、严重程度和影响范围及时向上级报告或者按照规定启动相应级别的轨道交通专项应急预案，及时组织指挥处置。

轨道交通建设单位、运营单位应当依照规定建立突发事件信息发布制度，及时将突发事件处置、救援等信息向公众发布。

第五十五条 因节假日、大型活动等原因造成客流量上升的，市交通运输行政主管部门可以制定临时性服务规范，轨道交通运营单位应当执行。

当轨道交通客流量激增，严重影响运营秩序并可能危及运营安全时，轨道交通运营单位应当采取限制客流量等临时措施，确保运营安全。

第八章 法律责任

第五十六条 城乡规划、国土资源等相关行政主管部门及其工作人员，违反本条例规定，有下列行为之一的，依法追究直接负责的主管人员和其他直接责任人员的行政责任：

（一）编制相关轨道交通规划，未广泛征求社会公众意见或者未组织专家论证的；

（二）未按照原审批程序报批，擅自变更轨道交通规划的；

（三）未经法定程序，擅自改变轨道交通设施用地用途的；

（四）未履行安全保护区管理相关职责的。

第五十七条 市建设、交通运输行政主管部门未履行本条例规定的监督管理职责，有玩忽职守、滥用职权、徇私舞弊行为的，依法追究直接负责的主管人员和其他直接责任人员的责任。

第五十八条 轨道交通建设单位、运营单位违反本条例规定，有下列行为之一的，由市建设、交通运输行政主管部门、市国有资产监督管理机构依照职权予以警告，责令限期改正，依法追究直接负责的主管人员和其他直接责任人员的责任：

（一）未经市人民政府批准，擅自在轨道交通设施用地范围内进行综合开发活动的；

（二）未经市人民政府批准，擅自对与轨道交通设施结构上不可分割、工程上应当统一实施的开发项目进行综合开发的；

（三）综合开发未优先建设轨道交通运营配套设施，统筹安排公共交通枢纽等公共配套设施的；

（四）未经市人民政府批准，擅自将与轨道交通运营服务直接相关的权益或者资产进行抵押、质押、置换的。

第五十九条 轨道交通建设单位违反本条例第二十一条规定，未建设轨道交通安全监测和施救保障系统的，由市建设行政主管部门责令限期改正，处 2 万元以上 10 万元以下罚款，对单位直接负责的主管人员和其他直接责任人员处单位罚款数额 5% 以上 10% 以下罚款。

第六十条 轨道交通运营单位违反本条例第三十二条第一款规定，擅自暂停线路运行的，由市交通运输行政主管部门责令改正，处 20 万元罚款，对单位直接负责的主管人员处 1 万元以上 2 万元以下罚款。

第六十一条 轨道交通运营单位违反本条例规定，有下列情形之一的，由相关行政主管部门责令改正；逾期不改正的，处 1 万元以上 5 万元以下罚款：

（一）未制定安全运营管理制度和操作规程的；

（二） 未设立安全运营管理机构，配备专职安全运营管理人员的；

（三）未开展安全运营的日常检查和安全性评价，及时消除安全隐患的；

（四）未制定运营应急处置方案的；

（五）未及时处置、如实报告安全运营事故的；

（六）允许从业人员未经考核合格或者未取得相应资格上岗的；

（七）暂停线路运行，未及时组织乘客疏散和换乘的；

（八）未保障轨道交通通道、出入口畅通的；

（九）未按规定对乘客携带的物品进行必要的安全检查的。

第六十二条 轨道交通运营单位违反本条例规定，有下列行为之一的，由市交通运输行政主管部门责令改正，逾期不改正的，处1000元以上5000元以下罚款：

（一）未按规定提出轨道交通指引导向标志和安全警示标志设置方案的；

（二）未按规定公布列车运行信息和换乘指示的；

（三）未按规定处理乘客投诉的。

第六十三条 违反本条例第三十六条规定，有下列行为之一的，由轨道交通运营单位按出闸站线网单程最高票价补收票款，并可以加收五倍以下的票款：

（一）无票或者持无效车票乘车的；

（二）持伪造、变造的优惠乘车证件或者冒用他人优惠乘车证件购票乘车的。

第六十四条 违反本条例第三十九条规定，有第（三）项至第（十）项禁止行为的，由轨道交通运营单位责令改正；拒不改正的，处100元以上1000元以下罚款；造成损失的，依法承担赔偿责任。

违反本条例第三十九条规定，有第（十一）项至第（十四）项禁止行为的，由轨道交通运营单位责令改正；拒不改正的，轨道交通运营单位应当及时告知相关行政主管部门处理。

第六十五条 违反本条例第四十条规定，影响轨道交通运营秩序和环境卫生的，由轨道交通运营单位责令改正，拒不改正的，处20元以上50元以下罚款；情节严重的，处50元以上200元以下罚款。

第六十六条 在安全保护区内作业的单位或者个人违反本条例第四十九条规定，未提交轨道交通运营安全影响评估报告的，由相关行政主管部门责令限期改正，逾期未改正的，对单位处1万元以上5万元以下罚款，对个人处1000元以上2000元以下罚款。

第六十七条 违反本条例其他规定，相关法律、法规已规定法律责任的，由相关行政主管部门依法追究法律责任。

第九章 附 则

第六十八条 本条例所称轨道交通设施，包括轨道、路基、桥梁、隧道、车站（含出入口、通风亭和冷却塔）、控制中心、车辆段、停车场、主变电所、集中冷站等土建工程，车辆，供电、环控、通信、信号、给排水、消防、防灾和报警、机电设备监控、售检票、电扶梯、屏蔽门或者站台安全门、站内外导向标志、旅客信息系统，隔音屏障、人防设施和公共服务及应急疏散场所等。

第六十九条 本条例自2013年5月1日起施行。

附　录

附录一：长沙市主要单位、场所地址、电话及乘车指南

表 1　政府机关

名称	地址	电话	公交站点
中共湖南省委	韶山路 1 号	82217256	袁家岭
省政府	湘府西路 8 号	85990001	省政府、省政府西门、天心区政府
省政府二院	五一大道	85990001	乔庄、浏城桥
市委、市政府	岳麓大道 189 号	88665000	市委、市政府、市政府南
芙蓉区政府	人民东路 189 号	84683088	芙蓉区政府、芙蓉区政府东
天心区政府	湘府中路	85899000	天心区政府、省政府
岳麓区政府	金星北路一段 517 号	88999998	岳麓区政府、岳麓区政府北
开福区政府	芙蓉北路	84558022	开福区政府
雨花区政府	雨花区机关大院	85880049	雨花区政府北、雨花区政府南、雨花区政府西
望城区政府	高塘岭镇雷锋东路	88062229	望城区政府
长沙县政府	星沙镇开元中路	84012217	长沙县政府、长沙县政府宿舍
浏阳市政府	浏阳市行政中心	83611981	行政中心
宁乡县政府	宁乡县行政中心	88980611	宁乡县政府

表 2　公　园

名称	地址	电话	公交站点
岳麓区风景名胜区	河西岳麓山	88825011	岳麓山西、岳麓山北
岳麓书院	河西湖南大学内	88822316	岳麓山南
橘子洲景区	橘子洲头 2 号	88882152	橘子洲景区、橘子洲公园
新民学会旧址	新民路周家巷	88883401	新民学会旧址、市四医院
长沙世界之窗	金鹰影视文化城	84256989	世界之窗
长沙海底世界	金鹰影视文化城	84256002	海底世界、世界之窗
省博物馆	东风路 50 号	84535566	省博物馆
天心阁	天心路 4 号	85155379	天心阁、天心阁西门
雷锋纪念馆	望城县雷锋镇	88165506	雷锋汽车站
省森林植物园	雨花区洞井铺	85592074	省植物园、省植物园北

续表

名称	地址	电话	公交站点
第一师范	书院路 356 号	85157430	第一师范
开福寺	开福寺路	84485300	开福寺、开福寺西
贾谊故居	太平街 19 号	82272799	贾谊故居
市博物馆	八一路 538 号清水塘	82224385	清水塘（军区医院）
湘绣博物馆	车站北路 39 号	82291061	五里牌
长沙简牍博物馆	天心阁东侧	85425666	城南路口
长沙生态动物园	长沙县暮云镇	84516959	长沙生态动物园
烈士公园	营盘东路	84556766	烈士公园南门、烈士公园西门、烈士公园东门、烈士公园北门
南郊公园	南二环二段 442 号	85418229	南郊公园
晓园公园	五一大道	82299350	长沙火车站、晓园路
王陵公园	咸嘉湖路 6 号	88806592	溁银镇
紫凤公园	开福区新河路 69 号	84480850	银盆岭大桥东
桂花公园	雨花区桂花路 97 号	84222321	桂花公园
喜乐地卡通公园	万家丽中路三段 59 号	82885588	喜乐地卡通公园
挪亚游轮	湘春路口风帆广场	88978887	湘春路西口
摩天轮	贺龙体育中心东北角	85157270	侯家塘北

表 3　医　院

名称	地址	电话	公交站点
中南大学湘雅三医院	桐梓坡路 138 号	88638888	湘雅三医院
中南大学湘雅二医院	人民中路 139 号	85295888	湘雅二医院、窑岭北
中南大学湘雅医院	湘雅路 87 号	84328888	湘雅医院、湘雅路口、湘雅
省幼保健院	湘春路 53 号	84332201	省妇幼、湖南日报、兴汉门
解放军 163 医院	洪山桥 1 号	84184114	163 医院、洪山桥
省人民医院	解放西路 61 号	82278071	柑子园、兢才修业学校（柑子园西）
省第二人民医院	芙蓉中路三段 427 号	85232209	麻园塘
省马王堆医院	古汉路 89 号	86682746	马王堆医院、马王堆医院南
省肿瘤医院	桐梓坡路 283 号	88651670	省肿瘤医院
省儿童医院	梓园路 86 号	85600908	省儿童医院
湖南中医药大学第一附属医院	韶山中路 95 号	85600737	省中医附一院（东塘南）
省中医院	蔡锷北路 233 号	84917729	省中医院（营盘街）
省中医药研究院附属医院	麓山路 58 号	88883684	溁湾镇
市一医院	营盘路 311 号	84910097	市一医院（三公里）、松桂圆
市中心医院	韶山南路 161 号	85668156	长沙市中心医院
市三医院	劳动西路 176 号	85171604	仰天湖、燕子岭
市四医院	麓山路 70 号	88850522	市四医院
省结核病院	岳麓山咸嘉湖 519 号	88867680	省结核病院（省肺科医院）、咸嘉湖

续表

名称	地址	电话	公交站点
省军区机关医院	八一路 473 号	84570564	清水塘（军区医院）
湖南航天医院	枫林三路 189 号	88815318	湖南航天医院
市中医院	长沙星沙大道 22 号	85259000	管委会
市妇幼保健院	城南东路 416 号	84136959	长岭
市精神医院	香樟路 62 号	85585069	香樟路
长沙口腔医院	五一广场东南角	84430241	牛耳教育（南阳街口）
湖湘中医肿瘤医院	枫林二路 220 号	88882827	湖湘中医肿瘤医院
省武警医院	河西高叶塘	88883318	高叶塘

表 4　学　校

名称	地址	电话	公交站点
中南大学	麓山南路 932 号	88876114	中南大学
中南大学铁道学院	韶山南路 154 号	82655311	铁道学院
长沙理工大学	万家丽南路二段 960 号	85258110	长沙理工大学（云塘校区）
长沙理工大学城南学院	赤岭路 45 号	85258110	长沙理工大学
湖南大学	麓山南路	88822712	湖南大学
湖南大学北校区	石佳冲 6 号	88684847	望麓桥
湖南师范大学	麓山路 270 号	88886796	湖南师大
国防科学技术大学	开福区四方坪	84575601	国防科大
中南林业科技大学	韶山南路 498 号	85623096	林科大
湖南农业大学	芙蓉区	84618001	湖南农大
湖南中医药大学	含浦科教园	88458000	湖南中医药大学
湖南财经高等专科学校	枫林二路 139 号	88811789	湖南财专
湖南涉外经济学院	长沙国家高新区麓谷园	88101451	涉外经济学院
湖南科技职业学院	井湾路 784 号	82861000	科技职院
湖南第一师范学院	枫林三路 1015 号	88228210	一师范
湖南商学院	岳麓大道 569 号	88689016	商学院
湖南公安高等专科学校	远大三路 9 号	82791600	螺丝塘
湖南女子大学	中意一路 160 号	82825012	湖南女子大学南院（红星村南）
湖南大众传媒职业技术学院	星沙特立路 5 号	85602472	大众传媒学院
长沙医学院	望城县雷锋大道 9 公里	88498888	长沙医学院
长沙学院	洪山路 98 号	84261436	长沙大学、洪山桥
长沙职业技术学院	湖南长沙市岳麓区雷锋镇正兴路 157 号	88105152	长沙职业技术学院
长沙商贸旅游职业技术学院	长沙市雨花区圭白路 16 号	89768687	林科大
长沙卫生职业学院	长沙市星沙经济技术开发区明月路 39 号	84015904	长沙卫生职业学院
长沙教育学院	长沙市望月湖	88615438	望月湖

续表

名称	地址	电话	公交站点
长沙广播电视大学	长沙市蔡锷中路顺星桥 48 号	82684088	先锋厅
长沙南方职业学院	长沙市岳麓区大学城含浦科教园	88120011	南方职院
湖南外国语职业学院	湖南长沙市中意路 324 号	82646629	高升村南
湖南电子科技职业学院	长沙高新技术开发区	88379009	湖南电子科技学院
长沙民政职业技术学院	香樟路 22 号	82763288	北冲水库
长沙市一中	清水塘路 81 号	82222131	长沙市一中
长郡中学	黄兴南路 309 号	85287900	长郡中学、长郡中学新校区
雅礼中学	劳动西路 428 号	85530930	雅礼中学
省地质中学	人民中路 168 号	85164239	地质中学
湖南师大附中	桃子湖路 48 号	88838131	湖南师大
周南中学	金霞大道	88492058	周南中学
明德中学	天心区新韶西路豹子岭	88237428	湘春路西口
田家炳中学	火星镇	84662828	田家炳中学
长沙外国语学院	左家塘	88856428	左家塘

附录二：长沙市便民热线电话

报警·求助

火警	119
匪警	110
交通事故报警	122
医疗急救	120
高速公路报警	12122
湖南大学	麓山南路

生活·服务

号码百事通	118114
天气预报	12121
消费者投诉	12315
旅游投诉	85810110
旅游预定	88660731
环保投诉	84119262
出租车	84803488
群众信访	82223115
公共交通	84303488
武广高铁订票	95105105
交通违法	952116
车辆救助	85670888
城管救助	88665110

金融·保险

金融保险	95516
中国银行	95566
农业银行	95599
工商银行	95588
建设银行	95533
交通银行	95559
长沙银行	96511
招商银行	95555
兴业银行	95561
农村合作银行	96518
中信银行	95558
光大银行	95595
浦发银行	95528
民生银行	95568
中国人民保险	95518
中国人寿保险	95519
中国平安保险	95511
中国太平洋保险	95500
新华人寿保险	95567

新闻·媒体

新华社湖南分社	82684512
《湖南日报》	84312999
《长沙晚报》	96333
《潇湘晨报》	96360
湖南电视台	84801141
湖南经视台	84802802
长沙电视台	85155555
湖南交通频道	85521111
星沙之声	82777001

邮政·电信

中国电信	10000
中国移动	10086
中国网通	10060
中国联通	10010
中国邮政	11185

附录三：长沙市长途客运站

名称	地址	电话	发车方向	公共站点
汽车南站	中意一路 643 号	0731-82805051	开往省内湘潭、株洲、衡阳、郴州、永州、娄底、邵阳、怀化，省外北京、上海、安徽、浙江、广州、广西、福建、河南、陕西等地班次	汽车南站
汽车西站	长沙市岳麓区望城坡	0731-82857676	开往省内益阳、常德、张家界、湘西吉首、怀化、娄底，省外江西、湖北、广东等地班次	汽车西站
汽车东站	长沙市远大一路	0731-84611731	开往省内岳阳、平江、益阳、浏阳，省外上海，江西、安徽、浙江、湖北、江苏、广东、福建、山东等地班次	汽车东站
汽车北站	开福区芙蓉北路	0731-84806463	开往省内湘阴、望城、长沙县等地班次	汽车北站
长株潭汽车站	长沙火车站友谊阿波罗商业广场南边	0731-82280212	开往省内株洲、湘潭，省外浙江杭州等地班次	长沙火车站
黎托高速汽车站	长沙火车南站一楼南侧		开往省内益阳、常德、张家界、吉首、怀化等地班次	长沙火车南站

附录四：长沙黄花机场大巴时刻表

<table>
<tr><th rowspan="7">区
线</th><th>序号</th><th>线路</th><th>停靠站点</th><th>运营时间</th><th>咨询号码</th></tr>
<tr><td rowspan="2">1</td><td>黄花机场——民航大酒店</td><td>1、高桥南大门
2、民航大酒店（火车站旁边）</td><td>首班：以航班到达为准
末班：最后一个航班到达时间
其他班次间隔时间不超过二十分钟</td><td>0731-84798076</td></tr>
<tr><td>民航大酒店——黄花机场</td><td>1、黄花机场（A 楼出发厅前坪）</td><td>首班：06：00 末班：22:00
其他班次间隔 15 分钟</td><td>0731-84129201</td></tr>
<tr><td rowspan="2">2</td><td>黄花机场—汽车南站（经停武广）</td><td>1、武广长沙南站 2、汽车南站</td><td>首班：09:00 末班：17：30
其他班次间隔 30 分钟</td><td>0731-84798076</td></tr>
<tr><td>汽车南站——黄花机场</td><td>1、黄花机场（A 楼出发厅前坪）</td><td>首班：09：00 第二班：10:00
末班：18：10 其他班次间隔 30 分钟</td><td>0731-85224349</td></tr>
<tr><td rowspan="2">3</td><td>黄花机场—贺龙体育场（火炬塔）</td><td>1、贺龙体育场（大蓉和酒店）</td><td>首班：09：00 末班：23：00
其他班次间隔 1 小时</td><td>0731-84798076</td></tr>
<tr><td>贺龙体育场——黄花机场</td><td>1、黄花机场（A 楼出发厅前坪）</td><td>首班：07：00 末班：21：00
其他班次间隔 1 小时</td><td>0731-84219268</td></tr>
</table>

续表

	序号	线路	停靠站点	运营时间	咨询号码
地际市专线	4	黄花机场——常德	1、益阳汽车东站 2、常德民航宾馆	1 班：11：00. 2 班 13：00 3 班：14:30 4 班 17：00	0731-84798076
		常德——黄花机场	1、益阳汽车东站 2、黄花机场（A 楼出发厅前坪）	1 班：06：30.2 班：08：00 3 班：10:00 4 班：13：00	0736-7717206
	5	黄花机场——益阳	1、益阳汽车东站	1 班：11：00. 2 班 13：00 3 班：14:30 4 班 17：00	0731-84798076
		益阳——黄花机场	1、黄花机场（A 楼出发厅前坪）	1 班：11：30. 2 班 14：30	0737-6502773
	6	黄花机场——岳阳	1、岳阳黄花机场民航售票处	1 班：14：30. 2 班 16：30	0731-84798076
		岳阳——黄花机场	1、黄花机场（A 楼出发厅前坪）	1 班：07：50. 2 班 11：50	0730-8610777
	7	黄花机场——株洲	1、株洲绿园酒店	1 班：10：30 2 班 14：30 3 班 16：30 4 班 18：00	0731-84798076
		株洲——黄花机场	1、黄花机场（A 楼出发厅前坪）	1 班：8：00. 2 班 10：30 3 班 13：00 4 班 16：30	0731-28125276
	8	黄花机场——湘潭	1、湘潭民航售票处	1 班：10：30.2 班 14：30 3 班 16：30	0731-84798076
		湘潭——黄花机场	1、黄花机场（A 楼出发厅前坪）	1 班：8：00. 2 班 14：30 3 班 16：30	0731-58224084
	9	黄花机场——萍乡	1、萍乡东方宾馆	1 班：11：30 . 2 班 15：00 3 班 18:00	0731-84798076
		萍乡——黄花机场	1、黄花机场（A 楼出发厅前坪）	1 班：7：00 2 班 10：30 3 班：14:30	0799-6211111

索 引

说明

一、本索引把年鉴的条目（特载、大事记、人物、统计资料、附录除外）用主题分析方法，按汉语拼音字母顺序排列。

二、类目、专稿标题用黑体字表明。

三、索引名称后的阿拉伯数字表示的内容所在的页码，拉丁字母（a、b、c）表示栏别（从左至右分 1、2、3 栏）。

A

B

C

J

K

L

S

M

N

P

Q

R

S

X

Y